תלמוד בבלי

— מהדורת נאה —

כתובות חלק ה

Steinsaltz Center

KOREN

Please note that the number ranges that appear at the bottom of each daf of the Vilna pages indicate the corresponding pages of the Koren Talmud Bavli translation and commentary.

תלמוד בבלי

הוצאת קורן ירושלים

— מהדורת נאה —

מסכת כתובות
דף סה: עד דף צ.

COMMENTARY BY

Rabbi Adin Even-Israel
Steinsaltz

EDITOR-IN-CHIEF

Rabbi Dr Tzvi Hersh Weinreb

EXECUTIVE EDITOR

Rabbi Joshua Schreier

•

STEINSALTZ CENTER
KOREN PUBLISHERS JERUSALEM

א מ מיי׳ פי״ב שם הל׳ א ג ופכ״א שם הל׳ א סמג שם טוש״ע שם סימן סט סעיף א ג וסימן פד:
ב י מיי׳ וסמג וטוש״ע שם וסימן פ סעיף א:
ג כ מיי׳ פי״ב שם הלכה א ג ופכ״ב הלכה א סמג שם טוש״ע שם סימן סט סעיף א ג וסי׳ פה סעיף א וסימן נ סעיף א:
ד ל מיי׳ פכ״ב שם הל׳ כח ופ״ד מהל׳ חובל הלכה טו סמג עשין ע טוש״ע שם סימן פג סעיף א וטוש״ע ח״מ סי׳ תכד סעיף יא:

מציאת האשה. בקונטרס גרס "המדיר" אחר "אע"פ", אגב דתנא ב"אע"פ" (לעיל דף סד:): המשרה אשתו על ידי שליש – קתני: המדיר אשתו שלשים יום יעמיד פרנס, שהוא כעין שליש. ואחר שנה "המדיר" חוזר לענין ראשון. אבל בפירוש ר"ח, ובירושלמי, ובתוספתא, וברוב ספרים גרסינן "מציאת" האשה אחר "אע"פ", איידי דסליק: אם היתה מניקה פוחתין לה ממעשה ידיה, ואיידי דתנא בסוף מתניתין: המשליש מעות לבתו – תנא בתריה "המדיר", דקתני: יעמיד פרנס, דהוי כעין שליש. **וירושתה** הוא אוכל פירות בחייה. נראה לר"ת פירוש ראשון שבקונטרס עיקר. דפי׳: ירושתה – שנפלו לה נכסים ממקום אחר, הוא אוכל פירות בחייה. דאי כלשון אחרון שפי׳: ירושתה – שהוא יורשה לאחר מיתה, אמאי איצטריך למימר בגמרא: "בושתה ופגמה איצטריכא ליה" הו"ל למימר דקמ"ל שהוא יורשה, לאחר מיתה. דממתניתין ד"יתר עליו הבעל" לא שמעינן לה! דאע"ג דאביה יורשה, וקתני "יתר עליו הבעל" – היינו כשאין לה בנים, אבל יש לה בנים – לא שמעינן מהתם. ומיהו, איכא למימר דלא מצי למימר דיורשה איצטריכא ליה – דהא שמעינן לה ממתניתין ד"הכותב" (לקמן דף פג.) ומפרק "יש נוחלין" (ב"ב דף קמ.). **ה"ג** בושתה ופגמה שלה. ור"ת הגיה בספרו: שלו. ולפי זה הא דבעי בפרק "המניח" (ב"ק דף לב.): המזיק אשתו בתשמיש המטה מהו – מלער קא בעי, אבל מבושת ופגם – פשיטא דפטור, דאפילו חבלו בה אחריני הוי שלו. ומיהו, אין נראה. דא"כ הו"ל למיתני לעיל (דף מו:) דהאב אינו זכאי בבתו בבושת ופגם של חבלה, אלא דווקא באונס ומפתה, כדאמרינן ב"החובל" (שם דף פו: ושם): לא זיכתה תורה לאב אלא שבח נעורים בלבד! ולעיל בריש "נערה" (דף מג.) נמי פריך: חבלות דידה נינהו. יתר עליו הבעל שהוא זכאי בבושת ופגם! אלא ודאי בושתה ופגמה שלה גרסינן. ור"ת עצמו חזר בו, וכן גריס בירושלמי. וכן משמע בגמרא, מדקאמר: בושתה ופגמה איצטריכא ליה פלוגתא דרבי יהודה בן בתירא ורבנן. דלא הוה ליה למימר טפי אלא בושתה ופגמה איצטריכא ליה, דאגב דבעי למיתני בושתה ופגמה שהוא שלו – תנא נמי מציאתה ומעשה ידיה שהן שלו. אבל אי גרסינן שלה – אתי שפיר, דמשום רבנן לא איצטריך למיתני כלל מציאתה ומעשה ידיה, דמה ענין זה אצל זה? דהאי הוי שלו, והאי הוי שלה. ולא איצטריך למיתני אלא משום רבי יהודה בן בתירא, דאליביה שייך בהו בעל. **שלה**. למ"ד ב"החובל" (ב"ק דף פו.) בקוטע יד עבד עברי של חבירו – יתן הכל לעבד, וילקח בהן קרקע והוא אוכל פירות – אתי שפיר, דהכא נמי, הכל לאשה וילקח בהן קרקע והוא אוכל פירות. אבל למאן דאמר: יתן שבת גדולה לעבד, ושבת קטנה לרב – צריך לחלק בין עבד לאשה. **בזמן** שבסתר. פגם שבסתר במקום שאין בני אדם יכולין לראות. שבגלוי – שפצעה בפניה, במקום שנראה לכל, ונפגם הוא עצמו עמה. בושת שבסתר – שביישה בינו לבינה, שבגלוי – שביישה בפני כל אדם. והא

מציאת האשה. וירושתה. אם נפלה לה ירושה, הוא אוכל פירות בחייה והקרן שלה. לישנא אחרינא: ואם מתה בחייו – יורשה. ופגמה. נזק חבלה אם יחבלו בה. ובזמן שבגלוי. שהבושת שלו, ועוד: שמתבישת עליו והוא סובל. ילקח בהן קרקע. שהרי זה כשאר נכסים הנופלים לה, שהן מלוג. אוכל פירות בחייה. והקרן שלה, אם יגרשנה או ימות. ואם תמות היא – יורשה. גמ׳ תנינא. בפ׳ "נערה". יתר עליו הבעל. אלמא בעל זכאי בכולן. העדפה. אם תעשה מלאכה יותר ממה שפסקו לה חכמים. דמעשה

מציאת האשה ומעשה ידיה – לבעלה, וירושתה – הוא אוכל פירות בחייה. בושתה ופגמה – שלה. רבי יהודה בן בתירא אומר: בזמן שבסתר – לה שני חלקים, ולו אחד. ובזמן שבגלוי – לו שני חלקים ולה אחד. שלו – ינתן מיד, ושלה – ילקח בהן קרקע, והוא אוכל פירות.§ **גמ׳** מאי קא משמע לן? תנינא: האב זכאי בבתו בקידושיה: בכסף, בשטר ובביאה. *)וזכאי במציאתה ובמעשה ידיה ובהפרת נדריה. מקבל את גיטה ואינו אוכל פירות בחייה, נישאת – יתר עליו הבעל שהוא אוכל פירות בחייה! בושתה ופגמה איצטריכא ליה, פלוגתא דרבי יהודה בן בתירא ורבנן.§ תני תנא קמיה דרבא: מציאת האשה לעצמה, רבי עקיבא אומר: לבעלה. אמר ליה: השתא, ומה העדפה דמעשה

*) [נדה מז.]

לעיל מז: קדושין ג: [תוספתא דסוטה פ"ב]

מציאת האשה ומע"י לבעלה וירושתה הוא אוכל פירות בחייה בושתה ופגמה שלה ריב"ב אומר בזמן שבסתר לה ב׳ חלקים ולו חלק א׳ ובזמן שבגלוי לו ב׳ חלקים ולה חלק א׳ שלו נותנים מיד ושלה ילקח בהן קרקע והוא אוכל פירות וירושתה פי׳ שאם מתה בעלה יורשה הכל ואפילו נכסי מלוג שלה ובעודה בחיי׳ עמו הוא אוכל פירותיהן: בושתה ופגמה פי׳ נזק חבלתה הוא שלה כנכסי מלוג תני תנא קמיה דרבא מציאת האשה לעצמה פי׳ קסבר שלא תקנו מציאת האשה לבעלה אלא מע"י שלא תהא אלא אמה עבריה שקנאה בדמים שמע"י לרבה ומציאתה שלה ור"ע אומר לבעלה קסבר אע"ג דדינא הכי מ"מ תהוי לבעלה משום איבה כדאמרינן בפרק נערה שהאב זכאי במציאת בתו מ"מ משום איבה וכדאמרינן בפרק האשה רבה לא זה וזה זכאין במציאתה טעמא מאי אמור רבנן מציאות אשה לבעלה משום איבה הני תהוי להו איבה א"ל השתא ומה העדפה דמעשה

דְּמַעֲשֵׂה יָדֶיהָ הִיא, אָמַר רַבִּי עֲקִיבָא לְעַצְמָהּ, מְצִיאָתָהּ לֹא כ"ש?! דִּתְנַן: *"קוֹנָם שֶׁאֲנִי עוֹשָׂה לְפִיךָ" — אֵינוֹ צָרִיךְ לְהָפֵר, רַבִּי עֲקִיבָא אוֹמֵר: יָפֵר, שֶׁמָּא תַּעְדִּיף עָלָיו יוֹתֵר מִן הָרָאוּי לוֹ. אֶלָּא אֵיפוּךְ: מְצִיאַת הָאִשָּׁה לְבַעְלָהּ, רַבִּי עֲקִיבָא אוֹמֵר: לְעַצְמָהּ. וְהָא כִּי אֲתָא רָבִין אֲמַר רַבִּי יוֹחָנָן: בְּהַעֲדָפָה שֶׁלֹּא עַל יְדֵי הַדְּחָק — כּוּלֵּי עָלְמָא לָא פְּלִיגִי דְּבַעַל הָוֵי, כִּי פְּלִיגִי — בְּהַעֲדָפָה שֶׁעַל יְדֵי הַדְּחָק, [א]תַּנָּא קַמָּא סָבַר: לְבַעְלָהּ, וְרַבִּי עֲקִיבָא סָבַר: לְעַצְמָהּ? אָמַר רַב פַּפָּא: מְצִיאָתָהּ — כְּהַעֲדָפָה שֶׁעַל יְדֵי הַדְּחָק דָּמֵי, פְּלוּגְתָּא דְּרַבִּי עֲקִיבָא וְרַבָּנַן. בָּעֵי רַב פַּפָּא: עָשְׂתָה לוֹ שְׁתַּיִם בְּבַת אַחַת מַהוּ? בָּעֵי רָבִינָא: [ב]שְׁלֹשָׁה אוֹ ד' בְּבַת אַחַת מַהוּ? תֵּיקוּ. § "בּוֹשְׁתָּהּ וּפְגָמָהּ". § מַתְקִיף לָהּ רָבָא בַּר רַב חָנָן: אֶלָּא מֵעַתָּה, בִּיֵּישׁ סוּסָתוֹ שֶׁל חֲבֵירוֹ ה"נ דְּבָעֵי לְמֵיתַן לֵיהּ בּוֹשֶׁת? וְסוּס בַּר בּוֹשֶׁת הוּא? אֶלָּא, רָקַק בְּבִגְדוֹ שֶׁל חֲבֵירוֹ, הָכִי נַמִי דְּבָעֵי לְמֵיתַן לֵיהּ בּוֹשֶׁת? וְכִי תֵּימָא הָכִי נַמִי — וְהָתְנַן: *[ג]רָקַק וְהִגִּיעַ בּוֹ הָרוּק, וּפָרַע רֹאשׁ הָאִשָּׁה, וְהֶעֱבִיר טַלִּיתוֹ מִמֶּנּוּ — חַיָּיב לִיתֵּן לוֹ אַרְבַּע מֵאוֹת זוּז. *וְאָמַר רַב פַּפָּא: [ד]לֹא שָׁנוּ אֶלָּא בּוֹ, אֲבָל בְּבִגְדוֹ — פָּטוּר. בְּבִגְדוֹ — לֵית לֵיהּ זִילוּתָא, אִשְׁתּוֹ — אִית *לָהּ זִילוּתָא. אֲמַר לֵיהּ רָבִינָא לְרַב אַשִׁי: אֶלָּא מֵעַתָּה, בִּיֵּישׁ עָנִי בֶּן טוֹבִים, דְּאִית לְהוּ זִילוּתָא לְכוּלְּהוּ בְּנֵי מִשְׁפָּחָה, ה"נ דְּבָעֵי לְמֵיתַן לְהוּ בּוֹשֶׁת לְכָל בְּנֵי מִשְׁפָּחָה? א"ל: הָתָם לָאו גּוּפַיְיהוּ, הָכָא — *אִשְׁתּוֹ גּוּפֵיהּ הֲוַאי. §

מתני' [ה]הַפּוֹסֵק מָעוֹת לַחֲתָנוֹ וּמֵת חֲתָנוֹ. אָמְרוּ חֲכָמִים: יָכוֹל הוּא שֶׁיֹּאמַר: לְאָחִיךָ — הָיִיתִי רוֹצֶה לִיתֵּן, *וּלְךָ — אִי אֶפְשִׁי לִיתֵּן. [ו]פָּסְקָה לְהַכְנִיס לוֹ אֶלֶף דִּינָר — הוּא פּוֹסֵק כְּנֶגְדָּן חֲמֵשׁ עֶשְׂרֵה מָנֶה, וּכְנֶגֶד הַשּׁוּם — הוּא פּוֹסֵק פָּחוֹת חוֹמֶשׁ. שׁוּם בְּמָנֶה וְשָׁוֶה מָנֶה — אֵין לוֹ אֶלָּא מָנֶה, שׁוּם בְּמָנֶה — הִיא נוֹתֶנֶת שְׁלֹשִׁים וְאֶחָד סֶלַע וְדִינָר, וּבְאַרְבַּע מֵאוֹת — הִיא נוֹתֶנֶת חֲמֵשׁ מֵאוֹת. מַה שֶּׁחָתָן

רש"י

דְּמַעֲשֵׂה יָדֶיהָ. וְשַׁיָּיךְ לְמֵימַר שֶׁיְּהֵא שֶׁלּוֹ, דְּמַעֲשֵׂה יָדֶיהָ תַּחַת מְזוֹנוֹת. קוֹנָם שֶׁאֲנִי עוֹשָׂה לְפִיךָ. מַה שֶּׁאֲנִי עוֹשָׂה – יְהֵא קוֹנָם לְפִיךָ. אֵינוֹ צָרִיךְ לְהָפֵר. דִּמְשַׁעְבְּדָא לֵיהּ, וַאֲפִי' לְשֶׁמָּא תַּעְדִּיף נַמִי לָא חָיְישִׁינַן, דְּאִי מַעֲדְּפָה – נַמִי לְבַעַל הוּא. שֶׁמָּא תַּעְדִּיף. וְהַעֲדָפָה דִּידָהּ הוּא, וְחָיֵיל עֲלָהּ קוֹנָם. שֶׁלֹּא ע"י הַדְּחָק. כְּגוֹן שֶׁהִיא עֵירָנִית וּבַעֲלַת מְלָאכָה. ע"י הַדְּחָק. כְּגוֹן שֶׁדָּחֲקָה עַצְמָהּ, וְהֶעֱדִיפָה. ה"ג. וְהָא כִּי אֲתָא רָבִין כו'. וְקס"ד מְצִיאָתָהּ כְּהַעֲדָפָה שֶׁלֹּא עַל יְדֵי הַדְּחָק הִיא, וְהֵיכִי פְּלִיגִי בָּהּ? וּמְשַׁנֵּי. אָמַר רַב פַּפָּא מְצִיאָתָהּ כְּהַעֲדָפָה שֶׁעַל יְדֵי הַדְּחָק הִיא. דְּרוֹב מְצִיאוֹת צָרִיךְ לַחֲזוֹר אַחֲרֵיהֶם, כְּגוֹן דָּגִים שֶׁנִּשְׁאֲרוּ בַּיַּבָּשָׁה, אוֹ צְבִי שָׁבוּר, אוֹ לְחַפֵּשׂ סִימָא בַּקַּרְקַע. שְׁתַּיִם שָׁלֹשׁ וְאַרְבַּע בְּבַת אַחַת. שׁוֹמֶרֶת קִישּׁוּאִים, וְטוֹוָה פִּשְׁתָּן, וּמְלַמֶּדֶת שִׁיר לְנָשִׁים בְּשָׂכָר, וּמְחַמֶּמֶת בֵּיצִים בְּחֵיקָהּ, אוֹ בֵּיצֵי תּוֹלָעִים הָעוֹשִׂים מֶשִׁי, שֶׁהַנָּשִׁים מְחַמְּמוֹת אוֹתָן בְּחֵיקָן, וְהֵם נוֹלָדִים. מַהוּ. מִי הָוֵי כְּעַל יְדֵי הַדְּחָק, אוֹ לָא? מַתְקִיף לָהּ רָבָא בַּר רַב חָנָן. אַדְּרַבִּי יְהוּדָה בֶּן בְּתֵירָא. **מתני'** וּמֵת חֲתָנוֹ. וְנָפְלָה לִפְנֵי יָבָם, וְהוּא תּוֹבֵעַ מַה שֶּׁפָּסְקוּ לְאָחִיו. יָכוֹל הוּא שֶׁיֹּאמַר כו'. אוֹ חֲלוֹץ אוֹ יַיבֵּם. אֲבָל אָחִיו – אוֹ יִתֵּן, אוֹ תֵּשֵׁב עַד שֶׁיַּלְבִּין רֹאשָׁהּ. הוּא פּוֹסֵק כְּנֶגְדָּן ט"ו מָנֶה. שֶׁלִּישׁ יוֹתֵר יְקַבֵּל עָלָיו לִכְתּוֹב בִּכְתוּבָּתָהּ, לְבַד תּוֹסֶפֶת שֶׁהוּא מוֹסִיף, לְפִי שֶׁמִּשְׂתַּכֵּר בָּהֶן. אֶלֶף דִּינָר הֵן עֲשָׂרָה מָנֶה. וּכְנֶגֶד הַשּׁוּם. אִם בָּא חָתָן לִכְתּוֹב קַבָּלָה עָלָיו, כְּנֶגֶד אֶלֶף דִּינָר שֶׁל שׁוּם שֶׁמַּכְנִיס לוֹ בְּגָדִים אוֹ כֵּלִים הַמִּשְׁתַּמְּשִׁין בָּהֶן, וְהֵן פּוֹחֲתִין, אוֹ פְּרַקְמַטְיָא. וְדֶרֶךְ הַנּוֹעָדִים לְמַזְמוּטֵי חָתָן לְשׁוּמָם יוֹתֵר מִשָּׁוְויָם, לִכְבוֹד הַכַּלָּה וּלְחַבְּבָהּ עַל בַּעְלָהּ. הוּא פּוֹסֵק פָּחוֹת חוֹמֶשׁ. לָא מִיבַּעְיָא דְּלָא מוֹסִיף, אֶלָּא שֶׁפּוֹחֵת. שֶׁאִם הִכְנִיסָה שׁוּם שֶׁל אֶלֶף דִּינָר – הוּא כּוֹתֵב ח' מֵאוֹת זוּז. שׁוּם בְּמָנֶה וְשָׁוֶה מָנֶה אֵין לוֹ אֶלָּא מָנֶה. הִכְנִיסָה שׁוּם לְקַבְּלוֹ עָלָיו בִּשְׁטַר הַכְּתוּבָּה בְּמָנֶה, וְהוּא שָׁוֶה מָנֶה בַּשּׁוּק לְכָל אָדָם – אֵין לוֹ לוֹמַר: תְּנוּ לִי עוֹד חֲמִישִׁיתוֹ, שֶׁהֲרֵי אָמְרוּ לִפְחוֹת חוֹמֶשׁ מִן הַשּׁוּם. לְפִי שֶׁלֹּא נֶאֶמְרוּ דְּבָרִים הַלָּלוּ אֶלָּא בְּשׁוּם שֶׁשָּׁמוּהוּ בְּבֵית חֲתָנִים וְהַנִּשּׂוּאִים. וּמִיהוּ, תּוֹסֶפֶת שְׁלִישׁ לֹא יוֹסִיף, שֶׁלֹּא אָמְרוּ לְהוֹסִיף שְׁלִישׁ אֶלָּא לִכְסָפִים, שֶׁהֵן רְאוּיִם לְהִשְׂתַּכֵּר מִיָּד. שׁוּם בְּמָנֶה הִיא נוֹתֶנֶת שְׁלֹשִׁים וְאֶחָד סֶלַע וְדִינָר. שׁוּם שֶׁהוּא מְקַבְּלוֹ בְּמָנֶה, שֶׁאָמְרוּ לוֹ: כְּתוֹב מָנֶה בַּכְּתוּבָּה, וְהִיא תַּכְנִיס לְךָ שׁוּם שֶׁל מָנֶה – צָרִיךְ שֶׁיְּשׁוּמוּ אוֹתוֹ בְּבֵית שֶׁל חֲתוּנָה שְׁלֹשִׁים וְאֶחָד סֶלַע וְדִינָר, דְּהָוֵי מָנֶה וְחוּמְשׁוֹ. וּבד' מֵאוֹת. שׁוּם שֶׁיְּקַבֵּל עָלָיו לִכְתּוֹב אַרְבַּע מֵאוֹת. הִיא נוֹתֶנֶת חֲמֵשׁ מֵאוֹת. לְפִי שׁוּמַת הַנּוֹעָדִים שָׁם. וּכְשֶׁחָתָן

תוספות

והא כי אתא רבי' כו'. זאת גרסת הקונטרס. וקשה: דמאי פריך דכי היכי דהעדפה הויא דבעל – ה"נ מציאתה הויא דבעל? והא בריש סוגיא משמע דכפי הוי מציאתה לעצמה מהעדפה, דקאמר: השתא העדפה אמר ר"ע דלעצמה – מציאתה לא כל שכן?! אם כן שפיר אפשר להיות דהעדפה לכולי עלמא הויא דבעל, ובמציאתה הויא פלוגתא! ועוד קשה לפירוש הקונטרס: דאמר רב פפא תירוץ הוא זה, לא הוה ליה למימר אלא מציאתה כהעדפה שעל ידי הדחק דמי, ולא הוה ליה למימר פלוגתא דרבי עקיבא ורבנן! ונראה כגרסת רבינו חננאל, דלא גרים "והא", אלא גרס: כי אתא רבין א"ר יוחנן בהעדפה שלא ע"י הדחק כו'. ומילתא באפי נפשה היא, ולפרושי פלוגתא דרבי עקיבא ורבנן אתא. דאיירי במתני' במציאתה ומעשה ידיה, ומפרש רבין דבהעדפה דמעשה ידיה שלא על ידי הדחק – כולי עלמא לא פליגי דבעל הוי, משום מעה כסף. כי פליגי בהעדפה דע"י הדחק, דהוי כעין מציאה, דפליגי נמי בה. דעל כרחך מציאה דאמר ר"ע לעצמה – מיירי בדלא בטלה ממלאכה, דאי בטלה ממלאכה – הויא חייבת שכר הפקעתה, דקא בטלה בשעת הגבהת מציאה. ועלה קאי רב פפא וקאמר: מציאתה כהעדפה שעל ידי הדחק דמי, כלומר הא לא קא מיבעיא ליה, דהא שמעינן מדרבא דקא מדמה לעיל מציאה להעדפה שע"י הדחק. ורבין דקאמר דפליגי בהעדפה ע"י הדחק – א"כ פליגי נמי במציאתה, כגון דמגבהת מציאה עם מעשה ידיה. אלא בעי רב פפא: עשתה לו שתים בבת אחת מהו? למציאתה מדמינן לה והוי לעצמה לר' עקיבא, או דלמא הוי של בעל, דכל זה הוא מעשה ידיה, כיון דהוי בשעת מלאכה, והוי במקום מעה כסף. והעדפה שעל ידי הדחק דאמר רבי עקיבא דהוי שלה – היינו שעושה מלאכה בשעה שבני אדם ישנים. תיקו. והא דלא קאמר רב פפא פשיטא לי מציאתה כהעדפה – משום דלא קאמר מציאה כהעדפה דע"י הדחק דמי מסברא דנפשיה, אלא ממילתיה דרבין. ר"ת.

מציאתה כהעדפה שעל ידי הדחק דמי. הכא משמע דמציאתה תחת מזונות כמו מעשה ידיה, מדמדמי מציאה להעדפה. ואף על גב דאמר בפ"ק דב"מ (דף יב:) דמציאת האשה לבעלה כי היכי דלא תיהוי לה איבה – לא קשה מידי. דמעשה ידיה נמי משום איבה הן, כדאמרינן בפ' "אע"פ" (לעיל דף נח: ושם): קסבר מזוני עיקר, ומעשה ידיה משום איבה. ומיהו, קשה: דאמרינן ב"האשה רבה" (יבמות דף צ: ושם) גבי לא זה וזה זכאין במציאתה ובמעשה ידיה, ומפרש טעמא בגמרא דאין זכאין במציאתה: טעמא מאי אמור רבנן מציאת אשה לבעלה – משום דלא תיהוי לה איבה, הכא – תיהוי לה איבה. וגבי מעשה ידיה קאמר: טעמא מאי אמור רבנן דמעשה ידיה לבעלה – משום דקא מיתזנא מינייהו, הכא לית לה מזוני. ואי מציאה תחת מזונות – ה"ל למנקט בתרוייהו חד טעמא, או משום איבה או משום דמיתזנא מינייהו.

אלא מעתה בייש סוסתו כו'. תימה: מאי פריך? והלא במתניתין אינו ניתן לאשה בושת שלם, ולאיש לבד דמי בשתו. אלא מחלק האשה נותנין לבעל. ואם כן, אם לא היתה האשה בת בושת, שלא היו נותנין לאשה – גם לבעל לא היה נותן כלום. ומאי פריך מבייש סוסתו, דלאו בת בושת היא?

עני בן טובים דאית להו זילותא לכל בני משפחה. שעליהם לשומרו מן המכים אותו. אבל עשיר בן טובים שאין עליהם לשמור אותו – אין מתביישין עליו בני משפחה.

פחות חומש. בקונטרס פירש שני טעמים; חדא – משום שפוחתין, ואותו טעם משמע מתוך הגמרא (לקמן דף סז.) דקאמר: מאי לאו בכלים של כסף דפחתי. ירושלמי נמי, אמר שמואל: שמו דעתה של אשה שהיא רוצה לכלות כליה. וטעם אחר – דדרך לשומם יותר חומש לכבוד הכלה, ולחבבה על בעלה. ונראה דזה הטעם דקדק מדאיצטריך לאשמועינן שומא רבה ושומא זוטא, דאם היתה עשירה דמשתמשת בכולן והן פוחתין – כך לי רבה כמו זוטא. אבל לטעמא ששמין יותר לכבוד הכלה – שייך לחלק בין רבה לזוטא, כמו שפי' בקונט' בגמ', ולכך נקט בקונטרס בגדים ופרקמטיא, בגדים – שמשתמשים בהן ופוחתין, ופרקמטיא – לאו דוקא לסחורה, דא"כ הוו כמו כספים והיה מוסיף שליש. (אלא לאו דוקא) אלא כלומר שאין משתמשין בהן, כגון בגדים שאינן תפורין וכיוצא בהן.

שום במנה ושוה מנה. פירש בקונטרס: שהכניסה לו שום לקבלו עליו בשטר הכתובה במנה, והיה שוה מנה בשוק לכל אדם. ופירושו מגומגם. ונראה כפירוש רבינו חננאל; דמיירי כגון שפסקה להכניס לו שום במנה שיכתוב לה בכתובתה, ולא ישוה אותו שום אלא מנה – אין לו אלא מנה בלבד, ואין צריך שישוה שלשים ואחד (א) ודינר. אבל שום במנה סתם – היא נותנת שלשים ואחד סלע ודינר. דהכי קאמרה ליה: שתכניס לו שום במנה, שיכתוב לה בכתובתה – הלכך צריכה להוסיף חומש.

וכשחתן

מסורת הש"ס: לעיל נט. לקמן ע. יבמות צג. קדושין סג. נדרים פה. | ב"ק נ. | [שם נא.] | גי' יעב"ץ ליה | [כתובות כד. וש"נ] | [עי' תוס' לעיל מז: ד"ה כתב לה וכו']

הגהות הב"ח: (א) תוס' ד"ה שום וכו' שלשים ואחד סלע ודינר כצ"ל וכן בסמוך.

עין משפט נר מצוה: ה א מיי' פכ"א מהלכות אישות הלכה ב סמג לאוין פא ועשין מח טור ש"ע אה"ע סי' פ סע"ח: ו ב טור אה"ע וב"י שם: ז ג ד מיי' פ"ג מהלכות חובל ומזיק הלכה ט סמג עשין ע טוש"ע ח"מ סי' תכ סעיף לח ומח: ח ה מיי' פכ"ג מהל' אישות הלכה טו סמג עשין מח טוש"ע אה"ע סימן נב סעיף א ב: ט ו מיי' פכ"ג הל' יא סמג שם טוש"ע שם סימן סו סעיף יא בהג"ה:

תוספות רי"ד (עמוד ימין): דמעשה ידיה היא אמר רבי עקיבא לעצמה מציאתה לא כ"ש דתנן קונם שאני עושה לפיך א"צ להפר רע"א יפר שמא תעדיף עליו יותר מן הראוי לו פי' ת"ק סבר א"צ להפר משום דמשעבדא לו ואין אדם אוסר דבר שאינו שלו ואפי' העדפה הוי דידיה ור"ע סבר יפר שהעדפה דידה הויא וחייל עלי' נדרה...

תוספות רי"ד (עמוד שמאל): ומציאתה נמי בלי דוחק הוי הלכך אי לא יהיב לה לבעל הוי איבה: אמר רב פפא מציאתה כהעדפה שעל ידי הדחק דמיא...

י א מיי' פכ"ג מהלכות אישות הל' טו סמג עשין מח טוש"ע אה"ע סימן נג סעיף א:
יא ב ג מיי' שם הלכה יא יב סמג שם טור ש"ע שם סי' סו סעיף יא:

שחתן פוסק – הוא פוסק פחות חומש.§ גמ' תנו רבנן: אין צריך לומר ראשון תלמיד חכם ושני עם הארץ. אלא, אפילו [א]ראשון עם הארץ ושני תלמיד חכם – יכול לומר: לאחיך הייתי רוצה ליתן, לך אי אפשי ליתן.§ פסקה להכניס לו אלף דינר כו'.§ היינו רישא! תנא שומא רבה, וקתני שומא זוטא. תנא שומא דידיה, וקתני שומא דידה.§ מתני' [ב]פסקה להכניס לו כספים – סלעה נעשה ששה דינרין. החתן מקבל עליו עשרה דינרים לקופה לכל מנה ומנה. רבן שמעון בן גמליאל אומר: [ג]הכל כמנהג המדינה.§ גמ' היינו פוסק כנגדם חמשה עשר מנה! תנא עסקא רבה, ותנא עסקא זוטא, וצריכא, דאי תנא עסקא רבה, דנפיש רווחא, אבל עסקא זוטא, דזוטר רווחא, אימא לא, צריכא. ואי אשמעינן עסקא זוטא, דזוטר זיונא, אבל עסקא רבה, דנפיש זיונא, אימא לא – צריכא.§ החתן מקבל עליו עשרה דינר לקופה.§ מאי קופה? אמר רב אשי; קופה של בשמים. ואמר רב אשי: לא נאמרו דברים הללו אלא בירושלים. בעי רב אשי: במנה הנישום או במנה המתקבל? את"ל מנה המתקבל – יום ראשון או כל יום ויום? את"ל כל יום ויום – שבת ראשונה או כל שבת ושבת? את"ל כל שבת ושבת – חדש ראשון או כל חדש וחדש? את"ל כל חדש וחדש – שנה ראשונה או כל שנה ושנה? תיקו. א"ר יהודה אמר רב: מעשה *בבתו של נקדימון בן גוריון שפסקו לה חכמים ארבע מאות זהובים לקופה של בשמים לבו ביום. אמרה להם: *כך תפסקו לבנותיכם, וענו אחריה אמן.§ ת"ר: מעשה ברבן יוחנן בן זכאי שהיה רוכב על החמור, והיה יוצא מירושלים, והיו תלמידיו מהלכין אחריו. ראה ריבה אחת שהיתה מלקטת שעורים מבין גללי בהמתן של ערביים. כיון שראתה אותו נתעטפה בשערה, ועמדה לפניו. אמרה לו: רבי פרנסני! אמר לה: בתי, מי את? אמרה לו: בת נקדימון בן גוריון אני. אמר לה: בתי, ממון של בית אביך היכן הלך? אמרה לו: רבי, לא כדין מתלין מתלא בירושלים: מלח ממון חסר, ואמרי לה: חסד. ושל בית חמיך היכן הוא? אמרה לו: בא זה ואיבד את זה. אמרה לו: רבי, זכור אתה כשחתמת על כתובתי? אמר להן לתלמידיו: זכור אני כשחתמתי על כתובתה של זו, והייתי קורא בה: אלף אלפים דינרי זהב מבית אביה, חוץ משל חמיה. בכה רבן יוחנן בן זכאי ואמר: אשריכם ישראל, בזמן שעושין רצונו של מקום – אין כל אומה ולשון שולטת בהם, ובזמן שאין עושין רצונו של מקום – מוסרן ביד אומה שפלה, ולא ביד אומה שפלה – אלא ביד בהמתן של אומה שפלה. ונקדימון בן גוריון לא עבד צדקה? והתניא: אמרו עליו על נקדימון בן גוריון, כשהיה יוצא מביתו לבית המדרש, כלי מילת היו מציעין

וכשחתן פוסק כו'. ואם שמו הם תחלה, והכניסה לו, בין שום קטן בין שום גדול – הוא כותב בשטר פחות חומש. ובגמרא מפרש לה ל"ל כל הני. גמ' תנא שומא רבה. דפחות חומש, רישא דתנא וכנגד השום דקאי אאלף דינר. וקתני שומא זוטא. שום במנה היא נותנת שלשים ואחד סלע ודינר. דלא תימא שומא רבה הוא דדרך השמאים להעלותו על שוויו. א"נ, שומא זוטא – איכא דמעלו ליה טפי, שלא תתבזה בעיני הנועדים. תנא שומא דידה וקתני שומא דידיה. היכא דקתני חתן פוסק – הרי שומא דידיה, כגון שהיא הכניסה קודם השום, והוא שם אותו בה' מאות. כשבא לכתוב – יכתוב ד' מאות, שאף הוא שם אותו אומש יותר על שוויו. שומא דידה. היכא דקתני היא נותנת, שהוא כתב הכתובה קודם שבא השום, ועכשיו היא מביאתו וקרוביה שמין אותו. וחתן פוסק דתנא תרי זימני – חד לשומא רבה וחד לשומא זוטא. מתני' פסקה להכנים לו כספים. שהן מוכנים לשכר מיד. סלעה נעשה. לכתוב בשטר הכתובה בששה דינר, יותר שליש, כדתנן לעיל. ובגמרא מפרש הא תו למה לי. לקופה. בגמרא מפרש, שיתן לה עשרה זוז לכל מנה ומנה שהיא מביאה לו, ויקנו לה מהם בשמים לרחוץ בהם בתמרוקי הנשים. שכך שיערו, שהאשה המביאה לבעלה מנה, ראויה היא לבשמים של עשרה זוז. ולא פירשו במשנה אם לכל יום, אם לכל שבת, אם לכל חדש, אם לכל שנה. גמ' עסקא. כספים קרי עסקא, שהם עומדים להשתכר בהם, להתעסק בהן תמיד. תנא עסקא רבה. אלף דינר, שיוסיף שליש ויכתוב ט"ו מנה. עסקא זוטא. סלעה נעשה ששה דינר. זיונא. יציאה והוצאות. בירושלים. היו נוהגות להתקשט בבשמים. במנה הנישום או במנה המתקבל. האי "לכל מנה ומנה" דקאמר – לפי חשבון השומא קאמר, או לפי חשבון שהוא מקבלן עליו, דהיינו פחות חומש. שבת ראשונה כו'. איני יודע ליישב סדר בעיות הללו לפי שיטת התלמוד. ונראה בעיני שכן סידרן: יום ראשון, או כל יום יום? ואם תמצא לומר כל יום ויום – שבת ראשונה, או כל שבת ושבת? ואת"ל כל שבת ושבת – חדש ראשון, או כל חדש וחדש? ואת"ל כל חדש וחדש – שנה ראשונה, או כל שנה ושנה? שפסקו לה חכמים. שמת בעלה, ובאת לב"ד לפסוק לה צרכיה מנכסיו. לבו ביום. לאורך יום אחד. ולא כדין מתלין מתלא. ולא כך היו מושלין משל בירושלים? מלח ממון חסר. הרוצה למלוח ממונו, כלומר לגרום לו שיתקיים – יחסרנו לצדקה תמיד, וחסרונו זהו קיומו. ואמרי לה חסד. יעשה ממנו חסד. ושל בית חמך לא עשו צדקה כראוי, וכלה ממונן. בא זה ואיבד זה. לפי שנתערב בו. חוץ משל חמיה. תוספת שהוסיף לה החתן. ערביים. קרי אומה שפלה, ששוכני אהלים הם במדבר. מציעין

וכשחתן פוסק פוסק פחות חומש. פי' ר"ת: כשהחתן מייחד לה כלים ושאר תשמישין תוספת לכתובתה, ובא לשומם ולכתוב שווייס בכתובתה – פוחת חומש, ששמים אותו יותר משוייס לכבוד החתן. ולטעם דפחתי – לפי שהיא משתמשת בהם כלים. תנא שומא רבה ושומא זוטא. שומא רבה ההוא דכנגד השום הוא פוסק, דקאי אאלף דינר. ושומא זוטא – היינו סיפא, דכשהחתן פוסק דמשמע פסיקא כל דהו. ובדידה נמי תנא שומא רבה ושומא זוטא; זוטא – היא נותנת שלשים ואחד, רבה – היא נותנת חמש מאות. ולר"י נראה כפירוש ר"ת, דלא קאי כנגד השום אאלף דינר, אלא כולל מה שאומר אח"כ. והא דפריך היינו רישא – קאי אשום במנה היא נותנת ל"א סלע ודינר, ובד' מאות היא נותנת חמש מאות, דתרווייהו אמאי איצטריך למיתני? וגרים הכי: תנא שומא זוטא וקתני שומא רבה, תנא שומא דידה ותנא שומא דידיה. וכשחתן פוסק – היינו שומא דידיה, ולא איצטריך למיתני שומא רבה ושומא זוטא בשומא דידיה, דאתרווייהו קאי וכשחתן פוסק. לא נאמרו דברים הללו אלא בירושלים. והא דאמרינן בפ' "טרף בקלפי" (יומא דף לט:): שלא היתה כלה צריכה להתבשם בירושלים מפני ריח הקטרת – ודאי צריח לא היו צריכות להתבשם, אבל צריכות היו לקופה של בשמים, לעדן הבשר ולהסיר השער ולפשט הקמטים. ר"ת. ואם תמצא לומר במנה המתקבל. וה"ה דמצי למימר אם תמצא לומר במנה הנישום. ליום ראשון או לכל יום ויום. הרבה תמיהות אלו הבעיות. דאם יתן לה לעולם, כדמסיק לכל שנה ושנה, עשר דינר לכל מנה ומנה ליום – כמה במהרה יכלה אותו הממון! אלא ודאי נראה דעשר דינר יתן לה לכל מנה להתקשט לעולם. ומיבעי ליה אם יתן לה בבת אחת, והיא תשמרנו להתקשט בו עד שתכלה, ומשם ואילך אין קצבה לתכשיטין, ויתן לפי כבודה – או לא יתן לה בבת אחת, אלא כדי קישוטה ליום. שפסקו לה ד' מאות זהובים לקופה של בשמים. אע"פ שלפי חשבון הכתוב בכתובתה אלף אלפים דינרי זהב היה להם לפסוק יותר, לפי חשבון עשר דינר למנה, כיון שלא היתה צריכה יותר – לא פסקו לה. וענו אחריה אמן. למעלה (דף סה.) לא ענו אחריה, שלא היה בעלה חי. אבל כאן, שהיה חי – ענו אחריה אמן, ובעלה הטיל על חכמים שיפסקו לה. זהב

תוספות רי"ד

שפסק לו וגם אם היה רוצה לעגן את בתו עד שיפרענו היה יכול כדאמרינן בשלהי מס' תשב עד שתלבין ראשה ועכשיו שמת חתנו אין היבם יכול לכופו וגם לא לעגן את בתו אלא אומר לו או כנוס בלא כלום או חלוץ: ת"ר אין צריך לומר ראשון ת"ח ושני ע"ה אלא אפילו ראשון ע"ה ושני ת"ח י"ל לאחיך הייתי רוצה ליתן וכו': מתני' פסקה להכנים לו אלף דינר הוא פוסק ט"ו מנה וכנגד השום הוא פוסק פחות חומש שום מנה ושוה מנה א"ל אלא מנה שום במנה נותנת לו (מאה) [ל"א סלע] ודינר בד' מאות נותנת ה' מאות ומה שחתן פוסק [הוא פוסק] פחות חומש: פסקה להכנים לו כספים [סלעה נעשה ששה] דינרים והחתן מקבל עליו י' דינרים לקופה לכל מנה [ומנה] רשב"ג אומר הכל כמנהג המדינה פי' אם פסקה והתנית עמו שתתן לו אלף זוז הוא כותב בשטר כתובתה שהכניסה לו אלף ות"ק שהן ט"ו מנה ואם תתאלמן או תתגרש היא גובה אלף ות"ק והטעם מפורש בירושל' מפני שמשתכר בהן וכן אם הכניסה לו פרקמטיא ששוה אלף דינרים הוא פוסק עליו וכותב בשטר כתובתה אלף ות"ק כדאמר לקמן בגמרא (ושומא) [גמלים] של ערבי' ה"ה ככספים א) והטעם מפני שהוא משתכר בהן וכנגד השום הוא פוסק פחות חומש פי' כמו שמוסיף שליש על הכספים כך הוא פוחת חומש משומת הכלים שאם מכנסת לו כלים ששום אלף זוז ונישומו אלף זוז כפי מה ששוין למכור בשוק אינו מקבל עליו לכתוב בכתובתה אלא פחות חומש דהיינו ח' מאות והטעם מפרש בירושלמי מפני שהאשה מבלה אותן ולובשתן והן פוחתין ונאבדים והוא חייב באחריותן תקנו לפסוק ולכתוב פחות חומש וזו היא שומא ששם ומקבל עליו אחריות וזה מדבר בדבר שלא פסקה בשעת אירוסין ליתן לו אלא מה שנותנים לו בשעת הנשואין ואתא לאשמועינן שעל כל שוה חמשה הוא כותב בשטר כ"א ד' מפני שהן עתידין לכלות והוא חייב באחריותן ומכאן מוכח שפחת הבלאות על הבעל ולאפוקי ממאן דמפרש ביבמות בפרק אלמנה לכ"ג דתנן התם אם מתו מתו לו בעבדי צאן ברזל ודייק טעמא דמת דליתנהו הא איתנהו ופחתו מדמיהן לא משלם לה פחתה דכל נצ"ב (ודייק טעמא) נוטלת בליאותה כמות שהן ולא משלם פחתייהו ומ"ה לא תני אם פחתו פחתו לו וליתא דהכא משמע דאפילו פיחתא מקבל עילוי' ומפני זה פוחתין לו לכתוב פחות חומש: שום במנה ושוה מנה א"ל אלא מנה פי' זה מדבר על הפסק שפסקה לו בשעת אירוסין וארישא דמתניתין קאי דקתני פסקה להכנים לו כספים וה"ק פסקה להכנים לו כלים שום במנה שישוו מנה אין לו לבעל לתבוע ממנה אלא כלים שישומו לו במנה אע"פ שהוא לא יכתוב בשטר הכתובה (שום במנה) אלא שמונים דינר ולא מצי למימר הב לי כלים שישוה וישומו טפי ממנה שאכתוב בשטר הכתובה

תוספות רי"ד

הכתובה שום במנה דכיון דהכי קא"ל שום במנה ושוה מנה לא התנת לו אלא שתתן לו כלים השוים ונישומים מנה ולא כשומא שכתב הוא בשטר הכתובה פסקה לי' שום במנה נותנת ל"א ודינר פי' אבל אם פסקה לו שתכנים לו כלים שום במנה כיון שלא פירשה ושוה מנה בודאי במנה הכתוב קא"ל הלכך נותנת לו ל"א סלע ודינר כשיפחות הוא החומש כדין החתן יכתוב בשטר הכתובה מנה א' וזה שומא דידה כמה חייבת להכנים לו. בד' מאות נותנת ה' מאות פי' אם פסקה להביא לו שום בד' מאות כיון שלא אמרה שוה ד' מאות נותנת לו ת"ק שיכתוב הוא בכתובתה ד' מאות והיינו הך אלא תני שומא זוטא גבי דידה ותני שומא רבא: ומה שהחתן פוסק וכו' פי' זה מדבר בשומא דידי' שאם מכנסת לו כלים בעת הנשואין מה שפסקה ליתן לו הוא פוסק ומקבל עליו פחות חומש והיינו רישא דקתני וכנגד השום הוא פוסק פחות חומש דקמיירי בשומא דידיה אלא תנא רישא שומא רבא בשומא דידיה וקתני סיפא שומא זוטא: פסקה להכנים לו וכו' ומקשה היינו כותב כנגדן ט"ו מנה ומהדר תני עסקא רבא ותני עסקא זוטא וצריכא דאי אשמועינן עסקא רבא משום דנפיש רווחי' אבל עסקא זוטא דזוטא רווחי' אימא לא צריכא. ואי אשמועינן עיסקא זוטא דזוטר זיוני' פי' הוצאתו וטרחו אבל עיסקא רבא דנפיש זיוני' אימא לא צריכא: והחתן מקבל עליו וכו' מאי קופה אר"א

א) לפניט בגמ' לקמן ליתא דהרי הן ככספים רק לאשה גובה פרנא מהם אך דרש"י ז"ל פירש כן וע"ש בתוס' ד"ה גמלים.

[תוספתא פ"ה ע"ש]

[לעיל סה.]

מַצִּיעִין תַּחְתָּיו, וּבָאִין עֲנִיִּים וּמְקַפְּלִין אוֹתָן מֵאַחֲרָיו! אִיבָּעֵית אֵימָא: לִכְבוֹדוֹ הוּא דַּעֲבַד, וְאִיבָּעֵית אֵימָא: *כִּדְבָעֵי לֵיהּ לְמֶיעֱבַד לָא עֲבַד. *כִּדְאָמְרִי אֱינָשֵׁי: לְפוּם גַּמְלָא שִׁיחֲנָא. תַּנְיָא, *אָמַר ר' אֶלְעָזָר בְּרַבִּי צָדוֹק: *אֶרְאֶה בְּנֶחָמָה אִם לֹא רְאִיתִיהָ שֶׁהָיְתָה מְלַקֶּטֶת שְׂעוֹרִים מִבֵּין טַלְפֵי סוּסִים בְּעַכּוֹ, קָרָאתִי עָלֶיהָ מִקְרָא זֶה °"אִם לֹא תֵדְעִי לָךְ הַיָּפָה בַּנָּשִׁים צְאִי לָךְ בְּעִקְבֵי הַצֹּאן וּרְעִי אֶת גְּדִיֹּתַיִךְ", אַל תִּקְרֵי "גְּדִיֹּתַיִךְ" אֶלָּא "גְּוִיּוֹתַיִךְ". § אָמַר רַב שֶׁמֶן בַּר אַבָּא אָמַר ר' יוֹחָנָן: הִכְנִיסָה לוֹ זָהָב — שָׁמִין אוֹתוֹ, וַהֲרֵי הוּא כְּשָׁוְיוֹ. מֵיתִיבֵי: הַזָּהָב הֲרֵי הוּא כְּכֵלִים. מַאי לָאו — כְּכֵלִים שֶׁל כֶּסֶף, דְּפָחֲתֵי! לָא, כְּכֵלִים שֶׁל זָהָב, דְּלָא פָּחֲתֵי. א"כ כְּכֵלָיו מִיבָּעֵי לֵיהּ! וְעוֹד, תַּנְיָא: *זָהָב — הֲרֵי הוּא כְּכֵלִים, דִּינָרֵי זָהָב — הֲרֵי הֵן כִּכְסָפִים. רַבָּן שִׁמְעוֹן בֶּן גַּמְלִיאֵל אוֹמֵר: בְּמָקוֹם שֶׁנָּהֲגוּ שֶׁלֹּא לְפוֹרְטָן — שָׁמִין אוֹתָן, וַהֲרֵי הֵן כְּשָׁוְיֵיהֶן. רשב"ג אַהֵיָּיא? אִילֵימָא אַסֵּיפָא — מִכְּלָל דְּתַנָּא קַמָּא סָבַר אֲפִי' בְּמָקוֹם שֶׁנָּהֲגוּ שֶׁלֹּא לְפוֹרְטָן? הָא לָא נָפְקִי! אֶלָּא לָאו — אַרֵישָׁא, וְהָכִי קָאָמַר: זָהָב הֲרֵי הוּא כְּכֵלִים, מַאי כֵּלִים — כֵּלִים שֶׁל כֶּסֶף, רשב"ג אוֹמֵר: הֲרֵי הוּא כְּדִינָרִין שֶׁל זָהָב בְּמָקוֹם שֶׁנָּהֲגוּ שֶׁלֹּא לְפוֹרְטָן? לָא, לְעוֹלָם אַסֵּיפָא, וְדְנָפְקִי ע"י הַדְּחָק. וּבְהָא קָמִיפַּלְגִי; מָר סָבַר: כֵּיוָן דְּנָפְקִי — מַשְׁבְּחִינַן לָהּ, וּמָר סָבַר: כֵּיוָן דְּלָא נָפְקִי אֶלָּא ע"י הַדְּחָק — לָא מַשְׁבְּחִינַן לָהּ. אִיבָּעֵית אֵימָא: כּוּלָּהּ רשב"ג הִיא, וְחַסּוּרֵי מִיחַסְּרָא וְהָכִי קָתָנֵי: זָהָב הֲרֵי הוּא כְּכֵלִים, דִּינָרֵי זָהָב הֲרֵי הֵן כִּכְסָפִים. בד"א — בְּמָקוֹם שֶׁנָּהֲגוּ לְפוֹרְטָן, אֲבָל בְּמָקוֹם שֶׁנָּהֲגוּ שֶׁלֹּא לְפוֹרְטָן — שָׁמִין אוֹתָם וַהֲרֵי הֵן כְּשָׁוְיֵיהֶן, דִּבְרֵי רשב"ג שֶׁרַבָּן שִׁמְעוֹן בֶּן גַּמְלִיאֵל. אוֹמֵר: בְּמָקוֹם שֶׁנָּהֲגוּ שֶׁלֹּא לְפוֹרְטָן — שָׁמִין אוֹתָם וַהֲרֵי הֵן כְּשָׁוְיֵיהֶן. מ"מ, כְּכֵלָיו מִיבָּעֵי לֵיהּ! קַשְׁיָא. אִיבָּעֵית אֵימָא: הָכָא בְּמַאי עָסְקִינַן — בְּדַהֲבָא פְּרִיכָא. רַב אַשִׁי אָמַר: בִּמְמָלָא. אָמַר רַבִּי יַנַּאי: בְּשָׂמִים שֶׁל אַנְטוֹכְיָא הֲרֵי הֵן כִּכְסָפִים. אָמַר רַבִּי שְׁמוּאֵל בַּר נַחְמָנִי אָמַר רַבִּי *יוֹחָנָן: [א]גְּמַלִּים שֶׁל עֲרַבְיָא אִשָּׁה גּוֹבָה פַּרְנָא מֵהֶם. אָמַר רַב פַּפִּי: הָנֵי תּוֹתְבֵי דְּבֵי מִכְסֵי — אִשָּׁה גּוֹבָה פַּרְנָא מֵהֶם. וְאָמַר רַב פַּפִּי הָנֵי שַׁקֵּי דְּרוּדְיָא וְאַשְׁלֵי דִּקְמְחוּנְיָא אִשָּׁה גּוֹבָה פַּרְנָא מֵהֶן, אָמַר רָבָא: מֵרֵישׁ הֲוָה אָמִינָא הָנֵי אַרְנָקֵי דְּמְחוֹזָא אִשָּׁה גּוֹבָה פַּרְנָא מֵהֶם, מַאי טַעֲמָא — אַסְמַכְתַּיְיהוּ עֲלַיְיהוּ, כֵּיוָן דַּחֲזַאי דְּשָׁקְלֵי לְהוּ וְנָפְקֵי, וְכִי מַשְׁכְּחֵי אַרְעָא זַבְנֵי בְּהוּ — אָמִינָא: אַסְמַכְתַּיְיהוּ אַאַרְעָא הוּא. §

מתני' [ב]הַמַּשִּׂיא אֶת בִּתּוֹ סְתָם לֹא יִפְחוֹת לָהּ מֵחֲמִשִּׁים זוּז. [ג]פָּסַק לְהַכְנִיסָהּ עֲרוּמָּה — לֹא יֹאמַר הַבַּעַל — כְּשֶׁאַכְנִיסֶנָּה לְבֵיתִי אֲכַסֶּנָּה בִּכְסוּתִי, אֶלָּא מְכַסָּהּ וְעוֹדָהּ בְּבֵית אָבִיהָ. [ד]וְכֵן הַמַּשִּׂיא אֶת הַיְתוֹמָה — לֹא יִפְחוֹת לָהּ מֵחֲמִשִּׁים זוּז, אִם יֵשׁ בַּכִּיס — מְפַרְנְסִין אוֹתָהּ לְפִי כְבוֹדָהּ. §

גמ' אָמַר אַבַּיֵי: *חֲמִשִּׁים זוּזֵי פְּשִׁיטֵי. מִמַּאי — מִדְּקָתָנֵי סֵיפָא: [ה]אִם יֵשׁ בַּכִּיס — מְפַרְנְסִין אוֹתָהּ לְפִי כְבוֹדָהּ. וְאָמְרִינַן: מַאי כִּיס? אָמַר רַחֲבָה: אַרְנָקִי שֶׁל צְדָקָה. וְאִי סָלְקָא דַּעְתִּין חֲמִשִּׁים זוּזֵי מַמָּשׁ — אִם יֵשׁ בַּכִּיס כַּמָּה יָהֲבִינַן לָהּ? אֶלָּא שְׁמַע מִינָּהּ חֲמִשִּׁים זוּזֵי פְּשִׁיטֵי. ת"ר: *[ו]יָתוֹם וִיתוֹמָה שֶׁבָּאוּ לְהִתְפַּרְנֵס — מְפַרְנְסִין אֶת הַיְתוֹמָה, וְאַחַר כָּךְ מְפַרְנְסִין אֶת הַיָּתוֹם, מִפְּנֵי שֶׁהָאִישׁ דַּרְכּוֹ לַחֲזוֹר עַל הַפְּתָחִים, וְאֵין אִשָּׁה דַּרְכָּהּ לַחֲזוֹר. [ז]יָתוֹם וִיתוֹמָה שֶׁבָּאוּ

רש"י

מַצִּיעִין תַּחְתָּיו. תַּחַת רַגְלָיו לְהַלֵּךְ עֲלֵיהֶם. לְפוּם גַּמְלָא שִׁיחֲנָא. לְפִי כֹּחַ הַגָּמָל יַטְעִינוּהוּ מַשָּׂא. אִם לֹא תֵדְעִי. אִם לֹא תִּתְּנִי לֵב כְּנֶסֶת יִשְׂרָאֵל לִשְׁמוֹר אֶת הַתּוֹרָה לְכִי לָךְ וגו' סוֹפֵךְ לָצֵאת בְּעִקְבֵי הַצֹּאן וְלִרְעוֹת אֶת גְּדִיּוֹתַיִךְ. זָהָב. חֲתִיכוֹת זָהָב. וַהֲרֵי הוּא כְּשָׁוְיוֹ. לֹא יוֹסִיף שְׁלִישׁ וְלֹא יִפְחוֹת חוֹמֶשׁ. זָהָב הֲרֵי הוּא כְּכֵלִים. זָהָב שָׁבוּר הֲרֵי הוּא כְּכֵלִים. וּמְפָרֵשׁ וְאָזֵיל מַאי כֵּלִים. דִּינָרֵי זָהָב. שֶׁהֵן טְבוּעִין. הֲרֵי הֵן כִּכְסָפִים. לְהוֹסִיף שְׁלִישׁ, לְפִי שֶׁמְּזוּמָּנִים לְשָׂכָר. לְפוֹרְטָן. שֶׁיֵּשׁ לָהֶן קִצְבַּת מַטְבֵּעַ לְהַחֲלִיפָן תָּמִיד בְּדִינָרֵי כֶסֶף וּבִפְרוּטוֹת לְהוֹצָאָה וְלִסְחוֹרָה. (א)דְּפָחֲתֵי. לְפִי שֶׁמִּשְׁתַּמְּשִׁין בָּהֶן, וְהוּא מְקַבְּלָן בִּפְחוֹת חוֹמֶשׁ. אִי נֵימָא אַסֵּיפָא. אַדִּינָרֵי זָהָב. וְאִיבָּעֵית אֵימָא. כְּכֵלִים שֶׁל כֶּסֶף דְּפָחֲתֵי. וְלָא תִּקְשֵׁי לְר' יוֹחָנָן, דְּכִי אָמַר רַבִּי יוֹחָנָן — בִּגְרוּטָאוֹת גְּדוֹלוֹת, וּמַתְנִיתִין בְּדַהֲבָא פְּרִיכָא — גְּרוּטָאוֹת דַּקּוֹת שֶׁנּוֹפֵל מֵהֶן כְּשֶׁמִּשְׁתַּמְּשִׁין בָּהֶן. בִּמְמָלָא. דַּק דַּק שֶׁל זָהָב, שֶׁקּוֹרִין פלאל"א. בְּשָׂמִים שֶׁל אַנְטוֹכְיָא. הוּא עִיקַּר סְחוֹרָתָן, וְאִשָּׁה שֶׁהִכְנִיסָה לְבַעְלָהּ שׁוּם מֵהֶם — הֲרֵי הֵן כִּכְסָפִים לְהוֹסִיף שְׁלִישׁ. פַּרְנָא. רֶיוַח שְׁלִישׁ. תּוֹתְבֵי דְּבֵי מִכְסֵי. שְׂמָלוֹת שֶׁל אוֹתוֹ מָקוֹם. אַשְׁלֵי. חֲבָלִים. אַרְנָקֵי דִּמְחוֹזָא. כִּיסִין מְלֵאִין מָעוֹת. פַּרְנָא. לָזֶה שָׁמַעְתִּי כְּתוּבָּה מִנִּכְסֵי יְתוֹמִים, וְלָא אָמְרִינַן מִטַּלְטְלֵי דְּיַתְמֵי לָא מִשְׁתַּעְבְּדִי לְבַעַל חוֹב. אַסְמַכְתַּיְיהוּ עֲלַיְיהוּ. וְגָבְיָין מִטַּלְטְלֵי כִּי הָנֵי, שֶׁהֵן לָהֶן בִּמְקוֹם קַרְקָעוֹת, לְפִי שֶׁבַּעֲלֵי סְחוֹרָה הֵם. דְּשָׁקְלֵי לְהוּ. הַנָּשִׁים הָאַלְמָנוֹת וְהַגְּרוּשׁוֹת שֶׁגּוֹבוֹת כְּתוּבָּתָן. אַאַרְעָא הוּא. וְאֵין גּוֹבוֹת אֶלָּא מִן הַקַּרְקַע מִן הַיְתוֹמִים. **מתני'** וְכֵן הַמַּשִּׂיא אֶת הַיְתוֹמָה. גַּבָּאֵי צְדָקָה. **גמ'** זוּזֵי פְּשִׁיטֵי. זוּזֵי מְדִינָה, שְׁמוֹנָה מֵהֶן זוּז צוֹרִי. לְהִתְפַּרְנֵס. מְזוֹנוֹת שֶׁל צְדָקָה. שֶׁבָּאוּ

תוספות

זהב הרי הוא כשוויו. פירש ר"ת: דבכלי זהב מיירי, כגון נזמים וטבעות. וא"ת: מאי קאמר לא ככלים של זהב דלא פחתי, הא בכלים איירי! וי"ל, דהכי פירושו: מאי לאו ככלים דכסף דפחתי, דהא זהב, כיון שהיא לובשת תמיד נזמים וטבעות, אע"פ שאינם נפחתים – אשה רוצה להתקשט בהן ולהיות פוחתת חומש! ומשני: לא, ככלים של זהב דלא פחתי – פירוש: כגון כוסות וקערות של זהב, דאע"ג דכי משתמשי בהן פחתי כשל כסף. מיהו, אגב יוקרם אין משתמשין בהן תמיד. ובהנהו פשיטא שהם כשווין, דלא משתמשין בהם כולי האי, דפחתי. הכי נמי נזמים וטבעות משום קישוט שלהן אינה רוצה לפחות. ככליו מיבעי ליה – פי': שעומד בכלותיו ובחשיבותו, ואינו פוחת חומש. ומסיק: בדהבא פריכא. פירוש: ברייתא בדהבא פריכא איירי. פי': זהב שבור. והכי קתני: זהב שבור הרי הוא ככלים, דהיינו ככלים של זהב, כמו שאמר רבי יוחנן. אע"פ שהוא שבור, כיון שאינו פוחת – חשוב ככלים.

ממלא • זהב הניטל מן הארץ, ממולאו:

אלא ארישא. מדרבנן פריך.

גמלים של ערביא אשה גובה פרנא מהם. פי' בקונט': ריוח שליש, שהם ככספים, שמוסיף הבעל שליש. וקשה לר"ת: הה"ל למימר הרי הן ככספים, כדקאמר רבי ינאי! ונראה לו, דבכתובה איירי, שהאשה גובה כתובתה מהן, דאסמכתייהו עלייהו, כמו שפי' בקונטרס עצמו גבי ארנקי דמחוזא. ומכאן פוסקין דמטלטלי דידן משתעבדי לכתובה, דהוו כגמלים דערבי' ואשלי דקמחוניא דאסמכתייהו עלייהו. ואין נראה לר"ת: דאי כקרקע דמו כהני דשמעתא, א"כ אם מכרם הבעל תוליא אשתו מיד הלקוחות לאחר מותו. ואם כן לדבריהם בטלה תקנת השוק! אלא, מחמת תקנת הגאונים גביא ממטלטלי דיתמי, כמו שכתוב בכתב רב שרירא גאון.

אמר אביי חמשים זוזי פשיטי כו'. וא"ת: אמאי איצטריך למיפשט ממתני'? תפשוט מדרב יהודה אמר רב, דאמר בפרק קמא דקדושין (דף יא.): בשל דבריהם – כסף מדינה! וי"ל: דרב יהודה לא נתן סימן אלא אסילעין לחודייהו, ולא אזוזי ואמנה. דהא אמרינן ב"החובל" (ב"ק דף צ. ושם): התוקע לחבירו באזנו – נותן לו סלע, רבי יוסי הגלילי אומר: מנה. ואמרינן: מאי מנה – מנה צורי תנן, או מנה מדינה תנן? ופשט דמנה צורי תנן. ולא פריך מדרב יהודה. וכתובה נמי, אפילו למאן דאמר כתובה דרבנן – הוי מאתים זוז צוריים, כמו למאן דאמר דאורייתא, דלא פליגי (לקמן קי:) אלא בנשא אשה בארץ ישראל וגירשה בקפוטקיא, אם נותן ממעות ארץ ישראל או ממעות קפוטקיא. וכן מנה דאלמנה דהוי לכולי עלמא דרבנן הוי מנה צורי, כדמשמע בפרק קמא (לעיל יב:) גבי בית דין של כהנים גובים כו', דכתובת אלמנה מחלה כשל תורה. וחכ"א

תוספות רי"ד

אר"א קופה של בשמים אמר ר"א לא נאמרו דברים הללו אלא בירושלים פירוש ששם הנשים מתקשטות בבשמים ביותר: בעי ר"א במנה הנישום או במנה המתקבל שבת ראשונה או כל שבת ושבת חודש ראשון או כל חודש וחודש שנה ראשונה או כל שנה ושנה תיקו: אר"ש ב"נ אר"י גמלים של ערביא אשה גובה פורנא מהם א"ר פפי הני תותבי דבי מכסי אשה גובה פורנא מהן פי' כתובתה שאע"פ שאינה נגבית ממטלטלי אלא ממקרקעי כיון שמו"מ היה באלו המטלטלים וברוב כתוב' הם נמצאים כל אשה סמכא דעתה עליהן כמו שסומכין על הקרקע וגובה מהן: א"ר מריש הוה אמינא הני ארנקי במחוזא אשה גובה פורנא מהן מאי טעמא אסמכתייהו עלייהו כיון דחזי דשקילי להו ונפקי וכי משכחי ארעא זבני בהו אמינא שמע מיניה אסמכתא אקרקע היא פי' הנשים הגובות כתובתן כשהיו מגבין להם מהנהו ארנקי היו קונין בהן קרקע וכבר תיקנו הגאונים בישיבות שכתובת אשה ובע"ח גובין מטלטלין דיתמי דשביק אבוהון: **מתני'** המשיא את בתו סתם לא יפחות לה מנ' זוז פסק להכניסה ערומה לא יאמר הבעל כשתבואי לביתי אכסה [אותה] בכסות אלא מכסה ועודה בבית אביה וכן המשיא את היתומה לא יפחות לה מנ' זוז ואם יש בכים מפרנסים אותה לפי כבודה: אמר אביי נ' זוז פשיטי פי' חמשים זוז מדינה ממאי מדקתני אם יש בכים מפרנסים אותה לפי כבודה ואמרי' מאי כים וא"ר ארנקי של צדקה ואי ס"ד נ' זוז ממש אם יש בכים כמה יהבינן לה אלא ש"מ נ' זוז פשיטי. ת"ר יתום ויתומה שבאו להתפרנס מפרנסים (אותה לכ') את היתומה ואח"כ מפרנסים היתום מפני שהאיש דרכו לחזור ואין האשה דרכה לחזר. ואי קשיא הא תנן בפ"ב דהוריות האיש קודם לאשה להחיות ולהשב אבידה והאשה קודמת לאיש לכסות ולהוציאה מבית השביה ובזמן ששניהם עומדים בקלקלה האיש קודם לאשה בכל מעשיו פי' אשה קודמה לאיש לכסות מפני שבושת האשה מרובה משל האיש ללכת ערומה אבל למזונות האיש קודם וזה להחיות והיכי תני הכא מפרנסים היתומה קודם וא"ל האי פרנסה פרנסת כסות דא"כ אמאי תלי טעמא שאין האשה דרכה לחזר ת"ל משום שמתביישת היא בערמימותה י"ל ברייתא זו מיירי בעיר שיכול היתום לחזור ולהתפרנס אם לא ניתן לו מכים של צדקה ויותר גדולה בושת האשה לחזר משל איש ומתני' דהתם מיירי במדבר או בספינה שאינו מוצא לחזר ואם לא יפרנסנו ימות התם האיש קודם שחייב

עין משפט נר מצוה

יב א מיי' פט"ז מהל' אישות הלכה ז טור ש"ע אה"ע סימן ק סעיף א:

יג ב מיי' פ"כ שם הל' א [ופי"ג הל' ח] סמג עשין מח טוש"ע שם סימן נז סעיף א:

יד ג מיי' שם הלכה ב טוש"ע שם סעיף ב:

[עיין תוספות חגיגה טז: ד"ה אראה ורש"י מכות ה:]

טו ד ה מיי' פ"ח מהל' מתנות עניים הלכה טז סמג עשין קסב טוש"ע י"ד סימן רנ סעיף ב:

טז ו ז מיי' שם והלכה טו סמג שם טוש"ע י"ד סימן רנא סעיף ח:

מסורת הש"ס

תורה אור: [שיר השירים א] (ח)

[ע"ז יז:]

סוטה יג: לקמן קד.

[תוספתא פ"ה]

[תוספתא פ"ו]

ג"ל יונתן וכ"ה ברא"ש בקדושין

[לעיל סה:]

[תוספתא פ"ו]

הגהות הב"ח

(א) רש"י ד"ה דפחתי נ"ל קודם ד"ה דינרי:

עין משפט נר מצוה

יז א ב ג מיי' פ"ז מהל' מתנות עניים הל' ג ד סמג עשין קסב טוש"ע י"ד סימן רנ סעיף א:
יח ד (טוש"ע י"ד שם סעיף ז):
יט ה ו מיי' שם הלכה ט סמג שם טוש"ע שם סימן רנג סעיף ט:
כ ז מיי' שם טוש"ע שם סעיף י:
כא ח מיי' פ"י שם הל' ט סמג שם טוש"ע י"ד סי' רמט סעיף א:
כב ט טוש"ע שם סעיף א בהגה"ה:
כג י מיי' שם הלכה י טוש"ע שם סעיף ט:

שֶׁבָּאוּ לִינָּשֵׂא — מַשִּׂיאִין אֶת הַיְתוֹמָה וְאַחַר כָּךְ מַשִּׂיאִין אֶת הַיָּתוֹם, מִפְּנֵי שֶׁבּוֹשְׁתָּהּ שֶׁל אִשָּׁה מְרוּבָּה מִשֶּׁל אִישׁ.§ ת"ר: *[א]יָתוֹם שֶׁבָּא לִישָּׂא — שׂוֹכְרִין לוֹ בַּיִת וּמַצִּיעִין לוֹ מִטָּה וְכָל כְּלֵי תַּשְׁמִישׁוֹ, וְאַחַר כָּךְ מַשִּׂיאִין לוֹ אִשָּׁה, שֶׁנֶּאֱמַר: °"דֵּי מַחְסוֹרוֹ אֲשֶׁר יֶחְסַר לוֹ"; "דֵּי מַחְסוֹרוֹ" — זֶה הַבַּיִת, "אֲשֶׁר יֶחְסַר" — זֶה מִטָּה וְשֻׁלְחָן, "לוֹ" — זוֹ אִשָּׁה, וְכֵן הוּא אוֹמֵר: °"אֶעֱשֶׂה לּוֹ עֵזֶר כְּנֶגְדּוֹ".§ תָּנוּ רַבָּנַן: "דֵּי מַחְסוֹרוֹ" — [ב]אַתָּה מְצוּוֶּה עָלָיו לְפַרְנְסוֹ, וְאִי אַתָּה מְצוּוֶּה עָלָיו לְעַשְּׁרוֹ. "אֲשֶׁר יֶחְסַר לוֹ" — *[ג]אֲפִילּוּ סוּס לִרְכּוֹב עָלָיו, וְעֶבֶד לָרוּץ לְפָנָיו. אָמְרוּ עָלָיו עַל הִלֵּל הַזָּקֵן שֶׁלָּקַח לְעָנִי בֶּן טוֹבִים אֶחָד סוּס לִרְכּוֹב עָלָיו, וְעֶבֶד לָרוּץ לְפָנָיו. פַּעַם אַחַת לֹא מָצָא עֶבֶד לָרוּץ לְפָנָיו — וְרָץ לְפָנָיו שְׁלֹשָׁה מִילִין.§ תָּנוּ רַבָּנַן: *מַעֲשֶׂה בְּאַנְשֵׁי גָּלִיל הָעֶלְיוֹן [ד]שֶׁלָּקְחוּ לְעָנִי בֶּן טוֹבִים אֶחָד מִצִּיפּוֹרִי לִיטְרָא בָּשָׂר בְּכָל יוֹם. לִיטְרָא בָּשָׂר מַאי רְבוּתָא? אָמַר רַב הוּנָא: לִיטְרָא בָּשָׂר מִשֶּׁל עוֹפוֹת. וְאִיבָּעֵית אֵימָא: בְּלִיטְרָא בָּשָׂר מַמָּשׁ. רַב אַשִׁי אָמַר: הָתָם כְּפַר קָטָן הָיָה, בְּכָל יוֹמָא הֲוָה מַפְסְדֵי חֵיוְתָא אַמְטוּלְתֵּיהּ.§ הָהוּא דַּאֲתָא לְקַמֵּיהּ דְּרַבִּי נְחֶמְיָה, אֲמַר לֵיהּ: בַּמֶּה אַתָּה סוֹעֵד? א"ל: בְּבָשָׂר שָׁמֵן וְיַיִן יָשָׁן. רְצוֹנְךָ שֶׁתִּתְגַּלְגֵּל עִמִּי בַּעֲדָשִׁים? גִּלְגֵּל עִמּוֹ בַּעֲדָשִׁים — וָמֵת. אָמַר: אוֹי לוֹ לָזֶה שֶׁהֲרָגוֹ נְחֶמְיָה. אַדְּרַבָּה, אוֹי לוֹ לִנְחֶמְיָה שֶׁהֲרָגוֹ לָזֶה מִיבְּעֵי לֵיהּ! אֶלָּא, אִיהוּ הוּא דְּלָא אִיבָּעֵי לֵיהּ לְפַנּוּקֵי נַפְשֵׁיהּ כּוּלֵּי הַאי. הָהוּא דַּאֲתָא לְקַמֵּיהּ דְּרָבָא. אָמַר לוֹ: בַּמֶּה אַתָּה סוֹעֵד? אָמַר לוֹ: בְּתַרְנְגוֹלֶת פְּטוּמָה וְיַיִן יָשָׁן. אֲמַר לֵיהּ: וְלָא חָיְישַׁתְּ לְדוּחְקָא דְצִיבּוּרָא? א"ל: אַטּוּ מִדִּידְהוּ קָאָכֵילְנָא? מִדְּרַחֲמָנָא קָאָכֵילְנָא, דִּתְנַן: °"עֵינֵי כֹל אֵלֶיךָ יְשַׂבֵּרוּ וְאַתָּה נוֹתֵן לָהֶם אֶת אָכְלָם בְּעִתּוֹ", "בְּעִתָּם" לֹא נֶאֱמַר אֶלָּא "בְּעִתּוֹ", מְלַמֵּד שֶׁכָּל אֶחָד וְאֶחָד נוֹתֵן הקב"ה פַּרְנָסָתוֹ בְּעִתּוֹ. אַדְּהָכִי אֲתַאי אֲחָתֵיהּ דְּרָבָא, דְּלָא חַזְיָא לֵיהּ תְּלֵיסַר שְׁנֵי, וְאַתְיָא לֵיהּ תַּרְנְגוֹלֶת פְּטוּמָה וְיַיִן יָשָׁן. אֲמַר: מַאי דְּקַמָּא? א"ל: *נַעֲנֵיתִי לָךְ, קוּם אֱכוֹל. תָּנוּ רַבָּנַן: אֵין לוֹ וְאֵינוֹ רוֹצֶה לְהִתְפַּרְנֵס — נוֹתְנִין לוֹ לְשׁוּם הַלְוָאָה, וְחוֹזְרִין וְנוֹתְנִין לוֹ לְשׁוּם מַתָּנָה, דִּבְרֵי רַבִּי מֵאִיר. וַחֲכָמִים אוֹמְרִים: [ה]נוֹתְנִין לוֹ לְשׁוּם מַתָּנָה, וְחוֹזְרִין וְנוֹתְנִין לוֹ לְשׁוּם הַלְוָאָה. לְשׁוּם מַתָּנָה? הָא לָא שָׁקֵיל! אָמַר רָבָא: [ו]לִפְתּוֹחַ לוֹ לְשׁוּם מַתָּנָה. יֵשׁ לוֹ וְאֵינוֹ רוֹצֶה לְהִתְפַּרְנֵס — נוֹתְנִין לוֹ לְשׁוּם מַתָּנָה, וְחוֹזְרִין וְנִפְרָעִין הֵימֶנּוּ. חוֹזְרִין וְנִפְרָעִין הֵימֶנּוּ? תּוּ לָא שָׁקֵיל! אָמַר רַב פָּפָּא: לְאַחַר מִיתָה. ר"ש אוֹמֵר: [ז]יֵשׁ לוֹ וְאֵינוֹ רוֹצֶה לְהִתְפַּרְנֵס — אֵין נִזְקָקִין לוֹ. אֵין לוֹ וְאֵינוֹ רוֹצֶה לְהִתְפַּרְנֵס — אוֹמְרִים לוֹ: הָבֵא מַשְׁכּוֹן וְטוֹל, כְּדֵי שֶׁתָּזוּחַ דַּעְתּוֹ עָלָיו. *ת"ר: °"הַעֲבֵט" — זֶה שֶׁאֵין לוֹ וְאֵינוֹ רוֹצֶה לְהִתְפַּרְנֵס שֶׁנּוֹתְנִים לוֹ לְשׁוּם הַלְוָאָה, וְחוֹזְרִין וְנוֹתְנִין לוֹ לְשׁוּם מַתָּנָה. "תַּעֲבִיטֶנּוּ" — זֶה שֶׁיֵּשׁ לוֹ וְאֵינוֹ רוֹצֶה לְהִתְפַּרְנֵס, שֶׁנּוֹתְנִין לוֹ לְשׁוּם מַתָּנָה וְחוֹזְרִין וְנִפְרָעִין הֵימֶנּוּ לְאַחַר מִיתָה, דִּבְרֵי ר' יְהוּדָה. וַחכ"א: יֵשׁ לוֹ וְאֵינוֹ רוֹצֶה לְהִתְפַּרְנֵס, אֵין נִזְקָקִין לוֹ. וְאֶלָּא מָה אֲנִי מְקַיֵּים "תַּעֲבִיטֶנּוּ" — *דִּבְּרָה תּוֹרָה כִּלְשׁוֹן בְּנֵי אָדָם. *מָר עוּקְבָא [ח]הֲוָה עַנְיָא בְּשִׁיבָבוּתֵיהּ, דַּהֲוָה רְגִיל כָּל יוֹמָא דְּשָׁדֵי לֵיהּ אַרְבָּעָה זוּזֵי בְּצִינּוֹרָא דְּדַשָּׁא. (א)יוֹם אֶחָד אָמַר: אֵיזִיל אֶיחֱזֵי מַאן קָעָבֵיד בִּי הַהוּא טִיבוּתָא. הַהוּא יוֹמָא נַגְהָא לֵיהּ לְמָר עוּקְבָא לְבֵי מִדְרְשָׁא, אֲתְיָא דְּבֵיתְהוּ בַּהֲדֵיהּ. כֵּיוָן דַּחֲזַיוּהּ דְּקָא מַצְלֵי לֵיהּ לְדַשָּׁא — נְפַק בָּתְרַיְיהוּ. רְהוּט מִקַּמֵּיהּ, עַיְילֵי לְהַהוּא אַתּוּנָא דַּהֲוָה גְּרוּפָה נוּרָא, הֲוָה קָא מִיקְלְיָין כַּרְעֵיהּ דְּמָר עוּקְבָא. אָמְרָה לֵיהּ דְּבֵיתְהוּ: שְׁקוֹל כַּרְעָיךְ אוֹתֵיב אַכַּרְעַאי. חֲלַשׁ דַּעְתֵּיהּ. אָמְרָה לֵיהּ: אֲנָא שְׁכִיחְנָא בְּגַוֵּיהּ דְּבֵיתָא, *)וּמְקָרְבָא אַהֲנָיְיתִי. וּמַאי כּוּלֵּי הַאי? *דְּאָמַר מָר זוּטְרָא בַּר טוֹבִיָּה אָמַר רַב, וְאָמְרִי לָהּ אָמַר רַב הוּנָא בַּר בִּיזְנָא אָמַר ר"ש חֲסִידָא, וְאָמְרִי לָהּ א"ר יוֹחָנָן מִשּׁוּם רַבִּי שִׁמְעוֹן בֶּן יוֹחַי: נוֹחַ לוֹ לְאָדָם שֶׁיִּמְסוֹר עַצְמוֹ לְתוֹךְ כִּבְשַׁן הָאֵשׁ, וְאַל יַלְבִּין פְּנֵי חֲבֵרוֹ בָּרַבִּים. מְנָא לַן — מִתָּמָר. דִּכְתִיב: °"הִיא מוּצֵאת". מָר עוּקְבָא הֲוָה עַנְיָא בְּשִׁיבָבוּתֵיהּ דַּהֲוָה רְגִיל לְשַׁדּוּרֵי לֵיהּ אַרְבַּע מְאָה זוּזֵי כָּל מַעֲלֵי יוֹמָא דְּכִיפּוּרָא. יוֹמָא חַד שַׁדְּרִינְהוּ נִיהֲלֵיהּ בְּיַד בְּרֵיהּ, אֲתָא אֲמַר לֵיהּ: לָא צְרִיךְ. אֲמַר: מַאי חֲזֵית? חֲזַאי דְּקָא מְזַלְּפֵי לֵיהּ יֵין יָשָׁן. אֲמַר: מְפַנַּק כּוּלֵּי הַאי! עַיְיפִינְהוּ וְשַׁדְּרִינְהוּ נִיהֲלֵיהּ. כִּי קָא נִיחָא נַפְשֵׁיהּ אֲמַר: אַיְיתוּ לִי חוּשְׁבְּנַאי דִּצְדָקָה. אַשְׁכַּח דַּהֲוָה כְּתִיב בֵּיהּ שִׁבְעַת אַלְפֵי דִּינָרֵי **)סִיאָנְקֵי. אֲמַר: זְוַודַאי *קַלִּילֵי, וְאוֹרְחָא רְחִיקְתָּא. קָם בַּזְבְּזֵיהּ לְפַלְגֵּיהּ מָמוֹנֵיהּ. הֵיכִי עָבֵד הָכִי? *וְהָאָמַר ר' אֶילְעַאי, בְּאוּשָׁא הִתְקִינוּ: הַמְבַזְבֵּז — אַל יְבַזְבֵּז יוֹתֵר מֵחוֹמֶשׁ! [ט]הָנֵי מִילֵּי — מֵחַיִּים, שֶׁמָּא יֵרֵד מִנְּכָסָיו, אֲבָל לְאַחַר מִיתָה — לֵית לַן בָּהּ.§ *רַבִּי אַבָּא [י]הֲוָה צָיֵיר זוּזֵי בְּסוּדָרֵיהּ וּשְׁדֵי לֵיהּ לַאֲחוֹרֵיהּ, וּמַמְצֵי נַפְשֵׁיהּ לְבֵי עַנְיֵי, וּמְצַלֵּי עֵינֵיהּ מֵרַמָּאֵי. רַבִּי חֲנִינָא הֲוָה הַהוּא עַנְיָא דַּהֲוָה רְגִיל לְשַׁדּוּרֵי לֵיהּ אַרְבָּעָה זוּזֵי כָּל מַעֲלֵי שַׁבְּתָא. יוֹמָא חַד שַׁדְּרִינְהוּ נִיהֲלֵיהּ בְּיַד דְּבֵיתְהוּ. אֲתַאי אָמְרָה לֵיהּ: לָא צְרִיךְ. מַאי חֲזֵית? שְׁמַעִי דַּהֲוָה קָאָמְרִי לֵיהּ: בַּמֶּה אַתָּה סוֹעֵד, בְּטַלֵּי

*) [תענית כג: ושם איתא הגייתה] **) [גי' הערוך זיינקי פי' מטבע טוב]

תורה אור: דברים טו; בראשית ב; תהלים קמה

שבאו לינשא. משל צדקה, דאמרינן לקמן: "אשר יחסר לו" – זו אשה. משל עופות. שדמיהן יקרים והוא היה מעונג. בליטרא בשר. שהיה בשר ביוקר, והיה צריך בשר בדמי ליטרא מעות. כפר קטן היה. ואין המותר נמכר. אמטולתיה. בשבילו. והיינו רבותא, ולעולם במשקל ליטרא בשר קאמר. ההוא דאתא. עני המבקש פרנסה. במה אתה סועד. מה אתה רגיל לאכול בסעודתך. בעתו. הכל לפי מה שהוא צריך, כל יחיד ויחיד לפי לימודו. אמר רבא מאי דקמא. מה דבר זה שאירע לפני עתה, שלא הייתי רגיל בכך, שבאת זו לכאן ותרנגולת ויין ישן בידה. נעניתי לך. דברתי יותר מדאי. אין לו. משלו. ואינו רוצה להתפרנס. משל צדקה. יש לו ואינו רוצה להתפרנס. משלו, אלא משל צדקה, ומסגף עצמו ברעב. שתזוח דעתו עליו. יגבה לבו לומר: דעתם לחזור ולגבות הימני, הואיל ותבעוני משכון – אין זו אלא הלואה, ויטול בלא בושת. שיאמר: אין לי משכון, והם יאמרו: טול בלא משכון. צינורא דדשא. חור שבמפתן, וציר הדלת סובב בו. ההוא יומא. אותו היום שנתן העני לבו לדעת מי נותנם לו. כיון דחזא. העני. אנא שכיחנא בגו ביתא. ועניים מוצאין אותי, לפיכך זכותי גדול. ומקרבא הנייתי. הנאתי מזומנת, שאני מחלקת לחם ובשר ומלח. אבל אתה נותן מעות לעניים, והם טורחים וקונים סעודה. מאי כולי האי. למה להם לברוח ולכנס לתנור? היא מוצאת. "והיא שלחה" וגו'. אע"פ שבאתה לישרף, לא גילתה הדבר אלא אם כן יגלה הוא, ואם לא יגלה – נשרפת. עייפינהו. כפלינהו. סיאנקי. שם מקום. זוודאי קלילי. צידה קלה הכינותי לדרך רחוקה שאני יוצא לה. ומצלי עיניה. ומטה עיניו כלפי אחוריו, לראות שלא יבא רמאי ויטלנה, שעושה עצמו עני, והעניים באים ומתירים אותם. בטלי

וחכ"א יש לו ואינו רוצה להתפרנס אין נזקקין לו. הני חכמים הם ר"ש דלעיל, וא"ת: והא לית ליה לר' שמעון דברה תורה כלשון בני אדם במסכת ראש השנה (דף מ.), ועוד, הא דדרשינן בפרק "אלו מציאות" (ב"מ דף לא:) "הקם תקים" "השב תשיב" אפי' מאה פעמים – אטו כולהו דלא כר"ש? ואומר ר"י: דכל היכא דאיכא למידרש – דרשינן, ולא אמרינן דברה תורה כלשון בני אדם אלא הכא, דלא מסתבר ליה למדרש כרבנן, דקרא משמע דבאין לו מיירי, כדכתיב "די מחסורו"*.

דכתיב היא מוצאת. רבינו חננאל גריס מולת, בלא אל"ף, לשון "וילת אם בליון" (איכה ד). בטלי

[וע"ע תוס' ב"מ לא: ד"ה דברה ועי' בתוס' סוטה כד: ד"ה ור' יונתן ותוס' מנחות יז: ד"ה מאי באריכות]

תוספות רי"ד

שחייב במצות ודיקא נמי דקתני להחיות אלמא אינו קודם אלא במקום שאין לו חיות במקום אחרת אבל במקום שיכול לחזר האשה קודמת: ת"ר יתום ויתומה שבאו להנשא משיאים את היתומה ואח"כ היתום מפני שבשתה של אשה מרובה משל איש ת"ר יתום שבא לישא שוכרים לו בית ומציעים לו מטה וכל כלי תשמישו ואח"כ משיאין לו שנאמר די מחסורו אשר יחסר (לו) זו מטה ושולחן. לו זו אשה וכה"א אעשה לו עזר כנגדו ת"ר די מחסורו אתה מצווה עליו לפרנסו ואי אתה מצווה לעשרו אשר יחסר לו אפילו סוס לרכוב ועבד לרוץ לפניו. מעשה בהלל הזקן שלקח לעני בן טובים סוס לרכוב עליו ועבד לרוץ לפניו פעם אחת לא רצה עבד לרוץ לפניו ורץ לפניו ג' מילין. ת"ר אין לו ואינו רוצה להתפרנס משל אחרים נותנים לו לשם הלואה וחוזרים ונותנים לשם מתנה דברי ר"מ יש לו ואינו רוצה להתפרנס נותנים לו לשם מתנה וחוזרים ונפרעים ממנו לאחר מיתה ר"ש אומר יש לו ואינו רוצה להתפרנס אין נותנים לו: ת"ר העבט זה שאין לו ואינו רוצה להתפרנס שנותנים לו לשם הלואה וחוזרים ונותנים לו לשם מתנה תעביטנו זה שיש לו ואינו רוצה להתפרנס שנותנים לו לשם מתנה וחוזרים ונפרעים ממנו לאחר מיתה דברי ר"י וחכ"א יש לו ואינו רוצה להתפרנס אין נותנים לו כל עיקר אלא מה אני מקיים תעביטנו דברה תורה כלשון בני אדם: אר"א באושא התקינו המבזבז אל יבזבז יותר מחומש וה"מ מחיים

מסורת הש"ס

[תוספתא פ"ו]
[תוספתא פאה פ"ד]
שם
[ברכות כח. תענית כ:]
ב"מ לא: דברים טו
[קדושין יז: וש"נ]
[ב"ב י.]
ברכות מג: סוטה י: ב"מ נט.
בראשית לח
[עי' ב"ק ו: ומש"ש בס"ד על הגליון]
לעיל נ. ערכין כח.
[ב"ב י:]

הגהות הב"ח

(א) גמ' בצינורא דדשא יומא חד אמר:

בטלי כסף או בטלי זהב? אמר: היינו דאמר רבי אלעזר: בואו ונחזיק טובה לרמאין, שאלמלא הן היינו חוטאין בכל יום, שנאמר: "וקרא עליך אל ה' והיה בך חטא". *ותני רבי חייא בר רב מדיפתי, רבי יהושע בן קרחה אומר: [א]כל המעלים עיניו מן הצדקה — כאילו עובד עבודה זרה. כתיב הכא: "השמר לך פן יהיה דבר עם לבבך בליעל וגו'", וכתיב התם: "יצאו אנשים בני בליעל", מה להלן עבודה זרה — אף כאן עבודה זרה. ת"ר: *המסמא את עינו, והמצבה את בטנו, *והמקפח את שוקו — אינו נפטר מן העולם עד שיבא לידי כך. [ב]המקבל צדקה ואין צריך לכך — סופו אינו נפטר מן העולם עד שיבא לידי כך. *תנן התם: [ג]אין מחייבין אותו למכור את ביתו ואת כלי תשמישו. ולא? והתניא: [ד]היה משתמש בכלי זהב — ישתמש בכלי כסף, בכלי כסף — ישתמש בכלי נחושת! אמר רב זביד: לא קשיא; הא — במטה ושולחן, הא — בכוסות וקערות. מאי שנא כוסות וקערות דלא — דאמר: מאיסי לי, מטה ושולחן נמי אמר: לא מקבל עילאי! [ה]אמר רבא בריה דרבה: *במחרישה דכספא. רב פפא אמר: לא קשיא; [ו]כאן — קודם שיבא לידי גיבוי, כאן — לאחר שיבא לידי גיבוי.§

מתני' [ז]יתומה שהשיאתה אמה או אחיה מדעתה, וכתבו לה במאה או בחמשים זוז — יכולה היא משתגדיל להוציא מידן מה שראוי להנתן לה. רבי יהודה אומר: אם השיא את הבת הראשונה — ינתן לשניה כדרך שנתן לראשונה. וחכ"א: פעמים שאדם עני והעשיר, או עשיר והעני, אלא: [ח]שמין את הנכסים ונותנין לה.§

גמ' אמר שמואל: *[ט]לפרנסה — שמין באב. מתיבי: הבנות ניזונות ומתפרנסות מנכסי אביהן. כיצד? אין אומרים: אילו אביה קיים כך וכך היה נותן לה, אלא שמין את הנכסים ונותנין לה. מאי לאו — פרנסת הבעל? אמר רב נחמן בר יצחק: לא, [י]בפרנסת עצמה. הא ניזונות ומתפרנסות קתני, מאי לאו: אחת פרנסת הבעל ואחת פרנסת עצמה?! לא, אידי ואידי בפרנסת עצמה, ולא קשיא; הא — באכילה ובשתיה, והא — בלבושא וכיסויא. תנן, וחכ"א: פעמים שאדם עני והעשיר או עשיר והעני, אלא שמין הנכסים ונותנין לה. מאי עני ומאי עשיר? אי נימא עני — עני בנכסים, עשיר — עשיר בנכסים, מכלל דתנא קמא סבר אפילו עשיר והעני כדמעיקרא יהבינן לה, הא לית ליה! אלא לאו, עני — עני בדעת, עשיר — עשיר בדעת, וקתני שמין את הנכסים ונותנין לה, אלמא לא אזלינן בתר אומדנא, ותיובתא דשמואל! הוא דאמר כרבי יהודה. דתנן, רבי יהודה אומר: אם השיא בת הראשונה ינתן לשניה כדרך שנתן לראשונה. ונימא הלכה כרבי יהודה! אי אמר הלכה כרבי יהודה הוה אמינא דוקא השיאה, דגלי דעתיה, אבל לא השיאה לא, קמ"ל טעמא דר' יהודה דאזלינן בתר אומדנא, לא שנא השיאה ולא שנא לא השיאה, והאי דקתני השיאה להודיעך כחן דרבנן, דאע"ג דהשיאה וגלי דעתיה, לא אזלינן בתר אומדנא. א"ל רבא לרב חסדא: *דרשינן משמך [כ]הלכה כר' יהודה. א"ל: *)יהא רעוא כל כי הני מילי מעלייתא תדרשו משמאי. ומי אמר רבא הכי? *והתניא, רבי אומר: בת הניזונת מן האחין נוטלת עישור נכסים, ואמר רבא: הלכתא כרבי! לא קשיא; הא — דאמידניה, הא — דלא אמידניה. הכי נמי מסתברא דאמר רב אדא בר אהבה: מעשה ונתן לה רבי אחד משנים עשר בנכסים, קשיין אהדדי, אלא לאו ש"מ הא דאמידניה הא דלא אמידניה, ש"מ. גופא, אמר רבי: בת הניזונת מן האחין נוטלת עישור נכסים. אמרו לו לרבי: לדבריך, מי שיש לו עשר בנות ובן, אין לו לבן במקום בנות כלום! אמר להן: כך אני אומר: [ל]ראשונה נוטלת עישור נכסים, שניה במה ששיירה, ושלישית במה ששיירה, וחוזרות וחולקות בשוה —
כל

*) [ביצה כח. יבמות פ.]

תורה אור: דברים טו; שם; שם יג

רש"י

בטלי כסף או בטלי זהב. (א)במפות של פשתן צבועות או בשל משי צבועות. **היינו חוטאים.** שאנו מעלימין עין מן העניים, אבל עכשיו — הרמאים גורמים לנו. **המסמא את עינו.** מראה את עצמו כאילו עינו סמויה. **מקפח שוקו.** כאילו שוקו נכוולת. **אין מחייבין אותו למכור כו'.** רישא דמתניתין, מי שיש לו מאתים זוז לא יטול לקט שכחה ופאה. **אין מחייבין אותו למכור כו'.** להשלים מאתים זוז, כדי שלא יטול. **כאן קודם שיבוא לידי גיבוי.** הא דתנן אין מחייבין — מעיקרא קאי, כשבא ליטול לקט ולא היו לו מאתים זוז, ואם היה מוכר כלי תשמישו היה משיג למאתים זוז — אין מחייבין אותו למכור. והא דתנן מחייבין — לאחר שבא לידי גיבוי, לאחר שהביא עצמו לידי כך שבית דין גובין הימנו, כגון שהיה לו מאתים זוז ונטל לקט שכחה ופאה, ונודע שעשיר היה — ב"ד באין וגובין הימנו מה שנטל, ואם אין לו כדי לשלם — מוכר כלי תשמישו היקרים ומשתמש בפחותים. **לידי גיבוי.** שבית דין גובין הימנו. **מתני' מדעתה.** רבותא קמ"ל, דאע"פ שנתרצית — אין מחילתה מחילה. **מה שראוי ליתן לה.** עישור נכסים. **אם השיא.** האב בחייו את הבת הראשונה. **ינתן כו'.** בין שהוא עישור, בין שהוא פחות, בין שהוא יותר. **גמ' לפרנסה שמין באב.** הבת יתומה שבאת לינשא — נותנים לה נדוניא כפי אומד שאנו בקיאין בחבה, וותרן או קמצן. **פרנסת הבעל.** נדוניא של נשואין. **פרנסת עצמה.** מזונות, בעודה אצל אחין. **הא באכילה ושתיה כו'.** שמין הנכסים, אם עני הוא — נותנין לה כפי מה ששנינו ב"אף על פי" (לעיל דף סד:) במשרה את אשתו על ידי שליש, ואם הנכסים מרובים — הכל לפי הכבוד. **עני בדעת.** אין בדעתו ליתן לה נדוניית עשיר, אלא נדוניית עני. **נוטלת עישור נכסים.** ולא שמין באב. **הכי גרסינן. לא קשיא הא דאמידניה הא דלא אמידניה.** הא דקאמר רבי עישור נכסים בדלא אמידניה לאב, שלא גר ביניהו ולא עמדנו על סוף דעתו אם וותרן אם קמצן. **הכי נמי מסתברא.** דהיכא דאמידניה מודה רבי דשמין באב. **ראשונה.** קא סלקא דעתין הבאה ראשונה לינשא.
כל

[ב"ב י. [תוספתא פאה פ"ד]; [תוספתא שם]; [כתוספ' אות' והמעברה]; [פאה פ"ח מ"ח]; ב"מ קיג: [פי' מחריסה שמגרדין בו בבית המרחץ עי' תוס' ב"מ קיג. סוף ד"ה ואת המחריסה]; לעיל נ: [ועי' מ"ש תוס' שם ד"ה ומאי]; [ביצה כח. פירש"י נדרים משמך] נדרים לט:]

תוספות

בטלי כסף או בטלי זהב. והא דלא עייפינהו ושדרינהו כמו מר עוקבא דלעיל — משום דבהנך דברים לא שייך פינוק, אלא ודאי עשיר היה. **טלי זהב.** מפה צבועה בתולעת שני, אדומה כזהב, דומיא דההיא ד"השוכר את האומנין" (ב"מ עח:). **כאן לאחר שבא לידי גיבוי.** פי' בקונט': שנטל לקט שכחה ופאה, ונודע שהיה עשיר, ובאין בית דין לגבות מה שנטל. אף על גב דהוי ממון שאין לו תובעין — איכא למימר דמשום קנסא גובין ממנו. ואפילו את"ל בעלמא כהאי גוונא בבעל חוב מסדרין ואין מחייבין אותו למכור, הכא משום קנסא — מחייבין אותו למכור. (ב) ור"ת פי': קודם שיבא לידי גיבוי — שאינו נוטל מקופה של צדקה אלא מדברים שהם של הפקר, כגון לקט שכחה ופאה. וכאן לאחר שבא לידי גיבוי — שנוטל מקופה של צדקה — מחייבין אותו למכור. וקשה קצת: דמשנה דאין מחייבין אותו למכור גבי לקט שכחה ופאה, ומשמע דברייתא נמי דמחייבת אותו למכור, גבי לקט שכחה ופאה מתניא. **מאי לאו בפרנסת הבעל.** קצת קשה לרשב"א: דהשתא לא הוי שמין את הנכסים דניזונת ומתפרנסת שוה, דלענין פרנסה הוי שמין את הנכסים לתת לה עישור נכסים, ולענין ניזונת שמין את הנכסים אם עני הוא, ונותנים, כמו שמפורש ב"אע"פ" (לעיל דף סד:) במשרה אשתו על ידי שליש, ואם הנכסים מרובים — הכל לפי הכבוד. **לא בפרנסת עצמה.** שאין שמין אותו באב, הואיל ועל כרחו מתחייב בתנאי בית דין. אבל פרנסת הבעל — אין תלוי אלא בדעתו, כדאמרינן לקמן: האומר אל יתפרנסו בנותיו מנכסיו — שומעין לו, ולכך שמין אותה באב. **אי נימא עני עני בנכסים כו'.** והשתא אתי שמואל שפיר כרבנן, דרבנן נמי סברי דשמין באב. והכי קאמר: פעמים שאדם עשיר בשעה שנתן לראשונה, ועכשיו העני בנכסים, ולא היה נותן לזאת כמו שנתן לראשונה. ולית לן למימר ינתן לשניה כדרך שנתן לראשונה, אלא שמין את הנכסים, כלומר ונותנין לפי מה שהיה נותן האב עכשיו מנכסים מועטים הללו, והיינו שמין באב. ופריך: מכלל דת"ק סבר כו', הא לית ליה, כלומר: לית ליה כמו שהיה לו מתחלה — ודאי הוא שלא נותן עכשיו כמו שנתן מתחלה. ובהא ודאי לא א"ר יהודה ינתן לשניה כו', אלא לאו, עני — עני בדעת. והשתא אין לפרש שמין את הנכסים שישומו באב.
כל

עין משפט נר מצוה

כד א מיי' פ"י מהלכות מתנות עניים הלכה ג סמג עשין קסב טוש"ע י"ד סימן רמז סעיף א:
כה ב מיי' שם הל' יט סמג שם טוש"ע י"ד סימן רנה סעיף ב
כו ג ד ה ו מיי' פ"ט שם הלכה יד סמג שם טוש"ע י"ד סימן רנג סעיף א:
כז ז ח מיי' פ"כ מהל' אישות הלכה יב סמג לאוין פא טוש"ע אה"ע סי' קיג סעיף ז:
כח ט מיי' שם הלכה ג סמג שם טוש"ע אה"ע סימן קיג סעיף א:
כט י מיי' פי"ט שם הלכה יא טוש"ע אה"ע סימן קיב סעיף ו:
ל כ מיי' פ"כ שם הלכה ג טוש"ע אה"ע סימן קיג סעיף א:
לא ל מיי' שם הלכה ד טוש"ע שם סעיף ד.

תוספות רי"ד

שלא ירד מנכסיו אבל לא"מ ל"ל בה עיין בפ' נערה: תני ר' חייא בר רב מדיפתא כל המעלים עינו מן הצדקה כאילו עובד עבודת כוכבים כתיב הכא עם לבבך בליעל וכתיב התם יצאו אנשים בני בליעל מה להלן עבודת כוכבים אף כאן עבודת כוכבים: ת"ר המסמא את עינו המצבה כריסו והמקפח את שוקו כדי לקבל צדקה (עד) אינו נפטר מן העולם עד שיבוא לידי כך: תנן התם אין מחייבין אותו למכור את ביתו ואת כלי תשמישו ולא והתניא היה משתמש בכלי זהב ישתמש בכלי כסף בכלי כסף ישתמש בכלי נחושת אמר רב פפא לא קשיא כאן קודם שיבוא לידי גיבוי כאן לאחר שיבוא לידי גבוי פי' הא דתנן אין מחייבין אותו למכור כ"ז שמפרנסין אותו בצנעא שלא (א) הגיע להתפרנס ממה שגובים הפרנסים לקופה של צדקה אבל אם הגיע למדה זו אין נותנים לו אלא אחר שימכור: **מתני'** יתומה שהשיאוה אמה או אחיה לדעתה וכתבו לה במאה או בחמשים זוז יכולה היא משתגדיל להוציא מידן מה שראוי ליתן לה רי"א אם השיא הבת ראשונה ינתן לשניה כדרך שנתן לראשונה וחכ"א פעמים שאדם עני והעשיר או עשיר והעני אלא שמין את הנכסים ונותנים לה. פי' האי דתני לדעתה משום דשלא לדעתה אין נשואיה נשואין כדתנן ביבמות בפרק ב"ש השיאוה שלא לדעתה א"צ למאן. מה שראוי ליתן לה פי' עישור נכסים כדמפרש בברייי'. רי"א אם השיא האב את הראשונה ומת ינתן לב' כדרך שנתן לא' בין יותר מע"נ בין אם הוא פחות כדעת האב אנו נותנים. וחכ"א פעמים שאדם עני והעשיר שיביא האומד פחות מע"נ או עשיר והעני שיבוא האומד יותר מע"נ והלכך אין הולכים אחר האימוד אלא שמין הנכסים כמה הן ונותנים לה מהן העישור: א"ש לפרנסה שמין באב פי' לפרנסת נדוניא הבת הבאה לינשא מנכסי אביה לאחר מותו שמין ואומדים דעתו אם היה קיים כמה היה נותן לה וכפי אותו האימוד נותנין לה היורשים תנן וחכ"א פעמים וכו' מאי עני ומה עשיר אילימא עשיר בנכסים עני בנכסים מכלל דת"ק סבר אפי' עשיר והעני כדמעיקרא יהבינן ליה והא לית ליה אלא לאו עשיר בדעת עני בדעת וקתני שמין את הנכסים ונותנים לה אלמא לא אזלינן בתר אומדנא ותיובתא דשמואל. הוא דאמר כר"י דתנן ר"א אם השיא וכו' ולימא הלכה כר"י או אמר הל' כר"י הו"א דוקא השיא דגליא דעתי' אבל לא השיא לא קמ"ל טעמי' דר"י דאזלינן בתר אומדנא ל"ש השיא ול"ש לא השיא והאי דקתני השיא להודיעך כחן דרבנן דאע"ג דהשיא וגליא דעתי' ל"א בתר אומדנא א"ל רבא לר"ח דרשי' משמך הלכה כר"י א"ל יהא רעווא דכל הני מילי מעלייתא תדרשו משמי ומי אמר רבא הכי והתניא רבי אומר בת הניזונית מן האחין נוטלת ע"נ ואמר רבא הלכה כרבי ל"ק הא דאמדינן הא דלא אמדינן פי' שלא נוכל לאמוד את דעתו הג"מ דאמר ראב"א מעשה היה ונתן לה רבי אחד מי"ב בנכסים והא ר' ע"נ קאמר אלא לאו ש"מ הא דאמדינן והא דלא אמדינן וכך הל' דאזלינן בתר אומדן דעתו דאב בין להוסיף על ע"נ בין לגרוע ויש גאונים שאומרים דכי אזלינן בתר אומדן דעתא ה"מ לפחות מע"נ כמעשה דר' שנתן לה אחת מי"ב אבל להוסיף לא מצינו בפי' שמוסיפין על ע"נ וי"א דאזלינן בתר אומדנא בין להוסיף בין לגרוע וכך נ"ל דאי ר"י לא אמר שמוסיפים האיך השיבוהו חכמים פעמים שאדם עשיר והעני אלא לאו ש"מ שמעי' לר"י דאמר דיהבינן לה כ"כ באומדן דעתא דאב ואפילו טפי מע"נ וא"ל חכמים אפילו השיא הבת ראשונה וגילה דעתו לא אזלינן בתר אומדנא אלא יהבינן לה ע"נ ותו לא ור"י אפילו להוסיף קאמר וכיון דאיפסיקא הלכה כוותיה אם מגיע האומד להוסיף מוסיפים ור"ח ז"ל אמר [הלכתא] כשמואל דקאי כר"י דהלכה כוותיה ואסיקנא דנותנים כפי מה שאומדים דעת האב ולא סמכינן כמה שנתן לבתו ראשונה שהשיא אלא אומדין דעתו ואינו נ"ל דהיכא אמדינן דעתיה היכא דלא השיא אבל אי השיא אמוד ועומד הוא וא"צ אומד אחר דהכי אמרינן אי אמר הלכה כר"י ה"א דוקא השיא דגליא דעתא אבל לא השיא לא קמ"ל אלמא טפי עדיף למיקם אדעתי' אם השיא ממה שלא השיא ותו דרבנן פליגי עלי' דר"י היכא דהשיא דלא אזלי' בתר אומדנא דידה ואמרינן פעמים שאדם עשיר בדעת וכיון דפסקי' הלכה כר"י ליתא לדרבנן אלא ודאי היכא דהשיא א"צ אמוד אחר אלא ינתן כמעשה דר' שנתן לראשונה: מיהו הא מיבעי לי אם מת והניח בן ובת ואם יתרצה ליתן לזו הבת כדרך שנתן לראשונה או כפי אומדן דעתו נוטלת כל הנכסים ואין לבן כלום עקרי' ירושת הבן מפני הבת אי לא והנכון בעיני דעד כאן לא אמר אלא כשהנכסים מרובים דלא שקילי בת כבן אבל לאלומה לבת למישקל טפי מבן ל"א רבנן ודי לה שתטול כאחד הבנים (והרב אומר שגם בזה אזלינן לפי אומד האב אפילו שלא ישאר לבן כלום). גופא בת הניזונית מאחין ר"א נוטלת ע"נ א"ל לדבריך מי שיש לו עשר בנות ובן אין לו לבן במקום הבנות כלום א"ל כך אני אומר ראשונה נוטלת ע"נ ושניה במה ששיירה הא' והג' במה ששיירה הב' וחוזרות וחולקות
בשוה

(א) וכן פירש הרי"ף כאן והר"ש בפ"ת דפיאה וקרוב לזה פירש הרמב"ם ז"ל.

הגהות הב"ח

(א) רש"י ד"ה בטלי וכו' במפות. נ"ב וכן פרש"י על פסוק במות טלאות ביחזקאל סימן טז: (ב) תוס' ד"ה כאן וכו' ור"ת. נ"ב ס"א ור"ת:

לב א מיי' פ"כ מהל' אישות הלכה ד טור ש"ע אה"ע סימן קיג סעיף ד:

לג ב מיי' שם הלכה יג סמג לאוין פא טור ש"ע שם סי' קיב סע"א:

לד ג ד ה ו מיי' שם טוש"ע שם סימן קיג סעיף ז:

לה ז מיי' פי"ט שם הל' יג סמג לאוין פא טוש"ע שם סימן קיב סעיף י:

לו ח מיי' פ"כ שם הל' י סמג שם טוש"ע שם סי' קיג סעיף י:

כָּל חֲדָא וַחֲדָא דְּנַפְשָׁהּ שָׁקְלָה! הָכִי קָאָמַר: אִם בָּאוּ כּוּלָּם לְהִנָּשֵׂא כְּאַחַת — חוֹלְקוֹת בְּשָׁוֶה. מְסַיֵּיעַ לֵיהּ לְרַב מַתָּנָה, דְּאָמַר רַב מַתָּנָה: אִם בָּאוּ לְהִנָּשֵׂא כּוּלָּם כְּאַחַת — נוֹטְלוֹת עִישּׂוּר אֶחָד. עִישּׂוּר אֶחָד סָלְקָא דַּעְתָּךְ?! [א]אֶלָּא: נוֹטְלוֹת עִישּׂוּר כְּאֶחָד. ת"ר: [ב]הַבָּנוֹת, בֵּין בָּגְרוּ עַד שֶׁלֹּא נִישְּׂאוּ וּבֵין נִישְּׂאוּ עַד שֶׁלֹּא בָּגְרוּ — אִיבְּדוּ מְזוֹנוֹתֵיהֶן, וְלֹא אִיבְּדוּ פַּרְנָסָתָן, דִּבְרֵי רַבִּי. ר' שִׁמְעוֹן בֶּן אֶלְעָזָר אוֹמֵר: אַף אִיבְּדוּ פַּרְנָסָתָן. כֵּיצַד הֵן עוֹשׂוֹת? שׂוֹכְרוֹת לָהֶן בְּעָלִים וּמוֹצִיאִין לָהֶן פַּרְנָסָתָן. אָמַר רַב נַחְמָן, אֲמַר לִי הוּנָא: הִלְכְתָא כְּרַבִּי. אֵיתִיבֵיהּ רָבָא לְרַב נַחְמָן: יְתוֹמָה שֶׁהִשִּׂיאָתָהּ אִמָּהּ אוֹ אַחֶיהָ מִדַּעְתָּהּ, וְכָתְבוּ לָהּ בְּמֵאָה אוֹ בַּחֲמִשִּׁים זוּז — יְכוֹלָה הִיא מִשֶּׁתַּגְדִּיל לְהוֹצִיא מִיָּדָם מַה שֶּׁרָאוּי לְהִנָּתֵן לָהּ. טַעְמָא — [ג]דִּקְטַנָּה, [ד]הָא גְּדוֹלָה — וִיתְּרָה! לָא קַשְׁיָא, הָא — [ה]דִּמְחַאי, הָא — דְּלָא מְחַאי. הָכִי נַמִי מִסְתַּבְּרָא, דְּאִם כֵּן קַשְׁיָא דְּרַבִּי אַדְּרַבִּי. דְּתַנְיָא, רַבִּי אוֹמֵר: בַּת הַנִּיזּוֹנֶת מִן הָאַחִין — נוֹטֶלֶת עִישּׂוּר נְכָסִים. [ו]נִיזּוֹנֶת — אִין, שֶׁאֵינָהּ נִיזּוֹנֶת — לָא! אֶלָּא לָאו ש"מ: הָא — דִּמְחַאי, הָא — דְּלָא מְחַאי, ש"מ. אֲמַר לֵיהּ רָבִינָא לְרָבָא: אָמַר לָן רַב אַדָּא בַּר אַהֲבָה מִשְּׁמָךְ: בָּגְרָה אֵינָהּ צְרִיכָה לִמְחוֹת. נִישֵּׂאת אֵינָהּ צְרִיכָה לִמְחוֹת. בָּגְרָה וְנִישֵּׂאת צְרִיכָה לִמְחוֹת. מִי אֲמַר רָבָא הָכִי? וְהָא אֵיתִיבֵיהּ רָבָא לְרַב נַחְמָן יְתוֹמָה, וְשַׁנֵּי לֵיהּ: הָא דְּמָחֵי הָא דְּלָא מָחֵי! לָא קַשְׁיָא; הָא דְּקָא מִיתְזְנָא מִינַּיְיהוּ, הָא דְּלָא קָא מִיתְזְנָא מִינַּיְיהוּ. אָמַר רַב הוּנָא, אָמַר רַבִּי: פַּרְנָסָה אֵינָהּ כִּתְנַאי כְּתוּבָּה. מַאי אֵינָהּ כִּתְנַאי כְּתוּבָּה? אִי נֵימָא דְּאִילּוּ פַּרְנָסָה טָרְפָא מִמְּשַׁעְבְּדֵי, וּתְנַאי כְּתוּבָּה לָא טָרְפָא מִמְּשַׁעְבְּדֵי — מַאי קמ"ל? *הָא מַעֲשִׂים בְּכָל יוֹם מוֹצִיאִין לְפַרְנָסָה וְאֵין מוֹצִיאִין לִמְזוֹנוֹת! וְאֶלָּא, דְּאִילּוּ פַּרְנָסָה גָּבְיָא נַמִי מִמְּטַלְטְלֵי, וּתְנַאי כְּתוּבָּה מִמְּקַרְקְעֵי גָּבְיָא מִמְּטַלְטְלֵי לָא גָּבְיָא — לְרַבִּי אִידִי וְאִידִי מִיגְּבָא גָּבְיָא, דְּתַנְיָא: *אֶחָד נְכָסִים שֶׁיֵּשׁ לָהֶן אַחֲרָיוּת — וְאֶחָד נְכָסִים שֶׁאֵין לָהֶן אַחֲרָיוּת מוֹצִיאִין לִמְזוֹן הָאִשָּׁה וְלַבָּנוֹת, דִּבְרֵי רַבִּי. אֶלָּא מַאי פַּרְנָסָה אֵינָהּ כִּתְנַאי כְּתוּבָּה? לְכִדְתַנְיָא, [ז]הָאוֹמֵר: אַל יָזוּנוּ בְּנוֹתָיו מִנְּכָסָיו — אֵין שׁוֹמְעִין לוֹ. [ח]אַל יִתְפַּרְנְסוּ בְּנוֹתָיו מִנְּכָסָיו — שׁוֹמְעִין לוֹ. שֶׁהַפַּרְנָסָה אֵינָהּ כִּתְנַאי כְּתוּבָּה.

תָּלָה

כל חדא וחדא דנפשה שקלה. וא"ת: וכי משום דנישאת קודם דנפשה שקלה? למה לא נחשוב על פי הבנות הנותרות כאילו היו כולן נישאות בבת אחת: וי"ל: דעישור נכסים יהבינן משום דסתם בני אדם כך נותנים לבנותיהם. ואילו היה האב קיים — היה נותן עישור נכסים לראשונה, ולא היה פוחת לה בשביל האחרות הנשארות. **בין** נישאו עד שלא בגרו כו'. לית ליה דרב דאמר בסוף "נערה" (לעיל דף נג: ושם): הויה דאירוסין. דאי אית ליה — הוה ליה למימר נתארסו עד שלא בגרו, דהוי רבותא טפי. וליכא למימר דנקט נישאו לאשמועינן דאפ"ה לא איבדו פרנסתן — דא"כ לשמעינן דאפילו נישאו ובגרו לא אבדו פרנסתן. ודוחק לומר דמשום ר"ש בר' אלעזר דאמר אף איבדו פרנסתן, נקט נישאו. **הא** דמחאי. לא מצי לשנויי הא דמיתזנא מינייהו, כדמשני לקמן, דאיבדו מזונותיהן — משמע דאין רוצין עוד לזונן. **ומי** אמר רבא הכי והא איתיביה כו'. קשה לרשב"א: אמאי לא פריך מדפסק לעיל רבא כרבי, דאמר: בת הניזונת מן האחין — נוטלת עישור נכסים, ניזונת — אין, שאינה ניזונת — לא! **והא** מעשים בכל יום כו'. וא"ת: דלמא הא דמעשים בכל יום היינו משום דרבי אמרה! וי"ל: שאמרה רב הונא בבית המדרש לשום חידוש משמו של רבי. וכה"ג איכא בפ' "במה בהמה" (שבת דף נב.). אע"ג דרב מספקא ליה ורבי יוחנן נמי פליג לקמן: האחין ששעבדו נכסים מהו — בימי רב לא איפשיטא אותה הוראה עדיין. **דאילו** פרנסה טרפא ממשעבדי. ששעבדו האחין ולא ששעבד האב, ותנאי כתובה לא טרפא ממשעבדי, אפי' שעבדו האחין, כדתנן: אין מוציאין כו'. **לרבי** אידי ואידי גביא. וליכא למימר איפכא, דפרנסה אינה כמזונות, דלרבי מזונות גביא ממטלטלי ולא פרנסה — דכיון דמזונות גביא ממטלטלי, כל שכן פרנסה, דהא רבא פסיק לעיל כר"י דפרנסה שמין באב, וגביא ממטלטלי, וגבי מזונות פסיק לקמן ממקרקעי ולא ממטלטלי. **מאי** פרנסה אינה כתנאי כתובה לכדתניא. תימה: דאמאי לא קאמר נמי דפרנסה אינה כתנאי כתובה, לענין דאם נישאו או בגרו איבדו מזונותיהן, ולא איבדו פרנסתן, כדאמר רבי גופיה לעיל! ולענין דפרנסה שמין באב לרבי, אי אמידניה, ומזונות אמרינן לעיל דאין אומדין אם היה אב כו', אלא שמין את הנכסים ונותנין להן! וי"ל: דהנך פשיטא ליה, ואיכא למיפרך והא מעשים בכל יום כו', כדפריך לעיל. ור"ת תירץ: דלענין נישאו או בגרו דאיבדו מזונות ולא פרנסה — לא בעי לאוקמא, דא"כ תרתי דרב הונא למה לי? דהא לעיל קאמר רב נחמן אמר לי הונא הלכה כרבי. וליכא למימר דהיינו הך גופא דקאמר לעיל — דהא לעיל לא קאמר בהאי לישנא. והא דלא מוקי נמי אָמין לפרנסה ולא למזונות — איכא למימר דהיינו הא דקאמר: לכדתניא האומר אל יתפרנסו כו'. דהא בהא תליא, כדפרישית לעיל, דכיון דאב אינו יכול להפקיע מזונות — לא שייך למישם ביה, דאין תלוי ברצונו, אבל פרנסה דתלוי ברצונו — שמין בו.

תלה

כָּל חֲדָא וַחֲדָא דְּנַפְשָׁהּ שָׁקְלָה. וַחֲכָמִים תִּקְּנוּ לָהֶם נְדוּנְיַית נִשּׂוּאִין עִישּׂוּר נְכָסִים. וְהַנִּישֵּׂאת רִאשׁוֹן רִאשׁוֹן זָכְתָה בָּעִישּׂוּר שֶׁבְּפָנֶיהָ, וְלָמָּה יַחְזְרוּ וִיחַלְּקוּ עִישּׂוּרֵיהֶן שׁוּב בְּשָׁוֶה? אִם בָּאוּ כּוּלָּם לִינָּשֵׂא כְּאַחַת חוֹזְרוֹת וְחוֹלְקוֹת עִישּׂוּרֵיהֶן בְּשָׁוֶה. שֶׁאֵין כָּאן קוֹדֶמֶת לִזְכּוֹת. הִלְכָּךְ, בִּשְׁבִיל הָרָאוּי לִישָּׁאֵר לִפְנֵי הַבֵּן – נוֹטֶלֶת הָאַחַת עִישּׂוּר, וְהַשְּׁנִיָּה עִישּׂוּר בְּמַה שֶּׁשִּׁיְּירָה, וְכֵן כּוּלָּם, וְהַמּוֹתָר לַבֵּן. אִם הָיוּ מֵאָה מָנֶה, הָאַחַת נוֹטֶלֶת עֶשֶׂר מָנִים, וְהַשְּׁנִיָּה תֵּשַׁע, וְהַשְּׁלִישִׁית שְׁמוֹנֶה מָנֶה וְעִישּׂוּר שֶׁל מָנֶה, וְכֵן כּוּלָּם, כְּדֵי לְבָרֵר יְרוּשַּׁת הַבֵּן, וְהֵן חוֹזְרוֹת וְחוֹלְקוֹת עִישּׂוּרֵיהֶן בְּשָׁוֶה. **אִיבְּדוּ** מְזוֹנוֹתֵיהֶן. שֶׁכָּךְ כָּתַב לָהֶן: אוֹ עַד דְּתִבָּגְרָן, אוֹ עַד דְּתִלָּקְחוּן לְגוּבְרִין. **אַף** אִיבְּדוּ פַּרְנָסָתָן. עִישּׂוּר נְכָסִים. דְּקָסָבַר: לֹא תִּקְּנוּ לָהּ נְדוּנְיָא אֶלָּא הֵיכָא דְּמִינַּסְבָא בְּקַטְנוּת אוֹ בְּנַעֲרוּת, אֲבָל בָּגְרָה – אִיסְתַּלְּקָא לָהּ מֵהַהִיא בֵּיתָא לְגַמְרֵי. וְכֵן נִשֵּׂאת בְּנַעֲרוּת, הוֹאִיל וּגְדוֹלָה הִיא וְנִתְרַצֵּית – אִיבְּדָה פַּרְנָסָתָהּ, אֶלָּא מַה שֶּׁפָּסְקוּ. אֲבָל בְּנִישֵּׂאת בְּקַטְנוּת – לֹא פָּלֵיג. **שׁוֹכְרוֹת** לָהֶן בְּעָלִים. שֶׁיִּשָּׂאוּ אוֹתָן עַד שֶׁלֹּא יִבָּגְרוּ, וּמוֹצִיאִים לָהֶם פַּרְנָסָתָם. **הָא** גְּדוֹלָה. כְּגוֹן נַעֲרָה. **וִיתֵּרָה**. מָחֲלָה עַל הַשְּׁאָר וְאִבְּדַתּוּ. אַלְמָא, סְתַם לָן תַּנָּא כְּרַבִּי שִׁמְעוֹן בֶּן אֶלְעָזָר. **הָא** דִּמְחַאי. הָא דַּאֲמַר רַבִּי לֹא אִיבְּדוּ, וְא"ר הוּנָא הִלְכְתָא כְּוָותֵיהּ – כְּשֶׁמִּיחֲתָה עַל מוֹתַר עִישּׂוּר נְכָסֶיהָ. וְהָא דְּקָתָנֵי מַתְנִיתִין גְּדוֹלָה וִיתֵרָה – בְּשֶׁלֹּא מִיחֲתָה. **נִזּוֹנֵית** אִין. אִם בָּאָה לִינָּשֵׂא בְּעוֹדָהּ נִיזּוֹנֵית, דְּהַיְינוּ בְּקַטְנוּת אוֹ בְּנַעֲרוּת. **אֵינָהּ** צְרִיכָה לִמְחוֹת. שֶׁאֲפִילּוּ לֹא מִיחֲתָה לֹא אִיבְּדָה עִישּׂוּר נְכָסֶיהָ. **וְשַׁנֵּי** לֵיהּ. דְּהָא דְּתָנֵי גְּדוֹלָה וִיתֵרָה – בִּדְלָא מְחַאי. אַלְמָא, נִיסֵּת בְּנַעֲרוּת וְלֹא מִיחֲתָה, אע"פ שֶׁאֵינָהּ בּוֹגֶרֶת – וִיתֵרָה, וְאַתְּ אָמְרַתְּ נִיסֵּת אֵינָהּ צְרִיכָה לִמְחוֹת, וַאֲפִי' נַעֲרָה. **הָא**. דַּאֲמַר רָבָא נִיסֵּת בְּנַעֲרוּת אֵינָהּ צְרִיכָה לִמְחוֹת – כְּגוֹן דְּקָא מִיתְזְנָא מִינַּיְיהוּ לְאַחַר שֶׁנִּיסֵּת, דְּמִשּׁוּם דְּקָא מִיתְזְנָא מִינַּיְיהוּ הוּא דְּקָא שָׁתְקָה, וְלֹא מָחֲלָה עַל פַּרְנָסָתָהּ. וְהָא דְּקָתָנֵי הָא גְּדוֹלָה וִיתֵרָה – דְּלָא קָא מִתְזְנָא. **פַּרְנָסָה**. נְדוּנְיָא. **תְּנַאי** כְּתוּבָּה. מְזוֹנוֹת שֶׁל בַּת, כְּדִתְנַן: *בְּנָן נוּקְבָן כו' [סוכה מד. וש"נ] [לעיל נב:]. **מִמְּשַׁעְבְּדֵי**. שֶׁשִּׁיעְבְּדוּ אַחִין, וְלֹא שֶׁשִּׁעְבֵּד הָאָב [לעיל נח.]. **לָא טָרְפָא מִמְּשַׁעְבְּדֵי**. אֲפִי' שִׁיעְבְּדוּ אַחִין, דִּתְנַן (גיטין דף מח:): אֵין מוֹצִיאִין לַאֲכִילַת פֵּירוֹת וּלְשֶׁבַח קַרְקָעוֹת וְלִמְזוֹן הָאִשָּׁה וְהַבָּנוֹת מִנְּכָסִים מְשׁוּעְבָּדִים, מִפְּנֵי תִּיקּוּן הָעוֹלָם. אֲבָל פַּרְנָסָתָהּ – טָרְפָא, דְּשַׁוְיוּהָ רַבָּנַן כְּבַעַל חוֹב בְּעִישּׂוּר נְכָסִים מִשְּׁעַת הָאָב, דְּדָבָר קָצוּב הוּא. אֲבָל מְזוֹנוֹת אֵין לָהֶם קִצְבָה, וְיֵשׁ בָּהֶן מִפְּנֵי תִּיקּוּן הָעוֹלָם. **מוֹצִיאִין** לְפַרְנָסָה. מִמְּשַׁעְבְּדֵי שֶׁשִּׁיעְבְּדוּ אַחִין. **אִידִי** וְאִידִי. פַּרְנָסָה וּמְזוֹנוֹת גָּבְיָא מִמְּטַלְטְלֵי. **לִמְזוֹן** הָאִשָּׁה וְהַבָּנוֹת. וְכָל שֶׁכֵּן פַּרְנָסָה. וְלָא מִיבַּעְיָא פַּרְנָסָה, אֶלָּא אֲפִילּוּ מְזוֹנוֹת, דְּסָלְקָא דַּעְתָּךְ אָמֵינָא, כֵּיוָן דִּתְנָאֵי כְּתוּבָּה נִינְהוּ, נֶיהֱווּ כִּכְתוּבָּה, וְלָא נִיגְבוּ מִמְּטַלְטְלֵי – קָא מַשְׁמַע לָן. **הָאוֹמֵר**. בִּשְׁעַת מִיתָתוֹ. הָכִי גָּרְסִינַן: **אַל** יָזוּנוּ בְּנוֹתָיו מִנְּכָסָיו **אֵין** שׁוֹמְעִין לוֹ. דְּהָא אִישְׁתַּעְבַּד בִּתְנָאֵי כְּתוּבָּה. **אַל** יִתְפַּרְנְסוּ שׁוֹמְעִין לוֹ. שֶׁהַפַּרְנָסָה אֵינָהּ חוֹב עָלָיו כִּתְנָאֵי כְּתוּבָּה, אֶלָּא חוֹב עַל הַיְתוֹמִים הוּא, הֵיכָא דְּלָא נִיחָא לְאָב שֶׁלֹּא לְפַרְנְסָם.

תָּלָה

תוספות רי"ד

בשוה פי' מה שנטלו ומקשה כל חדא וחדא דנפשה שקלה פי' למה חולקת בשוה כל אחת כשבאה להנשא יש לה ליטול ע"נ במה שהן ואחר כך כשתנשא הב' תטול עישור במה שתמצא ואע"פ שלוקחת הא' יותר מן הב' והב' יותר מן הג' כך הדין נותן ואין האחרונה מעכבת על הראשונה שאין לה זכות ליטול פרנסתה (אלא כשבאו להנשא כא') ומהדר ה"ק אם באו כולם להנשא כאחת אז חולקין בשוה אבל באו ליטול בזא"ז כל אחת לוקחת עישור במה שהן ואין אחותה מעכבתה שאין לה רשות לתבוע עד שלא תנשא וכך הלכה: ת"ר הבנות בין בגרו עד שלא נשאו בין נשאו עד שלא בגרו אבדו מזונותיהן ולא אבדו פרנסתן דברי רבי רשב"א אומר אף אבדו פרנסתן כיצד הן עושין שוכרות להן בעלים ומוציאין להם פרנסתן פי' רבי סבר אבדו מזונותיהן שכך כתב לה בכתובתה עד דתיבגרן או עד דתל"ג אבל פרנסתן כדקיימי קיימי ור"ש סבר לא תקנו פרנסה אלא היכא דמינסבא בקטנות או בנערות אבל בגרה קודם שתנשא איסתלקו להו מהאי ביתא לגמרי וכן אם נשאת בנערות הואיל וגדולה היא ונשאת איבדה (כתובתה) [פרנסתה] ואין לה אלא מה שפסקו לה אבל בנשאת בקטנותה לא פליגי דיש לה פרנסה כדתני (במתני') [בברייתא] שוכרות להן בעלים שישאום עד שלא יבגרו ויוציאו להן פרנסתן ומכאן מוכיח שאין הבת יכולה לתבוע פרנסתה עד שלא תנשא (והרב אומר יכולה לתבוע אותה קודם נשואין): אר"נ א"ל ר"ה הלכה כרבי פי' שאמר שאם נשאו עד שלא בגרו אף על פי שהיא נערה לא אבדה פרנסתה איתיביה רבא לר"נ יתומה שהשיאה אמה או אחיה לדעתה וכתבו לה מאה או נ' זוז יכולה היא משתגדיל להוציא מידן מה שראוי להנתן לה טעמא דקטנה הא גדולה ויתרה פי' אם היתה נערה מחלה על השאר ואבדתו אלמא סתם לן תנא כרשב"א ל"ק הא דמחאי והא דלא מחאי פי' הא דא"ר ל"א פרנסתן ואר"ה הל' כוותי' כשמיחת על מותר ע"נ והא דקתני גדולה ויתרה בשלא מיחתה. הנ"מ דא"כ קשה דרבי אדרבי (אבהו) דתניא ר"א בת הניזונית נוטלת ע"נ ניזונית אין שאינה ניזונית לא והכא אמר אבדו מזונותיהן ול"א פרנסתן אלא ש"מ הא דמחאי והא דלא מחאי א"ל רבינא לרבא א"ל ראב"א משמך בגרה א"צ למחות בגרה ונישאת צריכה למחות פי' אם בגרה אע"פ שלא מיחת ל"א פרנסתה וכן אם נשאת קודם בגרות אע"פ שהיתה נערה א"צ למחות אבל אם בגרה ונשאת אז צריכה למחות ואם לא מיחת אבדה פרנסתה והא איתיבי' רבא לר"נ יתומה ושני לי' הא דמחאי הא דלא מחאי פי' רבא אוקי מתני' דקתני קטנה ל"א פרנסתה אבל נערה שנשאת אבדה אם לא מיחת אלמא נשאת בנערות ולא מיחת אע"פ שאינה בוגרת ויתרה ואת אמרת נשאת א"צ למחות ואע"פ שהיא נערה ל"ק הא דמיתזנא מינייהו הא דלא מיתזנא מינייהו פי' הא דא"ר נשאת בנערות א"צ למחות שניזונית מהן אחר שנשאת שמפני שניזונית מהן הוא דשתקה ולא מחלה על פרנסתה והא דקתני גדולה ויתרה דלא מיתזנא מינייהו נמצא עכשיו דהיכא דבגרה או נישאת אי מיתזני מינייהו יש לה פרנסתה וא"צ למחות ואי לא מיתזני מינייהו אי מיחת יש לה פרנסתה ואי לא מיחת אבדה ואם לא בגרה ולא נשאת י"ל פרנסתה ואם בגרה ונשאת אע"ג דמיתזני מינייהו אי מיחת י"ל פרנסתה ואי לא מיחת אבדה פרנסתה. אר"ה א"ר פרנסה אינה כתנאי כתובה פי' פרנסת נדוניית הבת אינו דומה למזונות שהוא ת"כ דבנן נוקבן ואסיקנא למאי הל' אינה כתנאי כתובה לכדתניא האומר אל יזונו בנותיו מנכסיו אין שומעים לו דתנן לא כתב לה ב"נ כו' חייב מפני שהוא תב"ד וכיון שהוא תנאי ב"ד א"י לעקור אל יתפרנסו בנותיו מנכסיו שומעים לו שהפרנסה אין כתנאי ב"ד פי' פרנסת הבנות אינו תנאי ב"ד כמזונותיה אלא חוב הוא מוטל על היתומים לפי שאנו אומדים דעתן של בני אדם שאין אדם רוצה שיתבזו בנותיו אלא יקחו נדונייתן

תלה ליה רב לרבי ביני חטי: האחין ששיעבדו מהו? הוה יתיב ר' חייא קמיה. אמר ליה: מכרו או משכנו? אמר ליה: מאי נפקא מינה? בין מכרו בין שמשכנו — [א]מוציאין לפרנסה [ב]ואין מוציאין למזונות. ורב, אי מכרו קמיבעיא ליה — נכתוב ליה מכרו, אי משכנו קא מיבעיא ליה — נכתוב ליה משכנו? רב תרוייהו קמבעיא ליה, וסבר: אי כתיבנא ליה מכרו, הא ניחא אי שלח לי דמוציאין — כל שכן משכנו. אי שלח לי אין מוציאין — אכתי משכנו קמיבעיא לי. אי כתיבנא ליה משכנו, אי שלח לי דאין מוציאין — כל שכן מכרו, אי שלח לי מוציאין — אכתי מכרו קא מיבעיא לי. אכתוב ליה שיעבדו, דמשמע הכי ומשמע הכי. ורבי יוחנן אמר: אחד זה ואחד זה אין מוציאין. איבעיא להו: לרבי יוחנן, לא שמיע ליה הא דרבי, ואי שמיע ליה — הוה מקבל ליה, או דלמא שמיע ליה ולא מקבל ליה? ת"ש, דאתמר: *מי שמת והניח שתי בנות ובן, וקדמה הראשונה ונטלה עישור נכסים, ולא הספיקה שניה לגבות עד שמת הבן. אמר ר' יוחנן: [ג]שניה ויתרה. אמר ר' חנינא: גדולה מזו אמרו: מוציאין לפרנסה ואין מוציאין למזונות, ואת אמרת שניה ויתרה?! ואם איתא — נימא ליה מאן אמרה. ודלמא לעולם לא שמיע ליה, וכי שמיע ליה קביל. ושאני התם — דאיכא רווח ביתא. אמר ליה רב יימר לרב אשי: אלא מעתה, אשכחה מציאה בעלמא, דאיכא רווח ביתא — הכי נמי דלא יהבינן לה עישור נכסים?! אמר ליה: אנא רווח ביתא מהני נכסי קאמינא. אמר אמימר: בת יורשת הויא. אמר ליה רב אשי לאמימר: אילו בעי לסלוקה בזוזי — הכי נמי דלא מצי לסלוקה? אמר ליה: אין. אי בעי לסלוקה בחדא ארעא — הכי נמי דלא מצי מסלק לה? אמר ליה: אין. רב אשי אמר: בת — בעלת חוב הויא. דאמר רב מניומי בריה דרב ניחומי, הוה קאימנא קמיה דאמימר, ואתאי האי איתתא לקמיה, דהוות קא בעיא עישור נכסים. וחזיתיה לדעתיה, [ד]דאי בעי לסלוקה בזוזי — הוי מסלק לה. דשמעי מאחי דהוו קאמרי לה: אילו הוה לן זוזי — סליקנא בזוזי, ואישתיק ולא אמר להו ולא מידי. והשתא דאמרת בעלת חוב הויא, דאבא או דאחי? למאי נפקא מינה? למיגבא לבינונית שלא בשבועה, וזיבורית בשבועה. מאי? תא שמע, דרבינא אגביה לברתיה דרב אשי ממר בריה דרב אשי [ה]בינונית ושלא בשבועה, מבריה דרב סמא בריה דרב אשי זבורית בשבועה. *שלח ליה רב נחמיה בריה דרב יוסף לרבה בר רב הונא זוטא מנהרדעא: כי אתיא הא איתתא לקמך — אגבה עישור נכסים אפילו מאיצטרובלא. אמר רב אשי: כי הוינן בי רב כהנא [ו]הוה מגבינן אפילו מעמלא דביתי. שלח ליה רב ענן לרב הונא: הונא חברין, שלם! כי אתיא הא איתתא לקמך — אגבה עישור נכסי. הוה יתיב רב ששת קמיה, אמר ליה: זיל אימא ליה, ובשמתא יהא מאן דלא אמר ליה: ענן ענן! ממקרקעי או ממטלטלי, ומאן יתיב בי מרזיחא ברישא? אזל רב ששת לקמיה דרב ענן, אמר ליה: מר — רבה, ורב הונא — רביה דרבה, ושמותי שמית מאן דלא אמר ליה, ואי לאו דשמית — לא הוה קאמינא: ענן, ענן! ממקרקעי או ממטלטלי, ומאן יתיב בי מרזיחא ברישא? אזל רב ענן לקמיה דמר עוקבא, א"ל: חזי מר היכי שלח לי רב הונא: ענן ענן, ועוד מרזיחא דשלח לי [לא ידענא] מאי ניהו? א"ל: אימא לי איזי

רש"י

תלה ליה רב לרבי ביני חיטי. שלח לו אגרת שלומים, ותלה שאלה זו בין השיטים. **הוה יתיב ר' חייא קמיה.** דרבי כשבאת שאלה זו לפניו. **א"ל. רבי חייא:** מאי שיעבדו דקא מיבעי ליה, מכרו או משכנו? דמשמע הכי ומשמע הכי. והוא כשישיב תשובתו יפרש אם שניהם שוים לו או (אם) יש חילוק ביניהן, ומהו אומר על שניהם. **אחד זה ואחד זה אין מוציאין.** אחד לפרנסה ואחד למזונות. **עד שמת הבן.** ונפלה הירושה לפני הבנות. **ויתרה.** עישור נכסים. ולא אמרי' תיטול עישור נכסים תחלה כמו שנטלה זו, ואח"כ יחלוקו. אלא זו שקדמה ונטלה — זכתה. ובת על הבת אין לה עישור נכסים, שהרי שתיהן שוות בירושה. **גדולה מזו.** שאפילו שיעבדו אחין את הנכסים, יפה כח פרנסה לטרוף לקוחות, וזו שהנכסים בעין, אמרת ויתרה?! **נימא ליה מאן אמרה.** אלא לאו שמיע ליה ולא קבלה. ומשום הכי לא הדר נמי מהא דשתי בנות וכו'. **לעולם לא הוה שמיע ליה.** מעיקרא, וכי שמעה — קיבלה. וכי אותביה ר' חנינא, כבר הוה שמיע ליה וקיבלה, ומש"ה לא א"ל מאן אמרה. **ושאני התם.** הא דלא הדר ביה מהאי דאמר שניה ויתרה. (גיטין נא.) **משום רווח ביתא.** שהרי נשתכרה הרבה, שנוטלת חצי הירושה. **יורשת הויא.** עישור נכסים שתקנו לה, בתורת ירושה תקינו לה. **אין.** דהא לא מצו לסלוקה בזוזי, ולא בחדא ארעא. שאם רוצה — נוטלת חלקה מכל קרקע וקרקע, ואין יכולין להקנות לה חלקה במקום אחד. **בעלת חוב הויא.** ומצי לסלוקה בזוזי, או בחדא ארעא. **למיגבא בינונית ושלא בשבועה כו'.** אי בעלת חוב דאבא הויא — אינה גובה אלא מן הזיבורית, ואינה נפרעת אלא בשבועה שלא נטלה מנכסים הללו כלום, דקיי"ל (גיטין מח:): אין נפרעין מנכסי יתומים אלא מן הזיבורית, ואין נפרעים מהן אלא בשבועה. ואי בעלת חוב שלהן — אין כאן בא ליפרע מנכסי יתומין. רב אשי מת, ומת רב סמא בנו בחייו, וכשבאת בתו ליפרע נטלה מחלקו של מר בר רב אשי שהיה קיים, בינונית שלא בשבועה. אלמא: בעלת חוב דאחי הויא. **ומבריה דרב סמא** זיבורית. לפי שבעלת חוב של אביו היתה, שהיה אחיה. **כי אתיא ההיא איתתא.** אשה אחת באת לפני ר' נחמיה, (ב"ב סו:) שהיה לה ליטול עישור נכסים במקומו של רבה בר רב הונא, וביקשה ממנו לשלוח לו דבר מאתו, שישתדל בדינה. **איצטרובלא.** מושב אבנת הרחים כמות שהן. ומקרקעי חשיב להו. **מעמלא דביתי.** שכירות הבתים ממקרקעי קא אתי. **הוה יתיב רב ששת קמיה.** כשבא השליח לפניו, ואיקפד רב הונא על דקרייה הונא חברין. **א"ל.** רב הונא לרב ששת. **זיל אימא ליה.** בלשון גנאי, כאשר אומר לך. **ובשמתא.** תהיה, אם לא תאמר בלשון זה. **ענן ענן.** מהיכן אתה אומר להגבותה, ממקרקעי או אפילו ממטלטלי? ועוד שאלה אחרת השיבני. **מאן יתיב בי מרזיחא ברישא.** מי מיסב בבית אבל בראש הקרואים. כשהיו מסובים בסעודה היה ניכר מסיבתן מי הוא הראש, שהגדול מיסב במטה אחת לראש השולחן, ושני לו במטה אחרת למטה הימנו. **א"ל מר רבה.** אתה, ורב הונא רבך. ולפייסו אמר לו כך, שלא יכעוס עליו על שנעשה שליח בדבר, ומראהו פנים שעל כרחו נעשה שליח לכך.

גופא

תוספות

תלה ליה רב לרבי ביני חטי. פירש ר"ת: שאלות הרבה שאלו, והיו אגרות תפורות זו לזו, ובין אותם תפירות כתב שאלה זו. ובקונטרס פי': בין השיטין. וכן אמר בירושלמי ב"הנזקין": תלי לי ביני שיטיא. **משום** רווח ביתא. יש להסתפק היכא דאיכא עשר בנות דליכא רווח ביתא, מהו? **ואישתיק** • מכאן רגיל ר"ת כשהיה יושב בדין, ואחד מבעלי דינין מגזם לחברו ואומר: כך וכך תתחייב לי בדין, רגיל היה ר"ת לומר: שקר אתה דובר, כי לא יתחייב. שאם אין לו לדיין לומר כן — מה היה מוכיח רב מניומי מדאשתיק אמימר? **מעמלא** דביתי. וא"ת: היכי דמי? אי בשכירות שיצא מן הבתים — פשיטא שטורפת, דהא מקרקעי אינהו. ואי בשכירות שגבו כבר — הני מטלטלי ממש הוו! ויש לומר: דמיירי שהשכירו הבית לשנה, ועמד בו השוכר חצי שנה. ואע"ג דכבר נתחייב על מה שעמד בבית — גובה. ולא חשיב מטלטלי, דשכירות אינה משתלמת אלא לבסוף. **ובשמתא** להוי מאן דלא לימא ליה. וא"ת: אע"פ שא"ל יהא צריך הפרה, כדאמרינן ב"אלו הן הגולין" (מכות דף יא: ושם): נדוי על תנאי — צריך הפרה, מנלן — מיהודה, דכתיב "אם לא הביאותיו אליך וגו'" אף על פי שקיים התנאי — היו עצמותיו מגולגלין בארון! וי"ל: דה"מ בדבר שהמנודה מסופק בשעת הנדוי אם יתקיים התנאי, כי התם דמאריה וגנבי דבידי שמים לא היה יכול לשומרו, והוי כאילו אין תנאי כלל. אבל הכא שבידו לקיים התנאי — אין צריך הפרה. ר"ת.

עין משפט נר מצוה

לז א מיי' פ"כ מהל' אישות הלכה ז סמג לאוין פא טוש"ע אה"ע סימן קיג סעיף ה:

לח ב טוש"ע אה"ע סי' קיב סעיף ז:

לט ג מיי' שם הלכה ט וסמג שם טוש"ע שם סי' קיג סעיף ח:

מ ד מיי' שם הל' ו טור ש"ע שם סעיף ב:

מא ה מיי' שם טור ש"ע שם סעיף ג:

מב ו מיי' שם הלכה ה טור ש"ע שם סעיף ב:

תוספות רי"ד

נדונייתן מנכסיו והלכך אע"פ שלא צוה האב על נכסיו מחייבין היתומים לתת להן פרנסתן אבל היכא שצוה האב שלא יתפרנסו מנכסיו הכל לפי צוואתו ואין לנו כח לחייב את היתומים: תלא ליה רב לר' ביני חוזי האחים ששעבדו מהו פי' שלח לו אגרת שלומים וביני חוזי כתב לו האחים ששעבדו ומכרו נכסי אביהן מהו פי' יכולין הבנות לטרוף פרנסתן מאותן הלקוחות או לא הוה יתיב ר"ח קמיה דר' ואמר מכרו קמבעי' ליה או משכנו עד זמן קצוב ולא מכרום לגמרי א"ל מאי נפקא לך מיניה בין מכרו בין משכנו מוציאין לפרנסה ואין מוציאין למזונות פי' האחים שמכרו נכסים אחר מות אביהן מוציאין מן הלקוחות לפרנסת הבנות שמשעה שמת אביהן חוב מוטל עליהן לפרוע פרנסתן ולא כל כמינייהו למכור נכסי אביהן שנשתעבדו להן משעת מיתת אביהן ואין מוציאין למזונות כדתנן אין מוציאין למזון האשה והבנות מנכסים משועבדים מפני ת"ע שאין לה קצבה אבל פרנסת הבת י"ל קצבה ע"נ ודמיא לכל חוב דעלמא וטריף ממשעבדי: איתמר מי שמת והניח ב' בנות ובן וקדמה ראשונה ונטלה ע"נ ולא הספיקה שניה לגבות עד שמת הבן אר"י שניה ויתרה פי' אבדה חלק פרנסתה כיון שנפלו לה הנכסים בירושה ול"א תטול פרנסתה תחלה כי היכי דשקלה ראשונה והדר תפלוג בהדה אלא כיון שלא הספיקה לגבות פרנסתה עד דנפלו נכסי קמה לירש חצין אבדה פרנסתה א"ל ר"ח גדולה מזו אמרו מוציאין לפרנסה ואין מוציאין למזונות ואת אמרת שני' ויתרה פי' השתא אפילו מכרו האחין הנכסים דליתנהו קמה אזלא וטרפה מלקוחות והשתא דאיתנהו קמה אמרת ויתרה וקס"ד דטעמא דר"י הוי דכיון שנכנסו הנכסים בירושה דין היורש כדין הלוקח דמי וכמו שאינה גובה מן הלקוחות כך אינה גובה מן היורשין ואם מתו הבנים אין הבנות גובות מיורשיהן ועכשיו שהן בעצמן יורשות את אחיהן אין זו גובה על זו ומש"ה א"ל גדולה מזו אמרו שאף מן הלקוחות הוא גובה וכ"ש מן היורשין ואהדר ליה ר"י ש"ה דאיכא ריוח ביתי' פי' שהגיע בידה ריוח מן הנכסים האלה לירש חצים וטעמא דפרנסה הוא כדאמר שאנו אומדים דעתו של אב שאינו רוצה שתתבזה בתו והשתא דאית לה חילוקא בנכסיו אין רצונו שתטול פרנסתה שהרי יש לה ואינה מתבזה אבל לעולם גובה מן הלקוחות בין מיורשי האחים אם מתו: א"ל רב יימר לר"א אלא מעתה אשכחה מציאה בעלמא דאיכא ריוח ביתא ה"נ דלא יהבינן לה ע"נ א"ל ריוח ביתא מהני נכסי קאמינא. ופסקי רבוואתא הל' כר"י משום דר"א מתרץ למילתי' ובירושלמי פסק הלכה כר"ח: אמר אמימר בת יורשת הויא פי' ע"נ שתקנו לה חכמים בתורת ירושה תקנו לה א"ל ר"א אילו בעי לסלוקי בזוזי ה"נ דלא מצי לסלוקה [א"ל אין אי בעי] בחדא ארעא ה"נ דלא מצי מסלק] א"ל אין ור"א אמר בת ב"ח הויא ואף אמימר הדר ביה למימר כר' אשי דבעלת חוב היא ומצי לסלוקי בין בזוזי בין בחדא ארעא וכך הל'. ובעינן והשתא דאמר בע"ח הויא דאבא או דאחי פי' האיך הטילו חכמים חוב זה על היתומים כאילו לפרוע חוב אביהם או לפרוע חובם למנ"מ לבינונית ושלא בשבועה חיבורית ובשבועה פי' אא"ב בע"ח דאבא לא גביא אלא מזיבורית ובשבועה דלא אתפשא צררי כדין הבא ליפרע מנכסי יתומים ואי בע"ח דאחי היא גביא מנייהו בינונית ושלא בשבועה כדין בע"ח דידהו ת"ש דרבינא אגביה לברתיה דר"א א) ממר בר"א זיבורית ובשבועה ש"מ בע"ח דאחי היא פי' מת ר"א והניח שני בנים ובת מר ורב סמא וחלקו נכסי אביהן וקודם שתגבה הבת פרנסתה מת ר' סמא ובאה עכשיו לגבות ממר בר"א ומברי' דר"ס בריה דר"א ואגביה רבינא ממר בר רב אשי חצי העישור מבינונית ושלא בשבועה דבע"ח דידיה הות ולא דאבוה ומברי' דר"ס חצי העישור מזיבורית ובשבועה דלא אגבה ר"ס דהוה בע"ח

א) נ"ל ממר בריה דר"א בינונית ושלא בשבועה מבריה דרב סמא בריה דר"א זיבורית בשבועה וכו'.

גופא דעובדא היכי הוה. א"ל: הכי והכי הוה מעשה. אמר ליה: גברא דלא ידע מאי ניהו מרזיחא שלח ליה לרב הונא "הונא חברין"? מאי מרזיחא – אבל, דכתיב: °"כה אמר ה' אל תבא בית מרזח וגו'" (ירמיה טז).§ אמר ר' אבהו: *מנין לאבל [א]שמיסב בראש – שנאמר: °"אבחר דרכם ואשב ראש ואשכון כמלך בגדוד כאשר אבלים ינחם" (איוב כט). "ינחם" אחרים משמע! אמר רב נחמן בר יצחק; "ינחם" כתיב. מר זוטרא אמר: מהכא °"וסר מרזח סרוחים" (עמוס ו) מר וזח נעשה שר לסרוחים. אמר רבא: *הלכתא, ממקרקעי ולא ממטלטלי, [ב]בין למזוני [ג]בין לכתובה [ד]בין לפרנסה.§

מתני' המשליש מעות לבתו, והיא אומרת: נאמן בעלי עלי – יעשה השליש מה שהושלש בידו, דברי רבי מאיר. רבי יוסי אומר: וכי אינה אלא שדה והיא רוצה למוכרה – הרי היא מכורה מעכשיו. בד"א – בגדולה, אבל בקטנה – אין מעשה קטנה כלום.§

גמ' ת"ר: *המשליש מעות לחתנו ליקח מהן שדה לבתו, והיא אומרת: ינתנו לבעלי, מן הנשואין – הרשות בידה, מן האירוסין – יעשה השליש מה שהושלש בידו, דברי רבי מאיר. רבי יוסי אומר: הגדולה, בין מן הנשואין ובין מן האירוסין – הרשות בידה. קטנה, בין מן הנשואין בין מן האירוסין – יעשה השליש מה שהושלש בידו. מאי בינייהו? אילימא קטנה מן הנשואין איכא בינייהו, דרבי מאיר סבר הרשות בידה, ואתא רבי יוסי למימר אפילו מן הנשואין נמי, גדולה – אין, קטנה – לא. אימא סיפא: אבל בקטנה – אין מעשה קטנה כלום. הא מאן קתני לה? אילימא רבי יוסי – הא מרישא שמעת מינה, דאמר רבי יוסי: וכי אינה אלא שדה, והיא רוצה למוכרה – הרי היא מכורה מעכשיו. גדולה דבת זביני – אין, קטנה דלאו בת זביני היא – לא! אלא רבי מאיר היא וחסורי מיחסרא והכי קתני: יעשה השליש מה שהושליש בידו, [ה]במה דברים אמורים – מן האירוסין, אבל מן הנשואין – הרשות בידה. [ו]במה דברים אמורים – בגדולה, אבל בקטנה – אין מעשה קטנה כלום. אלא, גדולה מן האירוסין איכא בינייהו. איתמר, רב יהודה אמר שמואל: הלכה כרבי יוסי. רבא אמר רב נחמן: [ז]הלכה כרבי מאיר.§ אילפא *תלא נפשיה באיסקריא דמכותא. אמר: איכא דאתי דאמר לי מילתא דבי רבי חייא ורבי אושעיא ולא פשיטנא ליה ממתניתין – נפילנא מאסקריא, וטבענא. אתא ההוא סבא, תנא ליה: *האומר "תנו שקל לבני בשבת" וראוין ליתן להם סלע – נותנין להם סלע. ואם אמר "אל תתנו להם אלא שקל" – אין נותנין להם אלא שקל. [ח]ואם אמר "אם מתו יירשו אחרים תחתיהם" – בין שאמר "תנו", בין שאמר "אל תתנו" – אין נותנים להם אלא שקל. אמר ליה: הא מני

רבי

גופא דעובדא. תחלת הדברים, מה לשון שלחת לו? ינחם כתיב. אין לך לומר פתח בשום אות אא"כ אל"ף או ה' סמוכין לו, או ע"פ הנקודה שתחתיה והיא באה במקום אות, כאילו כתוב ינאחם. וכיון שלא כתיב כאן אל"ף, על כרחך ע"פ מסורת הכתב אתה קורא ינחם, והוא המנוחם עצמו, כלומר: כאבל המתנחם. **מר וזח.** מי שנפשו מרה, ודעתו זחה ומעותקה מעליו. **נעשה שר לסרוחים.** לגדולים הבאים לנחמו. **מתני' המשליש מעות לבתו.** מסר מעות ביד שליש לצורך בתו, לקנות שדה או נדוניא לכשתנשא. **והיא אומרת.** לאחר שנשאת. **נאמן בעלי עלי.** שלא יעכבם לעצמו, תנם לו והוא יקנה לי שדה כשירצה. **יעשה שליש כו'.** יקנה השדה, ואין שומעין לה. דמצוה לקיים דברי המת. **וכי אינה אלא שדה.** וכי מה תועלת לו לקנות? אפילו אין כאן מעות, אלא כבר נקנה השדה והיא רוצה למוכרה – הרי היא מכורה, הלכך שומעין לה. **בד"א.** בגמרא מפרש מאן קתני לה. **בד"א.** ששומעין לה. **גמ' מן הנשואין הרשות בידה.** שאף האב לא עלה בדעתו למוסרם ביד שליש אלא עד שתנשא, דמשנשאת הבעל זכאי לאכול פירות. **מאי בינייהו.** בהי פליגי, בגדולה או בקטנה. **דר"מ סבר הרשות בידה.** דהאי דקאמר ר"מ מן הנשואין הרשות בידה – אפי' בקטנה נמי אמר. **אימא סיפא.** דמתני'. **הא מרישא שמעינן מינה.** דלא א"ר יוסי שומעין לה אלא בגדולה, מדקא מייתי טעמא למילתיה: וכי אינה אלא שדה והיא רוצה למוכרה – אלמא בגדולה הראויה למכור שדות קאמר. **אלא ר"מ.** וע"כ, כי אמר בברייתא נמי: מן הנשואין הרשות בידה – בגדולה אמר, ולא בקטנה. **אלא גדולה מן האירוסין איכא בינייהו.** דקאמר ר' מאיר מן האירוסין יעשה שליש שליחותו, ואפילו היא גדולה. וקא א"ל רבי יוסי: כיון דגדולה היא – שומעין לה. **הלכה כר"מ.** טעמא משום דמצוה לקיים דברי המת. **אילפא.** שם חכם. **תלא נפשיה.** גופא דעובדא במס' תענית. משום דאותבוהו לרבי יוחנן בריש כשהלך אילפא בסחורה, כי אתא אמרו ליה: אי הוה יתיב מר וגריס, לא מר הוה מליך?! אזל תלא נפשיה באיסקריא דמכותא – בכלונסות ארזים שתולים בה וילון הספינה. **מכותא.** וילון. **אמר כל מאן דאתי כו'.** כלומר, אע"פ שהלכתי בסחורה, לא שכחתי תלמודי, ויש בידי לתקן כל הברייתות שסידרו רבי חייא ורבי אושעיא [בתוספתא שלהן – אמינא להן סמך במשנתנו של הש"ס שסדר רבי. ולהכי נקט רבי חייא ורבי אושעיא] – לפי שהן עיקר, כדאמרי' בעלמא: *כל מתניתא דלא מיתניא בי ר' חייא ור' אושעיא – לא תותבו מינה בבי מדרשא. **תנא ליה.** שנה לפניו ברייתא זו, ושאלו למצוא לה סמך במשנה שסדר רבי. **שקל.** חצי סלע. **וראוין.** שאינן נזונין בפחות. **נותנים להם סלע.** דאי הוה ידע שיתייקרו המזונות ויצטרכו לסלע – לא הוה אמר. **אל תתנו.** הרי מיחה בידם, ולא עשאן יורשים אלא בענין זה. **אם מתו.** בלא בנים. **אין נותנין להן אלא שקל.** שאין לנו להפסיד את הבאים אחריהם. והואיל ועשה את האחרים יורשים אחריהם – ודאי דווקא שקל קאמר, כדי שתפול ירושה אחריהם לאותן אחרים. **הא מני.** היכא דאמר להו אל תתנו להם אלא שקל – אין נותנין להם אלא שקל. ואע"ג דסוף סוף כולהו נכסי דידהו נינהו – לא יהבינן להו בקוטנן אלא שקל בשבת, והמותר יזונו מן הצדקה. וליכא לאקשויי עלה הא דאמר בפ' "נערה" *לא כל כמיניה שיעשיר את בניו ויפיל עצמו על הצבור – דהתם הוא דאמר אל תקברוהו מנכסיו, ונכסי דידיה נינהו – הלכך לא צייתינן ליה לקוברו מן הצדקה כדי להעשיר את בניו. אבל הכא – נכסי לאו דיתמי נינהו, כי אם לפי צוואתו.

רבי

אמר רב נחמן ינחם כתיב. ואע"ג דקרינן יְנַחֵם – מ"מ דרשינן הכי: מדלא כתיב מְנַחֵם – דליכא למיטעי, וכתיב יְנַחֵם, דאיכא למיקרי יְנָחֵם אע"ג דלא קרינן הכי – איכא למדרש שהמתנחם מושיבין בראש לנחמו. ופירוש הקונטרס דחוק. **אמר רבא הלכתא כו'.** לעיל (דף נא.) פירשנו דזה"ז כולהו ממטלטלי. **המשליש מעות לבתו.** פירש בקונט': והיא אומרת נאמן עלי לאחר שנשאת. לא דק, דבגמ' מסקינן דליכא בין ר"מ ובין ר' יוסי אלא גדולה מן האירוסין. **וכי אינה אלא שדה.** ור"מ סבר דאינה יכולה למוכרו. **אילימא קטנה מן הנשואין איכא בינייהו.** פירוש: אף קטנה מן הנשואין. אבל הא ודאי דגדולה מן האירוסין נמי איכא בינייהו, דלר"מ יעשה שליש מה שהושלש בידו, ולר' יוסי הרשות בידה, כדתנן במתני'. **קטנה דלאו בת זביני היא.** וליכא למימר דסיפא איצטריך לקטנה מן הנשואין, דאפילו מן הנשואין לא תמכור. דאם כן הוה ליה למיתני בהדיא: אבל קטנה, אפילו מן הנשואין – לא תמכור. אבל לר"מ דמוקמא למתני' בחסורי מיחסרא – אתי שפיר, דקאי אבד"א כו', דמדבר בהדיא בנשואין. **הא מני ר' מאיר היא דאמר מצוה לקיים דברי המת.** אבל לרבי יוסי לית ליה. ותימה: אי לית ליה, למה ליה למימר "לא יהא אלא שדה", ולמיתלי טעמא בהאי? תיפוק ליה משום דלית ליה מצוה לקיים דברי המת! ושמא לדבריו דרבי מאיר קאמר.

הא

עין משפט נר מצוה

מג א מיי' פי"ג מהל' אבל הל' ג סמג עשין מד"ס ב טוש"ע י"ד סימן שעו סעיף ה:

מד ב מיי' פט"ז מהל' אישות הלכה ז סמג עשין מח טוש"ע אה"ע סימן קיג סעיף ז:

מה ג מיי' וסמג שם טוש"ע אה"ע סימן ק סעיף ח:

מו ד מיי' פ"כ שם הל' ה סמג שם טוש"ע אה"ע סי' קיג סעיף ז:

מז ה ו ז מיי' פי"ז מהל' זכיה הלכה יד וסמג שם טוש"ע אה"ע סימן נד וטוש"ע ח"מ סימן רנב סעיף ב:

מח ח מיי' פי"ז מהל' זכיה הל' ו טוש"ע ח"מ סימן רנ סעיף יז [וסי' רמח סעיף ב]:

מסורת הש"ס

מ"ק כח:

לעיל נח.

[תוספתא פ"ו ע"ש]

תענית כא.

[ברכ"י גיטין לב: ד"ה דתלי פירש נסמן גם בפסחים סח: ד"ה ותלי פירש נסמן]

[תוספתא פ"ו]

נ"י כ"י

[חולין קמא.]

לעיל מח.

תוספות רי"ד

בע"ח דידה אלמא בע"ח דאחי הויא א"ר הל' ממקרקע ולא ממטלטלי בין למזוני בין לפרנסה ובתוספו' המורה [כתב] וה"מ היכא דלא אמדיני' ולא ידעו ביה אי ידיו רפות או לא אבל היכא דאמדיני' ק"ל כשמואל דאמר לעיל בפרק נערה (דף נ ע"ב) לפרנסה שמין באב בין במקרקע בין במטלטלי דהא שמואל אפילו במטלטלי אמרה למילתי' כדמוכח לעיל בחיטי דעליה וראיתי בתשובות הגאונים דתקנו במתיבתא בימי מר רב הונא גאון הלוי בר מר רב יצחק למיגבי ב"ח וכתובת אשה אפילו ממטלטלי דיתמי ואע"ג דמטלטלי דידהו לא משתעבדו לב"ח וכתבו רבוואתה דדוקא מזוני דאינון תנאי ב"ד גבי ממטלטלי כיון דשמין בתקנתא דבתראי אבל פרנסה דאינו ת"כ כדקיימו קיימו ולא גביא אלא מקרקעי ואינו נ"ל דאטו תקנתא דבתראי בכתובה בלחוד הות בכל מילי תיקון בין לכתובה בין לב"ח וה"ה לפרנסה דכל גובינא גבי אפילו ממטלטלי ואדרבה פרנסה כיון דשמין באב א"ל דניחא ליה דתתפרנס אפילו ממטלטלי דידיה ותו דאמרן לעיל דכת בע"ח הוה וא"כ ל"ש חוב דידה מכל חוב דעלמא וכי היכי דכל חוב דעלמא גבי אפילו ממטלטלי דיתמי בהאי תקנה ה"נ הבת ול"ש: **מתני'** המשליש מעות לבתו והיא אומרת נאמן בעלי עלי יעשה שליש מה שהושלש בידו דברי ר"מ א"ר יוסי וכי אינה אלא שדה והיא רוצה למוכרה ה"ה מכורה מעכשיו בד"א בגדולה אבל בקטנה אין מעשה קטנה כלום פי' מסר מעות ביד שליש לצורך בתו שיקנה לה שדה בהן והיא אומרת נאמן עלי בעלי שהוא יקנה לי ותנו מעות בידו יעשה שליש וכו' ואל יתנו ליד בעלה שמצוה לקיים דברי המת ולקמן נפרש דבעודה ארוסה קאמר ר"מ אבל בנשואה מודה א"ר יוסי וכי אינה אלא שדה מה תועלת יש לקיים דברי המת אפילו אם יקנה לה השליש שדה והיא רוצה למוכרה ולתת המעות לבעלה מי יוכל לעכב ע"י והלכך גם במעות נמי שומעים לה ונותנים אותם לבעלה כיון שהיא רוצה ודוקא לגדולה שומעים אבל אם היא קטנה אין מעשה קטנה כלום אלא יעשה שליש מה שהושלש בידו: ת"ר המשליש מעות לחתנו ליקח בהן שדה לבתו והיא אומרת ינתנו לבעלי מן הנשואין הרשות בידה מן האירוסין יעשה שליש מה שהושלש בידו ואסיקנא דבקטנה כ"ע לא פליגי דאפילו מן הנשואין יעשה שליש מה שהושלש בידו ובגדולה מן הנשואין נמי כ"ע לא פליגי דהרשות בידה כי פליגי בגדולה מן האירוסין דר"מ סבר יעשה שליש וכו' ור"י סבר הרשות בידה: איתמר ר"י א"ש הלכה כר"י ורבא אר"נ הלכה כר"מ וקי"ל כר"נ בדיני ותו דאמרינן לקמן בהל' והא קי"ל כר"מ דאמר מצוה לקיים דברי המת: תניא האומר תנו לבני שקל בשבת והן ראויין לתת להן סלע נותנים להם סלע פי' דלאו דוקא קאמר אלא לזרוזינהו שיכלכלו דבריהם במשפט ושקל הוא חצי סלע תרגומא בקע תקלא ותרגומא שקל סלעא ואם אמר אל תתנו להן אלא שקל אין נותנים להם אלא שקל פי' דדוקא קאמר ואם אמר אם מתו יירשו אחרים תחתיהן בין שאמר תתנו בין שאמר אל תתנו אין נותנים להם אלא שקל פירוש כיון (שמת) [שפי' שאם ימותו] בניו שיירשו אחרים תחתיהן דווקא קאמר

א"ר

רַבִּי מֵאִיר הִיא, דְּאָמַר: *מִצְוָה לְקַיֵּים דִּבְרֵי הַמֵּת. אֲמַר רַב חִסְדָּא אֲמַר מָר עוּקְבָא, [א]הִלְכְתָא: בֵּין שֶׁאָמַר "תְּנוּ", וּבֵין שֶׁאָמַר "אַל תִּתְּנוּ" – נוֹתְנִין לָהֶם כׇּל צׇרְכָּם. הָא קַיְימָא לַן הֲלָכָה כְּרַבִּי מֵאִיר דְּאָמַר מִצְוָה לְקַיֵּים דִּבְרֵי הַמֵּת? ה"מ בְּמִילֵּי אַחֲרָנִיתָא, אֲבָל בְּהָא – מֵינָח נִיחָא לֵיהּ, וְהָא דְּאָמַר הָכִי – לְזָרְזִינְהוּ הוּא דַּאֲתָא. *תְּנַן הָתָם: [ב]הַפָּעוֹטוֹת מִקָּחָן מִקָּח, וּמִמְכָּרָן מֶמֶכָר בְּמִטַּלְטְלִים. אָמַר רַפְרָם: לֹא שָׁנוּ [ג]אֶלָּא שֶׁאֵין שָׁם אַפּוֹטְרוֹפּוֹס. אֲבָל יֵשׁ שָׁם אַפּוֹטְרוֹפּוֹס – אֵין מִקְחָן מִקָּח, וְאֵין מִמְכָּרָן מֶמֶכָר. מִמַּאי – מִדְּקָתָנֵי: אֵין מַעֲשֵׂה קְטַנָּה כְּלוּם. וְדִלְמָא הֵיכָא דְּאִיכָּא שָׁלִישׁ שָׁאנֵי? א"כ לִיתְנֵי: אֲבָל בִּקְטַנָּה – יַעֲשֶׂה שָׁלִישׁ מַה שֶּׁהוּשְׁלַשׁ בְּיָדוֹ, מַאי "אֵין מַעֲשֵׂה קְטַנָּה כְּלוּם" – שְׁמַע מִינָּהּ: אֲפִילּוּ בְּעָלְמָא.§

הדרן עלך מציאת האשה

*הַמַּדִּיר [ד]אֶת אִשְׁתּוֹ מִלֵּיהָנוֹת לוֹ, עַד ל' יוֹם – יַעֲמִיד פַּרְנָס, יָתֵר מִיכֵּן – יוֹצִיא וְיִתֵּן כְּתוּבָּה. *רַבִּי יְהוּדָה אוֹמֵר: בְּיִשְׂרָאֵל, חֹדֶשׁ אֶחָד – יְקַיֵּים, וּשְׁנַיִם – יוֹצִיא וְיִתֵּן כְּתוּבָּה. בְּכֹהֵן, שְׁנַיִם – יְקַיֵּים, וּשְׁלֹשָׁה – יוֹצִיא וְיִתֵּן כְּתוּבָּה. הַמַּדִּיר אֶת אִשְׁתּוֹ שֶׁלֹּא תִּטְעוֹם אֶחָד מִכׇּל הַפֵּירוֹת – יוֹצִיא וְיִתֵּן כְּתוּבָּה. *ר' יְהוּדָה אוֹמֵר: בְּיִשְׂרָאֵל, יוֹם אֶחָד – יְקַיֵּים, שְׁנַיִם – יוֹצִיא וְיִתֵּן כְּתוּבָּה. וּבְכֹהֵן, שְׁנַיִם – יְקַיֵּים, שְׁלֹשָׁה – יוֹצִיא וְיִתֵּן כְּתוּבָּה. הַמַּדִּיר אֶת אִשְׁתּוֹ שֶׁלֹּא תִּתְקַשֵּׁט בְּאֶחָד מִכׇּל הַמִּינִין – יוֹצִיא וְיִתֵּן כְּתוּבָּה. ר' יוֹסֵי אוֹמֵר: בָּעֲנִיּוֹת – שֶׁלֹּא נָתַן קִצְבָּה, וּבָעֲשִׁירוֹת – שְׁלֹשִׁים יוֹם.§ **גמ'** [ה]וְכֵיוָן דִּמְשׁוּעְבָּד לָהּ – הֵיכִי מָצֵי מַדִּיר לָהּ? כׇּל כְּמִינֵּיהּ דְּמַפְקַע לָהּ לְשִׁיעְבּוּדָהּ? וְהָתְנַן: *"קוֹנָם שֶׁאֵינִי עוֹשֶׂה לְפִיךְ" – אֵינוֹ צָרִיךְ לְהָפֵר, אַלְמָא, כֵּיוָן דִּמְשַׁעְבְּדָא לֵיהּ – לָאו כׇּל כְּמִינַּהּ דְּמַפְקַע לֵיהּ לְשִׁיעְבּוּדֵיהּ, הָכָא נַמִי, כֵּיוָן דִּמְשׁוּעְבָּד לָהּ – לָאו כׇּל כְּמִינֵּיהּ דְּמַפְקַע לָהּ לְשִׁיעְבּוּדָהּ! אֶלָּא, מִתּוֹךְ שֶׁיָּכוֹל לוֹמַר לָהּ "צְאִי מַעֲשֵׂה יָדַיִךְ בִּמְזוֹנוֹתַיִךְ" נַעֲשָׂה

רַבִּי מֵאִיר. דְּמַתְנִי' הִיא, דְּקָאָמַר: יַעֲשֶׂה שָׁלִישׁ מַה שֶּׁהוּשְׁלַשׁ בְּיָדוֹ. מֵינָח נִיחָא לֵיהּ. שֶׁיִּתְּנוּ לָהֶן כׇּל צׇרְכָּן. לְזָרְזִינְהוּ. שֶׁיַּחְזְרוּ אַחַר מְזוֹנוֹתֵיהֶן, וְשֶׁלֹּא יְהוּ רַעַבְתָּנִין. הַפָּעוֹטוֹת. תִּינוֹקוֹת בְּנֵי תֵּשַׁע וּשְׁמוֹנֶה, כִּדְאָמְרִי' בְּ"הַנִּיזָּקִין". בְּמִטַּלְטְלֵי. דַּוְקָא. אֲבָל בְּמִקַּרְקְעֵי – לָא, עַד שֶׁיָּבִיאוּ שְׁתֵּי שְׂעָרוֹת, אוֹ עַד שֶׁיְּהֵא בֶּן עֶשְׂרִים. אַפּוֹטְרוֹפּוֹס. שֶׁמִּינָּהוּ אֲבִי יְתוֹמִים, אוֹ ב"ד. מִדְּקָתָנֵי. בְּמַתְנִי'. שָׁאנֵי הָכָא דְּאִיכָּא שָׁלִישׁ. שֶׁנִּשְׁתַּלֵּשׁ לְכָךְ, וּפֵירְשׁוּ לוֹ מַה יַּעֲשֶׂה בָּהֶן. אֲבָל אַפּוֹטְרוֹפּוֹס – אֵינוֹ אֶלָּא לַעֲשׂוֹת צׇרְכֵי יְתוֹמִים לְכׇל הַצָּרִיךְ, וַהֲרֵי אִם מָכְרוּ אֵלּוּ הַפָּעוֹטוֹת – אֵין זֶה שִׁינּוּי מִצְוַת הַמֵּת, שֶׁאַף הָאַפּוֹטְרוֹפּוֹס יִמְכּוֹר לְצוֹרֶךְ מְזוֹנוֹתֵיהֶם. אִם כֵּן. דְּשָׁלִישׁ דַּוְקָא. וְטַעְמָא, לְפִי שֶׁפֵּירְשׁוּ לוֹ לִקְנוֹת שָׂדֶה – לִיתְנֵי: יַעֲשֶׂה שָׁלִישׁ כו'. דַּאֲפִילּוּ בְּעָלְמָא. בִּמְקוֹם אַפּוֹטְרוֹפּוֹס, דְּדָמֵי קְצָת לְשָׁלִישׁ.

הדרן עלך מציאת האשה

הַמַּדִּיר אֶת אִשְׁתּוֹ מִלֵּיהָנוֹת לוֹ. אֵין הֲנָאַת תַּשְׁמִישׁוֹ נֶאֱסָר עָלֶיהָ, דְּהָא מְשׁוּעְבָּד לָהּ. הִלְכָּךְ, בִּשְׁבִיל תַּשְׁמִישׁ אֵין לָנוּ לְכוֹפוֹ לְהוֹצִיא וְלִיתֵּן כְּתוּבָּה. וַהֲנָאַת מְזוֹנוֹת, בַּגְּמָרָא פָּרֵיךְ: וְהָא מְשׁוּעְבָּד לָהּ! יַעֲמִיד פַּרְנָס. שָׁלִיחַ שֶׁיְּפַרְנְסֶנָּה. בְּיִשְׂרָאֵל. אִם יִשְׂרָאֵל הוּא, שֶׁיָּכוֹל לְהַחֲזִיר אֶת גְּרוּשָׁתוֹ. וּבְכֹהֵן. שֶׁאִם יְגָרְשֶׁנָּה לֹא יוּכַל לְהַחֲזִירָהּ, וְשֶׁמָּא סוֹפוֹ יִתְחָרֵט, יָהֲבוּ לֵיהּ רַבָּנַן זִימְנָא טְפֵי. אֶחָד מִכׇּל הַפֵּירוֹת. "קוֹנָם פְּרִי פְּלוֹנִי עָלַי", וְהוּא קִיֵּים לָהּ. שֶׁלֹּא תִּתְקַשֵּׁט בְּאֶחָד מִכׇּל הַמִּינִין. "קוֹנָם בּוֹשֶׂם פְּלוֹנִי עָלַי", וְהוּא קִיֵּים לָהּ. בָּעֲנִיּוֹת שֶׁלֹּא נָתַן קִצְבָּה. בְּאִשָּׁה עֲנִיָּה, אִם לֹא נָתַן קִצְבָּה לַדָּבָר עַד מָתַי אֲסָרוֹ עָלֶיהָ – הוּא דְּיוֹצִיא וְיִתֵּן כְּתוּבָּה. אֲבָל אִם נָתַן קִצְבָּה – תַּמְתִּין עַד אוֹתוֹ זְמַן. וּבַגְּמָרָא מְפָרֵשׁ עַד כַּמָּה הִיא קִצְבָּתָהּ. וּבָעֲשִׁירוֹת. שֶׁרְגִילוֹת לְכָךְ. עַד שְׁלֹשִׁים יוֹם. אִם לֹא הִדִּירָהּ יוֹתֵר – אֵין כּוֹפִין לְהוֹצִיא. **גמ'** וְכֵיוָן דִּמְשׁוּעְבָּד לָהּ. לִמְזוֹנוֹת. נַעֲשָׂה

הא קיימא לן מצוה לקיים דברי המת. אפי' בבריא קיימא לן הכי, כדמוכח שילהי פ"ק דגיטין (דף טו.), דאמרינן: רב *אסי מוקי לה בבריא, והא קיימא לן מצוה לקיים דברי המת! יש מקשין: כיון דמצוה לקיים דברי המת – אם כן מאי אהני הא דדברי שכיב מרע ככתובים וכמסורין דמו? ואומר ר"ת: דלא אמרי' מצוה לקיים דברי המת אלא כשהושלש מתחלה לכך. אי נמי: דווקא במת נותן בחיי מקבל, אבל דברי שכיב מרע – בכל ענין כמסורין דמו*. **אבל** יש שם אפוטרופוס אין מקחן מקח. פי' ר"ת: דוקא מכר, אבל מתנתן – מתנה. דלענין מתנה אין סברא לחלק בין יש שם אפוטרופוס לאין שם.

הדרן עלך מציאת האשה

המדיר את אשתו מליהנות לו. פירש בקונטרס דאין הנאת תשמישו נאסר עליה, דהא משתעבד לה. משמע מתוך פירושו שיש בלשון זה איסור הנאת תשמיש. וקשה: דפריך בגמ': וכיון דמשתעבד לה – היכי מצי מדיר לה, והתנן: קונם שאני עושה לפיך כו' – מגופא דמתני' הו"מ למיפרך דלא מצי אסר עליה תשמיש, משום דמשועבד לה. דאם היה נאסר – יוציא ויתן כתובה, לב"ש בשתי שבתות ולב"ה שבת אחת. ועוד: כי מוקי לה בגמרא בהדירה כשהיא ארוסה, דאכתי לא משועבד לה – אם כן מתשמיש נמי חל הנדר, וליתני במתני': יוציא ויתן כתובה בשבת אחת לב"ה, או בשתי שבתות לב"ש! ומפרש ר"ת: ד"ליהנות לו" לא משמע אלא הנאת מזונות.

יוציא ויתן כתובה. נראה לר"י דבכל הנך דקתני במתני' "יוציא" – היינו שכופין אותו. דכיון דשלא כדין עביד – כופין אותו להוציא, כדאשכחן ב"החולץ" (יבמות דף לט.). דתנן: לא רצו – חוזרין אצל גדול, ומפרש בגמרא: חוזרין אצל גדול למיכפייה, הואיל ועליה מצוה רמיא. ועוד אמרי' לקמן (דף עז.): אמר רב האומר איני זן ואיני מפרנס – יוציא ויתן כתובה, ומסיק: עד שכופין אותו להוציא – יכפוהו לזון. משמע דלשון "יוציא" – שכופין אותו להוציא. וליכא למימר דכפייה דהתם במילי ולא בשוטי, חדא – דבדברים לא יוסר עבד, ועוד – מדפריך לעיל למ"ד מורדת ממלאכה: והאמר רב האומר איני זן ואיני מפרנס יוציא ויתן כתובה! ומאי קושיא? דלמא מתניתין דמוסיפין על כתובתה כשלא רצה להוציא! אבל אם כופין בשוטי – אתי שפיר. וא"ת: א"כ אמאי לא תני להו בהדי הנך שכופין להוציא (לקמן דף עז.)? וי"ל: דלא תני במתני' אלא כגון מוכה שחין ובעל פוליפוס, דאתיין ממילא, אבל הנך דאתיא כפייה דידהו ע"י פשיעת הבעל – לא קתני. ומקמץ ומצרף ובורסי דקתני, אפילו נעשו אחר שנשאו – ניחא, שאינם מתכוונים להקניט ולצער האשה. ועוד יש להביא ראיה דיוציא משמע כפייה, מדאמר בסוף "הבא על יבמתו" (יבמות דף סה: ושם): עובדא הוה בבי כנישתא בקיסרי קמיה דר' יוחנן, ואמר: יוציא ויתן כתובה. ומשמע התם דכייפינן ליה. ותימה: אמאי לא חשיב לה להביא דבאה מחמת טענה בהדי הנך שכופין להוציא, דהתם אינו פושע בה – דמה הוא יכול לעשות שהוא עקר? וי"ל: משום דקתני סיפא בין שהיו עד שלא נשאו בין משנשאו, ולא שייך לומר סבורה הייתי שאני יכולה לקבל. ורובייהו מיתרלי בהאי שינויא. ורבינו חננאל הביא מירושלמי דכל הנך יוציא דמתניתין אין כופין. והכי איתא התם: אמר שמואל אין מעשין אלא לפסולות, אמר רבי שמואל: תנינא, המדיר את אשתו מליהנות כו'! שמעון שכופין? שמעון שמוציא. ופסק ר"ח: משם ש"מ – שאין כופין אלא היכא שמפרש בהדיא "כופין". אבל היכא דאמור רבנן "יוציא", אומרים לו: כבר חייבוך חכמים להוציא, ואם לא תוציא – מותר לקרותך עבריינא, אבל לכפותו – לא. ולקמן גבי האומר "איני זן ואיני מפרנס", לר"ח גרסינן בהדיא: "כופין אותו, ויוציא ויתן כתובה". והביא ד"החולץ" דחוזרין אצל גדול למיכפייה לכנוס או לפטור – היינו לפי שמונע ממנה כל ענייני אישות, בין תשמיש המטה בין מזונות. אבל משום תשמיש המטה לחודיה, או משום מזונות – לא. והביא דסוף "הבא על יבמתו" – התם משמע דלכפותו אמר, דכשבא מעשה לפניו נוה להם להוציא. ויותר נראה דכופין בכל הני כדפירש ר"י. אלא דירושלמי קסבר דשייך כפייה במילי, אבל לדידן דקיימא לן דבדברים לא יוסר עבד – ע"כ איירי בשוטי, כיון דלשון יוציא משמע כפייה היכא דעושה לה עולה ומיהו, אין לכוף שום אדם לגרש ולעשות מעשה עד שנמצא ראיה ברורה, דהא אמרינן דגט מעושה בישראל שלא כדין – פסול, ואין להתיר אשת איש מספק.

הכא נמי כיון דמשועבד לה כו'. ואם תאמר: ולוקי כגון דתלינהו למזונותיה בתשמיש המטה, דאמר "יאסר (א) תשמישך עלי אם אזונך"! וי"ל: דא"כ (אפי') שמואל דאמר לקמן אפילו בסתם ימתין, שמא ימצא פתח לנדרו – מ"מ לא הוה ליה למימר יתר מיכן יוציא ויתן כתובה, אלא לאחר שלשים תהנה, ותאסר לבית הלל שבת אחת, ולבית שמאי שתי שבתות. וכהאי גוונא פריך לקמן אמאי דמשני "כגון דתלינהו לקישוטיה בתשמיש המטה". וליכא נמי למימר כגון דאמר: יאסר הנאת תשמישך עלי מעכשיו אם תהנה ממני – דאז אסורה ליהנות, דהא לרב יהודה דאמר בפרק שני דנדרים (דף יד:): קונם עיני בשינה היום אם אישן למחר, שלא יישן היום פן יישן למחר, הכא נמי – אסור לשמש שמא תהנה, דבתנאי לא מיזדהר אינש כדמפרש התם. ואפילו לרב נחמן דאמר התם מיזדהר – הכא מודה דאשה לא מיזדהרא, כיון שלא נדרה. ובתוספות ה"ר יוסף, שפירש לפני רבינו שמואל מנוחתו כבוד, פירש: דלקמן דווקא מוקי דתלינהו לקישוטיה בתשמיש המטה, דקתני "המדיר אשתו שלא תתקשט" ולא קתני "המדיר מקישוט", משמע שפיר שמדירה מתשמיש מפני שלא תתקשט. אבל הכא דקתני "המדיר מליהנות", משמע שמהנאה ממש מדירה. נעשה

[גיטין יד: טו. מ.] · שם נע. סה. ב"ב קנה: · [לעיל סא:] · [לקמן עא:] · [שם] · לעיל נט. סו. יבמות לג. קדושין סג. נדרים פה. · מסר"ס מ"ז

הגהות הב"ח

(א) תום' ד"ה הכא וכו'. לאמר יאסר הנאת תשמישך:

מט א מיי' פי"א מהל' זכיה הלכה כג סמג עשין פב טוש"ע ח"מ סי' רנג סעיף יז [וברב אלפס עוד בפ"ח דב"ב דף רעז]:

נ ב מיי' פכ"ט מהלכות מכירה הלכה ו סמג עשין פה טוש"ע ח"מ סי' רלה סעיף א:

[וע"ע בתוס' גיטין יג. ד"ה והא ותוס' ב"ב קמט. ד"ה לקא]

נא ג מיי' שם הלכה ז טוש"ע שם סעיף ב:

א ד ה מיי' פי"ב מהל' אישות הלכה כג כד (ופ"ה) [ופי"ב] מהלכות נדרים הלכה י סמג לאוין רמב טוש"ע אה"ע סימן עב וטוש"ע י"ד סי' רלה סעיף ב:

תוספות רי"ד

א"ר אמר מ"ע הל' בין שאמר תנו בין שאמר אל תתנו נותנים להן כל צורכן והא קי"ל כר"מ דאמר מצוה לקיים דברי המת ה"מ במילי אחריניתא אבל בהא ניחא ליה (פי' דמשום כדי חייו) והאי דאמר הכי לזרזינהו הוא דאתא תנן התם הפעוטות מקחן מקח וממכרן ממכר במטלטלי פי' ומשום כדי חייו אבל במקרקעי לא עד שיהא גדול ופקח ובפ' הניזקין מפרש כבר ו' כבר ז' א) כבר תמני כבר תשע כבר עשרה כל חד וחד לפום חורפי' אמר רפרם ל"ש אלא שאין שם אפוטרופוס אבל יש שם אפוטרופוס אין מקחו מקח ואין ממכרו ממכר פי' אפוטרופוס שמינהו ב"ד או אבי יתומים אין מעשהו כלום זולתו ממאי מדקתני אין מעשה קטנה כלום פי' אלמא היכא דאיכא שליש אין מעשה קטנה כלום וה"ה לאפוטרופוס דלמא היכא דאיכא שליש שאני פירוש שהשליש פרשו לו מה יעשה אבל אפוטרופוס אינו אלא לעשות צרכי היתומים לכל הצריך ואם מכרו אלו הפעוטות אין זה שינוי מצות המת שאף אפוטרופוס הוא מוכר לצורך מזונותיהם א"כ ליתני אבל בקטנה יעשה שליש מה שהושלש בידו [מאי אין מעשה קטנה כלום] דאפילו בעלמא פירוש במקום שיש אפוטרופוס שדומה מקצת לשליש וכ' ר"ח ז"ל משמיה דגאון דמתנתן דפעוטות מתנה אף על פי שיש שם אפוטרופוס ואינו נ"ל דהא הכא לבעלה מתנה היא ובעי למיפשט ממתני' דכאן גם באפוטרופוס לא מציא למיתיב ליה ובפ' הניזקין פליגי במתנתא בלא אפוטרופוס אם היא קיימא כמו המכר שלו דרב יימר אמר אין מתנתו מתנה ומר בר"א אמר מתנתו מתנה (אלא) [אלמא] גרוע מתנה ממכר והיכי ס"ד למיעבדא טפי ממכר: **המדיר** את אשתו מליהנות לו עד ל' יום יעמוד לה פרנס יתר מכאן יוציא ויתן כתובה ר"י אומר בישראלית חודש א' יקיים ב' יוציא ויתן כתובה ובכהנת ב' יקיים ג' יוציא ויתן כתובה פי' זה הוא ב) המודר מורד שהמודר הוא באומר איני זן ואיני מפרנס הלכך יוציא ויתן כתובה מיד ובעוד שנמלכים בו או אם ברח ואינו לפנינו לכופו או אם הוא איש אלם שאינו שומע לדברי חכמים מוסיפים לה על כתובתה ג"ד בשבת כל ימי מרדו כדאמרינן בפ' אע"פ אבל זה אינו מורד (כגון) [כיון] שזן ע"י פרנס מ"ה עד ל' יום יעמוד פרנס אבל יותר מכאן יוציא ויתן כתובה ואם אינו רוצה או שברח ומעגן את אשתו הוי מורד ומוסיף לה ג"ד בשבת וכן המדיר את אשתו מתשמיש המטה אינו מורד שבעבור נדרו הוא עושה ומחזר למצוא פתח לנדרו הלכך נותנים לו שבת א' זמן אם הוא מורד מתשמיש בלא נדר יוציא ויתן כתובה מיד ואם ברח בעוד שנמלכי' בו לפייסו מוסיפין לה ג' דינרים בשבת ואי קשיא והא כשהדירה שלא תהנה ממנו נאסר בתשמיש המטה ולא ניתן לו אלא שבת א' כדתנן במדיר את אשתו מתשמיש המטה פי' המורה שאין הנאת התשמיש נאסר עליה בנדר זה דהא משועבד לה: ואינו נ"ל דהא לקמן בגמרא בעי לאוקמי בנדר והיא ארוסה דחייל נדרא ואכתי תקשה כיון דחייל נדרא דתשמיש חייל כיון דנדר ועודה ארוסה ולא ניתן לו אלא שבת א' אלא כך יש לפרש כגון שהדירה שלא תהנה מנכסיו שאין הנאת התשמיש בכלל ומקשה וכיון דמשועבד לה היכי מצי מדיר לה הכי כל כמיניה דמפקע

א) נראה דל"ל כבר ז' או כבר ז' כבר ח' או כבר תשע כבר עשר כל חד וחד כו'. ב) נראה דל"ל פי' זה המדיר אינו מורד שהמורד הוא באומר איני זן וכו'.

עין משפט
נר מצוה

מסורת הש"ס

נַעֲשֶׂה כְּאוֹמֵר לָהּ "צְאִי מַעֲשֵׂה יָדַיִךְ בִּמְזוֹנוֹתַיִךְ". *וְאִם אִיתָא לְהָא דְּרַב הוּנָא אָמַר רַב, *דְּא"ר הוּנָא אָמַר רַב: יְכוֹלָה אִשָּׁה שֶׁתֹּאמַר לְבַעְלָהּ "אֵינִי נִיזּוֹנֶת וְאֵינִי עוֹשָׂה", "קוֹנָם שֶׁאֲנִי עוֹשָׂה לְפִיךָ" אַמַּאי אֵינוֹ צָרִיךְ לְהָפֵר? לֵימָא: מִתּוֹךְ שֶׁיְּכוֹלָה לוֹמַר "אֵינִי נִיזּוֹנֶת וְאֵינִי עוֹשָׂה" – נַעֲשֶׂה כְּמִי שֶׁאוֹמֶרֶת לוֹ "אֵינִי נִיזּוֹנֶת וְאֵינִי עוֹשָׂה"! אֶלָּא, לָא תֵּימָא נַעֲשֶׂה, [א]אֶלָּא: בְּאוֹמֵר לָהּ "צְאִי מַעֲשֵׂה יָדַיִךְ בִּמְזוֹנוֹתַיִךְ". אִי הָכִי, פַּרְנָס לָמָּה לָהּ? [ב]בְּדְלָא סָפְקָה. אִי בִּדְלָא סָפְקָה – הֲדַר קוּשְׁיַין לְדוּכְתֵּיהּ! א"ר אַשִׁי: [ג]בְּמַסְפֶּקֶת לִדְבָרִים גְּדוֹלִים, וְאֵינָהּ מַסְפֶּקֶת לִדְבָרִים קְטַנִּים. הָנֵי דְּבָרִים קְטַנִּים הֵיכִי דָּמֵי? אִי דִּרְגִילָה בְּהוּ – הָא רְגִילָה בְּהוּ, וְאִי לָא רְגִילָה בְּהוּ – פַּרְנָס לָמָּה לָהּ? לָא צְרִיכָא, [ד]דִּרְגִילָה בְּבֵית נָשָׁא, וְקָא מְגַלְגְּלָא בַּהֲדֵיהּ, דְּאָמְרָה לֵיהּ: עַד הָאִידָּנָא דְּלָא אַדַּרְתָּן – גַּלְגֵּילְנָא בַּהֲדָךְ, הָשְׁתָּא דְּאַדַּרְתָּן – לָא מָצֵינָא דְּאִיגַּלְגַּל בַּהֲדָךְ. וּמַאי שְׁנָא עַד ל' יוֹם? עַד ל' יוֹם – לָא שָׁמְעֵי בָּהּ אֱינָשֵׁי, וְלָא זִילָא בָּהּ מִילְּתָא. טְפֵי – שָׁמְעֵי בָּהּ אֱינָשֵׁי, וְזִילָא בָּהּ מִילְּתָא. אִיבָּעֵית אֵימָא: שֶׁהִדִּירָהּ כְּשֶׁהִיא אֲרוּסָה. אֲרוּסָה מִי אִית לָהּ מְזוֹנֵי? שֶׁהִגִּיעַ זְמַן וְלֹא נִשְּׂאוּ. דִּתְנַן: *הִגִּיעַ זְמַן וְלֹא נִשְּׂאוּ – אוֹכְלוֹת מִשֶּׁלּוֹ, וְאוֹכְלוֹת בִּתְרוּמָה. וּמַאי שְׁנָא עַד שְׁלֹשִׁים יוֹם? עַד שְׁלֹשִׁים יוֹם עָבֵיד שָׁלִיחַ שְׁלִיחוּתֵיהּ. טְפֵי – לָא עָבֵיד שָׁלִיחַ שְׁלִיחוּתֵיהּ. וְאִיבָּעֵית אֵימָא: שֶׁהִדִּירָהּ כְּשֶׁהִיא אֲרוּסָה וְנִישֵּׂאת. נִישֵּׂאת?! ◦הָא סְבָרָה וְקִבְּלָה! דְּאָמְרָה: כִּסְבוּרָה אֲנִי שֶׁאֲנִי יְכוֹלָה לְקַבֵּל, עַכְשָׁיו אֵין אֲנִי יְכוֹלָה לְקַבֵּל. אֵימַר דְּאָמְרִינַן הָכִי גַּבֵּי מוּמִין, לְעִנְיַן מְזוֹנֵי מִי אָמְרִינַן הָכִי? אֶלָּא מְחַוַּורְתָּא כִּדְשַׁנֵּינַן מֵעִיקָּרָא.§ עַד שְׁלֹשִׁים יוֹם יַעֲמִיד פַּרְנָס.§ וּפַרְנָס לָאו שְׁלִיחוּתֵיהּ קָא עָבֵיד? אָמַר רַב הוּנָא [ה]בְּאוֹמֵר כָּל הַזָּן אֵינוֹ מַפְסִיד וְכִי אֲמַר הָכִי לָאו שְׁלִיחוּתֵיהּ קָעָבֵיד? וְהָתְנַן: *[ו]מִי שֶׁהָיָה מוּשְׁלָךְ בַּבּוֹר וְאָמַר "כָּל הַשּׁוֹמֵעַ קוֹלוֹ יִכְתּוֹב גֵּט לְאִשְׁתּוֹ" – הֲרֵי אֵלּוּ יִכְתְּבוּ וְיִתְּנוּ. הָכִי הָשְׁתָּא?! הָתָם קָאָמַר "יִכְתּוֹב", הָכָא מִי קָאָמַר "יָזוּן"? "כָּל הַזָּן" קָאָמַר. וְהָא *אָמַר ר' אַמִי: [ז]בִּדְלֵיקָה הִתִּירוּ לוֹמַר "כָּל הַמְכַבֶּה אֵינוֹ מַפְסִיד"! בִּדְלֵיקָה, לְמַעוּטֵי מַאי – לָאו לְמַעוּטֵי כִּי הַאי גַּוְונָא? לָא, לְמַעוּטֵי שְׁאָר אִיסּוּרִים דְּשַׁבָּת. מְתִיב רַבָּה: *הַמּוּדָּר הֲנָאָה מֵחֲבֵירוֹ וְאֵין לוֹ מַה יֹּאכַל, יֵלֵךְ אֵצֶל חֶנְוָנִי הָרָגִיל אֶצְלוֹ, וְיֹאמַר לוֹ: "אִישׁ פְּלוֹנִי מוּדָּר הֲנָאָה מִמֶּנִּי, וְאֵינִי יוֹדֵעַ מָה אֶעֱשֶׂה לוֹ". הוּא נוֹתֵן לוֹ, וּבָא וְנוֹטֵל מִזֶּה – הָכִי הוּא דְּשָׁרֵי, אֲבָל "כָּל הַזָּן אֵינוֹ מַפְסִיד" – לָא! לָא מִיבָּעְיָא קָאָמַר; לָא מִיבָּעְיָא "כָּל הַזָּן אֵינוֹ מַפְסִיד" – דִּלְעָלְמָא קָאָמַר, אֲבָל הַאי, כֵּיוָן דְּרָגִיל אֶצְלוֹ, וְקָאָזֵיל קָאָמַר לֵיהּ – כְּמַאן דְּאָמַר לֵיהּ "זִיל הַב לֵיהּ אַתְּ" דָּמֵי, קמ"ל.§ *גּוּפָא, [ח]הַמּוּדָּר הֲנָאָה מֵחֲבֵירוֹ וְאֵין לוֹ מַה יֹּאכַל – הוֹלֵךְ אֵצֶל חֶנְוָנִי הָרָגִיל אֶצְלוֹ, וְאוֹמֵר לוֹ: "אִישׁ פְּלוֹנִי מוּדָּר הֲנָאָה מִמֶּנִּי, וְאֵינִי יוֹדֵעַ מָה אֶעֱשֶׂה לוֹ". הוּא נוֹתֵן לוֹ, וּבָא וְנוֹטֵל מִזֶּה. *בֵּיתוֹ לִבְנוֹת, וּגְדֵירוֹ לִגְדּוֹר, וְשָׂדֵהוּ לִקְצוֹר – הוֹלֵךְ אֵצֶל פּוֹעֲלִין הָרְגִילִין אֶצְלוֹ, וְאוֹמֵר לָהֶן: "אִישׁ פְּלוֹנִי מוּדָּר הֲנָאָה מִמֶּנִּי, וְאֵינִי יוֹדֵעַ מָה אֶעֱשֶׂה לוֹ". הֵן עוֹשִׂין עִמּוֹ, וּבָאִין וְנוֹטְלִים שְׂכָרָן מִזֶּה. [ט]הָיוּ מְהַלְּכִין בַּדֶּרֶךְ וְאֵין עִמּוֹ מַה יֹּאכַל – נוֹתֵן לְאַחֵר לְשׁוּם מַתָּנָה, וְהַלָּה נוֹטֵל וְאוֹכֵל, וּמוּתָּר. וְאִם אֵין שָׁם אַחֵר – מַנִּיחַ עַל גַּבֵּי הַסֶּלַע אוֹ עַל גַּבֵּי הַגָּדֵר, וְאוֹמֵר: הֲרֵי הֵן מוּפְקָרִין לְכָל מִי שֶׁיַּחְפּוֹץ. וְהַלָּה נוֹטֵל וְאוֹכֵל, וּמוּתָּר. וְרַבִּי יוֹסֵי אוֹסֵר. אָמַר רָבָא: *מ"ט דְּר' יוֹסֵי – גְּזֵירָה מִשּׁוּם

מַעֲשֶׂה

רש"י

נַעֲשֶׂה כְּאוֹמֵר לָהּ. דְּאַע"ג דְּלֹא אָמַר – הֲרֵי הוּא כְּאוֹמֵר, דְּוַדַּאי אַדַּעְתָּא דְּהָכִי אַדְּרָהּ. בִּדְלָא סָפְקָה. מְזוֹנוֹת לְמַעֲשֵׂה יָדֶיהָ הַקָּצוּב לָהּ בְּמִשְׁנַת "אַף עַל פִּי" (לעיל דף סד:). הָא רְגִילָה בְּהוּ. וּמְשׁוּעְבָּד לָהּ. שֶׁהִגִּיעַ זְמַן וְלֹא נִשְּׂאוּ. דְּמִדְּאוֹרַיְיתָא לֹא מְשׁוּעְבָּד לָהּ. לְפִיכָךְ חָל הַנֶּדֶר, דְּאִיסּוּר דְּאוֹרַיְיתָא הוּא, וּמִדְּרַבָּנַן חַיָּיב לְזוּנָהּ, לְפִיכָךְ יַעֲמִיד פַּרְנָס. וְנִיסֵּת. דְּהַשְׁתָּא חַיָּיב בִּמְזוֹנוֹתֶיהָ, וְהַנֶּדֶר כְּבָר חָל עָלָיו. הָא סָבְרָה וְקִבְּלָה. יוֹדַעַת הִיא שֶׁנֶּאֱסַר עָלָיו לְזוּנָהּ, וְנִיסֵּת לוֹ. גַּבֵּי מוּמִין. בִּשְׁלְהֵי פִּרְקִין בְּמַתְנִיתִין. לְעִנְיַן מְזוֹנֵי מִי אָמְרִינַן. סְבוּרָה הָיִיתִי? יוֹדַעַת הִיא שֶׁאִי אֶפְשָׁר לָהּ בְּלֹא מְזוֹנוֹת. וּפַרְנָס לָאו שְׁלִיחוּתֵיהּ עָבֵיד. בִּתְמִיָּה. נִמְצָא עוֹבֵר עַל נִדְרוֹ! הֲרֵי אֵלּוּ יִכְתְּבוּ וְיִתְּנוּ. אַע"ג דְּלָא אֲמַר לֵיהּ לַסּוֹפֵר "כְּתוֹב". ה"נ, אַע"ג דְּלָא אֲמַר לֵיהּ "זוּן" – שְׁלוּחֵיהּ הוּא. הָתָם קָאָמַר יִכְתּוֹב. לְשׁוֹן צַוָּואָה לַשּׁוֹמֵעַ קוֹלוֹ. בִּדְלֵיקָה הִתִּירוּ לוֹמַר. בְּשַׁבָּת. דְּמִתּוֹךְ שֶׁאָדָם בָּהוּל עַל מָמוֹנוֹ, אִי לָא שָׁרֵית לֵיהּ – אָתֵי לְכַבּוּיֵי. לָאו לְמַעוּטֵי כִּי הַאי גַּוְונָא. בְּכָל אִיסּוּרִין שֶׁבַּתּוֹרָה. שְׁאָר אִיסּוּרֵי שַׁבָּת. דַּחֲמִירֵי, וְלֹא הִתִּירוּ בָּהֶן לוֹמַר "הָעוֹשֶׂה לִי מְלָאכָה זוֹ אֵינוֹ מַפְסִיד" כְּדֵי שֶׁיִּשְׁמְעוּ גּוֹיִם וְיַעֲשׂוּ. אֲבָל בִּנְדָרִים – לֹא גְּזוּר. דִּלְעָלְמָא קָאָמַר. לֹא דָּמֵי לִשְׁלִיחוּת כְּלָל, דְּלֹא יִיחֵד אִישׁ לַעֲשׂוֹתוֹ. אֲבָל רָגִיל אֶצְלוֹ – אֵימָא לֹא כו'.

תוספות

נעשה כאומר לה צאי כו'. הכא לא מצי למיפרך "והא לא אמר לה הכי", כדפריך ב"אע"פ" (לעיל דף נח:) – דהכא אין אנו משנין נדר מכמו שנדר, אלא טעמא בעלמא הוא: דלמה הוא מדירה – אלא בשביל שרוצה שיהיו מעשה ידיה שלה. אבל התם גבי מקדיש ידי אשתו – אין הנדר טוב, וצריך לתקן דיבורו, שרוצה לומר יקדשו ידיה לעושיהן. להכי פריך לה התם. **אלא** לא תימא נעשה כו'. לא הוה מצי למימר דמתני' דהכא כר"מ, דאמר "אין אדם מוליא דבריו לבטלה" כדמשני ב"אע"פ" (שם) – דלא דמי. דודאי משום דאין אדם מוליא דבריו לבטלה – יש לנו לתקן דיבורו, כמו התם דמקדיש מעשה ידיה, ואמרי' דבעי למימר יקדשו ידיך לעושיהן, דאינו אלא תיקון מלה בעלמא. אבל להוסיף על הדיבור מה שלא אמר כלל – אין לנו להוסיף בשביל כך, כיון שאין לנו לומר שכך היה דעתו בלא שום דיבור אחר, כמו שהיינו סבורין מתחלה. **והאידנא** דאדרתן לא מצינא לאיגלגולי בהדך. ולדעתא דהכי לא מחלה שידירנה, הלכך משועבד לה. ומ"מ חל הנדר, דבשעת הנדר אכתי לא היה משועבד. אי נמי, בלא טעם מחילה הנדר חל. שכל זמן שהיא עמו – יש לה לגלגל עמו, דאע"ג דאין יורדת עמו – דאין זה חשיב ירידה, דמיירי שאין בני משפחתה העשירים כמו בעלה רגילין בכך, אלא אביה מתוך עושרו היה מוותר, הלכך יש לה לגלגל עמו. וכשאינה עמו – יש לה להנהיג כמו שהיתה רגילה בבית אביה. **שהגיע** זמן ולא נשאו. פירש בקונטרס: דמדאורייתא לא משתעבד לה, לפיכך הנדר חל. וקשה: דא"כ מן הנשואין נמי יחול הנדר מהאי טעמא, דהא קיימא לן דמזונות נשואה דרבנן! ועוד: קונם שאני עושה לפיך – אמאי אין הנדר חל? והא מעשה ידיה לבעלה לכ"ע לא הוי אלא מדרבנן! ונראה לפרש: שהגיע זמן ולא נשאו, כלו': הא דקתני יעמיד פרנס אשהגיע זמן ולא נשאו קאי. אבל כשנדר – עדיין לא הגיע הזמן; לפיכך חל הנדר. ודוקא הגיע זמן, אבל נשאת – אין צריך להעמיד פרנס, דסברה וקיבלה, כדאמר בסמוך. ועוד י"ל: כשהדירה כבר הגיע הזמן, ומיהו חל הנדר. דלא אלימוה רבנן לשיעבודא דאשה כל זמן שלא נישאת, ומפקיע הקונס אותו שיעבוד. **טפי** לא עביד שליחותיה. הכא לא שייך טעמא דזילותא, כיון דלא נישאת. וא"ת: ויעשה לה תקנה אחרת; כגון שיתן לו לחבירו במתנה, והלה יתן לה, כמו גבי בא בדרך דמייתי לקמן; דאין לומר דווקא בא בדרך ואין לו מה יאכל התירו לו, דהיא גבי מעשה דבית חורון משמע דאי הוה יהיב ליה מתנה גמורה – הוה שרי אביו למיכל! וי"ל: דאין הכי נמי, אבל אין רגילות ליתן בכה"ג, דכל שעה ירא שיחזיק בהן המקבל. וא"ת: ויפקיר, כדלקמן? וי"ל: דהא ודאי לא שרינן אלא לבא בדרך, הואיל ולא נכנסו המזונות לרשות אחרת משילאו מיד המדיר – דנראה כמו שהן עדיין ברשותו. ותקנתא דחנוני הרגיל אצלו – איכא למימר נמי דלא שכיח דעבדי טפי משלשים יום, הואיל והמדיר אינו אומר לו ליתן לו מעות. **ופרנס** לאו שליחותיה קעביד. השתא סלקא דעתין דאמר ליה "ספק לה מזונות ואני פורע". ולא דמי להא דמסקינן בריש פרק בתרא דע"ז (דף סג.* ושם): אומר אדם לחנוני הרגיל אצלו תן פירות לחמרי ולפועלי, ואינו חושש לא משום שביעית ולא משום יין נסך. דהתם לא קאמר ליה דליתיב להו איסורא, הלכך לאו שליחותיה עביד אי יהיב להו יין נסך. אבל הכא – שליחותיה קא עביד כי יהיב לה שום מזונות. **באומר** כל הזן אינו מפסיד. ולא בעי לשנויי בחנוני הרגיל אצלו. אומר רבינו יצחק: דיעמיד פרנס – משמע דמפרנס לה מזונות. אבל בחנוני הרגיל אצלו – לא מפרש לה. מיהו, אומר רבינו שמואל: דווקא בכי האי גוונא דאמר בסתם "כל הזן אינו מפסיד" שרי במודר הנאה. אבל למימר ליחיד "אם תזון לא תפסיד" – אסור, דמיחזי כשלוחו, דגבי בא בדרך לא שרי למימר הכי. ובסוף מסקנא נמי דמשני: לא מיבעיא כל הזן כו', אי הוה שרי למימר ליחיד – הוה ליה למיתני בחנוני הרגיל אצלו "אם תזון לא תפסיד" והוה משמע לן רבותא טפי.

שלא

עין משפט נר מצוה

ב א ב ג ד ה מיי' פי"ב מהלכות אישות הלכה כג סמג לאוין רמב טוש"ע י"ד סימן רלה סעיף ב וסימן רכא סעיף ח:

[עי' תוס' ב"מ ה. ד"ה אי איתא וכו']

ג ו מיי' פ"ב מהלכות גירושין הלכה יג טור ש"ע אה"ע סימן קמא סעיף יט:

ד ז מיי' פי"ב מהלכות שבת הלכה ז סמג לאוין סה טוש"ע א"ח סימן שלד סעיף כו:

ה ח מיי' פ"ז מהלכות נדרים הלכה יב סמג לאוין רמב טוש"ע י"ד סימן רכא סעיף ח:

ו ט י מיי' שם הלכה יד טוש"ע שם סעיף ט:

[עמ"ש רש"י סוכה יד. ד"ה משום וכו' ושאלתי את מורי וכו' ואמר לי רבי משום דהך משנה מן הטהרות וכו' וצריך ישוב שהרי הכא היא משנה בנדרים]

מסורת הש"ס

לעיל נח. [וש"נ] ולקמן קז:

לעיל ב. מח: נז. [נדרים עג:]

גיטין סו.

שבת קכח.

נדרים מג. ע"ש

[שם במשנה ע"ש]

[נדרים מג:]

[ושם איתא אומר אדם לחמריו ולפועליו וכו' ובסוגיא שם סג: מוקי לה בחנוני המקיפו ע"ש]

גליון הש"ס

גמ' הא סברה וקבלה. עי' נדרים מז ע"א בר"ן ד"ה בעי רמב"א בסה"ד וצ"ע:

תוספות רי"ד

דמפקע לה משיעבודה א) ה"נ כיון דמשועבד לה לאו כל כמיני' דמפקע לה לשיעבודה ומהדר באומר לה צאי מעשה ידיך למזונותיך א"ה פרנס למה לי בדלא ספקה אי בדלא ספקה הק"ל היכי חייל נדרא אמר ר"א במספקת לדברים קטנים ואינה מספקת לדברים גדולים הני דברים גדולים ה"ד אי דרגילה בהו הא רגילה בהו ואי דלא רגילה בהו פרנס למה לי לא צריכא דרגילה בהו בבי נשא וקא מיגלגלא בהדיה דא"ל עד האידנא גלגילנא בהדך השתא דאדרתן לא מצינא למגלגל בהדך ואי קשיא כיון דרגילה בהו בב"נ קי"ל דעולה עמו ואינה יורדת עמו הא משועבד לה והק"ל י"ל כיון דמגלגלא בהדיה הנה מוחלת לו את כבודה ואינה רוצה לתובעו בהן וכיון שבתורת מחילה קמגלגלה בהדיה לא משועבד לה ובשעה שנדר לשלום היתה עומדת וחייל נדרא ואע"פ שעכשיו הוא מודר בה והיא יכולה לתובעו הנדר כבר חל וכיון שחל רגע א' שוב אינו בטל הלכך א"י לתת לה אותן הדברים שהיתה רגילה בהן אלא ע"י פרנס. ומ"ש עד ל' יום לא שמעי אינשי ולא זילא בה מילתא טפי שמעי בה אינשי וזילא מילתא: ופרנס לאו שליחותי' קא עביד א"ר באומר כל הזן אינו מפסיד. וכי אמר הכי לאו שליחותיה קעביד בתמיה והתנן מי שהיה מושלך בבור ואמר כל השומע קולי יתן גט לאשתי הרי אלו יכתבו ויתנו אלמא שליח שויה התם קאמר יכתוב הכא מי אמר יזון כל הזן קאמר. והא"ר אמי בדליקה התירו לומר כל המכבה אינו מפסיד בדליקה למעוטי מאי לאו למעוטי כה"ג לא למעוטי שאר איסורי שבת פי' שלא יאמר כל העושה מלאכה זו אינו מפסיד. מתיב רבא המודר הנאה מחברו ואין לו מה יאכל הולך אצל חנוני הרגיל אצלו וא"ל איש פלוני מודר הנאה ממני וא"י מה אעשה לו והוא נותן לו ובא ונוטל ממנו פי' וא"י לתובעו בדין דא"כ הו"ל שלוחו אלא שסומך באהבתו עליו שישלם לו בנדבת לבו הכי הוא דשרי אבל כל הזן אינו מפסיד לא פי' משמע דשליח שויה. ל"מ קאמר ל"מ כל הזן אינו מפסיד דלעלמא קאמר אבל האי כיון דרגיל אצלו ואזיל וא"ל כמאן דא"ל זיל הב ליה דמי קמ"ל

ר"י

א) נראה דצ"ל והתנן קונס שאיני עושה וכו' אלמא כיון דמשעבדא ליה לאו כל כמינה דמפקע ליה לשיעבודיה ה"נ וכו'.

*מַעֲשֶׂה דְּבֵית חוֹרוֹן.§ רַבִּי יְהוּדָה אוֹמֵר: בְּיִשְׂרָאֵל חֹדֶשׁ אֶחָד וכו'.§ הַיְינוּ ת"ק! אָמַר אַבַּיֵי: כֹּהֶנֶת אֲתָא לְאַשְׁמוּעִינַן. רָבָא אָמַר: חֹדֶשׁ מָלֵא וְחֹדֶשׁ חָסֵר אִיכָּא בֵּינַיְיהוּ. *אָמַר רַב: לֹא שָׁנוּ אֶלָּא בִּמְפָרֵשׁ, אֲבָל בִּסְתָם — יוֹצִיא לְאַלְתַּר, וְיִתֵּן כְּתוּבָּה. וּשְׁמוּאֵל אָמַר: אֲפִילּוּ בִּסְתָם לֹא יוֹצִיא, שֶׁמָּא יִמְצָא פֶּתַח לְנִדְרוֹ. וְהָא אִיפְּלִגוּ בֵּיהּ חֲדָא זִימְנָא, *דִּתְנַן: הַמַּדִּיר אֶת אִשְׁתּוֹ מִתַּשְׁמִישׁ הַמִּטָּה, ב"ש אוֹמְרִים: שְׁתֵּי שַׁבָּתוֹת, וּב"ה אוֹמְרִים: שַׁבָּת אַחַת, וְאָמַר רַב: מַחֲלוֹקֶת בִּמְפָרֵשׁ, אֲבָל בִּסְתָם — יוֹצִיא לְאַלְתַּר וְיִתֵּן כְּתוּבָּה. וּשְׁמוּאֵל אָמַר: [א]אֲפִי' בִּסְתָם נַמִי לֹא יוֹצִיא, שֶׁמָּא יִמְצָא פֶּתַח לְנִדְרוֹ! *צְרִיכָא; דְּאִי אִיתְּמַר בְּהַהִיא — בְּהַהִיא קָאָמַר רַב, מִשּׁוּם דְּלָא אֶפְשָׁר בְּפַרְנָס. אֲבָל בְּהָא, דְּאֶפְשָׁר בְּפַרְנָס, אֵימָא מוֹדֶה לֵיהּ לִשְׁמוּאֵל. וְאִי אִתְּמַר בְּהָא — בְּהָא קָאָמַר שְׁמוּאֵל: מִשּׁוּם דְּאֶפְשָׁר בְּפַרְנָס, אֲבָל בְּהַהִיא — אֵימָא מוֹדֶה לֵיהּ לְרַב, צְרִיכָא.§ תְּנַן: הַמַּדִּיר אֶת אִשְׁתּוֹ שֶׁלֹּא תִּטְעוֹם אֶחָד מִכָּל הַפֵּירוֹת — יוֹצִיא וְיִתֵּן כְּתוּבָּה. בִּשְׁלָמָא לְרַב, כָּאן — בִּסְתָם, כָּאן — בִּמְפָרֵשׁ. אֶלָּא לִשְׁמוּאֵל קַשְׁיָא! הָכָא בְּמַאי עָסְקִינַן — *[ב]כְּגוֹן שֶׁנָּדְרָה הִיא, וְקִיֵּים לָהּ אִיהוּ. וְקָסָבַר ר"מ: הוּא נוֹתֵן אֶצְבַּע בֵּין שִׁינֶּיהָ. וְסָבַר רַבִּי מֵאִיר הוּא נוֹתֵן אֶצְבַּע בֵּין שִׁינֶּיהָ? וְהָתַנְיָא: *הָאִשָּׁה שֶׁנָּדְרָה בְּנָזִיר, וְשָׁמַע בַּעְלָהּ, וְלֹא הֵפֵר לָהּ, רַבִּי מֵאִיר וְרַבִּי יְהוּדָה אוֹמְרִים: הִיא נָתְנָה אֶצְבַּע בֵּין שִׁינֶּיהָ, לְפִיכָךְ, אִם רָצָה הַבַּעַל לְהָפֵר — יָפֵר, וְאִם אָמַר אִי אֶפְשִׁי בְּאִשָּׁה נַדְרָנִית — תֵּצֵא שֶׁלֹּא בִּכְתוּבָּה. רַבִּי יוֹסֵי וְרַבִּי אֶלְעָזָר אוֹמְרִים: הוּא נוֹתֵן אֶצְבַּע בֵּין שִׁינֶּיהָ, לְפִיכָךְ [ג]אִם רָצָה הַבַּעַל לְהָפֵר — יָפֵר, וְאִם אָמַר אִי אֶפְשִׁי בְּאִשָּׁה נַדְרָנִית — יוֹצִיא וְיִתֵּן כְּתוּבָּה! אֵיפוּךְ: ר"מ וְרַבִּי יְהוּדָה אוֹמְרִים: הוּא נוֹתֵן, רַבִּי יוֹסֵי וְרַבִּי אֶלְעָזָר אוֹמְרִים: הִיא נָתְנָה. וְסָבַר רַבִּי יוֹסֵי הִיא נָתְנָה? וְהָתְנַן, רַבִּי יוֹסֵי אוֹמֵר: בַּעֲנִיּוֹת — שֶׁלֹּא נָתַן קִצְבָּה! אֵימָא רַבִּי מֵאִיר וְרַבִּי יוֹסֵי אוֹמְרִים: הוּא נוֹתֵן, רַבִּי יְהוּדָה וְרַבִּי אֶלְעָזָר אוֹמְרִים: הִיא נָתְנָה. וְסָבַר רַבִּי יְהוּדָה הִיא נָתְנָה? וְהָתְנַן, *רַבִּי יְהוּדָה אוֹמֵר: בְּיִשְׂרָאֵל, יוֹם אֶחָד — יְקַיֵּים! אֵימָא: רַבִּי מֵאִיר וְרַבִּי יְהוּדָה וְרַבִּי יוֹסֵי אוֹמְרִים: הוּא נוֹתֵן, וְרַבִּי אֶלְעָזָר אוֹמֵר: הִיא נָתְנָה. וְאִם תִּמְצָא לוֹמַר: זוּגֵי זוּגֵי קָתָנֵי! אֵימָא: רַבִּי מֵאִיר וְרַבִּי אֶלְעָזָר אוֹמְרִים: הִיא נָתְנָה, רַבִּי יְהוּדָה וְרַבִּי יוֹסֵי אוֹמְרִים: הוּא נוֹתֵן. וְהָא סְתָמָא דְּלָא כְּרַבִּי מֵאִיר. וְסָבַר רַבִּי יוֹסֵי בַּעֲנִיּוֹת שֶׁלֹּא נָתַן קִצְבָּה, אַלְמָא: בַּעַל מָצֵי מֵיפֵר. וּרְמִינְהוּ: *[ד]אֵלּוּ דְּבָרִים שֶׁהַבַּעַל מֵיפֵר: דְּבָרִים שֶׁיֵּשׁ בָּהֶן עִינּוּי נֶפֶשׁ: [ה]"אִם אֶרְחַץ" "אִם לֹא אֶרְחַץ" "אִם אֶתְקַשֵּׁט" "אִם לֹא אֶתְקַשֵּׁט". אָמַר רַבִּי יוֹסֵי: אֵין אֵלּוּ נִדְרֵי עִינּוּי נֶפֶשׁ, וְאֵלּוּ הֵן נִדְרֵי עִינּוּי נֶפֶשׁ: "שֶׁלֹּא אוֹכַל בָּשָׂר", וְ"שֶׁלֹּא אֶשְׁתֶּה יַיִן", וְ"שֶׁלֹּא אֶתְקַשֵּׁט בְּבִגְדֵי

נדרים מח. · [לעיל סח:] · שם · [שם ע"ש] · לעיל נב. נט: · [תוספתא נזיר פ"ג ע"ש הטיב] · [לעיל ע.] · נדרים עט.

רש"י

מַעֲשֶׂה דְּבֵית חוֹרוֹן. בִּנְדָרִים בְּפֶרֶק "הַשּׁוּתָּפִין". הַיְינוּ תַּנָּא קַמָּא. דְּאִיהוּ נַמִי שְׁלֹשִׁים יוֹם קָאָמַר. בִּמְפָרֵשׁ. שֶׁפֵּירֵשׁ שְׁלֹשִׁים יוֹם הוּא דְּלָא כָּפֵינַן לֵיהּ לְהוֹצִיא, אֶלָּא יַעֲמִיד פַּרְנָס. מִשּׁוּם דְּאִיכָּא צַעֲרָא דְּתַרְוַויְיהוּ — לָא גָּרְסִינַן. יוֹצִיא וְיִתֵּן כְּתוּבָּה. לְאַלְתַּר. שֶׁנָּדְרָה הִיא. וּמַה יֵּשׁ לוֹ עוֹד לְהַמְתִּין? אִי נִיחָא לָהּ לְדִידָהּ לְמִישְׁקַל כְּתוּבְּתָהּ וּמֵיפַּק — לָא תְּבַקֵּשׁ פֶּתַח לְנִדְרָהּ. אֲבָל הֵיכָא דְּאַדְּרָהּ אִיהוּ, כְּגוֹן מַתְנִיתָן לוֹ — יַמְתִּין שֶׁמָּא יִמְצָא פֶּתַח לְנִדְרוֹ. וְקָסָבַר רַבִּי מֵאִיר הוּא. שֶׁקִּיֵּים, נָתַן אֶצְבַּע בֵּין שִׁינֶּיהָ וְהִשִּׁיכָהּ, לְפִיכָךְ יִתֵּן כְּתוּבָּה. וּסְתָם מַתְנִיתִין ר"מ הִיא. אִם רָצָה הַבַּעַל. מִתְּחִילָּה לְהָפֵר — יָפֵר. וְאִם לֹא רָצָה, וְקִיֵּים לָהּ, וְאָמַר: אִי אֶפְשִׁי כו'. בַּעֲנִיּוֹת שֶׁלֹּא נָתַן קִצְבָּה. יוֹצִיא וְיִתֵּן כְּתוּבָּה. אַלְמָא הוּא נוֹתֵן, דְּהָא בְּנָדְרָה הִיא וְקִיֵּים הוּא אוֹקִימְתָּא לְמַתְנִיתִין. הָכִי גָּרְסִינַן: וְהָא תְּנַן רַבִּי יְהוּדָה אוֹמֵר בְּיִשְׂרָאֵל יוֹם אֶחָד יְקַיֵּים. גַּבֵּי שֶׁלֹּא תִּטְעוֹם, דְּאוֹקִימְתָּא בְּנָדְרָה הִיא וְקִיֵּים הוּא, וְקָאָמַר רַבִּי יְהוּדָה יוֹם אֶחָד — יְקַיֵּים, יָתֵר מִיכָּן — יוֹצִיא וְיִתֵּן כְּתוּבָּה. אַלְמָא בַּעַל מָצֵי מֵיפֵר. נִדְרֵי קִישּׁוּט, מִדְּקָנִים לֵיהּ כְּתוּבָּה עַל שֶׁקִּיְּימוֹ. אִם אֶרְחַץ אִם לֹא אֶרְחַץ. בִּנְדָרִים מְפָרֵשׁ לָהּ, דְּאָמְרָה: תֵּיאָסֵר הֲנָאַת רְחִיצָה עָלַי אִם אֶרְחַץ, וּשְׁבוּעָה שֶׁלֹּא אֶרְחַץ. וְכֵן אִם אֶתְקַשֵּׁט — תֵּיאָסֵר הֲנָאַת קִישּׁוּט עָלַי אִם בִּבְשָׂמִים אֶתְקַשֵּׁט עַד זְמַן פְּלוֹנִי. אִם לֹא אֶתְקַשֵּׁט. שְׁבוּעָה שֶׁלֹּא אֶתְקַשֵּׁט. אֵין אֵלּוּ נִדְרֵי עִינּוּי נֶפֶשׁ. וְאֵין הַבַּעַל מֵיפֵר, דְּ"לְעַנּוֹת נֶפֶשׁ" כְּתִיב. בְּבִגְדֵי

תוספות

*שלא תטעום אחד מכל הפירות. לאו בכל פירות מדיר לה – דא"כ לא הוה חייל. דאי אפשר לה לקיים, כדאמרי' בריש פרק שני דנדרים (דף יד:) דכי אמר קונם עיני בשינה סתם – לא חייל נדר למיסר שינה. אלא שלא תטעום במין אחד שבפירות, כדאמרינן בתוספתא דאפילו לא טעמה מין זה מעולם. אבל למאי דסלקא דעתין דאדרה איהו, ותלנהו בתשמיש המטה – חל אפילו הדירה מכל פירות, כיון דאפשר לה לאכול וליאסר בתשמיש המטה, כי ההיא דשלהי נדרים (דף פט:) דאמר: תיתסר כל הנאות דעלמא עלי כו', ושרקיה טינא שלא יהנה מן העולם – אלמא חל הנדר.

רבי יהודה היינו ת"ק. ב"החולץ" (יבמות דף מח: ושם) פי' ר"י: דחדש דקרא שלשים יום, כדדרשינן התם: ירח – שלשים, ימים – שלשים. ובנזיר (דף ה. ושם) נמי אמרינן: ואימא שלשים יום, כדכתיב "עד חדש ימים". אבל בדרבנן – לא הוי אלא חסר, כדאמרי' בפ' "אין נערכין" (ערכין דף ט:) ובפ"ק דר"ה (דף יט:): רשב"ג אומר רצו – חדש, רצו – שלשים. *וקשה: דהכא פריך: היינו ת"ק! ואביי נמי דאמר: כהנת אתא לאשמועינן – אית ליה דחדש שלשים יום! ואומר ר"י: דהכא משום דבעי למימר "ובכהנת שנים יקיים" – נקט חדש. וג' חדשים דהבחנה, וט' חדשים דמעוברת דהוו חדשים דשלשים יום – משום דטורח הוא לפרש ולומר צ' יום ורע"ר יום, נקט חדשים. ועוד י"ל: דאפי' בלישנא דרבנן הוי חדש שלשים היכא דלא מוכח, אבל היכא דמוכח – שאני.

(א) *אי נמי בהא קאמר שמואל דאיכא צערא דתרווייהו. הכי גרסינן לה בכל הספרים. אע"ג דכבר אצרכינהו שפיר מצריכותא קמייתא, מ"מ כן דרך התלמוד שעושה ב' צריכותות לשני האמוראים כשיש לו. ובקונטרס לא גריס ליה. ובפ' "אע"פ" (לעיל דף סא:) לא גריס ליה בשום ספר.

בשלמא לרב כאן בסתם כו'. וסלקא דעתין[א] בדתלה בתשמיש, דאמר: יאסר הנאת תשמישך עלי אם תטעום מאותו המין.

שנדרה היא וקיים לה הוא. פי' בקונט': ומה יש לו עוד להמתין; אי ניחא לה למישקל כתובה ולמיפק – לא תבקש עוד פתח לנדרה. ותימה לפירושו: דמאי פריך לקמן: ותתקשט ותיאסר, אי לב"ש כו', הואיל וכבר פירשנו דבנדרה היא לא שייך המתנה! ונראה לר"י: דהשתא לא מיירי בדתלינהו בתשמיש, אלא שנדרה הנאה באחד מכל מיני פירות כל זמן שהיא תחתיו. דאם נדרה לעולם, א"כ מה תרויח במה שיוציאה? אף ע"ג דבנדר של תשמיש ממתנת, בנדר של פירות – אינה יכולה לסבול אפי' יום אחד. **ואם** אמר אי אפשי באשה נדרנית תצא בלא כתובה. והא דתנן בפרקין (לקמן עב.): נודרת ואינה מקיימת – תצא בלא כתובה. אבל מקיימת – לא – הנ"מ בשאר נדרים, אבל נדרים שיש בהן עינוי נפש, אפי' מקיימת – יוצאה בלא כתובה. דיש חילוק בין אותם נדרים לשאר, כדאמרינן לקמן, גבי כנסה ע"מ שאין עליה נדרים. **בעניות** שלא נתן קצבה. ועל כרחך מתני' לשמואל בנדרה היא וקיים לה הוא. דאי בהדירה הוא – הא קאמר שמואל: ימתין עד שימצא פתח לנדרו. **אימא** רבי מאיר ורבי אלעזר אומרים היא נתנה אצבע כו'. הקשה ר"ת: דהכא אית ליה לר"מ היא נתנה, ולהכי יוציא בלא כתובה. ולקמן (דף עב.) תניא, רבי מאיר אומר: כל היודע באשתו שנודרת ואינה מקיימת – יקניטנה, כדי שתדור לפניו ויפר לה. אמרו לו: אין אדם דר עם נחש בכפיפה אחת. פירוש: ולכך יוציא בלא כתובה. משמע דלר' מאיר לא יוציא, ואם יוציא – יתן כתובה! ולקמן מגיה ר"ת בשני ברייתות "רבי יהודה", דתרווייהו חד תנא קתני להו, מדקאמר לקמן: מאן דמתני האא – כל שכן האא. ונראה, דלא הועיל כלום; דזאת הסוגיא אליבא דשמואל, אבל לרב – אין צריך להגיה הברייתא, וסברי רבי מאיר ורבי יהודה היא נתנה. ונראה לר"י: דמודה רבי מאיר דאם יוציא בשביל כך – דלא יתן כתובה. אלא משום דלתנא דפליג עליה – מצוה להוציא, דעד כאן לא מיבעיא לן בסוטה בפרק "ארוסה" (דף כה.) בעוברת על דת אם אסור לקיימה או לא, אבל פשיטא דמצוה לגרשה. וקאמר רבי מאיר: אם הוא רוצה יכול לעכבה על ידי תקנה זו. **רבי** יוסי אומר אין אלו נדרי עינוי נפש. משמע הכא דרחילה וקישוט לא הוי עינוי נפש לרבי יוסי, אפילו נדרה לכמה ימים. וכן נראה לרשב"א, מדקתני סיפא: ואלו הן נדרי עינוי נפש. ואי רחילת עולם הוי נדרי עינוי נפש – הו"ל למינקט רחילה וקישוט. ולא גרים בריש פרק בתרא דנדרים (דף פ.): ורבי יוסי ניוול דיומא לא שמיה ניוול, דמשמע – הא רחילת עולם הוי עינוי. ומתוך סוגיא דהתם אי אפשר לגרוס כן. ואין להאריך כאן. **אין** אלו נדרי עינוי נפש. ולא גרים "ואלו הן נדרי עינוי נפש שלא אוכל בשר ושלא אשתה יין", דמשנה היא בפ' בתרא דנדרים (דף עט:), והתם גרסי': ואלו הן נדרי עינוי נפש אמרה קונם פירות העולם עלי. וליכא למימר דהך דמייתי הכא ברייתא היא ולא משנה, דכיון דמלי למפרך ממתניתין – לא שביק מתניתין ומייתי ברייתא. **הכי גרסינן** רבי יוסי אומר אלו נדרי עינוי נפש, משום עינוי נפש הוא דאינו מיפר. אבל מיפר הוא משום דברים שבינו לבינה.

עין משפט נר מצוה

שייך למתני'

ז א מיי' פי"ב מהלכות אישות הלכה כג:

ח ב ג מיי' שם הל' כד טור אה"ע סי' עב וטוש"ע י"ד סי' רלה סעיף ג:

ט ד מיי' פי"ב מהלכות נדרים הלכה ד סמג לאוין רמב טוש"ע י"ד סי' רלד סעיף נה:

י ה מיי' שם הלכה ה טוש"ע שם סעיף נט:

[עי' תוס' סנהדרין יח. ד"ה רשב"ג]

כן הוא גי' מהרש"ל ומהרש"א לא גרס א"נ רק בהא קאמר שמואל

תוספות רי"ד

ר"י אומר וכו'. ר"י היינו ת"ק. אמר אביי כהנת אתא לאשמועינן. רבא אמר חודש מלא וחודש חסר א"ב. א"ר ל"ש אלא במפרש (כ"כ) אבל בסתם יוציא ויתן כתובה לאלתר. ושמואל אמר אפילו בסתם לא יוציא שמא ימצא פתח לנדרו. וקי"ל הל' כשמואל בדיני: (מתני') [פסקא] המדיר את אשתו שלא תטעום אחד מכל מיני פירות יוציא ויתן כתובה. רי"א בישראל' יום א' יקיים ב' יוציא וי"כ. ובכהנת ב' יקיים ג' יוציא וי"כ המדיר את אשתו שלא תתקשט בא' מכל התכשיטין יוציא וי"כ. ר' יוסי אומר בעניות שלא נתן קצבה [ובעשירות ל' יום פי' אם מדיר את אשתו שלא תאכל פרי פ' אע"פ שלא הדירה אלא מאותו פרי בלבד ובכל הפירות היא מותרת אמרי' יוציא וי"כ וכן נמי אם הדירה שלא תתקשט בבושם פ' אע"פ שהיא מותרת להתקשט בכל שאר מיני בשמים חוץ מבושם פ' יוציא וי"כ. ואי קשיא מה כח יש לו להדירה שלא תאכל או שלא תתקשט הא מוקמינן לה לקמן בנדרה איהי וקיים לה איהו (וכ"ז הוא אליבא דשמואל אבל אליבא דרב כגון שהדירה הוא ואמר הנאת תשמישך אסור עלי כקונם אם תאכלי פרי פ' או אם תתקשט בשם פ' חייל נדרא) ואקשי' בשלמא לרב כאן בסתם כאן במפרש אלא לשמואל ק'. פי' ברישא דתנן ל' יום הוי במפרש הלכך ממתינן לי' עד ל' יום אבל כאן שלא פי' עד זמן פ' אלא סתם הדירה יוצא וי"כ מיד אלא לשמואל דאמר דאפילו בסתם לא יוצא עד ל' יום הבא אמאי תני יוצא ויתן כתובה מיד. ומהדר הבמ"ע שנדרה היא וקיים לה הוא וקסבר הוא נותן אצבע בין שיניה פי' אין כח בבעל להדיר את אשתו שלא תטעום או שלא תתקשט אלא כגון שנדרה היא והוא שמע ולא הפר לה אלא קיים לה וקסברי הני תנאי בין ת"ק בין ר"י בין ר' יוסי דהוא נותן אצבע בין שיניה כלומר אע"פ שהיא נדרה כל הפשיעה עליו מוטל שהי' יכול להפר לה ולא הפר שהיא נדרה ע"ד שיפר לה בעלה נדרה וכיון שלא רצה להפר כל התואנה עליו מוטלת הלכך יוצא וי"כ. וכיון שלא הפר נדרה אין לנו לתת לו זמן שמא תמצא פתח שנדרה דאי ניחא לה לדידה למישקל כתובתה ומיפק לא תבקש פתח לנדרה אבל והוא שלא תיהנה מנכסיו [אפי' אם] נדר בסתם ימתין שמא ימצא פתח לנדרו. תניא האשה שנדרה בנזיר ושמע בעלה ולא הפר לה ר"א אומר היא נותנה אצבע בין שיניה ולפיכך אם רצה הבעל להפר יפר ואם אומר אי אפשי באשה נדרנית יוציא שלא בכתובה ר"י ור"מ ור"י אומרים הוא נותן אצבע בין שיניה לפיכך אם רצה הבעל להפר יפר ואם אמר א"א באשה נדרנית ולא רצה להפר יוציא וי"כ. פי' ר"א מטיל כל התואנה על האשה שנדרה והני תנאי הטילו כל התואנה על הבעל שקיים לה מש"ה יוציא וי"כ. וכיון דסתם לן תנא כי הני תנאי הלכתא הכי דהוא נותן אצבע בין שיניה והאי דקאמר א"א באשה נדרנית לא מפני שהוא תובע גירושין שאע"פ שהוא שותק והאשה תובעת גירושין מוציא כדתנן במתני' אלא ה"פ כיון שיכול להפר ולא הפר כאילו אמר הוא א"א בא"נ וכל התואנה מוטלת עלו. א"נ איידי דקאמר ת"ק א"א אמרי נמי אינהו א"א ולאו דוקא אלא בזמן דהוא נותן

הגהות הב"ח

(א) תוס' ד"ה רבי יהודה וכו' שלשים הס"ד ואח"כ מ"ה א"נ בהאי קאמר:

הגהות הגר"א

[א] תוס' ד"ה בשלמא. וס"ל דבתלה כו'. נ"ב דאם לא כן אי אפשר להדירה מפירות (ועמש"כ) רבינו ביו"ד סימן רל"ה ס"ק […]

גליון הש"ס

תוס' ד"ה רבי יהודה וכו' היכא דמוכח שאני. ע' תשובות מהרי"ב ח"ג סימן לו:

תורה אור

בבגדי צבעונין". הכא במאי עסקינן – בדברים שבינו לבינה. הניחא למ"ד דברים שבינו לבינה הבעל מיפר, אלא למ"ד אין הבעל מיפר – מאי איכא למימר? דאתמר: *דברים שבינו לבינה. רב הונא אמר: [א]הבעל מיפר, רב אדא בר אהבה אמר: אין הבעל מיפר, שלא מצינו שועל שמת בעפר פיר! אלא [ב]הכא במאי עסקינן – כגון דתלינהו לקישוטיה בתשמיש המטה. דאמרה: יאסר הנאת תשמישך עלי אם אתקשט. כדאמר רב כהנא, דאמר רב כהנא: *[ג]"הנאת תשמישי עליך" – כופה ומשמשתו, "הנאת תשמישך עלי" – יפר, לפי שאין מאכילין לאדם דבר האסור לו. ולא תתקשט ולא תאסר! אם כן קרו לה מנוולת. ותתקשט [ד]ותאסר, אי *לב"ש – שתי שבתות, אי לבית הלל – [ה]שבת אחת! הני מילי – היכא דאדרה איהו, דסברה: מירתח רתח עילואי, והשתא מותיב דעתיה. אבל הכא [ו]דנדרה איהי, ושתיק לה – סברה: מדאישתק – מיסנא הוא דסני לי. § רבי יוסי אומר בעניות שלא נתן קצבה. § וכמה קצבה? אמר רב יהודה אמר שמואל: [ז]י"ב חדש. רבה בר בר חנה אמר רבי יוחנן: עשר שנים. רב חסדא אמר אבימי: רגל – שכן בנות ישראל מתקשטות ברגל. § [ח]ובעשירות ל' יום. § מאי שנא ל' יום? אמר אביי: שכן אשה חשובה נהנית מריח קשוטיה ל' יום. § **מתני'** [ט]המדיר את אשתו שלא תלך לבית אביה, בזמן שהוא עמה בעיר, חודש אחד – יקיים, שנים – יוציא ויתן כתובה. ובזמן שהוא בעיר אחרת, רגל אחד – יקיים, שלשה – יוציא ויתן כתובה. [י]המדיר את אשתו שלא תלך לבית האבל או לבית המשתה – יוציא ויתן כתובה, מפני שנועל בפניה. ואם היה טוען משום דבר אחר – רשאי. אמר לה: ע"מ שתאמרי לפלוני מה שאמרת לי, או מה שאמרתי לך, או שתהא ממלאה ומערה לאשפה – יוציא ויתן כתובה. § **גמ'** הא גופא קשיא; אמרת: רגל אחד יקיים, הא שנים – יוציא ויתן כתובה, אימא סיפא: שלשה יוציא ויתן כתובה, הא שנים – יקיים! אמר אביי: סיפא אתאן לכהנת, *ורבי יהודה היא. רבה בר עולא אמר: לא קשיא; *כאן – ברדופה, כאן – בשאינה רדופה. °"אז הייתי בעיניו כמוצאת שלום". *אמר רבי *)יוחנן: ככלה שנמצאת שלמה בבית חמיה, ורדופה לילך ולהגיד שבחה בבית אביה. °"והיה ביום ההוא נאום ה' תקראי אישי ולא תקראי לי עוד בעלי". אמר רבי יוחנן: ככלה בבית חמיה, ולא ככלה בבית אביה. § המדיר את אשתו וכו'. § בשלמא לבית המשתה – איכא

(בצד הגמרא: ע"ש כ"ח.)

*) גי' ע"י יונתן

רש"י

בבגדי צבעונים. גנאי ובזיון הוא לה ומתגנה עליו. הכא במאי עסקינן. קישוט דמתני' דהכא. בדברים שבינו לבינה. סם המשיר את השער. בעפר פיר. בעפר חור שהוא גדל שם. כלומר: בדבר שהוא רגיל בו, בקי הוא להשמר – שאינו מזיקו. פיר כמו פירא דכוורי (לקמן דף עט.) = גומא. אלא הכא במאי עסקינן דתלינהו לקישוטיה בתשמיש. ומשום הכי מלי מיפר, דדלמא מתקשטת, ומיתסרא הנאת תשמישו עליה. כופה ומשמשתו. שאינה יכולה לאסור עצמה עליו. אבל יכולה לאוסרו עליה, שתהא היא מודרת ולא הוא, כגון הנאת תשמישו עליה – דצריך הוא להפר, שלא יאכילנה דבר האסור לה. ולא תתקשט ולא תאסר. לר' יוסי, כיון דאמר אין אלו נדרי עינוי נפש, היאך יכול להפר? ואי משום דתלינהו בתשמיש – לא תתקשט ולא תיאסר. א"כ קרו לה מנוולת. וכי מבזו – מקשטא. אישתכח דנדר זה אוסרה עליו. לפיכך יכול להפר משום דברים שבינו לבינה. ותתקשט ותאסר אי לבית שמאי. אמאי יוציא לאלתר ויתן כתובה, ותתקשט ותאסר? והוה ליה כמדיר את אשתו מתשמיש המטה. ותנן בפרק "אף על פי": לבית שמאי שתי שבתות, ולבית הלל שבת אחת! הני מילי. שיש לו זמן, שמא ימצא פתח לנדרו – היכא דאדרה איהו. אבל היכא דנדרה איהי ואישתיק. ולא היפר – אינה יכולה לגור אצלו כלל, ואפי' עד שתאסר ע"י קישוט. דסברה: מיסנא סני לי. וכמה קצבה. כלומר, אם נתן קצבה, עד כמה לא כייפינן ליה להוציא? נהנית מריח קשוטיה. שנתקשטה לפני הנדר. **מתני'** כשהן בעיר אחרת. דרך בנים ללכת אצלם ברגלים. רגל אחד. מציא מוקמא אנפשה, שלשה – לא מציא מוקמא. ובגמרא פריך: הא שנים, מאי? שנועל בפניה. בגמ' מפרש. מחמת דבר אחר. בגמרא מפרש. שתאמרי לפלוני. בגמרא מפרש. שתהא ממלאה ומערה. בגמרא מפרש. **גמ'** סיפא. דקתני שלשה יוציא, הא שנים יקיים – אתאן לכהנת. רדופה. לילך לבית אביה תמיד – שנים יוציא. שאינה רדופה – שנים יקיים. דכתיב – לא גרסי'. אישי. לשון אישות ונישואין. ככלה בבית חמיה. שכבר ניסת, וגס לבה בבעלה, ואינה בושה הימנו.

איכא

תוספות

הניחא לרב אדא בר אהבה דאמר בעל מיפר, אלא לרב הונא כו'. פירוש "משום עינוי נפש הוא דאינו מיפר": הא דקאמר רבי יוסי "אין אלו נדרי עינוי נפש" – לא שלא יוכל הבעל להפר, אלא שאינו מיפר משום נדרי עינוי נפש, אלא מיפר הוא משום דברים שבינו לבינה. והתם מפרש דנ"מ: דאי מיפר משום עינוי – נפש מיפר בין לעצמו בין לאחרים, אין בהם עינוי נפש: לעצמו מיפר, לאחרים – לא מיפר. ופריך: הניחא לרב אדא בר אהבה דאמר בעל מיפר. כן נמצא בספר ישן, וכן איתא בנדרים (דף פא*.) ולא כספרים שכתוב להפך. ופליגי רב אדא בר אהבה ורב הונא אליבא דר' יוסי, דאמר: אין אלו נדרי עינוי נפש, אם מיפר משום דברים שבינו לבינה. דרב אדא בר אהבה אמר: מיפר, דרחילה וקישוט הוו דברים שבינו לבינה. ורב הונא לא חשיב להו דברים שבינו לבינה, שלא מצינו שועל כו'. ולא גרסינן: הב"ע – בדברים שבינו לבינה, פירוש: בקישוט המשיר את השער. הניחא למאן דאמר כו'; דא"כ הוה משמע דפליגי אם בעל מיפר בדברים שבינו לבינה אם לאו. וליתא, דלא נחלק אדם מעולם על כך שלא יפר בעל דברים שבינו לבינה, דברייתא היא בריש פ' בתרא דנדרים (דף עט:) דמיפר. ומפיק לה מדכתיב, "בין איש לאשתו בין אב לבתו" – מלמד שהבעל מיפר דברים שבינו לבינה. והכא נמי מסיק בדתלנהו לקישוטיה בתשמיש המטה. ותשמיש המטה הוי דברים שבינו לבינה, כדמוכח (בשמעתא) [במשנה] בתרייתא דנדרים (דף צ:).

כגון דתלינהו לקישוטיה בתשמיש המטה. ואם תאמר: ואמאי לא מוקי לה דתלינהו באיסור פירות שבעולם? ולא יוכל להקשות: "ותתקשט ותאסר, אי לבית שמאי כו'"! ונראה לרשב"א: משום דאכתי הוה קשה ליה – דתתקשט ותיאסר לר' יהודה יום א'.

ולא תתקשט ולא תיאסר. פירוש: והיכי מלי מיפר? אבל לא פריך: אמאי יוציא ויתן כתובה, הואיל ויכולה לסבול שלא תתקשט – דא"כ לרב נמי תיקשי. **ותתקשט** ותיאסר אי לב"ש כו'. דבשלמא עד השתא, דס"ד שיש עינוי בקישוט, ולא תלנהו בתשמיש – יוציא לאלתר ויתן כתובה, שאין לה להמתין כלל ולמנוע מקישוט.

אבל הכא דנדרה איהי כו'. וא"ת: וימתין, שמא ימצא פתח להקמתו? דנשאלים על ההקם, כדאמרי' בשילהי "נערה המאורסה" (נדרי' דף עט.)! ואומר ר"י: דאין נשאלין על ההקם אלא ביום שמעו שאמר לה: קיים ליכי. אבל אם עבר יום שמעו, שאינו יכול להפר מחמת שהחריש לה – אינו יכול לשאול עוד. ואפילו אם תמצא לומר שיכול לשאול – אתי שפיר; דודאי כשהדירה הוא, תמתין לבית הלל שבת אחת, שאין קשה לה להמתין – דסברה דהשתא מירתח רתח ולאחר מיכן יתפייס. אבל הכא, דסברא מיסנא סני. ואינה סבורה שיתפייס עוד – לא תקנו חכמים שתמתין, הואיל וקשה לה. **גבי** חדש ל"ג "שלשה", דא"כ הוה דייק עלה בגמרא כדדייק גבי רגל. **כאן** ברדופה כאן בשאינה רדופה. פירש ר"ת: דרגל ראשון היא רגילה לילך ולהגיד שבחה בבית אביה, ורגל שני אינה רדופה כל כך, אף ע"פ שעדיין לא הגידה שבחה. ומתני' דקתני "רגל אחד יקיים" – היינו ברדופה ברגל ראשון, שלא הלכה עדיין בשום פעם אחר להגיד שבחה; והא דקתני שנים יקיים – בשאינה רדופה, כלומר ברגל שני או שלישי של חופה, שאינה רדופה, אע"פ שעדיין לא הגידה שבחה – הואיל ואיחרה מללכת רגל ראשון. ואתי שפיר הא דגרסינן בכל הספרים "דכתיב". וגרסינן נמי "ואמר רבי יוחנן". ולפירוש הקונטרס לא גרים "דכתיב" ולא גרים נמי "ואמר רבי יוחנן" אלא "אמר רבי יוחנן". רבינו תם.

המדיר

עין משפט נר מצוה

יא א מיי' פי"ב מהלכות נדרים הל' א טוש"ע יו"ד סי' רלד סעיף נה:

יב ב טוש"ע שם סימן רלה סעיף ג וטוש"ע אה"ע סימן עד סעיף א:

יג ג מיי' פי"ב שם הל' ט סמג עשין מח טוש"ע י"ד סי' רלד סעיף סז:

[ובמנחות נח: ד"ה ואיכא דאמרי כו' כתבו דזהו מן הסוגיות הפוכות]

יד ד ה מיי' פי"ד מהל' אישות הלכה ו סמג עשין מח ולאוין פא טוש"ע י"ד סי' רלה סעי' ג וטוש"ע אה"ע סי' עד סעיף א:

טו ו ז ח מיי' פי"ג שם הל' ח טוש"ע י"ד שם וטוש"ע אה"ע שם סעי' ב וסעיף ה:

טז ט מיי' שם הל' יב יג וסמג שם וטור [סימן רלה] וטוש"ע י"ד סי' רלד סעי' סב וסימן רלה סעי' ו וטוש"ע אה"ע סימן עד סעי' ד וסעי' ו:

מסורת הש"ס

נדרים פא. | שם: ודף עט: | [לעיל סא:] | [לעיל ע.] | שה"ש ח | פסחים פז. | הושע ב

תוספות רי"ד

נותן אצבע בין שיניה יוציא וי"כ. ר' יוסי אומר בעניות שלא נתן קצבה בדבר עד מתי אסרה עליה הוא דיוציא וי"כ אבל אם נתן קצבה ימתין עד אותו הזמן ובעשירות שרגילין בכך אם לא הדירה יותר מל' יום אין כופין אותו להוציא: וכמה קצבה אר"י א"ש י"ב חודש רבה בב"ח אר"י יו"ד שנים ר"ח אמר אבימי רגל שבנות ישראל מתקשטות ברגל. ובעשירות ל' יום מ"ט אמר אביי שכן אשה חשובה מתקשטת א' לל' יום: **מתני'** המדיר את אשתו שלא תלך בבית אביה בזמן שהן עמה בעיר חודש [אחד] יקיים ב' יוציא וי"כ ובזמן שהן בעיר אחרת רגל א' יקיים ג' יוציא ויתן כתובה פי' יש לפרשה כגון שנדר הוא. וא"ת מה כח לו לאסרה שלא תלך כגון שנדר כך יאסרו כל פירות שבעולם עלי כקונם אם תלכי לבית אביך או תאסר הנאת תשמישך עלי אם תלכי לבית אביך וכן נמי בנדרה איהי וקיים לה איהו ואע"פ שאין אלו נדרי עינוי נפש שיוכל להפר כגון דאמרה הנאת תשמישך עלי אסורה אם אלך שבענין זה יכול להפר שאם לא תלך ה"ה גורם לה שלא תלך ומצטערת ותכוף אותו לגרש הלכך מצי מיפר ודרך בנות ישראל לבקר בבית אביהן ברגל מעיר לעיר: הא גופא ק' אמרת רגל א' יקיים הא ב' יוציא וי"כ אימא סיפא ג' יוציא וי"כ הא ב' יקיים אמר אביי סיפא אתאן לכהנת ור"י הוא רבא בר עולא אמר ל"ק כאן ברדופה כאן בשאינה רדופה פי' נהוגה א)

הלכך

בשלשה: הדירה שלא תלך לבית האבל או לבית המשתה יוציא וי"כ פי' מפני שנעל בפניה ואם היה טוען מפני ד"א רשאי פי' רב מוקי לה בשנדר הוא הנאת תשמישך אסורה עלי אם תלכי ומפני שנדר בסתם יוציא מיד וי"כ ושמואל מוקי לה בנדרה אשה וקיים לה איהו דאמרה תיאסר הנאת תשמישך עלי אם אלך וכיון שהוא נותן אצבע בין שיניה יוציא וי"כ ויכול הוא להפר שאם תלך נאסרת ואם לא תלך איכא נעילת דלת ויוציא וי"כ.

א) נראה דצ"ל פי' כשנוהגת לילך תמיד בשנים יוציא.

איכא נועל בפניה. אלא לבית האבל — מאי נועל בפניה איכא? תנא: *למחר היא מתה ואין כל בריה סופדה. ואיכא דאמרי: אין כל בריה *סופנה. *תניא, היה ר' מאיר אומר: מאי דכתיב °"טוב ללכת אל בית אבל מלכת אל בית משתה באשר הוא סוף כל האדם והחי יתן אל לבו" — מאי "והחי יתן אל לבו" — דברים של מיתה; [א]דספד — יספדוניה, דקבר — יקברוניה, דידל — ידלוניה, דלוואי — ילווניה, דטען — יטענוניה.§ ואם היה טוען משום דבר אחר רשאי.§ מאי דבר אחר? אמר רב יהודה אמר שמואל: משום בני אדם פרוצין שמצויין שם. אמר רב אשי: לא אמרן [ב]אלא דאיתחזק, אבל לא איתחזק — לא כל כמיניה.§ ואם אמר לה ע"מ שתאמרי.§ ותימא! אמר רב יהודה אמר שמואל: [ג]דברים של קלון.§ או שתהא ממלאה ומערה לאשפה.§ ותיעביד! א"ר יהודה אמר שמואל: (א) [ד]שתמלא ונופצת. במתניתא תנא: [ה]שתמלא עשרה כדי מים ותערה לאשפה. בשלמא לשמואל — משום הכי יוציא ויתן כתובה. אלא למתניתא — מאי נפקא לה מינה? תיעביד! אמר רבה בר בר חנה אמר רבי יוחנן: מפני שנראית כשוטה. אמר רב כהנא: המדיר את אשתו שלא תשאל ושלא תשאיל נפה וכברה וריחים ותנור — יוציא ויתן כתובה, שמשיאה שם רע בשכינותיה. תניא נמי הכי: [ו]המדיר את אשתו שלא תשאל ושלא תשאיל נפה וכברה, ריחים ותנור — יוציא ויתן כתובה, מפני שמשיאה שם רע בשכינותיה. וכן היא שנדרה שלא תשאל ושלא תשאיל נפה וכברה וריחים ותנור ושלא תארוג בגדים נאים לבניו — תצא שלא בכתובה, מפני שמשיאתו שם רע בשכיניו.§

מתני' [ז]ואלו יוצאות שלא בכתובה: העוברת על דת משה ויהודית. ואיזו היא דת משה — מאכילתו שאינו מעושר, ומשמשתו נדה, ולא קוצה לה חלה, ונודרת ואינה מקיימת. ואיזוהי דת יהודית — יוצאה וראשה פרוע, וטווה בשוק, ומדברת עם כל אדם. אבא שאול אומר: אף המקללת יולדיו בפניו. רבי טרפון אומר: אף הקולנית. ואיזוהי קולנית — לכשהיא מדברת בתוך ביתה ושכיניה שומעין קולה.§

גמ' "מאכילתו שאינו מעושר".§ היכי דמי? אי דידע — נפרוש, אי דלא ידע — מנא ידע? לא צריכא, דאמרה ליה: [ח]פלוני *כהן תיקן לי את הכרי. ואזיל שייליה, ואשתכח שיקרא.§ ומשמשתו נדה.§ היכי דמי? אי דידע בה — נפרוש, אי דלא ידע — נסמוך עילוה. דא"ר חיננא בר כהנא אמר שמואל: מנין לנדה שסופרת לעצמה — שנאמר: °"וספרה לה שבעת ימים" לה — לעצמה! לא צריכא, דאמרה ליה: פלוני חכם טיהר לי את הדם, ואזל שייליה ואשתכח שיקרא. ואיבעית אימא, כדרב יהודה. *דאמר רב יהודה: [ט]הוחזקה נדה בשכינותיה — בעלה לוקה עליה משום נדה.§ ולא קוצה לה חלה.§ היכי דמי? אי דידע — נפרוש, אי דלא ידע — מנא ידע? לא צריכא דאמרה ליה: פלוני גבל תיקן לי את העיסה. ואזיל שייליה ואשתכח שיקרא.§ ונודרת ואינה מקיימת.§ *דאמר מר: בעון נדרים בנים מתים, שנאמר: °"אל תתן את פיך לחטיא את בשרך וגו'", ואיזו הן מעשה ידיו של אדם — הוי אומר בניו ובנותיו(א). רב נחמן אמר, מהכא: °"לשוא הכיתי את בניכם". לשוא — על עסקי שוא. תניא, היה ר"מ אומר: כל היודע באשתו שנודרת ואינה מקיימת — יחזור וידירנה. ידירנה?! במאי מתקן לה? אלא, יחזור ויקניטנה כדי שתדור בפניו, ויפר לה. אמרו לו: *אין אדם דר עם נחש(ב) בכפיפה. תניא, היה ר' יהודה אומר: כל היודע באשתו שאינה קוצה לו חלה — יחזור ויפריש אחריה. אמרו לו: אין אדם דר עם נחש בכפיפה. מאן דמתני לה אהא — כ"ש אהך, אבל מאן דמתני אהך, אבל הא — זימנין דמקרי ואכיל.§ ואיזוהי דת יהודית יוצאה וראשה פרוע.§ ראשה פרוע דאורייתא היא, דכתיב: °"ופרע את ראש האשה", ותנא דבי רבי ישמעאל: אזהרה לבנות ישראל שלא יצאו בפרוע ראש! דאורייתא — קלתה

א) [עי' שבת לב: ר"נ בר יצחק אמר למ"ד בעון נדרים נמי מהכא וכו']: ב) [פי' קופות שעושין מן הגומא ומסלי נצרים וכו' ערוך ערך כפפה]

רש"י

איכא נועל בפניה. דלת של שמחה ופיקוח לער. סופנה. קוברה. כשם שלא גמלה חסד, כך לא יגמלו עמה. דיספד. יתן אל לבו שאף הוא יספדוהו, ואל ירע לו אם נהג כן. דידל. הרים קולו בבכי ובמספד. דלוואי. ליוה את המטה מבית האבל לקבר. שתהא ממלאה ונופצת. לאחר שתשמש ויומלא רחמה שכבת זרע, תרוץ ברגליה ותנפצנו, שלא יקלוט ותתעבר. ריחיים ותנור. המטלטלין. **מתני'** דת יהודית. שנהגו בנות ישראל, ואע"ג דלא כתיבא. וטווה בשוק. בגמרא מפרש. במדברת בתוך ביתה. מפרש בגמרא. **גמ'** היכי דמי. דהאכילתו. אי דידע. כשאכל. נפרוש. ולא יאכל. מנא ידע. מי אמר לו אחרי כן, שהוא בא להוציאה. הוחזקה נדה בשכינותיה. שראוה לובשת בגדי נדות, ולבעלה אמרה טהורה אני, ושמשה. בעלה לוקה. אם התרו בו. וכי האי גוונא משכחת לה למתני', דלאחר תשמיש הודיעוהו שכינותיו שהוחזקה נדה. בנים מתים. בפ' "במה מדליקין" (שבת לב:) יליף מ"וחבל את מעשה ידיך". ידירנה. משמע, בעצמו: קונם עליך דבר פלוני. יחזור ויקניטנה. אין לו להוציאה, אלא כך יתקננה. בכפיפה. בתוך סל אחד, שכשלא ישמר ישכנו. אף זה יבא לידי שתקלקלנו. מאן דמתני לה אהא. דר"י, דתני תקנתא אחלה — כל שכן אנדרים, דלא שכיחי. דאורייתא היא. ואמאי לא קרי לה דת משה? אזהרה. מדעבדינן לה הכי לנוולה מדה כנגד מדה, כמו שעשתה להתנאות על בועלה, מכלל דאסור. א"נ, מדכתיב "ופרע" — מכלל דההוא שעתא לאו פרועה הות, שמע מינה אין דרך בנות ישראל לצאת פרועות ראש. וכן עיקר. קלתה

תוספות

המדיר את אשתו שלא תשאל כו'. תימה: דעל כרחך לא איירי הכא בנדרה היא וקיים לה הוא, דהא קתני סיפא: "וכן היא שנדרה". ואיהו לא מצי לאדורה אא"כ תלה בתשמיש, וא"כ לשמואל למה יוציא לאלתר? ותשאל, ותיאסר לב"ה שבת אחת! וי"ל: דלעולם שלא תלה בתשמיש אלא כגון שאסר על עצמו הנאת שאילתה, ואינה יכולה בשביל זה לשאל. ולא תשאיל — שאסר הנאת כליו, שלא תוכל להשאילם.

אי דידע נפרוש. תימה: דלוקמה כגון דידע ופרש. אבל היא היתה רוצה להאכילו, שלא היתה סבורה שהיה יודע! ואומר ר"י: ד"מאכילתו" משמע שהאכילתו, ומדקדק היאך האכילתו. ומיהו קשה: דדייק נמי הכי א"ולא קוצה לה חלה"! ונראה לרשב"א: דמה שרצתה להאכילו אינה יוצאה בלא כתובה, דיכולה לומר משחקת הייתי, ואם היית בא לאכול — הייתי מונעת אותך.

פלוני כהן תיקן כו'. היה יכול לומר דאיכא עדים שהאכילתו דבר שאינו מעושר, אלא לא שכיח. **אי** דלא ידע נסמוך עילוה. הכא לא מצי לאקשויי: אי דלא ידע מנא ידע, כדפריך לעיל. שהרי יכול לדעת שראה בגדיה אחרי כן מלוכלכים בדם. להכי פריך: נסמוך עילוה, שאומרת שנתלכלכו לה ממקום אחר. **וספרה** לה לעצמה. וא"ת: אמאי אין מברכת זבה על ספירתה כמו שמברכין על ספירת העומר? דהא כתיב וספרה! וי"ל: דאין מברכין אלא ביובל, שמברכין ב"ד בכל שנה — שלעולם יוכל למנות כסדר, וכן עומר. אבל זבה, שאם תראה, תסתור — אין לה למנות*.

יחזור ויקניטנה כדי שתדור בפניו ויפר לה. ואם לא שיקניטנה — לא ידע מתי תדור, שיפר. ואע"ג דבעיא היא בפ' "נערה המאורסה" (נדרים דף עב:) אם בעל מיפר בלא שמיעה או לא — לא שיוכל להפר נדרים שתדור מכאן ולהבא, דאם כן תפשוט מהכא דאין מיפר בלא שמיעה מדמצריך להקניטה. אלא מיירי בנדרים שכבר נדרה, ולא שמע. אבל הכא היכי יפר? דשמא עדיין לא נדרה, ולאחר מיכן — שמא תדור ותעבור מיד קודם שיפר. והא דבעי למפשט מדתניא: האומר לאשתו כל נדרים שתדור מכאן עד שאבא ממקום פלוני הרי הן מופרין, ר"א אומר: מופר. לא משום דמיבעיא ליה היכא דלא נדרה, תדע, מדפשיט מדר"א. ואדרבה, מדרבנן הו"ל למפשט, דקתני: וחכ"א אינו מופר. אלא ה"ק התם: מדר"א נשמע לרבנן, דע"כ לא פליגי עליה רבנן אלא בהא דאין יכול להפר קודם שיחול הנדר, אבל בהא — מודו רבנן, דאם כבר חל הנדר — דמיפר, אע"ג דלא שמע.

[ועי' תוס' מנחות סה: ד"ה וספרתם ועי' של"ה בשער האותיות דף קא ע"א שכתב אפשר שהוא ט"ס וצ"ל אין לה לכדך]

תוספות רי"ד

הלכך יכול להפר שאין לך דברים שבינו לבינה גדול מזה: בשלמא לבית המשתה איכא נועל בפניה אלא לבית האבל מאי נועל בפניה איכא תנא למחר היא מתה ואין כל אדם סופדה דתניא ר"מ אומר מ"ד טוב ללכת אל בית אבל וגו' והחי יתן אל לבו דברים של מיתה דיספד יספדוני' דיקבר יקברוני' דלואי ילוויני' דיטען יטענוני': ואם היה טוען וכו' מאי ד"א אר"י א"ש משום בני [אדם] פריצי שמצויין שם א"ר אשי ל"א אלא דאיתחזק הא לא אתחזק לאו כל כמיניה: אמר לה ע"מ שתאמרי לאיש פ' מה שאמרתי לך או מה שאמרת לי או שתהא ממלאה ומערה לאשפות יוציא ויתן כתובה. ותימא. אר"י א"ש דברים של קלון פי' שהאשה מדברת עם בעלה בשעת תשמיש (וזה ע"מ שנ"ה על הנדר שנדר ע"מ שתאמר או ממלאכה וכו') ותיעבד אר"י א"ש שתמלאי ותנפצי פי' בשעת תשמיש כדי שלא תתעבר ובמתניתא תאנא שתמלא עשרה כדים מים ותערה לאשפות מפני שנראית כשוטה: אמר ר"כ המדיר את אשתו שלא תשאל ולא תשאיל נפה וכברה רחים ותנור יוציא ויתן כתובה מפני שמשיאה ש"ר בשכינותה וכן היא שנדרה שלא תשאל ולא תשאיל נפה וכברה רחים ותנור ושלא תארוג בגדים נאים לבנה תצא שלא בכתובה מפני שמשיאתו ש"ר בשכיניו. (לפי המסקנא אם נדרה היא נדרי עינוי נפש שהבעל יכול להפר כגון שנדרה שלא לטעום פרי פ' ושלא תתקשט בבושם פ' ושמע בעלה וקיים ה"ה כנותן אצבע בין שיניה כאילו הדירה הוא ויוציא ויתן כתובה. אבל אי נדרה שאר נדרים שאינם עינוי נפש כגון שלא תלך לבית אביה או שלא תלך לבית האבל או לבית המשתה או שלא תשאל ולא תשאיל נפה וכברה רחים ותנור ולא תארוג בגדים נאים לבנה וכיוצא באלו שאין הבעל יכול להפר ה"ה נתנה אצבע בין שיניה ותצא בלא כתובה מיד ואם אלו הנדרים בעינוי נפש כגון שאמרה תשמישך אסור עלי כקונם או יאסרו כל פירות העולם עלי כקונם אם אלך לבית אבא או לבית האבל או אם אעשה כך וכך ושמע בעלה וקיים לה יוציא ויתן כתובה דכיון דתלינהו בעינוי נפש כאילו נדרה בעינוי נפש דמי שהבעל יכול להפר): **מתני'** ואלו יוצאות שלא בכתובה העוברת על דת משה ויהודית איזה הוא דת משה מאכילתו שאינו מעושר ומשמשתו נדה ולא קוצה לה חלה ונודרת ואינה מקיימת ואיזה הוא דת יהודית יוצאה וראשה פרועה וטווה בשוק ומדברת עם כל אדם אבא שאול אומר אף המקללת יולדיו בפניו ר"ט אומר אף הקולנית איזהו קולנית כל שמדברת בתוך ביתו ושכני' שומעין את קולה: מאכילתו שאינו מעושר. היכי דמי אי דידע לפרוש ואי דלא ידע מנא ידע ל"צ דא"ל פ' תיקן לי הכרי ואזיל ושייליה ואשתכח שקרא: ומשמשתו נדה אי דידע לפרוש ואי דלא ידע לסמוך עלויה דאמר ר"ה א"ש מנין לנדה שסופרת לעצמה שנאמר וספרה לה לעצמה פי' והיא נאמן לבעלה לומר טמאה אני וטהורה אני ל"צ דא"ל חכם טהר לי את הדם ואזל ושייליה ואשתכח שקרא ואבע"א כדר"י א"ש דאמר ר"י א"ש הוחזקה נדה בשכינותיה בעלה לוקה עליה משום נדה פי' אם התרו בו לאחר שהוחזקה ומתני' משכחת לה דלאחר תשמיש הודיעהו שכינתה שהוחזקה נדה שראוה לובשת בגדי נדות ולבעלה אמרה טהורה אני: ולא קוצה לה חלה ה"ד אי דידע לפרוש אי דלא ידע מנא ידע ל"צ דא"ל פ' תיקן לי את העיסה ואזל ושייליה ואשתכח שקרא: ונודרת ואינה מקיימת דאמר מר בעון נדרים בנים מתים פי' ומתני' בשאר נדרים שא"י להוציאה בלא כתובה עליהן ואע"פ שאינו מוציאה בשביל הנדרים אם אינה מקיימת מוציאה בלא כתובה אבל ג' נדרים דתנן לקמן בפירקין אע"פ שמקיימת מוציאה בלא כתובה מפני שאומר אי אפשי באשה נדרנית א"נ יש להעמיד גם באותן ג' נדרים וטעמא דאינה מקיימתן הא לאו הכי לא מצי מפיק לה דמצי מיפר לה ואי לא מיפר לה הוא נותן אצבע בין שיניה דהא אפילו באותן ג' נדרים ונמצאו עליה נדרים תנן ומשום שאין הבעל מיפר בקודמים הא נדרה תחתיו לא משום דמצי מיפר לה ואי לא הפר לה הוא נתן אצבע בין שיניה. וק' לי בעל נמי אם נודר ואינו מקיים יוציא ויתן כתובה שקובר את בניו ועוד קובר את אשתו דכתיב ואם אין לך לשלם למה יקח משכבך מתחתיך ונ"ל דכ"ש הוא דהשתא האשה שהיא מפסדת דינה ומה שראוי ליתנן לה בעת שנשאה קנסינן לה דתצא שלא בכתובה כ"ש בעל דלא מפסיד מידי אלא מה שנשתעבד לה נותן לה דיוציא ויתן כתובה וכן נמי אם מאכילה דברים האסורים או טבל או נבילות וטריפות שתוכל אשתו לתבוע גירושין ממנו ויוציא ויתן כתובה: ואיזה דת יהודית יוצאה וראשה פרוע פי' דבר שאין בו איסור אלא שהנשים נוהגות בו דרך צניעות. ראשה פרוע דאורייתא היא דכתיב ופרע את ראש האשה ותנא דבי ר"י אזהרה לבנ"י שלא יצאו בפריעת הראש מדכתיב ופרע אלמא עד השתא לא הוי פרוע א"נ בסוטה שעושים בן כדי לנולה אלמא ניוול הוא

עין משפט נר מצוה

יז א מיי' פי"ג מהלכות אישות הלכה יא טוש"ע י"ד סימן תג סעיף י בהג"ה:

יח ב מיי' פי"ג שם הל' יג טור י"ד סימן רלה וטוש"ע אה"ע סימן עד סעיף ו:

יט ג ד ה מיי' פי"ד שם הל' ה וסמג שם טוש"ע י"ד סי' רלה סעיף ל:

מ"ק כח. נדרים פג:

כ ו מיי' פי"ג שם הלכה י טוש"ע שם סעיף ט:

כא ז ח מיי' פכ"ד מהל' אישות הל' יא סמג עשין מח טוש"ע אה"ע סי' קטו סעיף א:

כב ט מיי' פ"א מהל' איסורי ביאה הלכה כב טוש"ע שם סעיף ב:

מסורת הש"ס

[תוספתא פ"ז ע"ש]

[כמ"ק כח. פירשו תוס' כשם הערוך תשובות]

הגהות הב"ח

(א) גמ' א"ר אמר שמואל שתהא ממלאה ונופצת:

[וכתב התוי"ט יש לגמגם למה נקט כהן והכלה"ש ליתא ע"ש ודע דגם בטור וש"ע ליתא מלת כהן]

עין משפט
נר מצוה

בג א ב ג ד ה ו ז מיי' פכ"ד מהל' אישות הלכה יב טור שו"ע אה"ע סי' קטו סעיף ד:
בד ח מיי' פ"ז מהל' אישות הל' ו סמג עשין מח טוש"ע שם סי' לט סעי' ה:
בה ט מיי' שם הלכה ח סמג שם טוש"ע שם סימן קיז סעיף ג:
בו י מיי' שם הל' ז סמג שם טוש"ע שם סימן לט סעיף ג:
בז כ מיי' פ"ה שם הל' ב סמג שם טוש"ע שם סימן קיז סעיף ד:
בח ל מיי' שם הלכה ז סמג שם טוש"ע שם סימן לט סעיף ד:
בט מ מיי' שם הלכה ו טוש"ע שם סעיף ה:
ל נ מיי' שם הלכה ה וסמג שם טוש"ע שם סימן לח סעיף לה וכרב אלפס שוה לקדושין פ"ב דף רכט:

קִלְתָהּ שַׁפִּיר דָּמֵי. דַּת יְהוּדִית — אֲפִילּוּ קִלְתָהּ נַמִי אָסוּר. אָמַר רַבִּי אַסִּי אָמַר ר' יוֹחָנָן: קִלְתָהּ אֵין בָּהּ מִשּׁוּם פֵּרוּעַ רֹאשׁ. הָוֵי בָּהּ רַבִּי זֵירָא: הֵיכָא? אִילֵימָא בַּשּׁוּק — דַּת יְהוּדִית הִיא, וְאֶלָּא בְּחָצֵר — *אִם כֵּן לֹא הִנַּחְתָּ בַּת לְאַבְרָהָם אָבִינוּ שֶׁיּוֹשֶׁבֶת תַּחַת בַּעְלָהּ! אָמַר אַבַּיֵי וְאִיתֵּימָא רַב כָּהֲנָא: [א]מֵחָצֵר לְחָצֵר, וְדֶרֶךְ מָבוֹי.§ וְטוֹוָה בַּשּׁוּק.§ אָמַר רַב יְהוּדָה אָמַר שְׁמוּאֵל: [ב]בְּמַרְאָה זְרוֹעוֹתֶיהָ לִבְנֵי אָדָם. רַב חִסְדָּא אָמַר אֲבִימִי: בְּטוֹוָה [ג]וֶורֶד כְּנֶגֶד פָּנֶיהָ.§ וּמְדַבֶּרֶת עִם כׇּל אָדָם.§ אָמַר רַב יְהוּדָה אָמַר שְׁמוּאֵל: [ד]בִּמְשַׂחֶקֶת עִם בַּחוּרִים. אָמַר רַבָּה בַּר בַּר חָנָה: זִימְנָא חֲדָא הֲוָה קָאָזֵילְנָא בָּתְרֵיהּ דְּרַב עוּקְבָא, חֲזִיתֵיהּ לְהַהִיא עַרְבִיָּא דַּהֲוָה יָתְבָה, קָא שַׁדְיָא פִּילְכָּהּ וְטוֹוָה וֶורֶד כְּנֶגֶד פָּנֶיהָ. כֵּיוָן דַּחֲזִיתִינַן, פְּסִיקְתֵיהּ לְפִילְכָּהּ שְׁדִיתֵיהּ, אָמְרָה לִי: עוּלֵם, הַב לִי פִּלְכִּי! אֲמַר בָּהּ רַב עוּקְבָא מִילְּתָא. מַאי אֲמַר בָּהּ? רָבִינָא אָמַר: "טוֹוָה בַּשּׁוּק" אֲמַר בָּהּ. רַבָּנַן אָמְרִי: "מְדַבֶּרֶת עִם כׇּל אָדָם" אֲמַר בָּהּ.§ אַבָּא שָׁאוּל אוֹמֵר: אַף הַמְקַלֶּלֶת יוֹלְדָיו בְּפָנָיו.§ אָמַר רַב יְהוּדָה אָמַר שְׁמוּאֵל: [ה]בִּמְקַלֶּלֶת [א]יוֹלִידָיו בִּפְנֵי מוֹלִידָיו. [ב]וְסִימָנֵיךְ: °"אֶפְרַיִם וּמְנַשֶּׁה כִּרְאוּבֵן וְשִׁמְעוֹן יִהְיוּ לִי". אָמַר *רַבָּה, דְּאָמְרָה לֵיהּ: [ו]נֵיכְלֵיהּ אַרְיָא לְסָבָא, בְּאַפֵּי בְּרֵיהּ.§ רַבִּי טַרְפוֹן אוֹמֵר: אַף הַקּוֹלָנִית.§ מַאי קוֹלָנִית? אָמַר רַב יְהוּדָה אָמַר שְׁמוּאֵל: [ז]בְּמַשְׁמַעַת קוֹלָהּ עַל עִסְקֵי תַּשְׁמִישׁ. בְּמַתְנִיתָא תָּנָא: בִּמְשַׁמֶּשֶׁת בְּחָצֵר זוֹ, וְנִשְׁמַע קוֹלָהּ בְּחָצֵר אַחֶרֶת. וְנִיתְנְיֵיהּ גַּבֵּי מוּמִין בְּמַתְנִיתִין! אֶלָּא מְחַוַּורְתָּא כִּדְשַׁנִּין מֵעִיקָּרָא.§

מתני' *[ח]הַמְקַדֵּשׁ אֶת הָאִשָּׁה עַל מְנָת שֶׁאֵין עָלֶיהָ נְדָרִים, וְנִמְצְאוּ עָלֶיהָ נְדָרִים — אֵינָהּ מְקוּדֶּשֶׁת. [ט]כְּנָסָהּ סְתָם וְנִמְצְאוּ עָלֶיהָ נְדָרִים — תֵּצֵא שֶׁלֹּא בִּכְתוּבָּה. [י]עַל מְנָת שֶׁאֵין בָּהּ מוּמִין, וְנִמְצְאוּ בָּהּ מוּמִין — אֵינָהּ מְקוּדֶּשֶׁת. [כ]כְּנָסָהּ סְתָם וְנִמְצְאוּ בָּהּ מוּמִין — תֵּצֵא שֶׁלֹּא בִּכְתוּבָּה. [ל]כׇּל הַמּוּמִין הַפּוֹסְלִין בְּכֹהֲנִים פּוֹסְלִין בְּנָשִׁים.§

גמ' וּתְנַן *נַמִי גַּבֵּי קִדּוּשִׁין כִּי הַאי גַּוְונָא! הָכָא כְּתוּבּוֹת אִיצְטְרִיכָא לֵיהּ — תָּנָא קִדּוּשִׁין אַטּוּ כְּתוּבּוֹת. הָתָם קִדּוּשִׁין אִיצְטְרִיכָא לֵיהּ — תָּנָא כְּתוּבּוֹת *אַטּוּ קִדּוּשִׁין. א"ר יוֹחָנָן מִשּׁוּם ר"ש בֶּן יְהוֹצָדָק: [מ]בְּאֵלּוּ נְדָרִים אָמְרוּ — שֶׁלֹּא תֹּאכַל בָּשָׂר, וְשֶׁלֹּא תִּשְׁתֶּה יַיִן, וְשֶׁלֹּא תִּתְקַשֵּׁט בְּבִגְדֵי צִבְעוֹנִים. תַּנְיָא נַמִי הָכִי: *בְּאֵלּוּ נְדָרִים אָמְרוּ — דְּבָרִים שֶׁיֵּשׁ בָּהֶן עִינּוּי נֶפֶשׁ: שֶׁלֹּא תֹּאכַל בָּשָׂר, וְשֶׁלֹּא תִּשְׁתֶּה יַיִן, וְשֶׁלֹּא תִּתְקַשֵּׁט בְּבִגְדֵי צִבְעוֹנִין. הָוֵי בָּהּ רַב פָּפָּא: אַהֲיָיא? אִילֵימָא אַרֵישָׁא, כֵּיוָן דְּקָא קָפֵיד — אֲפִילּוּ כׇּל מִילֵּי נַמִי. אֶלָּא אַסֵּיפָא. רַב אַשִׁי אָמַר: לְעוֹלָם אַרֵישָׁא, וּמִידֵּי דְּקָפְדִי בָּהּ אִינָשֵׁי — הָוְיָא קְפֵידֵיהּ קְפֵידָא, מִידֵּי דְּלָא קָפְדִי בָּהּ אִינָשֵׁי — לָא הָוְיָא קְפֵידֵיהּ קְפֵידָא. *אִיתְּמַר, קִידְּשָׁהּ עַל תְּנַאי וּכְנָסָהּ סְתָם. רַב אָמַר: [נ]צְרִיכָה הֵימֶנּוּ גֵּט, וּשְׁמוּאֵל אָמַר: אֵינָהּ צְרִיכָה הֵימֶנּוּ גֵּט. אָמַר אַבַּיֵי:

לָא

תורה אור

קִלְתָהּ. סַל שֶׁיֵּשׁ לוֹ מִלְּמַטָּה בֵּית קִבּוּל לְהוֹלְמוֹ בְּרֹאשׁוֹ, וּבֵית קִיבּוּל מִלְמַעְלָה לָתֵת בּוֹ פֶּלֶךְ וּפִשְׁתָּן. הָוֵי. לְשׁוֹן מַקְשֶׁה. א"כ. דְּבְחָצֵר יֵשׁ בָּהּ מִשּׁוּם פְּרִיעָה. וְדֶרֶךְ מָבוֹי. דְּלָא שְׁכִיחִי רַבִּים. בְּטוֹוָה וֶורֶד כְּנֶגֶד פָּנֶיהָ. טוֹוָה בְּכַפָּהּ עַל יְרֵכָהּ, וְחוּט מִתְרַדֵּד כְּנֶגֶד פָּנֶיהָ שֶׁל מַטָּה. שְׁדִיתֵיהּ. הִשְׁלַכְתִּיהוּ. בִּמְקַלֶּלֶת יוֹלִידָיו בִּפְנֵי מוֹלִידָיו. כְּלוֹמַר, "בְּפָנָיו" דְּמַתְנִי' לָא תֵּימָא לְפָנָיו מַמָּשׁ, אֶלָּא אֲפִילּוּ מְקַלֶּלֶת אָבִיו שֶׁל בַּעַל בִּפְנֵי בְּנוֹ שֶׁל בַּעַל. וְסִימָנֵיךְ אֶפְרַיִם וּמְנַשֶּׁה וגו'. וּפָסוּק זֶה יְהֵא לְךָ סִימָן עַל מִשְׁנָתֵינוּ, לִזְכּוֹר עַל יָדוֹ, דִּבְפָנָיו דְּמַתְנִי' — [לָא תֵּימָא בְּפָנָיו מַמָּשׁ, אֶלָּא] בִּפְנֵי בְּנוֹ קָאָמַר, וַהֲוֵי כְּאִילּוּ בְּפָנָיו. אֶפְרַיִם וּמְנַשֶּׁה וגו'. בְּנֵי בָּנָיו כְּבָנָיו. אָמַר רַבָּה. לְפָרוּשֵׁי מִילְּתֵיהּ דְּר"י, כְּגוֹן דְּאָמְרָה: נֵיכְלֵיהּ אַרְיָא לְסָבָא, חָמִיהָ. בְּאַפֵּי בְּרֵיהּ. בִּפְנֵי בְּנוֹ שֶׁל בַּעַל אוֹמֶרֶת כֵּן. עַל עִסְקֵי תַּשְׁמִישׁ. כְּשֶׁמְּדַבֵּר עִמָּהּ עַל עִסְקֵי עוֹנָה, מְרִיבָה עִמּוֹ וּמַשְׁמַעַת לִשְׁכֵנָיו, וְהוּא בּוֹשׁ בַּדָּבָר. וְנִשְׁמָע קוֹלָהּ. שֶׁתַּשְׁמִישׁ קָשֶׁה לָהּ, וְצוֹעֶקֶת. גַּבֵּי מוּמִין. בִּשְׁלֵהֵי פִּירְקִין. **מתני'** כְּנָסָהּ סְתָם. בַּגְּמָ' מְפָרֵשׁ אִי קָאֵי אַרֵישָׁא, אַהֵךְ דְּקִידְּשָׁהּ עַל תְּנַאי, אוֹ מִילְּתָא בְּאַפֵּי נַפְשָׁהּ. מוּמִין הַפּוֹסְלִין בְּכֹהֲנִים. בִּבְכוֹרוֹת קָתָנֵי לְהוּ. **גמ'** כִּי הַאי גַּוְונָא. מִשְׁנָה זוֹ שְׁנוּיָה בְּקִדּוּשִׁין בְּפֶרֶק "הָאִישׁ מְקַדֵּשׁ", וּמַאי שְׁנָא דִּסְתָמָהּ רַבִּי תְּרֵי זִימְנֵי? הָכָא. דְּמַכִילְתִּין דְּהָכָא בִּכְתוּבּוֹת קָאֵי, אִיצְטְרִיךְ לֵיהּ לְמִיתַנְיָיא מִשּׁוּם כְּתוּבּוֹת, כִּדְקָתָנֵי סֵיפָא: תֵּצֵא שֶׁלֹּא בִּכְתוּבָּה. תָּנָא קִדּוּשִׁין. רֵישָׁא דְּמַתְנִיתִין "אֵינָהּ מְקוּדֶּשֶׁת". אַטּוּ כְּתוּבּוֹת. אַיְּידֵי דְּנָקְטָהּ מִשּׁוּם כְּתוּבּוֹת. שֶׁלֹּא תֹאכַל בָּשָׂר. דַּהֲוֵי עִינּוּי נֶפֶשׁ, וּמִתְגַּנָּה עָלָיו. אַרֵישָׁא. דְּאַתְנֵי בַּהֲדָהּ. אַסֵּיפָא. וְקָסָבַר: סֵיפָא דְּמַתְנִי' מִילְּתָא בְּאַפֵּי נַפְשָׁהּ, וְקִידְּשָׁהּ סְתָם וּכְנָסָהּ סְתָם קָאָמַר. קִידְּשָׁהּ עַל תְּנַאי. שֶׁאֵין עָלֶיהָ נְדָרִים.

לָא

בטווה וורד כנגד פניה. ר"ח פי' טווה ורד: למר אדום היא טווה – שיפול על פניה מזהרוריתו, וזהו עזות מלח ופריצות. [שייך לעיל] **ואלא** בחצר. פי': אפי' בלא קלתה נמי אין בה משום פריעת ראש, שאל"כ לא הנחת בת לאברהם אבינו. **יולידיו** בפני מולידיו. לא מבעיא בפני בעל, כדקתני במתני', אלא בפני מולידיו – דהיינו בניו של בעל – לא תקלל אביו של בעל בפניהם. וי"מ: יולידיו בפני מולידיו – זקנו של בעל בפני הבעל, כי היכי דניהוי דווקא "בפניו", דמתני'. ולא היא, דהא מפרש רבה דאמרה: ניכליה אריא לסבא באפי בריה – משמע בריה דבעל. **על** מנת שאין עליה נדרים כו'. תימה לר"י: מאי איריא על מנת? אפי' בסתם נמי, דהא בפ' "אע"פ" (לעיל דף נז:) גזרינן שלא תאכל ארוסה בת ישראל בתרומה, גזירה משום סימפון! וי"ל: דלרב דאמר בגמ' קידשה על תנאי וכנסה סתם – צריכה הימנו גט, נקט "קידשה על תנאי" משום סיפא; לאשמועינן דאע"ג דקידשה על תנאי – בעיא גט. ולשמואל נמי נקט "ע"מ", למימרא דבכל ענין אינה מקודשת, אפי' כנסה אח"כ סתם, כדאמרינן בגמרא. ועי"ל: דנהי דשייך בה סימפון, אפי' בקידשה סתם, ולא תאכל בתרומה, מ"מ צריכה גט מדבריהם, או מדאורייתא מספק. ומיהו, כתובה לית לה לכ"ע, אפילו קידשה סתם. כדתניא לעיל: ואם אמר אי אפשי באשה נדרנית – תצא שלא בכתובה. ואפי' מאן דפליג – לא פליג אלא משום דקסבר: הוא נתן אצבע בין שיניה, הא לאו הכי – מודה דאין לה כתובה. והא דנקט במתני' "וכנסה" ה"ה אפי' לא כנסה בעיא גט, אלא נקט "כנסה", דאפ"ה לית לה כתובה. ולרב דמוקי לה סיפא בקידשה על תנאי וכנסה סתם – ה"ה דאפי' קידשה סתם וכנסה סתם תצא שלא בכתובה. אלא נקט קידשה על תנאי לאשמועינן דאפי' הכי כתובה הוא דלא בעיא, הא גיטא – בעיא. וא"ת: לפי מאי דפרישית דקידשה סתם צריכה גט, מאי שנא דבנמצאת איילונית אינה צריכה גט? דתנן בריש יבמות (דף ב: ושם): "וכולן שנמצאו אילונית – צרותיהם מותרות". משמע דאפי' מדרבנן לא בעיא גט; דאי בעיא גט, אפי' מדרבנן – לא היתה צרתה מותרת, אלא חולצת ולא מתייבמת. מידי דהוה אכל היכולה למאן ולא מיאנה, דצרתה חולצת ולא מתייבמת! וצריך לחלק בין מום דאילונית לשאר מומין. והא דמשמע ב"השולח" (גיטין דף מו: ושם) דאיילונית צריכה גט, דתנן: "המוציא אשתו משום אילונית לא יחזיר", וטעמא משום קלקולא. ואם לא היתה צריכה גט – מה מועיל מה שאמרו לא יחזיר? הא מקולקלת היא אם הוציאה בלא גט! התם מיירי בספק איילונית, שלא היה להם כח לברר אם הם סימנין גמורים אם לאו, הלכך צריכה גט מספק, ומ"מ אין לה כתובה – דמספיקא לא מפקינן ממונא. תדע, דאי בודאי אילונית איירי – היאך יכול לקלקלה? דלעולם לא יהיו לה בנים, דודאי אילונית אין לה רפואה, דהא יוצאה בלא חליצה. ואם היה לה רפואה – היתה צריכה חליצה, כמו סריס חמה, דתנן ב"הערל" (יבמות דף עט: ושם) דחולץ וחולצין לאשתו, שכן מתרפאין באלכסנדריא של מצרים. והא דתנן לקמן (דף ק:): "הממאנת והשניה והאיילונית אין להן לא כתובה כו'", ואית לן למידק: כתובה הוא דלא בעיא, הא גיטא – בעיא, כדדייק בגמרא אמתני' דהכא. איכא למימר דמשום שניה נקט "אין לה כתובה", לדקדק: הא גיטא – בעיא. דהא ע"כ ממאנת לא בעיא גט. ועי"ל: דהא דדייק בגמרא: כתובה הוא דלא בעיא כו' – היינו משום דקתני ברישא אינה מקודשת, וסיפא נקט תצא שלא בכתובה. ועוד: דאמתני' שייך לדקדק דגיטא בעיא, מדלא נקט אינה צריכה גט, דהוה שמעינן דכ"ש דאין לה כתובה, אבל התם קתני: "לא כתובה ולא פירות ולא בלאות", ואי הוה תני אינה צריכה גט – לא הוה שמעינן מינה דאין לה לא פירות ולא בלאות. להכי ליכא למידק התם: הא גיטא בעיא. **אלא** אסיפא. וסבר רב פפא כשמואל, דמוקי סיפא בקידשה סתם וכנסה סתם.
ומידי דקפדי אינשי הוי קפידא. נראה דהיינו כשהתנה סתם: על מנת שאין עליה נדרים, ולא פי' איזה נדר. דהתם קאמר רב אשי: "דלא קפדי אינשי לא הוי קפידיה קפידא". אבל אם פירש בהדיא "ע"מ שאין עליך נדר זה" – ודאי יכול להתנות בכל נדרים, אפי' לא קפדי בהו אינשי.

לא

תוספות רי"ד

הוא לאשה לצאת בפריעת הראש. אר"י א"ש דאורייתא קלתה על ראשה שפיר דמי ודת יהודית בקלתה נמי אסור. אר"א אר"י קלתה אין בה משום פריעת הראש הוי בה ר"ז היכא אילימא בשוק דת יהודית הוא אלא בחצר א"כ לא הנחת בת לאברהם אבינו שיושבת תחת בעלה אמר אביי ואיתימא ר"כ מחצר לחצר דרך מבוי פי' מבוי דלא שכיח בי' בני ר"ה: וטווה בשוק אר"י א"ש במגלה זרועותיה לבני אדם אר"ח אמר אבימי בטווה ויורד כנגד פניה פי' החוט יורד כנגד פניה של מטה והוא פריצות לעשות כן בפני בני אדם: ומדברת עם כל אדם אר"י א"ש במשחקת עם הבחורים. והמקללת יולדיו בפניו אר"י א"ש במקללת יולדיו בפני מולידיו ה"ד א"ר נכלי' ארי' לסבא באפי ברי' פי' יולדיו קורא הזקן דהיינו חמיה ומקללתו בפני בן בעלה כדכתיב ומולדתך אשר הולדת אחריהם פי' כולי האי דייק שמואל מדקתני יולדיו דאי בפניו אבעל קאי הול"ל במקללת אביו בפניו אמאי תני יולדיו דמשמע זקנו א"ו האי בפניו לא אבעל קאי [אלא] שקללה אבי הבעל שילדו בפני בנו של בעל שאבי הבעל הוא זקנו וכ"ש אם קללתו בפני הבעל שיוציא: ר"ט אומר אף הקולנית איזהו קולנית אר"י א"ש במשמעת קולה על עסקי תשמיש פי' מסרבת בו ואינה מתרצה להזקק לו. גרסי' בסוטה בפ' ארוסה איבעיא להו עוברת על דת צריכה התראה להפסידה כתובה או לא אר"ח מסורא ת"ש ואלו שב"ד מתנין להן מי שנתחרש בעלה או שנשתטה או שהיה חבוש בבית האסורים ולא להשקותה אמרו אלא לפוסלה מכתובתה ש"מ צריכה התראה להפסיד כתובתה ש"מ. (והרב אומר שאם התרה בה ועכבה על התראתו ורוצה למחול לה בעלה ולקיימה א) הרשות בידו דומיא דסוטה שאם רוצה למחול על קנויו קודם סתירה הרשות בידו) ירושלמי נשים שאמרו חכמים יוצאין בלא כתובה צריכות התראה ואם לא התרה בהן יוציא ויתן כתובה ולא מנה ומאתים אלא אפילו כ' אלף זוז מאבדת הכל ונוטלת בלאותי' שבפני' ויוצאת: **מתני'** המקדש את האשה ע"מ שאין עליה נדרים ונמצאו עליה נדרים ב) תצא שלא בכתובה ע"מ שאין בה מומין ונמצאו עליה מומין אינה מקודשת כנסה סתם ונמצאו עליה מומין תצא שלא בכתובה שכל המומין הפוסלין בכהנים פוסלין בנשים. ותנן נמי גבי קדושין כה"ג הכא כתובה איצטריך ליה תנא כתובה אטו קדושין והתם קדושין איצטריך ליה תנא קדושין אטו כתובה והתם קדושין פי' רישא מיירי בקדושין וסיפא בכתובה: אר"י משום ר"ש בן יהוצדק באלו נדרים אמרו שלא תאכל בשר ולא תשתה יין ולא תתקשט בבגדי צבעונין ותנ"ה באלו נדרים. הוי בה ר"פ אהייא אילימא ארישא כיון דקא קפיד אפילו כל מילי נמי פי' כיון דקפיד ואתני בהדיה ע"מ שאין עליה נדרים אפילו שאר נדרים אם ימצאו עליה אינה מקודשת אלא אסיפא פי' דקתני כנסה סתם וקסבר ר"פ דסיפא דמילתא באפי נפשה היא וקדשה סתם וכנסה סתם קאמר וכיון דקדשה וכנסה סתם דוקא בג' נדרים קפיד ותצא שלא בכתובה אבל בשאר נדרים א"י להוציאה שלא בכתובה (ע"א) [רב אשי אמר] לעולם ארישא ומידי דקפדי אינשי הוי קפידיה קפידא מידי דלא קפדי ביה אינשי לא הוי קפידיה קפידא פי' אע"פ שהתנה עמה אנן סהדי דלא (קפידא אלא ממון) [קפיד אלא במאי] דקפדי אינשי וכ"ש בסיפא דלא קפיד אלא אמאן דקפדי אינשי והלכך אע"פ שהתנה עמה שאין עליה נדרים י"ל כתובה ובעיא גיטא ור"י ז"ל כ' דבעיא גיטא ואין לה כתובה ואינו נ"ל דכיון דאמרינן דאע"ג דאתני לא אתני אלא על הני אפילו כתובה נמי יש לה והל' כרב אשי. איתמר קדשה על תנאי וכנסה סתם רב אמר צריכה ממנו גט ושמואל אמר א"צ הימנו גט שכל הבועל ע"ד תנאו הראשון הוא בועל

אמר

מסורת הש"ס

[גיטין פט.]
בראשית מח
ס"א רבא
קדושין כ.
שם
אטו קדושין דברים שיש בהם עינוי נפש אר"י כל"ל רש"ל
[תוספתא פ"ז]
יבמות קי.

הגהות הגר"א

[א] גמ' יולידיו בפני מולידיו. נ"ל יולדיו בפני מולדיו: [ב] שם וסימניך אפרים כו'. נ"ב גי' הרי"ף והרא"ש שנאמר ומולדתך אשר הולדת כו' (ועמ"ש רבינו באה"ע סימן קט"ו ס"ק י"ג)

א) לכאורה נ"ע הא דין זה הוא איבעיא ולא איפשיטא בסוטה (כ"ה) ואולי דסוגתו כיון דקיי"ל גבי קינוי דיכול למחול ה"ה הכא. ועי' תוס' שם ד"ה ש"מ. ב) נ"ל אינה מקודשת כנסה סתם ונמצאו עליה נדרים תצא שלא בכתובה.

מסורת הש"ס

עין משפט נר מצוה

לא א מיי' פי"א מהל' גירושין הל"ו סמג עשין נ טוש"ע אה"ע סי' קנה סעי' כא:

לָא תֵּימָא טַעֲמֵיהּ דְּרַב כֵּיוָן שֶׁכְּנָסָהּ סְתָם אַחוּלֵי אַחְלֵיהּ לִתְנָאֵיהּ. אֶלָּא טַעֲמָא דְּרַב: לְפִי *שֶׁאֵין אָדָם עוֹשֶׂה בְּעִילָתוֹ בְּעִילַת זְנוּת. הָא פְּלִיגִי בָּהּ חֲדָא זִימְנָא! *דְּאִתְּמַר: קְטַנָּה שֶׁלֹּא מֵיאֲנָה, וְהִגְדִּילָה, עָמְדָה וְנִישֵּׂאת. רַב אָמַר: אֵין צְרִיכָה גֵּט מִשֵּׁנִי, וּשְׁמוּאֵל אָמַר: [א]צְרִיכָה גֵּט מִשֵּׁנִי! צְרִיכָא, דְּאִי אִתְּמַר בְּהַהִיא — בְּהַהִיא קָאָמַר רַב, מִשּׁוּם דְּלֵיכָּא תְּנָאָה. אֲבָל בְּהָא, דְּאִיכָּא תְּנָאָה — אֵימָא מוֹדֵי לֵיהּ לִשְׁמוּאֵל. וְאִי אִתְּמַר בְּהָא — בְּהָא קָאָמַר שְׁמוּאֵל, אֲבָל בְּהָךְ — אֵימָא מוֹדֵי לֵיהּ לְרַב, צְרִיכָא. תְּנַן: כְּנָסָהּ סְתָם וְנִמְצְאוּ עָלֶיהָ נְדָרִים — תֵּצֵא שֶׁלֹּא בִּכְתוּבָּה. כְּתוּבָּה הוּא דְּלָא בָּעֲיָא, הָא גִּיטָּא — בָּעֲיָא! מַאי לָאו — קִידְּשָׁהּ עַל תְּנַאי. וּכְנָסָהּ סְתָם, תְּיוּבְתָּא דִּשְׁמוּאֵל! לָא

[יבמות קז. גיטין פח:]

יבמות קט:

רש"י

לא תימא. קסבר רב אחולי לתנאיה, וכתובה בעי למיתב לה אם מגרשה. אלא טעמא דרב. לענין גט, דקסבר אין אדם עושה בעילתו בעילת זנות, ובעל לשם קידושין, ואפי' ימצא עליה נדרים. אבל לענין ממונא — בתנאיה קאי, שאם ימצא עליה נדרים — תצא בלא כתובה. קטנה. יתומה. שלא מיאנה. בקטנותה. והגדילה. ובא עליה, ואח"כ מיאנה, ועמדה וניסת. אין צריכה גט משני. דכי גדלה בא עליה לשם קידושין, דיודע הוא שאין קידושי קטנה כלום. צריכה גט משני. דכל הבועל על דעת קידושין הראשונים בועל. ואע"ג דמודה שמואל שאסורה לשני, דמשנה שלמה היא (נדה דף נב.) דאין הבת ממאנת משהביאה שתי שערות — גט מיהא בעיא מיניה; דהא דאמרי רבנן גדולה לא ממאנת — מדרבנן הוא. ורב סבר: דאורייתא היא, משום דכי בעיל משגדיל — לשם קידושין בעיל. דליכא תנאה. והכל יודעין שאין במעשה קטנה כלום, וגמר ובעל לשם קידושין. דאיכא תנאה. וסבר הוא שנתקיים תנאה, דהואיל ומיפסקא ליה — אין עליה נדר, ולא מסיק אדעתיה לבעול לשם קידושין, דאינו חפץ באשה נדרנית. בהא קאמר שמואל. דכיון דאתני — אתנאי סמיך, דאינו חפץ בנדרנית. מאי לאו קידשה כו'. וסיפא ארישא קאי. וקאמר: כתובה הוא דלא בעיא, דלענין ממונא לא אחיל תנאי. אבל גיטא — בעיא, דלשם קידושין בעל. דאי מיתפסא עלה נדרים — לא תהא בעילתו זנות, כרב. לא

תוספות

לא תימא טעמא דרב כיון דכנסה סתם אחולי אחליה לתנאיה. פי' בקונטרס: ויהא לה כתובה. וקשה לרבינו יצחק: דא"כ מאי קאמר לא תימא? פשיטא דלא מצי למימר הכי, דהא תנן בהדיא במתני': כנסה סתם תצא בלא כתובה! ונראה דלאו פירכא היא, דהוה מצי לאוקומי מתניתין בשלא בעל. והכא בבעל קאמר, דאחולי אחיל לתנאיה. ורבינו יצחק פי': לא תימא טעמא דרב כיון דכנסה, אע"ג דלא בעל אחליה לתנאיה, ותהא צריכה גט. ומיהו, כתובה ודאי לית לה, כדתנן במתני'. אלא טעמא דרב משום דאין אדם בועל בעילתו בעילת זנות. ופליגא אעולא אמר רבי אלעזר, דאמר לקמן דבבעל מודו כולי עלמא דצריכה גט, ולא פליגי רב ושמואל אלא בשלא בעל. וא"ת: דהכא משמע דלשמואל אדם בועל בעילת זנות, ויש תנאי בנשואין. וקשה: דביבמות בפרק "ב"ש" (דף קז. ושם) תנן: ב"ש אומרים אין ממאנין אלא ארוסות, ואמרינן בגמרא: אמר רב יהודה אמר שמואל: מאי טעמא דבית שמאי — לפי שאין תנאי בנשואין, ואי אמרת נשואה תמאן — אתי למימר יש תנאי בנשואין. אלמא סבר שמואל דאין תנאי בנשואין! דבית הלל נמי לא פליגי אלא משום דסברי דליכא למיגזר, דמידע ידעי דנשואי קטנה דרבנן נינהו. אבל הא מודו — דאין תנאי בנשואין! וריב"ן מגיה התם: אמר רב יהודה אמר רב. ואומר ר"י: שלא הועיל כלום להגיה, דאמר לקמן דבטעות אשה אחת דברי הכל אינה צריכה גט. אלמא לרב נמי יש תנאי בנשואין. ועוד, דהתם פריך: נכנסה לחופה ולא נבעלה מאי איכא למימר? ומשני: לפי שאין תנאי בחופה. ותירץ רבינו יצחק: דאביי לא הוה מפרש טעמא דב"ה משום דמידע ידעי כו' אלא משום דיש תנאי בנשואין. וסוגיא דהתם כעולא אמר ר"א, דאמר לקמן: המקדש על תנאי ובעל — דברי הכל צריכה הימנו גט, דאין תנאי בנשואין. ונראה דצריך להגיה: "אמר רב" כריב"ן; דאי גרסינן "אמר שמואל" — תקשי ליה מנכנסה לחופה ולא נבעלה, דלעולא אמר ר"א בלא בעל סבר שמואל דיש תנאי. והא דאמר בשילהי "האשה רבה" (שם צה:) גבי פלוגתא דרב ושמואל, דיבמה הרי היא כאשת איש, דקאמר אביי לחד לישנא דשמואל אדרבי יצחק נפחא קאי, דמפרש מילתיה דר' יוסי משום דאין תנאי בנשואין — לא משום דלא מהני תנאה קאמר, אלא משום דאין רגילות שיהיו נשואין מתבטלין מחמת תנאי שהיה בקדושין. דרגילות הוא, או שידע וימנע מליסא, או גמרי ומחלי ולא הדרי בשעת נשואין. וכן צריך לפרש על כרחין הא דקאמר שמואל התם: אינה כאשת איש — דבקדושין איירי, ובקדושין דכולי עלמא מודו דיש תנאי. והרב רבינו חיים מפרש גם ההיא דב"ש בענין זה. והכי פירש: לפי שאין תנאי בנשואין — פירוש: אין רגילות שיתבטלו נשואין מחמת שום תנאי. ואי אמרת נשואה תמאן — אתי למימר יש תנאי בנשואין — בתמיה. פירוש: וכי יעלה על לב אדם לומר שמחמת תנאי נתבטלו? הא אין רגילות! ומחמת קידושי קטנות נמי לא ידעי, אלא יאמרו דאשת איש יוצאה בלא גט. ואם תאמר: והיכי סלקא דעתין למימר דכנסה בלא בעל דאחולי אחליה לתנאיה, וצריכה גט? כיון דקידשה על תנאי שאין עליה נדרים, והיו עליה נדרים — אם כן אינה מקודשת, ומה מועיל אפילו ימחול התנאי אח"כ, אם לא יחזור ויקדשנה? ומיהו, אי חופה קונה — *ניחא. ואפילו את"ל דחופה אינה קונה — מצינו למימר דבשעת קידושין היה דעתו לכך, שאם יכניסנה לבסוף — יהא מחול התנאי.

[קדושין ה.]

אלא טעמא דרב משום דאין אדם כו'. צריך לפרש שמחמת כך נתכוין לקדש בבעילה. דאם נפרש דאין אדם בועל בעילתו בעילת זנות, ולפיכך מחל התנאי וחלו קדושי כסף — א"כ מאי פריך: והא איפליגו בה חדא זימנא? דהתם מקודשת לפי שבעל לשם קידושין, והכא מקודשת מחמת קדושין הראשונים! ונראה, דלרב אפילו קדשה על תנאי וכנסה על תנאי, הואיל ובעל — צריכה גט. מדמקשה לרבה לקמן מההיא דהריני בועליך על מנת כו', משמע דאי הוו פליגי בטעות אשה אחת — הוה ניחא ליה דפליגי בפלוגתא דרב ושמואל, אע"פ שהתנה בשעת בעילה, ולא עביד תנאי לסתור הקידושין אלא משום כתובה. והא איפליגו בה חדא זימנא. תימה: והא תרווייהו צריכי, דאי איתמר קמייתא — הוה אמינא דהא דאמר רב צריכה גט — היינו מספק; דלא ידענא אי בעל לשם קידושין. ואם קידשה אחר — דלמא משני נמי הוה צריכה גט. ואי איתמר בתרייתא — הוה אמינא הא דקאמר שמואל צריכה גט משני — היינו מספק, ומראשון נמי צריכה גט מדאורייתא, דשמא לשם קידושין בעל! ואומר ר"י, דהכי פריך: והא איפליגו בה חדא זימנא, ואמאי איפליגו בה בשני מקומות? דבחד מהנך הו"מ לאשמועינן. והכי הו"ל למימר: קידשה על תנאי ובעל, רב אמר: צריכה גט מראשון ולא משני, ושמואל אמר: אינה צריכה גט מראשון אלא משני. או בהך בתרייתא לימא: והגדילה ועמדה וניסאת; רב אמר: אינה צריכה גט משני, וצריכה גט מראשון. ושמואל אמר: צריכה גט משני, ואינה צריכה גט מראשון מן התורה, אבל מדרבנן צריכה.

ושמואל אמר צריכה גט משני. והא דתנן ביבמות בפרק "ב"ש" (קט.) גבי מת בעלה של גדולה, אמר רבן גמליאל: אם מיאנה — מיאנה ואם לאו תמתין עד שתגדיל ותצא (א) משום אחות אשה. ומפרש בגמרא, דטעמא דרבן גמליאל דהוי ליה כמקדש אחות יבמה, דנפטרה יבמה והלכה לה, והוי זו שגדלה אצלו ובעל כמו שקדשה, ולשמואל בסתמא אינו בועל לשם קידושין — צ"ל דהתם מפרש בהדיא שבעל לשם קידושין. ועוד אומר ר"י: דהתם, כיון דיבמתו ואשתו שתיהן לפניו, אפילו בסתמא בועל לשם קידושין, כדי לדחות יבמתו ממנו, דבאשתו ניחא ליה מיבמתו. ואיסורא לא עביד, דר"ג סבר אין זיקה. ומיהו קשה: דתקשי לשמואל מדרבנן דר"א (ב) כשהחזירה כשהיא קטנה וגדלה אצלו, דבסתמא בועל לשם קידושין! וליכא לאוקמא כשפירש שבועל לשם קידושין — דא"כ לא הוי פריך מינה מידי לקמן לרבה. אלא על כרחין — כשבועל סתם. דלא מצינו לאוקמי כשפירש; דאם כן — היינו החזירה כשהיא גדולה! ואומר ר"י: דשמואל סבר ליה כר"ש בן יהודה, דאמר לקמן: אם בעלו — לא קנו. אי נמי, כרבי ישמעאל דאמר לקמן (דף עד.) שמואל משום ר' ישמעאל: והיא לא נתפסה כו'.

[וע' תוס' יבמות קי. ד"ה קסבר]. בההיא קאמר רב דליכא תנאה. ביבמות בפרק "ב"ש" (דף קי. ושם) מצריך להו איפכא. והכי איתא התם: דאי איתמר בהא — בההיא קאמר רב, משום דאיכא תנאה, וכיון דבעל — אחולי אחליה לתנאיה. פירוש: משום דאין אדם בועל בעילתו בעילת זנות אית לן למימר דאחליה לתנאיה, והיה בדעתו שיחולו קידושי כסף. אבל בהא, דליכא בעילת זנות, שהרי יש שם קידושין דרבנן — אימא מודה לשמואל. ואין לתמוה על מה שלשם סברא הפוכה, דאליבא דר"א דאמר לקמן (דף עד:) המקדש על תנאי ובעל דברי הכל צריכה הימנו גט — אית לן למימר סברא דהתם, דאע"ג דמודה שמואל דאין אדם בועל כו' והוי קידושין *דרבנן — אפילו הכי פליג אדרב בקטנה שלא מיאנה, והיינו — משום דלא שייך התם בעילת זנות, הואיל ואיכא קידושין דרבנן*.

ותיובתא דשמואל. ואף על גב דכרבי ישמעאל רביה סבירא ליה — מכל מקום אין לו להניח סתם דמתניתין משום ר' ישמעאל: אדם

רש"ל ומהרש"א לא גרסו דרבנן וכ"ה בכ"י כ"י [וע' תוס' יבמות קי. ד"ה בההיא]

תוספות רי"ד

אמר אביי לא תימא טעמא דרב כיון שכנסה סתם אחולי אחליה לתנאיה פי' ואפי' כתובה יש לה אלא טעמא דרב שאין אדם עושה בעילתו בעילת זנות פי' ואחולי [אחליה] לתנאיה גבי קידושין אבל גבי כתובה לא אלא יוצאה שלא בכתובה ואע"ג דלא אתני בהדה אלא קדשה סתם וכנסה סתם כדכתיבנא לעיל (ד' עא) בהאשה שנדרה בנזיר שהיה אומר תנא קמא יוציא בלא כתובה משום דאמר אי אפשי באשה נדרנית ואפילו ר"י לא פליג אלא משום שהיה לו להפר ולא הפר והוא נתן אצבע בין שיניה אבל כשימצאו לה נדרים שאין יכול להפר מודים דתצא שלא בכתובה מפני שיכול לומר אי אפשי באשה נדרנית. והא איפליגו בה חדא זימנא דאתמר קטנה שלא מיאנה והגדילה פי' ונבעלה אחר שהגדילה ועמדה ונשאת רב אמר א"צ גט משני ושמואל אמר צריכה גט משני פי' רב סבר אדם יודע שאין קדושי קטנה כלום וגמר ובעל לשם קידושין שאין אדם עושה בעילתו בעילת זנות ושמואל אמר צריכה גט משני פי' שכל הבועל מסתמא על דעת קדושין הראשונים הוא בועל. צריכא דאי איתמר בהא בהא קאמר רב משום דליכא תנאה אבל בהא דאיכא תנאה אימא מודה ליה לשמואל צריכא ואי איתמר בהא בהא קאמר שמואל אבל בהך אימא מדה ליה לרב צריכא וקי"ל הלכה כרב באיסורי (פי' הרב אם קדשה סתם בלא תנאי ונמצא עליה נדרים ולא כנסה א"נ כנסה ולא הספיק לבעול כגון שפירסה נדה הרי זו צריכה גט מדבריהם שלא יאמרו אשת איש יוצאה בלא גט וכל הדין שפרשנו לגבי נדרים כך נתפרש לענין מומין שאלו שתי בבות פתרון אחד להם לכל דבר אלא שבנדרים חלקנו דדוקא בג' נדרים הוי טעות אבל שאר נדרים לא אבל לגבי מומין אין לחלק ביניהם. דבין במומין גדולים ובין במומין קטנים הוי מקח טעות): כנסה סתם וכו'. כתובה הוא דלית לה הא גיטא בעיא מאי לאו קדשה על תנאי וכנסה סתם פי' דסיפא ארישא קאי וקשיא לשמואל:

הגהות הב"ח

(א) תוס' ד"ה ושמואל וכו' ותצא הכלו משום אחות: (ב) בא"ד מדרבנן דר"א דקאמרי כשהחזירה:

לָא, קִידְּשָׁהּ סְתָם וּכְנָסָהּ סְתָם. אֲבָל קִידְּשָׁהּ עַל תְּנַאי וּכְנָסָהּ סְתָם — הָכִי נַמִי דְּלָא בָּעֲיָא גִּיטָּא? אַדְּתָנֵי הַמְקַדֵּשׁ אֶת הָאִשָּׁה עַל מְנָת שֶׁאֵין עָלֶיהָ נְדָרִים, וְנִמְצְאוּ עָלֶיהָ נְדָרִים אֵינָהּ מְקוּדֶּשֶׁת, לִיתְנֵי: כְּנָסָהּ סְתָם וְנִמְצְאוּ עָלֶיהָ נְדָרִים אֵינָהּ מְקוּדֶּשֶׁת, וְכָל שֶׁכֵּן הָא! הָכִי נַמִי קָאָמַר: הַמְקַדֵּשׁ אֶת הָאִשָּׁה עַל מְנָת שֶׁאֵין עָלֶיהָ נְדָרִים, וּכְנָסָהּ סְתָם וְנִמְצְאוּ עָלֶיהָ נְדָרִים — אֵינָהּ מְקוּדֶּשֶׁת. קִידְּשָׁהּ סְתָם וּכְנָסָהּ סְתָם — תֵּצֵא שֶׁלֹּא בִּכְתוּבָּה. כְּתוּבָּה הוּא דְּלָא בָּעֲיָא, הָא גִּיטָּא — בָּעֲיָא. וּמַאי שְׁנָא כְּתוּבָּה דְּלָא בָּעֲיָא — דְּאָמַר: אִי אֶפְשִׁי בְּאִשָּׁה נַדְרָנִית, אִי הָכִי גֵּט נַמִי לָא תִּיבָּעֵי! אָמַר רַבָּה: צְרִיכָה גֵּט מִדִּבְרֵיהֶם. וְכֵן אָמַר רַב חִסְדָּא: צְרִיכָה גֵּט מִדִּבְרֵיהֶם. רָבָא אָמַר: תָּנָא סְפוּקֵי מְסַפְּקָא לֵיהּ; גַּבֵּי *מָמוֹנָא — לְקוּלָּא, גַּבֵּי אִיסּוּרָא — לְחוּמְרָא. אֲמַר רַבָּה: מַחֲלוֹקֶת בְּטָעוּת שְׁתֵּי נָשִׁים, אֲבָל בְּטָעוּת אִשָּׁה אַחַת — דִּבְרֵי הַכֹּל אֵין צְרִיכָה הֵימֶנּוּ גֵּט. אֲמַר (לֵיהּ) אַבָּיֵי: וְהָא מַתְנִיתִין דְּטָעוּת אִשָּׁה אַחַת הִיא, וְקָמוֹתְבִינַן תְּיוּבְתָּא מִינֵּיהּ! אֶלָּא, [אִי אִתְּמַר הָכִי אִתְּמַר]: אֲמַר רַבָּה: מַחֲלוֹקֶת בְּטָעוּת אִשָּׁה אַחַת כְּעֵין שְׁתֵּי נָשִׁים, אֲבָל בְּטָעוּת אִשָּׁה אַחַת גְּרֵידְתָּא — דִּבְרֵי הַכֹּל אֵינָהּ צְרִיכָה הֵימֶנּוּ גֵּט. אֵיתִיבֵיהּ אַבָּיֵי: *קִידְּשָׁהּ בְּטָעוּת, [א]וּפָחוֹת מִשָּׁוֶה פְּרוּטָה, וְכֵן קָטָן שֶׁקִּידֵּשׁ, אע"פ שֶׁשָּׁלַח סִבְלוֹנוֹת לְאַחַר מִיכֵּן — אֵינָהּ מְקוּדֶּשֶׁת, שֶׁמֵּחֲמַת קִידּוּשִׁין הָרִאשׁוֹנִים שָׁלַח. וְאִם בָּעֲלוּ — קָנוּ. ר' שִׁמְעוֹן בֶּן יְהוּדָה מִשּׁוּם ר' יִשְׁמָעֵאל אָמַר: אִם בָּעֲלוּ — לֹא קָנוּ. וְהָא הָכָא, דְּטָעוּת אִשָּׁה אַחַת הִיא, וּפְלִיגִי! מַאי לָאו טָעוּת נְדָרִים? לָא, טָעוּת פָּחוֹת מִשָּׁוֶה פְּרוּטָה. פָּחוֹת מִשָּׁוֶה פְּרוּטָה בְּהֶדְיָא קָתָנֵי לָהּ: קִידְּשָׁהּ בְּטָעוּת, וּפָחוֹת מִשָּׁוֶה פְּרוּטָה! פֵּרוּשֵׁי קָא מְפָרֵשׁ: קִידְּשָׁהּ בְּטָעוּת כֵּיצַד? כְּגוֹן שֶׁקִּידְּשָׁהּ בְּפָחוֹת מִשָּׁוֶה פְּרוּטָה. בְּמַאי קָא מִיפַּלְגִי? מַר סָבַר: אָדָם יוֹדֵעַ *שֶׁאֵין קִידּוּשִׁין תּוֹפְסִין בְּפָחוֹת מִשָּׁוֶה פְּרוּטָה, וְגָמַר וּבָעַל לְשֵׁם קִידּוּשִׁין. וּמָר סָבַר: אֵין אָדָם יוֹדֵעַ שֶׁאֵין קִידּוּשִׁין תּוֹפְסִין בְּפָחוֹת מִשָּׁוֶה פְּרוּטָה, וְכִי קָא בָּעֵל — אַדַּעְתָּא דְּקִידּוּשִׁין הָרִאשׁוֹנִים בָּעַל. אֵיתִיבֵיהּ: *"הֲרֵינִי בּוֹעֲלֵיךְ עַל מְנָת שֶׁיִּרְצֶה אַבָּא" — אע"פ שֶׁלֹּא רָצָה הָאָב — מְקוּדֶּשֶׁת. ר' שִׁמְעוֹן בֶּן יְהוּדָה אוֹמֵר מִשּׁוּם ר"ש: [ב]רָצָה הָאָב — מְקוּדֶּשֶׁת, לֹא רָצָה הָאָב — אֵינָהּ מְקוּדֶּשֶׁת. וְהָא הָכָא, דְּכִי טָעוּת אִשָּׁה אַחַת דָּמֵי, וּפְלִיגִי! הָתָם בְּהָא קָמִיפַּלְגִי; מ"ס: עַל מְנָת שֶׁיִּרְצֶה הָאָב — ע"מ שֶׁיִּשְׁתּוֹק הָאָב, וְהָא שָׁתֵיק לֵיהּ. וּמ"ס: [ג]ע"מ שֶׁיֹּאמַר אַבָּא "הֵן" — וְהָא לָא אֲמַר אַבָּא "הֵן". אֵיתִיבֵיהּ: *מוֹדִים חֲכָמִים לְרַבִּי אֱלִיעֶזֶר [ד]בִּקְטַנָּה שֶׁהִשִּׂיאָהּ אָבִיהָ וְנִתְגָּרְשָׁה, וְהִיא יְתוֹמָה בְּחַיֵּי הָאָב, וְהֶחֱזִירָהּ — שֶׁחוֹלֶצֶת וְלֹא מִתְיַבֶּמֶת, מִפְּנֵי שֶׁגֵּירוּשֶׁיהָ גֵּירוּשִׁין גְּמוּרִין, וְאֵין חֲזָרָתָהּ חֲזָרָה גְּמוּרָה. [ה]בַּמֶּה דְּבָרִים אֲמוּרִים — שֶׁגֵּירְשָׁהּ כְּשֶׁהִיא קְטַנָּה וְהֶחֱזִירָהּ כְּשֶׁהִיא קְטַנָּה. אֲבָל גֵּירְשָׁהּ כְּשֶׁהִיא קְטַנָּה וְהֶחֱזִירָהּ כְּשֶׁהִיא גְּדוֹלָה, אוֹ שֶׁהֶחֱזִירָהּ כְּשֶׁהִיא קְטַנָּה וְגָדְלָה אֶצְלוֹ, וּמֵת — אוֹ חוֹלֶצֶת אוֹ מִתְיַבֶּמֶת.

מִשּׁוּם

רש"י

לָא קִידְּשָׁהּ סְתָם כו'. וּמִילְּתָא בְּאַפֵּי נַפְשָׁהּ הִיא. וּלְקַמֵּיהּ פָּרֵיךְ: מַאי שְׁנָא גֵּט וּמַאי שְׁנָא כְּתוּבָּה? לִיתְנֵי כְּנָסָהּ סְתָם. בְּגוּפָהּ לִיכְלְלֵיהּ, וְלִיתְנֵי הָכִי: הַמְקַדֵּשׁ עַל מְנָת שֶׁאֵין עָלֶיהָ נְדָרִים וּכְנָסָהּ סְתָם כו'. וְכ"ש. בְּלֹא כְּנָסָהּ. אֲבָל הָשְׁתָּא מַשְׁמַע דַּוְוקָא בְּשֶׁלֹּא כְּנָסָהּ קָאָמַר. הָכִי נַמִי קָאָמַר. דְּהַאי "וְנִמְצְאוּ עָלֶיהָ" דְּקָתָנֵי — לְאַחַר שֶׁנִּיסֵּת קָאָמַר. דְּאָמַר אִי אֶפְשִׁי כו'. וְאע"ג דְּלָא אַתְנֵי — כְּמַאן דְּאַתְנֵי דָּמֵי. גֵּט נַמִי לָא תִּיבָּעֵי. דְּהָא שְׁמוּאֵל לֵית לֵיהּ אֵין אָדָם עוֹשֶׂה בְּעִילָתוֹ זְנוּת, כִּדְאַשְׁמוּעִינַן גַּבֵּי קְטַנָּה. סְפוּקֵי מְסַפְּקָא לֵיהּ. עַל סְתָם אָדָם, אִם אֶפְשִׁי בְּאִשָּׁה נַדְרָנִית אִם לָאו. גַּבֵּי מָמוֹנָא לְקוּלָּא. דְּהַמּוֹצִיא מֵחֲבֵירוֹ עָלָיו הָרְאָיָה. וְכֵיוָן דִּמְסַפְּקָא לָן — לָא גָּבְיָא. מַחֲלוֹקֶת. דְּרַב וּשְׁמוּאֵל. בְּטָעוּת שְׁתֵּי נָשִׁים. קִידֵּשׁ לְזוֹ עַל תְּנַאי, וְאִשָּׁה אַחֶרֶת כָּנַס סְתָם אַחֲרֶיהָ, וְנִמְצְאוּ עָלֶיהָ נְדָרִים. וְהַיְינוּ טָעוּתָא; רַב סָבַר: כֵּיוָן דְּלָא אַתְנֵי בַּהֲדָהּ דְּהָךְ, אע"פ שֶׁכְּבָר גִּילָּה דַּעְתּוֹ שֶׁאִי אֶפְשִׁי בְּנַדְרָנִית — צְרִיכָה הֵימֶנּוּ גֵּט, דִּלְמָא לְגַבֵּהּ דְּהָךְ חֲבִיבָה עֲלֵיהּ, וְלָא קָפֵיד. וּשְׁמוּאֵל אָמַר: כֵּיוָן דְּגַלֵּי דַּעְתֵּיהּ — גַּלֵּי. אֲבָל בְּטָעוּת אִשָּׁה אַחַת. קִידְּשָׁהּ עַל תְּנַאי וּכְנָסָהּ סְתָם — אֲפִילּוּ רַב מוֹדֶה דְּדַעְתֵּיהּ אַתְּנָאֵיהּ. וְהָא מַתְנִיתִין דְּטָעוּת אִשָּׁה אַחַת הִיא. לְמַאי דְּסָלְקָא דַּעְתִּין דְּסֵיפָא אַרֵישָׁא קָאֵי, טָעוּת אִשָּׁה אַחַת הִיא, וְקָא מוֹתְבִינַן מִינָּהּ לְעֵיל. אַלְמָא, אִיכָּא דִּסְבִירָא לֵיהּ דְּטָעוּת דְּאִשָּׁה אַחַת נַמִי צְרִיכָה גֵּט. וְאע"ג דַּאֲנַן הוּא דְּאוֹתְבִינַן, וְלָאו רַב אַיְירִי בָּהּ — קוּשְׁיָא הִיא לְרַבָּה, דְּהַאי דִּבְרֵי הַכֹּל דְּקָאָמַר — סְבָרָא דִּידֵיהּ הִיא, וְלָאו מֵרַב וּשְׁמוּאֵל שְׁמָעָהּ, שֶׁהֲרֵי לֹא הָיָה בְּדוֹרָם. אֶלָּא דְּקָסָבַר: לֵיכָּא לְמַאן דְּאָמַר בְּכִי הַאי גַּוְונָא דְּלָאו דַּעְתֵּיהּ אַתְּנָאֵיהּ. וְהָא קָא חָזֵינַן דְּכָל בְּנֵי מִדְרְשָׁא דְּאוֹתְבוּהּ סָלְקָא דַּעְתִּין לְמֵימַר הָכִי. מַחֲלוֹקֶת בְּטָעוּת אִשָּׁה אַחַת כְּעֵין שְׁתֵּי נָשִׁים. קִידְּשָׁהּ עַל תְּנַאי, וְגֵירְשָׁהּ מִן הָאֵירוּסִין, וְחָזַר וּכְנָסָהּ סְתָם. בְּהַהִיא אָמַר רַב צְרִיכָה גֵּט, דְּכִי אִשָּׁה אַחֶרֶת דָּמֵי, וּלְשֵׁם קִידּוּשִׁין בָּעַל, וְלֵיכָּא לְמֵימַר אַתְּנָאֵיהּ קַמָּא סָמֵיךְ. וּשְׁמוּאֵל סָבַר: הָא גַּלֵּי לָהּ דַּעְתֵּיהּ מֵעִיקָּרָא, דְּאִם הִיא נַדְרָנִית — אִי אֶפְשִׁי בָּהּ. וְעַל תְּנַאי כֵּן חָזַר וְקִידְּשָׁהּ. אֲבָל בְּטָעוּת אִשָּׁה אַחַת גְּרֵידְתָּא. שֶׁכְּנָסָהּ ע"י קִידּוּשִׁין הָרִאשׁוֹנִים דִּבְרֵי הַכֹּל כו'. וְכִי אוֹתְבִינַן לְעֵיל מִמַּתְנִי' — הָכִי אוֹתְבִינַן: מַאי לָאו קִידְּשָׁהּ עַל תְּנַאי וּכְנָסָהּ סְתָם, מִשֶּׁגֵּירְשָׁהּ. דְּבְלָא גֵּירְשָׁהּ לֵיכָּא לְמַאן דְּאָמַר. וְהֵיכָא דְּגֵירְשָׁהּ מִיהָא קָתָנֵי: כְּתוּבָּה לָא בָּעְיָא, הָא גִּיטָּא — בָּעְיָא. וַאֲנִי שָׁמַעְתִּי: טָעוּת אִשָּׁה אַחַת כְּעֵין ב' נָשִׁים — כְּגוֹן שֶׁקִּדֵּשׁ רָחֵל עַל תְּנַאי, וְאַחַ"כ נִתְכַּוֵּין לִכְנוֹס לֵאָה, וּכְנָסָהּ סְתָם, וְנִמְצֵאת רָחֵל. וְקַשְׁיָא לִי: נְהִי נַמִי דְּנִתְכַּוֵּין לִבְעוֹל לְשֵׁם קִידּוּשִׁין, הָא לָאו לְרָחֵל אִיכַּוֵּין, וְאַמַּאי צְרִיכָה גֵּט? קִידְּשָׁהּ בְּטָעוּת. קס"ד טָעוּת נְדָרִים, כִּדְמְפָרֵשׁ וְאָזֵיל. קָטָן. אֵין קִדּוּשָׁיו כְּלוּם, דְּלָאו בַּר קִיחָה הוּא — "כִּי יִקַּח אִישׁ" כְּתִיב. אע"פ שֶׁשָּׁלַח סִבְלוֹנוֹת. אַכּוּלְּהוּ קָאֵי. סִבְלוֹנוֹת. מִגְדָּנוֹת שֶׁהֶחָתָן שׁוֹלֵחַ לַאֲרוּסָתוֹ. אֵינָהּ מְקוּדֶּשֶׁת. וְאע"פ שֶׁשָּׁלַח מִשֶּׁהִגְדִּיל. וְלָא אָמְרִי' נֶיהֱוֵי סִבְלוֹנוֹת קִידּוּשִׁין. לְפִי שֶׁמֵּחֲמַת קִידּוּשִׁין הָרִאשׁוֹנִים שָׁלַח, לְשֵׁם סִבְלוֹנוֹת, וְלֹא לְשֵׁם קִידּוּשִׁין. מַאי לָאו טָעוּת נְדָרִים. שֶׁהִתְנָה עִמָּהּ עַל מְנָת שֶׁאֵין עָלֶיהָ נְדָרִים, וְהִטְעַתּוּ — שֶׁהָיוּ עָלֶיהָ נְדָרִים. וְכֵן לְמוּמִין, וּלְכָל תְּנַאי שֶׁיִּתְנֶה. וְקָאָמַר ת"ק: אִם בָּעֲלוּ קָנוּ. אַלְמָא אִיכָּא לְמ"ד אֲפִילּוּ בִּתְנַאי לָא בָּעֵיל אִינִישׁ אַדַּעְתָּא דִּתְנָאָה, דְּמַסִּיק אַדַּעְתֵּיהּ דִּלְמָא לָא מִיקַּיֵּים, וְהָוְיָא בְּעִילַת זְנוּת. לָא טָעוּת פָּחוֹת מִשָּׁוֶה פְּרוּטָה. דְּטָעָה בְּקִידּוּשִׁין, דְּסָבַר שֶׁמְּקַדְּשִׁין בְּכָךְ. וְעָלָהּ קָאָמַר: אִם בָּעֲלוּ קָנוּ — דְּאָדָם יוֹדֵעַ שֶׁאֵין קִידּוּשִׁין בְּפָחוֹת מִשָּׁוֶה פְּרוּטָה, וְגָמַר וּבָעַל לְשֵׁם קִידּוּשִׁין. אֲבָל בְּטָעוּת תְּנַאי — לָא מַסִּיק אַדַּעְתֵּיהּ לִבְעוֹל לְשֵׁם קִידּוּשִׁין, שֶׁסּוֹמֵךְ עָלֶיהָ; אִם לֹא שֶׁתְּנָאָהּ קַיָּים — לֹא הָיְתָה נִיסֵּת לִי לְחוּפָּה. בְּמַאי קָמִיפַּלְגִי. לְדִידָךְ דְּאָמְרַתְּ דְּלָאו בִּתְנָאָה פְּלִיגִי, בְּמַאי פְּלִיגִי גַּבֵּי פָּחוֹת מִשָּׁוֶה פְּרוּטָה, מַאי טַעְמָא דְּר"שׁ? בְּכוּלְּהוּ גָּרְסִינַן: וְהָא הָכָא דְּטָעוּת אִשָּׁה אַחַת הִיא. וְהָא הָכָא דְּכִי טָעוּת אִשָּׁה אַחַת דָּמֵי. דְּזוֹ שֶׁהִטְעַתּוּ — הִיא שֶׁהִתְנָה עִמּוֹ, וְלֹא גֵּרְשָׁהּ בֵּינְתַיִים, וְאִיכָּא לְמ"ד מְקוּדֶּשֶׁת. וְטַעְמָא מַאי — לְפִי שֶׁאֵין אָדָם עוֹשֶׂה בְּעִילָתוֹ זְנוּת, וְגָמַר וּבָעַל בְּלֹא שׁוּם תְּנַאי. מוֹדִים חֲכָמִים לְרַבִּי אֱלִיעֶזֶר. בִּיבָמוֹת תְּנַן: (א) הַמְגָרֵשׁ אֶת הָאִשָּׁה וְהֶחֱזִירָהּ, וּמֵת — מוּתֶּרֶת לְיַבֵּם, וְר"א אוֹסֵר. וְהָתָם מְפָרֵשׁ טַעְמָא דְּר"א, דְּגָזַר מִשּׁוּם יְתוֹמָה בְּחַיֵּי הָאָב. וְהִיא הַמְפוֹרֶשֶׁת כָּאן, שֶׁהוֹדוּ לוֹ חֲכָמִים בָּהּ. וְנִתְגָּרְשָׁה. וְקִבֵּל אָבִיהָ גִּיטָּהּ. וְהִיא יְתוֹמָה בְּחַיֵּי הָאָב. אַף בְּחַיֵּי אָבִיהָ הִיא כִּיתוֹמָה, לְפִי שֶׁיָּצְאָה מֵרְשׁוּתוֹ מִנִּשּׂוּאִין הָרִאשׁוֹנִים, וְשׁוּב אֵין לוֹ זְכוּת בָּהּ לְקַבֵּל קִידּוּשֶׁיהָ. וְהֶחֱזִירָהּ. בְּקַטְנוּתָהּ. וּמַעֲשֵׂה קְטַנָּה אֵינוֹ כְּלוּם. שֶׁגֵּירוּשֶׁיהָ גֵּירוּשִׁין גְּמוּרִים. וְנֶאֶסְרָה עָלָיו אִיסּוּר כָּרֵת, מֵחֲמַת גְּרוּשַׁת אָחִיו, שֶׁהַתּוֹרָה אָמְרָה "עֶרְוַת אָחִיךָ" וגו'. וְאֵין חֲזָרָתָהּ גְּמוּרָה. לַחֲזוֹר וְלִהְיוֹת אֵשֶׁת אָחִיו בִּמְקוֹם מִצְוָה, לְהִתְיַיבֵּם. אוֹ חוֹלֶצֶת אוֹ מִתְיַיבֶּמֶת. שֶׁחֲזָרָתָהּ חֲזָרָה גְּמוּרָה לִהְיוֹת אֵשֶׁת אָח.

מִשּׁוּם

תוספות

אדם יודע שאין קידושין כו'. הך גריכותא הו"מ למימר לעיל כי פריך: והא איפליגו בה חדא זימנא. והא הכא דכטעות אשה אחת דמי כו'. תימה לר"י: כיון דמדמי קידושי קטנה לטעות, א"כ, תקשי ליה נמי ברייתא דלעיל, ד"וכן קטן שקידש" דפליגי, אע"ג דהוי בטעות אשה אחת! וי"ל: דקטן שקידש ניחא ליה, כיון דאין קידושי קטן כלום אפי' מדרבנן — בועל לשם קידושין. אבל קידושי קטנה דרבנן, דמי טפי לקידושין בתנאי. אבל תימה: לפי מאי שאינו יודע עתה שום חילוק בין קידש על תנאי לקידושי קטנה — תקשי ליה דרב אדרב, דאמר לעיל גבי קטנה שלא מיאנה דבעל לשם קידושין, אף על גב דהוי כטעות אשה אחת! ושמא לא שמיע ליה ההוא פלוגתא דקטנה שלא מיאנה.

אלמא

עין משפט נר מצוה

לב א מיי' פ"ד מהל' אישות הל' כ סמג עשין מח טוש"ע אה"ע סי' לח סעי' ע:

לג ב ג מיי' פ"ז שם הל' א סמג שם טוש"ע שם סי' לח סעי' ח:

לד ד ה מיי' פ"ז מהל' יבום וחליצה הל' יג סמג עשין נא טוש"ע שם סי' קעג סעי' טז:

רש"ל מ"ז

גי' רש"ל

תוספות רי"ד

לא קדשה סתם וכנסה סתם פי' וסיפא לאו ארישא קאי. ומ"ש כתובה דלא דאמר אי אפשי באשה נדרנית גט נמי לא בעי. אמר רבה גט מדבריהם וכן אר"ח. (רב) [רבא] אמר תנא ספוקי מספקא ליה גבי ממונא לקולא גבי איסורא לחומרא:

מסורת הש"ס

[גיטין סג: נדרים נג. ב"ב נז: חולין קלד. נדה כה.]

[תוספתא דקדושין פ"ד]

[קדושין נ:]

גיטין כה:

יבמות קט.

הגהות הב"ח

(א) רש"י ד"ה מודים וכו' תנן המגרש נ"ב בפ' ב"ש דף קט ע"א. ע"ש דלא גרס לגבי יתומה בחיי האב שחולצת וכו':

משׁוּם רַבִּי אֱלִיעֶזֶר אָמְרוּ: חוֹלֶצֶת וְלֹא מִתְיַבֶּמֶת. וְהָא הָכָא, דִּכְטָעוּת אִשָּׁה אַחַת דָּמֵי – וּפְלִיגִי! הָתָם נַמִי בְּהָא קָמִיפַּלְגִי; מָר סָבַר: אָדָם יוֹדֵעַ שֶׁאֵין קִידּוּשֵׁי קְטַנָּה כְּלוּם, וְגָמַר וּבָעַל לְשֵׁם קִידּוּשִׁין. וּמ"ס: אֵין אָדָם יוֹדֵעַ שֶׁאֵין קִידּוּשֵׁי קְטַנָּה כְּלוּם, וְכִי קָא בָעַל – אַדַּעְתָּא דְּקִידּוּשִׁין הָרִאשׁוֹנִים קָא בָעַל. אִתְּמַר נַמִי, אָמַר רַב אַחָא בַּר יַעֲקֹב אָמַר רַבִּי יוֹחָנָן: הַמְקַדֵּשׁ עַל תְּנַאי וּבָעַל – [דִּבְרֵי הַכֹּל] אֵינָהּ צְרִיכָה הֵימֶנּוּ גֵּט. אֵיתִיבֵיהּ רַב אַחָא בְּרֵיהּ דְּרַב אִיקָא בַּר אַחְתֵּיהּ: *חֲלִיצָה מוּטְעֵת כְּשֵׁרָה. אֵיזוֹ הִיא חֲלִיצָה מוּטְעֵת? אָמַר רֵישׁ לָקִישׁ: כָּל שֶׁאוֹמֵר לוֹ "חֲלוֹץ לָהּ וּבְכָךְ אַתָּה כּוֹנְסָהּ". אָמַר ר' יוֹחָנָן: אֲנִי שׁוֹנֶה: בֵּין שֶׁנִּתְכַּוֵּין הוּא וְלֹא נִתְכַּוְּונָה הִיא, בֵּין שֶׁנִּתְכַּוְּונָה הִיא וְלֹא נִתְכַּוֵּין הוּא – [א]חֲלִיצָתָהּ פְּסוּלָה, עַד שֶׁיִּתְכַּוְּונוּ שְׁנֵיהֶם, וְאַתְּ אָמְרַתְּ חֲלִיצָתָהּ כְּשֵׁרָה? אֶלָּא אָמַר רַבִּי יוֹחָנָן: כָּל [ב]שֶׁאוֹמֵר לוֹ "חֲלוֹץ לָהּ עַל מְנָת שֶׁתִּתֵּן לְךָ מָאתַיִם זוּז". אַלְמָא, כֵּיוָן דַּעֲבַד מַעֲשֶׂה – אַחוּלֵי אַחְלֵיהּ לִתְנָאֵיהּ, הָכָא נַמִי כֵּיוָן דְּבָעַל – אַחוּלֵי אַחְלֵיהּ לִתְנָאֵיהּ? א"ל: בַּר בֵּי רַב, שַׁפִּיר קָא אָמְרַתְּ? מִכְּדִי כָּל תְּנַאי מֵהֵיכָא גָּמְרִינַן – מִתְּנַאי בְּנֵי גָד וּבְנֵי רְאוּבֵן, תְּנָאָה דְּאֶפְשָׁר לְקַיּוּמֵיהּ ע"י שָׁלִיחַ, כִּי הָתָם – הָוֵי תְּנָאֵיהּ תְּנָאָה. דְּלָא אֶפְשָׁר לְקַיּוּמֵיהּ ע"י שָׁלִיחַ כִּי הָתָם – לָא הָוֵי תְּנָאָה. וְהָא בִּיאָה, דְּלָא אֶפְשָׁר לְקַיּוּמֵיהּ ע"י שָׁלִיחַ כִּי הָתָם, וְקָא הָוֵי תְּנָאָה! הָתָם מִשּׁוּם *דְּאִיתְקוּשׁ הֲוָיוֹת לַהֲדָדֵי. אָמַר רַב עוּלָּא בַּר אַבָּא אָמַר עוּלָּא אָמַר רַבִּי אֶלְעָזָר: [ג]הַמְקַדֵּשׁ בְּמִלְוֶה וּבָעַל, [ד]עַל תְּנַאי וּבָעַל, [ה]בְּפָחוֹת מִשָּׁוֶה פְּרוּטָה וּבָעַל – דִּבְרֵי הַכֹּל צְרִיכָה הֵימֶנּוּ גֵּט. אָמַר רַב יוֹסֵף בַּר אַבָּא אָמַר רַבִּי מְנַחֵם א"ר אַמִי: הַמְקַדֵּשׁ בְּפָחוֹת מִשָּׁוֶה פְּרוּטָה וּבָעַל – צְרִיכָה הֵימֶנּוּ גֵּט. בְּהָא הוּא דְּלָא טָעֵי, אֲבָל בְּהָנָךְ – טָעֵי. אָמַר רַב כָּהֲנָא מִשְּׁמֵיהּ דְּעוּלָּא: הַמְקַדֵּשׁ עַל תְּנַאי וּבָעַל – צְרִיכָה הֵימֶנּוּ גֵּט. זֶה הָיָה מַעֲשֶׂה, וְלֹא הָיָה כֹּחַ בַּחֲכָמִים לְהוֹצִיאָהּ בְּלֹא גֵּט. לְאַפּוֹקֵי מֵהַאי תַּנָּא, *דְּאָמַר רַב יְהוּדָה אָמַר שְׁמוּאֵל מִשּׁוּם רַבִּי יִשְׁמָעֵאל: (במדבר ה) °"וְהִיא לֹא נִתְפָּשָׂה" – אֲסוּרָה, הָא נִתְפְּשָׂה – מוּתֶּרֶת. וְיֵשׁ לְךָ אַחֶרֶת, שֶׁאַף עַל פִּי שֶׁלֹּא נִתְפְּשָׂה מוּתֶּרֶת, וְאֵיזוֹ זוֹ – שֶׁקִּידּוּשֶׁיהָ קִידּוּשֵׁי טָעוּת, שֶׁאֲפִילּוּ בְּנָהּ מוּרְכָּב עַל כְּתֵיפָהּ מְמָאֶנֶת

רש"י

מִשּׁוּם רַבִּי אֱלִיעֶזֶר אָמְרוּ חוֹלֶצֶת וְלֹא מִתְיַבֶּמֶת. אַף בְּשֶׁהֶחֱזִירָהּ כְּשֶׁהִיא גְּדוֹלָה פָּלֵיג. וְאַף בִּמְגָרֵשׁ גְּדוֹלָה וְהֶחֱזִירָהּ. וְטַעְמֵיהּ – מִשּׁוּם דִּגְזוֹר בָּהּ מִשּׁוּם יְתוֹמָה בְּחַיֵּי הָאָב. וְהָא הָכָא. גַּבֵּי הֶחֱזִירָהּ כְּשֶׁהִיא קְטַנָּה וְגָדְלָה אֶצְלוֹ. דִּטְעוּת אִשָּׁה אַחַת הִיא. טָעוּת קִידּוּשֵׁי קְטַנָּה. וּפְלִיגִי. דְּקָאָמְרִי רַבָּנַן: מִתְיַיבֶּמֶת. אַלְמָא: כִּי בָּעַל מִשֶּׁגָּדְלָה – לְשֵׁם קִידּוּשִׁין בָּעַל. וְקס"ד, הוּא הַדִּין לְטָעוּת נְדָרִים. ה"ג. הָתָם הַיְינוּ טַעְמָא – אָדָם יוֹדֵעַ שֶׁאֵין קִידּוּשֵׁי קְטַנָּה כְּלוּם, אֲבָל קִדְּשָׁהּ עַל תְּנַאי וּבָעַל, דַּעְתֵּיהּ אַתְּנָאָה. וְלָא גָּרְסִינַן: בְּהָא קָמִיפַּלְגִי. דְּהָא ר' אֱלִיעֶזֶר בִּמְגָרֵשׁ אֶת הַגְּדוֹלָה נַמִי אָמַר דְּכִי הֶחֱזִירָהּ אֲסוּרָה לְיַיבֵּם, דְּטַעְמָא לָאו מִשּׁוּם קִידּוּשֵׁי טָעוּת הוּא. וּמַאן דְּגָרֵיס לָהּ, מְפָרֵשׁ דְּהַאי "מִשּׁוּם ר' אֱלִיעֶזֶר אָמְרוּ" דִּבְרַיְיתָא – אַהֶחֱזִירָהּ כְּשֶׁהִיא קְטַנָּה וְגָדְלָה אֶצְלוֹ הוּא דְּפָלֵיג. וְלֵית לֵיהּ לְתַנָּא דִּבְרַיְיתָא אַלִּיבָּא דְּר' אֱלִיעֶזֶר הָא דְּתַנָּא דְּמַתְנִיתִין דִּיבָמוֹת (קט.), דְּקָאָמַר דְּבִמְגָרֵשׁ גְּדוֹלָה וְהֶחֱזִירָהּ נַמִי אָסַר רַבִּי אֱלִיעֶזֶר. אִתְּמַר נַמִי. כְּרַבָּה, דְּאָמַר בְּטָעוּת אִשָּׁה אַחַת גְּרֵידְתָּא אֵין צְרִיכָה הֵימֶנּוּ גֵּט. שֶׁנִּתְכַּוֵּין הוּא. לַחֲלִיצָה. ע"מ שֶׁתִּתֵּן כו'. וְאַע"ג דְּלָא יְהָבָה – כְּשֵׁרָה. שַׁפִּיר קָאָמְרַתְּ. בִּתְמִיָּה. דְּטַעְמָא דְּהָכָא לָאו מִשּׁוּם דְּאַחְלֵיהּ לִתְנָאֵיהּ הוּא, אֶלָּא מִשּׁוּם דְּמֵעִיקָּרָא לָאו תְּנָאָה הוּא. כָּל תְּנַאי מֵהֵיכָן גָּמְרִינַן מִתְּנַאי בְּנֵי גָד וּבְנֵי רְאוּבֵן. ד"אִם יַעַבְרוּ – וּנְתַתֶּם", "וְאִם לֹא יַעַבְרוּ – וְנֶאֶחֲזוּ בְּתוֹכְכֶם" (במדבר לב). דְּאֶפְשָׁר לְקַיּוּמֵיהּ. לְמַעֲשֶׂה שֶׁל תְּנַאי, דְּהַיְינוּ "וּנְתַתֶּם". עַל יְדֵי שָׁלִיחַ. כִּי הָתָם, שֶׁהֲרֵי מֹשֶׁה צִוָּה לִיהוֹשֻׁעַ לָתֵת לָהֶם אֶת הָאָרֶץ, שֶׁהָיָה שְׁלוּחוֹ שֶׁל מֹשֶׁה וּנְתָנָהּ לָהֶם. אֲבָל חֲלִיצָה – אִי אֶפְשָׁר לְקַיְּימָהּ עַל יְדֵי שָׁלִיחַ. אֵין יָכוֹל לוֹמַר לִשְׁלוּחוֹ: אִם תִּתֵּן לְךָ פְּלוֹנִית מָאתַיִם זוּז – חֲלוֹץ לָהּ. הִלְכָּךְ, לָאו תְּנָאָה הוּא לְבַטֵּל הַחֲלִיצָה. וְהָא בִּיאָה. הַבּוֹעֵל לְשֵׁם קִידּוּשִׁין. וְקָא הָוֵי תְּנָאֵיהּ תְּנָאָה. כִּדְאָמְרִינַן לְעֵיל: הֲרֵינִי בּוֹעֲלֵיךְ עַל מְנָת כו'. דְּאִיתְקוּשׁ הֲוָיוֹת. "וְהָיְתָה לְאִישׁ אַחֵר" (דברים כד) כָּל הֲוָיוֹת קִידּוּשִׁין בְּמַשְׁמַע; כֶּסֶף וּשְׁטָר וּבִיאָה; כִּי הֵיכִי דִּמְהַנֵּי תְּנַאי בְּקִידּוּשֵׁי כֶּסֶף וּשְׁטָר, דְּאֶפְשָׁר לְקַיּוּמֵיהּ עַל יְדֵי שָׁלִיחַ – מְהַנֵּי נַמִי בְּבִיאָה. בְּמִלְוֶה. שֶׁמָּחַל לָהּ מִלְוֶה שֶׁחַיֶּיבֶת לוֹ. וְאָמְרִינַן בְּקִידּוּשִׁין (דף ו:) דְּאֵינָהּ מְקוּדֶּשֶׁת; דְּמִשּׁוּם דְּמִשָּׁעָה שֶׁלָּוְותָה נִיתְּנָה לְהוֹצָאָה, וּבִרְשׁוּתָהּ קָיְימָא, וְהַשְׁתָּא לָאו מִידֵּי יָהֵיב לָהּ. צְרִיכָה הֵימֶנּוּ גֵּט. וַאֲפִילּוּ הִטְעַתּוּ בִּתְנַאי – דְּאֵין אָדָם עוֹשֶׂה בְּעִילָתוֹ זְנוּת. רַבִּי אַמִי פָּלֵיג אַדְּרַבִּי אֶלְעָזָר וְאָמַר: הַמְקַדֵּשׁ בְּפָחוֹת מִשָּׁוֶה פְּרוּטָה וּבָעַל – הוּא דִּצְרִיכָה גֵּט, אֲבָל הַמְקַדֵּשׁ בְּמִלְוֶה אוֹ עַל תְּנַאי, וּבָעַל – אֵינָהּ צְרִיכָה הֵימֶנּוּ גֵּט. מַאי טַעְמָא – בְּהָא הוּא דְּלָא טָעֵי, לִהְיוֹת סָבוּר שֶׁפָּחוֹת מִשָּׁוֶה פְּרוּטָה יִהְיוּ קִידּוּשִׁין, הִילְכָּךְ גָּמַר וּבָעַל לְשֵׁם קִידּוּשִׁין. אֲבָל בְּהָנָךְ טָעֵי. כְּסָבוּר יוֹדַעַת הִיא שֶׁאֵין עָלֶיהָ נְדָרִים, לְכָךְ הִיא נִשֵּׂאת. וְכִי בָּעֵיל אַדַּעְתָּא דְּקִידּוּשֵׁי קַמָּאֵי בָּעֵיל, וְלֹא לְשֵׁם קִידּוּשִׁין. בְּמִלְוֶה – לָאו הַכֹּל בְּקִיאִין בְּהִלְכוֹת קִידּוּשִׁין. הֲלָכָה

תוספות

אלמא כיון דעבד מעשה אחולי אחליה כו'. תימה לר"י: דמאי קס"ד דהאי מקשה? וכי ס"ד שלא יועיל שום תנאי לבטל שום מכר וקנין? וי"ל: דס"ד שצריך להזכיר תנאי בשעת גמר הקנין או המכר.

תנאי דאפשר לקיומיה ע"י שליח כו'. וא"ת: ומה סברא יש כאן? דלא גמרינן מהתם אלא לענין מה שהוא סברא. דהא לא ילפינן מהתם דלא מהני תנאי אלא בנתינת קרקע! וי"ל: דהיינו *טעמא; דהואיל והמעשה כל כך בידו, שיכול לקיימו ע"י שליח – סברא הוא שיהא כמו כן בידו לשווי ביה תנאה. אבל חליצה, שאין בידו לקיימה ע"י שליח – לא הוי בידו נמי למירמי ביה תנאה, ואפילו לא יתקיים התנאי – יהיה המעשה קיים. ומשום הך סברא מודו כ"ע דבעינן שאפשר לקיימו ע"י שליח, דומיא דבני גד ובני ראובן. אבל לענין תנאי כפול, ולעניין תנאי ומעשה בב' דברים – משמע ב"מי שאחזו" (גיטין עה.) דדוקא רבי מאיר אית ליה, ולא רבנן; דלענין זה אין סברא כל כך ללמוד משם – להכי פליגי עליה. והשתא משמע דאין תנאי בחליצה לכולי עלמא, וכן בפרק "מצות חליצה" (יבמות קו.) וקשה: דבפרק "רבן גמליאל" (שם נג. ושם) מסיק רבינא לכ"ע יש תנאי בחליצה. וזהו תימה דפליג רבינא אכולה תלמודא, דפשיטא לן דאין תנאי בחליצה! ואומר רבינו תם ורבינו יצחק: דהא דמסיק רבינא התם דלכ"ע יש תנאי בחליצה – לאו לומר שלא תהא מותרת לשוק בהך חליצה, דודאי מותרת לשוק לכ"ע. אלא לומר, דלהכי אהני תנאה, דאכתי איכא עלה זיקת יבמין, לענין דכי אמר לה "התקדשי לי בזיקת יבמין" – דצריכה גט מדרבנן. דלא אתי חליצה, כיון דהויא על תנאי, ומפקע לזיקה לגמרי. וכן צריך לחלק לרב אשי, דאמר התם: דכ"ע חליצה פסולה אינה פוטרת. ובמתני' דהתם קתני בהדיא דפוטרת, דקתני: דנתן גט וחלץ – אין אחר חליצה כלום! אלא מתני' איירי לענין להתירה לשוק, ורב אשי מיירי לענין זיקת יבמין, כדפרישית. ועוד: אי להתירה לשוק איירי נמי התם – אדמיפלגי רבי ורבנן בהחולץ ליבמתו וקידשה לשם יבמות אי צריכה גט, ליפלגו בלהתירה לשוק, הואיל ותלי נמי בהכי.

המקדש במלוה. פי' בקונט': שמחל לה המלוה שהיתה חייבת לו. ולפירושו צריך לחלק בין מקדש במחילת מלוה, למקדש בהנאת מחילת מלוה, דמקודשת כדאמרינן בפ"ק דקדושין (דף ו:). ולרבינו יצחק אין נראה, דשמא אין לחלק. והכא יש לפרש, דמיירי כגון דאמר לה "התקדשי לי במעות מלוה שאת חייבת לי" – דהתם ודאי אינה מקודשת.

דברי הכל צריכה הימנו גט. ולא פליגי רב ושמואל אלא בכנסה ולא בעל, ופליג אדאביי. אע"ג דגבי קטנה שלא מיאנה קאמר שמואל *דאינה צריכה גט ממנו – התם ליכא בעילת זנות, אפילו לא יבעל לשם קידושין – דהא איכא קידושין דרבנן. ואם תאמר: והא פליגי תנאי לעיל בבעל – אי קנו אי לא קנו בפחות משוה פרוטה, א"כ היכי קאמר רבי אלעזר: דברי הכל צריכה גט? דדברי הכל משמע דליכא מאן דפליג, דכי האי גוונא פריך לעיל התלמוד! אדרבה ויש לומר: דלעיל ודאי פריך, משום דידע אביי דמסברת עצמו היה רבה אומר כן, ולא מקבלה. אבל הכא רבי אלעזר אומר כן מקבלה, דבבעל מודה שמואל, וסבירא להו לרב ושמואל כמאן דאמר קנו. ואם תאמר: לרב תיקשי למאן דאמר "לא קנו" ואפילו למאן דאמר "קנו" – שמא לא סבר כרב, ודוקא בבעלו קנו – משום דאין אדם עושה בעילתו בעילת זנות? ויש לומר: דאפילו מאן דאמר לא קנו – מצי סבר כרב בקידש על תנאי, משום דאחולי אחליה לתנאיה, ותיילי קידושי כסף. אבל לא מצי למיהוי קידושין על ידי מחילה. וקדשה בטכות – היינו טעות דפחות משוה פרוטה, ובהא לא אמרינן דבעל לשם קדושין. ובהך סברא מצריך התלמוד לפלוגתייהו דרב ושמואל בפרק "בית שמאי" (יבמות קי. ושם). ואין להקשות: לרבי אלעזר דאמר דבבעל מודה שמואל – היכי מותבינן לעיל ממתניתין לשמואל? דאותבוה משום דמתניתין משמע כנסה סתם, בלא בעל. ממאנת

תוספות רי"ד

א"ר כהנא משמיה דעולא המקדש על תנאי ובעל צריכה גט ממנו פי' שמחל תנאו בשביל שאין אדם עושה בעילתו בעילת זנות ולאפוקי מהאי תנא דאר"י אמר שמואל משום ר"י והיא לא נתפשה אסורה הא נתפשה מותרת ויש לך אחרת שאע"פ שלא נתפשה מותרת ואיזו זו שקידושיה קידושי טעות שאפי' בנה מורכב על כתיפה ממאנת והולכת לה והל' כרב כהנא דקאי כרב: על מנת שאין בה מומין וכו'. אי קשיא טעמא דאתני בהדה הוא דלא הוי קידושין הא סתמא הוי קידושין ול"א דהוו קידושי טעות ולעיל בפ' אע"פ אמרנו ארוסה אינה אוכלת בתרומה משום סמפון דילמא אי משתכח בה מומין הוי מקח טעות ולא הוי קידושין י"ל דודאי בשאר מומין כגון הני דתנן שכל המומין הפוסלין בכהנים פוסלין בנשים אי אתני עלייהו הוא דלא הוי קדושי אבל מסתמא הוי קידושי אבל במומי המכוערין כגון ריח הפה וריח החוטם או מכות שבגופה אפי' מסתמא הוי מקח טעות ועליהו אמרי' חיישינן משום סימפון. (הרב פי' שאין לחלק בין מומין למומין בענין זה אלא כך תי' קשיא זו מאי דאמרי' הכא במתני' טעמא דאתני

עין משפט נר מצוה

לה א מיי' פ"ד מהל' יבום הל' טז סמג עשין נב טוש"ע אה"ע סי' קסט סעי' מד:

לו ב מיי' שם הל' כד טוש"ע שם סעי' כ:

[ובגיטין עה. ד"ה לאפוקי וכו' תירצו התוס' בסגנון אחר]

לז ג מיי' פ"ז מהל' אישות הל' כג סמג עשין מח טוש"ע שם סי' כח סעי' טז:

לח ד מיי' וסמג שם טוש"ע שם סי' לח סעי' לה:

לט ה מיי' וסמג שם טוש"ע שם סי' לח סעיף ט וסי' כח סעי' טז בהג"ה:

דצריכה גט ממנו כצ"ל כ"י ומהרש"א

מסורת הש"ס

תורה אור

יבמות קו. [תוספתא יבמות פי"ב]

[לעיל מו: קדושין ע:]

לעיל נח: יבמות עו: קז: נדה נב.

ממאנת והולכת לה. תנו רבנן: *[א]הלכה אצל חכם והתירה — מקודשת, [ב]אצל רופא וריפא אותה — אינה מקודשת. מה בין חכם לרופא? חכם — עוקר את הנדר מעיקרו, ורופא — אינו מרפא אלא מכאן ולהבא. והתניא: אצל חכם והתירה, אצל רופא וריפא אותה — אינה מקודשת! אמר *רבא: לא קשיא; הא — רבי מאיר, הא — רבי אלעזר. הא — ר"מ, דאמר: *אדם רוצה שתתבזה אשתו בבית דין, הא — ר"א, דאמר: *אין אדם רוצה שתתבזה אשתו בב"ד. — מאי היא? *דתנן: [ג]המוציא את אשתו משום נדר — לא יחזיר, משום שם רע — לא יחזיר. רבי יהודה אומר: כל נדר שידעו בו רבים — לא יחזיר, לא ידעו בו רבים — יחזיר. רבי מאיר אומר: כל נדר שצריך חקירת חכם — לא יחזיר, ושאינו צריך חקירת חכם — יחזיר. *(רבי אלעזר אומר: אחד צריך ואחד אינו צריך — לא יחזיר). אמר רבי אלעזר: לא אסרו צריך אלא מפני שאינו צריך. מאי טעמא דרבי יהודה? דכתיב:

ולא

הלכה. אחר קידושין אצל חכם. והתירה. מן הנדרים. אצל רופא וריפא אותה. מן המומין. עוקר הנדר מעיקרו. שהרי פותח לה בחרטה: אדעתא דהכי מי קא נדרת? והיא אומרת לו: לא. וחכם אומר לה: הרי הוא כא לך לידי כך — הילכך לאו נדר הוא, ומותר לך. נמלא כמי שלא היה עליה בשעת קידושין. מכאן ולהבא. אבל עד עכשיו היו עליה. נמלא שבשעת תנאי הקידושין הטעתו. הכי גרסינן: והתניא, אצל חכם והתירה, אצל רופא וריפא אותה, אינה מקודשת. וקשיא חכם אחכם. הא. דקתני מקודשת — ר"מ היא. דאמר אדם רוצה. אינו מקפיד אם תלך אצל חכם. אין אדם רוצה כו'. הילכך, אדעתא דהכי לא קידשה. משום נדר. שהיתה נדרנית. לא יחזיר. מפרש במסכת גיטין תרי טעמי. איכא למ"ד: משום קלקולא; שאם אתה אומר יחזיר — שמא תלך ותנשא, ונמלא שם רע שאינו ש"ר, או נדר נעקר ע"י חכם, ומקלקלה זה, ואומר: אילו הייתי יודע שכן הוא — אפי' נותנין לי מאה מנה לא הייתי מגרשיך. לפיכך אומרים לו: הוי יודע שהמוליא את אשתו משום שם רע או משום נדר — לא יחזיר, ואם חביבה היא עליך — לא תמהר להוליאה. ואי אתי תו לקלקל — לא מהימן, שהרי יודע שנאסרה עליו, ולא חש לבדוק את הדבר. ואיכא למ"ד: כדי שלא יהו בנות ישראל פרוצות בעריות ובנדרים. כל נדר שידעו בו רבים. שנדרתו בפני עשרה. לא יחזיר. קסבר: טעמא משום שלא יהו פרוצות בנדרים הוא, וכי נדרה בפני רבים, וזהו נדר שאין לו הפרה, כדאמרינן בגיטין, פרלה יותר מדאי — קנסוה. שלא ידעו בו רבים. דיש לו הפרה — לא קנסוה. והכי אמר התם, דרבי יהודה לא חייש בנדר לקלקולא. רבי מאיר אומר כל נדר שצריך חקירת חכם. שאין הבעל יכול להפר — שאינו מדברים שבינו לבינה, ולא עינוי נפש. לא יחזיר. קסבר טעמא משום קלקולא. הלכך, בהאי איכא קלקולא, דאומר: אילו הייתי יודע דחכם יכול להתירו — לא הייתי מגרשיך, דרולה הייתי שתתבזה בבית דין ויתירו לך. ושאינו צריך חקירת חכם. נדר שהבעל יכול להפר. יחזיר. דבהאי לא מלי לקלקלה, שהיה לו להפר ולא הפר. לא אסרו צריך. חקירת חכם. אלא מפני שאינו צריך. שהלריך חקירת חכם אין בו קלקול, דלאו כל כמיניה לומר "אילו הייתי יודע", לפי שאין אדם רולה שתתבזה אשתו בבית דין. אלא מפני מה אסרוהו — מפני שאינו לריך, דיכול הוא לכחש ולומר: לא הייתי יודע שאני יכול להפר. וגזרו האי אטו האי. מאי טעמא דרבי יהודה. דאמר, נדר שהודר ברבים אין לו הפרה.

ולא

ממאנת והולכת לה. תימה: דבריש יבמות (דף ג: ושם) תנן: ואי אתה מולא בחמותו ואם חמותו כו' או שמיאנו. ואמאי? והא משכחת לה בקידשה על תנאי ולא בעל, דאפי' רב מודה לאביי דאינה לריכה גט! וי"ל: דאפילו מיאון אינה לריכה. אבל קשה: דמשכחת לה בקידש על תנאי ובעל, לשמואל דאמר משום ר' ישמעאל, דאמר הכא דממאנת! ויש לומר: דלשמואל ולרבי ישמעאל נמי לרתה מותרת, אפילו אם לא מיאנה זאת שהיא ערוה כשלא נודע לה הטעות. והא דקאמר: ממאנת והולכת לה — היינו שאם נודע לה הטעות יש לה למאן, דאם לא מיאנה ועמדה אללו — מחלה התנאי. אי נמי: ממאנת לאו דוקא, אלא אפילו בלא מיאון אינה כלל אשתו, ואפי' נודע לה הטעות. וריב"ן תירץ ביבמות: דרבי ישמעאל איירי בקידושי טעות, אבל בקידושי קטנות מודה דאינה ממאנת. ומתני' דיבמות לא איירי אלא בקדושי קטנות. וקשה: דבפרק "בא סימן" (נדה נב. ושם) משמע בהדיא דבקידושי קטנות נמי איירי רבי ישמעאל, דאמר: חברותי דרב כהנא סבור למיעבד עובדא כרבי יהודה, ואף ע"ג דנבעלה, דאמר: עד שירבה השחור על הלבן. אמר להם רב כהנא: לא כך היה מעשה בבתו של רבי ישמעאל שבאת למאן בבית המדרש, ובנה מורכב על כתיפה, ואותו היום הוזכרו דבריו של רבי ישמעאל בבית המדרש ורבתה בכייה בבית המדרש, ואמרו: דבר שאמר אותו לדיק יכשל בו זרעו. וליכא למימר דלאו דוקא דבר שאמר אותו לדיק, אלא כעין אותו דבר שאמר אותו לדיק — דהא מסיק התם: נמנו וגמרו: עד מתי הבת ממאנת — עד שתביא שתי שערות. ומאי "נמנו וגמרו" שייך כאן, כיון דרבי ישמעאל מודה בקידושי קטנות שאין יכולה למאן, ופשיטא שבתו לא היתה יכולה למאן, ועל מה היו עומדין למנין? דאפילו רבי יהודה דאמר עד שירבה השחור — מודה דכשבנה מורכב על כתיפה דאין יכולה למאן, דהא אמרינן התם דמודה רבי יהודה כשנבעלה! ומיהו, יש לומר: דמתני' בפרק קמא דיבמות (דף ג:) — דלא כרבי ישמעאל. אף על גב דאמרינן התם דבפלוגתא לא קמיירי — היינו אמינא דט"ו נשים. ושמואל לא סבר כר' ישמעאל אלא בקידושי טעות דוקא, ולהכי לא פריך ליה ממתני' דיבמות, ולא מסתם מתניתי' דנדה, דתנן: עד מתי הבת ממאנת — עד שתביא שתי שערות. ובהדיא אית ליה לשמואל ב"מי שמת" (ב"ב קנו. ושם) דבודקין למיאונין, לאפוקי מדרבי יהודה דאמר עד שירבה השחור. ובשילהי פרק "נושאין על האנוסה" (יבמות ק: ושם) דאמרינן: משכחת לה בקידושי טעות כדרב יהודה אמר שמואל משום רבי ישמעאל "והיא לא נתפשה כו'" — אין להוכיח דרבי ישמעאל איירי דוקא בקידושי טעות, מדשביק קידושי קטנות דאיירי בהן התם מעיקרא, ונקט קידושי טעות. דר' ישמעאל איירי נמי בקידושי קטנות, כדמוכח בנדה (נב. ושם). אלא משום דההיא סוגיא קאי אמילתיה דשמואל, דאמר התם לעיל: עשרה כהנים עומדים, ופירש כו'. ושמואל לא סבר כר' ישמעאל אלא בקידושי טעות דוקא, כדפרישית — לכך נקט קידושי טעות. ואם תאמר: ולרבי אלעזר דאמר לעיל דברי הכל לריכה הימנו גט. ואפי' בקידושי טעות — לא סובר כרבי ישמעאל, אם כן, תיקשי לשמואל סתם מתניתין דהתם, דלא מלי לאוקמי מתני' דהתם לא בקידושי קטנות ולא בקידושי טעות לרבי אלעזר. ולעיל דוחקין לאוקמי סתם מתניתין כוותיה! ויש לומר בדוחק: דהוה מוקי לה כגון שפירש בהדיא שאינו בועל לשם קידושין. חכם עוקר הנדר מעיקרו כו'. אין לפרש דבלשון תליא מילתא, שהרי קדשה על מנת שאין בה מומין והיו בה מומין. דא"כ הלך הוא אצל הרופא וריפאו — אמאי אמר לקמן דמקודשת? אלא בקפידת המומין תלוי הטעם, שאף עתה לאחר שנתרפאת היא נמאסת בעיניו כשזוכר שהיו בה מומין. אבל נדרים — ליכא קפידא, הואיל ועוקרו למפרע. אבל אי לא הוה עקר להו אלא מכאן ולהבא — הוי נמי קפידת עונש משעת הנדר עד שעת התרה. ודוקא הלכה אצל חכם והתירה קודם ידיעת הבעל. אבל לאחר ידיעת הבעל לא מהני להו היתר, כדקתני במתניתין: נמלאו עליה נדרים אינה מקודשת. ולא מפליג בין בני היתר ללאו בני היתר. וטעמא שעל מנת כן מקדשה שאם לא ירלה לבטל הקדושין מחמת הנדרים — שיהיו קדושין קיימין, והיכא דידע קודם שהותרו — הרי מיד רולה שיהיו מבוטלין, דשמא לא יהיה להם היתר, אבל היכא דהותרו קודם ידיעתו, הא לא רלה לבטלם מפני הנדרים — שאין עתה שום קפידא. משום שם רע לא יחזיר. אומר ר"י: דמאן דמפרש ב"השולח" (גיטין מו.) טעמא משום קלקולא — בשביל אותו קלקול לא יהא גט בטל ובניה ממזרים. שהרי לא עשה תנאי בגט, כיון שלא התנה ולא כפל. ותדע דליכא תנאי, דאי עשה תנאי — מאי טעמא דמאן דלא חייש לקלקולא? ועוד: דאם עשה תנאי — מה מועיל מה שאמרו דלא יחזיר? בכך לא יבטל התנאי! אלא ודאי לא עשה לה תנאי גמור, אלא שאמר לה: משום שם רע אני מוליאך, כדאמרינן התם, וליכא אלא לעז בעלמא. ולפי זה אין לריך טעם שבקונטרס, דכיון דאמר לא יחזיר — לא חיישינן תו לקלקולא, כיון דלא חשש לבדוק — בכל ענין מגרש לה. אלא, כיון דחשש ממזרות ליכא — משום לעז נמי ליכא למיחש, דודאי אם היה יכול להחזירה — היה לן לחוש פן יוליא לעז כדי להחזירה, אפילו ניסת כבר — דסבור דמותרת לחזור לו, דשוגגת היא. אבל עתה, שאינו יכול להחזירה — למה יוליא לעז? וליכא למימר, דהכא — כיון דאמר משום שם רע אני מוליאך — גלי אדעתיה שאינו רולה שיהא גט אם אינו שם רע, כמו בזבין ולא אילטריכו ליה זוזי (לקמן צז.), והההוא דזבין נכסיה אדעתא למיסק לארץ ישראל (קידושין מט:), דסגי בגלוי דעת. דע"כ הכא בעינן תנאי, מדמשני התם: הא מני — רבי מאיר היא, דאמר בעינן תנאי כפול, והכא — בדלא כפליה לתנאיה. ומה שייך הכא תנאי כפול אי סגי בגלוי דעת? אלא ודאי בעינן תנאי. ולרבי מאיר דבעינן תנאי כפול — אפילו לעז ליכא, כיון דלא התנה ולא כפל.

אי

מ א מיי' פ"ז מהל' אישות הל' ח סמג עשין מח טוש"ע אה"ע סי' לט סעי' ב:
מא ב מיי' שם הל' ט טוש"ע שם סעי' ו:
מב ג מיי' פ"י מהל' גירושין הל' יב סמג עשין מח טוש"ע שם סי' י סעיף ג:

[כל זה ליתא במשנה לגיטין מה: אלא כך איתא שם א"ר אלעזר לא אסרו זה אלא מפני זה וע"ש בפרש"י גם רש"ל מ"ז ועי' גירסת הרא"ש]

[תוספתא פ"ז ע"ש]
[נ"ל רבה]
[לקמן עה.]
[שם נז: גיטין מו.]
גיטין מה: [יבמות כה.]

תוספות רי"ד

בהכי הוא דלא הוו קידושין הא לא אתני הוי קידושין. קידושין דרבנן הוא דצריכה הימנו גט מדבריהם שלא יאמרו אשת איש יצאה בלא גט אבל מדאורייתא אינה מקודשת כלל והוי מק"ט כדאמרי' לגבי נדרים וכיון שמה"ת אינה מקודשת מש"ה ארוסה אינה אוכלת בתרומה שמא ימצאו בה מומין בין מומין גדולים בין מומין קטנים שאין לחלק בין מומין למומין בענין זה כלל):

ולא הכום בני ישראל כי נשבעו להם (יהושע ט) נשיאי העדה". *וכמה רבים? רב נחמן בר יצחק אמר: [א]שלשה. "ימים" – שנים, "רבים" – שלשה. ר' יצחק אמר: עשרה, "עדה" כתיב בהו. "ר"מ אומר: כל נדר שצריך חקירת חכם לא יחזיר. ר' אלעזר אומר: לא אסרו צריך אלא מפני שאינו צריך". במאי קמיפלגי? רבי מאיר סבר: *אדם רוצה שתתבזה אשתו בב"ד, ר' אלעזר סבר: *אין אדם רוצה שתתבזה אשתו בב"ד. רבא אמר: הכא באשה חשובה עסקינן, דאמר: לא ניחא לי דאיתסר בקרובותיה. אי הכי, סיפא דקתני: אבל הוא שהלך אצל חכם והתירו, אצל רופא וריפא אותו – מקודשת. ליתני אינה מקודשת, ולימא הכא באדם חשוב עסקינן, דאמרה: לא ניחא לי דאיתסר בקריביה! איהי בכל דהו ניחא לה, כדריש לקיש. *דאמר ר"ל: טב למיתב טן דו מלמיתב ארמלו. *אביי אמר: דשומשמנא גברא – כורסיה בי חראתא רמי לה. רב פפא אמר: דנפסא גברא – תיקרייה בסיפי בבא. ותיתיב. רב אשי אמר: דקלסא גברא – לא בעי טלפחי לקידרא. תנא: וכולן מזנות ותולות בבעליהן.§ כל מומין שפוסלין וכו'.§ תנא: הוסיפו עליהן [א]זיעה ושומא וריח הפה. והני בכהני לא פסלי? והתנן: *הזקן [ב]והחולה והמזוהם. ותנן: *[ג]מומין אלו, בין קבועין בין עוברין, פסולין באדם! א"ר יוסי בר' חנינא: לא קשיא; כאן – בזיעה שאינה עוברת. כאן – בזיעה עוברת. רב אשי אמר: זיעה אמזוהם קא רמית? [ד]התם גבי כהנים – אפשר לעברה בקיוהא דחמרא. ומריח הפה נמי, אפשר דנקט פילפלא בפומיה ועביד עבודה. אבל גבי אשה לא אפשר. האי שומא היכי דמיא? אי דאית בה שער – הכא והכא פסלה, אי דלא אית בה שער – אי שומא גדולה היא – הכא והכא פסלה, אי שומא קטנה היא – הכא והכא לא פסלה. דתניא: [ה]שומא שיש בה שער – ה"ז מום, אין בה שער: גדולה – ה"ז מום, קטנה – אין זה מום. ואיזוהי גדולה? פירש רשב"ג: [ו]עד כאיסר האיטלקי! א"ר יוסי בר' חנינא: בעומדת על פדחתה, פדחתה? ראה וניפיים הוא! א"ר פפא: בעומדת לה תחת כפה של ראשה, וזימנין דמתחזיא, וזימנין דלא מתחזיא. א"ר חסדא: הא מילתא מגברא רבה שמיע לי, ומנו? ר' שילא: [ז]נשכה כלב ונעשה מקומו צלקת – הרי זה מום. א"ר חסדא: [ח]קול עבה באשה ה"ז מום, שנאמר: "כי קולך ערב ומראך נאוה" (שיר ב).§ תני ר' נתן ביראה: בין דדי אשה טפח. סבר רב אחא בריה דרבא קמיה דרב אשי למימר: טפח – למעליותא. א"ל רב אשי: [ט]גבי מומין תניא. וכמה? אמר אביי: שלש אצבעות. תניא, ר' נתן אומר: [י]כל אשה שדדיה גסין משל חברותיה – ה"ז מום. וכמה? א"ר מיישא בר בריה דרבי יהושע בן לוי משמיה דר' יהושע בן לוי: טפח. ומי איכא כי האי גוונא? אין, דאמר רבה בר בר חנה: אני ראיתי ערביא אחת שהפשילה דדיה לאחוריה, והניקה את בנה. "ולציון יאמר איש ואיש יולד בה והוא יכוננה עליון" (תהלים פז). א"ר מיישא בר בריה דר' יהושע בן לוי: אחד הנולד בה ואחד המצפה לראותה. אמר אביי: *וחד מינייהו עדיף כתרי מינן. אמר רבא: וחד מינן, כי סליק להתם – עדיף כתרי מינייהו. דהא רבי ירמיה, דכי הוה הכא – לא הוה ידע מאי קאמרי רבנן, כי סליק להתם – קרי לן *בבלאי טפשאי.§

מתני' [כ]היו בה מומין ועודה בבית אביה – האב צריך להביא ראיה שמשנתארסה *היו בה מומין הללו, ונסתחפה שדהו. נכנסה לרשות הבעל – הבעל צריך להביא ראיה שעד שלא נתארסה היו בה מומין אלו, והיה מקחו מקח טעות, דברי ר"מ. וחכמים אומרים: במה דברים אמורים – במומין שבסתר, אבל

רש"י

ולא הכום בני ישראל. בגבעונים כתיב. רבא אמר. הא דקתני אצל חכם והתירה – אינה מקודשת. באשה חשובה. בת גדולים. דאפי' למ"ד רוצה אדם שתתבזה אשתו בב"ד – הכא אמר: אי אפשי באשה נדרנית. וגט נמי לא ניחא לי למיתבא לה – דאתסר באמה ואחותה, ולא ניחא לי דליהוו קדושין. אבל הוא. אם אמר לה: על מנת שאין עלי מומין ונדרים. טן דו. גוף שנים. משל הדיוט הוא שהנשים אומרות: טוב לשבת עם גוף שנים, משבת אלמנה. דשומשמנא גברא. משל הדיוט הוא – מי שבעלה קטן כנמלה. כורסיה בי חראתא רמיא. כסאה בין השרות, בנות חורין, מושיבה. כלומר: גם לי בעל כמוכם. נפסא. מנפס צמר. ואומנות מאוסה היא. תיקרייה בסיפי בבא ותיתיב. אינה בושה לקרותו על מפתן הבית ליישב שם אצלו בפני הכל. קולסא. ממשפחת דופי. טלפחי. עדשים, שהוא מאכל קל, ואין חסרון כיס כל כך, אינה שואלת הימנו, אף יקרא שמו עליה. וכולן מזנות ותולות בבעליהן. כל אלו שבעליהן שפלים ומראות להם חבה – אינו אלא שמזנות תחתיהן, וכשמתעברות הן תולות את העובר בבעל. [ונוח להן באנשים כל שהן, לפי שמזנות תחתיהן]. הוסיפו עליהם. בנשים, שאין בכהנים. זיעה. זועה תמיד. שומא. וורוא"ה. הזקן והחולה והמזוהם. לגבי מומי בהמה תנן. וקס"ד: זיעה וריח הפה דאדם בכלל מזוהם. זיעה אמזוהם קא רמית. לאו רומיא היא; מזוהם – גופו מסריח, ובאדם נמי פוסל. אבל זיעה דאדם – אינה פוסלת בכהנים, כדקתני: "הוסיפו עליהם". דאפשר לעברה בקיוהא דחמרא. ביין קהה, אייגר"א בלע"ז, עד שיעבוד עבודתו. וריח הפה נמי כו'. אבל גבי אשה, שהוא מדבר עמה כל שעה, לא אפשר. בעומדת על פדחתה. ולעולם דאין בה שער, ובקטנה. פדחתה. מצחה. ונעשה מקומו צלקת. שנשאר שם רושם משחייתה המכה. צלקת. פינדרור"א. ודוגמתה בשחיטת חולין (דף קכד.) גבי תנור כלי חרס, דצלקיה מצלק. למעליותא. והכי קאמר: נוי הוא לאשה שיהו דדיה מובדלים טפח. גבי מומין תניא. הך מתני' גבי מומין תניא, דקא חשיב זיעה ושומא וריח הפה ושאר מומין, וטפח בין שני דדי אשה. וכמה. נוי לה. וכמה. יהו גסין (אחת) משל חברותיה ויהא מום. ולציון יאמר. משום דאיירי בה רבי מיישא נקיט לה. "ולציון יאמר איש ואיש יולד בה". לעתיד לבא, כשיתקיים מקרא שכתוב: "והביאו את כל אחיכם מנחה לה'" וגו', כל מקום שימצאו שם ישראל יאמרו העמים: זהו מבני ציון, זה יולד בה – נביאנו שם. ולציון. כמו "וישאלו אנשי המקום לאשתו" (בראשית כו) – על אשתו. אחד הנולד בה כו'. "איש" "איש" יתירא קא דריש: אחד הנולד בה, ואחד המצפה לראותה יקרא מבניה, ויביאוהו אצלה. והוא יכוננה עליון. הקב"ה יכוננה להיות עליון, למעלה על כל העולם. וחד מינייהו. מבני ארץ ישראל. עדיף. פקחים וחריפים. **מתני'** האב צריך להביא ראיה. אם בא לתבוע כתובה מן האירוסין מזה שממאן לקחתה. נכנסה לרשות הבעל. ניסת, והוא בא להוציאה בלא כתובה על מומין שבה. הבעל צריך להביא ראיה. עדים. וכולה מפרש בגמרא. במה דברים אמורים. שהבעל יכול לטעון על המומין. אין

תוספות

אי הכי סיפא דקתני אבל הוא שהלך כו'. דבשלמא אי טעמא משום דאין אדם רוצה שתתבזה אשתו בב"ד – בבעל לא שייך זילותא ליילך, שרגיל ללכת בב"ד כל שעה לצרכו. כאן בזיעה עוברת. שיכול להעבירה ע"י רחיצת מים. דאכתי לא ידע דאפשר לעבורי בקיוהא דחמרא. דהשתא לא פסלה בכהנים, שהעבודה לפי שעה הוא, אפשר שמרחיצה ועוברת. ואין לפרש "עוברת" שעשויה להתרפאות – דהיכי נוקי מתני' בשאינה עוברת? הא בין קבועין בין עוברין קתני! ועי"ל: דזיעה עוברת שעשויה להתרפאות, ואפילו לא העבירה – כשר לעבודה, דלא מאיסה כולי האי. ומזוהם הוי דווקא זיעה שאינה עוברת. והא דקתני "בין קבועין בין עוברין" – אכל מומין דקתני התם קאי, וה"פ בין קבועין ששנויין באותה משנה, בין עוברין ששנויין שם, כגון *אוורור. **וחכמים** אומרים בד"א במומין שבסתר כו'. נראה לרבינו יצחק: דר"מ לא פליג אמומין שבגלוי, דמודה דאין יכול לטעון – דראה וניפייס הוא, כדאמר סתמא דהתלמוד בגמרא. ועוד: דאי פליג אמומין שבגלוי – אם כן, משכחת לה סימפון בעבדים במומין שבגלוי, לר' מאיר, ולא פליג אלא ביש מרחץ. אבל

עין משפט נר מצוה

מג [א] [טוש"ע יו"ד סי' רכח סעי' כא]:
מג א מיי' פ"ז מהל' אישות הל' ז סמג עשין מח טוש"ע אה"ע סי' לט סעי' ד:
מד ב מיי' פ"ז מהל' ביאת המקדש הלי"ב יג סמג לאוין פח:
מה ג מיי' פ"ו שם הל' א:
מו ד מיי' פ"ז שם הל' יג:
מז ה ו ז ח ט י מיי' פ"ז מהל' אישות הל' ז סמג עשין מח טוש"ע אה"ע סי' לט סעי' ד:
מח כ מיי' פכ"ה שם הל' ד סמג שם טוש"ע שם סי' קיז סעיף ח:

תרגום של סנוורים

תוספות רי"ד

שכל המומין וכו'. פי' בבכורות מפרש להו. תנא הוסיפו עליהן זיעה ושומא וריח הפה תניא שומא קטנה שיש בה שיער ה"ז מום גדולה ואין בה שיער ה"ז מום קטנה אין זה מום איזהו גדולה פי' רשב"ג עד כאיסר האיטלקי א) אר"ח הא מילתא מגברא רבא שמענא ליה ומנו שילא (שומא בלב) [נשכה כלב] ונעשה מקומו צלקת ה"ז מום תני נתן ביראה בין דדי אשה טפח סבר ר"א בריה דרבא קמיה דר"א למימר טפח למעליותא פי' שהוא נוי לאשה. א"ל גבי מומין תניא וכמה הוא נוי אמר אביי ג' אצבעות תניא ר"נ אומר כל אשה שדדיה גסים משל חברתה ה"ז מום וכמה א"ר מיישא בר בריה דריב"ל משמיה דריב"ל טפח: **מתני'** היו בה מומין ועודה בבית אביה האב צריך להביא ראיה שמשנתארסה היו בה מומין הללו ונסתחפה שדהו נכנסה לרשות הבעל צריך להביא ראיה שעד שלא תתארס היו בה מומין הללו והיה מקחו מקח טעות דברי ר"מ. וחכ"א בד"א במומין שבסתר

א) לכאורה ל"ע דהשמיט להא דאמרינן דבעומדת על פדחתה הוי מום ואפילו בקטנה ואפי' אין בה שיער וכן העיר הב"י בסימן ל"ט על הרי"ף ז"ל שהשמיטו ואולי דלא הי' זה בגירסתם ז"ל.

מסורת הש"ס

גיטין מו. [ע"ש]
[לעיל עד: וש"נ]
[שם וש"נ]
ב"ק קיח. קדושין ז. ודף מח. יבמות קיח: [יבמות שם]
בכורות מה.
שם מג.
[מנחות מב. ע"ש]
[פסחים לד: יומא נז. זבחים ס: מנחות נב. בכורות כה:]
ס"א נולדו

אֲבָל^א בְּמוּמִין שֶׁבְּגָלוּי — אֵינוֹ יָכוֹל לִטְעוֹן. ^בוְאִם יֵשׁ מֶרְחָץ בְּאוֹתָהּ הָעִיר — אַף מוּמִין שֶׁבְּסֵתֶר אֵינוֹ יָכוֹל לִטְעוֹן, מִפְּנֵי שֶׁהוּא בּוֹדְקָהּ בִּקְרוֹבוֹתָיו.§ **גמ'** טַעֲמָא — דְּמַיְיתֵי הָאָב רְאָיָה, ^גהָא לָא מַיְיתֵי הָאָב רְאָיָה — הַבַּעַל מְהֵימָן. מַנִּי — רַבִּי יְהוֹשֻׁעַ הִיא, *דְּאָמַר: לֹא מִפִּיהָ אָנוּ חַיִּין. אֵימָא סֵיפָא: נִכְנְסָה לִרְשׁוּת הַבַּעַל — הַבַּעַל צָרִיךְ לְהָבִיא רְאָיָה. טַעֲמָא — דְּמַיְיתֵי הַבַּעַל רְאָיָה, הָא לָא מַיְיתֵי הַבַּעַל רְאָיָה — הָאָב מְהֵימָן, *אֲתָאן לְר"ג, דְּאָמַר: נֶאֱמֶנֶת! א"ר אֶלְעָזָר: תַּבְרָא, *מִי שֶׁשָּׁנָה זוֹ לֹא שָׁנָה זוֹ. אָמַר רָבָא: לָא תֵּימָא רַבִּי יְהוֹשֻׁעַ לָא אָזֵיל בָּתַר חֲזָקָה דְּגוּפָא כְּלָל, אֶלָּא כִּי לָא אָזֵיל ר' יְהוֹשֻׁעַ בָּתַר חֲזָקָה דְּגוּפָא — הֵיכָא דְּאִיכָּא חֲזָקָה דְּמָמוֹנָא. אֲבָל הֵיכָא דְּלֵיכָּא חֲזָקָה דְּמָמוֹנָא — אָזֵיל רַבִּי יְהוֹשֻׁעַ בָּתַר חֲזָקָה דְּגוּפָא. *דְּתַנְיָא: ^ד*אִם בַּהֶרֶת קוֹדֶם לְשֵׂעָר לָבָן — טָמֵא, אִם שֵׂעָר לָבָן קוֹדֶם לְבַהֶרֶת — טָהוֹר, ^הסָפֵק — טָמֵא. וְר' יְהוֹשֻׁעַ אוֹמֵר: *כֵּהָה. מַאי כֵּהָה? אָמַר רַבָּה: כֵּהָה טָהוֹר. רָבָא אָמַר: רֵישָׁא — כָּאן נִמְצְאוּ וְכָאן הָיוּ, סֵיפָא נַמִי — כָּאן נִמְצְאוּ וְכָאן הָיוּ. אֵיתִיבֵיהּ אַבָּיֵי: נִכְנְסָה לִרְשׁוּת הַבַּעַל — הַבַּעַל צָרִיךְ לְהָבִיא רְאָיָה, שֶׁעַד שֶׁלֹּא תִּתְאָרֵס הָיוּ בָּהּ מוּמִין אֵלּוּ, וְהָיָה מִקָּחוֹ מִקַּח טָעוּת. עַד שֶׁלֹּא תִּתְאָרֵס — אִין, מִשֶּׁתִּתְאָרֵס — לָא. וְאַמַּאי? לֵימָא: כָּאן נִמְצְאוּ וְכָאן הָיוּ! א"ל: מִשֶּׁנִּתְאָרְסָה — מִשּׁוּם דְּאִיכָּא לְמֵימַר: ^וחֲזָקָה אֵין אָדָם שׁוֹתֶה בְּכוֹס אא"כ בּוֹדְקוֹ. וְהַאי — רָאָה וְנִיפַּיֵּיס הוּא. אִי הָכִי, עַד שֶׁלֹּא תִּתְאָרֵס נַמִי! אֶלָּא: אָמְרִינַן חֲזָקָה אֵין אָדָם מְפַיֵּיס בְּמוּמִין. הָכָא נַמִי, חֲזָקָה אֵין אָדָם מְפַיֵּיס בְּמוּמִין! אֶלָּא: מִשֶּׁנִּתְאָרְסָה — מִשּׁוּם דְּאִיכָּא תַּרְתֵּי; חֲזָקָה, הַעֲמֵד הַגּוּף עַל חֶזְקָתוֹ, וַחֲזָקָה אֵין אָדָם שׁוֹתֶה בְּכוֹס אא"כ בּוֹדְקוֹ. וְהַאי רָאָה וְנִיפַּיֵּיס הוּא. מַאי אָמְרַתְּ — חֲזָקָה אֵין אָדָם מְפַיֵּיס בְּמוּמִין — הָוֵי חֲדָא

רש"י

אין יכול לטעון. דידע ונתפייס. **גמ'** הבעל מהימן. דאמר: הואיל וספק הוא אם הטעתו ואם לאו – העמד ממון על חזקתו. מני רבי יהושע היא דאמר. בפ"ק, היא אומרת: משארסתני נאנסתי, והוא אומר: עד שלא ארסתיך – לא מפיה אנו חיין, שתהא נאמנת, אלא העמד ממון על חזקתו. ולא אזלינן בתר חזקה דגופא, לומר: הואיל וספק בידינו על שעת אירוסין מה היא – העמד הגוף על חזקתו של קודם לכן, והרי נולדה בתולה. והכא נמי, לא אמרינן העמד הגוף על חזקתו, ובלא מומין נולדה. אתאן לרבן גמליאל דאמר. התם: היא נאמנת, דחזקה דגופא עדיפא. **תברא.** קשיא רישא לסיפא. מי ששנה זו לא שנה זו. רישא לרבי יהושע, והוא הדין לנכנסה לרשות הבעל. וסיפא לרבן גמליאל, וה"ה לעודה בבית אביה, שאין לנו טעם לחלק בין עודה בבית אביה לנכנסה לחופה. לא תימא רבי יהושע לא אזיל בתר חזקה דגופא כלל. אפי' במקום שאין חזקת ממון עומדת נגדה להכחישה. היכא דאיכא חזקה דממונא. עומדת לנגדה, כי הכא. טמא. דהכי כתיב קרא (ויקרא יג) "שער לבן בבהרת". רבי יהושע אומר כהה. כדמפרש רבה. כהה טהור. הרי הוא ככהה הנגע ממראהו, שהוא טהור. ומשם ר' משה הדרשן שמעתי: ורבי יהושע קיהה. מאי קיהה? אמר רבה: קיהה וטיהר. כלומר, קיהה בדבר, ונחלק עליהם וטיהר. [כאדם שנקהו שיניו על אדם שאין משגיח לדבריו]. וכן מצאתי בת"כ: ור' יהושע קיהה טיהר. אלמא: העמד הגוף על חזקתו, ולא תטמאנו מספק. רבא אמר רישא כאן נמצאו כאן היו. רבא מהדר לאוקמא כולה כרבן גמליאל, דאוקמינן הלכתא כוותיה בפרק קמא. לעולם חזקה דגופא עדיף, ורישא טעמא משום דכיון דבבית אביה נמצאו המומין – איתרע חזקתיה דאב, דאיכא למימר: כאן היו קודם אירוסין. ובפ"ק נמי פלוגתייהו בנכנסה לרשות הבעל היא, ובה אמר רבן גמליאל דלא הורעה חזקת אביה בכך. משנתארסה לא. אם הביא הבעל ראיה שראו בה מומין הללו משנתארסה, והיא עודה בבית אביה, לאו ראיה היא. ואי טעמא משום כאן נמצאו כאן היו – הרי בבית אביה נמצאו. אלא על כרחך רישא וסיפא פליגי, ואפילו באו לדין בעודה בבית אביה – אית ליה לתנא דסיפא דהיא נאמנת. אמר ליה. לעולם רישא משום כאן נמצאו כאן היו הוא, ומשנתארסה, משום דאיכא תרתי. והיכא שהביא עדים שראו בה מומין הללו משנתארסה בבית אביה – משום הכי לאו ראיה היא, דאיכא תרתי ליפות כחה: חדא – העמד הגוף על חזקתו, ולא היו בה בשעת אירוסין, שהכל הולך אחר אותה שעה. וא"ת הורעה החזקה – הואיל וכאן נמצאו – חזקה אין אדם שותה בכוס אא"כ בודקו. ואפי' כאן היו קודם קדושין זה שהכניסה לחופה, וזו היא שתיית הכוס, בידוע שבדקה ונודע לו, וראה וניפייס.

תוספות

אבל במומין שבגלוי אין יכול לטעון. תימה: לרב, דמוקי כולה מתני' כנסה ונמצאו עליה נדרים בקידשה על תנאי: מה שייך לחלק בין מומין שבסתר למומין שבגלוי, הואיל והתנה על מנת שאין בה מומין? ונראה לרשב"א: דכשהתנה – לא על מומין שבגלוי נתכוין – דאותן ראה ונתפייס, אלא על מומין שלא ראה נתכוין. וכשיש נמי מרחץ באותה העיר – אית לן למימר שלא התנה אלא על מומין שאין נבדקין על ידי מרחץ, כגון ריח הפה ונכפה הקבוע לו זמן. וקאי בין ארשות האב בין ארשות הבעל. וה"ק: אינו יכול לטעון – אפי' הביא הבעל ראיה, אינו מועיל לו כלום. **תברא.** פירש *רבינו חננאל: שבועה. **מי** ששנה זו לא שנה זו. ◦קשה: דא"כ, אמאי נקט ברישא "עודה ברשות האב", וסיפא "נכנסה לרשות הבעל"? איפכא הוה ליה למיתני – דהוה רישא רבותא טפי וסיפא רבותא טפי! ואומר רשב"א: דדוקא נקט הכי. דכי היכי דפליגי רישא וסיפא בפלוגתא דר"ג ורבי יהושע – ה"נ פליגי בהכי: דתנא דרישא סבר דדוקא עודה בבית אביה צריך להביא ראיה, אבל נכנסה לרשות הבעל – אין צריך להביא ראיה, דאפילו יביא הבעל עדים דעד שלא נתארסה היו בה מומין הללו – כיון שנשאה – חזקה אין אדם שותה בכוס אא"כ בודקו, והאי ראה וניפייס הוא. ותנא דסיפא סבר: אע"ג דנכנסה לרשות הבעל, ואיכא למימר חזקה אין אדם שותה בכוס כו' – כשהביא הבעל ראיה הוי מקחו מקח טעות – דאין אדם מתפייס במומין. **אבל** היכא דליכא חזקה דממונא אזיל בתר חזקה דגופא. פירוש: אע"ג דאיכא חזקה אחרת כנגד חזקת הגוף, כי הכא, דבלאו חזקת ממון יש חזקה אחרת – דהעמידנה בחזקת פנויה. דדוקא כי איכא חזקת ממון לא אלימא ליה חזקת הגוף כנגד חזקת ממון, אבל היכא דליכא חזקת ממון – אלימא ליה חזקת הגוף משאר חזקות. דאי ליכא שום חזקה אחרת כנגדה – מאי אתא לאשמועינן? פשיטא דאזיל בתר חזקת הגוף, כיון דאין דבר מכחישה! והיא נמי דמייתי איכא חזקה אחרת כנגדה, כמו שאפרש. ומיהו, תימה לר"י: דהיכי מצי למימר דאי לאו חזקת ממון דהכא הוה אזיל ר' יהושע בתר חזקת הגוף? והא הוי חדא במקום תרתי – דאית לן למימר העמידנה בחזקת פנויה! וכי תימא: אדרבה, העמד אותה בחזקת שלימה, והשתא הוא דנעשה מום – הרי מום לפניך! דכי האי גוונא חשבינן תרתי לריעותא גבי מקוה שנמדד ונמצא חסר, דאמרי' כל טהרות שנעשו על גביו למפרע, בין ברשות היחיד בין ברשות הרבים – טמאות, משום דאיכא למימר העמד טמא על חזקתו, ואימור לא טבל. וכי תימא: העמד מקוה על חזקתו, ואימור לא חסר – הרי חסר לפניך. ונראה לרשב"א: דחזקת פנויה לא חשיבא כלל חזקה לגבי חזקת הגוף. **ספק** טמא. הקשה רבינו תם: מ"ט דרבנן דאמרי טמא? אמאי לא אזלינן בתר חזקה? דהא אמרינן בפ"ק דחולין (דף י:): מנא הא מילתא דאמור רבנן אוקי מילתא בתר חזקה – ומייתי לה מקרא? אומר ר"ת: דהכא מיירי כשנזקק לטומאה – שהיה בו נגע אחד שחין או מכוה קודם, והיה מוחלט ממנו, וקודם שנטהר – נולד בו ספק, ואחר שנטהר מן הראשון לא נשאר בו אלא ספק זה. וכן משמע בשלהי נזיר (דף סה: ושם) דבנזקק לטומאה איירי. והשתא מייתי שפיר דאזיל ר' יהושע בתר חזקה דגופא, דהעמידנו בחזקת שלא היה בו נגע, אע"ג דאיכא חזקה דהעמידנו בחזקת טומאה כנגדה. וה"נ הוה אמרי' לעיל אי לאו חזקה דממונא, וא"ת: והיכי יליף מהתם? דשאני התם דכתיב קרא, כדיליף בסוף נזיר מ"לטהרו או לטמאו" דפתח בו הכתוב לטהרה תחילה! וי"ל: דמהתם גמרינן. והא דלא אזיל רבי יהושע בתר חזקה דגופא בראוה מדברת ומעוברת בפרק קמא (לעיל יג.) – משום דמעלה עשו ביוחסין. **שער** לבן קודם לבהרת טהור. דריש מדכתיב "שער לבן בבהרת" – משמע שהבהרת קדמה. **אמר** רבה קיהה וטיהר. רבינו תם גריס *"רבא", מההיא ד"השוכר את הפועלים" (ב"מ פו.) בעובדא דרבה בר נחמני. **רישא** כאן נמצאו כאן היו. ולא מצי למימר השתא העמד רשות האב על חזקתו – דהא איתרע ליה, שנמצאו ברשותו. הילכך, אזלינן בתר חזקת ממון. והיא אומרת משארסתני נאנסתי – התם נמצאת ריעותא ברשות הבעל – שנשאה ולא מצא לה בתולים, ולכך נאמנת לרבן גמליאל, דלא איתרע חזקת רשות האב. ואיירי בענין שיכול להיות שנאנסה תחת בעלה. דאי בענין שודאי לא נאנסה משנשאת, אף על גב שנכנסה לרשות הבעל – איתרע לה חזקת רשות האב, הואיל דודאי ברשות אביה נאנסה.

תוספות רי"ד

אבל במומין שבגלוי אינו יכול לטעון. ואם יש מרחץ באותו עיר אף במומין שבסתר אינו יכול לטעון מפני שהוא בודק בקרובותיה. פי' האב צריך להביא ראיה אם בא לתבוע כתובה מן האירוסין שתקנו חכמים לבתולה מאתים מן הבעל שממאן לכונסה. ואם נכנסה לרשות הבעל שכבר נשאת ורוצה להוציא בלא כתובה מפני מומין שבה הבעל צריך להביא ראיה בעדים שעד שלא תתארס היו בה וחכ"א א) במומין שבסתר דהא ראה ונתפיים הוא: ואמרי' טעמא דמייתי אב ראיה הא לא מייתי אב ראיה מהימן בעל. פי' דאמרי' הואיל וספק הוא אם הטעתו אם לאו העמד ממון על חזקתו מני ר"י הוא דאמר בפ"ק לא מפיה אנו חיין. אימא סיפא נכנסה לרשות הבעל הבעל צריך להביא ראיה טעמא דמייתי הבעל ראיה הא לא מייתי ראיה האב מהימן אתאן לר"ג דאמר היא נאמנת פי' בכל מידי דאית ליה לתובע חזקה דגופא ולנתבע חזקה דממונא פליגי ר"י ור"ג דר"י אזיל בתר חזקה דממונא והמע"ה. ור"ג אזיל בתר חזקה דגופיה כדתנן בפ"ק הנושא את האשה וכו'. וה"נ במתני' איכא חזקה דגופא לאשה וחזקה דממונא לבעל בין ברישא בין בסיפא ומ"ש דברישא האב צריך להביא ראיה ואי לא מייתי ראיה בעל מהימן ובסיפא צריך הבעל להביא ראיה ואי לא מייתי ראיה האשה נאמנת. ואתא ר"א ואוקמה כתנאי ותברא מי ששנה זו לא שנה זו רישא ר"י וה"ה לנכנסה לרשות הבעל וסיפא ר"ג וה"ה לעודה בבית אביה שאין לנו טעם לחלק בין עודה בבית אביה לנכנסה לחופה. רבא אמר כאן נמצאו כאן היו. פי' כולה ר"ג היא ורישא דבעל נאמן משום דאמרי' כאן נמצאו וכאן היו דע"כ לא אמרינן דאשה נאמנת אלא היכא דנמצא הספק במקומו של בעל דומיא דהנושא א"ה ולא מצא לה בתולים שהאשה עומדת במקום הבעל ודמיא לנכנסה לביתו של בעל אבל ברישא כיון דבמקום האשה נמצאו המומין אמרי' כאן נמצאו וכאן היו עד שתביא ראיה לדבריה. ואי קשיא היכי מצינן למימר דאר"ג דהיכא שנמצא הספמון במקומה של אשה שאינה נאמנת והא ברואה מעוברת שנמצא הספק באשה עצמה ואפ"ה אמר ר"ג דהיא נאמנת י"ל היכא אמרי' כאן נמצאו וכאן היו ולא אזלינן בתר חזקה דגופא ה"מ כי קאי באפה דחזקה דממונא דכאן נמצאו שבקיה לחזקה דגופא ואזלינן בתר חזקה דממונא אבל היכא דלא קאי באפה חזקה דממונא אף על גב דכאן נמצא הספק אזלינן בתר חזקה דגופא:

א) נראה דל"ל וחכמים אומרים דבמומין שבגלוי אינו יכול לטעון דהא ראה ונתפייס הוא.

עין משפט נר מצוה

מט א מיי' פכ"ה מהל' אישות הל' ב טוש"ע אה"ע סי' קיז סעי' ה:
נ ב מיי' שם טוש"ע שם סעי' ו וסי' לט סעי' ד בהג"ה:
נא ג מיי' שם הל' ד טוש"ע שם סי' קיז סעי' ז:
נב ד מיי' פ"ב מהל' טומאת צרעת הל"ו סמג עשין רלד:
נג ה מיי' שם הל"ט:
נד ו מיי' פכ"ה מהל' אישות הל"ו סמג עשין מח טוש"ע אה"ע שם סעי' י:

[הביאו הערוך בערך תבר א' בביאור היטב ע"ש]

[נ"ל דתנן]

מסורת הש"ס

לעיל יב:

[ע' תוס' יבמות י: ד"ה וליתני]
[שבת לב: וש"נ]

נזיר סה: ע"ש ב"מ פו. סנהדרין פז: נדה יט. נגעים פ"ד מי"א

[ע' תוס' יבמות קי: ד"ה וקמקוו ובסנהדרין פז: ד"ה ר' יהושע]

נ"י כ"י

[נ"ל רבה]

גליון הש"ס

תוס' ד"ה מי ששנה זו וכו' קשה דא"כ וכו'. ע' שבת לב ע"ב תוס' ד"ה תברא וע' יבמות י ע"ב תד"ה וליתני:

חֲדָא בְּמְקוֹם תַּרְתֵּי, וַחֲדָא בִּמְקוֹם תַּרְתֵּי — לָא אָמְרִינַן. עַד שֶׁלֹּא תִּתְאָרֵס — הַעֲמֵד הַגּוּף עַל חֶזְקָתוֹ לָא אִיכָּא לְמֵימַר. מַאי אִיכָּא — חֲזָקָה דְּאֵין אָדָם שׁוֹתֶה בְּכוֹס אֶלָּא אִם כֵּן בּוֹדְקוֹ, וְהַאי רָאָה וְנִיפַּיֵּים הוּא — אַדְּרַבָּה, חֲזָקָה אֵין אָדָם מִיפַּיֵּים בְּמוּמִין, וְהַעֲמֵד מָמוֹן עַל חֶזְקָתוֹ. רַב אַשִׁי אָמַר: רֵישָׁא — "מָנֶה לְאַבָּא בְּיָדְךָ", וְסֵיפָא "מָנֶה לִי בְּיָדְךָ". אֵיתִיבֵיהּ רַב אַחָא בְּרֵיהּ דְּרַב אַוְיָא לְרַב אַשִׁי: *[א]מוֹדֶה ר"מ בְּמוּמִין הָרְאוּיִין לָבֹא עִמָּהּ מִבֵּית אָבִיהָ, שֶׁעַל הָאָב לְהָבִיא רְאָיָה. וְאַמַּאי? "מָנֶה לִי בְּיָדְךָ" הוּא! הָכָא בְּמַאי עָסְקִינַן — [ב]בְּיַתֶּרֶת. יַתֶּרֶת מַאי רְאָיָה מַיְיתֵי? רְאָיָה דְּרָאָה וְנִיפַּיֵּים הוּא.§ א"ר יְהוּדָה אָמַר שְׁמוּאֵל: [ג]הַמַּחֲלִיף פָּרָה בַּחֲמוֹר, וּמָשַׁךְ בַּעַל הַחֲמוֹר אֶת הַפָּרָה, וְלֹא הִסְפִּיק בַּעַל הַפָּרָה לִמְשׁוֹךְ אֶת הַחֲמוֹר עַד שֶׁמֵּת הַחֲמוֹר — עַל בַּעַל הַחֲמוֹר לְהָבִיא רְאָיָה שֶׁהָיָה חֲמוֹרוֹ קַיָּים בִּשְׁעַת מְשִׁיכַת פָּרָה. וְתַנָּא תּוּנָא כַּלָּה. הֵי כַּלָּה? אִילֵימָא כַּלָּה

רש"י

חֲדָא בִּמְקוֹם תַּרְתֵּי. דְּהַעֲמֵד מָמוֹן עַל חֶזְקָתוֹ לָא אָמְרִינַן, דְּנֶיהֱווּ נַמִי הָכָא תַּרְתֵּי – דִּבְמְקוֹם חֲזָקָה דְּגוּפָא חֲזָקָה דְּמָמוֹנָא לָאו כְּלוּם הִיא. עַד שֶׁלֹּא תִּתְאָרֵס. אֲבָל הֵיכָא שֶׁהֵבִיא עֵדִים שֶׁרָאוּ בָּהּ עַד שֶׁלֹּא תִּתְאָרֵס. הַעֲמֵד הַגּוּף עַל חֶזְקָתוֹ לֵיכָּא לְמֵימַר. לְהוֹדִיעַ שֶׁלֹּא הָיוּ בָּהּ בִּשְׁעַת קִדּוּשִׁין – דְּהָא קָיְימִי עֵדִים. וְהַעֲמֵד מָמוֹן עַל חֶזְקָתוֹ. כִּי לֵיכָּא חֲזָקָה דְּגוּפָא. רַב אַשִׁי אָמַר כו'. מְהַדַּר נַמִי לְאוֹקְמָהּ כּוּלָּהּ כְּרַבָּן גַּמְלִיאֵל – דַּחֲזָקָה דְּגוּפָא עֲדִיפָא. וְרֵישָׁא, לְהָכִי לָא מְהַנְיָא חֲזָקָה דְּגוּפָא – לְפִי שֶׁאֵין הַטַּעֲנָה שֶׁלָּהּ אֶלָּא שֶׁל אָבִיהָ, שֶׁכְּתוּבַּת אֵירוּסִין שֶׁלּוֹ, וַהֲוָה לֵיהּ "מָנֶה לְאַבָּא בְּיָדְךָ". וְגַבֵּי אָב לָא אָמְרִינַן בְּגוּף שֶׁלָּהּ דְּתֵיהַנֵּי חֲזָקָה. מוֹדֶה ר"מ גָּרְסִי' בַּתּוֹסֶפְתָּא. אע"ג דְּאָמַר: נִכְנְסָה לִרְשׁוּת הַבַּעַל – עַל הַבַּעַל לְהָבִיא רְאָיָה, מוֹדֶה הוּא בְּמוּמִין הָרְאוּיִין לָבֹא עִמָּהּ כו'. וְקס"ד בְּכָל מוּמִין שֶׁיֵּשׁ לְסַפֵּק וְלוֹמַר שֶׁמִּבֵּית אָבִיהָ בָּאוּ. שֶׁעַל הָאָב לְהָבִיא רְאָיָה. וְאע"פ שֶׁנִּכְנְסָה לִרְשׁוּת הַבַּעַל. מָנֶה לִי בְּיָדְךָ הוּא. וְנֵימָא: הַעֲמֵד הַגּוּף עַל חֶזְקָתוֹ. בְּיַתֶּרֶת. אֶצְבַּע יְתֵירָה, דְּלֵיכָּא לְמֵימַר לְאַחַר אֵירוּסִין נוֹלַד. וּמָשַׁךְ בַּעַל הַחֲמוֹר אֶת הַפָּרָה. וְהַחֲמוֹר הָיָה בְּבֵית בְּעָלָיו. וּתְנַן בְּקִדּוּשִׁין (דף כח.): כָּל הַנַּעֲשֶׂה דָּמִים בְּאַחֵר, כֵּיוָן שֶׁזָּכָה זֶה, שֶׁמָּשַׁךְ אֶחָד מֵהֶם – נִתְחַיֵּיב חֲבֵרוֹ בְּאוֹנְסֵי חֲלִיפִין, בְּכָל מָקוֹם שֶׁהֵן. עַד שֶׁמֵּת הַחֲמוֹר. זֶה אוֹמֵר: עַד שֶׁלֹּא מָשַׁכְתָּ אֶת פָּרָתִי מֵת חֲמוֹרְךָ, וּלְךָ מֵת. וְזֶה אוֹמֵר: מִשֶּׁמָּשַׁכְתִּי מֵת, וּכְבָר קָנוּי הוּא לְךָ. וְתַנָּא כַּלָּה. תַּנָּא דְּמַתְנִי' דְּאַיְירֵי בְּמוּמֵי כַּלָּה מְסַיֵּיעַ לֵיהּ. הֵי כַּלָּה. הֵי מִילְּתָא דְּמַתְנִי' מְסַיַּיעְתָּא? אִילֵימָא כַּלָּה בְּבֵית אָבִיהָ. רֵישָׁא דְּמַתְנִי', שֶׁבָּאוּ לְדִין בְּעוֹדָהּ אֲרוּסָה, דְּקָתָנֵי: הָאָב צָרִיךְ לְהָבִיא רְאָיָה. וּסְבִירָא לֵיהּ לִשְׁמוּאֵל כְּר"א דְּמוֹקֵי לָהּ בִּתְרֵי תַּנָּאֵי, וַאֲפִי' נִכְנְסָה לַחוּפָּה אִית לֵיהּ לְתַנָּא דְּרֵישָׁא שֶׁהָאָב צָרִיךְ לְהָבִיא רְאָיָה, וְאע"פ שֶׁלֹּא נוֹלַד סָפֵק בִּרְשׁוּתוֹ. אַלְמָא: אֵינוֹ גּוֹבֶה מָמוֹן מִסָּפֵק. וְהַאי נַמִי – לֹא יַחֲזִיק בְּפָרַת חֲבֵירוֹ מִסָּפֵק, וְאַף עַל גַּב שֶׁהַסָּפֵק בִּרְשׁוּת חֲבֵירוֹ נוֹלַד, שֶׁהֲרֵי כְּבָר נַעֲשֵׂית מְשִׁיכָה. מִי

[תוספתא פ"ז ע"ש]

תוספות

וחדא במקום תרתי לאו כלום הוא. וא"ת: והא גבי בעל איכא נמי תרתי: חדא – דאין אדם מתפייס במומין, וחדא – דאית לן למימר כאן נמצאו כאן היו. והני תרי חזקי דבעל עדיפי טפי מהני תרי חזקי דאשה. דכאן נמצאו כאן היו – עדיף מחזקת הגוף, דהא עודה בבית אביה על האב להביא ראיה, ולא מהני ליה חזקת הגוף – משום דנולד ספק ברשותו, ואמרינן כאן נמצאו כאן היו. וכשנכנסה לרשות הבעל והביא הבעל ראיה שעד שלא נתארסה היו בה מומין אלו – פטור מכתובתה, דעדיף טעמא דאין אדם מתפייס במומין מההיא דאין אדם שותה בכוס אלא אם כן בודקו. א"כ השתא נמי, דמייתי ראיה דמשנתארסה היו בה המומין – אמאי לא מיפטר מהני תרי טעמי? ומאי שנא דכאן נמצאו כאן היו גרידא עדיפא מחזקת הגוף, וחזקה דאין אדם מתפייס במומין עדיף מחזקה דאין אדם שותה בכוס כו', וכי הוו תרווייהו בהדי הדדי – עדיפי טעמי האשה מינייהו! ויש לומר: דודאי טעמי האשה עדיפי. וכאן נמצאו כאן היו גרידא – דעדיפא מחזקת הגוף – היינו משום דמסייע ליה חזקת ממון. וכן חזקה דאין אדם מתפייס במומין מסייע ליה חזקת ממון. ולחד מינייהו יש כח לחזקת ממון לסייע, אבל לתרווייהו בהדי הדדי – לא מסייע. ועוד יש לפרש: דמשום הכי, כי הוו תרווייהו בהדי הדדי – עדיפי טעמי האשה, משום דאפילו לא יהיה אלא אחד מהן אמת, או חזקת הגוף או אין אדם שותה בכוס – יש לה כתובה. אבל בעל לא מיפטר אלא עד שיהו כל הטעמים שלו אמת, שאם אחד מהם שקר – מפסיד הבעל, הילכך גריעי טעמי הבעל מטעמי האשה. **רישא** מנה לאבא בידך. לכאורה היה נראה לרבינו יצחק לפרש דטעמא משום דברי שלה לא מהני לאב, דהוי כמנה לאחר בידך, דאמרינן ב"יש נוחלין" (ב"ב קלה: ושם) דאינו נאמן. גבי האומר זה אחי אינו נאמן, דבעי לאוכוחי מהתם דברי ושמא לאו ברי עדיף. ומשני: שאני התם דכמנה לאחר בידך הוי. ואע"ג דהכא איכא נמי חזקת הגוף – מ"מ לא מהני ליה. דלא אמר רבן גמליאל דנאמנת – אלא בברי ושמא, כדאמרינן לעיל בריש פ"ב (דף טז.). וברי שלה לא מהני ליה, כדפרישית. ומיירי כגון שהאב טוען שמא. דאי טוען ברי – לא הוה צריך להביא ראיה. סיפא – מנה לי בידך, ולגבי דידה מהני ברי דידה. ואע"ג דקי"ל דברי ושמא לאו ברי עדיף – הכא איכא ברי וחזקה. וחזר בו רבינו יצחק, דהא משמע מדקאמר על האב להביא ראיה – שאינו נוטל בלא ראיה, אפילו טוען ברי, מדלא קאמר: או שיאמר ברי לי. ועוד: דמשמע מההיא דשמואל בסמוך דנכנסה לרשות הבעל דעל הבעל להביא ראיה – אפי' טוען האב והבת שמא. ואינו מטעם ברי ושמא, אלא משום דנולד הספק ברשותו, מדמייתי עלה מההיא דמחט שנמצאת כו' – דההיא שמא ושמא הוא. ואי משום ברי ושמא הוא – לא הוה פריך מידי, דמסתמא רב אשי לא פליג אדשמואל דקיימא לן כוותיה. ונראה לו פירוש הקונטרס עיקר, דרישא מנה לאבא בידך, ולא מהניא חזקת האשה לגבי האב.

ומודה ר"מ לחכמים במומין הבאין כו'. להאי גירסא קשה: דהשתא משמע דחכמים מייפין כח הבעל טפי מר"מ, מדקאמר: מודה ר"מ לחכמים דהכא יפה כח הבעל מכח האב, אע"ג דבעלמא לא מייפה ר"מ כח הבעל כמו חכמים. ובמתני' לא משמע הכי, אלא ר"מ מייפה כח הבעל טפי מחכמים, דאפי' מומין הנבדקים יכול לטעון, וחכמים פליגי עליה. על כן נראה כפירוש רבינו חננאל, דגריס: ומודים חכמים לר"מ. ומיהו, גם זה אינו מיושב, דלא שייך מודה – הואיל ולא פליגי בכה"ג! ובקונטרס גריס: ומודה ר' מאיר, ותו לא. וקשה: מודה למאן? **ואמאי** מנה לי בידך הוא. תימה: אמאי אקשי לרב אשי טפי מלכל הני אמוראי דלעיל? דלמ"ד תברא – הוה מצי לאקשויי: מה חילוק יש בין בית אביה ולבין בית בעלה? ולמ"ד נמי כאן נמצאו כאן היו – אמאי על האב להביא ראיה? הא הוי חדא במקום תרתי! ולא מצי למימר דס"ד דמקשן דראוין לבא עמה – משמע שהם ישנים, וניכר שמומין אלו באו מזמן ארוך, מקודם אירוסין, ואיתרע חזקת הגוף, לפיכך על האב להביא ראיה. דא"כ – מאי פריך לרב אשי? הא רב אשי לא אמר שיהא נאמן אלא משום חזקה! ומיהו, יש לומר: דלעולם ס"ל כאן נמצאו כאן היו, ומיירי באותן מומין שאין הבעל יכול לידע אותם אפי' ע"י בדיקה, כגון נכפה הקבוע לו זמן, וריח הפה, שיכולה לשמור עצמה שלא יכירו בה בני אדם. שאע"פ שנכנסה לרשות הבעל – על האב להביא ראיה. דהשתא לא הוי חדא במקום תרתי – דחזקה שאין שותה בכוס אא"כ בודקו ורואה ונתפייס ליכא למימר, כיון דאין יכול לידע מומין אלו ע"י בדיקת קרובותיו. ומיהו, לא יתכן לפרש כן למאי דגרסינן בתוספתא: במומין הראויין להוולד עמה בבית אביה. **על** בעל החמור להביא ראיה. אע"פ שהוא מוחזק, וחזקת הגוף נמי מסייע ליה, והוה לן לאוקמי החמור בחזקת שהיה קיים. אלא טעמא דשמואל דמוקמינן לפרה בחזקת מרה קמא. והא דפריך התלמוד ב"השואל" (ב"מ ק. ושם) גבי המחליף פרה בחמור וילדה דיחלוקו: וליחזי ברשותא דמאן קיימא, וליהוי אידך המוציא מחבירו עליו הראיה! אלמא, לא מוקמינן אחזקת מרה קמא היכא דתפיס אידך! התם פריך לפי המסקנא דהכא, דלא קאי הכי. ומיהו, תימה: למאי דסלקא דעתין השתא, אמאי על בעל החמור להביא ראיה כיון שהוא מוחזק, וגם איכא לאוקמי החמור בחזקת שהיה קיים? והא שמואל גופיה אית ליה בריש "המוכר פירות" (ב"ב צב.): המוכר שור לחבירו ונמצא נגחן דאין המעות חוזרין, ולא מוקמינן להו בחזקת מרה קמא, אלא אזלינן בתר חזקה דהשתא, אע"ג דרובא מזבני לרידיא מסייע למרה קמא. כ"ש הכא, דאית לן למיזל בתר חזקה דהשתא, דמסייע ליה חזקת הגוף! וליכא למימר דהתם היינו טעמא: דמדלא דק אם הוא נגחן – אית לן למימר דלשחיטה זבניה, דא"כ מה צריך למימר התם לשמואל: כי אזלינן בתר רובא – באיסורא, בממונא לא אזלינן. והא טעמא לא משום רובא הוא, אלא משום דלא דק! ועוד: בפ' "בית כור" (שם קה. ושם) אמר שמואל: כור בשלשים, סאה בסלע אני מוכר לך – ראשון ראשון קנה. משום דמספקא ליה אי תפיס לשון ראשון או לשון אחרון. ולוקמא בחזקת מרה קמא! על כן נראה דטעמא דשמואל לאו משום חזקת מרה קמא, אלא אית לן למימר כיון דאשתכח החמור דמת, כי היכי דעכשיו הוא מת – כן יש לנו להחזיקו שהיה מת גם קודם. ודמיא להא דאמר בנדה (דף ד.) דכל הטומאות כשעת מציאתן. ודוקא גבי מיתת חמור, וגבי מום וגבי מחט, שנמצאת בעובי בית הכוסות אית לן למימר הכי. והא דכלה בבית חמיה על הבעל להביא ראיה – משום דכי אמרינן נמי: כמו שאנו מוצאין מום

עין משפט נר מצוה

נה א ב מיי' פכ"ה מהל' אישות הל"ד טוש"ע אה"ע סי' קיז סעיף ז:
נו ג מיי' פ"ב מהלכות מכירה הל"ד סמג עשין פב טוש"ע חו"מ סי' רכב סעיף א:

תוספות רי"ד

ר"א אמר רישא מנה לאבא בידך סיפא מנה לי בידך פי' ר"א נמי אוקמיה כר"ג ורישא דאמרי' בעל מהימן משום דהו"ל מנה לאבא בידך שהוא טענת שמא שהאב טוען להוציא הכתובה בשבילו והיא טוענת שמא שאינו ברור מתי נולדו בה המומין הללו. והילכך לא מהני חזקה דגופה כגון שטענה האשה שהיא טוענת ברי ויזכה בכתובה לעצמו דהיכא מהניא ומפקינ' בה ממונא ה"מ למאן דאית ליה חזקה דגופיה אבל חזקה דגופא דאשה לא מהני ליה חזקה לדיליה לאפיק ממונא מחזקה אבל אילו הות [טוענת] כנגדו דכתובתה לעצמה ה"נ אשה מהימנא ואע"פ שלא נכנסה לרשות הבעל ולא אמרינן כאן נמצא וכאן היו ולר"א האשה נאמנת וקי"ל הל' כר"א דהוא בתרא. אמר ר"י א"ש המחליף פרה בחמור ומשך בעל החמור את הפרה ולא הספיק בעל הפרה למשוך את החמור עד שמת. על בעל החמור להביא ראיה שהי' חמורו קיים בעת משיכת הפרה ותנא תונא כלה. פי' בעל החמור משך את הפרה והחמור היה בביתו ותנן בספ"ק דקידושין כל הנעשה דמים באחר כיון שזכה זה נתחייב זה בחליפין פי' כיון שמשך א' מהן נתחייב חבירו באונס חליפיו בכ"מ שהן ועכשיו נמי משעה שמשך את הפרה קם החמור ברשות בעל הפרה ואם מת לאחר משיכת הפרה לעצמו מת ואע"פ שהחמור בבית בעליו עומד וכשנמצא מת לא ידענו מתי מת זה אומר עד שלא משכת פרתי מת וברשותך מת. וזה אומר לאחר שמשכתי פרתך מת וברשותך מת אמר שמואל שעל בעל החמור להביא ראיה שהיה חמורו קיים בעת משיכת הפרה ואם לא ימצא ראיה יחזור פרה לבעלה. ומסתייע ממתני' דכלה ואמרי' הי כלה אי לימא כלה בבית אביה וכו'

עין משפט נר מצוה

נז א ב מיי' פ"ו מהל' זכיה הל' יח יט טוש"ע אה"ע סי' נ סעי' א:

נח ג מיי' פ"כ מהל' מכירה הלט"ו ופ"ו מהל' שחיטה הל' יב סמג עשין סג ופב טוש"ע יו"ד סי' מח סעי' ח וטוש"ע חו"מ סי' רכל סעי' ב:

נט ד מיי' פ"כ מהל' מכירה הל' יד טוש"ע חו"מ סי' רכל סעי' א:

כַּלָּה בְּבֵית אָבִיהָ. מִי דָּמֵי? הָתָם – מַיְיתֵי אָב רְאָיָה וּמַפֵּיק, הָכָא – מַיְיתֵי בַּעַל הַחֲמוֹר רְאָיָה וּמוֹקִים! א"ר אַבָּא: כַּלָּה בְּבֵית חָמִיהָ. וְאַכַּתִּי לָא דָּמֵי: הָתָם – בַּעַל מַיְיתֵי רְאָיָה וּמֵרַע לֵיהּ לַחֲזָקֵיהּ דְּאָב, הָכָא – בַּעַל הַחֲמוֹר מַיְיתֵי רְאָיָה וּמוֹקִים חֲזָקֵיהּ בִּידֵיהּ! אָמַר רַב נַחְמָן בַּר יִצְחָק: כַּלָּה בְּבֵית אָבִיהָ, וּלְקִידּוּשִׁין. וְלָא תֵּימָא *אַלִּיבָּא דְּמ"ד: קִדּוּשִׁין לָאו *לְטִיבּוּעִין נִיתְּנוּ, אֶלָּא אֲפִילּוּ לְמ"ד: [א]קִדּוּשִׁין לְטִיבּוּעִין נִיתְּנוּ – הָנֵי מִילֵּי קִידּוּשֵׁי וַדַּאי. [ב]אֲבָל קִידּוּשֵׁי טָעוּת, אִי מַיְיתֵי רְאָיָה – אִין, אִי לָא – לָא. מֵיתִיבֵי: *[ג]מַחַט שֶׁנִּמְצֵאת בְּעוֹבִי בֵּית הַכּוֹסוֹת; מִצַּד אֶחָד – כְּשֵׁרָה, מִשְּׁנֵי צְדָדִין – טְרֵיפָה. נִמְצָא עָלֶיהָ קוֹרֶט דָּם – בְּיָדוּעַ שֶׁהוּא לִפְנֵי שְׁחִיטָה. לֹא נִמְצָא עָלֶיהָ קוֹרֶט דָּם – בְּיָדוּעַ שֶׁהוּא לְאַחַר שְׁחִיטָה. הוּגְלַד פִּי הַמַּכָּה – בְּיָדוּעַ שֶׁשְּׁלֹשָׁה יָמִים קוֹדֶם שְׁחִיטָה. לֹא הוּגְלַד פִּי הַמַּכָּה – הַמּוֹצִיא מֵחֲבֵירוֹ עָלָיו הָרְאָיָה. וְאִי יָהֵיב טַבָּח דָּמֵי – בָּעֵי לְאִיתוּיֵי רְאָיָה וּמַפֵּיק, וְאַמַּאי? בַּעַל בְּהֵמָה לַיְיתֵי רְאָיָה וְנוֹקִים! בִּדְלָא יָהֵיב טַבָּחָא דָּמֵי. מַאי פָּסְקָא? *אֶלָּא, כִּי אֲתָא רָמִי בַּר יְחֶזְקֵאל, אֲמַר: לָא תְּצַיְיתִנְהוּ לְהָנֵי כְּלָלֵי דְּכַיֵּיל יְהוּדָה אָחִי מִשְּׁמֵיהּ דִּשְׁמוּאֵל. הָכִי אֲמַר שְׁמוּאֵל: [ד]כָּל שֶׁנּוֹלַד סָפֵק בִּרְשׁוּתוֹ – עָלָיו הָרְאָיָה. וְתַנָּא תּוּנָא כַּלָּה. מֵיתִיבֵי: מַחַט שֶׁנִּמְצֵאת בְּעוֹבִי בֵּית הַכּוֹסוֹת כו', וְאִי דְּלָא יָהֵיב טַבָּח דְּמֵי – בַּעַל בְּהֵמָה בָּעֵי לְאִיתוּיֵי רְאָיָה, וּמַפֵּיק. וְאַמַּאי? סְפֵיקָא בִּרְשׁוּת טַבָּח אִתְיְלִיד! דְּיָהֵיב טַבָּח דְּמֵי. – וּמַאי פָּסְקָא? סְתָמָא דְּמִילְּתָא, כַּמָּה דְּלָא יָהֵיב אִינִישׁ זוּזֵי – לָא יָהֵיב אִינִישׁ חֵיוָתָא.§ וַחֲכָמִים אוֹמְרִים: בד"א בְּמוּמִין שֶׁבְּסֵתֶר.§ אָמַר רַב נַחְמָן:

וְנִכְפָּה

רש"י

מִי דָּמֵי הָתָם. דִּין הוּא שֶׁצָּרִיךְ לְהָבִיא רְאָיָה, שֶׁהֲרֵי הוּא הַמּוֹצִיא מֵחֲבֵירוֹ, הִלְכָּךְ מַיְיתֵי רְאָיָה וּמַפֵּיק מָמוֹנָא. וּמִשָּׁם אַתָּה בָּא לִלְמוֹד אֶת זֶה שֶׁמּוּחְזָק בְּפָרָה זוֹ וְעוֹמֵד, וְאַתְּ אוֹמֵר: נַיְיתֵי רְאָיָה וְנוֹקִים מָמוֹן שֶׁבְּיָדוֹ? כַּלָּה בְּבֵית חָמִיהָ. סֵיפָא דְּמַתְנִי', דְּקָתָנֵי עַל הַבַּעַל לְהָבִיא רְאָיָה, דְּר"ג אֲמָרָהּ. וּפָלֵיג נַמִי בְּרֵישָׁא, אֲפִילּוּ נִמְצְאוּ בְּבֵית אָבִיהָ, דְּלֹא נוֹלַד סָפֵק בִּרְשׁוּתוֹ – נַמִי עַל הַבַּעַל לְהָבִיא רְאָיָה לְהַפְקִיעַ כֹּחַ כְּתוּבָּתָהּ. וּרְאָיָה זוֹ לֹא לְהוֹצִיא הִיא אֶלָּא לְהַחֲזִיק, וְצָרִיךְ לַהֲבִיאָהּ. וְאַף זֶה – כ"ש שֶׁיָּבִיא רְאָיָה לְהַחֲזִיק, שֶׁהֲרֵי בְּשֶׁל אֲחֵרִים בָּא לְהַחֲזִיק. וְאַכַּתִּי לָא דָּמֵי הָתָם. דִּין הוּא שֶׁיִּצְטָרֵךְ לִרְאָיָה, מִשּׁוּם דְּחֶזְקַת הַגּוּף מְיַיפָּה כֹּחַ הָאָב, וְי"ל: הַעֲמִידֶהָ עַל חֶזְקָתוֹ. הִלְכָּךְ, בַּעַל מַיְיתֵי רְאָיָה שֶׁעַד שֶׁלֹּא תִּתְאָרֵס הָיוּ בָּהּ, וּמֵרַע לָהּ לְהַהִיא חֲזָקָה. הָכִי גָּרְסִי': הָכָא בַּעַל הַחֲמוֹר מַיְיתֵי רְאָיָה וְאוֹקֵי חֲזָקָה בִּידֵיהּ. אַף חֶזְקַת הַגּוּף מְיַיפָּה אֶת כֹּחוֹ, שֶׁכְּשֶׁתֹּאמַר הַעֲמֵד אֶת הַחֲמוֹר בִּשְׁעַת מְשִׁיכָה עַל חֶזְקָתוֹ הַקּוֹדֶמֶת – בְּחֶזְקַת חַי תַּעֲמִידֶנּוּ, וּבִרְשׁוּת בַּעַל הַפָּרָה מֵת. וְלָמָּה אַתָּה מַצְרִיכוֹ רְאָיָה? א"ר נַחְמָן בַּר יִצְחָק כַּלָּה בְּבֵית אָבִיהָ וְלִקְדּוּשִׁין. רֵישָׁא דְּמַתְנִי' סַיְיעְתֵּיהּ, דְּמַטִּיל הֲבָאַת רְאָיָה עַל הָאָב אע"פ שֶׁחֶזְקַת גּוּף אֶצְלוֹ. וּכְר"א דְּאָמַר: רַבִּי יְהוֹשֻׁעַ הִיא, וּבְסֵיפָא נַמִי פָּלֵיג [לְהַטִּיל רְאָיָה עַל אָב], וְאע"פ שֶׁלֹּא נוֹלַד סָפֵק בִּרְשׁוּתוֹ. וּדְקַשְׁיָא לָךְ: הַהִיא רְאָיָה לְהוֹצִיא הִיא – הָרְאָיָה צְרִיכָה לוֹ אַף לְעַכֵּב לוֹ הַקִּדּוּשִׁין שֶׁבְּיָדוֹ, שֶׁאִם לֹא יָבִיא רְאָיָה – יַחֲזִירֵם, וְזוֹ – לְהַחֲזִיק הִיא בְּיָדוֹ. וְלָא תֵּימָא. הָא דְּאָמִינָא שֶׁהָרְאָיָה צְרִיכָה אַף לְעַכֵּב לוֹ הַקִּדּוּשִׁין שֶׁבְּיָדוֹ. אַלִּיבָּא דְּמַאן דְּאָמַר קִדּוּשִׁין לָאו לְטִיבּוּעִין נִיתְּנוּ. סְתָם קִדּוּשִׁין לָאו לְטִיבּוּעִין נִיתְּנוּ, שֶׁאִם מֵת הֶחָתָן – הַקִּדּוּשִׁין חוֹזְרִין. הִלְכָּךְ הָכָא, כִּי הָווּ קִדּוּשִׁין סָפֵק – אֵין כֹּחוֹ יָפֶה בָּהֶן, וּצְרִיכָה לְהָבִיא רְאָיָה. וְהָךְ פְּלוּגְתָּא בְּב"ב. וְאִי קַשְׁיָא: הֵיכִי מוֹקְמִינַן סוּגְיָא דִּשְׁמַעְתָּא דִּשְׁמוּאֵל כְּר' אֶלְעָזָר, וּמִדְּר' יְהוֹשֻׁעַ מַיְיתֵי סַיְיעְתָּא? הָא שְׁמוּאֵל הֲלָכָה כְּר"ג אָמַר בְּפ"ק (לעיל יב:)! – אה"נ, וּמַסְקָנָא מוֹקְמִינַן דְּלָא אָמַר שְׁמוּאֵל הָכִי. וְא"ת: מִי מַזְקִיקֵנִי לְהַעֲמִיד סוּגְיָא זוֹ בְּלָשׁוֹן זֶה? נוֹקְמַהּ כְּרַבָּה וְרַב אַשִׁי! אִי אֶפְשָׁר לוֹמַר, דְּקַשְׁיָא לְרַבָּה וְרַב אַשִׁי מַתְנִי' דַּוְוקָא קָתָנֵי; רֵישָׁא עַל הָאָב, וְסֵיפָא עַל הַבַּעַל שֶׁהַסָּפֵק נוֹלַד בִּרְשׁוּתָן. וְאִילּוּ שְׁמוּאֵל – עַל מִי שֶׁלֹּא נוֹלַד הַסָּפֵק בִּרְשׁוּתוֹ הִצְרִיךְ לְבַקֵּשׁ רְאָיָה. בְּעוֹבִי בֵּית הַכּוֹסוֹת. מָקוֹם יֵשׁ בְּרֹאשׁ הַכֶּרֶס סָמוּךְ לְהֶמְסֵס, קָרוּי בֵּית הַכּוֹסוֹת, שֶׁהוּא כְּעֵין כּוֹס, וְיֵשׁ בּוֹ סְבִיב שְׂפָתוֹ עוֹבִי שְׁנֵי כְפָלִים כְּפוּלִים וּדְבוּקִים, וּבְלַעַ"ז רדוכולי"ן. וְנִמְצָא מַחַט תְּחוּבָה בְּאוֹתוֹ עוֹבִי, וּמִתּוֹךְ עוֹבְיוֹ אֶפְשָׁר לָהּ שֶׁלֹּא נִקְבַתָּהּ כּוּלּוֹ. מִצַּד אֶחָד. אֵין הַמַּחַט נִרְאֶה אֶלָּא מִבִּפְנִים. כְּשֵׁרָה. שֶׁאֵין זֶה נֶקֶב. שֶׁהוּא לִפְנֵי שְׁחִיטָה. וּטְרֵיפָה. שֶׁהוּא לְאַחַר שְׁחִיטָה. וּכְשֵׁרָה. שְׁלֹשָׁה יָמִים קוֹדֶם שְׁחִיטָה. וְאִם לְקָחָהּ טַבָּח זֶה בְּתוֹךְ שְׁלֹשָׁה יָמִים – מִקַּח טָעוּת הוּא, וְיַחֲזִיר לוֹ בְּעָלֶיהָ הַדָּמִים – שֶׁמָּכַר לוֹ טְרֵיפָה. לֹא הוּגְלַד פִּי הַמַּכָּה. זֶה אוֹמֵר: עַד שֶׁלֹּא לְקַחְתִּי נִיקַּב, וְזֶה אוֹמֵר: מִשֶּׁמָּכַרְתִּי. הַמּוֹצִיא מֵחֲבֵירוֹ כו'. וְאִי יָהֵיב הַטַּבָּח דָּמֵי – נִמְצָא הוּא הַמּוֹצִיא, וְעָלָיו הָרְאָיָה. וְאִי לָא אַשְׁכַּח רְאָיָה – יַחֲזִיק זֶה בְּמָעוֹתָיו מִסָּפֵק, וַהֲרֵי בִּבְהֶמְתּוֹ נִמְצָא רֵיעוּתָא, דּוּמְיָא דַּחֲמוֹר דִּשְׁמוּאֵל. וְאַמַּאי. אִי כִּשְׁמוּאֵל – לַיְיתֵי בַּעַל בְּהֵמָה רְאָיָה לְהַעֲמִיד הַמָּעוֹת בְּיָדוֹ, דּוּמְיָא דְּבַעַל הַחֲמוֹר. דְּלָא יָהֵיב טַבָּח דְּמֵי. הָא דְּקָתָנֵי הַמּוֹצִיא מֵחֲבֵירוֹ – בְּבַעַל בְּהֵמָה קָאָמַר, וּכְגוֹן דְּאִיהוּ קָא תָּבַע. מַאי פָּסְקָא. בִּתְמִיָּה: מַאי קָאָמְרַתְּ? אִי סְבִירָא לֵיהּ לְתַנָּא דִּלְעוֹלָם רְאָיָה עַל בַּעַל בְּהֵמָה הִיא – בֵּין הוּא הַמּוֹצִיא וּבֵין הוּא הַמַּעֲמִיד – הֵיאָךְ הוּא שׁוֹנֶה "הַמּוֹצִיא מֵחֲבֵירוֹ" בְּבַעַל בְּהֵמָה, וְקוֹרֵהוּ לְבַעַל בְּהֵמָה לְעוֹלָם "הַמּוֹצִיא מֵחֲבֵירוֹ"? וְכִי פָּסַק הַתַּנָּא דָּבָר קָצוּב שֶׁלְּעוֹלָם מוֹכְרִים בְּהֵמוֹת בְּמָנֶה, וְהוּא הַמּוֹצִיא?! יְהוּדָה אָחִי. רַב יְהוּדָה וְרָמִי שְׁנֵיהֶם בְּנֵי (רַב) יְחֶזְקֵאל הֲווּ. כָּל שֶׁנּוֹלַד סָפֵק בִּרְשׁוּתוֹ. עַל בַּעַל הַפָּרָה לְהָבִיא רְאָיָה שֶׁמֵּת הַחֲמוֹר קוֹדֶם מְשִׁיכָה, הוֹאִיל וְסָפֵק בִּרְשׁוּתוֹ נוֹלַד – שֶׁלֹּא נִמְצָא הַחֲמוֹר מֵת עַד לְאַחַר מְשִׁיכַת פָּרָה. וְתַנָּא תּוּנָא כַּלָּה. וּסְבִירָא לֵיהּ לִשְׁמוּאֵל דְּכוּלַּהּ מַתְנִי' חַד תַּנָּא הוּא, וּכְדְתָרְצַהּ רַבָּה לְעֵיל. וְרֵישָׁא וְסֵיפָא סַיְיעְתָּא, שֶׁמִּי שֶׁנִּמְצָא הַסִּימְפּוֹן בִּרְשׁוּתוֹ – עָלָיו לְהָבִיא רְאָיָה: עוֹדָהּ בְּבֵית אָבִיהָ – עַל הָאָב לְהָבִיא רְאָיָה; נִכְנְסָה לַחוּפָּה, שֶׁהִיא בִּרְשׁוּת הַבַּעַל – עַל הַבַּעַל לְהָבִיא רְאָיָה. וַאֲפִילּוּ הוּא דָּר בְּבֵית חָמִיו – בִּרְשׁוּתוֹ הִיא. סְפֵיקָא בִּרְשׁוּת טַבָּח אִתְיְלִיד. שֶׁלֹּא נִמְצָא הַטְּרֵפוּת עַד שֶׁבָּאת לְיָדוֹ. דְּיָהֵיב טַבָּח דְּמֵי. וַאֲפִי' לֹא יָהֵיב – נַמִי הָרְאָיָה עָלָיו הִיא. אֶלָּא מִסְתַּמָּא, תַּנָּא, לַטַּבָּח – "הַמּוֹצִיא מֵחֲבֵירוֹ" קָרֵי לֵיהּ.

וְנִכְפָּה

תוספות

מוס עתה – כן היה קודם כניסה, אכתי איכא למימר דמשנתארסה נולד בה מוס, והילכך אית לה כתובה, דכולי האי לא אמרינן דקודם אירוסין, דהיינו קודם ב' רשויות היה בה מוס, ע"י מה שאנו מוצאין עתה, אבל בבית אביה – אימר קודם לכניסת רשות זה היה כמו שהוא עתה. ואין נראה, דדוקא משום חומרא דקדשים הוא דאמר כל הטומאות כשעת מציאתן. וע"ק: דאמר שמואל בפ' בתרא דקדושין (דף עט.): קדשה אביה בדרך, וקדשה עצמה בעיר, והרי היא בוגרת לפנינו – חוששין לקדושי שניהן. ולא אמרינן כמו שהיא בוגרת עתה כן היתה קודם קדושין! וליכא למימר דהתם משום חומרא דאשת איש – דהא מייתי עלה פלוגתא דרבי יעקב ורבי נתן דגבי ממון! ונראה לריב"א: דדוקא הכא, שמחזיק עצמו מסופק בפרה, ואין לו שום טענה ברורה, והויא חזקתו כמאן דליתא – הוא דאזלינן בתר חזקה דמרה קמא, ודמי לתקפו כהן (ב"מ דף ו:) דמוציאין מידו. אבל במכר שור לחברו ונמצא נגחן, כיון דגברא זבין להכי ולהכי, יש לו לטעון למחזיק: לשחיטה מכרתיו לך, ואם איתא דלרידיא קבעית ליה – הוה לך לפרושי, וכיון דיש לו טענה ודאית – אהני ליה חזקתו. וכן בההיא דכור בשלשים, סאה בסלע אני מוכר לך, יש לו לטעון: לכך אמרת שתי הלשונות, שבאיזו שארצה אתפוס. וכיון שהוא מוחזק – אין להוציא ממון מחזקתו, כיון שיש לו טענה. ולפ"ז לא א"ש פי' הקונטרס דבסמוך, כמו שאפרש. **כלה** בבית אביה ולקדושין. מה שפ"ה דס"ל כמ"ד תברא, מי ששנה זו לא שנה זו – לא נהירא. דהיכי מוקי לה כלה בבית אביה ולקדושין דהיינו כרבי יהושע? אימור דא"ר יהושע לא מהניא חזקת הגוף ה"מ לאפוקי ממונא, לאוקמי ממונא מי אמר? ועוד מקשה ר"ת: דלעיל מוכחינן דאזיל ר' יהושע בתר חזקת גופא היכא דליכא חזקת ממונא, וכל שכן הכא דחזקת ממונא מסייע לחזקת הגוף דאזיל ר' יהושע בתרה! ועוד: דהא שמואל גופיה פסיק בפ"ק (דף יב:) הלכה כר"ג! ועוד: מאי פריך מההיא דמחט שנמצאת בעובי בית הכוסות? לימא דההיא כר"ג ואיהו כר' יהושע! ונראה לפרש: דשמואל כרב אשי, ויליף השתא מכלה בבית אביה ולקדושין. דכי היכי דהתם, אע"ג דאב מוחזק צריך להביא ראיה, דחזקת הגוף דידה לא מהני לאב – ה"נ הכא על בעל החמור להביא ראיה אע"פ שהוא מוחזק, דחזקת החמור לא מהני לגבי דידיה. והשתא לא מפליג מידי בין שנולד ספק ברשותו ללא נולד ברשותו. אבל כרבא דאמר כאן נמצאו כאן היו – ליכא לאוקמא, דשאני התם דאיתרע חזקת רשות האב, אבל הכא – לא איתרע חזקת רשות בעל החמור, אלא אדרבה, איתרע רשות בעל הפרה: **כל** שנולד ספק ברשותו עליו להביא **ראיה**. ואוקי לכלה דמתני' כרבא. ואפילו הוא מוחזק אותו שנולד ברשותו – עליו להביא ראיה, כדפריך מההיא דמחט דלייתי טבח ראיה אע"ג דלא יהיב דמי והוא מוחזק. וא"ת: מהא דפריך ב"השואל" (ב"מ דף ק.) גבי מחליף פרה בחמור וילדה: וניחזי ברשותא דמאן קיימא, וניהוי איהו המע"ה – משמע דאי הוי ברשות *) בעל החמור – על בעל הפרה להביא ראיה, ואמאי? והלא (א) נולד ספק, ברשותו, **) ואחר שמשך בעל הפרה את החמור נודע שילדה הפרה! וצריך לחלק בין ספק שנולד לטיבותא כי התם, לספק שנולד לגריעותא כי הכא. **ותנא** תונא כלה. היינו כלה בבית חמיה. דכי היכי דמוקמינן לה בחזקת שלימה, והשתא הוא דאתא מוס, אע"פ שמוחזק – הכא נמי אוקי החמור בחזקת שהיא קיימת, והשתא היא מתה.

אבל

*) [נ"ל בעל הפרה על בעל החמור להביא ראיה] **) [נ"ל לאחר]

תוספות רי"ד

מי דמי התם אב מביא ראיה ומפיק הכא בעל החמור מייתי ראיה ומוקים אלא כלה בבית חמיה ואכתי מי דמי התם בעל מייתי ראיה ומרע לחזקה דגופא הכא בעל החמור מייתי ראיה ומוקים אלא אר"נ כלה בבית אביה ולקידושין. המורה סובר דפליגי ר"ג ור"י בהא מילתא דלבעל החמור איכא חזקה דגופא דאוקי חמרא אחזקתה וחי הוה בשעת משיכה ולבעל הפרה איכא חזקה דממונא. ור"י א"ש על בעל החמור להביא ראיה כר"י ס"ל ופי' רישא דמתני' סייע' שמטיל הבאת ראיה על האב אע"פ שחזקת הגוף אצלו וכר"א וא"כ ר"י הוא. ובסיפא נמי פליג להטיל ראיה על האב ואע"פ שלא נולד ס' ברשותו והיא קשה היכי מוקמינן סוגיא דשמעתא דשמואל כר"א ומר' יהושע מייתי סייעתא והא שמואל אמר בפ"ק הל' כר"ג אה"נ וכמסקנא מוקמינן דלא אמרה שמואל להא הכי. וקשה לי לפירושו טובא דהא דר"י א"ש בפ"ק ס"ל כר"ג והכא ס"ל כר"י ולא אשכחן דהדר איהו במסקנא אלא רמי בר יחזקאל פליג עלויה ואמר לא תציתו ליה אבל איהו לא הדר ביה ואכתי ק' דידיה אדידיה ותו דלא שייכא פלוגתא דר"ג הכא כלל אלא מודה לר"י בהא דאוקי ממונא בחזקת מריה ולא אזיל בתר חזקה דגופא אלא המע"ה דהכי אמרי' בפ"ק כדרמינן דר"ג אדר"ג מאלמנות עיסה אלא אמר רבה דר"ג אדר"ג לא ק' התם ברי הכא שמא ואמר הילכך לר"ג (לית) [אלים] ליה ברי דאפי' בחד ספיקא מכשר קיל ליה שמא דאפילו בספק ספיקא פוסל אלמא בטענות שמא לא אזיל ר"ג בתר חזקה דגופא אלא בדאיכא טענת ברי ואע"ג דלא קיימא באפה חזקה דממונא דקאי באפה ובעל חמור לא טעין טענות ברי דמאי ידע אימת מת חמרא ומודה ר"ג דלא אזיל בתר חזקה דגופא אלא המע"ה ומילתא דרב ושמואל אליבא דכ"ע איתא וכן בדין זה וכן בדין מחט שנמצאת בעובי בית הכוסות לא פליגי ר"ג ור"י דכיון דלא טעין ולא טענינן ליה שמא לא אזלינן בתר חזקה דגופא אלא בתר חזקה דממונא והמע"ה וכך נראה פתרון שיטה זו. אר"י א"ש המחליף וכו'. פי' לא מבעי' אם לא תפש בעל החמור את הפרה כגון שמכר לו חמורו במנה ומפני שלא היה בפניו שימשכנו הלוקח תפש לו קנין שהיה לו חמורו ללוקח בב"מ שהוא והוא יתחייב ליתן לו המנה. נמצא החמור מת ואין ידוע אם קודם תפישת הקנין מת ואין הלוקח חייב לו המנה לבעל החמור או לאחריו מת וברשות הלוקח מת וחייב לתת לו המנה דאמרי' המע"ה דלא אזלינן בתר חזקה דגופא היכא דטעין שמא אלא אפילו הכא דבעל חמור תפיש בפרה ועומד ובעל הפרה בא להוציא מבעל החמור. והדין היה שבעל הפרה יביא ראיה שהוא המוציא מחבירו אפ"ה אתא שמואל לאשמועינן שעל בעל החמור להביא ראיה שאימת אנו אומרים המע"ה כשאדם מוחזק בדבר והכל יודעין בבירור שהוא מוחזק בה ואחר בא וערער עליו להוציאו מידו שם אנו אומרים המע"ה. אבל הכא שבעל החמור אינו מוחזק בפרה בודאי אלא מתחילת חזקתו בפרה בספק היתה וכיון שהיתה בספק ולא נתבררה חזקתו אינו יכול להחזיק בה עד שיביא ראיה שחי היה חמורו בשעת משיכת הפרה א) ודין הוא שאני אומר שאע"פ שהוא מפיק במה שהוא ידוע שהיה משל חבירו שאלו להביא שנאו התנא במתני' דכלה ובעי הי כלה אי לימא כלה בבית אביה לא דמי דהתם מייתי ראיה ומפיק ואת אמרת אע"ג דתפיש צריך להביא ראיה להחזיקו בידו. א"ר אבהו כלה בבית חמיה דאע"ג דבעל תפוס ועומד צריך להביא ראיה שעד שלא נתארס היה בה מומין הללו והיה מקחו מקח טעות ואי לא מייתי ראיה מפקינן מיניה והכי נמי בעל חמור ואקשי' ואכתי לא דמי דהתם דין הוא שיביא בעל ראיה ואע"פ שהוא מוחזק בממונא חזקה ודאית משום דאיכא לאשה חזקה דגופא וטוענת טענת ודאי ומשום דאזלי' בתר חזקה דגופא מצרכי' לבעל להביא ראיה אבל הכא חזקת הגוף של בעל החמור הוא ואי בתר חזקה דגופיה הוה בעי' למיזל לא מבעיא השתא דהוא תפוס אלא [אפילו] אם לא היה תפוש כגון שנתחייב לו הלוקח מנה כדפרשתי לעיל הוה מצרכי' ראיה ללוקח ואי לא מייתי ראיה הוה מפקנא מיניה דלוקחים ויהבינן ליה לבעל החמור אלא לא אזלינן בתר חזקה דגופא משום דטעין טענת שמא והלכך על בעל החמור להביא ראיה ולהחזיק מה שתפוש בידו ואתא ר"נ ב"י ואמר כלה בבית אביה ולקדושין (רישא) פי' לעולם מרישא מתני' מסתייע ב) ולא מדמצריך ליה ראיה להחזיקו הקדושין בידו שאע"פ שהוא תפוש בהן כיון שהקדושין הללו היו יודעים לבעל מקודם לכן עליו להביא ראיה דכיון שעל האב להביא ראיה להחזיק הקדושין בידו ה"נ כיון שעל בעל החמור להביא ראיה להוציא מנה מלוקח אילו הי' בענין שכתבתי ואין חזקת הגוף מועלת לו כלום משום דטעין טענת שמא כדפרשינן ה"נ בפרה אע"פ שתפוש בה כיון שהדבר ידוע כי של חבירו היתה עליו להביא ראיה ולהחזיקה בידה ומה שמסתייע מכלה דרישא אתא בין לר"א בין לרבה בין לרב אשי דכלהו מודו דאב צריך להביא ראיה וכיון דאב צריך להביא ראיה ל"ש במה שרוצה להוציא ל"ש במה שתפש מחבירו ה"נ בבעל חמור כיון דעליו להביא ראיה אפי' לר"ג כדפרישית ה"נ ל"ש להוציא אם מכר לו בקנין ונתחייב לו המנה ול"ש במה שתפש עליו להביא ראיה ולהחזיקו בידו דל"ש להחזיק דבר הידוע לחבירו ל"ש להוציא מחבירו דין א' להן להביא ראיה: ואותבינן ליה ממאי דתניא מחט שנמצאת בעובי בית הכוסות מצד א' כשרה מב' צדדים טרפה. פי' מקום יש בראש הכרס סמוך להמסס ונקרא בית הכוסות מפני שנעשה כענין כוסות ויש בסבוב שפתו עובי שני כפלים ודבוקים ובלע"ז רובלין ונמצא מחט תחובה באותו העובי ומתוך עביו אפשר לה שלא נקבתו כולו אם היתה מצד א' שאין המחט נראה אלא מבפנים כשרה שצד החיצון מיגין אבל אם ניקבה שני הצדדים טרפה. נמצא עליה קורט דם בידוע שהוא לפני שחיטה לא נמצא עליה קורט דם בידוע שלאחר שחיטה הוא. הוגלד פי המכה בידוע שהוא ג' ימים קודם השחיטה לא הוגלד פי המכה המע"ה פי' אם נמצא שם גלד ברור לנו שהטריפה ג' ימים לפני שחיטה לכל הפחות שאין גלד פחות מג' ימים ואם מכרה לו בתוך ג' ימים המקח טעות ואם נמצא

א) נראה דל"ל ודין זה שאני אומר שאע"פ שהוא תפוס במה שהוא ידוע שהיה משל חבירו עליו להביא ראיה שנאו התנא וכו'. ב) אולי דל"ל ולא מייתי ראיה מכתובה אלא מדמצריך.

מסורת הש"ס

כ"ב קמה.

פי' ענין טביעה ולכבדון

חולין נ: ע"ש

הגהות הב"ח

(א) תוס' ד"ה כל וכו' לאו הוי ברשות בעל החמור על בעל הפרה להביא ראיה ולאמת והלא לא נולד ספק ברשותו לאחר כצ"ל:

גליון הש"ס

גמ' אלא כי אתא רמי בר יחזקאל. לעיל כא ע"א וכף ס ע"ב וחולין מד ע"ב:

וְנִכְפֶּה — כְּמוּמִין שֶׁבְּסֵתֶר דָּמֵי. וְהָנֵי מִילֵּי — דְּקָבִיעַ לֵיהּ זְמַן, אֲבָל לָא קָבִיעַ לֵיהּ — כְּמוּמִין שֶׁבְּגָלוּי דָּמֵי.§ **מתני'** הָאִישׁ שֶׁנּוֹלְדוּ בּוֹ מוּמִין — אֵין כּוֹפִין אוֹתוֹ לְהוֹצִיא. אָמַר רשב"ג: בד"א — בַּמּוּמִין הַקְּטַנִּים, אֲבָל בַּמּוּמִין הַגְּדוֹלִים — כּוֹפִין אוֹתוֹ לְהוֹצִיא.§ **גמ'** רַב יְהוּדָה תָּנֵי: נוֹלְדוּ, חִיָּיא בַּר רַב תָּנֵי: הָיוּ. מ"ד נוֹלְדוּ — כ"ש הָיוּ, דְּקָסָבְרָה וְקִיבְּלָה. מַאן דְּאָמַר הָיוּ, אֲבָל נוֹלְדוּ — לָא. תְּנַן, אָמַר רַבָּן שִׁמְעוֹן בֶּן גַּמְלִיאֵל: בד"א — בְּמוּמִין קְטַנִּים, אֲבָל בְּמוּמִין גְּדוֹלִים — כּוֹפִין אוֹתוֹ לְהוֹצִיא. בִּשְׁלָמָא לְמ"ד נוֹלְדוּ — הַיְינוּ דְּשָׁאנֵי בֵּין גְּדוֹלִים לִקְטַנִּים. אֶלָּא לְמ"ד הָיוּ — מַה לִּי גְּדוֹלִים מַה לִּי קְטַנִּים? הָא סָבְרָה וְקִיבְּלָה! כִּסְבוּרָה הִיא שֶׁיְּכוֹלָה לְקַבֵּל, וְעַכְשָׁיו אֵין יְכוֹלָה לְקַבֵּל. (א) וְאֵלּוּ הֵן מוּמִין גְּדוֹלִים? פֵּירֵשׁ רשב"ג: [כְּגוֹן] נִסְמֵית עֵינוֹ, נִקְטְעָה יָדוֹ, וְנִשְׁבְּרָה רַגְלוֹ. אִתְּמַר, ר' אַבָּא בַּר יַעֲקֹב אָמַר ר' יוֹחָנָן: הֲלָכָה כְּרשב"ג. רָבָא אָמַר רַב נַחְמָן: הֲלָכָה כְּדִבְרֵי חֲכָמִים. וּמִי א"ר יוֹחָנָן הָכִי? וְהָא אָמַר רַבָּה בַּר בַּר חָנָה א"ר יוֹחָנָן: בְּכָל מָקוֹם שֶׁשָּׁנָה רשב"ג בְּמִשְׁנָתֵנוּ — הֲלָכָה כְּמוֹתוֹ, חוּץ מֵעָרֵב וְצַיְדָּן וּרְאָיָה אַחֲרוֹנָה! אָמוֹרָאֵי נִינְהוּ, וְאַלִּיבָּא דְּרַבִּי יוֹחָנָן.§ **מתני'** וְאֵלּוּ שֶׁכּוֹפִין אוֹתוֹ לְהוֹצִיא: מוּכֵּה שְׁחִין, וּבַעַל פּוֹלִיפּוֹס, וְהַמְקַמֵּץ, וְהַמְצָרֵף נְחוֹשֶׁת, וְהַבּוּרְסִי. בֵּין שֶׁהָיוּ עַד שֶׁלֹּא נִישְּׂאוּ, וּבֵין מִשֶּׁנִּישְּׂאוּ נוֹלְדוּ. וְעַל כּוּלָּן אָמַר רַבִּי מֵאִיר: אע"פ שֶׁהִתְנָה עִמָּהּ, יְכוֹלָה הִיא שֶׁתֹּאמַר: סְבוּרָה הָיִיתִי שֶׁאֲנִי יְכוֹלָה לְקַבֵּל, עַכְשָׁיו אֵינִי יְכוֹלָה לְקַבֵּל. וַחֲכ"א: מְקַבֶּלֶת הִיא עַל כָּרְחָהּ, חוּץ מִמּוּכֵּה שְׁחִין, מִפְּנֵי שֶׁמְּמַקַּתּוֹ. מַעֲשֶׂה בְּצַיְדָּן בְּבוּרְסִי אֶחָד שֶׁמֵּת וְהָיָה לוֹ אָח בּוּרְסִי. אָמְרוּ חֲכָמִים: יְכוֹלָה הִיא שֶׁתֹּאמַר: לְאָחִיךָ הָיִיתִי יְכוֹלָה לְקַבֵּל, וּלְךָ אֵינִי יְכוֹלָה לְקַבֵּל.§ **גמ'** מַאי "בַּעַל פּוֹלִיפּוֹס"? אָמַר רַב יְהוּדָה אָמַר שְׁמוּאֵל: רֵיחַ הַחוֹטֶם. בְּמַתְנִיתָא תָּנָא: רֵיחַ הַפֶּה. רַב אַסִּי מַתְנֵי אִיפְּכָא, וּמַנַּח בָּהּ סִימָנָא: שְׁמוּאֵל לָא פָּסֵיק פּוּמֵיהּ מִכּוּלֵּיהּ פִּירְקִין.§ וְהַמְקַמֵּץ.§ מַאי מְקַמֵּץ? אָמַר רַב יְהוּדָה: זֶה הַמְקַבֵּץ צוֹאַת כְּלָבִים. מֵיתִיבֵי: מְקַמֵּץ — זֶה בּוּרְסִי. וּלְטַעְמִיךְ, תִּיקְשֵׁי לָךְ מַתְנִיתִין: הַמְקַמֵּץ וְהַמְצָרֵף נְחוֹשֶׁת וְהַבּוּרְסִי! בִּשְׁלָמָא מַתְנִיתִין לָא קַשְׁיָא — כָּאן בְּבוּרְסִי גָּדוֹל, כָּאן בְּבוּרְסִי קָטָן. אֶלָּא לְרַב יְהוּדָה קַשְׁיָא! תַּנָּאֵי הִיא. דְּתַנְיָא: מְקַמֵּץ — זֶה בּוּרְסִי, וְיֵשׁ אוֹמְרִים: זֶה הַמְקַמֵּץ צוֹאַת כְּלָבִים.§ וְהַמְצָרֵף נְחוֹשֶׁת וְהַבּוּרְסִי.§ מַאי מְצָרֵף נְחוֹשֶׁת? רַב אַשִׁי אָמַר: חַשְׁלֵי דוּדֵי. רַבָּה בַּר בַּר חָנָה אָמַר: זֶה הַמְחַתֵּךְ נְחוֹשֶׁת מֵעִיקָּרוֹ. תַּנְיָא כְּוָותֵיהּ דְּרַבָּה בַּר בַּר חָנָה: אֵיזֶהוּ מְצָרֵף — זֶה הַמְחַתֵּךְ נְחוֹשֶׁת מֵעִיקָּרוֹ. אָמַר רַב: הָאוֹמֵר "אֵינִי זָן וְאֵינִי מְפַרְנֵס" — יוֹצִיא וְיִתֵּן כְּתוּבָּה. אֲזַל ר' אֶלְעָזָר, אֲמָרָהּ לִשְׁמַעְתָּא קַמֵּיהּ דִּשְׁמוּאֵל. אֲמַר: אַכְסוּהּ שַׂעֲרֵי לְאֶלְעָזָר, עַד שֶׁכּוֹפִין אוֹתוֹ לְהוֹצִיא — יִכְפּוּהוּ לָזוּן! וְרַב: אֵין אָדָם דָּר עִם נָחָשׁ בִּכְפִיפָה. כִּי סְלֵיק רַבִּי זֵירָא אַשְׁכְּחֵיהּ לְרַבִּי בִּנְיָמִין בַּר יֶפֶת, דְּיָתֵיב וְקָאָמַר לָהּ מִשְּׁמֵיהּ דְּרַבִּי יוֹחָנָן. אֲמַר לֵיהּ: עַל דָּא אַכְסוּהּ שַׂעֲרִין לְאֶלְעָזָר בְּבָבֶל. אָמַר רַב יְהוּדָה אָמַר רַב אַסִּי: אֵין מְעַשִּׂין אֶלָּא לִפְסוּלוֹת. כִּי אֲמַרִיתַהּ קַמֵּיהּ דִּשְׁמוּאֵל אֲמַר: כְּגוֹן אַלְמָנָה לְכֹהֵן גָּדוֹל, וּגְרוּשָׁה וַחֲלוּצָה לְכֹהֵן הֶדְיוֹט, מַמְזֶרֶת וּנְתִינָה לְיִשְׂרָאֵל, בַּת יִשְׂרָאֵל לְנָתִין וּלְמַמְזֵר. אֲבָל נָשָׂא אִשָּׁה וְשָׁהָה עִמָּהּ עֶשֶׂר שָׁנִים וְלֹא יָלְדָה — אֵין כּוֹפִין אוֹתוֹ. וְרַב תַּחְלִיפָא בַּר אֲבִימִי אָמַר שְׁמוּאֵל: אֲפִילּוּ נָשָׂא אִשָּׁה וְשָׁהָה עִמָּהּ י' שָׁנִים וְלֹא יָלְדָה — כּוֹפִין אוֹתוֹ. תְּנַן: אֵלּוּ שֶׁכּוֹפִין אוֹתוֹ לְהוֹצִיא: מוּכֵּה שְׁחִין, וּבַעַל פּוֹלִיפּוֹס. בִּשְׁלָמָא לְרַב אַסִּי, דְּרַבָּנַן — קָתָנֵי, דְּאוֹרַיְיתָא — לָא קָתָנֵי. אֶלָּא לְרַב תַּחְלִיפָא בַּר אֲבִימִי — לִיתְנֵי נָשָׂא אִשָּׁה וְשָׁהָה עִמָּהּ עֶשֶׂר שָׁנִים וְלֹא יָלְדָה כּוֹפִין אוֹתוֹ! אָמַר רַב נַחְמָן: לָא קַשְׁיָא: הָא — בְּמִילֵּי, הָא — בְּשׁוֹטֵי. מַתְקִיף לָהּ רַבִּי אַבָּא: "בִּדְבָרִים לֹא יִוָּסֶר עָבֶד"! אֶלָּא אָמַר רַבִּי אַבָּא: הָא וְהָא בְּשׁוֹטֵי, הָתָם

רש"י

נִכְפֶּה. חוֹלִי שֶׁמִּמֶּנּוּ נוֹפֵל לָאָרֶץ, וְיֵשׁ לוֹ זְמַן לָבֹא. כְּמוּמִין שֶׁבְּסֵתֶר דָּמֵי. לְפִי שֶׁנִּזְהֶרֶת בְּיוֹם זְמַנָּהּ מִלְּגַלּוֹת בֵּין הַבְּרִיּוֹת. מתני' מוּמִין גְּדוֹלִים. מְפָרֵשׁ בַּגְּמָרָא. גמ' נוֹלְדוּ. מִשֶּׁנִּשָּׂאָהּ. וּמִי אָמַר ר' יוֹחָנָן הָכִי. דַּהֲלָכָה כְּרַבָּן שִׁמְעוֹן בְּהָא לְחוּדָא, וְהָא בְּכָל מָקוֹם שֶׁשָּׁנָה קָאָמַר! עָרֵב וְצַיְדָּן וּרְאָיָה אַחֲרוֹנָה. עָרֵב בְּ"גֵט פָּשׁוּט", צַיְדָּן בְּ"מִי שֶׁאֲחָזוֹ קוֹרְדְיָיקוֹס", רְאָיָה אַחֲרוֹנָה בְּסַנְהֶדְרִין בְּפֶרֶק "זֶה בּוֹרֵר", וּבִשְׁתֵּי רְאָיוֹת נֶחְלַק, הֲלָכָה כְּמוֹתוֹ בָּרִאשׁוֹנָה וְלֹא בָּאַחֲרוֹנָה. אָמְרוּ לוֹ: הָבֵא רְאָיָה, אָמַר: אֵין לִי רְאָיָה כו'. מתני' בַּעַל פּוֹלִיפּוֹס. מְפָרֵשׁ בַּגְּמָ'. הַמְקַמֵּץ וְהַמְצָרֵף נְחֹשֶׁת. מְפָרֵשׁ בַּגְּמָ'. וְכוּלָּן מִפְּנֵי שֶׁאוּמָּנוּת מַסְרַחַת הִיא. שֶׁמְּמַקַּתּוֹ. לְשׁוֹן "הָמֵק בְּשָׂרוֹ" (זכריה יד). גמ' לָא פָּסַק פּוּמֵיהּ. סִימָנָא דִּשְׁמוּאֵל רֵיחַ הַפֶּה אֲמַר. לָא פָּסַק פּוּמֵיהּ מִכּוּלֵּי פִּירְקִין. תָּמִיד הָיָה שָׁגוּר בְּפִיו. תִּיקְשֵׁי לָךְ מַתְנִי'. דְּקָא חָשֵׁיב לְהוּ בִּתְרֵין. מְקַמֵּץ צוֹאַת כְּלָבִים. לֹא יָדַעְתִּי מַה צּוֹרֶךְ בָּהּ. אֲבָל בְּאַשְׁכְּנַז רָאִיתִי שֶׁשּׁוֹרִין בָּהֶם הַבְּגָדִים לִפְנֵי כִּבּוּסָן יוֹם אוֹ יוֹמַיִם. בִּשְׁלָמָא מַתְנִי' לָא קַשְׁיָא. אֲבָרַיְיתָא, דְּאִיכָּא לְמֵימַר: הַאי דְּחָשֵׁיב לֵיהּ בִּתְרֵי — הָכִי קָאָמַר: אֶחָד בּוּרְסִי קָטָן דְּהַיְינוּ מְקַמֵּץ, וְאֶחָד בּוּרְסִי גָּדוֹל. בּוּרְסִי קָטָן. שֶׁהוּא עָנִי, וְיֵשׁ לוֹ עוֹרוֹת מְעַט. הָכִי גָּרְסִינַן. תַּנָּאֵי הִיא דְּתַנְיָא מְקַמֵּץ זֶה בּוּרְסִי וְיֵשׁ אוֹמְרִים זֶה הַמְקַמֵּץ צוֹאַת כְּלָבִים. וְהָכִי גָּרְסִי' לָהּ בַּתּוֹסֶפְתָּא. וְהָא דְּרַבִּי יוֹסֵי בְּרַבִּי יְהוּדָה מִלְּתָא אַחֲרִיתִי קָאָמַר, וְשָׁם הִיא שְׁנוּיָה. חַשְׁלֵי דוּדֵי. מְחַשְּׁלִין וּמְרַדְּדִין נְחֹשֶׁת, וְעוֹשִׂין מִמֶּנּוּ יוֹרוֹת, וּמַסְרִיחַ הוּא. מֵעִיקָּרוֹ. מִמְּקוֹם מוֹצָאוֹ מִן הָאָרֶץ. אַכְסוּהּ שַׂעֲרֵי. הֶאֱכִילוּהוּ שְׂעוֹרִים כִּבְהֵמָה. כָּל הַנֶּאֱכָל שֶׁלֹּא כְּדַרְכּוֹ קָרֵי לֵיהּ כּוֹסֵס. וְקָאָמַר לָהּ. לְהָא מִילְּתָא דְּרַב. מִשְּׁמֵיהּ דְּר' יוֹחָנָן. דְּאִיהוּ נַמִי כְּרַב סְבִירָא לֵיהּ. אֵין מְעַשִּׂין. אֵין כּוֹפִין לְהוֹצִיא. אֵין כּוֹפִין. דְּלָא כָּפֵינַן אַפְּרִיָּה וּרְבִיָּה. וְאֵלּוּ שֶׁכּוֹפִין. הָנֵי אִין, אַפְּרִיָּה וּרְבִיָּה — לָא. בִּשְׁלָמָא לְרַב אַסִּי. לָא תִּקְשֵׁי הָא דְּלָא חָשֵׁיב פְּסוּלוֹת בְּמַתְנִיתִין, דְּאִיכָּא לְשַׁנּוּיֵי: דְּרַבָּנַן קָתָנֵי. הָנָךְ דְּאִיסּוּרָא דִּידְהוּ לָא כְּתִיבָא בְּאוֹרַיְיתָא. לִיתְנֵי נָשָׂא אִשָּׁה וְשָׁהָה כו'. דְּמִדְּאוֹרַיְיתָא לָא מִיחַיַּיב לְאַפּוּקַהּ, דְּאֶפְשָׁר לִיקַּח לוֹ אִשָּׁה אַחֶרֶת אֶצְלָהּ. אֲבָל מִדְּרַבָּנַן, קָאָמַר דְּכָל כַּמָּה דְּאִיתָא לְהָא גַּבֵּיהּ לָא נָסֵיב אַחֲרִיתִי. הָא בְּמִילֵּי. אַפְּרִיָּה וּרְבִיָּה בְּמִילֵּי מְיַיסְּרִינַן, בְּשׁוֹטֵי לָא רָדֵינַן לֵיהּ. אֲבָל הָכָא, בְּשׁוֹטֵי נַמִי רָדֵינַן לֵיהּ, שֶׁאִי אֶפְשָׁר לָהּ לְקַבֵּל.

תוספות

אבל במומין גדולים כופין אותו להוציא. גבי איש ליכא למימר דנסתחפה שדה של אשה, דאיש אינו שדה של אשתו, כדפרישית בריש מכילתין (דף ב: ד"ה מלאה). **כופין** אותו להוציא. נראה לר"י דיוציא ויתן כתובה, אע"פ שמגרשה בעל כרחו, כמו בבאה מחמת טענה, דמשמע בסוף "הבא על יבמתו" (יבמות סה:) דנותן כתובה אע"פ שמגרשה בעל כרחו. ובתוספתא קתני בהדיא אמומין דהכא: יוציא ויתן כתובה. **סבורה** הייתי שאני יכולה לקבל. קצת תימה: דאם כן, כל אשה תערים ותאמר כדי שיתן לה כתובה, שתאמר: איני יכולה לקבל, ויגרשנה! ושמא במקום שיש חשש ערמה — אין לה כתובה. **אלא** לרב יהודה קשיא. תימה דאמאי לא משני דהא דאמר רב יהודה (אמר שמואל) המקמץ צואת כלבים היינו בורסי קטן, דבפרק "מי שמתו" (ברכות כה.) משמע דאיכא צואת כלבים בעיבוד עורות. דתניא התם: לא יקרא אדם קריאת שמע לא כנגד צואת כלבים ולא כנגד צואת אדם כו' בזמן שנתן לתוכן עורות! **ליתני** נשא אשה ושהה עמה עשר שנים. וא"ת: דתקשי ליה ברייתא דשלהי "הבא על יבמתו" (יבמות סד.) דתניא: נשא אשה ושהה עמה עשר שנים ולא ילדה — אינו רשאי לבטל, ויוציא ויתן כתובה! ונראה לפרש: דלשון "יוציא" לא משמע כפייה, אלא בדבר שמתנהג עם האשה שלא כדין. אבל התם, דקתני יוציא משום ביטול פריה ורביה — לא משמע דכופין.

הדרן עלך המדיר

עין משפט נר מצוה

ם א מיי' פכ"ה מהל' אישות הל"ב סמג עשין מח טוש"ע אה"ע סי' לט סעי' ד בהג"ה וסי' קיז סעי' ה וסי' קנד סעי' ה בהג"ה:

סא ב ג מיי' שם הל' יא סמג שם טוש"ע שם סי' קנד סעי' ד:

סב ד ה מיי' שם הלי"ב טוש"ע שם סעי' א:

סג ו מיי' שם הל' יג טוש"ע שם סעי' ב וסי' קסה סעי' ד:

סד ז מיי' פי"ב שם הל"ד סמג שם טוש"ע שם סימן ע סעי' ג וסי' קנד סעי' ג:

סה ח מיי' פי"ז מהל' איסורי ביאה הל"ז סמג לאוין קכא טוש"ע שם סי' ו סעי' א וסעי' ו:

סו ט מיי' פט"ו מהל' אישות הל' ז סמג עשין מט טוש"ע שם סי' קנד סעי' ו בהג"ה וסעי' י:

סז י מיי' שם טוש"ע שם סעיף כא:

מסורת הש"ס

[גיטין לח. עה. ב"ב קעג. סנהדרין לא. וב"מ לח: בכורות כד.]

[ב"מ לח:]

[ע' תוס' לעיל ע. ד"ה יוציא]

[תוספתא פ"ז]

[תוספתא ספ"ז]

[בערוך ערך חשל ב' גרס אמר רב חשלי דודי]

לעיל סג.

[לעיל עב. לקמן פו:]

[בהרא"ש איתא אמר ר"י אמר רב אין וכו' אכן בהרי"ף איתא רב אשי ולכאורה צ"ל אסי וכ"א בשאלתות פ' תולדות סימן יח]

משלי כט

הגהות הב"ח

גמ' (א) ואלו הם מומין גדולים. נ"ב מכאן עד איתמר הוא מתני' ומתיבת איתמר מתחיל גמרא [וכ"א בס"י ובריי"ף]:

תוספות רי"ד

נמצא דם ולא נמצא שם גלד אע"פ שיש ג' ימים שמכרה לו הדבר ספק שי"ל אחרי שמכרה לו הטריפה וי"ל נמי טרם שמכרה לו הטריפה ואע"ג דאיכא ג' ימים שמכרה לו ול"א מדלא איגלד שמא בתוך ג"י ניקב שיש נקב שאינו מגליד לימים רבים ולא ברירה לן אלא בפחות מג' ימים לא מגליד. וה"ה נמי אם נמצא גלד ויש לו יותר מג' ימים שמכרה לו ויש ספק בדבר ואין ידוע אימתי נטרפה אם קודם שמכרה או אחר שמכרה שאין ברור לנו שהגלד בג' ימים נעשה לא פחות ולא יותר אלא שבפחות אינה נעשת אבל על היתר ספק הוא. והאי דאמרת המע"ה לא תימא ר"י הוא ולא ר"ג אלא אפילו ר"ג מודה דאע"ג דלמוכר אין לו חזקה דגופא למימר אוקי בהמה אחזקתה וכשירה הות בשעת מכירה אפ"ה כיון דלא טעין טענת ברי אלא טעין שמא מודה בזה ר"ג דל"א בתר חזקה דגופא כדאמרי' לעיל אלא הדרא לדינא דהמע"ה. וסתמא קאמר כן אי לא יהיב טבח דמי בעל בהמה מייתי

התם, כי אמרה "הוינא בהדיה" — שבקינן לה. הכא, אף על גב דאמרה "הוינא בהדיה" — לא שבקינן לה. והרי מוכה שחין, דאף על גב דאמרה "הוינא בהדיה" לא שבקינן לה, דתנן: חוץ ממוכה שחין מפני שממקתו, וקתני! התם, כי אמרה "דיירנא בהדיה בסהדי" — שבקינן לה, הכא, אע"ג דאמרה "דיירנא בהדיה בסהדי" — לא שבקינן לה. תניא, *אמר רבי יוסי: שח לי זקן אחד מאנשי ירושלים: עשרים וארבעה מוכי שחין הן, וכולן — אמרו חכמים: תשמיש קשה להן, ובעלי ראתן קשה מכולן. ממאי הוי? *דתניא: הקיז דם ושימש — הויין לו בנים ויתיקין, הקיזו שניהם ושימשו — הויין לו בנים בעלי ראתן. אמר רב פפא: לא אמרן אלא דלא טעים מידי, אבל טעים מידי — לית לן בה. מאי סימניה? דלפן עיניה, ודייבי נחיריה, ואתי ליה רירא מפומיה, ורמו דידבי עילויה. ומאי אסותיה? אמר אביי: פילא, ולודנא, גירדא דאגוזא, וגירדא *דאשפא [גי' הערוך דאשכפא עי' בערוך ערך גרד א'] וכליל מלכא, ומתחלא דדיקלא סומקא. ושליק להו בהדי הדדי, ומעייל ליה לביתא דשישא. ואי לא איכא ביתא דשישא — מעייל ליה לביתא דשב לבני ואריחא. ונטיל ליה תלת מאה כסי על רישיה, עד דרפיא ארעיתא דמוחיה, וקרע למוחיה. ומייתי ארבע טרפי דאסא, ומדלי כל חד כרעא ומותיב חד. ושקיל בצבתא, וקלי ליה. דאי לא — הדר עילויה. מכריז רבי יוחנן: הזהרו מזבובי של בעלי ראתן. רבי זירא לא הוה יתיב בזיקיה, רבי אלעזר לא עייל באהליה, רבי אמי ורבי אסי לא הוו אכלי מביעי דההיא מבואה. ריב"ל מיכרך בהו ועסיק בתורה, אמר: °"אילת אהבים ויעלת חן" [משלי ה] אם חן מעלה על לומדיה — אגוני לא מגנא? כי הוה שכיב, אמרו ליה למלאך המות: זיל עביד ליה רעותיה. אזל איתחזי ליה, א"ל: אחוי לי דוכתאי! אמר ליה: לחיי. א"ל: הב לי סכינך, דלמא מבעתת לי באורחא — יהבה ניהליה. כי מטא להתם, דלייה, קא מחוי ליה. שוור נפל לההוא גיסא. נקטיה בקרנא דגלימיה. א"ל: בשבועתא דלא אתינא. אמר קודשא בריך הוא: אי איתשיל אשבועתא — ניהדר, אי לא — לא ניהדר. אמר ליה: הב לי סכינאי! לא הוה קא יהיב ליה. נפקא בת קלא ואמרה ליה: הב ניהליה, דמיתבעא לברייתא. מכריז אליהו קמיה: פנו מקום לבר ליואי, פנו מקום לבר ליואי! אזל אשכחיה לר' שמעון בן יוחאי דהוה יתיב על תלת עשר תכטקי פיזא. אמר ליה: את הוא בר ליואי? אמר ליה: הן. נראתה קשת בימיך? אמר ליה: הן. אם כן, אי אתה בר ליואי. ולא היא, דלא הואי מידי. אלא סבר: לא אחזיק טיבותא לנפשאי. רבי חנינא בר פפא שושביניה הוה. כי הוה קא ניחא נפשיה, אמרו ליה למלאך המות: זיל עביד ליה רעותיה. אזל לגביה ואיתחזי ליה. אמר ליה: שבקי תלתין יום עד דנהדר תלמודאי, דאמרי: *אשרי מי שבא לכאן ותלמודו בידו [פסחים נ. מו"ק כח. ב"ב י:]. שבקיה. לבתר תלתין יומין אזל איתחזי ליה. א"ל: אחוי לי דוכתאי. א"ל: לחיי. א"ל: הב לי סכינך, דלמא מבעתת לי באורחא. אמר ליה: כחברך בעית למיעבד לי? אמר ליה: אייתי ספר תורה, וחזי מי איכא מידי דכתיב ביה דלא קיימתיה. אמר ליה: מי איכרכת בבעלי ראתן ואיעסקת בתורה? ואפילו הכי, *כי נח נפשיה — אפסיק ליה עמודא דנורא בין דידיה לעלמא, [לעיל יז.] וגמירי דלא מפסיק עמודא דנורא אלא לחד בדרא, או לתרין בדרא. קרב לגביה רבי אלכסנדרי, אמר: עשה בשביל כבוד חכמים. לא אשגח. עשה בשביל כבוד אביך! לא אשגח. עשה בשביל כבוד עצמך! איסתלק. אמר אביי: לאפוקי ממאן דלא קיים (אפילו אות אחת). אמר ליה רב אדא בר מתנא: לאפוקי ממר, דלא אית [רש"ל מ"ז] ליה מעקה לאיגריה. ולא היא — מיהוה הוה, וההיא שעתא הוא דשדייה זיקא. אמר ר' חנינא: מפני מה אין בעלי ראתן בבבל — מפני שאוכלין תרדין, ושותין שכר של היזמי. אמר רבי יוחנן: מפני מה אין מצורעין בבבל — מפני שאוכלין תרדין, ושותין שכר, ורוחצין במי פרת:

האשה

הדרן עלך המדיר את אשתו

התם. גבי מתניתין. כי אמרה. מקבלנא ליה והוינא בהדיה — שבקינן לה. בעלי ראתן. שרץ יש לו במוחו. ויתיקין. חלשים. ורמו דידבי עליה. זבובין כרוכין אחריו. פילא. עשב שקורין פוליו"ן. ולודנא. אליישינ"א. גירדא דאגוזא. קליפי עץ האגוז. גירדא דאשפא. מה שגוררין מן העור. כליל מלכא. חבצלת. מתחלא דדיקלא סומקא. שומר שיש להם לתמרים בקטנותן, כעין שיש לאגוזים קטנים. לביתא דשישא. של שיש. כלומר, מקום שאין רוח שולט שם. שב לבני ואריחא. שכותלן עב שבעה לבנים זה אצל זה ואריח, שהוא חצי לבינה. והלבינה שלשה טפחים. ונטיל ליה. ושופך לו מאותן מים. עד דרפיא ארעיתא דמוחיה. גולגלתו מתרככת, ונוחה ליקרע בסכין. טרפי. עלין. ומדלי כל חד כרעא. מגביה רגלו של שרץ, ומושיב העלה תחת רגלו. שאם לא יעשה כן, לכשיחזיק בגופו ליטלו — יתעוץ צפרניו במוחו, ויקוץ את הקרום. בצבתא. טנליי"ש. דאי לא. אם לא ישרפנו יחזור עליו. הזהרו מזבובי בעלי ראתן. וזבובים השוכנים עליו, קשות להביא אותו חולי על איש אחר. בזיקיה. במקום שמנשב רוח אחת על שניהם. מיכרך בהו. נדבק אצלם בשעה שעוסק בתורה, ומושיבן אצלו, ומובטח הוא שתגין התורה עליו ולא יוזק. כי הוה שכיב. כשהגיע זמנו ליפטר. אחוי לי דוכתאי. הוליכני לגן עדן, ואראני מקומי. שוור. קפץ. איתשיל אשבועתא. אם נשבע בשבועה מעולם, ונשאל עליה להתירה.

תורה אור

תכטקי. פליסטי"ל. אם כן לית את בר ליואי. אין אתה ראוי לכרוז זה שאני שומע. שהקשת אינו אלא אות ברית שלא יחרב העולם, ואם יש צדיק גמור בדור — אין צריך אות. לא הואי מידי. לא נראה הקשת בימיו. שושביניה. אוהבו, ורגיל אצלו מלאך המות. מי איכרכת. בבעלי ראתן ועסקת בתורה. כדהוה עביד איהו, שהיה מסכן בנפשו לכבד את התורה. [תוספתא ספ"ז ע"ש] בשביל כבוד עצמך. שיקברוך אצליך, ויספדוך, ויתעסקו בך. אמר אביי לאפוקי ממאן דלא קיים. עמוד זה בא להוציא מעליו מי שלא קיים את כל התורה, כמו שקיים הוא. [נדה יז. גיטין ע.] של היזמי. שמטילין בו כשות שגדל בהיזמי.

הדרן עלך המדיר

תוספות רי"ד

רוצה לצאת הו"ל מורדת אלא אפילו נולדו לאחר מיכן אין כופין אותו להוציא משום דאנן סהדי דניחא לה בכל דהו. דאיש קפיד אמומין משום שאין אשה אלא ליופי אבל אשה לא קפדה אמומין. רשב"ג אומר בד"א במומין שבגלוי קטנים התם מחלקינן בין איש לאשה דאיש קפיד אשה לא קפדה אבל במומין גדולים אשה נמי קפדה ויוציא ויתן כתובה ואי קשיא כיון שנולדו בו לאחר נישואין לימא בעל לאשה נסתחפה שדך כי היכי דאמר אשה לבעל כשנולדו לאחר מיכן תשובה כי אמרי' נסתחפה שדהו ה"מ בעל משום דבעי לאפסודה כתובתה דאמרי' ליה משום הא תו לא מיפסדא כתובתה דנסתחפה שדך וכבר הוא משועבד לה בכתובתה וא"י להפטר משיעבודו ולקונסה בכתובתה אבל האשה דינא בעי למישקל וליכא שום קנסא לבעל הילכך לא מצי למימר לה נסתחפה שדך (אבל) [אלא] שקילא דינא ונפקי ודוקא בנולדו בו פליג רשב"ג אבל בהיו לא פליג דכיון דהיו בו מעיקרא סברא וקבלה ולא מציא למיטען סבורה הייתי שאוכל לקבל ועכשיו לא אוכל: ואלו הן מומין גדולים רשבג"א נסמית עינו נקטעה ידו נשברה רגלו איתמר ר"י ב"א אר"י הל' כרשב"ג והא אמרה ר"י חדא זימנא דאמר ר"ב ב"ח אר"י כ"מ ששנה רשב"ג במשנתנו הל' כמותו חוץ מערב וצידן וראיה אחרונה אמוראי נינהו ואליבא דר"י ור"נ אמר הל' כחכמים וקי"ל הל' כר"נ בדיני הילכך אע"פ שנולדו בו מומין גדולים אין כופין אותו להוציא ואם היא תובעת גירושין הו"ל מורדת:

מתני' ואלו שכופין אותו להוציא מוכה שחין ובעל פוליפוס והמקמץ והמצרף נחושת והבורסי בין שהי' בו עד שלא נשאו בין משנשאו ואח"כ נולדו ועל כלן אמר ר"מ אע"פ שהתנה עמה יכולה היא שתאמר סבורה הייתי לקבל ועכשיו איני יכולה וחכ"א מקבלת היא ע"כ חוץ ממוכה שחין מפני שממיקתו ומעשה בצידן בבורסי שמת והיה לו אח בורסי ואמרו חכמים יכולה היא שתאמר לאחיך הייתי יכול לקבל לך איני יכולה פי' אע"פ שכל המומין אין כופין האיש להוציא באלו שהן מוסרחין וקשים מכלם כופין אותו להוציא בין שהיה בו עד שלא נשאו בין שנולדו משנשאו דאע"ג שבכל המומין אומרים שאין האשה מקפדת עליהן א"נ מתפייסה וסברה וקבלה באלה מקפדת ולא סברה וקבלה. אע"פ שראתה אותם מפני שיכולה לומר סבורה הייתי וכו'. והיה סובר ר"מ דל"מ בסתמא שתוכל לומר סבורה הייתי לקבלו ולא נתפייסתי בהן דהא בשאר מומין נמי אומרים שאין הבעל מתפיים במומין וסבור היה שיכול לקבל כדאמרי' לעיל וה"נ באשה אמר הכי אלא אפילו שהתנה עמה שתקבל י"ל סבורה הייתי וכו'. וחכ"א כיון שהתנה עמה מקבלת בע"כ חוץ ממכ"ש שהתשמיש ממיק את בשרו אבל בסתמא ודאי מודו רבנן שאין האשה מתפייסת בהן ואע"פ שראתה אותן אלא מצי למיטען סבורה כו'. (והרב פי' אפילו בסתמא פליגי רבנן על ר"מ דכיון שהאשה יודעה בהן אינה יכולה לומר סבורה הייתי) ואע"פ דבשאר מומין לא מבעי' אשה דהיא מתפייסת בהן אלא אפילו האיש ס"ל לרבנן דמתפיים בהן וסבר דקביל כדאמרי' לעיל הכא מפני שהן מוסרחים אין האשה מתפייסת בהן הילכך אע"פ שהי' בהן עד שלא נשאו כופין אותם להוציא וליתן כתובה וכ"ש אם היו אלו המומין באשה שתצא בלא כתובה ואין הבעל מתפיים בהן (והרב אומר שאם היו אלו המומין באשה והבעל ידע בהם לא הוי מקח טעות ואינה יוצאה בלא כתובה) וקי"ל כחכמים: ובעל פילופס מאי בעל פילופס אר"י אמר שמואל ריח החוטם במתניתא תנא ריח הפה: והמקמץ מאי מקמץ זהו המקמץ צואת כלבים. פי' מקבצם מעט מעט בכל מקום שמוצא ומתוך כך הוא מסריח: והמצרף נחושת. מאי מצרף נחושת אמר רבה בב"ח זה המחתך נחושת מעיקרו פי' חותך את עפרו ממקום מולדתם: רב אמר חשלי דודי. פי' שעושים הורות ע"י הקשת הקורנס שמפשיטין העשת ועושים ממנו כלים. תנא בתוספתא מצרף נחושת זה המתיך נחושת וכל אלו פניהם וגופם מושחרים תמיד והן מאוסים: אמר רב האומר איני זן ואיני מפרנס יוציא ויתן כתובה א"ר אלעזר אמריתיה לשמעת' קמיה דשמואל אמר אבסוה שערי פי' האכילוהו ר"א שערי כבהמה שלא אמר יפה וכל אכילה שלא כדרכה נקרא כוסס עד שכופים אותו להוציא יכפוהו לזון. רב אמר אין אדם דר עם נחש בכפיפה. כי סליק ר"ז אשכחוה לר"ב בר יפת דיתיב וקא"ל משמיה דר"י פי' להא דרב אמר (ר"י) ר"ז על דא אבסוה שערי לאלעזר ואע"ג דקי"ל רב ושמואל הל' כשמואל בדיני הכא הל' כרב דקם ליה ר"י כוותיה. ורב ושמואל ור"י הל' כר"י. כ"ש הכא דקיימי רב ור"י בחדא שיטתא: ור"ח ור"י ז"ל פסקי כשמואל משום דדחי' ר"ז להא דר"י ואמר ע"ד אבסוה שערי לאלעזר ואינו נ"ל דמשום דאמר על דא אבסוה שערי לאלעזר אינה דחי' אלא שאמר לו דשמואל פליג עלה ואיהו הוא דאמר אבסוה שערי לאלעזר וקי"ל שאין הלכה כשמואל מקמיה ר"י: אר"י א"ר אסי אין מעשין אלא לפסולות כי אמריתיה קמיה דשמואל אמר כגון אלמנה לכ"ג גרושה וחלוצה לכהן הדיוט. ממזרת ונתינה לישראל. בת ישראל לנתין ולממזר. פי' שניה לעריות נמי שהוא מדרבנן כופין אותו להוציא כדתנן בפ' יש מותרות גבי שניה וכופין אותו להוציא ולא איצטריך שמואל למיתני אלא הני דלא תנן בהו וכופין אותו להוציא אבל נשא אשה ושהה עמה עשר שנים ולא ילדה אין כופין אותו להוציא ורב תחליפא בר אבימי א"ש אפי' נשא אשה ושהה עמה י' שנים ולא ילדה כופין אותו להוציא תנן ואלו שכופין אותו להוציא מוכה שחין ובעל פילופס וכו'. בשלמא לר"א דרבנן קתני דאורייתא לא קתני. פי' ומש"ה לא תני להו הכא בכלל ואלו שכופין דלא איצטריך תנא למיתני אלא הני מדרבנן אבל אלמנה לכ"ג וכו' שהן דאורייתא לא איצטריך ליה למיתני אלא לרב תחליפא ליתני נמי אפי' נשא אשה ושהה עמה י' שנים שהוא מדרבנן אלא מדלא תני בהדיא ש"מ אין כופין. אמר ר"נ ל"ק הא במילי והא בשוטים. פי' הני דמתני' אי לא ציית מנגדין ליה בשוטי אבל ההיא דלא ילדה במילי כייפי' ליה ע"י נידוי ושמתא אבל לא מנגדי' ליה בשוטי ולהכי לא ערבה לה בהדייהו מתקיף לה רבא בדברים לא יוסר עבד אלא א"ר הא והא בשוטי. הכא אי אמרה הוינא בהדיה שבקי' ליה התם אע"ג דאמרה הוינא בהדיה לא שבקינן ליה. פי' במתני' אם האשה רוצה לקבל לעמוד עמו ואינה חוששת שבקי' ליה ואין כופין אותו אבל באשה שלא ילדה אע"ג דאמר' איני חוששת מן הבנים לא שבקי' ליה אלא כא"ל שכל זמן שלא יוציא זאת לא ישא אחרת א"נ לא יהבי ליה והלכך מפני שאינו דומה להן לא ערבה בהדייהו: והרי מוכה שחין דאע"ג דאמרה הוינא בהדי' לא שבקי' ליה דתנן חוץ ממכ"ש מפני שממיקתו פי' ואפ"ה תני לה בהדייהו וליתני נמי נשא אשה וכו' התם כי אמר הוינא בהדייהו בסהדי שלא יזקק לה שבקי' ליה הכא אע"ג דאמר' דיירנא בהדי' בסהדי לא שבקי' ליה דעד דלא מפיק ליה א) אחריתי. תניא ר"י אומר שאלו זקן א' מאנשי ירושלים ואמר כ"ד מיני שחין הן וכלן אמרו חכמים תשמיש קשה להן ובעל ראתן קשה מכלן ממאי הוה דתניא הקיז דם ושמש הוין ליה בנים בעלי ראתן ב) הקיזו שניהם ושמשו הו"ל בני (בעלי ויתקין) פי' חלשים אמר ר"פ ל"א אלא דלא טעים מידי אבל טעים מידי ל"ל בה מכריז ר"י הזהרו מזבובי בעלי ראתן ר"ז לא הוה יתיב בזיקי' ר"א לא עייל באהלי' ר"א ור"א לא אכלי מביעי דההוא מבואה:

א) אולי צ"ל דעד דלא מפיק לה לא יהבי ליה אחריתי. ב) צ"ל ויתקין הקיזו שניהם ושמשו הו"ל בני בעלי ראתן.

האשה שֶׁנָּפְלוּ לָהּ נְכָסִים עַד שֶׁלֹּא תִּתְאָרֵס — מוֹדִים ב"ש וּבֵית הִלֵּל שֶׁמּוֹכֶרֶת וְנוֹתֶנֶת וְקַיָּים. נָפְלוּ לָהּ *מִשֶּׁנִּתְאָרְסָה — ב"ש אוֹמְרִים: תִּמְכּוֹר, [א]וּבֵית הִלֵּל אוֹמְרִים: לֹא תִמְכּוֹר. אֵלּוּ וְאֵלּוּ מוֹדִים [ב]שֶׁאִם מָכְרָה וְנָתְנָה — קַיָּים. אָמַר רַבִּי יְהוּדָה: אָמְרוּ חֲכָמִים לִפְנֵי ר"ג: הוֹאִיל וְזָכָה בָּאִשָּׁה לֹא יִזְכֶּה בַּנְּכָסִים? אָמַר לָהֶם: עַל הַחֲדָשִׁים אָנוּ בּוֹשִׁים, אֶלָּא שֶׁאַתֶּם מְגַלְגְּלִין עָלֵינוּ אֶת הַיְשָׁנִים?! נָפְלוּ לָהּ מִשֶּׁנִּשֵּׂאת — אֵלּוּ וְאֵלּוּ מוֹדִים, שֶׁאִם מָכְרָה וְנָתְנָה — שֶׁהַבַּעַל מוֹצִיא מִיַּד הַלָּקוֹחוֹת. עַד שֶׁלֹּא נִשֵּׂאת, וְנִשֵּׂאת — ר"ג אוֹמֵר: אִם מָכְרָה וְנָתְנָה — קַיָּים. א"ר חֲנִינָא בֶּן עֲקַבְיָא: אָמְרוּ לִפְנֵי ר"ג: הוֹאִיל וְזָכָה בָּאִשָּׁה לֹא יִזְכֶּה בַּנְּכָסִים? אָמַר לָהֶם: עַל הַחֲדָשִׁים אָנוּ בּוֹשִׁים, אֶלָּא שֶׁאַתֶּם מְגַלְגְּלִין עָלֵינוּ הַיְשָׁנִים?! ר"ש חוֹלֵק בֵּין נְכָסִים לִנְכָסִים; נְכָסִים הַיְּדוּעִין לַבַּעַל — לֹא תִמְכּוֹר, וְאִם מָכְרָה וְנָתְנָה — בָּטֵל. שֶׁאֵינָן יְדוּעִין לַבַּעַל — לֹא תִמְכּוֹר, וְאִם מָכְרָה וְנָתְנָה — קַיָּים.§ **גמ'** מַאי שְׁנָא רֵישָׁא דְּלָא פְּלִיגֵי וּמַאי שְׁנָא סֵיפָא דִּפְלִיגֵי? אָמְרִי דְּבֵי רַבִּי יַנַּאי: רֵישָׁא — בִּזְכוּתָהּ נָפְלוּ, סֵיפָא — בִּזְכוּתוֹ נָפְלוּ. אִם בִּזְכוּתוֹ נָפְלוּ, כִּי מָכְרָה וְנָתְנָה אַמַּאי קַיָּים? אֶלָּא: רֵישָׁא וַדַּאי בִּזְכוּתָהּ נָפְלוּ, סֵיפָא — אֵימַר בִּזְכוּתָהּ אֵימַר בִּזְכוּתוֹ. לְכַתְּחִלָּה — לֹא תִמְכּוֹר, אִם מָכְרָה וְנָתְנָה — קַיָּים.§ א"ר יְהוּדָה אָמְרוּ לִפְנֵי ר"ג.§ אִיבַּעְיָא לְהוּ: רַבִּי יְהוּדָה אַלְּכַתְּחִלָּה אוֹ אַדִּיעֲבַד?

ת"ש

רש"י

האשה. עַד שֶׁלֹּא תִּתְאָרֵס. וְנִתְאָרְסָה. בְּעוֹדָהּ אֲרוּסָה. אֲבָל מִשֶּׁתִּנָּשֵׂא — לֹא, כִּדְתָנֵי לְקַמָּן: עַד שֶׁלֹּא נִיסֵּת וְנִיסֵּת וכו'. הוֹאִיל וְזָכָה בָּאִשָּׁה. שֶׁהִיא אֲרוּסָתוֹ. לֹא יִזְכֶּה בַּנְּכָסִים. בַּגְּמָרָא מְפָרֵשׁ אַהֵי מִינַּיְיהוּ קָיְימִי — אַלְּכַתְּחִלָּה דְּב"ש, אוֹ אַדִּיעֲבַד דְּב"ה. עַל הַחֲדָשִׁים. שֶׁנָּפְלוּ לָהּ מִשֶּׁנִּשֵּׂאת. אָנוּ בּוֹשִׁים. מָה רָאוּ חֲכָמִים לוֹמַר: אִם מָכְרָה וְנָתְנָה הַבַּעַל מוֹצִיא מִיַּד הַלָּקוֹחוֹת, כִּדְתְנַן לְקַמָּן בְּמַתְנִי'. עַד שֶׁלֹּא נִשֵּׂאת. כְּגוֹן מִשֶּׁנִּתְאָרְסָה, אוֹ קוֹדֶם לָכֵן, וְאַחַר כָּךְ נִשֵּׂאת. ה"ג: ר"ג אוֹמֵר, אִם מָכְרָה וְנָתְנָה קַיָּים. הוֹאִיל וְזָכָה בָּאִשָּׁה. שֶׁנְּשָׂאָהּ. עַל הַחֲדָשִׁים. שֶׁנָּפְלוּ לָהּ מִשֶּׁנִּיסֵּת. הַיְּדוּעִים לַבַּעַל. בַּגְּמָרָא מְפָרֵשׁ. **גמ'** מַאי שְׁנָא רֵישָׁא דְּלָא פְּלִיגֵי. הֲרֵי נִתְאָרְסָה, וּמִשּׁוּם דְּנָפְלוּ לָהּ קוֹדֶם לָכֵן הוּרַע כֹּחוֹ?! בִּזְכוּתָהּ נָפְלוּ. עֲדַיִין לֹא הָיָה זַכַּאי בְּשֶׁלָּהּ, וְלֹא בָּהּ, אֶלָּא הִיא עַצְמָהּ. בִּזְכוּתוֹ. כְּבָר זָכָה בָּהּ וּבִנְכָסֶיהָ. אֵימַר בִּזְכוּתוֹ כו'. דְּאֵירוּסִין עוֹשֶׂה סָפֵק נִישּׂוּאִין — שֶׁמָּא תָּבֹא לִידֵי נִישּׂוּאִין שֶׁמָּא לֹא תָּבֹא. אִיבַּעְיָא לְהוּ. הָנָךְ רַבָּנַן דְּאָמְרוּ לוֹ. אַלְּכַתְּחִלָּה. פְּלִיגֵי, וְאָמְרִי: אַמַּאי מוֹכֶרֶת לְכַתְּחִלָּה לְב"ש, הוֹאִיל וְזָכָה בָּאִשָּׁה שֶׁאֵירְסָהּ — לֹא יִזְכֶּה בִּנְכָסֶיהָ?! אֲבָל אַדִּיעֲבַד — מוֹדוּ כְּב"ה. אוֹ דִּלְמָא אַדִּיעֲבַד נָמֵי פְּלִיגֵי, וּבָעֵי לְמֵימַר: מִכְרָהּ בָּטֵל.

תָּא

תוספות

האשה שנפלו עד שלא תתארס. פי' בקונטרס: ונתארסה. אבל ניסאת — לא. והביא ראיה מדתנן: עד שלא ניסאת וניסאת, ר"ג אומר: אם מכרה ונתנה — קיים, אבל לכתחילה — משמע דלא תמכור. ומשמע לרש"י ד"עד שלא ניסאת" משמע אפי' קודם אירוסין. וקשה לר"י: דאמרינן בגמ', רב ושמואל דאמרי תרוייהו: בין נפלו לה נכסים עד שלא תתארס, בין משתתארס וניסאת — הבעל מוציא מיד הלקוחות. ופריך: כמאן? דלא כר' חנינא בן עקביא ולא כר"י. ואמאי? והא הוי כר' חנינא בן עקביא דבעי למימר דהבעל מוציא מיד הלקוחות אפי' בנפלו לה עד שלא נתארסה וניסאת, דהא — א"עד שלא ניסאת וניסאת" קיימי! אלא ודאי משמע ליה להתלמוד ד"עד שלא ניסאת" — לא איירי בנפלו לה קודם אירוסין. והיינו טעמא: ד"עד שלא ניסאת" — משמע שנפלו לפני נישואין — דאין דבר מפסיק בין נפילת נכסים לנישואין. ואע"פ דהשתא אין ראיה משם לפירוש הקונטרס — מ"מ יכול רש"י לפרש כן בלא ראיה. ואין להקשות לפירושו משם, לדקדק: דוקא עד שלא ניסאת, דהיינו משנתארסה כדפירש, הא נפלו קודם אירוסין וניסת — מוכרת לכתחילה! דאיכא למימר: דה"ה אפילו נפלו לה קודם אירוסין דלא תמכור. אלא הא דנקט "עד שלא ניסת", דמשמע משנתארסה — לאשמועינן דאפ"ה — אם מכרה ונתנה קיים. רשב"א.

נפלו לה משנתארסה ב"ש אומרים תמכור. במסכת פאה דירושלמי בפרק "ב"ש" בעי ר' תנחום קמי ר' יוסף: אמאי לא תני לה גבי דברים שהם מקולי ב"ש ומחומרי ב"ה! א"ל: לא תני אלא דבר שהוא חומר משני לדדין וקל ומשני לדדין. והכא — קל לאשה וחומר לבעל. והתניא: בית שמאי אומרים: הפקר לעניים הפקר. והרי קל לעניים וחומר לבעל הבית! א"ל: אינו חומר לבעל הבית — שמדעתו הוא מפקיר. וקשה לר"י: והא קתני התם: ב"ש אומרים ג' שבתות, דהוי קל לאיש וחומר לאשה — שאינה נוטלת כתובתה בהדרת שבת אחת כב"ה! וי"ל: שאין זה קולא אלא חומרא, שמוזהר לגרשה בהדרת שבת אחת, אע"פ שרצונה בכך לאחר מיכן — שמא תחזור בה. **סיפא** אימר בזכותו נפלו כו'. תימה: א"כ לב"ה נמי תמכור לכתחילה, דכיון שהיא מוחזקת — הוי ספק שלה ודאי, ואין ספק מוציא מידי ודאי, כדאשכחן גבי שומרת יבם שנפלו לה נכסים, דתנן התם:* מודים ב"ש וב"ה שמוכרת ונותנת וקיים. [א] ומפרש בגמרא דנפלו לה כשהיא ארוסה, וזיקת ארוסה עושה ספק ארוסה והואיל והיא מוחזקת — הויא איהי ודאי, ויבם ספק, ואין ספק מוציא מידי ודאי! וי"ל: דהכא בודאי ליגשא קיימא — דכל המארס דעתו לישא. הילכך, לכתחילה לא תמכור אע"פ שהיא ודאי. אבל התם — כך עומדת לחליצה כמו לייבום. והואיל והיא ודאי — אמרו חכמים דתמכור לכתחילה.

איבעיא להו ר"י לכתחילה קאמר או דיעבד. בפירוש רש"י מכתיבת ידו כתב שני לשונות. בלשון אחד פי': דקאי ארישא, דקתני: עד שלא תתארס מודים ב"ש וב"ה שמוכרת ונותנת וקיים. וקא מבעיא ליה השתא: הנך אמרו לו, אי בעו למימר דלכתחילה לא תמכור, אבל בדיעבד מודו דמכרה קיים. או דיעבד — דאפי' בדיעבד בעו למימר דמכרה בטל. ולפ"ז הדין עמו, דגרים בההיא ברייתא דמייתי: מה זו מכרה בטל אף זו מכרה בטל, אמר להם: על החדשים אנו בושים כו'. ולא גרים מה שכתוב בסיפא בתר אף זו מכרה בטל, אמר להן: אף זו לא תמכור, ואם מכרה ונתנה קיים. אמרו לו: הואיל וזכה באשה לא יזכה בנכסים. אמר להם: על החדשים כו'. דודאי לא גרסינן ליה; דהיכי קאמר אף זו לא תמכור? והא תנן בהדיא דמודים ב"ש וב"ה שמוכרה לכתחילה. ובתוספתא נמי לא גרסינן ליה. ולשון אחר פירש: לכתחילה — אב"ש, או דיעבד אב"ה. ולפ"ז בחנם מחקו רש"י, אלא לפי שאינו כתוב בתוספתא. ואין נראה לר"ת פירוש זה; דהא היכי בעי אי אמרו לפניו דר"ג שקלו וטרו אליבא דב"ש? והא פריך בכולי התלמוד: אטו טעמא דב"ש אתא לאשמועינן? ונראה לר"ת דהכי פירושו: לכתחילה — וקאי ארישא, דנפלו לה עד שלא תתארס, דמוכרת לכתחילה. וקאמרי איהו: הואיל וזכה באשה לא יזכה בנכסים?! ולא תמכור לכתחילה, כמו בנפלו לה משתתארס. וקא מהדר להו: על החדשים אנו בושים, כלומר — נפלו לה משתתארס, שהם חדשים — שנפלו לה מיד, אנו בושים למה לא תמכור אפי' לכתחילה, ואתם מגלגלין עלינו את הישנים שנפלו לה קודם אירוסין, שלא תמכור לכתחילה?! או דלמא דיעבד — אסיפא, דנפלו לה באירוסין קאי, דאמרי ב"ה: מכרה קיים. וקאמרי איהו: מכרה בטל, כמו נפלו לה משניסת. והשיב להם: על החדשים אנו בושים — על אותם שנפלו משנשאת שהם חדשים — למה מכרה בטל, ואתם מגלגלין את הישנים, פי': לא שהן ישנים בשעת מכירה, דהא בנפלו לה משנתארסה ומכרה באירוסין איירי, דחדשים הם. אלא כלומר — שהם ישנים כשניסת. והא דלא נקט הבעיא "ארישא קאי או אסיפא", אלא "לכתחילה או דיעבד" אומר ר"ת: שכן דרך התלמוד, דבעי בלשון שפושט לבסוף. דפשיט: "ש"מ דיעבד". ולא הוה שייך למימר "ש"מ אסיפא", שאין נזכר בברייתא לא רישא ולא סיפא. ת"ש דתניא כו' אמר להם: אף זו לא תמכור. כלומר, בזה אני מודה שהיא כאשתו לענין שלא תמכור לכתחילה. והשתא פשיט שפיר. דמדקאמר: אף זו מכרה בטל — ש"מ דאסיפא קאי. דארישא לא הוו אמרי: מכרה בטל. ועוד: מדקמהדר להם: אף זו לא תמכור לכתחילה — ש"מ דאסיפא קאי. ועוד יש ליישב: אף לפי' הקונטרס קמא גרסי' שפיר: אמר להם אף זו לא תמכור, כמ"ש בספרים. דה"ק: הואיל וזו אשתו — פירוש: נפלו לה משנתארסה וניסאת, וזו אשתו — נפלו לה עד שלא נתארסה ונתארסה, מה זו מכרה בטל — דמדנקט אלו ואלו מודים שאם מכרה ונתנה קיים — במכרה באירוסין, משמע דמודים שאם מכרה משנשאת — דמכרה בטל, אע"פ שנפלו לה משנתארסה. אף זו מכרה בטל — עד שלא תתארס ונתארסה. אמר להם: אף זו לא תמכור. פירוש: אף זו שנפלו לה משנתארסה ונשאת — דוקא לכתחילה לא תמכור, אבל בדיעבד — מכרה קיים. אבל קשה קצת לרשב"א: דה"ל נמי לר"ג להדורי להו, אמאי עד שלא תתארס מוכרת לכתחילה.

לא

עין משפט נר מצוה

א א ב מיי' פכ"ב מהל' אישות הל' ז ח סמג לאוין פא טוש"ע אה"ע סי' צ סעי' יא:

תוספות רי"ד

האשה שנפלו לה נכסים עד שלא תתארם מודים ב"ש וב"ה שמוכרת ונותנת וקיים נפלו לה משנתארסה ב"ש אומרים תמכור וב"ה אומרים לא תמכור אלו ואלו מודים שאם מכרה ונתנה קיים. אר"י אמרו לפני ר"ג הואיל וזכה באשה לא יזכה בנכסים. א"ל על החדשים אנו בושים אלא שאתם מגלגלין את הישנים. נפלו משנשאת אלו ואלו מודים שאם מכרה הבעל מוציא מיד הלקוחות. עד שלא נשאת ונשאת ר"ג אומר אם מכרה ונתנה קיים. אר"ח בן עקיבא אמרו לפני ר"ג הואיל וזכה באשה לא יזכה בנכסים א"ל על החדשים אנו בושים אלא שאתם מגלגלין עלינו את הישנים. ר"ש חולק בין נכסים לנכסים. נכסים הידועים לבעל ל"ת ואם מכרה ונתנה בטל ושאין ידועים לבעל ל"ת ואם מכרה ונתנה קיים. פי' אם נפלו לה נכסים בירושה עד שלא תתארם ונתארסה מודים בזה שמוכרת ונותנת לכתחל' בעודה ארוסה והוא קיים אבל אם נפלו לה משנתארסה ועדיין לא נשאת בזה פליגי ב"ש וב"ה. דב"ש סברי תמכור לכתחילה ובה"א ל"ת אבל אם מכרה ונתנה קיים. ואע"פ שאח"כ נשאת אין הבעל מוציא מיד הלקוחות מה שמכרה ונתנה בעודה ארוסה. מ"ש רישא דלא פליגי ומ"ש סיפא דפליגי רישא בזכותה נפלה לה סיפא אימור בזכותה אימור בזכותו הילכך לכתחילה לא תמכור ואם מכרה ונתנה קיים פי' דאירוסין עושין ספק נשואין פי' ספק לא תנשא הילכך לכתחילה לא תמכור ואם רוצה למכור אין נזקקים לה ואם מכרה ונתנה קיים אבל ברישא שנפלה לה בזכותה בודאי החזיקה בהן אין האירוסין שהן ספק מוציאין מידי ודאי ולכתחילה תמכור: אר"י וכו'. פי' ואמאי אמרי' אם מכרה ונתנה קיים א"ל על החדשים אנו בושים דהיינו אחר שנשאת שהבעל מוציא מיד הלקוחות אנו בושים למה מוציאן והלא הנכסים שלה הן ואתם מגלגלין עלינו עוד הישנים כשמכרה בעודה ארוסה. נפלו לה משנשאת וכו' פי' שכיון שנשאת נכנסה לרשות הבעל לאכול פירותיהן ואין זכות לה לאשה בהם אך אם תתאלמן או תתגרש: עד שלא נשאת ונשאת וכו'. פי' בין שנפלו לה קודם אירוסין בין לאחר אירוסין ונשאת רג"א אם מכרה ונתנה קיים דדוקא כשנפלו לה לאחר שנשאת אז הבעל מוציא מיד הלקוחות אבל זו שנפלו לה קודם הנשואין ונשאת נהי דלכתחילה לא תמכור אבל אי מכרה ונתנה קיים ואין הבעל מוציא מיד הלקוחות: א"ר חנינא בן עקיבא הואיל וזכה באשה שכבר נשאת לו לא יזכה בנכסים ויוציא מיד הלקוחות. א"ל על החדשים אנו בושים דהיינו שנפלו לה לאחר שנשאת. ואתם מגלגלים עלינו את הישנים כשנפלו לה קודם שנשאת

רב

מסורת הש"ס

יבמות לח: [לקמן פח:]

[יבמות לח.]

הגהות מהר"י לנדא

א] תוס' ד"ה סיפא כו' ומפרש בגמ' דנפלו לה כשהיא ארוסה וזיקת ארוסה עושה ספק ארוסה. נלענ"ד להגי' ומפרש בגמ' דנפלו לה כשהיא נשואה וזיקת נשואה עושה ספק נשואה וכו' ואוקימתא דרבה ביבמות לח ע"ב:

ת"ש: *דתניא, א"ר יהודה: אמרו לפני ר"ג: הואיל וזו אשתו וזו אשתו, *זו מכרה בטל — אף זו מכרה בטל! אמר להן: על החדשים אנו בושים, אלא שאתם מגלגלים עלינו את הישנים?! שמע מינה: דיעבד קאמר, שמע מינה. תניא, אמר רבי חנינא בן עקביא: לא כך השיבן רבן גמליאל לחכמים, אלא כך השיבן: לא אם אמרתם בנשואה — שכן בעלה זכאי במציאתה ובמעשה ידיה ובהפרת נדריה, תאמרו בארוסה שאין בעלה זכאי לא במציאתה ולא במעשה ידיה ולא בהפרת נדריה! אמרו לו: רבי, מכרה (א) לה עד שלא נשאת, נשאת ואח"כ מכרה — מהו? אמר להו: אף זו מוכרת ונותנת וקיים. אמרו לו: הואיל וזכה באשה לא יזכה בנכסים?! אמר להם: על החדשים אנו בושין, אלא שאתם מגלגלין עלינו את הישנים?! והאנן תנן: עד שלא נשאת ונשאת, ר"ג אומר: אם מכרה ונתנה — קיים! אמר רב זביד, תני: מוכרת ונותנת וקיים. רב פפא אמר: לא קשיא; הא — ר' יהודה אליבא דר"ג, הא — ר' חנינא בן עקביא אליבא דר"ג. ור' חנינא בן עקביא כב"ש? ה"ק: לא נחלקו ב"ש וב"ה על דבר זה. רב ושמואל דאמרי תרוייהו: בין שנפלו לה נכסים עד שלא נתארסה, בין שנפלו לה נכסים משנתארסה וניסת — הבעל מוציא מיד הלקוחות. כמאן? דלא כרבי יהודה ולא כר' חנינא בן עקביא! °אינהו דאמרי כרבותינו. דתניא: *רבותינו חזרו ונמנו: בין שנפלו לה עד שלא תתארס, ובין שנפלו לה משנתארסה וניסת — הבעל מוציא מיד הלקוחות.§ משניסת אלו ואלו מודים.§ לימא תנינא לתקנת אושא? *דא"ר יוסי בר' חנינא, באושא התקינו: האשה שמכרה בנכסי מלוג בחיי בעלה, ומתה — הבעל מוציא מיד הלקוחות! מתניתין — [א] בחייה ולפירות, תקנת אושא — בגופה של קרקע, ולאחר מיתה.§ [ב] ר"ש חולק בין נכסים.§ אלו הן ידועין ואלו הן שאינן ידועין? אמר ר' יוסי ברבי חנינא: ידועין — מקרקעי, שאינן ידועין — מטלטלין. ור' יוחנן אמר: אלו ואלו ידועין הן. [ג] ואלו הן שאינן ידועין — כל שיושבת כאן, ונפלו לה נכסים במדינת הים. תניא נמי הכי: אלו הן שאינן ידועין — כל שיושבת כאן ונפלו לה נכסים במדינת הים.§ ההיא איתתא דבעיא דתברחינהו לנכסה מגברה, כתבתינהו לברתה, איגנסיבה ואיגרשה. אתאי

תא שמע אמר רבי יהודה כו' הואיל וזו אשתו. נשואה. וזו אשתו. ארוסה. מה נשואה נפלו לה משנשאת — מכרה בטל, כדקתני במתניתין: הבעל מוציא כו'. אף זו. שנפלו לה כשהיא ארוסה — יהא מכרה בטל, ואפי' כשהיא עודה ארוסה. אמר להם על החדשים. שאתם אומרים עליהם: מה זו מכרה בטל — אנו בושים על מה שאמרנו בטל, אלא שאתם אומרים לי עליהם מה זו מכרה בטל כו'. ולא גרסינן אמר להם אף זו לא תמכור. וכן מצאתי בתוספתא. שמע מינה. מדקאמרי ליה: אף זו מכרה בטל, שמע מינה דיעבד נמי קשיא להו. לא כך השיבן. בעוד שדנו לפניו במוכרת בעודה ארוסה. לא כך הוצרך להשיבם: על החדשים אנו בושים — שהרי תשובה נכחת יש כאן, שיש להפריש בין ארוסה לנשואה, וכן השיבן עליה: לא אם אמרתם כו'. ולא בהפרת נדריה. לבדו, אלא אם כן אביה עמו. דתנן: אביה ובעלה מפירין נדריה. אמרו לו רבי מכרה עד שלא ניסת. נראין דבריך במוכרת בעודה ארוסה. ניסת ואחר כך מכרה. נכסים שנפלו לה קודם נישואין מהו? אמר להן אף זו מוכרת וקיים אמרו לו הואיל וזכה באשה. למלאכתה ולמעשה ידיה והפרת נדריה, לא יזכה בנכסים שתיקנו לאכול פירותיהן בחייה?! והיאך מכרה קיים? ה"ג: והא אנן תנן, עד שלא נשאת ונשאת — רבן גמליאל אומר אם מכרה ונתנה קיים! אמר רב זביד: תני מוכרת ונותנת וקיים. ורב פפא אמר לא קשיא כו'. מתני' [דקתני: אם מכרה] — רבי יהודה היא, דאיהו מסיק ואמר לה, [דסבירא ליה אליבא דרבן גמליאל אפי' בעודה ארוסה לא תמכור לכתחילה, וכל שכן בנשאת קודם מכירה]. ואף על גב דאיירי רבי חנינא בסיפא — לאו דמודה לרבי יהודה דרבן גמליאל אם מכרה אית ליה, אלא מוכרת לכתחילה. ומאי דלא פריש רבי חנינא במתניתין פריש בברייתא. ה"ג: ורבי חנינא בן עקביא דאמר כמאן, כבית שמאי? בתמיה, דהא בית הלל אפילו במוכרת באירוסין אמרי לכתחילה לא. ואם בא לוקח לבית דין לימלך — אמרינן ליה: לא תיזבון, כ"ש משנישאת. לא נחלקו. אלא לכתחילה תמכור. וניסת. ואחר כך מכרה. מתני' בחייה. קאמר, הבעל מוציא כדי לאכול פירות בחייה, ולאחר מותה יחזיר הקרקע ללוקח. ואפי' מתה בחייו, לא ירשנה הבעל. ואתו באושא ותקון, דאפילו גופה של קרקע יורש הבעל. רבי שמעון חולק כו'. יש נכסים שמכרה קיים, ויש נכסים שמכרה בטל. ידועין מקרקעי. ועל מנת אותן נכסים נשאה, לפיכך מכרה בטל, שהיה מצפה שתפול לו אותה ירושה. דבעיא דתברחינהו לנכסה. אלמנה היתה, ובאת להנשא, והיתה מקדמת ונותנתן לבתה כדי להבריח זכות בעלה מהם, שלא יזכה בהם. והודיעה לעדים שאין מתנה זו מתנה אלא להבריח, ולא שתזכה בהם הבת אם תתאלמן היא או תתגרש. אתאי

לא כך השיב ר"ג לחכמים. פירוש: על הארוסה ששאלו לא הוצרך להשיבם כדאמרינן, דתשובה מעולה ונכחת השיבם על הארוסה.

תני מוכרת ונותנת וקיים. זו היא גירסת הקונטרס. ופירש: תני במתני'. וקשה לרבינו יצחק בן רבינו מאיר: דאדרבה היה לו להגיה הברייתא מקמי מתני'! ועוד: דאם היה מגיה הברייתא — הוי ר"ג שפיר כב"ה. והשתא דמגיה מתני' הוי ר"ג כב"ש: דלב"ה אפי' באירוסין לא תמכור לכתחילה! ועוד: כי היכי דפריך בסמוך לרב פפא ור' חנינא בן עקביא כב"ש — טפי ה"ל למיפרך לרב זביד, דלדידיה ליכא לשנויי לא נחלקו ב"ש וב"ה בדבר זה. דאם ר' חנינא בן עקביא ור"י שניהם לא שנו פלוגתא דב"ש וב"ה — אם כן מי שנאה? ונראה דגרסינן: תני אם מכרה ונתנה קיים, ומגיה הברייתא. ורבינו חננאל גרים במתני': מוכרת ונותנת. ובברייתא: אם מכרה ונתנה. ומשני רב זביד: תני אם מכרה כו', ומגיה מתניתין מקמי ברייתא כדי שלא להעמיד ר"ג כב"ש. ובתר הכי פריך לרב פפא דלא מגיה מתניתין: ור"י כב"ש? ולא גרסינן: רבי חנינא בן עקביא כב"ש. ולגירסא זו לא גרסינן בברייתא דלעיל: אף זו לא תמכור, דהא מתני' קתני: מוכרת לכתחילה. ולרב פפא דלא מגיה מתני' תיקשי. ומיהו, קשה קצת: דהיכי משני דלר"י לא נחלקו ב"ש וב"ה בדבר זה? הא משמע מתני' דר"י שנה פלוגתא דב"ש וב"ה — דעלייהו קאי. **לא** כר"י ולא כר' חנינא בן עקביא. פי': לא כאמרו לפניו דר"י ולא כאמרו לפניו דרבי חנינא. דתרוייהו מודו בעד שלא נתארסה וניסת — דמכרה קיים, ולא פליגי אלא כשנתארסה וניסת. והא דמשמע לקמן ב"הכותב" (דף פג.) דעד שלא ניסת וניסת מכרה בטל, דתנן: א"כ למה כתב לה דין ודברים — שאם מכרה ונתנה קיים. ומוקי לה בגמרא — בכותב לה ועודה ארוסה, א"כ אותם נכסים נפלו לה עד שלא ניסת, ובניסת איירי, דהא *משמע דאם לא כתב לה דין ודברים כו' — מכרה בטל — היינו כאמרו לפני ר"ג, דלר"ג מכרה קיים. ואין סברא לומר דאתיא כרבותינו דחזרו ונמנו.

לימא תנינא לתקנת אושא. תימה לרבינו יצחק: והא תקנת אושא הואי אפי' בנפלו לה מן האירוסין או קודם, כדמשמע ב"החובל" (ב"ק פט: ושם) דקאמר התם: תני חדא עבדי מלוג יוצאים בשן ועין לאשה אבל לא לאיש, ותניא אידך: לא לאיש ולא לאשה. מאי לאו, מר — אית ליה תקנת אושא. ומר — לית ליה? לא, דכ"ע אית להו תקנת אושא. כאן קודם תקנה כו'. ואמאי לא אמר: כאן — שנפלו לה באירוסין כאן — שנפלו לה אחר נישואין? אלא שמע מינה דאפי' נפלו לה באירוסין איתא לתקנת אושא! ויש לומר: דבלאו הכי משני לה שפיר.

כתבתינהו לברתה. פי' בקונטרס: והודיעה לעדים שלהבריח מתכוונת. ואין נראה לרבינו יצחק, דא"כ — אמאי פליגי רב ענן ורבא אדרב נחמן? פשיטא דלא קנתה! ונראה לרבינו יצחק דלא אמרה מידי, אלא גילוי מילתא בעלמא איכא. ולא הוי דברים שבלב שאינם דברים, דהכא ודאי הדבר ניכר שלא נתכוונה אלא להבריח — דנפשה עדיפא לה, כדאמרינן בסמוך (וע' תוס' לקמן צז. ד"ה זבין). עשאוס

תוספות רי"ד

רב שמואל דאמרי תרוייהו בין שנפלו לה נכסים עד שלא תתארס בין שנפלו לה משנתארסה ונשאת הבעל מוציא מיד הלקוחות אינהו דאמרו כרבותינו דתניא רבותינו חזרו ונמנו בין שנפלו לה עד שלא תתארס בין שנפלו לה משנתארסה ונשאת הבעל מוציא מיד הלקוחות: נפלו לה משנשאת וכו'. נימא תנינא לתקנות אושא דאר"י ב"ח באושא התקינו האשה שמכרה בנ"מ בחיי בעלה ומתה הבעל מוציא מיד הלקוחו' מתני' בחייה ולפירות תקנת אושא בגופה של קרקע. פי' מאי דתנן במתני' שהבעל מוציא מיד הלקוחות הוא כ"ז שהיא בחייה ומפני שהפירות משועבדים לו אבל לאחר מיתה נתקיים המכר ללוקח שאין לו לבעל אלא פירות בחייה ווירשה לאחר מיתתה. ואם קדמה ומכרה נכס' בחייו מכרה מכר שאין הבעל יורש אלא מה שנמצא לה לאחר מיתה דומיא דבן שיורש את אביו ואם מכר אביו בחייו הוי מכר. אבל באושא התקינו שיוציא מיד הלקוחות אפילו גוף הנכסים לאחר מיתתה שעשו הבעל כלוקח ראשון כשנשאה כאילו קנה כל נכסיה וכיון שהוא לוקח ראשון מוציא מלוקח שני בלא דמים ולוקח שני מפסיד דאיהו הוא דאפסיד אנפשיה אך אם ידוע שהדמים היה ביד אשה בעת מיתה או אם נתנתן לבעל שחייב להחזיר להם הדמים א). (עיין בערך מו בס"ה): ר"ש חולק וכו'. אלו הן ידועים ואלו הן שאינן ידועים. א"ר ינאי ידועים קרקע שאינן ידועים מטלטלי. פי' שמקרקע שא"י להחביא דעתו של בעל עליהן ואינו מתיאש מהן אבל המטלטלין מפני שהיא יכולה להחביאם אין דעתו של בעל עליהן ומתיאש מהם והילכך אם מכרה ונתנה קיים ור"י אמר אלו ואלו ידועים הן. ואלו הן שאינן ידועים כל שנפלו לה נכסים במדה"י פי' בודאי בהני כיון דבעל לא ידע מהן ואין בלבו עליהן אם מכו"נ קיים ותנ"ה אלו הן שאינן ידועים יושבת כאן ונפלו לה נכסים במדה"י עיין הפסק בסוף הילכתן אם הל' כר"ש ואם לאו: ההיא איתתא דבעיא דתברחינהו נכסי מגברא כתבתינהו לברת פי' מפני שהיתה רוצה להנשא והיתה יראה שמא יזכה הבעל בהן קדמה וכתבתה לבתה במתנה פי' המורה והודיעה לעדים שאין מתנה זו אלא להבריח ולא שתזכה בהן הבת אם תתאלמן או תתגרש. ואינו נ"ל שאילו פרשה דבריה לעדים שאינה נותנתה לה מתנה גמורה אלא להבריחם מבעלה מתכוונת היכי אמרינן לקמן

א) וכ"כ הרי"ף והרא"ש בפ' נערה דלאו איתנייהו להני דמי דשקליה איתתיה מהדר להו ללוקח ע"ש.

עין משפט נר מצוה

ב א מיי' פכ"ב מהל' אישות הל' ז ח טוש"ע אה"ע סי' צ סעי' ט:

ג ב ג מיי' שם טוש"ע שם סעיף יח:

[אוכל פירות ומשמע כו'. כצ"ל מהרש"א]

מסורת הש"ס

[תוספתא פ"ח]

נ"ל מה זו

נ"י כ"י

[תוספתא פ"ח וע"ש]

לעיל נ. ב"ק פח: ב"מ לה. לו: ב"ב נ. קלט:

הגהות הב"ח

(א) גמ' א"ל רבי מכרה עד שלא כצ"ל ותיבת לה נמחק:

גליון הש"ס

גמ' אינהו דאמרי כרבותינו. נדה סה ע"ב:

אתאי לקמיה דרב נחמן, קרעיה ר"נ לשטרא. אזל רב ענן לקמיה דמר עוקבא, א"ל: חזי מר נחמן חקלאה היכי מקרע שטרי דאינשי! א"ל: אימא לי איזי, גופא דעובדא היכי הוה? א"ל: הכי והכי הוה. א"ל: שטר מברחת קא אמרת? הכי א"ר חנילאי בר אידי אמר שמואל: מורה הוראה אני: [א]אם יבא שטר מברחת לידי — אקרענו. א"ל רבא לרב נחמן: טעמא מאי — דלא שביק איניש נפשיה ויהיב לאחריני, ה"מ — לאחריני, אבל לברתה — יהיבא! אפ"ה, במקום ברתה — נפשה עדיפא לה. מיתיבי: *הרוצה שתבריח נכסיה מבעלה כיצד היא עושה? כותבת שטר פסים לאחרים, דברי רשב"ג. וחכ"א: רצה — מצחק בה, עד [ב]שתכתוב לו "מהיום ולכשארצה". טעמא — דכתבה ליה הכי, הא לא כתבה ליה הכי — קננהי לוקח! א"ר זירא: לא קשיא; [ג]הא — בכולה, הא — במקצתה. ואי לא קננהי לוקח — ניקנינהו בעל! אמר אביי: עשאום כנכסים שאין ידועין לבעל, ואליבא דר"ש.§ **מתני'** [ד]נפלו לה כספים — ילקח בהן קרקע, והוא אוכל פירות. פירות התלושין מן הקרקע — ילקח בהן קרקע, והוא אוכל פירות. [*פירות] המחוברים בקרקע — א"ר מאיר: שמין אותה כמה היא יפה בפירות וכמה היא יפה בלא פירות, ומותר — ילקח בהן קרקע והוא אוכל פירות. [ה]וחכ"א: המחוברים לקרקע — שלו, והתלושין מן הקרקע — שלה, וילקח בהן קרקע והוא אוכל פירות. ר"ש אומר: מקום שיפה כחו בכניסתה — הורע כחו ביציאתה, מקום שהורע כחו בכניסתה — יפה כחו ביציאתה. כיצד? פירות המחוברים לקרקע — בכניסתה שלו וביציאתה שלה, והתלושין מן הקרקע — בכניסתה שלה וביציאתה שלו.§ **גמ'** [ו]פשיטא: ארעא ובתי — ארעא, בתי ודיקלי — בתי, דיקלי ואילני — דיקלי, אילני וגופני — אילני. אבא זרדתא ופירא דכוורי; אמרי לה: פירא, ואמרי לה: קרנא. [ז]כללא דמילתא: גזעו מחליף — פירא, אין גזעו מחליף — קרנא. א"ר זירא א"ר אושעיא אמר ר' ינאי, ואמרי לה אמר ר' אבא א"ר אושעיא א"ר ינאי: הגונב ולד

רש"י

אתאי לקמיה דרב נחמן. לתבוע את בתה להחזיר לה הנכסים, והבת הוליאה שטר מתנתה, וקרעיה ר"נ. חקלאה. אינו בקי בדינין. ומר עוקבא אב ב"ד הוה. מורה הוראה אני. נטלתי רשות מריש גלותא, כדאמרי' בפ"ק דסנהדרין (דף ה.) דמהני רשותא. ולא יהבי רשותא אלא לבקי בדבר. **אם יבא שטר מברחת** לידי. שירצה המקבל מתנה להחזיק בנכסים על פיו, שלא להחזירם לנותן — אקרענו. ולקמיה פריך: הואיל ולאו שטרא הוא, היאך הועיל להבריח? א"ל. רבא לרב נחמן, כשקרע אותו שטר: היכי סמכת בהא אדשמואל וקרעת ליה? **טעמא מאי.** אמר שמואל אקרענו. **דלא שביק איניש נפשיה** כו'. ולא גמר להקנותו אלא בעוד שהוא דואג מאחרים שלא יחזיקו בהם. ה"מ. בנותנת לאיש נכרי, איכא למימר דלא גמרה ואקניא. **אבל לברתה** יהבה לה. מתנה חלוטה. **שטר פסים.** שטר פיוסים. שמפייסתו לקבל מתנה זו להפקיע זכות בעלה קודם נישואין, ולא שיזכה מקבל זה בהם. **אם רצה.** המקבל הזה. מצחק בה. ומחזיק בהן עולמית. **עד שתכתוב.** בשטר זה: מהיום נתונים לך ולכשארצה. יש כאן הברחה מבעלה, שאם בא לזכות — תאמר: אני רוצה [במתנה, ונמצא קיימת למפרע. ואם זה שנכתב שטר יבוא להחזיק — תאמר: איני רוצה]. קננהי לוקח. תיובתא דשמואל. **הא בכולה.** כי אמר שמואל: לא קני — בכותבת לו כל נכסיה. דכיון דלא שיירה מידי לנפשה אם תתגרש — אנן סהדי דלא גמרה ומקניא. והא דקתני: רצה מצחק בה — בכותבת מקצתן. **ואי לא** קננהי לוקח לקנינהו בעל. לשמואל, בכותבת כולן, דאמר: לא קני. כיון דלא קני — מאי הברחה איכא? ליקנינהו בעל ויאכל פירות, ויירשנה אם תמות תחתיו. **כנכסים שאינן ידועין.** שהרי ע"מ שאינן שלה נשאה, דסבור שהמתנה גמורה. **מתני'** **והוא אוכל פירות.** והקרן קיימת לה. שלא תיקנו לו חכמים תחת פירקונה אלא פירות. **שמין אותה** כו'. דקסבר: מה שגדל ברשותו — הוו פירות, ומה שלא גדל ברשותו — הוי קרן. לפיכך, מה שדמי הקרקע יקרים עכשיו בשביל תבואה זו — צריך ליתן לה דמים, ויקנו מהן קרקע, ויאכל הוא פירותיה. **וחכ"א.** אף אלו שלא גדלו ברשותו תורת פירות נתנו בהן, הואיל והקרקע קיימת לה. **ביציאתה.** אם בא לגרשה. **פירות המחוברין לקרקע בכניסתה שלו.** כלומר: בשעת נפילתן שלו, כרבנן. ובגמ' פריך: היינו ת"ק. [**ביציאתה שלה.** המגרש את אשתו והיו בנכסים פירות מחוברין — נוטלת קרקעותיה עם פירות שבהן. **בכניסתה שלה.** וילקח בהן קרקע, והוא אוכל פירות]. **וביציאתה שלו.** דמה שהקדש ותלש בעודה תחתיו — זכה בהן מדין פירות נכסי מלוג. **גמ'** **פשיטא לי ארעא ובתי ארעא.** נפלו לה כספים, ובאו ליקח לה קרקע. זה אומר: קרקע בת זריעה אני רוצה, וזאת אומרת: בתים אני רוצה ליקח, או איפוך. **ארעא.** זבנינן מינייהו. ששכרה מרובה, ואינה מרקבת. ושניהם מעכבים; הבעל יכול לומר: דבר שפירותיו מרובים אני חפץ. וכן אם בא הוא ליקח בית — יכולה היא לומר: איני רוצה בדבר שהוא כלה והולך והקרן מתמעט. **בתי.** שכרן מרובה מדיקלי, שהן עשויין ליבש. **דיקלי.** תמרים. **אילני.** שאר אילנות. **אבא.** יער, לחתוך עצים. **זרדתא.** אילנות של עוזרדין. ולא היו פריין חשוב להן, וקוצצין אותן לעצים. **ופירא דכוורי.** חפירה של דגים, שקורין וויי"ר. **אמרי לה פירא.** אם נפלו לה בירושה, קצילת העצים ודגים שבחפירה — הוא פריין, והקרקע הוא קרן. **ואמרי לה.** כולהו הוו קרנא, הואיל והעצים והדגים כלים. והכל ימכר מיד, וילקח בהן קרקע, והוא אוכל פירות. **אילן, אין גזעו מחליף.**

תוספות

עשאום כנכסים שאינם ידועים ואליבא דר"ש. פסק ר"ת כר"ש בנכסים שאינם ידועין. וכן נראה, מדקאמר: ואליבא דר"ש, משמע דכל הני דסבירא להו שטר מברחת לא קנה — סבירא להו כר"ש. דאי בעי למימר דתקינו רבנן משום תקנת מברחת, כמו שאומר ר"ש בנכסים שאין ידועין, ואפי' רבנן דר"ש מודו בה, ולעולם לית הילכתא כוותיה — א"כ, הל"ל "עשאום כנכסים שאין ידועים לבעל אליבא דר"ש", בלא וי"ו, דהוה משמע — דכי היכי דנכסים שאינם ידועים לא משתעבדי לבעל אליבא דר"ש — ה"נ מברחת לכ"ע. ומדקאמר "ואליבא דר"ש" — משמע דוקא לר"ש, משום דע"י הברחה הוו נכסים שאינם ידועים. וכבר בא מעשה שטר מבריח נכסיו לפני ר"ת, שרצה ללוות, ורצה שלא ישתעבדו נכסיו לבעל חוב. וגם שטר מבריח נכסיו שלא ישתעבדו נכסיו לכתובת אשתו, ואמר ר"ת שהשטר קיים, ומגבינן ביה. דדוקא הכא דהוי מברחת, דלא קני להו בעל *דהוו נכסים שאין ידועים — אמרינן דודאי להבריח נתכוון. אבל במעשים אלו, דאי לא הוי קני לוקח — הויא קני להו ב"ח והאשה, וכיון דבהכי לא הוי מוברח — אית לן למימר דלמתנה גמורה איכוין.

דקלי ואילני דקלי. היינו כפי' ר"ת ב"המוכר את הספינה" (ב"ב דף פג. ושם:) דדקלים מתקיימין הרבה. ולא כרשב"ם, דפי' התם דאין מתקיימין יותר מד' וה' שנים, גבי הא דאמר רב זביד: דקל אין לו גזע. **אילני** וגופני אילני. משמע דגופני גריעי מאילני, וכ"ש מדקלי, דעדיפי מאילני. וקשה: דאמרינן ב"החובל" (ב"ק דף לג. ושם): אריסיה דשמואל אייתי ליה תמרי, טעמינהו טעמא דחמרא, אמר: קא מכחשי בגופנא כולי האי? (א) א"ל: למחר אייתי לי מקורייהו. משמע דגופני עדיפי מדקלי! וי"ל: דדקלי עדיפי בזה שאין צריך להוציא עליהם כלום כדי לתקנן, אבל גפנים צריכין יציאה מרובה לזמר ולתקן הכרם, דאם לא כן מתקלקל. ומי שיכול לטרוח לעובדם ולשומרם כראוי — יש בהן ריוח גדול.

כללא דמלתא. ר"ח גריס גזעו מחליף — קרנא. אין גזעו מחליף — פירא. פי': דבר שאוכל הפירות והקרן מתקיים — זהו קרנא, ואין מוכרין אותו ליקח ממנו קרקע. ודבר שהוא כלה, שאין גזעו מחליף — הוי כאילו נפלו לה פירות, וילקח בהן קרקע. ולפ"ז, "אמרי לה פירא" הוא דקאמרי להאי כללא. דהא אבא זרדתא ופירא דכוורי אין גזען מחליף, כדפי' בקונטרס. וקשה לרשב"א: דמשמע ד"אמרי לה קרנא" קאמרי להאי כללא, מדלא נקט: "אמרי לה פירא" לבסוף. ועוד: דאמר רב נחמן לקמן: עיילא ליה גלימא — פירא הוי, מיכסי ביה כו'. הל"ל: קרנא הוי! ועוד: דא"כ, הא דקפני*) פיר גפרית ומחפורת של צריף, ר"מ אומר: קרן — הוי נמי **) פירות, דחשיב כקרן המתקיים, והבעל אוכל פירות. וא"כ, קשיא דר"מ אדר"מ; דהא קתני במתניתין דלר"מ פירות מחוברין שמין אותם כמה הן יפין וילקח בהן קרקע והוא אוכל פירות. וגפרית וצריף לא גריעי מפירות מחוברין! ועוד: דהשתא הוי ר"נ כר"מ! ונראה כפי' הקונט'. ור"ת גרס כר"ח, ומפרש: דלאו בנפלו לה פליגי אם ימכרם אם לאו, דהא קאי אהא דקאמר: פשיטא ארעא ובתי ארעא — דאיירי בנפלו לה כספים, ואהא קאי פלוגתייהו. ומפרש: דאם נפלו לה כספים ורוצה הבעל לקנות בהם אבא זרדתא ופירא דכוורי, וכן משמע מתוך פירוש ר"ח, דמפרש גזעו מחליף קרנא כו'. הלכך, היכא דקתני

*) [צ"ל פיר של גפרית] **) [צ"ל פירות]

תוספות רי"ד

ואם תתאלמן או תתגרש תאמר לו שוב איני רוצה שתהא מתנתך קיימת ולוקחת אותם: טעמא דכתבה לי' הכי הא לא כתבה לי' הכי קנהו לוקח. פי' אם היתה מתנה בסתם קנה המקבל מתנה שמתנה גמורה היא וקשה לר"נ ואי קשה אדמותבי' לי' מרבנן תסייע' מרשב"ג דאמר רבה בב"ח אר"י כ"מ ששנה רשב"ג במשנתנו הל' וכו'. תשובה. הא אמרן בפירקין דלעיל תרי אמוראי אליבא דר"י ואפילו לרבא נמי דוקא במשנתנו קאמר אבל לא בברייתא והלכך בברייתא אהדרינן לכללא יחיד ורבים הלכה כרבים. א"ר זירא ל"ק הא לכולן והא במקצתן. פי' מאי דאמרי רבנן דקנה מקבל מתנה זהו במקצתן דכיון דשיירא לנפשה בכל לב יהבה לי' והא דאר"נ לא קנה זהו בכל נכסיה. דכיון דלא שיירא לנפשה מידי בודאי אמרי' ל"ש איניש נפשיה ויהיב לאחריני והכי אמרי' בפרק מ"ש חמשה עד שיכתבו כל נכסיהם ומברחת חדא מניייהו. ומקשה ואי לא קנגהו לוקח ליקנינהו בעל. פי' כיון שמתנת הברחה בטלה א"כ יקנה הבעל נכסים ויאכל פירות בחיי' ואם מתה יירשנה. אמר אביי עשאוה כנכסים שאין ידועין לבעל ואליבא דר"ש. פי' כי היכי דאמר ר"ש בנכסים שנפלו לה במד"ה מפני שאין רשותן של בעל עליהן הן של אשה ואין לו זכות עליהם ה"נ אמרי' הכא באלו הנכסים שכיון שרואה הבעל שנתנה נכסים במתנה מתיאש מהן ואין לו שום זכות עליהן ומכאן מוכח שמקבל המתנה לא זכה בהן לא בחיי' ולא לא"מ. אלא כל מתנתה בטלה וה"ה של אשה בחייה ובמותה ליורשי' ומ"ה מקשה לקנינהו בעל וגם מדמה אותם לנכסים שאין ידועים שהן של אשה לכל דבר למוכרן ומכרה קיים ולא כמ"ש למעלה. וכתב ר"ח ור"י ז"ל ש"מ דהל' כר"ש. ואדרבה מדקאמר ואליבא דר"ש משמע שאין הל' כמותו וה"ק מ"ה לא קנה הבעל נכסי המברחת דכי היכי דאר"ש בנכסים שאין ידועים לבעל דבעל מתיאש ולא קנאם ה"נ אמור רבנן בנכסי המברחת. ואע"ג דפליגי בנכסים שאין ידועים התם מפני שלא ידע בהן ואין יאושו יאוש שאילו היה יודע לא היה מתיאש אבל כשהוא רואה שנותנתן לאחר מתיאש מהן יאוש גמור. ומ"ה לא קנאם לעולם ולעולם בנכסים שאין ידועים לא פסק אביי הל' כר"ש. אלא הדרינא לכללא יחיד ורבים הל' כרבים ואין לחלק בין ידועים לשאינן ידועים ובכלן אם מכרה ונתנה הבעל מוציא מיד הלקוחות (והרב פסק הלכה כר"ש): **מתני'** נפלו לה כספים. ילקח בהן קרקע והוא אוכל פירות. פירות תלושין מן הקרקע ילקח בהן קרקע והוא אוכל פירות והמחוברים לקרקע אר"מ שמין אותן כמה הן יפין בפירות וכמה הן יפין בלא פירות והמותר ילקח בהן קרקע והוא יאכל פירות וחכ"א פירות המחוברים לקרקע שלו והתלושין שלה וילקח בהן קרקע והוא אוכל פירות רש"א מקום שיפה כחה בכניסתה הורע כחה ביציאתה ומקום שיפה כחו ביציאתה הורע כחו בכניסתה כיצד פירות המחוברין לקרקע בכניסתה שלו וביציאתה שלה ותלושים ביציאתה שלו ובכניסתה שלה. פי' אם נפלה לה כספים לא יאמר הבעל א"שתכר בהן והשכר שלו והקרן קיים לאשה שמא יכלו. וכן פירות התלושין לא [יאכלום אלא] ימכרו וילקח בהן קרקע והוא אוכל פירותי'. ואם נפלו לה פירות מחוברין לקרקע כגון שדה זרוע או אילנות טעונין פירות היה אומר ר"מ מה שיגדלו הפירות מכאן ואילך הוא ברשות הבעל והן שלו. אבל מה שגדלו כבר קודם שיזכה בהן הוא של (בעל) האשה. והאיך עושים. שמין השדה כמה היא יפה ואם

תוספות רי"ד

א"ל רבא לר"נ טעמא מאי דלא שביק איניש נפשי' ויהיב לאחריני. מה אנו צריכים לזה הטעם ה"ה גילתה דעתה שלא להקנות' בק"ג נתנתה לה. ותו דלקמן מפליגינן בין כלם למקצתם שמקצתם קנה המקבל ולמה קנה כיון שגילה דעתו שאינו מתכוין אלא להבריח. א"ו בסתם הי' המעשה ולא אמרה לעדים שום דבר בשעת המתנה אלא סתם דעתה אנו אומדים שלא נתכוונה כ"א להבריח (א) אמי' דרב זוטרא בר טביומי כתבתנהו נכסה למר זוטרא בנה אמרה דבעינא לאנסובי לי' לרב זביד לסוף אינסיב ואיגרשה אתת לקמיה דר"ב ב"א אמר משום אנסובא הוא והא אינסיבא א"ל ר"ה ברי' דר"י משום דאתיתו ממולאי אמריתי מילי ממוליאתא אפילו למ"ד (מכרתן) [מברחת] קני ה"מ דלא גליא דעתי' הכא הא גליא דעתה אלמא מאי דאמרי' הכא (במוכרתן) [במברחת] לא מיירי אלא היכא דלא גליא דעתא אלא בסתמא הוא דאמרינן גליא דעתא הכי. וג"ל שט"ס הוא וכך צ"ל בפירוש המורה. ולא הודיעם לעדים והשמיט הסופר תיבת ולא: לסוף אינסיבה ואיגרשה אתאי לקמיה דר"נ קרעא ר"נ לשטרא. פי' שביטל שטרא ואמר לא קנתה שלא נתכוונה כ"א להבריח ולא להקנותם ק"ג והחזיר הנכסים לאמה. וג"ל דוקא היכא דאינסיבה ואיגרשה הויא בטלה והדרי לה נכסי כדאמרינן דלא שביק איניש נפשי' ויהיב לאחריני אבל היכא דמתה בחיי בעלה נתקיימה מתנתה ובעודה תחת בעלה נמי הבת אוכלת הפירות דהאי אומדנא לא עבדי' לי' אלא היכא דמיגרשא דל"ל מידי אבל היכא דיתבי תחת בעלה ואית לה מזוני ופרנסה מבעלה לא דהא במקצת נכסים מ"ה מתנתה קיימת דכיון דשיירא לנפשה סמכא בהאי שיורא כ"ש הכא דקיימא תחת בעלה ג) (עיין בהל' שחור הגאון ר"ע לקמי' דמ"ע א"ל חזי מר נחמן חקלאה היכי מקרע שטרא דאנשי. א"ל אימא לי היכי הוה א"ל הכי והכי הוה א"ל שטר מברחת קאמרת הכי א"ר חנילאי בר אידי אמר מורה הוראה אנא. פי' שקיבל רשות מריש גלותא. ואם יבא לידי שטר מברחת אקרענו א"ל רבא לר"נ טעמא מאי לא שביק איניש נפשיה ויהיב לאחריני (א"ל) ה"מ לאחריני אבל לברתה יהבה אפ"ה במקום (נפשה) [ברתה] נפשה עדיפא ליה. מיתיבי הרוצה שתבריח נכסי' מבעלה כיצד היא עושה כותבת שטר פסים לאחר דברי רשב"ג. פי' אדם אחר שלא יזכה במתנתה וכותבת לו מתנה על נכסים. והועילה מתנה זו להבריחם מבעלה אע"פ שלא קנה (והרב חולק בזה ואומר שאינה מפייסת אותו אלא כותבת לו שטר בסתם ואינה מגלה לו דעתה שהיא מתנה בטלה). וחכמים אומרים רצה משחק בה עד שתכתוב מהיום לכשארצה. פי' אם רצה המקבל מתנה שהבטיחה שלא יחזיק בנכסי' משחק בה כיון שעשתה לו שטר מתנה בסתם ואם היא רוצה להבריח ולא יזכה בה המקבל תכתוב לו כך כל נכסיי נתונים לך מהיום ועד זמן שארצה דמשמע כ"ב שארצה אבטל מתנתו ובכה"ג מהני לי' שאם יבא הבעל לזכות בהן היא תאמר אני רוצה שיזכה בעל המתנה

(א) נ"ל דצ"ל דאמרינן בב"ב (דף קנ"א) דאמיה דרב זוטרא כו'. ב) וכ"מ בתוס' ב"ב (דף קנ"א) ד"ה גלית.

עין משפט נר מצוה

ד א ב ג מיי' פכ"ב מהל' אישות הל' ט ופ"ו מהל' זכייה הל' יב סמג לאוין פא טוש"ע אה"ע סי' צ סעיף ז וסי' פה סעיף יג:
ה ד מיי' פכ"ב מהל' אישות הל' לא טוש"ע שם סי' פה סעיף יג:
ו ה מיי' שם הלכה כד טוש"ע שם סעיף טו:
ז ו ז מיי' פכ"ב שם הל' לג טוש"ע שם סעיף יג:

עיין ברא"ש

מסורת הש"ס

[תוספתא פ"ט]

נ"י כ"י

רש"ל. [תכן במשנה שבמשניות אי' והמחוברין]

הגהות הב"ח

(א) תוס' ד"ה אילני וכו' האי למחר כצ"ל ותיבת א"ל נמחק:

עין משפט נר מצוה

ח א מיי' פכ"ב מהלכות אישות הלכה כח:

ט ב ג מיי' שם הלכה כה סמג עשין מח טוש"ע אה"ע סימן פה סעיף ט:

י ד ה מיי' שם הלכה לד טוש"ע שם סעיף יב:

יא ו ז מיי' שם הלכה כד טוש"ע שם סימן פה סעיף ו:

יב ח ט מיי' שם הלכה כג טוש"ע שם סימן פה סעיף יב:

יג כ ל מיי' פכ"ג שם הלכ' ל' ח טוש"ע שם סי' פח סעיף ז:

גמרא

וְלַד בֶּהֱמַת מְלוֹג – [א]מְשַׁלֵּם תַּשְׁלוּמֵי כֵּפֶל לָאִשָּׁה. כְּמַאן? לָא כְּרַבָּנַן וְלָא כַּחֲנַנְיָה! דְּתַנְיָא: וְלַד בֶּהֱמַת מְלוֹג – לַבַּעַל, וְלַד שִׁפְחַת מְלוֹג – לָאִשָּׁה. וַחֲנַנְיָה בֶּן אֲחִי יֹאשִׁיָּה אָמַר: עָשׂוּ וְלַד שִׁפְחַת מְלוֹג כְּוָלַד בֶּהֱמַת מְלוֹג! אֲפִי' תֵּימָא דִּבְרֵי הַכֹּל; *פֵּירָא – תַּקִּינוּ לֵיהּ רַבָּנַן, פֵּירָא דְּפֵירָא – לָא תַּקִּינוּ לֵיהּ רַבָּנַן. בִּשְׁלָמָא לַחֲנַנְיָה הַיְינוּ •דְּלָא חָיְישִׁינַן לְמִיתָה. אֶלָּא רַבָּנַן, אִי חָיְישֵׁי לְמִיתָה – אֲפִי' וְלַד בֶּהֱמַת מְלוֹג נַמִּי לָא, וְאִי לָא חָיְישֵׁי לְמִיתָה – אֲפִילּוּ וְלַד שִׁפְחַת מְלוֹג נַמִּי! לְעוֹלָם חָיְישֵׁי לְמִיתָה, וְשָׁאנֵי בְּהֵמָה – דְּאִיכָּא עוֹרָהּ. אָמַר רַב הוּנָא בַּר חִיָּיא אָמַר שְׁמוּאֵל: [ב]הֲלָכָה כַּחֲנַנְיָה. אָמַר רָבָא אָמַר רַב נַחְמָן: אע"ג דְּאָמַר שְׁמוּאֵל הֲלָכָה כַּחֲנַנְיָה, מוֹדֶה חֲנַנְיָה [ג]שֶׁאִם נִתְגָּרְשָׁה נוֹתֶנֶת דָּמִים וְנוֹטַלְתָּן, מִפְּנֵי *שֶׁבַח בֵּית אָבִיהָ. אָמַר רָבָא אָמַר רַב נַחְמָן: [ד]הִכְנִיסָה לוֹ עֵז לַחֲלָבָהּ, וְרָחֵל לְגִיזָּתָהּ, וְתַרְנְגוֹלֶת לְבֵיצָתָהּ, וְדֶקֶל לְפֵירוֹתָיו, אוֹכֵל וְהוֹלֵךְ עַד שֶׁתִּכְלֶה הַקֶּרֶן. *א"ר נַחְמָן: [ה]עַיְילָא לֵיהּ גְּלִימָא – פֵּירָא הָוֵי, מְכַסֵּי בֵּיהּ וְאָזֵיל עַד דְּכַלְיָא. כְּמַאן – כִּי הַאי תַּנָּא. דְּתַנְיָא: הַמֶּלַח וְהַחוֹל – הֲרֵי זֶה פֵּירוֹת. פִּיר שֶׁל גָּפְרִית, מַחְפּוֹרֶת שֶׁל צָרִיף, ר"מ אוֹמֵר: קֶרֶן, וַחכ"א: פֵּירוֹת.§ [ו]ר"ש אוֹמֵר: מָקוֹם שֶׁיִּפָּה כֹּחוֹ.§ ר"ש הַיְינוּ ת"ק! אָמַר רָבָא: [ז]מְחוּבָּרִין בִּשְׁעַת יְצִיאָה. אִיכָּא בֵּינַיְיהוּ.§

מתני' נָפְלוּ לָהּ עֲבָדִים וּשְׁפָחוֹת זְקֵנִים – יִמָּכְרוּ, וְיִלָּקַח מֵהֶן קַרְקַע, וְהוּא אוֹכֵל פֵּירוֹת. [ח]רשב"ג אוֹמֵר: לֹא תִּמְכּוֹר, מִפְּנֵי שֶׁהֵן שֶׁבַח בֵּית אָבִיהָ. *[ט]נָפְלוּ לָהּ זֵיתִים וּגְפָנִים זְקֵנִים – יִמָּכְרוּ, וְיִלָּקַח בָּהֶן קַרְקַע, וְהוּא אוֹכֵל פֵּירוֹת. ר' יְהוּדָה אוֹמֵר: לֹא תִּמְכּוֹר, מִפְּנֵי שֶׁהֵן שֶׁבַח בֵּית אָבִיהָ.§ **גמ'** אָמַר רַב כָּהֲנָא אָמַר רַב: מַחֲלוֹקֶת שֶׁנָּפְלוּ בְּשָׂדֶה שֶׁלָּהּ, אֲבָל בְּשָׂדֶה שֶׁאֵינָהּ שֶׁלָּהּ דִּבְרֵי הַכֹּל תִּמְכּוֹר, מִשּׁוּם דְּקָא כַּלְיָא קַרְנָא. מַתְקִיף לָהּ רַב יוֹסֵף: הֲרֵי עֲבָדִים וּשְׁפָחוֹת, דְּכִי שָׂדֶה שֶׁאֵינָהּ שֶׁלָּהּ דָּמֵי, וּפְלִיגִי! אֶלָּא, אִי אִיתְּמַר הָכִי אִיתְּמַר: אָמַר רַב כָּהֲנָא אָמַר רַב: מַחֲלוֹקֶת בְּשָׂדֶה שֶׁאֵינָהּ שֶׁלָּהּ, אֲבָל [י]בְּשָׂדֶה שֶׁלָּהּ דִּבְרֵי הַכֹּל לֹא תִּמְכּוֹר, מִפְּנֵי שֶׁבַח בֵּית אָבִיהָ.§

מתני' *[כ]הַמּוֹצִיא הוֹצָאוֹת עַל נִכְסֵי אִשְׁתּוֹ, הוֹצִיא הַרְבֵּה וְאָכַל קִימְעָא, קִימְעָא וְאָכַל הַרְבֵּה – מַה שֶּׁהוֹצִיא הוֹצִיא, וּמַה שֶּׁאָכַל אָכַל. הוֹצִיא וְלֹא אָכַל – [א)]יִשָּׁבַע כַּמָּה הוֹצִיא, וְיִטּוֹל.§ **גמ'** וְכַמָּה קִימְעָא? אָמַר רַבִּי אַסִּי: [ל]אֲפִילּוּ גְּרוֹגֶרֶת אַחַת. וְהוּא שֶׁאֲכָלָהּ [ב)]דֶּרֶךְ כָּבוֹד. אָמַר רַבִּי

א) [עי' תוס' לקמן פ. ד"ה ישבע] ב) [קדושין מה:]

רש"י

וְלַד בֶּהֱמַת מְלוֹג. שֶׁנָּפְלָה לָהּ בְּהֵמָה בִּירוּשָּׁה, וְיָלְדָה. תַּשְׁלוּמֵי כֶפֶל לָאִשָּׁה. וְלֹא לַבַּעַל. קס"ד דְּקָסָבַר אֵין הַוְּולָדוֹת פֵּירֵי אֶלָּא קֶרֶן, וְיִלָּקַח בָּהֶן קַרְקַע, דְּחָיְישִׁינַן שֶׁמָּא תָּמוּת הָאֵם וְיִכְלֶה הַקֶּרֶן. וּוָלַד שִׁפְחַת מְלוֹג לָאִשָּׁה. לְקַמָּן מְפָרֵשׁ טַעְמָא. פֵּירָא. גּוּף הַוָּולָד. פֵּירָא דְּפֵירָא. כֶּפֶל הַבָּא עָלָיו. דְּאִיכָּא עוֹרָהּ. וְאֵין הַקֶּרֶן כָּלֶה כּוּלּוֹ. שֶׁאִם נִתְגָּרְשָׁה. וְהַבַּעַל זָכָה בַּוְּולָדוֹת, שֶׁהֵן כְּפֵירוֹת תְּלוּשִׁין. נוֹתֶנֶת. לוֹ הָאִשָּׁה דָּמִים, וְנוֹטֶלֶת בְּנֵי שִׁפְחָתָהּ. עֵז לַחֲלָבָהּ. לֶאֱכוֹל חֲלָבָהּ. לְגִיזּוֹתֶיהָ. הֵן עִיקָּר שֶׁלָּהּ, לְהָכִי נָקַט לְהוּ. וְהוּא הַדִּין דְּשָׁקֵיל חֲלָב וְוָלָדוֹת. אוֹכֵל וְהוֹלֵךְ. דְּגַבֵּי בְּהֵמָה אִיכָּא עוֹרָהּ, וְגַבֵּי תַּרְנְגוֹלֶת אִיכָּא נוֹצָה, וְגַבֵּי דֶּקֶל כְּשֶׁיִּיבַשׁ – אִיכָּא עֵצָיו. אֲבָל הָנֵי כּוּלְּהוּ – פֵּירוֹת נִינְהוּ, שֶׁמִּתְחַדְּשִׁין תָּמִיד, וְדֶרֶךְ הֲנָאָתָם הִיא. עַיְילָא לֵיהּ גְּלִימָא. טַלִּית בְּנִכְסֵי מְלוֹג, אַף עַל פִּי שֶׁלֹּא שָׁמָאתוּ [בִּכְתוּבָּה] בְּנִכְסֵי צֹאן בַּרְזֶל, וְצָרִיךְ לִהְיוֹת קֶרֶן שָׁמוּר לָהּ. פֵּירָא הָוֵי. כִּסּוּיוֹ שֶׁמְּכַסֶּה הֵימֶנּוּ – הֵן פֵּירוֹתָיו. מִיכַּסֵּי וְאָזֵיל בֵּיהּ עַד דְּבָלֵי. וְהַשְּׁחָקִין יִהְיוּ לָהּ לַקֶּרֶן. כְּמַאן. אֲמָרָהּ רַב נַחְמָן לְהָא דְּשֵׁיוּרָא פּוּרְתָּא הָוֵי לֵיהּ קַרְנָא. כִּי הַאי תַּנָּא. רַבָּנַן דִּפְלִיגִי אַדְּר"מ. הַמֶּלַח וְהַחוֹל. נָפְלָה לָהּ יְרוּשָּׁה עַל שְׂפַת הַיָּם חֲרִילִין עֲשׂוּיִין, שֶׁמֵּי הַיָּם נִכְנָסִים בָּהֶן וְהַחַמָּה מְיַיבַּשְׁתָּן וְעוֹשִׂין מֶלַח, וְהֵן "מִשְׂרְפוֹת מַיִם" הָאֲמוּרִין בַּמִּקְרָא (יהושע יא), וּמְתַרְגְּמִינַן "חֲרִילֵי יַמָּא". וְהַחוֹל. מָקוֹם שֶׁנּוֹטְלִין חוֹל לְבִנְיָן. ה"ז פֵּירוֹת. וְלָא אָמְרִינַן: יִמָּכֵר אוֹתוֹ מָקוֹם, וְיִלָּקַח בָּהֶן קַרְקַע בַּר זְרִיעָה – לְפִי שֶׁאֵין פִּרְיוֹ כָּלֶה לְעוֹלָם, וּבְהָא מוֹדֶה ר"מ. פִּיר גָּפְרִית. גּוּמָּא שֶׁחוֹפְרִין הֵימֶנָּה גָּפְרִית. וְכֵן מַחְפּוֹרֶת שֶׁל צָרִיף = אלו"ם בְּלַעַ"ז, שֶׁצּוֹבְעִין בָּהֶן בְּגָדִים וּמֶשִׁי, וְחוֹפְרִים אוֹתוֹ בַּקַּרְקַע, וְסוֹפוֹ לִכְלוֹת וּלְהַגִּיעַ לִיסוֹד קַרְקַע בְּעָלְמָא. ר"מ אוֹמֵר קֶרֶן. וְיִמָּכֵר וְיִלָּקַח בְּדָמָיו קַרְקַע, לְפִי שֶׁפִּרְיוֹ כָּלֶה. וַחכ"א פֵּירוֹת. וּמְקוֹם הַגּוּמָּא יִהְיֶה לָהּ לְקֶרֶן, וּמִזֶּה יֹאכַל הַבַּעַל עַד שֶׁיִּכְלֶה – שֶׁזֶּה פִּרְיוֹ וְדֶרֶךְ הֲנָאָתוֹ. וְהוּא הַדִּין לִגְלִימָא. וְלָא דָּמוּ לִכְסָפִים וּפֵירוֹת הַתְּלוּשִׁין שֶׁנֶּאֱכָלִין מִבְּלִי שִׁיּוּר, וְכָל פְּרוּטָה וּפְרוּטָה הוֹאִיל וְאֵינָן עוֹשִׂים פְּרִי – הָוְיָא קֶרֶן לְעַצְמָהּ. הַיְינוּ ת"ק. חֲכָמִים. מְחוּבָּרִים בִּשְׁעַת יְצִיאָה. דְּלָא אַיְירוּ בְּהוּ, רַבָּנַן לֵית לְהוּ הָא דְּאָמַר ר"ש: בִּילִיאָתָהּ שֶׁלָּהּ. דְּקָסָבְרֵי: מַה שֶּׁגָּדַל בִּרְשׁוּתוֹ – שֶׁלּוֹ. וְתָלוּשׁ בִּשְׁעַת יְלִיאָה – לֵיכָּא לְמֵימַר דִּפְלִיגֵי עֲלֵיהּ וְנֵימְרוּ: שֶׁלָּהּ. דְּכֵיוָן דְּתָלְשָׁן – הַכֹּל מוֹדִים שֶׁזָּכָה בָּהֶן. **מתני'** לֹא תִּמְכּוֹר. יְכוֹלָה הִיא לְעַכֵּב. **גמ'** מַחֲלוֹקֶת. דְּזֵיתִים וּגְפָנִים – בְּשָׂדֶה שֶׁלָּהּ. שֶׁנָּפַל לָהּ הַקַּרְקַע עִם הָאִילָנוֹת – דְּכִי יָבְשֵׁי זֵיתִים הָוֵי לָהּ קַרְקַע לְקֶרֶן. אֲבָל בְּשָׂדֶה שֶׁאֵינָהּ שֶׁלָּהּ. כְּגוֹן שֶׁהָיוּ לְאָבִיהָ זֵיתִים שֶׁקָּנָה בְּלֹא קַרְקַע, עַל מְנָת שֶׁיִּהְיוּ בְּקַרְקַע הַמּוֹכֵר, וְהַלּוֹקֵחַ יֹאכַל פֵּירוֹת עַד שֶׁיִּבְשׁוּ. דִּבְרֵי הַכֹּל תִּמְכּוֹר. וְיִלָּקַח בָּהֶן קַרְקַע, וְאֵין אֶחָד מֵהֶן יָכוֹל לְעַכֵּב בִּמְכִירָתָן, שֶׁאֵין כָּאן שֶׁבַח בֵּית אָב הֵיכָא דְּכַלְיָא קַרְנָא. וְהָא עֲבָדִים וּשְׁפָחוֹת כו'. דְּכִי מַיְיתִי – כַּלְיָא קַרְנָא לְגַמְרֵי, וּפְלִיגֵי. דְּכָל זְמַן דְּהֵן קַיָּימִין הָוְיָא לָהּ וּלְבֵית אָבִיהָ לְשֵׁם וּלְתִפְאֶרֶת. **מתני'** מַה שֶּׁהוֹצִיא הוֹצִיא. אִם גֵּירְשָׁהּ. **גמ'** רַבִּי

תוספות

דקתני ילקח בהם קרקע – אין קונין אלא דבר שגזעו מחליף. אלמא דבלקנות איירי, ולפ"ז לא קשה מידי לפי' ר"ת הא דאמר ר"נ פירא הוי, ולא דר"מ אדר"מ. דהתם איירי שמכנסת לו גלימא ופיר גפרית ולריף, וקרי פירא למאי דאכיל בעל פירות נכסי מלוג. אבל הכא, מה שקונין בכספים שנפלו – קרי קרנא, ומה שאין קונין – קרי פירא. דדין פירות עליו, כמו שהפירות ימכרו וילקח בהן קרקע. ולפ"ה קשה: דמפרש דאין גזעו מחליף – מוכרין, דהא גלימא אמר לקמן אע"ג דאין גזעו מחליף, דמכסי ביה ואזיל. וכן פיר גפרית, ומחפורת של לריף אמרי רבנן דהוי דבעל, אע"ג דאין גזעו מחליף! ולר"ת ניחא: דאע"ג דאין קונין לכתחילה מכספים אלא דבר שגזעו מחליף, כשנופל לה בירושה – אין מזקיקין אותו למכור, אלא אוכל פירות כמו שהוא עד שיכלה הקרן, כיון שיש שיור קלת, כמו בגלימא וכל דדמי ליה.

כמאן לא כרבנן כו'. השתא משמע דסבר ר' ינאי דוולד בהמת מלוג לאשה. וא"ת: א"כ לימא ולד בהמת מלוג לאשה! וי"ל: לרבותא נקט, דאפילו כפילא הויא דאשה. **פירא** דפירא לא תקינו ליה רבנן. דוקא במידי דאתי מעלמא, כגון כפל ולד בהמת מלוג, אבל פשיטא דפירי דפירא נמי תקינו ליה רבנן, כדתנן ב"הכותב" (לקמן פג.): לעולם הוא אוכל פירי פירות עד שיכתוב כו'. והא דקאמר משלם תשלומי כפל לאשה – היינו כפל לחודיה, אבל קרן – לבעל. תימה: דגונב בהמת מלוג עלמה, שהיא של אשה – הוי הכפל לבעל. דהא לא הוי פירא דפירא. וגונב ולד בהמת מלוג, דהויא דבעל – הוי הכפל לאשה?! וריב"ן פירש: דכ"ש בהמת מלוג עלמה דהוי הכפל לאשה, והכי פי': פירא, כיון דלא הוי מעלמא – תקינו ליה רבנן, והוא הדין פירא דפירא. הא פירא דפירא דאתי מעלמא – לא תקינו ליה, וכל שכן פירא דאתי מעלמא*).

שאני התם דאיכא עורה. קלא תימה לרשב"א דחשיב עורה שיור: הא אם היה רולה לשוחטה – אינו יכול! **והרי** עבדים ושפחות כו'. משמע דזיתים וגפנים זקנים עושים קלת פירות, מדפריך עלה מעבדים ושפחות. ובעבדים ושפחות איירי שעושים קלת מלאכה, דאם אינם יכולים כלום – מה מכירה שייך בהם? ועוד: דמסיק דפליגי דנפלו לה בשדה שאינה שלה, ואי איירי בזיתים וגפנים שנתייבשו לגמרי – מ"ט דמ"ד לא תמכור? והא ליכא שבח בית אביה, דכיון דנתייבשו לגמרי – לא יניח בעל השדה להשהותם! אלא ודאי איירי כשעושין קלת פירות. וקשה לר"י מהא דאמר בפ' "המקבל" (ב"מ דף קט:) דההוא גברא דמשכן פרדסא לחבריה לעשר שנים וקש לה' שנים, דפריך למ"ד התם פירא הוי מהא דתנן הכא: נפלו לה זיתים וגפנים זקנים – ימכרו וילקח בהן קרקע כו', אלמא קרנא הוי, דאי פירא הוי – יאכל הבעל עצים. ומאי פריך? הא איירי שעושין פירות, ולהכי חשיב גוף האילן קרנא ולא פירא. וה"ה בההוא דמשכן פרדסא, דהיכא דלא קש ועושין פירות – שלא יקח ב"ח עצים, דחשיבי קרנא כל זמן שעושין פירות אחריני! ויש לומר דהכי פריך: כיון דאמרי רבנן ילקח בהן קרקע לטובת הבעל; מדפליג רבי יהודה ואמר שאינה צריכה למכור משום שבח בית אביה, א"כ, כי יבשו לגמרי – נמי קרנא הוי, וילקח בהן קרקע. דאי פירא הוי – אמאי אמרי רבנן ימכרו? אדרבה, טוב לו לבעל שיאכל פירות מה שהוא, וימתין מעט עד שיתייבשו לגמרי, ויהיה הכל שלו! אלא ודאי קרנא הוי.

*) [ועי' תוס' ב"ק פט. ד"ה פירא]

סיגרא

תוספות רי"ד

[illegible]

גליון הש"ס

גמ' דלא חיישינן למיתה. עיין [illegible]

מסורת הש"ס

[כ"ק פט.] [יבמות סו:] [לקמן קח.] ב"מ קט: שם לט.

[illegible]

שיגרא דתמרי. הקשה בקונטרס: מאי אפילו? והא תמרים עדיפי מגורגרות, כדאמרי': אכל גרוגרות ושילש תמרים – תבא עליו ברכה! ותירץ ר"ת: דהא לא קאמר אפילו תמרי, אלא שיגרא – קבוצים הרבה יחד, דאינן טובות כל כך. **אכלה** ערלה. והא דאמר רב יהודה ב"חזקת הבתים" (ב"ב דף לו.): אכלה (ג) שביעית וכלאים – אינה חזקה. פירש שם רשב"א: כגון שאכל פירות דאיסורא. ולכך לא הוי חזקה – שלא אכל כדרך האוכלים. ומיהו, מדלא מקשה להו אהדדי – *נראה דהתם נמי גרסינן "הרי זו חזקה". וכן גריס ר"ת, וכן נמצא בספר של רבינו גרשום. וא"ת: דהכא משמע דעלי כלאים מותרים, ומ"ש מקשין של כלאי הכרם דאמר בפרק "כל שעה" (פסחים דף כו:): תנור שהסיקו בקליפי ערלה, או בקשין של כלאי הכרם, חדש – יותץ, ישן – יוצן. אלמא אסורין! וי"ל: דהתם בזרוע מעיקרא, דאז – הכל נאסר. אבל הכא איירי בזרוע ובא, והוסיפו הפירות מאתים, ולא בעלים. דאמרינן בפר' "כל שעה" (שם דף כה. ושם) ובפרק "כל הבשר" (חולין דף קטז. ושם): זרוע ובא, הוסיף מאתים – אין, לא הוסיף מאתים – לא. ואין זה דוחק שהפירות הוסיפו מאתים ולא העלים, דאורחא דמילתא הוי הכי, דזמורות כבר הוי גדולות לפני זריעת כלאים.

__ישבע__ כמה הוציא ויטול. בפי' רבינו חננאל מקשין: אמאי לא תנא האי נשבע ונוטל בהדי נשבעים ונוטלים דשבועות (דף מד:)? ומשני: דלא חשיב אלא מידי שמכחישין את הנשבע, כגון שכיר ותשוד. ותנווני על פנקסו, אע"ג דאין הבעל הבית מכחישו – מ"מ חנווני ופועלים מכחישין זה את זה. אבל הכא ליכא שום הכחשה. ומהאי טעמא נמי לא חשיב הבא ליפרע מנכסי יתומים. ומיהו, ההוא אפי' ביתומים מכחישים נוטל בשבועה. ונראה דהתם לא חשיב אלא אותם שצריך להשמיענו דנוטלין, דאי לאו דאשמעינן – ה"א דאפילו בשבועה אין נוטלין. ואע"פ דשכיר, למאי דחשיב ליה טרוד בפועליו, מן הדין היה לו ליטול בלא שבועה, דהוי ליה כאומר הלויתני ואיני יודע אם החזרתי לך, דחייב, ואינו נשבע אלא להפיס דעתו של בעל הבית. מ"מ, אי לאו דאשמועינן לא הוה ידעינן דחשיב כאיני יודע, ואפילו בשבועה לא היה נוטל. אבל הנהו דחשיב בהדי הבא ליפרע מנכסי יתומים, אי לאו דאשמועינן הוה אמינא דנוטלין בלא שבועה מחמת השטר – לא חשיב להו התם. והלשון מוכיח כן, דהתם קתני "נשבעין ונוטלין", משמע דאתא לאשמועינן דנוטלין. והכא קתני "לא יפרעו אלא בשבועה", משמע דאי לאו דאשמועינן – הוה אמינא דנוטלין בלא שבועה. ואע"ג דתנא דברייתא ב"הכותב" (לקמן דף פז:) חשיב פוגם שטרו בהדי הנהו דנשבעין ונוטלין – ההוא תנא לא מחלק. אי נמי: איכא למימר טעמא, כמו שאפרש לקמן בעזרת השם.

איסתלק ליה בעל אסתלקו להו. אע"ג דאמרינן (ב"מ דף עו.) השוכר את הפועל לעשות בשלו והראהו בשל חבירו – נותן לו שכרו משלם! יש לומר דהכא האריסין יודעין שהקרקע של אשה היא, ועל מנת כן נכנסו, שאם תתגרש ויפסיד הבעל הכל – אין להם עליו כלום. דזה הם יודעים שהבעל לא יניח מלגרש אשתו בשבילם, ודעתם להפסיד עמו, כיון שלא התנו.

נכסים

רַבִּי אַבָּא אָמְרִי בֵּי רַב: אֲפִי' שִׁיגְרָא דְּתַמְרֵי. בָּעֵי רַב בֵּיבָי: *חוּבְצָא דְּתַמְרֵי מַאי? תֵּיקוּ. לֹא אֲכָלָהּ דֶּרֶךְ כָּבוֹד, מַאי? אָמַר עוּלָּא: פְּלִיגִי בָּהּ תְּרֵי אֲמוֹרָאֵי בְּמַעַרְבָא; חַד אָמַר: בִּכְאִיסָּר, וְחַד אָמַר: [א]בִּכְדִינָר. אָמְרִי דַּיָּינֵי דְּפוּמְבְּדִיתָא: עֲבַד רַב יְהוּדָה עוּבְדָא [ב]בַּחֲבִילֵי זְמוֹרוֹת. רַב יְהוּדָה לְטַעְמֵיהּ, *דְּאָמַר רַב יְהוּדָה: [ג]אֲכָלָהּ עָרְלָה, שְׁבִיעִית וְכִלְאַיִם – ה"ז חֲזָקָה. *א"ר יַעֲקֹב אָמַר רַב חִסְדָּא: [ד]הַמּוֹצִיא הוֹצָאוֹת עַל נִכְסֵי אִשְׁתּוֹ קְטַנָּה – כְּמוֹצִיא עַל נִכְסֵי אַחֵר דָּמֵי. מ"ט – עָבְדוּ בָּהּ רַבָּנַן תַּקַּנְתָּא, כִּי הֵיכִי דְּלָא נִיפְסְדִינְהוּ.§ [ה]הַהִיא אִיתְּתָא דְּנָפְלוּ לָהּ אַרְבַּע מְאָה זוּזֵי בֵּי חוֹזָאֵי, אָזֵיל גַּבְרָא אַפֵּיק שִׁית מְאָה, אַיְיתֵי אַרְבַּע מְאָה. בַּהֲדֵי דְּקָאָתֵי – אִיצְטְרִיךְ לֵיהּ חַד זוּזָא וְשָׁקַל מִנַּיְיהוּ. אֲתָא לְקַמֵּיהּ דְּר' אַמִי. א"ל: מַה שֶּׁהוֹצִיא – הוֹצִיא, וּמַה שֶּׁאָכַל – אָכַל. אָמְרוּ לֵיהּ רַבָּנַן לְר' אַמִי: [ו]ה"מ – הֵיכָא דְּקָאָכֵיל פֵּירָא, הָא – קַרְנָא קָאָכֵיל, וְהוֹצָאָה הִיא! (א) א"כ הָוֵה לֵיהּ הוֹצִיא וְלֹא אָכַל, יִשָּׁבַע כַּמָּה הוֹצִיא – וְיִטּוֹל.§ יִשָּׁבַע כַּמָּה הוֹצִיא וְיִטּוֹל.§ א"ר אַסִי: וְהוּא שֶׁיֵּשׁ שֶׁבַח כְּנֶגֶד הוֹצָאָה – לְמַאי הִלְכְתָא? אָמַר אַבַּיֵי: שֶׁאִם הָיָה שֶׁבַח יָתֵר עַל הוֹצָאָה – נוֹטֵל אֶת הַהוֹצָאָה בְּלֹא שְׁבוּעָה. א"ל רָבָא: א"כ אָתֵי לְאִיעֲרוּמֵי! אֶלָּא אָמַר רָבָא: [ז]שֶׁאִם הָיְתָה הוֹצָאָה יְתֵירָה עַל הַשֶּׁבַח – אֵין לוֹ אֶלָּא הוֹצָאָה שִׁיעוּר שֶׁבַח, וּבִשְׁבוּעָה. אִיבַּעְיָא לְהוּ: בַּעַל שֶׁהוֹרִיד אֲרִיסִין תַּחְתָּיו, מַהוּ? אַדַּעְתָּא דְּבַעַל נְחֵית, אִיסְתַּלֵּיק לֵיהּ בַּעַל – אִיסְתַּלִּיקוּ לְהוּ, אוֹ דִּלְמָא – אַדַּעְתָּא דְּאַרְעָא נְחֵית, וְאַרְעָא כִּי קַיְימָא – לַאֲרִיסֵי קַיְימָא? מַתְקִיף לָהּ רָבָא בַּר רַב חָנָן: מ"ש *[ח]מֵהַיּוֹרֵד לְתוֹךְ שְׂדֵה חֲבֵירוֹ וּנְטָעָהּ שֶׁלֹּא בִּרְשׁוּת, שֶׁשָּׁמִין לוֹ וְיָדוֹ עַל הַתַּחְתּוֹנָה? הָתָם – לֵיכָּא אִינִישׁ דְּטָרַח, הָכָא – אִיכָּא בַּעַל דְּטָרַח. מַאי הָוֵי עֲלַהּ? אָמַר רַב הוּנָא בְּרֵיהּ דְּרַב יְהוֹשֻׁעַ: [ט]חָזֵינַן, אִי בַּעַל אָרִיס הוּא – אִיסְתַּלַּק לֵיהּ בַּעַל אִסְתַּלְּקוּ לְהוּ. אִי בַּעַל לָאו אָרִיס הוּא – אַרְעָא לַאֲרִיסֵי קַיְימָא. אִיבַּעְיָא לְהוּ: בַּעַל שֶׁמָּכַר קַרְקַע לְפֵירוֹת מַהוּ? מִי אָמְרִינַן: מַאי דְּקָנֵי (*לָהּ) אַקְנֵי, אוֹ דִּלְמָא: כִּי תַּקִּינוּ לֵיהּ רַבָּנַן פֵּירוֹת לְבַעַל

מִשּׁוּם

רַבִּי אַבָּא אָמַר אֲפִי' שִׁיגְרָא דְּתַמְרֵי. תְּמָרִים נִידּוֹכִין יַחַד, כְּדֶרֶךְ שֶׁדּוֹרְסִין תְּאֵנִים יַחַד, לִיטְרָאוֹת לִיטְרָאוֹת, אַף אֵלּוּ כֵּן, וּמִיקְרֵי "שִׁיגְרָא". וַאֲנִי שָׁמַעְתִּי: שִׁיגְרָא – *טְרוּוִיוֹת כְּמִין אֶשְׁכּוֹל תְּמָרִים, (ב) וְקַשְׁיָא לִי: מַאי אֲפִי' דְּרַבִּי אַבָּא? הָא גְּרוֹגְרוֹת גַּרְעֵי מִתְּמָרִים, כִּדְתְנַן: *אָכַל גְּרוֹגְרוֹת וְשִׁילֵּשׁ תְּמָרִים – תָּבֹא עָלָיו בְּרָכָה. וְאִי הֲוָה גָּרְסִי' לְהָא דְּרַבִּי אַבָּא בְּרֵישָׁא, מִקַּמֵּי דְּר' אַסִי – לָא הֲוָה קַשְׁיָא לִי מִידֵּי. יֵשׁ סְפָרִים מְשׁוּבָּשִׁים וְכָתוּב בָּהֶן: וְכַמָּה הַרְבֵּה – אָמַר ר' אַבָּא כו'. וְגִירְסַת שׁוֹטִים הִיא זוֹ; כַּמָּה הַרְבֵּה לְמַאי הִלְכְתָא אִיבַּעְיָא לְהוּ, וּמַאי נָפְקָא לָן מִינַּהּ? כָּל כַּמָּה דְּהָוֵי יוֹתֵר עַל גְּרוֹגֶרֶת אַחַת – הָוֵי הַרְבֵּה, עַד לְעוֹלָם. **חוּבְצָא** דְּתַמְרֵי. לְאַחַר שֶׁעָשׂוּ בָּהֶן שֵׁכָר, וְנִשְׁאַר הַפְּסוֹלֶת. אִי נַמִי, נִידּוֹכִין הַרְבֵּה כְּדֵי לַעֲשׂוֹת מֵהֶן שֵׁכָר. **לֹא אֲכָלָהּ דֶּרֶךְ כָּבוֹד מַאי.** בְּכַמָּה הָוְיָא אֲכִילָה. **בִּכְאִיסָּר.** שָׁוֶה אִיסָּר. **דַּיָּינֵי דְּפוּמְבְּדִיתָא.** רַב פַּפָּא בַּר שְׁמוּאֵל, בְּפ"ק דְּסַנְהֶדְרִין (דף יז:). **עֲבַד רַב יְהוּדָה עוּבְדָא.** דַּחֲשָׁבָהּ אֲכִילָה בַּחֲבִילֵי זְמוֹרוֹת, שֶׁהֵן מַאֲכָל לְפִילִין, וְהֶאֱכִיל מֵהֶן הַבַּעַל לִבְהֶמְתּוֹ, וְגֵירֵשׁ אֶת אִשְׁתּוֹ, וְאָמַר רַב יְהוּדָה: מַה שֶּׁאָכַל אָכַל. **אֲכָלָהּ.** לוֹקֵחַ שְׁנֵי עָרְלָה, שֶׁאֵין הֲנָאָתָן אֶלָּא בִּזְמוֹרוֹת, שֶׁהַפֵּרִי אָסוּר בַּהֲנָאָה. אוֹ שְׁבִיעִית, שֶׁהוּא הֶפְקֵר. אוֹ שֶׁזְּרָעָהּ כִּלְאַיִם, וְהַזְּמוֹרוֹת לֹא נֶאֶסְרוּ. הֲרֵי זוֹ חֲזָקָה. עוֹלִין לוֹ לְמִנְיַן שָׁלֹשׁ שָׁנִים, אִי אַחַת מֵהַשָּׁלֹשׁ שָׁנִים אַחַת מֵאֵלּוּ. הֲרֵי זוֹ חֲזָקָה גָּרְסִינַן הָכָא וּבְבָבָא בַּתְרָא. **אִשְׁתּוֹ קְטַנָּה.** יְתוֹמָה שֶׁהִשִּׂיאָתָהּ אִמָּהּ וְאַחֶיהָ יְכוֹלָה לְמָאֵן. *שֶׁמּוֹצִיא **עַל נִכְסֵי אַחֵר.** וְאִם מֵיאֲנָה בּוֹ – שָׁמִין לוֹ שֶׁבַח שֶׁהִשְׁבִּיחַ, וְנוֹטֵל כְּמִשְׁפַּט אֲרִיסֵי הַמְּדִינָה. **עָבְדוּ לֵיהּ רַבָּנַן הַךְ תַּקַּנְתָּא.** דְּשָׁמִין לוֹ כַּאֲרִיס. **כִּי הֵיכִי דְּלָא לִיפְסְדִינְהוּ.** שֶׁלֹּא יַכְסִיף וִיקַלְקֵל הַקַּרְקָעוֹת, וְיֹאכַל וְלֹא יַשְׁבִּיחַ, שֶׁדּוֹאֵג שֶׁמָּא תְּמָאֵן. וְכֵיוָן דְּשָׁיְימִינַן לֵיהּ כַּאֲרִיס – תּוּ לָא מַפְסִיד לְהוּ. מֵימַר אָמַר: שֶׁמָּא לֹא תְּמָאֵן, וְאִם תְּמָאֵן – הֲרֵי אֶטּוֹל שְׁבָחִי לְפִי עֲמָלִי. **חוֹזָאֵי.** שֵׁם מָקוֹם, וְהָיָה רָחוֹק הֵימֶנָּה, וְהָיָה מַפִּיק עָלֶיהָ שִׁית מְאָה *בְּהוֹלָכַת הַדֶּרֶךְ מִשֶּׁלּוֹ. **שֶׁהָיָה שֶׁבַח כְּנֶגֶד יְצִיאָה.** הוּא דְּאָמְרִי': יִשָּׁבַע וְיִטּוֹל. **לְמַאי הִלְכְתָא.** קָאָמַר וְהוּא שֶׁהָיָה שֶׁבַח כְּנֶגֶד יְצִיאָה – לְאַקּוּלֵי עָלֵיהּ, דְּאִי אִיכָּא שֶׁבַח טְפֵי לָא בָּעֵי שְׁבוּעָה, אוֹ לְאַחְמוּרֵי עָלֵיהּ, וּלְמֵימַר דְּאִי יְצִיאָה יְתֵירָה לָא שָׁקֵיל אֶלָּא כְּשִׁיעוּר שֶׁבַח, וַאֲפִילּוּ בִּשְׁבוּעָה, לָא אָמְרִי' יִשָּׁבַע כַּמָּה הוֹצִיא וְיִטּוֹל. **אָתֵי לְאִיעֲרוּמֵי.** וְאָמַר: בְּלִיר מִשְׁבַּחְתָּא פּוּרְתָּא – דְּלִישְׁקוֹל בְּלֹא שְׁבוּעָה, וְאַע"ג דְּלָא אַפֵּיק כּוּלֵּי הַאי. **אֶלָּא אָמַר רָבָא.** הָא דְּרַבִּי *יוֹסֵי לְאַחְמוּרֵי עֲלֵיהּ אֲתָא וְלוֹמַר שֶׁאִם יְצִיאָה יְתֵירָה עַל שֶׁבַח שֶׁהִשְׁבִּיחָהּ – לָא אָמְרִינַן יִטּוֹל כָּל מַה שֶּׁהוֹצִיא, אֶלָּא מִן הַיְצִיאָה יַחֲזִירוּ לוֹ שִׁיעוּר הַשֶּׁבַח. **וּבִשְׁבוּעָה.** שֶׁיַּשְׁבִּיעוּהוּ שֶׁכָּךְ הוֹצִיא. **שֶׁהוֹרִיד אֲרִיסִין.** בְּנִכְסֵי אִשְׁתּוֹ, לִיטּוֹל מֶחֱצָה אוֹ שְׁלִישׁ, וְעָמַד וְגֵרְשָׁהּ מִשֶּׁאָכַל קִימְעָא. **מַהוּ.** שֶׁיִּטְּלוּ הָאֲרִיסִין כְּפִי שִׁבְחָם. **אַדַּעְתָּא דְּבַעַל נְחֵית.** הוּא הִכְנִיסָם, וְלֹא הִיא. וְכִי אִיסְתַּלַּק לֵיהּ בַּעַל – אִיסְתַּלְּקוּ אִינְהוּ, וְלָא שָׁקְלֵי מִידֵּי; כִּי דִּינֵיהּ, דְּמַה שֶּׁהוֹצִיא – הוֹצִיא, וּמַה שֶּׁאָכַל – אָכַל. **לַאֲרִיסֵי קַיְימָא.** אִם לֹא הוֹרִידָם הַבַּעַל – הָיְתָה הִיא מוֹרִידָה לְתוֹכָהּ אֲרִיסִין. שָׁמִין לוֹ וְיָדוֹ עַל הַתַּחְתּוֹנָה. לִיטּוֹל הַיְצִיאָה כְּשִׁיעוּר שֶׁבַח, כִּדְאָמַר בְּב"מ בְּ"הַשּׁוֹאֵל", וְהָכָא אָמַר: בָּעֵי לְסַלּוּקֵי בְּלֹא כְּלוּם. **לֵיכָּא לְמַאן דְּטָרַח.** רָאָה זֶה שֶׁלֹּא הָיָה אִישׁ מַשְׁבִּיחָן, וְיָרַד לָהֶן, וּמַה הִפְסִידָן? הִלְכָּךְ יְצִיאָה שִׁיעוּר שֶׁבַח מִיהַת יָהֵיב לֵיהּ. **הָכָא אִיכָּא בַּעַל.** שֶׁיִּטְרִיחַ בָּהֶן. וְאָמְרָה לְהוּ: אִי לָא נַחְתִּיתוּ אַתּוּן – אִיהוּ עָבֵיד, וְלָא הֲוָה שָׁקֵיל הַשְׁתָּא מִידֵּי. **אִי בַּעַל זֶה אָרִיס הוּא.** וְיוֹדֵעַ בְּטִיב אֲרִיסוּת; שֶׁאִם לֹא יָרְדוּ אֵלּוּ, הָיָה הוּא עַצְמוֹ עוֹבְדָהּ. **אִסְתַּלְּקוּ לְהוּ.** דְּאָמְרָה לְהוּ: קָא מַפְסִידְתּוּ לִי, דְּאִי לָא נַחְתִּיתוּ – הֲוָה אִיהוּ נָחֵית וְעָבֵיד, וְלָא הֲוָה שָׁקֵיל הַשְׁתָּא מִידֵּי. **שֶׁמָּכַר קַרְקַע לְפֵירוֹת.** מָכַר לַאֲחֵרִים קַרְקַע מְלוֹג, שֶׁיַּעֲשֶׂה הַלּוֹקֵחַ וְיֹאכַל פֵּירוֹת.

מִשּׁוּם

חרוויות | [עירובין כט:] | [עי' בערוך ערך חבץ ג] | ב"ב לו. ע"ש | ב"מ לט. [ושם איתא דתנן ולע"ג ועיין תוס' יבמות קז. ד"ה דאי] | [נ"ל כמוציא] | ב"מ קא. [ע"ש] | נ"ל בהולכת הדרך. רש"ל | [ברי"ף ליתא ועי' גירסת הרא"ש] | [נ"ל אסי]

יד א ב מיי' פכ"ג מהל' אישות הל' ח טור ש"ע אה"ע סי' פח סעיף ז:

טו ג מיי' פי"ב מהלכות טוען ונטען הל' יב סמג עשין לה טוש"ע ח"מ סי' קמא סעיף יא:

[ועי' תוס' מנחות נח: ד"ה ואיכא דאמרי דזה מסוגיא הפוכה]

טז ד מיי' פכ"ג מהלכות אישות הל' י ופ"י מהל' גזלה הל' ז סמג עשין מח טוש"ע אה"ע סי' פח סעיף י וטוש"ע ח"מ סי' שעה סעיף ה:

יז ה ו ז מיי' פכ"ג מהל' אישות הל' ט טוש"ע שם סעיף ז ח:

יח ח מיי' פ"י מהלכות גזלה הלכה ד סמג עשין עג טוש"ע ח"מ סי' שעה סעיף א:

יט ט מיי' שם הלכה יב טוש"ע אה"ע סימן פח סעיף יב:

[שייך לעיל במשנה עט:]

הגהות הב"ח

(א) גמ' והוצאה היא אמר להו א"כ הוה ליה: (ב) רש"י ד"ה רבי אבא וכו' וקשיא לי מאי אפי'. נ"ב לא הבנתי דברי רש"י אלו דהרי במס' עירובין דף כט ע"ב רצה הגמרא להוכיח מהא דתמרים עדיפי ומשני לעולם דאכל מיניה בזוזא ומשלם בזוזי רק דתבא עליו ברכה משום דקפיץ עליה זבינא ולעולם גרוגרות עדיפי ע"כ אמר כאן אפי' וק"ל: (ג) תוס' ד"ה אכלה וכו' אכלה ערלה שביעית וכלאים:

[עי' תוס' לקמן פז: ד"ה ואלו ותוס' שבועות מד: ד"ה כל ותוס' ב"מ לד: ד"ה שמא]

תוספות רי"ד

לא אכלה דרך כבוד מאי אמר עולא פליגי תרי אמוראי במערבא חד אמר בבאיסר וחד אמר בבדינר: אמרי דייני דפומבדיתא עבד רב יהודה עובדא בחבילי זמורות. פי' דאחשבי' אכילה בחבילי זמורות שהן מאכל הפילין והאכיל מהן הבעל לבהמתו וגירש את אשתו: הוציא ולא אכל כו' אמר ר"א והוא שהיה שבח כנגד הוצאה למאי הלכתא א"ר שאם היתה הוצאה יתרה על השבח אין לו אלא הוצאה שיעור שבח ובשבועה. פי' אימתי יקח כל הוצאתו כשיש שם שבח כנגד הוצאה אבל אין שם שבח נגד הוצאה אינו נוטל הוצאה אלא שיעור שבח והמותר מפסיד ואע"ג שהיא שדה העשויה ליטע דאמרי' בפ' השואל שאם היתה עשויה ליטע אומדים כמה אדם רוצה ליתן בשדה זו לנוטעה התם משום דידע דשדה אינה שלו ואדעתא דהכי (נתן) [נחית] שיתן לו שכר פעולתו אבל הכא שהוא עושה ע"ד לאכול פירות ולזכות בהן לאחר מיתה לא ע"ד ליקח שכר פעולתו ירד הלכך שמין לו וידו על התחתונה ואין לו אלא הוצאה שיעור שבח בין אם נתגרשה או נתאלמנה לוקחין נכסים משובחים ונותנין ליתומים הוצאת אביהן: והא דהכא דבעל טוען ואמר ברי לי שכך הוצאתי ואשה לא ידעה ואמרי' דנשבע כמה הוציא ויטול ומ"ש זה ממנה לי בידך והלה אומר א"י דקי"ל הל' שישבע שבועת היסת שא"י ופטור. לאו מילתא היא דהכא ברשות הוציא וה"ה נמי אם מינה אפוטרופוס להוציא הוצאות על נכסיו ואינו מאמינו נשבע כמה הוציא ויטול דהוי ברי אבל מנה לי בידך והלה אומר א"י אין כאן רשות הנתבע שהוא אומר א"י א) שאע"פ שזה נשבע היסת שא"י ונפטר ומ"ד ברי עדיף נשבע בנק"ח כעין דאורייתא ונוטל דהשתא המוציא הוצאות שברשות הוציא ישבע ונוטל כ"ש זה: א"ר יעקב אמר ר"ח המוציא הוצאות על נ"א קטנה כמוציא הוצאות על נכסי אחר דמי מ"ט עביד רבנן תקנתא כי היכי דלא נפסדינהו. פי' אשתו קטנה יתומה שהשיאוה אמה ואחיה עשו לה תקנה כמוציא על נכסי אחר מדעתו ואם מיאנה בו שמין לו השבח שהשביח כמשפט אריסי המדינה ועביד לה הך תקנתא כדי שלא יכסוף ויקלקל הקרקעות ויאכל ולא ישביח שדואג שמא תמאן בו וכיון דשיימינן ליה כאריסותו לא מפסיד להו דמימר אמר שמא לא תמאן ואם תמאן אני אטול שבחי לפני עמלי. ועשו לו ב' תקנות א' שאע"פ שאכל לא אמרי' מה שאכל אכל ומה שהוציא הוציא אלא שמין לו בשבח וא' שכל בעל אם לא אכל שמין לו וידו על התחתונה ואין לו חלק בשבח וזה יש לו שבח ודוקא לקטנה עשו תקנה זו אבל אם היתה גדולה ומרדה בו ה"נ דמה שהוציא הוציא ומה שאכל אכל ולא עביד ליה רבנן תקנתא משום דלא מסיק אדעתיה דתמרוד ולא מפסיד וכתב ר"י זצ"ל מסתברא לן דמתני' מדקתני מה שהוציא הוציא ומה שאכל אכל כשהבעל רוצה לגרשה אבל מורדת בין אכל בין לא אכל ישבע כמה הוציא ויטול שלא יהא אלא מתנה שנותן לה דאמרי' כי אקני לה אדעתיה למיקם קמיה ולא אדעתא למישקל ולמיפוק הלכך בין אכל בין לא אכל ישבע כמה הוציא ויטול והוא שתהיה הוצאה כנגד השבח אבל הוצאה יתרה על השבח אין לו אלא הוצאה. פי' כשיעור שבח ובשבועה שלא הוציא פחות מכשיעור שבח כדאמר רבא: ונ"ל דליתא מדאמרי' עביד רבנן תקנתא דמשמע דוקא לקטנה דדחיל שמא תמאן בו ויכסוף נכסים עשו לו תקנה אבל לגדולה לא מסיק אדעתיה דמרדא לא עבידי ליה תקנתא דלא מפסדיה. א"נ י"ל איתא לדר"י דנהי דלא עביד תקנה לגדולה למישקל בשבחא כדין יורד בנכסי אחר מדעתו אבל שלא יפסיד הוצאתו אין זו תקנה

אלא

א) אולי צ"ל והלכך אע"פ שזה טוען ברי מ"מ נשבע הנתבע היסת שאינו יודע ונפטר.

כ א מיי' פכ"ב מהלכות אישות הלכה כ סמג עשין מח טוש"ע אה"ע סי' פה סעיף יג:
כא ב ג ד מיי' שם טור ש"ע שם סעיף יז:
כב ה מיי' שם הלכה י ופ"ג מהל' נחלות הלכה ט סמג עשין נא טוש"ע שם סימן קס סעיף ה:
כג ו מיי' שם טוש"ע שם סעיף ז:
כד ז ח מיי' שם הלכה יג טוש"ע שם סי' קסח סעיף ה:
כה ט מיי' שם הלכה יב טור ש"ע שם סעיף ד:
כו י מיי' שם טוש"ע שם סעיף ה:
כז כ מיי' שם הל' יב טוש"ע שם סעיף א:
כח ל מיי' שם הל' יא ומיי' פ"א מהלכות יבום הלכה א סמג שם טוש"ע שם סימן קסו סעיף ד וסימן קסח סעיף ג:

נכסים בחזקתן. פ"ה: דכי היכי דפליגי אמוראי בפרק "מי שמת" (ב"ב דף קנח: ושם) בנפל הבית עליו ועל אשתו, דקתני נמי התם "נכסים בחזקתן", ואיכא למ"ד בחזקת יורשי הבעל, לפי שהיו באחריותו. ואיכא למ"ד בחזקת יורשי האב, לפי ששלה היו. ואיכא למאן דאמר שהיו בחזקת שניהם ויחלוקו – הכי נמי פליגי הכא. ואין נראה לרבינו תם, אלא הכא מודו כולי עלמא שהם בחזקת יורשי הבעל. דהיבם כבר היה מוחזק בנכסים קודם מיתתה, משעת מיתת אחיו – שהוא יורש, דאין לה ליקח כתובה כלל עד שתחלוץ. ובית שמאי נמי מודו לבית הלל בהא, כדאמר ב"החולץ" (יבמות דף לח. ושם). אבל בנפל הבית עליו ועל אשתו – מוחזקין יורשי אב בנכסים כמו יורשי הבעל, דהללו באין לירש והללו באין לירש, שעדיין לא הוחזק בנכסים לא זה ולא זה, ולהכי פליגי התם בחזקת מי, ולבית שמאי יחלוקו בכל הנכסים, אף בנכסי צאן ברזל. דהתם קתני "יחלוקו" סתמא, ולא קתני "יורשי הבעל עם יורשי האב" כדקתני הכא, דמשמע: דווקא בנכסי מלוג שבהן יורשי האב עיקר, כמו שמדקדק ב"החולץ". ועוד: דאי פליגי נמי הכא – אם כן למאן דאמר בחזקת יורשי האשה תיקשי: דאם כן בית שמאי מוקמי נכסי צאן ברזל בחזקת יורשי האשה טפי מנכסי מלוג; דבנכסי מלוג קאמרי דיחלוקו, ובנכסי צאן ברזל מודו לבית הלל דהוו בחזקת יורשי האשה, למאן דאמר. וזה אינו; דבפרק "אלמנה" ביבמות (דף סו.) משמע דנכסי צאן ברזל בחזקת הבעל קיימי טפי, כדקתני התם – דעבדי צאן ברזל יאכלו בתרומה ולא עבדי מלוג, וכן בכמה דוכתי. ועוד: למ"ד התם נמי בחזקת יורשי הבעל, הוי טפי בחזקת הבעל מנכסי מלוג – דבנכסי מלוג קאמרי דהוו בחזקת יורשי האב. והא דלא עריב ותני נכסים עם הכתובה – כדי ליתן טעם לדבר, כלומר – בחזקת מי שהיו עד עתה, דהיינו הבעל. אבל על הכתובה – לא הוצרך טעם, שדבר פשוט הוא דהוי בחזקת הבעל טפי מנכסי צאן ברזל. וטעם זה אנו צריכין כמו כן לומר התם למ"ד בחזקת יורשי הבעל וב"החולץ" הארכתי. **יורשי** הבעל קברי לה דקא ירתי כתובתה. וא"ת: לפירוש הקונטרס דאין ליורשי הבעל אלא מנה ומאתים ולא נדוניא, והא אמרי' בפרק "נערה" (לעיל דף מז:) דקבורתה תחת נדונייתה, מדאינו חייב לקבור ארוסתו! וי"ל: דשומרת יבם היתה ראויה ליטול קצת מנה ומאתים, כדמסקינן – דיבם כאחר דמי, והוי כאילו הכניסה לו נדוניא; שהיתה כתובתה על נכסי בעלה, ואותו השעבוד היא מכנסת לו, והרי היא כאילו נטלה והחזירה לו. ולא דמיא לשאר ארוסה דלא מכנסה ליה מידי, ולפי זה – אפילו ביבמה מן האירוסין מיבעיא ליה. **או** דלמא יורשי האב קברי לה דקא ירתי נכסים הנכנסים והיוצאין עמה. לפי' הקונטרס; למאן דאמר בחזקת יורשי האשה הוה ליה למימר דקא ירתי נמי נדונייתה, אלא ניחא ליה לאסוקי אפי' למאן דאמר בחזקת יורשי הבעל. וא"ת: מאי קא מבעיא ליה? והתניא לעיל: קבורתה תחת כתובתה, דהיינו נדונייתא, ולא נכסי מלוג! וי"ל: דלאו דוקא נקט התם כתובתה, דה"ה נכסי מלוג, אלא דרגילות הוא טפי שמכנסת האשה לבעלה נכסי צאן ברזל מנכסי מלוג. ולפירוש הקונטרס נמי מנה ומאתים דהכא – כנדוניא דמי, כדפירשנו.

איזוהי

משום רווח ביתא, אבל לזבוני – לא! יהודה מר בר מרימר משמיה דרבא אמר: מה שעשה – עשוי. רב (א)פפא אמר משמי' דרבא: לא עשה ולא כלום. אמר רב פפא: הא דיהודה מר בר מרימר – *לאו בפירוש איתמר, אלא מכללא איתמר; [א]דההיא איתתא דעיילה ליה לגברא תרתי אמהתא, אזל גברא נסיב איתתא אחריתי, עייל לה חדא מנייהו. אתאי לקמיה דרבא, צווחה, לא אשגח בה. מאן דחזא סבר משום דסבר מה שעשה עשוי. ולא היא; משום רווח ביתא, והא קא רווח. [ב]והלכתא: בעל שמכר קרקע לפירות – לא עשה ולא כלום. מ"ט? אביי אמר: חיישינן שמא תכסיף, [ג]רבא אמר: משום רווח ביתא. מאי בינייהו? איכא בינייהו ארעא דמקרב למתא. אי נמי בעל ארים הוא. [ד]אי נמי זוזי וקא עביד בהו עיסקא.§ **מתני'** *[ה]שומרת יבם שנפלו לה נכסים – מודים ב"ש וב"ה שמוכרת ונותנת וקיים. מתה, מה יעשו בכתובתה ובנכסים הנכנסין והיוצאין עמה? ב"ש אומרים: יחלקו יורשי הבעל עם יורשי האב. וב"ה אומרי': [ו]נכסים בחזקתן; וכתובה בחזקת יורשי הבעל. נכסים הנכנסים והיוצאים עמה – בחזקת יורשי האב. [ז]הניח אחיו מעות – ילקח בהן קרקע, והוא אוכל פירות. [ח]פירות התלושין מן הקרקע – ילקח בהן קרקע והוא אוכל פירות. [ט]המחוברין בקרקע, אמר ר"מ: שמין (ב) אותן כמה הן יפין בפירות, וכמה הן יפין בלא פירות, והמותר – ילקח בהן קרקע והוא אוכל פירות. [י]וחכ"א: פירות המחוברין בקרקע – שלו, *התלושין מן הקרקע – כל הקודם זכה בהן. קדם הוא – זכה, קדמה היא, ילקח בהן קרקע, והוא אוכל פירות. *[כ]כנסה – הרי היא כאשתו לכל דבר, *[ל]בלבד שתהא כתובתה על נכסי בעלה הראשון. לא יאמר לה "הרי כתובתיך מונחת על השלחן" אלא כל נכסיו אחראין לכתובתה. וכן לא יאמר אדם לאשתו "הרי כתובתיך מונחת על השלחן" אלא כל נכסיו אחראין לכתובתה. גירשה – אין לה אלא כתובה, החזירה – הרי היא ככל הנשים, ואין לה אלא כתובה בלבד.§ **גמ'** איבעיא להו: שומרת יבם שמתה, מי קוברה? יורשי הבעל קברי לה – דקא ירתי כתובה, או דלמא יורשי האב קברי לה – דקא ירתי נכסים הנכנסין והיוצאין עמה? אמר רב עמרם; תא שמע: דתניא, שומרת יבם שמתה,

[יבמות לח:]

יורשיה

משום רווח ביתא. שיכניס הפירות לביתו ויהא מזון הבית מצוי, וייטיב לה. **לאו בפירוש איתמר.** לא שמעה מרבא בהדיא. **תרתי אמהתא.** שפחות מלוג היו, ולא שמאתם לו בכתובתה. **עייל לה חדא מנייהו.** לשרת לשניה. **אתאי.** קמייתא לקמיה דרבא. **מה שעשה עשוי.** ואפילו נתנה לאחרת לשימושה. **ולא היא.** לעולם משום רווח ביתא אית ליה לרבא תקנת פירות. **והא קא רווח.** ביתא, שאף עתה היא עושה לצרכי הבית. **שמא תכסיף.** השדה, שלא יחוש הלוקח לזבלה ולטייבה, דקא סבר: למחר נפקא מינאי, שאין הגוף שלי. אבל בעל מצפה שמא תמות היא בחייו, ויירש את גוף הקרקע ומשבח לה. **דמקרב למתא.** דחזיא ליה כל שעתא אי מכסיף לה. **אי נמי בעל ארים הוא.** כלומר, שנותן ללוקח פירות מזומנים. **אי נמי זוזי וקא עביד בהו עיסקא.** שהבעל עושה סחורה במעות שקיבל מן הלוקח, ומשתכר בהן, ואיכא רווח ביתא. **מתני' שנפלו לה נכסים.** כשהיא שומרת יבם. **בכתובתה.** בנדוניא שהכניסה לו, ושמאתן לו בכתובתה, וקיבל עליו אחריותן[א] ורשאי להוציאם. **ובנכסים הנכנסים והיוצאים עמה.** הן נכסי מלוג, שאין שמין אותם עליו, ואינו רשאי להוציאן. אלא משנכנסה לרשותו – נכנסין עמה, וכשהיא יוצאה – יוצאין עמה. **בית שמאי אומרים כו'.** ביבמות פרק "החולץ" קא מפרש, מאי שנא רישא – כשהיא קיימת – דלא פליגי שאין לו כח בהם, ומאי שנא סיפא – כשמתה – אמרו ב"ש יחלוקו יורשי הבעל בהם. ומפרש נמי, דדוקא נקט יחלוקו יורשי הבעל עם יורשי האב בנכסי מלוג, אבל יורשי האב לא יחלוקו (ג) בכתובת הבעל. ואף על גב דנקט רישא מה יעשו בכתובתה – תנייא ושבקה. **וב"ה אומרים נכסים.** דצאן ברזל בחזקתן. ובבבא בתרא בפרק "מי שמת" (דף קנח:) מפרש בחזקת מי הם מוחזקין; אי בחזקת יורשי הבעל, הואיל ואחריותן עליו, או בחזקת יורשי האשה שהיו שלה. הכי גרסי': *כתובתה בחזקת יורשי הבעל. **מנה מאתים,** ותוספת שראויין לבא לה משל בעל – בחזקת יורשי הבעל. **ילקח בהן קרקע.** לפי שכתובתה על נכסי בעלה הראשון, כדקתני לקמן. לפיכך נכסי המת אחראין לכתובתה, אלא שהיבם אוכל פירות, אם מייבם אותה. **וקסבר:** מטלטלי משתעבדי לכתובה. **שמין אותם.** דקסבר כל מה שגדל ברשות המת אחראין לכתובה. **וחכ"א פירות המחוברין לקרקע שלו.** בגמרא פריך עלה. **כל הקודם בהן זכה.** קסבר: מטלטלי לכתובה לא משתעבדי, אא"כ תפסה. ומחיים דבעל בעינן תפיסה, כדלקמן ב"הכותב" (דף פד:). וה"ה נמי דפליגי אכספים, דמאי שנא כספים מפירות תלושים? **הרי היא כאשתו.** מפרש בגמ'. **כל נכסיו.** שירש מאחיו. **גרשה.** ליבמתו לאחר שכנסה. **אין לה אלא כתובה.** אבל כל זמן שלא גרשה, היו כל הנכסים משועבדים לה, ואינו רשאי למכור. **הרי היא ככל הנשים.** דתנן בפירקין דלקמן: המגרש את אשתו והחזירה – על מנת כתובה הראשונה החזירה. ובגמרא פריך: למה לי לאשמועינן ביבמה? **גמ' מי קוברה.** משום דיש לה שני יורשין קמבעיא לן. **יורשי הבעל קברי לה דקא ירתי כתובתה.** ותניא בפרק "נערה שנתפתתה" (לעיל דף מז:): קבורתה תחת כתובתה.

יורשיה

[לעיל עט. וש"נ]

יבמות לח

[עי' תוס' לקמן פב. ד"ה והתלושין]

יבמות לח. נב. פה. [לעיל נג:]

[נ"ל וכתובה ועיין ר"ן]

הגהות הב"ח

(א) גמ' רב פפי אמר משמיה דרבא: (ב) שם במשנה שמין אותה כמה היא יפה בפירות וכמה היא יפה: (ג) רש"י ד"ה ב"ש וכו' לא יחלוקו בכתובה עם יורשי הבעל ואע"ג וכו' תנייה ושבקה:

הגהות מהר"ב רנשבורג

א] רש"י ד"ה בכתובתה וכו' ורשאי להוציאם. עי' משנה למלך פכ"ב מהלכות אישות הלכה ט"ז:

תוספות רי"ד

אלא דין גמור הוא דארעתא דתיפוק מקמי' לא הוציא הוצאות בנכסי' והלכך ישבע כמה הוציא ויטול אם הוצאה כשיעור שבח: ההיא איתתא דנפלו לה ד' מאה זוזי בי חוזאי אזל גברא אפיק ו' מאה ואייתי ד' מאה בהדי דקאתי איצטריך ליה זוזא אפיק חד מינייהו אתי לקמיה דר"א א"ל מה שהוציא הוציא ומה שאכל אכל א"ל רבנן ה"מ היכא דאכיל פירא האי קרנא אכיל א"כ הו"ל הוציא ולא אכל ישבע כמה הוציא ויטול פי' דדוקא אכילת פירות אמרו חכמים מה שאכל אכל ולא שיאכל הקרן שלה: איבעיא להו בעל שהוריד אריסין מתחתיו מהו. פי' הורידן בנכסי אשתו למחצה לשליש ולרביע ועמד וגירשה משאכל קמעא מהו שיש להו לאריסים כפי שבחן. ארעתא דבעל נחית איסתלק בעל איסתלקו להו כלהו א"ד ארעתא דארעא נחית וארעא לאריסי קימי. פירוש ארעתא דבעל נחית שהרי הוא הכניסן וכי איסתלק בעל וכו' ולא שקילי מידי כי דיניה דמה שהוציא הוציא ומש"א א"ד וכו'. ואם לא הורידן הבעל היא היתה מורידתן לתוכה מתקיף לה רבה בר רב חנן מ"ש מהיורד לתוך שדה חבירו שאינה ראויה לנוטעה ונטעה שלא ברשות דשמין ליה וידו על התחתונה. פי' ליטול הוצאה שיעור שבח כדאמר ר"י בפרק השואל והכא את בעי לסלקינהו בולא כלום. ומהדר התם ליכא איניש דטרח ומפסיד הכא איכא בעל דטרח מאי הוה עלה אר"ה בריה דר"י חוזנא אי בעל ארים הוא איסתלק ליה בעל איסתלקו אינהו.

פ' דא"ל אי לא נחתיתו אתון הוא הוה עביד ולא הוה שקיל מידי. השתא נמי לא יהיבנא ליכי מידי דעל בעל קא סמיכנא ואי בעל לאו ארים הוא ארעא לארים קיימא ושמין להן וידן על התחתונה: איבעיא להו בעל שמכר קרקע לפירות מהו מי אמרי' מאי דאיקני ליה אקני או דלמא כי תקינו ליה רבנן משום רווח ביתא אבל לזבוני לא. ואסיקנא והלכתא בעל שמכר קרקע לפירות לא עשה כלום מ"ט אמר אביי חיישינן שמא תכסיף רבא אמר משום רווח ביתא מאי בינייהו איכא בינייהו ארעא דמקרבא למתא לשמא תכסיף ליכא למיחש דהא כל יומא חזיא ליה ולרווח ביתא איכא א"נ בעל ארים הוא א"נ זוזי וקא עביד בהו עיסקא וקי"ל כרבא: **מתני'** שומרת יבם שנפלו לה נכסים מודים ב"ש וב"ה שמוכרת ונותנת וקיים מתה מה יעשו בכתובתה ובנכסים היוצאים והנכנסים עמה ב"ש אומרים יחלוקו יורשי הבעל עם יורשי האב וב"ה אומרים נכסים בחזקתן כתובתה בחזקת יורשי הבעל ונכסים הנכנסים והיוצאים עמה בחזקת יורשי האב. פי' שומרת יבם שנפלו לה נכסים בעודה שומרת יבם מודים ב"ש וב"ה שהיא רשאית למכור וליתן לכל מי שהיא רוצה ואין היבם יכול לעכב ושום על נכסי מלוג שנפלו לה ואם מתה יבמה בעודה שומרת יבם. מה יעשה בכתובתה דהיינו כל הכתובה מנה ומאתים ותוספת ונכסי צאן ברזל שהן נכסי נדוניתא ונכסים הנכנסים ויוצאים עמה הן נכסי מלוג האשה והפירות אוכל הבעל. ב"ש אומרים יחלוקו יורשי הבעל עם יורשי האשה דזיקתה עבדי לה כספק נשואה ומשום הכי יחלוקו אלו עם אלו וב"ה אומרים הנכסים אנו דנין בחזקתן (והרב בחזקתן כמו שמפרש המורה) פי' כתובה בחזקת יורשי הבעל והוא כל מה שכתוב בה דהיינו מנה ומאתים ותוספת ונכסי צאן ברזל הן נכסי נדוניתה שהביאה שום לבעלה והבעל קבלה עליו בשומא שאם הותירו הותירו לו כל אלו הן בחזקת יורשי הבעל דהיינו היבם שהוא מוחזק בהן שלא ניתנה כתובה לגבות מחיים והבעל הוא מוחזק בהן ויבם במקום בעל קאי והלכך היבם יורש את הכל אבל נכסי מלוג שאפי' היא לאשה עכשיו נמי בחזקת יורשי האשה אנו מעמידים אותן. ואמרי' בפרק החולץ דלא פליגי ב"ש וב"ה ואמרו יחלוקו אלא בנכסי מלוג דכיון דזיקה הוי כספק נשואין והללו באים לירש והללו באים סברי אוקמינן אחזקתייהו ובחזקת האשה הו' עומדים הלכך יורשיה יורשין אותה. אבל בכל מה שכתוב בשטר הכתובה מנה ומאתים ותוספת ונכסי צאן ברזל מודים ב"ש לב"ה שבחזקת יורשי הבעל הם בהן בחייו שלא ניתנה כתובה לגבות מחיים והשתא נמי במיתת בעל יבם במקום בעל קאי והוא יורש הכל ואין ליורשי אשה חלק בהן כלל: אמר ר"א מתני' נמי דיקא דקתני יחלוקו יורשי הבעל עם ולא תני יחלוקו יורשי האב עם יורשי הבעל ש"מ דיורשי הבעל חולקין עם יורשי האב במה שהן מוחזקין דהיינו נכסי מלוג ואין יורשי האב חולקין עם יורשי הבעל במה שהן מוחזקין דהיינו כל הכתוב והתם מוקמי רבא בנכסים שנפלו לה כשהיא שומרת יבם. אבל בנכסים שנפלו לה תחת הבעל דכ"ע לא פליגי דיבם הוו (והרב משנה שטתו בפסק זה ואומר שנכסי צאן ברזל יחלוקו וגמרא בב"ב בפרק מי שמת. וג"מ אם נפלו לה תחתיו דבעל יורשי האב יורשין כלן כמ"ש אביי בפ' החולץ אליבא דב"ה) והלכך שומרת יבם שמתה היבם יורש מנה ומאתים שלה ונכסי צאן ברזל שלה ותוספת ונכסי מלוג שנפלו לה תחתיו דבעל אבל נכסי מלוג שנפלו לה תחתיו דיבם יורשי האב יורשים אותם. והתם מפרש מ"ש רישא כשהיא בחיים לא פליגי בית שמאי והם מודים שמוכרת ונותנת וזכיה עליהן. ומ"ש סיפא דפליגי יחלוקו וכו' עי' מ"ש שם בפסקי: איבעיא להו שומרת יבם שמתה מי קוברה יורשי הבעל קברי לה דקא ירתי כתובתה או דלמא יורשי אב קברי לה דקא ירתי נכסים הנכנסים והיוצאים עמה. פי' וכגון שנפלו לה כשהיא שומרת יבם. אמר רב עמרם תא שמע דתניא שומרת יבם שמתה יורשיה היורשים כתובתה חייבים בקבורתה.

אמר

יורשיה [א] יורשי כתובתה חייבין בקבורתה, אמר אביי: אף אנן נמי תנינא: *אלמנה ניזונת מנכסי יתומין, ומעשה ידיה שלהן, ואין חייבין בקבורתה. יורשיה יורשי כתובתה חייבין בקבורתה. ואיזוהי אלמנה שיש לה שני יורשין – הוי אומר: זו שומרת יבם. אמר רבא: ולימא: אח אני יורש, אשתו אין אני קובר! אמר ליה אביי: משום דבאין עליו משני צדדין: אם אחיו יורש – יקבור את אשתו, אם אינו קובר את אשתו – יתן כתובתה. אמר ליה: הכי קא אמינא: אח אני יורש, את אשתו אין אני קובר. ואי משום כתובה – [ב] לא ניתנה כתובה לגבות מחיים. מאן שמעת ליה דאית ליה מדרש כתובה – בית שמאי, *ושמעינן להו לב"ש דאמרי: שטר העומד לגבות – כגבוי דמי. דתנן: *מתו בעליהן עד שלא שתו, בש"א: נוטלות כתובה ולא שותות, ובה"א: או שותות או לא נוטלות כתובה. או שותות?! °"והביא האיש את אשתו אל הכהן" (במדבר ה) אמר רחמנא, וליכא! אלא: [ג] מתוך שלא שותות – לא נוטלות כתובה, בית שמאי אומרים: נוטלות כתובה ולא שותות. ואמאי? ספיקא הוא, ספק זנאי ספק לא זנאי, וקאתי ספק ומוציא מידי ודאי! קסברי בית שמאי: שטר העומד לגבות כגבוי דמי. והא בעינן "כשתנשאי לאחר תטלי מה שכתוב ליכי", וליכא! אמר רב אשי: יבם נמי כאחר דמי. § שלח ליה רבא לאביי ביד רב שמעיה בר זירא: ומי נתנה כתובה לגבות מחיים? והתניא: *ר' אבא אומר: שאלתי את סומכוס: הרוצה שימכור בנכסי אחיו כיצד הוא עושה? אם כהן הוא – יעשה סעודה ויפיים, אם ישראל הוא – מגרש בגט ויחזיר. ואי

תורה אור

יורשיה יורשי כתובתה. אותן יורשים שיורשין כתובתה, חייבין בקבורתה. **ואין חייבין בקבורתה.** דהא בעי למיתב כתובתה ליורשיה. **שיש לה שני יורשים.** דאיצטריך לתנא למיתני אותן יורשין שיורשין כתובתה, ש"מ – איכא יורשים אחריני בהדייהו, דלא ירתי כתובתה. **אח אני יורש.** כתובה זו שאני יורש – אין כאן מנדוניית אביה כלום, אלא מאתים ותוספת שכתב לה אחי. ואין אני יורש אותה אלא אחי. **יקבור את אשתו.** כמו שהיה הוא קוברה אם מתה בחייו, ואפילו לא הכניסה לו כלום. **יתן כתובתה.** שהקבורה באה תחתיה. **לגבות מחיים.** כל זמן שהבעל חי. ואני במקום בעל עומד, שהייתי מצפה לכונסה. **מאן שמעת ליה דאית ליה מדרש כתובה.** שדורש לשון הכתובה, שכתוב בה: "לכשתנשאי לאחר תטלי מה שכתוב ליכי", דמינה דייקת: לא ניתנה כתובה לגבות מחיים, דהא אינה יכולה לינשא לאחר. **ב"ש היא.** ביבמות (א) בפרק "האשה שהלכה", דקאמרי ב"ש: והלא מספר כתובה נלמד, "לכשתנשאי לאחר תטלי מה שכתוב ליכי", והואיל והיא נישאת ע"פ עצמה, שבאה ואמרה מת בעלי – אף כתובתה גובה ע"פ עצמה. **ושמעי' להו לב"ש.** שמי שיש לו שטר חוב על חבירו, הוא מוחזק בנכסי הלוה יותר ממנו. **כגבוי דמי.** והנכסים בחזקתה, הלכך – מינה קא ירית. **מתו בעליהן.** אכל הנשים שבעולם קאי. שקינאו להן בעליהן ונסתרו, ולא הספיק להשקותה עד שמת. **ולא שותות.** דבעינן "והביא האיש את אשתו". **ספק זנאי.** והפסידה כתובה. **מידי ודאי.** מידי יורשי הבעל, שהן ודאין בירושה. **כגבוי דמי.** והיא מוחזקת בנכסים יותר מהן, ואין כאן מוציא מידי ודאי. **והא בעינן לכשתנשאי כו'.** אלעיל פריך: סוף סוף, היאך כתובה ניגבת מחיים, שיוכל לבא עליו משני צדדים? והא בעינן כו'. **יבם נמי כאחר דמי.** וכיון שהותרה מיתת הבעל לינשא ליבם – מאותה שעה זכתה בנכסים. **שלח ליה רבא לאביי.** לאחר שהשיבו על שאלתו, ואמר: ניתנה כתובת יבמה לגבות מחיים של יבם. **ביד רב שמעיה.** הוא היה שליח בתשובה זו. **ומי נתנה.** כתובת יבמה לגבות מחיים דיבם. **שימכור בנכסי אחיו.** לאחר שכנס את יבמתו, ואמרן לעיל: כל נכסיו אחראין לכתובתה. **אם כהן הוא.** שאם יגרשנה לא יוכל להחזירה. **יעשה לה סעודה.** יפה, לפתותה במשתה היין. **ויפיים.** היימנה, שתתן לו רשות למכור את העודף על כדי כתובתה. **ואם ישראל הוא.** שמותר להחזיר גרושתו. **מגרשה בגט.** ומגבה את כתובתה, ומוכר מה שירצה, ומחזירה ע"מ כתובתה הראשונה. או אפי' רצה להחזירה מיד – מוכר כל זמן שירצה. שאין מעכבת מלמכור אלא יבמה, לפי שאין היבם כותב לה כתובה, ולא כתב לה "דקנאי ודקניינא", ואין כתובתה אלא על הראשון. ומשום הכי מעכבא בכולהו, דלמא משתדפי הני דמייחד לה. ואע"ג דאמר לקמן (דף נה:) אישתדוף בני חרי טרפא ממשעבדי – מ"מ אמרה: איני רוצה לטרוח לב"ד. אבל כתב לה כתובה כשמחזירה, וכתב לה "דקנאי ודקניינא" – לא מציא מעכבא. והא דתנן (גיטין דף נה:): לקח מן האיש וחזר ולקח מן האשה – מקחו בטל, אוקמינן באותן שלש שדות: אחת שכתב לה בכתובתה, ואחת שייחד לה בכתובתה, ואחת שהכניסה לו שום משלה. ולטעמיך

איזוהי אלמנה שיש לה שני יורשין כו'. מיתורא דמתני' דייק, אבל עיקר מתני' לא מיירי בשומרת יבם, אלא בסתם אלמנה. דהא קתני "מנכסי יתומין", ושומרת יבם לית לה יתומין. **ולימא** אח אני יורש כו'. לפ"ה פריך שפיר: לא אני יורש – דאיני יורש מנכסיה כלום אלא מנה ומאתים של אחי, הלכך אשתו אין אני קובר. אבל לפי' ר"ת דנדוניא לכ"ע בחזקתו – אינו מיושב כל כך, שהרי הנכסים של אשה היו. וכן גם לפירוש הקונטרס, למ"ד בחזקת יורשי הבעל – צריך ליישב. וצריך לפרש דהכי פריך: ולימא אח אני יורש, כלומר: זכותו של אחי אני יורש, כמו שהיה עושה הוא אם היה קיים. אבל חובתו לא אירש, כדאמר ב"אלו נערות" (לעיל דף לד:): הניח להן אביהן פרה שאולה משתמשים בה כל ימי שאילתה, מתה – אין חייבים באונסיה. **משום** דבאין עליו משני צדדין: אם אחיו יורש יקבור את אשתו. כלומר אם באת לומר שאינו יורש כלום ממנה, אלא מאחיו – אם כן בעי למימר דהרי הוא כאילו אחיו קיים, ולהכי לא באתה לידי גיבוי – יקבור את אשתו. כלומר, יחשוב לגמרי כאילו הוא חי, ויקבור אשתו כמו שהיה הוא קוברה, ולפי זה – דווקא בנפלה מן הנשואין. ואם אינו קובר, דלא חשיב כאילו הבעל חי, א"כ באתה לידי גיבוי, ויתן לה כתובתה. **מאן** שמעת ליה דאית ליה מדרש כתובה ב"ש. ולב"ה דלית להו מדרש כתובה ניתנה כתובה לגבות מחיים. אע"ג דאינה גובה כתובתה קודם חליצה – לענין זה ניתנה לגבות, שיהיה לה קבורה תחת כתובה. וא"ת: והא ב"ה נמי אית להו מדרש כתובה, דחזרו להורות כב"ש, כדאמר בפ' "האשה שלום" (יבמות קיז. ושם)! ולעיל סוף פ' "נערה" (דף נג. ושם ד"ה שאין) פירשתי. ולפי מסקנא דשמעתין מצי דרשי ב"ה מדרש כתובה. **ושמעי'** להו לב"ש דאמרי שטר העומד לגבות כגבוי דמי. אף ע"ג דלאביי לית ליה דכגבוי דמי, כדמשמע ב"החולץ" (יבמות לח:), דפריך לרבא מההיא דנפל הבית עליו ועל אביו – בכתובה מודה דכגבוי דמי, משום חינא, כדאמר התם. א"נ בתר דשמעה מרבא – סברה. **שותות** והביא האיש כו'. משמע דבסדר המשנה גרסינן "או שותות", ולא כמו שהיה כתוב שם בספרים "לא שותות". ותימה: דהתם עיקר מילתיה, ולא פריך לה כלל.

והא בעינן לכשתנשאי לאחר כו'. מצינו למימר דפריך לבית שמאי: דנהי דאית להו לבית שמאי שטר העומד לגבות כגבוי דמי, מיהו לענין זה מהני מדרש כתובה – "לכשתנשאי לאחר" דלא יהיב לה קבורה, מידי דהוי ארוסה; דאע"ג דכגבוי דמי – אין לה כתובה. ומשני: יבם נמי כאחר דמי. ואי הוה גרסינן "אלא" הוה אתי שפיר, דהדר ביה משינויא דלעיל, ואתי האי טעמא נמי לבית הלל, ומצו דרשי שפיר מדרש כתובה, דכיון דכאחר דמי – חשיב כאילו גבתה והחזירה לו, הואיל והיא קצת בת גבייה. אי נמי: מצי למימר דלבית הלל פריך, דלית להו כגבוי דמי. אע"ג דס"ד דלית להו מדרש כתובה – מ"מ פריך שפיר. דהשתא, ומה התם ביבמות לא בעו ב"ה למדרש כתובה כדי לגבות, אלא מפסדי לה כתובה – כ"ש הכא שיש לה להפסיד כתובה ע"י מדרש – שיאמרו בית הלל שתפסיד. **יבם** נמי כאחר דמי. ואע"ג דבפ"ק דקדושין (דף יג:) אמר גבי "ואיש אחר יקחנה" דיבם לא מקרי "אחר" – הני מילי בלשון תורה, אבל בלשון חכמים איקרי "אחר"*. **הרוצה** שימכור בנכסי אחיו. לפי שאינו יכול למכור, ומכרו בטל לאלתר, אפי' קודם שתבא לידי גבייה. דהחמירו חכמים ביבמה, לפי שלא כתב לה "כל נכסי אחראין לכתובתיך". ולכך תיקנו שאינו יכול למכור כלל – שלא תצטרך לחזור ולטרוח ולטרוף מן הלקוחות. ואפי' ישאיר לה כנגד כתובתה אינו רשאי למכור השאר, דחיישינן שמא יאבדו או ישתדפו השדות שישאיר. וא"ת: מ"מ מה מפסדת? והא אמר לקמן דאי לית לה מראשון תקינו לה משני! וי"ל: דמפסדת, שצריכה לחזור ולטרוף הלקוחות, דאפי' אי לית לה מנכסי הראשון אלא משעבדי – לא תקינו לה רבנן משני. דאי לאו הכי – מאי אהני ליה מה שכתובתה על נכסי בעלה הראשון. **מגרשה** בגט. וא"ת: והואיל וטעמא משום דלא כתב לה "דקנאי", יכתוב לה ולא יצטרך לגרשה! וי"ל: שאין האשה חפיצה, דניחא לה שיהו על נכסי בעלה הראשון, הואיל והם כל שעה בעין – שאין רשאי למוכרם, ואין לנו לכופה למחול דינה. ופי' בקונט': והא דתנן ב"הניזקין" (גיטין נה:) לקח מן האיש וחזר ולקח מן האשה מקחו בטל – הא אוקימנא באותן ג' שדות. והקשה ה"ר שמואל: דכ"ש בשאר נכסים, כדאמרינן ב"חזקת הבתים" (ב"ב דף נ. ושם): למעוטי מאי אילימא למעוטי שאר נכסים – כל

כט א מיי' פכ"ב מהל' אישות הלכה י טור ש"ע אה"ע סימן קס סעיף ז:

ל ב מיי' פט"ז שם הלכה ג סמג עשין מח טוש"ע אה"ע סימן צג סעיף א וטוש"ע ח"מ סי' לז סעיף כד בהג"ה.

לא ג מיי' פ"ב מהלכות סוטה הלכה ז סמג עשין מח טור אה"ע סי' קטו וסימן קעח:

תוספות רי"ד

אמר אביי אף אנן נמי תנינא אלמנה נזונית מנכסי יתומין ומעשה ידיה שלהן ואין חייבים בקבורתה יורשיה יורשי כתובת' חייבי' בקבורת' איזהו אלמנה שיש לה שני יורשים הוי אומר זו שומרת יבם: **מתני'** הניח אחיו מעות ילקח בהן קרקע והוא אוכל פירות. פירות תלושין מן הקרקע. ילקח בהן קרקע והוא אוכל פירות. פירות המחוברים לקרקע אמר ר"מ שמין אותן כמה הן יפים בפירות וכמה הן יפים בלא פירות והמותר ילקח בהן קרקע והוא אוכל פירות. וחכ"א פירות המחוברים לקרקע שלו. והתלושין מן הקרקע כל הקודם בהן זכה. קדם הוא זכה קדמה היא ילקח בהן קרקע והוא אוכל פירות כנסה ה"ה כאשתו לכל דבר ובלבד שתהא כתובתה על נכסי בעלה הראשון לא יאמר לה הרי כתובתך מונחת על השלחן אלא כל נכסיו אחראין לכתובתה וכן לא יאמר אדם לאשתו הרי כתובתיך מונחת על השלחן אלא כל נכסיו אחראין לכתובה. גירשה אין לה אלא כתובתה. החזירה הרי היא ככל הנשים ואין לה אלא כתובתה. פי' אם הניח אחיו או מעות או פירות תלושין ילקח בהן קרקע והיבם אוכל פירות. פי' היבמה כיון שכתובתה על נכסי בעלה הראשון כל נכסי המת הן אחראין לכתובתה ואע"פ שלא הניח אלא מטלטלין. ומתני' ר"מ היא דקסבר מטלטלי משתעבדי לכתובה הלכך זכה בהן היבמה לגבות כתובתה מהן וילקח בהן קרקע והוא אוכל פירות שכל נכסי המת כך הם ליבם כנכסי מלוג שכמו שנכסי מלוג אין לו לבעל עליהן אלא אכילת פירות ולא שיוכל למכור גוף הנכסים מפני שהן שלה כך היבם נמי בכל הנכסים שירש מאחיו אין לו עליהם אלא אכילת פירות ולא שיוכל למכור גוף הנכסים. מפני היבמה שמעכבת עליו ואע"פ שכל אשה דעלמא אין יכולה לעכב על בעלה מלמכור נכסיו אלא אם רצה מוכר היום ומחר אם תתאלמן או תתגרש אם לא תמצא בני חרי גובה מהן אבל כ"ז שהיא תחתיו אינה יכולה לעכב מכירתו התם הוא מפני שאין לאשה בנכסי בעל אלא שיעבוד כתובתה וה"ה כב"ח דעלמא מה ב"ח א"י לעכב ע"י מלמכור אלא מוכר ואם יבא לגבות חובו ואינו מוצא בני חורין הולך וטורף ממשעבדי ה"נ אשה יכול הוא למכור ואין יכולה לעכב ע"י שהרי אין לה על נכסיו אלא שיעבוד בעלמא ולא גוביינא שלא נתנה כתובה לגבות מחיים. ואפילו אם ימכור שיעבודה קיים הוא הלכך יכול למכור חוץ מאותן ג' שדות א' שהכניסה לו שום משלו ושהכניסה לו מבית אביה ושייחד לה בכתובתה התם ודאי אם מכר מכרו בטל לגמרי אע"פ שיושבת תחתיו ועדיין לא הגיעה זמנה לגבות דכאילו הן שלה דמי ואין לו לבעל עליהן אלא פירות וכך הן כל נכסי המת אצל היבמה דמשעה שמת בעלה כבר זכתה האשה לגבות כתובתה מהן אלא שהיבם מעכבה מלגבות מפני שהוא רוצה ליבמה. וכיון דגוביינא אית לה עליהן עד שלא תגבה כתובתה מהן כולן הן ברשותה ואפילו שוין מאה מנה אינו רשאי למכור בהן כלל כ"א לאכול מהן פירות. והרי כל הנכסים ליבמה כאותן ג' שדות לאשה. והמחוברים לקרקע אר"מ שמין אותן דכל מה שגדלו ברשות המת הן אחראין לכתובה והכ"א כל הפירות המחוברים לקרקע הן שלו ולקמן נפרש תני שלה. ותלושין מן הקרקע וכו' כל הקודם בהם זכה דקסברי מטלטלי לא משתעבדי לכתובה הלכך כל הקודם בהם זכה אם קדם היבם וזכה בהם ה"ה שלו ואם קדמה היא וזכתה ה"ה שלה. ולקמן בפ' הכותב מפרש דוקא אם קדמה ותפשה מחיים דבעל מהני לה תפישתה אבל תפישה לאחר מיתה לא מהני לה וה"ה של יבם (א) ואם קדמה ותפשה מחיים א"י לגבות מהן שהיבם מעכב שרוצה ליבמה אלא בזה זכתה דכולהו קיימי קמה לגוביינא ואין היבם יכול ליקח מהן אלא ילקח בהן קרקע והוא אוכל פירות: כנסה וכו'. פי' דמשעה שמת כל הנכסים עמדו ברשותה לגבות מהן: לא יאמר לה וכו'. פי' כדי שיוכל למכור שאר הנכסים שלא נתנה כתובה ל"מ אלא כל נכסיו של מת אחראין לכתובה וא"י למכור מהן כלל (והרב אומר שאין הטעם כי לא ניתנה כתובה לגבות מחיים דהכא ביבם קמיירי וקי"ל דניתנה כתובה לגבות מחיים דיבם והטעם הוא מפני שאסור לייחד לה כתובתה כדי שלא תהא קלה בעיניו להוציאה): גירשה אין לה אלא כתובתה והוא יכול למכור השאר אבל כ"ז שלא גירשה אינו רשאי למכור מכל נכסי אחיו כדפרישית: וכן לא יאמר אדם וכו'. אין דין אחריות דיבמה כדין אחריות דאשה שדין אחריות דיבמה הוא שמעכבן ע"י מלמכור ודין אחריות דאשה הוא לשיעבוד שאם מכר שיש לה לטרוף מלקוחות. תניא רבי אבא אומר שאלתי את סומכוס הרוצה שימכור בנכסי אחיו כיצד יעשה אם כהן הוא יעשה סעודה ויפיים ואם ישראל הוא יגרש בגט ויחזיר. פי' וכיון שגירשה פקע מעליו דין יבמה וה"ה ככל אשה דעלמא שיכול למכור ואין

(א) נראה דצ"ל וה"ה של יבם דאפילו קדמה ותפשה מחיים דיבם אינה יכולה לגבות מהן וכו'.

לעיל מג. לקמן נה:

יבמות לח: סוטה כה. שבועות מח: [גיטין לז.]

[יבמות לח: סוטה כד.]

הגהות הב"ח
(א) רש"י ד"ה ב"ש היא ביבמות. נ"ב דף קיז.:

[הך תנא הוא רב ונקרא בשמו רבי אבא עי' ערוך ערך רב]

[עי' תוס' קדושין יג: ד"ה אחר ותוס' סוטה כה: ד"ה לאחר]

עין משפט
נר מצוה

לב א מיי' פכ"ב מהל' אישות הל' יא סמג עשין מח טוש"ע אה"ע סי' קסח סעיף ג:
לג ב מיי' שם הלכה יג טוש"ע שם סעי' ה:

מסורת הש"ס

וְאִי סָלְקָא דַּעְתִּין נִתְּנָה כְּתוּבָּה לִגָּבוֹת מֵחַיִּים — נְיַיחֵד לָהּ שִׁיעוּר כְּתוּבָּה, וְהַשְּׁאָר לִיזְבִּין! וּלְטַעֲמִיךְ — וְלוֹתְבָהּ מִמַּתְנִי': לֹא יֹאמַר לָהּ הֲרֵי כְּתוּבָּתֵיךְ מוּנַּחַת לֵיךְ עַל הַשֻּׁלְחָן, אֶלָּא כָּל נְכָסָיו אַחֲרָאִין לִכְתוּבָּתָהּ! הָתָם *עֵצָה טוֹבָה קָא מַשְׁמַע לָן. דְּאִי לָא תֵּימָא הָכִי — סֵיפָא דְּקָתָנֵי: וְכֵן לֹא יֹאמַר אָדָם לְאִשְׁתּוֹ "הֲרֵי כְּתוּבָּתֵיךְ מוּנַּחַת לֵיךְ עַל הַשֻּׁלְחָן" אֶלָּא כָּל נְכָסָיו אַחֲרָאִין לִכְתוּבַּת אִשְׁתּוֹ — אִי בָּעֵי לֵיהּ לְזַבּוּנֵי הָכָא נַמִי דְּלָא מָצֵי מְזַבֵּין?! אֶלָּא, עֵצָה טוֹבָה קָמַשְׁמַע לָן. הָכָא נַמִי — עֵצָה טוֹבָה קמ"ל. אֶלָּא דְּרַבִּי אַבָּא קַשְׁיָא! דְּרַבִּי אַבָּא נַמִי לָא קַשְׁיָא: מִשּׁוּם אֵיבָה. הַהוּא גַּבְרָא דְּנָפְלָה לֵיהּ יְבָמָה בְּפוּמְבְּדִיתָא, בָּעֵי אֲחוּהּ לְמִפְסְלָהּ לָהּ בְּגִיטָּא מִינֵּיהּ, א"ל: מַאי דַּעְתֵּיךְ — מִשּׁוּם נִכְסֵי, אֲנָא בְּנִכְסֵי פַּלֵּיגְנָא לָךְ. [א]אֲמַר רַב יוֹסֵף: כֵּיוָן דְּאָמוּר רַבָּנַן לָא לִיזְבֵּין, אע"ג דְּזַבֵּין — לָא הָוֵה זְבִינֵיהּ זְבִינֵי. דְּתַנְיָא: מִי שֶׁמֵּת וְהִנִּיחַ שׁוֹמֶרֶת יָבָם, וְהִנִּיחַ נְכָסִים בְּמֵאָה מָנֶה, אַף עַל פִּי שֶׁכְּתוּבָּתָהּ אֵינָהּ אֶלָּא מָנֶה — לֹא יִמְכּוֹר, שֶׁכָּל נְכָסָיו אַחֲרָאִין לִכְתוּבָּתָהּ. אֲמַר לֵיהּ אַבַּיֵי: וְכָל הֵיכָא דְּאָמוּר רַבָּנַן לָא לִיזְבֵּין, אע"ג דְּזַבֵּין לָא הָוֵה זְבִינֵיהּ זְבִינֵי? וְהָתְנַן, *בֵּית שַׁמַּאי אוֹמְרִים: תִּמְכּוֹר, וּבֵית הִלֵּל אוֹמְרִים: לֹא תִּמְכּוֹר. אֵלּוּ וָאֵלּוּ מוֹדִים שֶׁאִם מָכְרָה וְנָתְנָה — קַיָּים! שְׁלָחוּהָ לְקַמֵּיהּ דְּר' חֲנִינָא בַּר פַּפִּי. שְׁלַחָה: כִּדְרַב יוֹסֵף. אֲמַר אַבַּיֵי: אַטּוּ ר' חֲנִינָא בַּר פַּפִּי *כֵּיפֵי תָּלָה לָהּ? שְׁלָחוּהָ לְקַמֵּיהּ דְּרַב מְנִיוּמֵי בְּרֵיהּ דְּרַב נַחוּמִי, שְׁלַחָה: כְּדְאַבַּיֵי, וְאִי אָמַר בָּהּ רַב יוֹסֵף טַעֲמָא אַחֲרִינָא — שִׁלְחוּ לִי. נָפַק רַב יוֹסֵף דַּק וְאַשְׁכַּח, דְּתַנְיָא: הֲרֵי שֶׁהָיָה נוֹשֶׁה בְּאָחִיו וּמֵת, וְהִנִּיחַ שׁוֹמֶרֶת יָבָם: לֹא יֹאמַר "הוֹאִיל וְשֶׁאֲנִי יוֹרֵשׁ — הֶחְזַקְתִּי" אֶלָּא מוֹצִיאִין מִיָּבָם, וְיִקַּח בָּהֶן קַרְקַע וְהוּא אוֹכֵל פֵּירוֹת. א"ל אַבַּיֵי: דִּלְמָא דְּטָבָא לֵיהּ עָבְדוּ לֵיהּ? א"ל: תַּנָּא תָּנֵי "מוֹצִיאִין", וְאַתְּ אָמְרַתְּ דְּטָבָא לֵיהּ עָבְדוּ לֵיהּ? הֲדוּר שְׁלָחוּהָ קַמֵּיהּ דְּרַב מְנִיוּמֵי בְּרֵיהּ דְּרַב נַחוּמֵי. אֲמַר לְהוּ: הָכִי אֲמַר רַב יוֹסֵף בַּר מְנִיוּמֵי אֲמַר רַב נַחְמָן: זוֹ [ב]אֵינָהּ מִשְׁנָה. מַאי טַעֲמָא? אִילֵימָא מִשּׁוּם דְּהָווּ לְהוּ מִטַּלְטְלֵי, וּמִטַּלְטְלֵי לִכְתוּבָּה לָא מִשַּׁעְבְּדִי — דִּלְמָא רַבִּי מֵאִיר הִיא, דְּאָמַר: *מִטַּלְטְלֵי מִשַּׁעְבְּדִי לִכְתוּבָּה. וְאֶלָּא מִשּׁוּם דְּאָמַר לָהּ: אַתְּ לָאו בַּעֲלַת דְּבָרִים דִּידִי אַתְּ, דִּלְמָא

ולטעמיך. דאמרת טעמא משום דלא ניתנה כתובה ליגבות מחיים, אמאי מהדרת אדר' אבא לאותובי מברייתא, אותיב ממתני'! ומשני: ממתניתין לא מותיבנא, דמתני' איכא לשנויי: דלאו דינא קתני אלא עצה טובה, שלא תאבד כתובתה. על השלחן. הן מעות שהוא משתמש בהן, אם הוא שולחני. הכי נמי דלא מצי מזבין. בתמיה; הא אוקימנא להאי באותן שלש שדות. אבל מי שלא כתב ולא ייחד – מוכר הכל, ואינה יכולה לעכב עליו. וטעמא, משום דכתב לה "דקנאי ודקנינא". ומיהו, כשימות או יגרשנה – טורפה לקוחות. עצה טובה. שמא יאבדו המטלטלין, ונמצאת בלא כתובה, וצריך לכתוב כתובה אחרת. אלא דרבי אבא קשיא. אדמגרש לה – נייחד לה, שהרי גירושין גנאי הן לשניהם. אלא ודאי טעמא – דלא ניתנה כתובה להגבותה מחיים. משום איבה. המייחד לאשתו או קרקע או מטלטלין – נותן איבת עולם ביניהם, דסברה: עיניו נותן בגירושין. אבל זה שמגרש על מנת שיחזיר – ידעה דלא עשה אלא למכור, ופקעה לה איבה. דנפלה ליה יבמה. דמלוה בגדול לייבם. בעא אחוה. הקטן ממנו. למיפסלה בגיטא. לזרוק לה גט, ולאסרה על כל האחין, כדאמרינן *בפ"ק דיבמות. משום נכסי. קשה בעיניך שאכניסנה, שלא אזכה בנכסי אחי, כדתנן (יבמות דף מ.): הכונס את יבמתו – זכה בנכסי אחיו. פליגנא לך. כאילו אני חולך לה, ולא אטול אלא כמוך. כיון דאמור רבנן. שומרת יבם – אין היבם רשאי למכור, כדאמרי' לקמן בשמעתין: מי שמת והניח שומרת יבם כו'. אע"ג דזבין כו'. ומה שעשה זה שהתנה עמו לחלוק לו וקנו מידו – הרי הוא כמוכר. כיפי. נזמים. כלומר: במה ייפה והנאה את דבריו, ומה טעם נתן בה כששלחה? שלחה כדאביי. דהיכא דזבין – זביניה זביני. ומת. הנושה המלוה. לא יאמר. היבם המחויב המעות. הואיל ואני יורש. שאכנים את אשתו ואזכה בנכסים. החזקתי. בחוב זה, ולא אשלמנו עוד. דטבא ליה עבדו. עצה טובה: שיהיה הקרקע קיים לו עולמית, ולא יוציא המעות בהוצאה. תנא תני מוציאין. דמשמע: על כרחו. אינה משנה. לא נישנית משנה זו בבית המדרש של חכמים, ולא סמכינן עלה במידי. דלמא ר"מ היא. במתני', דקתני גבי כספים ופירות תלושין: יִלָּקַח בהן קרקע, ואפי' לא תפסה. אלמא – משעבדי לכתובתה. ואפי' לא קיימא לן כר"מ בהא, מיהו גבי מוציאין – ליכא מאן דפליג אי מקרקעי נינהו, ולעולם משנה היא. אלא. להכי אינה משנה, וטעות היה מי ששנאה. משום דמצי אמר לה: לאו בעלת דברים דידי את, ממך לא לויתי אלא מאחי. דלמא

כל שכן דהוה ליה איבה, דאמר לה: עיניך נתת בגירושין ובמיתה! לכך נראה לר"י לפרש: מקחו בטל – משעת טריפה. וג' שדות – לאו למעוטי שאר נכסים, אלא – אפי' ג' שדות, מקחו קיים עד שעת טריפה. [א] ויש ליישב פי' הקונטרס: דמקחו בטל משמע דבטל לאלתר. וב"חזקת הבתים" (ב"ב נ. ושם) ה"פ: למעוטי מאי, דלא מצי אמרה נחת רוח עשיתי לבעלי, אילימא למעוטי שאר נכסים דלא תטרוף לגמרי – כל שכן דהויא לה איבה! והא דלא קאמר: למעוטי שאר נכסים דאין מקחו בטל לאלתר, דמילתא דפשיטא היא דאין מקחו בטל אלא באותן ג' שדות, דהא כל אדם מוכר קרקעות המשועבדות, וממילא ידענא דדוקא באותן שלש שדות קתני דמקחו בטל. ומשום למעוטי שאר נכסים דאין מקחו בטל לא אצטריך ליה לאוקמא באותן ג' שדות. אבל קשה לרשב"א: דהיכי מצי למימר דפשיטא ליה דבשאר נכסים אין מקחו בטל? הא מקמי דמוקמינן לה התם באותן ג' שדות הוה ס"ד דמיירי בשאר נכסים, אע"ג דקתני מקחו בטל! **ואם** איתא נייחד לה שיעור כתובה כו'. הואיל וחשבת לה כאילו גבתה והחזירה לו.

ולטעמיך. פירוש: דלא אסקת אדעתך טעמא דאיבה, לותבה ממתני', דמשמע הכי: לא יאמר לה הרי כתובתיך מונחת על השלחן, כדי למכור השאר – אלא כל נכסיו אחראין לכתובתה, ואינו יכול למכור שום דבר.

אלא עצה טובה קמשמע לן. פי' בקונטרס: שמא יאבדו המטלטלין, ונמצאת שלא בכתובה, וצריך לכתוב כתובה אחרת. וזה אינו אלא לר' מאיר, דאמר*: אסור לאדם להשהות את אשתו שעה אחת בלא כתובה. ונראה לר"י: עצה טובה – שלא תהא קלה בעיניו להוציאה. ולרשב"א נראה: דגבי אשתו הויא עצה טובה שאם ייחד לה מטלטלין – לא יוכל להוציאה, לכך טוב לו שיהיו כל נכסיו אחראין לכתובה ויוציא הכל. ולבסוף – דמסיק טעמא דרבי אבא משום איבה – הויא טעמא דמתניתין נמי משום איבה, בין ביבמתו בין באשתו. **לא** יאמר הואיל ואני יורש החזקתי. וא"ת: ולמחול לנפשיה, דהא אמרי'*: המוכר שטר חוב לחברו וחזר ומחלו – מחול, ואפי' יורש מוחל! וי"ל: דשאני הכא – דאינו יורש אלא מכחה. אי נמי, כר' מאיר דדאין דינא דגרמי, ומגבי ביה דמי שטרא מעליא, כדאמרי' לקמן (דף פו.).

ודלמא דטבא ליה עבדו ליה. פירש בקונטרס: שתהא הקרן קיימת, ויאכל פירות. וקשה: דלא סגי דלא אשמועינן אלא בנכסי אחיו? ונראה: דטבא ליה עבדו ליה – דהיינו, דהוי שלום בית טפי, [שתהא בטוחה] יותר, לפי שלא כתב לה "דקנאי ודקנינא". אי נמי – דלא זילי נכסי כל כך, כשיש לה הרבה מנכסי בעלה הראשון שתטול כתובתה מהן, ולא יהיו יראין הלקוחות שתטרוף מהם. ואם תאמר: ונימא נמי שלא יהיה מכר מהאי טעמא, משום דטבא ליה עבדו ליה? וי"ל: דמשום טובתו לא נפסיד ללקוחות. **רבי** מאיר היא דאמר מטלטלי משתעבדי לכתובה. אומר ר"ת: דלא אמר ר"מ לגבות מיתמי, אלא דוקא מיניה. ויבם במקום אחיו קאי, והוי כמו מיניה. וכן משמע במה דוכתין דמייניה פליגי. וליכא למימר דלר"מ [מטלטלי] דיתמי נמי משתעבדי לכתובה, וכמקרקעי דמי – דא"כ אפי' לית לן דרבי נתן דין הוא שתגבה ממנו כאילו הוו מקרקעי. ועוד דהשתא מלוה דעדיפא, דמודו רבנן דגבי מיניה אפילו מגלימא דעל כתפיה – מודה ר"מ דמטלטלי דיתמי לא משתעבדי ליה. כתובה דגריעא, דלרבנן אפילו מטלטלי דידיה לא משתעבדי – כ"ש דלר"מ לא משתעבדי לה מטלטלי דיתמי. וא"ת: דבפרק "נושאין על האנוסה" (יבמות דף נט. ושם) תניא: יש מוכר את אביו להגבות לאמו כתובה, כיצד כו', וקאמר: הא מני – ר"מ היא, דאמר מטלטלי משתעבדי לכתובה. והשתא הא אפילו ממטלטלי דיתמי לא גביא, כדפרישית, (א) כ"ש ממטלטלי דמקבל מתנה דאלים טפי, כדמשמע ב"יש נוחלין" (ב"ב דף קנג.), דדייק: השתא בירושה דאורייתא אלמנתו ניזונת, מתנת שכיב מרע דרבנן – לא כל שכן? משמע: אבל מתנת בריא, דהיא דאורייתא, אינה ניזונת. אלמא, גריעא ירושה ממתנת בריא! וי"ל: דההיא דיבמות איירי במתנת שכיב מרע, דגריעא מירושה. לא

תוספות רי"ד

ואין לה אלא שיעבוד לטרוף הלקוחות אם לא תמצא בני חרי: ההוא גברא דנפלה ליה יבמה בפומבדיתא בעא אחוה למיפסלא מניה בגיטא א"ל מה דעתך משום נכסי בניכסי פליגנא לך פי' וקנו מידו שיחלוק עמו אמר ר"י כיון דאמור רבנן לא ליזבן אי זבין לא הוי זביניה זבינא. דתניא מי שמת והניח שומרת יבם והניח נכסי' בק' מנה אע"פ שאין כתובתה אלא מנה לא ימכור שכל נכסיו אחראין לכתובתה. פי' כיון דלגוביינא קיימא קמה אין יכול למכור ומה שתפש קנין לחלוק עם אחיו קנינו בטל שאין הנכסים ברשותו אלא ברשות היבמה:

הגהות מהר"ב רנשבורג

א] תוס' ד"ה (בע"א) מגרשה בגט וכו' ויש ליישב פי' הקונטרס. עי' גיטין דף מא ע"א תוד"ה אשה וכו' עד סוף הדבור ודו"ק:

הגהות הב"ח

(א) תוס' ד"ה ר' מאיר וכו' כ"ש ממטלטלי דמקבל מתנה. נ"ב בפ' נערה דף מט ע"ב ד"ה הוא ואשתו וכו' כתבו התוס' דליכא למימר דכ"ש לא הוי והוא הדין מיהא הוי ע"ש ולכך כתבו פה בסתמא שמסתמא על מ"ש שם:

[לקמן נו: נז. גיטין כב: ב"ב כח: כט. קיח. קס: ע"ש חולין קטו: עירובין לט.]
[נ"ל בפ"ה דיבמות נ.]
[לעיל עח.]
[עירובין נו:]
[יבמות נט. קדושין סה:]
[לעיל נז.]
[לקמן פה.]

דלמא רבי נתן היא. דתניא, *ר' נתן אומר: [א] מנין לנושה בחבירו מנה, וחבירו בחבירו, מנין שמוציאין מזה ונותנין לזה – ת"ל: °"ונתן לאשר אשם לו". אלא, לא אשכחן תנא דמחמיר תרי חומרי בכתובה, אלא – אי כרבי מאיר, אי כר' נתן. אמר רבא: א"כ היינו דשמענא ליה לאביי דאמר "זו אינה משנה", ולא ידענא מאי היא.§ ההוא גברא דנפלה ליה יבמה במחסיא, בעא אחוה למיפסלה בגיטא מיניה. אמר ליה: מאי דעתיך? אי משום נכסי – אנא בנכסי פליגנא לך. אמר ליה: מסתפינא דעבדת לי כדעביד פומבדיתאה רמאה. אמר ליה: אי בעית – פלוג לך מהשתא. אמר מר בר רב אשי: אע"ג דכי אתא רב דימי *אמר רבי יוחנן: האומר לחבירו "לך ומשוך פרה זו ולא תהיה קנויה לך אלא לאחר שלשים יום" – לאחר ל' יום קנה, ואפי' עומדת באגם. התם – בידו, הכא – לאו בידו. והא כי אתא רבין א"ר יוחנן: לא קני! לא קשיא; [א]הא דא"ל "קני מעכשיו" הא דלא אמר ליה "קני מעכשיו". בעו מיניה מעולא: יבם ואח"כ חילק מהו? לא עשה ולא כלום. חילק ואח"כ יבם מהו? לא עשה ולא כלום. מתקיף לה רב ששת: השתא יבם ואח"כ חילק – לא עשה ולא כלום, חילק ואח"כ יבם מבעיא?! שני מעשים הוו. כי אתא רבין אמר ר"ל: בין יבם ואח"כ חילק, בין חילק ואח"כ יבם – לא עשה ולא כלום. [ב]והלכתא: לא עשה ולא כלום.§ וחכ"א פירות המחוברים לקרקע שלו.§ אמאי? והא כל נכסיו אחראין וערבאין לכתובתה? אמר ריש לקיש, תני: שלה.§ כנסה הרי היא כאשתו.§ למאי הלכתא? *אמר רבי יוסי בר' חנינא: לומר [ג]שמגרשה בגט ומחזירה. "מגרשה בגט" – פשיטא! מהו דתימא: °"ויבמה" אמר רחמנא, ועדיין יבומין הראשונים עליה – לא תיסגי לה בגט, אלא בחליצה, קא משמע לן. "מחזירה" – פשיטא! מהו

תורה אור: במדבר ה; דברים כה

רש"י

דלמא. בהא נמי לא טעה, דרבי נתן היא, דמוציאין מזה ונותנין לזה. לאשר אשם לו. לאשר הקרן שלו, ולא כתיב לאשר נושה בו. אלא. להכי אינה משנה, וטעה התנא ששנאה; דלא אשכחן תנא דאית ליה תרי חומרי בכתובה, שהרי היא מדברי סופרים, חדא – דמטלטלי משתעבדי לה, וחדא – דגביא מבעל חובו של מת מדרבי נתן. אלא חדא מהנך חומרי הוה ליה למיתני בה, אי כרבי מאיר אי כר' נתן. וכיון דתנא תרוייהו – לא קבלה מרבו כן, ומאליו שנאה מי שסידר הברייתא, ולא סמכינן עלה במידי. ולא ידענא מאי היא. לא הייתי יודע טעם בדבר, אמאי אינה משנה. פומבדיתאה רמאה. שאחרי כן חזר בו. פומבדיתא – קרי להו רמאה, כדאמרי' בעלמא (חולין דף קכז.): נרשאה נשקיך – מני כקיך, פומבדיתאה לוייך – שני אושפיזך [וב"חזקת הבתים" (ב"ב מו.) כמו כן: תא ואחוי לך רמאי דפומבדיתא]. פלוג מהשתא. החזק בחלקך מעכשיו, ואע"פ שאינה עכשיו קנויה לך עד שאכנוס או שאחלוק. לכשאכנוס ואזכה בכולן – זכה אתה בחלקך על פי שהחזקתיך מעכשיו. קנה לאחר שלשים. במשיכה זו. ואפי' עומדת באגם. שאינה ברשות הלוקח. התם. הוא דקונה לאחר שלשים, משום דבידו היה להקנותה לו משעת משיכה. הלכך מהניא משיכה לכשיתקיים התנאי, שימלאו ל' יום. הכא לאו בידו. לחלקם לו מעכשיו ולהקנות לו אם ירצה. הלכך, כי אמר ליה נמי: לכשאכנוס זכה מעכשיו – לאו מידי הוא, דקיימא לן כרב יוסף, כדקבעינן הלכתא כוותיה לקמן בשמעתין. ואפילו אית לן: יבם ואחר כך חילק מה שעשה עשוי – השתא מיהת לאו בידו. והא כי אתא כו'. גבי משיכת פרה קאי, ופריך דר' יוחנן אדרבי יוחנן. קני מעכשיו. לאחר שלשים, כשיגיעו – תהא קנויה לך מעכשיו. שני מעשים הוו. ומי ששאל זו לא שאל זו, ולא שמע האחרון את הראשונה. שלא נשאלו יחד בבית המדרש לגירסא בעלמא, אלא ע"פ מעשים שאירעו נשאלו. והא קתני כל נכסיו של מת אחראין לכתובתה. והמחובר לקרקע כקרקע. ולא דמו למחוברין דנכסי מלוג, דהתם פירא תקינו ליה רבנן היכא דאיכא קרן קיים. והני נמי פירי נינהו, דגמרי ברשותיה. אבל הכא – קרנא ופירא דידיה הוא, ושיעבודא הוא דאית לה עלייהו. ומאי דאישתעבד לה מחיים דבעל – לא אמרינן פירא הוא לאפקועי שיעבודא. תני שלה. ולא פליגי רבנן עליה אלא אתלושין ואכספים, ולמימר דלא משעבדי מטלטלי לכתובתה. שמגרשה בגט ומחזירה. תרי מילי אשמעינן: מגרשה בגט ואינה צריכה חליצה, ואשמעינן שאם רצה להחזירה – מחזירה כשאר אשה. עדיין יבומין הראשונים עליה. אע"פ שלקחה, דהכי כתיב "ולקחה... ויבמה". קמ"ל. דנעשית כאשתו. ומ"לאשה" דרשינן ליה לקמן. והאי "ויבמה" דרשינן לבעל כרחה, ביבמות (דף ח:).
נעשית

תוספות

לא אשכחן תנא דמחמיר תרי חומרי בכתובה. ואם תאמר: והא דתנן ב"הכותב" (לקמן דף פד. ושם): מי שמת והניח אשה ובעל חוב ויורשין, והיה לו פקדון או מלוה ביד אחרים; ר' טרפון אומר: ינתנו לכושל שבהם. ומפרש בגמרא: לכתובת אשה, משום חינא, ולמאן דאמר נמי לכושל שבראיה, אם היתה כתובת אשה כושל – היה מודה, או אם לא היה בעל חוב כלל – היו נותנין לאשה. ואי הוה מפרשינן דהתם – לא מן הדין, אלא מלוה ליתן לכושל שבהם – הוה ניחא. ואפי' אי דינא הכי – יש לומר דשאני התם, דאין היורשין מוחזקין מן הפקדון והמלוה, לכך אין צריך לדרבי נתן. תדע, דלא חשיבי מוחזקין, דהא אי הוו חשיבי מוחזקין – לא הוו מטלטלי דידהו משתעבדי לכתובה או לב"ח. אבל הכא – הרי היבם מוחזק מאותה מלוה, שהרי הוא החייב, ואפי' היו אחרים חייבין – הוה חשיב יבם מוחזק – דבמקום אחיו קאי. לכך צריך דר' נתן.

פומבדיתאה רמאה. ואם תאמר: ומה רמאות עשה? הא אמר רב יוסף: לא הוי זביניה זבינא! ועוד: דמה תיקן בכך דאמר איפלוג מהשתא? ואומר רבינו יצחק: דלעיל חזר בו הפומבדיתאה, ולא רצה ליתן אחר שיבם. והא דקאמר: רב יוסף כו' – לא משום שהיה צריך לאותו מעשה, אלא לפי ששייך עליו אותו הדין.

התם בידו הכא לאו בידו. פירש בקונטרס: הלכך, כי אמר ליה נמי "לכשאכנוס זכה מעכשיו" – לאו מידי הוא, דקיימא לן כרב יוסף דפסקינן לקמן הלכתא כוותיה. ואפי' אית לן יבם ואח"כ חילק, מה שעשה עשוי – השתא מיהא לאו בידו הוא. וקשה לרשב"א: דמאי שנא מדאמר רב בפ"ק דבבא מציעא (דף טז:*): "שדה זו לכשאקחנה ממך קנויה לך מעכשיו" – קנה, אע"ג דלאו בידו! וי"ל: דרב סבר אדם מקנה דבר שלא בא לעולם. ולא קיימא לן הכי, דפסקינן בפרק "אף על פי" (לעיל דף נט.) כרבי יוחנן הסנדלר. [וביבמות לג. ושם]

הא דאמר מעכשיו והא דלא אמר מעכשיו. לא דמי לאומר לאשה "הרי את מקודשת לי לאחר שלשים" ולא בא אחר וקידשה בתוך שלשים יום – דמקודשת אע"פ שנתאכלו המעות, אע"פ שלא אמר "מעכשיו", כדאמרינן בפרק "האומר" בקידושין (דף נט.). דבכסף ודאי לא בעינן "מעכשיו", שאם לא תתקדש לו – חייבת לשלם, והוי כאילו הכסף בעין לאחר שלשים. אבל הכא גבי משיכה, אם לא אמר "מעכשיו" – לא קנה לאחר שלשים יום, דבשעת קנייה כבר פסקה המשיכה. ורב נמי דאמר בפרק קמא דבבא מציעא (דף טז:): "שדה זו לכשאקחנה ממך קנויה לך מעכשיו" קנה – היינו (מעכשיו) משום דסתם קניית שדה הויא בשטר, ולכך צריך "מעכשיו" – שמא יאבד השטר או יקרע, ולא יהיה בעולם בשעת קנייה. ואע"ג דרב מספקא ליה באומר "מעכשיו ולאחר ל'" אי תנאה הוי, אי חזרה הוי – ב"מעכשיו לכשאקחנה" – קנה, דהא דקאמר "לכשאקחנה" – היינו משום דאינה שלו עתה, ואינו יכול להקנותה אלא לכשיקחנה. ועוד: כיון דקאמר "מעכשיו" – לבסוף ליכא לספוקי במידי. ואם תאמר: ור' יוחנן דהכא מאי קסבר? אי חזרה הוי – אמאי קנה? דכיון דחזר בו – הא בטל מעכשיו. ואי תנאה הוי – אמאי בעינן שתהא עומדת באגם? דהכי משמע ב"הכותב" (לקמן דף פו: ושם) דדרקא בעומדת באגם קנה – דאפילו עומדת ברשות מקנה נמי, דהא קנה מעכשיו כיון דתנאה הוי, ולא חזר בו עד לאחר שלשים! וי"ל דר' יוחנן לטעמיה, דלית ליה – תנאה הוי ולא חזרה הוי, אלא, מעכשיו מתחיל הקנין ואינו נגמר עד לאחר שלשים. ולהכי צריך שתהא בסוף שלשים באגם, שהוא מקום הראוי למשיכה. וכן אית ליה ב"האומר" בקידושין (דף ס.). וב"האשה רבה" (יבמות לג. ד"ה קנויה) הארכתי:

[שייך לעיל במשנה] *והתלושין כל הקודם זכה. ואם תאמר: בשלמא קדם הוא זכה – דקסבר דמטלטלין לא משתעבדי לכתובה, כדפירש בקונטרס. אלא קדמה איהי – אמאי זכתה לר' עקיבא דאמר לקמן (דף פד.) דאין מרחמין בדין אלא ינתנו ליורשין, ואית ליה דאפילו קדמה היא – לא זכתה, כדמוכח התם בגמרא! וי"ל: דהתם דלגבות – אפילו קדמה איהי, לא זכתה. אבל הכא, שאין לה אלא שיעבוד בעלמא – לא חשו. ולקמן הארכתי.

ויבמה אמר רחמנא. וליכא למימר ואימא הכי נמי, דאיצטריך "ויבמה" לכמה דברים.
מהו

מסורת הש"ס

לעיל יט. פסחים לא. גיטין לז. ב"ק מ: [קדושין טו.]

לקמן פו: ע"ש

יבמות ח: יט: לט.

עין משפט נר מצוה

[א] מיי' פ"ב מהלכות מלוה הלכה ו טוש"ע ח"מ סימן פ וסעיף א:

לד א מיי' פ"ב מהל' מכירה הל' ט סמג עשין פב טוש"ע ח"מ סי' קנז סעיף ז:

לה ב מיי' פכ"ב מהל' אישות הל' יא סמג עשין יא טוש"ע אה"ע סי' קסח סעיף ג:

לו ג מיי' פ"א מהלכות יבום הלכה טו סמג עשין נא טוש"ע שם סי' קסח סעיף א:

תוספות רי"ד

ההוא גברא דנפלה ליה יבמה במתא מחסיא בעי אחוה למיפסל' בגיטא מיניה א"ל מה דעתך משום נכסי בנכסים פליגנא לך אמר מסתפינא דלמא עבדית לי כפומבדיתא רמאה. פי' שחזר בו ובטל קנינו. א"ל אי בעית פלוג מהשתא אמר מר בר רב אשי אע"ג דכי אתא רב דימי אמר רבי יוחנן האומר לחבירו משוך פרה זו ולא תקנה לך אלא לאחר ל' יום קנה לאחר ל' יום ואפילו עומדת באגם התם בידו והכא לאו בידו. פי' שעדיין לא ייבם ולא זכה בנכסים ואין לו כח בהן עכשיו כלום. ואת"ל שאם ייבם תחלה ואח"כ חלק זכה היכא דחלק תחלה קודם שייבם לא זכה והא כי אתא (ר"ד) [רבין] אר"י לא קנה לא קשיא הא דא"ל קני מעכשיו הא דלא א"ל קני מעכשיו: בעו מיניה מעולא ייבם ואח"כ חלק מהו א"ל לא עשה כלום. פי' שאין לו כח ליבם [למכור] בנכסי אחיו מפני שהן עומדים לגוביינא ליבמה כדאמרן וכ"ש חלק ואח"כ ייבם כי אתא רבין אמר ר"ל בין ייבם ואח"כ [חלק] בין חלק ואח"כ ייבם לא עשה כלום: וחכ"א פירות המחוברים לקרקע שלו ואמאי והרי כל נכסיו אחראין לכתובתה פי' והמחוברים לקרקע כקרקע הן. תני שלה. ואי קשיא מ"ש הא מנ"מ דאמרו רבנן שהן שלו ולא קשיא לן והכא אמרי' תני שלה ומאי אלים טובא שיעבוד א) דאין ליבמה על נכסי בעלה או כח לאשה בנכסים השתא נ"מ שהן קנויין קנין גמור לאשה אמרו חכמים פירות המחוברים לקרקע אע"פ שחנטו ברשות האשה כיון שנגמרו ברשות הבעל הן שלו נכסי היבמה שאין לה בהן אלא שיעבוד בעלמא וגופה הם של יבם לא כ"ש שיהיו הפירות המחוברים של יבם י"ל שאינו דומה אכילת פירות דהכא לאכילת פירות דהתם דהתם מאי דאכיל בעל פירי לא הוי מן דינא אלא בתקנת חכמים וכיון שנגמרו הפירות ברשותו תקנו לו שיאכל הכל גם העלוי שיש על המחובר ואין לנו להקשות על תקנת חכמים אבל אכילת פירות דהכא הוא מן דינא ולא משום תקנה דהא מדידיה קאכיל וכיון דמן דינא אמרי' ולא מן תקנתא אמאי בעי יבם למזכי בעלוי המחובר שהוא משועבד לאשה ושפיר קאמר ר"מ להכי א"ל תני שלה. שאע"פ שהיה נותן [הדין] כר"מ החליטוה חכמים לה שכיון שלוקחת בהן [קרקע] והוא אוכל פירות אין הבעל נפסד כלום ואינו רוצה לדקדק כמה הן שוין בלא פירות: כנסה ה"ה וכו' למאי הלכתא אר"י ב"ח לומר שמגרשה בגט ומחזירה. מגרשה פשיטא מ"ד ויבמה אמר רחמנא עדיין יבומים הראשונים עליה ולא תסגי לה בגט אלא תבעי נמי חליצה קמ"ל: מחזירה פשיטא
מהו

א) אולי צ"ל שעבוד דיש ליבמה על נכסי בעלה דיהא כח לאשה בנכסים יותר מנ"מ השתא נ"מ וכו'.

מהו דתימא: מצוה דרמא רחמנא עליה — עבדה, והשתא תיקום עליה באיסור אשת אח, קא משמע לן. ואימא הכי נמי? אמר קרא: °"ולקחה לו לאשה", כיון שלקחה — נעשית כאשתו.§ (דברים כה) בלבד שתהא כתובתה על נכסי בעלה הראשון.§ מאי טעמא? *אשה הקנו לו מן השמים. [א]ואי לית לה מראשון — אית לה משני, כדי שלא תהא קלה בעיניו להוציאה.§ [ב]לא יאמר לה הרי כתובתיך.§ מאי "וכן"? מהו דתימא: התם הוא, דלא כתב לה "דקנאי ודקנינא" אבל הכא דכתב לה "דקנאי ודקנינא" אימא סמכה דעתה, קמ"ל.§ [ג]גרשה — אין לה אלא כתובתה.§ גרשה — אין, לא גרשה — לא. קא משמע לן *כדרבי אבא.§ [ד]החזירה — הרי היא ככל הנשים ואין לה אלא כתובתה.§ "החזירה" מאי קא משמע לן? תנינא: *[ה]המגרש את האשה ומחזירה — על מנת כתובה ראשונה מחזירה! מהו דתימא: אשתו הוא, דאיהו כתב לה כתובה מיניה, אבל יבמתו, דלא איהו כתב לה — היכא דגרשה ואהדרה, אימא כתובתה מיניה — קא משמע לן.§ אמר רב יהודה: בראשונה היו כותבין לבתולה מאתים ולאלמנה מנה. והיו מזקינין ולא היו נושאין נשים. עד שבא שמעון בן שטח *ותיקן: כל נכסיו אחראין לכתובתה.§ תניא נמי הכי: בראשונה היו כותבין לבתולה מאתים ולאלמנה מנה, והיו מזקינין ולא היו נושאין נשים. התקינו שיהיו מניחין אותה בבית אביה. ועדיין, כשהוא כועס עליה אומר לה: לכי אצל כתובתיך, התקינו שיהיו מניחין אותה בבית חמיה. עשירות עושות אותה קלתות של כסף ושל זהב, עניות היו עושות אותה עביט *של מימי רגלים. ועדיין, כשכועס עליה אומר לה: טלי כתובתיך וצאי, עד שבא שמעון בן שטח ותיקן שיהא כותב לה [ו] "כל נכסי אחראין לכתובתה".§

הדרן עלך האשה

רש"י

נעשית כאשתו. דכתיב "לאשה", קרא יתירא. אשה הקנו לו. ליבם זה מן השמים, אין עליו לכתוב לה שטר נישואין. מאי וכן לא יאמר. פשיטא, מי גריעה אשתו מיבמתו?! התם הוא. גבי יבמתו קאמרינן שלא ייחד לה מעות לפני שולחנו. דלא כתב לה. כתובה האי יבם, דליכתוב בה נכסים. דקנאי. כבר. ודקנינא. שאני עתיד לקנות. הלכך איכא איבה — דלא סמכה דעתה שלא יאבדו המעות. גירשה אין. הוא דאמרינן: אין לה אלא כתובה, ואם בא למכור מן השאר — ימכור. לא גירשה. לא ימכור כלום. קא משמע לן כדרבי אבא. דלעיל; אם ישראל הוא — מגרשה בגט ומחזירה. ואם תאמר: מרישא שמעינן לה, דקתני: כל נכסיו אחראין! התם עלה טובה הוא, דהא גבי אשתו נמי תנן הכי. אבל מהך משנה יתירה שמעינן: דווקא גירשה. דאי לא — למאי קתני לה? אי משום היא גופה — פשיטא דאין לה אלא כתובתה. אלא ודאי לדיוקא דיליה תנייה, למידק: הא לא גירשה — לא. מאי קא משמע לן. ביבמה. תנינא. לה באשתו, ומאי אולמיה דיבמתו, דאיצטריך למיתנייה? דלית לה כתובה מיניה. אלא על נכסי בעלה הראשון. היו כותבין כו'. ולא היו משעבדים נכסיהן לאחריות הכתובה. ולא היו נושאין נשים. שלא היו רוצות לינשא להם, אמרו: לכשימות או יגרש — לא נמצא לגבות כלום, שהיורשין יצניעו מעות של ירושה. בבית חמיה. בבית בעלה. עשירות. שכתובתן מרובה. קלתות. כמין סל שמנחת על ראשה, ונותנת בה פלכיה, לאחר שנתמלא הפלך טווי. עביט. למימי רגלים. טלי כתובתיך וצאי. לפי שהיתה מיוחדת לכך. כל נכסי אחראין. ולא ייחד לה כתובה במטלטלין.

הדרן עלך האשה

יבמות לט. פה. [לעיל נג:] קדושין כ:

[לעיל פח.]

לקמן פט:

[עי' שבת טז:]

[מתוך פירוש רש"י מוכח דלא היה בגרסתם שלשה תיבות הללו של מימי רגלים וע"ע תוס' ד"ה עביט]

תוספות

מהו דתימא מצוה דרמא רחמנא עליה עבדה כו'. הא פשיטא דכשיבמה מותר לבא עליה ביאות הרבה כמו שירצה. וליכא לן למימר: מצוה דרמא רחמנא עליה עבדה בביאה ראשונה. דסברא הוא — דלא אמר רחמנא "ויבמה" כדי לגרשה לאלתר, אבל בנישואי אחריני — אימא תיקום באיסור אשת אח.

התם הוא דלא כתב לה דקנאי כו'. מתוך פירוש הקונטרס משמע דבאשתו — כיון שכתב לה — אם יאבדו, חייב לשלם, והוה אמינא דיכול לייחד, קא משמע לן דאפילו הכי אינו יכול לייחד. דכיון דסבורה דלית לה — לא סמכה דעתה, אע"ג דאית לה — הויא בעילותו בעילת זנות, כדמוכח ב"אע"פ" (לעיל דף נו: ושם). וקשה לרשב"א: דמשמע בריש "אע"פ" (שם דף נה.), דבאשתו, כשמייחד לה מטלטלין סתמא — אין אחריותן עליו, אע"ג דכתב לה "דקנאי". גבי אין עושין כתובת אשה מטלטלין בשלא קיבל עליו אחריות. ועוד הקשה: דמה מפסדת יבמתו כשמייחד לה? דכי היכי דבאשתו קאמר כשייחד לה סתם ונאבדו — חייב לשלם, יבמתו נמי, כשייחד לה סתם ונאבדו — חוזרת על נכסי בעלה הראשון, דאחריות כתובתה עליהם! ורבינו יצחק פירש: התם הוא דלא כתב לה, כלומר: אי לא תנא אלא רישא — הוה אמינא דטעמא כדבעינן למימר לקמן, דלא ייחד לה ליבמה כדי למכור שאר נכסים, דאינו יכול למכרם — כיון דלא כתב לה "דקנאי". אבל באשתו לא שייך לומר שלא יוכל למכור מהאי טעמא, דהא כתב לה "דקנאי".

קא משמע לן כרבי אבא. שאינו יכול למכור בנכסי אחיו כלל. וא"ת: והא מרישא שמעינן לה, דתנן: הניח אחיו מעות ילקח בהן קרקע כו'. וכיון דצריך לקנות — אם כן אי אפשר לו למכור! וי"ל: דאי מרישא — ה"א דוקא כנגד כתובתה, אבל כל הנכסים — לא, קמ"ל ממשנה יתירא.

אבל יבמתו דלא איהו כתב לה כו'. תימה: וליתני ההיא דהכא, ולא ליתני ההיא דלקמן — דאשתו שמעי' מק"ו דיבמתו! וי"ל: דשמא הוה אמינא סברא איפכא.

בתחלה היו כותבין לבתולה מאתים כו'. פירוש: היו מיחדים לה כתובה, ולא היה אחריות הכתובה על כל הנכסים אם יאבדו אלו המעות. והיו מזקינין ולא היו נושאין נשים, שלא היו רוצות לינשא — שהיו יראות שמא יצניעו היורשין אותם מעות שיחדו לה לכתובתה, התקינו שיהו מניחין אותה בבית אביה — שאין היורשין יכולין להצניען. ומה שלא תיקנו מתחלה ליתן לידה אותן מעות, כמו שתיקנו בסמוך כשהיו עושין מהן קלתות — היינו משום דאין דרך ליתן לה מעות לשמור, אבל כלים — רגילה היא לשמור. א"נ, *לא ממש היה נותן מעות. ומיהו, אין כל כך המעות ברשותה כמו הקלתות שנותנת בהם חפציה והם כל שעה אצלה, ולא היו היורשין יכולין להצניעם כמו המעות. ואפילו היו יכולין להצניען כמו המעות — אינן רשאין, דכשרואין אותן — ניכר לכל שהוא שלה. וכן פירש ר"ח: שהיו נותנים לה. ועדיין כשהיה כועס עליה אומר לה "לכי אצל כתובתיך" — שבתחילה לא היה אומר לה, שפעמים כשהיה דחוק למעות היה מפייסה ומלוה לו והוא משלם לה. אבל עכשיו — אינם ברשותה, ולא היה נהנה מהם כלל. התקינו שיהו מניחין אותם בבית חמיה, והיתה עושה מהן קלתות, וכשהיה דחוק למעות ביותר — היתה משאלת לו למשכנם. ועדיין, כיון שלא היה אלא ריוח מועט, כשכועס הרבה אומר לה: טלי כתובתיך ולאי. עד שבא שמעון בן שטח ותיקן שיהיו כל נכסיו אחראין, ולא היה מייחד לה כלום, וסומכת על כל נכסים — שעתה היה קשה עליו להוציא מעות וליתן לה. **עביט** של נחושת גרסינן. שנותנין בו ענבים ומוליכן למעצרתא. ודוגמתו בפרק "איזהו נשך" (ב"מ דף עג:): ועל העביט של ענבים. כן נראה לרבינו תם.

נ"ל לה

הדרן עלך האשה

עין משפט נר מצוה

לז א מיי' פכ"ב מהל' אישות הל' יד סמג עשין נא טוש"ע אה"ע סי' קסח סעיף ח וסעיף ט בהג"ה:

לח ב מיי' שם הלכה יא טוש"ע שם סעיף ג וסעיף ט:

לט ג ד טור ש"ע שם סעיף ב:

מ ה מיי' פט"ז שם הלכה ל טוש"ע אה"ע סי' ק סעיף טו:

מ [ו] מיי' שם הלכה י טוש"ע שם סעיף א:

תוספות רי"ד

מהו דתימא מצוה דרמא עליה רחמנא עבד תיקום עליה השתא באיסור אשת אח קמ"ל ואימא ה"נ א"ק ולקחה לו לאשה כיון שלקחה נעשית כאשתו ע' בפ' החולץ: ובלבד שתהא וכו'. מ"ט אשה הקנו לו מן השמים ואין עליו לכתוב לה כתובה ואי לית לה מראשון תקינו לה משני כדי שלא תהא קלה בעיניו להוציאה: לא יאמר לה וכו'. וכן לא יאמר וכו'. מאי וכן פי' אטו גריעא אשתו מיבמתו מ"ד התם הוא דלא כתב לה דקנאי ודאיקנינא. פי' דלא כתב לה כתובה שיכתוב לה דקנאי ודאיקנינא הלכך לא סמכא דעתה שמא יאבדו המעות אבל הכא דכתב לה דקנאי ודאיקנינא אימא סמכא דעתה קמ"ל שאסור לאדם לייחד מטלטלין לכתובת אשתו: גירשה אין לה כתובה. גירשה אין לא גירשה לא קמ"ל כדר"א פי' כדאמרינן לעיל שאין היבם רשאי למכור מכל נכסי אחיו אך אם יגרשנה: החזירה הרי וכו' מאי קמ"ל תנינא המגרש את האשה והחזירה ע"מ כתובתה הראשונה הוא מחזירה פי' שאינו נותן לה כתובה אחרת וה"נ היבם כיון דשקלה כתובתה מנכסי בעלה כשגירשה ועכשיו שהחזירה אין לה אלא אותה כתובה. מ"ד אשתו הוא דאיהו כתב לה כתובה ומ"ה לא כותב לה כתובה אחריתי אבל יבמתו דלאו איהו כתב לה כתובה היכא דגרשה ואהדרא אימא ניתקן ונכתוב לה כתובה אחריתי מיניה קמ"ל. תניא בראשונה היו כותבין לבתולה מאתים זוז ולאלמנה מאה והיו מזקינין ולא היו נושאים נשים. פי' לא היו כותבין בכתובותיהן שיעבוד נכסים שיהיו נכסיהם אחראין לכתובת' וע"י כך אם היה הבעל מוכר נכסיו הית' מפסדת כתובתה או אם מת ולא תפשה מחיים לא היו היורשים פורעים אותה דכיון שלא היה בה אחריות נכסים כלקוחות דמי לכל מילי ומפני זה מזקינין ולא היו נושאים נשים עד שבא שמעון בן שטח והתקין שיהיו כותבין כל נכסי אחראין לכתובה. תנ"ה בראשונה היו כותבים לבתולה ר' ולאלמנה ק' והיו מזקינים ולא היו נושאים נשים התקינו שיהיו מניחין כתובה בבית אביה וכשהיה כועס עליה א"ל לכי אצל כתובה התקינו שיהיו מניחין אותן בבית חמיה עשירות עושות אותה קלתות של כסף ושל זהב עניות עושות אותה עביט של מ"ר. פי' וכ"ז היה עושים מפני שלא היו רוצים לשעבד נכסיהם וכדי שיוכלו למוכרם אם יצטרכו ולא ימנעו לקוחות מפני האשה שיש לה עליהן שיעבוד כתובתה. ועדיין כשהוא כועס עלי' אומר לה טלי כתובתיך וצא. פי' מפני שהיתה מיוחדת ומוכנת לו הי' קל בעיניו להוציאה התקין שמעון בן שטח שיכתוב כל נכסי אחראין לכתובה. פי' ולא לייחד לה מטלטלין לכתובה ומה ששנינו לעיל בפ' נערה לא כתב לה כל נכסי דא"ל אחראין לכתובה חייב מפני שהוא תב"ד זהו ב"ד של שמעון בן שטח ובימיו נשנית משנה זו: (לא) [ולא] יאמר לה הרי כתובתיך מונחת על השלחן ואע"פ שכתב לה כל נכסי אחראין לכתובה אסור לייחד לה מטלטלין כדי שלא תהא קלה בעיניו להוציאה עיין בריש פרק קמא דמכילתין:

הכותב *[א] לְאִשְׁתּוֹ "דִּין וּדְבָרִים אֵין לִי בִּנְכָסַיִךְ" — הֲרֵי זֶה אוֹכֵל פֵּרוֹת בְּחַיֶּיהָ, וְאִם מֵתָה — יוֹרְשָׁהּ. אִם כֵּן לָמָּה כָּתַב לָהּ "דִּין וּדְבָרִים אֵין לִי בִּנְכָסַיִךְ"? שֶׁאִם מָכְרָה וְנָתְנָה — קַיָּים. [ב] כָּתַב לָהּ "דִּין וּדְבָרִים אֵין לִי בִּנְכָסַיִךְ וּבְפֵירוֹתֵיהֶן" — הֲרֵי זֶה אֵינוֹ אוֹכֵל פֵּרוֹת בְּחַיֶּיהָ, וְאִם מֵתָה — יוֹרְשָׁהּ. ר' יְהוּדָה אוֹמֵר: לְעוֹלָם *אוֹכֵל פֵּירֵי פֵירוֹת, עַד שֶׁיִּכְתּוֹב לָהּ "דִּין וּדְבָרִים אֵין לִי בִּנְכָסַיִךְ וּבְפֵירוֹתֵיהֶן וּבְפֵירֵי פֵירוֹתֵיהֶן עַד עוֹלָם". [ג] כָּתַב לָהּ "דִּין וּדְבָרִים אֵין לִי בִּנְכָסַיִךְ וּבְפֵירוֹתֵיהֶן וּבְפֵירֵי פֵירוֹתֵיהֶן בְּחַיַּיִךְ וּבְמוֹתֵךְ" — אֵינוֹ אוֹכֵל פֵּרוֹת בְּחַיֶּיהָ, וְאִם מֵתָה — אֵינוֹ יוֹרְשָׁהּ. רשב"ג אוֹמֵר: [ד] אִם מֵתָה — יִירָשֶׁנָּה, מִפְּנֵי שֶׁמַּתְנֶה עַל מַה שֶּׁכָּתוּב בַּתּוֹרָה, *וְכָל הַמַּתְנֶה עַל מַה שֶּׁכָּתוּב בַּתּוֹרָה — תְּנָאוֹ בָּטֵל.§ **גמ'** תָּנֵי *רַבִּי חִיָּיא: [ה] הָאוֹמֵר לְאִשְׁתּוֹ. וְכִי כָּתַב לָהּ הָכִי מַאי הָוֵי? וְהָתַנְיָא: *הָאוֹמֵר לַחֲבֵירוֹ "דִּין וּדְבָרִים אֵין לִי עַל שָׂדֶה זוֹ, וְאֵין לִי עֵסֶק בָּהּ, וְיָדַי מְסוּלֶּקֶת הֵימֶנָּה" לֹא אָמַר כְּלוּם! אָמְרִי דְּבֵי רַבִּי יַנַּאי: [ו] בְּכוֹתֵב לָהּ וְעוֹדָהּ אֲרוּסָה, כִּדְרַב כָּהֲנָא. דְּאָמַר רַב כָּהֲנָא: [ז] נַחֲלָה הַבָּאָה לְאָדָם מִמָּקוֹם אַחֵר — אָדָם מַתְנֶה עָלֶיהָ שֶׁלֹּא יִירָשֶׁנָּה, *וְכִדְרָבָא. דְּאָמַר רָבָא: הָאוֹמֵר "אִי אֶפְשִׁי בְּתַקָּנַת חֲכָמִים כְּגוֹן זוֹ" — שׁוֹמְעִין לוֹ. מַאי "כְּגוֹן זוֹ"? כִּדְרַב הוּנָא אָמַר רַב. *דְּאָמַר רַב הוּנָא אָמַר רַב: יְכוֹלָה אִשָּׁה שֶׁתֹּאמַר לְבַעְלָהּ "אֵינִי נִיזּוֹנֶת וְאֵינִי עוֹשָׂה". אִי הָכִי אֲפִילּוּ נְשׂוּאָה נַמִי! אָמַר אַבַּיֵי: *נְשׂוּאָה — יָדוֹ כְּיָדָהּ. רָבָא אָמַר: *יָדוֹ עֲדִיפָא מִיָּדָהּ. נָפְקָא מִינָּהּ — לְשׁוֹמֶרֶת יָבָם. אִיבַּעְיָא לְהוּ: קָנוּ מִיָּד' מַהוּ? אָמַר רַב יוֹסֵף: מִדִּין וּדְבָרִים קָנוּ מִיָּדוֹ. רַב נַחְמָן אָמַר: [ח] מִגּוּפָהּ שֶׁל קַרְקַע קָנוּ מִיָּדוֹ. אָמַר אַבַּיֵי: מִסְתַּבְּרָא מִילְּתָא דְּרַב יוֹסֵף

בְּעוֹרֵר

רש"י

הַכּוֹתֵב. אִם כֵּן לָמָה כָּתַב לָהּ כו'. בַּגְּמָרָא מְפָרֵשׁ טַעְמָא. הָכִי גָּרְסִינַן. רַבִּי יְהוּדָה אוֹמֵר לְעוֹלָם הוּא אוֹכֵל פֵּירֵי פֵירוֹת. וּבַגְּמָ' מְפָרֵשׁ אֵלּוּ הֵן פֵּירֵי פֵירוֹת. שֶׁמַּתְנֶה עַל מַה שֶׁכָּתוּב בַּתּוֹרָה. דְּקָסָבַר, יְרוּשַּׁת הַבַּעַל דְּאוֹרַיְיתָא. וּבְבָבָא בַּתְרָא (דף קיא:) נָפְקָא לָן מֵהַאי קְרָא: "לִשְׁאֵרוֹ הַקָּרוֹב אֵלָיו מִמִּשְׁפַּחְתּוֹ וְיָרַשׁ אוֹתָהּ"; הַאי "וְיָרַשׁ אוֹתָהּ" יְתֵירָא הוּא, לִדְרָשָׁא שֶׁהָאִישׁ יוֹרֵשׁ אֶת שְׁאֵרוֹ, וּשְׁאֵרוֹ — זוֹ אִשְׁתּוֹ. וְאַע"ג דִּשְׁאֵרוֹ דִּקְרָא לָאו אִשְׁתּוֹ הִיא, דְּהָא כְּתִיב בֵּיהּ "וּנְתַתֶּם אֶת נַחֲלָתוֹ לִשְׁאֵרוֹ", וְלֵיכָּא לְמֵימַר שֶׁתִּירַשׁ הָאִשָּׁה אֶת בַּעְלָהּ, דְּהָא "מִמִּשְׁפַּחְתּוֹ" כְּתִיב, מִיהוּ גַּבֵּי קְרָא יְתֵירָא דְ"וְיָרַשׁ אוֹתָהּ" דָּרְשִׁינַן הָכִי: וּנְתַתֶּם אֶת נַחֲלָתוֹ לַקָּרוֹב אֵלָיו מִמִּשְׁפַּחְתּוֹ, שְׁאֵרוֹ וְיָרַשׁ אוֹתָהּ — הָאִישׁ יוֹרֵשׁ אֶת אִשְׁתּוֹ. וְכָל הַמַּתְנֶה כו'. אֲבָל פֵּירוֹת תַּקָּנְתָּא דְּרַבָּנַן הִיא, וּמָצֵי לְאַתְנוּיֵי עֲלַיְיהוּ. **גמ'** תָּנֵי ר' חִיָּיא הָאוֹמֵר לְאִשְׁתּוֹ. וְלָא תָּנֵי "כּוֹתֵב", דְּאַשְׁמוּעִינַן דְּבַאֲמִירָה בְּעָלְמָא נַמִי סָלֵיק נַפְשֵׁיהּ, בְּלָא שׁוּם קִנְיָן וּכְתִיבָה. וְכִי כָּתַב לָהּ מַאי הָוֵי. וְכָל שֶׁכֵּן אֲמִירָה. הָאוֹמֵר לַחֲבֵירוֹ. כְּגוֹן שָׂדֶה שֶׁל שׁוּתָּפִין, וְאָמַר הָאֶחָד לַחֲבֵרוֹ אֶחָד מִן הַלְּשׁוֹנוֹת הַלָּלוּ [בֵּין בִּכְתִיבָה בֵּין בַּאֲמִירָה]. לֹא אָמַר כְּלוּם. דְּאֵין כָּאן לְשׁוֹן מַתָּנָה. בְּכוֹתֵב לָהּ וְעוֹדָהּ אֲרוּסָה. וַדַּאי מִי שֶׁהַקַּרְקַע שֶׁלּוֹ וּבָא לִיתְּנוֹ לַחֲבֵירוֹ — צָרִיךְ לְשׁוֹן מַתָּנָה. וּמַתְנִיתִין — בְּכוֹתֵב לָהּ עַד שֶׁלֹּא זָכָה בַּנְּכָסִים, וּמַתְנֶה עִמָּהּ שֶׁלֹּא יִזְכֶּה בָּהֶן לִכְשֶׁיִּשָּׂאֶנָּה. וְאֵין צָרִיךְ לְשׁוֹן מַתָּנָה — שֶׁהֲרֵי אֵין לוֹ עַכְשָׁיו רְשׁוּת בָּהֶן. מִמָּקוֹם אַחֵר. שֶׁאֵינָהּ יְרוּשַּׁת אֲבוֹתָיו, אֶלָּא ע"י מַעֲשָׂיו תָּבֹא לוֹ, כְּגוֹן נַחֲלַת אִשְׁתּוֹ הַבָּאָה לוֹ ע"י נִשּׂוּאִין שֶׁלּוֹ. דְּהוֹאִיל וּמִשּׁוּם תַּקַּנְתָּא דִּידֵיהּ תַּקּוּן רַבָּנַן, וְהוּא בָּא לִמְחוֹל עָלֶיהָ — מוֹחֵל, וְכִדְרַב הוּנָא. בְּתַקָּנַת חֲכָמִים. שֶׁתִּיקְּנוּ לְטוֹבָתִי, וְאֵינָהּ טוֹבָה לִי. כְּגוֹן זוֹ. לְקַמָּן מְפָרֵשׁ אַהַיְּיא אִתְּמַר. מַאי כְּגוֹן זוֹ. אַהֵיכָא אֲמָרָהּ רָבָא. כִּדְרַב הוּנָא. אַמְּזוֹנוֹת שֶׁתִּיקְּנוּ לָאִשָּׁה תַּחַת מַעֲשֵׂה יָדֶיהָ. וְאִי אָמְרָה: אִי אֶפְשִׁי בְּתַקָּנָה זוֹ שֶׁתִּיקְּנוּ חֲכָמִים לְטוֹבָתִי — שֶׁחָשׁוּ לְכָל הַנָּשִׁים; זִימְנִין דְּלָא סָפְקֵי לְהוּ מְזוֹנוֹת בְּמַעֲשֵׂה יְדֵיהֶן, וְתִקְּנוּ לָהֶן מְזוֹנוֹת וּמַעֲשֵׂה יְדֵיהֶן לַבַּעַל, אֲנִי אֵינִי צְרִיכָה לְכָךְ, מְעוּנֶּגֶת אֲנִי וְאִי אֶפְשִׁי לַעֲשׂוֹת מְלָאכָה, אֶלָּא לֹא לִי מְזוֹנוֹת. אוֹ — יֵשׁ לִי אוּמָּנוּת יְקָרָה יָתֵר עַל כְּדֵי מְזוֹנוֹתַי. אִי הָכִי. דְּטַעְמָא מִשּׁוּם דְּתַקַּנְתָּא דִּידֵיהּ הוּא, וְיָכוֹל לִמְחוֹל עָלֶיהָ, אַמַּאי אִצְטְרִיךְ דְּבֵי רַבִּי יַנַּאי לְאוֹקְמָהּ בְּכוֹתֵב לָהּ וְעוֹדָהּ אֲרוּסָה? אֲפִילּוּ נְשׂוּאָה נַמִי. יָדוֹ כְּיָדָהּ. וַהֲרֵי הוּא כְּשׁוּתָּף בָּהֶן. וְכֵיוָן שֶׁנְּכָסִים שֶׁלּוֹ — צָרִיךְ לְשׁוֹן מַתָּנָה, וְאֵין מוֹעִיל בָּהּ לְשׁוֹן "דִּין וּדְבָרִים". נָפְקָא מִינָּהּ לְשׁוֹמֶרֶת יָבָם. כְּלוֹמַר: לְעִנְיַן דִּין וּדְבָרִים לָא פְּלִיגֵי, דְּבֵין יָדוֹ כְּיָדָהּ וּבֵין יָדוֹ עֲדִיפָא מִיָּדָהּ — אֵין מוֹעִיל בָּהּ לְשׁוֹן "דִּין וּדְבָרִים" לְסַלְּקוֹ. וּפְלוּגְתָּא דְּאַבַּיֵי וְרָבָא — לְעִנְיַן שׁוֹמֶרֶת יָבָם אִיצְטְרִיךְ. וּבִיבָמוֹת אִפְּלִיגוּ בָּהּ אַבַּיֵי וְרָבָא בְּפֶרֶק "הַחוֹלֵץ" (דף לט.) גַּבֵּי מַתְנִי' דְּפֶ' דִּלְעֵיל*, בְּהָאִשָּׁה שׁוֹמֶרֶת יָבָם שֶׁנָּפְלוּ לָהּ נְכָסִים, דְּקָתָנֵי: מֵתָה מַה יֵּעָשֶׂה בִּכְתוּבָּתָהּ כו', וְאִיפְּלִיגוּ בֵּית שַׁמַּאי וּב"ה. וְאוֹקֵי אַבַּיֵי פְּלוּגְתַּיְיהוּ בְּשֶׁנָּפְלוּ לָהּ כְּשֶׁהָיְתָה תַּחְתָּיו דְּבַעַל, בְּחַיֵּי בַּעַל הָרִאשׁוֹן. קָסָבַר אַבַּיֵי: יָדוֹ כְּיָדָהּ. לְפִיכָךְ, כְּשֶׁמֵּת וְנָפְלָה לִפְנֵי יָבָם וּמֵתָה עַד שֶׁלֹּא נִתְיַיבְּמָה — יוֹרְשֶׁיהָ וְיוֹרְשֵׁי הַבַּעַל שְׁנֵיהֶם בָּאִים לִירַשׁ, זֶה מִכֹּחַ אֲחוֹתוֹ וְזֶה מִכֹּחַ אָחִיו. לְבֵית שַׁמַּאי — חֲלוּקָה עֲדִיפָא. וּלְבֵית הִלֵּל — חֲזָקָה קַמַּיְיתָא עֲדִיפָא. לְפִיכָךְ, נִכְסֵי מְלוֹג בְּחֶזְקַת יוֹרְשֵׁי הָאָב. וּפָלֵיג רָבָא אַדְּאַבַּיֵי, דְּאָמַר: אִי דְּנָפְלוּ לָהּ כְּשֶׁהָיְתָה תַּחְתָּיו, דְּכוּלֵּי עָלְמָא יָדוֹ שֶׁל בַּעַל עֲדִיפָא מִיָּדָהּ, וּכְשֶׁמֵּת עָמַד אָחִיו לְיַבְּמָהּ בִּמְקוֹמוֹ וַהֲרֵי הוּא כְּמוֹתוֹ, וְאִם מֵתָה כְּשֶׁהִיא שׁוֹמֶרֶת יָבָם — אֵין לְיוֹרְשֶׁיהָ בָּהֶן כְּלוּם, וּמַתְנִי' דְּב"ש — דְּנָפְלוּ לָהּ כְּשֶׁהִיא שׁוֹמֶרֶת יָבָם. קָנוּ מִיָּדוֹ מַהוּ. אַבָּרַיְיתָא דְּהָאוֹמֵר לַחֲבֵירוֹ "דִּין וּדְבָרִים אֵין לִי עַל שָׂדֶה זוֹ" קָאֵי. אֲבָל אַמַּתְנִיתִין — לָא מְהַנְיָא קִנְיָן לְיָפוֹת כֹּחָהּ, דְּהָא בַּאֲמִירָה בְּלָא לְשׁוֹן מַתָּנָה סַגִּי לְאִסְתַּלּוֹקֵי אֲפִילּוּ מִגּוּפָהּ שֶׁל קַרְקַע, הֵיכָא דְּפָרֵישׁ, כִּדְקָתָנֵי סֵיפָא. וְטַעְמָא דְּמַתְנִי' דְּאָמַר ה"ז אוֹכֵל פֵּירוֹת — לָאו מִשּׁוּם גְּרִיעוּתָא דִּלְשׁוֹן "דִּין וּדְבָרִים" הוּא, אֶלָּא מִשּׁוּם דְּלָא פָּרֵישׁ מִמַּאי סָלֵיק נַפְשֵׁיהּ, וְאָמְרִי' יָדֵהּ עַל הַתַּחְתּוֹנָה, כִּדְמְפָרֵשׁ לְקַמָּן, וְאֵינָהּ יְכוֹלָה לוֹמַר: מִן הַכֹּל נִסְתַּלַּקְתָּ. הִילְכָּךְ, מַה לִּי קָנוּ מַה לִּי לֹא קָנוּ. אֶלָּא אַבָּרַיְיתָא קָא בָּעֵי לָהּ, דְּקָתָנֵי: לֹא אָמַר כְּלוּם. וְטַעְמָא — מִשּׁוּם גְּרִיעוּתָא דְּלִישָּׁנָא הוּא. מַהוּ. מִי אָמְרִי': לֹא הִקְנָה בַּחֲלִיפִין הַלָּלוּ כְּלוּם, וְלֹא אָמַר עָלֶיהָ אֶלָּא לְשׁוֹן "דִּין וּדְבָרִים", אוֹ דִּלְמָא אֵין חֲלִיפִין בָּאִים אֶלָּא לְדָבָר שֶׁיֵּשׁ בּוֹ מַמָּשׁ, שֶׁזֶּה קוֹנֶה אֶת הַסּוּדָר וּמַקְנֶה לוֹ חֵפֶץ הַמֶּכֶר אוֹ הַמַּתָּנָה, וְעַל גּוּפָהּ שֶׁל קַרְקַע קָנוּ מִיָּדוֹ, וּמַתָּנָה גְּמוּרָה הִיא. מִדִּין וּדְבָרִים קָנוּ מִיָּדוֹ. מַה שֶׁפֵּירֵשׁ עַל הַקִּנְיָן — קָנוּ מִיָּדוֹ, וְהוּא לְשׁוֹן דִּין וּדְבָרִים, וְאֵינוֹ כְּלוּם.

בְּעוֹרֵר

לקמן קב: · לעיל נו. · [קדושין יט: וש"נ] · [לקמן קב:] · לקמן לה. גיטין עז. ב"ב מג. מע. כריתות כד: · גיטין עז. ב"ק ח: ב"ב מט: · לעיל נח: וש"נ לקמן קז: · [יבמות לט.] · [שם] · [דף פ:]

תוספות

הכותב לאשתו דין ודברים אין לי בנכסיך הרי זה אוכל פירות כו'. והא דתנן ב"חזקת הבתים" (ב"ב מב. ושם): ולא לאיש חזקה בנכסי אשתו. ופריך בגמרא: *פשיטא, כיון דמשתעבדא ליה לפירא — פירא הוא דקא אכיל! לא צריכא דכתב לה "דין ודברים אין לי בנכסיך" — לאו דוקא, דא"כ אכתי משעבדי ליה לפירא, אלא לא חש להאריך, ואיירי דכתב לה "דין ודברים אין לי בנכסיך ובפירותיהן". **דין** ודברים אין לי בנכסיך ובפירותיהן בחייך ובמותך. ברוב ספרים גרסי' ובפירי פירותיהן. וצ"ל דסתם לן כרבי יהודה. וא"ת: תפשוט מהכא בגמרא דעד עולם לאו דוקא, מדלא תנא ליה! ושמא לא חש להאריך, אלא לסתום כר' יהודה. **ואין** לי עסק בה. וא"ת: דאמרינן ב"השולח" (גיטין מג: ושם) גבי המוכר עבדו לגוי — יצא בן חורין, וצריך גט שחרור. ואם כתב לו אונו — זהו שחרורו. מאי אונו? אמר רב ששת: דכתב ליה "לכשתברח ממנו אין לי עסק בך". משמע ד"אין לי עסק בך" — הוי לשון טוב! ונראה לרשב"א ד"אין לי עסק בך" הוי כמו שאומר לו "הרי את לעצמך". הילכך, גבי עבד שיכול לזכות בעצמו — קני, אבל שדה — איך יזכה בעצמו. **כדרב** כהנא כו'. ואם תאמר: היכי מייתי ראיה דמהני לשון "דין ודברים" שהוא לשון גרוע, דלמא כל הנהו דמייתי — מיירי בלשון טוב. ו"אי אפשי בה" דמייתי — מיירי בלשון טוב, כדמוכח בפרק בתרא דכריתות (דף כד.)? ויש לומר: דמדקאמר נחלה הבאה לו לאדם דווקא, ולא שבאת לו כבר — משמע דבלשון גרוע מיירי. דבלשון טוב — אפילו באת לו כבר יכול להתנות עליה. ולר"י נראה: דאלשון "דין ודברים" אין צריך להביא ראיה דמהני — דמסתברא הוא דמהני היכא דלא באה לידו, כמו בעלמא לישנא מעליא. אלא מייתי ראיה דלא תיקשי למאי דאוקמה בכתב לה ועודה ארוסה — היכי מצי מקני לה, והא קיימא לן דאין אדם מקנה דבר שלא בא לעולם? ואף על גב דרבי ינאי דמוקי לה בכותב לה ועודה ארוסה, סבר ב"האשה רבה" (יבמות לג. ושם) דאדם מקנה — מכל מקום מייתי ראיה לדידן, דקי"ל דאין אדם מקנה, מדרב כהנא שיכול להקנות בכה"ג. ולבסוף מייתי ראיה דרבא — ליתן טעם דיכול להתנות אף על פי שלא בא לעולם, דכיון דלטובתו תיקנוה — יכול לומר "אי אפשי בשום טובה". ובמילתיה דרבא לחודא לא סגי בלא מילתיה דרב כהנא; דממילתיה דרבא לא שמעי' שיכול להתנות בדבר שלא בא לעולם. אע"ג דקאי על מילתיה דרב הונא דאיירי במזונות שלא באו לעולם — התם אינו חידוש במה שאין לה מזונות, דאטו יש לה ליטול מזונות בעל כרחה? וכשרוצה — חוזרת בה. ולא קא משמע לן רב הונא אלא שיכולה להפקיע מעשה ידיה מבעלה. וא"ת: בלא רב כהנא נמי, למה לא יוכל להסתלק בכותב לה ועודה ארוסה? מידי דהוה אשאר כסות ועונה (לעיל דף נו.), דלרבי יהודה בדבר שבממון תנאו קיים. ורבי מאיר נמי, לא פליג אלא משום דקסבר: מתנה על מה שכתוב בתורה — תנאו בטל! ויש לומר: דהכא מיירי באומר לה שלא דרך תנאי. אלא אומר לה "דין ודברים אין לי בנכסיך". ועוד: דלאשה איבעי לה לאתנויי, ומתני הבעל, והוה ליה פטומי מילי בעלמא. והשתא מייתי מדרב כהנא, דנהי דמכח תנאי לא מהני — מכח סילוק בעלמא מועיל. **קנו** מידו מהו. פירש בקונטרס: דאברייתא קאי. וקשה לר"י: דמה יש להועיל שם קנין? שהרי למי מקנה אותה? והלא לכ"ע מפקר לה! ונראה לר"י: דאנשואה קאי, דאמרינן דידו כידה — אי מהני לה שום קנין או לא.

בולינא

תוספות רי"ד

הכותב לאשתו דין ודברים אין לי בנכסיך ה"ז אוכל פירות בחייה ואם מתה יורשה א"כ למה כתב לה שאם מכרה ונתנה קיים. כתב לה דין ודברים אין לי בנכסיך ובפירותיהן ה"ז אינו אוכל פירות בחייה ואם מתה יורשה ר"י אומר לעולם הוא אוכל פירי פירות עד שיכתוב לה דין ודברים אין לי בנכסיך ובפירותיהן ובפירי פירותיהן עד עולם. כתב לה דין ודברים אין לי בנכסיך ובפירותיהן ובפירי פירותיהן בחייך ובמותך אינו אוכל פירות בחייה ואם מתה אינו יורשה רשב"ג אומר אם מתה יורשה מפני שהתנה על מה שכתוב בתורה וכל המתנה על מה שכתוב בתורה תנאו בטל: תני רבי חייא האומר לאשתו. פי' דבאמירה בעלמא בלי שום כתיבה וכל קנין מסתלק. ואי קשיא וכי מאחר דבדיבור בעלמא מסתלק למה דר ביה הא אוקימנא לה לקמן בכותב לה ועודה ארוסה וכיון שמתחלה התנה עמה ואח"כ נשאת לו ע"כ כן נשאת לו שלא יזכה בנכסים הלכך בדיבור בעלמא סגי שע"ד אותו הדיבור נשאת לו שלא יזכה בנכסים. וכי כתב לה הכי מאי הוה והתניא האומר לחבירו דין ודברים אין לי על שדה זו ואין לי עסק בה וידי מסולקת הימנה לא אמר כלום אלמא מצי א"ל מדין ודברים סלקי נפשאי. פי' שנים הם שותפים בשדה ואומר א' לחבירו א' מכל לשונות הללו לא אמר כלום שהרוצה להקנות שדהו לחבירו צריך שיכתוב לו לשון מתנה לא לשון סילוק. ש"ל לא סלקתי עצמי אלא שלא אערער עליך שום תביעה אבל חלקי שלי הוא ואין זה לשון מתנה שיתן לו חלקו במתנה ואע"פ שהלך חבירו והחזיק לא עשה כלום וה"נ לא (מהני) [מבעיא] באמירה אלא אפילו בכתיבה לא יהא כלום אמרי דר"י בכותב לה ועודה ארוסה. פירוש בוודאי מי שהקרקע שלו ובא לתתו לחבירו צריך שיכתוב לשון מתנה ולא לשון סילוק שלא יועיל כלום. ומתני' בכותב או באומר לה בעודה ארוסה עד שלא נשאת וזכה בנכסים ומתנה עמה שלא יזכה בהן לכשישאנה וא"צ

...נה שהרי אין לו עכשיו רשות בהן וכדרב כהנא דאמר רב כהנא נחלה הבאה לו לאדם ממ"א מתנה עליה שלא יירשנה. פי' שאינו ירושת אבותיו אלא ע"י [מעשיו] תבא לו כגון נחלת אשתו הבאה לו ע"י נשואין ... ומשום תקנה דידיה תיקון רבנן שיירשנה והוא בא למחול מוחל. דדוקא בירושה שהוא מן התורה אין יכול להסתלק ממנה עד שלא תבא לידו שהאומר מה שאירש מאבא מ"ל לא אמר כלום וכמו שאין ...כך אין יכול להסתלק ממנה עד שלא תבא לרשותו ואי הות ירושת הבעל דאורייתא לא הוי מצי מסתלק ממנה עד שלא תבא לרשותו אבל משום דהוא מדרבנן יכול להסתלק ולומר א"א בתקנה זו שתיקנו ...כתב גם ר"ח ז"ל דכל האי סוגיא אליבא דרב דאמר ירושת הבעל דרבנן ומ"ה יכול להסתלק ממנה. וכדרבא דאמר רבא האומר א"א בתק"ח כגון זו שומעים ...ראיה שאע"פ שלא באת לידו יכול להסתלק ממנה מאי כגון זו אהיכא קאי אדר"ה א"ר דאר"ה א"ר יכולה אשה שתאמר לבעלה א"נ וא"ע פי' דקסבר רב מזוני עיקר ותיקנו מע"י לבעלה משום איבה והלכך ...לומר כלום תקנו חכמים אלא להנאתי ולטובתי א"א בהנאה זו אלמא יכול אדם להסתלק ממה שתקנו חכמים לטובתו. ה"נ כל דין בבסי מלוג בין פירות בין ירושה תיקון חכמים הוא שתיקנו לטובתו של בעל ויכול ...מהן. א"ה אפילו נשואה נמי. פי' כיון דטעמא דמילתא הוא משום דהוי תקנת חכמים שתיקנו להנאתו ואדם יכול להסתלק ממנה אמאי אוקמי' ר"י בכותב לה ועודה ארוסה אפילו נשואה נמי. אמר אביי נשואה ... וכיון שידו כידה הו"ל לנכסים ברשותו וכיון שהנכסים ברשותו צריך ליתן לשון מתנה ואין לשון סילוק מועיל בהם רבא אמר ידו עדיפא מידה. ונ"מ לשומרת יבם. פי' לענין דין ודברים לא פליגי דבין ידו

עין משפט נר מצוה

א א מיי' פכ"ג מהל' אישות הל' ב' סמג עשין מח טוש"ע אה"ע סי' צב סעיף א:
ב ב מיי' שם הלכה ג טוש"ע שם סעיף ד:
ג ג מיי' שם הלכה ב טוש"ע שם סעיף ה:
ד ד ה מיי' שם הלכה ה טוש"ע שם סעיף ח:
ה ו ז מיי' שם הלכה ו טוש"ע שם סעיף ג ז' וסי' סט סעיף ז:
ו ח מיי' שם הלכה א טוש"ע שם סי' צב סעיף ג:

ז א מיי' פ"כ מהלכות אישות הלכה ט ופ"א מהלכות נחלות הלכה ח טור אה"ע סי' צ:

בְּעוֹרֵר, אֲבָל בְּעוֹמֵד — מִגּוּפָהּ שֶׁל קַרְקַע קָנוּ מִיָּדוֹ. אֲמַר אַמֵּימָר: הִלְכְתָא, מִגּוּפָהּ שֶׁל קַרְקַע קָנוּ מִיָּדוֹ. אֲמַר לֵיהּ רַב אַשִׁי לְאַמֵּימָר: בְּעוֹרֵר אוֹ בְּעוֹמֵד? לְמַאי נָפְקָא מִינָּהּ — לִכְדְרַב יוֹסֵף. אֲמַר לֵיהּ: *לָא שְׁמִיעַ לִי, כְּלוֹמַר לָא סְבִירָא לִי.§ אִם כֵּן לָמָּה כָּתַב לָהּ וכו'.§ וְתֵימָא לֵיהּ: מִכׇּל מִילֵּי סְלֵיקְתְּ נַפְשָׁךְ! אָמַר אַבַּיֵי: *יַד בַּעַל הַשְּׁטָר עַל הַתַּחְתּוֹנָה. וְאֵימָא מִפֵּירֵי! אָמַר אַבַּיֵי: *בּוּצִינָא טַב מִקָּרָא. וְאֵימָא מִירוּשָּׁה! אָמַר אַבַּיֵי: *מִיתָה — שְׁכִיחָא, מְכִירָה — לָא שְׁכִיחָא. וְכִי מְסַלֵּיק אִינִישׁ נַפְשֵׁיהּ — מִמִּילְּתָא דְּלָא שְׁכִיחָא, מִמִּילְּתָא דִּשְׁכִיחָא — לָא מְסַלֵּיק אִינִישׁ נַפְשֵׁיהּ. רַב אַשִׁי אָמַר: "בִּנְכָסַיִךְ" — וְלֹא בְּפֵירוֹתֵיהֶן, "בִּנְכָסַיִךְ" — וְלֹא לְאַחַר מִיתָה.§ רַבִּי יְהוּדָה אוֹמֵר: לְעוֹלָם הוּא אוֹכֵל פֵּירֵי פֵירוֹת.§ תָּנוּ רַבָּנַן: אֵלּוּ הֵן פֵּירוֹת וְאֵלּוּ הֵן פֵּירֵי פֵירוֹת? הִכְנִיסָה לוֹ קַרְקַע וְעָשְׂתָה פֵּירוֹת — הֲרֵי הֵן פֵּירוֹת. מָכַר פֵּירוֹת וְלָקַח מֵהֶן קַרְקַע, וְעָשְׂתָה פֵּירוֹת — הֲרֵי הֵן פֵּירֵי פֵירוֹת. אִיבַּעְיָא לְהוּ: לְרַבִּי יְהוּדָה, "פֵּירֵי פֵירוֹת" דַּוְקָא, אוֹ דִּלְמָא "עַד עוֹלָם" דַּוְקָא, אוֹ דִּלְמָא תַּרְוַיְיהוּ דַּוְקָא? אִם תִּמְצֵי לוֹמַר "פֵּירֵי פֵירוֹת" דַּוְקָא — "עַד עוֹלָם" לָמָּה לִי? הָא קמ"ל: כֵּיוָן דִּכְתַב לָהּ "פֵּירֵי פֵירוֹת" — כְּמַאן דִּכְתַב לָהּ "עַד עוֹלָם" דָּמֵי, וְאִם תִּמְצֵי לוֹמַר "עַד עוֹלָם" דַּוְקָא, "פֵּירֵי פֵירוֹת" לָמָּה לִי? הָא קמ"ל: אע"ג דִּכְתַב לָהּ "פֵּירֵי פֵירוֹת", אִי כָּתַב לָהּ "עַד עוֹלָם" — אִין, אִי לָא — לָא. וְאִם תִּמְצֵי לוֹמַר תַּרְוַיְיהוּ דַּוְקָא, תַּרְתֵּי לָמָּה לִי? צְרִיכָא, דְּאִי כָּתַב לָהּ "פֵּירֵי פֵירוֹת" וְלֹא כָּתַב לָהּ "עַד עוֹלָם" — הֲוָה אָמִינָא פֵּירֵי פֵירוֹת הוּא דְּלָא אָכֵיל, אֲבָל פֵּירָא דְּפֵירֵי פֵירוֹת — אָכֵיל, לְהָכִי אִיצְטְרִיךְ "עַד עוֹלָם". וְאִי כָּתַב לָהּ "עַד עוֹלָם" וְלֹא כָּתַב לָהּ "פֵּירֵי פֵירוֹת", הֲוָה אָמִינָא: לְעוֹלָם — אַפֵּירוֹת קָאֵי, לְהָכִי אִיצְטְרִיךְ פֵּירֵי פֵירוֹת.§ אִיבַּעְיָא לְהוּ: כָּתַב לָהּ "דִּין וּדְבָרִים אֵין לִי בִּנְכָסַיִךְ וּבְפֵירֵי פֵירוֹת" מַהוּ שֶׁיֹּאכַל פֵּירוֹת? מִפֵּירֵי פֵירוֹת — סָלֵיק נַפְשֵׁיהּ, מִפֵּירֵי — לָא סָלֵיק נַפְשֵׁיהּ, אוֹ דִּלְמָא: מִכׇּל מִילֵּי סָלֵיק נַפְשֵׁיהּ? פְּשִׁיטָא דְּמִכׇּל מִילֵּי סָלֵיק נַפְשֵׁיהּ, דְּאִי אָמְרַתְּ מִפֵּירֵי פֵירוֹת סָלֵיק נַפְשֵׁיהּ, מִפֵּירֵי לָא סָלֵיק נַפְשֵׁיהּ, כֵּיוָן דְּאָכְלִינְהוּ לְפֵירוֹת — פֵּירֵי פֵירוֹת מֵהֵיכָא? וְלִיטַעְמִיךְ, הָא דִּתְנַן רַבִּי יְהוּדָה אוֹמֵר: לְעוֹלָם הוּא אוֹכֵל פֵּירֵי פֵירוֹת כו', כֵּיוָן דְּאָכְלִינְהוּ לְפֵירֵי — פֵּירֵי פֵירוֹת מֵהֵיכָא? אֶלָּא — בִּדְשָׁיְירָא, הָכָא נַמִי — בִּדְשָׁיֵיר.§ רַבָּן שִׁמְעוֹן בֶּן גַּמְלִיאֵל אוֹמֵר כו'.§ אָמַר רַב: הֲלָכָה כְּרַבָּן שִׁמְעוֹן בֶּן גַּמְלִיאֵל, וְלָא מִטַּעְמֵיהּ. מַאי הֲלָכָה כְּרַבָּן שִׁמְעוֹן בֶּן גַּמְלִיאֵל וְלָא מִטַּעְמֵיהּ? אִילֵימָא הֲלָכָה כְּרשב"ג, דְּאָמַר אִם מֵתָה יִירָשֶׁנָּה. וְלָאו מִטַּעְמֵיהּ, דְּאִילּוּ רשב"ג סָבַר: *מַתָּנָה עַל מַה שֶּׁכָּתוּב בַּתּוֹרָה תְּנָאוֹ בָּטֵל, וְרַב סָבַר: תְּנָאוֹ קַיָּים. [א]וְקָסָבַר: *)יְרוּשַּׁת הַבַּעַל דְּרַבָּנַן, *וַחֲכָמִים עָשׂוּ חִיזּוּק לְדִבְרֵיהֶם יוֹתֵר מִשֶּׁל תּוֹרָה. וְסָבַר

*) [כתובות נב:]

רש"י

בְּעוֹרֵר. כְּשֶׁבָּא חֲבֵרוֹ זֶה לְהַחֲזִיק בְּחֶלְקוֹ – מִיָּד עָמַד וְעִרְעֵר עַל הַמַּתָּנָה, וְאָמַר: לֹא נָתַתִּי לְךָ אֶת הַשָּׂדֶה, וְדִין וּדְבָרִים בְּעָלְמָא אָמַרְתִּי לְךָ, שֶׁלֹּא אָרִיב עִמְּךָ. אֲבָל בְּעוֹמֵד. יוֹם אוֹ יוֹמַיִם, וְאַחַ"כ עִרְעֵר – לֹא. דְּהַשְׁתָּא הוּא דְּקָא הָדַר בֵּיהּ, וְלִמְדוּהוּ לִטְעוֹן כָּךְ. וְתֵימָא לֵיהּ מִכׇּל מִילֵּי סְלֵיקַתְּ נַפְשָׁךְ. כֵּיוָן דְּאוֹקְמַתְּ דִּבְלָשׁוֹן זֶה יָכוֹל לְהִסְתַּלֵּק, לָמָּה אֵינוֹ מְסוּלָּק מִן הַכֹּל? יַד בַּעַל הַשְּׁטָר עַל הַתַּחְתּוֹנָה. כׇּל הַמּוֹצִיא שְׁטָר עַל הַמּוּחְזָק בְּדָבָר, מַה שֶּׁמְּפוֹרָשׁ בַּשְּׁטָר – יָכוֹל לִתְבּוֹעַ עָלָיו, וְאִם הַשְּׁטָר סָתוּם – מוֹרִידִים אוֹתוֹ לְפָחוֹת שֶׁבְּמַשְׁמָעוּת הַשְּׁטָר. וְכָאן, הַבַּעַל בָּא בְּתַקָּנַת חֲכָמִים עַל נִכְסֵי אִשְׁתּוֹ בִּשְׁלֹשָׁה דְּבָרִים: לֶאֱכוֹל פֵּירוֹת, וְלִירַשׁ, וְאִם תִּמְכּוֹר – מִכְרָהּ בָּטֵל. וְזוֹ מוֹצִיאָה עָלָיו שְׁטָר שֶׁכָּתַבְתָּ לִי "דִּין וּדְבָרִים אֵין לִי בִּנְכָסַיִךְ", וּלְשׁוֹן סִילּוּק הוּא זֶה. וְהוּא יָכוֹל לִטְעוֹן: וַדַּאי, לְשׁוֹן סִילּוּק הוּא. אֲבָל לֹא נִסְתַּלַּקְתִּי אֶלָּא מִפָּחוֹת שֶׁבַּדְּבָרִים, וְזוֹ הִיא הַמְּכִירָה. אֲבָל כׇּל זְמַן שֶׁלֹּא תִּמְכּוֹר – אוֹכֵל פֵּירוֹת. וְאֵימָא מִפֵּירֵי. מְסַלֵּק נַפְשֵׁיהּ, שֶׁלֹּא יֹאכַל פֵּירוֹת בְּחַיֶּיהָ, וְהוּא פָּחוֹת שֶׁבְּכוּלָּן. אֲבָל אִם תִּמְכּוֹר – שֶׁמַּפְסִיד אַף גּוּף הַקַּרְקַע שֶׁהָיָה רָאוּי לִירַשׁ אִם תָּמוּת בְּחַיָּיו – יְהֵא מִכְרָהּ בָּטֵל, וְיִירָשֶׁנָּה. בּוּצִינָא טַב מִקָּרָא. בּוּלִינָא = דְּלַעַת קְטַנָּה. קָרָא = דְּלַעַת גְּדוֹלָה. וְהָאוֹמֵר לַחֲבֵירוֹ: קַח לְךָ דְּלַעַת קְטַנָּה בְּגִינָּתִי, אוֹ הַמְתֵּן עַד שֶׁיַּגְדִּילוּ וְקַח גְּדוֹלָה – טוֹב לוֹ לִיקַּח הַקְּטַנָּה מִיָּד, כִּי לֹא יֵדַע מַה יּוֹלֶד יוֹם. אַף כָּאן, חֲבִיבָה עָלָיו אֲכִילַת פֵּירוֹת – שֶׁהוּא תָּדִיר וּמִיָּד, מִבִּיטּוּל מֶכֶר – שֶׁאֵינוֹ מִיָּד, אֶלָּא לִכְשֶׁתִּמְכּוֹר, וְשֶׁמָּא לֹא תִּמְכּוֹר. וְאֵימָא מִירוּשָּׁה. סַלֵּיק נַפְשֵׁיהּ, וְהוּא הַפָּחוֹת, שֶׁמָּא לֹא תָּמוּת בְּחַיָּיו. אֲבָל מִמְּכִירָה לֹא סַלֵּיק נַפְשֵׁיהּ, שֶׁמָּא תִּמְכּוֹר, וְיַפְסִיד אֲכִילַת פֵּירוֹת שֶׁהוּא עַכְשָׁיו. מְכִירָה לָא שְׁכִיחָא. שֶׁאֵין אִשָּׁה רוֹצָה לִמְכּוֹר נִכְסֵי בֵּית אָבִיהָ. רַב אַשִׁי אָמַר. אֵין לְךָ אֶלָּא דִּקְדּוּק הַלָּשׁוֹן. בִּנְכָסַיִךְ. אָמַר לָהּ, אֲבָל לֹא בְּפֵירוֹתֵיהֶן. וּבְעוֹדָן שֶׁלָּהּ קָאָמַר לָהּ, דְּהָא "בִּנְכָסַיִךְ" קָאָמַר. וְלֹא לְאַחַר מִיתָה, שֶׁבָּטֵל שְׁמָהּ מֵעֲלֵיהֶן. אִיבַּעְיָא לְהוּ לְר' יְהוּדָה. דְּתָנָא תַּרְתֵּי: וּבְפֵירֵי פֵירוֹתֵיהֶן, עַד עוֹלָם. פֵּירֵי פֵירוֹת דַּוְקָא. בְּהַאי לִישָּׁנָא לְחוּד סַגִּי לְאִסְתַּלּוּקֵי מִפֵּירֵי פֵירוֹת וּמִפֵּירֵי דְּפֵירֵי פֵירוֹת, וְלָא בָּעֵי "עַד עוֹלָם". וְאִי כָּתַב "בְּפֵירוֹתֵיהֶן עַד עוֹלָם", וְלָא כָּתַב "בְּפֵירֵי פֵירוֹת" – לָא אִסְתַּלַּק מִפֵּירֵי פֵירוֹת. אוֹ דִּלְמָא עַד עוֹלָם דַּוְקָא. וּבְ"עַד עוֹלָם" תַּלְיָא מִילְּתָא, וּבְ"פֵירֵי פֵירוֹת" לָא בָּעֵי לְמִיכְתַּב. וְאִי כָּתַב "מִפֵּירֵי פֵירוֹת" וְלָא כָּתַב "עַד עוֹלָם" – לָא אִיסְתַּלַּק מִפֵּירֵי דְּפֵירֵי פֵירוֹת, אוֹ דִּלְמָא תַּרְוַיְיהוּ דַּוְקָא? עַד עוֹלָם לָמָּה לִי. לְמִיתְנֵי מַתְנִי', הוֹאִיל וְלֹא צָרִיךְ לְמִיכְתְּבֵיהּ. הָא קָא מַשְׁמַע לָן כו'. וְהָכִי קָאָמַר: עַד שֶׁיִּכְתּוֹב "וּבְפֵירֵי פֵירוֹתֵיהֶן" – הַיְינוּ עַד עוֹלָם. פֵּירֵי פֵירוֹת לָמָּה לִי. לְמִיתְנֵי מַתְנִי', לִיתְנֵי: בְּפֵירוֹתֵיהֶן עַד עוֹלָם, הוֹאִיל וּבֵיהּ תַּלְיָא, וְהוּא לְשׁוֹן פֵּירוֹת וּפֵירֵי פֵירוֹת. הָא קָא מַשְׁמַע לָן כו'. אִין, וַדַּאי לָא תָּנֵי – הֲוָה אָמִינָא, מִיהוּ, אִי לָא תָּנֵי לָא בָּעֵי לְמִכְתַּב. דְּאִי כָּתַב "פֵּירֵי פֵירוֹת", הָוֵה כְּכוֹתֵב עַד עוֹלָם. לְהָכִי [illegible] לְמֵימַר דַּאֲפִילּוּ כָּתַב "פֵּירֵי פֵירוֹת" – בָּעֵינַן "עַד עוֹלָם". תַּרְתֵּי לָמָּה לִי. לְמִיכְתַּב בַּשְּׁטָר. לְעוֹלָם אַפֵּירוֹת קָאֵי. לֹא אוֹכַל הַפֵּירוֹת לֹא בְּשָׁנָה זוֹ וְלֹא בַּשָּׁנִים הַבָּאוֹת. אֲבָל פֵּירֵי פֵירוֹת – אוֹכַל. הָכִי גָּרְסִינַן: וְלִיטַעְמִיךְ, דְּקָתָנֵי רַבִּי יְהוּדָה אוֹמֵר כו' כֵּיוָן דְּאָכְלִתִּינְהוּ [illegible] וְלֹא גָּרְסִינַן דְּאָכְלִינְהוּ. אֶלָּא בִּדְשָׁיְירָא גָּרְסִינַן, הָכָא נַמִי בִּדְשָׁיֵיר. אִם לֹא אֲכָלָן, וּמְכָרָן וְלָקַח בָּהּ קַרְקַע, וְעָשְׂתָה פֵּירוֹת – סִילֵּק נַפְשׁוֹ מֵהֶן, וְלֹא מִן הָרִאשׁוֹנִים. וְרַב סָבַר תְּנָאוֹ קַיָּים. כְּרַבִּי יְהוּדָה, דְּאָמַר* – גַּבֵּי מְקַדֵּשׁ אֶת הָאִשָּׁה עַל מְנָת שֶׁאֵין לִיךְ עָלַי שְׁאֵר כְּסוּת וְעוֹנָה – בְּדָבָר שֶׁבְּמָמוֹן תְּנָאוֹ קַיָּים. וְהָכָא – אַמַּאי יִירָשֶׁנָּה? דְּקָסָבַר רַב: יְרוּשַּׁת הַבַּעַל דְּרַבָּנַן, וַחֲכָמִים עָשׂוּ חִיזּוּק לְדִבְרֵיהֶם יוֹתֵר מִשֶּׁל תּוֹרָה, לִהְיוֹת תְּנָאוֹ בָּטֵל. עַל

תוספות

בוצינא טב מקרא. לא כפי' הקונטרס, דפירש: דשניהן מין דלעת הן. דהא קישואין מתרגמינן "בוצינא", וקרא היינו דלעת, כדמוכח בפ' "הנודר מן המבושל" (נדרים נא.). וקישואין ודילועין שני מינין הן, כדתנן במס' כלאים (פ"ג מ"ה): נוטע אדם קישות ודלעת בתוך גומא אחת, ובלבד שיהא נוטה שער שורה זו לכאן ושער שורה זו לכאן. ודלעת גדולה וחשובה יותר מקישואין, אלא שמאחרת להתבשל, והקישות ממהרת לבשל. ומשל הדיוט כך הוא: שאדם אוהב הקישות יותר, שיהנה בה מהרה, ממה שהוא אוהב דלעת ולהמתינה, אע"פ שהיא טובה יותר. ר"ת*.

מיתה שכיחא. שמא משום דרוב פעמים מסתכנת בלידה.

מכירה לא שכיחא. שקשה לה למכור, משום שבא בית אביה.

רב אשי אמר בנכסייך ולא בפירותיהן. (א) למאי דלית ליה לרב אשי – יד בעל השטר על התחתונה, תימה: אמאי קתני שאם מכרה ונתנה קיים בדיעבד? לכתחילה נמי תמכור!

פירי פירות דוקא. ואפי' לא כתב "עד עולם" נסתלק, כאילו כתב "עד עולם". אבל אין לפרש דאי "פירי פירות" דווקא – "עד עולם" לא מהני. דהא מסיק: אם תמצא לומר "פירי פירות" דווקא – "עד עולם" למה לי. הא קמ"ל: דכיון דכתב לה "פירי פירות" – כמאן דכתב לה "עד עולם" דמי, משמע ד"עד עולם" פשיטא ליה טפי דמהני, אפילו כשנאמר פירי פירות דווקא.

הוה אמינא עד עולם אפירות. פי' בקונטרס: דהוי "עד עולם", לא בשנה ראשונה ולא בשניה. וקשה לר"י: דמה לי ראשונה ומה לי שניה? ועוד: דאפי' רבי יהודה מודה דפירות גופייהו לא אכיל לעולם, ואפילו לא כתב לה "עד עולם", אלא "דין ודברים אין לי בנכסייך ובפירותיהן", מדלא פליג אלא בפירי פירות! אלא הכי פירושא: הוה אמינא "עד עולם" – אפירות: שבחייה ובמותה לא יאכל פירות. להכי איצטריך פירי פירות, לומר, דלא יאכל לעולם, לא פירות ולא פירי פירות.

וקסבר ירושת הבעל דרבנן ועשו חיזוק. וא"ת: בפירות אמאי תנאו קיים לכ"ע? וי"ל: דבפירות דלא שכיחי – לא עבדו רבנן חיזוק, כדאמרי' בריש "אע"פ" (לעיל נו: ושם), אבל ירושת הבעל שכיחא – דנכסי צאן ברזל שכיחא טפי מנכסי מלוג, דאפילו *)עניה אין פוחתין מחמשים זוז:

*) [לעיל סז.]

וסבר

תוספות רי"ד

הגהות הב"ח

גליון הש"ס

וְסָבַר רַב תְּנָאוֹ קַיָּים? וְהָא *אִיתְּמַר: הָאוֹמֵר לַחֲבֵירוֹ "עַל מְנָת שֶׁאֵין לְךָ עָלַי אוֹנָאָה". [א]רַב אָמַר: יֵשׁ לוֹ עָלָיו אוֹנָאָה, וּשְׁמוּאֵל אָמַר: אֵין לוֹ עָלָיו אוֹנָאָה. אֶלָּא: הֲלָכָה כְּרַבָּן שִׁמְעוֹן בֶּן גַּמְלִיאֵל דְּאָמַר: הַמַּתְנֶה עַל מַה שֶּׁכָּתוּב בַּתּוֹרָה תְּנָאוֹ בָּטֵל, וְלָאו מִטַּעֲמֵיהּ; דְּאִילּוּ רַבָּן שִׁמְעוֹן בֶּן גַּמְלִיאֵל סָבַר: מֵתָה — יִירָשֶׁנָּה. וְרַב סָבַר: מֵתָה — לֹא יִירָשֶׁנָּה. הַאי מִטַּעֲמֵיהּ וְלָא כְּהִילְכָתֵיהּ הוּא! אֶלָּא: הֲלָכָה כְּרַבָּן שִׁמְעוֹן בֶּן גַּמְלִיאֵל דְּאָמַר: אִם מֵתָה יִירָשֶׁנָּה. וְלָאו מִטַּעֲמֵיהּ, דְּאִילּוּ רַבָּן שִׁמְעוֹן בֶּן גַּמְלִיאֵל סָבַר: בִּדְאוֹרַיְיתָא — תְּנָאוֹ בָּטֵל, הָא בִּדְרַבָּנַן — תְּנָאוֹ קַיָּים. וְרַב סָבַר: אֲפִילּוּ בִּדְרַבָּנַן תְּנָאוֹ בָּטֵל. הַאי כְּטַעֲמֵיהּ וּכְהִילְכָתֵיהּ הוּא, וְרַב מוֹסִיף הוּא! אֶלָּא, הֲלָכָה כְּרַבָּן שִׁמְעוֹן בֶּן גַּמְלִיאֵל דְּאָמַר: אִם מֵתָה יִירָשֶׁנָּה. וְלָאו מִטַּעֲמֵיהּ, דְּאִילּוּ רַבָּן שִׁמְעוֹן בֶּן גַּמְלִיאֵל סָבַר: *יְרוּשַּׁת הַבַּעַל דְּאוֹרַיְיתָא, וְכָל הַמַּתְנֶה עַל מַה שֶּׁכָּתוּב בַּתּוֹרָה — תְּנָאוֹ בָּטֵל. וְרַב סָבַר: יְרוּשַּׁת הַבַּעַל דְּרַבָּנַן, *וַחֲכָמִים עָשׂוּ חִיזּוּק לְדִבְרֵיהֶם כְּשֶׁל תּוֹרָה. וְרַב סָבַר יְרוּשַּׁת הַבַּעַל דְּרַבָּנַן? וְהָתְנַן: *רַבִּי יוֹחָנָן בֶּן בְּרוֹקָא אוֹמֵר: הַיּוֹרֵשׁ אֶת אִשְׁתּוֹ — יַחֲזִיר לִבְנֵי מִשְׁפָּחָה, וִינַכֶּה לָהֶן מִן הַדָּמִים. וְהָוֵינַן בָּהּ: מַאי קָסָבַר? אִי קָסָבַר יְרוּשַּׁת הַבַּעַל דְּאוֹרַיְיתָא — אַמַּאי יַחֲזִיר? וְאִי דְּרַבָּנַן — דָּמִים, מַאי עֲבִידְתַּיְיהוּ? וְאָמַר רַב: לְעוֹלָם קָסָבַר יְרוּשַּׁת הַבַּעַל דְּאוֹרַיְיתָא, וּכְגוֹן שֶׁהוֹרִישַׁתּוֹ אִשְׁתּוֹ בֵּית הַקְּבָרוֹת; *מִשּׁוּם פְּגַם מִשְׁפָּחָה אָמוּר רַבָּנַן: לִישְׁקוֹל דְּמֵי וְלִיהֲדַר. וּמַאי יְנַכֶּה לָהֶן מִן הַדָּמִים? דְּמֵי קֶבֶר אִשְׁתּוֹ. כִּדְתַנְיָא: *[ב]הַמּוֹכֵר קִבְרוֹ, וְדֶרֶךְ קִבְרוֹ, מַעֲמָדוֹ, וּמְקוֹם הֶסְפֵּידוֹ — בָּאִין בְּנֵי מִשְׁפָּחָה וְקוֹבְרִין אוֹתוֹ בְּעַל כׇּרְחוֹ, מִשּׁוּם פְּגַם מִשְׁפָּחָה. רַב לְטַעְמֵיהּ דְּרַבִּי יוֹחָנָן בֶּן בְּרוֹקָא קָאָמַר, וְלֵיהּ לָא סְבִירָא לֵיהּ.§ **מתני'** מִי שֶׁמֵּת וְהִנִּיחַ אִשָּׁה וּבַעַל חוֹב וְיוֹרְשִׁין, וְהָיָה לוֹ פִּקָּדוֹן אוֹ מִלְוֶה בְּיַד אֲחֵרִים. רַבִּי טַרְפוֹן אוֹמֵר: יִנָּתְנוּ לַכּוֹשֵׁל שֶׁבָּהֶן. רַבִּי עֲקִיבָא אוֹמֵר: אֵין מְרַחֲמִין בַּדִּין, [ג]אֶלָּא יִנָּתְנוּ לַיּוֹרְשִׁין — שֶׁכּוּלָּן צְרִיכִין שְׁבוּעָה, וְאֵין הַיּוֹרְשִׁין צְרִיכִין שְׁבוּעָה. הִנִּיחַ פֵּירוֹת תְּלוּשִׁין מִן הַקַּרְקַע — [ד]כׇּל הַקּוֹדֵם בָּהֶן זָכָה בָּהֶן. זָכְתָה אִשָּׁה יוֹתֵר מִכְּתוּבָּתָהּ, וּבַעַל חוֹב יוֹתֵר עַל חוֹבוֹ, הַמּוֹתָר; רַבִּי טַרְפוֹן אוֹמֵר: יִנָּתְנוּ לַכּוֹשֵׁל שֶׁבָּהֶן, רַבִּי עֲקִיבָא אוֹמֵר: אֵין מְרַחֲמִין בַּדִּין, אֶלָּא יִנָּתְנוּ לַיּוֹרְשִׁין — שֶׁכּוּלָּם צְרִיכִין שְׁבוּעָה, וְאֵין הַיּוֹרְשִׁין צְרִיכִין שְׁבוּעָה.§ **גמ'** לָמָּה לִי לְמִיתְנֵי מִלְוֶה, לָמָּה לִי לְמִיתְנֵי פִּקָּדוֹן? צְרִיכָא, דְּאִי תְּנָא מִלְוֶה — בְּהָא קָאָמַר רַבִּי טַרְפוֹן, מִשּׁוּם דְּמִלְוֶה לְהוֹצָאָה נִיתְּנָה. אֲבָל פִּקָּדוֹן, דְּאִיתֵיהּ בְּעֵינֵיהּ — אֵימָא מוֹדֵי לֵיהּ לְרַבִּי עֲקִיבָא. וְאִי תְּנָא הָא — בְּהָא קָאָמַר רַבִּי עֲקִיבָא, אֲבָל בְּהַךְ — אֵימָא מוֹדֵי לְרַבִּי טַרְפוֹן, צְרִיכָא.§ מַאי לַכּוֹשֵׁל? רַבִּי יוֹסֵי בְּרַבִּי חֲנִינָא אוֹמֵר: לַכּוֹשֵׁל שֶׁבִּרְאָיָה. רַבִּי יוֹחָנָן אָמַר: לִכְתוּבַּת אִשָּׁה, *מִשּׁוּם *חִינָּא. כְּתַנָּאֵי: ר' בִּנְיָמִין אוֹמֵר: לַכּוֹשֵׁל שֶׁבִּרְאָיָה, וְהוּא כָּשֵׁר. רַבִּי אֶלְעָזָר אוֹמֵר: לִכְתוּבַּת אִשָּׁה, מִשּׁוּם חִינָּא.§ הִנִּיחַ פֵּירוֹת הַתְּלוּשִׁין.§ וְרַבִּי עֲקִיבָא, מַאי אִירְיָא מוֹתָר? כּוּלְּהוּ נַמִי דְּיוֹרְשִׁין הָווּ! אִין הָכִי נַמִי, וְאַיְּידֵי דְּאָמַר רַבִּי טַרְפוֹן "מוֹתָר" — תָּנָא אִיהוּ נַמִי "מוֹתָר". וְר"ע

רש"י

עַל מְנָת שֶׁאֵין לְךָ עָלַי דִּין אוֹנָאָה. אֶמְכּוֹר לְךָ חֵפֶץ זֶה. יֵשׁ לוֹ עָלָיו.(א) דְּמַתְנֶה עַל שֶׁל תּוֹרָה הוּא: "אַל תּוֹנוּ" (ויקרא כה). וְרַב סָבַר אם מֵתָה לֹא יִירָשֶׁנָּה. דְּקָסָבַר: יְרוּשַּׁת הַבַּעַל דְּרַבָּנַן, וְלֹא עָשׂוּ חִיזּוּק לְדִבְרֵיהֶן כְּשֶׁל תּוֹרָה. הָא בִּדְרַבָּנַן. כְּגוֹן זֶה, שֶׁהִתְנָה שֶׁלֹּא יֹאכַל פֵּירוֹת. וְרַב סָבַר. אֲפִי' תְּנַאי הַפֵּירוֹת נַמִי בָּטֵל, דַּחֲכָמִים עָשׂוּ חִיזּוּק לְדִבְרֵיהֶם כְּשֶׁל תּוֹרָה, וְכ"ש הַיְרוּשָּׁה שֶׁהִיא שֶׁל תּוֹרָה. הַאי כְּטַעֲמֵיהּ וּכְהִילְכָתֵיהּ הוּא. סְבִירָא לֵיהּ לְרַב כְּטַעֲמֵיהּ דְּרַבָּן שִׁמְעוֹן, דְּמַתְנֶה עַל שֶׁל תּוֹרָה תְּנָאוֹ בָּטֵל, וּכְהִילְכָתֵיהּ — דְּאִם מֵתָה יִירָשֶׁנָּה. יַחֲזִיר לִבְנֵי מִשְׁפָּחָה. בַּיּוֹבֵל. וִינַכֶּה לָהֶם מִן הַדָּמִים. קס"ד: יַחֲזִירֵם לָהֶם בְּדָמִים קַלִּים. אַמַּאי יַחֲזִיר. יְרוּשָּׁה אֵינָהּ חוֹזֶרֶת בַּיּוֹבֵל, כִּדְאָמְרִי' בִּבְכוֹרוֹת (דף נב:). מִשּׁוּם פְּגַם מִשְׁפָּחָה. גְּנַאי הוּא לָהֶם שֶׁיִּהְיוּ אֲחֵרִים נִקְבָּרִים עִמָּהֶם, וְהֵם יִקָּבְרוּ בִּקְבוּרַת אֲחֵרִים. דְּמֵי קֶבֶר אִשְׁתּוֹ. שֶׁחַיָּיב הוּא בִּקְבוּרָתָהּ. כִּדְתַנְיָא. לוֹקֵחַ בֵּית הַקְּבָרוֹת מַחֲזִירוֹ עַל כׇּרְחוֹ. וְקוֹבְרִים אוֹתוֹ בְּעַל כׇּרְחוֹ. שֶׁל לוֹקֵחַ. אֶלָּא לָא גָּרְסִי'. **מתני'** יִנָּתְנוּ לַכּוֹשֵׁל שֶׁבָּהֶן. בַּגְּמָרָא מְפָרֵשׁ מַאי נִיהוּ. וְאַף עַל גַּב דְּלָא מִשְׁתַּעְבְּדִי מִטַּלְטְלֵי דְּיַתְמֵי לֹא לְבַעַל חוֹב וְלֹא לִכְתוּבָּה, הָכָא — דְּלָאו בִּרְשׁוּתַיְיהוּ מַנְחִי — סְבִירָא לְרַבִּי טַרְפוֹן דְּמוֹצִיאִין מִיַּד הַלֹּוֶה, אוֹ מִיַּד מִי שֶׁהַפִּקָּדוֹן אֶצְלוֹ, וְנוֹתְנִין לְבַעַל חוֹב וְלִכְתוּבָּה — שֶׁנִּתְחַיֵּיב בָּהֶן הַמֵּת מֵחַיִּים. יִנָּתְנוּ לַיּוֹרְשִׁים. וְלָא מְהַנְיָא תְּפִיסָה. שֶׁכּוּלָּן צְרִיכִין שְׁבוּעָה. דִּתְנַן בְּפִירְקִין: הַבָּא לִיפָּרַע מִנִּכְסֵי יְתוֹמִים — לֹא יִפָּרַע אֶלָּא בִּשְׁבוּעָה. וְכׇל זְמַן שֶׁלֹּא נִשְׁבְּעוּ — אֵין לָהֶם רְשׁוּת בָּהֶם, וְאֵין אָנוּ יוֹדְעִין אִם יֵשׁ לָהֶם עָלָיו כְּלוּם. הִלְכָּךְ, מִשֶּׁמֵּת הַמֵּת — זָכוּ בָּהֶן הַיּוֹרְשִׁין, וּבִרְשׁוּתָן הֵן. כׇּל הַקּוֹדֵם בָּהֶן זָכָה. קָדְמוּ יוֹרְשִׁין — זָכוּ, וְאֵין מוֹצִיאִין מִיָּדָם, דְּמִטַּלְטְלֵי דְּיַתְמֵי לָא מִשְׁתַּעְבְּדֵי לְבַ"ח וְלִכְתוּבָּה. קָדַם אֶחָד מֵהֶן — הָאִשָּׁה אוֹ הַמַּלְוֶה — זָכָה הוּא. דְּר' טַרְפוֹן אִית לֵיהּ: תְּפִיסָה דִּלְאַחַר מִיתָה מְהַנְיָא. זָכְתָה אִשָּׁה יָתֵר עַל כְּתוּבָּתָהּ. אִם קָדְמָה וְתָפְסָה, וְיֵשׁ יוֹתֵר מִן הַכְּתוּבָּה, אוֹ קָדַם בַּעַל חוֹב וְתָפַס, וְיֵשׁ בָּהֶן יוֹתֵר עַל חוֹבוֹ. הַמּוֹתָר יִנָּתְנוּ לַכּוֹשֵׁל שֶׁבָּהֶן. זֶה בַּעַל הַשְּׁטָר, שֶׁיָּדוֹ עַל הַתַּחְתּוֹנָה. וְאִם יָבוֹאוּ לְיַד הַיְתוֹמִים — שׁוּב לֹא יוֹצִיא מֵהֶם לֹא אִשָּׁה וְלֹא בַּעַל חוֹב. **גמ'** לְהוֹצָאָה נִיתְּנָה. וְאֵינָהּ קַיֶּימֶת בָּעַיִן, דְּמִחַסְּרָא גּוּבַיְינָא. וּמִשּׁ"ה אָמַר רַבִּי טַרְפוֹן דְּלָא מַנְחִי בִּרְשׁוּתָא דְּיַתְמֵי. אֲבָל פִּקָּדוֹן דְּאִיתֵיהּ בְּעֵינֵיהּ אֵימָא כו'. דְּכׇל הֵיכָא דְּאִיתֵיהּ — בִּרְשׁוּתָא דְּיַתְמֵי אִיתֵיהּ. לַכּוֹשֵׁל שֶׁבִּרְאָיָה. לְמִי שֶׁשְּׁטָרוֹ מְאוּחָר, שֶׁלֹּא יוּכַל לִטְרוֹף לָקוֹחוֹת הַקּוֹדְמִים לוֹ. לִכְתוּבַּת אִשָּׁה. הִיא קְרוּיָה "כּוֹשֵׁל", שֶׁאֵין דַּרְכָּהּ לַחֲזֵר אַחַר נִכְסֵי הַמֵּת וּלְבַקֵּשׁ הֵיכָן יֵשׁ לוֹ קַרְקַע. מִשּׁוּם חִינָּא. שֶׁיִּמְצְאוּ הָאֲנָשִׁים חֵן בְּעֵינֵי הַנָּשִׁים, וְיִהְיוּ נְשׂוּאוֹת לָהֶן, שֶׁלֹּא תִּדְאַגְנָה לְהַפְסִיד כְּתוּבָּתָן. וְהוּא כָּשֵׁר. וְהַדָּבָר כָּשֵׁר וְהָגוּן לַעֲשׂוֹת כֵּן. כּוּלְּהוּ נַמִי דְּיוֹרְשִׁין הָווּ. כֵּיוָן דְּטַעְמָא דְּר' עֲקִיבָא מִשּׁוּם דְּלֹא נִשְׁבְּעוּ הוּא, כִּי תָּפְסִי נַמִי אַמַּאי זָכוּ? הֲרֵי זָכוּ בָּהֶן יוֹרְשִׁים מִשְּׁעַת מִיתָה, וְנִכְסֵי דְּיַתְמֵי קָא תָּפְסִי! וְאַיְּידֵי דְּאָמַר ר' טַרְפוֹן מוֹתָר. אַהֲדַר לֵיהּ אִיהוּ נַמִי בְּמַאי דְּאַיְירוּ בֵּיהּ. וּלְעוֹלָם בְּכוּלְּהוּ נַמִי אִית לֵיהּ — דַּאֲפִילּוּ תָּפַס — מַפְּקִינַן לֵיהּ מִינֵּיהּ. וְר"ע

תוספות

וסבר רב תנאו קיים והא איתמר כו'. ואע"ג דבפרק "הזהב" (ב"מ דף נא: ושם) מוקי רב נפשיה אפי' כר' יהודה, דאמר בדבר שבממון תנאו קיים. דעד כאן לא קאמר ר' יהודה התם, אלא דידעה וקמחלה, הכא — מי ידע דמחיל. הכא — ליכא לשנויי הכי, דה"נ לא ידע דמחיל, שהרי אינו ברור לו שהיא תמות בחייו; שמא הוא ימות בחייה — לכך פריך שפיר. **ורב** סבר דאפי' בדרבנן תנאו בטל. פירש בקונטרס: דהיינו בפירות. וקשה לר"י: דא"כ רב דלא כחד; דהא במתניתין אפילו לר' יהודה מהני תנאה בפירות, והיינו משום דלא שכיחי, כדאמרי' בריש פרק "אע"פ" (לעיל דף נו.)! ונראה לפרש: בדרבנן — היינו בעלמא, בשום דבר דהוי מדרבנן.

משום פגם משפחה לישקול דמי וליהדר. תימה לרשב"א: דא"כ מאי איריא ביובל? אפי' בלא יובל נמי! דע"כ ביובל איירי; דאי בלא יובל קאמר דמחזיר, א"כ אמאי איצטריך ליה לרב למימר דסבירא ליה דירושת הבעל דאורייתא? הו"ל למימר דרבנן! ועוד: דאיובל מיתנייא! וצריך לומר: דליכא פגם משפחה עד היובל, שאז כל *הירושות חוזרות, וזו אינה חוזרת, וניכר שהם קבורים בשל אחרים.

לכתובת אשה. תימה: דהא תנן בבכורות בפרק "יש בכור" (נב. ושם) דאין אשה נוטלת בראוי, ומלוה — חשבי ליה רבנן ראוי בפרק "יש נוחלין" (ב"ב דף קכה: ושם)! וצריך לחלק: דדוקא גבי בכור חשיבה מלוה ראוי, ולא לכתובת אשה.

לכתובת אשה משום חינא. פירש ר"ת: שימצאו הנשים חן בעיני האנשים, ויהיה להן קופצים יותר. וכן משמע בערוך ובירושלמי. וכן משמע לקמן בפ' "אלמנה" (דף נז:) דפריך: למ"ד משום חינא: יורשים מאי חן איכא? ומשני: שירשתה בתה או אחותה, פי': שאף היא צריכה שיקפצו עליה בני אדם. ולפי' הקונטרס נמי, יש לפרש: דכיון שרואות בתה ואחותה שכך בקל באה להם כתובה — נשאות יותר ברצון לאנשים. ואל תתמה: דהכא יפה כח האשה מכח בעל חוב משום חינא, ולענין זיבורית תנן ב"הניזקין" (גיטין מט: ושם) דבעל חוב בבינונית, וכתובת אשה בזיבורית, וגירעו כחה מכח בע"ח, משום דיותר ממה שהאיש רוצה לישא אשה רוצה ליגשא, ולא חשו משום חינא לעשות דינה בבינונית כבעל חוב! דאין לדמות תקנת חכמים זו לזו, כענין שמצינו: משקי בי מטבחיא דכן — שהקילו שלא להרבות טומאה במקדש, ולענין כמה דברים החמירו יותר, כדאמרינן בפסחים (דף טז.*). ולרבי

עין משפט נר מצוה

ח א מיי' פי"ג מהלכות מכירה הלכה ג סמג לאוין קע טוש"ע ח"מ סי' רכז סעיף כא:

ט ב מיי' פכ"ד מהלכות מכירה הלכה יז סמג עשין פב טוש"ע י"ד סי' שסו סעיף א וטוש"ע ח"מ סי' ריז סעיף ז:

י ג (מיי' פי"ב מהל' מלוה) סמג עשין צד טוש"ע אה"ע סימן קב סעיף ב וטוש"ע ח"מ סי' קז סעיף א:

יא ד (מיי' פ"ח מהלכות אישות הלכה י ופי"א מהלכות מלוה הלכה ח) סמג עשין מח ולד טוש"ע אה"ע סי' קב סעיף ב ג וטוש"ע ח"מ סימן קד סעיף ג ה:

מסורת הש"ס

ב"מ נא. מכות ג:

[בכורות נב:]

[יבמות לו: וש"נ]

בכורות נב:

[קדושין יח. וש"נ]

ב"ב ק: בכורות נב:

[לקמן נז: גיטין לה. מט:]

[השלמות כ"כ התוי"ט ספ"ח דבכורות]

[ועי' תוס' גיטין מט: ד"ה משום]

[פירוש דכיון דידעי איתתא דמידחו בעל חוב ויורשין לאחר מיתה מקמה תהא מקרבת לבעלה בכל כחה מחיים ומתוך כך תמצא חן לפניו ויהיה שלום ביתו לבינה. ערוך ערך חן ב' ובד"פ חנא א']

הגהות הב"ח

(א) רש"י ד"ה יש לו עליו אונאה דמתנה:

תוספות רי"ד

ואין הלכה כרשב"ג דאמר המתנה עמ"ש בתורה תנאו בטל. דקי"ל הלכה כר"י דאמר בדבר שבממון תנאו קיים. ולא כרב דאמר בדרבנן תנאו בטל דהא אמר רב כהנא נחלה הבאה לאדם ממ"א מתנה עליה שלא יירשנה. עיין בס"ה: **מתני'** מי שמת והניח אשה וב"ח ויורשין והיתה לו מלוה או פקדון ביד אחרים ר"ט אומר ינתן לכושל שבהן ר"ע אומר אין מרחמין בדין אלא ינתנו ליורשים שכולן צריכין שבועה ואין היורשין צריכין שבועה הניח פירות תלושין מן הקרקע כל הקודם בהן זכה בהן זכתה אשה יותר על כתובתה וב"ח יותר על חובו המותר ר"ט אומר ינתן לכושל שבהן ר"ע אומר אין מרחמים בדין אלא ינתן ליורשין שכולן צריכין שבועה ואין היורשין צריכין שבועה. פי' מטלטלי דיתמי לא משתעבדי לכתובה ולב"ח ואילו היה ביד היתומים לא היו גובים מהן אלא עכשיו בעבור שאינן ברשותן ואלא הן ביד אחרים (פי') כדקתני והיה מלוה או פקדון ביד אחרים ר"ט אומר שמוציאין אותן מיד אחרים וינתנו לכושל שבהן. פי' לשפל שבכולן ור"ע אומר אין מרחמין בדין בעבור שהוא שפל אלא ה"ה בחזקת היורשין בכ"מ שהן שכולן צריכין שבועה ואח"כ גובין ועד שלא נשבעו אין להן כח לגבות אבל היורשין זוכין מיד בנכסיהם ואין דבר מעכבן הלכך כל היכא דאיתנהו ברשותייהו קימו וכאילו היה תחת ידן (כמו) שאין כח בהן להוציא מידן. ואם הניח פירות תלושין קסבר ר"ט כ"ז שלא נכנסו ליד היורשין כל הקודם זכה ואם זכה האשה או הב"ח יותר על דינה ינתן לכושל שבהן ור"ע אומר ינתנו ליורשין: מאי לכושל שבהן ריב"ח אומר כושל שבראי'. פי' המאוחר לגבות ולטרוף מן הלקוחות זהו בע"ח ור"י אמר כתובת אשה משום חינא והיא הכושל שאין דרכה לחזור אחר הלקוחות: ומקשה ור"ע מאי ארי' מותר כלהו נמי דיורשין הוי פי' כיון דאמר ר"ע נכסי בחזקת יורשין קיימי כל מה שתפשו שלא כדין תפשו דכל היכי דקיימו הוו דיורשין ואמאי לא פליג אלא במותר בלחוד. ומהדר אה"נ ואיידי דאמר ר"ט מותר אמר איהו נמי מותר פי' כמה שאמר ר"ט ענה ר"ע אבל לדידיה לא שני ליה בין מותר לכל מה

ור"ע — תפיסה לא מהניא כלל? *אמר רבא אמר רב נחמן: [א]והוא שתפס מחיים. ולרבי טרפון, דמנחי היכא? *רב ושמואל דאמרי תרווייהו: והוא שצבורין ומונחין ברשות הרבים, אבל בסימטא — לא. ורבי יוחנן ור"ש לקיש דאמרי תרווייהו: אפי' בסימטא. דון דייני כר' טרפון, ואהדריה ר"ל לעובדא מינייהו. אמר ליה רבי יוחנן: עשית כשל תורה?! לימא בהא קמיפלגי; דמ"ס: טעה בדבר משנה — חוזר, ומר סבר: *טעה בדבר משנה — אינו חוזר? לא, דכ"ע [ב]טעה בדבר משנה — חוזר. והכא בהא קמיפלגי; מר סבר: *הלכה כר"ע מחבירו, ולא מרבו. ומר סבר: הלכה אפי' מרבו. ואיבעית אימא, דכ"ע: הלכה כר"ע מחבירו ולא מרבו, והכא בהא קמיפלגי; מר סבר: רבי טרפון רבו הוה, ומ"ס: חבירו הוה. ואיבעית אימא: דכולי עלמא חבירו הוה, והכא בהא קמיפלגי; מר סבר: "הלכה" איתמר, ומר סבר; "מטין" איתמר. קריביה דר' יוחנן תפום פרה דיתמי מסימטא. אתו לקמיה דר' יוחנן. אמר להו: שפיר תפסתוה. אתו לקמיה דרבי שמעון בן לקיש. אמר להו: זילו אהדור. אתו לקמיה דרבי יוחנן. אמר להו: *מה אעשה? שכנגדי חלוק עלי. ההוא בקרא דיתמי דתפסי תורא מיניה. בע"ח אמר: מחיים תפיסנא ליה, ובקרא אמר: לאחר מיתה תפסיה. אתו לקמיה דרב נחמן. אמר ליה: אית לך סהדי דתפסיה? אמר ליה: לאו. [ג]אמר ליה: מגו דיכול למימר "לקוח הוא בידי". יכול נמי למימר "מחיים תפיסנא ליה". והאמר ר"ל: *[ד]הגודרות אין להן חזקה! שאני תורא, דמסירה לרועה. דבי נשיאה תפוס אמתא דיתמי מסימטא. יתיב ר' אבהו ור' חנינא בר פפי ור' יצחק נפחא, ויתיב רבי אבא גבייהו, אמר להו: שפיר תפסיתוה. אמר להו ר' אבא: משום דבי נשיאה ניניהו מחניפיתו להו? והא דון דייני כר' טרפון ואהדריה ריש לקיש עובדא מינייהו! יימר בר חשו הוה מסיק ביה זוזי בההוא גברא. שכיב, ושביק ארבא. א"ל לשלוחיה: זיל תפסה ניהליה. אזל תפסה. פגעו ביה רב פפא ורב הונא ברי' דרב יהושע, אמרו ליה: את תופס לב"ח במקום שחב לאחרים, *ואמר רבי יוחנן: [ה]התופס לבע"ח במקום שחב לאחרים — לא

רש"י

ור"ע תפיסה לא מהניא כלל. לשון שאילה הוא זה. אמר ר"נ. מהניא היכא דתפס מחיים של מת. והכי גמר לה רב נחמן מרביה. דמנחי היכא. הנך פירות דקא"ר טרפון, דבשעת מיתה לא זכו בהן יורשין, אלא יזכה בהן הקודם. בסימטא. קרן זוית הסמוכה לרשות הרבים, ובני אדם העושין סחורה זה עם זה בשוק ורוצים לדבר דבריהם בנחת ויישוב הדעת, מסתלקין לשם. אבל בסימטא לא. א"ר טרפון כל הקודם זכה. דכיון דמקום הראוי לקנין הוא, כדאמרינן בעלמא (ב"ב דף פד:) דמשיכה קונה התם, אפי' למ"ד ברשות הרבים לא קניא — אין זה מקום הפקר, וזכו בהן יורשין משעת מיתה, והמחזיק בו שם — כמחזיק בו בביתם. ואהדריה לעובדא. סבר לה כרבי עקיבא, דלא מהניא תפיסה. עשית. דברי ר"ע כאילו הן הלכה למשה מסיני, שחזרת מעשה ב"ד דיי לנו לקיים הלכה כמותו לכתחילה, אבל משנעשה ונגמר הדין — אין לנו לחזור. בדבר משנה. דקיי"ל: הלכה כר"ע היכא דיחידאה פליג עליה. ואע"ג דלאו במשנה ממש תנינא לה, אלא שמעתא דאמוראי הוא, אמרי' בסנהדרין (דף לג.) דחוזר; דאמרינן התם: אפילו טעה בדרב ושמואל? אמר ליה: אין. הלכה אתמר. הלכה כר"ע מחבירו. מטין אתמר. מטין ההוראה לכתחילה אחר ר"ע. ומיהו, אי עביד כאידך — לא מהדרינן עובדא. קריביה דר' יוחנן. קרוביו. זילו אהדור. דס"ל כר"ע, דתפיסה דלאחר מיתה לאו כלום היא. שכנגדי. שקול כמותי. בקרא דיתמי. שומר בהמותיהם. דתפום תורא מיניה. בעל חוב של מת תפסו בבית השומר. הגודרות. בהמה דקה, על שם "גדרות צאן" (במדבר לב). אין להן חזקה. אין המחזיק בהם יכול לומר "לקוחין הן בידי" — שמא מאלן והכניסן בביתו, לפי שדרכן להלך בשדות. חשו. שם האיש. שכיב. הלוה. ארבא. ספינה. א"ל. יימר לשלוחיה: זיל תפסה. התופס לבעל חוב. שליח התופס מטלטלין של לוה לצורך בעל חוב. במקום שחב לאחרים. שמפסיד בעלי חובין אחרים בתפיסתו. לא

תוספות

ולרבי עקיבא תפיסה לא מהניא כלל. פי' ר"ת: דקשיא ליה: דתנן בפרקין לעיל (דף פ:) גבי שומרת יבם: קדמה היא — זכתה כו', אע"ג דמטלטלי לא משתעבדי לכתובה, מ"מ מהניא תפיסה — אטו מי נימא דמתני' דלא כרבי עקיבא? אמר רבא אמר רב נחמן: והוא שתפס מחיים. פירוש: דמהניא תפיסה מחיים דבעל, אפי' לר"ע. דההיא שעתא לא שייכא שבועה, ולא קרינא ביה "הבא ליפרע מנכסי יתומים לא יפרע אלא בשבועה". וכיון דאין צריכין שבועה — זכו במה שבידם. ומתניתין דלעיל גבי יבם — כאילו תפסה בחיי הבעל, דבמקום אחיו קאי, הלכך, קדמה היא — זכתה. ומיהו, משמע בריש "אלמנה" לקמן (דף צו. ושם) דלא מהניא תפיסה לכתובה אפילו מחיים דבעל, כמו שאפרש בסמוך! ומ"מ יש ליישב פירוש ר"ת: דנהי דלא מהניא תפיסה מחיים דבעל, משום דלא ניתנה כתובה ליגבות מחיים, מ"מ כיון דתפיס מחיים — מהניא לבעל חוב, ואפי' לר"ע, בחיי היבם נמי מהניא תפיסה. ובקונט' פי' דלשון שאלה היא. וממתני' דלעיל לא מצי למיפרך, כדפירשתי התם. (א) (ד' פב. ד"ה לא).

והוא שתפס מחיים. נראה לפרש דבבעל חוב איירי. דבכתובה לא מהניא תפיסה לרבא דהכא, אפי' מחיים, כדמסיק רב יעקב משמיה דרבא כרבינא דהתם (לקמן דף צו.), דאמר: לא אמרו דמהניא תפיסה במטלטלין אלא למזונות, אבל לכתובה — מפקינן. ובתפיסה מחיים איירי, דאי בתפיסה דלאחר מיתה — היכי בעי התם מר בר רב אשי למימר דאפי' בכתובה לא מפקינן. וכן משמע בהלכות גדולות דמחיים איירי, דפירשו התם: דהיינו טעמא דלא מהניא תפיסה בכתובה כמו בבעל חוב — משום דלא ניתנה כתובה לגבות מחיים. ומיהו, למזונות תקנו רבנן, כמו שתקנו שמוכרת שלא בב"ד לצורך מזונות. ור"ת פי' לקמן: דהא דא"ל רב יעקב לרבינא: הכי אמרינן משמיה דרבא כוותך — אינו. דהא אמר רבא גופיה התם לקמן (דף צח.): זילו והבו לה להאי דתפסה כסא דכספא לכתובתה. ואומר ר"י: דלאו ראיה היא, דאיכא למימר: דההיא תפיסה דכסא דכספא — הויא ברשות יתומים, ושמא סבורין היו להפסידה מזונות ע"י תפיסה זו. לכך נראה דהכא בבעל חוב איירי. ורבינו חננאל פסק לקמן דכמר בר רב אשי קיי"ל, דאמר: בין לכתובה בין למזונות, מה שתפסה תפסה. דכולי הש"ס קיי"ל כמר בר רב אשי, בר ממיפך שבועה (שבועות מח.) ותיורי (חולין דף עו:)*.

שפיר תפסתוה. תימה: לפי מה דתרלינן לעיל: מר סבר מטין איתמר, משמע דלכתחילה עבדינן כר"ע, והיכי קאמר להו הכא שפיר תפסתוה? ושמא זה חשיב כמו דיעבד, כיון דכבר תפסוה.

אית לך סהדי דתפסיה. לא גרסי' "דלאחר מיתה", אלא, כיון דאית ליה סהדי דתפסיה מיניה, ובעל כרחו גזלה — תו לא מצי למיטען: לקוח הוא בידי.

ויתיב רבי אבא גבייהו. משמע הכא דסבר רבי אבא דעבדא כמטלטלי דמי. ואע"ג דבפ' "יש נוחלין" (ב"ב דף קכח.) שלח ר' אבא: הלכה, גובין מן העבדים, הא אמרינן התם *במסקנא דאין גובין איתמר.

את תופס לבעל חוב במקום שחב לאחרים. כאן משמע דאע"ג דעשאו שליח, דאמר ליה: זיל תפסה, אפ"ה — לא קנה. ולא כמו שפירש בקונטרס בפ"ק דב"מ (דף י. ושם), דדוקא בשלא עשאו שליח לא קנה.

ואמר רבי יוחנן כו' לא קנה. וא"ת: דאמרינן בפ"ק דב"מ: *ר"נ ורב חסדא דאמרי תרוייהו: המגביה מציאה לחבירו — לא קנה חבירו. מ"ט — דהוי תופס לבעל חוב במקום שחב לאחרים, והתופס כו' לא קנה. וא"כ, ר' יוחנן דאמר התם: המגביה מציאה לחברו קנה חברו, סבר דהתופס לבעל חוב קנה! וי"ל: דשאני גבי מציאה, דאיכא למימר: מיגו דזכי לנפשיה — זכי נמי לחבריה, משא"כ הכא.

*__מיגו__ דיכלי למימר לא היו דברים מעולם יכלי למימר כו'. [ס]אחר שנתקנה שבועת היסת איירי — דשליח נוגע בעדות, והוי מיגו טוב. אבל קודם שנתקנה שבועת היסת, דשליח אינו נוגע בעדות, דמיגו דמצי אמר: הדרתינהו ללוה, מצי נמי אמר: פרעתינהו למלוה, כדאמרינן, בריש פ"ב דקידושין (דף מג:) — לא הוי מיגו. דלא חליפי להכחיש את העד, כיון שאינו נוגע בדבר. כדמוכח גבי נסכא דר' אבא בפ' "חזקת הבתים" (ב"ב דף לד. ושם) דלא מהימן למימר: דידי חטפי, במיגו דאי בעי אמר: לא חטפתי.

לתקוני שדרתיך ולא לעוותי. דוקא משום דהזכיר לו ליקח שטר או בתחילה או בסוף, דאית ליה לאסוקי אדעתיה וליקח מהם השטר קודם. אבל אם לא הזכיר לו לקיחת השטר, ולא אמר לו טפי, אלא: הב זוזי — פטור, דמצי אמר: את מהימנת להו, ולא אמרת לי שקול שטרא. כדאמרינן גבי חנווני על פנקסו בריש ב"מ (דף ג.), דחנווני אומר לבעל הבית: אנא שליותך עבדי, מה אית לי גבי שכיר; אף על גב דמשתבע לי — לא מהימן, את מהימנת ליה, דלא אמרת לי "הב ליה בסהדי".

איח

עין משפט נר מצוה

יב א מיי' פי"א מהל' מלוה ולוה הל' ח טוח"מ סימן קז:

יג ב מיי' פ"ו מהל' סנהדרין הל' א סמג עשין ג טוש"ע ח"מ סימן כה סעיף א:

יד ג מיי' פי"א מהלכות מלוה ולוה הל' ח סמג עשין צד טור ח"מ סימן קז:

טו ד מיי' פ"י מהלכות טוען ונטען הל' א סמג עשין צה טוש"ע ח"מ סי' קלה סעיף א:

טז ה מיי' פ"כ מהל' מלוה ולוה הלכה ב סמג עשין צד טוש"ע שם סי' קה סעיף א:

תוספות רי"ד

מה שגבה: ובעי ולר"ע תפישה לא מהני כלל. א"ר אר"נ והוא שתפש מחיים. פי' קודם שימות שעדיין לא זכו בהם היתומים אבל משמת כל היכי דקיימי ברשות יתמי קיימי ולא מהני בהו תפישה. דון דיינא כר"ט ואהדריה ר"ל לעובדא מינייהו משום דהל' כר"ע דתפיסה לא"מ לא מהני. קריבי' דר"י תפש פרה דיתמי מסימטא אתא לקמיה דר"י אמר ליה שפיר תפסתוה אתו לקמיה דר"ל א"ל זילו אהדור אתו לקמיה דר"י א"ל מה אעשה שכנגדי חלוק עלי למימרא דהדר ביה ר"י לגביה ר"ל: ההוא בקרא דיתמי דתפישי בע"ח תורא מיני' בע"ח אמר מחיים תפיסנא לי' ובקרא אמר לא"מ תפיס ליה אתו לקמיה דר"נ א"ל אית לך סהדי דלאחר מיתה תפסיה. א"ל לא [א"ל] מיגו די"ל לקוח הן בידי יכול נמי לומר מחיים תפיסני' ליה והאר"ל הגודרות אין להן חזקה ש"ה דמסורין לרועה. פי' אין להן חזקה דאמרינן כשהיו מהלכין הכניסן לביתו אבל אי מסירן לרועה יש להן חזקה ויכול לטעון לקוח הוא בידי וההוא תורא הוי מסיר לבקרא: דבי נשיאה תפסי אמתא דיתמא מסימטא יתיב ר"א ור"ח ור"י נפחא ויתיב ר"א גביהו. א"ל שפיר תפסתוה א"ל ר"א משום דבי נשיאה ניניהו מחניפתא להו לדינא הא דייני כר"ט ואהדרי' ר"ל לעובדא מינייהו: רב יימר בר חשא הוה מסיק זוזי בההוא גברא שכיב ושביק ארבא א"ל לשלוחיה זיל תפסי ניהליה פגעו ביה ר"פ ור"ה בריה דר"י אמרו ליה את תופס לבע"ח במקום שח"ל במטלטלים והאר"י התופס לבע"ח במטלטלים במקום שחב לאחרים לא קנה

מסורת הש"ם

ב"ק יד: [לקמן פה.]

[לקמן פה. פו:]

[לקמן ק. סנהדרין ו. לג.]

[עירובין מו:]

[לעיל כז:]

גיטין כ: ב"ב לו.

גיטין יא: [ב"מ י.]

[וע"ע תוס' לקמן צו. ד"ה אלמנה ותוס' יומא פג. ותוס' סנהדרין כט: ד"ה מר ותוס' שבועות מח. ד"ה ולמר ותוס' חולין עו: ד"ה מר]

[דף קכח:]

[דף י.]

שייך לדף פה.

הגהות הב"ח

(א) תוס' ד"ה ולר' עקיבא וכו' כדפירשתי התם. נ"ב בדף פ"ב. ד"ה והתלוסין:

גליון הש"ס

תוס' ד"ה מיגו וכו' אחר שנתקנה. עיין תשובת הרא"ח ח"א סימן פ"ט:

לא קנה. תפסוה אינהו, רב פפא מימלח מלוחי, רב הונא בריה דרב יהושע ממתח לה *באשלא. מר אמר: אנא קנינא לה לכולה, ומר אמר: אנא קנינא לה לכולה. פגע בהו רב פנחס בר אמי, אמר להו: *רב ושמואל דאמרי תרוייהו: והוא שצבורין ומונחין ברה"ר. *אמר להו: אנן נמי מחריפותא דנהרא תפיסנא. אתו לקמיה דרבא. אמר להו: *קאקי חיורי משלחי גלימי דאינשי! הכי *אמר רב נחמן: והוא שתפסה מחיים. *אבימי בריה דרבי אבהו הוו מסקי ביה זוזי בי חוזאי. שדרינהו ביד חמא בריה דרבה בר אבהו. אזל פרעינהו, אמר להו: הבו לי שטרא! אמרו ליה: סיטראי נינהו. אתא לקמיה דרבי אבהו. א"ל: אית לך סהדי דפרעתינהו? אמר ליה: לא. [א]אמר ליה: (א)מיגו דיכולין לומר: "לא היו דברים מעולם" יכולין נמי למימר סיטראי נינהו. לענין שלומי שליח מאי? אמר רב אשי: חזינן, אי א"ל "שקיל שטרא והב זוזי" — משלם, "הב זוזי ושקול שטרא" — לא משלם. ולא היא — [ב]בין כך ובין כך משלם. דא"ל: *לתקוני שדרתיך ולא לעוותי. § [ג]ההיא איתתא דהוו מיפקדי גבה מלוגא דשטרי. אתו יורשים, קא תבעי ליה מינה. אמרה להו: מחיים תפיסנא להו. אתאי לקמי' דרב נחמן. אמר לה: אית ליך סהדי דתבעוה מיניך מחיים ולא יהבית ניהליה? א"ל: לא, א"כ הוי תפיסה דלאחר מיתה, ותפיסה דלאחר מיתה — לא כלום היא. [ד]ההיא איתתא דאיחייבא שבועה בי דינא דרבא. אמרה ליה בת רב חסדא: ידענא בה דחשודה אשבועה. אפכה רבא לשבועה אשכנגדה. זימנין הוו יתבי קמיה רב פפא ורב אדא בר מתנא, אייתו ההוא שטרא גביה. א"ל רב פפא: ידענא ביה דשטרא פריעא הוא. א"ל: איכא איניש אחרינא בהדי' דמר? א"ל: לא. א"ל: אע"ג דאיכא מר — עד אחד לאו כלום הוא. א"ל רב אדא בר מתנא: ולא יהא רב פפא כבת רב חסדא? בת רב חסדא — קים לי בגווה, מר — לא קים לי בגוויה. אמר רב פפא, השתא דאמר מר: "קים לי בגוויה" מילתא היא, כגון אבא מר ברי דקים לי בגוויה — קרענא שטרא אפומיה. קרענא ס"ד?! [ה]אלא, מרענא שטרא אפומיה. ההיא איתתא דאיחייבא שבועה בי דינא דרב ביבי בר אביי. [ו]אמר להו ההוא בע"ד: תיתי ותישתבע (א) במתא, אפשר דמיכספא ומודיא. אמרה להו: כתבו לי — זכוותא [ז]דכי משתבענא יהבי לי. אמר להו רב ביבי בר אביי: כתבו לה. אמר רב פפי: משום ב) דאתיתו ממולאי אמריתו מילי מולייתא? הא אמר רבא: ג) האי אשרתא דדייני דמיכתבא מקמי דנחוו סהדי אחתימות ידייהו — פסולה, אלמא — מיחזי כשיקרא, ה"נ — מיחזי כשיקרא. וליתא, מדרב נחמן. דאמר רב נחמן: ד) אומר היה ר"מ: אפי' מצאו באשפה וחתמו ונתנו לה — כשר. ואפי' רבנן לא פליגי עליה דר' מאיר — אלא בגיטי נשים, [ח]דבעינן כתיבה לשמה, [ט]אבל בשאר שטרות — מודו ליה. דאמר רב אסי ה) אמר ר' יוחנן: [י]שטר שלוה בו ופרעו — אינו חוזר ולוה בו, שכבר נמחל שיעבודו. טעמא — דנמחל שיעבודו אבל למיחזי כשיקרא

א) [עי' תוס' ב"ב לב: ד"ה והלכתא] ב) יבמות עה: ב"מ קטו. ב"ב קלז: קנא. ג) גיטין כו: לעיל כא: ד) גיטין ג: כג. כו: ה) ב"מ יז. [גיטין כו:]

רש"י

לא קנה. דלאו כל כמיניה לחוב זה כדי לזכות את זה. תפסוה אינהו. שאף הם נושים בו מעות. ממלח מלוחי. מנהיגה בעוגין שלה שקורין ריימ"ש בלעז ממלח שקורין וירני"ר בלעז, לשון "וייראו המלחים" (יונה א). אנא קנינא כולה. הנהגתי בריחה משל חבירי. מחריפותא דנהרא. לא מנאנוה על שפת הנהר, שהיא כסימטא, אלא מתוך חטפנוה שהיה מוליכה באמצע הנהר, שכל הספינות הולכות שם, והוי כרה"ר. קאקי. אווזים. חיורי. על שזקנים היו. משלחי גלימי דאינשי. מפשיטין טליתות האנשים. מסקי ביה. נושים בו. בי חוזאי. אנשי אותה מדינה. סיטראי. מצד אחר היינו נושים בו, מלוה על פה, ומחמת אותה מלוה נחזיק בהם. לענין שלומי שליח. למשלם. מאי. מי הוה פושע, שהחזיר המעות עד שלא קבל מהם השטר? לתקוני שדרתיך. והיה לך לדקדק בתקנתי. דהוו מפקדי גבה. מאבי יתומים. מלוגא דשטרי. תיק מלא שטרות. מחיים תפיסנא להו. בחוב שהיה חייב לי החזקתי בהם. הוי תפיסה דלאחר מיתה. שכל זמן שהיה חי – היו פקדון בידך, והרי הן כמופקדין ברשותיה. וכי אמרי' תפיסה מחיים – כגון שראהו קרוב למות, ותפס מטלטלין לשם חובו, ולא היו פקדון בידו. דאיחייבא שבועה. שהיה אדם תובעה ממון, והיא כופרת. בת רב חסדא. אשתו של רבא. לשבועה אשכנגדה. התובע אותה ישבע ויטול, כדתנן (שבועות דף מד:): ואלו נשבעין ונוטלין: שכנגדו חשוד על השבועה. זימנין. פעם אחרת. כבת רב חסדא. שהאמנת לחשוד את האשה על השבועה. דקים לי בגוה. דלא משקרא. קרענא ס"ד. וכי אחד נאמן להוציא שטר חתום מיד המחזיק בו? אפוקי ממונא הוא, ותרי בעינן. מרענא. ולא אזדקק לגבות באותו שטר, ומקרע נמי לא קרענא ליה. כתבו לי זכוותא. שבאתי לדין, ונפטרתי הימנו בשבועתי. ממולאי. בית עלי, שהן כרותי ימים. ולי נראה: ממולאי – גבנונים, בעלי מומין, שאינן חיין כשאר בני אדם, לשון "שקל מוליא ושדי בגלא" (ב"ב דף נג.). אשרתא. לשון חוזק, כמו "יישר כחך" (יבמות סב.). אשרתא דשטרי. קיום השטר, שכותבין דיינין: במותב תלתא הוינא, ואתא פלוני ופלוני ואסהידו אחתימות ידייהו, ואשרנוהו וקיימנוהו. דניחוו. שיעידו: זה כתב ידי. ה"נ מיחזי כשיקרא. לכתוב "נשבעה פלונית", ועדיין לא נשבעה. ופרעו. בו ביום. אינו חוזר ולוה בו. אפי' בו ביום. ואע"ג דלאו מוקדם הוא, שהרי ביום הלואה נכתב. שכבר נמחל שעבודו. משפרעו בטל השטר, ונמצאת מלוה השניה מלוה על פה, ואינו גובה מן הלקוחות. כשיקרא

תוספות

אית לך סהדי דתבעתינהו מחיים. וא"ת: ואמאי צריכה סהדי? ניהמני לדידה במיגו דאי בעיא אמרה "לקוחין הן בידי". דאע"ג דקיי"ל דאין אותיות נקנות במסירה, וצריכה מסירה ושטר לקיחה, ה"מ לקנות החוב, אבל לקנות הנייר – קני בלא שטר, הואיל והיא מוחזקת בו. והך איתתא לא היתה חוששת אלא לקנות מלוגא דשטרי בלא החוב, מדקאמרה: מחיים תפיסנא. ותפיסה מחיים לא מהניא לגבות החוב – דלא עדיפא ממסירה, אלא דע"י כך היתה יכולה לדחוק היורשים שיפרעו היורשין מה שהיה חייב לה, במה שלא תחזיר מלוגא דשטרי, והוי כמו משכון. ואומר ר"י: דלא חשיב מיגו – הואיל ועכשיו אינה יכולה לטעון "לקוח הוא בידי", שכבר אמרה "מחיים תפיסנא". ומשום דאי בעיא אמרה "לקוחין הן בידי" בשעה שאמרה "מחיים תפיסנא" – לא מהימנא השתא. דבאותה שעה שאמרה "מחיים תפיסנא" סבורה היתה שהיא טענה מעולה, ולא היתה יודעת שהיא צריכה לטעון דתבעינהו מינה מחיים – מדלא טענה מעצמה. וראיה מסוף פרק "זה בורר" (סנהדרין דף לא.) גבי ההיא איתתא דנפק שטרא מתותי ידה, ואמרה: ידענא בהאי שטרא דפרוע הוא. ולא הימנה ר"נ, משום כיון דאתחזק בבי דינא, פי': שראינו השטר בידה – אי בעיא קלתיה לא אמרי'. אע"פ שאם אמרה פרוע הוא, קודם שראינו השטר בידה – היתה נאמנת במיגו דאי בעיא קלתיה, השתא שראינוהו בידה – אין נאמנת עוד, דהשתא לית לה מיגו. ועוד ראיה: מדתנן בפרק "שבועת הדיינין" (שבועות דף לח:): "מנה לי בידך" ואמר לו "הן", למחר אמר לו "נתתיו לך" – פטור. ופריך בגמרא (דף מא.) מינה למ"ד המלוה חברו בעדים צריך לפורעו בעדים: והא הכא, כיון דתבעי' בעדים – כמאן דאוזפיה בעדים דמי, וקתני פטור! ומאי קושיא? שאני הכא דמהימן במיגו, דאי בעי אמר אתמול "להד"מ"! אלא ודאי, מיגו למפרע לא אמרינן.

מרענא לשטרא אפומיה. פי' ר"ח בפ' "שבועת הדיינין" (שם דף מב. ושם ד"ה איתרע): דכל "מרענא" דהתלמוד לגבי שטר – היינו שצריך בעל השטר לישבע קודם שיגבה. והלשון משמע כן, מדלא מסיק: לא מיקרע קרעינן ולא מיגבא מגבינן ביה, כדאמרינן ב"אלו נערות" (לעיל דף לו:): האי שטרא ריעא לא מגבינן ביה *) (ולא מיקרע קרעי' ליה). וא"ת: למאי הלכתא אמר רב פפא דמרעינן ליה? אי לשבועה כדפירשנו – אפי' לא מהימן כבי תרי יתחייב שבועה הבא ליפרע, כדתנן במתני' (לקמן פז.): עד א' מעידה שהיא פרועה – לא תפרע אלא בשבועה! וי"ל: דרב פפא קאמר אפילו יהא קרוב – שאינו בר עדות, כמו בת רב חסדא, שלא היתה בת עדות. ודקא א"ל נמי לרב פפא "איכא איניש אחרינא בהדי מר" – נ"ל שהיה רב פפא קרובו של בעל השטר או של נתבע, להכי ליכא להימניה, אפילו לשבועה **).

אלמא מיחזי בשיקרא. והתם נמי מיחזי כשיקרא, שכתבו לה: "פלונית נשבעה ונפטרה מפלוני", ונתנוהו ביד שליש שיתן לה לאחר שבועה. ומה שלא כתבו לה: אם תשבע פלונית תפטר, דלא הוה מיחזי כשיקרא, היינו משום שלא להצריכה עדים היום או למחר.

*) [ע' תוס' שבועות מב. ד"ה איתרע ותוס' לקמן לב: ד"ה דינא] **) [וע"ע תוס' יבמות קח: ד"ה מרענא]

כְּשִׁיקְרָא — לָא חָיְישִׁינַן. [א]הַהוּא גַּבְרָא דְּאַפְקֵיד שַׁב מַרְגָּנִיתָא דְּצַיְירֵי בִּסְדִינָא בֵּי רַבִּי מְיָאשָׁא בַּר בְּרֵיהּ דְּר' יְהוֹשֻׁעַ בֶּן לֵוִי. שְׁכֵיב ר' מְיָאשָׁא וְלָא פַּקֵּיד. אָתוּ לְקַמֵּיהּ דְּר' אַמִי. א"ל: חֲדָא — דְּיָדְעָנָא בֵּיהּ בְּר' מְיָאשָׁא בַּר בְּרֵיהּ דְּר' יְהוֹשֻׁעַ בֶּן לֵוִי דְּלָא אֲמִיד, וְעוֹד: הָא קָא יָהֵיב סִימָנָא. וְלָא אֲמַרַן אֶלָּא דְּלָא רָגִיל דְּעָיֵיל וְנָפֵיק לְהָתָם, אֲבָל רָגִיל דְּעָיֵיל וְנָפֵיק לְהָתָם — אֵימָא אִינִישׁ אַחֲרִינָא אַפְקֵיד, וְאִיהוּ מִיחֲזָא חֲזָא. הַהוּא גַּבְרָא דְּאַפְקֵיד כָּסָא דְּכַסְפָּא בֵּי חָסָא, שְׁכֵיב חָסָא וְלָא פַּקֵּיד. אָתוּ לְקַמֵּיהּ דְּרַב נַחְמָן. אֲמַר לְהוּ: יָדְעָנָא בֵּיהּ בְּחָסָא דְּלָא אֲמִיד. וְעוֹד: הָא קָא יָהֵיב סִימָנָא. וְלָא אֲמַרַן אֶלָּא דְּלָא רָגִיל דְּעָיֵיל וְנָפֵיק לְהָתָם, אֲבָל רָגִיל דְּעָיֵיל וְנָפֵיק לְהָתָם — אֵימַר אִינִישׁ אַחֲרִינָא אַפְקֵיד, וְאִיהוּ מִיחֲזָא חֲזָא. הַהוּא דְּאַפְקֵיד מְטַכְּסָא בֵּי רַב דִּימִי אֲחוּהּ דְּרַב סָפְרָא, שְׁכֵיב רַב דִּימִי וְלָא פַּקֵּיד. אֲתָא לְקַמֵּיהּ דְּרַבִּי אַבָּא. אֲמַר לְהוּ: חֲדָא — דְּיָדְעָנָא בֵּיהּ בְּרַב דִּימִי דְּלָא אֲמִיד, וְעוֹד: הָא קָא יָהֵיב סִימָנָא. וְלָא אֲמַרַן אֶלָּא דְּלָא רָגִיל דְּעָיֵיל וְנָפֵיק לְהָתָם, אֲבָל רָגִיל דְּעָיֵיל וְנָפֵיק לְהָתָם — אֵימָא אִינִישׁ אַחֲרִינָא אַפְקֵיד, וְאִיהוּ מִיחֲזָא חֲזָא. [ב]הַהוּא דַּאֲמַר לְהוּ: נִכְסַיי לְטוֹבִיָּה. שְׁכֵיב, אֲתָא טוֹבִיָּה. א"ר יוֹחָנָן: הֲרֵי בָּא טוֹבִיָּה. אֲמַר "טוֹבִיָּה" וַאֲתָא רַב טוֹבִיָּה: "לְטוֹבִיָּה" אֲמַר, "לְרַב טוֹבִיָּה" — לָא אֲמַר. וְאִי אִינִישׁ דְּגִים בֵּיהּ — הָא גִּים בֵּיהּ. אָתוּ שְׁנֵי טוֹבִיָּה; [א)]שָׁכֵן וְתַלְמִיד חָכָם — תַּלְמִיד חָכָם קוֹדֵם, קָרוֹב וְת"ח — ת"ח קוֹדֵם. אִיבַּעְיָא לְהוּ: שָׁכֵן וְקָרוֹב מַאי? ת"ש: "טוֹב שָׁכֵן קָרוֹב מֵאָח רָחוֹק" (משלי כז). שְׁנֵיהֶם קְרוֹבִים, וּשְׁנֵיהֶם שְׁכֵנִים, וּשְׁנֵיהֶם חֲכָמִים — [ב)]שׁוּדָא דְּדַיָּינֵי.

א"ל רָבָא לִבְרֵיהּ דְּרַב חִיָּיא בַּר אָבִין: תָּא אֵימָא לָךְ מִילְּתָא מַעַלְיוּתָא דַּהֲוָה אָמַר אֲבוּךְ: הָא דְּאָמַר שְׁמוּאֵל: [ג)][ג]הַמּוֹכֵר שְׁטַר חוֹב לַחֲבֵירוֹ וְחָזַר וּמְחָלוֹ — מָחוּל, וַאֲפִילּוּ יוֹרֵשׁ מוֹחֵל. מוֹדֶה שְׁמוּאֵל [ד]בְּמַכְנֶסֶת שְׁטַר חוֹב לְבַעְלָהּ וְחָזְרָה וּמְחַלְתּוֹ — שֶׁאֵינוֹ מָחוּל, מִפְּנֵי שֶׁיָּדוֹ כְּיָדָהּ.§ [ה]קְרִיבְתֵּיהּ דְּרַב נַחְמָן זַבִּינְתַּהּ לִכְתוּבְּתַהּ בְּטוֹבַת הֲנָאָה. אִיגָּרְשָׁה וּשְׁכִיבָה, אָתוּ קָא תָּבְעֵי לַהּ לִבְרַתַּהּ, אֲמַר לְהוּ רַב נַחְמָן: לֵיכָּא דְּלִיסְבָּא לַהּ עֵצָה תֵּיזִיל

א) ב"מ קח: ב) [קדושין עד. וש"נ] ג) [לקמן פו. וש"נ]

רש"י

כשיקרא. שלא נכתב על מלוה זו. לא חיישינן. אם לא שיש בדבר ביטול שטר גמור. שב מרגניתא דציירי בסדינא. שבע מרגליות צרורות בסדין אחד, הפקיד ביד ר' מיאשא. ולא פקיד. לא צוה לאנשי ביתו, שחטפתו מיתה. אתו לקמיה דר' אמי. לתבוע את היורשין, והיורשין אומרים: שמא של אבינו היו. דלא אמיד. אינו עשיר*. סימנא. דאמר: בסדין הם צרורות, והם שבע. שכיב חסא ולא פקיד. שטבע בנהר, כדאמר ביבמות בפ' בתרא (ד' קכא:). מטכסא. לבוש משי, בלע"ז. ההוא דאמר להו. בצוואת מיתה: נכסי לטוביה, ולא פירש לאיזה טוביה. דגים ביה. רגיל אצלו, ומגו דגייסי אהדדי — קורא לו בשמו כאילו לא נסמך. ת"ח קודם. דמסתמא אדם מצדיק מעשיו לזכות בשעת מיתה, דאמר מר (ברכות לד:): כל הנביאים לא נתנבאו אלא למהנה תלמידי חכמים מנכסיו. שודא דדייני. הטלת הדיינים. לפי מה שיראו דיינים שהיה דרכו של מת לקרב את זה יותר מזה, או מי שבשניהן טוב ונוהג בדרך ישרה, שיש לומר בו נתכוין המת לזכות. שודא. כמו *"שדי בימא" (שמות טו) דמתרגמינן "ירה בים" — הטיל בים. וחזר ומחלו. המוכר, שהוא מלוה, מחלו ללוה. מחול. דאמר ליה לוה ללוקח: לאו בעל דברים דידי את. ואפי' יורש. של מלוה מוחל. זבינתה לכתובתה. מכרה שעבוד כתובתה לאחרים, בעודה תחת בעלה. בטובת הנאה. דבר מועט שאינו אלא כחיזוק טובה, שקורין גרי"ד = מפיק רצון. ולפי שהלוקח מטיל מעותיו בספק — שמא תמות היא בחיי בעלה — מפחד, ואינו לוקחה אלא בדמי' מועטי'. ה"ג. אתו תבעי לה לברתה. אתו לקוחות וקא תבעי לה לברתה, הבאה לגבות כתובת אמה מאביה, וליורש הכתובה מכח אמה. ואלו באין ליטול אותה הימנה, לומר: אמך מכרה לנו. תיזיל

תוספות

חדא דידענא ביה בר' מיאשא דלא אמיד. אע"ג דאילו הוה ר' מיאשא קיים, והוה טוען "שלי הוא" — היה מהימן, אע"ג דלא אמיד, דאימור מליאה אשכח, או מתנה נתנו לו, מ"מ לא טענינן ליתמי — דמילתא דלא שכיחא היא. כי היכי דלא טענינן להו "נאנסו" בסוף פרק "המוכר את הבית" (ב"ב דף ע: ושם).

ועוד הא קא יהיב סימנא. אין לפרש: ועוד — אפי' אמיד. דאי אמיד — מה מועיל הסימן? דלמא זבנה מיניה. אף על גב דהאי סימן דלייריי בסדיניה אין רגילות לידע, אם לא שהפקיד אצלו — מ"מ בכסא דכספא ומטכסא דבסמוך ליכא סימן אלא בגופס, וההוא לא הוי סימן שהפקיד, דאיכא למימר דזבנה מיניה! אלא יש לפרש: דהנך תרי טעמי אין מועילין זה בלא זה, דבעינן דלא אמיד וסימן. וא"ת: בסוף פ"ק דלעיל (דף יג:) גבי ארוס וארוסתו, דקאמר: חדא — דהא קא מודה, ועוד: האמר רב יהודה אמר שמואל הלכה כר"ג! א"ל אביי: ובהא כי לא מודה מי מכשיר ר"ג כו'? ומאי קשיא ליה? דלמא רב יוסף שני הטעמים מצריך, כדאשכחן הכא! י"ל: דהתם אתי שפיר, דאי טעמא דמודה לא מהני לחודיה — ההוא טעמא נמי דהלכה כר' גמליאל לא מהני ליה מידי, דלא מכשיר ר"ג אלא ברוב כשרים אצלה, והכא רוב פסולין אצלה, וליכא אלא חד טעמא דמודה בלבד. וה"ק: ובהא כי לא מודה, פי': אי טעמא דמודה לחודיה לא מהני — מי מכשיר כו'? והא דאמרינן ב"האשה שהלכה" (יבמות דף קטו: ושם): ההוא דאפקיד שומשמי גבי חבריה, א"ל: הב לי שומשמאי, א"ל: שקילתינהו, א"ל: והא כך וכך הוו, ובחביתא רמיין. אמר ליה: שקלתינהו, והני אחריני נינהו. ומשמע התם, דאי הוה יהיב סימנים מובהקים — הוה מהימן. ולא מהימן אידך במיגו ד"לקוחים הם בידי". וכן בפרק "איזהו נשך" (ב"מ דף ע.): הני זוזי דיתמי היכי עבדינן להו? חזינן איניש דאית ליה דהבא פריכא כו'. אבל כלים — לא, דלמא פקדון נינהו, ואתי איניש מעלמא ויהיב בהו סימנא, ושקיל להו. התם מיירי כשיש עדים שהפקיד אצלו, דתו לא מהימן למימר "לקוח הוא בידי", כיון שבא לידו בתורת פקדון. אבל דהבא פריכא אין בו סימן. והא ליכא למיחש שמא יכירו בטביעת עין — דהא לא שכיח. ורשב"א נראה לו לפרש: חדא דלא אמיד — וליכא למיחש דלמא דר' מיאשא נינהו, ועוד — ל"דלמא דאיניש אחרינא הוו" נמי ליכא למיחש, דהא קא יהיב סימנא. **קיהיב** סימנא. פי' בקונטרס: דלייריי בסדינא ושבעה הוו. וב"האשה שהלכה" (יבמות דף קטו:) לא הוי סימן כי האי גוונא. **שודא** דדייני. לא כפי' הקונט', שפי': שיאמדו הדיינים דעתו של נותן, למי רצונו ליתן יותר. אלא אומר ר"ת: שהדיין יתן למי שירצה. ומביא ראיה מסוף פ"ק דגיטין (דף יד: ושם) גבי "הולך מנה לפלוני" ומת משלח, מה שירצה שליח — יעשה, וקרי ליה התם שודא. ועוד: בפ' בתרא דקידושין (דף עד. ושם) אמרינן דנאמן דיין לומר "לזה זכיתי כו'", אבל אין בעלי דינים עומדים לפניו — אין נאמן. ופריך: וניהדר ונידייניה! ומשני: בשודא דדייני. ואי כפי' הקונט', שהדיינין אומדין דעתו של נותן — אכתי ניהדר ויעשה שודא! וכן בירושלמי: למי שירצו הדיינים להחליט — מחליטין. ואם תאמר: אם כן יתן הדיין למי שיתן לו יותר שכר? וי"ל: דכל דיין דמקבל אגרא — לאו דיינא הוא*). **המוכר** שטר חוב לחבירו כו'. תימה לר"י: היאך יכול למכור החוב? דבשלמא כשיש ללוה קרקעות — מוכר לו אותו שיעבוד שיש לו על הקרקעות, אבל כשאין לו כלום — מה מוכר לו? ונראה לו: דלא הוי מכר מדאורייתא, דאי הוי מכר — אמאי מחול? וכן נראה לר"ת, דלא הוי מכר אלא מדרבנן. ומייתי ראיה מדאמר בפ' "מי שמת" (ב"ב דף קמז: ושם): אמר רבא אמר ר"נ: מתנת שכ"מ מדברי סופרים. ופריך: והאמר ר"נ: אע"ג דאמר שמואל: המוכר שטר חוב לחבירו וחזר ומחלו מחול, ואפילו יורש מוחל — מודה שמואל שאם נתנו במתנת שכ"מ שאינו יכול למחול. אי אמרת בשלמא דאורייתא, היינו דאינו יכול למחול כו'. משמע — דמידי דאורייתא אינו יכול למחול! ויש לדחות: דלעולם אפי' הרי מכר שטר דאורייתא, יכול למחול, והתם ה"פ: א"א בשלמא דאורייתא — מש"ה אינו יכול למחול היורש, לפי שהוא אינו יורש, אלא המקבל מתנה הוא היורש. דאם הוא מדאורייתא — אם כן נפקא לן מ"והיה ביום הנחילו את בניו" — התורה נתנה רשות לאב להנחיל לכל מי שירצה, אלא אי אמרת דרבנן — אמאי אין יכול למחול? הלא אפי' מידי דאורייתא יכול למחול, כ"ש מתנת שכ"מ דרבנן! וא"ת: אמאי איצטריך למעוטי שטרות מאונאה, **) אם מכר שטר חוב לא הוי דאורייתא? וי"ל: דנהי דהחוב אינו מכור, מ"מ שייך בו אונאה, שהוא שוה הרבה לקונה שימכרנו בדמים יקרים ללוה. א"נ: כגון שהיה חייב לו מלוה על פה, ומעלה לו דמים שיכתוב לו השטר. **מפני** שידו כידה. תימה לר"י: דבסוף "שנים אוחזין" (ב"מ דף יט: ושם) גבי מלא שובר, בזמן שהאשה מודה — יחזיר לבעל. ופריך: וליחוש דלמא כתבה ליתן בניסן כו'. ומשני: שמע מינה איתא לדשמואל, דאמר: המוכר שטר חוב לחבירו וחזר ומחלו מחול. והשתא אכתי ניחוש, דלמא כתבה ליתן בניסן ולא נתנה עד תשרי, ואזלה והכניסתה לכתובתה לבעלה, שאינה יכולה למחול, כדאמרי' הכא! וי"ל: דמיירי התם בדידעי דלית לה בעל:

*) [וביתר ביאור כתבו תוס' לקמן לד: בד"ה לימא רב וכו' וע"ע תוס' ב"ב לה. ד"ה שודא] **) [ב"מ נו: ושם]

ד"א הא קא יהיב סימנא ול"א וכו'. ואחרי שכולם הסכימו לדעת זה כך הלכה רווחת בישראל דידי' אבל אי לא יהיב סימנא דידי' הכי מוכחא מילתא דלאו דידי' הוא ויעמדו ביד היתומים ההוא דאמר נכסיי לטובי' שכיב אתא טובי' אר"י הרי בא טובי'. פי' לא פירש הנותן לאיזה הרבה טוביה ובא א' ואמר לי נדר בחייו שיתן לי נכסיו. אר"י הרי בא טובי' שהוא תובע ויש שמא לטובי' אחר. אמר לטובי' ואתא רב טובי' ואמר שלי נדר שיתנם בחייו לטוביה

ד"א שלא יהא אלא כאדרכתא יהבי' ניהלי' דמצי למיתבעי' אבל לא קנאו ק"ג שלא יוכל המוכר [ואם בא] הלוקח על הלוה וא"ל פרעתיו למלוה ושטר פרוע מכר לך דין הוא שיכוף הלוקח את שלא פרעו כדין כל שטרות דטעין לוה פרוע הוא דמישתבע מלוה ושקיל לוקח וה"נ משה ואי לא בעי מלוה לאשתבע לי'. ישלם דמים ללוקח משום הואי מק"ט בוודאי אי מת מלוה לוה פרוע הוא דשבועה זו אינה אלא להפים דעתו של לוה. וכיון שהמלוה אינו בחיים מי יש

תיזיל ותיחלה לכתובתה דאמה לגבי אבוה, ותירתה מיניה. שמעה, אזלה, אחילתה. *אמר רב נחמן: עשינו עצמינו כעורכי הדיינין. מעיקרא מאי סבר ולבסוף מאי סבר? מעיקרא סבר °"ומבשרך לא תתעלם", ולבסוף סבר: אדם חשוב שאני.§ גופא, *אמר שמואל: המוכר שטר חוב לחבירו, וחזר ומחלו – מחול. ואפי' יורש מוחל. אמר רב הונא בריה דרב יהושע: [א]ואי פקח הוא – מקרקש ליה זוזי, וכתב ליה שטרא בשמיה.§ *אמר אמימר: [ב]מאן דדאין דינא דגרמי – מגבי ביה דמי שטרא מעליא, מאן דלא דאין דינא דגרמי – מגבי ביה דמי ניירא בעלמא. הוה עובדא, וכפייה רפרם לרב אשי, ואגבי ביה כי כשורא לצלמי.§ אמר אמימר משמיה דרב חמא: [ג]האי מאן דאיכא עליה כתובת אשה ובע"ח. ואית ליה ארעא, ואית ליה זוזי – *לבעל חוב מסלקינן ליה בזוזי, לאשה מסלקינן לה בארעא, האי כי דיניה, והאי כי דיניה. [ד]ואי לא איכא אלא חד ארעא, ולא חזיא אלא לחד – לבעל חוב יהבינן ליה, לאשה לא יהבינן לה. מאי טעמא? *יותר ממה שהאיש רוצה לישא, אשה רוצה להנשא. אמר ליה רב פפא לרב חמא: ודאי דאמריתו משמיה דרבא: האי מאן דמסקי ביה זוזי, ואית ליה ארעא ואתא בעל חוב וקא תבע מיניה: ואמר ליה: זיל שקול מארעא, אמרינן ליה: זיל זבין את, ואייתי הב ליה. [ה]א"ל: לא. אימא לי גופא דעובדא היכי הוה? [ו]א"ל: תולה מעותיו בגוי הוה; *[א)]הוא עשה שלא כהוגן לפיכך עשו בו שלא כהוגן. א"ל רב כהנא לרב פפא: לדידך דאמרת: [ב)]פריעת בעל חוב מצוה, אמר: לא ניחא לי דאיעביד מצוה, מאי? א"ל: [ג)][ז]תנינא: במה דברים אמורים – במצות לא תעשה. אבל במצות עשה, כגון שאומרין לו "עשה סוכה" ואינו עושה, "לולב" ואינו עושה – מכין

א) יבמות קי. ב) [ב"ב קמד. ערכין כב.] ג) [חולין קלב:]

רש"י

תיזיל ותיחלה כו'. דאמרינן: אפי' יורש מוחל, ואמה של זו מכרה להן שטר חוב שהיה לה על בעלה. עשינו עצמינו. כקרוב של בעל דין, או אוהבו, הבא אצל דיינין ועורכו בראיות אחר זכות אוהבו או קרובו. כך למדתי עליה לזו להפסיד שכנגדה. מעיקרא. כשאמר כן. לבסוף. כשנתחרט. אדם חשוב שאני. לפי שלומדין הימנו, ויש שיעשו אף שלא לקרובים. ואי פקח הוא. הלוקח. מקרקש ליה זוזי. ללוה, ושוכרו בהן לכתוב לו שט"ח בשמו, קודם שיעשו קנוניא בין שניהם. מאן דדאין דינא דגרמי. המחייב את הגורם הפסד לחבירו. מגבי ביה. בהאי שטרא, מן המוחלו. דמי שטרא מעליא. כל החוב שבתוכו. ומאן דלא דאין כו'. פלוגתייהו בבבא קמא, בפרק בתרא (דף קטז:), ורבי מאיר אית ליה דינא דגרמי, כדתניא (שם דף ק:): נתייאש הימנה ולא גדרה – הרי זה קידש, וחייב באחריותו גבי כלאים. וקיי"ל כוותיה. מגבי ביה דמי ניירא בעלמא. כלומר, אומר שלא מכר לו אלא הנייר, והרי הוא בידך. כפייה רפרם לרב אשי. שבא הדין לפני רב אשי, וסיבבו והקיפו בראיות ואגבי מדינא דגרמי. כי כשורא לצלמי. כלומר: גיבוי גמור, כל ההפסד. דקדק בו כאשר ידקדק הלוקח קורה לצור בה צורות, שלוקח ישרה וחלקה. האי כי דיניה. זה הלוה מעות, וזו סמכה על שיעבוד הקרקע, והיא לא נתנה כלום. ואם בשביל נכסי צאן ברזל הנישומין בכתובה – הוא זכה בהן מיד, וזו נירפתן עם הכתובה על שיעבוד הקרקע. ולא חזיא אלא לחד. אין בה אלא כדי לאחד מהן. לבעל חוב יהבינן. שלא תנעול דלת. יותר משהאיש רוצה כו'. ולא חיישינן לומר משום איבה. ודווקא שהשטרות נכתבו ביום אחד, אבל אם קדמה זמן הכתובה – היא גובה. ודאי דאמריתו כו'. לשון שאלה הוא: אמת הוא ששמעתי שאתם אומרים דבר זה של תימה, דמטרחינן ליה ללוה למכרה? והלא המלוה עיקר סמך שלו על הקרקע! תולה מעותיו בנכרי הוה. מעות היה לו לפרוע, ואומר של נכרי הם. לדידך דאמרת כו'. במסכת ערכין, בפ' "שום היתומין" (דף כב.). פריעת בע"ח מצוה. מצוה עליו לפרוע חובו ולאמת דבריו, דכתיב "הין צדק" – שיהא "הן" שלך צדק, ו"לאו" שלך צדק (בבא מציעא דף מט.). במה דברים אמורים. בלוקה ארבעים (עי' פי' רש"י בחולין קלב: עוד שם קי: ד"ה כפתוהו).

תוספות

תיזיל ותיחלה לכתובתה דאמה לגבי אביה. קשה לרבינו יצחק: דמה הרויחה? הא אמרינן בסמוך: מאן דדאין דינא דגרמי – מגבי ביה דמי שטרא מעליא, ורב נחמן גופיה דאין דינא דגרמי ב"הגוזל בתרא" (ב"ק קטז:), גבי ההוא גברא דאחוי אכריא דחיטי! ויש מפרשים: דקטנה היתה, כמו *"הפעוטות מקחן מקח ומתנתן מתנה" [גיטין נט,א], ולא מחייבא מדיני דגרמי. ולרבינו יצחק נראה מתוך כך דלא מיחייבא מדינא דגרמי אלא דמים שנתנו לה על כתובתה, ולא כל הכתובה, *)ונמצא שמרווחת הרבה. ומיהו, לא נתיישב לרשב"א לשון "מגבי ביה דמי שטרא מעליא", דמשמע דחייב לשלם כל הכתוב בשטר. ומביא ראיה מהא דאמרינן בפ"ב דקידושין (דף מז:): "התקדשי לי בשטר חוב" או שהיה לו מלוה ביד אחרים והרשה עליהם, ר"מ אומר: מקודשת, וחכ"א: אינה מקודשת. ומסיק דבדשמואל קא מיפלגי. דאמר: המוכר שטר חוב לחבירו וחזר ומחלו – מחול; מר אית ליה, ולהכי אינה מקודשת, דלא סמכה דעתה, הואיל ויכול למחול. ואם היה חייב לשלם כל הכתוב בשטר – אמאי לא סמכה דעתה? הא אינו רשאי למחול שיצטרך לשלם לה! [והשתא לא תיקשה היאך השיאה רב נחמן עצה להפסיד ממון אחרים בשביל קורבה, שהרי לא היה מפסידן לגמרי, שהיו מחזירין להם מעות שנתנו. מ"מ קצת יש לגמגם]. לבעל חוב מסלקינן ליה בזוזי. אומר רבינו תם: דג' דינין חלוקים; למלוה, ולניזק, ולשכיר. לבעל חוב: אית ליה זוזי – לא מצי לסלוקי בארעא, כדאמרינן הכא. וניזק: אפילו אית ליה זוזי – מסלק ליה בארעא. ובשכיר: אפי' לית ליה זוזי, אמרי' ליה זיל טרח וזבין ואייתי זוזי. דתנן בפרק "הבית והעליה" (ב"מ קיח.): היה עושה עמו בתבן ובקש, ואמר "טול מה שעשית בשכרך" – אין שומעין לו. ומשמע התם – אפילו דלית ליה זוזי**). לאשה לא יהבינן לה מ"ט יותר משהאיש רוצה לישא אשה רוצה לינשא. וא"ת: דאמרינן לעיל (דף פד.): לכתובת אשה משום חינא. ואפי' ר' בנימין לא פליג אלא כשהבע"ח הוא כושל, אבל שניהם שוין – מודה דיהבינן לכתובת אשה! ותירץ רבינו תם: דהכא – יהבינן לבע"ח משום דאיכא טעמא דנעילת דלת, ובאשה לא שייך נעילת דלת, כדאמרינן: יותר משהאיש רוצה לישא אשה רוצה לינשא. אבל לעיל, דלאחר מיתה – ליכא נעילת דלת, דמיתה לא שכיחא, כדאמרינן ב"הנזקין" (גיטין נ.), דלא מסיק אדעתיה דמלוה דמית לוה ונפלי נכסי קמי יתמי, עדיפא כתובת אשה משום חינא. ומורי ה"ר יחיאל השיב למורי הרב בשם ר"י: דאפילו לאחר מיתה יהבינן לבעל חוב קרקע, או אפילו מטלטלין אחר תקנת גאונים שתקנו דאשה ובעל חוב גובין מטלטלין. ולעיל דיהבינן לכתובת אשה – היינו משום דכיון דאין דינו של בעל חוב לגבות, ואי הוה יהיב להו נפקד ליתומים לא מצי נקיט להו בדינא, עדיפא כתובת אשה משום חינא. ואפילו קדים זמן הכתובה לזמן השטר, כיון שלא תיקנו שתטרוף מן הלקוחות. ולא חל שיעבוד כתובה עלייהו כלל, והוי כאילו זמנן שוה. והכי אמר בפרק "מי שמת" (ב"ב דף קמז.): "דאיקני" קנה ומכר, את"ל לא משתעבד, ואת"ל משתעבד – לוה ולוה ואחר כך קנה ומכר – מהו? לקמא משתעבד או לבתרא? [משמע דאי לא משתעבד ליכא לספוקי כלל הי גביא ברישא, כיון דלא משתעבד לגבות מלקוחות. וכתב: וכן עמא דבר כר"י, וכן רב אלפס ורמב"ס. ורבי יצחק בר אברהם נראה לו כר"ת. ואמת, כי נראה דברי ר"ת]. ההוא תולה מעותיו בגוי הוה. אין לפרש כשאמר לו "זיל את זבין" הוה תולה מעותיו בגוי – דא"כ כהוגן עשו לו. אלא תחילה, כשתבעו היה הולך ותולה מעותיו, ובשעת הגבייה כבר לא היה לו, ואפ"ה הזקיקו למכור. אמר לא ניחא למיעבד מצוה מאי. הא פשיטא ליה דכופין, דהא עיקר מילתיה בערכין (דף כב. ושם) אהא דאין נזקקין לנכסי יתומין קטנים. וקאמר: משום דפריעת בע"ח מצוה, והני לאו בני מיעבד מצוה נינהו. מכלל דלנכסי יתומים גדולים – נזקקין. אלא ה"ק: לא ניחא ליה למעבד מצוה מאי? והלא פשיטא דכופין, ומה בייך לקרותו מצוה? אמר ליה: תניתוה, דהיכא דליכא מצוה כופין. אי נמי י"ל: דבעא מיניה אם כופין אם לאו. אע"ג דפשיטא דלנכסי יתומין גדולים נזקקין – הנ"מ היכא דלא אמרו "לא ניחא לן למעבד מצוה", אבל היכא דאמרו – מאי? אמר ליה: תניתוה כו'. וי"מ: דאתולה מעותיו בגוי קאי, דבשלמא לרב הונא בריה דרב יהושע דאמר טעמא דאין נזקקין משום נכרי, אבל חיובא איכא אנכסי. והואיל והדין שיתן מעות – השיעבוד נמי הוי על המעות, אע"ג דאיכא קרקעות, אם כי ליכא. אלא לדידך – דאמרת: מצוה, ואע"ג דאית להו נכסי ליתמי לא נחתינן עלייהו, דלא רמיא עלייהו שיעבודא אלא במקום דאיכא מצוה, אמרת נמי שהשיעבוד לא יהא על המעות? ולא דמי לגזלן שהשיעבוד על כל נכסיו, דהתם באיסורא אתא לידיה, ובדין אישתעבד לגמרי, אבל הכא – לא. פריעת בע"ח מצוה. בדאיכא אחריות נכסים איירי, דעלה איתמר מילתיה דרב פפא בערכין (ג"ז שם), ואפ"ה אין נפרעין מנכסי יתומים קטנים – דלאו בני מיעבד מצוה נינהו, אבל מנכסי יתומין גדולים – נפרעין. אבל בדליכא אחריות נכסים – מצוה על היתומין, ואין כופין, כדמוכח בפ' "מי שהיה נשוי" (לקמן צא:) גבי ההוא דשבק קטינא דארעא. וטעמא משום דהוי מצות כיבוד מצוה שמתן שכרה בצידה, דאין ב"ד שלמטה מוזהרין עליה. והא דאמר ב"הגוזל עצים" (ב"ק צד:): הניח להן אביהן פרה וטלית וכל דבר המסוים – חייבין להחזיר מפני כבוד אביהן, התם – אם לא יהיו מחזירין איכא קלון אביהן, הלכך חייבין לשלם. אבל משום כבוד לחודיה – לא. ובקונט' פי' לקמן גבי קטינא: דהואיל וליכא מצוה אלא מדרבנן – לא כייפינן להו. ואין נראה, דאשכחן דכופין במצות דרבנן, כגון מצוה לקיים דברי המת, דאמרי' ב"השולח" (גיטין מ.) דכופין את היורשין.

אינה

*) [נ"ל ונמצאת שמרווחת הרבה ומזה לא אמרו כו' [illegible]] **) [ועי' תוס' [illegible]] ***) [כדאיתא חולין קלג:]

עין משפט נר מצוה

לא א טוש"ע ח"מ סי' סו סעיף כג:

[גיטין נט.]

לב ב מיי' פ"ז מהלכות חובל ומזיק הלכה י סמג עשין כג טוש"ע שם סי' סו סעיף כג ולב וסי' שפו סעיף א:

לג ג מיי' פי"ז מהלכות אישות הלכה ד סמג עשין מח טוש"ע אה"ע סי' קב סעיף ד:

לד ד מיי' שם טוש"ע שם סעיף ג:

לה ה מיי' פ"א מהל' מלוה הל' ז טוש"ע ח"מ סי' קא סעיף ב:

לו ו מיי' שם טוש"ע שם סעיף א:

לז ז מיי' פ"א מהלכות מלוה הלכה ח סמג עשין צד טוש"ע שם סי' קז סעיף א:

מסורת הש"ס

[לעיל נב:]

קדושין מח. ב"ק פט. ב"מ כ. ב"ב קמז:

ב"ק נח:

[ישעיה נח] | תורה אור

גליון הש"ס

רש"י ד"ה פריעת בע"ח וכו' ולאו שלך לדק. ב"מ ד' מט ע"א וע"ש וצע"ק:

[עי' תוס' לקמן נב. ד"ה אי פקחת]

[יבמות קיג. גיטין מט:]

תוספות רי"ד

וכ"ז פירש על מימרת הא דאמ' שמואל המוכר שטר חוב לחבירו ועל מימרת א"ל ר"נ לא איכא דליסבר' עצה. פי' דהאי דאמר מרימר מאן דדאין דינא דגרמי מגבי' ביה כו' לא קאי אלא על המוכר עצמו שמחל אבל היורש שמחל פטור מלשלם אע"פ שגרם הפסד לחבירו) ומאן דלא דאין דינא דגרמי מגבי ביה דמי נייר בעלמא כלומר שלא מכר לו אלא הנייר והו"ה בידו. כפיא רפרם לר"א ואגבי' לי' כשורא לצלמי. פי' בא לדין לפני ר"א וסבבו רפרם בראיות עד שהסכים לו ר"א ודקדק בתשלומו שישלם לו הכל כאשר ידקדק הלוקח לקנות קורה לצור בה צורות שבורר ישרה וחלקה. אמר אמימר משמיה דר"ח האי מאן דאיכא עליה כתובת אשה ובעל חוב וא"ל ארעא וא"ל זוזי ב"ח מסלקי' לי' בזוזי ואשה מסלקי' לה בארעא הא כדיניה והא כדיני'. פי' שב"ח הלוה זוזי ע"ד שישלם לו זוזי אבל האשה לא נתנה כלום וכל הסמך שלה הוא על הקרקע ואי ליכא אלא חדא ארעא. פי' שלא יספיק לשניהם לב"ח יהבינן ליה לאשה לא יהבינן לה יותר משהאיש רוצה לישא אשה רוצה להנשא וכגון שנכתבו ביום א' שאין אדם קודם לחבירו שהיו ב' ב"ח הוו חולקים ועכשיו שהן אשה וב"ח נדחית האשה מלפניו וזו היא א' מקולי כתובה אבל אם קדמה האשה אפילו יום אחד היא קודמת לגבות. א"ל ר"פ לר"ח ודאי אמריתו משמיה דרבא האי מאן דמסקי ביה זוזי ואית ליה ארעא דא"ל זיל זבין והב לי' א"ל ההוא תולה מעותיו ביד גוי הוה הוא עשה שלא כהוגן לפיכך עשו לו שלא כהוגן פי' הלוה והמזיק אין דינן שוה דלגבי מזיק כתיב ישיב לרבות שו"כ ככסף ואפי' סובין ואם רוצה לסלק את הניזק נמי בקרקע יכול לסלקו כדאמרינן בריש ב"ק או שו"ב או מיטב וכל מטלטלי מיטב נינהו דאי לא מזדבן הכא מזדבן במתא אחריתי אבל אי בעי לאגבויי קרקע יהיב לי' מיטב כי היכי דליקפצו עלי' זבוני ואע"פ שיש זוזי למזיק יכול לסלקו או בקרקע או במטלטלין ולא מצי ניזק למימר ליה זיל זבין את מטלטלי והב לי אלא מסלקו בכל מטלטלי דיהיב לי' אפילו סובין וניזק שקיל להו וטרח ומזבין להו אבל ב"ח שהלוהו זוזי אינו כן דעבד לוה לאיש מלוה [illegible] לא מקלינן גביה אלא אמרינן ליה

תיזיל ותחלה לכתובתה דאמה לגבי אבוה ותהדר ותירתה מנה שמעה אזלה ואחילתה אמר ר"נ עשינו עצמינו כעורכי הדיינים מעיקרא מאי סבר ולבסוף מאי סבר מעיקרא סבר ומבשרך לא תתעלם ולבסוף סבר אדם חשוב שאני: אי קשיא כיון דקרובא הוה היכי אמר לה ניתנה עצה מעיקרא לעשות רשע ונמצא להפסיד הלוקחים י"ל איהו להרויח דידה קאתי ונזקא ממילא ומשום נזקא דאחריני לא שביק רווחא דקריבתא: ואי קשיא כיון דאמר לקמן דלמאן דדאין דינא דגרמי מגבי ביה דמי שטרא מעליא. ור"נ גופי' דאין דינא דגרמי הוא [דאיתא שם] [illegible] לקמיה דר"נ חייבי' לשלומי [illegible] וא"כ [illegible] ונתחייבה האי לשלם: תשובה האי קטנה היתה [illegible] שיוכל הלוקח להפרע ממנה [illegible] אביה היה בחיים [illegible] וכיון שמתנה בעלמא נתנה לבתו [illegible] שלא יהא רשות ללוקח לגבות ממנה [illegible] אבל לעולם אם היה נכסי לבת הי"נ דגבי לוקח מינה דר"נ דאין דינא דגרמי: גופא א"ש המוכר שטר חוב לחבירו וחזר ומחלו מחול ואפי' יורש מוחל

א"ר הונא בריה דר"י ואי פקח הוא מקרקש ליה בזוזי ונכתב שטרא בשמיה [illegible] קודם שיעשו קנוניא המלוה עם הלוה [illegible] ושוב לא יועיל להם הקנוניא: אמר אמימר מאן דדאין דינא דגרמי מגבי בי' דמי שטרא מעליא (וביאר הרב [illegible] חייב לשלם לו דמי כל השטר [illegible] הוי"ל מקח טעות שמכר לו שטר בטל בחזקת שהוא קיים ואינו חייב לשלם לו אלא הדמים שמכרו לו ולא יותר

עין משפט נר מצוה

לח א ב מיי' פ"ט מהל' גירושין הלכה ג טוש"ע אה"ע סימן קמו סעיף ב:

לט ג מיי' פ"ט מהל' שותפין הלכה א סמג עשין מח טוש"ע אה"ע סי' לז סעיף א ב וטוש"ע ח"מ סימן נג סעיף א:

מ ד מיי' שם הלכה ד סמג שם טוש"ע אה"ע שם סעיף א:

מא ה ו מיי' פט"ז מהל' אישות הלכה יט ופט"ו מהל' מלוה הלכה ז סמג עשין מח טוש"ע אה"ע סי' לח סעיף א ב וטוש"ע ח"מ סי' עא סעיף א וסעיף יז:

מב ז מיי' פט"ז מהל' אישות הלכה כ טוש"ע אה"ע שם סעיף ג ד וח"מ שם סעיף יז:

מג ח מיי' פ"ט מהל' שותפין הלכה ד סמג עשין מח ופב טוש"ע אה"ע סי' לח סעיף ד:

מכין אותו עד שתצא נפשו.§ בעא מיניה רמי בר חמא מרב חסדא: "הרי זה גיטיך, ולא תתגרשי בו אלא לאחר שלשים יום" והלכה והניחתו בצידי רשות הרבים, מהו? אמר ליה; אינה מגורשת, מדרב ושמואל. *דרב ושמואל דאמרי תרוייהו: והוא שצבורין ומונחין ברשות הרבים. וצידי רשות הרבים – כרשות הרבים דמו. אדרבה, מגורשת מדרב נחמן, דאמר רב נחמן אמר רבה בר אבוה: *האומר לחבירו "משוך פרה זו ולא תהיה קנויה לך עד לאחר שלשים יום" – קנה, ואפילו עומדת באגם. מאי לאו – היינו אגם, והיינו צידי רשות הרבים! לא, אגם לחוד, וצידי רשות הרבים לחוד. איכא דאמרי: אמר ליה: [א]מגורשת, מדרב נחמן, וצידי רשות הרבים – כאגם דמי. אדרבה, אינה מגורשת מדרב ושמואל, מאי לאו – היינו רשות הרבים והיינו צידי רשות הרבים! [ב]לא, רשות הרבים לחוד, וצידי רשות הרבים לחוד.§ **מתני'** [ג]המושיב את אשתו חנונית, או שמינה אפוטרופיא – הרי זה משביעה כל זמן שירצה. ר' אליעזר אומר: אפילו על פילכה ועל עיסתה.§ **גמ'** איבעיא להו: ר' אליעזר על ידי גלגול קאמר, או לכתחלה קאמר? ת"ש: אמרו לו לרבי אליעזר: א)אין אדם דר עם נחש בכפיפה. אי אמרת בשלמא לכתחלה – שפיר, אלא אי אמרת ע"י גלגול – מאי נפקא לה מינה? דאמרה ליה: כיון דקדייקת בתראי כולי האי – לא מצינא דאדור בהדך. ת"ש: הרי שלא פטר את אשתו מן הנדר ומן השבועה, והושיבה חנונית או שמינה אפוטרופיא – הרי זה משביעה כל זמן שירצה, [ד]לא הושיבה חנונית ולא מינה אפוטרופיא – אינו יכול להשביעה. רבי אליעזר אומר: אע"פ שלא הושיבה חנונית ולא מינה אפוטרופיא – הרי זה משביעה כל זמן שירצה, שאין לך אשה שלא נעשית אפוטרופיא שעה אחת בחיי בעלה על פילכה ועל עיסתה. אמרו לו: אין אדם דר עם נחש בכפיפה. שמע מינה: לכתחלה, שמע מינה.§ **מתני'** ב)[ה]כתב לה "נדר ושבועה אין לי עליך" – אין יכול להשביעה, [ו]אבל משביע הוא את יורשיה ואת הבאים ברשותה. [ז]"נדר ושבועה אין לי עליך ועל יורשיך ועל הבאים ברשותך" – אינו יכול להשביעה; לא היא, ולא יורשיה, ולא את הבאים ברשותה. ג)אבל יורשיו משביעין אותה, ואת יורשיה, ואת הבאים ברשותה. "נדר ושבועה אין לי ולא ליורשי ולא לבאים ברשותי, עליך ועל יורשיך ועל הבאים ברשותיך" – אינו יכול להשביעה, לא הוא ולא יורשיו ולא הבאים ברשותו, לא אותה ולא יורשיה, ולא הבאים ברשותה. [ח]הלכה מקבר בעלה לבית אביה, או שחזרה לבית חמיה ולא נעשית אפוטרופיא – אין היורשין משביעין אותה. ואם נעשית אפוטרופיא – היורשין משביעין אותה על העתיד לבא, ואין משביעין אותה על מה שעבר.§ **גמ'** שבועה מאי עבידתה? אמר רב יהודה אמר רב: על

א) [לעיל עב. וש"נ] ב) [לקמן פח: ע"ש] ג) שבועות מח.

רש"י

מכין אותו. קודם שעבר על העשה, ויש בידו לקיים. והלכה והניחתו כו'. ועודנו שם לאחר שלשים. והוא שצבורין. גבי מתניתין, דקתני: הקודש זכה. אלמא – רה"ר לא קני ליה לבעלים מידי, אלא א"כ מגביהו. הילכך, לאחר שלשים לאו ברשותה הוא דליהוי גירושין חיילי. צידי רה"ר. סמוך לכתלים, שאין דרך בני אדם לעבור שם ולהתחכך בכותלים. **מתני'** חנונית. למכור יינו ופירותיו בחנות. משביעה. שלא עיכבה בידה כלום. אפוטרופיא. להכניס ולהוציא פירותיו, ולשכור פועלים, ולישא וליתן. **גמ'** ע"י גלגול קאמר. דשמעיה לת"ק דאמר: משביעה על האפטרופסות, ולא על פילכה ועיסתה, ואפילו ע"י גלגול שבועת אפטרופסות. דכיון דשבועת אפטרופסות דרבנן, [דהא לא קטען ליה תובע טענת ברי, אלא רצוני שתשבע לי – לא מגלגלין על ידה] שבועה אחריתי. ואתא ר' אליעזר למימר: היכא דהושיבה חנונית, מיגו דמישתבעה אאפטרופסות – מישתבעה נמי על ידי גלגול על פילכה ועיסתה, דמגלגלין *מדרבנן (נ"ל בדרבנן). או לכתחלה קאמר. דאפי' לא מינה אפוטרופיא – משביעה על פלכה, שהרי אפוטרופסת היא. בכפיפה. בתוך קופה אחת. שפיר. דאמרה ליה: הואיל ומשבעת לי על פילכי – איני יכול לסבול קפדנותך. מאי נפקא לה מינה. הרי נתחייבת לו שבועה, ומה יקשה לה גלגול זה, אם לא עיכבה כלום? הואיל וקא דייקת בתראי. איך אוהב ומאמין אותי, ולא מצינא דאידור בהדך. הרי שלא פטר. שלא כתב לה "נדר ושבועה אין לי עליך". נדר. שנודרת לו: יאסרו עלי כל פירות שבעולם אם עיכבתי משלך כלום, כדאמר במסכת גיטין (דף לד:): נמנעו מלהשביעה, התקין ר"ג הזקן שתהא נודרת ליתומים כל מה שירצו, וגובה כתובתה. **מתני'** אינו יכול להשביעה. בגמ' מפרש מהי שבועה פטרה. אבל משביע הוא את יורשיה. אם גירשה ומתה, ויורשיה תובעין הימנו כתובתה – נשבעים שבועת יורשין המפורשת במסכת שבועות (דף מה.): שבועה שלא פקדתנו בשעת מיתה, ולא אמרה לנו קודם לכן, ולא מצאנו בין שטרותיה שטר כתובתה פרוע. ואת הבאים ברשותה. אם מכרה כתובתה לאחרים, ונתגרשה ומתה, והלקוחות תובעין אותו – נשבעין אף הן שבועת היורשין. אבל יורשיו משביעין אותה. אם נתאלמנה, והיא או יורשיה נפרעין מן היתומים – צריכים שבועה, שהרי לא פטרן אלא ממנו, אם תגבה כתובתה בחייו. לבאין ברשותי. אם אמכור נכסי, ואת באה ליפרע מלקוחות. הלכה מקבר בעלה כו'. זו שפטרה בעלה מן השבועה. והכי תני בהדיא בתוספתא – דאהך שפטרה קאי. לבית אביה. שלא נתעסקה שוב בנכסים. על העתיד לבא. על עסק שלאחר מיתה, שלא עיכבה בידה כלום. דהשתא נכסים דיתמי נינהו, ולא מהניא בהו פטור דידיה. על שעבר. על עסק שבחיי בעלה. **גמ'** שבועה מאי עבידתה. איזו שבועה סתם שאשה חייבת לבעלה או ליורשיו, דקתני: דכי לא פטרה – משביעה, וכי פטרה – אין משביעה.

תוספות

אינה מגורשת מדרב ושמואל. הרבה יש לתמוה: היכי פשיט מדרב ושמואל, דבעי למימר דלידי רה"ר כרה"ר? והא רמי בר חמא גופיה מיבעי ליה בלידי רה"ר מכלל דבהניחתו ברה"ר פשיטא ליה דאינה מגורשת וי"ל דדייק מסיפא דמילתיה דמדקאמר ובסימטא לא מהני תפיסה מכלל דבלידי רה"ר מהניא מיהו לאיכא דאמרי מדמה לידי רה"ר לסימטא. **וצידי** רה"ר כרה"ר דמו. תימה: דבריש "אלו נערות" (לעיל דף לא:) אמר: דלענין מיקנא – קני בלידי רה"ר. **אדרבה** מגורשת מדרב נחמן כו'. מדלא קאמר: אדרבה מגורשת מדרב ושמואל גופייהו, דאמרי בסימטא לא מהני תפיסה – מכלל דפשיטא ליה דסימטא עדיפא לענין קנין טפי מלידי רה"ר. אבל אגם ולידי רה"ר – בעי לדמויי אהדדי. אלמא לענין קנין, סימטא עדיף מאגם, וקשה לרשב"א: דלעיל בשילהי "האשה שנפלו" (דף פג.) אמר רבי יוחנן: האומר לחבירו "משוך פרה זו, ולא תיקני עד לאחר שלשים" – קנה, אפילו עומדת באגם. וא"כ, כל שכן אם היא עומדת בסימטא. והיכי אמר ר' יוחנן לעיל דתפיסה מהני בסימטא? דר' יוחנן ור' שמעון בן לקיש דאמרי תרוייהו: אפילו בסימטא!

האומר לחבירו משוך פרה זו כו'. בדאמר לו "מעכשיו" איירי, כדאוקי לעיל בסוף "האשה שנפלו" (דף פג.). וגבי גט נמי, דבעי רמי בר חמא – איירי נמי בדאמר "מעכשיו"; דאי לא אמר מעכשיו, כיון דאין הגירושין אלא לאחר שלשים – היה צריך שיהיה אז בחצירה. וקשה: דהיכי פשיט מדרב ושמואל? דהתם – מאי "מעכשיו" איכא? ונראה דהכי פשיט: כי היכי דהתם, אע"ג דמן הדין דמשעת מיתת האב הנכסים בחזקת יתומים בכל מקום שהם, אפ"ה אם הם ברשות הרבים – לא קנו יתמי, ה"נ – היכא דאמר לה "הרי זה גיטיך מעכשיו, ולא תתגרשי בו עד לאחר שלשים", דמן הדין יש לה לזכות בגט מיד לאחר ל' יום בכל מקום שהוא, אפילו הכי – ברה"ר אינה מגורשת. **רבי** אליעזר אומר על ידי גלגול. לא כפירוש שפירש הקונטרס: דת"ק סבר דאין מגלגלין בשבועה דרבנן. דהא בפ' "כל הנשבעין" (שבועות דף מח:) מסקינן דמגלגלין בדרבנן, וליכא מאן דפליג. אלא, טעמא דת"ק: דאמרה ליה "כיון דדייקת כולי האי – לא מצינא דאידור בהדך". ירושלמי: מאי טעמא דרבנן? אם אתה אומר כן – אין שלום בבית לעולם. שברה כלים, מאי את עביד לה – כשומרת חנם או כשומרת שכר? מסתברא, אפילו כשומרת חנם אינה. אם אין את אומר כן – אין שלום בבית לעולם. **נדר** ושבועה אין לי עליך ועל יורשיך. בירושלמי מפרש: כגון שנתן לה רשות לעשות יורשיה אפוטרופין. ואת הבאים ברשותך – צריך לפרש: שאר בני אדם, נכרים, שעשאתן אפוטרופין מחמת שנתן לה רשות. תימה: אמאי נקט נדר? דנדר לא שייך אלא באלמנה, כדמוכח ב"השולח" (גיטין לד:) דתיקן ר"ג שתהא נודרת כו', ו"עליך" לא שייך אלא בגרושה! ויש לומר: דאיידי דנקט בסמוך נדר גבי יורשין, נקט נמי ברישא. ומיהו, בגמ' לא שייך לשנויי הכי, דקתני בברייתא: נדר ושבועה, והתם לא מיירי ביורשים כלל. אלא

תוספות רי"ד

ליה טרח את וזבין למטלטלין דידך והב ליה זוזי דאיזפך. (בזו הסברא חולק הרב בפסקיו בפ' אבות נזיקין ואומר אי לית לי' ללוה זוזי ואית לי' מטלטלי מגבי' לי' מטלטלי ולא טרחי' לי' למכור מטלטלי ליתן לו זוזי אלא שמין לו מטלטלי כנגד חובו) ודוקא במטלטלי הוא דאמר הכי דאי לא מזדבין ליה הכא ממטי להו לדורתא אחריתי ומזבן להו ויהיב לי' דמי אבל קרקע לא דאי ל"ל זוזי ולא מטלטלי ואי ל"ל ארעא ל"א לזבון קרקע דידך והב לי' זוזי ללוה ובין שהוא דחוק למכור קרקע אם לא יזלזל הרבה בשווי א"י למכור הלכך אין כופין אותו למכור ולהפסיד כ"כ. אלא אם יודעים לב"ד ששמין קרקע בדמי הלוואה ויהבינן ליה למלוה ומסתלק בקרקע ומ"ה תמה ר"פ על ר"ח וא"ל בודאי הוא דבר זה שמשעתי דאמריתו משמי' דרבא דכייפין ללוה ואמרי' לי' זיל זבין את והוא השיבו דל"א הכי שאין זה מן הדין שנכוף את הלוה למכור אלא ב"ד שמין לו קרקע למלוה ומסתלק בקרקע וזה המעשה שמשעת דהו"ל מעות והיה תולה ביד עובד כוכבים שהי' אומר של עובד כוכבים הם והוא הלוה אותם שישתכר בהן למחצה לשליש או לרביע וה"ה כפוהו למכור קרקעו ולפרוע לו ולא גרסינן הוא עשה שלא כהוגן לפיכך עשו לו שלא כהוגן ובכל עשו לו שהרי הוי' לו זוזי והי' מבריחן מבע"ח ואי גרסי' לי' י"ל שאותו העובד כוכבים כפר ולקח מעותיו ע"פ שהודה ואמר כי הם של עובד כוכבים ונשאר עכשיו בלא זוזי ואעפ"כ כפו אותו למכור שמפני שמתחלה עשה שלא כהוגן ותלה אותן ביד עובד כוכבים להבריחם מבע"ח ועכשיו שנשאר בלא זוזי עשו לו חכמים נמי שלא כהוגן וכפוהו למכור קרקעו ויפרע למלוה. א"נ האי עשו לו שלא כהוגן לאו דוקא אלא ה"ק לי' מה שנראה לך שעשו לו שלא כהוגן מפני שהיה לו מעות ולעולם כדין וכהוגן עשו לו. א"ל ר"כ לר"פ לדידך דאמרת פריעת ב"ח מצוה אמר לא ניחא לי למיעבד מצוה מאי וכפ' שום היתומים אמר ר"פ פריעת ב"ח מצוה היא עליו לפרוע חובו ולאמת דבריו. דכתיב הן צדק הן שלך צדק ויתמי לאו בני מיעבד מצוה נינהו ואין נזקקין להן עד שיגדילו א"ל [תנינא] בד"א שלוקה מ' חסר א' במצות ל"ת אבל מצות עשה כגון שאומרים לו עשה סוכה ואינו עושה לולב ואינו עושה מכין אותו עד שתצא נפשו. וה"נ כייפי' ליה ללוה עד דעביד מצוה ופורע: **מתני'** המושיב אשתו חנונית או שמינה אפוטרופום ה"ז משביעה כ"ז שירצה דר"א אפילו על פלכה ועיסתה. פי' ת"ק סבר אם הושיבה חנונית למכור יינו או פירותיו או שעשאה אפוטרופסות על נכסיו להשכיר פועלים ולפורען ולישא וליתן ממונו אז הוא רשאי להשביעה כ"ז שירצה שלא גזלה ממנו כלום. ואע"פ שאינו טוען טענות ודאי אלא טענות ספק אני חושש שמא גזלתני כדתנן בשבועות ואלו נשבעין שלא בטענה. השותפים והאריסין והאפוטרופין והאשה הנו"נ בתוך הבית. ואמרי' התם מאי שלא בטענה. שלא בטענות ודאי אלא בט"ס אבל אם לא הושיבה חנונית ולא אפוטרופסות א"י להשביעה ור"א סבר אע"פ

וגובה כתובתה. א"י להשביעה בגמ' מסיק ששום שבועה א"י להשביעה בין אם עשאה אפוטרופיא [דהוא רמו] עליה בין אם היתה פוגמת כתובתה דתנן לקמן הפוגמת כתובתה ל"ת אלא בשבועה והשתא [דפטרה מן השבועה] שום שבועה א"י להשביעה ואם גירשה ובאה לגבות כתובתה ממנו תגבה בלא שבועה וה"ה [אם טוען עליה] פרעתיך שמן הדין היה להשביעה אע"פ ששטר כתובה קיימת כדאמר ר"פ בשבועות (מא) [האי מאן דאמר שטר] פרוע הוא משביעין ליה למלוה. הכא כיון דפטרה מן השבועה אי"ל אלא גובה בלא שבועה [אבל משבועה] הוא וכו'. פי' אע"פ שהתנה עם אשתו ופוטרה מן השבועה וזיכה לגבות ממנו כתובתה [בלא שבועה. אין] יורשי' והבאים ברשותה דהיינו אם מכרה כתובה לאחרים אין יכולים לומר לו אחרי שהתנית [עמה לגבות שתגבה] גם אנו הבאים מכחה נגבה ממך בלא שבועה כאשר התנית עמה שהוא א"ל לאשתי עשיתי זה [הכבוד שתגבה] ממני בלא שבועה אבל לכם איני חפץ לעשות כבוד זה ואין תנאי האשה מועיל לא ליורשי' [ולא ללקוחות הבאים] מכחה. אלא אם באין יורשי' לגבות כתובתה ממנו כגון שגירשה ולא הספיקה לגבות [כתובתה משמת] שמכרתה לאחרים ובאים לתובעו יכול הוא להשביען בכל ענין שנופלת עליהן שבועה [שאם אומר להם פרעתי] אתכם והן פוגמין כתובתן לא פרעתנו כ"א כך וכך נשבעין כדין הפוגם שטרו ואם טוענין [כי לא פרעתנו כלום נשבעין]

תוספות רי"ד

שלא עשאה אפוטרופיא הוא יכול להשביעה על פלכה שהוא מע"ש שלא גזלתה ועל עיסתה שהיא אופה לו הפת תניא הרי שלא פטר את אשתו מן הנדר ומן השבועה והושיבה חנונית או שמינה אפוטרופיא ה"ז משביעה כ"ז שירצה לא הושיבה חנונית ולא מינה אפוטרופיא אין יכול להשביעה ר"א אומר אע"פ שלא הושיבה חנונית ולא מינה אפוטרופיא משביעה כ"ז שירצה שאין לך אשה שלא נעשה אפוטרופיא שעה א' בחיי בעלה על פלכה ועיסתה. א"ל אין אדם דר עם נחש בכפיפה ואין הל' כר' אליעזר דקי"ל יחיד ורבים הלכה כרבים. (ופי' הרב שאע"פ שא"י להשביעה על פ"ו אם משביע' על האפוטרופ' ועל החנונית יכול לגלגל עלי' גם על פ"ו) ירושלמי שברה כלים מה את עבדת לה כש"ח או כש"ש אמרת מסתברא אפי' כש"ח [אינה] אם כך אין אתה אומר אין שלום לעולם בבית: **מתני'** כתב לה נדר ושבועה א"ל עליך א"י להשביעה אבל משביע הוא את יורשי' ואת הבאים ברשותה נדר ושבועה א"ל עליך ועל יורשיך ועל הבאים ברשותך א"י להשביעה לא את יורשי' ולא הבאים ברשותה אבל יורשין משביעין אותה ואת יורשיה ואת הבאים ברשותה נדר ושבועה א"ל עליך ולא ליורשי' ולא לבאים ברשותי עליך ועל יורשיך ועל הבאים ברשותך א"י להשביעה לא הוא ולא יורשיו ולא הבאים ברשותו לא אותה ולא יורשיה ולא הבאים ברשותה. הלכה מקבר בעלה לבית אביה או שחזרה לבית חמיה ולא נעשית אפוטרופיא אין היורשין משביעין אותה ואם נעשית [אפוטרופיא] היורשים משביעים אות' לעתיד לבא ואין משביעין אותה לשעבר: כתב לה נדר שנודרת וכו'. פי' נדר שנודרת יאסרו עלי כל פירות שבעולם אם עכבתי משלך כלום כדאמרינן במסכת גיטין (בהניזקין) [בהשולח] נמנעו מלהשביעה התקין ר"ג הזקן שתהא נודרת ליתומים כל מה שירצו

מסורת הש"ס

לעיל פד: [פה.]

נ"י כ"י

לעיל פב. [ע"ש]

עַל אַפּוֹטְרוֹפְּיָא שֶׁנַּעֲשֵׂית בְּחַיֵּי בַעְלָהּ. ר"נ אָמַר רַבָּה בַּר אֲבוּהּ: עַל הַפּוֹגֶמֶת כְּתוּבָּתָהּ. אֲזַל רַב מָרְדְּכַי אֲמָרָהּ לִשְׁמַעְתָּא קַמֵּיהּ דְּרַב אַשִׁי: בִּשְׁלָמָא לְמ"ד עַל הַפּוֹגֶמֶת כְּתוּבָּתָהּ – דְּמַסְּקָא אַדַּעְתָּהּ: דִּלְמָא מִצְטָרְכֵי לִי זוּזֵי, וְשָׁקֵילְנָא מִכְּתוּבַּתַאי, וְא"ל "כְּתוֹב לִי דְּלָא מַשְׁבַּעַתְּ לִי". אֶלָּא לְמ"ד עַל אַפּוֹטְרוֹפְּיָא שֶׁנַּעֲשֵׂית בְּחַיֵּי בַעְלָהּ – אִיהִי, מִי הֲוַת יָדְעָה דְּמוֹתִיב לָהּ אַפּוֹטְרוֹפְּיָא, דְּאָמְרָה לֵיהּ "כְּתוֹב לִי דְּלָא מַשְׁבַּעַתְּ לִי"? א"ל: אַתּוּן אַהָא מַתְנִיתוּ לָהּ אֲנַן אַהָא מַתְנִיתַּן לָהּ: הָלְכָה מְקַבֵּר בַּעְלָהּ לְבֵית אָבִיהָ אוֹ שֶׁחָזְרָה לְבֵית חָמִיהָ וְלֹא נַעֲשֵׂית אַפּוֹטְרוֹפְּיָא – אֵין הַיּוֹרְשִׁין מַשְׁבִּיעִין אוֹתָהּ, וְאִם נַעֲשֵׂית אַפּוֹטְרוֹפְּיָא – יוֹרְשִׁין מַשְׁבִּיעִין אוֹתָהּ עַל הֶעָתִיד לָבֹא, וְאֵין מַשְׁבִּיעִין אוֹתָהּ עַל שֶׁעָבַר. שֶׁעָבַר מַאי עֲבִידְתֵּיהּ? א"ר יְהוּדָה אָמַר רַב: עַל אַפּוֹטְרוֹפְּיָא שֶׁנַּעֲשֵׂית בְּחַיֵּי הַבַּעַל. אֲבָל בֵּין מִיתָה לִקְבוּרָה מַשְׁבְּעִינַן לָהּ. [א]וְרַב מַתָּנָא אָמַר: אֲפִילּוּ בֵּין מִיתָה לִקְבוּרָה לָא מַשְׁבְּעִינַן לָהּ. [ב]דְּאָמְרֵי *נְהַרְדְּעֵי: לְכַרְגָּא וְלִמְזוֹנֵי וְלִקְבוּרָה מְזַבְּנִינַן בְּלָא אַכְרַזְתָּא. אָמַר רַבָּה א"ר חִיָּיא: "דְּלָא נֶדֶר וּדְלָא שְׁבוּעָה" – הוּא אֵינוֹ יָכוֹל לְהַשְׁבִּיעָהּ, אֲבָל יוֹרְשִׁין מַשְׁבִּיעִין אוֹתָהּ. "נָקִי נֶדֶר נָקִי שְׁבוּעָה" – בֵּין הוּא וּבֵין יוֹרְשִׁין אֵין מַשְׁבִּיעִין אוֹתָהּ, ה"ק לָהּ: מְנַקִּית מִשְּׁבוּעֲתָא. וְרַב יוֹסֵף אָמַר רַבִּי חִיָּיא: "דְּלָא נֶדֶר וּדְלָא שְׁבוּעָה" – הוּא אֵינוֹ יָכוֹל לְהַשְׁבִּיעָהּ, אֲבָל יוֹרְשִׁין מַשְׁבִּיעִין אוֹתָהּ. "נָקִי נֶדֶר נָקִי שְׁבוּעָה" – בֵּין הוּא וּבֵין יוֹרְשִׁין מַשְׁבִּיעִין אוֹתָהּ, ה"ק לָהּ: נַקִּי נַפְשָׁךְ בִּשְׁבוּעֲתָא. שָׁלַח ר' זַכַּאי לְמָר עוּקְבָא: בֵּין "דְּלָא שְׁבוּעָה" בֵּין "דְּנָקִי שְׁבוּעָה" בֵּין "דְּלָא נֶדֶר" וּבֵין "דְּנָקִי נֶדֶר"; (א)"בִּנְכָסַי" – הוּא אֵינוֹ יָכוֹל לְהַשְׁבִּיעָהּ, אֲבָל יוֹרְשִׁין מַשְׁבִּיעִין אוֹתָהּ, "מִנִּכְסַיָּא אִילֵּין" – בֵּין הוּא וּבֵין יוֹרְשָׁיו אֵין מַשְׁבִּיעִין אוֹתָהּ. אָמַר רַב נַחְמָן אָמַר שְׁמוּאֵל מִשּׁוּם [א]אַבָּא שָׁאוּל בֶּן אִימָּא מִרְיָם: בֵּין "דְּלָא שְׁבוּעָה" בֵּין "דְּנָקִי שְׁבוּעָה" בֵּין "דְּלָא נֶדֶר" וּבֵין "דְּנָקִי נֶדֶר" בֵּין "מִנְּכָסַי" וּבֵין "מִנִּכְסַיָּא אִילֵּין" – בֵּין הוּא וּבֵין יוֹרְשָׁיו אֵין מַשְׁבִּיעִין אוֹתָהּ, אֲבָל מָה אֶעֱשֶׂה, שֶׁהֲרֵי [ב]אָמְרוּ חֲכָמִים: הַבָּא לִיפָּרַע מִנִּכְסֵי יְתוֹמִים לֹא יִפָּרַע אֶלָּא בִּשְׁבוּעָה. וְאִיכָּא דְּאָמְרֵי לָהּ מַתְנִיתָא: אַבָּא שָׁאוּל בֶּן אִימָּא מִרְיָם אוֹמֵר: בֵּין "דְּלָא שְׁבוּעָה" בֵּין "דְּנָקִי שְׁבוּעָה" בֵּין "דְּלָא נֶדֶר" וּבֵין "נָקִי נֶדֶר" בֵּין "מִנְּכָסַי" וּבֵין "מִנִּכְסַיָּא אִילֵּין" – בֵּין הוּא וּבֵין יוֹרְשָׁיו אֵין מַשְׁבִּיעִין אוֹתָהּ, אֲבָל מָה אֶעֱשֶׂה שֶׁהֲרֵי אָמְרוּ חֲכָמִים הַבָּא לִיפָּרַע מִנִּכְסֵי יְתוֹמִים לֹא יִפָּרַע אֶלָּא בִּשְׁבוּעָה. (דף מח.) אָמַר רַב נַחְמָן אָמַר שְׁמוּאֵל: [ג]הֲלָכָה כְּבֶן אִימָּא מִרְיָם.§

מתני' [ג]הַפּוֹגֶמֶת כְּתוּבָּתָהּ – לֹא תִפָּרַע אֶלָּא בִּשְׁבוּעָה, עֵד אֶחָד מְעִידָהּ שֶׁהִיא פְּרוּעָה – לֹא תִפָּרַע אֶלָּא בִּשְׁבוּעָה. (ב)מִנִּכְסֵי יְתוֹמִים, וּמִנְּכָסִים מְשׁוּעְבָּדִים, [ד]וְשֶׁלֹּא בְּפָנָיו – לֹא תִפָּרַע אֶלָּא בִּשְׁבוּעָה. [ד]הַפּוֹגֶמֶת כְּתוּבָּתָהּ כֵּיצַד? הָיְתָה כְּתוּבָּתָהּ אֶלֶף זוּז, וְאָמַר לָהּ: הִתְקַבַּלְתְּ כְּתוּבָּתֵיךְ, וְהִיא אוֹמֶרֶת: לֹא הִתְקַבַּלְתִּי אֶלָּא מָנֶה – לֹא תִפָּרַע אֶלָּא בִּשְׁבוּעָה. [ה]עֵד אֶחָד מְעִידָהּ שֶׁהִיא פְרוּעָה כֵּיצַד? הָיְתָה כְּתוּבָּתָהּ אֶלֶף זוּז, וְאָמַר לָהּ: הִתְקַבַּלְתְּ כְּתוּבָּתֵיךְ, וְהִיא אוֹמֶרֶת: לֹא הִתְקַבַּלְתִּי, וְעֵד אֶחָד מְעִידָהּ שֶׁהִיא פְרוּעָה – לֹא תִפָּרַע אֶלָּא בִּשְׁבוּעָה. [ו]מִנְּכָסִים מְשׁוּעְבָּדִים כֵּיצַד? מָכַר (ג)נְכָסָיו לַאֲחֵרִים, וְהִיא נִפְרַעַת מִן הַלָּקוֹחוֹת – לֹא תִפָּרַע אֶלָּא בִּשְׁבוּעָה. [ז]מִנִּכְסֵי יְתוֹמִים כֵּיצַד? מֵת וְהִנִּיחַ נְכָסָיו לִיתוֹמִים, וְהִיא נִפְרַעַת מִן הַיְתוֹמִים – לֹא תִפָּרַע אֶלָּא בִּשְׁבוּעָה. [ח]וְשֶׁלֹּא בְּפָנָיו כֵּיצַד? הָלַךְ לוֹ לִמְדִינַת הַיָּם, וְהִיא נִפְרַעַת שֶׁלֹּא בְּפָנָיו – אֵינָהּ נִפְרַעַת אֶלָּא בִּשְׁבוּעָה.

רַבִּי

רש"י

על אפוטרופיא. פוטרה בכתיבה זאת משבועת אפוטרופוס, אם יושיבנה חנוונית. אבל אם פגמה כתובתה, דתנן במתני': הפוגמת כתובתה לא תפרע אלא בשבועה – לא נפטרה מאותה שבועה ע"י תנאי זה. דכי פטר לה משבועה דקא רמי הוא עלה, אבל שבועה דהיא גרמה לנפשה – לא פטר לה. **על הפוגמת.** וכ"ש משבועת אפוטרופיא, דמכל שבועה פטרה. **אמרה לשמעתא.** הך אתקפתא: בשלמא למ"ד כו' אותביה קמיה דרב אשי. **כתוב לי דלא משבעת לי.** ומיגו דרמיא אנפשה – תבעה ליה פטור כל שבועות. **אתון אהא מתניתו.** להא דרב יהודה, ארישא דמתניתין דלא פריש בה בהי שבועה איירי, ואפלוגתיה דר"נ, וסבריתו דרב יהודה אדר"נ פליג, וקשיא לכו. **אנן.** אסיפא דמתני' מתנינן לה, דמיירי בשבועת אפוטרופין בהדיא, דקתני: ואם נעשית אפוטרופיא. ודר"נ לאו אפלוגתא דרב יהודה אתמר, אלא אפירושא דרישא אתמר. ורב מתנא פליג אדרב יהודה בסיפא בהי אפוטרופוס קאמר לשעבר, אבל בפוגמת – כולהו מודו דפטרה, דשבועה הבאה לה ע"י נכסיו היא. **שעבר מאי עבידתיה.** כלומר, עד מתי קרוי לשעבר, דלא אמרינן נכסי דיתמי נינהו, ואין תנאי שלו מועיל בהן. **אבל בין מיתה לקבורה.** כבר רמו נכסי קמי יתמי, ואין תנאי שלו מועיל בהן, שלא ע"י נכסיו באה לה. **לכרגא.** לפרוע למלך כסף גולגלתא דיתמי. **ולמזוני.** מזון האשה והבנות והיתומים. **ולקבורה.** לקבורת המת או היתומים. **מזבנינן.** נכסי דיתמי בלא אכרזתא. שאין שהות ומתון לדבר. וה"נ לא משבעינן על אותה מכירה, דא"א שלא תזלזל ותפסידתן, ונמצאת שבועת שקר. **דלא נדר דלא שבועה.** אם כתב לה לשון זה. **נקי נדר.** מנקית משבועתא – מדין שבועה. **נקי נפשך בשבועתא.** אם יחשדוך – השבעי להם. **אבל מה אעשה.** דלעולם יורשין משביעין אותה אם מת הוא, והיא נפרעת מהם. **ואיכא דאמרי לה.** להא דאבא שאול בן אימא מרים מתניתא, [ולא אמרו לה בלשון שמעתא דאמורא, כדאמרן דאמר שמואל משום אבא שאול, אלא מתניתא] היא, ואמר שמואל עלה הלכה כאבא שאול. **מתני' הפוגמת כתובתה.** כדמפרש ואזיל במתניתין גופה. **לא תפרע.** השאר. ובגמ' מפרש טעמא. **עד אחד מעידה כו'.** בגמרא מפרש טעמא. **מנכסים משועבדים.** משום דאי הוה גבי מן הלוה גופיה, והוה טעין לוה אשתבע לי דלא פרעתיך – אמרינן בשבועות *דמשבעינן ליה (דף מח.), ואי לא טעין – לא טענינן ליה, הואיל ונקיט שטרא. אבל בשביל לקוחות – אנן טענינן: דלמא אי הוה גבית מן הלוה – הוה טעין לך אישתבע לי דלא פרעתיך, ובעית אישתבועי. השתא אנן טענינן, ד"פתח פיך לאלם" הוא. ומנכסי יתומים, ונפרעת שלא בפניו – כולהו משום האי טעמא.

ר"ש

תוספות

אלא למ"ד כו' איהי מי הות ידעה דמותיב לה אפוטרופיא. ואין להקשות: דלדידיה איכא לאוקמי מתניתין כשהיא כבר אפוטרופיא, ולכך היא תובעת מן הבעל לפוטרה – דמאי דוחקין לאוקמא מתני' בשבועת אפוטרופיא, ולומר דלא איירי מתני' בכל ענין, אפילו לא נעשית עדיין אפוטרופיא. דסתמא דמילתא – שכתב לה בשעה שכונסה. **לכרגא** ולמזוני. פי' בקונטרס: לכרגא של יתומים. וקשה: דמשמע הא לשאר צרכי היתומין – מכריזין. והא ליתא: מדפריך בריש פרק "שום היתומין" (ערכין כב. ושם) למ"ד אין נזקקין לנכסי יתומין אלא לשטר שיש בו רבית, מן המשנה ד"שום היתומין ל' יום ומכריזין כו'". דלמא ההיא הכרזה לא לפרוע לבעל חוב, אלא כשמוכרים לשאר צרכי יתומין! לכך נראה לפרש: לכרגא – של אשה, לפרוע כסף גולגולת שלה, כמו שהיה הבעל עושה, דבכלל מזוני הוא. [**אפי'** בין מיתה לקבורה. מה שפי' בקונטרס: שלא זלזלה – אין נראה, דמ"מ תשבע שלא עיכבה משלהם בידה! אלא כמו שמפרש בירושלמי: שלא תניח מת מוטל ותלך לבית אביה. והשתא נמי שפיר דמייתי לכרגא ולמזוני ולקבורה, דמזבנינן בלא אכרזתא משום כבוד המת]. **ולקבורה.** הא לא אצטריך למימר שלא יניח אביהן מוטל בבזיון עד שישומו ויכריזו אלא, אם לוו לצורך קבורה – מזבנינן לצורך זה החוב בלא הכרזה – שלא תהא מכשילו לעתיד. **מנכסי** יתומים לא תפרע אלא בשבועה. תימה: אמאי לא הקשה מהך משנה למ"ד בריש פרק "שום היתומים" (ערכין כב. ושם): אין נזקקין לנכסי יתומים אא"כ רבית אוכלת בהן. דהך לא הוה מצי לאוקמה כגון שיש רבית, כדמשני אההיא דאין נפרעין מנכסי יתומים אלא מן הזיבורית, ואטובא דמייתי התם! וליכא למימר דהך דהכא איכא לאוקמה ביתומים גדולים. דא"כ ההיא ד"אין נפרעין אלא מן הזיבורית" – אמאי לא מוקי לה דוקא בגדולים? אלא ודאי ס"ל להתלמוד דבכל ענין איירי! ואומר ר"י: דודאי דהך דהכא הוה מוקי לה בגדולים דוקא, אבל ההיא ד"אין נפרעין אלא מן הזיבורית" – לא ניחא לי' לאוקמה בגדולי', דלא נפשוט הא דבעי עלה ב"הניזקין" (גיטין נ.): יתומים שאמרו דאין נפרעין אלא מן הזיבורית – קטנים או אפילו גדולים. **מקשים,** הא דתנן ב"השולח" (גיטין דף לד: ושם): אין אלמנה נפרעת מנכסי יתומים אלא בשבועה. ופריך: מאי איריא אלמנה כו'. ומשני: דאלמנה אצטריך ליה, משום חינא. והשתא אמאי אצטריך למיתני? הא תנינא לה הכא! ולעיל (דף פד.) נמי גבי היה עליו כתובת אשה ובע"ח; תנן: שכולן צריכין שבועה! וי"ל: דאצטריך למיתני התם, דלא תוקמה מתניתין דהכא בגרושה. אבל באלמנה – לא תבעי שבועה משום חינא. ואע"ג דגרושה בעיא נמי חן, כדאמר לקמן בפרק "אלמנה" (דף נז:) – מ"מ לא בעיא חן כמו אלמנה. והא לא תקשי מתניתין דהכא: אמאי אצטריך למתני – דהכא תנא לה בהדי הנך דאין נפרעין אלא בשבועה.

אמר

עין משפט נר מצוה

מד א מיי' פ"ט מהל' שותפין הלכה ד טוש"ע אה"ע סימן לח סעיף ה:

מה ב מיי' פי"ב מהל' אישות הלכה ט"ז ופי"ח הלכה כ ופי"ב מהל' מלוה הל' יא סמג עשין מח ולד ול' טוש"ע אה"ע סי' ע סעיף ה וסי' לג סעיף כה וסי' קד סעיף ג וסי' קיב סעיף ו טוש"ע ח"מ סי' קט סעיף ג:

מו ג מיי' פי"ח מהל' אישות הלכה יט טוש"ע אה"ע סימן לח סעיף ו:

מז ד מיי' פט"ז שם הל' יד ופי"ד מהל' מלוה הלכה א סמג עשין מח ולד טוש"ע אה"ע סי' ט סעיף ז וטוש"ע ח"מ סי' פד סעיף א:

מח ה מיי' שם ופט"ז מהל' אישות הלכה טו טוש"ע אה"ע שם סעיף ח וח"מ שם סעיף ה:

מט ו מיי' פט"ז מהל' אישות הל' כ ופכ"ב מהלכות מלוה הלכה י טוש"ע אה"ע שם סעיף ט וח"מ סי' לח סעיף ט וסי' קיד סעיף ד:

נ ז מיי' פט"ז מהל' אישות הל' יט ופי"ד מהל' מלוה הלכה א סמג שם טוש"ע אה"ע שם סעיף א וטוש"ע ח"מ סי' קח סעיף ג וי"ז:

נא ח מיי' פט"ז מהל' אישות הלכה טז ופי"ג מהל' מלוה הל' א ופי"ד שם הל' א סמג שם טוש"ע אה"ע שם סעיף י וטוש"ע ח"מ סי' קו סעיף א:

מסורת הש"ס

לקמן ק: גיטין נב: ב"מ קח:

הגהות הב"ח

(א) גמ' ר' זכאי למר עוקבא וכו' ובין דנקי נדר מנכסי: (ב) שם עד א' מעידה שהיא פרועה לא תפרע אלא בשבועה מנכסים משועבדים ומנכסי יתומים והנפרעת שלא בפניו לא כצ"ל: (ג) שם כולל מכר כל נכסיו:

תוספות רי"ד

נשבעין כדין דר"פ. ואם טוען עליהם כי פרעתי אתכם או אמכם גזלתני כשמיניתוה אפוטרופוס על נכסי נשבעים לו שבועת היורשים שלא פקדנו בשעת מיתתה ולא אמרה לנו מקודם לכן ולא מצאנו בין שטרותי' ששטר כתובת' פרוע וגם הלקוחות נשבעין כמו כן שלא פקדנו ולא אמרה לנו ששטר כתובתה פרוע או שגזלה אותך: נדר ושבועה אין לי עליך ועל יורשיך וכו'. פי' אע"פ שהתנה עם אשתו ופטרה מן השבועה וגם פטר יורשי' והבאים ברשותה התנאי הזה אינו מועיל אלא כשבאים לגבות ממנו אבל אם מת הוא ונפלו נכסיו לפני היורשים והיא באה לגבות כתובתה מן היורשין אין תנאי אביהן מועיל לה ולא מציא למימר אתם מכח אביכם באים והרי אביכון פטרני וכמו שלא הי' הוא רשאי להשביעני כך אין אתם רשאין להשביעני אלא אומרים לה תנאי הזה לא הועיל אלא כשהיו הנכסים בידו אבל עכשיו שבאו ברשותנו אינו מועיל תנאי אלא אנו יכולים להשביעך שלא פרעך אבינו כדין כל אלמנה הבאה ליפרע מנכסי יתומים ואם היתה אפוטרופא בנכסי בעלה יכולים להשביעה שלא גזלה את אביהן באותו האפוטרופסות וכ"ש אם טוענים עליה שפרענוך שחייבת לשבע וכן אם מתה היא ולא הספיקה לגבות כתובה מהן ובאים יורשיה לגבות מהן משביעין אותם שבועת היורשין שלא פקדנו אמנו. ובפ' כל הנשבעין (דף מח) מקשה תלמודא מהכא למ"ד אין אדם מוריש שבועה (לבניי) [לבניו]. פי' ממון שנתחייב עלי' שבועה ולא הספיק לישבע ומת אינו מורישו לבניו כיון שנתחייב לישבע ובניו אינם יכולים לישבע אותו השבועה שנתחייב בה אבוהון. והכא קתני דיורשיו משביעין אותה ואת יורשיה דאלמא יורשי האלמנה גובין מיורשי הבעל ואע"פ שלא נשבעה והיא כבר נתחייבה שבועה כדין כל הבא ליפרע מנכסי יורשים ומשני לה לצדדין קתני דיורשין משביעין אותה קאי באלמנה ואת יורשי' לא קאי אלא אגרושה ומתה היא ואח"כ מת בעלה שלא נתחייבה שבועה מעולם עכשיו נשבעים יורשי' שבועת היורשים לא קאי אאלמנה וכן נמי אם יורשי הבעל טוענין על יורשי האשה שפרענו אתכם הן נשבעים כדין ר"פ. ואין נפטרין בעבור

התנאי שעשה להן הבעל. וכן נמי הלקוחות שבאים מכחה נשבעים שלא פקדתנו כדין היורשים של אשה. כתב לה נדר ושבועה אין לי עליך וכו'. פי' כיון שהתנה לה בפירוש תנאו קיים לה וליורשיה ולבאים ברשותה וגם על יורשיו ועל ה"ב אם מכר נכסיו לאחרים גובים מהלקוחות בלא שבועה כפי תנאו (דעת הרי"ף והרמב"ם ז"ל בפ' ט"ז מהל' אישות שאין נאמנות מועיל לגבי לקוחות ועי' במ"מ שכתב שיש חולקין ודעתם כדעת רבינו דלקוחות אינהו דאפסידו נפשייהו כשלקחו אחר החוב והנאמנות): הלכה מקבר בעלה לבית אבי'. פי' זו שפטרה בעלה מן השבועה ממנו ומיורשיו ולא נתעסקה בנכסי בעלה או שחזרה לבית חמיה ולא נעשית אפוטרופא על הנכסים אין היורשים משביעין אותה על האפוטרופא של אביהן ולא על שום שבועה כדפרישנא לעיל אלא גובה כתובתה בלא שבועה. ואם נעשית אפוטרופא על נכסים היורשים משביעים אותה על האפוטרופסות של אביהן ולא על שום שבועה כדפרישי' לעיל ואם נעשית אפוטרופ' על הנכסים לאחר מיתת בעלה היורשים משביעי' אותה על העתיד ולא לשעבר. פי' על מה שנעשית אפוטרופוס על היתומים לאחר מיתת בעלה שאין תנאי אביהם מועיל אלא על נכסיו ולא על האפוטרופא שנעשית בנכסי היתומים אבל על האפוטרופסות שעבר אין יכולים להשביעה. ומהכא מוכח שגם היתומים י"ל על אפוטרופ' שנעשית בנכסיהם אבל לא על פלכה ועיסתה ועל נכסי הבית שדין היתומים כדין הבעל: ואמרי' לשעבר מאי עבידתיה. פי' עד מתי נקרא שעבר דלא אמרי' נכסי דיתמי נינהו ואין תנאי יועיל בהן שהרי לא ע"י נכסיו באה לו אמר רב על אפוטרופא שנעשית בחיי בעלה אבל בין מיתה לקבורה משביעין אותה פי' דכבר נכסי קמי יתמי רמו ואין תנאי מועיל בהן כלום. ואם נתעסקה למכור נכסים בעבור קבורתו יכולים להשביעה ור"מ אמר אפילו בין מיתה לקבורה נמי לא משבעי' לה דאמרי נהרדעא לכרגא למזוני ולקבורה מזבנינן בלא אכרזותא. פי' לפרוע למלך כס גלגולת של יתומים או למזונות האשה והבנות המוטלת על היתומים ולקבורת אביהן או אחד מן היתומים מוכרים נכסיהם בלא הכרזה לפי שאין שהות בדבר ואהכי לא משביעין לה על אותה מכירה שא"א שלא תזלזל במכירתן ונמצאת שבועת שקר. א"נ אי משבעת לה מימנעא ולא מזבנא.

ונמצא

א) [לקמן פח:] ב) [גיטין לד: ב"ב ה: לג. ועי' תוס' ב"ב ה: ד"ה אע"ג] ג) שבועות מה. ד) שם מה. ערכין כב:

ר' שִׁמְעוֹן אוֹמֵר: כָּל זְמַן שֶׁהִיא תּוֹבַעַת כְּתוּבָּתָהּ – הַיּוֹרְשִׁין מַשְׁבִּיעִין אוֹתָהּ, וְאִם אֵינָהּ תּוֹבַעַת כְּתוּבָּתָהּ – אֵין הַיּוֹרְשִׁין מַשְׁבִּיעִין אוֹתָהּ.§ **גמ'** סָבַר רָמִי בַּר חָמָא לְמֵימַר: שְׁבוּעָה דְּאוֹרַיְיתָא, דְּקָא טָעֵין מָאתַיִם וְקָא מוֹדֶה לֵיהּ בְּמֵאָה, הָוְיָא לֵיהּ הוֹדָאָה בְּמִקְצָת הַטַּעֲנָה, [א]וְכָל הַמּוֹדֶה בְּמִקְצָת הַטַּעֲנָה – יִשָּׁבַע. אָמַר רָבָא: שְׁתֵּי תְּשׁוּבוֹת בַּדָּבָר; חֲדָא: *דְּכָל הַנִּשְׁבָּעִין שֶׁבַּתּוֹרָה – נִשְׁבָּעִין וְלֹא מְשַׁלְּמִין, וְהִיא – נִשְׁבַּעַת וְנוֹטֶלֶת. [שבועות מה:] וְעוֹד: *[ב]אֵין נִשְׁבָּעִין עַל כְּפִירַת שִׁעְבּוּד קַרְקָעוֹת. אֶלָּא אָמַר רָבָא: [ג]מִדְּרַבָּנַן; דְּפָרַע – דָּיֵיק, דְּמִיפְּרַע – לָא דָּיֵיק, וְרָמוּ רַבָּנַן שְׁבוּעָה עֲלָהּ כִּי הֵיכִי דְּתֵידוּק. אִיבַּעְיָא לְהוּ: פּוֹגֶמֶת כְּתוּבָּתָהּ בְּעֵדִים מַהוּ? אִם אִיתָא דִּפְרָעָהּ – בְּעֵדִים הֲוָה פָּרַע לָהּ, [ד]אוֹ דִּלְמָא – אִיתְרַמּוּיֵי אִיתְרְמִי לֵיהּ? ת"ש: *[ה]כָּל הַנִּשְׁבָּעִין שֶׁבַּתּוֹרָה – נִשְׁבָּעִין וְלֹא מְשַׁלְּמִין. *וְאֵלּוּ נִשְׁבָּעִין וְנוֹטְלִין: [ו]הַשָּׂכִיר, [ז]וְהַנִּגְזָל, [ח]וְהַנֶּחְבָּל, [ט]וְשֶׁכְּנֶגְדּוֹ חָשׁוּד עַל הַשְּׁבוּעָה, [י]וְחֶנְוָנִי עַל פִּנְקָסוֹ, *וְהַפּוֹגֵם שְׁטָרוֹ שֶׁלֹּא בְּעֵדִים. שֶׁלֹּא בְּעֵדִים – אִין, בְּעֵדִים – לָא! לָא מִיבַּעְיָא קָאָמַר: לָא מִיבַּעְיָא בְּעֵדִים – דְּוַדַּאי צְרִיכָה שְׁבוּעָה, אֲבָל שֶׁלֹּא בְּעֵדִים – אֵימָא תֶּיהֱוֵי כְּמֵשִׁיב אֲבֵידָה וְתִשְׁקוֹל בְּלָא שְׁבוּעָה, קמ"ל. אִיבַּעְיָא לְהוּ: הַפּוֹגֶמֶת כְּתוּבָּתָהּ פָּחוֹת מִשָּׁוֶה פְּרוּטָה, מַהוּ? מִי אָמְרִינַן: כֵּיוָן דְּקָא דָּיְיקָא כּוּלֵּי הַאי – קוּשְׁטָא קָא אָמְרָה, [כ]אוֹ דִּלְמָא אִיעֲרוּמֵי קָא מַעַרְמָא? תֵּיקוּ. אִיבַּעְיָא לְהוּ: פּוֹחֶתֶת כְּתוּבָּתָהּ מַהוּ? מִי אָמְרִינַן – הַיְינוּ פּוֹגֶמֶת, אוֹ דִּלְמָא: פּוֹגֶמֶת – מוֹדְיָא בְּמִקְצָת, הָא – לָא קָא מוֹדְיָא בְּמִקְצָת? ת"ש: [ל]פּוֹחֶתֶת – תִּפָּרַע שֶׁלֹּא בִּשְׁבוּעָה. כֵּיצַד? הָיְתָה כְּתוּבָּתָהּ אֶלֶף זוּז, וְאָמַר לָהּ: הִתְקַבַּלְתְּ כְּתוּבָּתֵיךְ, וְהִיא אוֹמֶרֶת: לֹא הִתְקַבַּלְתִּי, וְאֵינָהּ אֶלָּא מָנֶה – נִפְרַעַת שֶׁלֹּא בִּשְׁבוּעָה. בְּמַאי גָּבְיָא – בְּהַאי שְׁטָרָא? הַאי שְׁטָרָא חַסְפָּא בְּעָלְמָא הוּא! [מ]אָמַר רָבָא בְּרֵיהּ דְּרַבָּה: בְּאוֹמֶרֶת "אֲמָנָה הָיְתָה לִי בֵּינִי לְבֵינוֹ".§ עֵד אֶחָד מְעִידָהּ שֶׁהִיא פְּרוּעָה.§ סָבַר רָמִי בַּר חָמָא לְמֵימַר: שְׁבוּעָה דְּאוֹרַיְיתָא, דִּכְתִיב: °"לֹא יָקוּם עֵד אֶחָד בְּאִישׁ לְכָל עָוֹן וּלְכָל חַטָּאת", [נ]לְכָל עָוֹן וּלְכָל חַטָּאת – הוּא דְּאֵינוֹ קָם, אֲבָל קָם הוּא לִשְׁבוּעָה. [א)]וְאָמַר מָר: כָּל מָקוֹם שֶׁהַשְּׁנַיִם מְחַיְּיבִין אוֹתוֹ מָמוֹן – אֶחָד מְחַיְּיבוֹ שְׁבוּעָה. אָמַר רָבָא: שְׁתֵּי תְּשׁוּבוֹת בַּדָּבָר; חֲדָא – דְּכָל הַנִּשְׁבָּעִין שֶׁבַּתּוֹרָה נִשְׁבָּעִין וְלֹא מְשַׁלְּמִין, וְהִיא נִשְׁבַּעַת וְנוֹטֶלֶת. וְעוֹד: אֵין נִשְׁבָּעִין עַל כְּפִירַת שִׁעְבּוּד קַרְקָעוֹת. אֶלָּא אָמַר רָבָא: מִדְּרַבָּנַן, כְּדֵי לְהָפִיס דַּעְתּוֹ שֶׁל בַּעַל. אָמַר רַב פָּפָּא: אִי

דברים יט

א) שבועות מ. [ע"ש]

רש"י

ר"ש אומר כו'. בַּגְּמָ' מְפָרֵשׁ הַאי קְרָא. **גמ'** שְׁבוּעָה דְּאוֹרַיְיתָא. וְנָפְקָא מִינָּהּ דְּלָא מַפְכִינַן לָהּ. נִשְׁבָּעִין וְלֹא מְשַׁלְּמִין. מִי שֶׁתּוֹבְעִין אוֹתוֹ נִשְׁבָּע, שֶׁנֶּאֱמַר "וְלָקַח בְּעָלָיו וְלֹא יְשַׁלֵּם" – מִי שֶׁעָלָיו לְשַׁלֵּם הוּא נִשְׁבָּע*. כָּל שְׁטָרוֹת שִׁיעְבּוּד קַרְקָעוֹת הֵן, וְאֵין נִשְׁבָּעִין עַל הַקַּרְקָעוֹת, כִּדְאָמְרִינַן בִּשְׁבוּעוֹת (דף מג:) וּבְ"הַזָּהָב" (ב"מ נז:). אֶלָּא אָמַר רָבָא מִדְּרַבָּנַן. הִיא שְׁבוּעָה זוֹ. מ"ט דְּפָרַע דָּיֵיק כו'. וְא"ת: בְּלָא פּוֹגֵם נַמִּי, הָא קַיְימָא לָן (א) בִּשְׁבוּעוֹת דְּאִי א"ל "אִישְׁתַּבַּע לִי דְּלָא פְּרַעְתִּיךְ" – מַשְׁבְּעִינַן לֵיהּ, וְהַאי נַמִּי – הָא קָא טָעֵין לֵיהּ פְּרַעְתִּיךְ, וּמָה לוֹרֶךְ בִּפְגִימָה? וְכֵן בְּעֵד אֶחָד מְעִידָהּ שֶׁפְּרוּעָה – בְּלָא עֵד נַמִּי מַשְׁבְּעִינַן לָהּ! הָא פָּרְכִינַן לֵיהּ בִּשְׁבוּעוֹת*: מַה בֵּין זֶה לְפוֹגֵם שְׁטָרוֹ? וּמְשַׁנִּינַן לָהּ הָכִי: הָתָם כִּי פָּגֵים וְא"ל הַאי "פְּרַעְתִּיךְ" – מַשְׁבְּעִינַן לֵיהּ, וַאֲפִי' לֹא טָעַן לוֹ זֶה "הִשָּׁבַע לִי" – אֲבָל כִּי לָא פָּגֵים, אֲפִי' א"ל "פְּרַעְתִּיךְ", אִי לָא א"ל בְּהֶדְיָא "אִישְׁתַּבַּע לִי" – אָמְרִינַן לֵיהּ: זִיל שַׁלֵּים, דְּהָא נָקֵיט שְׁטָרָא. פּוֹגֶמֶת כְּתוּבָּתָהּ בְּעֵדִים. הִתְקַבַּלְתִּי מָנֶה, וּבִפְנֵי עֵדִים קִיבַּלְתִּיו. מִי אָמְרִי' אִי אִיתָא דִּפְרָעָהּ טְפֵי בְּעֵדִים הֲוָה פָּרַע. דְּהָא דַּק, וְקָא אַיְיתִי עֵדִים לְפִרְעוֹן מָנֶה קַמָּא. אוֹ דִּלְמָא. לָאו מִשּׁוּם דְּדַק הוּא, אֶלָּא אִיתְרַמּוּיֵי אִיתְרְמִי דַּהֲווּ עֵדִים הָתָם בְּהַהוּא זִימְנָא. וְאֵלּוּ נִשְׁבָּעִין וְנוֹטְלִין. שֶׁתִּקְּנוּ חֲכָמִים לִישָּׁבַע וְלִיטּוֹל. וְטַעֲמַיְיהוּ מְפוֹרָשׁ בִּשְׁבוּעוֹת בְּפֶ' "כָּל הַנִּשְׁבָּעִין". שָׂכִיר. אָמַר לוֹ: תֵּן לִי שְׂכָרִי, וְהוּא אוֹמֵר: נָתַתִּי. נִגְזָל. רָאוּהוּ שֶׁנִּכְנַס בְּבֵיתוֹ, אָמַר לוֹ: תֵּן לִי כֵּלַיי שֶׁנָּטַלְתָּ, וְהוּא אוֹמֵר: לֹא נָטַלְתִּי, וְהָעֵדִים רָאוּ שֶׁיָּצָא וְהַכֵּלִים תַּחַת כַּנְפֵי טַלִּיתוֹ, וְלֹא יָדְעוּ מָה. הַנֶּחְבָּל. רָאוּהוּ שֶׁנִּכְנַס לְתוֹךְ בֵּיתוֹ וְיָדוֹ שָׁלֵם, וְיָצָא חָבוּל, אָמַר לוֹ: חָבַלְתָּ בִּי, וְהוּא אוֹמֵר: לֹא חָבַלְתִּי. וְחֶנְוָנִי עַל פִּנְקָסוֹ. שֶׁכּוֹתֵב בּוֹ הַקָּפוֹתָיו: כָּךְ צִוַּוִּנִי פְּלוֹנִי לָתֵת לְפוֹעֲלָיו, וְנָתַתִּי לָהֶם. וְהֵם אוֹמְרִים: לֹא נָטַלְנוּ. שְׁנֵיהֶם נִשְׁבָּעִין וְנוֹטְלִין הֵימֶנּוּ. דְּוַדַּאי צְרִיכָה שְׁבוּעָה. עַל הַשְּׁאָר. דְּהָא דְּקָא מוֹדְיָא בְּהַאי מָנֶה – מִשּׁוּם עֵדִים הוּא, וְלָאו הַשָּׁבַת אֲבֵידָה הִיא. תֶּיהֱוֵי כְּמֵשִׁיב אֲבֵידָה. שֶׁהֲרֵי יֵשׁ לָהּ שְׁטָר שָׁלֵם עָלָיו, וְאִי בָּעְיָא, הָוְיָא אָמְרָה: לֹא קִבַּלְתִּי כְּלוּם. פָּחוֹת פָּחוֹת מִשָּׁוֶה פְּרוּטָה. בְּמָנֶה שֶׁהִיא מוֹדָה עָלָיו שֶׁקִּיבְּלָה, עוֹשָׂה עִמּוֹ חֶשְׁבּוֹן: כָּךְ נָתַתָּ לִי בְּיוֹם פְּלוֹנִי, וְכָךְ בְּיוֹם פְּלוֹנִי, וּמְצָרְפָתָן בְּחֶשְׁבּוֹן אֲפִילּוּ פָּחוֹת מִשָּׁוֶה פְּרוּטָה. מַהוּ. צְרִיכָה שְׁבוּעָה עַל הַשְּׁאָר, אוֹ לֹא? פּוֹחֶתֶת. הָיְתָה כְּתוּבָּתָהּ אֶלֶף זוּז כָּתוּב בַּשְּׁטָר, וְהוּא אוֹמֵר: הִתְקַבַּלְתְּ כּוּלָּהּ, וְהִיא אוֹמֶרֶת: לֹא הִתְקַבַּלְתִּי כְּלוּם, אֲבָל מוֹדָה אֲנִי שֶׁלֹּא הִתְנֵיתָ עִמִּי לִכְתוּבָּתִי אֶלָּא מָנֶה. מוֹדְיָא בְּמִקְצָת. שֶׁנִּתְקַבְּלָה קְצָת. בְּמַאי גָּבְיָא. אֲפִילּוּ הַהוּא מָנֶה? בְּהַאי שְׁטָרָא. הָא חַסְפָּא בְּעָלְמָא הוּא, שֶׁהִיא אוֹמֶרֶת מְזוּיָּיף הוּא! בְּאוֹמֶרֶת אֲמָנָה הָיְתָה בֵּינִי לְבֵינוֹ. שֶׁשְּׁטָר נִכְתַּב וְנֶחְתַּם כַּהוֹגֶן, וּבִפְנֵי הָעֵדִים קִבֵּל עָלָיו אֶלֶף זוּז, אֲבָל הוּא הֶאֱמִין בִּי שֶׁלֹּא אֶתְבָּעֶנּוּ אֶלָּא מָנֶה. אֶחָד מְחַיְּיבוֹ שְׁבוּעָה. עַל מָמוֹן שֶׁאִילּוּ הָיוּ שְׁנַיִם הָיָה מְשַׁלֵּם, עַכְשָׁיו יִשָּׁבַע שֶׁהָעֵד מְכַחֵשׁ. אִי

תוספות

אמר רבא שתי תשובות בדבר. תימה לרשב"א: אמאי איכא שלישית; דמפני מה אמרה תורה דמודה מקצת הטענה ישבע – משום דאישתמוטי קא מישתמיט, ואמר רחמנא: רמי שבועה עליה כי היכי דלודי (לעיל דף יח.), והאי טעמא לא שייך הכא כלל!

דמיפרע לא דייק. ודוקא בפוגס הוא דאיכא למימר: הואיל ופרע במקצת – יכול להיות שפרע הכל. אבל בלא פוגס – לא אמרינן דלא דייק. ולא שייך כאן מיגו – הואיל וטעמא משום דלא דייק הוא, דהוא סבור שידקדק, ולא דקדק. כמו שמצינו ב"האשה שהלכה" (יבמות דף קיד: ושם): "מת בעלי במלחמה" – אינה נאמנת. אף על גב דאיכא מיגו, דאי בעיא אמרה "מת על מטתו". והיינו, משום דאמרה בדדמי, דזימנין דמחו ליה בגירא או ברומחא, וסברה דמת. ומיהו, קשה לר"י: דבריש פרק "כל הנשבעין" (שבועות מה: ושם) גבי שכיר בזמנו נשבע ונוטל, אמרינן: לא שנו אלא ששכרו בעדים. אבל שכרו שלא בעדים, מתוך שיכול לומר לא שכרתיך מעולם – יכול לומר שכרתיך ונתתי לך שכרך, ואמאי מהימן במיגו? הא טעמא דשכיר נשבע ונוטל בשכרו בעדים – משום דבעה"ב טרוד בפועליו וסבור שפרעו, כדאמר התם, דאפילו שבועה לא היה צריך השכיר אלא כדי להפיס דעתו של בעל הבית*). **ואלו** נשבעין ונוטלין השכיר כו'. תימה: אמאי לא תני כל הני דמתניתין? בשלמא לתנא דמתניתין דשבועות (דף מד:) איכא למימר דלא תני אלא הנהו דס"ד למימר דאין נוטלין אפילו בשבועה. דלהכי קאמר האי לישנא "נשבעין ונוטלין", ולא קאמר "אין נפרעין אלא בשבועה" כמו במתני'. אבל האי תנא דברייתא, כיון דחשיב פוגס שטרו – אמאי לא תני נמי כל הני דמתני'? וי"ל: דהאי תנא לא חשיב פוגס שטרו – בלא מכח השטר כי הני אחריני דמתני', כיון דהוא עצמו מודה שאינו חייב לו כל הכתוב בשטר, אלא מודה שפרע מקצת. ואיצטריך שפיר לאשמועינן דנוטלין**).

אבל שלא בעדים אימא תהוי כמשיב אבידה. ואף על גב דטעמא משום דמיפרע לא דייק. וא"כ אפילו שלא בעדים נמי. אלא משום דסלקא דעתין שלא בעדים, שהוא זכור מקצת הפריעה – א"כ ודאי דקדק – קמ"ל.

או דלמא פוגמת מודיא במקצת. פירוש: ואיכא למימר: לאו דוקא, ומדנפרעה מקצת – נפרעה כולה. אבל הא דלא מודיא דנפרעה כלל – לא שייך האי טעמא. אבל תימה לי: א"כ כל שעה אתיא לאיערומי לפחות!

האי שטרא חספא בעלמא הוא. ואין לאשה להוציא מן הבעל כתובה, הואיל והוא מוחזק. וכדאמרינן ב"חזקת הבתים" (ב"ב דף לב: ושם): היכא דקיימי זוזי – ליקוס. גבי ההוא דא"ל לחבריה: מאי בעית בהאי ארעא? א"ל: מינך זבנתה, והא שטרא. א"ל: האי שטרא חספא בעלמא הוא. גחין לחיש ליה (ב) לרבה, א"ל: אין, שטרא חספא בעלמא דזיופי הוא כו'. אמר רבא: מה לי לשקר, אי בעי אמר שטרא מעליא הוא כו', ומסקינן: היכא דקיימא ארעא – תיקום, והיכא דקיימי זוזי – ליקום.

ועוד אין נשבעין על כפירת שיעבוד קרקעות. מקשין: הא בפרק "הזהב" (ב"מ דף נז:) דילפינן קרקעות – היינו מהנהו קראי דאיירי בשבועה שע"י הודאת עצמו בזה, אבל בשבועה שע"י עד אחד – לא אשכחן! ואין לומר דמסתמא שוים – דהא אשכחן בהם חילוק למילתא אחריתי ב"שבועת הדיינין" (שבועות דף מ. ושם), דאמרינן: אמר ר"נ אמר שמואל: לא שנו דהטענה שתי

*) [ועי' תוס' שבועות מה: ד"ה מתוך] **) [וע"ע תוס' לעיל פ. ד"ה ישבע ותוס' שבועות מד: ד"ה כל ותוס' ב"מ לז. ד"ה שמא]

תוספות רי"ד

כתובתה היורשים משביעים אותה. פי' דלא מהני לה תנאה אלא גבי דידיה אבל גבי יורשים כיון דנפקי נכסי' מרשותיה לא אהני לה תנאו אלא אמרי' הבא ליפרע מנכ"י וכו' וקמפלגי בפלוגתא דאבא שאול ורבנן ר"ש כא"ש ורבנן כרבנן אלמא מדאמרי' ר"ש כא"ש ש"מ דא"ש אסתמא דמתני' פליג וקסבר אף על גב דאתני בהדה שלא יהיו יורשיו משביעים אותה לא מהני לה ההוא תנאה מידי וגם ר"ח ז"ל כתב כך דאע"ג דפטרה משבועת יורשין בפירוש פליג א"ש ואמר הבא ליפרע וכו'. ואמר קבלנו מרבותינו שזה שאמר אבא שאול אין משביעין אותה אינו אלא בזמן שלא קנו ממנו שהאמינה ופטרה מן השבועה אלא בכתיבה שהיא באמירה במשנתנו דאוקימנא מאי כותב אומר. אבל אם קנו ממנו שפטר' מן השבועה גובה בל"ש אפילו מן היורשים ואינו נ"ל דכיון דכתב לה ועודה ארוסה אוקימנא למתני' דמהני לה תנאה מ"ל קנו מיניה מ"ל לא קנו מיניה אטו בלא קנין אין התנאי קיים שנרצה לחלק בין קנו בין לא קנו הכי בלא קנין התנאי קיים וטעם הדבר הוא שכ"ז שהנכסים ברשותו והוא בחיים מהני לה תנאה אבל כשמת יצאו הנכסים מרשותו לא מהני בה תנאה והלכך אע"ג דקנו מיניה אין קניינו מועיל כלום אחר שיצאו הנכסים מרשותו כי היכי שלא הועיל לו תנאי: **מתני'** הפוגמת כתובתה ל"ת אלא בשבועה ע"א מעידה שהוא פרוע לא תפרע אלא בשבועה מנכסים משועבדים ומנכסי יתומים לא תפרע אלא בשבועה והנפרעת שלא בפניו ל"ת א"ב. הפוגמת כתובתה כיצד היתה כתובתה אלף זוז ואמר לה התקבלת כתובתך והיא אומרת לא התקבלתי אלא מנה לא תפרע אלא בשבועה. עד אחד מעידה שהוא פרוע כיצד היתה כתובתה אלף זוז ואמר לה התקבלת כתובתך והיא אומרת לא התקבלתי ועד אחד מעידה שהוא פרוע לא תפרע אלא בשבועה. ומנכסים משועבדים כיצד מכר נכסיו לאחרים והיא נפרעת מן הלקוחות לא תפרע אלא בשבועה. מנכסי יתומים כיצד מת והניח נכסיו ליתומים ובאה ליפרע מהן לא תפרע אלא בשבועה. ושלא בפניו כיצד הלך למד"ה והיא נפרעת שלא בפניו לא תפרע אלא בשבועה רש"א כ"ז שתובעת כתובתה היורשין משביעין אותה אינה תובעת כתובתה אין היורשין משביעין אותה. פי' אם לא פגמה כתובתה ואמרה לא נפרעתי כלום אי טוען בעל תישתבע לי משביעים לה ואי לא טעין איהו לא טענינן ליה ב"ד כדאמרי' בשבועות (מא) אבל הפוגמת אע"ג דלא טעין להו ב"ד טענו לי' ואין מניחים אותה ליפרע בלא שבועה. סבר רמי ב"ח למימר שבועה דאורייתא דקטעין לה בר' ומודה לי' בק' והו"ל הודאה במקצת הטענה. א"ר שתי תשובות בדבר חדא דכל הנשבעין שבתורה נשבעין ולא משלמין וזו נשבעת ונוטלת ועוד אין נשבעין על כפירות שיעבוד קרקעות. פי' שהכתובה שיעבודה על הקרקעות ודינה כקרקע. אלא מדרבנן מ"ט דפרע דייק דמיפרע לא דייק ורמו רבנן שבועה עלה כי היכי דתדוק. פי' המורה ונפקא מיניה בין שבועה דאורייתא לדרבנן דבדאורייתא לא מפכינן ובדרבנן מפכינן ולקמן נפרש מאי אית בין ש"ד לשבועה דרבנן: איבעיא להו פוגמת כתובתה בעדים מהו. פי' כגון שאמרה התקבלתי מנה בפני פלוני ופלוני מי אמרי' מדהגי בעדים פרעה ה"נ אי איתא דפרעה בעדים הוה פרע לה. א"ד

תוספות רי"ד

ונמצא המת מתנוול הלכך א"י להשביעה על אותה המכירה וכך הל': א"ר אר"ח דלא נדר דלא שבועה הוא א"י להשביעה אבל יורשיו משביעים אותה אבל נקי נדר נקי שבועה בין הוא בין יורשיו אין משביעים אותה דהכי קא"ל נקית משבועה. פי' דוקא אם א"ל זה לשון שהתנה עמה שלא יהא לו עלה לא נדר ולא שבועה התם הוא דאמרי' שיורשי' יכולים להשביע' שלשון הזה אינו משמע שפטרה אלא כשתבא לגבות ממנו אבל לא מיורשיו אבל אם כתב לה הנקי מנדר ומשבועה גם היורשין אין יכולין להשביעה שתנאי זה כולל גם היורשים דהכי קא"ל נקי תהי משבועה לעולם בין ממני בין מיורשי: שלח לי' ר' זכאי למ"ע בין דלא נדר ובין נקי נדר בנכסי הוא א"י להשביעה אבל יורשיו משביעים אותה אבל מנכסיא אילין בין הוא בין יורשיו אין משביעין אותה. פי' אין לחלק בין דלא נדר ובין נקי נדר אלא משמעות א' לשניהם אלא בזה יש לחלק אם א"ל מנכסיי משמע שלא פטרה אלא כ"ז שהן נכסיו אבל דיורשיו לא פטרה אבל אם א"ל מנכסיא אילין שהתנה עמה שתהיה נקיה משבועה כ"ז שתבא לגבות אלו הנכסים אז ודאי בין הוא ובין יורשיו אין משביעין אותה: אמר ר"נ אמר שמואל משום א"ש בן אימא מרים בין דלא נדר ובין נקי נדר בין מנכסיי בין מנכסיא אילין בין הוא בין יורשיו אין משביעין אותה אבל מה אעשה שהרי א"ח הבא ליפרע מנכ"י ל"י אלא בשבועה. פי' אבא שאול סבר דבכל לשון שהתנה עמה הוא מן הדין שבין הוא בין יורשיו א"מ אותה שכיון שהוא פטרה יורשיו מכח דידיה קאתי וכמו שהוא אי"ל כך יורשיו נמי אי"ל אבל מה אעשה וכו'. ושום תנאי אינו מועיל לפטור את היורשים משבועה ואע"פ שפירש לה בפירוש לא אני ולא יורשי ופליג אתנא דמתני' דאמר מהני תנאה גבי יורשים ואמר איהו דלא מהני בהו תנאה דאע"ג דאתני בהדה לא גביא מיתמי אלא בשבועה כדין הבא ליפרע מנכ"י: אמר ר"נ א"ש הל' כא"ש בן א"מ: כתב ר"י ז"ל וה"מ דכתב לה דלא נדר ודלא שבועה א"נ נקי נדר נקי שבועה בלחוד ולא כתב לה בין ממני בין מיורשי הבאים אחרי אבל אם כתב לה בין ממני ובין מיורשי גובה בלא שבועה ואפילו תפגום כתובתה בין ממנו בין מיורשיו אחריו כסתם מתני' דקתני נדר ושבועה אין לי עליך ולא ליורשי ולא לבאים ברשותי עליך ועל יורשיך ועל ה"ב וכו'. ואינו נ"ל דבהדיא אמרי' לקמן במאי דתנן ר"ש אומר וכו' אלא אמר אביי אהא נדר ושבועה אין לי ולא ליורשי ולבאים ברשותי עליך ועל יורשיך ועל ה"ב לא הוא ולא יורשיו ולא ה"ב משביעים אותה וא"י ואה"ב ואתא ר"ש למימר כ"ז שתובעת

הגהות הב"ח

(א) רש"י ד"ה אלא וכו' בשבועות. נ"ב פ' הדיינין דף מח ע"א: (ב) תוס' ד"ה האי וכו' לחיש ליה לרבה:

מסורת הש"ס

[עי' ביאור הטיב בכס"מ לשבועות מה. ד"ה ולקמן]

[דף מח.]

[ב"מ ז:]

[שבועות מד: וש"נ]

שם מד:

[ליתא במשנה שם אלא בברייתא עי' תוס' שם ד"ה ואלו]

עין משפט נר מצוה

נב א מיי' פ"ח מהל' טוען ונטען הל' א ופי"ו מהל' שבועות הל' ה סמג עשין קט טוש"ע ח"מ סימן פז סעיף א:

נג ב מיי' פ"ה מהל' טוען ונטען הל' א סמג עשין צה טוש"ע ח"מ סימן צה סעיף א:

נד ג מיי' פי"ו מהל' אישות הל' יח סמג עשין מח טוש"ע אה"ע סי' צו סעיף ח:

נה ד מיי' פט"ז מהל' אישות הל' טו סמג עשין מח טוש"ע אה"ע סי' צו סעיף ז:

נו ה מיי' פ"א מהל' טוען ונטען הל' ב סמג עשין צה טוש"ע ח"מ סי' פז סעיף א:

נז ו מיי' פי"א מהל' שכירות הל' ו סמג עשין צ טוש"ע ח"מ סי' פט סעיף א:

נח ז מיי' פ"ד מהל' גזילה ואבידה הל' א סמג עשין עג טוש"ע ח"מ סי' צ סעיף א:

נט ח מיי' פ"ה מהל' חובל ומזיק הל' ד סמג עשין ע טוש"ע ח"מ סי' צ סעיף טז:

ס ט מיי' פ"ב מהל' טוען ונטען הל' ד סמג עשין צה טוש"ע ח"מ סי' צב סעיף א:

סא י מיי' פ"ו מהל' מלוה ולוה הל' ה סמג עשין צד טוש"ע ח"מ סי' צא סעיף א:

סב כ מיי' פט"ז מהל' אישות הל' טו סמג עשין מח טוש"ע אה"ע סי' צו סעיף ח:

סג ל מיי' שם הלכה יז טוש"ע אה"ע שם סעיף יד וטור סי' קיט:

סד מ מיי' פי"ח מהלכות עדות הל' ה ופ"א מהל' שבועות הל' ה סמג עשין קט טוש"ע ח"מ סי' פז סעיף א:

אי פיקח הוא – מייתי לה לידי שבועה דאורייתא; יהיב לה כתובתה באפי חד סהדא, וסמיך סהדא קמא אסהדא בתרא, ומוקים להו להנך קמאי במלוה. מתקיף לה רב שישא בריה דרב אידי: היאך סמיך סהדא קמא אסהדא בתרא? אלא, אמר רב שישא בריה דרב אידי: יהיב לה כתובתה באפי סהדא קמא וסהדא בתרא, ומוקים לה להנך קמאי בהלואה. מתקיף לה רב אשי: אכתי יכלה למימר: ב' כתובות הואי! אלא אמר רב אשי: הוא דמודע להו.§ מנכסים משועבדים.§

*תנן התם: [א]וכן היתומים לא יפרעו אלא בשבועה. ממאן? אילימא מלוה – השתא אביהן שקיל בלא שבועה, ואינהו בשבועה?! אלא ה"ק: וכן היתומים מן היתומים – לא יפרעו אלא בשבועה. א"ר זריקא אמר רב יהודה: לא שנו אלא שאמרו יתומים: אמר לנו אבא "לויתי ופרעתי", אבל אמרו: אמר לנו אבא "לא לויתי" – אף בשבועה לא יפרעו. מתקיף לה רבא: אדרבה, *כל האומר "לא לויתי" כאומר "לא פרעתי" דמי! אלא, אי אתמר הכי אתמר, א"ר זריקא אמר רב יהודה: [ב]לא שנו אלא שאמרו יתומים: אמר לנו אבא "לויתי ופרעתי" אבל אמרו: אמר לנו אבא *"לא לויתי" – נפרעין שלא בשבועה, שכל האומר "לא לויתי" כאומר "לא פרעתי" דמי.§ *ונפרעת שלא בפניו לא תפרע אלא בשבועה.§ אמר רב אחא שר הבירה: מעשה בא לפני רבי יצחק (א)באנטוכיא, ואמר: לא שנו אלא לכתובת אשה, משום חינא. אבל בעל חוב – לא. [ג]ורבא אמר רב נחמן: אפי' בעל חוב, שלא יהא כל אחד ואחד נוטל מעותיו של חבירו, והולך ויושב במדינת הים, ואתה נועל דלת בפני לוין.§ ר"ש אומר: כל זמן שתובעת כתובתה וכו'.§ ר"ש אהייא? אמר ר' ירמיה: אהא: "ונפרעת שלא בפניו לא תפרע אלא בשבועה" – לא שנא למזוני ולא שנא לכתובה, ואתא ר' שמעון למימר: כל זמן שתובעת כתובתה – יורשיה משביעין אותה, אינה

רש"י

אי פקח הוא. האי בעל. לידי שבועה דאורייתא. שהיא בשם או בכנוי, ואוחז ספר בידו, כדאמרינן בשבועות (דף לח:): וחמורה היא מאד. אבל שבועה דרבנן – קללה בעלמא, כעין שלנו. יהיב לה כתובתה באפי חד סהדא. פעם שניה. וסמיך סהדא קמא אסהדא בתרא. יביא את שניהם יחד לב"ד, שאם תכפור – יעידוה שניהם שנתקבלה כתובתה. ומוקי להנך קמאי בהלואה. יתבענה פרעון הראשון, ויאמר: מלוה הן אצליך, שהרי התקבלת כתובתיך שנית. וכשתכפור ותאמר: לא קבלתי אלא הפעם הזאת, ועד אחד מעיד על הראשונה – איכא שבועה דאורייתא, נשבעת ולא משלמת. ואין כאן שיעבוד קרקעות, שלא מכח כתובה תובעה. היכי סמיך כו'. מה שראה זה לא ראה זה, ואם תכפור על שתיהן – אין כאן אלא עד אחד, ותשבע ותטול שלישית, ונמצא מפסיד. באפי סהדא קמא וסהדא בתרא. וה"ה לשני עדים מן השוק. אבל עלה טובה היא, שיכיר העד הראשון ששתי פעמים פרע, ויכול להעיד על פרעון הכתובה עם חבירו, ועל הפרעון הראשון. יכולה לומר שתי כתובות היו. שתי שטרות היו לי עליך, בפרעון הראשון החזרתי לך אחת, ובשניה אחרת. והרי העד הראשון מעיד לסייעה, שראה שני הפרעונות לשם כתובה ולא לשם מלוה. דמודע להו. לסהדא קמא ובתרא לפני פרעון השני: דעו שכבר פרעתי לה כתובתה בפני אחד מכם, והיא כופרת. ואני רוצה לפורעה שנית לשם כתובה, שיהיו לי שני עדים בדבר, ואתבע את הראשונים, ויש לי עליהן עד אחד, ותתחייב שבועה דאורייתא. וכיון (ב)דשמעינהו, ולא מסייע לה האי עד קמא – תו לא מצית למימר ב' כתובות הוו, דמילתא דלא שכיחא הוא. תנן התם. בשבועות. אי נימא מלוה. שהלוה קיים, והיו מוציאין עליו שטר חוב. לא שנו. דכי משתבעי שקלי. שאמרו יתומים. של לוה, לויתי ופרעתי – ישבעו אלו: שבועה שלא פקדנו, ולא אמר לנו אבא, ולא מצינו שובר בין שטרותיו ששטר זה פרוע. ונוטלין. כאומר לא פרעתי דמי. דכיון דאמר לא לוה – מודה הוא שלא פרע, והרי שטר מוכיח עליו שלוה. לא שנו. דבעו שבועה. שר הבירה. כך כינויו. לא שנו. שיורדין בית דין לנכסי אדם שלא בפניו. לא שנא למזוני. באה לב"ד, ותובעת מזונות מנכסי בעלה למכור קרקע ולזונה – נשבעת שלא הניח בידה מעות ליזון מהם. ולא שנא לכתובה. אם שלח לה גט. *תשבע בסוף. כשתתאלמן או תתגרש ותתבע כתובה – תשבע שלא עיכבה בידה משל בעלה כלום. בתחילה. בפיסוק מזונות. האי יורשין וכו'. בתמיה, [כיון דנפרעת שלא בפניו קאי, מאי לשון יורשין כאן]? הרי הוא קיים! הלכה מקבר בעלה כו'. אשה שכתב לה בעלה "נדר ושבועה אין לי ולא ליורשי עליך". העתיד לבא. על שנתעסקה אחר מיתה, דלאו מכח נכסי בעלה באה שבועה זו, אלא מכח נכסי יתומים. ונשבעת כדין אפוטרופוס, כדתנן בשבועות (דף מה.): אלו נשבעין שלא בטענת ברי – השותפין והאריסין והאפוטרופין. ואתא ר"ש למימר. אם תובעת כתובתה, יורשין משביעין אותה שלא עיכבה משלהן לאחר מיתת אביהן כלום, כדין הבא ליפרע מנכסי יתומים.

תוספות

שתי כסף אלא בטענת כלוה והודאת לוה אבל בעד אחד אפי' לא טוענו אלא בפרוטה ועד אחד מעידו שהוא חייב – חייב לו שבועה כו'! ואומר רבינו: דמצי למימר שמואל לטעמיה דאמר לעיל (שם דף לט:) אמתני' דטענה שתי כסף: אפילו לא כפר אלא פרוטה, או לא הודה אלא בפרוטה – חייב. הלכך, בעד אחד דלא שייך חיובא דידיה אלא בכפירה – כי לא טוענו אלא בפרוטה – מיחייב; דאי אמרת בעינן מ"מ טענה שתי כסף א"כ כל שתי כסף אתה צ"ל שיכפור, כדי שלא יתחייב מטעם מודה במקצת, אלא מטעם עד אחד. הלכך אית לן למימר דעל טענת פרוטה מיחייב. הרי יתחייב בעד אחד על כפירת פרוטה כמו במודה במקצת וברייתא דמייתי במסקנא מילתיה דשמואל, ותניא: כל מקום ששנים מחייבין אותו ממון – אחד מחייבו שבועה – לא תקשי לרב, דקסבר כפירת טענה שתי כסף – דאין למדין מן הכללות, ואפילו במקום שנאמר בו חוץ. מיהו קשה לי: לעולם בעינן טענה עצמה שתי כסף בעד אחד כמו במודה במקצת, והוא ודאי כפר לו השתי כסף. אבל עד אחד – אין מעיד אלא בפרוטה! ואמר לנו רבינו תרוץ אחר: דאליבא דכו"ע אתיא מימרא דשמואל, אע"ג דמחייבינן שבועה בעד אחד באותו ענין דמיפטר במודה מקצת – לא דמי להכא; דהתם מין המחויב שבועה בעלמא מיהא הוי, אבל כפירת שיעבוד קרקעות – לא מצינו בשום מקום במינו שבועה. והלכך גבי עד אחד אית לן למיפטריה.

מייתי לה לידי שבועה דאורייתא. פירש בקונטרס: דנפקא לן מינה בין שבועה דאורייתא לשבועה דרבנן; דבדאורייתא – מנקט חפצא, ובדרבנן – לא נקיט. והוא עצמו סותר דבריו, דאמרי' ב"השולח" (גיטין לה. ושם) א"ל רב לרב ירמיה מדפתי: אדרה בב"ד ואשבעה חוץ לב"ד, ופי' בקונט' התם, דה"ק ליה: דלא לאשבעה בב"ד, דחמירה באנקוטי חפצא. ולרבינו נראה: דנפקא מינה אליבא דר' אבא דהלכתא כוותיה, דאמר (שבועות דף מז.): חזרה למחויב לה, והיכא דאינו יכול לישבע – משלם. והאי דינא – בדאורייתא, אבל בדרבנן – אפילו הויא חשודה על השבועה לא ינים (ג) לפרוע לה בשביל כך היכא דנשבעת ונוטלת, כדהכא. דהכי מוכח התם *) ב"שבועת הדיינים" (שבועות דף מא.) בהדיא. א"כ למאן דאית ליה דבדאורייתא לא מפכינן ובדרבנן מפכינן – נפקא מינה נמי, היכא דאי שבועה דרבנן היא – מצי למימר: השבע וטול, ואי דאורייתא – לא מציא למימר לבעל: השבע והפטר, כמו שאינו יכול לומר השבע וטול. מ"ר **).

היכי סמיך סהדא קמא אסהדא בתרא כו'. תימא: מאי קשיא ליה? הא פלוגתא היא בפ' "זה בורר" (סנהדרין דף ל:); הלואה אחר הלואה אי מצטרפי, דאיכא מ"ד לא בעינן ראיה כאחד.

ורבא אמר רב נחמן אפילו בע"ח. ופסק ר"ח דמעשים בכל יום שאין מוכרים שלא בפניו לבע"ח, ולית דחש להא דר"נ דאמר: אפילו בבעל חוב. ואע"ג דמקשי מינה בערכין פרק "שום היתומים" (דף כב.): ואי חיישת לשובר – התם נמי, לגבי הא דאמר ר"נ לחוש לשובר, ומשני: התם טעמא שלא יהא כל אחד ואחד נוטל כו'. נראה דסתם התלמוד קי"ל הכי. מכל מקום, כיון דמעשים בכל יום, סמכו למה דדחינן בירושלמי, דמתמה: וכי נפרעין לאדם שלא בפניו? אמר רבי ירמיה: כשרידית אוכלת כו'. ואיכא נמי בירושלמי דמודו, בין אמוראי דבבל בין אמוראי דארץ ישראל, דמשלחין בתריה ג' איגרי, אי אתי – הא טבאות, ואי לא – מחליטינן לנכסיה. פירוש ר"ח.

*) נ"ל בפרק כל הנשבעין רש"ל **) [וע"ע תוס' ב"מ יז. ד"ה דינא]

עין משפט נר מצוה

סה א מיי' פי"ז מהל' מלוה ולוה הלכה ב סמג עשין לה טוש"ע ח"מ סי' קח סעיף ט:

סו ב מיי' שם הלכה ו טוש"ע שם סעי' טו [וברב אלפס שבועות פ"ז דף שית.]:

סז ג מיי' פי"ג שם הל' א סמג שם טוש"ע ח"מ סי' קו סעיף א:

גליון הש"ס

גמ' ורבא אמר ר"נ אפי' ב"ח. עי' תוי"ט פ"י מ"ג דב"מ ד"ה אמר: תום' ד"ה מייתי וכו' ולרבינו נראה דנ"מ. עי' ב"מ יד ע"א תוד"ה דינא הוא:

תוספות רי"ד

הגהות הב"ח

מסורת הש"ס

שבועות מה. מז. מח. | ב"ב ו. שבועות מח: | שבועות מח: | [עי' תוס' שבועות מח: ד"ה כל] | ערכין כב: ע"ש | שייך מעבר לדף

אֵינָהּ תּוֹבַעַת כְּתוּבָּתָהּ — אֵין יוֹרְשִׁין מַשְׁבִּיעִין אוֹתָהּ. וְקָמִיפַּלְגִי בִּפְלוּגְתָּא דְּחָנָן וּבְנֵי כֹּהֲנִים גְּדוֹלִים. *דִּתְנַן: מִי שֶׁהָלַךְ לִמְדִינַת הַיָּם, וְאִשְׁתּוֹ תּוֹבַעַת מְזוֹנוֹת; חָנָן אוֹמֵר: תִּשָּׁבַע בַּסּוֹף, וְלֹא תִּשָּׁבַע בַּתְּחִלָּה. נֶחְלְקוּ עָלָיו בְּנֵי כֹּהֲנִים גְּדוֹלִים, וְאָמְרוּ: תִּשָּׁבַע בַּתְּחִלָּה וּבַסּוֹף. ר"ש — כְּחָנָן, רַבָּנַן — כִּבְנֵי כֹּהֲנִים גְּדוֹלִים. מַתְקִיף לָהּ רַב שֵׁשֶׁת: הַאי יוֹרְשִׁין מַשְׁבִּיעִין אוֹתָהּ? בֵּית דִּין מַשְׁבִּיעִין אוֹתָהּ מִיבָּעֵי לֵיהּ! אֶלָּא אָמַר רַב שֵׁשֶׁת: אַהָא, הָלְכָה מִקֶּבֶר בַּעְלָהּ לְבֵית אָבִיהָ, אוֹ שֶׁחָזְרָה לְבֵית חָמִיהָ, וְלֹא נַעֲשֵׂית אַפּוֹטְרוֹפְּיָא — אֵין הַיּוֹרְשִׁים מַשְׁבִּיעִין אוֹתָהּ. וְאִם נַעֲשֵׂית אַפּוֹטְרוֹפְּיָא — יוֹרְשִׁין מַשְׁבִּיעִין אוֹתָהּ עַל הֶעָתִיד לָבֹא, וְאֵין מַשְׁבִּיעִין אוֹתָהּ עַל מַה שֶּׁעָבַר. וַאֲתָא ר"ש לְמֵימַר: כָּל זְמַן שֶׁתּוֹבַעַת כְּתוּבָּתָהּ — יוֹרְשִׁין מַשְׁבִּיעִין אוֹתָהּ, אֵינָהּ תּוֹבַעַת כְּתוּבָּתָהּ — אֵין הַיּוֹרְשִׁין מַשְׁבִּיעִין אוֹתָהּ. וְקָמִיפַּלְגִי בִּפְלוּגְתָּא דְּאַבָּא שָׁאוּל וְרַבָּנַן. דִּתְנַן: *אַפּוֹטְרוֹפּוֹס שֶׁמִּינָּהוּ אֲבִי יְתוֹמִים — יִשָּׁבַע, מִינָּהוּ בֵּית דִּין — לֹא יִשָּׁבַע. אַבָּא שָׁאוּל אוֹמֵר: חִילּוּף הַדְּבָרִים, [א]מִינָּהוּ בֵּית דִּין — יִשָּׁבַע, מִינָּהוּ אֲבִי יְתוֹמִים — לֹא יִשָּׁבַע. ר"ש — כְּאַבָּא שָׁאוּל, וְרַבָּנַן — כְּרַבָּנַן. מַתְקִיף לָהּ אַבַּיֵּי: הַאי כָּל זְמַן שֶׁתּוֹבַעַת כְּתוּבָּתָהּ? אִם תּוֹבַעַת מִיבָּעֵי לֵיהּ! אֶלָּא אָמַר אַבַּיֵּי: אַהָא, [א]כָּתַב לָהּ "נֶדֶר וּשְׁבוּעָה אֵין לִי עָלַיִךְ" — אֵינוֹ יָכוֹל לְהַשְׁבִּיעָהּ כו', "נֶדֶר וּשְׁבוּעָה אֵין לִי וְלֹא לְיוֹרְשַׁי וְלֹא לַבָּאִים בִּרְשׁוּתִי, עָלַיִךְ וְעַל יוֹרְשַׁיִךְ וְעַל הַבָּאִין בִּרְשׁוּתֵךְ" — אֵין יָכוֹל לְהַשְׁבִּיעָהּ לֹא הוּא וְלֹא יוֹרְשָׁיו וְלֹא הַבָּאִין בִּרְשׁוּתוֹ, לֹא הִיא וְלֹא יוֹרְשֶׁיהָ וְלֹא הַבָּאִין בִּרְשׁוּתָהּ. וַאֲתָא ר"ש לְמֵימַר: כָּל זְמַן שֶׁתּוֹבַעַת כְּתוּבָּתָהּ — יוֹרְשִׁין מַשְׁבִּיעִין אוֹתָהּ. וְקָמִיפַּלְגִי בִּפְלוּגְתָּא [ב]דְּאַבָּא שָׁאוּל בֶּן אִימָּא מִרְיָם וְרַבָּנַן. ר"ש — כְּאַבָּא שָׁאוּל, וְרַבָּנַן — כְּרַבָּנַן. מַתְקִיף לָהּ רַב פַּפָּא: הָתֵינַח כָּל זְמַן שֶׁתּוֹבַעַת כְּתוּבָּתָהּ, אֵינָהּ תּוֹבַעַת כְּתוּבָּתָהּ מַאי אִיכָּא לְמֵימַר? אֶלָּא אָמַר רַב פַּפָּא. לְאַפּוּקֵי מִדְּר"א וּמַחֲלוֹקְתּוֹ.§

מתני' [ב]הוֹצִיאָה [ג]גֵּט וְאֵין עִמּוֹ כְּתוּבָּה — גּוֹבָה

א) [לעיל פו:] ב) [לעיל פז. ע"ש] ג) ב"מ יז:

בית דין משביעין אותה מיבעי ליה. תימה: אמאי לא משני: סבר לה כדשמואל, דאמר בפ' בתרא (לקמן קז.): אין פוסקין מזונות לאשת איש, ומוקי לה לפלוגתא דחנן ובני כהנים גדולים כששמעו בו שמת, ושפיר קתני: ויורשין משביעין אותה! וצ"ע.

וקמיפלגי בפלוגתא דאבא שאול ורבנן. ומתני' (א) – כגון שמינה בעלה לאחר מיתה. דבלווי ב"ד ליכא לאוקומא, דאין מעמידין נשים אפוטרופסות, כדאיתא ב"הנזקין" (גיטין דף נב. ושם). ובממנה מעצמה ליכא לאוקומא, דא"כ לכ"ע היורשין משביעין אותה, דלא שייך ביה טעמא דמינהו אבי יתומים דאמרינן דאי משתבע ממנע ולא הוי אפוטרופוס, והכא אנו רואין דמן הדין אין מעמידין אשה אפוטרופית.

לאפוקי מדר"א ומחלוקתו. והשתא אית לן למימר דהאי דנקט: אין היורשין משביעין אותה – לאו דוקא, דהוא הדין הוא עצמו, דהואיל ובאפוטרופסות דחיי בעלה מיירי – מה חילוק איכא? ואיידי דנקט ברישא דמילתא תובעת כתובת' יורשין משביעין אותה, דהתם יורשים דוקא – תנא נמי סיפא יורשין. ומעשה בא לפני ר"ת באשה שהושיבה בעלה חנונית, ומינה אפוטרופיא, והיתה נושאת ונותנת הרבה מעות בבית, ואומרת לבעלה שאין שלה. ולא השביעה בחיי בעלה, דכיון דאוקמינן כל זמן שתובעת כתובתה, דקאמר ר"ש כאבא שאול בן אימא מרים, ובהא פסקינן לעיל (דף פז.) הלכה כאבא שאול ואם כן הלכתא נמי בכולה מילתא כר"ש, דקמסיים: אינה תובעת כתובתה – אין היורשין משביעין אותה, אפילו הושיבה חנונית או מינה אפוטרופסית. דלית לן למימר דהלכתא כוותיה בחדא ובאידך לא, אלא היכא דמפרש לן הש"ס בהדיא. וא"ת: לעיל, דפסקינן כאבא שאול – א"כ לפסוק כר"ש, דשמעי' מיניה תרתי: וי"ל משום דלא קיים לן בהדיא ר"ש כאבא שאול. דאיכא לפרושי כאינך אמוראי דלעיל. ור"ת פסק כר"ש, וז"ל: וקי"ל כר"ש. הלכך: התובעת כתובתה – יורשין משביעין אותה על כל דבר שהיה בידה, אפי' בחיי בעלה משביעין אותה. ואם אינה תובעת כתובתה אין משביעין אותה אלא ע"י טענת ברי. והני כולהו דבעי לאוקמי ר"ש כוותיה, כגון אבא שאול בן אימא מרים ואבא שאול ורבנן – הלכתא כוותייהו.

אינה תובעת כתובתה אין היורשין משביעין אותה. משום שבועת אפוטרופסת. דהויא לה אפוטרופוס שמינהו אבי יתומים, וס"ל: לא ישבע, כאבא שאול, דאמר: חילוף הדברים. וטעמייהו מפרש בגיטין בפרק "הניזקין", רבנן סברי: מינוהו בית דין לא ישבע – דא"כ מימנע ולא הוי אפוטרופוס, הואיל ואטרחינן ליה. אבל מינהו אבי יתומים – לא מימנע, דאי לאו דס"ל הנאה מיניה בחייו – לא הוה מימני ליה. ואבא שאול סבר: מינהו אבי יתומים, אי ידע דמשבעי ליה – מימנע ולא הוי אפוטרופוס. אבל מינוהו בית דין, אע"ג דידע דמשבעי לי' – לא מימנע, דחשיבותא היא לגביה דמהימן להו לבי דינא. ה"ג: ר"ש כאבא שאול ורבנן דמתני' כרבנן. האי כל זמן שתובעת. בתמיה: הואיל ור"ש לקולא, מאי כל זמן? אם תובעת מיבעי ליה. אבל "כל זמן" משמע דשמעיה לת"ק דפטר לה משבועה אפי' תובעת כתובתה, וא"ל איהו: כ"ז שתובעת כתובתה – לא תפטרנה. **אלא אמר אביי.** ארישא פליג. דאמר: כתב לה נדר ושבועה כו' דפטורה מן השבועה אפי' כשנפרעת מן היתומים, ואתא ר"ש למימר: כל זמן שתובעת כתובתה מהן – משביעין אותה, כאבא שאול בן אימא מרים, דאמר לעיל: אבל מה אעשה שהרי אמרו הבא ליפרע מנכסי יתומין לא יפרע אלא בשבועה. ופליגי רבנן עליה דאבא שאול. ור"ש כאבא שאול, ורבנן דמתני' כרבנן. הא תינח כל זמן שתובעת. אתא לאפוקי מדרבנן, דאמרי: אף משבועת היתומים פטורה, ונפרעת בלא שבוע'. ואתא ר"ש למימר: לא תפרע אלא בשבועה. **אינה** תובעת כתובתה. דמסקנא דמילתיה למאי תנייה, ולאפוקי ממאן? **אלא אמר רב פפא לאפוקי מדר"א ומחלוקתו.** כלומר, לא תימא ר"ש אכתב לה נדר ושבועה" לחוד פליג, אלא אכולי מלתא דר"א ובני מחלוקתו פליג, ארישא וסיפא. שמעינהו דקאמרי ר"א ורבנן: משביעה כ"ז שירצה שבועת אפוטרופיא היכא דלא פטרה מן הנדר ומן השבועה, ואפילו שלא בשעת תביעת כתובתה. ואם פטרה מן השבועה – אפילו יורשין אין משביעין אותה כשנפרעת מהם, כדקתני: נדר ושבועה אין לי וליורשי כו'. ואתא ר"ש למימר, כל זמן שתובעת כתובתה – יורשין משביעין אותה. ואפילו כתב לה "נדר ושבועה אין ליורשי עליך". כאבא שאול, אינה תובעת כתובתה – אין היורשין משביעין על אפוטרופיא שבחיי בעלה ואפי' לא פטרה מן השבועה, דלית ליה דר"א ומחלוקתו דאמרי משביעה כל זמן שירצה. **מתני'** הוציאה גט ואין עמו כתובה. קס"ד באומרת "אבד שטר כתובתי". גובה

הוציאה גט ואין עמו כתובה. בפ"ק דב"מ (דף יז. ושם) אמר ר' יוחנן: הטוען אחר מעשה בית דין – לא אמר כלום. פי': בין במנה ומאתים, בין במזון האשה והבנות. ואפילו במקום שכותבין כתובה ולא נקיטא כתובה – אינו נאמן לומר פרעתי. ורבי יוחנן לטעמיה, דאית ליה בפרק "גט פשוט" (ב"ב דף קעא:) דכותבין שובר. אבל למ"ד: אין כותבין שובר – אפי' אית ליה דלא אמר כלום, מ"מ במקום שכותבין כתובה – אין חייב לפרוע עד שתחזיר לו הכתובה, דכיון דנמה שנשאר שטר כתובה בידה יכול לבא לידי הפסד, שתתבע כתובתה בבית דין אחר. ואילו לא ישאר שטר כתובתה בידה, נהי דאינו נאמן לומר פרעתי הכל, דהא לא אמר כלום – מ"מ יהא נאמן לומר: פרעתי מנה, מיגו דאי בעי אמר: אלמנה נשאתיך – אם אין לה עדי הינומא. אבל עתה, שכתובתה בידה – יפסיד. [והא דבעי רבי יוחנן לקמן בפ' "אלמנה" (דף צו.): יתומים אומרים: נתננו, והיא אומרת: לא נטלתי, על מי להביא ראיה? היינו במזונות שעברו, אבל בלהבא – פשיטא דעל יתומים להביא ראיה, דהטוען אחר מעשה ב"ד לא אמר כלום]. אבל אין לומר: דנפקא מינה נמי במה שתחזיר לו הכתובה – שאם יבא עמה למקום שאין מכירין שהיא אשתו, יהא נאמן לומר: פרעתי הכל, במיגו דאי בעי אמר: אין את אשתי. דהא אפי' ישאר שטר כתובה בידה – יהא נאמן שם לומר: פרעתי הכל, במיגו דאי בעי אמר: לא גרשתיך, כיון. דאין שם עדי גרושין, דאין מכירין כלל אם היא אשתו. והכי מפרשינן מתני' אליבא דרבי יוחנן הוציאה גט ואין עמו כתובה – לאו דוקא גט, אלא כלומר, עדי גט – גובה כתובתה, דהא אינו נאמן לומר: פרעתי, וגם אינו יכול לומר: לא אפרע עד שתחזיר הכתובה, אע"פ שיכול לבא לידי הפסד דהא סבר דכותבין שובר. כתובה ואין עמה גט, פירוש: עדי הגט; היא אומרת: אבד גטי – שהלכו להם העדים. והוא אומר שכבר פרע, והיה לו שובר שלא תגבה פעם אחרת ונפסד – נאמן במיגו, דאי בעי אמר: לא גרשתיך. ומיגו טוב הוא, כמו שנפרש בגמרא. וכן בע"ח שטוען: פרוזבול היה לי ואבד, וזה מודה שכך הוא, אלא שפרעו – נאמן במיגו, דאי בעי אמר: לא היה לך פרוזבול והשמיטה שביעית. רשב"ג אומר: מן הסכנה ואילך אשה גובה שלא בגט. פי' שלא בגט – שלא בעדי הגט, הואיל ואי אפשר לה להביא עדי גירושין. וא"ת: ותיקשי לרבי יוחנן במאי גביא, כיון דליכא עדי גרושין ליהמניה במיגו דאי בעי אמר לא גירשתיך, כדפריך בגמ' לרב: אי דליכא עדי גירושין – במאי גביא? וי"ל: דלר"י דאמר דאלמוה רבנן לכח האשה, דאף קודם סכנה אין נאמן לומר פרעתי – אין תימה דאלמוה לאחר הסכנה. כיון דמודה דאין נאמן לומר פרעתי, אע"ג דאית ליה מיגו. אבל לרב, דלא אלמוה – פריך שפיר. ולשמואל דאית ליה אין כותבין שובר, ומוקי מתני' במקום שאין כותבין כתובה, או במקום שכותבין והביאה ראיה שלא כתב לה – הכי פירושא דמתני': הוציאה גט – היינו גט ממש. אבל בעדי הגט גרידא – לא

דס"ל לר"ש כא"ש הל' כוותיה דהא פסקינן לעיל הל' כא"ש: מתקיף לה ר"פ תינח כ"ז שתובעת כתובה היורשים משביעים אותה אינה תובעת כתובה אין היורשים משביעים אותה מא"ל. פי' אי לא אתא ר"ש לאפלוגי על ת"ק אלא על תנאי היורשים בלחוד לומר כ"ז שהיא תובעת כתובה היורשין משביעין אותה בלחוד אמאי הדר ואמר אם אין תובעת כתובה אין היורשים משביעים אותה אלא אמר ר"פ לאפוקי מר"א ומחלוקתו ר"ש אכתב לה נדר ושבועה לחוד פליג אלא אכולה מילתא דר"א ובני מחלוקתו פליג ארישא וסיפא דקאמרו ר"א ורבנן משביעה כ"ז שירצה שבועת אפוטרופא היכא דלא פטרה מן הנדו"ש ואפי' שלא בשעת תביעת כתובתה ואם פטרה מן השבועה אפילו יורשים אין משביעין אותה כשנפרעת מהן כדקתני נדר ושבועה אין לי וליורשי וכו'. ואתא ר"ש למימר כ"ז שתובעת כתובתה יורשים משביעים אותה ואע"ג דכתב לה אין ליורשי עליך כא"ש וכדתרצה אביי ואם אינה תובעת כתובה אין היורשים משביעים אותה על בעלה ואפילו לא פטרה מן השבועה דל"ל דר"א ומחלוקתו דאמרי משביעין אותה כ"ז שירצה בעלה שאין אדם דר עם נ"ב ואיידי דתני ברישא יורשים תנא סיפא יורשים ואע"ג דבקמייתא

מת המלוה ובאים בניו לגבות מבני לוה אין גובים אלא בשבועת היורשים שלא פקדנו אבא ששטר זה פרוע אר"ז אר"י ל"ש אלא שאמרו יתומים א"ל אבא לויתי ופרעתי אז נשבעים יתמי המלוה שבועת היורשין אבל אמרו א"ל אבא לא לויתי נפרעין של"ב שכל האומר לא לויתי כאומר לא פרעתי דמי פי' אפילו שבועת היורשים א"צ שכיון שאמר לא לויתי מודה שלא פרעו ותו ליכא למיחש לפרעון וכיון שיש שטר בידם שלוה גובים ... ואע"ג דלא טענו יתומים נמי א"ל אבא לויתי ופרעתי כיון שהב"ד טוענים בעבורם שמא פרעם ... בשבועת היורשין והאי דנקט א"ל אבא לויתי ופרעתי משום דבא לחלוק בין לויתי ופרעתי ובין ... ין היתומים כל הבא ליפרע מהם אינו גובה אלא בשבועה אם המלוה בא לגבות מהם נשבע ... ע מאביהם ואם היתומים גובין נשבעין שבועת היורשין ואע"ג דלא טענו יתמי הלוה ב"ד טוענים ... שלא בפניו אמר ר"א שר הבירה מעשה בא לפני ר"י נפחא באנטוכיא ואמר ל"ש אלא כתובת אשה ... ב"ח לא ורבא אמר ר"נ אפילו ב"ח שלא יהא כאו"א נוטל מעותיו של חבירו וילך וישב לו ... על דלת בפני לוים וקי"ל הל' כר"נ בדיני. ור"ח ז"ל דוחה לר"נ ואמר מדחזינן בתלמוד א"י

א) נ"ל בתוספתא בפ' מי שמת מנכסי יתומים הא"ל מן הקטנים. ב) נראה דל"ל אלא אפילו אי הוי פליג אתלמודא דידן נמי לא קיי"ל אלא כתלמודא דידן.

סח א מיי' פי"א מהל' נחלות הלכה ה סמג עשין נו טוש"ע ח"מ סי' רצ סעיף טז:

סט ב מיי' פט"ז מהל' אישות הלכה כח סמג עשין מח טוש"ע אה"ע סי' ק' סעיף יב:

לקמן קד:

גיטין נב: [תוספתא בבא בתרא פ"ח]

גליון הש"ס

תוס' ד"ה לאפוקי וכו' וא"כ הלכתא נמי כולה. וכעין זה כתבו תוס' נדה מט ע"א ד"ה ואכע"א:

הגהות הב"ח

(א) תוס' ד"ה וקמיפלגי וכו' כגון שמינה בעלה. נ"ב גם הלשון משמע הכי ולא נעשית אפוטרופיא היינו בפני בעלה דבלאו ה"ל למימר ולא עשאוה אפוטרופית:

תוספות רי"ד

נאמנות ומאי ראיסתייע מההוא דר"י [א"ר] לא הוה סייעתא כלל דהתם שטר כתוב וחתום שפיר והא דאמר שטר אמנה הוא אמרי' דלמא קנוניא הוא דעביד משום דבעי לאפסודי לאותן אחרים שחב להן אבל הכא דמעיקרא אתני בהדה וכתב לה נאמנות ועדיין לא זכיה נכסי' ללקוחות מאי קנוניא שייך הכא הלכך תנאו קיים וגביא מינייהו בלא שבועה כדסבר תנא דמתני'. ור"ח ז"ל כתב בזה שתי לשונות הראשון הולך הכל כדברי ובלשון השני אמר וי"א האב יכול להפקיע שבועת היתומים וא"י להפקיע שבועת הלקוחות ומעשים בכל יום שאין נפרעין מן המשועבדים שיש להן נאמנות אלא בשבועה: ואינו נ"ל לשון זה דמ"ש לקוחות מיורשין הא בכלהו תנן דמהני תנאה בין ליורשין בין ללקוחות דהאי דתנן ולבאים ברשותו לא מצית לפרושי אלא לקוחות והכי מפרש להו בתוספ' הילכך אליבא דתנא דמתני בכלהו מהני תנאה בין ליורשין בין ללקוחות כדתני רישא וסיפא דתני אינה נפרעת אלא בשבועה בדלא כתב לה נאמנות אבל מיהו אבא שאול פליג על תנא דמתני' ואמר אע"ג דכ' לה נאמנות ומן דינא הוי למיגבי בלא שבועה אפ"ה אמר רבנן הבא ליפרע מנכ"י וכו' ושום תנאי לא מהני גבי יורשין וכבר איפסקא הלכה כאב"ש ולא כמתני'. ונ"ל דכי היכי דאמר אבא שאול גבי יורשין ה"נ סבר גבי לקוחות דכי היכא דאמר רבנן הבא ליפרע מנכ"י וכו'. ולא מהני לה בהו תנאה ה"נ גבי לקוחות דטעמא חדא אית להו שכ"ז שהנכסים בידו וברשותו מהני להו תנאה אבל אחרי שיצאו מרשותו ונכנסו לרשות היורשין או לרשות הלקוחות לא מהני לה תנאה ואפילו קנו מיני' כדפירשתי לעיל: תניא בתוספתא א) בפ' מ"ש נכסים המשועבדים א"צ לומר מן הקטנים אלא אפילו מן הגדולים: תנן התם וכן היתומים לא יפרעו אלא בשבועה ממאן אילימא מלוה השתא אבוהן הוה שקיל בלא שבועה אינהו בשבועה הכי קאמר וכן היתומים מן היתומים ל"י אלא בשבועה שאם

תוספות רי"ד

דמתמה וכי נפרעין מן האדם שלא בפניו. אר"י כשהרבית אוכלת בהן ובית דין גובים רבית [ותפתר] כשערב לו מן העובד כוכבים מכלל דבההיא קיימא להו מילתא פסיקתא שאין נפרעים שלא בפניו וקבלה ומעשים בכל יום שאין נפרעים מן האדם שלא בפניו ולא חיישינן להא דרבא ור"י ז"ל דוחה דברי הירושלמי דלא עדיף מהא דאמרינן בגמרא דילן משום ר"י נפחא ל"ש וכו' וכבר דחאה ר"נ. וכדברי ר"י ז"ל נ"ל דלא מיבעיא דמוקים לתלמודא דבני מערבא כר"י נפחא אפילו אי הוה פליג אתלמודא דילן ב) דלא ק"ל כתלמודא דילן וכך פסק גם רבינו האי גאון ז"ל במשפטי שבועות שחבר אמנם אם אפשר להודיעו מודיעין אותו שיבא ומפרע חובו ואפילו לא יבא או אם א"א להודיעו ב"ד יורדים לנכסיו ופורעין את בע"ח: ר"ש אומר כ"ז וכו' ר"ש אהייא קאי. פי' אנה עונה. ואסיק אביי אהא דתנן כתב לה נדו"ש אין לי עליך ועל כו' ואתא ר"ש למימר כ"ז שתובעת כתובתה היורשין משביעין אותה. פי' דת"ק סבר דמהני תנאה לגבי יורשין ואין יורשין משביעין אותה היכא דאתנו בהדה אלא גובין בלא שבועה ור"ש סבר כ"ז וכו' דלא מהני לה תנאה לגבי יורשין וקמיפלגי בפלוגתא דא"ש ורבנן ר"ש כא"ש ורבנן כרבנן. פי' א"ש כדאמרן לעיל דקסבר ששום תנאי אינו מועיל גבי יתומים ור"ש ס"ל כוותיה ורבנן דמתני' ס"ל כרבנן חברי אב"ש שהיו בדורו דפליג עלי' ואמרי' דמהני תנאה אפילו גבי יורשין וכיון

ע א ב מיי' פ"ט מהל' שמיטות הלכה כד סמג לאוין רפח טוש"ע ח"מ סי' סז סעיף לב:
עא ג ד מיי' פט"ז מהל' אישות הל' כח סמג עשין מח טוש"ע אה"ע סי' ק סעיף ו וכו:
עב ה מיי' שם הל' כו טוש"ע שם סעיף יא:

גּוֹבָה כְּתוּבָּתָהּ. כְּתוּבָּה וְאֵין עִמָּהּ גֵּט, הִיא אוֹמֶרֶת "אָבַד גִּיטִּי" וְהוּא אוֹמֵר "אָבַד שׁוֹבְרִי", [א]וְכֵן *בַּעַל חוֹב שֶׁהוֹצִיא שְׁטַר חוֹב וְאֵין עִמּוֹ פְּרוֹזְבּוּל – הֲרֵי אֵלּוּ לֹא יִפָּרְעוּ. רשב"ג אוֹמֵר: מִן הַסַּכָּנָה וְאֵילָךְ, אִשָּׁה גּוֹבָה כְּתוּבָּתָהּ שֶׁלֹּא בְּגֵט, [ב]וּבַעַל חוֹב גּוֹבֶה שֶׁלֹּא בִּפְרוֹזְבּוּל.§ **גמ'** *ש"מ: כּוֹתְבִין שׁוֹבֵר. דְּאִי אֵין כּוֹתְבִין שׁוֹבֵר – לֵיחוּשׁ דִּלְמָא מַפְּקָא לָהּ לִכְתוּבָּתָהּ, וְגָבְיָא בָּהּ? אָמַר רַב: בְּמָקוֹם שֶׁאֵין כּוֹתְבִין כְּתוּבָּה עָסְקִי'. וּשְׁמוּאֵל אָמַר: אַף בְּמָקוֹם שֶׁכּוֹתְבִין כְּתוּבָּה. וְלִשְׁמוּאֵל כּוֹתְבִין שׁוֹבֵר? אָמַר רַב עָנָן: לְדִידִי מִיפָּרְשָׁא לִי מִינֵּיהּ דְּמָר שְׁמוּאֵל: [ג]בְּמָקוֹם שֶׁאֵין כּוֹתְבִין, וְאָמַר "כָּתַבְתִּי" – עָלָיו לְהָבִיא רְאָיָה. בְּמָקוֹם שֶׁכּוֹתְבִין, וְאָמְרָה "לֹא כָּתַב לִי" – עָלֶיהָ לְהָבִיא רְאָיָה. וְאַף רַב הֲדַר בֵּיהּ, דְּאָמַר רַב: בֵּין בְּמָקוֹם שֶׁכּוֹתְבִין, בֵּין בְּמָקוֹם שֶׁאֵין כּוֹתְבִין, [ד]גֵּט – גּוֹבָה עִיקָּר, כְּתוּבָּה – גּוֹבָה תּוֹסֶפֶת, וְכָל הָרוֹצֶה לְהָשִׁיב יָבֹא וְיָשִׁיב. תְּנַן: כְּתוּבָּה וְאֵין עִמָּהּ גֵּט, הִיא אוֹמֶרֶת "אָבַד גִּיטִּי" וְהוּא אוֹמֵר "אָבַד שׁוֹבְרִי", וְכֵן בע"ח שֶׁהוֹצִיא שְׁטַר חוֹב וְאֵין עִמּוֹ פְּרוֹזְבּוּל – הֲרֵי אֵלּוּ לֹא יִפָּרְעוּ. בִּשְׁלָמָא לִשְׁמוּאֵל – מוֹקֵי לָהּ בְּמָקוֹם שֶׁאֵין כּוֹתְבִין, וְאָמַר "כָּתַבְתִּי", דְּאָמְרִי לֵיהּ: אַיְיתִי רְאָיָה. וְאִי לָא מַיְיתֵי רְאָיָה – אָמְרִינַן לֵיהּ: זִיל פְּרַעֵיהּ. אֶלָּא לְרַב, נְהִי דְּעִיקָּר לָא גָּבְיָא, תּוֹסֶפֶת מִיהָא תִּיגְבֵּי! אָמַר רַב יוֹסֵף: הָכָא בְּמַאי עָסְקִינַן – [ה]כְּשֶׁאֵין שָׁם עֵדֵי גֵירוּשִׁין, מִיגּוֹ דְּיָכוֹל לְמֵימַר: לֹא גֵּירַשְׁתִּיהָ, יָכוֹל

רש"י

גּוֹבָה כְּתוּבָּתָהּ. וְאֵינוֹ יָכוֹל לִטְעוֹן: פְּרַעְתִּיךְ וְהֶחֱזַרְתְּ לִי שְׁטַר כְּתוּבָּתֵיךְ וּקְרַעְתִּיו. מִשּׁוּם דִּתְנַאי כְּתוּבָּה מַעֲשֵׂה ב"ד הוּא. וּמֵהָכָא נָפְקָא לָן בְּב"מ: הַטּוֹעֵן אַחַר מַעֲשֵׂה ב"ד – לֹא אָמַר כְּלוּם. מ"ט – כָּל מַעֲשֵׂה ב"ד כְּמַאן דְּנָקִיט שְׁטָרָא דָּמֵי. אָבַד גִּטִּי. שֶׁלֹּא הוֹצֵאתִיו עָלָיו לִגְבּוֹת כְּתוּבָּתִי עַל יָדוֹ, כִּדְתְנַן: גּוֹבָה כְּתוּבָּתָהּ. וְלֹא קְרָעוּהוּ ב"ד, אֶלָּא אָבַד מִמֶּנִּי. וְהוּא אוֹמֵר אָבַד שׁוֹבְרִי. כְּבָר הוֹצֵאתוֹ בְּב"ד, וְאָמַרְתְּ אָבַד שְׁטַר כְּתוּבָּתִי, וְגָבוּ ב"ד הַכְּתוּבָּה עַל פִּי הַגֵּט, וּקְרָעוּהוּ. וְלִי נִכְתַּב שׁוֹבֵר עַל הַכְּתוּבָּה, שֶׁאִם תּוֹצִיאִי עוֹד עַל יוֹרְשַׁי שְׁטַר הַכְּתוּבָּה, וְתָבוֹאִי לִגְבּוֹת מִכֹּחַ אַלְמָנוּת לוֹמַר לֹא נִתְגָּרַשְׁתִּי וְלֹא נִפְרַעְתִּי – יִהְיֶה הַשּׁוֹבֵר לְעֵד, וְאָבַד הֵימֶנִּי. וְכֵן ב"ח שֶׁהוֹצִיא שְׁטַר חוֹב. אַחַר שְׁבִיעִית, וְאֵין עִמּוֹ פְּרוֹזְבּוּל, זֶה אוֹמֵר: הִשְׁמִיטַתּוּ שְׁבִיעִית, וְזֶה אוֹמֵר: פְּרוֹזְבּוּל הָיָה לִי שֶׁלֹּא תַּשְׁמִיטֶנּוּ שְׁבִיעִית, וְאָבַד. הֲרֵי אֵלּוּ לֹא יִפָּרְעוּ. חָיְישִׁי' שֶׁמָּא כְּבָר גָּבְתָה בְּגֵט, וְזֶה – הִשְׁמִיטַתּוּ שְׁבִיעִית. מִן הַסַּכָּנָה. שֶׁגָּזְרוּ גּוֹיִם עַל הַמִּצְוֹת, וְהָיוּ יְרֵאִים לִשְׁמוֹר גִּיטֵּיהֶן, וּמִשֶּׁקִּיבְּלָתוּ שׂוֹרַפְתּוּ. וְכֵן פְּרוֹזְבּוּלֵיהֶן. פְּרוֹזְבּוּל. בְּמַסֶּכֶת גִּיטִּין מְפָרֵשׁ, בְּפֶרֶק "הַשּׁוֹלֵחַ גֵּט" (דף לד:): הִלֵּל הִתְקִין פְּרוֹזְבּוּל כְּדֵי שֶׁלֹּא תַּשְׁמֵט שְׁבִיעִית, שֶׁמּוֹסֵר שְׁטָרוֹתָיו לְב"ד שֶׁיִּגְבּוּ מִן הַלֹּוֶה חוֹבוֹ כָּל זְמַן שֶׁיִּתְבָּעֶנּוּ. דְּהַשְׁתָּא לָא קָרֵינַן בֵּיהּ "לֹא יִגּוֹשׂ" – שֶׁאֵינוֹ תּוֹבְעוֹ כְּלוּם, אֶלָּא הַב"ד תּוֹבְעוֹ, שֶׁהֶפְקֵירָם הָיָה הֶפְקֵר, וְהֵם יוֹרְדִין לִנְכָסָיו. **גמ'** ש"מ. מִדְּקָתָנֵי: גּוֹבָה כְּתוּבָּתָהּ בְּהוֹצָאַת גֵּט, וְלָא חָיֵישׁ לְאִיעֲרוּמֵי מַעֲרְמָא וְהַדְרָא וּמַפְּקָא כְּתוּבָּתָהּ בְּבֵי דִינָא אַחֲרִינָא, וְתִגְבֶּה לְאַחַר מִיתָתוֹ בְּתוֹרַת אַלְמָנָה, לוֹמַר: לֹא נִתְגָּרַשְׁתִּי וְלֹא נִפְרַעְתִּי. דְּהָא וַדַּאי בְּתוֹרַת גְּרוּשָׁה לָא הָדְרָא גָּבְיָא, דְּהָא קָרְעִינַן לְגִיטָּא. וְכִי הָדְרָא מַפְּקָא לִכְתוּבָּתָהּ בְּלֹא גֵּט – תְּנַן מַתְנִי': הֲרֵי אֵלּוּ לֹא יִפָּרְעוּ. וּמִיהוּ, הֲוָה לָן לְמֵיחַשׁ (*שֶׁלֹּא) תַּמְתִּין עַד שֶׁיָּמוּת, וְתִגְבֶּה בְּתוֹרַת אַלְמָנָה. וּמִדְּלָא חָיֵישׁ – [נ"א שמא] ש"מ כּוֹתְבִין שׁוֹבֵר עַל כָּרְחוֹ שֶׁל לֹוֶה, וְאֵינוֹ יָכוֹל לְהַשְׁמִיט עַצְמוֹ לוֹמַר: לֹא אֶפְרַע עַד שֶׁתַּחֲזִיר לִי שְׁטָרִי, שֶׁמָּא תַּחֲזוֹר וְתוֹצִיאֶנּוּ. אֶלָּא אוֹמְרִים לוֹ: פְּרַע, וְהוּא יִכְתּוֹב לְךָ שׁוֹבֵר. וּפְלוּגְתָּא הִיא בְּבָבָא בַּתְרָא (דף קעא:), וְקַיְימָא לָן כְּמַאן דְּאָמַר: אֵין כּוֹתְבִין, לְפִי שֶׁנִּמְצָא זֶה צָרִיךְ לִשְׁמוֹר שׁוֹבְרוֹ מִן הָעַכְבָּרִים. דִּלְמָא מַפְּקָא. לְאַחַר מִיתָה. וְגָבְיָא. בְּתוֹרַת אַלְמָנָה. בְּמָקוֹם שֶׁאֵין כּוֹתְבִין כְּתוּבָּה. אֶלָּא סוֹמְכִין עַל תְּנַאי ב"ד. וְלִשְׁמוּאֵל כּוֹתְבִין שׁוֹבֵר. בִּתְמִיָּה. לְדִידִי מִיפָּרְשָׁא לִי. דִּלְעוֹלָם אֵין כּוֹתְבִין שׁוֹבֵר. וְהַיְינוּ טַעְמָא דְּגוֹבָה כְּתוּבָּתָהּ: דְּאִי מָקוֹם שֶׁאֵין כּוֹתְבִין הוּא, וְהוּא אוֹמֵר: כָּתַבְתִּי, וְיָרֵא אֲנִי שֶׁמָּא תַּחֲזוֹר וְתוֹצִיאֶנָּה – עָלָיו לְהָבִיא רְאָיָה. וְאִי מַיְיתֵי רְאָיָה, עֵדִים שֶׁכָּתַב – לָא גָּבְיָא. וְאִי לָא מַיְיתֵי רְאָיָה – קָתָנֵי מַתְנִיתִין: גּוֹבָה כְּתוּבָּתָהּ. וְאֵינוֹ נֶאֱמָן לוֹמַר שִׁנִּיתִי מִנְהַג הָעִיר. וְאִי מָקוֹם שֶׁכּוֹתְבִין הוּא, וְהִיא אָמְרָה: לֹא כָּתַב לִי – עָלֶיהָ לְהָבִיא רְאָיָה. וְכִי קָתָנֵי מַתְנִיתִין: גּוֹבָה כְּתוּבָּתָהּ – שֶׁהֵבִיאָה רְאָיָה שֶׁלֹּא כָּתַב לָהּ. וְאַף רַב. דְּאוֹקֵי מַתְנִי' בְּמָקוֹם שֶׁאֵין כּוֹתְבִין לְחוּדֵיהּ. הֲדַר בֵּיהּ. וְאוֹקֵי מַתְנִי' בְּטַעְמָא אַחֲרִינָא, וְאָמַר: בֵּין בְּמָקוֹם שֶׁכּוֹתְבִין וּבֵין בְּמָקוֹם שֶׁאֵין כּוֹתְבִין, כִּי מַפְּקָא גֵּט בְּלֹא כְּתוּבָּה – גּוֹבָה עִיקַּר כְּתוּבָּתָהּ, דְּהַיְינוּ מָנֶה וּמָאתַיִם, וְ"גוֹבָה" דְּקָתָנֵי מַתְנִי' – עִיקָּר קָאָמַר, וְלֹא תּוֹסֶפֶת. וְכִי מַפְּקָא כְּתוּבָּה בְּלֹא גֵּט – גּוֹבָה תּוֹסֶפֶת וְלֹא עִיקָּר, חָיְישִׁינַן שֶׁמָּא גְּבָאַתּוּ עַל פִּי הַגֵּט. וְכָל הָרוֹצֶה לְהָשִׁיב יָבֹא וְיָשִׁיב. דְּאֵין לָחוּשׁ מֵעַתָּה לִכְלוּם. בִּשְׁלָמָא לִשְׁמוּאֵל. דְּאָמַר: בֵּין עִיקָּר בֵּין תּוֹסֶפֶת – נִפְרָעִין עַל פִּי הַגֵּט. מוֹקֵי לָהּ. הָא דְּקָתָנֵי: לֹא יִפָּרְעוּ. בְּמָקוֹם שֶׁאֵין כּוֹתְבִין. וּמִשּׁוּם הָכִי מְהֵימַן בְּמַאי דְּאָמַר: פְּרַעְתִּי ע"פ הַגֵּט, דְּאָמַר: כְּשֶׁתְּבָעַתְנִי עַל פִּי הַגֵּט אָמַרְתִּי בְּבֵית דִּין: כָּתַבְתִּי לָהּ כְּתוּבָּה, וְיָרֵא אֲנִי שֶׁלֹּא תַּחֲזוֹר וְתוֹצִיאֶנָּה. וְאָמְרוּ לִי: הָבֵא רְאָיָה, וְלֹא מָצָאתִי רְאָיָה. וְאָמְרוּ לִי: פְּרַע, וּבִקַּשְׁתִּי מֵהֶן שֶׁיִּכְתְּבוּ לִי שׁוֹבֵר, הוֹאִיל וְעַל כָּרְחִי אֲנִי זָקוּק לִפְרוֹעַ – טוֹב לִי שֶׁיִּהְיֶה לִי שׁוֹבֵר, וּכְתָבוּהוּ לִי וְאָבַד. אֶלָּא לְרַב. דְּאָמַר: אֵין נִפְרָעִין עַל פִּי הַגֵּט אֶלָּא עִיקָּר, אַמַּאי לֹא יִפָּרְעוּ? נְהִי דְּעִיקָּר לָא גָּבְיָא כו'. וְאִי

תוספות

לא גביא, אע"פ שאין נאמן לומר "פרעתי" לכ"ע במקום שאין כותבין כתובה – מ"מ לא יפרע עד שתחזיר לו הגט ותקרע, כיון שיכול לבא לידי הפסד אם ישאר הגט שלם בידה, דלמחר תגבה פעם שנית ולא יוכל לומר "לא גירשתיך", וגם לא יוכל לומר "פרעתי". וכי תימא: יכתבו שובר – הא סבר דאין כותבין שובר. אי נמי: אי שמואל לית ליה דרבי יוחנן דאמר: לא אמר כלום – אם לא תוציא הגט ממש יהא נאמן לומר "פרעתי", אפילו במקום שאין כותבין, דגט הוי במקום כתובה. דהכי הוי בעי למימר אביי התם בפ"ק דב"מ (דף יז: ושם): כתובה ואין עמה גט, היא אומרת: אבד גיטי ולא נקרע, והוא אומר: אבד שוברי, שכבר גבתה כתובתה בגט ונקרע, והיה לי שובר שלא תחזור ותגבה בעידי מיתה כשתתאלמן. וה"ה שהיה יכול לטעון שלא פרע לה עדיין, מ"מ יכול לומר: לא אפרע עד שתחזיר הגט ויקרענו. ומן הסכנה ואילך אשה גובה שלא בגט, רק שיש עידי גירושין, דליכא מיגו. ולהכי לא פריך בגמרא אלא לרב, אבל לשמואל, דמיירי בדאיכא עידי גרושין – אתי ליה שפיר. וה"נ הוי פי' דמתני' מעיקרא לאביי בפ"ק דב"מ (שם), ולבסוף מסיק כר' יוחנן, ומוקי לה – במקום שכותבין. ומפרש כמו שפירשתי אליבא דרבי יוחנן, ד"הוציאה גט" היינו עידי גט. וא"ת: והא בפרק "גט פשוט" (ב"ב דף קעא: ושם) משמע דסבר אביי דאין כותבין שובר. דקאמר אביי: אבד שוברו של זה יאכל הלה ומדיז? וא"כ, אמאי גובה כתובתה והא יכול לבא לידי הפסד ע"י מה שנשאר גט וכתובה בידה, כדפרי'? וי"ל: דאביי יעמיד: כגון שיש עדים שנשרפה הכתובה. [וניחא ליה טפי לאוקמי – במקום שכותבין ונשרפה, מלאוקמי – במקום שאין כותבין. מדקתני: כתובה ואין עמה גט. דנ"ל דוחק בדכתב לה איהו ושינה המנהג]. ולהכי גביא שפיר בעידי הגט גרידא. ואע"פ שהגט נשאר בידה – היינו לא אפשר, וכתבינן שובר. דמלי אמרה: בעינא לאינסובי ביה. ולית ליה לאביי דקרעינן ליה וכתבינן אגביה כו', כדאמר התם. א"נ: בתר דשמעה מרבא, ושני ליה: אין, עבד לוה לאיש מלוה – קבלה וסברה דכותבין שובר. והא דתנן בסוטה (דף ז: ושם): אמרה "טמאה אני" – שוברת כתובתה ויוצאת, ואמר בגמרא: ש"מ כותבין שובר, אמר אביי: תני "מקרעינן" – לא משום דאית ליה לאביי דאין כותבין שובר, אלא דדחי, דמהא ליכא למשמע מינה. תדע, דהא רבא דאית ליה בהדיא בפרק "גט פשוט" (ב"ב קעא:) דכותבין שובר, דחי נמי התם בסוטה, ומוקי לה במקום שאין כותבין כתובה. [ואההיא סוגיא דהתם קשה: דמאי פריך ש"מ כותבין שובר? התם ע"כ הוא צריך לשובר, שאינו פורע לה כלום, שהרי הפסידה כתובתה? וא"א לדוחקה שתחזירנו! וי"ל: דהתם דייק מדקתני שוברת, ולא קתני יוצאת בלא כתובה – מכלל דבעלמא כותבין]: **ש"מ** כותבין שובר. פי' בקונטרס: ואנן קי"ל דאין כותבין, בבבא בתרא (דף קעא:). ואין נראה לר"י, דאדרבה, התם משמע דקיימא לן דכותבין, דקאמר: האידנא דכתבינן תברא כו'. ומדמסיק הכי סתמא דהתלמוד – משמע דהכי הלכתא. ונראה לר"י דה"פ: ש"מ כותבין שובר, ותיקשי למ"ד התם דאין כותבין. ומדסיפא דקתני: וזה אומר אבד שוברי – לא הוה מלי למידק כ"כ, דדלמא לא הזקיקוהו לפרוע ע"י שובר, אלא ההוא – לפניס משורת הדין עבד. א"נ כל כמה דמצי למידק מרישא – מדקדק*). וא"ת: הסתא דס"ד דאיירי במקום שכותבין כתובה. היכי יפרש מתני'? דאמאי גובה כתובתה בגט ולא בכתובה? וי"ל דיפרש כר' יוחנן.

במקום שכותבין ואמרה לא כתב לי עליה להביא ראיה. ומתני' כשהביאה ראיה שלא כתב לה. וא"ת: כיון דבמקום שכותבין הוא – ניחוש שמא אח"כ כתב, דהא בריש פ"ב לעיל (דף טז:) חיישי' להכי, דמוקמינן הא דקתני בברייתא: אבדה כתובתה, נשרפה כתובתה – כגון דאמרי עדים שנשרפה כתובתה, ובמקום שאין כותבין. משמע דבמקום שכותבין – לא גבית, דחיישינן שמא כתב לה אחרת! וי"ל: דהתם שכבר כתב לה בשעת נשואין ונשרפה, חיישינן ודאי שמא כתב לה אחרת. אבל הכא, שהביאה ראיה שלא כתב לה בשעת נשואין – תו ליכא למיחש שמא כתב לה אח"כ, אפי' במקום שכותבין. **גט** גובה עיקר כתובה גובה תוספת. ומיירי מתני' בין במקום שכותבין בין במקום שאין כותבין. קשה לרשב"א: כיון דאית ליה לרב בפ' "גט פשוט" (ב"ב קעא:) דאין כותבין שובר, א"כ הוציאה גט ואין עמו כתובה לא תגבה אפי' מנה ומאתים עד שתחזיר לו הכתובה, דיכול לבא לידי הפסד במה שנשאר שטר כתובה בידה; דכשתתאלמן תגבה שנית מנה ומאתים בעידי מיתה, הואיל ושטר כתובה בידה. דכי קאמר רב: כתובה אינה גובה עיקר – הנ"מ בגרושה, דאית לה גט. אבל אלמנה במאי תגבה עיקר אם לא בכתובה? והם לא ידעו שהיתה גרושה, דשניא דמשנינן לקמן: ביושבת תחת בעלה – לא קאי! ומיהו, אי אמרינן לרב דאפי' אין כתובה בידה – גובה עיקר, אפי' בעידי מיתה, אתי שפיר. ורבי יוחנן נמי מפרש הכי, כדפרישית לעיל. ואם תאמר: והאמר רב

מיגו דיכול לומר לא גרשתיך.

*) [ועי' תוס' שבת לט: ד"ה אלא פניו וכו']

המנוגה

תוספות רי"ד

דקי"ל הלכה כא"ש דקאי כוותיה אבל בבתרא היינו בספיא אין הלכה כר"ש דקי"ל יחיד ורבים הלכה כרבים והלכך בין בעל בין היורשים יכולים להשביע על האפוטרופא שעשת בחיי בעלה אם לא פטרה מן השבועה בין תובעת כתובה בין אינה תובעת ע' בערך מ"ח בס"ה: **מתני'** הוציאה גט ואין עמה כתובה גובה כתובתה כתובה ואין עמה גט היא אומרת אבד גיטי והוא אומר אבד שוברי וכן בעל חוב שהוציא שט"ח ואין עמו פרוזבול הרי אלו לא יפרעו רשב"ג אומר מן הסכנה ואילך אשה גובה בגט שלא בכתובה ובע"ח גובה שלא בפרוזבול.

תוספות רי"ד

מציא למיגבי דהא קרעי ליה לגיטא ותנן כתובה ואין עמה גט אינה גובה כלל ומדלא חיישינן ש"מ כ"ש ע"כ של לוה וא"י להשמט ולומר לא אפרע עד שתחזור לי שטרי שמא תחזור ותוציאנו אלא אומרים לו פרע והוא יכתוב לך שובר.

תובה לבד ואינו נאמן לומר פרעתי עד שיראה שובר ובע"ח גובה שלא בפרוזבול דמסתמא מסר שטרו לב"ד ועשו לו פרוזבול ומפני הסכנה שלא ימצא בידו שרפו. פי' פרוזבול מפורש בהשולח הלל התקין פרוזבול כדי שלא תשמט שביעית שמוסר שטרותיו לב"ד שיגבו חובו מענו דהשתא לא קרינא ביה ל"י שאינו תובע כלום אלא מב"ד תובע וב"ד שהפקרן היה הפקר דייקינן ש"מ כותבין שובר דאי אין כ"ש ניחוש דלמא מפקא לה לכתובה וגביא בי'. פי' גובה בהוצאת גט ולא חיישינן דלמא אערומי מערמא והדרה ומפקה כתובה בב"ד אחריתי גבה מן היורשים כתובת אלמנה לאמר לא נתגרשתי ולא נפרעתי דאילו בעידי גירושין לא

למטען פרעתי אבל תוספת דלא הוי תנאי ב"ד אינה גובה בלא כתובה דמצי למטען פרעתי מתני' עיקר קאמר ולא תוספת וכי מפקא כתובה בלא גט תוספת גובה ולא עיקר דחיישינן הגט ואין הבעל צריך שובר דאין לחוש מעתה לכלום ושמואל פליג עליה ואמר דבגט גובה דבכתובה דמיא לכל מילי ובמקום שיש להם מנהג ידוע לכל הנשים כמה היא התוספת גובה התוספת וקי"ל הל' כשמואל בדיני הלכך אשה שאבד שטר כתובתה גובה מן היורשים בין כתובה בין תוספת חיישינן לפרעון מיהו לא גביא אלא בשבועה כדין כל הבא ליפרע מנ"י שהרי אף כתובה עצמה נפרעת מנ"י אלא בשבועה והאי דלא חיישי' לפרעון דלא פקעה כתובתה לגמרי אבל מידי שבועה אינה נפטרת: א"ל

עג א טואה"ע סי' ק:
עד ב מיי' פט"ז מהל' אישות הל' כט טור ש"ע אה"ע סי' ק סעיף יג:
עה ג מיי' שם טוש"ע שם סעיף יד:
עו ד מיי' שם הלכה ל טוש"ע שם סעיף טו:
עז ה מיי' שם טוש"ע שם סעיף טז:

יכול לְמֵימַר: גֵּירַשְׁתִּיהָ וְנָתַתִּי לָהּ כְּתוּבָּתָהּ. הָא מְדְּקָתָנֵי סֵיפָא, רשב"ג אוֹמֵר: מִן הַסַּכָּנָה וְאֵילָךְ אִשָּׁה גּוֹבָה כְּתוּבָּתָהּ שֶׁלֹּא בְּגֵט, וּבַעַל חוֹב שֶׁלֹּא בִּפְרוֹזְבּוֹל — בְּדְאִיכָּא עֵדֵי גֵירוּשִׁין עָסְקִינַן, דְּאִי לֵיכָּא עֵדֵי גֵירוּשִׁין — בְּמַאי גָּבְיָא? אֶלָּא, כּוּלָּהּ רשב"ג הִיא, וְחַסּוּרֵי מִיחַסְּרָא וְהָכִי קָתָנֵי: הֲרֵי אֵלּוּ לֹא יִפָּרְעוּ. בד"א — כְּשֶׁאֵין שָׁם עֵדֵי גֵירוּשִׁין, אֲבָל יֵשׁ שָׁם עֵדֵי גֵירוּשִׁין — גָּבְיָא תוֹסֶפֶת. וְעִיקָּר; אִי מַפְּקָא גִּיטָּא — גָּבְיָא, וְאִי לָא מַפְּקָא גִּיטָּא — לָא גָּבְיָא. [א]וּמִן הַסַּכָּנָה וְאֵילָךְ, אע"ג דְּלָא מַפְּקָא גִּיטָּא — גָּבְיָא. שֶׁרשב"ג אוֹמֵר: מִסַּכָּנָה וְאֵילָךְ, אִשָּׁה גּוֹבָה כְּתוּבָּתָהּ שֶׁלֹּא בְּגֵט, וּבַעַל חוֹב שֶׁלֹּא בִּפְרוֹזְבּוֹל. אָמְרִי לֵיהּ רַב כָּהֲנָא וְרַב אַסִּי לְרַב: לְדִידָךְ, דְּאָמְרַתְּ: גֵּט — גּוֹבָה עִיקָּר, אַלְמָנָה מִן הַנְּשׂוּאִין בְּמַאי גָּבְיָא? בְּעֵדֵי מִיתָה. וְלֵיחוּשׁ דִּלְמָא גֵּירְשָׁהּ, וּמַפְּקָא לְגִיטָּא וְגָבְיָא בֵּיהּ! בְּיוֹשֶׁבֶת תַּחַת בַּעְלָהּ. וְדִלְמָא סָמוּךְ לְמִיתָה גֵּירְשָׁהּ! אִיהוּ הוּא דְּאַפְסִיד אַנַּפְשֵׁיהּ. אַלְמָנָה מִן הָאֵירוּסִין בְּמַאי גָּבְיָא? בְּעֵדֵי מִיתָה. וְלֵיחוּשׁ דִּלְמָא גֵּירְשָׁהּ, וּמַפְּקָא גִּיטָּא וְגָבְיָא! אֶלָּא בְּמָקוֹם דְּלָא אֶפְשָׁר — כָּתְבִינַן שׁוֹבֵר. דְּאִי לָא תֵּימָא הָכִי — עֵדֵי מִיתָה גּוּפַיְיהוּ, נֵיחוּשׁ דִּלְמָא מַפְּקָא עֵדֵי מִיתָה בְּהַאי בֵּי דִינָא — וְגָבְיָא, וַהֲדַר מַפְּקָא בְּבֵי דִינָא אַחֲרִינָא — וְגָבְיָא! אֶלָּא וַדַּאי, בְּמָקוֹם דְּלָא אֶפְשָׁר — כָּתְבִינַן שׁוֹבֵר. *אֲמַר לֵיהּ מָר קַשִּׁישָׁא בְּרֵיהּ דְּרַב חִסְדָּא לְרַב אַשִׁי: אַלְמָנָה מִן הָאֵירוּסִין, *מְנָלַן דְּאִית לָהּ כְּתוּבָּה? אִילֵימָא מֵהָא: *נִתְאַרְמְלָה אוֹ נִתְגָּרְשָׁה, בֵּין מִן הָאֵירוּסִין בֵּין מִן הַנְּשׂוּאִין — גּוֹבָה אֶת הַכֹּל. דִּלְמָא דְּכָתַב לָהּ! וְכ"ת: אִי כָּתַב לָהּ מַאי לְמֵימְרָא? לְאַפּוּקֵי מִדְּרַבִּי אֶלְעָזָר בֶּן עֲזַרְיָה, דְּאָמַר; *שֶׁלֹּא כָּתַב לָהּ אֶלָּא ע"מ *שֶׁהוּא כּוֹנְסָהּ. דַּיְקָא נַמִי דְּקָתָנֵי: גּוֹבָה אֶת הַכֹּל. אִי אָמְרַתְּ בִּשְׁלָמָא, דְּכָתַב לָהּ — מִשּׁוּם הָכִי גּוֹבָה אֶת הַכֹּל, אֶלָּא אִי אָמְרַתְּ דְּלָא כָּתַב לָהּ — מַאי גּוֹבָה אֶת הַכֹּל? מָנֶה מָאתַיִם הוּא דְּאִית לָהּ! וְאֶלָּא מִדְּתָנֵי רַב חִיָּיא בַּר אָבִין: *אִשְׁתּוֹ אֲרוּסָה — לֹא אוֹנֵן וְלֹא מִיטַּמֵּא לָהּ, וְכֵן הִיא — לֹא אוֹנֶנֶת וְלֹא מִיטַּמְּאָה לוֹ. מֵתָה — אֵינוֹ יוֹרְשָׁהּ, מֵת הוּא — גּוֹבָה כְּתוּבָּתָהּ. דִּלְמָא דְּכָתַב לָהּ. וְכ"ת: אִי כָּתַב לָהּ מַאי לְמֵימְרָא? מֵתָה אֵינוֹ יוֹרְשָׁהּ אִיצְטְרִיכָא לֵיהּ. א"ל רַב נַחְמָן לְרַב הוּנָא: לְרַב, דְּאָמַר: גֵּט — גּוֹבָה עִיקָּר, לֵיחוּשׁ דִּלְמָא מַפְּקָא גִּיטָּא בְּהַאי בֵּי דִינָא וְגָבְיָא, וְהָדְרָא מַפְּקָא בְּבֵי דִינָא אַחֲרִינָא וְגָבְיָא! וְכִי תֵּימָא דְּקָרְעִינַן לֵיהּ — אָמְרָה: בָּעֵינָא לְאִנְסוּבֵי בֵּיהּ! דְּקָרְעִינַן לֵיהּ, וְכָתְבִינַן אַגַּבֵּיהּ: גִּיטָּא דְּנַן קְרַעֲנוּהִי, לָאו מִשּׁוּם דְּגִיטָּא פָּסוּל הוּא, אֶלָּא דְּלָא תֶּיהְדַּר וְתִיגְבֵּי בֵּיהּ זִמְנָא אַחֲרִינָא.§ **מתני'** [ב]שְׁנֵי גִיטִּין וּשְׁתֵּי כְתוּבּוֹת — גּוֹבָה שְׁתֵּי כְתוּבּוֹת. [ג]שְׁתֵּי כְתוּבּוֹת וְגֵט אֶחָד, [ד]אוֹ כְתוּבָּה וּשְׁנֵי גִטִּין, אוֹ כְתוּבָּה וְגֵט וּמִיתָה — אֵינָהּ גּוֹבָה אֶלָּא כְּתוּבָּה אַחַת. *שֶׁהַמְגָרֵשׁ אֶת אִשְׁתּוֹ וְהֶחֱזִירָהּ — ע"מ כְּתוּבָּה הָרִאשׁוֹנָה מַחֲזִירָהּ.§ **גמ'** אִי בָּעְיָא בְּהַאי — גָּבְיָא, אִי בָּעְיָא בְּהַאי — גָּבְיָא? לֵימָא תֶּיהֱוֵי תְּיוּבְתָּא דְּרַב נַחְמָן אָמַר שְׁמוּאֵל, *דְּאָמַר ר"נ אָמַר שְׁמוּאֵל: שְׁנֵי שְׁטָרוֹת הַיּוֹצְאִין בָּזֶה אַחַר זֶה — בִּיטֵּל שֵׁנִי אֶת הָרִאשׁוֹן! לָאו אִתְּמַר עֲלַהּ, אָמַר רַב פָּפָּא: וּמוֹדֶה רַב נַחְמָן, דְּאִי אוֹסֵיף בֵּיהּ דִּיקְלָא — לְתוֹסֶפֶת כְּתָבֵיהּ. הָכָא נַמִי — בְּדְאוֹסֵיף לָהּ. ת"ר: [ה]הוֹצִיאָה גֵּט וּכְתוּבָּה וּמִיתָה, אם

רש"י

וְאִי לָא לָא גָּבְיָא. חָיְישִׁינַן שֶׁמָּא כְּבָר גְּבָתָהּ עַל פִּי הַגֵּט. אַלְמָנָה בְּמַאי גָּבְיָא. כְּתוּבָּה שֶׁלָּהּ. עַל כָּרְחָךְ בְּעֵדֵי מִיתָה, שֶׁמֵּת בַּעְלָהּ וּמַחֲזֶרֶת שְׁטַר כְּתוּבָּה לַיּוֹרְשִׁי', וְקוֹרְעִין אוֹתוֹ. נֵיחוּשׁ שֶׁמָּא גֵּירְשָׁהּ. וְהָדְרָא וּמַפְּקָא גִּיטָּא בְּבֵי דִינָא אַחֲרִינָא, וְתִגְבֶּה עִיקָּר. בְּיוֹשֶׁבֶת תַּחַת בַּעְלָהּ. אֵין אַלְמָנָה גּוֹבָה כְּתוּבָּתָהּ, אא"כ מַכִּירִין אוֹתָהּ שֶׁבִּשְׁעַת מִיתָתוֹ הָיְתָה יוֹשֶׁבֶת תַּחְתָּיו. אַלְמָנָה מִן הָאֵירוּסִין. שֶׁלֹּא יָשְׁבָה תַּחְתָּיו מֵעוֹלָם. אֶלָּא בְּמָקוֹם דְּלָא אֶפְשָׁר כו'. אֶלָּא לָא תֵּימָא בְּיוֹשֶׁבֶת תַּחַת בַּעְלָהּ, דַּאֲפִילּוּ הָלַךְ לִמְדִינַת הַיָּם נַמִי, וְשָׁמְעוּ בּוֹ שֶׁמֵּת — גּוֹבָה כְּתוּבָּתָהּ, וְלָא חָיְישִׁינַן לְדִלְמָא גֵּירְשָׁהּ וְהָדְרָא מַפְּקָא לְגִיטָּהּ. דְּאָמְרִינַן לְהוּ: תִּכְתּוֹב לָכֶם שׁוֹבֵר. דִּבְמָקוֹם שֶׁאֵין לוֹמַר הַעֲרָמָה, וְאִי אֶפְשָׁר לָהּ לִגְבּוֹת אִם בָּאתָ לָחוּשׁ לְכָל אֵלֶּה, כְּגוֹן זוֹ, וּכְגוֹן נִשְׂרְפָה כְּתוּבָּתָהּ בְּעֵדִים — לֹא נִמְנָעֶנָּה מִלְּהַגְבּוֹת כְּתוּבָּתָהּ, וְתִכְתּוֹב שׁוֹבֵר. עֵדֵי מִיתָה גּוּפַיְיהוּ. בְּמָקוֹם שֶׁאֵין כּוֹתְבִין כְּתוּבָּה, וְאֵין הַיּוֹרְשִׁין יְכוֹלִין לוֹמַר לָהּ: הַחֲזִירִי לָנוּ שְׁטַר כְּתוּבָּתֵךְ, נֵיחוּשׁ כו'. מָר קַשִּׁישָׁא וּמָר יָנוּקָא. שְׁנֵי בָנִים הָיוּ לְרַב חִסְדָּא, וְשֵׁם שְׁנֵיהֶם שָׁוִין, אֶלָּא שֶׁהַגָּדוֹל קוֹרִין לוֹ מָר קַשִּׁישָׁא, וְלַצָּעִיר קוֹרִין לוֹ מָר יָנוּקָא (א)*. אַלְמָנָה מִן הָאֵירוּסִין. דְּאִית לָהּ כְּתוּבָּה בִּתְנַאי ב"ד, אִם לֹא כָתַב לָהּ. מְנָלָן. דְּקָאָמַר לְעֵיל: עֵדֵי מִיתָה גּוּפַיְיהוּ לֵיחוּשׁ דִּלְמָא מַפְּקָא וְהָדְרָא וּמַפְּקָא. ע"כ חֲדָא מִינַּיְיהוּ גָּבְיָא בְּלָא שְׁטָרָא, שֶׁהֲרֵי בְּפֵרָעוֹן רִאשׁוֹן הֶחֱזִירָה הַשְּׁטָר אִם כָּתַב לָהּ, וְקָא חָיֵישׁ לְהָדְרָא וּמַפְּקָא. אַלְמָא: יֵשׁ לָהּ כְּתוּבָּה בִּתְנַאי ב"ד, בְּלֹא שׁוּם כְּתוּבָּה, מְנָלָן? אֶת הַכֹּל. עִיקָּר וְתוֹסֶפֶת. לֹא כָתַב לָהּ. הַתּוֹסֶפֶת אֶלָּא ע"מ לְכוֹנְסָהּ, וְאִם מֵת בָּאֵירוּסִין — אֵין לָהּ אֶלָּא עִיקַּר כְּתוּבָּה. אֶלָּא אִי אָמְרַתְּ בְּשֶׁלֹּא כָתַב לָהּ. וּבִתְנַאי ב"ד הוּא דְּגָבְיָא, לְאַלְמָנָה מָנֶה וּמָאתַיִם לִבְתוּלָה הוּא דְּאִית לָהּ, שֶׁהֲרֵי אֵין כָּאן תּוֹסֶפֶת. לֹא אוֹנֵן. לֵיאָסֵר בְּקָדָשִׁים. וְלֹא מִיטַּמֵּא לָהּ. אִם כֹּהֵן הוּא, דִּ"שְׁאֵרוֹ" כְּתִיב. וְלֹא מִטַּמְּאָה לוֹ. אֵינָהּ חַיֶּיבֶת לְהִתְעַסֵּק בּוֹ וְלִיטַּמֵּא בּוֹ, בֵּין כֹּהֶנֶת בֵּין יִשְׂרְאֵלִית. אע"פ שֶׁמִּצְוָה לִיטַּמֵּא לַמֵּתִים הָאֲמוּרִים בַּפָּרָשָׁה, כְּדִכְתִיב (ויקרא כא) "לָהּ יִטַּמָּא" — זוֹ אֵינָהּ חַיֶּיבֶת. וְלָאו מִשּׁוּם כֹּהֶנֶת נָקַט לָהּ, שֶׁלֹּא הוּזְהֲרוּ כֹּהֲנוֹת מִלִּיטַּמֵּא לַמֵּתִים. אֵינוֹ יוֹרְשָׁהּ. דְּגַבֵּי יְרוּשַּׁת הַבַּעַל "שְׁאֵרוֹ" כְּתִיב, "לִשְׁאֵרוֹ הַקָּרוֹב אֵלָיו מִמִּשְׁפַּחְתּוֹ וְיָרַשׁ אוֹתָהּ" — מִכָּאן שֶׁהַבַּעַל יוֹרֵשׁ אֶת אִשְׁתּוֹ. מֵתָה אֵינוֹ יוֹרְשָׁהּ אִיצְטְרִיכָא לֵיהּ. מִשּׁוּם "מֵתָה אֵינוֹ יוֹרְשָׁהּ" אִיצְטְרִיךְ לֵיהּ לְמִיתְנֵי: מֵת הוּא גּוֹבָה כְּתוּבָּתָהּ, לְאַשְׁמְעִינַן, דְּבִדְכָתַב לָהּ כְּתוּבָּה עָסְקִינַן. וְאע"ג דְּאִיקַּרְבוּ לְאַחְתּוּנֵי כּוּלֵּי הַאי — אֵינוֹ יוֹרְשָׁהּ. בָּעֵינָא לְאִינְסוּבֵי בֵּיהּ. שֶׁיִּהְיֶה בְּיָדִי לִרְאָיָה שֶׁנִּתְגָּרַשְׁתִּי, שֶׁלֹּא יֹאמְרוּ עָלַי: אֵשֶׁת אִישׁ הִיא.

מתני' שְׁנֵי גִיטִּין וּשְׁתֵּי כְתוּבּוֹת. זְמַן(ב) רִאשׁוֹנָה קוֹדֵם לִזְמַן גֵּט רִאשׁוֹן, וּזְמַן כְּתוּבָּה שְׁנִיָּה קוֹדֵם לְגֵט שֵׁנִי. גּוֹבָה שְׁתֵּי כְתוּבּוֹת. שֶׁהֲרֵי גֵּירְשָׁהּ וְהֶחֱזִירָהּ, וְכָתַב לָהּ כְּתוּבָּה שְׁנִיָּה. אֲבָל קָדְמוּ שְׁתֵּי הַכְּתוּבּוֹת לְגֵט הָרִאשׁוֹן — לֹא. שֶׁהֲרֵי כְּשֶׁהֶחֱזִירָהּ לֹא כָתַב לָהּ כְּתוּבָּה, וּתְנַן בְּסֵיפָא: שְׁתֵּי כְתוּבּוֹת וְגֵט — אֵינָהּ גּוֹבָה אֶלָּא אַחַת. [לָמַדְנוּ שֶׁהַכּוֹתֵב לְאִשְׁתּוֹ שְׁתֵּי כְתוּבּוֹת — אֵינָהּ גּוֹבָה אֶלָּא אַחַת. וְאִי מִשּׁוּם דְּאִיגָּרְשָׁא וְהָדְרָה — הָא תְּנַן: כְּתוּבָּה וּשְׁנֵי גִיטִּין — אֵין לָהּ אֶלָּא אַחַת], שֶׁע"מ כְּתוּבָּה הָרִאשׁוֹנָה הֶחֱזִירָהּ. שְׁתֵּי כְתוּבּוֹת וְגֵט. שֶׁקָּדְמוּ שְׁתֵּיהֶן לַגֵּט. וּבַגְּמָרָא מְפָרֵשׁ לְמַאי כָּתַב לְהוּ. כְּתוּבָּה וּשְׁנֵי גִיטִּין. כְּתוּבָּה בַּנִּשּׂוּאִין הָרִאשׁוֹנִים, וְגֵירְשָׁהּ וְהֶחֱזִירָהּ, וְלֹא כָתַב לָהּ כְּתוּבָּה, וְחָזַר וְגֵירְשָׁהּ. **גמ'** אִי בָּעְיָא בְּהַאי גָּבְיָא. בִּתְמִיָּה. וְאַשְׁתֵּי כְתוּבּוֹת וְגֵט קָאֵי, דְּקָתָנֵי: אֵין לָהּ אֶלָּא כְּתוּבָּה אַחַת. וְלֹא קָתָנֵי: אֵין לָהּ אֶלָּא כְּתוּבָּה אַחֲרוֹנָה. אַלְמָא: אִי נִיחָא לָהּ לְמִיטְרַף לָקוֹחוֹת מִזְּמַן רִאשׁוֹן — טָרְפָה. בָּזֶה אַחַר זֶה. זְמַנּוֹ שֶׁל זֶה קוֹדֵם לָזֶה, וּשְׁנֵיהֶם עַל הַלְוָאָה אַחַת אוֹ עַל מֶכֶר אֶחָד. בִּיטֵּל שֵׁנִי אֶת הָרִאשׁוֹן. וְאֵינוֹ טוֹרֵף אֶלָּא מִזְּמַן שֵׁנִי. דְּכֵיוָן דְּכָתַב לִשְׁטָרָא בַּתְרָא — אַחֲלֵיהּ לְשִׁיעְבּוּד קַמָּא. דְּאִי אוֹסֵיף בֵּיהּ דִּיקְלָא. בִּשְׁטָר שֵׁנִי. לְתוֹסֶפֶת כְּתָבֵיהּ. וְלָא אַחֲלֵיהּ לְשִׁיעְבּוּד לְבַטֵּל זְמַן שְׁטָר רִאשׁוֹן. וְתַרְוַיְיהוּ מִיהָא לָא גָּבְיָא, מִדְּלָא כָּתַב לָהּ: צְבִיתִי וְאוֹסֵיפִית לָהּ הָךְ אַקַּמַּיְיתָא. אֶלָּא שְׁטַר כְּתוּבָּה יְתֵירָא כָּתַב לָהּ, וְלֹא הִזְכִּיר בָּהּ אֶת הָרִאשׁוֹנָה. הָכִי קָאָמַר: אִם תִּתְרַצִּי לִמְחוֹל שִׁיעְבּוּד שֶׁל רִאשׁוֹנָה — גְּבִי כְּתוּבָּה זוֹ הַמְרוּבָּה, וְאִם לָאו — גְּבִי הָרִאשׁוֹנָה הַמּוּעֶטֶת. הִלְכָּךְ, הֵי מִינַּיְיהוּ דְּבָעְיָא, גָּבְיָא. וְהָכִי פָּרְשִׁינַן בְּפִירְקִין קַמָּאֵי. וְכִי אֲמַר רַב נַחְמָן: בִּיטֵּל שֵׁנִי אֶת הָרִאשׁוֹן — בִּדְלָא אוֹסֵיף בֵּיהּ מִידֵּי. דְּאִי לָאו לְבַטּוֹלֵי קַמָּא אֲתָא — לְמַאי כְּתָבֵיהּ? וּמִיתָה. וְעֵדֵי מִיתָה. וּבָעְיָא לִגְבּוֹת שְׁתֵּי כְתוּבּוֹת, אַחַת בְּתוֹרַת גֵּרוּשִׁין, וְאַחַת בְּתוֹרַת אַלְמְנוּת. אִם

תוספות

המנונא האשה שאמרה לבעלה גירשתני – נאמנת. ורבי יוחנן אית ליה דרב המנונא, לעיל בפ' שני (דף כב: ושם) ובפרק "התקבל" (גיטין סד.)! וי"ל: דלא מהימנא אלא דווקא היכא דאין תובעת כתובתה, אבל תובעת כתובתה – לא מהימנא, דשמא מחמת חימוד ממון אומרת כן. והכי אמרינן ב"האשה שהלכה" (יבמות קיז. ושם): "מת בעלי והתירוני לינשא" – מתירין אותה לינשא, ונותנין לה כתובתה. "תנו לי כתובתי" – אף לינשא אין מתירין אותה, דאדעתא דכתובה אתאי.

יכול לומר גירשתיה ונתתי כו'. ואם תאמר: ומאי מיגו הוא זה? דאם יאמר לא גירשתיך – יתחייב בשאר וכסות, ועכשיו דאמר פרעתי – פוטר עצמו! ויש לומר: דכשאמר לא גירשתיך נמי פטור גם משאר וכסות, דדמו ל"טענו חטין והודה לו בשעורים", דקי"ל דפטור (שבועות דף לח:). וא"ת: בפ' בתרא (לקמן קז:) דאמרי': האשה שהלכה היא ובעלה למדינת הים, ובאה ואמרה כו' "גירשני בעלי" – מתפרנסת והולכת עד כדי כתובתה. ואמאי? ניחוש שמא בעלה היה אומר "לא גירשתיך", והוי טענו חטין והודה לו בשעורין, ופטור! ויש לחלק: דשמא אם היה בא בעלה היה מודה לדבריה.

לדידך דאמרת גט גובה עיקר. לשמואל נמי הוה מצי לאקשויי, ובמקום שאין כותבין כתובה.

מתה אינו יורשה איצטריכא ליה. ואם תאמר: והא "מת הוא גובה כתובתה" נמי אילטריכא ליה, דמינה דייקינן בפרק "נערה" (לעיל נג.) דארוסה לא קבר לה! ויש לומר: דהוי מצי למיתני "מתה אינו קוברה", ולשון "גובה כתובתה" לא אילטריכא ליה. לא

[ועי' תוס' ב"ב ז: ד"ה מר]
[ב"מ יז:]
[עי' תוס' קדושין סה. ד"ה ואם והתם' ב"מ יז: ד"ה מן ותוס' לעיל מד. ד"ה והלכתא ותוס' יומא יט: ד"ה מי תוכח] [בכמשנה לעיל נד: איתא לכונסה וכו"ה בב"מ שם]
לעיל נג. יבמות כט: מג: ב"מ יח. סנהדרין כח: ע"ש וג"ע
לעיל פב.
לעיל מד.
לעיל מז. נג: ב"מ יז:
[לעיל שם ב"מ שם]
ב"י כ"י

הגהות הב"ח

(א) רש"י ד"ה מר קשישא. נ"ב עי' ב"ב פ"ק דף ז ע"ב שם קתני מר ינוקא קודם וע"כ פי' התוס' שם שגדול היה וקרי ליה מר ינוקא לפי שנולד בילדותו: (ב) ד"ה שני וכו' זמן כתובה ראשונה וכו' שניה קודם לזמן גט שני:

תוספות רי"ד

א"ל מר קשישא לרב אשי אלמנה מן האירוסין מגלן דאית לה כתובה וכו'. מכאן מוכיח דהוה קים להו דאלמנה מן האירוסין י"ל כתובה ואע"ג דלא כתב לה ומ"ה בעיא מיני' הא מילתא דפשיטא להו די"ל כתובה אי מהאי מתני' ילפוה אי מהני איכא למימר בדכתב לה ואע"ג דדחינהו ואמר בדכתב לה אית צד לדחות סברות האמוראים בדחיות הללו שא"ת לא היה פשוט להן שיש כתובה לארוסה אע"ג דלא כתב לה למה היה שואלו מנין שי"ל כתובה ומי אמר לו שיש לה כתובה עד שיכתוב לה וראיתי בתשובת רב צמח גאון ז"ל שאמר שאין כתובה לארוסה אלא היכא דכתב לה וכך כתב גם בעל ה"ג אבל ראיתי שרבינו האי ז"ל נשאל על מה דאמרי' בקדושין האומר לאשה קדשתיך והיא אומרת ל"ק וכו' ואמרי' עלה מאי [נאמן] ליתן גט רב אמ' כופין ושמואל אמ' אין כופין ואמרי' בסיפא אמר שמואל מבקשים הימנו ליתן גט ואמר רב אם נתן גט מעצמו כופין אותו ליתן כתובה דאלמא לס' ארוסה יש כתובה וכ"ש לודאי ארוסה וליכא לאוקמיה בדכתב לה דאי כתב לה מי מצי למימר לא קדשתיך תוציא שטר כתובתה ותפריענו. והשיב שכך הוא סברת רב דאע"ג דלא כתב לה א"ל מאתים ומר קשישא דחיי' בעלמא עבד דליכא למלפי' מהני מתנייתא שיש לפרשם בדכתב לה אבל לא שיסבור מר קשישא הכי וזה נ"ל עיקר שבכמה מקומות הוכחתי שיש כתובה לארוסה אע"ג דלא כתב לה עיין בפרק נערה שנתפתתה ובפ"ק דמכילתין ובפרק האומר בקידושין: **מתני'** שני גיטין ושתי כתובות גובה ב' כתובות וגט א' או כתובה וב' גיטין או כתובה וגט ומיתה אינה גובה אלא כתובה א' שהמגרש את האשה ומחזירה ע"מ כתובה הראשונה הוא מחזירה קטן שהשיאו אביו כתובתה קיימת שע"מ כן קיימה גר שנתגייר ואשתו עמו כתובתה קיימת שע"מ כן קיימה. פי' ב' גיטין וב' כתובות זמן כתובה א' קודם לזמן גט א' וזמן כתובה ב' קודם לזמן גט ב' שכנסה בשנה א' וכתב לה כתובתה וגירשה בשנה ב' וכתב לה גיטא ובשנה ג' החזירה וכתב לה כתובה ובשנה ד' גירשה וכתב לה גיטא גובה ב' כתובות א' של נשואי א' וא' של נשואי ב' שכיון שכשחזר והחזירה כתב לה כתובה וגובה ע"י כתובה הא' החזירה. ב' כתובות זו אחר זו וגט א' אינה גובה אלא כתובה א' שאין כאן אלא נשואי הא' ומה שכ' לה ב' כתובות לא שתגבה מהן אלא שתגבה באיזה שתרצה או בא' או בב' כדאמרי' לקמן וכן נמי כתובה וב' גיטין זה אחר זה כגון שכנסה בשנה הא' וכתב לה כתובה ובב' גירשה ובג' כנסה ולא כתב לה כתובה וברביעית גירשה אין לה אלא כתובה א' כיון שבשעה שהחזירה לא כתב לה כתובה ע"ד הא' החזירה וכן כתובה וגט ומיתה [...] גט אין לה אלא כתובה א' והא פשוט וכדי נסבא. שהמגרש את האשה והחזירה ע"מ כתובה הא' החזירה. זה עונה על כתובה וב' גיטין שאע"פ שיש כאן ב' נישואין כיון שבנשואה הב' לא [...] קטן שהשיאו אביו וכתב לו כתובה בעודו קטן והגדיל כתובתה קיימת שע"מ כן קיימה ול"א כיון שאין נשואי קטן כלום גם מ"ש לה בעודו קטן אינו כלום ועכשיו כשהגדיל והיא תחתיו [...] אלא מנה אלא אמרי' כיון שכתב לה מאתים בעודו קטן עכשיו כשהגדיל וקיימה ע"מ אותה הכתובה קיימה ודוקא אם הגדיל אבל אם מת בעודו קטן אין לה כלום שאין נשואי קטן נשואין [...] היתה עמו. ודוקא אם כתב קודם בקטנותו ולא כתב לה עכשיו כשהגדיל וקיימה אין לה אלא מנה כבעולה שא"ל כאן ע"ד כתובה הא' קיימה שהרי לא כתב [...] אשתו עמו כגון עובד כוכבים שנשא בת ישראל ובגיותו כתב לה כתובה ועכשיו נתגייר וקיימה כתובתה קיימת ואע"פ שכל מה שכתב לה בגיותו אינו כלום שע"מ כן קיימה ואם לא כתב לה כתובה בגיותו עכשיו כשנתגייר ומקיימה א"ל

Koren Talmud Bavli
THE NOÉ EDITION

KETUBOT

Steinsaltz Center

KOREN

תלמוד בבלי

KOREN TALMUD BAVLI

THE NOÉ EDITION

כתובות

KETUBOT

Daf 65b through Daf 90a

COMMENTARY BY

Rabbi Adin Even-Israel Steinsaltz

EDITOR-IN-CHIEF

Rabbi Dr Tzvi Hersh Weinreb

SENIOR CONTENT EDITOR

Rabbi Dr Shalom Z Berger

EXECUTIVE EDITOR

Rabbi Joshua Schreier

•

STEINSALTZ CENTER

KOREN PUBLISHERS JERUSALEM

Supported by the Matanel Foundation

Koren Talmud Bavli, The Noe Edition
Vol. 15e: Tractate Ketubot, Daf 65b through Daf 90a
Paperback, ISBN, 978-965-7765-75-3

First Hebrew/English paperback edition, 2021

Koren Publishers Jerusalem Ltd.
PO Box 4044, Jerusalem 91040, ISRAEL
PO Box 8531, New Milford, CT 06776, USA
www.korenpub.com

Steinsaltz Center

Steinsaltz Center is the parent organization of institutions established by Rabbi Adin Even-Israel Steinsaltz

PO Box 45187, Jerusalem 91450 ISRAEL
Telephone: +972 2 646 0900, Fax +972 2 624 9454
www.steinsaltz-center.org

הִנֵּה יָמִים בָּאִים, נְאֻם אֲדֹנָי יֱהוִֹה, וְהִשְׁלַחְתִּי רָעָב בָּאָרֶץ,
לֹא־רָעָב לַלֶּחֶם וְלֹא־צָמָא לַמַּיִם, כִּי אִם־לִשְׁמֹעַ אֵת דִּבְרֵי יהוה.

Behold, days are coming – says the Lord God – I will send a hunger to the land, not a hunger for bread nor a thirst for water, but to hear the words of the Lord. (AMOS 8:11)

The Noé edition of the Koren Talmud Bavli
with the commentary of Rabbi Adin Even-Israel Steinsaltz
is dedicated to all those who open its covers
to quench their thirst for Jewish Knowledge,
in our generation of Torah renaissance.

This beautiful edition is for the young, the aged,
the novice and the savant alike,
as it unites the depth of Torah knowledge
with the best of academic scholarship.

Within its exquisite and vibrant pages,
words become worlds.

It will claim its place in the library of classics,
in the bookcases of the Beit Midrash,
the classrooms of our schools,
and in the offices of professionals and business people
who carve out precious time to grapple with its timeless wisdom.

For the Student and the Scholar

DEDICATED BY LEO AND SUE NOÉ

Steinsaltz Center

Executive Director, Steinsaltz Center

Rabbi Meni Even-Israel

Managing Editor

Rabbi Jason Rappoport

Senior Content Editor

Rabbi Dr. Shalom Z. Berger

Editors

Rabbi Joshua Amaru, *Coordinating Editor*
Rabbi Avishai Magence, *Content Curator*
Rabbi Alan Haber
Gila Hoch
Stephen Lauber
Eli Ozarowski
Avi Steinhart
Rabbi David Strauss
Rabbi Abe Y. Weschler

Copy Editors

Aliza Israel, *Coordinator*
Bracha Hermon
Ita Olesker
Debbie Ismailoff
Shira Finson
Ilana Sobel
Deena Nataf
Eliana Kurlantzick Yorav
Erica Hirsch Edvi
Nava Wieder

Language Consultants

Dr. Stephanie E. Binder, *Greek & Latin*
Rabbi Yaakov Hoffman, *Arabic*
Dr. Shai Secunda, *Persian*
Shira Shmidman, *Aramaic*

KOREN

Design & Typesetting

Dena Landowne Bailey, *Typesetting*
Tani Bayer, *Jacket Design*
Raphaël Freeman, *Design & Typography*

Images

Eliahu Misgav, *Illustration & Image Acquisition*

Introduction by the Publisher

The Talmud has sustained and inspired Jews for thousands of years. Throughout Jewish history, an elite cadre of scholars has absorbed its learning and passed it on to succeeding generations. The Talmud has been the fundamental text of our people.

Beginning in the 1960s, Rabbi Adin Even-Israel Steinsaltz *שליט"א* created a revolution in the history of Talmud study. His translation of the Talmud, first into modern Hebrew and then into other languages, as well the practical learning aids he added to the text, have enabled millions of people around the world to access and master the complexity and context of the world of Talmud.

It is thus a privilege to present the *Koren Talmud Bavli*, an English translation of the talmudic text with the brilliant elucidation of Rabbi Steinsaltz. The depth and breadth of his knowledge are unique in our time. His rootedness in the tradition and his reach into the world beyond it are inspirational.

Working with Rabbi Steinsaltz on this remarkable project has been not only an honor, but a great pleasure. Never shy to express an opinion, with wisdom and humor, Rabbi Steinsaltz sparkles in conversation, demonstrating his knowledge (both sacred and worldly), sharing his wide-ranging interests, and, above all, radiating his passion. I am grateful for the unique opportunity to work closely with him, and I wish him many more years of writing and teaching.

Our intentions in publishing this new edition of the Talmud are threefold. First, we seek to fully clarify the talmudic page to the reader – textually, intellectually, and graphically. Second, we seek to utilize today's most sophisticated technologies, both in print and electronic formats, to provide the reader with a comprehensive set of study tools. And third, we seek to help readers advance in their process of Talmud study.

To achieve these goals, the *Koren Talmud Bavli* is unique in a number of ways:

- The classic *tzurat hadaf* of Vilna, used by scholars since the 1800s, has been reset for great clarity, and opens from the Hebrew "front" of the book. Full *nikkud* has been added to both the talmudic text and Rashi's commentary, allowing for a more fluent reading with the correct pronunciation; the commentaries of *Tosafot* have been punctuated. Upon the advice of many English-speaking teachers of Talmud, we have separated these core pages from the translation, thereby enabling the advanced student to approach the text without the distraction of the translation. This also reduces the number of volumes in the set. At the bottom of each *daf*, there is a reference to the corresponding English pages. In addition, the Vilna edition was read against other manuscripts and older print editions, so that texts which had been removed by non-Jewish censors have been restored to their rightful place.
- The English translation, which starts on the English "front" of the book, reproduces the *menukad* Talmud text alongside the English translation (in bold) and commentary and explanation (in a lighter font). The Hebrew and Aramaic text is presented in logical paragraphs. This allows for a fluent reading of the text for the non-Hebrew or non-Aramaic reader. It also allows for the Hebrew reader to refer easily to the text alongside. Where the original text features dialogue or poetry, the English text is laid out in a manner appropriate to the genre. Each page refers to the relevant *daf*.

- Critical contextual tools surround the text and translation: personality notes, providing short biographies of the Sages; language notes, explaining foreign terms borrowed from Greek, Latin, Persian, or Arabic; and background notes, giving information essential to the understanding of the text, including history, geography, botany, archaeology, zoology, astronomy, and aspects of daily life in the talmudic era.
- Halakhic summaries provide references to the authoritative legal decisions made over the centuries by the rabbis. They explain the reasons behind each halakhic decision as well as the ruling's close connection to the Talmud and its various interpreters.
- Photographs, drawings, and other illustrations have been added throughout the text – in full color in the Standard and Electronic editions, and in black and white in the Daf Yomi edition – to visually elucidate the text.

This is not an exhaustive list of features of this edition, it merely presents an overview for the English-speaking reader who may not be familiar with the "total approach" to Talmud pioneered by Rabbi Steinsaltz.

Several professionals have helped bring this vast collaborative project to fruition. My many colleagues are noted on the Acknowledgments page, and the leadership of this project has been exceptional.

RABBI MENACHEM EVEN-ISRAEL, DIRECTOR OF THE STEINSALTZ CENTER, was the driving force behind this enterprise. With enthusiasm and energy, he formed the happy alliance with Koren and established close relationships among all involved in the work.

RABBI DR. TZVI HERSH WEINREB שליט״א, EDITOR-IN-CHIEF, brought to this project his profound knowledge of Torah, intellectual literacy of Talmud, and erudition of Western literature. It is to him that the text owes its very high standard, both in form and content, and the logical manner in which the beauty of the Talmud is presented.

RABBI JOSHUA SCHREIER, EXECUTIVE EDITOR, assembled an outstanding group of scholars, translators, editors, and proofreaders, whose standards and discipline enabled this project to proceed in a timely and highly professional manner.

RABBI MEIR HANEGBI, EDITOR OF THE HEBREW EDITION OF THE STEINSALTZ TALMUD, lent his invaluable assistance throughout the work process, supervising the reproduction of the Vilna pages.

RAPHAËL FREEMAN, EXECUTIVE EDITOR OF KOREN, created this Talmud's unique typographic design which, true to the Koren approach, is both elegant and user friendly.

It has been an enriching experience for all of us at Koren Publishers Jerusalem to work with the Steinsaltz Center to develop and produce the *Koren Talmud Bavli*. We pray that this publication will be a source of great learning and, ultimately, greater *avodat Hashem* for all Jews.

Matthew Miller, Publisher
Koren Publishers Jerusalem
Jerusalem 5772

Contents

For the vocalized Vilna Shas layout, please open as a Hebrew book.

Introduction to **Perek VI**

This chapter begins with a short discussion of a husband's rights to various kinds of property and wealth that his wife acquires by means other than work. It deals primarily with the *halakhot* surrounding the dowry that a woman brings into the marriage.

Torah law does not dictate that a woman must bring a dowry into her marriage from her father's home, and the dowry is not considered an essential component of a marriage. Nevertheless, certain conventions relating to the dowry crystalized over the generations, and the Sages afforded these conventions halakhic weight.

One primary issue surrounding the dowry concerns the nature of the father's responsibility to provide a dowry for his daughter. Is this responsibility purely personal, so that only he is obligated to provide the dowry, or is it a debt that also falls upon his estate? With regard to specific details of the dowry, is the amount of the dowry fixed, so that there is a minimum that the father must provide for this purpose? In addition, the Gemara examines the place of the dowry within the father's total estate, particularly with respect to the hierarchy of collectable debts and obligations.

The Sages also established certain standards for the husband's financial obligations, categorized as supplemental conditions of the marriage contract, corresponding to the assets the woman brings into the marriage as part of her dowry. These obligations go beyond the basic sums of the marriage contract and whatever supplemental stipulations the husband adds of his own accord. The obligatory supplements vary not only depending upon the amount of property that a woman brings in as a dowry, but also depending on the type of property. For these purposes, there is a critical distinction between liquid assets, which are readily available for business and investments, and illiquid assets, which are not fit for spending. Determining the proper exchange for the gifts of the bride's dowry was complicated by the common practice of exaggerating the value of the dowry for the honor of the bride.

Another question that concerns the dowry relates to the woman's right to control property that her father has earmarked for her dowry. May she do with it as she wishes, or is she bound by her father's terms? These questions are addressed in detail in this chapter.

מתני׳ מְצִיאַת הָאִשָּׁה וּמַעֲשֵׂה יָדֶיהָ – לְבַעְלָהּ, וִירוּשָּׁתָהּ – הוּא אוֹכֵל פֵּירוֹת בְּחַיֶּיהָ. בּוֹשְׁתָהּ וּפְגָמָהּ – שֶׁלָּהּ.

MISHNA A lost **object found by a wife and the** wife's **earnings**[H] belong **to her husband. And** with regard to **her inheritance,**[NH] the husband **enjoys the profits** of this property **in her lifetime.** If she is humiliated or injured, the perpetrator is liable to pay compensation for **her humiliation and her degradation,**[NBH] as relevant. This payment belongs **to her.**

רַבִּי יְהוּדָה בֶּן בְּתֵירָא אוֹמֵר: בִּזְמַן שֶׁבַּסֵּתֶר – לָהּ שְׁנֵי חֲלָקִים, וְלוֹ אֶחָד. וּבִזְמַן שֶׁבְּגָלוּי – לוֹ שְׁנֵי חֲלָקִים וְלָהּ אֶחָד. שֶׁלּוֹ – יִנָּתֵן מִיָּד, וְשֶׁלָּהּ – יִלָּקַח בָּהֶן קַרְקַע, וְהוּא אוֹכֵל פֵּירוֹת.

Rabbi Yehuda ben Beteira says: When it is an injury **that is in a concealed** part of the woman's body, **she** receives **two parts,** i.e., two-thirds, of the payment for humiliation and degradation, **and** the husband receives **one** part, i.e., one-third, as the injury affects him as well. **And when** it is an injury **that is in an exposed** part of her body, **he** receives **two parts,** as he suffers public humiliation due to her condition, **and she** receives **one** part. **His** payment **should be given** to him **immediately. And** with **her** portion, **land should be purchased with it, and he enjoys the profits** of that property.

גמ׳ מַאי קָא מַשְׁמַע לָן? תְּנֵינָא: הָאָב זַכַּאי בְּבִתּוֹ בְּקִידּוּשֶׁיהָ: בְּכֶסֶף, בִּשְׁטָר וּבְבִיאָה. זַכַּאי בִּמְצִיאָתָהּ וּבְמַעֲשֵׂה יָדֶיהָ וּבַהֲפָרַת נְדָרֶיהָ. מְקַבֵּל אֶת גִּיטָּהּ וְאֵינוֹ אוֹכֵל פֵּירוֹת בְּחַיֶּיהָ, נִישֵּׂאת – יָתֵר עָלָיו הַבַּעַל שֶׁהוּא אוֹכֵל פֵּירוֹת בְּחַיֶּיהָ!

GEMARA The Gemara asks: **What is** the mishna **teaching us? We** already **learned** in a mishna (46b) that **the father is entitled,** in the case of **his daughter,** to authority over **her betrothal,** whether it is effected **with money, with a document, or through sexual intercourse.** Furthermore, as long as she is single, her father **is entitled to** any lost **object** that **she finds, and to her earnings, and to** effect **nullification of her vows** (see Numbers, chapter 30). Her father also **receives her bill of divorce** on her behalf, **but he does not enjoy the profits** of her property **in her lifetime. If she is married, the** rights of the **husband are greater than his, as** the husband **enjoys the profits**[H] of her property **in her lifetime.** What, then, is the mishna teaching beyond that which was taught elsewhere?

בּוֹשְׁתָהּ וּפְגָמָהּ אִיצְטְרִיכָא לֵיהּ, פְּלוּגְתָּא דְּרַבִּי יְהוּדָה בֶּן בְּתֵירָא וְרַבָּנַן.

The Gemara answers: It **was necessary for** the *tanna* to mention the *halakhot* concerning compensation for **her humiliation and her degradation,** as ownership of these payments is subject to a **dispute between Rabbi Yehuda ben Beteira and the Rabbis.**

תְּנֵי תַּנָּא קַמֵּיהּ דְּרָבָא: מְצִיאַת הָאִשָּׁה לְעַצְמָהּ, רַבִּי עֲקִיבָא אוֹמֵר: לְבַעְלָהּ. אֲמַר לֵיהּ: הַשְׁתָּא, וּמָה הָעֲדָפָה

§ **A** *tanna* **teaches** a *baraita* **before Rava:** A lost **object found by a wife**[H] belongs **to her; Rabbi Akiva says** it belongs **to her husband.** Rava **said to** that *tanna*: This *baraita* is puzzling. **Now, if,** with regard to the **surplus** of the wife's earnings beyond the minimum sum stipulated by the Sages,

NOTES

And her inheritance – וִירוּשָּׁתָהּ: Rashi offers two interpretations of this term. According to the first explanation, it is the start of a new sentence, so that the mishna rules that the husband enjoys the profits of the inheritance that falls to her. According to the alternative explanation, it is a separate clause that teaches that a husband inherits his wife's property. Since the mishna does not state about the wife: Who came into possession of property, its formulation seems meant primarily to refer to a husband's rights as an inheritor of his wife's property (*Talmidei Rabbeinu Yona*).

One difficulty with the first explanation is that it is unclear why the mishna does not state a more general *halakha*, that a husband is entitled to the profits of his wife's property, but rather states this *halakha* specifically with regard to her inheritance. One answer given is that through this example, the mishna tangentially teaches that the husband's rights apply not only to property his wife owned at the time of their wedding, but also to her inheritance or any gift she receives during their marriage. Others read this phrase as: But her inheritance, as if to say that although the objects she finds and her earnings fully belong to her husband, he does not own her inheritance and is entitled only to its profits (Meiri).

Her humiliation and her degradation – בּוֹשְׁתָהּ וּפְגָמָהּ: The commentaries ask why the mishna does not detail who receives the other three types of indemnities that an injuring party must pay. They explain that the rights to the other, omitted, types of indemnity are derived from other sources. The money for her pain certainly belongs to her, as the Torah does not give a man rights to his wife's pain. The payments for medical costs are given to the doctor, and the husband is entitled to the reimbursement for loss of livelihood, as she is required to do work for him (Ramban; Rashba; see *Tosafot*).

BACKGROUND

Her humiliation and her degradation – בּוֹשְׁתָהּ וּפְגָמָהּ: The Torah imposes a fine on a rapist of fifty pieces of silver (Deuteronomy 22:28–29). Beyond that fine, the rapist is obligated to pay additional sums for pain and humiliation, as would anyone who injures another, as well as compensation for degradation, which is a payment specific to a case of rape. These payments vary based on the victim's age, social standing, monetary value, and other similar considerations.

HALAKHA

Her earnings – מַעֲשֵׂה יָדֶיהָ: A wife's earnings belong to her husband (Rambam *Sefer Nashim*, *Hilkhot Ishut* 12:3, 21:1; *Shulḥan Arukh*, *Even HaEzer* 69:3).

Her inheritance – יְרוּשָּׁתָהּ: If a wife dies in her husband's lifetime, he inherits all of her possessions (Rambam *Sefer Nashim*, *Hilkhot Ishut* 12:3, 22:1; *Shulḥan Arukh*, *Even HaEzer* 90:1).

Her humiliation and her degradation – בּוֹשְׁתָהּ וּפְגָמָהּ: One who injures a married woman gives the payment for her loss of livelihood and her medical costs to her husband, while the money for her pain is hers. With regard to reimbursement for her humiliation and degradation, if the injury is in an uncovered area of her body, e.g., her face or hands, one-third of the payment goes to the wife while the remainder is given to the husband. If the injury is in a covered area of her body, she receives two-thirds of the money and he receives one-third. The husband is given his share directly, but the wife's portion is used for the purchase of land, and the profits may be enjoyed by the husband. The *halakha* is in accordance with the opinion of Rabbi Yehuda ben Beteira, as the discussion of the Gemara follows his ruling (Rambam *Sefer Nezikim*, *Hilkhot Ḥovel UMazik* 4:15; *Shulḥan Arukh*, *Even HaEzer* 83:1).

Enjoys the profits – אוֹכֵל פֵּירוֹת: With regard to all possessions owned by a wife, whether they are her guaranteed property or her usufruct property, the husband may enjoy the profits during her lifetime (Rambam *Sefer Nashim*, *Hilkhot Ishut* 12:3, 22:7; *Shulḥan Arukh*, *Even HaEzer* 85:1).

A lost object found by a wife – מְצִיאַת הָאִשָּׁה: Any lost objects found by a wife belong to her husband (Rambam *Sefer Nashim*, *Hilkhot Ishut* 12:3, 21:1; *Shulḥan Arukh*, *Even HaEzer* 69:3, 84:1).

דְּמַעֲשֵׂה יָדֶיהָ הִיא, אָמַר רַבִּי עֲקִיבָא לְעַצְמָהּ, מְצִיאָתָהּ לֹא כׇּל שֶׁכֵּן?!

which is categorized as part of **her earnings** and to which the husband has rights, **Rabbi Akiva says** the surplus belongs **to her,** then with regard to lost **objects** that **she found,** which are unrelated to her handiwork, do they **not all the more so** belong to her?

דִּתְנַן: "קוֹנָם שֶׁאֲנִי עוֹשָׂה לְפִיךָ" – אֵינוֹ צָרִיךְ לְהָפֵר, רַבִּי עֲקִיבָא אוֹמֵר: יָפֵר, שֶׁמָּא תַּעְדִּיף עָלָיו יוֹתֵר מִן הָרָאוּי לוֹ. אֶלָּא אֵיפוּךְ: מְצִיאַת הָאִשָּׁה לְבַעְלָהּ, רַבִּי עֲקִיבָא אוֹמֵר: לְעַצְמָהּ.

That is Rabbi Akiva's opinion with regard to surplus, **as we learned** in a mishna (*Nedarim* 85a): With regard to a woman who said to her husband: Anything **that I produce** will be ***konam***, i.e., forbidden like an offering, **to your mouth, he need not nullify** the vow. The vow never took effect at all because a woman cannot prohibit her husband from items produced by actions that she is obligated to perform for him. **Rabbi Akiva says: He should nullify** the vow, **lest she produce surplus** that is **more than** the amount that **is fitting for him,** and the vow will take effect on the surplus, which she is not obligated to provide him. According to Rabbi Akiva, any surplus belongs to her. The Gemara answers: **Rather, reverse** the opinions: Lost **objects found by a wife** belong **to her husband; Rabbi Akiva says:** They belong **to her.**

וְהָא כִּי אֲתָא רָבִין אֲמַר רַבִּי יוֹחָנָן: בְּהַעֲדָפָה שֶׁלֹּא עַל יְדֵי הַדְּחָק – כּוּלֵּי עָלְמָא לָא פְּלִיגִי דְּבַעַל הָוֵי, כִּי פְּלִיגִי – בְּהַעֲדָפָה שֶׁעַל יְדֵי הַדְּחָק, תַּנָּא קַמָּא סָבַר: לְבַעְלָהּ, וְרַבִּי עֲקִיבָא סָבַר: לְעַצְמָהּ? אֲמַר רַב פַּפָּא: מְצִיאָתָהּ – כְּהַעֲדָפָה שֶׁעַל יְדֵי הַדְּחָק דָּמֵי. פְּלוּגְתָּא דְּרַבִּי עֲקִיבָא וְרַבָּנַן.

The Gemara asks: **But when Ravin came** from Eretz Yisrael, **didn't** he say that **Rabbi Yoḥanan said: With regard to surplus that is not** produced **through** extraordinary **effort, everyone agrees that it is** the **husband's. Where they disagree** is in a case **of surplus that is** produced **through** extraordinary **effort.**[H] **The first *tanna* holds** that the surplus belongs **to her husband, and Rabbi Akiva holds** that the surplus belongs **to her.** Apparently, there is no need to reverse the opinions, as Rabbi Akiva acknowledges that there are instances in which surplus belongs to the husband (Rid). The Gemara responds: **Rav Pappa said:** A lost **object found by** a wife is **comparable to surplus that is** produced **through** extraordinary **effort,**[N] as this is not a regular occurrence. Therefore, lost objects are subject to the **dispute between Rabbi Akiva and the Rabbis.**

בָּעֵי רַב פַּפָּא: עָשְׂתָה לוֹ שְׁתַּיִם בְּבַת אַחַת מַהוּ? בָּעֵי רָבִינָא: שָׁלֹשׁ אוֹ אַרְבָּעָה בְּבַת אַחַת מַהוּ? תֵּיקוּ.

Rav Pappa raises a dilemma: In a case where **she performed two** tasks **for him simultaneously,**[H] **what is** the *halakha*; is the status of the earnings the same as surplus produced through exertion? Similarly, **Ravina raises a dilemma:** In a case where she performed **three or four** tasks **simultaneously, what is** the *halakha*? The dilemmas **shall stand** unresolved.

"בּוֹשְׁתָהּ וּפְגָמָהּ". מַתְקִיף לַהּ רָבָא בַּר רַב חָנָן: אֶלָּא מֵעַתָּה, בִּיֵּישׁ סוּסָתוֹ שֶׁל חֲבֵירוֹ הָכִי נַמִי דְּבָעֵי לְמֵיתַן לֵיהּ בּוֹשֶׁת? וְסוּס בַּר בּוֹשֶׁת הוּא? אֶלָּא, רָקַק בְּבִגְדוֹ שֶׁל חֲבֵירוֹ, הָכִי נַמִי דְּבָעֵי לְמֵיתַן לֵיהּ בּוֹשֶׁת?

§ The mishna states that payments for **her humiliation and** for **her degradation** belong to her, but that Rabbi Yehuda ben Beteira holds that the husband receives a portion of the compensation. **Rava bar Rav Ḥanan strongly objects to this: If that is so** according to Rabbi Yehuda ben Beteira, then if one **humiliated another's horse,** is it then the *halakha* **that also** such an offender **is required to give him** payment for **humiliation?** The Gemara asks: **And is a horse subject to humiliation?** How is a horse, who suffers no humiliation, comparable to a person, who does suffer from humiliation? **Rather,** the question is: According to Rabbi Yehuda ben Beteira, **if one spat on another's clothing,** is the *halakha* **that also** such an offender **be required to give him** payment for **humiliation?**

וְכִי תֵּימָא הָכִי נַמִי – וְהָתְנַן: רָקַק וְהִגִּיעַ בּוֹ הָרוֹק, וּפָרַע רֹאשׁ הָאִשָּׁה, וְהֶעֱבִיר טַלִּיתוֹ מִמֶּנּוּ – חַיָּיב לִיתֵּן לוֹ אַרְבַּע מֵאוֹת זוּז. וַאֲמַר רַב פַּפָּא: לֹא שָׁנוּ אֶלָּא בּוֹ, אֲבָל בְּבִגְדוֹ – פָּטוּר. בְּבִגְדוֹ – לֵית לֵיהּ זִילוּתָא, אִשְׁתּוֹ – אִית לַהּ זִילוּתָא.

And if you would say that **indeed** he would be required to pay, **but didn't we learn** in a mishna (*Bava Kamma* 90a): If **he spat** at another person **and the saliva reached him,**[H] or if **he uncovered a woman's head, or** if **he removed his garment from** another, **he is obligated to give him** a payment of **four hundred dinars,** because of the extreme humiliation that he caused. **And Rav Pappa said: They taught** that he must pay four hundred dinars **only** when the spit reached **his** person. **However,** if the saliva reached **his garment,** the one who spat is **exempt.** Why, then, is one who humiliates a woman required to pay compensation to her husband? The Gemara rejects the comparison: When a person spits **on one's garment, he does not** suffer **dishonor,** but if **one's wife** is humiliated, **she** suffers **dishonor,** which causes him humiliation.

HALAKHA

Surplus that is produced through extraordinary effort – בְּהַעֲדָפָה שֶׁעַל יְדֵי הַדְּחָק: If a woman exerts herself beyond her obligations, even her extra earnings belong to the husband, in accordance with the first *tanna* (Rambam *Sefer Nashim, Hilkhot Ishut* 21:2; *Shulḥan Arukh, Even HaEzer* 80:1).

She performed two tasks for him simultaneously – עָשְׂתָה לוֹ שְׁתַּיִם בְּבַת אַחַת: There is a dispute among the authorities with regard to the *halakha* in this case. The Rif and the Rambam appear to hold that in any case in which the wife exerted herself and produced more than the standard, the surplus belongs to the husband. According to Rav Hai Gaon, this is true only if she worked longer than necessary, e.g., at night, but if she did more than one activity simultaneously, then the surplus belongs to her. Rabbeinu Ḥananel writes that although her extra production belongs to her husband, she owns whatever she produced through exceptional effort, whether through extra hours or by performing more than one task at a time. The dominant practice recorded in the *Baḥ* is that any hard-earned surplus belongs to her (*Tur, Even HaEzer* 80; *Shulḥan Arukh, Even HaEzer* 80:1; *Beit Shmuel*).

If he spat and the saliva reached him – רָקַק וְהִגִּיעַ בּוֹ הָרוֹק: If one spat at another and the saliva reached the other's body, or he removed another's garment from him; or he uncovered a woman's head, he must pay one hundred *sela*, i.e., four hundred dinars. However, if one spat and the saliva touched only the other person's clothing, he is exempt. This ruling follows the mishna and Rav Pappa's opinion (Rambam *Sefer Nezikim, Hilkhot Ḥovel UMazik* 3:9; *Shulḥan Arukh, Ḥoshen Mishpat* 420:38, 41).

NOTES

A lost object found by a wife is comparable to surplus produced through extraordinary effort – מְצִיאָתָהּ כְּהַעֲדָפָה עַל יְדֵי הַדְּחָק: Rashi, followed by many other commentaries, explains that as most objects are found only through conscious search and effort, a found object is treated like surplus produced with difficulty. However, Rabbeinu Crescas Vidal explains that found objects are analogous to hard-earned surplus because both are rare, not because concerted effort is common to both. According to the Rashi manuscript, cited in the *Shita Mekubbetzet*, there is a third possibility: When she is occupied with the problem of the lost object, even for a short time, it interferes with her own work. Since she must then make up that work with more time and effort later, the lost object is treated as surplus acquired through difficulty.

אֲמַר לֵיהּ רָבִינָא לְרַב אַשִׁי: אֶלָּא מֵעַתָּה, בַּיֵּישׁ עָנִי בֶּן טוֹבִים, דְּאִית לְהוּ זִילוּתָא לְכוּלְּהוּ בְּנֵי מִשְׁפָּחָה, הָכִי נַמִי דְּבָעֵי לְמֵיתַן לְהוּ בּוֹשֶׁת לְכָל בְּנֵי מִשְׁפָּחָה? אֲמַר לֵיהּ: הָתָם לָאו גּוּפַיְיהוּ, הָכָא – אִשְׁתּוֹ גּוּפֵיהּ הֲוַאי.

Ravina said to Rav Ashi: However, if that is so, if one humiliated a poor person of noble descent, where there is dishonor for all members of the family, is the *halakha* also that he is required to give payment for humiliation to all members of the family? Rav Ashi said to him that there is a distinction between one's wife and one's relatives. There, where a relative was humiliated, it is not as if they themselves had suffered the humiliation. Here, since one's wife is considered his own self, it is as if he himself were humiliated.

מתני׳ הַפּוֹסֵק מָעוֹת לַחֲתָנוֹ וּמֵת חֲתָנוֹ. אָמְרוּ חֲכָמִים: יָכוֹל הוּא שֶׁיֹּאמַר: לְאָחִיךָ – הָיִיתִי רוֹצֶה לִיתֵּן, וּלְךָ – אִי אֶפְשִׁי לִיתֵּן.

MISHNA In the case of **one who pledges** to set aside a sum of **money for his son-in-law**[H] as part of a dowry, **and his son-in-law dies** before receiving the money, the terms of the dowry do not transfer to the brother, who is now the *yavam* of the widow. **The Sages said:** The father-in-law **can say** to the *yavam*: **To your brother, I wanted to give** this money, **but to you I do not want to give** it.

פָּסְקָה לְהַכְנִיס לוֹ אֶלֶף דִּינָר – הוּא פּוֹסֵק כְּנֶגְדָּן חֲמֵשׁ עֶשְׂרֵה מָנֶה, וּכְנֶגֶד הַשּׁוּם – הוּא פּוֹסֵק פָּחוֹת חוֹמֶשׁ.

The mishna addresses another matter. If the woman had **pledged to bring in**[H] **for him one thousand dinars** in cash as a dowry, **he** then **pledges,** in the marriage contract, that he will give her **fifteen hundred dinars against them.** That is, he writes in the marriage document that in the event of divorce or his death, he will pay her that greater amount. **And against** the **appraisal** of goods such as utensils and other movable items that are included in the dowry, **he pledges one-fifth less**[N] than the amount of the evaluation. This is because movable property is generally assessed at a value one-fifth higher than the actual value, and he cannot earn any money from these items.

שׁוּם בְּמָנֶה וְשָׁוֶה מָנֶה – אֵין לוֹ אֶלָּא מָנֶה, שׁוּם בְּמָנֶה – הִיא נוֹתֶנֶת שְׁלֹשִׁים וְאֶחָד סֶלַע וְדִינָר, וּבְאַרְבַּע מֵאוֹת – הִיא נוֹתֶנֶת חֲמֵשׁ מֵאוֹת. מַה

If the **appraisal** is set **at one hundred dinars and** the property **is** actually **worth one hundred dinars,**[N] then since the appraisal is conducted at market value **he has** a claim to property worth **only one hundred dinars.** Likewise, he may not record a decreased sum of property. His recorded **appraisal** of the movable property that she brings into the marriage is **one hundred dinars** only when **she is giving thirty-one** ***sela*** **and** one **dinar,** equal to 125 dinars. This is because the actual value is one-fifth less than the inflated evaluation, as explained. **And** similarly, he pledges **four hundred** dinars against her assets only when **she is giving five hundred,** based on the inflated assessment of their worth, such that the real value is four hundred dinars. In contrast, **what**

HALAKHA

One who pledges money for his son-in-law – הַפּוֹסֵק מָעוֹת לַחֲתָנוֹ: If one pledged a sum of money for the marriage of his son-in-law or for his son, the pledge is contingent upon marriage and not merely betrothal. As such, if the groom dies before he marries his betrothed, then when she happens before the *yavam* for levirate marriage, the father may say to the latter: I wanted to give the money to your brother, but not to you. This is in accordance with the mishna (Rambam *Sefer Nashim, Hilkhot Ishut* 23:15; *Shulḥan Arukh, Even HaEzer* 52:1).

If the woman pledged to bring in – פָּסְקָה לְהַכְנִיס: There are many different practices with respect to the dowry a woman brings her husband from her father's home. Without other specific arrangements, the marriage contract is written according to the local standards. In a new community where there is no established practice, it is appropriate to conduct matters in accordance with the practice of the Talmud. When the husband records the assets that his wife is entering into the marriage in the marriage contract, he adds 50 percent to the value of the cash that she is bringing as part of her dowry. When he records the value of the clothing and the jewelry that she is bringing, he subtracts 20 percent (see Rambam *Sefer Nashim, Hilkhot Ishut* 23:11–12 and *Maggid Mishne* there; *Shulḥan Arukh, Even HaEzer* 66:11).

NOTES

He pledges one-fifth less – הוּא פּוֹסֵק פָּחוֹת חוֹמֶשׁ: Rashi explains that the bride's family commonly exaggerated the value of the property she was bringing in at the time of the wedding. Therefore, the husband would write the actual value as one-fifth less than the assessment. However, Rav Hai Gaon and most other commentaries explain otherwise: Since these are articles for the use of the wife and not the husband, he appropriately reduces the value by one-fifth to account for wear and tear. That is also how it is explained in the Jerusalem Talmud (see *Tosafot*).

The appraisal is set at one hundred dinars and the property is worth one hundred dinars – שׁוּם בְּמָנֶה וְשָׁוֶה מָנֶה: In accordance with his opinion throughout this discussion in the Gemara, Rashi explains that the actual value is recorded if the assessment was done according to the true price. Others explain that the Gemara is dealing with a case in which the two sides agree to record the actual values, as opposed to the convention of exaggerating the assessments (Rabbeinu Ḥananel; *ge'onim*).

שֶׁחָתָן פּוֹסֵק – הוּא פּוֹסֵק פָּחוֹת חוֹמֶשׁ.

the **son-in-law pledges** according to the amount of the dowry that the bride brings, **he pledges one-fifth less** in the marriage contract, which is the actual value of the property.

גמ׳ תָּנוּ רַבָּנַן: אֵין צָרִיךְ לוֹמַר רִאשׁוֹן תַּלְמִיד חָכָם וְשֵׁנִי עַם הָאָרֶץ. אֶלָּא, אֲפִילּוּ רִאשׁוֹן עַם הָאָרֶץ וְשֵׁנִי תַּלְמִיד חָכָם – יָכוֹל לוֹמַר: לְאָחִיךָ הָיִיתִי רוֹצֶה לִיתֵּן, לְךָ אִי אֶפְשִׁי לִיתֵּן.

GEMARA The Gemara cites a *baraita* to expand upon the mishna's statement that the father is not required to give the second son-in-law the gift that he promised the first son-in-law, as follows. **The Sages taught: Needless to say,** this ruling applies when the **first is a Torah scholar and** the **second** is **an ignoramus,** since the father-in-law has a reason to refuse to give the second a dowry like the first. **But even** if the **first is an ignoramus**[H] **and** the **second is** a **Torah scholar,** the father-in-law **may say: To your brother, I wanted to give** this dowry, but **to you I do not want to give** it, since the obligation incurred was to a specific individual.

HALAKHA

Even if the first is an ignoramus – אֲפִילּוּ רִאשׁוֹן עַם הָאָרֶץ: A father who designates money for his son-in-law is not obligated to give the same sum to the *yavam*. This is so even if the original son-in-law is an ignoramus and the *yavam* is a Torah scholar, and even if the woman wants to marry the *yavam*. This ruling is in accordance with the *baraita* cited in the Gemara (Rambam *Sefer Nashim, Hilkhot Ishut* 23:15; *Shulḥan Arukh, Even HaEzer* 53:1).

"פָּסְקָה לְהַכְנִיס לוֹ אֶלֶף דִּינָר" כו'. הַיְינוּ רֵישָׁא! תָּנָא שׁוּמָא רַבָּה, וְקָתָנֵי שׁוּמָא זוּטָא. תָּנָא שׁוּמָא דִּידֵיהּ, וְקָתָנֵי שׁוּמָא דִּידָהּ.

The mishna discusses the relationship between the value of the dowry the bride brings in and the amount of money the groom records in the marriage contract, and various examples are illustrated, e.g., if the woman **pledged to bring him one thousand** dinars. The Gemara asks: **These** latter examples in the mishna **are the same as the first clause of the mishna,** and they all illustrate the same financial conditions. Why was it not sufficient to mention only the case of the thousand dinars? The Gemara explains: The *tanna* **teaches** about **a large appraisal** of her substantial property, **and he** also **teaches** about **a small appraisal** in a case where she has minimal property, to illustrate that there is no halakhic difference between them. Similarly, the *tanna* **teaches** about the husband's own **appraisal** of how to assess how much she must provide, **and he** also **teaches** about the wife's own initial **appraisal** that she did and the corresponding amount that he must write.

מתני׳ פָּסְקָה לְהַכְנִיס לוֹ כְּסָפִים – סַלְעָהּ נַעֲשֶׂה שִׁשָּׁה דִּינָרִין. הֶחָתָן מְקַבֵּל עָלָיו עֲשָׂרָה דִּינָרִים לְקוּפָּה לְכָל מָנֶה וּמָנֶה. רַבָּן שִׁמְעוֹן בֶּן גַּמְלִיאֵל אוֹמֵר: הַכֹּל כְּמִנְהַג הַמְּדִינָה.

MISHNA If **she pledged to bring him money** and not articles to serve as a dowry, **her** ***sela***, i.e., four dinars, **becomes six** dinars with respect to the husband's obligation in the marriage contract. This follows the standard outlined in the previous mishna: The groom increases his obligation by one half since he will profit from this money. Additionally, the **groom accepts upon himself** to give **ten** dinars **to the account** for her needs, **for each and every hundred dinars** that she brings. **Rabban Shimon ben Gamliel says: Everything is in accordance with the regional custom.**[NH]

גמ׳ הַיְינוּ פּוֹסֵק כְּנֶגְדָּם חֲמִשָּׁה עָשָׂר מָנֶה!

GEMARA Concerning the first clause, that her *sela* becomes six dinars, the Gemara asks: **This** is identical to that which was taught in the previous mishna, that if she brings one thousand dinars in her dowry, **he pledges against them fifteen hundred dinars.** Why does the mishna cite another example to demonstrate the same principle?

תָּנָא עִסְקָא רַבָּה, וְתָנָא עִסְקָא זוּטָא, וּצְרִיכָא, דְּאִי תָּנָא עִסְקָא רַבָּה, דְּנָפֵישׁ רַוְוחָא, אֲבָל עִסְקָא זוּטָא, דְּזוּטָר רַוְוחָא, אֵימָא לָא, צְרִיכָא. וְאִי אַשְׁמְעִינַן עִסְקָא זוּטָא, דְּזוּטָר זִיּוּנָא, אֲבָל עִסְקָא רַבָּה, דְּנָפֵישׁ זִיּוּנָא, אֵימָא לָא – צְרִיכָא.

The Gemara responds: The *tanna* **taught** about **large** investment **capital** and **taught** about **small** investment **capital. And** it is **necessary** to relate to both situations, **because if he taught** only the case of **large capital, which** has **abundant profit,** you might think that only then does the husband add one-half. **However,** for **small capital, which** has **small profit,** you could **say** that this is **not** the case. Therefore, it is **necessary** to also state the principle in this mishna. **And** conversely, **if** the *tanna* had **taught us** only about **small capital,** then you might think that **because** it has **little expense,**[N] one must add a half. **However,** with regard to **large capital,** for **which** there is **abundant expense,** you could **say** that the husband need **not** add as much. Therefore, it is **necessary** to state both cases to teach that the husband adds one-half to the sum in any case.

"הֶחָתָן מְקַבֵּל עָלָיו עֲשָׂרָה דִּינָר לְקוּפָּה". מַאי קוּפָּה? אָמַר רַב אַשִׁי: קוּפָּה שֶׁל בְּשָׂמִים. וְאָמַר רַב אַשִׁי: לֹא נֶאֶמְרוּ דְּבָרִים הַלָּלוּ אֶלָּא בִּירוּשָׁלַיִם.

The mishna states that the **son-in-law accepts upon himself** to give **ten dinars to the account.** The Gemara asks: **What** is this **account? Rav Ashi said:** It is **an account** for expenses **of perfumes** and cosmetics. **And Rav Ashi said: This statement was said only** for women **in Jerusalem,** where the women are accustomed to using an abundance of perfume.

בָּעֵי רַב אַשִׁי: בְּמָנֶה הַנִּישּׁוֹם אוֹ בְּמָנֶה הַמִּתְקַבֵּל?

According to the mishna, the husband must give ten dinars for each and every hundred dinars that she brings. **Rav Ashi raises a dilemma:** Does this speak **of** each **hundred dinars that are appraised** in her dowry, **or of** each **hundred dinars that are accepted** by the husband in the marriage contract, which is the appraisal reduced by one-fifth?

NOTES

Everything is in accordance with the regional custom – הַכֹּל כְּמִנְהַג הַמְּדִינָה: According to some commentaries, Rabban Shimon ben Gamliel's deference to regional custom applies only to the amount that must be given to the woman's account (*Talmidei Rabbeinu Yona*). However, most commentaries understand that the statement of Rabban Shimon ben Gamliel is referring to all the *halakhot* in the mishna. Therefore, wherever the custom is to not increase or reduce the sum, or to write exact sums, one follows the regional custom (Ramban, citing *Tosafot*; Rashba). By contrast, some *ge'onim* hold that Rabban Shimon ben Gamliel does not even disagree with the first *tanna*; he merely explains that the first *tanna*'s directive applies only in a place with no established practice. According to this approach, each *tanna* agrees that wherever there is a regional custom, that custom prevails.

Little expense [*ziyyuna*] – זוּטָר זִיּוּנָא: Some understand that the term *ziyyuna* refers to effort and expense, more of which are demanded to maintain property of greater value (see Rashi and *Shita Mekubbetzet*). Conversely, others explain that the word refers to loss. When there is more capital, there is greater concern for loss, and it is necessary to teach explicitly that an extra 50 percent is nevertheless added (Ri Migash).

HALAKHA

Everything is in accordance with the regional custom – הַכֹּל כְּמִנְהַג הַמְּדִינָה: Unless otherwise stipulated, a husband designates the sum of the marriage contract in accordance with the regional custom, both for the assessment of the dowry and for the additions corresponding to the dowry. This ruling follows Rabban Shimon ben Gamliel, because his opinion does not necessarily conflict with that of the first *tanna*. Moreover, even if one understands that Rabban Shimon ben Gamliel and the first *tanna* are in disagreement, the *halakha* is determined in accordance with the opinion of Rabban Shimon ben Gamliel (*Maggid Mishne*; Rambam *Sefer Nashim, Hilkhot Ishut* 23:11–12; *Shulḥan Arukh, Even HaEzer* 66:11).

אִם תִּמְצָא לוֹמַר מָנֶה הַמִּתְקַבֵּל – יוֹם רִאשׁוֹן אוֹ כָּל יוֹם וָיוֹם? אִם תִּמְצָא לוֹמַר כָּל יוֹם וָיוֹם – שַׁבָּת רִאשׁוֹנָה אוֹ כָּל שַׁבָּת וְשַׁבָּת? אִם תִּמְצָא לוֹמַר כָּל שַׁבָּת וְשַׁבָּת – חֹדֶשׁ רִאשׁוֹן אוֹ כָּל חֹדֶשׁ וָחֹדֶשׁ? אִם תִּמְצָא לוֹמַר כָּל חֹדֶשׁ וָחֹדֶשׁ – שָׁנָה רִאשׁוֹנָה אוֹ כָּל שָׁנָה וְשָׁנָה? תֵּיקוּ.

If you say that the mishna speaks of each **hundred dinars that is accepted,** is the intent that he gives a one-time sum only on the **first day or on each day?**[N] **If you say** that he gives it **every day,** does he give it only the **first week** of marriage **or each week? If you say** he gives it **each week,** does he give it only the **first month or each month? If you say** he gives it **each month,** does he give it only the **first year** of marriage **or each year?** The Gemara does not determine how the calculation must be rendered and with what frequency the husband is required to provide for her cosmetics, and the dilemmas **shall stand** unresolved.

אָמַר רַב יְהוּדָה אָמַר רַב: מַעֲשֶׂה בְּבִתּוֹ שֶׁל נַקְדִּימוֹן בֶּן גּוּרְיוֹן שֶׁפָּסְקוּ לָהּ חֲכָמִים אַרְבַּע מֵאוֹת זְהוּבִים לְקוּפָּה שֶׁל בְּשָׂמִים לְבוֹ בַּיּוֹם. אָמְרָה לָהֶם: כָּךְ תִּפְסְקוּ לִבְנוֹתֵיכֶם, וְעָנוּ אַחֲרֶיהָ אָמֵן.

§ **Rav Yehuda said** that **Rav said:** There was **an incident involving** the **daughter of Nakdimon**[L] **ben Guryon. When the Sages designated for her four hundred gold** coins **for her account of perfumes,** from her late husband's estate, **for** use **on that same day, she** blessed them and **said to them: This** is how you should also **pledge for your** own **daughters, and they answered after her: Amen.**

תָּנוּ רַבָּנַן: מַעֲשֶׂה בְּרַבָּן יוֹחָנָן בֶּן זַכַּאי שֶׁהָיָה רוֹכֵב עַל הַחֲמוֹר, וְהָיָה יוֹצֵא מִירוּשָׁלַיִם, וְהָיוּ תַּלְמִידָיו מְהַלְּכִין אַחֲרָיו. רָאָה רִיבָה אַחַת שֶׁהָיְתָה מְלַקֶּטֶת שְׂעוֹרִים מִבֵּין גְּלָלֵי בְּהֶמְתָּן שֶׁל עֲרָבִיִּים. כֵּיוָן שֶׁרָאֲתָה אוֹתוֹ נִתְעַטְּפָה בִּשְׂעָרָהּ, וְעָמְדָה לְפָנָיו.

Apropos the daughter of Nakdimon ben Guryon, the Gemara relates what later became of her: **The Sages taught:** There was **an incident involving Rabban Yoḥanan ben Zakkai.**[P] **When he was riding on a donkey and leaving Jerusalem, and his students were walking after him** to learn from him, **he saw a certain young woman who was gathering barley from among the dung of the animals of Arabs.** She was so poor that she subsisted on the undigested barley within the dung. **When she saw him, she wrapped herself in her hair,** as she had nothing else with which to cover herself, and **stood before him.**

אָמְרָה לוֹ: רַבִּי פַּרְנְסֵנִי! אָמַר לָהּ: בִּתִּי, מִי אַתְּ? אָמְרָה לוֹ: בַּת נַקְדִּימוֹן בֶּן גּוּרְיוֹן אֲנִי. אָמַר לָהּ: בִּתִּי, מָמוֹן שֶׁל בֵּית אָבִיךְ הֵיכָן הָלַךְ? אָמְרָה לוֹ: רַבִּי, לָא כְּדֵין מָתְלִין מַתְלָא בִּירוּשָׁלַיִם: מְלַח מָמוֹן חָסֵר, וְאָמְרִי לָהּ: חֶסֶד. וְשֶׁל בֵּית חָמִיךְ הֵיכָן הוּא? אָמְרָה לוֹ: בָּא זֶה וְאִיבֵּד אֶת זֶה.

She said to him: My teacher, sustain me. He did not recognize her, so **he said to her: My daughter, who are you? She said to him: I am the daughter of Nakdimon ben Guryon. He said to her: My daughter, the money of your father's household, where did it go?** How did you become so poor? **She said to him: My teacher, is it not** that they **say such a proverb in Jerusalem: Salt for money is lacking** [***ḥaser***]?[N] There is nothing with which to preserve it and prevent it from being lost. **And some say** the proverb asserts that **kindness** [***ḥesed***] is salt for money, i.e., using money for acts of kindness preserves it. He continued to ask her: **And the money of your father-in-law's house,** which was used properly, for benevolent acts, **where is it? She said to him: This one came and destroyed that one;** all the money was combined, and it was all lost together.

אָמְרָה לוֹ: רַבִּי, זָכוּר אַתָּה כְּשֶׁחָתַמְתָּ עַל כְּתוּבָּתִי? אָמַר לָהֶן לְתַלְמִידָיו: זָכוּר אֲנִי כְּשֶׁחָתַמְתִּי עַל כְּתוּבָּתָהּ שֶׁל זוֹ, וְהָיִיתִי קוֹרֵא בָּהּ: אֶלֶף אֲלָפִים דִּינְרֵי זָהָב מִבֵּית אָבִיהָ, חוּץ מִשֶּׁל חָמִיהָ. בָּכָה רַבָּן יוֹחָנָן בֶּן זַכַּאי וְאָמַר: אַשְׁרֵיכֶם יִשְׂרָאֵל, בִּזְמַן שֶׁעוֹשִׂין רְצוֹנוֹ שֶׁל מָקוֹם – אֵין כָּל אוּמָּה וְלָשׁוֹן שׁוֹלֶטֶת בָּהֶם, וּבִזְמַן שֶׁאֵין עוֹשִׂין רְצוֹנוֹ שֶׁל מָקוֹם – מוֹסְרָן בְּיַד אוּמָּה שְׁפָלָה, וְלֹא בְּיַד אוּמָּה שְׁפָלָה – אֶלָּא בְּיַד בְּהֶמְתָּן שֶׁל אוּמָּה שְׁפָלָה.

She said to him: My teacher, do you remember when you signed on my marriage contract? He said to his students: I remember that when I signed on the marriage contract of this woman, **and I read in it,** it listed **a thousand thousands,** i.e., one million **gold dinars** as a dowry **from her father's house, aside from that** which was promised her **from her father-in-law. Rabban Yoḥanan ben Zakkai cried and said: How fortunate are you, Israel,**[N] for when Israel **performs the will of the Omnipresent, no nation or tongue** can **rule over them; and when** Israel **does not perform the will of the Omnipresent, He delivers them into the hand of a lowly nation. Not** only are they delivered **into the hand of a lowly nation, but even into the hand of the animals of a lowly nation,** as in the pitiful instance of Nakdimon's daughter.

NOTES

Only on the first day or on each day – **יוֹם רִאשׁוֹן אוֹ כָּל יוֹם וָיוֹם:** It is impossible to expect the husband to give her this sum every day, since this would completely exhaust all of his money. Rather, the question is if he should give her the entire sum at one time to cover her needs in perpetuity, or if he should divide it into smaller sums to distribute periodically for her ongoing needs (*Tosafot*).

According to the Ra'ah, the question refers to the allowance of one silver *ma'a* that the woman is to receive weekly for her personal use (see 64a): Is the husband required to provide the silver *ma'a* in addition to the ten dinars, or is this amount deducted from the ten dinars? If it is deducted, for what duration is the ten dinars taken into consideration regarding the silver ma'a; how long are the ten dinars expected to last her? Others maintain that the whole practice is meant to help a bride be most attractive to her new husband, and therefore the Gemara asks how long she has to claim the money he must set aside. Can she claim it after the first day? Can she claim it after the first week? The questions continue in this vein, through the end of the first year.

Salt for money is lacking [*haser*] – **מְלַח מָמוֹן חָסֵר:** Most commentaries read the last word as *ḥaser*, which is related to the word *ḥisaron*, meaning deficit. Consequently, the aphorism says that money is preserved when one only partially depletes it, spending some of it for good deeds and worthy causes (Rashi; *Arukh*).

How fortunate are you, Israel – **אַשְׁרֵיכֶם יִשְׂרָאֵל:** Why is it fortunate that Israel sinks lower than any other nation? The Maharsha and Maharal suggest, each in his own way, that this is the greatness of the Jewish people: God does not treat them like other nations, whose destiny is subject to mere chance. Rather, they are supervised by a singular Divine Providence. Even their punishment results from their special relationship with God and reminds them of it.

LANGUAGE

Nakdimon – **נַקְדִּימוֹן:** It appears that this name derives from the Greek **Νικόδημος**, *Nikodemos*, meaning victor over the people. However, the Gemara comments that he was known as Nakdimon because of an incident in which the sun shone [*nikdera*] in the sky for his benefit (*Ta'anit* 20a).

PERSONALITIES

Rabban Yoḥanan ben Zakkai – **רַבָּן יוֹחָנָן בֶּן זַכַּאי:** Rabban Yoḥanan ben Zakkai, who headed the Sanhedrin after the destruction of the Second Temple, was one of the greatest leaders of the Jewish people in all generations.

Rabban Yoḥanan ben Zakkai was the youngest of Hillel the Elder's students. The Sages said of him that there was not a single area of Torah that he neglected. Despite his prominence, he was a modest individual who greeted every person he met, including gentiles in the marketplace.

Even while the Temple stood, Rabban Yoḥanan ben Zakkai was acknowledged as a leading Torah scholar, and most of the Sages of that generation were his students. When the Great Revolt erupted, Rabban Yoḥanan strongly opposed it, seeking to resolve the conflict peacefully. As one of the leaders of the besieged Jerusalem, he realized that the city would soon fall, and he succeeded in escaping the city with the help of several of his students, in order to appear before the Roman general Vespasian, who received him warmly. When his prediction that Vespasian would be appointed emperor was fulfilled, Vespasian rewarded him by allowing him to establish a new center of Torah study and leadership in Yavne.

PERSONALITIES

Nakdimon ben Guryon – נַקְדִּימוֹן בֶּן גּוּרְיוֹן: Nakdimon ben Guryon, whose Hebrew name was Boni, was one of the wealthiest residents of Jerusalem in the generation of the destruction of the Second Temple. The Gemara recounts that he gave large sums for communal causes, and a great miracle befell him in the merit of his efforts (*Ta'anit* 19b–20a). In this light, the Gemara's incredulity concerning the deficiencies of his philanthropic record is well understood.

Elsewhere, the Gemara relates that Nakdimon ben Guryon and two other exceptionally wealthy individuals undertook to provide all the needs of Jerusalem for twenty years, when the city was under Roman siege. However, all his stores were destroyed by the infighting of Jewish groups inside the city. The loss of his property was so complete that his daughter was reduced to utter destitution and hunger.

וְנַקְדִּימוֹן בֶּן גּוּרְיוֹן לָא עֲבַד צְדָקָה? וְהָתַנְיָא: אָמְרוּ עָלָיו עַל נַקְדִּימוֹן בֶּן גּוּרְיוֹן, כְּשֶׁהָיָה יוֹצֵא מִבֵּיתוֹ לְבֵית הַמִּדְרָשׁ, כְּלֵי מֵילָת הָיוּ

The recorded incident implies that Nakdimon lost all of his wealth after having failed to use it for acts of kindness. The Gemara asks: **And did not Nakdimon ben Guryon**[P] **perform charity? Isn't it taught** in a *baraita*: **They said about Nakdimon ben Guryon** that **when he would leave his home** to go **to the study hall,** there were **fine woolen garments** his attendants **would**

Perek **VI**
Daf **67** Amud **a**

NOTES

Gold, the court appraises it and it is according to its value – זָהָב, שָׁמִין אוֹתוֹ וַהֲרֵי הוּא כְּשָׁוְויוֹ: Commentaries debate what is indicated by the generic term gold. Rashi claims that it refers to pieces of gold metal that are not used for jewelry, money, or any other purpose. Consequently, the gold is appraised based on its actual market value. By contrast, others, based on Rabbeinu Ḥananel, interpret gold as gold jewelry, which does not generally depreciate from usage (*Tosafot*). Consequently, it is treated like other gold utensils that are appraised based on their actual market value.

Like silver vessels, which diminish – כְּכֵלִים שֶׁל כֶּסֶף, דְּפָחֲתֵי: The Rashba and others understood Rashi as saying the diminishment of which the Gemara speaks is the reduction calculated at the time of the appraisal, in the manner of all utensils. Others explain that the Gemara speaks of physical deterioration of the silver utensils, which occurs over the course of use (Rabbeinu Ḥananel).

מַצִּיעִין תַּחְתָּיו, וּבָאִין עֲנִיִּים וּמְקַפְּלִין אוֹתָן מֵאַחֲרָיו! אִיבָּעֵית אֵימָא: לִכְבוֹדוֹ הוּא דַּעֲבַד, וְאִיבָּעֵית אֵימָא: כִּדְבָעֵי לֵיהּ לְמֶיעֱבַד לָא עֲבַד. כִּדְאָמְרִי אֱינָשֵׁי: לְפוּם גַּמְלָא שִׁיחְנָא.

spread underneath him to walk on, **and** with his blessing, **the poor** would **come and fold them up from behind him** for themselves? Clearly he gave abundant charity. The Gemara offers two possible explanations: **If you wish, say that he** acted that way **for his own honor,** to demonstrate that he considered the exorbitant expense trivial. **And if you wish, say that as he should have done, he did not do. As people say, according to the camel** is **the burden.** The stronger the camel, the heavier the load it must bear. Even if he gave altruistically, Nakdimon ben Guryon did not give as much as he was expected to give.

תַּנְיָא, אָמַר רַבִּי אֶלְעָזָר בְּרַבִּי צָדוֹק: אֶרְאֶה בְּנֶחָמָה אִם לֹא רְאִיתִיהָ שֶׁהָיְתָה מְלַקֶּטֶת שְׂעוֹרִים מִבֵּין טַלְפֵי סוּסִים בְּעַכּוֹ, קָרָאתִי עָלֶיהָ מִקְרָא זֶה "אִם לֹא תֵדְעִי לָךְ הַיָּפָה בַּנָּשִׁים צְאִי לָךְ בְּעִקְבֵי הַצֹּאן וּרְעִי אֶת גְּדִיּוֹתַיִךְ", אַל תִּקְרֵי "גְּדִיּוֹתַיִךְ" אֶלָּא "גְּוִיּוֹתַיִךְ".

It is taught in a *baraita* (*Tosefta* 5:8) with regard to the daughter of Nakdimon ben Guryon: **Rabbi Elazar, son of Rabbi Tzadok, said** in the form of an oath: I pray that **I will not see the consolation** of the Jewish people **if I did not see her gathering barley** kernels **from between the hooves of horses in Akko. I recited this verse about her: "If you know not, O you fairest among women, go your way forth by the footsteps of the flock and feed your kids,** beside the shepherds' tents" (Song of Songs 1:8). **Do not read** it as **"your kids [*gediyotayikh*]" but rather** read it as **your bodies [*geviyotayikh*].** This woman is compelled to follow the sheep to the pastures in order to sustain her own body from the leftovers of their food.

אָמַר רַב שֶׁמֶן בַּר אַבָּא אָמַר רַבִּי יוֹחָנָן: הִכְנִיסָה לוֹ זָהָב – שָׁמִין אוֹתוֹ, וַהֲרֵי הוּא כְּשָׁוְויוֹ. מֵיתִיבֵי: הַזָּהָב הֲרֵי הוּא כְּכֵלִים. מַאי לָאו – כְּכֵלִים שֶׁל כֶּסֶף, דְּפָחֲתֵי! לָא, כְּכֵלִים שֶׁל זָהָב, דְּלָא פָּחֲתֵי. אִם כֵּן כְּכֵלָיו מִיבָּעֵי לֵיהּ!

§ The Gemara returns to the topic of how the groom records the bride's dowry in the marriage contract: **Rav Shemen bar Abba said** that **Rabbi Yoḥanan said:** If **she brings him gold** in her dowry, the court **appraises it, and it is** recorded in the marriage contract **according to its value,**[N] without additions or subtractions. The Gemara **raises an objection** from that which was taught in a *baraita*: The *halakha* is that **the gold is like utensils** and not like cash for purposes of the dowry. The Gemara qualifies its objection: **What, is it not** that gold is **like** silver vessels, **which diminish,**[NB] so that they resemble all other goods in the dowry whose values are reduced in the marriage contract? The Gemara responds: **No,** the intent is that gold is **like utensils of gold, which do not diminish.** The Gemara asks: **If so,** the *baraita* **should have** stated that gold is **like its** own **utensils,** which would demonstrate that gold is appraised according to its true value. Evidently, then, this is not true of gold.

BACKGROUND

Like silver vessels, which diminish – כְּכֵלִים שֶׁל כֶּסֶף, דְּפָחֲתֵי: Although silver is a noble metal, which does not easily react with other materials, when it comes into contact with hydrogen sulfide (H_2S), found at low concentrations in the air, it becomes covered with a black, very thin layer of silver sulfide (Ag_2S). When the silver is cleaned, this layer is scratched and removed altogether. Therefore, in contrast to the case of a utensil made of gold, which is resistant to this form of chemical reaction, the weight of a silver utensil itself is gradually reduced over time.

וְעוֹד, תַּנְיָא: זָהָב – הֲרֵי הוּא כְּכֵלִים, דִּינָרֵי זָהָב – הֲרֵי הֵן כִּכְסָפִים. רַבָּן שִׁמְעוֹן בֶּן גַּמְלִיאֵל אוֹמֵר: בְּמָקוֹם שֶׁנָּהֲגוּ שֶׁלֹּא לְפוֹרְטָן – שָׁמִין אוֹתָן, וַהֲרֵי הֵן בְּשָׁוְויֵהֶן. רַבָּן שִׁמְעוֹן בֶּן גַּמְלִיאֵל אַהַיָּיא? אִילֵימָא אַסֵּיפָא – מִכְּלָל דְּתַנָּא קַמָּא סָבַר אֲפִילּוּ בְּמָקוֹם שֶׁנָּהֲגוּ שֶׁלֹּא לְפוֹרְטָן? הָא לָא נָפְקִי!

And moreover, one can ask: **It is taught** in a *baraita* (*Tosefta* 6:2) that the *halakha* is that **gold is like utensils** and that **gold** dinars **are like silver coins. Rabban Shimon ben Gamliel says: In a place where** people **were accustomed not to exchange them,** the court **appraises them, and they are** recorded **at their appraised worth,** no more or less. The Gemara clarifies: **To which** clause is **Rabban Shimon ben Gamliel** referring, when he comments that they are not exchanged? **If we say** he is commenting **on the latter clause** concerning the gold dinars, **by inference** it may be understood **that the first *tanna* holds** that gold dinars have the same status as cash, **even in a place where** people **were accustomed not to exchange them. But they are not used** and do not function as liquid money in a place where they are not exchanged. Why, then, does the husband need to raise the value as though they were functional cash?

אֶלָּא לָאו – אַרֵישָׁא, וְהָכִי קָאָמַר: זָהָב הֲרֵי הוּא כְּכֵלִים, מַאי כֵּלִים – כֵּלִים שֶׁל כֶּסֶף, רַבָּן שִׁמְעוֹן בֶּן גַּמְלִיאֵל אוֹמֵר: הֲרֵי הוּא כְּדִינָרִין שֶׁל זָהָב בְּמָקוֹם שֶׁנָּהֲגוּ שֶׁלֹּא לְפוֹרְטָן?

Rather, is it not that Rabban Shimon ben Gamliel commented **on the first clause** of the *baraita*, **and this is what** the *baraita* **is saying:** The *halakha* is that **gold is like utensils. What** is meant by the ambiguous term **utensils? Utensils of silver. Rabban Shimon ben Gamliel** qualifies this ruling and **says:** The *halakha* is that **it is like gold** dinars, whose value remains constant, **in a place where they are accustomed not to exchange it** or use it for business. In any event, the opinion of the first *tanna* in this *baraita*, that gold is treated like silver utensils, contradicts the previous assertion that gold must have the status of gold utensils, not silver utensils.

לָא, לְעוֹלָם אַסֵּיפָא, וּדְנָפְקִי עַל יְדֵי הַדְּחָק. וּבְהָא קָמִיפַּלְגִי; מָר סָבַר: כֵּיוָן דְּנָפְקִי – מַשְׁבְּחִינַן לָהּ, וּמָר סָבַר: כֵּיוָן דְּלָא נָפְקִי אֶלָּא עַל יְדֵי הַדְּחָק – לָא מַשְׁבְּחִינַן לָהּ.

The Gemara responds: **No, actually** it must be that Rabban Shimon ben Gamliel commented **on the latter clause** of the *baraita*, which deals with gold dinars, **and** they are not exchanged **because they are used** as cash only **with difficulty.** They are not typically used for business, but they could be used when necessary. **And** consequently, **they disagree about this:** One **Sage,** the first *tanna*, **holds since they are used** when necessary, **we increase** the value of gold dinars **for** the wife in the dowry, and the husband writes an increased sum in the marriage contract. **And one Sage,** Rabban Shimon ben Gamliel, **holds since they are used** for commerce **only with difficulty, we do not increase** the value of gold dinars **for her.** According to this interpretation, the first opinion can still subscribe to the notion that gold pieces, like gold utensils, are appraised at their actual value.

אִיבָּעֵית אֵימָא: כּוּלָּהּ רַבָּן שִׁמְעוֹן בֶּן גַּמְלִיאֵל הִיא, וְחַסּוּרֵי מִיחַסְּרָא וְהָכִי קָתָנֵי: זָהָב הֲרֵי הוּא כְּכֵלִים, דִּינָרֵי זָהָב הֲרֵי הֵן כִּכְסָפִים. בַּמֶּה דְּבָרִים אֲמוּרִים – בְּמָקוֹם שֶׁנָּהֲגוּ לְפוֹרְטָן, אֲבָל בְּמָקוֹם שֶׁנָּהֲגוּ שֶׁלֹּא לְפוֹרְטָן – שָׁמִין אוֹתָם וַהֲרֵי הֵן בְּשָׁוְויֵהֶן, דִּבְרֵי רַבָּן שִׁמְעוֹן בֶּן גַּמְלִיאֵל. שֶׁרַבָּן שִׁמְעוֹן בֶּן גַּמְלִיאֵל אוֹמֵר: בְּמָקוֹם שֶׁנָּהֲגוּ שֶׁלֹּא לְפוֹרְטָן – שָׁמִין אוֹתָם וַהֲרֵי הֵן בְּשָׁוְויֵהֶן.

If you wish, say instead that the **entire** *baraita* **is** in accordance with the opinion of **Rabban Shimon ben Gamliel, and** the *baraita* **is incomplete and this** is what **it is teaching:** The *halakha* is that a piece of **gold is like utensils** and **gold dinars are like money. In what** case **is this statement said? In a place where** the people were **accustomed to exchange the** dinars. **However, in a place where the** people were **accustomed not to exchange the** dinars, the court **appraises their** worth, **and they are** recorded **at their appraised worth.** This is **the statement of Rabban Shimon ben Gamliel, as Rabban Shimon ben Gamliel says: In a place where the** people were **accustomed not to exchange them,** the court **appraises their** worth, **and they are** recorded **at their appraised worth.**

מִכָּל מָקוֹם, כְּכֵלָיו מִיבָּעֵי לֵיהּ! קַשְׁיָא. אִיבָּעֵית אֵימָא: הָכָא בְּמַאי עָסְקִינַן – בְּדַהֲבָא פְּרִיכָא. רַב אַשִׁי אֲמַר: בִּמְמָלָא.

The contradiction from this *baraita* has been resolved, but **in any case,** a difficulty remains: If the status of gold is similar to that of gold utensils and it is appraised at its actual value, the *baraita* **should have** stated that gold is **like its own utensils** and not simply like any utensils. The Gemara answers: The language is **difficult. If you wish, say** the following answer instead: **With what are we dealing here? With smashed gold** fragments.[N] **Rav Ashi said:** We are dealing **with granules** of gold. Certainly, then, they are not treated as gold utensils, but the novel element of the *baraita* is that they have the status of regular utensils and not of gold dinars.

NOTES

With smashed gold fragments – בְּדַהֲבָא פְּרִיכָא: Rashi explains that collections of small pieces of gold and gold dust also depreciate simply because their components are occasionally lost due to their small size. Therefore, the Gemara compares them to silver utensils, which also depreciate. However, *Tosafot* and others indicate that these do not depreciate in and of themselves, and consequently the *baraita* compares them to gold utensils, which do not depreciate.

אָמַר רַבִּי יַנַּאי: בְּשָׂמִים שֶׁל אַנְטוֹכְיָא הֲרֵי הֵן כִּכְסָפִים. אָמַר רַבִּי שְׁמוּאֵל בַּר נַחְמָנִי אָמַר רַבִּי יוֹחָנָן: גְּמַלִּים שֶׁל עֲרַבְיָא אִשָּׁה גּוֹבָה פַּרְנָא מֵהֶם.

§ Apropos the preceding discussion concerning the appraisal of objects used for commerce, the Gemara cites a series of related comments. **Rabbi Yannai said:** With regard to **spices in Antioch,** they **are like money.** Since in Antioch they would conduct business with spices, they should be treated like cash when a woman brings them in her dowry. Similarly, **Rabbi Shmuel bar Naḥmani said** that **Rabbi Yoḥanan said:** Concerning **camels in Arabia,**[NBH] **a woman may collect** the amount of her **marriage settlement**[L] **from them.** Since they conduct business using camels in Arabia, the camels are consequently given the status that money has in other places.

אֲמַר רַב פַּפִּי: הָנֵי תּוֹתְבֵי דְּבֵי מִכְסֵי – אִשָּׁה גּוֹבָה פַּרְנָא מֵהֶם. וַאֲמַר רַב פַּפִּי הָנֵי שַׂקֵּי דְּרוֹדְיָא וְאַשְׁלֵי דְּקִמְחוֹנְיָא אִשָּׁה גּוֹבָה פַּרְנָא מֵהֶן, אֲמַר רָבָא: מֵרֵישׁ הֲוָה אָמִינָא הָנֵי אַרְנָקֵי דִּמְחוֹזָא אִשָּׁה גּוֹבָה פַּרְנָא מֵהֶם, מַאי טַעֲמָא – אַסְמַכְתַּיְיהוּ עֲלַיְיהוּ, כֵּיוָן דַּחֲזַאי דְּשָׁקְלֵי לְהוּ וְנָפְקֵי, וְכִי מַשְׁכְּחֵי אַרְעָא זַבְנֵי בְּהוּ – אָמִינָא: אַסְמַכְתַּיְיהוּ אַאַרְעָא הוּא.

Similarly, **Rav Pappi said:** With regard to **those robes in Bei Mikhsei, a woman may collect** her **marriage settlement from them** because they use dresses for commerce. **And Rav Pappi said:** With regard to **these sacks in Rodya**[B] **and ropes in Kimḥonya, a woman may collect** her **marriage settlement from them. Rava said: Initially, I would have said** that concerning **those money pouches** [*arnakei*][L] **in Meḥoza,**[N] **a woman may collect** her marriage settlement **from them. What is the reason? They rely on them,** and they serve the commercial function served by real estate in other places. **Once I saw that they take them** and the pouches **are used, and when they find land they buy** it **with them** and do not retain them, **I said** that they too **rely on land.** The money pouches are used in a fluid manner, but these pouches do not serve the same role served by real estate.

מתני׳ הַמַּשִּׂיא אֶת בִּתּוֹ סְתָם לֹא יִפְחוֹת לָהּ מֵחֲמִשִּׁים זוּז. פָּסַק לְהַכְנִיסָהּ עֲרוּמָּה – לֹא יֹאמַר הַבַּעַל – כְּשֶׁאַכְנִיסֶנָּה לְבֵיתִי אֲכַסֶּנָּה בִּכְסוּתִי, אֶלָּא מְכַסֶּהָ וְעוֹדָהּ בְּבֵית אָבִיהָ. וְכֵן הַמַּשִּׂיא אֶת הַיְתוֹמָה – לֹא יִפְחוֹת לָהּ מֵחֲמִשִּׁים זוּז, אִם יֵשׁ בַּכִּיס – מְפַרְנְסִין אוֹתָהּ לְפִי כְּבוֹדָהּ.

MISHNA With regard to **one who marries off his daughter** with the terms of the dowry **unspecified,**[H] **he must not give her less than fifty dinars.** If the bride's father **pledged to bring her** into the marriage **bare,**[H] by saying that he refuses to give her anything, **the husband should not say: When I bring her into my house, I will clothe her with my clothing,** but not beforehand. **Rather, he must clothe her while she is yet in her father's house,** and she enters the marriage with the clothing in hand. **And similarly,** with regard to a charity administrator **who marries off an orphan girl,**[H] he **must not give her less than fifty dinars. If there are** sufficient resources **in the** charity **fund,** the charities **provide** even more **for her,** furnishing a dowry and her other needs **according to her dignity.**

NOTES

Arabian camels – גְּמַלִּים שֶׁל עֲרַבְיָא: Rashi explains that with respect to most of the items described here, the Gemara seeks to demonstrate that these movable items are treated like money. Consequently, when a woman brings any of these items into the marriage, the husband must add 50 percent of their value in the marriage contract. *Shita Mekubbetzet* notes that Rashi's explanation is quite reasonable, since the Gemara flows nicely according to it. However, most other commentaries, including Rav Natronai Gaon, *Talmidei HaRamban*, and Rabbeinu Tam, cited in *Tosafot*, maintain that since these items were the primary means of commerce in their respective locations, they are treated like land. As such, the Gemara rules that a woman may collect her marriage contract from them. According to this opinion, this discussion serves as the primary basis for the ordinance instituted by the *ge'onim* that a marriage settlement may be collected from movable property and not only from land.

Money pouches in Meḥoza – אַרְנְקֵי דִּמְחוֹזָא: According to Rashi, these were purses used to hold cash. Although there was active commerce in Meḥoza, the economy relied primarily upon real estate, and not upon specific movable goods, for the guarantee of loans. By contrast, the Meiri explains that pouches were a chief product of Meḥoza. They were used for commerce, similar to the sacks of Kimḥonya and the other goods mentioned in the Gemara.

BACKGROUND

Arabian camels – גְּמַלִּים שֶׁל עֲרַבְיָא: A small number of sources indicate that there were Jewish settlements in Arabia in the talmudic period. From the Gemara's statement here, it would seem that the local Jews earned a living in consonance with most of the other locals and that camels were their foremost property. Arabian Jewish communities continued to exist in Khaybar and other places for many generations after the talmudic period.

Rodya – רוֹדְיָא: There are different opinions concerning the location of Rodya. Some claim that it refers to the island of Rhodes next to Greece, while others suggest that the intention here is the Babylonian city of Ρόδος, *Rhodos*.

LANGUAGE

Marriage settlement [*parna*] – פַּרְנָא: From the Greek φερνή, *fernē*, meaning dowry. However, as the term is used here by the Sages, it apparently includes the money that the wife receives in her marriage settlement.

Money pouches [*arnakei*] – אַרְנְקֵי: From the Greek ἀρνακίς, *arnakis*, a garment made from leather. As used by the Sages, the term refers to a pouch or purse, perhaps made from leather, used for holding coins.

Money pouch like those used in ancient Rome

HALAKHA

Arabian camels – גְּמַלִּים שֶׁל עֲרַבְיָא: The *ge'onim* instituted that a woman may collect her marriage contract even from movable property, since at that time most Jews did not own land but relied financially on movable property. This ordinance spread among all Jewish communities, and the marriage contracts are written accordingly, with respect to the main sum, the additional sum, and all other conditions recorded in the marriage contract, except for the provision for her sons (see 50b).

Many early commentaries note that one can already discern the basis for this ordinance in the Gemara's stance concerning camels and the other movable property it enumerates (*Maggid Mishne*). The *ge'onim* simply expanded the concept from specific examples and established a broad regulation (Rambam *Sefer Nashim, Hilkhot Ishut* 16:7; *Shulḥan Arukh, Even HaEzer* 100:1).

One who marries off his daughter unspecified – הַמַּשִּׂיא אֶת בִּתּוֹ סְתָם: The Sages said that one should give some of his property to his daughter when he marries her off, and this is what the Sages meant by the term: Provide. If someone marries off his daughter without specifying a different amount for her dowry, he is required to provide her with no less than the clothing that the court allocates to the bride of a pauper. This is the sum for a father who is poor, but one who is wealthy should add to the amount according to his wealth. This ruling follows the mishna (Rambam *Sefer Nashim, Hilkhot Ishut* 20:1; *Shulḥan Arukh, Even HaEzer* 58:1).

He pledged to bring her into the marriage bare – פָּסַק לְהַכְנִיסָהּ עֲרוּמָּה: If the father stipulated that he would bring her into marriage bare, the husband should not say: When I bring her into my house I will clothe her. Rather, he clothes her while she is still in her father's house. This ruling is in accordance with the mishna (Rambam *Sefer Nashim, Hilkhot Ishut* 20:2; *Shulḥan Arukh, Even HaEzer* 58:2).

One who marries off an orphan girl – הַמַּשִּׂיא אֶת הַיְתוֹמָה: When a charity administrator marries off an orphan girl, he must give her at least fifty dinars of provincial coins, which sum equals six and one quarter standard dinars. If the charity has more funds available, she is to be given an amount that befits her stature. It stands to reason that the sums delineated were stipulated only for their time and that nowadays these matters follow local contemporary practice. The authorities write that if the charity fund does not have the stipulated baseline sum, the administrators must take out loans. However, there is no need to borrow in order to give a higher amount to a woman who would otherwise receive more (*Shakh*, based on *Beit Yosef*; Rambam *Sefer Zera'im, Hilkhot Mattenot Aniyyim* 8:16; *Shulḥan Arukh, Yoreh De'a* 250:2, 253:2).

גמ׳ אָמַר אַבַּיֵי: חֲמִשִּׁים זוּזֵי פְּשִׁיטֵי. מִמַּאי – מִדְּקָתָנֵי סֵיפָא: אִם יֵשׁ בַּכִּיס – מְפַרְנְסִין אוֹתָהּ לְפִי כְבוֹדָהּ. וְאָמְרִינַן: מַאי כִּיס? אָמַר רַחֲבָה: אַרְנְקֵי שֶׁל צְדָקָה. וְאִי סָלְקָא דַּעְתִּין חֲמִשִּׁים זוּזֵי מַמָּשׁ – אִם יֵשׁ בַּכִּיס כַּמָּה יָהֲבִינַן לָהּ? אֶלָּא שְׁמַע מִינַּהּ חֲמִשִּׁים זוּזֵי פְּשִׁיטֵי.

GEMARA **Abaye said:** The **fifty dinars** mentioned in the mishna is referring to fifty **provincial** dinars, each of which is worth one-eighth the amount of a standard dinar. **From where** do I know that this is so? **From the** fact **that the latter clause teaches: If there are** sufficient resources **in the** charity **fund,** the charities **provide** more **for her,** furnishing a dowry and her other needs **according to her dignity. And we say: What is this fund? Raḥava said:** The **charity fund. And if it enters our minds** to say that the mishna is referring to **fifty actual,** i.e., standard, **dinars, if there are** sufficient resources **in the fund, how many** standard dinars **do we give him?** Fifty standard dinars is already a sizable sum to distribute as charity. **Rather, conclude from this** comment that the mishna is referring to **fifty provincial dinars.**

תָּנוּ רַבָּנַן: יָתוֹם וִיתוֹמָה שֶׁבָּאוּ לְהִתְפַּרְנֵס – מְפַרְנְסִין אֶת הַיְתוֹמָה, וְאַחַר כָּךְ מְפַרְנְסִין אֶת הַיָּתוֹם, מִפְּנֵי שֶׁהָאִישׁ דַּרְכּוֹ לַחֲזוֹר עַל הַפְּתָחִים, וְאֵין אִשָּׁה דַּרְכָּהּ לַחֲזוֹר. יָתוֹם וִיתוֹמָה

The Sages taught: Concerning **an orphan boy and an orphan girl who have come**[H] and appealed **to be supported** by the charity fund, the distributors **provide for the orphan girl** first **and afterward** they **provide for the orphan boy.** This is **because it is the way of a man to circulate about the entryways** to ask for charity, **and it is not a woman's way to circulate** for charity. Therefore, her need is greater. Concerning **an orphan boy and orphan girl**

Perek **VI**
Daf **67** Amud **b**

שֶׁבָּאוּ לִינָּשֵׂא – מַשִּׂיאִין אֶת הַיְתוֹמָה וְאַחַר כָּךְ מַשִּׂיאִין אֶת הַיָּתוֹם, מִפְּנֵי שֶׁבּוֹשְׁתָּהּ שֶׁל אִשָּׁה מְרוּבָּה מִשֶּׁל אִישׁ.

who have come to appeal to the charity fund **to be married**[H] off, the administrators **marry off the orphan girl** first **and afterward** they **marry off the orphan boy, because the humiliation of a woman** who is not married **is greater than that of** an unmarried **man.**

תָּנוּ רַבָּנַן: יָתוֹם שֶׁבָּא לִישָּׂא – שׂוֹכְרִין לוֹ בַּיִת וּמַצִּיעִין לוֹ מִטָּה וְכׇל כְּלֵי תַּשְׁמִישׁוֹ, וְאַחַר כָּךְ מַשִּׂיאִין לוֹ אִשָּׁה, שֶׁנֶּאֱמַר ״דֵּי מַחְסוֹרוֹ אֲשֶׁר יֶחְסַר לוֹ״. ״דֵּי מַחְסוֹרוֹ״ – זֶה הַבַּיִת. ״אֲשֶׁר יֶחְסַר״ – זֶה מִטָּה וְשֻׁלְחָן. ״לוֹ״ – זוֹ אִשָּׁה, וְכֵן הוּא אוֹמֵר ״אֶעֱשֶׂה לּוֹ עֵזֶר כְּנֶגְדּוֹ״.

The Sages taught: Concerning **an orphan** boy **who has come to marry,**[H] the community tries its utmost to provide for all of his needs. The charities **rent a house for him, arrange for him a bed and all his utensils, and thereafter** they **marry him a wife, as it is stated:** "But you shall surely open your hand to him, and shall surely lend him **sufficient for his deficiency**[H] **in that which is deficient for him"** (Deuteronomy 15:8). With regard to the phrase **"sufficient for his deficiency," this** is referring to **the house. "Which is deficient"; this** is referring to a **bed and table. "For him** [*lo*]"; **this** is referring to **a wife. And similarly** the verse **states: "I will make him** [*lo*] **a helpmate for him"** (Genesis 2:18), when God created a wife for Adam.

HALAKHA

An orphan boy and an orphan girl who have come – יָתוֹם וִיתוֹמָה שֶׁבָּאוּ: If an orphan boy and an orphan girl require charity, the girl is given priority to receive food or clothing. A woman is similarly prioritized over a man (Rambam *Sefer Zera'im, Hilkhot Mattenot Aniyyim* 8:15; *Shulḥan Arukh, Yoreh De'a* 251:8).

HALAKHA

An orphan boy and an orphan girl who have come to be married – יָתוֹם וִיתוֹמָה שֶׁבָּאוּ לְהִינָּשֵׂא: If the charity fund is marrying off an orphan boy and an orphan girl, the charity tends first to the needs of the orphan girl, and only thereafter to the needs of the orphan boy. This follows the *baraita* quoted in the Gemara (Rambam *Sefer Zera'im, Hilkhot Mattenot Aniyyim* 8:16; *Shulḥan Arukh, Yoreh De'a* 251:8).

An orphan boy who has come to marry – יָתוֹם שֶׁבָּא לִישָּׂא: With regard to an orphan boy who appeals for financial aid in getting married, a house is rented for him, a bed and all other furnishings are prepared for him, and then his wedding is financed. This ruling is in accordance with the *baraita* cited in the Gemara (Rambam *Sefer Zera'im, Hilkhot Mattenot Aniyyim* 7:4; *Shulḥan Arukh, Yoreh De'a* 250:1).

Sufficient for his deficiency – דֵּי מַחְסוֹרוֹ: It is a mitzva to give a poor individual a sum commensurate with his needs, both for regular support and for any of his particular additional needs. If he requires special foods, they must be provided for him. Similarly, if one grew accustomed to certain luxuries during his time of wealth, they are provided for him if he feels that he needs them. This includes even a horse upon which to ride and a servant to run before it. Although there is an obligation to provide a poor man with the luxuries from his previous lifestyle that he now lacks, the community has no responsibility to make him wealthy (Rambam *Sefer Zera'im, Hilkhot Mattenot Aniyyim* 7:3; *Shulḥan Arukh, Yoreh De'a* 250:1).

תָּנוּ רַבָּנַן: ״דֵּי מַחְסוֹרוֹ״ – אַתָּה מְצֻוֶּה עָלָיו לְפַרְנְסוֹ, וְאִי אַתָּה מְצֻוֶּה עָלָיו לְעַשְּׁרוֹ. ״אֲשֶׁר יֶחְסַר לוֹ״ – אֲפִילּוּ סוּס לִרְכּוֹב עָלָיו, וְעֶבֶד לָרוּץ לְפָנָיו. אָמְרוּ עָלָיו עַל הִלֵּל הַזָּקֵן שֶׁלָּקַח לְעָנִי בֶּן טוֹבִים אֶחָד סוּס לִרְכּוֹב עָלָיו, וְעֶבֶד לָרוּץ לְפָנָיו. פַּעַם אַחַת לֹא מָצָא עֶבֶד לָרוּץ לְפָנָיו – וְרָץ לְפָנָיו שְׁלֹשָׁה מִילִין.

Concerning this issue, **the Sages taught: "Sufficient for his deficiency"**; this teaches that **you are commanded with respect to** the pauper **to support him, but you are not commanded with respect to him to make him wealthy,** as the obligation encompasses only that which he lacks, as indicated by the word deficient. However, the verse also states: **"Which is deficient for him"**; this includes **even a horse upon which to ride**[N] **and a servant to run in front of him** for the sake of his stature, if necessary. For someone accustomed to these advantages, their absences constitute a true deficiency, not an extravagant indulgence. The Gemara relates: **They said about Hillel the Elder**[P] **that he obtained for a poor person of noble descent a horse upon which to ride and a servant to run in front of him. One time he did not find a servant to run in front of him, and** Hillel himself **ran in front of him** for **three** ***mil***,[B] to fulfill the dictate "which is deficient for him."

תָּנוּ רַבָּנַן: מַעֲשֶׂה בְּאַנְשֵׁי גָּלִיל הָעֶלְיוֹן שֶׁלָּקְחוּ לְעָנִי בֶּן טוֹבִים אֶחָד מִצִּיפּוֹרִי לִיטְרָא בָּשָׂר בְּכָל יוֹם. לִיטְרָא בָּשָׂר מַאי רְבוּתָא? אָמַר רַב הוּנָא: לִיטְרָא בָּשָׂר מִשֶּׁל עוֹפוֹת. וְאִיבָּעֵית אֵימָא: בְּלִיטְרָא בָּשָׂר מַמָּשׁ. רַב אַשִׁי אָמַר: הָתָם כְּפַר קָטָן הָיָה, בְּכָל יוֹמָא הֲוָה מַפְסְדֵי חֵיוְתָא אַמְטוּלְתֵיהּ.

The Sages taught: There was **an incident involving the people of the Upper Galilee, who bought for a poor person of noble descent from** the city of **Tzippori a** ***litra***[L] **of meat every day.** The Gemara asks: If they provided him with the reasonable ration of **a** ***litra*** **of meat, what is the novelty** in this incident? Why does it bear repeating? **Rav Huna said:** It was **a** ***litra*** **of meat of poultry,** which is very expensive. **And if you wish, say** instead that **for** the weight of **a** ***litra*** of coins, they bought him **actual** red **meat.** The price of ordinary meat was so expensive that they had to pay the exorbitant price of a *litra* of coins. **Rav Ashi said** they did not spend a *litra* of coins for him. Rather, **there,** in the Galilee, **it was a small village,** and **every day they would lose** an entire **animal** just **for him.** They would slaughter an animal daily, simply to provide him with fresh meat, although there was otherwise no market for such a plentiful supply of meat in the village.

הַהוּא דַּאֲתָא לְקַמֵּיהּ דְּרַבִּי נְחֶמְיָה, אֲמַר לֵיהּ: בַּמֶּה אַתָּה סוֹעֵד? אֲמַר לֵיהּ: בְּבָשָׂר שָׁמֵן וְיַיִן יָשָׁן. רְצוֹנְךָ שֶׁתְּגַלְגֵּל עִמִּי בַּעֲדָשִׁים? גִּלְגֵּל עִמּוֹ בַּעֲדָשִׁים – וָמֵת. אָמַר: אוֹי לוֹ לָזֶה שֶׁהֲרָגוֹ נְחֶמְיָה. אַדְּרַבָּה, אוֹי לוֹ לִנְחֶמְיָה שֶׁהֲרָגוֹ לָזֶה מִיבָּעֵי לֵיהּ! אֶלָּא, אִיהוּ הוּא דְּלָא אִיבָּעֵי לֵיהּ לְפַנּוֹקֵי נַפְשֵׁיהּ כּוּלֵּי הַאי.

The Gemara relates another incident concerning charity. **A certain** person **came before Rabbi Neḥemya** to request charity. **He said to him: On what do you** normally **dine? He said to him:** I usually dine **on fatty meat and aged wine.** Rabbi Neḥemya asked him: **Is it your wish to belittle yourself** and partake together **with me in** a meal of **lentils,** which is my regular food? **He partook with him of lentils, and he died,** since he was not accustomed to this food. Rabbi Neḥemya **said: Woe to this one who was killed by Neḥemya.** The Gemara wonders: **On the contrary,** Rabbi Neḥemya **should have said: Woe to Neḥemya who killed this one.** The Gemara responds: **Rather,** Rabbi Neḥemya meant that it was **he,** the pauper, **who should not have pampered himself**[N] **so much.** The poor man was to blame for his own death. His excessive indulgence rendered him incapable of digesting simple foods such as lentils.

NOTES

Even a horse upon which to ride – אֲפִילּוּ סוּס לִרְכּוֹב עָלָיו: Some say that the Gemara is referring specifically to a pauper who comes from a wealthy family and was previously accustomed to these benefits (*Talmidei Rabbeinu Yona*). Significantly, it was said in the name of the *ge'onim* that the obligation to provide luxuries, such as a horse and servant, applies only to a pauper whose financial decline is not public knowledge. Therefore, he receives these privileges so that his reputation is maintained. But once his condition becomes widely known, he is not entitled to anything more than other paupers.

Pampered himself – לְפַנּוֹקֵי נַפְשֵׁיהּ: Throughout this discussion in the Gemara, there seems to be some inconsistency with regard to the quantity and quality of aid that should be given to any one pauper. To resolve this inconsistency, several commentaries present a basic distinction between two kinds of paupers. In the case of someone who has been indulged with extravagancies and luxuries from a very young age, missing something to which he has grown accustomed is categorized as his deficiency, and it should be provided for him. However, the same cannot be said of an opportunist who seeks to take advantage of the community's support to satiate his cravings for extra comforts.

BACKGROUND

***Mil* – מִיל:** A *mil* is a unit of distance related to, but not identical to, the Roman mile, from which it received its name. One *mil* equals 2,000 cubits. This is equivalent to 960 m according to Rav Ḥayyim Na'e, and 1,150 m according to the *Ḥazon Ish*.

LANGUAGE

***Litra* – לִיטְרָא:** From the Greek λίτρα, *litra*, which is variously used as a measure of volume or weight, or as the name of a coin. The volume of a *litra* is less than 300 cubic cm and is therefore a very small amount of meat. Even as a measure of weight, a Greek *litra* is a moderate 327 g. The weight of a *litra* of silver coins, however, is a very large sum of money.

PERSONALITIES

Hillel the Elder – הִלֵּל הַזָּקֵן: Hillel the Elder and his colleague Shammai were the last of the *zugot*, the pairs of *tanna'im* who led the Sanhedrin throughout much of the Second Temple period. Hillel served as *Nasi* of the Sanhedrin, and Shammai was the president of the court, approximately one hundred years prior to the destruction of the Temple, at the beginning of Herod's reign.

As individuals, Hillel and Shammai had markedly different personalities. Hillel was easygoing and accommodating in his approach to himself and to others, championing pleasantness and avoiding conflict wherever possible. Shammai took a more exacting approach, scrutinizing people's motives and actions. Each founded a school, Beit Hillel and Beit Shammai respectively, and the schools continued to operate many years after their founders' passing. Notably, Hillel and Shammai themselves disagreed in only three or four matters of *halakha*, but their schools, over time, were known to differ in many areas of *halakha*.

According to tradition, Hillel began his studies as an impoverished student engaged in menial labor to earn money to pay the entrance fee to attend the lectures of Shemaya and Avtalyon. Ultimately his achievements and influence were so great that the Gemara likens Hillel to Ezra the Scribe, crediting him with reestablishing Torah during a period in history when it was in danger of being forgotten (*Sukka* 20a).

Hillel's disciples were also recognized for their distinction, reflecting his success as a teacher. According to the Gemara, Hillel the Elder had eighty students. Thirty were worthy to have the Divine Presence rest upon them in the manner that it rested upon Moses; thirty were worthy to have the sun stand still for them, as it did for Joshua; and twenty fell in between these two standards. The greatest among them was Yonatan ben Uziel, and the youngest was Rabban Yoḥanan ben Zakkai (*Sukka* 28a).

הַהוּא דַּאֲתָא לְקַמֵּיהּ דְּרָבָא. אֲמַר לוֹ: בַּמֶּה אַתָּה סוֹעֵד? אָמַר לוֹ: בְּתַרְנְגוֹלֶת פְּטוּמָה וְיַיִן יָשָׁן. אֲמַר לֵיהּ: וְלָא חָיְישַׁתְּ לְדוּחְקָא דְּצִיבּוּרָא? אֲמַר לֵיהּ: אַטּוּ מִדִּידְהוּ קָאָכֵילְנָא? מִדְּרַחֲמָנָא קָאָכֵילְנָא, דִּתְנֵינָא: ״עֵינֵי כֹל אֵלֶיךָ יְשַׂבֵּרוּ וְאַתָּה נוֹתֵן לָהֶם אֶת אָכְלָם בְּעִתּוֹ״, ״בְּעִתָּם״ לֹא נֶאֱמַר אֶלָּא ״בְּעִתּוֹ״, מְלַמֵּד שֶׁכָּל אֶחָד וְאֶחָד נוֹתֵן הַקָּדוֹשׁ בָּרוּךְ הוּא פַּרְנָסָתוֹ בְּעִתּוֹ.

The Gemara relates another story. **A certain person came before** Rava to request charity. **He said to him: On what do you** normally **dine? He said to him: On a fattened hen and aged wine. He said to him: And were you not concerned for** causing **a burden to the community** by expecting such opulent foods? **He said to him: Is that to say** that it is **from their** funds that **I eat? I eat from** the support of **the Merciful One.** This would seem to be a reasonable argument, **as we** already **learned** that in the verse **"the eyes of all wait for You, and You give them their food in its time"** (Psalms 145:15), the phrase: **At their time, is not stated, rather "in its time."** This **teaches that the Holy One, Blessed be He, gives each and every one his** personally appropriate **sustenance at its proper time,** and the community is merely His agent in discharging His will. Therefore, the man is justified in maintaining his standard.

אַדְּהָכִי אֲתַאי אַחְתֵיהּ דְּרָבָא, דְּלָא חַזְיָא לֵיהּ תְּלֵיסְרֵי שְׁנֵי, וְאַתְיָא לֵיהּ תַּרְנְגוֹלֶת פְּטוּמָה וְיַיִן יָשָׁן. אֲמַר: מַאי דְּקַמָּא? אֲמַר לֵיהּ: נַעֲנֵיתִי לָךְ, קוּם אֱכוֹל.

In the meantime, while they were talking, **Rava's sister, who had not seen him for thirteen years, came. And** as a gift, **she brought him a fattened hen and aged wine. Rava said** to himself: **What is this that** happened **in front of me** that suddenly I am brought food that I do not usually eat? He then understood that this was a providential response to what he had earlier said to the man. Rava **said to him: I have responded** [*na'aneti*][L] **to your** contention. **Arise** and **eat.**

תָּנוּ רַבָּנַן: אֵין לוֹ וְאֵינוֹ רוֹצֶה לְהִתְפַּרְנֵס – נוֹתְנִין לוֹ לְשׁוּם הַלְוָאָה, וְחוֹזְרִין וְנוֹתְנִין לוֹ לְשׁוּם מַתָּנָה, דִּבְרֵי רַבִּי מֵאִיר. וַחֲכָמִים אוֹמְרִים: נוֹתְנִין לוֹ לְשׁוּם מַתָּנָה, וְחוֹזְרִין וְנוֹתְנִין לוֹ לְשׁוּם הַלְוָאָה. לְשׁוּם מַתָּנָה? הָא לָא שָׁקֵיל! אָמַר רָבָא: לִפְתּוֹחַ לוֹ לְשׁוּם מַתָּנָה.

§ **The Sages taught:** If an individual **does not have** sufficient means of support **and does not want to be supported**[H] from charity funds, the charities **provide him** funds **as a loan** in a dignified manner, **and** then they **go back and give** the funds **to him as a gift;**[N] this is **the statement of Rabbi Meir. And the Rabbis say:** They **give him** funds **as a gift, and** then they **go back and** give the funds **to him as a loan.** The Gemara wonders about the Rabbis' ruling: How can we give it **as a gift?** After all, **he does not** want to **take it** as a gift. The Gemara answers that **Rava said:** The Rabbis' instruction is **to begin** discussions **with him** by offering the assistance **as a gift.** If he refuses, the charities give it to him as a loan, but they treat it as a gift and refrain from attempting to collect a debt.

יֵשׁ לוֹ וְאֵינוֹ רוֹצֶה לְהִתְפַּרְנֵס – נוֹתְנִין לוֹ לְשׁוּם מַתָּנָה, וְחוֹזְרִין וְנִפְרָעִין מִמֶּנּוּ. חוֹזְרִין וְנִפְרָעִין הֵימֶנּוּ? תּוּ לָא שָׁקֵיל! אָמַר רַב פַּפָּא: לְאַחַר מִיתָה. רַבִּי שִׁמְעוֹן אוֹמֵר: יֵשׁ לוֹ וְאֵינוֹ רוֹצֶה לְהִתְפַּרְנֵס – אֵין נִזְקָקִין לוֹ. אֵין לוֹ וְאֵינוֹ רוֹצֶה לְהִתְפַּרְנֵס – אוֹמְרִים לוֹ: הָבֵא מַשְׁכּוֹן וְטוֹל, כְּדֵי שֶׁתָּזוּחַ דַּעְתּוֹ עָלָיו.

If **he has** sufficient funds of his own **but does not want to support himself**[H] by his own funds without the assistance of charity, the charities **give him** aid **as a gift, and then** they **go back and collect** the debt **from him.** The Gemara asks: How can the administrators of the fund **go back and collect from him?** Would their efforts not be in vain, as **subsequently he would not take** their support, knowing that he would still have to pay for it? **Rav Pappa said:** The charities collect the accrued debt from his estate only **after** his **death.** The *baraita* continues: **Rabbi Shimon says,** disputing the opinion of the Rabbis: If **he has** sufficient funds **and does not want to be supported** by his own means, they **do not get involved with him,** as the community is not obligated to support him. If **he does not have and does not want to be supported** from charity, the charities **say to him: Bring collateral and take** a loan, **so that his mindset should be raised for him,** with the false impression that he is not receiving a handout.

תָּנוּ רַבָּנַן: ״הַעֲבֵט״ – זֶה שֶׁאֵין לוֹ וְאֵינוֹ רוֹצֶה לְהִתְפַּרְנֵס שֶׁנּוֹתְנִים לוֹ לְשׁוּם הַלְוָאָה, וְחוֹזְרִין וְנוֹתְנִין לוֹ לְשׁוּם מַתָּנָה. ״תַּעֲבִיטֶנּוּ״ – זֶה שֶׁיֵּשׁ לוֹ וְאֵינוֹ רוֹצֶה לְהִתְפַּרְנֵס, שֶׁנּוֹתְנִין לוֹ לְשׁוּם מַתָּנָה וְחוֹזְרִין וְנִפְרָעִין הֵימֶנּוּ לְאַחַר מִיתָה, דִּבְרֵי רַבִּי יְהוּדָה.

The Gemara cites a dispute related to the previous discussions. **The Sages taught** in a *baraita* with regard to the double expression in the Torah: "You shall open your hand to him [*ha'avet ta'avitenu*]" (Deuteronomy 15:8). ***"Ha'avet"*; this** is referring to one **who does not have** funds **and does not want to be supported** by charity. The policy is **that** the charities **provide him** funds **as a loan and go back and give** the funds **to him as a gift. *"Ta'avitenu"*; this** is referring to one **who has** means **and does not want to support** himself. The policy is **that** the charities **provide** money **as a gift, and then** they **go back and collect from** his estate **after** his **death.** This is **the statement of Rabbi Yehuda.**

LANGUAGE

I have responded [*na'aneti*] – נַעֲנֵיתִי: The Sages used the phrase *na'aneti lakh* as an expression of apology. Rashi apparently interprets the term as related to the word *ana*, meaning responded or spoke, as if to say: I said too much. Others explain that the term relates to the word *inui*, meaning suffering, with the implication: I have sinned before you.

HALAKHA

And he does not want to be supported – וְאֵינוֹ רוֹצֶה לְהִתְפַּרְנֵס: If a pauper requires charity but refuses to accept money from the charity fund, then the charity administrators employ artifice. Money is presented to him as a gift or as a loan, so that he will agree to take aid on his preferred terms. This ruling follows the opinion of the Rabbis in the *baraita* (Rambam *Sefer Zera'im, Hilkhot Mattenot Aniyyim* 7:9; *Shulḥan Arukh, Yoreh De'a* 253:9).

One who has funds but does not want to support himself – יֵשׁ לוֹ וְאֵינוֹ רוֹצֶה לְהִתְפַּרְנֵס: If a wealthy person starves himself because he is overly frugal, his appeals for charitable aid are not approved. This ruling is in accordance with Rabbi Shimon's statement and the opinion of the Rabbis as recorded later in the Gemara (Rambam *Sefer Zera'im, Hilkhot Mattenot Aniyyim* 7:9; *Shulḥan Arukh, Yoreh De'a* 253:10).

NOTES

Give the funds to him as a gift – נוֹתְנִין לוֹ לְשׁוּם מַתָּנָה: The Rabbis reject Rabbi Meir's opinion, as they suspect that the pauper will refuse an outright loan, since he does not have the means to pay it back. For this reason, the charity first offers him a gift (*Ayelet Ahavim*).

BACKGROUND

Hinge of the door – צינורא דדשא: Apparently there was a hole in the threshold into which the outer hinge of the door was inserted. For convenient insertion and removal of the door, there was a slot adjacent to this hinge, through which it was also possible to pass small items into the house.

HALAKHA

To toss…for him into the hinge of the door – דשדי ליה...בצינורא דדשא: One of the highest levels of charity is giving anonymously, so that the recipient does not know the identity of the donor, as in the case of Mar Ukva, who left the money at the entrance to the house (Rambam *Sefer Zera'im, Hilkhot Mattenot Aniyyim* 10:9; *Shulḥan Arukh, Yoreh De'a* 249:8).

וחכמים אומרים: יש לו ואינו רוצה להתפרנס, אין נזקקין לו. ואלא מה אני מקיים ״העבט תעביטנו״ – דברה תורה כלשון בני אדם.

The *baraita* continues: **And the Rabbis say:** If **he has** money **and does not want to support** himself, they **do not get involved with him.** The *baraita* asks: **How then do I uphold** the double expression **"*ha'avet ta'avitenu*"?** The *baraita* answers: **The Torah spoke in the language of men,** and the double form does not have halakhic significance.

מר עוקבא הוה עניא בשיבבותיה, דהוה רגיל כל יומא דשדי ליה ארבעה זוזי בצינורא דדשא. יום אחד אמר: איזיל איחזי מאן קעביד בי ההוא טיבותא. ההוא יומא נגהא ליה למר עוקבא לבי מדרשא, אתיא דביתהו בהדיה.

The Gemara recounts another incident related to charity. **Mar Ukva**[P] had **a pauper in his neighborhood,** and Mar Ukva **was accustomed every day to toss four dinars for him into the** slot adjacent to the **hinge of the door.**[BH] **One day** the poor person **said: I will go and see who is doing this service for me. That day Mar Ukva was delayed in the study hall, and his wife came with him** to distribute the charity.

כיון דחזיוה דקא מצלי ליה לדשא – נפק בתרייהו. רהוט מקמיה, עיילי לההוא אתונא דהוה גרופה נורא, הוה קא מיקליין כרעיה דמר עוקבא. אמרה ליה דביתהו: שקול כרעיך אותיב אכרעאי. חלש דעתיה. אמרה ליה: אנא שכיחנא בגויה דביתא, ומקרבא אהנייתי.

When the people in the poor man's house **saw that** someone **was turning the door,** the pauper **went out after them** to see who it was. Mar Ukva and his wife **ran away from before him** so that he would not determine their identity, and **they entered a certain furnace whose fire was** already **raked** over and tempered but was still burning. **Mar Ukva's legs were being singed,** and **his wife said to him: Raise your legs and set them on my legs,** which are not burned. Understanding that only his wife was spared from burns, because she was more worthy, Mar Ukva **became distraught.** By way of explanation, **she said to him: I am** normally **found inside the house, and** when I give charity, **my assistance is ready** and immediate, insofar as I distribute actual food items. Since you distribute money, which is not as readily helpful, my aid is greater than yours.

ומאי כולי האי? דאמר מר זוטרא בר טוביה אמר רב, ואמרי לה אמר רב הונא בר ביזנא אמר רבי שמעון חסידא, ואמרי לה אמר רבי יוחנן משום רבי שמעון בן יוחי: נוח לו לאדם שימסור עצמו לתוך כבשן האש, ואל ילבין פני חברו ברבים. מנא לן – מתמר. דכתיב ״היא מוצאת״.

The Gemara asks: **And what** is **all this?** Why did they go to such extreme lengths to avoid being discovered? The Gemara answers: It is as **Mar Zutra bar Toviya said** that **Rav said, and some say** that **Rav Huna bar Bizna said** that **Rabbi Shimon Ḥasida said, and some say** that **Rabbi Yoḥanan said in the name of Rabbi Shimon ben Yoḥai: It is preferable for a person to deliver himself into a fiery furnace so that** he **not whiten** the face of, i.e., embarrass, **his friend in public. From where do we** derive this? **From the** conduct of **Tamar, as it is written:** "And Judah said: Bring her forth, and let her be burnt. When **she was brought forth,** she sent to her father-in-law, saying: By the man, whose these are, am I with child" (Genesis 38:24–25). Although Tamar was taken to be executed by burning, she privately and directly appealed to Judah, rather than publicly identifying him as the father of her unborn children and causing him embarrassment.

מר עוקבא הוה עניא בשיבבותיה דהוה רגיל לשדורי ליה ארבע מאה זוזי כל מעלי יומא דכיפורא. יומא חד שדרינהו ניהליה ביד בריה, אתא אמר ליה: לא צריך. אמר: מאי חזית? חזאי דקא מזלפי ליה יין ישן, אמר: מפנק כולי האי! עייפינהו ושדרינהו ניהליה.

The Gemara relates another incident involving Mar Ukva. **Mar Ukva** had another **pauper in his neighborhood,** and Mar Ukva **was accustomed to send to him four hundred dinars every** year on the **eve of Yom Kippur. One day he sent** the money **to him by the hand of his son.** The son **returned** and **said to him:** The poor individual **does not need** the charity. Mar Ukva **said: What did you see** that prompted you to say this? He said to him: **I saw them spilling old wine** on the ground **for him,** to give the room a pleasant smell. Mar Ukva **said:** If he is **pampered this much** and requires even this luxury, then he needs even more money. **He doubled** the funds **and sent them to him.**

PERSONALITIES

Mar Ukva – מר עוקבא: Mar Ukva was the Exilarch during the first generation of the Babylonian *amora'im*. He resided in the in the town of Kafri, where he also held his rabbinic court. In addition to his political office, which may not have carried the same weight then as it did later, Mar Ukva was one of the prominent Sages of his generation. He was principally a student of Shmuel, and was regarded as the latter's disciple-colleague.

He is mentioned many times in the Talmud, and he engaged in exchanges with the Sages of his generation. Later generations of *amora'im* reported a number of his statements as well. He enjoyed close correspondence with the Sages of Eretz Yisrael. He was noted for his Torah knowledge as well as his piety in general, particularly his acts of charity and kindness. It may be that the Sages Rav Natan bar Mar Ukva and Mari bar Mar Ukva were his sons.

כִּי קָא נִיחָא נַפְשֵׁיהּ אֲמַר: אַיְיתוֹ לִי חוּשְׁבְּנַאי דִּצְדָקָה. אַשְׁכַּח דַּהֲוָה כְּתִיב בֵּיהּ שִׁבְעַת אַלְפֵי דִּינָרֵי סִיאַנְקֵי. אֲמַר: זְוַודַאי קַלִּילֵי, וְאוֹרְחָא רְחִיקְתָּא. קָם בַּזְבְּזֵיהּ לְפַלְגֵיהּ מָמוֹנֵיהּ. הֵיכִי עָבֵד הָכִי? וְהָאָמַר רַבִּי אֶילְעַאי, בְּאוּשָׁא הִתְקִינוּ: הַמְבַזְבֵּז – אַל יְבַזְבֵּז יוֹתֵר מֵחוֹמֶשׁ! הָנֵי מִילֵּי – מֵחַיִּים, שֶׁמָּא יֵרֵד מִנְּכָסָיו, אֲבָל לְאַחַר מִיתָה – לֵית לָן בָּהּ.

When Mar Ukva **was dying, he said: Bring me my charity records. He found that it was written there** that he had given **seven thousand** fine, *siankei*,[L] i.e., gold, **dinars,** to charity. **He said: My provisions are light, and the way is far.** This meager sum is insufficient for me to merit the World-to-Come. **He got up** and **spent half of his** remaining **money** on charity. The Gemara asks: **How did he do this? But didn't Rabbi Ilai say: In Usha they instituted: One who spends** money on charity, **he should not spend more than one-fifth**[H] of his money for this purpose. The Gemara answers: **This** restriction on giving too much charity **applies** only **while he is alive,** because **perhaps he will descend from his holdings** and become destitute. Therefore, for his own financial security, he should never distribute more than one-fifth. **But after death, we have no** problem **with it.** One need not save money in his estate anymore.

רַבִּי אַבָּא הֲוָה צָיֵיר זוּזֵי בְּסוּדָרֵיהּ וּשְׁדֵי לֵיהּ לַאֲחוֹרֵיהּ, וּמַמְצֵי נַפְשֵׁיהּ לְבֵי עַנְיֵי, וּמְצַלֵּי עֵינֵיהּ מֵרַמָּאֵי.

The Gemara recounts more stories related to charity. **Rabbi Abba would wrap coins in his scarf and toss** the money **behind him**[H] over his shoulder. **And he would place himself at the homes of the poor** without being seen, so the poor could receive the aid without being embarrassed. **And he would incline his eyes** just enough so he could safeguard the handouts **from swindlers** who might take the money dishonestly.

רַבִּי חֲנִינָא הֲוָה הַהוּא עַנְיָא דַּהֲוָה רָגִיל לְשַׁדּוּרֵי לֵיהּ אַרְבָּעָה זוּזֵי כָּל מַעֲלֵי שַׁבְּתָא. יוֹמָא חַד שַׁדְּרִינְהוּ נִיהֲלֵיהּ בְּיַד דְּבֵיתְהוּ. אֲתַאי אָמְרָה לֵיהּ: לָא צָרִיךְ. מַאי חֲזֵית? שְׁמָעִי דַּהֲוָה קָאָמְרִי לֵיהּ: בַּמֶּה אַתָּה סוֹעֵד,

Rabbi Ḥanina knew **a certain pauper** and **was accustomed to send to him four dinars on every Shabbat eve. One day he sent it in the hand of his wife. She came** back home and **said to him:** The man **does not need** charity. Rabbi Ḥanina asked her: **What did you see** that prompted you to say this? She said to him: I **heard them saying to him** inside the house: **With what do you** normally **dine:**

LANGUAGE

Siankei – **סִיאַנְקֵי:** The meaning of this word is unclear. Some say that it is a weight or coin equaling half a drachma, or 2.9 g of silver. Gold coins of this type are mentioned in other sources.

HALAKHA

He should not spend more than one-fifth – אַל יְבַזְבֵּז יוֹתֵר מֵחוֹמֶשׁ: A person should not give away more than one-fifth of his property to charity, so that he not ultimately require the assistance of others as well. This principle is true while the donor is living. At the time of his death, he may donate as much charity as he desires, as the Gemara learns this from Mar Ukva's example (*Shulḥan Arukh, Yoreh De'a* 249:1, and in the comment of Rema).

He would wrap coins…and toss the money behind him – הֲוָה צָיֵיר זוּזֵי...וּשְׁדֵי לֵיהּ לַאֲחוֹרֵיהּ: One of the higher levels of charity is giving in a way that the benefactor does not know the identity of the recipient, similar to the method employed by Rabbi Abba. However, this method is not as meritorious as giving anonymously, as it is better for the identity of the donor to remain unknown (Rambam *Sefer Zera'im, Hilkhot Mattenot Aniyyim* 10:10; *Shulḥan Arukh, Yoreh De'a* 249:9).

Perek **VI**
Daf **68** Amud **a**

בִּטְלֵי כֶּסֶף אוֹ בִּטְלֵי זָהָב? אֲמַר: הַיְינוּ דַּאֲמַר רַבִּי אֶלְעָזָר: בּוֹאוּ וְנַחֲזִיק טוֹבָה לָרַמָּאִין, שֶׁאִלְמָלֵא הֵן הָיִינוּ חוֹטְאִין בְּכָל יוֹם, שֶׁנֶּאֱמַר ״וְקָרָא עָלֶיךָ אֶל ה׳ וְהָיָה בְךָ חֵטְא״.

Silver, i.e., white, **tablecloths** [*telei*][NL] **or gold,** i.e., colored, **tablecloths?** Clearly, then, they are not entitled to charity. Rabbi Ḥanina **said: This is what Rabbi Elazar said: Come and let us appreciate the swindlers** who ask for charity that they do not need, **because were it not for them,** who command our attention and receive our charity, **we would be sinning every day** in failing to properly support the truly poor, **as it is stated:** "Beware that there be not a base thought in your heart, saying: The seventh year, the year of release, is at hand; and your eye be evil against your needy brother, and you will not give him; **and he cry to the Lord against you, and it be sin in you"** (Deuteronomy 15:9). Because the swindlers take our money in the name of charity, we have an excuse of sorts for failing to fully meet the needs of the truly poor.

LANGUAGE

Tablecloths [*telei*] – טְלֵי: The source of this word and its precise meaning are not clear. Some say that it is derived from the Greek τύλη, *tulē*, meaning bedding, couch, cushion, or mattress. However, in this context it seems to be a kind of utensil or tablecloth used for a meal.

NOTES

Silver tablecloths, etc. – בִּטְלֵי כֶּסֶף וכו׳: Rabbeinu Ḥananel writes that the Gemara is referring to bowls of silver and gold, respectively. However, Rashi and *Tosafot* explain that the Gemara is describing tablecloths of a silvery white or a golden hue, based on a discussion elsewhere (*Bava Metzia* 78b). Others say that these articles are tablecloths embroidered with silver or gold threads.

In any case, a number of commentaries explored why Rabbi Ḥanina understood that his opulent beneficiaries were actually unworthy of charity, in contrast to Mar Ukva, who in a similar situation doubled his support. *Tosafot* indicate that under these circumstances, the poor should be required to sell their expensive items, because these items do not directly serve a person's body. This complements their opinion that the items in question are tablecloths and not bowls, because bowls and other eating utensils serve the body more directly and need not be sold. According to others, they should have sold these utensils simply because they had a large quantity of them, allowing them to choose which ones they would use at a given meal. With such wealth, it is illegitimate to collect charity (*Shita Mekubbetzet*; *Ayelet Ahavim*).

The Meiri offers two additional explanations. One possibility is that this family was collecting from the charity fund, of which Rabbi Ḥanina was the administrator. Although an individual donor has an obligation to help a pauper maintain his previous standard, the communal fund does not need to provide extra support. Consequently, Rabbi Ḥanina understood that they should not be receiving public funds. Alternatively, the Meiri suggests that the family in question was not wealthy originally and was using the support of the charity to amass great wealth.

וְתָנֵי רַבִּי חִיָּיא בַּר רַב מִדִּיפְתִּי, רַבִּי יְהוֹשֻׁעַ בֶּן קׇרְחָה אוֹמֵר: כׇּל הַמַּעֲלִים עֵינָיו מִן הַצְּדָקָה – כְּאִילּוּ עוֹבֵד עֲבוֹדָה זָרָה. כְּתִיב הָכָא ״הִשָּׁמֶר לְךָ פֶּן יִהְיֶה דָבָר עִם לְבָבְךָ בְלִיַּעַל״ וגו׳ וּכְתִיב הָתָם ״יָצְאוּ אֲנָשִׁים בְּנֵי בְלִיַּעַל״, מָה לְהַלָּן עֲבוֹדָה זָרָה – אַף כָּאן עֲבוֹדָה זָרָה.

And Rabbi Ḥiyya bar Rav of Difti taught: Rabbi Yehoshua ben Korḥa says: With regard to **anyone who averts his eyes from the** obligation to give **charity,**[H] **it is as if he engages in idol worship.**[N] It is **written here** concerning charity: **"Beware that there be not a base [*beliya'al*] thought in your heart…** and you will not give him" (Deuteronomy 15:9), **and** it is **written there** concerning idolatry: **"Certain base [*beliya'al*] fellows have gone out"** (Deuteronomy 13:14). **Just as there,** in the latter verse, the word "base [*beliya'al*]" is referring to **idol worship, so too here,** this expression indicates a sin on the scale of **idol worship.**

תָּנוּ רַבָּנַן: הַמְסַמֵּא אֶת עֵינוֹ, וְהַמְצַבֶּה אֶת בִּטְנוֹ, וְהַמְקַפֵּחַ אֶת שׁוֹקוֹ – אֵינוֹ נִפְטָר מִן הָעוֹלָם עַד שֶׁיָּבֹא לִידֵי כָּךְ. הַמְקַבֵּל צְדָקָה וְאֵין צָרִיךְ לְכָךְ – סוֹפוֹ אֵינוֹ נִפְטָר מִן הָעוֹלָם עַד שֶׁיָּבֹא לִידֵי כָּךְ.

The Gemara cites a *baraita* relating to swindlers who collect charity. **The Sages taught: One who** falsely **blinds his eye,**[H] **and one who bloats his stomach** as if he were sick, **and one who** falsely **crushes [*mekape'aḥ*] his leg,**[N] in order to benefit dishonestly from charity, **will not depart from the world before he comes to this** same plight, and he will truly suffer from the ailment that he feigned. More generally, **one who receives charity and does not need it, his end** will be that **he will not depart from the world before he comes to this** state of actually needing charity.

תְּנַן הָתָם: אֵין מְחַיְּיבִין אוֹתוֹ לִמְכּוֹר אֶת בֵּיתוֹ וְאֶת כְּלֵי תַשְׁמִישׁוֹ. וְלָא? וְהָתַנְיָא: הָיָה מִשְׁתַּמֵּשׁ בִּכְלֵי זָהָב – יִשְׁתַּמֵּשׁ בִּכְלֵי כֶסֶף, בִּכְלֵי כֶסֶף – יִשְׁתַּמֵּשׁ בִּכְלֵי נְחוֹשֶׁת!

§ **We learned in a mishna elsewhere** (*Pe'a* 8:8): Who is entitled to receive charity? Whoever has less than two hundred dinars. However, the administrators of the charities **do not require him to sell his house and his accessories**[H] to reach the threshold of two hundred dinars. For the purposes of charity, his wealth is calculated based on cash alone. The Gemara asks: **And do we not** insist that he sell property? **But isn't it taught** in a *baraita*: **If he was** accustomed to **use gold wares, he should** now **use silver wares.** If he was accustomed to use **silver wares,** he should now use **copper wares.** This indicates that he is required to sell at least some of his possessions.

אֲמַר רַב זְבִיד: לָא קַשְׁיָא; הָא – בְּמִטָּה וְשׁוּלְחָן, הָא – בְּכוֹסוֹת וּקְעָרוֹת. מַאי שְׁנָא כּוֹסוֹת וּקְעָרוֹת דְּלָא – דְּאָמַר: מְאִיסֵי לִי, מִטָּה וְשׁוּלְחָן נַמִי אָמַר: לָא מְקַבֵּל עִילָּוַאי! אֲמַר רָבָא בְּרֵיהּ דְּרַבָּה: בְּמַחֲרֵישָׁה דְּכַסְפָּא.

Rav Zevid said: This is **not difficult. This** source, which requires him to sell wares and lower his standard of living, speaks **of a bed and a table,** and **that** source, which does not require him to sell his accessories, speaks **of** his **cups and plates.** The Gemara asks: **What is different** about **cups and plates, that** he is **not** required to sell them? It is **because he says:** The cheaper ones are **disgusting to me,** and I cannot eat with them. The Gemara asks further: If so, with regard to **a bed and a table** he may **also say: I do not accept** these lesser wares **upon myself,** as they are uncomfortable for me. What is the difference between the furnishings and the dishes? **Rava, son of Rabba, said:** There is no difference; he need not sell furnishings either. The *baraita* requiring him to sell his property speaks **of a silver comb** on his table or another comparable novelty or decorative item. Such articles must be sold, but necessities, even luxurious or high quality ones, need not be sold.

NOTES

It is as if he engages in idol worship – כְּאִילּוּ עוֹבֵד עֲבוֹדָה זָרָה: When one acknowledges that his wealth is given to him by God, he more readily gives of that wealth to charity. One who does not share his wealth demonstrates that he believes that his own strength and might are the source of everything he has. This negates God as the ultimate source and consequently is a kind of idolatry.

One who falsely crushes [*mekape'aḥ*] his leg – הַמְקַפֵּחַ אֶת שׁוֹקוֹ: *Talmidei Rabbeinu Yona* explain that this case is referring to someone who feigns a broken leg. This interpretation corresponds to the Gemara text here, which reads: *Mekape'aḥ*, meaning crushes or breaks.

By contrast, Rashi suggests that the person makes it appear as though he has a shortened leg. This explanation fits better with a version of the text that reads *mekapeh*, meaning that the individual raises his leg. Accordingly, he pretends that he cannot lower his leg to the ground. Others, citing the *ge'onim*, take the word *mekapeh* to denote thickening, as the person purports to have a swollen leg (*Shita Mekubbetzet*).

Finally, another version of the Gemara text reads *mekaveh*, indicating that the person uses a crutch or wooden leg to demonstrate disability (*Arukh*).

HALAKHA

One who averts his eyes from the obligation to give charity – הַמַּעֲלִים עֵינָיו מִן הַצְּדָקָה: Anyone who averts his eyes from charity is called *beliya'al*, base, and he is likened to someone who worships idols. One should be extremely careful to give charity, for the pauper may die if one does not give him something immediately, and this form of neglect is tantamount to murder (Rambam *Sefer Zera'im, Hilkhot Mattenot Aniyyim* 10:3; *Shulḥan Arukh, Yoreh De'a* 247:1).

One who falsely blinds his eye – הַמְסַמֵּא אֶת עֵינוֹ: One who does not need charity and deceives people in order to benefit from charity will actually require community assistance in his lifetime (Rambam *Sefer Zera'im, Hilkhot Mattenot Aniyyim* 10:19; *Shulḥan Arukh, Yoreh De'a* 255:2).

He is not required to sell his accessories – אֵינוֹ חַיָּיב לִמְכּוֹר כְּלֵי תַשְׁמִישׁוֹ: One who has a house and many furnishings but does not have two hundred dinars is permitted to receive assistance from charity. He is not required to sell his furnishings, even if they are made out of gold or silver. This is said with respect to eating utensils as well as clothing, linens, and similar items. But if one has other expensive utensils, he must sell them and not take charity. This ruling follows the opinion of Rava, son of Rabba.

Permission to retain one's expensive utensils applies only to one who receives charity from individuals. If he wishes to take from the community fund, he may not do so until he sells these items, in accordance with the opinions of Rav Pappa and Rava, son of Rabba, who do not appear to disagree with each other (Rif; Rambam *Sefer Zera'im, Hilkhot Mattenot Aniyyim* 9:14 and *Kesef Mishne* there; *Shulḥan Arukh, Yoreh De'a* 253:1).

רַב פָּפָּא אָמַר: לָא קַשְׁיָא; כָּאן – קוֹדֶם שֶׁיָּבֹא לִידֵי גִּיבּוּי, כָּאן – לְאַחַר שֶׁיָּבֹא לִידֵי גִּיבּוּי.

The Gemara offers an alternative resolution to the contradiction concerning the requirement to sell property. **Rav Pappa said: This is not difficult. Here,** the source that does not require him to sell property describes circumstances **before he comes to** the point of **collecting**[N] charity. **There,** the source that requires him to sell property addresses a case that may arise **after he comes to** the point of **collecting** charity. If he has more than two hundred dinars and nevertheless collects charity, the court will reclaim from him the charity he has collected. In the event that he does not have enough cash to pay, he is required to sell his property of any type and downgrade to lesser items.

מתני׳ יְתוֹמָה שֶׁהִשִּׂיאַתָּה אִמָּהּ אוֹ אָחֶיהָ מִדַּעְתָּהּ, וְכָתְבוּ לָהּ בְּמֵאָה אוֹ בַחֲמִשִּׁים זוּז – יְכוֹלָה הִיא מִשֶּׁתַּגְדִּיל לְהוֹצִיא מִיָּדָן מַה שֶּׁרָאוּי לְהִנָּתֵן לָהּ.

MISHNA With regard to a minor **orphan girl whose mother or brothers married her off,**[HB] even **with her consent** to a small dowry, she retains her rights to a proper dowry. **And** thus, if they **wrote for her** a dowry **of one hundred or of fifty dinars, she may, upon reaching majority, exact from** her mother, or brothers, or their respective estates the sum of money **that is fit to be given to her** as a dowry, which is one-tenth of the family's estate. Even if she agreed to forgo part of this sum as a minor, she may collect it as an adult.

רַבִּי יְהוּדָה אוֹמֵר: אִם הִשִּׂיא אֶת הַבַּת הָרִאשׁוֹנָה – יִנָּתֵן לַשְּׁנִיָּה כְּדֶרֶךְ שֶׁנָּתַן לָרִאשׁוֹנָה. וַחֲכָמִים אוֹמְרִים – פְּעָמִים שֶׁאָדָם עָנִי וְהֶעֱשִׁיר, אוֹ עָשִׁיר וְהֶעֱנִי, אֶלָּא: שָׁמִין אֶת הַנְּכָסִים וְנוֹתְנִין לָהּ.

Rabbi Yehuda says: If the father **married off the first daughter** before he died, a dowry **should be given to the second** daughter **in the same manner that he gave** one **to the first** daughter. **And the Rabbis say:** There is no ready standard, since **sometimes a person** is **poor** and then **becomes wealthy, or** a person is **wealthy** and then **becomes poor,** so a family's allowance for dowries is subject to change. **Rather,** the court **appraises the property and gives her** the appropriate sum.

גמ׳ אָמַר שְׁמוּאֵל: לְפַרְנָסָה – שָׁמִין בָּאָב. מֵתִיבִי: הַבָּנוֹת נִיזּוֹנוֹת וּמִתְפַּרְנְסוֹת מִנִּכְסֵי אֲבִיהֶן. כֵּיצַד? אֵין אוֹמְרִים: אִילּוּ אָבִיהָ קַיָּים כָּךְ וְכָךְ הָיָה נוֹתֵן לָהּ, אֶלָּא שָׁמִין אֶת הַנְּכָסִים וְנוֹתְנִין לָהּ. מַאי לָאו – פַּרְנָסַת הַבַּעַל? אָמַר רַב נַחְמָן בַּר יִצְחָק: לָא, בְּפַרְנָסַת עַצְמָהּ.

GEMARA **Shmuel said:** With respect **to** her **support** in the form of the dowry, the court **evaluates** what she should be given **based on** the circumstances of **the father** and gives her the amount that he would have given.[H] The Gemara **raises an objection:** We have learned: **The daughters are sustained and supported from the property of their father. How so? We do not** speculate on the basis of his social standing and his previous experience and **say: If her father were** still **alive, he would give her such and such** amount. **Rather,** the court **appraises the** total worth of the **property and gives her** a portion of it, without a subjective estimate based on the father. The Gemara analyzes this *baraita*: **What, is it not** that the word support is referring to **support** for **the husband,** which is the dowry? The Gemara responds: **Rav Naḥman bar Yitzḥak said: No,** it is referring **to her own support**[H] and the food she receives. That allowance is calculated without considering the father's practices, but the question of the dowry is still unresolved.

NOTES

The point of collecting – גִּיבּוּי: There are several possible explanations for this phrase, which marks a point in time that differentiates between one who must sell his property and one who need not do so. According to Rashi, the phrase: Before he comes to the point of collecting, is referring to a pauper who has not yet collected the gleanings, forgotten sheaves, and corner produce, all of which are allocated to the poor. By sharp contrast, the term: After he comes to the point of collecting, describes a case in which someone above the poverty line partook of the aforementioned gifts for the poor without permission. The court collects payment from him and compels him to sell expensive items and accessories, if necessary, in order to replace the sums he took inappropriately.

Most commentaries reject Rashi's understanding and offer alternative explanations. The Rashba cites Rabbeinu Tam, who understands the distinction to be between being qualified to receive aid from the various gleanings declared ownerless for the poor, for which one is not required to sell his utensils, and being qualified to receive aid from charity funds, which are actively solicited by the charity administrators. He is ineligible for the latter category of aid until he sells his expensive wares. According to this, the Gemara's term: Collecting, is referring to the collections done by the charity administrator on behalf of the poor. A variation on this approach explains that the phrase: Before he comes to the point of collecting, is referring to a stage at which the person is not widely known to need aid, and he is receiving financial help only from certain private benefactors rather than from the communal funds (Rabbeinu Ḥananel; Rif; Rid).

According to the Ritva, the difference between the two categories pertains only to when one received his expensive utensils. If he owned them before the charities began to collect for him he need not sell them, since he has become accustomed to using them. But if he acquired these utensils after he began to receive charity funds, he must sell them (see Rabbeinu Crescas Vidal and Rabbi Aharon HaLevi). The Rosh, citing Rabbeinu Tam, presents precisely the opposite opinion: One must sell his lavish items before collecting charity. However, once he has begun to collect charity, if he happens to come into possession of such articles, he need not sell them.

HALAKHA

An orphan girl whose mother or brothers married her off – יְתוֹמָה שֶׁהִשִּׂיאַתָּה אִמָּהּ אוֹ אָחֶיהָ: In the case of a minor orphan whose mother or brothers married her off, even if she consented to a small dowry, she is not limited to a reduced dowry given her at the time of her marriage. If they gave her a small sum of money for her dowry, she may collect the full amount from her father's estate when she reaches majority. Even if she was silent for a long period of time after becoming eligible, she may still subsequently claim the amount owed to her (*Tur*; *Maggid Mishne*, citing Rashba; Rambam *Sefer Nashim*, *Hilkhot Ishut* 20:12; *Shulḥan Arukh*, *Even HaEzer* 113:7).

How much is given for a dowry to an orphan – כַּמָּה נְדוּנְיָא נוֹתְנִים לִיתוֹמָה: If a minor girl is orphaned, the court assigns her a dowry from her father's estate based on its estimate of how much he would have given her. This is determined by considering a variety of factors: What is done among the late father's peers, the father's personal spending habits, and the father's social standing. This approach in in accordance with Shmuel's opinion. Similarly, if her father had married off a daughter during his lifetime, the amount of that dowry is considered in the court's assessment, in accordance with Rabbi Yehuda, whose opinion was accepted by the Gemara.

The Rema, citing the *Tur*, writes that if the father had been wealthy and then became poor, or if he changed his spending habits, the amount is assessed based on his most recent disposition, in accordance with the opinion of the Rabbis in the mishna. If the court cannot assess his intentions, they appraise the property and give her one-tenth as a dowry. This follows the opinion of Rabbi Yehuda HaNasi, as Rava ruled that this is the accepted *halakha* (Rambam *Sefer Nashim*, *Hilkhot Ishut* 20:3; *Shulḥan Arukh*, *Even HaEzer* 113:1).

Her own support – פַּרְנָסַת עַצְמָהּ: The court designates sustenance, clothing, and housing for an orphaned daughter in the same way that it does for a widow. Similarly, the court sells property for the daughters' sustenance and clothing without making a public announcement, just as the court would do to provide sustenance and clothing for a widow (see 100b). The difference is that, for a widow, the sums are determined according to her stature and that of her late husband, whereas support for daughters is determined based only on what they need (Rambam *Sefer Nashim*, *Hilkhot Ishut* 19:11; *Shulḥan Arukh*, *Even HaEzer* 112:6).

BACKGROUND

An orphan girl whose mother or brothers married her off – יְתוֹמָה שֶׁהִשִּׂיאַתָּה אִמָּהּ אוֹ אָחֶיהָ: A girl under the age of twelve can be married off by her father. If, however, her father is no longer alive, then by Torah law she may not be married while still a minor. Nevertheless, the Sages established that her mother or brothers may marry her off with her consent. The girl may annul this marriage before she reaches the age of twelve by performing an act of refusal, i.e., declaring that she does not want the marriage. In such cases, no bill of divorce is necessary. When a girl performs the act of refusal, the marriage is nullified retroactively, and she is considered never to have been married at all. Most of the *halakhot* of refusal are discussed in tractate *Yevamot*.

הָא נִיזּוֹנוֹת וּמִתְפַּרְנְסוֹת קָתָנֵי, מַאי לָאו: אַחַת פַּרְנָסַת הַבַּעַל וְאַחַת פַּרְנָסַת עַצְמָהּ?! לָא, אִידִי וְאִידִי בְּפַרְנָסַת עַצְמָהּ, וְלָא קַשְׁיָא; הָא – בַּאֲכִילָה וּבִשְׁתִיָּה, וְהָא – בִּלְבוּשָׁא וְכִיסּוּיָא.

The Gemara asks: **But** the cited source **teaches:** They are **sustained and supported,** which indicates two separate allowances. **What, is it not** that **one** term is referring to **support** for **the husband** in the form of the dowry **and one** term is referring to **her own support?** The Gemara answers: **No, this one and that one** both refer **to her own support** for her personal needs. **And** the use of two terms is **not difficult,** because **this** term, sustained, is referring **to** allowance for **eating and drinking, and that** term, supported, is referring **to clothing and** other **covering.**

תְּנַן, וַחֲכָמִים אוֹמְרִים: פְּעָמִים שֶׁאָדָם עָנִי וְהֶעֱשִׁיר אוֹ עָשִׁיר וְהֶעֱנִי, אֶלָּא שָׁמִין הַנְּכָסִים וְנוֹתְנִין לָהּ. מַאי עָנִי וּמַאי עָשִׁיר? אִי נֵימָא עָנִי – עָנִי בִּנְכָסִים, עָשִׁיר – עָשִׁיר בִּנְכָסִים. מִכְּלָל דְּתַנָּא קַמָּא סָבַר אֲפִילּוּ עָשִׁיר וְהֶעֱנִי כִּדְמֵעִיקָּרָא יָהֲבִינַן לָהּ, הָא לֵית לֵיהּ!

We learned in the mishna: **And the Rabbis say: Sometimes a person** is **poor and becomes wealthy, or** a person **is wealthy** and **becomes poor,** and a family's allowance for dowries is subject to change. **Rather,** the court **appraises the property and gives her** the appropriate sum. The Gemara analyzes this opinion: **What** is meant by the term **poor, and what** is meant by the term **wealthy? If we say** that **poor** is referring to one who is **poor in property,** and **wealthy** is referring to one who is **wealthy in property,** if so, **by inference** it seems **that the first** ***tanna*** **holds** that **even** if the father was **wealthy and** then **became poor, we give** the second daughter a dowry that is **like** the dowry that he provided **originally** to the first daughter. **But** how could we assign such a sum when **he does not have** enough in the estate?

אֶלָּא לָאו עָנִי – עָנִי בְּדַעַת, עָשִׁיר – עָשִׁיר בְּדַעַת, וְקָתָנֵי שָׁמִין אֶת הַנְּכָסִים וְנוֹתְנִין לָהּ אַלְמָא לָא אָזְלִינַן בָּתַר אוּמְדָּנָא, וּתְיוּבְתָּא דִּשְׁמוּאֵל! הוּא דַּאֲמַר כְּרַבִּי יְהוּדָה. דִּתְנַן, רַבִּי יְהוּדָה אוֹמֵר: אִם הִשִּׂיא בַּת הָרִאשׁוֹנָה יִנָּתֵן לַשְּׁנִיָּה כְּדֶרֶךְ שֶׁנָּתַן לָרִאשׁוֹנָה.

Rather, is it not that **poor** means **poor in mindset,** i.e., he spends his money thriftily as though he were poor, and that **wealthy** means **wealthy in mindset,** i.e., he spends money liberally as though he were wealthy? **And** nevertheless the mishna **teaches** that even if the father changes his approach to spending, the court **appraises the property and gives** the dowry to **her. Apparently,** then, **we do not follow** the **assessment** of the father's intentions but rather give a fixed sum, **and** this is **a conclusive refutation of** the opinion of **Shmuel.** The Gemara dismisses the refutation: Shmuel **has said** his opinion **in accordance with** the opinion of **Rabbi Yehuda, as we learned** in the mishna: **Rabbi Yehuda says:** If the father **married off the first daughter,** a dowry **should be given to the second in the same manner that he gave to the first.** According to this opinion, the court does assess the father's tendencies in determining the dowry for the second daughter.

וְנֵימָא הֲלָכָה כְּרַבִּי יְהוּדָה! אִי אָמַר הֲלָכָה כְּרַבִּי יְהוּדָה הֲוָה אָמִינָא דַּוְקָא הִשִּׂיאָהּ, דְּגַלֵּי דַּעְתֵּיהּ, אֲבָל לֹא הִשִּׂיאָהּ לָא, קָא מַשְׁמַע לָן טַעְמָא דְּרַבִּי יְהוּדָה דְּאָזְלִינַן בָּתַר אוּמְדָּנָא, לָא שְׁנָא הִשִּׂיאָהּ וְלָא שְׁנָא לֹא הִשִּׂיאָהּ,

The Gemara asks: **And let** Shmuel **say** explicitly that **the** ***halakha*** is **in accordance with** the opinion of **Rabbi Yehuda.** Why did he not do so? The Gemara responds: **If he** had **said** that **the** ***halakha*** **is in accordance with** the opinion of **Rabbi Yehuda, I would have said** that this is **specifically** when **he marries off** the first daughter, **as he revealed his mind** concerning the proper sum of a dowry, **but** if **he did not marry her off** before he died, then the court does **not** assess his disposition to determine the proper amount. Since, however, Shmuel did not merely say that he accepts the opinion of Rabbi Yehuda, he **teaches us** that the **reason behind Rabbi Yehuda's** opinion is **that we follow** the **assessment** of what the father would have done. It **is no different** if **he married** a daughter off, **and** it **is no different if he did not marry** one off.

וְהַאי דְּקָתָנֵי הִשִּׂיאָהּ לְהוֹדִיעֲךָ כֹּחָן דְּרַבָּנַן, דְּאַף עַל גַּב דְּהִשִּׂיאָהּ וְגַלֵּי דַּעְתֵּיהּ, לָא אָזְלִינַן בָּתַר אוּמְדָּנָא.

And that which the mishna **teaches** in Rabbi Yehuda's opinion: **He married off** the first daughter, this is **to convey to you the far-reaching nature** of the dissenting opinion **of the Rabbis,** who hold **that although** the father **married** the first daughter **off and revealed his mind** with respect to dowries, **we** still **do not follow an assessment** of how much the father would have given to the second daughter.

אֲמַר לֵיהּ רָבָא לְרַב חִסְדָּא: דָּרְשִׁינַן מִשְּׁמָךְ הֲלָכָה כְּרַבִּי יְהוּדָה. אֲמַר לֵיהּ: יְהֵא רַעֲוָא כָּל כִּי הָנֵי מִילֵּי מַעַלְיָיתָא תִּדְרְשׁוּ מִשְּׁמַאי.

Rava said to Rav Ḥisda: We teach in your name that the ***halakha*** is in accordance **with** the opinion of **Rabbi Yehuda** in this matter. **He said to him: May it be** God's **will** that **you will teach in my name all proper statements such as this.** Rav Ḥisda agreed with the quote attributed to him.

וּמִי אֲמַר רָבָא הָכִי? וְהָתַנְיָא, רַבִּי אוֹמֵר בַּת הַנִּיזּוֹנֶת מִן הָאַחִין נוֹטֶלֶת עִישּׂוּר נְכָסִים, וְאָמַר רָבָא: הִלְכְתָא כְּרַבִּי! לָא קַשְׁיָא; הָא – דַּאֲמִידְנֵיהּ, הָא – דְּלָא אֲמִידְנֵיהּ.

The Gemara asks: **And did Rava** actually **say this,** that the *halakha* follows Rabbi Yehuda? **But isn't it taught** in a *baraita*: **Rabbi** Yehuda HaNasi **says:** With regard to an orphan **daughter who is sustained from the** inheritance held by her **brothers,** she **takes one-tenth of** the **estate** for her dowry. **And Rava said** with regard to that *baraita*: **The *halakha* is in accordance with** the opinion of **Rabbi** Yehuda HaNasi. Evidently, Rava rejects Rabbi Yehuda's opinion concerning approximating the father's intent. The Gemara answers: **This is not difficult.** In **this** instance, Rava adopts Rabbi Yehuda's opinion **because we assessed** the father and understood his mindset. In **that** instance, Rava rules that she should be given one-tenth **because we did not assess** the father and his mindset could not be determined.

הָכִי נַמִי מִסְתַּבְּרָא דַּאֲמַר רַב אַדָּא בַּר אַהֲבָה מַעֲשֶׂה וְנָתַן לָהּ רַבִּי אֶחָד מִשְּׁנֵים עָשָׂר בַּנְּכָסִים, קַשְׁיָין אַהֲדָדֵי, אֶלָּא לָאו שְׁמַע מִינַּהּ הָא דַּאֲמִידְנֵיהּ הָא דְּלָא אֲמִידְנֵיהּ, שְׁמַע מִינַּהּ.

The Gemara notes: **So too, it is reasonable, as Rav Adda bar Ahava said:** There was **an incident, and Rabbi** Yehuda HaNasi **gave** an orphan **one-twelfth of** her late father's **property** for her dowry. Ostensibly, these amoraic statements **are difficult,** as they contradict **each other.** Which portion of the estate did Rabbi Yehuda HaNasi determine should be given for a dowry, one-tenth or one-twelfth? **Rather, isn't it** correct to **conclude from** the discrepancy that the respective circumstances were different? In **this** ruling, in which Rabbi Yehuda HaNasi gave one-twelfth, it was **because we assessed** the father, and we knew that to be his intention. In **that** ruling, he ruled that she should receive the standard one-tenth **because we didn't assess** the father and could not determine his intentions. The Gemara accepts the proof: **Conclude from this** that the matter does depend on the ability to properly assess the father's intent.

גּוּפָא אָמַר רַבִּי: בַּת הַנִּיזּוֹנֶת מִן הָאַחִין נוֹטֶלֶת עִישּׂוּר נְכָסִים. אָמְרוּ לוֹ לְרַבִּי: לִדְבָרֶיךָ, מִי שֶׁיֵּשׁ לוֹ עֶשֶׂר בָּנוֹת וּבֵן, אֵין לוֹ לַבֵּן בִּמְקוֹם בָּנוֹת כְּלוּם!

§ The Gemara returns to discuss **the** matter **itself. Rabbi** Yehuda HaNasi said: With regard to an orphan **daughter who is sustained from the** inheritance held by her **brothers,** she **takes one-tenth** of the **estate** for her dowry. **They said to Rabbi** Yehuda HaNasi: **According to your opinion,** in the case of **one who has ten daughters and a son, the son does not have anything where** there are **daughters,** as each daughter receives one-tenth of the estate. What becomes of the son's biblically mandated inheritance?

אָמַר לָהֶן: כָּךְ אֲנִי אוֹמֵר: רִאשׁוֹנָה נוֹטֶלֶת עִישּׂוּר נְכָסִים, שְׁנִיָּה בְּמַה שֶּׁשִּׁיְּירָה, וּשְׁלִישִׁית בְּמַה שֶּׁשִּׁיְּירָה, וְחוֹזְרוֹת וְחוֹלְקוֹת בְּשָׁוֶה.

Rabbi Yehuda HaNasi **said to them: This is what I say:** The **first** daughter to marry **takes one-tenth of the estate;** the **second** takes one-tenth **of what** the first **left,** rather than one-tenth of the original estate; **and** the **third** takes one-tenth **of what** the second **left; and then they** later **redistribute** the portions **equally,** so that each daughter receives the same amount. In this way, the son retains a portion of the inheritance.[H]

HALAKHA

The convention for calculating one-tenth of the estate – בְּעִישּׂוּר נְכָסִים כֵּיצַד נוֹהֲגִים: If a man dies and leaves several daughters, the first to marry receives one-tenth of the estate, the second receives one-tenth of the remaining property, and so forth. If they all get married during the same period, they take their dowries in the delineated manner, following the sequence of their weddings. However, in the latter case, after the initial distribution, they redistribute the property in such a way that each daughter receives the same amount, in accordance with the conclusion of the Gemara (Rambam *Sefer Nashim, Hilkhot Ishut* 20:4; *Shulḥan Arukh, Even HaEzer* 113:4).

Perek **VI**
Daf **68** Amud **b**

כָּל חֲדָא וַחֲדָא דְּנַפְשָׁהּ שָׁקְלָה! הָכִי קָאָמַר: אִם בָּאוּ כּוּלָּם לְהִנָּשֵׂא כְּאַחַת – חוֹלְקוֹת בְּשָׁוֶה.

The Gemara asks: Why should they divide the portions equally? Since **each and every** daughter, in turn, **takes her own** dowry, each one receives that which she rightfully deserves. It is unreasonable to demand of them to redivide the dowries later. The Gemara answers: **This is what** Rabbi Yehuda HaNasi **said,** i.e., meant: **If they all come to be married at the same time,** then **they divide** the portions **equally.** If, however, they marry at different times, then each daughter receives the appropriate percentage of the estate at the time of her marriage.

NOTES

Before they were married – עַד שֶׁלֹּא נִישְּׂאוּ: A number of authorities understood from here that the *halakha* does not follow Rav, who is later cited in the Gemara as ruling that each daughter is sustained only until she is betrothed. Rather, the *halakha* follows the *baraita* cited here, and each daughter is sustained until she is actually married (see Rivash and Rabbeinu Crescas Vidal).

HALAKHA

They did not lose their support – לֹא אִיבְּדוּ פַּרְנָסָתָן: Daughters who marry do not lose their support, even if they mature before they are married. This follows the opinion of Rabbi Yehuda HaNasi. His opinion is accepted as authoritative in the Gemara (Rambam *Sefer Nashim, Hilkhot Ishut* 20:13; *Shulḥan Arukh, Even HaEzer* 113:7).

A mature daughter who did not protest – גְּדוֹלָה שֶׁלֹּא מִיחֲתָה: With regard to a daughter who gets married when she reaches majority, whether she is a young woman or has matured, if she did not protest and claim her support, she has effectively waived and lost her support. This ruling is in accordance with the Gemara's conclusion (Rambam *Sefer Nashim, Hilkhot Ishut* 20:13; *Shulḥan Arukh, Even HaEzer* 113:7).

מְסַיֵּיעַ לֵיהּ לְרַב מַתָּנָה, דְּאָמַר רַב מַתָּנָה: אִם בָּאוּ לְהִנָּשֵׂא כּוּלָּם כְּאַחַת – נוֹטְלוֹת עִישּׂוּר אֶחָד. עִישּׂוּר אֶחָד סָלְקָא דַּעְתָּךְ?! אֶלָּא: נוֹטְלוֹת עִישּׂוּר כְּאֶחָד.

This conclusion **supports** the opinion **of Rav Mattana, as Rav Mattana said: If they all come to be married at one** time, **they take one-tenth.** The Gemara clarifies: Does it **enter your mind** that all the daughters should share just **one-tenth** of the property? **Rather,** Rav Mattana means that **they each take one-tenth in one** uniform measure, as in normal circumstances each one successively takes one-tenth of whatever property remains. However, because all the weddings take place within a short time span, the dowries are redistributed immediately after the weddings, so that they are all of equal value.

תָּנוּ רַבָּנַן: הַבָּנוֹת, בֵּין בָּגְרוּ עַד שֶׁלֹּא נִישְּׂאוּ וּבֵין נִישְּׂאוּ עַד שֶׁלֹּא בָּגְרוּ – אִיבְּדוּ מְזוֹנוֹתֵיהֶן, וְלֹא אִיבְּדוּ פַּרְנָסָתָן, דִּבְרֵי רַבִּי. רַבִּי שִׁמְעוֹן בֶּן אֶלְעָזָר אוֹמֵר: אַף אִיבְּדוּ פַּרְנָסָתָן. כֵּיצַד הֵן עוֹשׂוֹת? שׂוֹכְרוֹת לָהֶן בְּעָלִים וּמוֹצִיאִין לָהֶן פַּרְנָסָתָן.

§ **The Sages taught** in a *baraita*: With regard to **the daughters, whether they matured before they were married**[N] **or were married before they matured, they lost their sustenance.** Sustenance is provided from the inheritance only for single daughters who have not yet matured. **However, they** did **not lose their support,**[H] i.e., their allotted provisions for a dowry, upon maturing. This is **the statement of Rabbi** Yehuda HaNasi. **Rabbi Shimon ben Elazar says:** They **lost even their support.** If they matured before marrying, they lost their chance to collect their dowries from the estate. **What do they do** to avoid losing the dowries? They have no alternative other than to marry before maturing. **They hire themselves husbands,** i.e., they take pains to be sure that they are married, **and then** they **appropriate their support,** i.e., dowries, **for themselves.**

אָמַר רַב נַחְמָן: אָמַר לִי הוּנָא: הִלְכְתָא כְּרַבִּי. אֵיתִיבֵיהּ רָבָא לְרַב נַחְמָן: יְתוֹמָה שֶׁהִשִּׂיאָתָהּ אִמָּהּ אוֹ אַחֶיהָ מִדַּעְתָּהּ, וְכָתְבוּ לָהּ בְּמֵאָה אוֹ בַּחֲמִשִּׁים זוּז – יְכוֹלָה הִיא מִשֶּׁתַּגְדִּיל לְהוֹצִיא מִיָּדָם מַה שֶּׁרָאוּי לְהִנָּתֵן לָהּ. טַעְמָא – דִּקְטַנָּה, הָא גְּדוֹלָה – וִיתְּרָה!

Rav Naḥman said: Rav **Huna told me** that **the *halakha* is in accordance with** the opinion of **Rabbi** Yehuda HaNasi, and orphans may collect their dowries from the estate even when they marry after maturing. **Rava raised an objection to Rav Naḥman** from the mishna: With regard to **an orphan girl whose mother or brothers married her off with her consent and wrote for her** a dowry **of one hundred or of fifty dinars, she may, upon reaching majority, exact from them that which is fit to be given to her** for her dowry. The Gemara infers: **The reason** that she may collect the balance of the dowry is **that** she married as **a minor girl, but** if she married as **an adult woman,** evidently **she forgoes** the balance. This would appear to follow the opinion of Rabbi Shimon ben Elazar, who says that her rights to inherit the dowry are terminated when she matures, against the statement of Rav Naḥman.

לָא קַשְׁיָא, הָא – דִּמְחַאי, הָא – דְּלָא מְחַאי.

The Gemara answers: **This is not difficult;** Rabbi Yehuda HaNasi distinguishes between two instances of mature brides. In **this** case, **because she protests,** she may still collect the rest of her dowry. In **that** case, **because she does not protest,** she implicitly waives the balance of the dowry.[H]

הָכִי נַמִי מִסְתַּבְּרָא, דְּאִם כֵּן קַשְׁיָא דְּרַבִּי אַדְּרַבִּי. דְּתַנְיָא, רַבִּי אוֹמֵר: בַּת הַנִּיזּוֹנֶת מִן הָאַחִין – נוֹטֶלֶת עִישּׂוּר נְכָסִים. נִיזּוֹנֶת – אִין, שֶׁאֵינָהּ נִיזּוֹנֶת – לָא!

The Gemara notes: **This, too, stands to reason, since if indeed** Rabbi Yehuda HaNasi fails to differentiate between when she does and does not protest, it is **difficult:** One statement **of Rabbi** Yehuda HaNasi contradicts another statement **of Rabbi** Yehuda HaNasi, **as it is taught** in a *baraita*: **Rabbi** Yehuda HaNasi **says:** An orphan **daughter who is sustained by the brothers takes one-tenth of the estate** for her dowry. The Gemara infers: If she **is sustained** when she is a minor, then **yes,** she receives inheritance for a dowry; **if she is not sustained** because she has reached majority, then **no,** she does not receive a dowry from the estate. Ostensibly, Rabbi Yehuda HaNasi teaches that once she matures, she may not take one-tenth of the estate, which directly contradicts the first statement cited in his name.

אֶלָּא לָאו שְׁמַע מִינַּהּ: הָא – דִּמְחַאי, הָא – דְּלָא מְחַאי, שְׁמַע מִינַּהּ.

The Gemara proposes a resolution to the contradiction: **Rather, is it not** correct to **conclude from this** that **this** ruling applies **when she protests** and **that** ruling applies **when she does not protest?** The Gemara confirms: **Conclude from this** that this is the resolution. If she matures before marrying, she collects the full dowry only if she insists upon it.

אמר ליה רבינא לרבא: אמר לן רב אדא בר אהבה משמך: בגרה אינה צריכה למחות. ניסאת אינה צריכה למחות. בגרה וניסאת צריכה למחות.

Ravina said to Rava: Rav Adda bar Ahava said to us in your name: If she **matured, she does not need to** actively **protest** in order to receive her one-tenth of the estate. Similarly, if **she became married, she does not need to protest.** If she both **matured and became married,** then **she needs to protest** in order to receive her one-tenth.

מי אמר רבא הכי? והא איתיביה רבא לרב נחמן יתומה, ושני ליה: הא דמחי הא דלא מחי! לא קשיא; הא דקא מיתזנא מינייהו, הא דלא קא מיתזנא מינייהו.

The Gemara asks: **Did Rava** actually **say this? But Rava raised an objection to Rav Naḥman** earlier concerning **an orphan** who was married, and Rav Naḥman **answered him** that **this** ruling applies **when she protested, and that** other ruling applies **when she did not protest.** Evidently, then, she forfeits her share if she does not protest. The Gemara answers: It is **not difficult. This** ruling applies **when** she **is sustained by them** even after marriage,[H] and consequently she is embarrassed to protest. In this case, silence does not indicate that she forgoes the dowry. **That** ruling, insisting that she voice a claim, applies **when she is not sustained by them,** and she has no reason not to protest.

אמר רב הונא אמר רבי: פרנסה אינה כתנאי כתובה. מאי אינה כתנאי כתובה? אי נימא דאילו פרנסה טרפא ממשעבדי, ותנאי כתובה לא טרפא ממשעבדי – מאי קא משמע לן? הא מעשים בכל יום מוציאין לפרנסה ואין מוציאין למזונות!

§ **Rav Huna said** that **Rabbi** Yehuda HaNasi **said: Support is not** treated **like a stipulation in the marriage contract.** The Gemara asks: **What** is meant by: **Is not like a stipulation in the marriage contract? If we say that** he is teaching: **Whereas,** with regard to **support,** she may **seize** her debt even **from liened** property that has been sold, **and** with regard to **a stipulation in the marriage contract,** she may **not seize** her debt **from liened** property that has been sold, **what is he teaching us? But incidents** that occur **daily** are proof enough that the court does **appropriate** money from liened property **for** paying **support but does not appropriate for sustenance.** He does not need to teach us that distinction.

ואלא, דאילו פרנסה גביא נמי ממטלטלי, ותנאי כתובה ממקרקעי גביא ממטלטלי לא גביא.

But rather, there may be another explanation of Rav Huna's statement: **Whereas** with regard to **support,** she may **also collect** it **from movable property** of the estate, with regard to **a stipulation in the marriage contract,** she may collect for it only **from real estate,** but **from movable property** she may **not collect** for it.

לרבי אידי ואידי מיגבא גביא, דתניא: אחד נכסים שיש להן אחריות – ואחד נכסים שאין להן אחריות מוציאין למזון האשה ולבנות, דברי רבי.

The Gemara objects that this explanation is untenable: **According to Rabbi** Yehuda HaNasi, from both **this and that** type of property, she may certainly **collect** for it, **as it is taught** in a *baraita*: **Whether** with respect to **property that has a guarantee** behind it, assuring that the seller will compensate the buyer if the property is repossessed, i.e., real estate, **or whether** with respect to **property that does not have a guarantee,** i.e., movable objects, the court **appropriates** the funds necessary **for the sustenance of the wife and the daughters.** This is **the statement of Rabbi** Yehuda HaNasi. Since sustenance is a stipulation in the marriage contract, this approach does not explain how a stipulation is unlike support.

אלא מאי פרנסה אינה כתנאי כתובה – לכדתניא, האומר: אל יזונו בנותיו מנכסיו – אין שומעין לו. אל יתפרנסו בנותיו מנכסיו – שומעין לו. שהפרנסה אינה כתנאי כתובה.

Rather, what is the meaning of the statement: **Support is not** treated **like a stipulation in the marriage contract?** This statement has implications with regard **to that which is taught** in a *baraita*: In the case of **one who says** in his will that **his daughters should not be sustained**[N] **from his estate,**[H] **one does not listen to him,** as it is not his prerogative to abrogate this obligation. But if he says that **his daughters should not be supported from his estate,**[H] one **does listen to him, as the legal status of the dowry is not like that of a stipulation in the marriage contract.** The responsibility to provide support is an ordinance that falls upon the father or his inheritors, and they may choose to reject the responsibility.

HALAKHA

If she is sustained – אי מיתזנא: With regard to a daughter who matures and the brothers subsequently cease giving her sustenance, which they are no longer obligated to provide, if she does not protest and appeal for continued support, she loses her support. But if the brothers continue to sustain her even as a mature woman, she retains her support even if she does not protest. This follows the conclusion of the Gemara (Rambam *Sefer Nashim, Hilkhot Ishut* 20:13; *Shulḥan Arukh, Even HaEzer* 113:7).

His daughters should not be sustained from his estate – אל יזונו בנותיו מנכסיו: If one declares upon his deathbed that his daughters should not be sustained by his estate, his instructions are not followed. However, if one makes such a stipulation when he becomes married, this is honored in the same manner as all other financial arrangements (Rambam *Sefer Nashim, Hilkhot Ishut* 19:13; *Shulḥan Arukh, Even HaEzer* 112:10).

His daughters should not be supported from his estate – אל יתפרנסו בנותיו מנכסיו: If one declares upon his deathbed that his daughters should not receive the support of the dowry from his estate, his instructions are followed, since this right is not among the guaranteed stipulations of the marriage contract. The *Tur*, citing Rav Hai Gaon, writes that if he stipulates this condition when he gets married, his instructions are not followed, as it is presumed that were he to have seen his daughters come of marriageable age, he would have compassion for them (Rambam *Sefer Nashim, Hilkhot Ishut* 20:10; *Shulḥan Arukh, Even HaEzer* 113:10).

NOTES

One who says his daughters should not be sustained – האומר אל יזונו בנותיו: Rashi emphasizes that this is the correct version of the Gemara, and this text is corroborated by most manuscripts.

However, a number of early commentaries defend an opposite formulation: One who says they should not be sustained, one does listen to him; they should not be supported, one does not listen to him. This is the text found in the commentary of Rabbeinu Ḥananel. In addition, Rav Hai Gaon declared that this text is the most reliable and correct one, despite its apparent conceptual difficulties. He explains that since continued food provisions are given her by virtue of a stipulation in her parents' marriage contract, it is within her father's rights to refuse this stipulation at the time that the parties are writing the marriage contract. Just like any other monetary condition, his terms are valid. This is certainly true after he passes away, when no personal obligations can apply to him. By contrast, his responsibility to provide a dowry has nothing to do with the marriage contract per se; it is a special rabbinic obligation instituted in the daughter's interests. He has no license to excuse himself from this responsibility, just as he may make no stipulations contrary to any of the mitzvot.

Although most early commentaries address this alternative text (see Rif), most reject it in favor of Rashi's version. Nevertheless, an aspect of this text is adopted in the *halakha* (see HALAKHA).

Perek **VI**
Daf **69** Amud **a**

LANGUAGE

Lines [*ḥitei*] – חטי: According to the *ge'onim*, this term derives from the word *ḥut*, thread. It connotes the stitch or the thread used to stitch sheets of parchment to each other.

תלה ליה רב לרבי ביני חטי: האחין ששיעבדו מהו? הוה יתיב רבי חייא קמיה. אמר ליה: מכרו או משכנו? אמר ליה: מאי נפקא מינה? בין מכרו בין שמשכנו – מוציאין לפרנסה ואין מוציאין למזונות.

§ **Rav attached** the following question **for Rabbi** Yehuda HaNasi **between the lines**[L] of a letter he sent him: With respect to **brothers who mortgaged** a certain property, **what is the** *halakha*? Is this property subject to seizure, if need be, for the benefit of the daughters' dowries? **Rabbi Ḥiyya was sitting before** Rabbi Yehuda HaNasi when the letter arrived. **He said to him:** What is meant in the question? Did **they sell** the property **or** did **they pledge** it as a guarantee, so that it has not yet been transferred? Rabbi Yehuda HaNasi, **said to him: What difference does it make? Whether they sold** it **or pledged** it, the court **may appropriate** the property **for support**[H] for the daughters' dowries, **but** the court **may not appropriate** it for their **sustenance.**[H]

ורב, אי מכרו קמיבעיא ליה – נכתוב ליה מכרו, אי משכנו קא מיבעיא ליה – נכתוב ליה משכנו?

The Gemara asks: **And** as for **Rav** himself, **if he is raising a dilemma** about a case in which **they sold** the property, **let him write** explicitly that he is asking about an instance in which **they sold** the property. And **if he is raising a dilemma** about a case in which **they pledged** the property, **let him write** explicitly that he is asking about an instance in which **they pledged** the property. Why does Rav instead employ an ambiguous term?

רב תרוייהו קמיבעיא ליה, וסבר: אי כתיבנא ליה מכרו, הא ניחא אי שלח לי דמוציאין – כל שכן משכנו. אי שלח לי אין מוציאין – אכתי משכנו קמיבעיא לי.

The Gemara answers: **Rav was raising a dilemma about both** cases **and thought: If I write to him** that **they sold** the property, then **it works out well if** he **sends** back **to me** the ruling **that** the court may **appropriate** the sold property for the daughters' dowries. In that case, I would also understand that **all the more so,** if the brothers merely **pledged** the property, the court would appropriate it for the dowry. But **if he sends to me** the reply that the court **does not appropriate** sold property, **still** the case in which they **pledged** the property will **be a dilemma for me.**

אי כתיבנא ליה משכנו, אי שלח לי דאין מוציאין – כל שכן מכרו, אי שלח לי מוציאין – אכתי מכרו קא מיבעיא לי. אכתוב ליה שיעבדו, דמשמע הכי ומשמע הכי.

Alternatively, **if I write to him** that the brothers **pledged** it, then **if he sends to me** the response **that** the court **does not appropriate** it, I can infer that **all the more so** if the brothers **sold** it we do not collect from the buyer. And **if he sends me** the response that the court **does appropriate** the land for the daughters' dowries, **still** the case in which they **sold** the property will **be a dilemma for me.** Therefore, **I will write to him** that they **mortgaged** it, **which implies this** meaning **and** it **implies that** one, and in this way I will receive a complete answer to my question.

ורבי יוחנן אמר: אחד זה ואחד זה אין מוציאין. איבעיא להו: לרבי יוחנן, לא שמיע ליה הא דרבי, ואי שמיע ליה – הוה מקבל ליה, או דלמא שמיע ליה ולא מקבל ליה?

And Rabbi Yoḥanan said: Whether it is **this or whether** it is **that,** the court **does not appropriate** assigned or sold properties for either the support or sustenance of the daughters. **A dilemma was raised before them:** Is it that **Rabbi Yoḥanan did not hear this** ruling **of Rabbi** Yehuda HaNasi, **but had he heard it, he would have accepted it? Or, perhaps,** is it that even if **he had heard it, he would not have accepted it?**

HALAKHA

The court may appropriate for support – מוציאין לפרנסה: If brothers sold or pledged land they inherited from their father, a daughter may take an oath and collect the value of her dowry from the purchasers, much like creditors, who may take oaths to collect their debts from those who have purchased lands from the debtors. This ruling follows the opinion of Rabbi Yehuda HaNasi (Rambam *Sefer Nashim, Hilkhot Ishut* 20:7; *Shulḥan Arukh, Even HaEzer* 113:5).

The court may not appropriate for sustenance – אין מוציאין למזונות: Nowadays, when the marriage contract can be collected from movable properties and the daughters are sustained from these properties, the daughters may not demand their sustenance from property that was sold or pledged to someone else, in accordance with all opinions (*Shulḥan Arukh, Even HaEzer* 112:7).

תָּא שְׁמַע, דְּאִתְּמַר: מִי שֶׁמֵּת וְהִנִּיחַ שְׁתֵּי בָנוֹת וּבֵן, וְקָדְמָה הָרִאשׁוֹנָה וְנָטְלָה עִישּׂוּר נְכָסִים, וְלֹא הִסְפִּיקָה שְׁנִיָּה לִגְבּוֹת עַד שֶׁמֵּת הַבֵּן.

The Gemara proposes an answer, indicated by a dispute of *amora'im*: **Come and hear** a proof, **as it was stated** that *amora'im* disputed a certain case. The Sages debated the *halakha* with regard to **one who died and left** behind **two daughters and a son,**[H] **and the first** daughter **advanced and took one-tenth of the** estate for her dowry, **but the second** daughter **did not have enough time to collect** her one-tenth **before the son died.** When the daughters divide the remaining assets, are they divided equally, or does the second daughter receive a slightly larger sum, commensurate with an additional portion earmarked for the dowry that she has not yet collected?

אָמַר רַבִּי יוֹחָנָן: שְׁנִיָּה וִיתְּרָה. אָמַר רַבִּי חֲנִינָא: גְּדוֹלָה מִזּוֹ אָמְרוּ: מוֹצִיאִין לְפַרְנָסָה וְאֵין מוֹצִיאִין לִמְזוֹנוֹת, וְאַתְּ אָמְרַתְּ שְׁנִיָּה וִיתְּרָה?!

Rabbi Yoḥanan said: The second daughter **forfeited** her right to an equal one-tenth of the estate for a dowry. No specific funds are separated from the estate as a dowry before the inheritance is divided equally among the daughters. **Rabbi Ḥanina said:** The Sages **said** something even **greater than this** with respect to her support: The court **appropriates** liened property **for support,**[N] **but it does not appropriate** it **for sustenance. And** yet would you, Rabbi Yoḥanan, **say** that **the second** daughter **forfeited** her right to collect even when the property is not liened? It cannot be that her support is diminished merely because of her brother's death.

וְאִם אִיתָא – נֵימָא לֵיהּ מַאן אֲמָרָהּ. וְדִלְמָא לְעוֹלָם לָא שְׁמִיעַ לֵיהּ, וְכִי שְׁמִיעַ לֵיהּ קַבֵּיל. וְשָׁאנֵי הָתָם – דְּאִיכָּא רֶוַח בֵּיתָא.

The Gemara understands that there is evidence within the exchange that Rabbi Yoḥanan knew Rabbi Yehuda HaNasi's opinion and nevertheless ruled against it. **And if it is so,** that Rabbi Yoḥanan never heard the ruling of Rabbi Yehuda HaNasi, then **let** Rabbi Yoḥanan **say to** Rabbi Ḥanina: **Who stated that,** that property is appropriated for the dowry? Rather, Rabbi Yoḥanan must have known and rejected Rabbi Yehuda HaNasi's ruling. The Gemara rejects the proof: **And perhaps he actually did not hear it; but** had **he heard it, he** would have **accepted it. And** Rabbi Yoḥanan ruled as he did because **it is different there,** in the case in which the son died, **since there is abundance** in **the house.** Since the second daughter receives half of all the inheritance, she is not concerned about the one-tenth of the estate.

אֲמַר לֵיהּ רַב יֵימָר לְרַב אָשֵׁי: אֶלָּא מֵעַתָּה, אַשְׁכַּחָה מְצִיאָה בְּעָלְמָא, דְּאִיכָּא רֶוַח בֵּיתָא – הָכִי נַמִי דְּלָא יָהֲבִינַן לָהּ עִישּׂוּר נְכָסִים?! אֲמַר לֵיהּ: אֲנָא רֶוַח בֵּיתָא מֵהָנֵי נִכְסֵי קָאָמִינָא.

Rav Yeimar said to Rav Ashi: If that is **so,** according to that logic, then if **she had found a generic lost object, as there is abundance** in **the house** due to the value of the newly found article, **so too would we not give her one-tenth of the estate?** Since finding a lost object, or similarly, being independently wealthy, does not actually change her right to collect her full dowry, it stands to reason that she should collect the full dowry even when she inherits half of the remaining estate. **He said to him: I would say** this is true of **abundance** in **the house** that comes **from these properties** of the estate. Because the matter depends upon her share of the inheritance, when she commands a sizeable portion of the inheritance, she does not quibble over the one-tenth of the inheritance earmarked for her dowry. However, if she has other resources unrelated to the inheritance, her independent wealth cannot diminish her share of the inheritance with respect to the dowry.

אֲמַר אַמֵּימָר: בַּת יוֹרֶשֶׁת הָוְיָא. אֲמַר לֵיהּ רַב אַשִׁי לְאַמֵּימָר: אִילּוּ בָּעֵי לְסַלּוּקַהּ בְּזוּזֵי – הָכִי נַמִי דְּלָא מָצֵי לְסַלּוּקַהּ? אֲמַר לֵיהּ: אִין. אִי בָּעֵי לְסַלּוּקַהּ בַּחֲדָא אַרְעָא – הָכִי נַמִי דְּלָא מָצֵי מְסַלֵּק לָהּ? אֲמַר לֵיהּ: אִין.

§ With regard to the fundamental right of daughters to receive the support of the dowry from the estate, **Ameimar said: A daughter is** considered **an inheritor. Rav Ashi said to Ameimar:** According to your opinion, **if** another inheritor **wants to remove her** from among the inheritors **by** giving her **money** instead of inherited property, is he **indeed unable to remove her?** May she insist on receiving actual property from the estate for the purpose of her dowry? **He said to him: Yes,** she may insist on inherited property. Rav Ashi continued to ask Ameimar: **If** he **wants to remove her by** giving her **one** specific piece of **land,** is he **also unable to remove her,** since, as an inheritor, she has the right to collect portions of all the property? **He said to him: Yes,** he is limited in this way. She may insist on her right to inherit from the entire property.[H]

HALAKHA

One who died and left behind two daughters and a son – מִי שֶׁמֵּת וְהִנִּיחַ שְׁתֵּי בָנוֹת וּבֵן: If a father dies and is survived by daughters and one son, the second daughter does not collect one-tenth of the estate in the event that the son dies after the first daughter takes her one-tenth but before she, the second, collects hers. Because she is receiving an equal share of the estate as an inheritance, she does not separately collect one-tenth of the estate as a dedicated dowry. This ruling follows the opinion of Rabbi Yoḥanan. His is the opinion discussed and debated by other *amora'im*, demonstrating that the *halakha* follows it (*Maggid Mishne*).

The Rema writes that others dissent, ruling that those daughters who have not yet taken their one-tenths first do take these one-tenths and equally divide the inheritance from whatever remains. This ruling is in accordance with the opinion of Rabbi Ḥanina. This is because he was Rabbi Yoḥanan's teacher and also because the Jerusalem Talmud explicitly rules in accordance with his opinion (*Tur*, citing Rosh; Rashba; Rambam *Sefer Nashim*, *Hilkhot Ishut* 20:9; *Shulḥan Arukh*, *Even HaEzer* 113:8).

From what is the one-tenth of the estate collected – מִמַּה גּוֹבִים עִישּׂוּר נְכָסִים: The one-tenth of the estate that is given to support a daughter upon her marriage is not part of the additional obligations of the marriage contract, and it is therefore collected from real estate alone. This was the practice even after the *ge'onim* ruled that the obligations of the marriage contract may be collected from movable property. Nevertheless, she may collect her one-tenth from real estate rentals before the sons collect the money themselves (*Tur*, based on *Tosafot*). The status of the daughter is equivalent to that of a creditor, so that if the brothers wish, they may give her money rather than real estate. This ruling follows the conclusion of the Gemara (Rambam *Sefer Nashim*, *Hilkhot Ishut* 20:5; *Shulḥan Arukh*, *Even HaEzer* 113:2).

NOTES

The court appropriates liened property for support – מוֹצִיאִין לְפַרְנָסָה: The Rid explains this distinction based on a statement in the Gemara that sustenance does not have a set amount (*Gittin* 51a). Since buyers cannot know how much money will ultimately be collected for sustenance, their purchases are protected, and the properties may not be taken away from them (see Ran and *Nimmukei Yosef*).

רַב אַשִׁי אֲמַר: בַּת – בַּעֲלַת חוֹב הָוְיָא. וְאַף אַמֵימָר הֲדַר בֵּיהּ. דַּאֲמַר רַב מִנְיוּמִי בְּרֵיהּ דְּרַב נִיחוּמִי, הֲוָה קָאֵימְנָא קַמֵּיהּ דְּאַמֵימָר, וַאֲתַאי הַאי אִיתְּתָא לְקַמֵּיהּ, דַּהֲוָת קָא בָּעְיָא עִישּׂוּר נְכָסִים. וַחֲזִיתֵיהּ לְדַעְתֵּיהּ, דְּאִי בָּעֵי לְסַלּוּקַהּ בְּזוּזֵי – הָוֵי מְסַלֵּק לָהּ. דִּשְׁמַעִי מֵאַחֵי דַּהֲווּ קָאָמְרִי לָהּ: אִילּוּ הֲוָה לָן זוּזֵי – סַלֵּיקְנָא בְּזוּזֵי, וְאִישְׁתִּיק וְלָא אֲמַר לְהוּ וְלָא מִידֵּי.

In contrast to Ameimar, **Rav Ashi said: A daughter is** legally considered **a creditor** with regard to the inheritance, and the inheritors may insist that they will provide her support by any means, without giving her a share of the actual inheritance. The Gemara notes: **And even Ameimar retracted** his opinion that she is an inheritor, **as Rav Minyumi, son of Rav Niḥumi, said: I was standing in front of Ameimar, and this woman came before him, as she was asking** for **one-tenth** of her father's **estate. And I saw that his opinion** was **that if** the inheritor **wants to remove her** by giving her **money,** he **may remove her, as I heard from** the woman's **brothers that they were saying to her: If we had** sufficient **money, we would** pay your claims and **remove you with** our own **money. And Ameimar was silent and did not say anything to them.** Since Ameimar did not object to their suggestion in principle, evidently he agreed that her status was that of a creditor, who may be repaid in cash.

וְהָשְׁתָּא דְּאָמְרַתְּ בַּעֲלַת חוֹב הָוְיָא, דְּאַבָּא אוֹ דְּאַחֵי? לְמַאי נָפְקָא מִינָּהּ? לְמִיגְבָּא לְבֵינוֹנִית שֶׁלֹּא בִּשְׁבוּעָה, וְזִיבּוּרִית בִּשְׁבוּעָה.

The Gemara comments: **And now that you** have reached a conclusion and **said** that the daughter **is** functionally **a creditor,** is she a creditor **of the father or of the brothers?**[H] The Gemara asks: **With regard to what** *halakha* is there **a practical difference?** Either way, as the father has died, she receives her support from the estate. The Gemara answers: There is a difference with respect **to collecting intermediate-quality land without an oath and inferior-quality land with an oath.**[B] If she is the father's creditor, she may collect from the estate only the inferior-quality land with an oath. If, however, she is the brothers' direct creditor, she may collect her claim in the same manner as standard creditors, collecting intermediate-quality land without an oath.

מַאי? תָּא שְׁמַע, דְּרָבִינָא אַגְבֵּיהּ לִבְרַתֵּיהּ דְּרַב אַשִׁי מִמָּר בְּרֵיהּ דְּרַב אַשִׁי בֵּינוֹנִית וְשֶׁלֹּא בִּשְׁבוּעָה, מִבְּרֵיהּ דְּרַב סָמָא בְּרֵיהּ דְּרַב אַשִׁי זִבּוּרִית בִּשְׁבוּעָה.

What is the *halakha*? Whose creditor is she? The Gemara responds: **Come** and **hear** a proof, **as Ravina provided** one-tenth of the estate **for the daughter of Rav Ashi** from two sources. **From Mar, son of Rav Ashi,** Ravina gave her **intermediate-quality land without an oath.** He collected another portion of the property **from the** orphan **son of Rav Sama, son of Rav Ashi,** who was an inheritor of the same estate from his grandfather. This portion was provided of **inferior-quality land, with an oath.** Since, with regard to the property that Rav Ashi's daughter was collecting from an orphan, Ravina required an oath and allowed her to collect only low-grade land, it appears that Ravina treated the daughter as the creditor of the sons and not of the father.

שְׁלַח לֵיהּ רַב נְחֶמְיָה בְּרֵיהּ דְּרַב יוֹסֵף לְרַבָּה בַּר רַב הוּנָא זוּטָא מִנְּהַרְדְּעָא: כִּי אָתְיָא הָא אִיתְּתָא לְקַמָּךְ – אַגְבָּהּ עִישּׂוּר נְכָסִים אֲפִילּוּ מֵאִיצְטְרוּבָּלָא. אֲמַר רַב אַשִׁי: כִּי הָוֵינַן בֵּי רַב כָּהֲנָא הֲוָה מַגְבֵּינַן אֲפִילּוּ מֵעֲמָלָא דְּבֵיתֵי.

The Gemara records a number of related incidents. **Rav Neḥemya, son of Rav Yosef, sent** a message **to Rabba bar Rav Huna the Small, of Neharde'a: When this woman** bearing this letter **comes before you, provide her one-tenth of** her father's **estate,** providing a percentage **even of** the land upon which sits **the millstone** [*itzterubela*],[L] as this is also real estate. **Rav Ashi said: When we were** students **in Rav Kahana's house, we would collect** the one-tenth of the estate for the dowry **even from the** income from **the rental fees** for **houses** in the estate. Since this money is earned from the real estate itself, it too is considered in calculating the appropriate dowry.

שְׁלַח לֵיהּ רַב עָנָן לְרַב הוּנָא: הוּנָא חַבְרִין, שְׁלָם! כִּי אָתְיָא הָא אִיתְּתָא לְקַמָּךְ – אַגְבָּהּ עִישּׂוּר נִכְסֵי. הֲוָה יָתֵיב רַב שֵׁשֶׁת קַמֵּיהּ, אֲמַר לֵיהּ: זִיל אֵימָא לֵיהּ, וּבְשַׁמְתָּא יְהֵא מַאן דְּלָא אֲמַר לֵיהּ: עָנָן עָנָן! מִמְּקַרְקְעֵי אוֹ מִמִּטַּלְטְלֵי, וּמַאן יָתֵיב בֵּי מַרְזֵיחָא בְּרֵישָׁא?

The Gemara recounts an interaction between Rav Anan[P] and Rav Huna. **Rav Anan sent** the following letter **to Rav Huna: Huna, our friend,** we wish you **peace. When this woman** bearing this **letter comes before you, provide her one-tenth of** her father's **estate. Rav Sheshet was sitting before him,** and Rav Huna **said to him: Go and say to** Rav Anan my reply. Knowing that Rav Sheshet may be hesitant to relay the sharp language of the reply, Rav Huna cautioned him: **And whoever does not say to him** my exact words **is** in a state of **excommunication: Anan, Anan,** should the one-tenth be provided **from real estate or from movable property? And,** incidentally, tell me **who sits at the head** in **the house of a** *marzeiḥa*?

HALAKHA

Whose creditor is she – **בַּעֲלַת חוֹב שֶׁל מִי**: With respect to her rights to one-tenth of the estate, the daughter has the status of a creditor vis-à-vis the brothers. Therefore, she may take this sum of money from intermediate-quality land without an oath. But if the brothers die and she wishes to collect from their inheritance, she must take an oath and may then collect only from the inferior-quality land, in accordance with the conclusion of the Gemara (Rambam *Sefer Nashim, Hilkhot Ishut* 20:6; *Shulḥan Arukh, Even HaEzer* 113:3).

BACKGROUND

Intermediate-quality land and inferior-quality land – **בֵּינוֹנִית וְזִיבּוּרִית**: When one pays a debt with land rather than with money, differences among gradations of land quality must be taken into consideration. Although in any event, any land paid will have to be worth the cash sum in question, such that the more inferior the quality of the land, the more of it is necessary to make up the sum, the court still assumes that people prefer to receive smaller portions of high-quality land, since such properties require less maintenance. The Torah states explicitly that injured parties receive their damages from the highest-quality land: "Of the best of his own field, and of the best of his own vineyard, shall he make restitution" (Exodus 22:4). In principle, creditors receive their payment from inferior-quality land, but the Sages decreed that a creditor collects from intermediate-quality land, so as to maintain the incentive to lend.

LANGUAGE

Millstone [*itzterubela*] – **אִיצְטְרוּבְּלָא**: Apparently the root of the word *itzterubela* is the Greek στρόβιλος, *strobilos*, which can refer to the base of a millstone or other rounded, revolving items.

Roman mill at Ostia Antica

PERSONALITIES

Rav Anan – **רַב עָנָן**: Rav Anan was a second-generation Babylonian *amora* and a foremost disciple of Shmuel, although he occasionally related Rav's teachings as well. After Shmuel's death, he apparently served as one of the judges in the town of Neharde'a. Later, Rav Naḥman also lived there, although he was considerably younger than Rav Anan (see 78b).

Rav Anan was a contemporary of Rav Huna and may have been a bit younger than him. In any case, after the deaths of Rav and Shmuel, Rav Huna was regarded as the premier authority of the generation, to whom all of the Sages of the generation deferred. Although Rav Huna showed Rav Anan respect when meeting with him, Rav Anan was still not considered his equal.

Rav Anan's statements, both his own and those he said in the name of Shmuel, are found in several places in the Talmud, and Sages of the next generation also transmitted his teachings.

אֲזַל רַב שֵׁשֶׁת לְקַמֵּיהּ דְּרַב עָנָן, אֲמַר לֵיהּ: מָר – רַבָּה, וְרַב הוּנָא – רַבֵּיהּ דְּרַבָּה, וְשַׁמּוּתֵי שַׁמֵּית מַאן דְּלָא אָמַר לֵיהּ, וְאִי לָאו דְּשַׁמֵּית – לָא הֲוָה קָאָמִינָא: עָנָן, עָנָן! מִמְּקַרְקְעֵי אוֹ מִמִּטַּלְטְלֵי, וּמַאן יָתֵיב בֵּי מַרְזֵיחָא בְּרֵישָׁא?

Rav Sheshet went before Rav Anan and reverentially **said to him,** addressing him in the third person: My **Master is a teacher, but Rav Huna** is the **teacher of the teacher. Moreover, he** readily **excommunicates whoever does not say to him,** i.e., to you, my teacher, his precise message, **and if it were not that** he would **excommunicate** me, **I would not say** his words: **Anan, Anan,** should the one-tenth be provided **from real estate or from movable property? And,** incidentally, tell me **who sits at the head** in **the house of a** *marzeiḥa*?

אֲזַל רַב עָנָן לְקַמֵּיהּ דְּמָר עוּקְבָא, אָמַר לֵיהּ: חֲזִי מָר הֵיכִי שָׁלַח לִי רַב הוּנָא: עָנָן עָנָן, וְעוֹד מַרְזֵיחָא דְּשָׁלַח לִי [לָא יָדַעְנָא] מַאי נִיהוּ? אָמַר לֵיהּ: אֵימָא לִי אִיזִי,

Rav Anan went before Mar Ukva to consult with him about Rav Huna's reply. He **said to him:** Let the **Master see how Rav Huna sent me** an offensive message, addressing me as **Anan, Anan. Moreover,** with regard to this word *marzeiḥa* in the letter **that he sent me, I do not know what it is.** Mar Ukva **said to him: Say** to **me, my friend** [*izi*],[L]

LANGUAGE

My friend [*izi*] – **אִיזִי**: Rashi understands the word to mean: My friend, a term of affection and closeness, as translated in the Gemara here. However, the source and the definition of the word *izi* and its alternative form *izo* are not clear. Some believe that it means: Therefore, or: If so.

Perek **VI**
Daf **69** Amud **b**

גּוּפָא דְּעוּבְדָא הֵיכִי הֲוָה. אֲמַר לֵיהּ: הָכִי וְהָכִי הֲוָה מַעֲשֶׂה. אֲמַר לֵיהּ: גַּבְרָא דְּלָא יָדַע מַאי נִיהוּ מַרְזֵיחָא שָׁלַח לֵיהּ לְרַב הוּנָא "הוּנָא חַבְרִין"? מַאי מַרְזֵיחָא – אָבֵל, דִּכְתִיב "כֹּה אָמַר ה׳ אַל תָּבֹא בֵּית מַרְזֵחַ" וגו׳.

how the incident itself happened. What are the particulars of your exchange that brought about this end result? **He said to him: Such and such was** the **incident,** and Rav Anan related the details to Mar Ukva. **He said to him: A man who does not know what a** *marzeiḥa* **is sends** a letter **to Rav Huna** addressing him as **Huna, our friend?** It is not your place to take such liberties in your correspondence with him, and Rav Huna was justifiably offended. The Gemara explains: **What is a** *marzeiḥa*?[L] **A mourner, as it is written: "For so says the Lord: Enter not into the house of mourning** [*marze'aḥ*], neither go to lament, neither bemoan them" (Jeremiah 16:5).

אָמַר רַבִּי אַבָּהוּ: מִנַּיִן לְאָבֵל שֶׁמֵּיסֵב בָּרֹאשׁ – שֶׁנֶּאֱמַר "אֶבְחַר דַּרְכָּם וְאֵשֵׁב רֹאשׁ וְאֶשְׁכּוֹן כְּמֶלֶךְ בַּגְּדוּד כַּאֲשֶׁר אֲבֵלִים יְנַחֵם". "יְנַחֵם" אֲחֵרִים מַשְׁמַע! אָמַר רַב נַחְמָן בַּר יִצְחָק: "יִנָּחֵם" כְּתִיב.

Rabbi Abbahu said concerning the same topic: **From where** is it derived **that a mourner sits at the head?**[H] **As it is stated: "I chose out their way, and sat as chief, and dwelt as a king in the army, as one that would comfort** [*yenaḥem*] **the mourners"** (Job 29:25). The Gemara challenges the proof: The word *yenaḥem* **implies** one comforting **others** and not the mourner being comforted. **Rav Naḥman bar Yitzḥak said:** Since it is written without vowels, the word can be read **as if** it **were written "would be comforted** [*yinnaḥem*]," which describes the mourner who is being comforted.

מָר זוּטְרָא אָמַר: מֵהָכָא "וְסָר מִרְזַח סְרוּחִים" מָר וְזָח נַעֲשֶׂה שַׂר לִסְרוּחִים.

Mar Zutra said: That the mourner sits at the head may be derived **from here: "And the revelry** [*mirzaḥ*] **of those who stretched themselves shall pass away** [*sar*]" (Amos 6:7). The word *mirzaḥ* may alternatively be read as two distinct words: Bitter [*mar*] and flustered [*zaḥ*], and the word *sar* has a homonym that means ruler. Read this way, the verse indicates: One who is **bitter and flustered,** i.e., the mourner, **is made the ruler of those who sit,** i.e., the visitors who come to comfort him and sit with him. Therefore, he sits at the head.

אָמַר רָבָא: הִלְכְתָא, מִמְּקַרְקְעֵי וְלָא מִמִּטַּלְטְלֵי, בֵּין לִמְזוֹנֵי בֵּין לִכְתוּבָּה בֵּין לְפַרְנָסָה.

The Gemara reports the conclusion of the earlier discussion: Rava said: **The** ***halakha*** is that one may collect from the inheritors **from real estate and not from movable property,**[H] **whether for sustenance, whether for the marriage contract,**[H] or **whether for support,**[H] referring to the dowry.

HALAKHA

That a mourner sits at the head – **אָבֵל שֶׁמֵּיסֵב בָּרֹאשׁ**: When people comfort mourners, the mourners sit at the head, as is explained in the Gemara here (Rambam *Sefer Shofetim, Hilkhot Evel* 13:3; *Shulḥan Arukh, Yoreh De'a* 376:1).

From real estate and not from movable property – **מִמְּקַרְקְעֵי וְלָא מִמִּטַּלְטְלֵי**: Although Rava ruled that sustenance may not be collected from movable items, since the *ge'onim* instituted that the marriage contract may be collected from movable items, the securities specified as stipulations of the marriage contract have the same status. Therefore, even sustenance for the daughters may be collected from movable properties (Rambam *Sefer Nashim, Hilkhot Ishut* 16:7; *Shulḥan Arukh, Even HaEzer* 112:7).

For the marriage contract – **לִכְתוּבָּה**: Although the Gemara rules that the marriage contract may be collected only from real estate, the ordinance of the *ge'onim* that allows the marriage contract to be collected from movable properties as well has been universally accepted (Rambam *Sefer Nashim, Hilkhot Ishut* 16:7; *Shulḥan Arukh, Even HaEzer* 100:1).

For support – **לְפַרְנָסָה**: Since the stipulations of the marriage contract do not include the requirement to provide one-tenth of the estate for a daughter's dowry, even nowadays, after the ordinance of the *ge'onim*, the one-tenth of the estate for a daughter's support is not collected from movable properties, in accordance with Rava's opinion (Rambam *Sefer Nashim, Hilkhot Ishut* 20:5; *Shulḥan Arukh, Even HaEzer* 113:2).

LANGUAGE

Mourner [*marzeiḥa*] – **מַרְזֵיחָא**: This term appears in the Bible only in the two verses cited here in the Gemara. Determining its exact definition and origin presented a challenge even to the early commentaries. Some understand that each usage has its own meaning: The house of *marze'aḥ* described in Jeremiah is a house of mourning, but the *mirzaḥ seruḥim* mentioned by Amos is a feast.

This word also appears in Canaanite writings, where it denotes a feast. Some understand that the word has the same meaning in the Bible, implying a commemorative feast, either for joy or for mourning. In this vein, the Sages occasionally used the word for a meal eaten by mourners, or specifically for the meal of comfort, the first meal the mourners eat after a funeral.

מתני׳ הַמַּשְׁלִישׁ מָעוֹת לְבִתּוֹ, וְהִיא אוֹמֶרֶת: נֶאֱמָן בַּעְלִי עָלַי – יַעֲשֶׂה הַשָּׁלִישׁ מַה שֶּׁהוּשְׁלַשׁ בְּיָדוֹ, דִּבְרֵי רַבִּי מֵאִיר. רַבִּי יוֹסֵי אוֹמֵר: וְכִי אֵינָהּ אֶלָּא שָׂדֶה וְהִיא רוֹצָה לְמוֹכְרָהּ – הֲרֵי הִיא מְכוּרָה מֵעַכְשָׁיו. בַּמֶּה דְּבָרִים אֲמוּרִים – בִּגְדוֹלָה, אֲבָל בִּקְטַנָּה – אֵין מַעֲשֵׂה קְטַנָּה כְּלוּם.

MISHNA With regard to **one who transfers money** by means of a third party[H] **for his daughter** to purchase a field after she marries, is the daughter allowed to assert control over the money? **If she says** after she marries: **My husband is trustworthy for me,** so give him the money to buy the property for me, her wishes are not honored. **The third party should execute** the agency **that was entrusted in his power;** this is **the statement of Rabbi Meir. Rabbi Yosei says:** The daughter has authority: **And were it only a field and she wanted to sell it,** it could be **sold immediately.**[N] Just as she would have authority to control the field, she may control the money assigned for her. The mishna qualifies: **In what case is this statement said? With** respect to **an adult woman. But with** respect to **a minor girl,** any **action of a minor girl is nothing** from a legal standpoint; a minor would have no authority in this matter.

גמ׳ תָּנוּ רַבָּנַן: הַמַּשְׁלִישׁ מָעוֹת לַחֲתָנוֹ לִיקַּח מֵהֶן שָׂדֶה לְבִתּוֹ, וְהִיא אוֹמֶרֶת: יִנָּתְנוּ לְבַעְלִי, מִן הַנִּשּׂוּאִין – הָרְשׁוּת בְּיָדָהּ, מִן הָאֵירוּסִין – יַעֲשֶׂה הַשָּׁלִישׁ מַה שֶּׁהוּשְׁלַשׁ בְּיָדוֹ, דִּבְרֵי רַבִּי מֵאִיר. רַבִּי יוֹסֵי אוֹמֵר: הַגְּדוֹלָה, בֵּין מִן הַנִּשּׂוּאִין וּבֵין מִן הָאֵירוּסִין – הָרְשׁוּת בְּיָדָהּ. קְטַנָּה, בֵּין מִן הַנִּשּׂוּאִין בֵּין מִן הָאֵירוּסִין – יַעֲשֶׂה הַשָּׁלִישׁ מַה שֶּׁהוּשְׁלַשׁ בְּיָדוֹ.

GEMARA The Sages taught in the *Tosefta* (6:9): In the case of **one who transfers money** by means of a third party **for his son-in-law, in order to purchase with it a field for his daughter, and she says:** Let the money **be given** directly **to my husband** to invest as he sees fit, whether or not the court heeds her depends upon the circumstances. If she makes her appeal **from** the beginning of **the marriage** and onward, **she has the authority** to dictate the terms. If she makes her appeal **from** the time of **the betrothal** until the marriage, **the third party should execute** the agency **that was entrusted in his power;** this is **the statement of Rabbi Meir. Rabbi Yosei says:** With respect to **the adult woman, whether** the statement is **from the marriage or from the betrothal, she has authority.** In the case of **a minor girl, whether from** the time of **the marriage or from the betrothal, the third party should execute** the agency **that was entrusted in his power.**

מַאי בֵּינַיְיהוּ? אִילֵימָא קְטַנָּה מִן הַנִּשּׂוּאִין אִיכָּא בֵּינַיְיהוּ, דְּרַבִּי מֵאִיר סָבַר הָרְשׁוּת בְּיָדָהּ, וַאֲתָא רַבִּי יוֹסֵי לְמֵימַר אֲפִילּוּ מִן הַנִּשּׂוּאִין נַמִי, גְּדוֹלָה – אִין, קְטַנָּה – לָא.

The Gemara clarifies: In the dispute between Rabbi Meir and Rabbi Yosei, **what is the practical difference between them? If we say: The practical difference between them** pertains to the authority of **a minor girl from** the time of the **marriage** and onward, **as Rabbi Meir holds she has authority, and Rabbi Yosei comes to say that also, even from** the time of **the marriage, yes, an adult woman** may dictate terms, but **a minor girl** may **not,** this answer is untenable.

אֵימָא סֵיפָא: אֲבָל בִּקְטַנָּה – אֵין מַעֲשֵׂה קְטַנָּה כְּלוּם. הָא מַאן קָתָנֵי לַהּ? אִילֵימָא רַבִּי יוֹסֵי – הָא מֵרֵישָׁא שָׁמְעַתְּ מִינַּהּ, דְּאָמַר רַבִּי יוֹסֵי: וְכִי אֵינָהּ אֶלָּא שָׂדֶה, וְהִיא רוֹצָה לְמוֹכְרָהּ – הֲרֵי הִיא מְכוּרָה מֵעַכְשָׁיו. גְּדוֹלָה דְּבַת זְבִינֵי – אִין, קְטַנָּה דְּלָאו בַּת זְבִינֵי הִיא – לָא!

The Gemara explains: **Say the latter clause** of the mishna: **But with** respect **to a minor girl,** any **action of a minor girl is nothing. But who teaches this? If we say it is Rabbi Yosei, but you** already **learn** this principle **from the first clause, as Rabbi Yosei said: And were it only a field and she wanted to sell it,** it **could be sold immediately.** This is true of adults: In the case of **an adult woman, who is capable of selling, yes,** her sale is valid. However, in the case **a minor girl, who is not capable of selling, no,** her sale is invalid.

אֶלָּא רַבִּי מֵאִיר הִיא וְחַסּוּרֵי מִיחַסְּרָא וְהָכִי קָתָנֵי: יַעֲשֶׂה הַשָּׁלִישׁ מַה שֶּׁהוּשְׁלַשׁ בְּיָדוֹ, בַּמֶּה דְּבָרִים אֲמוּרִים – מִן הָאֵירוּסִין, אֲבָל מִן הַנִּשּׂוּאִין – הָרְשׁוּת בְּיָדָהּ. בַּמֶּה דְּבָרִים אֲמוּרִים – בִּגְדוֹלָה, אֲבָל בִּקְטַנָּה – אֵין מַעֲשֵׂה קְטַנָּה כְּלוּם. אֶלָּא, גְּדוֹלָה מִן הָאֵירוּסִין אִיכָּא בֵּינַיְיהוּ.

Rather, the latter clause **is** the opinion of **Rabbi Meir.** And the mishna **is incomplete and this** is what **it is teaching: The third party should execute** the agency **that was entrusted in his power. In what case is this statement said? From the betrothal. However, from the marriage she has the authority** to dictate terms. **In what case is this statement said? For an adult woman. However, for a minor girl,** any **action of a minor girl is nothing.** Rabbi Meir agrees that a minor does not have the authority to transfer the money to her husband. What, then, is the practical difference between them? **Rather,** the **practical difference between them** is with regard to **an adult woman from** the time of **betrothal** until the marriage. Rabbi Meir holds that before marriage, she does not have the authority, and Rabbi Yosei holds that she does.

HALAKHA

One who transfers money to his daughter by means of a third party – הַמַּשְׁלִישׁ מָעוֹת לְבִתּוֹ: If someone leaves an instruction to provide his daughter with a certain amount of money after his death, to be used to purchase real estate for her support, the daughter may direct the agent to deliver the money to her husband under certain limited circumstances. She has the authority to redirect the money only if she is a married adult, but not if she is a minor or if she is only betrothed. This follows the opinion of Rabbi Meir, as Rava, who was last in the discussion, ruled in accordance with his opinion. Moreover, the *halakha* is that it is a mitzva in these cases to fulfill the directives of the deceased (Rambam *Sefer Nashim, Hilkhot Ishut* 20:14; *Shulḥan Arukh, Even HaEzer* 54:1).

NOTES

It could be sold immediately – הֲרֵי הִיא מְכוּרָה מֵעַכְשָׁיו: As Rabbi Yosei holds that the daughter of the deceased is authorized to control the property, the commentaries ask: Does Rabbi Yosei acknowledge this principle discussed later in the Gemara, that it is a mitzva to fulfill the instructions of the dead?

The commentaries suggest two possible approaches. First, it may be argued that Rabbi Yosei simply disagrees with the principle entirely. Alternatively, he may agree that there is an obligation to carry out the wishes of the deceased but assert that this principle is not operative in the case at hand. As the daughter may handle the property as she pleases after the third party has discharged his agency of providing her with that property, the agency itself is not dependent upon the third party per se. The agency can be carried out just as well by the daughter.

אִיתְּמַר, רַב יְהוּדָה אָמַר שְׁמוּאֵל: הֲלָכָה כְּרַבִּי יוֹסֵי. רָבָא אָמַר רַב נַחְמָן: הֲלָכָה כְּרַבִּי מֵאִיר.

It was stated that the matter was debated by *amora'im*: **Rav Yehuda** said that **Shmuel said: The *halakha* is in accordance with** the opinion of **Rabbi Yosei. Rava said that Rav Naḥman said: The *halakha* is in accordance with** the opinion of **Rabbi Meir.**

אִילְפָא תְּלָא נַפְשֵׁיהּ בְּאִיסְקַרְיָא דִּמְכוּתָא. אֲמַר: אִיכָּא דְּאָתֵי דְּאָמַר לִי מִילְּתָא דְּבֵי רַבִּי חִיָּיא וְרַבִּי אוֹשַׁעְיָא וְלָא פָּשֵׁיטְנָא לֵיהּ מִמַּתְנִיתִין – נָפֵילְנָא מֵאִסְקַרְיָא, וְטָבַעְנָא.

§ Once, it was decided to appoint Rabbi Yoḥanan to be head of the yeshiva over another candidate, the Sage Ilfa, because the latter was not in the vicinity. Suspecting that some would interpret this appointment as a sign that he was less qualified than Rabbi Yoḥanan, **Ilfa**[P] **suspended himself from the mast** [*iskarya*][L] **of a ship** [*makhuta*].[L] **He said:** If **there is** someone **who comes, who tells me a matter** taught in a *baraita* **of the school of Rabbi Ḥiyya and Rabbi Oshaya, and I do not resolve it** and demonstrate that the same teaching can be derived **from a mishna, I will fall from the mast and drown.**

אֲתָא הַהוּא סָבָא, תְּנָא לֵיהּ: הָאוֹמֵר ״תְּנוּ שֶׁקֶל לְבָנַי בְּשַׁבָּת״ וּרְאוּיִן לִיתֵּן לָהֶם סֶלַע – נוֹתְנִין לָהֶם סֶלַע. וְאִם אָמַר ״אַל תִּתְּנוּ לָהֶם אֶלָּא שֶׁקֶל״ – אֵין נוֹתְנִין לָהֶם אֶלָּא שֶׁקֶל. וְאִם אָמַר ״אִם מֵתוּ יִירְשׁוּ אֲחֵרִים תַּחְתֵּיהֶם״ – בֵּין שֶׁאָמַר ״תְּנוּ״, בֵּין שֶׁאָמַר ״אַל תִּתְּנוּ״ – אֵין נוֹתְנִים לָהֶם אֶלָּא שֶׁקֶל.

A certain older man came and **taught** before **him** (*Tosefta* 6:10): With regard to **one who says** upon his deathbed: **Give a shekel to my sons**[H] for each **week,** the court assesses the sons' needs. **And** if it is **appropriate** that the court **gives them a *sela*,** which is worth two shekels, the court **gives them a *sela*.** Had the father known they would need the additional money, he would not have begrudged them. **But if he said: Give them only a shekel,** the court **gives them only a shekel.** Because their father spoke explicitly, there is no room to question his intentions. If they need more, they should take charitable aid. **And if he said: If they die** without inheritors, **others should inherit in their stead,** then **whether he said: Give** a shekel **or whether he said: Don't give** more than a shekel, the court **gives them only a shekel,** since it is clear that he wants the inheritance to be doled out in such a way that it will remain intact for whoever will receive it. The older man asked Ilfa where this *halakha* is indicated in the Mishna.

אֲמַר לֵיהּ: הָא מַנִּי

Ilfa **said to him:** In accordance with **whose** opinion **is this** *baraita*?

PERSONALITIES

Ilfa – אִילְפָא: Ilfa, who is called Ḥilfa or Ḥilfai in the Jerusalem Talmud, was a first- and second-generation *amora* in Eretz Yisrael. In his youth, he was a student of Rabbi Yehuda HaNasi, and afterward he studied together with his own younger contemporary, Rabbi Yoḥanan.

In the face of financial challenges, both Ilfa and Rabbi Yoḥanan decided to pursue trade. However, Rabbi Yoḥanan changed his mind and continued to engage in the study of Torah amidst hardship. Meanwhile, Ilfa left to pursue commercial opportunities, evidently overseas.

During this period, the position of the head of the Yeshiva became vacant, and Rabbi Yoḥanan was elected to fill the office. When Ilfa returned, some claimed that he did not gain the appointment because he was not sufficiently accomplished in Torah study. As a result, Ilfa sought to demonstrate his prowess in Torah study.

His teachings, as well as records of his personal notes, are found both in the Babylonian and the Jerusalem Talmud. In addition, his colleague Rabbi Yoḥanan occasionally cites opinions in his name.

LANGUAGE

Mast [*iskarya*] **– אִסְקַרְיָא:** From the Greek ἱστοκεραία, *istokeraya*, meaning mast.

Ship [*makhuta*] **– מְכוּתָא:** Like other words relating to seafaring, this word has traveled widely. It appears in numerous languages, both Semitic and Indo-European. Its precise etymology is unknown, although possibilities include a relation to the Persian makok, meaning ship or boat, or the Akkadian makkūtu, meaning boat.

HALAKHA

One who says: Give a shekel to my sons – הָאוֹמֵר תְּנוּ שֶׁקֶל לְבָנַי: If one leaves the instruction that after his death his sons should receive one shekel for their needs each week, and he says that others should inherit in their place in the event that his sons die, the court should give the sons only one shekel. This is so even if their needs are greater than one shekel, and even if the father says: Give them one shekel, rather than saying: Give them no more than one shekel. This ruling follows the opinion of Rabbi Meir (Rambam *Sefer Kinyan, Hilkhot Zekhiya UMattana* 12:6; *Shulḥan Arukh, Ḥoshen Mishpat* 253:17).

רַבִּי מֵאִיר הִיא, דְּאָמַר: מִצְוָה לְקַיֵּים דִּבְרֵי הַמֵּת.

It is in accordance with the opinion of **Rabbi Meir, who says it is a mitzva to fulfill the instructions of the dead,**[N] as the mishna states that the third party must fulfill the instructions of the deceased, although the daughter is likely to do as she pleases after the third party fulfills his part. In this manner, Ilfa successfully answered the man's challenge.

NOTES

It is a mitzva to fulfill the instructions of the dead – מִצְוָה לְקַיֵּים דִּבְרֵי הַמֵּת: A number of questions are raised with respect to this dictate, which is accepted as *halakha*. *Tosafot* ask: If there is always a mitzva to carry out the directives of the deceased, including those pronounced by the deceased even before he fell ill, then why is there a separate *halakha* that insists separately: The pronouncements of someone on his deathbed have the status of statements written and delivered?

One possible answer is that the Gemara is describing merely a kind of moral imperative to carry out the wishes of the deceased, and this imperative is not legally binding. However, this answer is not valid, as it is clear from the Talmud that the court may even coerce someone to execute the agency of the deceased.

A number of alternative explanations are offered. One opinion maintains that the obligation to fulfill the statement of the deceased applies only to those statements that the person said as a command but that the words of someone on his death bed have heightened gravity however the person expresses them (*Tosafot* on *Bava Batra* 149a, citing Rivam; Rash). Another opinion claims that one who was directly addressed by the deceased has a mitzva to carry out his wishes, but others do not have this obligation (Rash, citing Ri). A variation on this opinion asserts that the mitzva applies only if the dead has either set aside the money necessary to fulfill his directive or entrusted the task to one in a position to carry it out (*Tosafot*, citing Rabbeinu Tam).

Finally, another explanation maintains that when a certain task is designated a mitzva, minors have no obligation to perform the task, as minors are categorically exempt from performing mitzvot (Ran on *Gittin*). Later authorities discuss this approach at some length (see *Maḥane Efrayim*).

אֲמַר רַב חִסְדָּא אֲמַר מָר עוּקְבָא: הִלְכְתָא: בֵּין שֶׁאָמַר ״תְּנוּ״, וּבֵין שֶׁאָמַר ״אַל תִּתְּנוּ״ – נוֹתְנִין לָהֶם כָּל צוֹרְכָּם. הָא קַיְימָא לָן הֲלָכָה כְּרַבִּי מֵאִיר דְּאָמַר מִצְוָה לְקַיֵּים דִּבְרֵי הַמֵּת – הָנֵי מִילֵּי בְּמִילֵּי אַחֲרָנִיתָא, אֲבָל בְּהָא – מֵינָח נִיחָא לֵיהּ, וְהָא דַּאֲמַר הָכִי – לְזָרוּזִינְהוּ הוּא דַּאֲתָא.

Rav Ḥisda said that **Mar Ukva said:** The ***halakha*** is that **whether he says: Give** a shekel[H] **or whether** he says: **Do not give** more than a shekel, the court **gives** the sons enough for **all of their needs.** The Gemara asks: **But** how could we disregard the father's words and give more, when the father said to give only a shekel? **We maintain** that the ***halakha*** **is in accordance with** the opinion of **Rabbi Meir, who says** that **it is a mitzva to fulfill the statements of the dead.** How, then, may the father's instructions be ignored? The Gemara answers: **This** principle **applies** only **in other matters,** in which there is a mitzva to fulfill his wishes, **but in this** instance **it is** certainly **preferable to him** that his children be appropriately provided for. **And** the reason **that he said this** statement limiting the allowance is that **he came to encourage them** to adopt thrifty spending habits.

תְּנַן הָתָם: הַפָּעוֹטוֹת מִקָּחָן מִקָּח, וּמִמְכָּרָן מֶכֶר בְּמִטַּלְטְלִין.

We learned in a mishna **there** (*Gittin* 59a): With regard to **children,** their **acquisitions** are considered **acquisitions**[NH] **and their sales** are considered **sales.** This is the case **with** respect to **movable properties,** but not with respect to real estate.

אָמַר רַפְרָם: לֹא שָׁנוּ אֶלָּא שֶׁאֵין שָׁם אַפּוֹטְרוֹפּוֹס. אֲבָל יֵשׁ שָׁם אַפּוֹטְרוֹפּוֹס – אֵין מִקָּחָן מִקָּח, וְאֵין מִמְכָּרָן מֶכֶר.

Rafram said: They taught this **only if there is no steward** [*apotropos*][HL] overseeing the children's affairs. **However, if there is a steward, the** children's **acquisitions are not** considered **acquisitions and their sales are not** considered **sales,** even for movable property.

מִמַּאי – מִדְּקָתָנֵי: אֵין מַעֲשֵׂה קְטַנָּה כְּלוּם. וְדִלְמָא הֵיכָא דְּאִיכָּא שָׁלִישׁ שָׁאנֵי? אִם כֵּן לִיתְנֵי: אֲבָל בִּקְטַנָּה – יַעֲשֶׂה שָׁלִישׁ מַה שֶּׁהוּשְׁלַשׁ בְּיָדוֹ, מַאי ״אֵין מַעֲשֵׂה קְטַנָּה כְּלוּם״ – שְׁמַע מִינָּהּ: אֲפִילּוּ בְּעָלְמָא.

From where does he know this? **From** the fact **that it teaches** in the mishna here that even when there is a third party who functions as a steward, any **action of a minor girl is nothing.** The Gemara asks: **And perhaps where there is a third party** the *halakha* **is different?** It is possible that the act of a minor is discounted only when it clashes with the actions of an appointee who is past majority. The Gemara answers: **If so, let it teach: But** with regard to **a minor girl,** the **third party should execute** the agency **that was entrusted in his power. What** is the implication of the clause: Any **action of a minor girl is nothing? Conclude from this** that **even generally,** without a specific steward, a minor may not conduct transactions involving real estate.

הדרן עלך מציאת האשה

HALAKHA

Whether he says: Give a shekel – בֵּין שֶׁאָמַר תְּנוּ: Whether the deceased had said: Give my son a shekel each week or he had said: Do not give him more than a shekel, if it is determined that this amount does not meet the needs of the son, the court gives him all he needs from the inheritance. This is in accordance with Mar Ukva's ruling (Rambam *Sefer Kinyan, Hilkhot Zekhiya UMattana* 11:23; *Shulḥan Arukh, Ḥoshen Mishpat* 253:17).

Children, their acquisitions are considered acquisitions – הַפָּעוֹטוֹת מִקָּחָן מִקָּח: Transfers of property from minors under the age of six to others are wholly ineffective. From the age of six until one reaches majority, if he understands the nature of transactions, his sales, acquisitions, and gifts of movable property, not real estate, are all valid. This understanding must be verified for children below the age of ten; it is presumed for children past this age, unless they are found to be imbeciles (*Tur*). This is true for transactions of all amounts, and it applies equally to the transactions of healthy people and those upon their death beds.

There is a further limit to the commercial abilities of minors. Since their ability to conduct any commerce is merely a rabbinic institution, the Rema rules that improper transactions conducted by minors are fundamentally invalidated (see Responsa of the Ran). These rulings are in accordance with the mishna cited here (Rambam *Sefer Kinyan, Hilkhot Mekhira* 29:6; *Shulḥan Arukh, Ḥoshen Mishpat* 235:1).

When there is a steward – כְּשֶׁיֵּשׁ אַפּוֹטְרוֹפּוֹס: Children were given license to sell and give movable property only if they do not have a steward. If the children do have a formal steward, or if they are under the care of a comparable guardian (Rema), the children do not have authority to conduct financial dealings independently. The transactions are therefore valid only if the steward wishes to uphold their wishes, in accordance with the opinion of Rafram (Rambam *Sefer Kinyan, Hilkhot Mekhira* 29:7; *Shulḥan Arukh, Ḥoshen Mishpat* 235:2).

NOTES

Children [*pa'otot*], their acquisitions are considered acquisitions – הַפָּעוֹטוֹת מִקָּחָן מִקָּח: This *halakha* is cited here only peripherally, and it is treated more fully in tractate *Gittin* (59a, 65a). According to the Gemara there, *pa'otot* refers to children between the ages of six and thirteen. Between the ages of six and ten, their transactions are considered meaningful only if their financial competence has been checked. After they have reached the age of ten, they are presumed financially competent, unless they are proven otherwise.

LANGUAGE

Steward [*apotropos*] – אַפּוֹטְרוֹפּוֹס: From the Greek ἐπίτροπος, *epitropos*, meaning a trustee or one with the power of attorney. It refers generally to anyone who has the authority to handle the properties or affairs of another.

Summary of **Perek VI**

Items that a married woman finds belong completely to her husband, but inheritances that she receives have the status of her usufruct property, from which the husband may derive benefit only from the profits. If the woman is injured and receives compensation for humiliation and degradation, the compensation is divided. With respect to concealed injury, one-third is awarded to her husband and the balance becomes the woman's usufruct property.

Concerning the dowry, it is concluded that Torah law does not demand that fathers provide dowries for their daughters, and dowries do not have the status of supplemental stipulations of the marriage contract. Nevertheless, the Sages instituted that a father is obligated to provide support, i.e., a dowry, and this obligation falls upon his estate in the event of his death.

The minimum sum for the dowry is set at fifty dinars, which is also the amount a woman is given if she is supported by charity funds. Nevertheless, the standard amount for a dowry is one-tenth of her father's estate, such that each daughter receives one-tenth of the estate's value at the time that she becomes married. When her father is alive, he may provide a dowry of whatever size he sees fit. However, after his death, the daughter has a legal right to receive this one-tenth share of the estate, and she may demand it of the other inheritors. The daughter receives her one-tenth of the estate only from real estate. Although the *ge'onim* later ruled that movable property may also be collected for the settlement of marriage contracts, this allowance was never extended with respect to her right to collect for her dowry.

With respect to the amounts the husband writes into the marriage contract as obligatory supplements, corresponding to the cash she brings into the marriage, it is concluded that he records an amount corresponding to one and a half times the sum that she brings in. By contrast, for utensils and movable property, he obligates himself to pay only the amount of their worth, presuming that these items have been appraised for their actual values. However, if their worth has been exaggerated in honor of the woman, the husband is responsible to pay only the true value of the items.

If a father orders that real estate be purchased for his daughter's dowry after his death, an adult daughter may intercede and give her husband the money to purchase real estate. However, if she is a minor, or if she is an adult who has not yet married, the father's instructions are honored and carried out.

Introduction to **Perek VII**

The marriage contract is a fundamental part of the contractual relationship between a husband and wife. As such, any conditions the couple stipulates in the contract are binding, unless they contradict Torah law. However, there can be situations in which either the husband or the wife violates the terms of the marriage so fundamentally that the court mandates a conclusion to the marriage.

A violation of the contract can occur due to a misrepresentation of the facts at the time of betrothal, or due to actions perpetrated following the betrothal but prior to the marriage, or during the marriage itself. Although there are differences in detail between these various scenarios, the same matters are considered a violation of the marriage, regardless of when they occur. Three categories of matters are characterized as fundamentally violating the conditions of the marriage: Vows, inappropriate conduct, and blemishes.

The Sages penalized the party responsible for violating the agreement, whether the violation concerns the general rules of marriage or a specific stipulation inserted by the parties. If the wife is the guilty party, she may be divorced without receiving payment of her marriage contract, and if the husband is responsible, the court orders him to divorce his wife and pay the sums delineated in the marriage contract.

The main focus of this chapter is to clarify the details of these three categories. While certain prohibitions created by vows may in fact interfere with ordinary married life, at times this is due to the specific predilections of the other spouse. The details discussed in this chapter, however, are standard matters with universal relevance. Therefore, the Gemara must clarify which types of vows create intrinsic disruptions to married life, which types of conduct are deemed fundamentally inappropriate, and which blemishes are considered serious enough to invalidate a betrothal or require divorce.

In all of these categories, the Gemara must also clarify whether in the case of a violation of terms there are differences between a man and a woman, as there are important distinctions between the responsibilities and expectations of the husband and those of the wife on some of these matters. It is also necessary to determine when and how the court orders a divorce and enforces compliance.

These discussions form the basis of this chapter.

מתני׳ הַמַּדִּיר אֶת אִשְׁתּוֹ מִלֵּיהָנוֹת לוֹ, עַד שְׁלֹשִׁים יוֹם – יַעֲמִיד פַּרְנָס, יָתֵר מִיכָּן – יוֹצִיא וְיִתֵּן כְּתוּבָּה.

MISHNA With regard to **one who vows**[B] and obligates **his wife,** prohibiting her **from benefiting from him**[H] or his property, if his vow will remain in effect for **up to thirty days, he must appoint a trustee** [*parnas*][L] to support her. But if the vow will remain in effect for **more than this** amount of time, **he must divorce** her **and give** her the payment of her **marriage contract.**

רַבִּי יְהוּדָה אוֹמֵר: בְּיִשְׂרָאֵל, חֹדֶשׁ אֶחָד – יְקַיֵּים, וּשְׁנַיִם – יוֹצִיא וְיִתֵּן כְּתוּבָּה. בְּכֹהֵן, שְׁנַיִם – יְקַיֵּים, וּשְׁלֹשָׁה – יוֹצִיא וְיִתֵּן כְּתוּבָּה.

Rabbi Yehuda says: If the husband is an **Israelite,** then if his vow will remain in effect for up to **one month, he may maintain** her as his wife; **and** if it will be **two** months, **he must divorce** her **and give** her the payment of her **marriage contract.** But **if** he is **a priest,** then he is given extra time: If the vow will remain in effect for up to **two** months, **he may maintain** her, **and** if it will be **three** months, **he must divorce** her **and give** her the payment of her **marriage contract.** The reason for this is that it is prohibited for a priest to marry a divorcée, including his own ex-wife, and therefore if he divorces her and later regrets his decision he will not be able to take her back.

הַמַּדִּיר אֶת אִשְׁתּוֹ שֶׁלֹּא תִּטְעוֹם אֶחָד מִכׇּל הַפֵּירוֹת – יוֹצִיא וְיִתֵּן כְּתוּבָּה. רַבִּי יְהוּדָה אוֹמֵר: בְּיִשְׂרָאֵל, יוֹם אֶחָד – יְקַיֵּים, שְׁנַיִם – יוֹצִיא וְיִתֵּן כְּתוּבָּה. וּבְכֹהֵן, שְׁנַיִם – יְקַיֵּים, שְׁלֹשָׁה – יוֹצִיא וְיִתֵּן כְּתוּבָּה.

One who vows and obligates **his wife,** requiring her **not to taste a particular type of produce,**[HN] **must divorce** her **and give** her the payment of her **marriage contract. Rabbi Yehuda says: If** he is an **Israelite,** then if the vow will remain in effect for **one day he may maintain** her as his wife, but if it will be **two** days **he must divorce** her **and give** her the payment of her **marriage contract. And if** he is **a priest,** then if the vow will be in effect for **two** days **he may maintain** her; for **three** days **he must divorce** her **and give** her the payment of her **marriage contract.**

הַמַּדִּיר אֶת אִשְׁתּוֹ שֶׁלֹּא תִּתְקַשֵּׁט בְּאֶחָד מִכׇּל הַמִּינִין – יוֹצִיא וְיִתֵּן כְּתוּבָּה. רַבִּי יוֹסֵי אוֹמֵר: בַּעֲנִיּוֹת – שֶׁלֹּא נָתַן קִצְבָּה, וּבַעֲשִׁירוֹת – שְׁלֹשִׁים יוֹם.

One who vows and obligates **his wife,** requiring her **not to adorn herself with a particular type** of perfume, **must divorce** her **and give** her the payment of her **marriage contract. Rabbi Yosei says** that one must distinguish between different types of women: **For poor women,** this applies only **when he did not establish a set amount of time** for the vow, **and for wealthy women,** who are accustomed to adorning themselves more elaborately, if she is prohibited from doing so for **thirty days,** he must divorce her and give her the payment of her marriage contract.

גמ׳ וְכֵיוָן דִּמְשׁוּעְבָּד לָהּ – הֵיכִי מָצֵי מַדִּיר לַהּ? כׇּל כְּמִינֵּיהּ דְּמַפְקַע לָהּ לְשִׁיעְבּוּדַהּ?

GEMARA The Gemara questions the efficacy of a vow taken by the husband prohibiting his wife from deriving benefit from him: **And since he is under** a prior **obligation to** provide **her** support in accordance with what is written in the marriage contract, **how can he vow** prohibiting **her** from benefiting from him? **Is it in his power to remove** his **obligation to her?**

וְהָתְנַן: ״קוֹנָם שֶׁאֵינִי עוֹשָׂה לְפִיךְ״ – אֵינוֹ צָרִיךְ לְהָפֵר, אַלְמָא, כֵּיוָן דִּמְשַׁעְבְּדָא לֵיהּ – לָאו כׇּל כְּמִינַּהּ דְּמַפְקַע לֵיהּ לְשִׁיעְבּוּדֵיהּ, הָכָא נַמִי, כֵּיוָן דִּמְשׁוּעְבָּד לָהּ – לָאו כׇּל כְּמִינֵּיהּ דְּמַפְקַע לָהּ לְשִׁיעְבּוּדַהּ!

But didn't we learn in a mishna (*Nedarim* 85a): If his wife said: **It is** forbidden **like an offering** [*konam*] **that I will** therefore **not perform** any work **for** the benefit of **your mouth, he does not need to nullify** her vow, since this vow does not take effect at all. **Apparently, since she is under** a prior **obligation** by power of the Sages' ordinance to perform work **for him, it is not in her power to remove** her **obligation to him. Here too, since he is under** a prior **obligation** to provide support **for her, it is not in his power to remove** his **obligation to her.**[H]

אֶלָּא, מִתּוֹךְ שֶׁיָּכוֹל לוֹמַר לָהּ ״צְאִי מַעֲשֵׂה יָדַיִךְ בִּמְזוֹנוֹתַיִךְ״

Rather, one must say the following: **Since he is able to say to her** at any time: **Spend your earnings to sustain yourself,** meaning that he has the right to instruct her to support herself from her own earnings instead of supporting her himself,

BACKGROUND

Vows – **נְדָרִים**: This refers to a personal vow, i.e., a voluntary obligation to refrain from performing a certain action or from deriving benefit from a particular person or object. This is, in effect, a type of reverse consecration. One pledges to regard the object or person as if it, or he, were consecrated to the Temple. Any object can be forsworn, and one who fails to fulfill his vow violates the mitzva "He shall not profane his word" (Numbers 30:3). It is also possible, as in the case of the mishna here, to render prohibited to another one's own property by means of a vow. The other must then treat that property as consecrated. However, one cannot prohibit another's property to anyone other than himself.

The Sages were strongly opposed to the taking of vows and encouraged people who had taken vows to have them dissolved.

HALAKHA

One who vows and obligates his wife, prohibiting her from benefiting from him – **הַמַּדִּיר אֶת אִשְׁתּוֹ מִלֵּיהָנוֹת לוֹ**: A man vows and obligates his wife, prohibiting her from deriving benefit from him. Whether he specifies a time limit for the vow or not, if after thirty days either the time limit of the vow has expired or he has dissolved the vow, then he may remain married to her. But if the vow is still in effect after thirty days, he must divorce her and give her the payment of her marriage contract. During those thirty days that she may not benefit from him, she supports herself from her own earnings, and if her wages do not suffice, he must arrange for one of his friends to provide her with additional sustenance. This *halakha* follows the mishna here (Rambam *Sefer Nashim, Hilkhot Ishut* 12:23; *Shulḥan Arukh, Yoreh De'a* 235:2, *Even HaEzer* 72:1).

The details of the cases in which a vow such as this can take effect will be discussed subsequently in the Gemara.

One who vows and obligates his wife not to taste a particular type of produce – **הַמַּדִּיר אֶת אִשְׁתּוֹ שֶׁלֹּא תִּטְעוֹם אֶחָד מִכׇּל הַפֵּירוֹת**: If someone declares a vow prohibiting his wife from tasting a particular type of produce, he has a thirty-day grace period. But if the vow was in effect for more than thirty days, he must divorce her and give her the payment of her marriage contract, in accordance with the mishna (Rambam *Sefer Nashim, Hilkhot Ishut* 12:24).

It is not in his power to remove his obligation to her – **לָאו כׇּל כְּמִינֵּיהּ דְּמַפְקַע שִׁיעְבּוּדַהּ**: If the husband declares a vow prohibiting his wife from deriving any benefit from him, the vow does not take effect, since he has a prior obligation to her, based on the terms of the marriage (*Shulḥan Arukh, Yoreh De'a* 235:2).

LANGUAGE

Trustee [*parnas*] – **פַּרְנָס**: Some understand this word as an extension of the root *peh, reish, samekh* [*pras*], in the sense of dividing or giving. Others say the term is from the Greek πρόνοος, *pronoos*, meaning careful or seeing things from their beginning. The word προνοητής, *pronoētēs*, is also derived from this root. It means overseer or appointee in charge of management, which is very close to the meaning of the word in the mishna.

NOTES

A particular type of produce – **אֶחָד מִכׇּל הַפֵּירוֹת**: The commentaries point out that the language of this vow refers to a particular type of produce regardless of who owns it, and not specifically to produce owned by the husband. They ask how the husband's vow could render it prohibited for his wife to benefit from something he does not own. Some suggest that the mishna is referring to a case where she took the vow and he simply ratified it. Others say that he can indirectly render it prohibited for her to eat that produce by linking the vow to marital relations or to benefiting from his property, stating that if she tastes from the produce he has prohibited her from eating, she may not engage in relations with him or benefit from his property (see Ritva and *Nimmukei Yosef*).

HALAKHA

He says to her: Spend your earnings to sustain yourself – אוֹמֵר לָהּ צְאִי מַעֲשֵׂה יָדַיִךְ בִּמְזוֹנוֹתַיִךְ: In the case of a man who said to his wife: Spend your earnings to sustain yourself, and took a vow that she may not derive benefit from him, and her earnings were sufficient to provide for her basic needs but not for luxuries, if the members of her extended family are accustomed to such luxuries his vow does not take effect, as he is under obligation to provide for such things as well. However, if the members of her father's house alone, but not all her extended family, were accustomed to such luxuries, and her husband is not wealthy and is not accustomed to such luxuries, and she agreed to live according to his more modest means, if the husband prohibits her by a vow from deriving benefit from him, and she returns to her father's house, the husband must provide for her according to the standards of her father's house, through a trustee, for thirty days (Rambam *Sefer Nashim, Hilkhot Ishut* 12:23; *Shulḥan Arukh, Yoreh De'a* 235:2).

נַעֲשֶׂה כְּאוֹמֵר לָהּ ״צְאִי מַעֲשֵׂה יָדַיִךְ בִּמְזוֹנוֹתַיִךְ״. וְאִם אִיתָא לְהָא דְּרַב הוּנָא אָמַר רַב, דְּאָמַר רַב הוּנָא אָמַר רַב: יְכוֹלָה אִשָּׁה שֶׁתֹּאמַר לְבַעְלָהּ ״אֵינִי נִיזּוֹנֶת וְאֵינִי עוֹשָׂה״, ״קוֹנָם שֶׁאֲנִי עוֹשָׂה לְפִיךָ״ אַמַּאי אֵינוֹ צָרִיךְ לְהָפֵר? לֵימָא: מִתּוֹךְ שֶׁיְּכוֹלָה לוֹמַר ״אֵינִי נִיזּוֹנֶת וְאֵינִי עוֹשָׂה״ – נַעֲשֶׂה כְּמִי שֶׁאוֹמֶרֶת לוֹ ״אֵינִי נִיזּוֹנֶת וְאֵינִי עוֹשָׂה״!

it is considered as though **he** were in fact **saying to her: Spend your earnings to sustain yourself.** The Gemara raises a difficulty: **And if it is so,** i.e., **that** the *halakha* is in accordance with **that** statement **that Rav Huna said** that **Rav said, as Rav Huna said** that **Rav said: A wife may say to her husband: I will not be sustained** by you **and,** in turn, **I will not work,** i.e., you will not keep my earnings, then when she says: That **which I perform for** the benefit of **your mouth** will be **forbidden like an offering** [*konam*], **why does he not need to nullify** the vow? Here too, **let us say: Since she is able to say: I will not be sustained** by you **and I will not work, it is considered as** though **she** were in fact **saying to him** by her vow: **I will not be sustained** by you **and I will not work,** and he should therefore have to nullify the vow.

אֶלָּא, לָא תֵּימָא נַעֲשֶׂה, אֶלָּא: בְּאוֹמֵר לָהּ ״צְאִי מַעֲשֵׂה יָדַיִךְ בִּמְזוֹנוֹתַיִךְ״.

Rather, the Gemara retracts its previous interpretation in favor of the following: **Do not say it is considered as** though he said to her: Spend your earnings to sustain yourself. **Rather,** the mishna is referring to a case **where he** explicitly **says to her: Spend your earnings to sustain yourself.**[H]

אִי הָכִי, פַּרְנָס לָמָּה לָהּ? בִּדְלָא סָפְקָה. אִי בִּדְלָא סָפְקָה – הֲדַר קוּשְׁיַין לְדוּכְתֵּיהּ! אָמַר רַב אַשִׁי: בִּמְסַפֶּקֶת לִדְבָרִים גְּדוֹלִים, וְאֵינָהּ מְסַפֶּקֶת לִדְבָרִים קְטַנִּים.

The Gemara raises a difficulty: **If so,** if he provided for her sustenance by instructing her to spend her own earnings, **why does she** require **a trustee?** The Gemara answers: This is referring to a situation **where** the amount she earns **is not enough** for her needs. Therefore, the husband must appoint a trustee to provide the balance. The Gemara asks: **If** it is a case **where** the amount she earns **is not enough** for her needs, **our difficulty is restored to its place:** How can he prohibit her from benefiting from him if he is under a prior obligation to provide for her? **Rav Ashi said:** The mishna is referring to a case **where** her earnings are **enough for large things,**[N] i.e., her basic requirements, **but not enough for small things.**

הָנֵי דְּבָרִים קְטַנִּים הֵיכִי דָּמֵי? אִי דִּרְגִילָה בְּהוּ – הָא רְגִילָה בְּהוּ, וְאִי לָא רְגִילָה בְּהוּ – פַּרְנָס לָמָּה לָהּ? לָא צְרִיכָא, דִּרְגִילָה בְּבֵית נָשָׂא, וְקָא מְגַלְגְּלָא בַּהֲדֵיהּ, דְּאָמְרָה לֵיהּ: עַד הָאִידָּנָא דְּלָא אַדַּרְתַּן – גַּלְגֵּילְנָא בַּהֲדָךְ, הָשְׁתָּא דְּאַדַּרְתַּן – לָא מָצֵינָא דְּאִיגַּלְגַּל בַּהֲדָךְ.

The Gemara asks: With regard to **these small things** for which her earnings are not enough, **what are the circumstances? If** the discussion involves a case where **she is accustomed to them,** then **she is accustomed to them** and they are equivalent to all other necessities, which he must provide. **And if she is not accustomed to them, why does she** require **a trustee?** The Gemara answers: **No,** it is **necessary** in a case **where** she was **accustomed** to such small provisions **in her father's house, but she** agreed to marry him and lower her lifestyle, and she had, until now, **abided** the lesser lifestyle and remained **with him.**[N] **For she says to him: Until now, when you did not vow** to render it prohibited for me to benefit from you, **I abided** the lesser lifestyle and remained **with you.** However, **now that you have vowed, I can no** longer **abide** the lesser lifestyle and remain **with you,** and therefore I wish to revert to the conditions of my father's house.

NOTES

Where her earnings are enough for large things, etc. – בִּמְסַפֶּקֶת לִדְבָרִים גְּדוֹלִים וכו׳: The expression: Large things, refers to basic foods such as bread and vegetables, while small items are defined as luxuries. With regard to why the vow applies to these small items, the Ritva says that since, as explained below, she waived her rights to such objects when she was with her husband, the Sages did not give his obligation to provide them sufficient power to override the vow entirely.

But she abided with him – וְקָא מְגַלְגְּלָא בַּהֲדֵיהּ: In principle she is entitled to the small things as well, but as long as she is being supported directly by her husband she forgives him and does not demand them. However, she does not fully waive her rights, and therefore once she is no longer willing to forgo these benefits he is obligated to provide them.

וּמַאי שְׁנָא עַד שְׁלֹשִׁים יוֹם? עַד שְׁלֹשִׁים יוֹם – לָא שָׁמְעֵי בָּהּ אֱינָשֵׁי, וְלָא זִילָא בָּהּ מִילְּתָא. טְפֵי – שָׁמְעֵי בָּהּ אֱינָשֵׁי, וְזִילָא בָּהּ מִילְּתָא.

The Gemara poses a question: **And what is different** about the time period mentioned in the mishna: **Up to thirty days?** The Gemara answers: If **up to thirty days** have passed, this is a short enough amount of time that **people do not hear about her, and the matter** of her receiving her sustenance through an intermediary **is** therefore **not demeaning for her.** However, if the vow lasts **longer** than this, **people** do **hear about her, and the matter is demeaning for her.** The husband must therefore decide if he wants to divorce her or sustain her in the appropriate fashion.

אִיבָּעֵית אֵימָא: שֶׁהִדִּירָהּ כְּשֶׁהִיא אֲרוּסָה. אֲרוּסָה מִי אִית לָהּ מְזוֹנֵי? שֶׁהִגִּיעַ זְמַן וְלֹא נִשְּׂאוּ. דִּתְנַן: הִגִּיעַ זְמַן וְלֹא נִשְּׂאוּ – אוֹכְלוֹת מִשֶּׁלּוֹ, וְאוֹכְלוֹת בִּתְרוּמָה.

The Gemara suggests an alternative answer: **If you wish, say** that the husband is under no obligation to sustain her because the case discussed in the mishna was **where he vowed** and obligated **her when she** was still **a betrothed woman,** and therefore he was not yet duty-bound to provide her with sustenance. The Gemara is puzzled by this explanation: **Does a betrothed woman have** any right to **sustenance** from her husband at all? The Gemara answers: The circumstance referred to is **when the** arranged **time** for the marriage **had arrived and they had not** yet gotten **married. As we learned** in a mishna (57a): If **the time arrived** and **they had not** yet gotten **married,** such women **may eat** food **from his** property, **and** if their husbands were priests **they may partake of** ***teruma.***

וּמַאי שְׁנָא עַד שְׁלֹשִׁים יוֹם? עַד שְׁלֹשִׁים יוֹם עָבֵיד שָׁלִיחַ שְׁלִיחוּתֵיהּ. טְפֵי – לָא עָבֵיד שָׁלִיחַ שְׁלִיחוּתֵיהּ.

The Gemara asks: **But** if so, **what is different** if the vow will remain in effect for **up to thirty days** or longer? The Gemara answers: For **up to thirty days,** the **agent will carry out his agency**[N] effectively and take proper care of her needs. If the vow lasts **longer,** the **agent will not** fully **carry out his agency** but will begin to neglect her, until she cannot bear the situation any longer.

וְאִיבָּעֵית אֵימָא: שֶׁהִדִּירָהּ כְּשֶׁהִיא אֲרוּסָה וְנִישֵּׂאת. נִישֵּׂאת?! הָא סָבְרָה וְקִבְּלָה! דְּאָמְרָה: כִּסְבוּרָה אֲנִי שֶׁאֲנִי יְכוֹלָה לְקַבֵּל, עַכְשָׁיו אֵין אֲנִי יְכוֹלָה לְקַבֵּל.

And if you wish, say that **he vowed** and obligated **her when she** was still **a betrothed woman and she** subsequently **married** him, and therefore he is obligated to provide her sustenance. The Gemara is puzzled: If **she married** him after his vow, **she considered** the matter **and accepted** it upon herself. Why then is he forced to divorce her? The Gemara answers: The case is **when** she **says: I thought that I could accept** this manner of living, but **now** I see that **I cannot accept** it.

אֵימַר דְּאָמְרִינַן הָכִי גַּבֵּי מוּמִין, לְעִנְיַן מְזוֹנֵי מִי אָמְרִינַן הָכִי? אֶלָּא מְחַוַּורְתָּא כִּדְשַׁנֵּינַן מֵעִיקָּרָא.

The Gemara raises a difficulty: You can **say that we say so,** that if either the husband or the wife suffers from a physical blemish, the other can demand a divorce even after agreeing to the marriage under these conditions. This is **with regard to blemishes,**[N] but **with regard to sustenance can we say so?**[N] **Rather, it is clear as we initially answered:** The mishna discusses either a case where he told her to support herself from her own earnings and she had accepted a lower standard of living while she was with him, or a case where he took the vow when she was betrothed, and now the appointed time for the marriage has arrived and they have not yet gotten married.

״עַד שְׁלֹשִׁים יוֹם יַעֲמִיד פַּרְנָס״. וּפַרְנָס לָאו שְׁלִיחוּתֵיהּ קָא עָבֵיד? אָמַר רַב הוּנָא: בְּאוֹמֵר ״כׇּל הַזָּן אֵינוֹ מַפְסִיד״.

§ The mishna states that if his vow will remain in effect for **up to thirty days he must appoint a trustee** to provide sustenance to his wife. The Gemara is puzzled by this ruling: **And does a trustee not perform** the husband's **agency?** If through his vow he has rendered it prohibited for her to derive benefit from him, how can he provide for her through the trustee? An action performed by an agent is considered to have been performed by the principal. **Rav Huna said:** The trustee discussed in the mishna was not actually appointed as an agent. Rather, the mishna is referring **to one who says** in general terms: **Whoever sustains** my wife **will not lose out.**[H] Thus, anyone who complies does so of his own choice, although the husband will later compensate him. Therefore, the wife is not benefiting directly from the husband.

NOTES

For up to thirty days, the agent will carry out his agency – עַד שְׁלֹשִׁים יוֹם עָבֵיד שָׁלִיחַ שְׁלִיחוּתֵיהּ: An entirely different explanation of this matter is presented in the Jerusalem Talmud: A wife can always refuse to accept her sustenance by means of an intermediary, even for one day, whether the husband is providing her with all her needs or merely supplementing that which she lacks. The reason for the thirty-day limit is that the wife is hoping he will find a way to release himself from the vow. It appears that in the Jerusalem Talmud the shared meals between husband and wife are viewed as an essential part of marriage.

With regard to blemishes – גַּבֵּי מוּמִין: The mishna (77a) states that if the husband suffers from a physical blemish the wife may demand a divorce. In at least some cases, this is true even if she knew about the blemish when agreeing to enter the marriage, as she can claim that she thought she would be able to accept it but now realizes that she cannot.

With regard to sustenance can we say so – לְעִנְיַן מְזוֹנֵי מִי אָמְרִינַן הָכִי: Rashi explains that in the case of blemishes it is possible that she initially thought she could tolerate the blemishes but subsequently discovered she was unable to do so, whereas with regard to sustenance it was certainly obvious to her from the beginning that she cannot survive without food. The Rashba explains the distinction in the opposite way: With regard to sustenance, it is reasonable to assume that a wife might agree to receive her food from an intermediary, whereas the presumption is that a person does not compromise with regard to blemishes.

HALAKHA

Whoever sustains my wife will not lose out – כׇּל הַזָּן אֵינוֹ מַפְסִיד: One who prohibits his wife by a vow from deriving benefit from him must sustain her by means of a trustee. He does so by announcing: Whoever sustains her will not lose out. The one who responds to his call can claim his expenses from the husband, as stated by Rav Huna (*Shulḥan Arukh, Yoreh De'a* 235:2).

וְכִי אָמַר הָכִי לָאו שְׁלִיחוּתֵיהּ קָעָבֵיד? וְהָתְנַן: מִי שֶׁהָיָה מוּשְׁלָךְ בְּבוֹר וְאָמַר "כׇּל הַשּׁוֹמֵעַ קוֹלוֹ יִכְתּוֹב גֵּט לְאִשְׁתּוֹ" – הֲרֵי אֵלּוּ יִכְתְּבוּ וְיִתְּנוּ.

The Gemara poses a question: **And when** a husband **says this,** is the one who responds **not performing** the husband's **agency? But didn't we learn** in a mishna (*Gittin* 66a): With regard to **one who was cast into a pit**[H] **and said** that **whoever hears his voice should write a bill of divorce for his wife,** saying this out of concern that he might not be rescued and that she would not be able to remarry or would be required to enter into levirate marriage, **those** who heard him **should write and give** her a bill of divorce? This ruling indicates that they are considered his agents based on his instructions, as otherwise they would not be able to write a bill of divorce on his behalf. The similarly formulated statement here should therefore also endow the trustee with the status of an agent.

הָכִי הָשְׁתָּא?! הָתָם קָאָמַר "יִכְתּוֹב", הָכָא מִי קָאָמַר "יָזוּן"? "כׇּל הַזָּן" קָאָמַר.

The Gemara refutes this claim: **How can** these cases **be compared? There,** in the case of a bill of divorce, he **says** that whoever hears his voice **should write** a bill of divorce, which is a command, and therefore those who hear him are considered his agents. **Here,** however, **does** he **say** that anyone **should sustain** his wife? **He** merely **says: Whoever sustains** her will not lose out, which is a general statement.

וְהָא אָמַר רַבִּי אַמִי: בִּדְלֵיקָה הִתִּירוּ לוֹמַר "כׇּל הַמְכַבֶּה אֵינוֹ מַפְסִיד"! בִּדְלֵיקָה, לְמַעוּטֵי מַאי – לָאו לְמַעוּטֵי כִּי הַאי גַּוְונָא? לָא, לְמַעוּטֵי שְׁאָר אִיסּוּרִים דְּשַׁבָּת.

The Gemara raises a difficulty: **But Rabbi Ami said:** In the case **of a fire** that broke out on Shabbat, the Sages **permitted** him **to say** in the presence of gentiles: **Whoever extinguishes** this fire **will not lose out.**[H] From this it can be inferred that the phrase: In the case **of a fire,** comes **to exclude what?** Does it **not exclude a case like this?** It would seem that it was only in the case of a fire, when there are several extenuating factors, that the Sages permitted the use of such an expression without treating it as the appointment of an agent. The Gemara refutes this: **No,** this ruling serves **to exclude other prohibitions of Shabbat.**

מְתִיב רַבָּה: הַמּוּדָּר הֲנָאָה מֵחֲבֵירוֹ וְאֵין לוֹ מַה יֹּאכַל, יֵלֵךְ אֵצֶל חֶנְוָנִי הָרָגִיל אֶצְלוֹ, וְיֹאמַר לוֹ: "אִישׁ פְּלוֹנִי מוּדָּר הֲנָאָה מִמֶּנִּי, וְאֵינִי יוֹדֵעַ מָה אֶעֱשֶׂה לוֹ". הוּא נוֹתֵן לוֹ, וּבָא וְנוֹטֵל מִזֶּה – הָכִי הוּא דְּשָׁרֵי, אֲבָל "כׇּל הַזָּן אֵינוֹ מַפְסִיד"! לָא!

Rabba raised an objection from a mishna (*Nedarim* 43a): In the case of **one prohibited by a vow from deriving benefit from another** because of a vow the other took, **and he does not have** anything **to eat,** if the one who made the vow wants to help him but is unable to do so due to the vow, **he may go to a storekeeper with whom he is familiar and say to him: So-and-so is prohibited by a vow from deriving benefit from me, and I do not know what I can do for him.** The storekeeper subsequently **gives** food **to him, and** later **comes and takes** payment **from this** person who approached him. Rabba infers: **This** method of indirectly hinting **is what is permitted, but** he may **not** say: **Whoever sustains** the man **will not lose out,** as a declaration of that kind would make the storekeeper his agent.

לָא מִיבַּעְיָא קָאָמַר; לָא מִיבַּעְיָא "כׇּל הַזָּן אֵינוֹ מַפְסִיד" – דִּלְעָלְמָא קָאָמַר, אֲבָל הַאי, כֵּיוָן דְּרָגִיל אֶצְלוֹ, וְקָאָזֵיל קָאָמַר לֵיהּ – כְּמַאן דְּאָמַר לֵיהּ "זִיל הַב לֵיהּ אַתְּ" דָּמֵי, קָא מַשְׁמַע לַן.

The Gemara refutes this claim: The *tanna* **is speaking** utilizing the style of: **It is not necessary,** and he means the following: **It is not necessary** to say that he is permitted to say in general terms: **Whoever sustains** so-and-so **will not lose out, as** by doing so **he is speaking to everyone** and therefore does not appoint a specific agent. **But this** storekeeper, **since** the one who took the oath **is familiar with him and he goes** and **says** this **to him,** might be considered **like the one who said to him: Go, give him yourself.** The mishna therefore **teaches us** that since the one who made the vow did not issue an explicit command, the storekeeper is not considered his agent.

HALAKHA

One who was cast into a pit – מִי שֶׁהָיָה מוּשְׁלָךְ בְּבוֹר: If a man who was in a pit said: Whoever hears my voice should write a bill of divorce for my wife, and he specified his name, his wife's name, and the name of their places of residence, those that heard him should write the bill of divorce. Even if the body was later brought up and could not definitively be identified, the bill of divorce is valid. The Rif and the Rosh claim that this *halakha* applies only if it can be definitively ascertained that the voice from the pit was that of a man and not a demon. The Rambam, however, does not mention this concern (Rambam *Sefer Nashim, Hilkhot Geirushin* 2:13; *Shulḥan Arukh, Even HaEzer* 141:19).

Whoever extinguishes this fire will not lose out – כׇּל הַמְכַבֶּה אֵינוֹ מַפְסִיד: If a fire broke out on Shabbat, the Sages permit one to say in the presence of a gentile: Whoever extinguishes this fire will not lose out. Some authorities rule that one may not formulate this request directly by saying: If you extinguish the fire, etc., but only in an indirect manner, as above. The *Mishna Berura*, however, points out that the *Shiltei HaGibborim* is lenient in this regard (Rambam *Sefer Zemanim, Hilkhot Shabbat* 12:7; *Shulḥan Arukh, Oraḥ Ḥayyim* 334:26).

גּוּפָא, הַמּוּדָּר הֲנָאָה מֵחֲבֵירוֹ וְאֵין לוֹ מַה יֹּאכַל – הוֹלֵךְ אֵצֶל חֶנְוָונִי הָרָגִיל אֶצְלוֹ, וְאוֹמֵר לוֹ: ״אִישׁ פְּלוֹנִי מוּדָּר הֲנָאָה מִמֶּנִּי, וְאֵינִי יוֹדֵעַ מָה אֶעֱשֶׂה לוֹ״. הוּא נוֹתֵן לוֹ, וּבָא וְנוֹטֵל מִזֶּה. בֵּיתוֹ לִבְנוֹת, וּגְדֵירוֹ לִגְדּוֹר, וְשָׂדֵהוּ לִקְצוֹר – הוֹלֵךְ אֵצֶל פּוֹעֲלִין הָרְגִילִין אֶצְלוֹ, וְאוֹמֵר לָהֶן: ״אִישׁ פְּלוֹנִי מוּדָּר הֲנָאָה מִמֶּנִּי, וְאֵינִי יוֹדֵעַ מָה אֶעֱשֶׂה לוֹ״. הֵן עוֹשִׂין עִמּוֹ, וּבָאִין וְנוֹטְלִים שְׂכָרָן מִזֶּה.

§ Since it mentioned the above case, the Gemara returns to discuss **the matter itself:** In the case of **one prohibited by a vow**[H] **from deriving benefit from another** because of a vow the other took, **and he does not have** anything **to eat,** the one who took the vow **may go to a storekeeper with whom he is familiar and say to him: So-and-so is prohibited by a vow from deriving benefit from me, and I do not know what I can do for him.** The storekeeper **gives** food **to him,** and later **comes and takes** payment **from this** one who approached him. Similarly, if the subject of the vow needed someone **to build his house, or to erect his fence, or to reap his field,** and the one who took the vow wants to help him, he should **go to workers with whom he is familiar and say to them: So-and-so is prohibited by a vow from deriving benefit from me, and I do not know what I can do for him. They** subsequently **perform** work **for** the subject of the vow, **and they come and take their wages from this** person who spoke to them.

הָיוּ מְהַלְּכִין בַּדֶּרֶךְ וְאֵין עִמּוֹ מַה יֹּאכַל – נוֹתֵן לְאַחֵר לְשׁוּם מַתָּנָה, וְהַלָּה נוֹטֵל וְאוֹכֵל, וּמוּתָּר. וְאִם אֵין שָׁם אַחֵר – מַנִּיחַ עַל גַּבֵּי הַסֶּלַע אוֹ עַל גַּבֵּי הַגָּדֵר, וְאוֹמֵר: הֲרֵי הֵן מוּפְקָרִין לְכָל מִי שֶׁיַּחְפּוֹץ. וְהַלָּה נוֹטֵל וְאוֹכֵל, וּמוּתָּר. וְרַבִּי יוֹסֵי אוֹסֵר. אֲמַר רָבָא: מַאי טַעֲמָא דְּרַבִּי יוֹסֵי – גְּזֵירָה מִשּׁוּם

If the two **were walking along the way,**[H] **and** the one prohibited from benefiting from the other **does not have** anything **with him to eat,** the one who took the vow may **give** food **to a different** person **as a gift, and this one takes** it **and eats, and** this arrangement is **permitted,** as he did not give the food directly to him. **And if there is no other** person **there** apart from the two of them, he should **place** the items **on a rock or on a fence and say: They are** hereby declared **ownerless for anyone who wants** them, **and this** one **takes** the food items **and eats** them, **and** this too is **permitted. But Rabbi Yosei prohibits**[N] this practice. **Rava said: What is the reason** for this ruling **of Rabbi Yosei?** It is a rabbinic **decree due to**

HALAKHA

One prohibited by a vow, etc. – הַמּוּדָּר הֲנָאָה וכו׳: In the case of one who is prohibited by a vow from deriving benefit from another person, the one who made the vow may say to a storekeeper: So-and-so is prohibited by vow from deriving benefit from me, and I do not know what I can do for him. The storekeeper may proceed to give that person food and claim the money from the one who vowed. The latter, however, is not legally obligated to pay for his expenses (*Ba'al Halakhot Gedolot*, citing Rosh and Ran). Likewise, if he wants to perform work for the one subjected to the vow, he can make a similar offer to workers (Rambam *Sefer Hafla'a, Hilkhot Nedarim* 7:13–14; *Shulḥan Arukh, Yoreh De'a* 221:8).

If the two were walking along the way, etc. – הָיוּ מְהַלְּכִין בַּדֶּרֶךְ וכו׳: If the one who vowed and the subject of his vow were walking along the way together and the latter had nothing to eat, his colleague may give him food by means of a third party. However, it is prohibited for him to tell the third party that he is giving him the food for this purpose, or to say anything that makes it clear that he is handing it to him only so that the other person can eat. If no third party is present, the one who vowed may place the food down and declare it ownerless, and the other may take it and eat it (Rambam *Sefer Hafla'a, Hilkhot Nedarim* 7:14–15; *Shulḥan Arukh, Yoreh De'a* 221:9).

NOTES

Rabbi Yosei prohibits – רַבִּי יוֹסֵי אוֹסֵר: The Rashba explains Rabbi Yosei's ruling in light of each case. The first, the gift to a third party, is based on the incident of Beit Ḥoron, as explained below (71a). As for the second case, placing the objects on a rock and declaring them ownerless, it is possible that if only two people are present the concept of rendering property ownerless is meaningless, and it is as though the item were given directly to the other party.

Perek **VII**
Daf **71** Amud **a**

מַעֲשֶׂה דְּבֵית חוֹרוֹן.

the incident of Beit Ḥoron,[NB] where an individual had vowed to prohibit his father from deriving benefit from him, and then in order to allow his father to come to the celebration of his son's wedding, he gave all of his property to someone else as a gift. The recipient of the property was concerned that the vow would be transgressed by the father, so he consecrated the son's property and declared that if he was not empowered to do so, then the original transfer of property as a gift would not be valid. Consequently, in the present case, the Sages are unconcerned by the artifice performed, while Rabbi Yosei is concerned with such artifice and therefore prohibits it.

BACKGROUND

Beit Ḥoron – בֵּית חוֹרוֹן: Beit Ḥoron was divided into two neighboring cities, Upper Beit Ḥoron and Lower Beit Ḥoron. They were located near the northern border of the tribe of Judah's territory, and are mentioned in the Bible. Due to their proximity to the main road leading to Jerusalem, a number of important battles took place in their vicinity, including one of the victories of Judah the Maccabean and one of the battles of the Great Revolt.

Both the upper and lower cities were among the ancient settlements that were resettled at the time of the return of the exiles from Babylonia. In towns like these there was generally a strong community deeply committed to halakhic observance. The incident of Beit Ḥoron recorded here demonstrates the sensitivity of the local residents to observing the mitzvot of the Torah with great care.

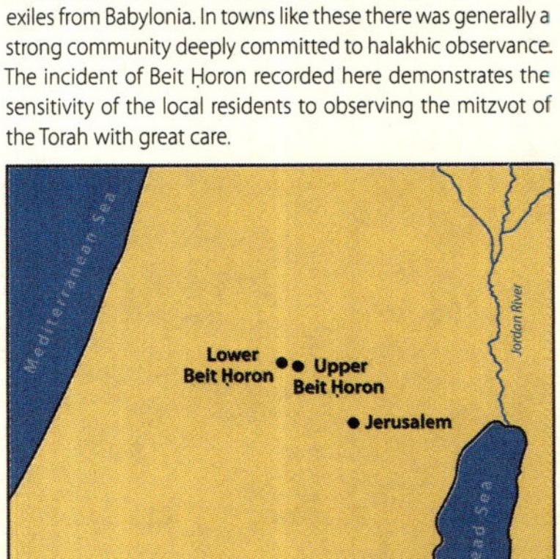

Location of Upper Beit Ḥoron and Lower Beit Ḥoron

NOTES

The incident of Beit Ḥoron – מַעֲשֶׂה דְּבֵית חוֹרוֹן: This incident that occurred in Beit Ḥoron serves as a precedent for the definition of a gift in the context of the *halakhot* of vows: Any gift that is not a complete gift to the extent that the recipient can consecrate it is not considered to have entirely left the possession of the benefactor. But Rabbi Shimshon of Saens raises a difficulty: For many purposes, including vows, a gift given on condition that it be returned is still treated as a valid gift, despite the fact that it cannot be consecrated. He answers that although the recipient must return this type of gift in the near future, during the time it remains in his possession he can use it as he pleases. But in the incident at Beit Ḥoron, the condition limited the actual usage of the gifts to create a situation enabling the father to benefit from them. Some suggest that the primary problem there was that the donor indicated explicitly that he desired for his father to come enjoy the meal, and that this was the purpose of the transfer. And even though he did not expressly condition the gift on the fulfillment of this purpose, the conclusion of the story proves that this was the intention. And whenever this type of explicit statement is lacking, there is no problem with it, at least according to the first *tanna*.

"רבי יהודה אומר: בישראל חדש אחד" וכו'. היינו תנא קמא! אמר אביי: כהנת אתא לאשמועינן. רבא אמר: חדש מלא וחדש חסר איכא בינייהו.

§ It was taught in the mishna: **Rabbi Yehuda says: If** the husband is an **Israelite,** then if his vow will remain in effect for up to **one month,** he may maintain her as his wife; and if it will be two months, he must divorce her and give her the payment of her marriage contract. But if he is a priest, then he is given extra time: If the vow will remain in effect for up to two months, he may maintain her, and if it will be three months, he must divorce her and give her the payment of her marriage contract. The Gemara is puzzled by Rabbi Yehuda's statement with regard to an Israelite: **This is** the same as the opinion of **the first *tanna*. Abaye said:** Concerning an Israelite, Rabbi Yehuda in fact does not disagree with the first *tanna*, but **he comes to teach us** that the *halakha* is different for the **wife of a priest. Rava said:** The practical difference **between them is a full** thirty-day **month and a deficient month** with twenty-nine days: The first *tanna* requires exactly thirty days, while Rabbi Yehuda requires one month, whether it is a full month or a deficient one.

אמר רב: לא שנו אלא במפרש, אבל בסתם – יוציא לאלתר, ויתן כתובה. ושמואל אמר: אפילו בסתם לא יוציא, שמא ימצא פתח לנדרו.

Rav said: With regard to the thirty-day time frame, where the Sages established that a husband supports his wife through a trustee, **they taught** this **only** with regard to a case **where he specifies**[N] a limited time during which the vow will be in effect. **But** if he vows **without specification** of an end point, **he must divorce** her **immediately and give** her the payment of her **marriage contract. And Shmuel said: Even** if he vowed **without specification, he should not divorce** her immediately, as **perhaps he will discover an opening** enabling the dissolution **of his vow.**

והא איפלגו ביה חדא זימנא, דתנן: המדיר את אשתו מתשמיש המטה, בית שמאי אומרים: שתי שבתות, ובית הלל אומרים: שבת אחת, ואמר רב: מחלוקת במפרש, אבל בסתם – יוציא לאלתר ויתן כתובה. ושמואל אמר: אפילו בסתם נמי לא יוציא, שמא ימצא פתח לנדרו!

The Gemara asks: **But they have already disagreed about this** issue **one time** with regard to a similar situation, **as we learned** in a mishna (61b): With regard to **one who vows** and obligates **his wife,** prohibiting her **from** engaging in **marital relations**[H] with him, **Beit Shammai say:** If the vow will remain in effect for up to **two weeks,** he may maintain her as a wife, **and Beit Hillel say** the limit is **one week. And** with regard to this dispute, **Rav said: The dispute is** in a case **where he specifies, but in** the case of **an unspecified** vow, **he must divorce** her **immediately and give** her the payment of her **marriage contract. And Shmuel said: Even in** the case of **an unspecified** vow **he also should not divorce** her immediately, as **perhaps he will discover an opening** enabling the dissolution **of his vow.** If so, why does this dispute need to be repeated?

צריכא; דאי איתמר בההיא – בההיא קאמר רב, משום דלא אפשר בפרנס. אבל בהא, דאפשר בפרנס, אימא מודה ליה לשמואל. ואי אתמר בהא – בהא קאמר שמואל: משום דאפשר בפרנס, אבל בההיא – אימא מודה ליה לרב, צריכא.

The Gemara answers: It is **necessary** to state it twice, **as, if it was stated** only **in that** case, i.e., that of a vow rendering it prohibited for her to engage in sexual intercourse with him, then one may have said that **in that** case **Rav says** he must divorce her immediately, **because it is impossible** to compensate for the vow **through a trustee. But in this** case, where the vow rendered it prohibited for her to benefit from his property, for **which** it **is possible** to compensate **through a trustee,** we would say that **he concedes to Shmuel** that he should not divorce her immediately. **And** conversely, **if it were stated in this** case, i.e., that of a vow concerning sustenance, then one may have said **in this** case that **Shmuel says** he should not divorce her **because it is possible** to compensate for the vow **through a trustee, but in that** case, where he vows to prohibit her from engaging in marital relations with him, one would **say he concedes to Rav** that he must divorce her immediately. Therefore, it is **necessary** to record the dispute twice.

תנן: המדיר את אשתו שלא תטעום אחד מכל הפירות – יוציא ויתן כתובה. בשלמא לרב, כאן – בסתם, כאן – במפרש. אלא לשמואל קשיא!

We learned in the continuation of the mishna: **One who vows** and obligates **his wife,**[H] requiring her **not to taste a particular type of produce, must divorce** her **and give** her the payment of her **marriage contract. Granted** that according **to Rav,** there is no contradiction between the two clauses of the mishna. It can be said that **here** it is referring to an **unspecified** vow, so he must divorce her immediately, and **there,** in the first clause, it is referring to a case **where he specifies** a time limit. **But** according **to Shmuel,** it is **difficult.**

NOTES

They taught this only where he specifies – לא שנו אלא במפרש: Rashi interprets this phrase to mean that the length of the vow is thirty days. It is clear that according to this interpretation, if he vowed for more than thirty days he must divorce her, just as if he did not specify a time limit. See also the Rashba, who discusses Rashi's comments and supports them. However, the Ra'ah has a different interpretation. He says that even if he specified that the vow will remain in force for an extended period of time, he still need not divorce her. According to this interpretation, the reason he must immediately divorce her when the vow is unspecified is that the wife believes her husband hates her, and she therefore does not wish to be with him. But when he explicitly states that the vow is limited to a certain amount of time, this demonstrates that he wants to live with her, and his vow is motivated only by a temporary concern.

HALAKHA

One who vows and obligates his wife, prohibiting her from engaging in marital relations with him – המדיר את אשתו מתשמיש המטה: With regard to one who vows to prohibit his wife from engaging in sexual intercourse, after seven days he must divorce her and give her the payment of her marriage contract. This is the *halakha* whether he took the vow for an unspecified length of time or for seven days or more, and it applies even if he is a sailor, whose conjugal obligation requires him to be with his wife only once every six months. This is in accordance with the opinion of Beit Hillel (Rambam *Sefer Nashim, Hilkhot Ishut* 14:6; *Shulḥan Arukh, Even HaEzer* 76:9).

One who vows and obligates his wife – המדיר את אשתו: With regard to one who declares a vow prohibiting his wife from deriving benefit from him, there is a thirty-day waiting period before he is instructed to divorce her. That is the case regardless of whether he specifies that the vow take effect only until a set time or not. This is in accordance with the opinion of Shmuel, whom the *halakha* follows in matters of civil law, against the opinion of Rav (Rambam *Sefer Nashim, Hilkhot Ishut* 12:23; *Shulḥan Arukh, Yoreh De'a* 235:2).

הָכָא בְּמַאי עָסְקִינַן – כְּגוֹן שֶׁנָּדְרָה הִיא, וְקִיֵּים לָהּ אִיהוּ. וְקָסָבַר רַבִּי מֵאִיר: הוּא נוֹתֵן אֶצְבַּע בֵּין שִׁינֶּיהָ.

The Gemara answers: **Here we are dealing with** a case **where she vowed** to prohibit herself from tasting the produce, **and he ratified it for her**[H] and did not dissolve the vow. Since she made the vow, she certainly will not search for a way to dissolve it. Therefore, he must divorce her immediately. **And Rabbi Meir,** who is presumed to be the author of an unattributed opinion in a mishna, **holds** that when he ratifies her vow, **he is putting his finger between her teeth,** causing her to bite him, i.e., he is causing the vow to be in effect. If so, it is his responsibility, and he therefore must give her the payment of her marriage contract when he divorces her.

וְסָבַר רַבִּי מֵאִיר הוּא נוֹתֵן אֶצְבַּע בֵּין שִׁינֶּיהָ? וְהָתַנְיָא: הָאִשָּׁה שֶׁנָּדְרָה בְּנָזִיר, וְשָׁמַע בַּעְלָהּ, וְלֹא הֵפֵר לָהּ, רַבִּי מֵאִיר וְרַבִּי יְהוּדָה אוֹמְרִים: הִיא נָתְנָה אֶצְבַּע בֵּין שִׁינֶּיהָ, לְפִיכָךְ, אִם רָצָה הַבַּעַל לְהָפֵר – יָפֵר, וְאִם אָמַר אִי אֶפְשִׁי בְּאִשָּׁה נַדְרָנִית – תֵּצֵא שֶׁלֹּא בִּכְתוּבָּה.

The Gemara asks: **And does Rabbi Meir hold** that in this case **he is putting his finger between her teeth,** i.e., he is causing the vow to be in effect? **But isn't it taught** in a *baraita*: **A woman who vowed,** prohibiting herself from benefiting from items **that** are prohibited to **a nazirite, and her husband heard and did not nullify it, Rabbi Meir and Rabbi Yehuda say: She** already **put her finger between her** own **teeth,** i.e., she caused the vow to remain in effect. **Therefore, if the husband wishes to nullify** this vow, **he may nullify** it. **And if he said: I do not want a vowing wife,**[N] **she can be divorced**[N] **without** the payment **of the marriage contract.**

רַבִּי יוֹסֵי וְרַבִּי אֶלְעָזָר אוֹמְרִים: הוּא נוֹתֵן אֶצְבַּע בֵּין שִׁינֶּיהָ, לְפִיכָךְ אִם רָצָה הַבַּעַל לְהָפֵר – יָפֵר, וְאִם אָמַר אִי אֶפְשִׁי בְּאִשָּׁה נַדְרָנִית – יוֹצִיא וְיִתֵּן כְּתוּבָּה! אֵיפוֹךְ: רַבִּי מֵאִיר וְרַבִּי יְהוּדָה אוֹמְרִים: הוּא נוֹתֵן, רַבִּי יוֹסֵי וְרַבִּי אֶלְעָזָר אוֹמְרִים: הִיא נָתְנָה.

Rabbi Yosei and Rabbi Elazar say: By deciding not to nullify the vow, **he is putting his finger between her teeth,** i.e., he is causing the vow to be in effect, and **therefore if the husband wishes to nullify** the vow, **he may nullify** it. **And if he said: I do not want a vowing wife, he must divorce** her **and give** her the payment of her **marriage contract.** The Gemara answers: **Reverse** the opinions. **Rabbi Meir and Rabbi Yehuda say: He is putting** his finger between her teeth. **Rabbi Yosei and Rabbi Elazar say: She put** her finger between her own teeth.

וְסָבַר רַבִּי יוֹסֵי הִיא נָתְנָה? וְהָתְנַן, רַבִּי יוֹסֵי אוֹמֵר: בַּעֲנִיּוֹת – שֶׁלֹּא נָתַן קִצְבָה!

The Gemara asks: **And does Rabbi Yosei hold** that **she put** her finger between her own teeth? **But didn't we learn** in the mishna: One who vows and obligates his wife, requiring her not to adorn herself with a particular type of perfume, and **Rabbi Yosei says: For poor women, when he did not establish a set amount of time** for the vow, he must divorce her and give her the payment of her marriage contract? According to the final explanation given by Shmuel, the mishna is referring to a case where the wife vowed and the husband ratified it, indicating that Rabbi Yosei also agrees that it is the husband's responsibility, and therefore he must give her the payment of her marriage contract.

HALAKHA

She vowed and he ratified it for her – נָדְרָה הִיא וְקִיֵּים לָהּ אִיהוּ: A woman vowed not to eat a particular type of produce, or vowed to abstain from items forbidden to a nazirite, and her husband heard the vow and ratified it or at least did not nullify it. In such a case, he must divorce her immediately and deliver the payment of her marriage contract to her. This follows the opinion of the unattributed mishna, according to the opinion that he is putting his finger between her teeth, i.e., the opinion of Rabbi Meir in the first explanation and that of Rabbi Yosei in the second. See the *Taz* and the *Shakh*, who discuss the details of the reason for the ruling.

Concerning the Rambam's opinion on this topic, some authorities argue that since he rules that if the husband wants his wife to remain with him he is allowed to maintain her, while conversely ruling that if the man says he does not want a vowing wife, he may divorce her. See also *Mishne LaMelekh* and the Ran (Rambam *Sefer Nashim, Hilkhot Ishut* 12:24; *Shulḥan Arukh, Yoreh De'a* 235:3).

NOTES

I do not want a vowing wife – אִי אֶפְשִׁי בְּאִשָּׁה נַדְרָנִית: The Ra'ah and the Rivash explain that these words are the explanation of why he ratified the vow, i.e., that he does not desire a vowing wife. Therefore, he does not care if she vows and leaves him. This opinion can be extrapolated from Rashi's commentary as well.

A woman who vowed…can be divorced, etc. – אִשָּׁה שֶׁנָּדְרָה...תֵּצֵא וכו׳: Rashi explains that if she is the one who vowed, there is no reason to wait thirty days, since in any case she will not look for an opening to dissolve her vow during that time. Other commentaries question this opinion. The Ra'ah asks: Perhaps she is presently angry but will later regret it and attempt to dissolve the vow. See also *Tosafot* and the Ramban, who question Rashi's interpretation for other reasons, and consequently offer another explanation for this ruling: When she vows to prohibit herself from benefiting from his property, she can receive support through a trustee, while in this case that option does not exist, since she cannot eat from that which is prohibited to a nazirite at all. Consequently, there is no reason to let her remain. The Ra'avad explains that the primary reason is as explained below, that if she vows and he ratifies it, she will conclude from this that he despises her, and she will not want to live with a person who despises her.

אֵימָא רַבִּי מֵאִיר וְרַבִּי יוֹסֵי אוֹמְרִים: הוּא נוֹתֵן, רַבִּי יְהוּדָה וְרַבִּי אֶלְעָזָר אוֹמְרִים: הִיא נָתְנָה. וְסָבַר רַבִּי יְהוּדָה הִיא נָתְנָה? וְהָתְנַן, רַבִּי יְהוּדָה אוֹמֵר: בְּיִשְׂרָאֵל, יוֹם אֶחָד – יְקַיֵּים!

The Gemara answers: **Say** that the text of the *baraita* should read as follows: **Rabbi Meir and Rabbi Yosei say: He is putting** his finger between her teeth; **Rabbi Yehuda and Rabbi Elazar say: She put** her finger between her own teeth. This way, there is no contradiction between statements attributed to either Rabbi Meir or Rabbi Yosei. The Gemara asks further: **And does Rabbi Yehuda hold** that **she put** her finger between her own teeth? **But didn't we learn** in the mishna that **Rabbi Yehuda says: For an Israelite,** if the vow is in effect for **one day he may maintain** her as his wife, but if the vow is in effect for two days he must divorce her and give her the payment of the marriage contract? According to the explanation that the mishna is referring to a case where she vowed and he ratified it, it would appear that Rabbi Yehuda also agrees that he is putting his finger between her teeth.

אֵימָא: רַבִּי מֵאִיר וְרַבִּי יְהוּדָה וְרַבִּי יוֹסֵי אוֹמְרִים: הוּא נוֹתֵן, וְרַבִּי אֶלְעָזָר אוֹמֵר: הִיא נָתְנָה. וְאִם תִּמְצָא לוֹמַר: זוּגֵי זוּגֵי קָתָנֵי! אֵימָא: רַבִּי מֵאִיר וְרַבִּי אֶלְעָזָר אוֹמְרִים: הִיא נָתְנָה, רַבִּי יְהוּדָה וְרַבִּי יוֹסֵי אוֹמְרִים: הוּא נוֹתֵן. וְהָא סְתָמָא דְּלָא כְּרַבִּי מֵאִיר.

The Gemara answers: **Say** the text of the dispute should read as follows: **Rabbi Meir and Rabbi Yehuda and Rabbi Yosei say he is putting** his finger between her teeth, **and Rabbi Elazar says she put** her finger between her own teeth. **And if you say** the opinions of the *tanna'im* listed in the *baraita* **are taught in pairs,** and therefore it cannot be that three of them share the same opinion, **say: Rabbi Meir and Rabbi Elazar say she put** her finger between her own teeth, while **Rabbi Yehuda and Rabbi Yosei say he is putting** his finger between her teeth. **And this** particular **unattributed** opinion **is not in accordance with** the opinion of **Rabbi Meir.**

וְסָבַר רַבִּי יוֹסֵי בַּעֲנִיּוֹת שֶׁלֹּא נָתַן קִצְבָּה, אַלְמָא: בַּעַל מָצֵי מֵיפֵר. וּרְמִינְהוּ: אֵלּוּ דְּבָרִים שֶׁהַבַּעַל מֵיפֵר: דְּבָרִים שֶׁיֵּשׁ בָּהֶן עִינּוּי נֶפֶשׁ: ״אִם אֶרְחַץ״ ״אִם לֹא אֶרְחַץ״ ״אִם אֶתְקַשֵּׁט״ ״אִם לֹא אֶתְקַשֵּׁט״. אָמַר רַבִּי יוֹסֵי: אֵין אֵלּוּ נִדְרֵי עִינּוּי נֶפֶשׁ, וְאֵלּוּ הֵן נִדְרֵי עִינּוּי נֶפֶשׁ: ״שֶׁלֹּא אוֹכַל בָּשָׂר, וְשֶׁלֹּא אֶשְׁתֶּה יַיִן, וְשֶׁלֹּא אֶתְקַשֵּׁט

Since the mishna has been explained as a case where the wife vowed and her husband ratified it, the Gemara asks about a different issue: **And does Rabbi Yosei hold,** for **poor women, that** when **he did not establish a set amount of time** for the vow he must divorce her? This means that **apparently, a husband can nullify**[B] a wife's vow not to adorn herself. **And** the Gemara **raises a contradiction** from a different mishna (*Nedarim* 79a): **These are the cases** of a wife's vow **that the husband may nullify:** Cases of vows **that involve affliction,** such as when the woman says: **If I bathe,** I forbid myself to benefit from it; or if she says: **If I do not bathe,** i.e., she vows not to bathe at all; or she vows: **If I adorn** myself; or vows: **If I do not adorn** myself, all of which cause her to suffer. **Rabbi Yosei said: These are not vows of affliction,**[H] which the husband may nullify, **but** rather, **these,** i.e., the following, **are vows of affliction:** Such as when she vows **that I will not eat meat, or that I will not drink wine, or** even **that I will not adorn myself**

BACKGROUND

A husband can nullify – **בַּעַל מָצֵי מֵיפֵר:** The *halakhot* of vows and their nullification are stated in the Torah (Numbers, chapter 30) and explained in tractate *Nedarim*. In essence, when either a young woman still under her father's authority or a married woman takes a vow, her father or her husband can nullify the vow on the day that he hears of it if he does not approve of it. The Sages explained based on the verses in Numbers that this is permitted only in certain situations. Only vows taken with regard to matters between the woman and her husband or between the young woman and her father can be nullified. Vows that do not affect the woman's relationship with her husband or father cannot be nullified.

HALAKHA

Vows of affliction – **נִדְרֵי עִינּוּי נֶפֶשׁ:** The husband is permitted to nullify his wife's vows if they involve affliction. Included in the category of affliction are cases where she vows not to bathe or adorn herself, even for only one day. This follows the opinion of the first *tanna*. Some commentators, such as the Ramban, say that bathing and adornment qualify as matters that are between him and her. It seems that the Rambam's opinion is that preventing oneself from bathing is considered affliction, but adornment is classified as being a matter between him and her (Rambam *Sefer Hafla'a*, *Hilkhot Nedarim* 12:4 and *Kesef Mishne* and *Leḥem Mishne* there; *Shulḥan Arukh*, *Yoreh De'a* 234:55, 59).

בִּבְגְדֵי צִבְעוֹנִין״. הָכָא בְּמַאי עָסְקִינַן – בִּדְבָרִים שֶׁבֵּינוֹ לְבֵינָהּ.

with colored garments, as not wearing colored garments can cause shame to her as well as to her husband. But vows that affect her alone are not considered vows of affliction. The Gemara answers: **Here we are dealing with** a case where she vowed not to adorn herself **with regard to matters that are between him and her,**[NH] meaning that she vowed not to use a substance that removes her pubic hair. This is considered a matter between him and her, since the hair could interfere with sexual intercourse.

הָנִיחָא לְמַאן דְּאָמַר דְּבָרִים שֶׁבֵּינוֹ לְבֵינָהּ הַבַּעַל מֵיפֵר, אֶלָּא לְמַאן דְּאָמַר אֵין הַבַּעַל מֵיפֵר – מַאי אִיכָּא לְמֵימַר? דְּאִתְּמַר: דְּבָרִים שֶׁבֵּינוֹ לְבֵינָהּ. רַב הוּנָא אָמַר: הַבַּעַל מֵיפֵר, רַב אַדָּא בַּר אַהֲבָה אָמַר: אֵין הַבַּעַל מֵיפֵר, שֶׁלֹּא מָצִינוּ שׁוּעָל שֶׁמֵּת בַּעֲפַר פִּיר!

The Gemara asks: **This works out well according to the one who said**[N] **the husband can nullify** his wife's vow if it relates to **matters that are between him and her,** i.e., that disrupt normal, intimate relations between them. **But according to the one who said the husband cannot nullify** such vows, **what can be said?** The *amora'im* had a dispute concerning this question, **as it is stated:** With regard to vows related to **matters that are between him and her,** such as the example above, **Rav Huna said** that **the husband** can **nullify** his wife's vow, while **Rav Adda bar Ahava said the husband cannot nullify** his wife's vow, since it does not interfere with sexual intercourse between them. Rav Adda bar Ahava explains his opinion with an analogy: **Since we have not found a fox**[N] **that died in the dirt of a hole**[B] where it lives, so too here, although she grows her pubic hair, he will not be harmed by it, since he is familiar with her body.

אֶלָּא הָכָא בְּמַאי עָסְקִינַן – כְּגוֹן דְּתָלְיֵינְהוּ לְקִישּׁוּטֶיהָ בְּתַשְׁמִישׁ הַמִּטָּה. דְּאָמְרָה: יֵאָסֵר הֲנָאַת תַּשְׁמִישְׁךָ עָלַי אִם אֶתְקַשֵּׁט. כְּדְאָמַר רַב כָּהֲנָא,

Rather, with what are we dealing here? With a case **where** through her vow **she made sexual intercourse**[H] **contingent upon her adornment, as she said: The pleasure of intercourse with you is forbidden to me if I adorn myself, as Rav Kahana said** that such language qualifies as matters between him and her, and a husband can nullify such a vow.

דְּאָמַר רַב כָּהֲנָא: ״הֲנָאַת תַּשְׁמִישִׁי עָלֶיךָ״ – כּוֹפָהּ וּמְשַׁמַּשְׁתּוֹ: ״הֲנָאַת תַּשְׁמִישְׁךָ עָלַי״ – יָפֵר, לְפִי שֶׁאֵין מַאֲכִילִין לְאָדָם דָּבָר הָאָסוּר לוֹ.

As Rav Kahana said: If the woman says to her husband: **The pleasure of intercourse with me** is forbidden **to you,**[H] he may nevertheless **compel her** through legal and financial measures to fulfill her marital obligations **and have sexual intercourse with him,** since she does not have the power to render herself forbidden to him by a vow, due to her prior marital obligations. But if she says: **The pleasure of intercourse with you** is forbidden **to me,** this vow is valid but **he may nullify** it. Although she is obligated by the terms of the marriage to cohabit with him, she does not directly contravene her obligation but rather prohibits herself from deriving pleasure from sexual intercourse. Therefore, her husband may not compel her to engage in intercourse in violation of her vow, **since one cannot feed a person an object which is forbidden to him.** Instead, he may nullify it if he wishes.

NOTES

With regard to matters that are between him and her – בִּדְבָרִים שֶׁבֵּינוֹ לְבֵינָהּ: The conclusion of the *halakha* is that a husband may nullify both vows of affliction, i.e., those that pertain to matters that cause his wife to suffer, as well as those concerning matters between him and her, meaning vows that can disrupt relations between them. The difference between the two types is that when the husband nullifies a vow of affliction the vow is nullified permanently, even when she no longer lives with him. With regard to vows about matters between him and her, however, the nullification is effective only while she still lives with him, but once they are no longer married the vow is no longer null.

This works out well according to the one who said – הָנִיחָא לְמַאן דְּאָמַר: Most commentaries that discuss this passage (see *Tosafot*, Rabbi Shimshon of Saens, and Rashba) agree that one cannot explain it according to the straightforward reading that the dispute is about whether a husband may nullify vows with regard to matters that are between him and her. It is clear that according to all opinions he is able to do so, as is apparent from the verse "Between a man and his wife" (Numbers 30:17). Rather, the discussion revolves around whether Rabbi Yosei holds that a vow concerning the removal of pubic hair, as explained by Rashi, or any general adornment, as the Ra'ah and the Ritva understand the Gemara (see the following note) is considered a vow concerning matters between him and her that the husband can nullify. However, according to this explanation, the Gemara's language is not entirely precise, and one must say that the language employed here is not exactly parallel to that in other places. Some suggest slightly emending the text of the Gemara (see also *Sefer HaYashar*). On the other hand, the Rivan, who presumably follows Rashi, explains that here the Gemara is referring specifically to removal of pubic hair, but adds that even according to Rabbi Yosei, withholding this particular adornment is considered a vow of affliction since it involves the withholding of sexual intercourse.

We have not found a fox – לֹא מָצִינוּ שׁוּעָל: Rashi explains this expression in a manner that is consistent with his opinion. But the Ritva, who holds that the discussion in the Gemara refers to any general adornment and not specifically to the removal of pubic hair, explains that the intention of this saying is that just as a fox slowly accustoms itself to living in its foxhole, so too, the husband accustoms himself to living with his wife. Therefore, even if she does not adorn herself, this is not treated as a matter between him and her.

BACKGROUND

We have not found a fox that died in the dirt of a hole – לֹא מָצִינוּ שׁוּעָל שֶׁמֵּת בַּעֲפַר פִּיר: In general, foxes dwell in long burrows with single entrance holes, which they dig themselves. See 111b, where it is explained that sometimes the fox will dig a burrow for itself also in other places, if this will help it. The fox's lengthy and curved finger nails make it particularly good at digging, which it does with great enthusiasm. Therefore, it is clear that if a fox lives in a burrow, it will not be damaged by the dirt there. The *ge'onim* write that the Sages did not elaborate upon the analogy here, as its meaning is fairly obvious and it would be immodest to discuss it in detail. However the content is clear enough from both the content and the comparison.

HALAKHA

With regard to matters that are between him and her – בִּדְבָרִים שֶׁבֵּינוֹ לְבֵינָהּ: The husband may nullify his wife's vows, both vows of affliction as well as vows with regard to matters between him and her, in accordance with Rav Huna's opinion, as explained by Rashi (Rambam *Sefer Hafla'a, Hilkhot Nedarim* 12:1; *Shulḥan Arukh, Yoreh De'a* 234:55).

Where she made sexual intercourse contingent upon her adornment – כְּגוֹן דְּתָלְיֵינְהוּ לְקִישּׁוּטֶיהָ בְּתַשְׁמִישׁ הַמִּטָּה: If a woman vows not to adorn herself, or she says: Intercourse with you is forbidden like an offering [*konam*] to me if I adorn myself, and her husband hears and does not nullify the vow, he must divorce her and give her the payment of her marriage contract. This is in accordance with the ruling of the Gemara (*Shulḥan Arukh, Yoreh De'a* 235:3, *Even HaEzer* 74:2).

The pleasure of intercourse with me is forbidden to you – הֲנָאַת תַּשְׁמִישִׁי עָלֶיךָ: If a woman says to her husband: The pleasure of intercourse with me is forbidden to you, this is not a valid vow, and the husband does not need to nullify it. But if she says: The pleasure of intercourse with you is forbidden to me, this is a valid vow that he must nullify, since one may not feed a person an object that is forbidden to him. This is in accordance with the statement of Rav Kahana (Rambam *Sefer Hafla'a, Hilkhot Nedarim* 12:9; *Shulḥan Arukh, Yoreh De'a* 234:67).

וְלֹא תִּתְקַשֵּׁט וְלֹא תֵּיאָסֵר! אִם כֵּן קָרוּ לָהּ מְנוּוֶּלֶת.

The Gemara asks: **And** even if she creates this contingency by vowing that the pleasure of sexual intercourse will be forbidden to her if she adorns herself, **let her not adorn herself and she will not be forbidden.** Since the prohibition against intercourse created through her vow may never go into effect, the husband should not be able to nullify the vow, because a vow against adornment alone is not subject to the husband's nullification. The Gemara answers: **If so, they will call her repulsive**[N] when she does not adorn herself, and she cannot endure the embarrassment of such a situation. Therefore, it is assumed that she will eventually adorn herself at some point.[H]

וְתִתְקַשֵּׁט וְתֵיאָסֵר, אִי לְבֵית שַׁמַּאי – שְׁתֵּי שַׁבָּתוֹת, אִי לְבֵית הִלֵּל – שַׁבָּת אַחַת! הָנֵי מִילֵּי – הֵיכָא דְּאַדְּרָהּ אִיהוּ, דְּסָבְרָה: מִירְתַּח רָתַח עִילָּוַאי, וְהָשְׁתָּא מוֹתִיב דַּעְתֵּיהּ. אֲבָל הָכָא דְּנָדְרָה אִיהִי, וְשָׁתֵיק לָהּ – סָבְרָה: מִדְּאִישְׁתַּק – מִיסְנָא הוּא דְּסָנֵי לִי.

The Gemara asks: **And let her adorn herself and be prohibited** from engaging in sexual intercourse, and he can still maintain her. As was stated concerning one who prohibits himself from cohabiting with his wife, **if according to** the opinion of **Beit Shammai,** he may maintain her for **two weeks; if according to** the opinion of **Beit Hillel,** for **one week.** Why then did they require him to divorce her immediately? The Gemara answers: **This applies** only **where he took a vow** to render intercourse with her prohibited, **as she thinks: He** vowed because he **is angry with me, but now he will calm down** and dissolve the vow. **But here,** as the mishna is explained as a case **where she vows and he is silent** and does not nullify it, **she thinks: Since he is silent,** this means **he despises me,**[N] and consequently she desires a divorce.

״רַבִּי יוֹסֵי אוֹמֵר בַּעֲנִיּוֹת שֶׁלֹּא נָתַן קִצְבָּה״. וְכַמָּה קִצְבָּה? אָמַר רַב יְהוּדָה אָמַר שְׁמוּאֵל: שְׁנֵים עָשָׂר חֹדֶשׁ. רַבָּה בַּר בַּר חָנָה אָמַר רַבִּי יוֹחָנָן: עֶשֶׂר שָׁנִים. רַב חִסְדָּא אָמַר אֲבִימִי: רֶגֶל – שֶׁכֵּן בְּנוֹת יִשְׂרָאֵל מִתְקַשְּׁטוֹת בָּרֶגֶל.

§ The mishna states that **Rabbi Yosei says: For poor women,** he must divorce her **when he did not establish a set amount of time** for the vow to remain in effect. The Gemara asks: **And how long is this set amount of time?** He is allowed to maintain her as a wife if he did set a time, but certainly there is a limit. This *halakha* would not apply in a case of a long period of time. **Rav Yehuda said** that **Shmuel said: Twelve months. Rabba bar bar Ḥanna** said that **Rabbi Yoḥanan said: Ten years. Rav Ḥisda** said that **Avimi said: A pilgrim Festival,** meaning until the next one of the three Festivals, **since Jewish women adorn themselves on the pilgrim Festival.** If his vow remains in effect beyond the Festival, it is considered as if he did not set a time limit, and he must divorce her.

״וּבַעֲשִׁירוֹת שְׁלֹשִׁים יוֹם״. מַאי שְׁנָא שְׁלֹשִׁים יוֹם? אָמַר אַבַּיֵי: שֶׁכֵּן אִשָּׁה חֲשׁוּבָה נֶהֱנֵית מֵרֵיחַ קִשּׁוּטֶיהָ שְׁלֹשִׁים יוֹם.

And for wealthy women, Rabbi Yosei said the limit is **thirty days.** The Gemara asks: **What is different** about **thirty days** specifically? **Abaye said: Because an important** and wealthy **woman enjoys the scent of her adornments** that she put on previously for up to **thirty days,** and after that time she feels that she is repulsive.

NOTES

They will call her repulsive – קָרוּ לָהּ מְנוּוֶּלֶת: Rashi as well as the Rivan explain that since people will call her repulsive she will not be able to endure the situation, and therefore it is not possible to suggest that she will not adorn herself at all. But the Ritva explains the Gemara in a different way: Since people will call her repulsive if she does not adorn herself, she will feel embarrassed. Therefore it is possible to dissolve the vow as a vow of affliction.

He despises me – מִיסְנָא הוּא דְּסָנֵי לִי: A person normally takes a vow like this when he is angry. Consequently, when the husband vows, the wife can assume that he will calm down later and regret his actions. But when the woman becomes angry and vows, and the husband, who is not angry, does not nullify it, she concludes that her pain does not matter to him at all because he despises her.

HALAKHA

He vowed to prohibit her from adorning herself – הַדִּירָהּ שֶׁלֹּא תִּתְקַשֵּׁט: One who vowed and obligated his wife not to adorn herself, and made sexual intercourse contingent on her fulfilling the conditions of the vow by saying: Intercourse with you is forbidden like an offering [*konam*] to me if you adorn yourself, the *halakha* is: She may adorn herself immediately, she is forbidden to engage in sexual intercourse, and he may maintain her as a wife for seven more days, after which he must divorce her and give her the payment of her marriage contract. This is in accordance with the unattributed opinion in the mishna (Rosh). The Rambam says that if he vows that she may not adorn herself, then if she is a poor woman he may maintain her for one year, and more than that he must dissolve his vow or divorce her, and if she is a wealthy woman he may maintain her for thirty days, but for a longer time he must dissolve his vow or divorce her and give her the payment of the marriage contract. This is in accordance with the opinion of Rabbi Yosei, as the Gemara discussed his opinion at some length, indicating that the *halakha* follows it.

The *Maggid Mishne* explains that the Rambam rules in accordance with the opinion of Shmuel, as he and Rav Ḥisda take the same position against Rabbi Yoḥanan. They did not rule in accordance with the opinion of Rav Ḥisda, because with regard to such a small amount of time, Shmuel and Rabbi Yoḥanan disagreed with him. But some do rule in accordance with the opinion of Rabbi Yoḥanan, whom the *halakha* generally follows when he disagrees with Shmuel (Rambam *Sefer Nashim*, *Hilkhot Ishut* 13:8; *Shulḥan Arukh*, *Even HaEzer* 74:ו).

מתני׳ הַמַּדִּיר אֶת אִשְׁתּוֹ שֶׁלֹּא תֵּלֵךְ לְבֵית אָבִיהָ, בִּזְמַן שֶׁהוּא עִמָּהּ בְּעִיר, חוֹדֶשׁ אֶחָד – יְקַיֵּים, שְׁנַיִם – יוֹצִיא וְיִתֵּן כְּתוּבָּה. וּבִזְמַן שֶׁהוּא בְּעִיר אַחֶרֶת רֶגֶל אֶחָד יְקַיֵּים שְׁלֹשָׁה יוֹצִיא וְיִתֵּן כְּתוּבָּה.

MISHNA With regard to **one who vows** and obligates **his wife**[N] **not to go to her father's house,**[H] **when** her father **is with her in the** same **city,** if the vow is to be in effect up to **one month, he may maintain** her as his wife. If the vow is for **two** months, **he must divorce** her **and give** her the payment of her **marriage contract. And when** her father **is in a different city,** if the vow is to be in effect until at most **one pilgrim Festival,** i.e., until the next pilgrim Festival, **he may maintain** her as his wife. Although the wife often visits her parents during the Festival, she is capable of refraining one time. For **three** Festivals, however, **he must divorce** her **and give** her the payment of her **marriage contract.**

הַמַּדִּיר אֶת אִשְׁתּוֹ שֶׁלֹּא תֵּלֵךְ לְבֵית הָאֵבֶל אוֹ לְבֵית הַמִּשְׁתֶּה – יוֹצִיא וְיִתֵּן כְּתוּבָּה, מִפְּנֵי שֶׁנּוֹעֵל בְּפָנֶיהָ. וְאִם הָיָה טוֹעֵן מִשּׁוּם דָּבָר אַחֵר – רַשַּׁאי.

Additionally, **one who vows** and obligates **his wife not to go to a house of mourning**[NH] to console the mourners, **or to a house of feasting** for a wedding, **must divorce** her **and give** her the payment of her **marriage contract.** Why is this so? **Because** it is as if he were **locking** a door **in front of her. And if he claimed** he did so **due to something else,** meaning he is concerned about inappropriate conduct there, **he is permitted** to do so.

אָמַר לָהּ: עַל מְנָת שֶׁתֹּאמְרִי לִפְלוֹנִי מַה שֶּׁאָמַרְתְּ לִי, אוֹ מַה שֶּׁאָמַרְתִּי לָךְ, אוֹ שֶׁתְּהֵא מְמַלְּאָה וּמְעָרָה לָאַשְׁפָּה – יוֹצִיא וְיִתֵּן כְּתוּבָּה.

If **he said to her:** The vow will be void **on condition that you tell so-and-so what you told me, or what I told you, or** on condition that **she fill** something up **and pour** it **into the refuse, he must divorce** her **and give** her the payment of her **marriage contract.** The Gemara will explain all of these cases thoroughly.

גמ׳ הָא גּוּפָא קַשְׁיָא; אָמְרַתְּ: רֶגֶל אֶחָד יְקַיֵּים, הָא שְׁנַיִם – יוֹצִיא וְיִתֵּן כְּתוּבָּה, אֵימָא סֵיפָא: שְׁלֹשָׁה יוֹצִיא וְיִתֵּן כְּתוּבָּה, הָא שְׁנַיִם – יְקַיֵּים!

GEMARA Concerning the first clause in the mishna, the Gemara asks: **This** mishna **itself is difficult: You said** on one hand that if the vow will be in effect for **one pilgrim Festival he may maintain** her as his wife, from which it may be deduced **that** if he forbade her from going to her father's house for **two** Festivals, **he must divorce** her **and give** her the payment of her **marriage contract.** But **say the latter clause:** For **three** Festivals **he must divorce** her **and give** her the payment of her **marriage contract,** from which it may be deduced **that** if the vow will be in effect for **two** Festivals, **he may maintain** her as his wife. Thus, the inferences from the first and latter clauses are contradictory.

אָמַר אַבָּיֵי: סֵיפָא אֲתָאן לְכֹהֶנֶת, וְרַבִּי יְהוּדָה הִיא. רַבָּה בַּר עוּלָּא אָמַר: לָא קַשְׁיָא; כָּאן – בִּרְדוּפָה, כָּאן – בְּשֶׁאֵינָהּ רְדוּפָה.

Abaye said: In **the latter clause, we have come to** a case concerning **the wife of a priest,** with regard to whom more time is allowed before a divorce is required, since her husband may not remarry her afterward. **And this is** the opinion of **Rabbi Yehuda,** who distinguished in the previous mishna between the wives of an Israelite and those of a priest. **Rabba bar Ulla said:** It is **not difficult,** and can be explained in a different way: **Here,** in the first clause, it is referring **to** a woman who is **eager**[N] and enthusiastic to return regularly to her father's home, and if her husband prohibits her from doing so for more than one Festival it will cause her significant distress; while **there,** in the latter clause, it is referring **to** a woman **who is not eager.** Consequently, he must divorce her only if the vow will last for three Festivals.

NOTES

One who vows and obligates his wife, etc. – הַמַּדִּיר אֶת אִשְׁתּוֹ וכו׳: The difficulty here is similar to that of the previous mishna: How can a husband prohibit to his wife items or activities that are not in his possession? Most commentaries consequently interpret this to mean that he renders an item prohibited to her and, through a vow, makes sexual intercourse or some other form of benefit contingent on her fulfilling the conditions of the vow. Ri Migash brings additional explanations as well. First, he suggests that the case concerns a situation where he did not vow himself, but rather she vowed and he ratified it, in accordance with the opinion of Shmuel earlier (71a). Another possibility is that even if the vow is not valid, nevertheless, the husband is disobeying the Sages by not allowing her to go to these places, and therefore he is obligated to divorce her.

Not to go to a house of mourning – שֶׁלֹּא תֵּלֵךְ לְבֵית הָאֵבֶל: Ri Migash asks: Why did they not impose a time limit for this like other matters? He answers that since mourning or a wedding can occur at any time, if she refrains from going, others will refrain from inviting her and visiting her in the future.

Here it is referring to a woman who is eager – כָּאן בִּרְדוּפָה: Rashi as well as the Rivan explain this to mean that she is accustomed to go to her father's house and eagerly anticipates these visits. But *Tosafot* note that the comment of Rabbi Yoḥanan cited in the continuation of the Gemara does not fit well with this interpretation, despite the possibility that Rabbi Yoḥanan's words were cited simply due to the similarity of the term eager, albeit in a different context. However, most commentaries (see *Tosafot*) accept the explanation of Rabbeinu Ḥananel that an eager bride is specifically one who yearns to return to her father's house during the first Festival after her marriage, in order to relate to her family the praises she received in her husband's house. This opinion appears to be supported by other sources as well, and also seems to be confirmed by the formulation of this discussion in the Jerusalem Talmud.

HALAKHA

One who vows and obligates his wife not to go to her father's house – הַמַּדִּיר אֶת אִשְׁתּוֹ שֶׁלֹּא תֵּלֵךְ לְבֵית אָבִיהָ: A man prohibits his wife by vow from going to her father's house, and makes sexual intercourse contingent on her fulfilling the conditions of this vow. In such a case, if the father lives in the same city and the husband prohibited his wife from going to her father's house for more than one month, or if they are in different cities and he prohibited her from going for more than one Festival, she may go and he may maintain her for seven days, and then he must divorce her and give her the payment of her marriage contract. The *Maggid Mishne* notes that there is no distinction between the wife of an Israelite, Levite, or priest (Rambam *Sefer Nashim, Hilkhot Ishut* 13:12; *Shulḥan Arukh, Even HaEzer* 74:4, *Yoreh De'a* 235:6).

One who vows and obligates his wife not to go to a house of mourning, etc. – הַמַּדִּיר אֶת אִשְׁתּוֹ שֶׁלֹּא תֵּלֵךְ לְבֵית הָאֵבֶל וכו׳: If one who prohibits his wife by vow from going to a house of mourning or a house of feasting, and makes sexual intercourse contingent on her fulfilling the conditions of the vow, he must divorce her after the vow has been in effect for seven days and give her the payment of her marriage contract. And if he claims that he vowed due to promiscuous men who frequent the area, and the location has a presumption of containing such individuals, his vow is heeded, and she may not go. This is in accordance with the mishna (Rambam *Sefer Nashim, Hilkhot Ishut* 13:13; *Shulḥan Arukh, Even HaEzer* 74:4, *Yoreh De'a* 235:6).

״אָז הָיִיתִי בְעֵינָיו כְּמוֹצְאֵת שָׁלוֹם״. אָמַר רַבִּי יוֹחָנָן: כְּכַלָּה שֶׁנִּמְצֵאת שְׁלֵמָה בְּבֵית חָמִיהָ, וּרְדוּפָה לֵילֵךְ וּלְהַגִּיד שִׁבְחָהּ בְּבֵית אָבִיהָ.

Once the Gemara has mentioned the idea of a woman who is eager to return to her father's house, it discusses another context where a similar idea is mentioned. Concerning the verse **"Then I was in his eyes as one that found peace"** (Song of Songs 8:10), **Rabbi Yoḥanan said:** The meaning is: **Like a bride who is considered perfect in her father-in-law's house, and is eager to go and relate her praise in her father's house,** to tell how many complimentary things were said about her by her husband's family.

״וְהָיָה בַיּוֹם הַהוּא נְאוּם ה׳ תִּקְרְאִי אִישִׁי וְלֹא תִקְרְאִי לִי עוֹד בַּעְלִי״. אָמַר רַבִּי יוֹחָנָן: כְּכַלָּה בְּבֵית חָמִיהָ, וְלֹא כְּכַלָּה בְּבֵית אָבִיהָ.

Similarly, concerning the verse **"And it shall be on that day, says the Lord, that you will call Me: My Husband [*Ishi*], and you will no longer call Me: My Master [*Ba'ali*]"** (Hosea 2:18), **Rabbi Yoḥanan said:** The meaning is: **Like a bride in her father-in-law's house** after she has already lived with her husband, whom she is consequently not ashamed to call her marriage partner, **and not like a** betrothed **bride** still **in her father's house,** who simply refers to her groom as: My master.

״הַמַּדִּיר אֶת אִשְׁתּוֹ״ וכו׳. בִּשְׁלָמָא לְבֵית הַמִּשְׁתֶּה

§ The mishna states: **One who vows** and obligates **his wife** not to go to a house of mourning or to a house of feasting for a wedding, must divorce her and give her the payment of her marriage contract, because it is as if he were locking a door in front of her. The Gemara asks: **Granted,** when he forbids her from going **to a house of feasting,**

Perek **VII**
Daf **72** Amud **a**

HALAKHA

He who eulogizes others, people will eulogize him – דְּסָפַד יִסְפְּדוּנֵיהּ: Every woman has the right to go out to her father's house to visit, or to a house of mourning or feasting, in order to perform acts of kindness for her friends and relatives so that they will do the same for her, in accordance with the Gemara here (Rambam *Sefer Nashim, Hilkhot Ishut* 13:11).

We said so only with regard to a case where a presumption has been established – לָא אֲמָרַן אֶלָּא דְּאִיתַּחְזַק: A man vows and obligates his wife not to go to a house of mourning or feasting and claims that he did so because there are promiscuous individuals there. If there is a presumption that such individuals are found there, his claim is accepted; if not, then he is not believed (Rambam *Sefer Nashim, Hilkhot Ishut* 13:13; *Shulḥan Arukh, Even HaEzer* 74:6).

אִיכָּא נוֹעֵל בְּפָנֶיהָ. אֶלָּא לְבֵית הָאֵבֶל – מַאי נוֹעֵל בְּפָנֶיהָ אִיכָּא? תָּנָא: לְמָחָר הִיא מֵתָה וְאֵין כָּל בְּרִיָּה סוֹפְדָהּ. וְאִיכָּא דְּאָמְרִי: אֵין כָּל בְּרִיָּה סוֹפְנָהּ.

there is effectively an act of **locking** a door **in front of her** by withholding from her any possibility of rejoicing, **but** when he forbids her from going **to a house of mourning, what locking** of a door **in front of her is there? He taught: In the future she** too **will die, and no person will eulogize her** or take care of her, just as she did not do so for others. **And some say: No person will value her** or pay attention to her, since a person who does not visit the sick or console mourners cuts himself off from others.

תַּנְיָא, הָיָה רַבִּי מֵאִיר אוֹמֵר: מַאי דִּכְתִיב ״טוֹב לָלֶכֶת אֶל בֵּית אֵבֶל מִלֶּכֶת אֶל בֵּית מִשְׁתֶּה בַּאֲשֶׁר הוּא סוֹף כָּל הָאָדָם וְהַחַי יִתֵּן אֶל לִבּוֹ״ – מַאי ״וְהַחַי יִתֵּן אֶל לִבּוֹ״ – דְּבָרִים שֶׁל מִיתָה; דְּסָפַד – יִסְפְּדוּנֵיהּ, דְּקָבַר – יִקְבְּרוּנֵיהּ, דְּיַדַּל – יִדַּלּוּנֵיהּ, דְּלַוַּאי – יְלַוּוּנֵיהּ, דְּטָעַן – יִטְעֲנוּנֵיהּ.

Similarly, **it is taught** in a *baraita*: **Rabbi Meir used to say: What** is the meaning of that **which is written: "It is better to go to a house of mourning than to go to a house of feasting, since that is the end of all men, and the living will take it to heart"** (Ecclesiastes 7:2)? **What does "and the living will take it to heart"** mean? It means that they will take **matters** relating **to death** to heart, realizing that they too will eventually die. He **who eulogizes** others, people **will eulogize him;**[H] he **who buries** someone, people **will bury him;** he **who lifts** others to bring them to burial, people **will** similarly **lift** him to bring him to burial; he **who escorts** others out for burial, people **will** similarly **escort him;** he **who carries** others, others **will carry him.** Therefore, one who does not come to a house of mourning to comfort the bereaved will himself not be treated with proper dignity when he dies.

״וְאִם הָיָה טוֹעֵן מִשּׁוּם דָּבָר אַחֵר רַשַּׁאי״. מַאי דָּבָר אַחֵר? אָמַר רַב יְהוּדָה אָמַר שְׁמוּאֵל: מִשּׁוּם בְּנֵי אָדָם פְּרוּצִין שֶׁמְּצוּיִין שָׁם. אָמַר רַב אַשִׁי: לָא אֲמָרַן אֶלָּא דְּאִיתַּחְזַק, אֲבָל לָא אִיתַּחְזַק – לָאו כָּל כְּמִינֵּיהּ.

§ The mishna stated: **And if he claimed** he forbade her **due to something else, he is permitted** to do so. The Gemara asks: **What** is meant by **something else? Rav Yehuda said** that **Shmuel said:** He claims he did so **due to promiscuous individuals that are** commonly **found there,** and he does not want his wife to be among them. **Rav Ashi said: We said** that he may forbid her **only** with regard to a case **where a presumption has been** established[H] that promiscuous people frequent this location, **but** if **no** such **presumption has been** established, **it is not in his power** to say he is concerned about it.

״וְאִם אָמַר לָהּ עַל מְנָת שֶׁתֹּאמְרִי״. וְתֵימָא! אָמַר רַב יְהוּדָה אָמַר שְׁמוּאֵל: דְּבָרִים שֶׁל קָלוֹן.

§ The mishna stated: **And if he said to her:** The vow will be void **on condition that you tell**[H] so-and-so what you told me, or what I told you, he must divorce her and give her the payment of her marriage contract. The Gemara asks: **And let her say it.** Why shouldn't she simply comply with his wishes? **Rav Yehuda said** that **Shmuel said:** It is referring to **degrading matters,** meaning intimate conversations between husband and wife, which she is ashamed to relate in the presence of others.

״אוֹ שֶׁתְּהֵא מְמַלְּאָה וּמְעָרָה לָאַשְׁפָּה״. וְתִיעֲבֵיד! אָמַר רַב יְהוּדָה אָמַר שְׁמוּאֵל: שֶׁתְּמַלֵּא וְנוֹפֶצֶת. בְּמַתְנִיתָא תָּנָא: שֶׁתְּמַלֵּא עֲשָׂרָה כַּדֵּי מַיִם וּתְעָרֶה לָאַשְׁפָּה.

The mishna stated: **Or** he said the vow will be void on condition **that she fill** something up **and pour** it **into the refuse.** The Gemara asks: **And let her do it. Rav Yehuda said** that **Shmuel said:** The mishna's intention is **that** he demanded that **she fill** herself up **and** then **shake** herself out.[H] This is a euphemistic way of saying that the husband wants her to take measures to prevent herself from becoming pregnant, and she is permitted to protest this. **It was taught in a** ***baraita*****:** The case is **that** he told her **to fill** up **ten jugs of water**[H] **and pour** them **into the refuse,** a task that involves pointless effort and appears foolish.

בִּשְׁלָמָא לִשְׁמוּאֵל – מִשּׁוּם הָכִי יוֹצִיא וְיִתֵּן כְּתוּבָּה. אֶלָּא לְמַתְנִיתָא – מַאי נָפְקָא לָהּ מִינָּהּ? תִּיעֲבֵיד! אָמַר רַבָּה בַּר בַּר חָנָה אָמַר רַבִּי יוֹחָנָן: מִפְּנֵי שֶׁנִּרְאֵית כְּשׁוֹטָה.

The Gemara asks: **Granted** that **according to Shmuel,** who explains that the mishna is referring to a case where the husband insists that she not become pregnant, **due to that** reason **he must divorce** her[N] **and give** her the payment of her **marriage contract. But according to the** ***baraita*****,** which explains that he simply wants her to engage in pointless work, **what difference does it make to her? Let her do it. Rabba bar bar Ḥanna said** that **Rabbi Yoḥanan said: Because she** would **appear insane** if she were to perform pointless actions, she may therefore demand a divorce.

אָמַר רַב כָּהֲנָא: הַמַּדִּיר אֶת אִשְׁתּוֹ שֶׁלֹּא תִּשְׁאַל וְשֶׁלֹּא תַּשְׁאִיל נָפָה וּכְבָרָה וְרֵיחַיִם וְתַנּוּר – יוֹצִיא וְיִתֵּן כְּתוּבָּה, שֶׁמַּשִּׂיאָהּ שֵׁם רַע בִּשְׁכֵינוֹתֶיהָ.

Rav Kahana said: One who vows and obligates **his wife not to borrow or not to lend** utensils that people generally lend, such as **a sifter, or a sieve, or a mill, or an oven, must divorce** her **and give** her the payment of her **marriage contract, since** by making such rules **he causes her to develop a bad reputation among her neighbors,** who will suspect her of stinginess or haughtiness.

תַּנְיָא נַמִּי הָכִי: הַמַּדִּיר אֶת אִשְׁתּוֹ שֶׁלֹּא תִּשְׁאַל וְשֶׁלֹּא תַּשְׁאִיל נָפָה וּכְבָרָה, רֵיחַיִם וְתַנּוּר – יוֹצִיא וְיִתֵּן כְּתוּבָּה, מִפְּנֵי שֶׁמַּשִּׂיאָהּ שֵׁם רַע בִּשְׁכֵינוֹתֶיהָ. וְכֵן הִיא שֶׁנָּדְרָה שֶׁלֹּא תִּשְׁאַל וְשֶׁלֹּא תַּשְׁאִיל נָפָה וּכְבָרָה וְרֵיחַיִם וְתַנּוּר וְשֶׁלֹּא תֶּאֱרוֹג בְּגָדִים נָאִים לְבָנָיו – תֵּצֵא שֶׁלֹּא בִּכְתוּבָּה, מִפְּנֵי שֶׁמַּשִּׂיאָתוֹ שֵׁם רַע בִּשְׁכֵינָיו.

The Gemara notes: **That** opinion **is also taught** in a *baraita*: **One who vows** and obligates **his wife not to borrow or not to lend**[H] **a sifter, or a sieve, or a mill, or an oven, must divorce** her and **give** her the payment of her **marriage contract, since he causes her to develop a bad reputation among her neighbors. And similarly,** if it is **she who vowed not to borrow or not to lend a sifter, or a sieve, or a mill, or an oven, or that she will not weave nice garments for his children, she** may be **divorced without** payment of her **marriage contract.** This too is **because she causes him to develop a bad reputation among his neighbors,** as they will link her behavior to him and think that he instructed her to act this way.

NOTES

Due to that reason he must divorce her – מִשּׁוּם הָכִי יוֹצִיא: Most commentaries explain that this demand constitutes grounds for the wife to demand a divorce, because she can claim she wants children so that they can support her in her old age. However, the Ra'avad is quoted as saying that he must divorce her because the prohibition against destroying seed applies to women as well. The question of a woman's responsibility with regard to the prohibition against destroying seed has been dealt with extensively by halakhic authorities in the context of contraception.

HALAKHA

On condition that you tell – עַל מְנָת שֶׁתֹּאמְרִי: If one vows and obligates his wife to reveal to others matters of jocularity or frivolity that he said to her or that she said to him during sexual intercourse, he must divorce her and give her the payment of her marriage contract, since she would not be crude enough to tell others such disgraceful things (Rambam *Sefer Nashim, Hilkhot Ishut* 14:5; *Shulḥan Arukh, Even HaEzer* 76:12).

That she fill herself up and then shake herself out – שֶׁתְּמַלֵּא וְנוֹפֶצֶת: If a husband vows and obligates his wife to turn over after sexual intercourse so as not to conceive, he must divorce her and give her the payment of her marriage contract, in accordance with the opinion of Shmuel (*Tur, Even HaEzer* 76).

To fill up ten jugs of water, etc. – שֶׁתְּמַלֵּא עֲשָׂרָה כַּדֵּי מַיִם וכו׳: One who vows and obligates his wife to perform foolish acts, such as filling up ten pitchers of water and then spilling them out, must divorce her and give her the payment of the marriage contract, in accordance with the *baraita* (Rambam *Sefer Nashim, Hilkhot Ishut* 14:5; *Shulḥan Arukh, Even HaEzer* 76:12).

Not to borrow or not to lend – שֶׁלֹּא תִּשְׁאַל וְשֶׁלֹּא תַּשְׁאִיל: One who vows and obligates his wife not to borrow or not to lend to others utensils that are generally lent out, must divorce her and give her the payment of her marriage contract, because he gives her a bad name (Rambam *Sefer Nashim, Hilkhot Ishut* 13:10; *Shulḥan Arukh, Even HaEzer* 74:3).

מתני׳ וְאֵלּוּ יוֹצְאוֹת שֶׁלֹּא בִּכְתוּבָּה: הָעוֹבֶרֶת עַל דַּת מֹשֶׁה וִיהוּדִית. וְאֵיזוֹ הִיא דַּת מֹשֶׁה – מַאֲכִילָתוֹ שֶׁאֵינוֹ מְעוּשָּׂר, וּמְשַׁמַּשְׁתּוֹ נִדָּה, וְלֹא קוֹצָה לָהּ חַלָּה, וְנוֹדֶרֶת וְאֵינָהּ מְקַיֶּימֶת.

MISHNA **And these** are examples of women who may be **divorced**[N] **without** payment of their **marriage contract: A** woman **who violates the precepts of Moses,** i.e., *halakha*, **or** the precepts of **Jewish** women, i.e., custom.[H] The Mishna explains: **And who is** categorized as a woman who violates the **precepts of Moses?**[N] This includes cases such as when **she feeds him** food **that has not been tithed, or she engages in sexual intercourse with him** while she has the legal status of **a menstruating woman, or she does not separate a portion of dough to be given to a priest** [*ḥalla*],[B] **or she vows and does not fulfill** her vows.

וְאֵיזוֹהִי דַּת יְהוּדִית – יוֹצְאָה וְרֹאשָׁהּ פָּרוּעַ, וְטוֹוָה בַּשּׁוּק, וּמְדַבֶּרֶת עִם כׇּל אָדָם. אַבָּא שָׁאוּל אוֹמֵר: אַף הַמְקַלֶּלֶת יוֹלְדָיו בְּפָנָיו. רַבִּי טַרְפוֹן אוֹמֵר: אַף הַקּוֹלָנִית. וְאֵיזוֹהִי קוֹלָנִית – לִכְשֶׁהִיא מְדַבֶּרֶת בְּתוֹךְ בֵּיתָהּ וּשְׁכֵנֶיהָ שׁוֹמְעִין קוֹלָהּ.

And who is considered a woman who violates the **precepts of Jewish** women? One who, for example, **goes out** of her house, **and her head,** i.e., her hair, **is uncovered; or she spins** wool **in the** public **marketplace; or she speaks with every man** she encounters. **Abba Shaul says: Also one who curses his,** i.e., her husband's, **parents in his presence. Rabbi Tarfon says: Also a loud woman. And who is** defined as **a loud woman? When she speaks inside her house and her neighbors hear her voice.**

גמ׳ ״מַאֲכִילָתוֹ שֶׁאֵינוֹ מְעוּשָּׂר״. הֵיכִי דָּמֵי? אִי דְּיָדַע – נִפְרוֹשׁ, אִי דְּלָא יָדַע – מְנָא יָדַע? לָא צְרִיכָא, דְּאָמְרָה לֵיהּ: פְּלוֹנִי כֹּהֵן תִּיקֵּן לִי אֶת הַכְּרִי. וְאָזֵיל שַׁיְילֵיהּ, וְאִשְׁתַּכַּח שִׁיקְרָא.

GEMARA The mishna stated: **She feeds him** food **that has not been tithed.** The Gemara attempts to clarify: **What are the circumstances** of the case under discussion? **If he knows** that the food is untithed, **he should abstain** and not eat it. And **if he does not know** that the food is untithed, then **how does he know** that she in fact fed him such food, so that he can divorce her? The Gemara responds: **No,** it is **necessary when she tells him: So-and-so the priest**[N] **rectified**[H] **the pile** of grain **for me** by tithing it, **and he** then **went and asked** the priest whether he did so, **and it was found** to be **a lie.** It is therefore clear that she did not tithe the food before she served it to him.

״וּמְשַׁמַּשְׁתּוֹ נִדָּה״. הֵיכִי דָּמֵי? אִי דְּיָדַע בָּהּ – נִפְרוֹשׁ, אִי דְּלָא יָדַע – נִסְמוֹךְ עִילָּוָהּ. דְּאָמַר רַב חִינָּנָא בַּר כָּהֲנָא אָמַר שְׁמוּאֵל: מִנַּיִן לְנִדָּה שֶׁסּוֹפֶרֶת לְעַצְמָהּ – שֶׁנֶּאֱמַר ״וְסָפְרָה לָּהּ שִׁבְעַת יָמִים״ לָהּ – לְעַצְמָהּ!

§ The mishna stated: **Or she engages in sexual intercourse with him** while she has the status of **a menstruating woman.** The Gemara asks: **What are the circumstances? If he knows about her** that she is a menstruating woman, **he should abstain.** And **if he does not know,** then **he should rely on her. Because Rav Ḥinnana bar Kahana said** that **Shmuel said: From where** is it derived **that a menstruating woman can count** the days **for herself,** and that she is trusted to testify that she did so? **As it is stated: "Then she shall count to herself seven days"** (Leviticus 15:28). **"To herself"** means **by herself,** and she may be trusted that she did so. If so, why can't the husband trust his wife that she is not a menstruating woman?

NOTES

And these are examples of women who may be divorced – וְאֵלּוּ יוֹצְאוֹת: The majority of halakhic authorities believe that a husband is not obligated to divorce his wife for violating these precepts. Rather, it is his choice whether to divorce her without payment of her marriage contract or to maintain her as his wife. However, the Ra'avad and the Rosh hold that there is in fact a mitzva to divorce her.

And who is categorized as a woman who violates the precepts of Moses – וְאֵיזוֹ הִיא דַּת מֹשֶׁה: The definitions in this mishna demonstrate that although the entire Torah is considered the precepts of Moses, nevertheless, the husband may not divorce his wife simply because she transgresses prohibitions. Rather, he may do so only if her transgressions affect him and their married life together. Therefore, permission to divorce her without payment of her marriage contract is viewed not as a penalty for her transgressions, but rather as a result of the fact that she made it impossible for them to live together. See *Kovetz Shiurim*, where it says that if the husband also habitually violates prohibitions or eats forbidden foods this is not grounds for divorce, since in this case her actions do not damage their life together.

So-and-so the priest – פְּלוֹנִי כֹּהֵן: The term priest here is not specific, since technically anyone can separate tithes. However, it was customary for the priest to separate the tithes and then take his portion, and therefore this is the case suggested by the Gemara (Rivan; see also Rashash).

BACKGROUND

***Ḥalla* – חַלָּה:** The Torah commands the separation of a portion of dough, which is given to the priests (Numbers 15:20). This portion is called *ḥalla* and is governed by all the *halakhot* pertaining to *teruma*, the portion of produce set aside for the priests. *Ḥalla* must be taken from all dough made from any of the five types of grain, provided that the quantity of flour is at least one-tenth of an ephah in volume. If *ḥalla* is not taken, the dough has the status of *tevel*, similar to untithed produce, and may not be eaten. The Torah does not specify a measure for *ḥalla*. However, the Sages required an individual baking for personal use to give one twenty-fourth of his dough as *ḥalla*, and a commercial baker to give one forty-eighth.

Nowadays, as all Jews have the status of being ritually impure, *ḥalla* is governed by *halakhot* similar to impure *teruma*; it must be burned. Accordingly, the measures mentioned above no longer apply. Only a small portion is separated from the dough and burned, and the rest of the dough may then be used. A blessing is recited for the separation of *ḥalla*. The *halakhot* of this mitzva, which is one of the mitzvot performed particularly by women, are discussed comprehensively in tractate *Ḥalla*.

HALAKHA

A woman who violates the precepts of Moses or the precepts of Jewish women – הָעוֹבֶרֶת עַל דַּת מֹשֶׁה וִיהוּדִית: A woman who violates the precepts of Moses, meaning that she directly causes her husband to violate a prohibition, such as feeding him forbidden food or engaging in sexual intercourse with him while she has the status of a menstruating woman, may be divorced without receiving payment of her marriage contract. This rule applies only when witnesses verify that she is guilty of one of these actions. If she denies it and there are no witnesses, the husband's word alone is not relied upon, in accordance with the Rosh, citing the Jerusalem Talmud. Others disagree, however, and hold that reasonable proof is sufficient even without witnesses, in accordance with the opinion of the Rambam. Additionally, one who violates the precepts of Jewish women and acts in a manner considered immodest by Jewish women, or who shames her husband's family members, may also be divorced without receiving payment of the marriage contract, in accordance with the mishna (Rambam *Sefer Nashim, Hilkhot Ishut* 24:10–11; *Shulḥan Arukh, Even HaEzer* 115:1, 4).

So-and-so the priest rectified, etc. – פְּלוֹנִי כֹּהֵן תִּיקֵּן וכו׳: How does a man know that his wife fed him untithed food? Such as when she said to him: So-and-so the priest rectified the grain by separating the tithes, and it was found that the priest was not there. The opinion recorded in the *Shulḥan Arukh* is that this applies only when the matter has been proven by witnesses (Rambam *Sefer Nashim, Hilkhot Ishut* 24:10–11; *Shulḥan Arukh, Even HaEzer* 115:1, 4).

לָא צְרִיכָא, דְּאָמְרָה לֵיהּ: פְּלוֹנִי חָכָם טִיהֵר לִי אֶת הַדָּם, וַאֲזַל שַׁיְילֵיהּ וְאִשְׁתַּכַּח שִׁיקְרָא. וְאִיבָּעֵית אֵימָא, כִּדְרַב יְהוּדָה. דְּאָמַר רַב יְהוּדָה: הוּחְזְקָה נִדָּה בִּשְׁכֵינוֹתֶיהָ – בַּעְלָהּ לוֹקֶה עָלֶיהָ מִשּׁוּם נִדָּה.

The Gemara answers: **No, it is necessary when she tells him: So-and-so the Sage purified the blood for me** by ruling that it did not qualify as menstrual blood, **and he went and asked him, and it was found** that her claim was **a lie. And if you wish, say** instead that this is **similar to that which Rav Yehuda** said, **as Rav Yehuda stated:** If **she is known by her neighbors to be a menstruating woman,**[NH] **her husband is flogged if** he has relations with **her, due to** the prohibition against cohabiting with **a menstruating woman.** In this case, she was known by her neighbors to be a menstruating woman, but she had not told her husband. She then engaged in sexual intercourse with him, and he subsequently discovered her status from her neighbors.

״וְלֹא קוֹצָה לָהּ חַלָּה״. הֵיכִי דָּמֵי? אִי דְּיָדַע – נִפְרוֹשׁ, אִי דְּלָא יָדַע – מְנָא יָדַע? לָא צְרִיכָא דְּאָמְרָה לֵיהּ: פְּלוֹנִי גַּבָּל תִּיקֵּן לִי אֶת הָעִיסָּה. וְאָזֵיל שַׁיְילֵיהּ וְאִשְׁתַּכַּח שִׁיקְרָא.

§ The mishna stated: **Or she does not separate *ḥalla*.** The Gemara asks: **What are the circumstances? If he knows** that she did not separate *ḥalla*, **he should abstain. If he does not know,** then **how does he know** about it afterward in order to divorce her? The Gemara answers: **No, it is necessary when she tells him: So-and-so the kneader rectified the dough for me** by separating *ḥalla*, **and he went and asked him, and it was found** that her claim was **a lie.**

״וְנוֹדֶרֶת וְאֵינָהּ מְקַיֶּימֶת״. דְּאָמַר מָר: בַּעֲוֹן נְדָרִים בָּנִים מֵתִים, שֶׁנֶּאֱמַר ״אַל תִּתֵּן אֶת פִּיךָ לַחֲטִיא אֶת בְּשָׂרֶךָ״ וגו׳, וְאֵיזוֹ הֵן מַעֲשֵׂה יָדָיו שֶׁל אָדָם – הֱוֵי אוֹמֵר בָּנָיו וּבְנוֹתָיו. רַב נַחְמָן אָמַר: מֵהָכָא ״לַשָּׁוְא הִכֵּיתִי אֶת בְּנֵיכֶם״. לַשָּׁוְא – עַל עִסְקֵי שָׁוְא.

§ The mishna also stated: **Or she vows and does not fulfill** her vows. The Gemara clarifies the reason for this, as it is different from the other cases in the mishna, where she causes her husband to violate a prohibition. In this case it is only she who violates a prohibition. **As the Master said: Due to** the sin of unfulfilled **vows, children die, as it is stated:** "It is better not to vow than to vow and not pay. **Do not allow your mouth to bring your flesh to sin**…why should the Lord become angry at your voice and destroy the work of your hands?" (Ecclesiastes 5:4–5). **And what is the work of a person's hands? You must say** it is referring to **his sons and his daughters. Rav Naḥman said:** A proof to the above idea may be brought **from here: "In vain I smote your children"** (Jeremiah 2:30). The phrase **"in vain"** means: **For matters** caused by **vain** words, meaning that you took a vow and did not fulfill it.

תַּנְיָא, הָיָה רַבִּי מֵאִיר אוֹמֵר: כׇּל הַיּוֹדֵעַ בְּאִשְׁתּוֹ שֶׁנּוֹדֶרֶת וְאֵינָהּ מְקַיֶּימֶת – יַחְזוֹר וְיַדִּירֶנָּה. יַדִּירֶנָּה?! בְּמַאי מְתַקֵּן לַהּ? אֶלָּא, יַחְזוֹר וְיַקְנִיטֶנָּה כְּדֵי שֶׁתִּדּוֹר בְּפָנָיו, וְיָפֵר לָהּ. אָמְרוּ לוֹ: אֵין אָדָם דָּר עִם נָחָשׁ בִּכְפִיפָה.

It is taught in a *baraita* that **Rabbi Meir used to say: Anyone who knows concerning his wife that she vows and does not fulfill** her vows **should return and vow** to obligate **her.** The Gemara wonders: **He should vow** and obligate **her? How will he rectify it for her** by doing this? **Rather,** the intention is **he should return and provoke her, so that she will vow in his presence and he can** then **nullify it for her. They said to him:** This solution is not effective, because **a person does not reside in a basket [*kefifa*],**[B] i.e., in close quarters, **with a snake,** since this is extremely dangerous. Similarly, he cannot constantly prevent her from taking vows, so it would be preferable that he divorce her.

תַּנְיָא, הָיָה רַבִּי יְהוּדָה אוֹמֵר: כׇּל הַיּוֹדֵעַ בְּאִשְׁתּוֹ שֶׁאֵינָהּ קוֹצָה לוֹ חַלָּה – יַחְזוֹר וְיַפְרִישׁ אַחֲרֶיהָ. אָמְרוּ לוֹ: אֵין אָדָם דָּר עִם נָחָשׁ בִּכְפִיפָה.

It is taught in a *baraita* similar to the previous one that **Rabbi Yehuda used to say: Anyone who knows concerning his wife that she does not separate *ḥalla* for him should go back and separate it after she** is finished. **They said to him:** This solution is not effective, since **a person does not reside in a basket with a snake.**

מַאן דְּמַתְנֵי לַהּ אַהָא – כׇּל שֶׁכֵּן אַהָךְ, אֲבָל מַאן דְּמַתְנֵי אַהָךְ, אֲבָל הָא – זִימְנִין דְּמִקְרֵי וְאָכֵיל.

The Gemara discusses the two applications of the idea that a husband should try to correct his wife's misdeeds: **He who teaches it with regard to this,** the case of *ḥalla*, **all the more so** would teach it **for that,** the case of vows, which are not a daily occurrence. **But he who teaches it with regard to that,** i.e., the case of vows, teaches it only in that case, **but** in **this** case of *ḥalla*, **sometimes he** will **happen to eat** untithed produce; and Rabbi Meir holds that he cannot always be careful enough to ensure that *ḥalla* was taken.

NOTES

She is known by her neighbors to be a menstruating woman – הוּחְזְקָה נִדָּה בִּשְׁכֵינוֹתֶיהָ: It is possible that her neighbors know the set pattern of her menstrual cycle. Moreover, it was customary that a menstruating woman would wear special clothing during that time, and it is possible that her neighbors would have noticed this (Rivan).

HALAKHA

She is known by her neighbors to be a menstruating woman – הוּחְזְקָה נִדָּה בִּשְׁכֵינוֹתֶיהָ: If a woman's neighbors saw her wearing special clothing reserved for when she is menstruating, she is presumed to be a menstruating woman. If her husband had relations with her intentionally during this time, he is flogged for violating the prohibition against cohabiting with a menstruating woman. And if she said: I am pure, and he had relations with her, and later it became clear that she had in fact already become a menstruating woman, he may divorce her without payment of her marriage contract (Rambam *Sefer Kedusha*, *Hilkhot Issurei Bia* 1:22; *Shulḥan Arukh*, *Even HaEzer* 115:2).

BACKGROUND

***Kefifa* – כְּפִיפָה:** The *kefifa*, often called an Egyptian *kefifa*, was a kind of basket woven from palm leaves, sometimes made with handles. It was frequently used for storing items or filtering drinks. Sometimes animals were fed from a *kefifa* that was hung from their necks. It seems that in this case living snakes were placed in the *kefifa* in order to store them, giving rise to the expression: A person cannot reside in a basket with a snake. Even today, in some countries, snake charmers keep their snakes in baskets, which reflects the aforementioned ancient practice.

Snake charmer's snakes in baskets

״וְאֵיזוֹהִי דַּת יְהוּדִית יוֹצְאָה וְרֹאשָׁהּ פָּרוּעַ״. רֹאשָׁהּ פָּרוּעַ דְּאוֹרַיְיתָא הִיא, דִּכְתִיב ״וּפָרַע אֶת רֹאשׁ הָאִשָּׁה״, וְתָנָא דְּבֵי רַבִּי יִשְׁמָעֵאל: אַזְהָרָה לִבְנוֹת יִשְׂרָאֵל שֶׁלֹּא יֵצְאוּ בִּפְרוּעַ רֹאשׁ! דְּאוֹרַיְיתָא

§ The mishna stated: **And who is** considered a woman who violates the **precepts of Jewish** women? One who **goes out and her head is uncovered.** The Gemara asks: The prohibition against a woman going out with **her head uncovered** is not merely a custom of Jewish women. Rather, **it is by Torah** law, **as it is written** with regard to a woman suspected by her husband of having been unfaithful: **"And he shall uncover the head of the woman"** (Numbers 5:18). And **the school of Rabbi Yishmael taught:** From here there is a **warning to Jewish women not to go out with an uncovered head,** since if the Torah states that a woman suspected of adultery must have her head uncovered, this indicates that a married woman must generally cover her head. The Gemara explains: **By Torah** law,

Perek **VII**
Daf **72** Amud **b**

קַלְתָּהּ שַׁפִּיר דָּמֵי. דַּת יְהוּדִית – אֲפִילּוּ קַלְתָּהּ נַמִּי אָסוּר.

if she covers her head with **her basket** [*kilta*],[LBN] **it seems well**[N] and is sufficient. But by **precepts of Jewish** women, i.e., custom, **even** if her head is covered by **her basket** this **is also prohibited;** she requires a substantial head covering.

אָמַר רַבִּי אַסִּי אָמַר רַבִּי יוֹחָנָן: קַלְתָּהּ אֵין בָּהּ מִשּׁוּם פְּרוּעַ רֹאשׁ. הָוֵי בָּהּ רַבִּי זֵירָא: הֵיכָא? אִילֵימָא בַּשּׁוּק – דַּת יְהוּדִית הִיא, וְאֶלָּא בְּחָצֵר – אִם כֵּן לֹא הִנַּחְתָּ בַּת לְאַבְרָהָם אָבִינוּ שֶׁיּוֹשֶׁבֶת תַּחַת בַּעְלָהּ! אָמַר אַבַּיֵי וְאִיתֵּימָא רַב כָּהֲנָא: מֵחָצֵר לְחָצֵר, וְדֶרֶךְ מָבוֹי.

Rabbi Asi said that **Rabbi Yoḥanan said:** If she covers her head with **her basket, there is no** violation of the prohibition against having **an uncovered head. Rabbi Zeira discussed it: Where** is the woman that Rabbi Yoḥanan is referring to? **If we say** he means that she appears this way **in the marketplace, this is** a violation of **precepts of Jewish** women, as explained previously. **And** if you say **rather** that he means she appears this way **in her own courtyard, if so, you have not allowed** any **daughter of our father Abraham to remain with her husband,** since most women are not careful to cover their heads completely inside their own courtyards. **Abaye said, and some say that Rav Kahana** said: Rabbi Yoḥanan is referring to when she walks **from one courtyard to** another **courtyard**[H] **or via an alleyway.** Although these places are not considered public areas, strangers may still be present in them.

LANGUAGE

Basket [*kelet*] – קֶלֶת: From the Greek κάλαθος, *kalathos*, referring to a basket with a narrow bottom that was used primarily to hold wool or work materials for women.

BACKGROUND

Basket [*kelet*] – קֶלֶת: In some parts of the world women are accustomed to carrying objects on their heads in baskets. Some baskets are made for this purpose, and because they cover the top of the head they can therefore be used as a head covering, as can be seen in the image.

Woman wearing a basket on her head

HALAKHA

From one courtyard to another courtyard, etc. – מֵחָצֵר לְחָצֵר וכו׳: If a married woman goes out to the marketplace, an open alleyway, or a courtyard that many people walk in and her head is covered with only a minimal covering but is not fully covered, she has violated Jewish custom, in accordance with the statement of Abaye (Rambam *Sefer Nashim, Hilkhot Ishut* 24:12; *Shulḥan Arukh, Even HaEzer* 115:4).

NOTES

Her basket – קַלְתָּהּ: The *Arukh* explains that in this context the basket is used as a type of head covering. The Rivan elaborates that according to the Gemara the problem with wearing it is that since a basket is not tightly woven, her hair is visible from within.

If she covers her head with her basket, it seems well – קַלְתָּהּ שַׁפִּיר דָּמֵי: The Ritva divides the *halakhot* of covering hair into three categories: In a public domain, it is prohibited by Torah law for a married woman to appear with her head uncovered; in an alley or other similar location where people are found, it is sufficient for her to have a minimal covering such as a basket; and in her own courtyard she is technically not obligated to cover her hair at all. This is also the opinion of *Tosafot* and other authorities.

However, the Rashba and the Baḥ disagree. They hold that even in her own courtyard she requires some form of covering like a basket; in an alleyway or other locations where people sometimes appear, although according to Torah law a basket would suffice, Jewish custom requires her to wear a full head covering; and in a public domain, she is obligated by Torah law to cover her head. The differences of opinion concerning this matter depend upon the precise interpretation of this passage. According to all opinions, however, the modest and pious practice is for a woman to cover her head even at home; the dispute concerns only the strict *halakha* (see *Zohar, Naso* 126:4).

"וטווה בשוק". אמר רב יהודה אמר שמואל: במראה זרועותיה לבני אדם. רב חסדא אמר אבימי: בטווה ורד כנגד פניה. "ומדברת עם כל אדם". אמר רב יהודה אמר שמואל: במשחקת עם בחורים.

§ **And** the mishna stated that a woman violates Jewish custom if she **spins** wool **in the marketplace.**[H] **Rav Yehuda said** that **Shmuel said:** This means **that she reveals her arms to people** by raising her sleeves as she spins. **Rav Ḥisda said** that **Avimi** said: It is referring to **when she spins** with **a red** [*vered*][L] thread **opposite her face**[N] to highlight her beauty, which entails an element of promiscuity. The mishna also stated another violation of Jewish custom: **Or she speaks with every man** she encounters.[H] **Rav Yehuda said** that **Shmuel said:** This means **that she flirts with young men.**

אמר רבה בר בר חנה: זימנא חדא הוה קאזילנא בתריה דרב עוקבא, חזיתיה להההיא ערביא דהוה יתבה, קא שדיא פילכה וטווה ורד כנגד פניה. כיון דחזיתינן, פסיקתיה לפילכה שדיתיה, אמרה לי: עולם, הב לי פלך! אמר בה רב עוקבא מילתא. מאי אמר בה? רבינא אמר: "טווה בשוק" אמר בה. רבנן אמרי: "מדברת עם כל אדם" אמר בה.

Rabba bar bar Ḥanna said: One time I was walking behind Rav Ukva. I saw an Arab woman who was sitting, casting her spindle, and spinning a red thread **opposite her face. Once she saw us, she tore the spindle** from the thread **and threw it down. She said to me: Young man, give me** the **spindle. Rav Ukva made a comment about her,** noting that she provided an example of one of the types of promiscuity mentioned in the mishna. The Gemara asks: **What did he say about her?** Which one of the cases in the mishna did he mention? **Ravina said: He said about her** that she was an example of a woman who licentiously **spins in the marketplace. The Rabbis said: He said about her** that she was an example of a woman who licentiously **speaks with every man.**

"אבא שאול אומר: אף המקללת יולדיו בפניו". אמר רב יהודה אמר שמואל: במקללת יולידיו בפני מולידיו. וסימניך "אפרים ומנשה כראובן ושמעון יהיו לי". אמר רבה, דאמרה ליה: ניכליה אריא לסבא, באפי בריה.

§ The mishna stated: **Abba Shaul says: Also** a woman **who curses** her husband's **parents**[H] **in his presence** violates the precepts of Jewish women. **Rav Yehuda said** that **Shmuel said:** Even **when she curses his parents in the presence of his children**[N] and not in his presence she is considered one who violates Jewish custom. **And your mnemonic is "Ephraim and Manasseh will be to me like Reuben and Simeon"** (Genesis 48:5), which teaches that grandchildren have the status of children. Cursing one's husband's parents in front of his children is tantamount to doing so in front of the husband himself. **Rabba said:** An example is **that she said in the presence of** her husband's **son: May a lion devour** your **grandfather.**

"רבי טרפון אומר: אף הקולנית". מאי קולנית? אמר רב יהודה אמר שמואל: במשמעת קולה על עסקי תשמיש. במתניתא תנא: במשמשת בחצר זו, ונשמע קולה בחצר אחרת.

§ The mishna stated: **Rabbi Tarfon says: Also a loud woman.**[NH] The Gemara asks: **What is** the definition of **a loud woman? Rav Yehuda said** that **Shmuel said:** She is considered loud **when she raises her voice about matters relating to intercourse,** i.e., she quarrels and fights with her husband about it loudly enough that the neighbors overhear, causing him embarrassment. **It was taught in a *baraita*: When she engages in intercourse in this courtyard** and she screams from pain, **and** therefore **her voice is heard**[B] **in another courtyard.**

וניתנייה גבי מומין במתניתין! אלא מחוורתא כדשנין מעיקרא.

The Gemara asks: **But** if so, then **this should be taught** together **with the blemishes in the mishna** at the end of the chapter, where it lists cases of women who may be divorced without payment of their marriage contract due to a physical blemish, as opposed to the mishna here, which discusses immodest conduct. **Rather, it is clear as we initially answered,** that a loud woman is so defined due to immodest behavior.

HALAKHA

Spins wool in the marketplace – טוֹוָה בַּשּׁוּק: A woman who spins in the marketplace and reveals her arms while doing so, and according to a responsum of the Rashba she does this on a regular basis; or a woman who spins and holds red thread opposite her face or on her forehead in the manner of licentious women, has violated Jewish custom (Rambam *Sefer Nashim, Hilkhot Ishut* 24:12; *Shulḥan Arukh, Even HaEzer* 115:4).

She speaks with every man – מְדַבֶּרֶת עִם כָּל אָדָם: A woman who flirts with young men has violated Jewish custom, in accordance with the statement of Shmuel (Rambam *Sefer Nashim, Hilkhot Ishut* 24:12; *Shulḥan Arukh, Even HaEzer* 115:4).

A woman who curses his parents – מְקַלֶּלֶת יוֹלְדָיו: A woman who curses her husband's father in front of her husband has violated Jewish custom. The Rambam interprets the statement of Rabba slightly differently, as disagreeing with Rav Yehuda, and limits the ruling to this case in accordance with the statement of the former, who is followed since he is the later authority. The Rema writes that some say the same is true for a woman who curses her husband's father to his face, which is Rashi's opinion, or that she curses her husband to his face, which is the opinion of the Ramban (Rambam *Sefer Nashim, Hilkhot Ishut* 24:12; *Shulḥan Arukh, Even HaEzer* 115:4).

A loud woman – הַקּוֹלָנִית: If a woman demands that her husband engage in marital relations with her and is so loud that her neighbors overhear, she has violated Jewish custom, in accordance with the opinion of Rabbi Tarfon as explained by Shmuel (Rambam *Sefer Nashim, Hilkhot Ishut* 24:12; *Shulḥan Arukh, Even HaEzer* 115:4).

LANGUAGE

Red [*vered*] – וֶרֶד: This word and its Greek counterpart ῥόδον, *rhodon*, can also mean rose. It is apparently from the Persian vard, meaning red rose.

BACKGROUND

Her voice is heard – נִשְׁמָע קוֹלָהּ: Pain experienced during intercourse can be triggered by various causes, both physical and emotional. In any event, if the woman is in such pain that it causes her to cry loudly enough to be heard in another courtyard, she is considered to be afflicted with an illness. Therefore, the Gemara states that this condition should be added to the list of significant blemishes with regard to a woman.

NOTES

She spins with a red [*vered*] thread opposite her face – טוֹוָה וֶרֶד כְּנֶגֶד פָּנֶיהָ: Rashi apparently interprets the word *vered* similarly to the term *roded* or *yored*, i.e., to lower, meaning that she holds the spindle in her lap with the thread stretching down opposite her private parts, referred to euphemistically as her lower face. Rabbeinu Ḥananel quotes the *ge'onim*, who explain that she spins a red thread and holds it up opposite her face, in order to accentuate her beauty. Rambam explains the term in a slightly different manner: She sits and spins in the marketplace and places a rose [*vered*] or other red flower or jewelry on her face or forehead, which demonstrates a lack of modesty. *Talmidei Rabbeinu Yona* give a similar explanation but say that she places the flower in her lap opposite her private parts. The common denominator of all of these interpretations is that the woman is not merely spinning wool innocently in the marketplace, but is acting in a deliberately provocative manner while doing so.

His parents in the presence of his children – יוֹלְדָיו בִּפְנֵי מוֹלִידָיו: The commentaries discuss the details of this case: Some explain that she curses the husband's parents or grandparents in his presence (see Rambam). However, most explain as Rashi does, that even if she curses her husband's father in front of her husband's son, this is still considered to be cursing his parents in his presence. This appears to be the simple meaning of the Gemara.

A loud woman – קוֹלָנִית: Rashi explains that she fights loudly with her husband concerning intimate matters, and he is embarrassed by this. The Rivan gives a similar explanation, that she refuses to immerse in a ritual bath and he must bring other people to appease her, causing him embarrassment. However, the Rif and the Rosh explain that this refers to a woman who requests sexual intercourse so loudly that the neighbors overhear. Because she acted in an immodest manner and in violation of Jewish custom, she may be divorced without payment of her marriage contract.

MISHNA In the case of **one who betroths a woman on condition that there are no** vows incumbent **upon her,**[H] **and** it was subsequently **discovered** that there are **vows** incumbent **upon her,**[H] **she is not betrothed.** This is because if the condition is not fulfilled, the betrothal is nullified. If **he married her without specification and** it was subsequently **discovered** that **vows** were incumbent **upon her, she** may be **divorced without** payment of her **marriage contract,** since he discovered a deficiency about which she had not initially informed him. However, this does not invalidate the betrothal, since he did not make any explicit condition.

מתני׳ הַמְקַדֵּשׁ אֶת הָאִשָּׁה עַל מְנָת שֶׁאֵין עָלֶיהָ נְדָרִים, וְנִמְצְאוּ עָלֶיהָ נְדָרִים – אֵינָהּ מְקוּדֶּשֶׁת. כְּנָסָהּ סְתָם וְנִמְצְאוּ עָלֶיהָ נְדָרִים – תֵּצֵא שֶׁלֹּא בִּכְתוּבָּה.

If he betrothed her **on condition that she has no blemishes,**[H] **and** it was subsequently **discovered** that **she** did have **blemishes, she is not betrothed.** But if **he married her without specification, and** it was subsequently **discovered** that **she** had **blemishes,**[H] **she** may be **divorced without** payment of her **marriage contract.** The mishna clarifies what qualifies as a blemish: **All of the blemishes** that are listed in tractate *Bekhorot* involving significant physical deformities **that disqualify priests** from service[H] similarly **disqualify** betrothal of **women,** as a mistaken transaction.

עַל מְנָת שֶׁאֵין בָּהּ מוּמִין, וְנִמְצְאוּ בָּהּ מוּמִין – אֵינָהּ מְקוּדֶּשֶׁת. כְּנָסָהּ כְּתָם וְנִמְצְאוּ בָּהּ מוּמִין – תֵּצֵא שֶׁלֹּא בִּכְתוּבָּה. כָּל הַמּוּמִין הַפּוֹסְלִין בְּכֹהֲנִים פּוֹסְלִין בְּנָשִׁים.

GEMARA The Gemara comments: **And we learned** a mishna (*Kiddushin* 50a) **also concerning betrothal** just **like this case.** The mishna there is essentially identical to the mishna here, so why must it be repeated? The Gemara explains: **Here, it was necessary for** the *tanna* to mention these *halakhot* in the context of **marriage contracts,** which is the topic of this tractate. Therefore, **he taught** the *halakha* of **betrothal due to** the *halakha* of **marriage contracts. There,** in *Kiddushin*, **it was necessary for him** to mention the *halakha* of **betrothal,** so **he taught** about **marriage contracts due to betrothal.**

גמ׳ וּתְנַן נַמִי גַּבֵּי קִדּוּשִׁין כִּי הַאי גַּוְונָא! הָכָא כְּתוּבּוֹת אִיצְטְרִיכָא לֵיהּ – תָּנָא קִדּוּשִׁין אַטּוּ כְּתוּבּוֹת. הָתָם קִדּוּשִׁין אִצְטְרִיכָא לֵיהּ – תָּנָא כְּתוּבּוֹת אַטּוּ קִדּוּשִׁין.

Rabbi Yoḥanan said in the name of Rabbi Shimon ben Yehotzadak: These are the vows they spoke about in the mishna that are considered grounds for divorce without payment of the marriage contract: A vow that **she will not eat meat or that she will not drink wine or that she will not adorn herself with colored garments. That** opinion **is also taught** in a *baraita*: **These are the vows they spoke about:**[N] **Matters that involve affliction,** such as **that she will not eat meat, or that she will not drink wine, or that she will not adorn herself with colored garments.**

אָמַר רַבִּי יוֹחָנָן מִשּׁוּם רַבִּי שִׁמְעוֹן בֶּן יְהוֹצָדָק: בְּאֵלּוּ נְדָרִים אָמְרוּ – שֶׁלֹּא תֹּאכַל בָּשָׂר, וְשֶׁלֹּא תִּשְׁתֶּה יַיִן, וְשֶׁלֹּא תִּתְקַשֵּׁט בְּבִגְדֵי צִבְעוֹנִים. תַּנְיָא נַמִי הָכִי: בְּאֵלּוּ נְדָרִים אָמְרוּ – דְּבָרִים שֶׁיֵּשׁ בָּהֶן עִינּוּי נֶפֶשׁ: שֶׁלֹּא תֹּאכַל בָּשָׂר, וְשֶׁלֹּא תִּשְׁתֶּה יַיִן, וְשֶׁלֹּא תִּתְקַשֵּׁט בְּבִגְדֵי צִבְעוֹנִי.

Rav Pappa discussed it: To which statement in the mishna is this referring? **If we say** it is referring **to the first clause** of the mishna, where one betroths a woman on condition that there are no vows incumbent upon her, then **since he** demonstrated that he **is particular** about vows, **even** vows concerning **any other matters,** including insignificant ones, should **also** be included. Since he stipulated a condition and it was not fulfilled, the betrothal is invalid. **Rather,** one must conclude that it is referring **to the latter clause** of the mishna, about one who marries a woman without stipulation and then discovers that vows were incumbent upon her. In such a case the mishna says she may be divorced without payment of her marriage contract. However, it does not say this for all vows, but only for vows concerning matters of significant affliction.

הֲוֵי בָּהּ רַב פָּפָּא: אַהֲיָיא? אִילֵימָא אַרֵישָׁא, כֵּיוָן דְּקָא קָפֵיד – אֲפִילּוּ כָּל מִילֵּי נַמִי. אֶלָּא אַסֵּיפָא.

HALAKHA

One who betroths a woman on condition that there are no vows incumbent upon her – הַמְקַדֵּשׁ אֶת הָאִשָּׁה עַל מְנָת שֶׁאֵין עָלֶיהָ נְדָרִים: If a man betroths a woman on condition that she has no vows incumbent upon her, and then it is discovered that she has taken a vow of affliction, such as not to eat meat, drink wine, or adorn herself with colored garments, the betrothal is invalid. This is also the case if she vows concerning intimate matters between the couple, as people are generally particular that their spouse not take vows concerning these matters. Some say that since it is possible for one who vows to go to a halakhic authority and have the vow dissolved retroactively, she may not leave her husband without a bill of divorce, for it may in fact turn out that there was no vow. If she had other types of vows incumbent upon her, even if he claims he is particular about them, she is betrothed, in accordance with the mishna and the Gemara's interpretation. But if he betrothed her on condition that she has no vows incumbent upon her whatsoever, the betrothal will be invalidated by any vow she has taken, in accordance with what is written in the Jerusalem Talmud (Rambam *Sefer Nashim, Hilkhot Ishut* 7:6; *Shulḥan Arukh, Even HaEzer* 39:1).

It was discovered that there are vows incumbent upon her – נִמְצְאוּ עָלֶיהָ נְדָרִים: If a man marries a woman without specifying that she not have any vows incumbent upon her to fulfill, and it is discovered that she had taken a vow of affliction, such as not to eat meat, she may be divorced without receiving any payment of her marriage contract, in accordance with the mishna (Rambam *Sefer Nashim, Hilkhot Ishut* 25:1; *Shulḥan Arukh, Even HaEzer* 117:3).

If he betrothed her on condition that she has no blemishes – עַל מְנָת שֶׁאֵין בָּהּ מוּמִין: If one betroths a woman on condition that she has no blemishes, and it is discovered that she has a disqualifying blemish, she is not betrothed. But if other blemishes were discovered on her, she is betrothed, even if he insists that he is particular about them, in accordance with the mishna (Rambam *Sefer Nashim, Hilkhot Ishut* 7:7; *Shulḥan Arukh, Even HaEzer* 39:3).

If he married her without specification and it was discovered that she had blemishes – כְּנָסָהּ סְתָם וְנִמְצְאוּ בָּהּ מוּמִין: If a man marries a woman without specifying that she has no blemishes, and then blemishes that disqualify a woman are discovered, she may be divorced without receiving any payment of her marriage contract, in accordance with the mishna (Rambam *Sefer Nashim, Hilkhot Ishut* 25:2; *Shulḥan Arukh, Even HaEzer* 117:4).

Blemishes that disqualify priests – מוּמִין הַפּוֹסְלִין בְּכֹהֲנִים: The blemishes that disqualify a priest for service are those that are deemed significant with regard to the betrothal of a woman. Additional factors also exist that are deemed significant with regard to the betrothal of a woman but do not disqualify priests, as the Gemara explains (Rambam *Sefer Nashim, Hilkhot Ishut* 7:7; *Shulḥan Arukh, EvenHaEzer* 39:4).

NOTES

These are the vows they spoke about – בְּאֵלּוּ נְדָרִים אָמְרוּ: Some commentaries understand that the rule is limited to these three specific vows only and does not apply to any others, as is explicit in the opinion of the Ra'avad and implied by the statement of the Rambam. It appears that Rashi also takes this position, as he briefly comments that for these three vows, in addition to the affliction caused by the vow itself, there is the additional factor that the wife becomes repulsive to her husband, which implies that for other vows that do not have the combination of these two factors, the rule in the mishna would not apply. However, other commentaries hold that these cases were brought only as examples of vows where the husband might be particular, but any vow of affliction, as well as any vow concerning intimate matters between the couple, are included as well (Ritva).

רַב אַשִׁי אָמַר: לְעוֹלָם אַרֵישָׁא, וּמִידֵּי דְּקָפְדֵי בָּהּ אֱינָשֵׁי – הָוֵה קְפֵידֵיהּ קְפֵידָא, מִידֵּי דְּלָא קָפְדֵי בָּהּ אֱינָשֵׁי – לָא הָוֵי קְפֵידֵיהּ קְפֵידָא.

Rav Ashi said: Actually, one can explain that it is referring **to the first clause** of the mishna, where he stipulates that the marriage is conditional on the assumption that she has no vows incumbent upon her, and that the point is that for a vow concerning **a matter about which people are** ordinarily **particular, his insistence is** considered legitimate **insistence,** and is effective to invalidate the betrothal. But with regard to a vow concerning **a matter about which people are** generally **not particular, his insistence is not** considered **insistence,** and such a vow is not considered a violation of the condition. Consequently, the betrothal is valid.

אִיתְּמַר, קִידְּשָׁהּ עַל תְּנַאי וּכְנָסָהּ סְתָם. רַב אָמַר: צְרִיכָה הֵימֶנּוּ גֵּט, וּשְׁמוּאֵל אָמַר: אֵינָהּ צְרִיכָה הֵימֶנּוּ גֵּט. אָמַר אַבַּיֵי:

§ **It was stated** that the Sages had a dispute concerning the following question: If he **betrothed her conditionally,** such as that she had no vows incumbent upon her, **and he** subsequently **married her without specification,**[H] and then it was discovered that the condition had not been fulfilled, **Rav said:** Although he may divorce her without payment of her marriage contract, the betrothal is not nullified, and therefore **she requires a bill of divorce from him. And Shmuel said:** The betrothal was invalid from the outset, and therefore **she does not require a bill of divorce from him. Abaye said:**

Perek **VII**
Daf **73** Amud **a**

לָא תֵּימָא טַעְמֵיהּ דְּרַב כֵּיוָן שֶׁכְּנָסָהּ סְתָם אַחוּלֵי אַחְלֵיהּ לִתְנָאֵיהּ. אֶלָּא טַעֲמָא דְּרַב: לְפִי שֶׁאֵין אָדָם עוֹשֶׂה בְּעִילָתוֹ בְּעִילַת זְנוּת.

Do not say that **Rav's reason** for requiring a bill of divorce is that **since he married her without specification,** this indicates that **he waived his condition** entirely, and therefore he must give her the payment of her marriage contract if he divorces her. **Rather, Rav's reason is because a person does not** intentionally **engage in licentious sexual intercourse.**[N] He is aware that the initial betrothal may possibly be nullified, rendering sexual intercourse licentious. Therefore, when he marries her, he does so with the intention that the consummation of the marriage serves as unconditional betrothal. However, as he does not entirely waive his condition, if it becomes clear that the condition was not fulfilled, she may be divorced without receiving payment of her marriage contract.

הָא פְּלִיגִי בָּהּ חֲדָא זִימְנָא! דְּאִתְּמַר: קְטַנָּה שֶׁלֹּא מֵיאֲנָה, וְהִגְדִּילָה, עָמְדָה וְנִישֵּׂאת. רַב אָמַר: אֵין צְרִיכָה גֵּט מִשֵּׁנִי,

The Gemara asks: **But they** already **disagree about this** fundamental issue of whether it may be assumed that a person does not intentionally engage in licentious sexual intercourse **one** other **time. As it is stated:** With regard to **a minor girl** whose mother or brother married her off, and **who did not refuse**[B] her husband, despite having the right to do so, **and when she became an adult**[H] **she arose and married** someone else, **Rav said: She does not require a bill of divorce from the second one.** Since she did not refuse the first husband while still a minor, and presumably he later engaged in sexual intercourse with her when she became an adult, and since the assumption is that he does not intentionally engage in licentious relations, the first marriage is binding and the second is meaningless.

HALAKHA

If he betrothed her conditionally and he subsequently married her without specification – קִידְּשָׁהּ עַל תְּנַאי וּכְנָסָהּ סְתָם: If a man betroths a woman conditionally and then marries her or engages in sexual intercourse with her without specification, then she requires a bill of divorce even though the condition was not fulfilled. This is due to the concern that perhaps he nullified the condition at the time of marriage or intercourse. This *halakha* is in accordance with Rav, with whom the *halakha* is generally ruled in matters concerning prohibitions (Rambam *Sefer Nashim, Hilkhot Ishut* 7:23 and *Kesef Mishne* there; *Shulḥan Arukh, Even HaEzer* 38:35).

NOTES

A person does not intentionally engage in licentious sexual intercourse – אֵין אָדָם עוֹשֶׂה בְּעִילָתוֹ בְּעִילַת זְנוּת: It cannot be argued that Shmuel rejects this premise and holds that people do intentionally engage in licentious intercourse, since this question is discussed by Beit Shammai and Beit Hillel with regard to a husband and wife who lodge together after they have gotten divorced (*Gittin* 81a). The ruling in accordance with Beit Hillel is based on the assumption that a person does not intentionally engage in licentious sexual intercourse. Instead, one can suggest that according to Shmuel, the husband did not intend to engage in licentious relations, but since he did not know that the woman had vows incumbent upon her, he believed he was engaging in ordinary marital relations with his wife and consequently did not intend to initiate betrothal. Rav, however, holds that when a man engages in sexual intercourse with a woman, he intends to do so in a halakhically appropriate manner, and therefore his intention effects betrothal.

BACKGROUND

Who did not refuse – שֶׁלֹּא מֵיאֲנָה: By Torah law a girl under the age of twelve can be married off by her father. However, the Sages instructed that a father must wait until his daughter is mature enough to decide on her own whom she would like to marry (*Kiddushin* 41a). If the girl's father is no longer alive, then by Torah law she cannot get married while still a minor. Nevertheless, the Sages instituted that her mother or brothers may marry her off with her consent. The girl may terminate this marriage before she reaches the age of twelve by performing refusal, i.e., declaring that she does not want the marriage. In such cases, no bill of divorce is necessary. When a girl performs refusal, the marriage is dissolved retroactively, and she is considered never to have been married at all. Most of the *halakhot* of refusal are discussed in tractate *Yevamot*.

HALAKHA

A minor girl who did not refuse her husband and became an adult, etc. – קְטַנָּה שֶׁלֹּא מֵיאֲנָה וְהִגְדִּילָה וכו׳: In the case of a minor girl who was married off by her mother or brother and did not refuse her husband before she became an adult, if her husband engaged in sexual intercourse with her after she reached adulthood, then she is his wife completely. If he did not divorce her and she became betrothed to someone else, she does not require a bill of divorce from the second man, as the *halakha* is in accordance with the opinion of Rav and contrary to that of Shmuel. If, however, they did not engage in sexual intercourse while she was an adult, then the betrothal to the first husband is an uncertain betrothal. If she becomes betrothed to another man she requires a bill of divorce from both (Rambam *Sefer Nashim, Hilkhot Geirushin* 11:6; *Shulḥan Arukh, Even HaEzer* 155:20–21).

NOTES

What, is it not that he betrothed her conditionally – מַאי לָאו, קִידְּשָׁהּ עַל תְּנַאי: According to the Gemara's question, the mishna should be understood as one continuous discussion. It opens with a case of betrothing a woman conditionally, and the second clause, which speaks of marrying her unconditionally, is the continuation of the case where he betrothed her conditionally. The Gemara will explain that according to Shmuel the second clause is a new case, and the betrothal was unconditional as well (Rabbeinu Crescas Vidal).

וּשְׁמוּאֵל אָמַר: צְרִיכָה גֵּט מִשֵּׁנִי!

And Shmuel said: She requires a bill of divorce from the second one. Her first husband did not engage in sexual intercourse with the intention that it serve as a new betrothal, rather he intended to continue the relationship established between them when she was a minor. Therefore, she is not considered to be his wife and the second marriage is binding.

צְרִיכָא, דְּאִי אִתְּמַר בְּהַהִיא – בְּהַהִיא קָאָמַר רַב, מִשּׁוּם דְּלֵיכָּא תְּנָאָה. אֲבָל בְּהָא, דְּאִיכָּא תְּנָאָה – אֵימָא מוֹדֵי לֵיהּ לִשְׁמוּאֵל.

The Gemara explains: It is **necessary** to state the dispute in both instances. **For if it was stated** only **in that** case of the minor who did not refuse, one could say that **in that** case **Rav stated** his opinion **because there is no condition** attached to the betrothal. Consequently, when she becomes an adult, he engages in sexual intercourse with intent to betroth her, as he recognizes that the initial betrothal was ineffective. **But in this** case, **where there is a condition** and it is unfulfilled, one could **say that he concedes to Shmuel** that he did not intend to betroth her through intercourse, and she does not require a bill of divorce.

וְאִי אִתְּמַר בְּהָא – בְּהָא קָאָמַר שְׁמוּאֵל, אֲבָל בְּהַךְ – אֵימָא מוֹדֵי לֵיהּ לְרַב, צְרִיכָא.

And conversely, **if it was stated** only **in this** case concerning betrothal, it could be argued that **in this** case **Shmuel said** that the betrothal is not valid when he engages in sexual intercourse with her, since she violated a condition, **but in that** case of the minor who did not refuse, one could **say** that **he concedes to Rav.** Therefore, it is **necessary** to state the argument explicitly in both cases.

תְּנַן: כְּנָסָהּ סְתָם וְנִמְצְאוּ עָלֶיהָ נְדָרִים – תֵּצֵא שֶׁלֹּא בִּכְתוּבָּה. כְּתוּבָּה הוּא דְּלָא בָּעֲיָא, הָא גִּיטָּא – בָּעֲיָא! מַאי לָאו – קִידְּשָׁהּ עַל תְּנַאי וּכְנָסָהּ סְתָם, תְּיוּבְתָּא דִּשְׁמוּאֵל!

The Gemara discusses proofs for both sides of this dispute: **We learned** in the mishna: If **he married her without specification, and it was discovered that vows were incumbent upon her, she** may be **divorced without** receiving payment of her **marriage contract.** The Gemara infers: **She does not require** or receive payment of her **marriage contract, but she does require a bill of divorce. What, is it not** speaking about the case discussed in the first clause, namely that **he betrothed her conditionally**[N] **and** then **married her without specification?** If so, the mishna is **a conclusive refutation of Shmuel's** opinion.

Perek **VII**
Daf **73** Amud **b**

לָא, קִידְּשָׁהּ סְתָם וּכְנָסָהּ סְתָם.

The Gemara rejects the proof: **No,** the case there is referring to where **he betrothed her without specification and** then **married her without specification.**

אֲבָל קִידְּשָׁהּ עַל תְּנַאי וּכְנָסָהּ סְתָם – הָכִי נַמִי דְּלָא בָּעֲיָא גִּיטָּא? אַדְּתָנֵי הַמְקַדֵּשׁ אֶת הָאִשָּׁה עַל מְנָת שֶׁאֵין עָלֶיהָ נְדָרִים, וְנִמְצְאוּ עָלֶיהָ נְדָרִים אֵינָהּ מְקוּדֶּשֶׁת, לִיתְנֵי: כְּנָסָהּ סְתָם וְנִמְצְאוּ עָלֶיהָ נְדָרִים אֵינָהּ מְקוּדֶּשֶׁת, וְכָל שֶׁכֵּן הָא!

The Gemara asks: **But** according to this explanation, if **he betrothed her conditionally and** then **married her without specification,** is it **indeed** the case **that she does not require a bill of divorce?** If so, **instead of teaching** in the mishna that if **one betroths a woman on condition that there are no vows** incumbent **upon her** to fulfill, **and it was** subsequently **discovered** that there are **vows** that are incumbent **upon her, she is not betrothed, let** the mishna **teach** instead a more novel *halakha*: If he betrothed her with a condition and **married her without specification and** then **it was discovered** that **vows were** incumbent **upon her, she is not betrothed. And** from this one can derive that **all the more so** the same *halakha* would apply in **this** case, where he betrothed her conditionally but did not repeat the condition when marrying her.

הָכִי נַמִי קָאָמַר: הַמְקַדֵּשׁ אֶת הָאִשָּׁה עַל מְנָת שֶׁאֵין עָלֶיהָ נְדָרִים, וּכְנָסָהּ סְתָם וְנִמְצְאוּ עָלֶיהָ נְדָרִים – אֵינָהּ מְקוּדֶּשֶׁת. קִידְּשָׁהּ סְתָם וּכְנָסָהּ סְתָם – תֵּצֵא שֶׁלֹּא בִּכְתוּבָּה.

The Gemara answers: **That is also what he is saying,** and one should understand the mishna this way: **One who betroths a woman on condition that there are no vows** incumbent **upon her** to fulfill, **and** then **marries her without specification, and it** is then **discovered** that **vows were** incumbent **upon her, she is not betrothed.** If **he betrothed her without specification and married her without specification, she** requires a bill of divorce but may be **divorced without** receiving payment of her **marriage contract.**

כְּתוּבָּה הוּא דְּלָא בָּעֲיָא, הָא גִּיטָּא – בָּעֲיָא. וּמַאי שְׁנָא כְּתוּבָּה דְּלָא בָּעֲיָא – דְּאָמַר: אִי אֶפְשִׁי בְּאִשָּׁה נַדְרָנִית, אִי הָכִי גֵּט נַמִּי לָא תִּיבָּעֵי!

The Gemara asks about this *halakha* according to Shmuel: The mishna says that **she does not require** or receive payment of her **marriage contract, but** one can infer that **she does require a bill of divorce. And what is different** about **a marriage contract that she does not require** payment? **Because he says: I do not want a vowing wife,** and therefore the marriage is considered a mistaken transaction. **If so, she should also not require a bill of divorce.** Since he is clearly particular about this, shouldn't the betrothal also be considered a mistaken transaction?

אָמַר רַבָּה: צְרִיכָה גֵּט מִדִּבְרֵיהֶם. וְכֵן אָמַר רַב חִסְדָּא: צְרִיכָה גֵּט מִדִּבְרֵיהֶם. רָבָא אָמַר: תַּנָּא סְפוּקֵי מְסַפְּקָא לֵיהּ; גַּבֵּי מָמוֹנָא – לְקוּלָּא, גַּבֵּי אִיסּוּרָא – לְחוּמְרָא.

Rabba said: She requires a bill of divorce from the words of the Sages,[N] i.e., by rabbinic law. Although by Torah law the betrothal is in fact invalid, the Sages declared that since he did not explicitly stipulate the condition, she requires a bill of divorce. **And similarly, Rav Ḥisda said: She requires a bill of divorce from the words of** the Sages. **Rava said** a different explanation: The ***tanna* is uncertain** about the status of the betrothal in this case. **Concerning monetary matters,** one **should be lenient.** Therefore, she cannot extract money from the husband for the marriage contract based on the principle that in monetary cases the burden of proof rests upon the claimant. But **concerning prohibitions** such as adultery, one **must be stringent,** and she therefore requires a bill of divorce.

אֲמַר רַבָּה: מַחֲלוֹקֶת בְּטָעוּת שְׁתֵּי נָשִׁים, אֲבָל בְּטָעוּת אִשָּׁה אַחַת – דִּבְרֵי הַכֹּל אֵין צְרִיכָה הֵימֶנּוּ גֵּט.

Rabba said: The dispute between Rav and Shmuel **is in** the case of **an error** concerning **two women.** The same man married one woman on condition that she had no vows incumbent upon her and then married another woman without specification. Rav and Shmuel disagree whether the condition he explicitly stated for the first woman should be seen as proof that he is particular about this with regard to the second one as well, to the point that the betrothal is invalid if the condition was not fulfilled. **But in** the case of **an error** concerning **one woman,** where he betroths her with a condition, marries her without specification, and subsequently discovered that the condition was not fulfilled, **all agree,** including Rav, **that she does not require a bill of divorce from him.**

אֲמַר (לֵיהּ) אַבַּיֵי: וְהָא מַתְנִיתִין דְּטָעוּת אִשָּׁה אַחַת הִיא, וְקָמוֹתְבִינַן תְּיוּבְתָּא מִינֵּיהּ!

Abaye said to him: But the mishna discusses **an error** concerning **one woman,** as a second woman is not mentioned, **and we raise an objection from it** against Shmuel, implying that Rav and Shmuel have a dispute in this case as well. How, then, can you say that dispute is in the case of an error concerning two women?

אֶלָּא אִי אִתְּמַר הָכִי אִתְּמַר: אֲמַר רַבָּה: מַחֲלוֹקֶת בְּטָעוּת אִשָּׁה אַחַת כְּעֵין שְׁתֵּי נָשִׁים, אֲבָל בְּטָעוּת אִשָּׁה אַחַת גְּרֵידְתָּא – דִּבְרֵי הַכֹּל אֵינָהּ צְרִיכָה הֵימֶנּוּ גֵּט.

Rather, the previous explanation must be retracted and instead the Gemara says: **If** the above statement of Rabba **was said, it was said as follows: Rabba said** that **the dispute** between Rav and Shmuel **is with regard to** a case of **an error** concerning **one woman similar to** an error concerning **two women.** He betrothed one woman conditionally and then divorced her, and subsequently married her again without specification. In this case, Rav and Shmuel dispute whether the assumption is that he intended to nullify the initial condition with the second betrothal or whether he married her the second time based upon the conditions of the first betrothal. **But in** the case of a simple **error only** concerning **one woman,** where he betroths her with a condition, marries her without specification, and then discovers that the condition was not fulfilled, **all agree** that **she does not require a bill of divorce from him.**

אֵיתִיבֵיהּ אַבַּיֵי: קִידְּשָׁהּ בְּטָעוּת, וּפָחוֹת מִשָּׁוֶה פְּרוּטָה, וְכֵן קָטָן שֶׁקִּידֵּשׁ, אַף עַל פִּי שֶׁשָּׁלַח סִבְלוֹנוֹת לְאַחַר מִיכָּן – אֵינָהּ מְקוּדֶּשֶׁת, שֶׁמֵּחֲמַת קִדּוּשִׁין הָרִאשׁוֹנִים שָׁלַח. וְאִם בָּעֲלוּ – קָנוּ. רַבִּי שִׁמְעוֹן בֶּן יְהוּדָה מִשּׁוּם רַבִּי יִשְׁמָעֵאל אָמַר: אִם בָּעֲלוּ – לֹא קָנוּ.

Abaye raised an objection to Rabba's statement from a *baraita*: In cases where the man **betrothed her in error, or** he betrothed her with an item worth **less than the value of a *peruta*,**[H] **and similarly** in a case where there was **a minor boy who betrothed** a woman, **even if** the man **later sent presents** [*sivlonot*][L] to the bride after he became an adult, **she is not betrothed, because he sent** them **on the basis of the original betrothal. And if** the men in any of these cases **engaged in sexual intercourse** with the woman after betrothal at the appropriate time, **they have acquired** the women as their wives, since they presumably intended the intercourse to serve as betrothal. **Rabbi Shimon ben Yehuda said in the name of Rabbi Yishmael:** Even **if they engage in sexual intercourse, they have not acquired** the women as wives, since they presumably engaged in these relations based upon the earlier betrothal, which was invalid.

NOTES

She requires a bill of divorce from the words of the Sages – צְרִיכָה גֵּט מִדִּבְרֵיהֶם: This is required because he did not explicitly state a condition at the time of the betrothal or marriage, and therefore people will not know that the betrothal was invalid. Instead, they will think that it is possible for a married woman to leave her husband without receiving a bill of divorce (Rivan).

HALAKHA

He betrothed her in error or he betrothed her with an item worth less than the value of a *peruta* – קִידְּשָׁהּ בְּטָעוּת וּפָחוֹת מִשָּׁוֶה פְּרוּטָה: If a man betroths a woman with an item worth less than the value of a *peruta*, she is not betrothed. Similarly, if a minor betroths a woman, she is not betrothed, even if he sends gifts that are worth more than a *peruta* to the bride after he reaches maturity. This is because the gifts were sent only based on the assumption that the initial betrothal was valid (Rambam *Sefer Nashim, Hilkhot Ishut* 4:20; *Shulḥan Arukh, Even HaEzer* 31:9).

LANGUAGE

Presents [*sivlonot*] – סִבְלוֹנוֹת: Most commentaries suggest that the root of this word is the Hebrew *saval*, meaning a gift. Others claim it comes from the Greek συμβολή, *symbolē*, which has multiple meanings, such as a monetary advance or something that binds two sides, e.g., a contract.

וְהָא הָכָא, דְּטָעוּת אִשָּׁה אַחַת הִיא, וּפְלִיגִי! מַאי לָאו טָעוּת נְדָרִים?

Noting that the first case in the *baraita* is where a man betrothed a woman in error, Abaye asks: **But here** in this *baraita*, **where** the first case **is an error** concerning **one woman, and** the first *tanna* and Rabbi Shimon ben Yehuda **disagree; what, is it not** that the intention of the phrase: **Betrothed** her in error, is referring to an **error** in the condition with regard to **vows,** where he mistakenly believed she didn't have any vows incumbent upon her? This would constitute a refutation of Rabba's statement that all agree that in a case of an error concerning one woman she is betrothed.

לָא, טָעוּת פָּחוּת מִשָּׁוֶה פְּרוּטָה. פָּחוּת מִשָּׁוֶה פְּרוּטָה בְּהֶדְיָא קָתָנֵי לָהּ: קִידְּשָׁהּ בְּטָעוּת, וּפָחוּת מִשָּׁוֶה פְּרוּטָה! פֵּרוּשֵׁי קָא מְפָרֵשׁ: קִידְּשָׁהּ בְּטָעוּת כֵּיצַד? כְּגוֹן שֶׁקִּידְּשָׁהּ בְּפָחוּת מִשָּׁוֶה פְּרוּטָה.

The Gemara responds: **No,** here it is referring to a halakhic **error,** that he betrothed a woman with an item worth **less than the value of a *peruta*.** The Gemara asks: Concerning the case where the betrothal is with an item worth **less than the value of a *peruta*,** the *baraita* **teaches it explicitly** as a separate case with the following words: If **he betrothed her in error, or** if he betrothed her with an item worth **less than the value of a *peruta*.** The Gemara answers: **It is explaining** what it stated earlier: **What is** the case of one who **betrothed her in error? For example, when he betrothed her with** an item worth **less than the value of a *peruta*,** as he did not engage in sexual intercourse with her based on such a betrothal.

בְּמַאי קָא מִיפַּלְגִי? מָר סָבַר: אָדָם יוֹדֵעַ שֶׁאֵין קִדּוּשִׁין תּוֹפְסִין בְּפָחוּת מִשָּׁוֶה פְּרוּטָה, וְגָמַר וּבָעַל לְשֵׁם קִדּוּשִׁין. וּמָר סָבַר: אֵין אָדָם יוֹדֵעַ שֶׁאֵין קִדּוּשִׁין תּוֹפְסִין בְּפָחוּת מִשָּׁוֶה פְּרוּטָה, וְכִי קָא בָּעַל – אַדַּעְתָּא דְּקִדּוּשִׁין הָרִאשׁוֹנִים בָּעַל.

The Gemara asks: **With regard to what do they disagree?** The Gemara answers: One **Sage,** the first *tanna*, **holds** that **a person knows that betrothal does not take effect**[N] **with** an item worth **less than the value of a *peruta*. Consequently,** he **decides to engage in sexual intercourse for the purpose of betrothal** and therefore acquires the woman as his wife through these relations. **And one Sage,** Rabbi Shimon ben Yehuda, **holds** that **a person does not know that betrothal does not take effect with** an item worth **less than the value of a *peruta*, and when he** later **engages in sexual intercourse, he does so on the basis of the original betrothal,** so no new betrothal takes place.

אֵיתִיבֵיהּ: ״הֲרֵינִי בּוֹעֲלֵיךְ עַל מְנָת שֶׁיִּרְצֶה אַבָּא״ – אַף עַל פִּי שֶׁלֹּא רָצָה הָאָב – מְקוּדֶּשֶׁת. רַבִּי שִׁמְעוֹן בֶּן יְהוּדָה אוֹמֵר מִשּׁוּם רַבִּי שִׁמְעוֹן: רָצָה הָאָב – מְקוּדֶּשֶׁת, לֹא רָצָה הָאָב – אֵינָהּ מְקוּדֶּשֶׁת. וְהָא הָכָא, דְּכִי טָעוּת אִשָּׁה אַחַת דָּמֵי, וּפְלִיגִי!

Abaye again **raised an objection to** Rabba's statement from a *baraita*: If a man said to a woman: **I am engaging in sexual intercourse with you** for the purpose of betrothal **on condition that** my **father will desire**[H] our betrothal, and then he married her without specification, **although the father did not desire** it, **she** is nevertheless **betrothed** through this act of intercourse. **Rabbi Shimon ben Yehuda says in the name of Rabbi Shimon:** If **the father desires it, she is betrothed,** and if **the father does not desire it, she is not betrothed,** since he engaged in intercourse with her based on the initial condition. **But here it is similar to a mistake** concerning **one woman, and they disagree** whether the betrothal is valid.

הָתָם בְּהָא קָמִיפַּלְגִי; מָר סָבַר: עַל מְנָת שֶׁיִּרְצֶה הָאָב – עַל מְנָת שֶׁיִּשְׁתּוֹק הָאָב, וְהָא שָׁתֵיק לֵיהּ. וּמָר סָבַר: עַל מְנָת שֶׁיֹּאמַר אַבָּא ״הֵן״ – וְהָא לֹא אֲמַר אַבָּא ״הֵן״.

The Gemara responds: **There, they disagree about this:** One **Sage,** the first *tanna*, **holds that: On condition that** my **father will desire** it, means: **On condition that** my **father is silent. Consequently,** if his father does not protest, the betrothal is valid, **and he was** indeed **silent about it. And one Sage,** Rabbi Shimon ben Yehuda, **holds** that it means: **On condition that** my **father says yes, and he did not say yes.** Therefore, the dispute is about the significance of the father's silence in this case.

אֵיתִיבֵיהּ: מוֹדִים חֲכָמִים לְרַבִּי אֱלִיעֶזֶר בִּקְטַנָּה שֶׁהִשִּׂיאָהּ אָבִיהָ וְנִתְגָּרְשָׁה, וְהָיְתָה יְתוֹמָה בְּחַיֵּי הָאָב, וְהֶחֱזִירָהּ – שֶׁחוֹלֶצֶת וְלֹא מִתְיַבֶּמֶת,

Abaye again **raised an objection to** Rabba's statement from a *baraita*: **The Rabbis concede to Rabbi Eliezer concerning a minor girl who was married off by her father**[NH] **and** then **divorced** while she was still a minor, **and is** therefore treated by the *halakha* as **an orphan in the lifetime of the father,** since the *halakha* is that the father is no longer able to marry her off to someone else, **and** while she was still a minor, her former husband **remarried her,** and he then died without children, **that she performs *ḥalitza* and may not** instead **enter into levirate marriage.**

NOTES

A person knows that betrothal does not take effect, etc. – אָדָם יוֹדֵעַ שֶׁאֵין קִדּוּשִׁין תּוֹפְסִין וכו׳: The early authorities ask: If people know that betrothal is not binding when performed with an item worth less than the value of a *peruta*, why did he betroth her with such an item? They explain that one can interpret this answer by distinguishing between the cases. Concerning betrothal with an item worth less than the value of a *peruta* or when the male performing the betrothal is a minor, there may be general uncertainty about the *halakha*, so it can be assumed that he intends to complete the process in a manner that is acceptable according to all opinions. In contrast, he may not be aware that his wife is a vowing woman, and therefore he may still intend to retain his initial condition when engaging in sexual intercourse (Ra'ah; Ritva).

A minor girl who was married off by her father, etc. – קְטַנָּה שֶׁהִשִּׂיאָהּ אָבִיהָ וכו׳: There is fundamental complication in the laws of levirate marriage: If a man dies childless, his brother-in-law is obligated to marry the *yevama*. However, absent this obligation, brothers- and sisters-in-law are forbidden to each other by a prohibition that incurs liability to receive *karet*. This prohibition includes a divorcée marrying her former brother-in-law. The question here concerns a woman who was divorced and then remarried to the same husband: Once she was forbidden to her brother-in-law as a result of her divorce, is that prohibition voided if her former husband marries her again?

HALAKHA

On condition that my father will desire it – עַל מְנָת שֶׁיִּרְצֶה אַבָּא: If one betroths a woman on condition that his father consents, she is betrothed, provided that his father does consent. If his father does not consent, is silent, or died before he heard of the betrothal, she is not betrothed.

If the man said: You are betrothed to me on condition that my father not protest, she is not betrothed if his father protests. If he does not protest, or he died before hearing of the betrothal, she is betrothed. This is the opinion of the Rambam. *Beit Shmuel* clarifies that, according to the Rambam, when his father does not protest, the betrothal is a definite betrothal. According to the other authorities, it has the status of an uncertain betrothal until his father dies.

Some maintain that even one who says: You are betrothed to me on condition that my father desires it, is equivalent to having said: On condition that my father does not protest (Ra'avad). Others maintain that his status is like one who says: On condition that my father is silent, as is evident from the continuation of the discussion in tractate *Kiddushin* 63a (*Tur*, citing Rosh; *Maggid Mishne*, citing Ramban). The conclusion is that one should be stringent in the case where the husband declares: On condition that he desires, and accommodate all of the opinions (*Beit Shmuel*, citing Rabbeinu Yeruḥam). The authorities ruled in accordance with the opinion of Rabbi Shimon ben Yehuda here, since this opinion was taught as an unattributed mishna in *Kiddushin* (Rambam *Sefer Nashim, Hilkhot Ishut* 7:1; *Shulḥan Arukh, Even HaEzer* 38:8).

A minor girl who was married off by her father, etc. – בִּקְטַנָּה שֶׁהִשִּׂיאָהּ אָבִיהָ וכו׳: If a minor girl was married off by her father, then divorced from her husband through the agency of her father, then later returned to her husband, and then was widowed while she was still a minor, is prohibited from entering into levirate marriage, as is stated here, and all agree to this *halakha*. According to the Rambam, she does not require *ḥalitza* either. According to the *Tur* and the Rosh, she does require *ḥalitza*, but it is not a full-fledged *ḥalitza*, since her rival wife is not exempted from *ḥalitza* through it (Rambam *Sefer Nashim, Hilkhot Yibbum VaḤalitza* 7:13; *Shulḥan Arukh, Even HaEzer* 173:16 and *Beit Shmuel* there).

מִפְּנֵי שֶׁגֵּירוּשֶׁיהָ גֵּירוּשִׁין גְּמוּרִין, וְאֵין חֲזָרָתָהּ חֲזָרָה גְּמוּרָה.

The *baraita* continues: This is **because her divorce was a full-fledged divorce,** since the father has authority to receive her bill of divorce from her husband, **and her return** to her husband afterward **is not a full-fledged return,** since she remarries her husband while still a minor, and her father no longer has authority to marry her off, and marriage to a minor girl by her own consent is not considered a full-fledged marriage. She is consequently prohibited from entering into a levirate marriage based on the prohibition against a divorcée marrying her former husband's brother.

בַּמֶּה דְּבָרִים אֲמוּרִים – שֶׁגֵּירְשָׁהּ כְּשֶׁהִיא קְטַנָּה וְהֶחֱזִירָהּ כְּשֶׁהִיא קְטַנָּה. אֲבָל גֵּירְשָׁהּ כְּשֶׁהִיא קְטַנָּה וְהֶחֱזִירָהּ כְּשֶׁהִיא גְּדוֹלָה, אוֹ שֶׁהֶחֱזִירָהּ כְּשֶׁהִיא קְטַנָּה וְגָדְלָה אֶצְלוֹ, וּמֵת – אוֹ חוֹלֶצֶת אוֹ מִתְיַיבֶּמֶת.

The *baraita* continues: **In what case is this statement said? When he divorced her while she was** still **a minor girl and** then **remarried her while she was** still **a minor girl. But if he divorced her while she was** still **a minor girl,** and then **remarried her when she was an adult woman, or if he remarried her while she was** still **a minor girl and she became an adult woman** while married **to him,** the second marriage is binding, and she has the status of a full-fledged married woman. **And** therefore, if **he died, either she performs *ḥalitza* or she enters into levirate marriage** like any other widow.

Perek **VII**
Daf **74** Amud **a**

מִשּׁוּם רַבִּי אֱלִיעֶזֶר אָמְרוּ: חוֹלֶצֶת וְלֹא מִתְיַיבֶּמֶת. וְהָא הָכָא, דִּכְטָעוּת אִשָּׁה אַחַת דָּמֵי – וּפְלִיגִי!

In the name of Rabbi Eliezer they said that even in this case **she performs *ḥalitza*,**[B] **but she may not enter into levirate marriage.** This dispute seems to hinge on whether, when he engaged in sexual intercourse with her as an adult, he did so for the purpose of betrothal, or whether he relied upon the invalid betrothal performed when she was a minor. **But here,** this should be considered **similar to an error** concerning **one woman, and** yet they **disagree.**

BACKGROUND

Ḥalitza – חֲלִיצָה: *Ḥalitza* is the ceremony that frees the widow of a man who died without children from the obligation to marry one of her deceased husband's brothers and allows her to remarry (see Deuteronomy 25:7–10). The term *ḥalitza* is derived from the central element of this ceremony, which is the removal [*ḥalitza*] by the widow of a special sandal from the foot of one of her deceased husband's brothers. *Ḥalitza* must be performed before a rabbinical court. The laws governing this ceremony are discussed in detail in tractate *Yevamot*.

הָתָם נַמִי בְּהָא קָמִיפַּלְגִי. מָר סָבַר: אָדָם יוֹדֵעַ שֶׁאֵין קִידּוּשֵׁי קְטַנָּה כְּלוּם, וְגָמַר וּבָעַל לְשֵׁם קִידּוּשִׁין. וּמָר סָבַר: אֵין אָדָם יוֹדֵעַ שֶׁאֵין קִידּוּשֵׁי קְטַנָּה כְּלוּם, וְכִי קָא בָּעַל – אַדַּעְתָּא דְּקִידּוּשִׁין הָרִאשׁוֹנִים קָא בָּעַל.

The Gemara refutes this claim: This is not the nature of the disagreement. Rather, **there too** they **disagree** over a possible halakhic error: **One Sage,** the first *tanna*, **holds** that **a person knows that the betrothal of a minor girl is nothing, and** consequently, after she reaches adulthood, **he decides to engage in sexual intercourse for the purpose of betrothal.** Therefore, if the husband dies she may enter into levirate marriage. **And one Sage,** Rabbi Eliezer, **holds that a person does not know that the betrothal of a minor girl is nothing, and** therefore **when he engages in sexual intercourse** with her after she reaches adulthood, **he does so on the basis of the initial betrothal,** which is not effective according to Torah law, and therefore she cannot enter into levirate marriage.

אִתְּמַר נַמִי, אָמַר רַב אַחָא בַּר יַעֲקֹב אָמַר רַבִּי יוֹחָנָן: הַמְקַדֵּשׁ עַל תְּנַאי וּבָעַל – [דִּבְרֵי הַכֹּל] אֵינָהּ צְרִיכָה הֵימֶנּוּ גֵּט. אֵיתִיבֵיהּ רַב אַחָא בְּרֵיהּ דְּרַב אִיקָא בַּר אַחְתֵּיהּ: חֲלִיצָה מוּטְעֵת כְּשֵׁירָה. אֵיזוֹ הִיא חֲלִיצָה מוּטְעֵת? אָמַר רֵישׁ לָקִישׁ: כָּל שֶׁאוֹמֵר לוֹ ״חֲלוֹץ לָהּ וּבְכָךְ אַתָּה כּוֹנְסָהּ״.

It was also stated in accordance with Rabba's opinion, that there is no dispute with regard to an error concerning one woman: **Rav Aḥa bar Ya'akov said** that **Rabbi Yoḥanan said: One who betrothed** a woman **conditionally and engaged in sexual intercourse** without specifying that he is voiding the condition, **all agree** that **she does not require a bill of divorce from him. Rav Aḥa, son of Rav Ika, son of** Rav Aḥa bar Ya'akov's **sister, raised an objection to** his opinion from a *baraita* that states: **A mistaken *ḥalitza* is valid.** The *amora'im* asked: **What is** meant by the term: **A mistaken *ḥalitza*? Reish Lakish said: Any** situation **when** someone **says to** a man whose married brother died childless [*yavam*] not well versed in *halakha*: **Perform *ḥalitza* with her and by doing so you will** thereby **marry her.** Although he did not intend to release their bond with this *ḥalitza*, it is nevertheless effective.

אָמַר רַבִּי יוֹחָנָן: אֲנִי שׁוֹנֶה: בֵּין שֶׁנִּתְכַּוֵּין הוּא וְלֹא נִתְכַּוְּונָה הִיא, בֵּין שֶׁנִּתְכַּוְּונָה הִיא וְלֹא נִתְכַּוֵּין הוּא – חֲלִיצָתָהּ פְּסוּלָה, עַד שֶׁיִּתְכַּוְּונוּ שְׁנֵיהֶם, וְאַתְּ אָמְרַתְּ חֲלִיצָתָהּ כְּשֵׁרָה? אֶלָּא אָמַר רַבִּי יוֹחָנָן: כָּל שֶׁאוֹמֵר לוֹ ״חֲלוֹץ לָהּ עַל מְנָת שֶׁתִּתֵּן לְךָ מָאתַיִם זוּז״.

Rabbi Yoḥanan said: I teach with regard to the *halakhot* of *ḥalitza*: Whether he intended to release her through *ḥalitza* and she did not intend it, or whether she intended this outcome and he did not intend it, her *ḥalitza* is invalid;[H] it will always be invalid until they both intend the appropriate outcome. And you say that in that case, when he intended to marry her and not to release her, that her *ḥalitza* is valid? Rather, Rabbi Yoḥanan said that in fact, in such a case, the *ḥalitza* would be invalid, and the term: A mistaken *ḥalitza*, concerns any situation where someone says to the *yavam*: Perform *ḥalitza* with her on condition that she gives you[H] two hundred dinars as payment, and afterward she refuses to give him the money.

אַלְמָא, כֵּיוָן דַּעֲבַד מַעֲשֶׂה – אַחוּלֵי אַחְלֵיהּ לִתְנָאֵיהּ, הָכָא נַמִּי כֵּיוָן דְּבָעַל – אַחוּלֵי אַחְלֵיהּ לִתְנָאֵיהּ?

The Gemara returns to our issue: **Apparently,** it can be seen from here that **since he performed an action,** the *halakha* views this as though **he** explicitly **waived his condition,** for although he stipulated a condition, once he actually performs *ḥalitza* the condition is ignored. If so, **here too,** with regard to a conditional betrothal, **since he engaged in sexual intercourse, he has waived his condition,** which contradicts Rav Aḥa bar Ya'akov's view.

אָמַר לֵיהּ: בַּר בֵּי רַב, שַׁפִּיר קָא אָמְרַתְּ? מִכְּדִי כָּל תְּנַאי מֵהֵיכָא גָּמְרִינַן – מִתְּנַאי בְּנֵי גָד וּבְנֵי רְאוּבֵן,

He said to him: Student of the academy, have **you spoken well?** The reason why the *ḥalitza* is valid is not because he waived his condition, but rather because the condition was invalid to begin with. **After all, from where do we learn** through tradition **all** the laws of **conditions? From the conditions** made with **the descendants of Gad and the descendants of Reuben.** Moses made a condition with the tribes of Gad and Reuben: If they would go with the rest of the nation to fight in the battles for the land of Canaan on the western side of the Jordan, they would receive their inheritance on the eastern side, as they requested (see Numbers, chapter 32).

תְּנָאָה דְּאֶפְשָׁר לְקַיּוּמֵיהּ עַל יְדֵי שָׁלִיחַ, כִּי הָתָם – הָוֵי תְּנָאֵיהּ תְּנָאָה, דְּלָא אֶפְשָׁר לְקַיּוּמֵיהּ עַל יְדֵי שָׁלִיחַ כִּי הָתָם – לָא הָוֵי תְּנָאָה.

The Gemara derives the *halakhot* of contractual conditions from that incident, and these include the rule that **a condition that can be fulfilled by means of an agent, as** was done **there,** when Moses transferred responsibility for implementing the condition to Joshua and the Elders, and such **a condition is** a valid **condition.** Whereas a condition **that cannot be fulfilled by means of an agent**[N] **as** was done **there is not** a valid **condition.** Accordingly, since *ḥalitza* cannot be performed by means of an agent, the condition is of no effect and the *ḥalitza* is valid. There is therefore no proof from here that a husband who performs an action waives his condition.

וְהָא בִּיאָה, דְּלָא אֶפְשָׁר לְקַיּוּמֵיהּ עַל יְדֵי שָׁלִיחַ כִּי הָתָם, וְקָא הָוֵי תְּנָאָה!

The Gemara raises a difficulty: **But sexual intercourse** is something **that cannot be fulfilled by means of an agent as** was done **there,** in the case of the descendants of Gad and the descendants of Reuben, **and yet it is** considered a valid **condition.** If a man says that he is engaging in intercourse with a woman for the purpose of betrothal on condition that a certain stipulation be fulfilled, if that condition is broken the betrothal is invalid.

HALAKHA

Mistaken *ḥalitza* – חֲלִיצָה מוּטְעֵת: Both the *yavam* and the *yevama* must intend to permit the woman to all other men by means of this *ḥalitza*. If she had this intention but he did not, or vice versa, the *ḥalitza* is invalid and does not permit her to others. However, this invalid *ḥalitza* does serve to permanently disqualify her from marrying the *yavam* and all of the other brothers of her late husband, as stated by Rabbi Yoḥanan (Rambam *Sefer Nashim, Hilkhot Yibbum VaḤalitza* 4:16; *Shulḥan Arukh, Even HaEzer* 169:44).

Perform *ḥalitza* with her on condition that she gives you – חֲלוֹץ לָהּ עַל מְנָת שֶׁתִּתֵּן לְךָ: If someone performs *ḥalitza* under false assumptions, it is nevertheless valid, e.g., if one is told to perform *ḥalitza* with a woman on condition that she gives him two hundred dinars. Even if she subsequently refuses to pay the money, the *ḥalitza* is valid. Furthermore, even if one states both sides of the condition, by specifying that if she does not give him this sum she will not be allowed to marry other men, his words are of no significance (Rosh). Although the *ḥalitza* is valid despite her failure to pay him the money, she is nevertheless obliged to give him what she promised, like anyone who hired someone to perform work and agreed to payment. However, if she has a valid reason why she does not want to enter into levirate marriage with him, and he refused to carry out his obligation to perform *ḥalitza* unless she agreed to pay him, she does not have to pay him the money after he performs *ḥalitza* (Rambam *Sefer Nashim, Hilkhot Yibbum VaḤalitza* 4:24; *Shulḥan Arukh, Even HaEzer* 169:50–51).

NOTES

A condition that cannot be fulfilled by means of an agent – דְּלָא אֶפְשָׁר לְקַיּוּמֵיהּ עַל יְדֵי שָׁלִיחַ: *Tosafot* note that this principle does not mandate complete equivalence to the conditions made with the descendants of Gad and the descendants of Reuben, as all agree that the details of contractual conditions do not all have to follow the exact model of that case. Rather, details of that paradigm are applied to other cases only when there is a logical reason to assume that they are halakhically significant. Consequently, they explain that the logic of this particular rule is that if a person has such control over an act that he can appoint an agent to perform it for him, he can also stipulate conditions. A slightly different interpretation is suggested in the *Penei Yehoshua*, following the Ritva, the Meiri, and others: If an action cannot be performed by an agent, this demonstrates that the act itself is the essential factor, not the intention it expresses. Consequently, one cannot void the act by means of speech.

הָתָם מִשּׁוּם דְּאִיתְקוּשׁ הֲוָיוֹת לַהֲדָדֵי.

The Gemara answers: **There,** in the case of betrothal, there is a special reason for this law, **because** the different ways of **becoming** betrothed **are juxtaposed to each other.** The Torah describes betrothal with the term becoming, as in the expression: "And she becomes another man's wife" (Deuteronomy 24:2). Betrothal can be performed through the transference of money or an item of value, through a document, or through sexual intercourse. All three forms are juxtaposed with one another. Conditions can be stipulated for betrothal performed via transference of money or through a document, since these methods of betrothal can be fulfilled through an agent. Therefore, a condition may also be stipulated for betrothal through sexual intercourse, although that cannot be fulfilled through an agent.

אָמַר רַב עוּלָּא בַּר אַבָּא אָמַר עוּלָּא אָמַר רַבִּי אֶלְעָזָר: הַמְקַדֵּשׁ בְּמִלְוֶה וּבָעַל, עַל תְּנַאי וּבָעַל, בְּפָחוֹת מִשָּׁוֶה פְּרוּטָה וּבָעַל – דִּבְרֵי הַכֹּל צְרִיכָה הֵימֶנּוּ גֵּט.

Rav Ulla bar Abba said that **Ulla said** that **Rabbi Elazar said:** In the case of **one who betroths** a woman **with a loan** by forgiving a debt she owes him, which does not effect betrothal, **and** subsequently **engages in sexual intercourse**[H] with her; or one who betroths a woman **conditionally** and the condition was not fulfilled, **and** he subsequently **engages in sexual intercourse**[H] with her; or one who betroths a woman **with** an item worth **less than the value of a *peruta*, and** he subsequently **engages in sexual intercourse** with her, in all of these cases, **all agree** that **she requires a bill of divorce from him.** Although the initial betrothal was invalid, they are betrothed due to the subsequent sexual intercourse.

אָמַר רַב יוֹסֵף בַּר אַבָּא אָמַר רַבִּי מְנַחֵם אָמַר רַבִּי אַמִי: הַמְקַדֵּשׁ בְּפָחוֹת מִשָּׁוֶה פְּרוּטָה וּבָעַל – צְרִיכָה הֵימֶנּוּ גֵּט. בְּהָא הוּא דְּלָא טָעֵי, אֲבָל בְּהָנָךְ – טָעֵי.

Rav Yosef bar Abba said that **Rabbi Menaḥem said** that **Rabbi Ami said:** In the case of **one who betroths** a woman **with** an item worth **less than the value of a *peruta* and** subsequently **engages in sexual intercourse**[H] with her, **she requires a bill of divorce from him.** This is because **it is in this matter that he does not err.**[N] He knows that betrothal must be performed with an item worth at least a *peruta*, and he therefore must have engaged in intercourse with her for the purpose of betrothal. **But with regard to** those **other** cases, i.e., a loan or a condition, he does **err.** He engages in intercourse based upon his initial betrothal, and therefore she does not require a bill of divorce.

אָמַר רַב כָּהֲנָא מִשְּׁמֵיהּ דְּעוּלָּא: הַמְקַדֵּשׁ עַל תְּנַאי וּבָעַל – צְרִיכָה הֵימֶנּוּ גֵּט. זֶה הָיָה מַעֲשֶׂה, וְלֹא הָיָה כֹּחַ בַּחֲכָמִים לְהוֹצִיאָהּ בְּלֹא גֵּט.

Rav Kahana said in the name of Ulla: In the case of **one who betroths** a woman **conditionally** and the condition was not fulfilled, **and** he subsequently **engages in sexual intercourse** with her, **she requires a bill of divorce from him,** in accordance with Rabbi Elazar. The Gemara relates: **This was an incident** that actually occurred. A man betrothed a woman conditionally and then engaged in sexual intercourse with her without specification, **and the Sages did not have** the **power to allow her to leave** her husband **without a bill of divorce,** since they could not definitively rule that the betrothal was invalid. Therefore, they forced him to give her a bill of divorce.

לְאַפּוּקֵי מֵהַאי תַּנָּא, דַּאֲמַר רַב יְהוּדָה אָמַר שְׁמוּאֵל מִשּׁוּם רַבִּי יִשְׁמָעֵאל: "וְהִיא לֹא נִתְפָּשָׂה" – אֲסוּרָה, הָא נִתְפְּשָׂה – מוּתֶּרֶת. וְיֵשׁ לְךָ אַחֶרֶת, שֶׁאַף עַל פִּי שֶׁלֹּא נִתְפְּשָׂה מוּתֶּרֶת, וְאֵיזוֹ זוֹ – שֶׁקִּידּוּשֶׁיהָ קִידּוּשֵׁי טָעוּת, שֶׁאֲפִילּוּ בְּנָהּ מוּרְכָּב עַל כְּתֵיפָהּ,

The Gemara comments: This statement comes **to exclude** the opinion **of this *tanna*,** as **Rav Yehuda said** that **Shmuel said in the name of Rabbi Yishmael:** The verse states with regard to a woman suspected by her husband of having been unfaithful [*sota*]: **"And she was not seized"** (Numbers 5:13), i.e., she was not raped. That is, she is **forbidden** to her husband since she willingly committed adultery with another man. **Consequently,** a woman who in fact **was seized** is **permitted** to her husband. **And you have another** woman **who, although she was not seized** but rather engaged in sexual intercourse willingly, is nevertheless **permitted** to her husband and is not considered a *sota*. **And who is this?** This is referring to one **whose betrothal was a mistaken betrothal, as even if her son** from this marriage **is riding on her shoulders,**

HALAKHA

One who betroths with a loan and subsequently engages in sexual intercourse – הַמְקַדֵּשׁ בְּמִלְוֶה וּבָעַל: If a man betrothed a woman by forgiving a loan and then proceeded to engage in sexual intercourse with her without specifying his intent, she requires a bill of divorce as a matter of uncertainty, in accordance with the opinion of Rabbi Elazar. For the purposes of this *halakha*, if witnesses saw him seclude himself with her, it is considered that they engaged in sexual intercourse (Rambam *Sefer Nashim, Hilkhot Ishut* 7:23; *Shulḥan Arukh, Even HaEzer* 28:16).

One who betroths conditionally and he subsequently engages in sexual intercourse – הַמְקַדֵּשׁ...עַל תְּנַאי וּבָעַל: If a man betrothed a woman conditionally, and his condition was unfulfilled, and he subsequently married her or engaged in sexual intercourse with her without specification, she requires a bill of divorce as a matter of uncertainty. Consequently, if another man then betroths her before she receives the bill of divorce, she must receive a bill of divorce from each of them (Rambam *Sefer Nashim, Hilkhot Ishut* 7:23; *Shulḥan Arukh, Even HaEzer* 38:35).

One who betroths with an item worth less than the value of a *peruta* and subsequently engages in sexual intercourse – הַמְקַדֵּשׁ בְּפָחוֹת מִשָּׁוֶה פְּרוּטָה וּבָעַל: If a man betrothed a woman with an item worth less than the value of a *peruta* and subsequently engaged in sexual intercourse with her in the presence of witnesses, she requires a bill of divorce. The reason is that he certainly had relations with her for the purpose of betrothal, as stated by Rabbi Ami (Rambam *Sefer Nashim, Hilkhot Ishut* 7:23; *Shulḥan Arukh, Even HaEzer* 31:9, and 28:16 in the comment of the Rema).

NOTES

It is in this matter that he does not err – בְּהָא הוּא דְּלָא טָעֵי: The halakhic authorities dispute whether this should be viewed as a special case that is an exception to the rule or as an example of a principle. Some say that the only widely known law is the *halakha* that betrothal is ineffective with an item worth less than the value of a *peruta*.

However, the Rashba and others maintain that this case is cited as an example, and the statement of Rabbi Ami would apply to any problem with the betrothal that stems from a general *halakha* that is familiar to all. Since it is assumed that he was aware of the error, he must have engaged in sexual intercourse with her for the purpose of betrothal, since a person does not intentionally engage in licentious sexual intercourse. According to this opinion, the only time she requires a bill of divorce as a matter of uncertainty is if he stipulated a condition. Since the condition was his choice, he might err about it.

מְמָאֶנֶת וְהוֹלֶכֶת לָהּ.

she may refuse her husband **and go on her** way. According to this opinion, the marriage did not take effect at all, despite the fact that they engaged in sexual intercourse, because the betrothal involved an error.

תָּנוּ רַבָּנַן: הָלְכָה אֵצֶל חָכָם וְהִתִּירָהּ – מְקוּדֶּשֶׁת, אֵצֶל רוֹפֵא וְרִיפֵּא אוֹתָהּ – אֵינָהּ מְקוּדֶּשֶׁת. מַה בֵּין חָכָם לְרוֹפֵא? חָכָם – עוֹקֵר אֶת הַנֶּדֶר מֵעִיקָּרוֹ, וְרוֹפֵא – אֵינוֹ מְרַפֵּא אֶלָּא מִכָּאן וּלְהַבָּא.

§ **The Sages taught:** If a man betroths a woman on condition that there are no vows incumbent upon her to fulfill, but there are vows incumbent upon her, and **she goes to a halakhic authority and he dissolves her** vows,[HN] **she is betrothed.** However, if he betroths her on condition that she has no blemishes, but she does have blemishes, and she goes **to a doctor and he heals her**[H] blemishes, **she is not betrothed.** The Gemara inquires: **What** is the difference **between a halakhic authority and a doctor?** The Gemara explains: When **a halakhic authority** dissolves a vow, he **uproots the vow retroactively.**[N] It is as if she had never vowed at all, and therefore she was in fact not bound by vows at the time of their betrothal. **But a doctor only heals from here onward.** Since she had blemishes at the time of betrothal, she is in breach of his condition.

וְהָתַנְיָא: אֵצֶל חָכָם וְהִתִּירָהּ, אֵצֶל רוֹפֵא וְרִיפֵּא אוֹתָהּ – אֵינָהּ מְקוּדֶּשֶׁת! אָמַר רָבָא: לָא קַשְׁיָא; הָא – רַבִּי מֵאִיר, הָא – רַבִּי אֶלְעָזָר. הָא – רַבִּי מֵאִיר, דְּאָמַר: אָדָם רוֹצֶה שֶׁתִּתְבַּזֶּה אִשְׁתּוֹ בְּבֵית דִּין, הָא – רַבִּי אֶלְעָזָר, דְּאָמַר: אֵין אָדָם רוֹצֶה שֶׁתִּתְבַּזֶּה אִשְׁתּוֹ בְּבֵית דִּין.

The Gemara raises a difficulty: **But isn't it taught** in a different *baraita* that if she goes **to a halakhic authority and he dissolves her** vows, or **to a doctor and he heals her** blemishes, **she is not betrothed? Rava said:** This is **not difficult,** for **this** *baraita* follows the opinion of **Rabbi Meir, and that** one follows **Rabbi Elazar.** The Gemara elaborates: **This** *baraita*, which states that if her vows were dissolved by a halakhic authority she is betrothed, is in accordance with **Rabbi Meir, who said** that **a man is willing for his wife to be degraded** by going **to court** to have her vow dissolved. **That** *baraita* follows the opinion of **Rabbi Elazar, who said** that **a man is not willing for his wife to be degraded in court.** Consequently, even if she went to a halakhic authority and he dissolved her vows, such a solution is unacceptable to her husband, as he did not want her to go to court. Therefore, the betrothal is invalid even after the dissolution of the vow.

HALAKHA

She goes to a halakhic authority and he dissolves her vows, etc. – הָלְכָה אֵצֶל חָכָם וְהִתִּירָהּ וכו׳: If a man betroths a woman on condition that there are no vows incumbent upon her to fulfill, and she does have vows incumbent upon her but goes to a halakhic authority who dissolves her vows, she is betrothed. This *halakha* applies only if her vows were dissolved before her husband found out about them. If he discovered the vows before the halakhic authority dissolved them, the betrothal is voided. The Rosh and others claim that if she is a woman of importance, then even if her vows were dissolved before the husband's discovery, she is betrothed as a matter of uncertainty (see 75a; Rambam *Sefer Nashim*, *Hilkhot Ishut* 7:8; *Shulḥan Arukh*, *Even HaEzer* 39:2).

She goes…to a doctor and he heals her, etc. – הָלְכָה...אֵצֶל רוֹפֵא וְרִיפֵּא וכו׳: If a man betroths a woman on condition that she has no blemishes, but she does have blemishes and goes to a doctor who heals her, she is not betrothed, as stated in the *baraita* (Rambam *Sefer Nashim*, *Hilkhot Ishut* 7:9; *Shulḥan Arukh*, *Even HaEzer* 39:6).

NOTES

She goes to a halakhic authority and he dissolves her vows – הָלְכָה אֵצֶל חָכָם וְהִתִּירָהּ: Rabbi Aharon HaLevi raises the following question: If this is true, then her betrothal can never be definitively voided even if she does not go to a halakhic authority, as at any time she could go to a halakhic authority and retroactively establish her betrothal as valid. Therefore, it is difficult to understand the significance of the mishna's ruling that she is not betrothed. Rabbi Aharon HaLevi finds a partial resolution to this question in the opinion of *Tosafot*, who say that the ruling of the *baraita*, that if she goes to a halakhic authority she is betrothed, is limited to a case where the halakhic authority dissolves her vows before her husband found out about them. But once he knows about them, the betrothal is permanently invalidated. This view is accepted as normative in the *Shulḥan Arukh*. Nevertheless, the difficulty raised by the question remains.

Two other possibilities are suggested by the Rivash and cited in the *Shita Mekubbetzet*: There is no concern that she will have her vow dissolved after remarrying, because of the negative repercussions it would cause for her. Alternatively, the Sages ruled that once a court has allowed her to remarry, the betrothal will no longer be ruled valid retroactively even if she does have her vow dissolved.

This question is also discussed in a slightly different form in the Jerusalem Talmud. Two possibilities are suggested there: First, that if the woman knew that she had a way of dissolving her vow and failed to do so, she has demonstrated her rejection of the betrothal, which means it is completely invalid. Alternatively, it is possible that there is concern that she might have her vow dissolved in the future. If she then marries someone else in the meantime, there is a danger that her children from the second marriage will be *mamzerim*. Rabbi Aharon HaLevi and his students maintain that in light of this possibility, in practice she may not leave her husband without a bill of divorce, in order to remove this potential stumbling block.

A halakhic authority uproots the vow retroactively, etc. – חָכָם עוֹקֵר אֶת הַנֶּדֶר מֵעִיקָּרוֹ וכו׳: As explained by the Gemara in tractate *Nedarim*, there is a difference between the nullification of a husband and the dissolution of a vow by a halakhic authority. Only in the latter case is the vow voided retroactively, and it is as though it never existed. It seems that this principle is the basis of the difference in the mishna between a vow and a blemish. In the case of a blemish, the blemish certainly existed at the time of the betrothal, even if it has since fully healed, and therefore the betrothal was invalid. With regard to a vow, however, it is as though there was never any vow at all, as stated above. However, *Tosafot* maintain that the distinction is that in the case of a blemish, a man is sensitive with regard to a woman who originally had such blemishes, even after they have been removed. Consequently, her later cure does not change the way he views her.

מַאי הִיא? דִּתְנַן: הַמּוֹצִיא אֶת אִשְׁתּוֹ מִשּׁוּם נֶדֶר – לֹא יַחֲזִיר, מִשּׁוּם שֵׁם רַע – לֹא יַחֲזִיר.

The Gemara poses a question: **What is** this fundamental dispute between Rabbi Meir and Rabbi Elazar? The Gemara answers: **As we learned** in a mishna (*Gittin* 45b): If a man **who divorces his wife due to a vow** that she took subsequently regrets his decision and wants to take her back, **he may not remarry** her.[N] Similarly, if he divorces her **due to a bad reputation**[H] she has acquired, **he may not remarry** her. This is because if he were allowed to take her back if the vow is dissolved by a halakhic authority or after discovering that the rumors about her were false, he might say that had he known this he never would have divorced her. Such a statement would retroactively cast doubt on the validity of the bill of divorce and could potentially cause her children from a second marriage to have the status of *mamzerim*. He is therefore informed that if he divorces her due to a vow or a bad reputation he can never remarry her.

רַבִּי יְהוּדָה אוֹמֵר: כׇּל נֶדֶר שֶׁיָּדְעוּ בּוֹ רַבִּים – לֹא יַחֲזִיר, לֹא יָדְעוּ בּוֹ רַבִּים – יַחֲזִיר. רַבִּי מֵאִיר אוֹמֵר: כׇּל נֶדֶר שֶׁצָּרִיךְ חֲקִירַת חָכָם – לֹא יַחֲזִיר, וְשֶׁאֵינוֹ צָרִיךְ חֲקִירַת חָכָם – יַחֲזִיר.

Rabbi Yehuda says: With regard to **any vow that is known by many** people and therefore cannot be nullified, **he may not remarry** her. If **it is not known by many** people, but rather is a private matter between them, **he may remarry** her. **Rabbi Meir says: Any vow that requires investigation by a halakhic authority,** that is, the husband cannot nullify it himself and she needs a halakhic authority to analyze the vow carefully to find an opening that will permit its dissolution, **he may not remarry** her, for he can claim that had he known the vow could be dissolved he would never have divorced her, thereby undermining the bill of divorce. **And** with regard to a vow **that does not require the investigation by a halakhic authority,** which he knows he can nullify himself, **he may remarry** her. There is no concern that he might impair the bill of divorce, as he knew he could dissolve the vow and yet he chose to divorce her regardless.

רַבִּי אֱלְעָזָר אוֹמֵר: אֶחָד צָרִיךְ וְאֶחָד אֵינוֹ צָרִיךְ – לֹא יַחֲזִיר. אָמַר רַבִּי אֶלְעָזָר: לֹא אָסְרוּ צָרִיךְ אֶלָּא מִפְּנֵי שֶׁאֵינוֹ צָרִיךְ. מַאי טַעְמָא דְּרַבִּי יְהוּדָה? דִּכְתִיב

Rabbi Elazar says: Both in the case of a vow that **requires** investigation by a halakhic authority **and one that does not require** it, **he may not remarry** her. **Rabbi Elazar said** in explanation of his view: **They prohibited** remarrying a woman who was bound by a vow that **requires** investigation by a halakhic authority **only due to** a vow **that does not require** such investigation. The Gemara explains the respective opinions: **What is the reason for Rabbi Yehuda's** statement? **As it is written:**

NOTES

Due to a vow he may not remarry her, etc. – מִשּׁוּם נֶדֶר לֹא יַחֲזִיר וכו׳: The Gemara in tractate *Nedarim* suggests two reasons for this law. One possibility is that there is concern that the vow will be dissolved or the rumor will be proven baseless, which will lead the husband to undermine the bill of divorce by saying that had he known he would not have divorced her. The Rosh and *Tosafot* say that according to this opinion it is prohibited for them to remarry only if his stipulation was formulated as a double condition. Alternatively, it is possible that the Sages enacted this measure to prevent Jewish women from behaving improperly and vowing indiscriminately. They therefore barred them from remarrying their husbands if they were divorced because they engaged in such behavior. The dispute between the *tanna'im* mentioned here is connected to the reason for this ban.

HALAKHA

A man who divorces his wife…due to a bad reputation, etc. – הַמּוֹצִיא אֶת אִשְׁתּוֹ...מִשּׁוּם שֵׁם רַע וכו׳: If a man divorces his wife due to her bad reputation or because of vows, he may never remarry her. The Rosh states that this law applies only if he informed her that this was the reason for the divorce and formulated a double condition by adding that were this not the case he would not divorce her. If, however, he did not state a double condition, he is permitted to remarry her. The Ramban, the Rashba, and others maintain that he may not remarry her if he told her why he was giving her a bill of divorce, even without a double condition. The Rambam rules that even if he did not specify the reason for the divorce, he may not remarry her. The basic *halakha* follows the unattributed view in the mishna, not the dissenting opinions (Rambam *Sefer Nashim, Hilkhot Geirushin* 10:12; *Shulḥan Arukh, Even HaEzer* 10:3).

Perek **VII**
Daf **75** Amud **a**

״וְלֹא הִכּוּם בְּנֵי יִשְׂרָאֵל כִּי נִשְׁבְּעוּ לָהֶם נְשִׂיאֵי הָעֵדָה״. וְכַמָּה רַבִּים? רַב נַחְמָן בַּר יִצְחָק אָמַר: שְׁלֹשָׁה. ״יָמִים״ – שְׁנַיִם: ״רַבִּים״ – שְׁלֹשָׁה. רַבִּי יִצְחָק אָמַר: עֲשָׂרָה: ״עֵדָה״ כְּתִיב בְּהוּ.

"And the children of Israel did not smite them, for the princes of the assembly had sworn to them" (Joshua 9:18), and since this oath was uttered in the presence of many people, it could not be rescinded, although it was undertaken in error because the Gibeonites had deceived the people of Israel. The Gemara poses a question: **And how many** people are considered **many**[H] for the purposes of this law? **Rav Naḥman bar Yitzḥak said: Three,** as can be learned from the laws of a woman who experiences a discharge of uterine blood after her menstrual period [*zava*]: **"Days"** indicates **two,** which is the minimal number justifying use of the plural noun. The term **"many** days" (Leviticus 15:25) therefore indicates a total of **three. Rabbi Yitzḥak said: Ten,** as the term **"assembly" is written in relation to the** Gibeonites, and it is taught elsewhere that an assembly is comprised of at least ten members.

HALAKHA

How many people are considered many – כַּמָּה רַבִּים: With regard to a vow, three are considered many, in accordance with the opinion of Rav Naḥman bar Yitzḥak (*Shulḥan Arukh, Yoreh De'a* 228:21).

״רַבִּי מֵאִיר אוֹמֵר: כׇּל נֶדֶר שֶׁצָּרִיךְ חֲקִירַת חָכָם לֹא יַחֲזִיר. רַבִּי אֶלְעָזָר אוֹמֵר: לֹא אָסְרוּ צָרִיךְ אֶלָּא מִפְּנֵי שֶׁאֵינוֹ צָרִיךְ״. בְּמַאי קָמִיפַּלְגִי? רַבִּי מֵאִיר סָבַר: אָדָם רוֹצֶה שֶׁתִּתְבַּזֶּה אִשְׁתּוֹ בְּבֵית דִּין, רַבִּי אֶלְעָזָר סָבַר: אֵין אָדָם רוֹצֶה שֶׁתִּתְבַּזֶּה אִשְׁתּוֹ בְּבֵית דִּין.

The mishna teaches: **Rabbi Meir says:** In the case of **any vow that requires investigation by a halakhic authority, he may not remarry** her. **Rabbi Elazar says: They prohibited** remarrying a woman who was bound by a vow that **requires** investigation by a halakhic authority **only due to** a vow **that does not require** such investigation. The Gemara asks: **With regard to what** principle do **they disagree? Rabbi Meir holds** that **a man is willing for his wife to be degraded in court**, by going to have her vow dissolved. There is concern that the husband might say that had he known the vow could be dissolved he would not have divorced his wife. Such a claim would cast doubt on the validity of the bill of divorce. **Rabbi Elazar maintains** that **a man is not willing for his wife to be degraded in court** at all. Therefore, he cannot undermine the bill of divorce. The Sages prohibited him from remarrying her only due to a case that does not need investigation, as the husband can claim he did not know the vow could be dissolved.

רָבָא אֲמַר: הָכָא בְּאִשָּׁה חֲשׁוּבָה עָסְקִינַן, דְּאָמַר: לָא נִיחָא לִי דְּאִיתְּסַר בִּקְרוֹבוֹתֶיהָ.

Returning to the earlier discussion, **Rava said** a different explanation of the *baraita* that rules that if she went to a halakhic authority who dissolved her vow she is nevertheless not betrothed: **Here we are dealing with an important woman,** i.e., a woman from an important family. The husband does not want her due to her habit of vowing, but since she is from an important family he is reluctant to give her a bill of divorce, **as he says: It is not amenable to me to be forbidden to** all **her relatives.** He wants to retain ties of marriage with this family, and once he has married this woman, even if he divorces her, he will be forbidden to her mother or sisters. He therefore prefers that the betrothal be entirely dissolved.

אִי הָכִי, סֵיפָא דְּקָתָנֵי: אֲבָל הוּא שֶׁהָלַךְ אֵצֶל חָכָם וְהִתִּירוֹ, אֵצֶל רוֹפֵא וְרִיפֵּא אוֹתוֹ – מְקוּדֶּשֶׁת. לִיתְנֵי אֵינָהּ מְקוּדֶּשֶׁת. וְלֵימָא הָכָא בְּאָדָם חָשׁוּב עָסְקִינַן: דְּאָמְרָה לָא נִיחָא לִי דְּאִיתַּסַּר בִּקְרִיבֵיהּ!

The Gemara raises a difficulty: **If so,** consider **the latter clause** of the *baraita*, **which teaches: But** if he betroths her on condition that there are no vows incumbent upon him or that he has no blemishes, and he does have vows or blemishes, but then **he goes to a halakhic authority and he dissolves his** vows, or **to a doctor and he heals him, she is betrothed.** Yet according to Rava, in that case too **let** the *tanna* **teach** that **she is not betrothed, and let** us likewise **say** that **here we are dealing with an important person,** from an important family, **as she says: It is not amenable to me to be forbidden to his relatives.**

אִיהִי בְּכׇל דְּהוּ נִיחָא לַהּ, כִּדְרֵישׁ לָקִישׁ. דְּאָמַר רֵישׁ לָקִישׁ: טַב לְמֵיתַב טַן דּוּ מִלְּמֵיתַב אַרְמְלוּ. אַבַּיֵי אֲמַר: דְּשׁוּמְשְׁמָנָא גַּבְרָא – כּוּרְסֵיהּ בֵּי חֲרָאתָא רָמֵי לַהּ.

The Gemara answers: There is a difference between a man and a woman in this regard, for **it is amenable to her** to be **with any** man, flawed though he may be, **as** taught by **Reish Lakish: As Reish Lakish said** that women say: **It is better to dwell** together **as two** [*tan du*][L] **than to dwell** alone as if **a widow.** Women will prefer any marriage to remaining single. Similarly, **Abaye said** that women say: One **whose husband is** small **as an ant,** nevertheless **places her seat among the noblewomen,** as she considers herself important by virtue of the mere fact that she is married.

רַב פַּפָּא אֲמַר: דְּנַפְסָא גַּבְרָא – תִּיקְרְיֵיהּ בְּסִיפֵּי בָּבָא. וְתֵיתִיב. רַב אַשִׁי אֲמַר: דְּקַלְסָא גַּבְרָא – לָא בָּעֵי טַלְפְּחֵי לְקִידְרָא. תָּנָא: וְכוּלָּן מְזַנּוֹת וְתוֹלוֹת בְּבַעְלֵיהֶן.

Rav Pappa said a different maxim expressing a similar idea: One **whose husband is a wool comber** [*nafsa*],[L] a lowly occupation, **calls him to sit** with her **at the entrance to the house,** as she is proud of him and happy to be married. Similarly, **Rav Ashi said:** Even one **whose husband** is **lowly** [*kalsa*][L] **does not require lentils for her pot.** She is so happy with the simple fact that she is married that she does not mind even if he does not provide her with food. The Gemara comments that it is **taught: And all of these** women who have lowly husbands yet appear so satisfied with their marriage **commit adultery and attribute** the birth of the children **to their husbands.** This is another reason why they are so keen to be married.

LANGUAGE

As two [*tan du*] – **טַן דּוּ**: The source of this expression is the Middle Persian tan dō, literally two bodies, meaning together. The same meaning is attested to in Zoroastrian ritual texts in the term *tan ēw*, one body, and means alone.

Wool comber [*nafsa*] – **נַפְסָא**: The *Arukh* cites several explanations of this term, including a comber of wool. Another possibility is that it is from the Latin napus, a kind of turnip, called *nafus* by the Sages, in which case the Gemara here would be referring to a watchman over vegetables. Rabbeinu Ḥananel associates it with the Greek νήπιος, *nepios*, meaning childish or ignorant.

Lowly [*kalsa*] – **קַלְסָא**: From the Greek καυλός, *kaulos*, meaning the stalk of a plant, in particular the thick stalk of cabbage. The *Arukh* cites an alternate interpretation of a man whose job it is to guard cabbage plants, who certainly lacks any skills or abilities.

״כָּל מוּמִין שֶׁפּוֹסְלִין״ וכו׳. תָּנָא: הוֹסִיפוּ עֲלֵיהֶן זֵיעָה וְשׁוּמָא וְרֵיחַ הַפֶּה. וְהָנֵי בְּכֹהֲנֵי לָא פָּסְלֵי? וְהָתְנַן: הַזָּקֵן וְהַחוֹלֶה וְהַמְזוֹהָם. וּתְנַן: מוּמִין אֵלּוּ, בֵּין קְבוּעִין בֵּין עוֹבְרִין, פְּסוּלִין בְּאָדָם!

§ The mishna teaches that **all blemishes that disqualify** priests disqualify women's betrothal as well. The Sage **taught** in the *Tosefta* (*Ketubot* 87:9): **To these, they added**[H] several additional blemishes applying only to women: **Sweat, a mole, and** a foul **odor from the mouth.** The Gemara poses a question: **And do these** blemishes **not** also **disqualify priests? Didn't we learn** in a mishna with regard to blemishes of animals (*Bekhorot* 41a): **The old, the sick, and the filthy? And it was taught** in a different mishna (*Bekhorot* 43a): **These blemishes** stated concerning animals, **whether** they are **permanent** or **whether** they are **temporary,**[H] render **people,** i.e., priests, **disqualified**[H] as well. This shows that filth and sweat disqualify priests too.

אָמַר רַבִּי יוֹסֵי בְּרַבִּי חֲנִינָא: לָא קַשְׁיָא; כָּאן – בְּזֵיעָה עוֹבֶרֶת. כָּאן – בְּזֵיעָה שֶׁאֵינָהּ עוֹבֶרֶת.

Rabbi Yosei, son of Rabbi Ḥanina, said: This is **not difficult. Here,** where the *baraita* states that these blemishes do not disqualify priests, it is referring to **removable sweat,**[N] which can be washed off. **There,** the mishna that considers it is a disqualifying blemish for priests, it is speaking **of sweat that is not removable.**[B]

רַב אַשִׁי אָמַר: זֵיעָה אַמְזוֹהָם קָא רָמֵית? הָתָם גַּבֵּי כֹּהֲנִים – אֶפְשָׁר לְעַבְרָהּ בְּקִיוְהָא דְּחַמְרָא. וּמֵרֵיחַ הַפֶּה נַמִי, אֶפְשָׁר דְּנָקֵט פִּילְפְּלָא בְּפוּמֵיהּ וְעָבֵיד עֲבוֹדָה. אֲבָל גַּבֵּי אִשָּׁה לָא אֶפְשָׁר.

Rav Ashi said that the entire question is unsubstantiated. **Have you raised a contradiction between** a ruling concerning **sweat** and a ruling concerning **filth?** The term filthy indicates that there is a permanently foul odor, which disqualifies both animals and priests. But **there, with regard to priests** who suffer from foul odors due to sweat, **it is possible to remove it** in the short term **by** use of **wine vinegar. And** the priest can **also** temporarily cure himself **from** a foul **odor of the mouth,** as it is **possible to hold pepper in his mouth** to alleviate the odor **and** proceed to **perform the service. But with regard to a woman it is not possible** for her to utilize these remedies on a constant basis. Consequently, this blemish disqualifies women and not priests.

הַאי שׁוּמָא הֵיכִי דָּמְיָא? אִי דְּאִית בָּהּ שֵׂעָר – הָכָא וְהָכָא פָּסְלָה, אִי דְּלָא אִית בָּהּ שֵׂעָר – אִי שׁוּמָא גְּדוֹלָה הִיא – הָכָא וְהָכָא פָּסְלָה, אִי שׁוּמָא קְטַנָּה הִיא – הָכָא וְהָכָא לָא פָּסְלָה. דְּתַנְיָא: שׁוּמָא שֶׁיֵּשׁ בָּהּ שֵׂעָר – הֲרֵי זֶה מוּם, אֵין בָּהּ שֵׂעָר: גְּדוֹלָה – הֲרֵי זֶה מוּם, קְטַנָּה – אֵין זֶה מוּם. וְאֵיזוֹהִי גְּדוֹלָה? פֵּירַשׁ רַבָּן שִׁמְעוֹן בֶּן גַּמְלִיאֵל: עַד כְּאִיסָּר הָאִיטַלְקִי!

The *baraita* stated that a mole is a blemish for a woman but not for a priest. The Gemara poses a question: **What are the circumstances** with regard to **this mole?**[HN] **If it has hair** growing **in it,** both **here and there,** with regard to both women and priests, it **is disqualifying. If it does not have hair in it,** the following distinction applies: **If it is a large mole,** both **here and there** it **is disqualifying. If it is a small mole,** both **here and there** it is **not disqualifying, as it is taught** in a *baraita*: **A mole that has hair in it, this is a blemish.** With regard to one that **does not have a hair in it,** if it is **large, this is a blemish.** If it is **small, this is not a blemish.** The *tanna* proceeds to ask: **And what** is considered **large? Rabban Shimon ben Gamliel explained: As** large as the size **of an Italian *issar*,** a small coin.

אָמַר רַבִּי יוֹסֵי בְּרַבִּי חֲנִינָא: בְּעוֹמֶדֶת עַל פַּדַּחְתָּהּ, פַּדַּחְתָּהּ? רָאָה וְנִיפַּיֵּיס הוּא! אָמַר רַב פָּפָּא: בְּעוֹמֶדֶת לָהּ תַּחַת כִּפָּה שֶׁל רֹאשָׁהּ, וְזִימְנִין דְּמִתַּחְזְיָא, וְזִימְנִין דְּלָא מִתַּחְזְיָא.

The Gemara answers: **Rabbi Yosei, son of Rabbi Ḥanina, said:** The case in the *baraita* discusses a mole **that is positioned on her forehead.** Despite the mole's small size, its prominent location makes her appear very ugly. The Gemara asks: If it is on **her forehead, it is** something that he has **seen and accepted.** Since it is visible, he knew about it before agreeing to marry her. Therefore, he cannot later divorce her due to a blemish of this kind. **Rav Pappa said:** The *baraita* is referring to a mole **that is positioned under** the **cap** that is on top **of her head. Sometimes it is visible and sometimes it is not visible,** and he may not have seen it in advance. It is necessary to teach us that a mole of this kind is considered a blemish.

HALAKHA

To these they added, etc. – הוֹסִיפוּ עֲלֵיהֶן וכו׳: All blemishes that disqualify priests from the Temple service, as detailed in tractate *Bekhorot*, are also considered blemishes for women. The Sages also listed several additional blemishes of women that do not apply to priests. These include unusual sweat, a mole, and bad breath. Some add also foul odor from the nose, and other blemishes listed in the Gemara. There are also additional blemishes that are not stated in the Gemara. With regard to the more serious of these, such as a leprous woman or one who wets her bed, some maintain that these are full-fledged blemishes (*Beit Yosef*), while others remain uncertain (*Darkhei Moshe*). According to the *Taz*, quoted in *Beit Shmuel*, due to this uncertainty women with these problems are entitled to payment of their marriage contracts, but their husbands can nevertheless divorce them against their will. This is the *halakha* even in the present, when divorcing a woman against her will is ordinarily banned by the excommunication of Rabbeinu Gershom (Rambam *Sefer Nashim, Hilkhot Ishut* 7:7; *Shulḥan Arukh, Even HaEzer* 39:4).

Permanent and temporary blemishes – מוּמִים קְבוּעִים וְעוֹבְרִים: Any priest who has a blemish, whether permanent or temporary, is prohibited from entering the area of the Temple beyond the altar, and he may not perform the service. If he entered or served in his blemished state, he is flogged (Rambam *Sefer Avoda, Hilkhot Biat HaMikdash* 6:1).

Render people disqualified – פְּסוּלִין בְּאָדָם: A priest so old that he shakes when he stands and an invalid who trembles due to his illness are considered blemished, and they are disqualified from the Temple service. With regard to a priest who sweats heavily, if he can remove the foul odor by washing his body with perfumed water or the like, he is permitted to perform the service. Similarly, if one who suffers from halitosis chews on pepper or something similar to rid himself of his bad breath, he may perform the Temple service. If, however, he served while he is still repulsive, his service is disqualified, like that of any other blemished priest, as stated in the mishna cited here and in accordance with Rav Ashi (Rambam *Sefer Avoda, Hilkhot Biat HaMikdash* 7:12–13).

Mole – שׁוּמָא: A mole with hair growing in it is a blemish for a woman anywhere on her body. If it is on her forehead, even if it is small and even if it does not contain hairs, it is still a blemish. This applies only to a mole positioned high on her forehead, which is sometimes covered by a kerchief and sometimes visible. If the mole is always visible, he must have seen and accepted it, as concluded by the Gemara (Rambam *Sefer Nashim, Hilkhot Ishut* 7:7; *Shulḥan Arukh, Even HaEzer* 39:4; see *Be'er HaGola*).

BACKGROUND

Sweaty and filthy – זֵיעָה וּמְזוֹהָם: A foul odor emitted by a person's body could be the result of excessive sweat and a lack of personal hygiene. However, in certain cases the odor is caused by an illness, such as some types of kidney dysfunction. The Gemara makes a distinction between transitory sweat that can be ameliorated and a fixed condition of sweat and odor.

NOTES

Removable sweat – זֵיעָה עוֹבֶרֶת: *Tosafot* cite several possible interpretations of this expression. The Rivan explains that it is referring to a person who experiences only periodic episodes of sweat. Similarly, the Meiri states that this is referring to episodes of sweat that occur due to an external cause, e.g., strenuous labor. Although such a person might have an unusually foul odor, it is not a permanent condition. A third explanation in *Tosafot*, also found in the Ritva, is that it refers to sweat that can easily be washed away in water.

Mole – שׁוּמָא: In the Jerusalem Talmud it is stated that a mole without hair disqualifies a woman only if it is on her face, but not anywhere else on her body.

אמר רב חסדא: הא מילתא מגברא רבה שמיע לי, ומנו? רבי שילא: נשכה כלב ונעשה מקומו צלקת – הרי זה מום. אמר רב חסדא: קול עבה באשה הרי זה מום, שנאמר "כי קולך ערב ומראך נאוה". תני רבי נתן ביראה: בין דדי אשה טפח. סבר רב אחא בריה דרבא קמיה דרב אשי למימר: טפח – למעליותא. אמר ליה רב אשי: גבי מומין תניא. וכמה? אמר אביי: שלש אצבעות.

Rav Ḥisda said: I heard this matter from a great man, and who was this great man? Rabbi Sheila was the great man. **He said: If a dog bit** a woman, **and the place** of the wound **developed into a scar,**[H] **this is a blemish. Rav Ḥisda** further **said: A deep voice**[H] **in a woman, this is a blemish, as it is stated: "For your voice is sweet and your appearance pleasant"** (Song of Songs 2:14). **Rabbi Natan Bira'a taught: A handbreadth between a woman's breasts.**[H] The *amora'im* have a dispute concerning the meaning of Rabbi Natan Bira'a's statement: **Rav Aḥa, son of Rava, thought to say before Rav Ashi** that this means **a handbreadth** between a woman's breasts **is perfection** and considered beautiful. **Rav Ashi said to him:** This *baraita* **is taught with regard to blemishes,** and it means that if her breasts are separated by a gap this wide, it is a blemish. The Gemara asks: **And how much** of a gap is considered normal? **Abaye said:** The width of **three fingers.**

תניא, רבי נתן אומר: כל אשה שדדיה גסין משל חברותיה – הרי זה מום. וכמה? אמר רבי מיישא בר בריה דרבי יהושע בן לוי משמיה דרבי יהושע בן לוי: טפח. ומי איכא כי האי גוונא? אין, דאמר רבה בר בר חנה: אני ראיתי ערביא אחת שהפשילה דדיה לאחוריה, והניקה את בנה.

It is taught in a *baraita*: **Rabbi Natan says: Any woman whose breasts are larger than those of other** women, **this is a blemish.** The Gemara poses a question: **And how much** larger must they be to be considered a blemish? **Rabbi Meyasha, son of the son of Rabbi Yehoshua ben Levi, said in the name of Rabbi Yehoshua ben Levi:** If they are **a handbreadth** larger than the norm. The Gemara inquires: **And is there a case like this?** Is it possible for a woman to have such large breasts? The Gemara answers: **Yes, as Rabba bar bar Ḥanna said: I once saw a certain Arab woman who flung her breasts behind her and nursed her child.**

"ולציון יאמר איש ואיש יולד בה והוא יכוננה עליון". אמר רבי מיישא בר בריה דרבי יהושע בן לוי: אחד הנולד בה ואחד המצפה לראותה. אמר אביי: וחד מינייהו עדיף כתרי מינן. אמר רבא: וחד מינן, כי סליק להתם – עדיף כתרי מינייהו. דהא רבי ירמיה, דכי הוה הכא – לא הוה ידע מאי קאמרי רבנן, כי סליק להתם – קרי לן בבלאי טפשאי.

§ Since the Gemara quoted a statement of Rabbi Yehoshua ben Levi's grandson, the Gemara cites another exposition in his name. The verse states: **"And of Zion it shall be said, this man and this man were born in her, and the Most High shall establish her"** (Psalms 87:5). **Rabbi Meyasha, son of the son of Rabbi Yehoshua ben Levi, said: Both the** man who was actually **born in** Zion **and** the **one who looks forward to seeing her** are equally considered sons of Zion. **Abaye said: And one of** the inhabitants of Eretz Yisrael **is superior**[N] **to two of us,** Babylonians. **Rava said: And one of us**[N] Babylonians, **when he ascends to** Eretz Yisrael, **is superior to two** people born and raised in Eretz Yisrael. The Gemara cites a proof for Rava's claim: **As Rabbi Yirmeya,**[P] **when he was here,** in Babylonia, **did not** even **know what the Sages say.** He was not considered an important scholar. But **when he ascended there he called us foolish Babylonians.**[N] He evidently grew wiser after he immigrated to Eretz Yisrael.

מתני׳ היו בה מומין ועודה בבית אביה – האב צריך להביא ראיה שמשנתארסה היו בה מומין הללו, ונסתחפה שדהו. נכנסה לרשות הבעל – הבעל צריך להביא ראיה שעד שלא נתארסה היו בה מומין אלו, והיה מקחו מקח טעות, דברי רבי מאיר. וחכמים אומרים: במה דברים אמורים – במומין שבסתר,

MISHNA If **she has blemishes**[H] **and she is still in her father's house,** as she has not yet gotten married, **the father must bring proof that these blemishes appeared on her after she became betrothed, and** therefore **his field was flooded,** i.e., it is the husband's misfortune, since she developed the problem after the betrothal. But if she has already gotten married and **entered the husband's domain** when her blemishes are discovered, **the husband must bring proof that she had these blemishes before she was betrothed, and** consequently **the transaction** of betrothal **was a mistaken transaction.** This is **the statement of Rabbi Meir. But the Rabbis say: In what** case **is this statement,** that a husband can claim to have found blemishes in his wife, on account of which he wants to void the betrothal, **said? With regard to hidden blemishes.**

HALAKHA

Scar – צלקת: If a woman has a scar where she was bitten by a dog, this is a blemish, as stated by Rabbi Sheila (Rambam *Sefer Nashim, Hilkhot Ishut* 7:7; *Shulḥan Arukh, Even HaEzer* 39:4).

A deep voice – קול עבה: A deep voice is a blemish in a woman, as stated by Rav Ḥisda (Rambam *Sefer Nashim, Hilkhot Ishut* 7:7; *Shulḥan Arukh, Even HaEzer* 39:4).

A woman's breasts – דדי אשה: If a woman's breasts are a handbreadth larger than the norm, or if they are separated by a gap of a handbreadth, this is a blemish, as stated by Rabbi Natan (Rambam *Sefer Nashim, Hilkhot Ishut* 7:7; *Shulḥan Arukh, Even HaEzer* 39:4).

If she had blemishes, etc. – היו בה מומין וכו׳: If a woman has blemishes that might have developed after her betrothal, and they are discovered only after the husband takes her as his wife, he must bring proof that these blemishes were present before their betrothal, and then the betrothal is nullified as a mistaken transaction.

If the blemishes are discovered when she is still in her father's house, the father must provide proof that they developed after her betrothal and therefore it was not a mistaken transaction. The Rema writes that according to the *Mishne LaMelekh*, citing the Rashba, if the father makes a definite claim, the burden of proof is upon the husband even if the blemishes appeared when she was in her father's house. Rabbeinu Yeruḥam maintains that if the appointed time for the marriage arrived, even if she is still living in her father's house she is considered in her husband's domain with regard to blemishes (Rambam *Sefer Nashim, Hilkhot Ishut* 25:4; *Shulḥan Arukh, Even HaEzer* 117:8).

NOTES

One of them is superior – חד מינייהו עדיף: Rashi explains that the inhabitants of Eretz Yisrael are superior in wisdom. The Rivan adds that they also possess greater knowledge. As for the reason for this, the Ritva and others explain that there are two factors at work: In addition to the idea that the very air of Eretz Yisrael makes one wise, their superiority is also a reward for fulfilling the mitzva of settling Eretz Yisrael.

And one of us, etc. – וחד מינן וכו׳: The Ritva explains that such a person has great merit for having ascended from the impurity of gentile lands to the purity of Eretz Yisrael. Furthermore, he has left his home to learn Torah, and he certainly dedicates himself exceedingly to his studies. The Rivash maintains that the scholarship in Babylonia was more intellectually advanced than that of Eretz Yisrael, and therefore those who were trained in Babylonia and then immigrated to Eretz Yisrael had an advantage that enabled them to grow even wiser upon their arrival.

Called us foolish Babylonians – קרי לן בבלאי טפשאי: The proof that a Babylonian that moves to Eretz Yisrael is superior to one born and raised there is that only Rabbi Yirmeya, who moved to Eretz Yisrael, referred to those in Babylonia as foolish people, as only he was wise enough to perceive their so-called foolishness (Ritva). The Maharam Schiff says the proof from Rabbi Yirmeya is that if one who was not a great Torah scholar in Babylonia became as wise as the local Sages when he immigrated to Eretz Yisrael, certainly one who is already a scholar of note in Babylonia would be equal to two Sages of Eretz Yisrael if he went there. When Rava said: One of us, he meant one who was regarded as a great sage even in Babylonia.

PERSONALITIES

Rabbi Yirmeya – רבי ירמיה: A Babylonian-born *amora* of Eretz Yisrael, Rabbi Yirmeya studied in Babylonia in his youth but did not gain a reputation there as a scholar. After moving to Eretz Yisrael, he studied under the outstanding Sages of his generation, such as Rabbi Zeira, Rabbi Abbahu, and other students of Rabbi Yoḥanan.

Rabbi Yirmeya had a unique method of understanding the law and was known for his exceedingly sharp intellect, as he questioned the opinions of many other Sages. He was even penalized for such disputes by being banned from the yeshiva for a period of time. His outspoken language caused him several times to use the harsh expression foolish Babylonians, and yet it seems the Sages of Babylonia humbly accepted his criticism.

As one of the outstanding Sages of Eretz Yisrael, Rabbi Yirmeya's opinions and teachings are quoted liberally throughout both the Babylonian Talmud and the Jerusalem Talmud. His influence was such that when the Babylonian Talmud simply says: They say in Eretz Yisrael, it generally refers to the opinion of Rabbi Yirmeya.

אֲבָל בְּמוּמִין שֶׁבְּגָלוּי – אֵינוֹ יָכוֹל לִטְעוֹן. וְאִם יֵשׁ מֶרְחָץ בְּאוֹתָהּ הָעִיר – אַף מוּמִין שֶׁבְּסֵתֶר אֵינוֹ יָכוֹל לִטְעוֹן, מִפְּנֵי שֶׁהוּא בּוֹדְקָהּ בִּקְרוֹבוֹתָיו.

But with regard to visible blemishes,[H] **he cannot claim** that the betrothal was in error, as he presumably saw and accepted them before the betrothal. **And if there is a bathhouse in the city,** where all the women go to bathe, **even** with regard to **hidden blemishes he cannot** make this **claim, because he examines her through** the agency of **his female relatives.** He would have asked one of his relatives to look over the woman he is about to marry.

גמ׳ טַעְמָא – דְּמַיְיתֵי הָאָב רְאָיָה, הָא לָא מַיְיתֵי הָאָב רְאָיָה – הַבַּעַל מְהֵימָן. מַנִּי – רַבִּי יְהוֹשֻׁעַ הִיא, דְּאָמַר: לֹא מִפִּיהָ אָנוּ חַיִּין.

GEMARA The mishna states that if the woman had blemishes while she was in her father's house, the father must bring proof that they developed after the betrothal. The Gemara infers: **The reason** the father's claim is accepted is due to the fact **that the father brings proof, but if the father does not bring proof**[H] then **the husband is deemed credible** when he claims the betrothal was a mistaken transaction because the blemishes predated it. The Gemara asks: In accordance with **whose** opinion is this mishna? **It is** the opinion of **Rabbi Yehoshua, who said** in a mishna (12a) with regard to a case when the wife claims that she was raped after her betrothal while her husband says it happened beforehand, that **we don't live from,** i.e., we don't rely on the words of **her mouth,** but rather she must substantiate her claim.

אֵימָא סֵיפָא: נִכְנְסָה לִרְשׁוּת הַבַּעַל – הַבַּעַל צָרִיךְ לְהָבִיא רְאָיָה. טַעְמָא – דְּמַיְיתֵי הַבַּעַל רְאָיָה, הָא לָא מַיְיתֵי הַבַּעַל רְאָיָה – הָאָב מְהֵימָן, אֲתָאן לְרַבָּן גַּמְלִיאֵל, דְּאָמַר: נֶאֱמֶנֶת! אָמַר רַבִּי אֶלְעָזָר: תַּבְרָא, מִי שֶׁשָּׁנָה זוֹ לֹא שָׁנָה זוֹ.

The Gemara continues: Now **say the latter clause** of the mishna: If she had **entered the husband's domain, the husband must bring proof.** Again the Gemara infers: **The reason** his claim is accepted **is** due to the fact **that the husband brings proof, but if the husband does not bring proof** then **the father is deemed credible. We arrive at** the opinion of **Rabban Gamliel, who said** that the woman is **deemed credible** when she says that the incident occurred after the betrothal. Consequently, the first and last clauses of the mishna appear to contradict one another. **Rabbi Elazar said:** This mishna is **disjointed,** and does not follow a single opinion; the *tanna* **who taught this** *halakha* **did not teach that** *halakha*.

אָמַר רָבָא: לָא תֵּימָא רַבִּי יְהוֹשֻׁעַ לָא אָזֵיל בָּתַר חֲזָקָה דְּגוּפָא כְּלָל, אֶלָּא כִּי לָא אָזֵיל רַבִּי יְהוֹשֻׁעַ בָּתַר חֲזָקָה דְּגוּפָא – הֵיכָא דְּאִיכָּא חֲזָקָה דְּמָמוֹנָא.

Rava said: Do not say that **Rabbi Yehoshua does not follow the presumptive status of the body at all,** that is, it should not be assumed that Rabbi Yehoshua fundamentally rejects the idea that one's body is presumed to remain in its initial, intact state until proven otherwise. **Rather,** say **that Rabbi Yehoshua does not follow the presumptive status of the body** only **when there is an** opposing claim of **monetary possession.** An example of this is the case in the mishna where the woman seeks to extract money from her husband for payment of her marriage contract by claiming that she was raped after the betrothal. Since acceptance of her claim would mean her husband has to pay, Rabbi Yehoshua maintains that the presumptive status of her body alone is not sufficient.

אֲבָל הֵיכָא דְּלֵיכָּא חֲזָקָה דְּמָמוֹנָא – אָזֵיל רַבִּי יְהוֹשֻׁעַ בָּתַר חֲזָקָה דְּגוּפָא. דְּתַנְיָא: אִם בַּהֶרֶת קוֹדֶם לְשֵׂעָר לָבָן – טָמֵא, אִם שֵׂעָר לָבָן קוֹדֶם לְבַהֶרֶת – טָהוֹר, סָפֵק – טָמֵא. וְרַבִּי יְהוֹשֻׁעַ אוֹמֵר: כֵּהָה. מַאי כֵּהָה? אָמַר רַבָּה: כֵּהָה טָהוֹר.

But when there is no possession of money, as in the mishna, **Rabbi Yehoshua** does in fact **follow the presumptive status of the body. As it is taught** in a *baraita* with regard to the halakhot of leprosy: If the **bright white** leprous **spot preceded**[N] **the white hair** then the one afflicted is **ritually impure; if the white hair preceded the bright white spot** he is **pure.** If it is **uncertain** which came first, he is **impure.**[H] **And Rabbi Yehoshua says: Dull.** They asked: **What is** the meaning of **dull? Rabba said** that **dull** means it is **ritually pure,** as though the plague was of a dull shade, which is not impure. This shows that in an uncertain case where there is no issue of monetary possession, Rabbi Yehoshua accepts the presumptive status of the body, and therefore, the one afflicted is ritually pure.

HALAKHA

But with regard to visible blemishes, etc. – אֲבָל בְּמוּמִין שֶׁבְּגָלוּי וכו׳: If the town contains a bathhouse, the husband cannot claim to have been unaware of the woman's blemishes, even hidden ones, as he can examine her through the agency of his female relatives, and therefore he is presumed to have known about and accepted her flaws. If there is no bathhouse, or if he has no relatives in the city, he can claim ignorance of hidden blemishes but not of visible ones. The *Tur* contends that even if he has no relatives in the city he nevertheless undoubtedly has acquaintances and can make inquiries via their wives. This *halakha* applies only if it is the practice of the local women to go out to the market with their faces showing. However, if they do not venture out to the market, and those who go to the bathhouse disguise themselves on their way, or if they go only at night or furtively, the husband can make his claim even with regard to visible blemishes (Rambam *Sefer Nashim, Hilkhot Ishut* 25:2; *Shulḥan Arukh, Even HaEzer* 117:5–6 and *Even HaEzer* 39:4 in the comment of the Rema).

If the father does not bring proof – לָא מַיְיתֵי הָאָב רְאָיָה: If the woman had permanent, congenital blemishes, such as an extra toe, the father must provide proof that the husband knew about and accepted these blemishes. If he is unable to offer a proof of this kind, she may be divorced without payment of her marriage contract (Rambam *Sefer Nashim, Hilkhot Ishut* 25:4; *Shulḥan Arukh, Even HaEzer* 117:7).

A spot and a white hair – בַּהֶרֶת וְשֵׂעָר לָבָן: The presence of white hair is a sign of leprous impurity if it turned white after the appearance of a bright white spot. But if the white hair was present first, this is not a sign of impurity. Instead, it is treated as a regular bright white spot that must be quarantined for a week. If there is uncertainty as to whether the white hair came before the bright white spot or vice versa, the one afflicted is impure. The Rambam writes that he is inclined to think that this is merely an uncertain impurity, even according to the first *tanna* (Rambam *Sefer Tahara, Hilkhot Tumat Tzara'at* 2:6, 9 and *Kesef Mishne* there).

NOTES

If the…spot preceded, etc. – אִם בַּהֶרֶת קוֹדֶם וכו׳: The *halakhot* of leprosy appear in the Torah in Leviticus (chapter 13) and in the Mishna in tractate *Nega'im*. In short, one who develops a bright white spot on his body must be examined by a priest, who will quarantine him for seven days, after which the priest will reexamine the afflicted spot to see if it has spread. If the hair on the spot has turned white there is no need to quarantine the individual, as he is immediately pronounced a confirmed leper.

The particular *halakha* referred to here, that one is impure only if the bright white spot preceded the white hair, is not stated explicitly in the Torah. According to Rashi, it is derived from the verse "The hair in the bright white spot has turned white" (Leviticus 13:25), whereas the Rivan maintains that the source is "And it has turned the hair white" (Leviticus 13:10). This would indicate that it is the spot that made the hair turn white because the spot preceded the white hair. The Rambam interprets this in a similar fashion.

רָבָא אֲמַר: רֵישָׁא – כָּאן נִמְצְאוּ וְכָאן הָיוּ, סֵיפָא נַמִי – כָּאן נִמְצְאוּ וְכָאן הָיוּ.

Rava said a different answer to the contradiction in the mishna: In the **first clause** of the mishna, where the blemishes were discovered while she was still in her father's house, the assumption is that since **they were discovered here, they were** also created **here.** In other words, since the blemishes were found while she was still in her father's house, there is a presumption that they were also present at the earlier stage, prior to the betrothal. Consequently, the burden of proof is on the father who claims the blemishes developed at a later stage. In the **latter clause** of the mishna **as well,** since the blemishes were discovered when she was in the husband's house, it is assumed that since **they were discovered here,** in the husband's domain, **they were** also created **here,** after the marriage.

אֵיתִיבֵיהּ אַבַּיֵי: נִכְנְסָה לִרְשׁוּת הַבַּעַל – הַבַּעַל צָרִיךְ לְהָבִיא רְאָיָה, שֶׁעַד שֶׁלֹּא תִּתְאָרֵס הָיוּ בָּהּ מוּמִין אֵלּוּ, וְהָיָה מִקָּחוֹ מִקַּח טָעוּת. עַד שֶׁלֹּא תִּתְאָרֵס – אִין. מִשֶּׁתִּתְאָרֵס – לָא. וְאַמַּאי? לֵימָא: כָּאן נִמְצְאוּ וְכָאן הָיוּ!

Abaye raised an objection to Rava's opinion from the mishna: If she had **entered the husband's domain** when the blemishes were discovered, **the husband must bring proof that she had these blemishes before she was betrothed, and** therefore **his transaction** of betrothal **was a mistaken transaction.** The Gemara infers: If he brought proof that these blemishes were there **before she was betrothed** then **yes,** his claim is accepted, but if he proved that the blemishes were present **from** a point in time after **she was betrothed,** even if she was still in her father's house, his claim is **not** accepted. **But why?** Even if his proof concerns the period after the betrothal, **let us say** that since **they were discovered here, they were** also created **here,** and she presumably had these blemishes before the betrothal.

אֲמַר לֵיהּ: מִשֶּׁנִּתְאָרְסָה – מִשּׁוּם דְּאִיכָּא לְמֵימַר: חֲזָקָה אֵין אָדָם שׁוֹתֶה בְּכוֹס אֶלָּא אִם כֵּן בּוֹדְקוֹ. וְהַאי – רָאָה וְנִיפַּיֵּיס הוּא.

Rava **said to him:** With regard to a case where the blemishes were found to have been present **from** a point in time after **she was betrothed,** there is a reason why one does not assume that they were there beforehand: **Because it can be said** that there is **a presumption** that **a person does not drink from a cup**[H] **unless he** first **examines it.** In other words, one does not betroth a woman unless he first investigates her to determine if she is acceptable to him. **And** consequently **this** man **has** undoubtedly **seen** her blemishes **and been appeased** about them. Therefore, in the event that the blemishes did exist at the time of betrothal, it can be assumed that the husband knew about them and accepted the situation.

אִי הָכִי, עַד שֶׁלֹּא תִּתְאָרֵס נַמִי! אֶלָּא: אָמְרִינַן חֲזָקָה אֵין אָדָם מִיפַּיֵּיס בְּמוּמִין. הָכָא נַמִי, חֲזָקָה אֵין אָדָם מִיפַּיֵּיס בְּמוּמִין!

The Gemara raises a difficulty: **If that is so,** then even if he brought proof that the blemishes existed **before she was betrothed,** we should **also** rely on the above presumption and say that he must have been aware of them and betrothed her regardless. But this is not the *halakha*. **Rather,** it must be that **we say** there is an opposing **presumption** that **a person does not become appeased with regard to blemishes.** Therefore, it must be proven that he saw these blemishes and did not object. **Here too,** we should say there is a **presumption** that **a person does not become appeased with regard to blemishes.**

אֶלָּא: מִשֶּׁנִּתְאָרְסָה – מִשּׁוּם דְּאִיכָּא תַּרְתֵּי; חֲזָקָה, הַעֲמֵד הַגּוּף עַל חֶזְקָתוֹ, וַחֲזָקָה אֵין אָדָם שׁוֹתֶה בְּכוֹס אֶלָּא אִם כֵּן בּוֹדְקוֹ. וְהַאי רָאָה וְנִיפַּיֵּיס הוּא. מַאי אָמְרַתְּ – חֲזָקָה אֵין אָדָם מִיפַּיֵּיס בְּמוּמִין – הָוֵי

Rather, the mishna must be explained differently: If he brought proof that she had these blemishes **from** a point in time after **she was betrothed,** his claim of a mistaken betrothal is not accepted **because there are two** presumptions opposing it. There is a **presumption** of: **Establish the** state of the woman's **body** according **to its presumptive,** unblemished **status** and consequently assume that the blemishes were not present at the time of betrothal, **and** additionally there is the **presumption** that **a person does not drink from a cup unless he** first **examines it, and this man has** undoubtedly **seen** her blemishes **and been appeased. What do you say** in opposition to this argument, that there is a **presumption** that **a man does not become appeased with regard to blemishes?** Even so, **it is**

HALAKHA

A presumption that a person does not drink from a cup, etc. – חֲזָקָה אֵין אָדָם שׁוֹתֶה בְּכוֹס וכו׳: If a man has relations with his wife and after being with her for a few days claims that he wants to annul the marriage on the basis of a blemish by arguing that he had not previously seen it, even if the blemish was on a concealed part of her body, his claim is disregarded, as there is a presumption that one does not drink from a cup unless he first examines it. The Rema adds, based on the Responsa of the Maharik, that one who has been with his wife for thirty days is no longer deemed credible if he claims that they have not yet engaged in marital relations, as stated by the Gemara elsewhere (Rambam *Sefer Nashim*, *Hilkhot Ishut* 25:6; *Shulḥan Arukh*, *Even HaEzer* 117:10).

חֲדָא בִּמְקוֹם תַּרְתֵּי, וְחֲדָא בִּמְקוֹם תַּרְתֵּי – לָא אָמְרִינַן. עַד שֶׁלֹּא תִּתְאָרֵס – הַעֲמֵד הַגּוּף עַל חֶזְקָתוֹ לָא אִיכָּא לְמֵימַר. מַאי אִיכָּא – חֲזָקָה דְּאֵין אָדָם שׁוֹתֶה בְּכוֹס אֶלָּא אִם כֵּן בּוֹדְקוֹ, וְהַאי רָאָה וְנִיפַּיֵּיס הוּא – אַדְּרַבָּה, חֲזָקָה אֵין אָדָם מִיפַּיֵּיס בְּמוּמִין, וְהַעֲמֵד מָמוֹן עַל חֶזְקָתוֹ.

one presumption **opposed by two** others.[N] **And we do not say** that **one** presumption is decisive when it is **opposed by two.** However, if the husband brings proof that that she was blemished **before she was betrothed, we cannot say: Establish the** state of the woman's **body** according **to its presumptive status,** since it has been established that the blemishes existed prior to the betrothal. **What** claim **is there** in the woman's favor? Only the **presumption that a person does not drink from a cup unless he** first **examines it, and this** man **has** undoubtedly **seen** her blemishes **and been appeased.** The Gemara responds: **On the contrary,** there is a **presumption** that **a person does not become appeased with regard to blemishes, and** therefore the **money is established** according **to its presumptive status** and do not obligate the husband to pay for the marriage contract.

רַב אַשִׁי אָמַר: רֵישָׁא – ״מָנֶה לְאַבָּא בְּיָדְךָ״, וְסֵיפָא ״מָנֶה לִי בְּיָדְךָ״.

Rav Ashi said that the contradiction between the first and last clauses of the mishna can be resolved in the following manner: The **first clause** is similar to a claim made by one who says: My **father has one hundred dinars in your possession.**[N] When the blemishes were discovered he had not yet married her, and therefore the payment for the marriage contract would go to the woman's father, and not to her. **And the latter clause** is referring to a married woman who claims the marriage contract for herself, and it is therefore as though she says: **I have one hundred dinars in your possession.** The presumptive status of her body enables her to claim money only for herself, not on behalf of someone else, including her father.

אֵיתִיבֵיהּ רַב אַחָא בְּרֵיהּ דְּרַב אָוְיָא לְרַב אַשִׁי: מוֹדֶה רַבִּי מֵאִיר בְּמוּמִין הָרְאוּיִין לָבֹא עִמָּהּ מִבֵּית אָבִיהָ, שֶׁעַל הָאָב לְהָבִיא רְאָיָה. וְאַמַּאי? ״מָנֶה לִי בְּיָדְךָ״ הוּא.

Rav Aḥa, son of Rav Avya, raised an objection to Rav Ashi's opinion from a *baraita*: **Rabbi Meir concedes with regard to blemishes that naturally come with her**[H] **from her father's house,** and which did not develop after the marriage, **that the father must bring proof** that she did not have them before the betrothal, even if she was already married when they were discovered. **But why** does Rabbi Meir agree in that case? **It is** similar to the case where someone says: **I have one hundred dinars in your possession,** along with the presumptive status of her body; therefore, the burden of proof should be upon the husband.

הָכָא בְּמַאי עָסְקִינַן – בְּיַתֶּרֶת. יַתֶּרֶת מַאי רְאָיָה מַיְיתֵי? רְאָיָה דְּרָאָה וְנִיפַּיֵּיס הוּא.

The Gemara answers: **With what are we dealing here? With** a case of a woman who has **an additional** toe. She was obviously born with that blemish. The Gemara is puzzled by this response: If the *baraita* is speaking about **an additional** toe, **what proof** could the father possibly **bring** to argue that the toe grew after the marriage? The Gemara answers: He can provide **proof that** the husband **saw** the extra toe before the betrothal **and he became appeased** about it.

NOTES

One presumption opposed by two others – **חֲדָא בִּמְקוֹם תַּרְתֵּי**: Rashi asks why the issue of monetary possession is disregarded in this case, and he answers that a presumption of this kind is overruled by the presumptive status of the body. The Ritva gives an alternative response: Since the husband's claim is uncertain, while his liability to the marriage contract is certain, this is not viewed as monetary possession.

My father has one hundred dinars in your possession, etc. – **מָנֶה לְאַבָּא בְּיָדְךָ וכו׳**: Rashi asks: Since there is a presumptive status of the body, why is it ignored in the first case of the mishna? He answers that a presumption of this type is relevant only if the woman herself makes this claim, in which case it stands in opposition to the monetary possession of husband. But if she is a betrothed woman, then the claim is on behalf of her father, and the presumptive status of the daughter's body does not help the father. Ultimately, *Tosafot*, the Rid, and the Meiri also accept this opinion.

Other early authorities, however, raise many difficulties with Rashi's reasoning, as it is not at all clear why the presumptive status of the daughter's body should not be of value to the father, whose claim is dependent upon it. Consequently, they explain that the claim of the father is an uncertain one, as he does not always know when his daughter developed a blemish on a hidden part of her body. In that case, Rabban Gamliel rules that the presumptive status of her body is not relevant (Rosh; Rashba; Rabbi Aharon HaLevi).

HALAKHA

If she had blemishes that naturally come with her – **הָיוּ בָּהּ מוּמִין הָרְאוּיִין לָבֹא עִמָּהּ**: If a wife was discovered to have blemishes that must have been present before her betrothal, such as an additional toe, the father must bring proof that the husband knew about them and married her regardless. If the husband had relations with her, the presumption is that he was aware of and accepted the blemish. If the father fails to bring proofs to this effect, all agree that she may be divorced without payment of any part of her marriage contract (Rambam *Sefer Nashim*, *Hilkhot Ishut* 25:4; *Shulḥan Arukh*, *Even HaEzer* 117:7).

אָמַר רַב יְהוּדָה אָמַר שְׁמוּאֵל: הַמַּחֲלִיף פָּרָה בַּחֲמוֹר, וּמָשַׁךְ בַּעַל הַחֲמוֹר אֶת הַפָּרָה, וְלֹא הִסְפִּיק בַּעַל הַפָּרָה לִמְשׁוֹךְ אֶת הַחֲמוֹר עַד שֶׁמֵּת הַחֲמוֹר – עַל בַּעַל הַחֲמוֹר לְהָבִיא רְאָיָה שֶׁהָיָה חֲמוֹרוֹ קַיָּים בִּשְׁעַת מְשִׁיכַת פָּרָה.

§ **Rav Yehuda said that Shmuel said:** With regard to one **who exchanges a cow for a donkey,**[NH] where the two animals involved in this transaction are not in the same location, one of the parties acquires one of the animals by means of pulling it, which transfers the other animal to the other party through acquisition by means of the exchange. **And** in this case **the owner of the donkey pulled the cow, but before the owner of the cow could pull the donkey** in turn, **the donkey died.** The owner of the cow claimed that the donkey died before the other one pulled the cow, which means the exchange transaction never took effect. In that case, **the owner of the donkey must bring proof that his donkey was alive at the time when the cow was pulled.** If he is unable to bring proof to this effect, the owner of the cow retains his animal.

וְתָנָא תוּנָא כַּלָּה. הֵי כַּלָּה? אִילֵימָא

Rav Yehuda adds: **And the** ***tanna*** of the mishna also **taught** along similar lines with regard to **a bride.** Shmuel learned this *halakha* concerning an acquisition by means of barter from the case of a bride. The Gemara inquires: **Which** *halakha* involving **a bride** serves as the basis for the *halakha* that Shmuel taught? **If we say**

NOTES

One who exchanges a cow for a donkey – הַמַּחֲלִיף פָּרָה בַּחֲמוֹר: All the commentaries struggle to explain this passage and the opinion of Shmuel, with regard to both his reasoning and the proof he cites in support of his opinion. *Tosafot* discuss the basic issues, proposing two interpretations. One approach, accepted by some early authorities, is that the case is decided based on the presumptive status of the prior owner: Since the cow initially belonged to him, the burden of proof rests upon the claimant even if the claimant is currently in possession of the cow. Another suggestion is that the *halakha* follows the current state of affairs, similar to the *halakha* that all impurities follow the moment of their discovery. Because the donkey was dead when the case came before the court, its owner must prove that it was alive at the time of the acquisition.

Conversely, in his *Sefer HaYashar*, Rabbeinu Tam explains that according to the statement of Rav Yehuda, citing Shmuel, that the burden of proof rests upon the party in whose possession the uncertainty arose, Shmuel's ruling applies only if the donkey died in its owner's domain. But if it died in a location that did not belong to its owner, the burden of proof is upon the owner of the cow.

Rabbeinu Tam further states that according to Rami bar Yeḥezkel below (76b), the burden of proof is not determined by the place where the uncertainty was discovered, but by the party who had legal possession of the item in question, in this case, the donkey, at the time the uncertainty arose. Consequently, since the act of exchange had already been performed, it is assumed that the animals were acquired, and the owner of the cow must bring proof that the donkey had been dead at the time of the exchange, as the donkey is now legally considered in his domain. However, this opinion is challenged by a number of authorities, including the Ramban.

A different explanation is provided by Rabbeinu Zeraḥya HaLevi and the Ra'avad. They contend that since the acquisition itself was uncertain, as it cannot be clearly established that the donkey was alive when the exchange was performed, the party in possession of the animal is the one that definitely owned it. Consequently, the prior owner of the donkey is the claimant. Rabbi Aharon HaLevi and his students favor this interpretation, as does the Meiri. The Ritva, cited in *Shita Mekubbetzet*, states that it is hard to infer the principle upon which Shmuel bases his ruling from his own words, and that Shmuel's reasoning can be understood only in light of the proofs cited below with regard to a bride.

HALAKHA

One who exchanges a cow for a donkey, etc. – הַמַּחֲלִיף פָּרָה בַּחֲמוֹר וכו׳: If the owners of a cow and a donkey wanted to exchange their animals, and the owner of the donkey pulled the cow as an acquisition by means of exchange, but before the owner of the cow could do the same with the donkey it died, the prior owner of the donkey must bring proof that his animal was alive when the cow was sold. The same reasoning applies to any case where an uncertainty arose with regard to an item in the possession of a particular party, as stated by Shmuel. The Rema cites the *Tur*, who cites the Rosh as saying that in this case the burden of proof rests upon the owner of the cow, for as soon as the cow is pulled the donkey belongs to the owner of the cow, no matter where the donkey is located. This means the uncertainty arose when the donkey was already in the domain of the prior owner of the cow, in accordance with the opinion of Rami bar Yeḥezkel (Rambam *Sefer Kinyan, Hilkhot Mekhira* 20:14; *Shulḥan Arukh, Ḥoshen Mishpat* 224:1).

כַּלָּה בְּבֵית אָבִיהָ. מִי דָּמֵי? הָתָם – מַיְיתֵי אָב רְאָיָה וּמַפֵּיק, הָכָא – מַיְיתֵי בַּעַל הַחֲמוֹר רְאָיָה וּמוֹקִים!

that his proof is from the *halakha* with regard to **a bride** who is still **in her father's house,** when the burden of proof is upon the father, **is it comparable? There, the father brings proof and takes** money away from the husband, whereas **here, the owner of the donkey brings proof and maintains** possession of the cow. Consequently, perhaps this case is different, and he should not be obliged to provide proof.

אָמַר רַבִּי אַבָּא: כַּלָּה בְּבֵית חָמִיהָ. וְאַכַּתִּי לָא דָּמֵי: הָתָם – בַּעַל מַיְיתֵי רְאָיָה וּמֵרַע לֵיהּ לְחַזְקֵיהּ דְּאָב, הָכָא – בַּעַל הַחֲמוֹר מַיְיתֵי רְאָיָה וּמוֹקִים חַזְקֵיהּ בִּידֵיהּ!

Rabbi Abba said: The proof is from the case of **a bride in her father-in-law's house,** that is, one who has entered her husband's domain. The Gemara raises a difficulty: **And** yet the cases **are still not comparable: There, the husband brings proof and undermines the presumption** that was in favor **of the father,** i.e., the presumptive status of the daughter's body, whereas **here, the owner of the donkey brings proof and** thereby **maintains the presumptive status** of the donkey's body and consequently maintains the cow **in his possession.** Perhaps, therefore, he should not have to bring proof.

אֲמַר רַב נַחְמָן בַּר יִצְחָק: כַּלָּה בְּבֵית אָבִיהָ, וּלְקִידּוּשִׁין.

Rav Naḥman bar Yitzḥak said: Shmuel's proof is from the *halakha* of **a bride in her father's house, but with regard to** the money used for **betrothal,** not for the marriage contract. The father must bring proof in order to retain the betrothal money.

וְלָא תֵּימָא אַלִּיבָּא דְּמַאן דְּאָמַר: קִידּוּשִׁין לָאו לְטִיבּוּעִין נִיתְּנוּ, אֶלָּא אֲפִילּוּ לְמַאן דְּאָמַר: קִידּוּשִׁין לְטִיבּוּעִין נִיתְּנוּ – הָנֵי מִילֵּי קִידּוּשֵׁי וַדַּאי. אֲבָל קִידּוּשֵׁי טָעוּת, אִי מַיְיתֵי רְאָיָה – אִין, אִי לָא – לָא.

Rav Naḥman bar Yitzḥak explains: **And do not say** that this is only **according to the one who says** in general that **betrothal** money **was not given** with the understanding that it is **to be lost,**[HL] that is, the money was handed over only for the purpose of betrothal and it must be returned if the betrothal is canceled. **Rather,** say that this is **even according to the one who says** that in the case of **betrothal** money that **was given to be lost, this applies only** to **a betrothal** whose status is **certain.** According to this opinion, if a husband later divorces his wife or dies she does not have to restore the betrothal money. **But** with regard to a **mistaken betrothal, if** the father **brings proof** then **yes,** he may keep the money; **if** he does **not** bring proof he may **not** retain ownership of the betrothal money. This supports Shmuel's opinion that in an uncertain case the one in possession of the money must bring proof in order to retain his ownership.

מֵיתִיבֵי: מַחַט שֶׁנִּמְצֵאת בְּעוֹבִי בֵּית הַכּוֹסוֹת; מִצַּד אֶחָד – כְּשֵׁרָה, מִשְּׁנֵי צְדָדִין – טְרֵיפָה. נִמְצָא עָלֶיהָ קוֹרֶט דָּם – בְּיָדוּעַ שֶׁהוּא לִפְנֵי שְׁחִיטָה. לֹא נִמְצָא עָלֶיהָ קוֹרֶט דָּם – בְּיָדוּעַ שֶׁהוּא לְאַחַר שְׁחִיטָה.

The Gemara **raises an objection** to Shmuel's opinion with regard to presumptions from a *baraita* about a different issue: In a case of **a needle that is found in the thick wall of** a slaughtered animal's **second stomach,**[HB] if it has pierced the stomach **from** only **one side,** the animal is **kosher.** If the stomach is pierced **from both sides,** meaning that the needle pierced a hole completely through the wall of the stomach, it has the status of **an animal with a condition that will cause it to die within twelve months** [*tereifa*], and one is consequently prohibited to eat from it. Furthermore, if **a drop of** congealed **blood is found on top of** the needle, **it is certain that** the perforation was created **before** the **slaughtering** of the animal, and it is therefore a *tereifa*. If **no drop of blood is found on it, it is certain that it** occurred **after** the **slaughtering,** which means the animal is kosher.

הוּגְלַד פִּי הַמַּכָּה – בְּיָדוּעַ שֶׁשְּׁלֹשָׁה יָמִים קוֹדֶם שְׁחִיטָה. לֹא הוּגְלַד פִּי הַמַּכָּה – הַמּוֹצִיא מֵחֲבֵירוֹ עָלָיו הָרְאָיָה. וְאִי יְהֵיב טַבָּח דָּמֵי – בָּעֵי לְאִיתוּיֵי רְאָיָה וּמַפֵּיק,

If **a scab appeared over the wound** on that spot, **it is certain that** the incident happened **three days before** the **slaughtering.** The significance of this fact is that if the animal was sold to a butcher after this point in time, the butcher can claim that the transaction was performed in error, as he did not intend to purchase a *tereifa* animal. If **a scab did not appear over the wound,** and the seller claims that the animal was injured while in the possession of the butcher who purchased the animal, while the butcher claims that it was wounded when he bought it, **the burden of proof rests upon the claimant. And** therefore, if the **butcher had** already **given the money, he needs to bring proof and** then he can **take** his money back from the seller.

HALAKHA

Betrothal money was not given to be lost – **קִדּוּשִׁין לָאו לְטִיבּוּעִין נִיתְּנוּ**: With regard to one who betroths a woman, if he subsequently retracts the betrothal, or she changes her mind, or one of them dies, or he divorces her, the betrothal money need not be returned. Even if he betroths her with a thousand dinars, this money is considered a gift. However, this applies only to a betrothal whose status is certain. If the betrothal was performed in error the man is entitled to demand the return of his money (Rambam *Sefer Kinyan, Hilkhot Zekhiya UMattana* 6:18–19; *Shulḥan Arukh, Even HaEzer* 50:1).

A needle that is found in the thick wall of an animal's second stomach – **מַחַט שֶׁנִּמְצֵאת בְּעוֹבִי בֵּית הַכּוֹסוֹת**: If a needle was found in the thick wall of a slaughtered animal's second stomach, and the perforation did not go completely through the wall of the stomach, the animal is kosher. If a drop of blood is found on the perforation, the animal is a *tereifa*, as the organ was undoubtedly pierced before the animal was slaughtered. If there is no blood on the perforation it is permitted, as the perforation certainly came after the slaughter. If a scab formed over the wound, one can be certain that the animal was a *tereifa* three days prior to its slaughter. If no scab was formed the matter is uncertain, and therefore the butcher who bought the animal must bring proof that it was a *tereifa* before he purchased it. If he fails to do so he must pay the seller (Rambam *Sefer Kinyan, Hilkhot Mekhira* 20:15; *Sefer Kedusha, Hilkhot Sheḥita* 6:12; *Shulḥan Arukh, Yoreh De'a* 48:8, *Ḥoshen Mishpat* 224:2).

LANGUAGE

To be lost [*letibu'in*] – **לְטִיבּוּעִין**: Although there are several different theories as to the meaning of this word, its primary meaning comes from the same root as the word for drowning, as the money is lost and will not come back even if the betrothal is reversed.

BACKGROUND

A needle that is found in the thick wall of a slaughtered animal's second stomach – **מַחַט שֶׁנִּמְצֵאת בְּעוֹבִי בֵּית הַכּוֹסוֹת**: The second of the four stomach chambers of ruminant animals, called the reticulum, is known as the *beit hakosot* in Hebrew. The Hebrew term literally translates as house of cups, since it is shaped like a series of cups placed one inside the other. Here, food is mixed with saliva and separates into layers of solid and liquid material, with solids clumping together to form the cud. The most likely way that a needle can find its way into the wall of the reticulum is from the food that is ingested by the animal, which swallows everything indiscriminately. It is also possible, however, for a needle that made its way from one of the other digestive organs to become imbedded in the reticulum from the outside.

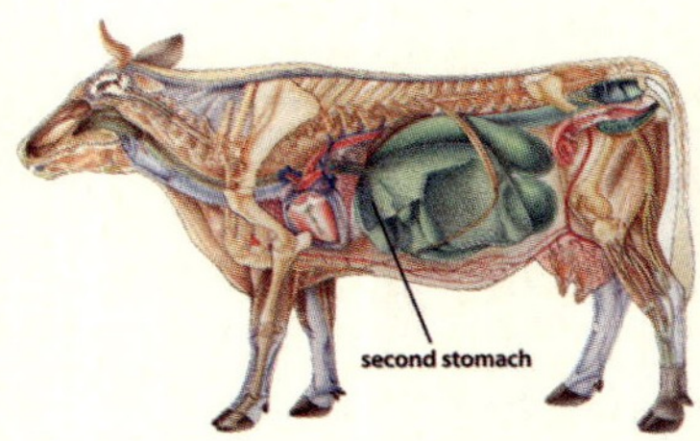

Diagram showing a cow's organs, including the second stomach, or reticulum

PERSONALITIES

Rami bar Yeḥezkel – רָמִי בַּר יְחֶזְקֵאל: Rami is a shortened form of Rav Ami. Rav Ami bar Yeḥezkel was the younger brother of Rav Yehuda.

Although in his youth he studied Torah under Rav and Shmuel in Babylonia, Rav Ami bar Yeḥezkel ascended to Eretz Yisrael, where he received many ancient traditions, among them unknown *baraitot*. In the Jerusalem Talmud he appears under the name Rav Ami bar Yeḥezkel. It may be assumed that at some point he returned to Babylonia, as the expression: When Rami bar Yeḥezkel came, refers to his coming from Eretz Yisrael to Babylonia, where he related the Torah of Eretz Yisrael. His teachings are considered important and authoritative to the extent that they were enough to refute his older brother's words.

HALAKHA

In whosesoever's domain the uncertainty came into being – כָּל שֶׁנּוֹלַד סָפֵק בִּרְשׁוּתוֹ: The burden of proof rests upon the party in whose domain the uncertainty arose (Rambam *Sefer Kinyan*, *Hilkhot Mekhira* 20:14; *Shulḥan Arukh*, *Ḥoshen Mishpat* 224:1).

וְאַמַּאי? בַּעַל בְּהֵמָה לַיְיתֵי רְאָיָה וְנוֹקִים!

The Gemara returns to Shmuel's opinion: **But why** should this be the *halakha*? **Let the owner of the animal**, i.e., the seller, **bring proof and establish** the validity of the sale, just as the owner of the donkey must provide proof in order to maintain possession of the cow. Why is the burden of proof upon the butcher?

בִּדְלָא יָהֵיב טַבָּחָא דָּמֵי. מַאי פָּסְקָא?

The Gemara answers: This *baraita* is referring to a case **when where the butcher had not** yet **given the money**, but was going to pay at a later time. Therefore, the seller is the one claiming money from the butcher, and he must offer proof in order for the transaction to be upheld. The Gemara poses a question: **Why was it stated without qualification?** The wording of the *baraita* implies that either side must bring proof. This *baraita* appears to refute the opinion of Shmuel.

אֶלָּא, כִּי אֲתָא רָמִי בַּר יְחֶזְקֵאל, אֲמַר: לָא תַּצַיְיתִינְהוּ לְהָנֵי כְּלָלֵי דְּכַיֵּיל יְהוּדָה אָחִי מִשְּׁמֵיהּ דִּשְׁמוּאֵל. הָכִי אֲמַר שְׁמוּאֵל: כָּל שֶׁנּוֹלַד סָפֵק בִּרְשׁוּתוֹ – עָלָיו הָרְאָיָה. וְתַנָּא תּוּנָא כַּלָּה.

Rather, when Rami bar Yeḥezkel[P] **came, he said: Pay no attention to those rules formulated by my brother Yehuda in the name of Shmuel.** In actuality, **this is what Shmuel said: In whosesoever's domain the uncertainty came into being,**[HN] **the burden of proof rests upon him.** In the case of the exchange of the cow for the donkey, it is the owner of the cow who must provide proof. **And the** *tanna* of the mishna also **taught** along similar lines with regard to **a bride.**[N] If the bride was in her father's domain he must provide proof; if she was living with her husband the burden of proof is upon him.

מֵיתִיבֵי: מַחַט שֶׁנִּמְצֵאת בְּעוֹבִי בֵּית הַכּוֹסוֹת כו׳, וְאִי דְּלָא יָהֵיב טַבָּח דְּמֵי – בַּעַל בְּהֵמָה בָּעֵי לְאִיתוּיֵי רְאָיָה, וּמַפֵּיק. וְאַמַּאי? סְפֵיקָא בִּרְשׁוּת טַבָּח אִיתְיְילִיד!

The Gemara **raises an objection: A needle that is found in the thick wall of** an animal's **second stomach…** the burden of proof rests upon the claimant. **And if** the **butcher had not** already **given the money,** the **owner of the animal needs to bring proof,** and only then can he **take** his money. The Gemara asks: **But why? The uncertainty was formed in the butcher's possession.** According to Rami Bar Yeḥezkel's opinion, it should be the butcher's responsibility to provide proof.

דְּיָהֵיב טַבָּח דְּמֵי. וּמַאי פָּסְקָא? סְתָמָא דְּמִילְּתָא, כַּמָּה דְּלָא יָהֵיב אִינִישׁ זוּזֵי – לָא יָהֵיב אִינִישׁ חֵיוְתָא.

The Gemara answers: This *baraita* is referring to a case **where the butcher had** already **given the money.** Since the butcher is the one demanding money from the seller, he must provide proof. The Gemara poses a question: **But why** was it stated **without qualification?** How is it known that the *tanna* was referring to this particular case? The Gemara answers: **The ordinary situation** is that **as long as a person has not given money,** the other **person will not give** him **the animal.** It can therefore be assumed that the butcher paid for the animal before he was allowed to slaughter it, which means it is he who is claiming the return of the money.

״וַחֲכָמִים אוֹמְרִים: בַּמֶּה דְּבָרִים אֲמוּרִים בְּמוּמִין שֶׁבְּסֵתֶר״. אָמַר רַב נַחְמָן:

§ The mishna teaches: **And the Rabbis say: In what case is this statement said? With regard to hidden blemishes.** But he cannot claim to have been unaware of visible blemishes. **Rav Naḥman said:**

NOTES

In whosesoever's domain the uncertainty came into being – כָּל שֶׁנּוֹלַד סָפֵק בִּרְשׁוּתוֹ: Rabbeinu Tam, *Tosafot*, and the Rosh explain that according to Rami bar Yeḥezkel, Shmuel does not understand domain to be referring to the physical location, meaning the property of one of the parties, as his brother Rabbi Yehuda had previously thought. Rather, he claims Shmuel means domain in the sense of ownership, meaning that the one who was owner of the animal when the uncertainty arose must bring proof. According to this opinion, in Rav Yehuda's particular case of an exchange of a cow for a donkey, the burden of proof is upon the original owner of the cow since as soon as the cow is pulled by the other party, the one who owned the cow is considered the owner of the donkey, and therefore the uncertainty occurred in his domain. The Rosh rules in accordance with this opinion.

The Ra'avad and Rabbeinu Zeraḥya HaLevi explain the passage in the opposite manner. They contend that Rav Yehuda's understanding of Shmuel's statement is based on the assumption that that the owner of the item with regard to which there is an uncertainty is the one who must provide proof, whereas Rami bar Yeḥezkel maintains that it all depends on the location where the uncertainty arose. If so, despite the differences in reasoning between Rav Yehuda and Rami bar Yeḥezkel, the *halakha* with regard to the exchange of a cow for a donkey remains the same. The Rashba, Rabbeinu Zeraḥya HaLevi, and Rabbi Aharon HaLevi note that this explanation fits in with the formulation of the Rif, who cites the first version of Shmuel's statement as the *halakha*. Even according to this opinion there are certain differences between the two opinions, e.g., if the donkey was situated in an ownerless marsh rather than in the owner's domain.

And the *tanna* of the mishna also taught along similar lines with regard to a bride – וְתַנָּא תּוּנָא כַּלָּה: There are differences of opinion with regard to this proof that follow the fundamental disagreement with regard to the interpretation of this entire passage. Rashi maintains that the proof is required with regard to both a bride living in her father's house and a bride living in her father-in-law's house. *Tosafot* and Rabbi Shimshon of Saens claim that the proof is only from a bride in her father-in-law's house.

According to Rabbeinu Shimshon, at this stage the Gemara is of the opinion that the husband's obligation to bring proof is not due to the aforementioned reason that there are two presumptions against one, as at this stage the Gemara maintains that the rule: They were discovered here so they were created here, opposes the other presumptions. Rather, the burden of proof rests upon the husband because the uncertainty arose in his home.

Conversely, the Rashba argues that the Gemara is referring to a bride in her father's house, in accordance with the explanation of the Ra'avad and Rabbeinu Zeraḥya HaLevi. The reasoning is that since she is still in her father's domain for some purposes, such as with regard to vows and work, it is his responsibility to provide proof. Rabbi Aharon HaLevi also gives a similar explanation, although he maintains that the proof is with regard to the betrothal money in the case of a bride in her father's house.

וְנִכְפֶּה – כְּמוּמִין שֶׁבְּסֵתֶר דָּמֵי. וְהָנֵי מִילֵּי – דִּקְבִיעַ לֵיהּ זְמַן, אֲבָל לָא קְבִיעַ לֵיהּ – כְּמוּמִין שֶׁבְּגָלוּי דָּמֵי.

And an epileptic[B] **is considered like a hidden blemish,**[H] for it is possible that nobody is aware of her ailment. The Gemara comments: **And this applies** only **if** the sickness comes **at regular intervals,** as the woman and her family can conceal her illness. **But** if the attacks do **not** appear **at regular** intervals and can occur at any time, this **is considered like a visible blemish,** as it is impossible that her condition is unknown to others.

מתני׳ הָאִישׁ שֶׁנּוֹלְדוּ בוֹ מוּמִין – אֵין כּוֹפִין אוֹתוֹ לְהוֹצִיא. אָמַר רַבָּן שִׁמְעוֹן בֶּן גַּמְלִיאֵל: בַּמֶּה דְּבָרִים אֲמוּרִים – בְּמוּמִין הַקְּטַנִּים, אֲבָל בְּמוּמִין הַגְּדוֹלִים – כּוֹפִין אוֹתוֹ לְהוֹצִיא.

MISHNA In the case of **a man who developed blemishes**[H] after marriage, the court **does not force him to divorce**[N] his wife. **Rabban Shimon ben Gamliel said: In what** case **is this statement said?** It is said **with regard to minor blemishes. However, with regard to major blemishes,** which will be defined later in the Gemara, the court **does force him to divorce** her.

גמ׳ רַב יְהוּדָה תָּנֵי: נוֹלְדוּ, חִיָּיא בַּר רַב תָּנֵי: הָיוּ. מַאן דְּאָמַר נוֹלְדוּ – כׇּל שֶׁכֵּן הָיוּ, דִּקְסָבְרָה וְקִיבְּלָה. מַאן דְּאָמַר הָיוּ, אֲבָל נוֹלְדוּ – לָא.

GEMARA **Rav Yehuda teaches** the mishna in accordance with the version quoted above: The man **developed** blemishes after marrying his wife. Conversely, **Ḥiyya bar Rav teaches:** The man **had** blemishes prior to the marriage. The Gemara clarifies the difference between the two opinions: **The one who says** that the man who **developed** blemishes after marriage does not have to divorce his wife says that the same *halakha* applies **all the more so** to one who **had** blemishes beforehand, **as she was aware** of them **and accepted** them. However, **the one who says** that the mishna is referring to one who **had** blemishes prior to his marriage would say that only in that case he is not compelled to divorce her, **but if they developed** after the marriage this is **not** the *halakha*, as she did not marry him under such conditions.

תְּנַן, אָמַר רַבָּן שִׁמְעוֹן בֶּן גַּמְלִיאֵל: בַּמֶּה דְּבָרִים אֲמוּרִים – בְּמוּמִין קְטַנִּים, אֲבָל בְּמוּמִין גְּדוֹלִים – כּוֹפִין אוֹתוֹ לְהוֹצִיא. בִּשְׁלָמָא לְמַאן דְּאָמַר נוֹלְדוּ – הַיְינוּ דְּשָׁאנֵי בֵּין גְּדוֹלִים לִקְטַנִּים. אֶלָּא לְמַאן דְּאָמַר הָיוּ – מָה לִי גְּדוֹלִים מָה לִי קְטַנִּים? הָא סָבְרָה וְקִיבְּלָה!

We learned in the mishna: **Rabban Shimon ben Gamliel said: In what** case **is this statement said?** This is said **with regard to minor blemishes, but with regard to major blemishes** the court **forces him to divorce** her. The Gemara poses a question: **Granted, according to the one who says** that the correct version is: **Developed** blemishes, **this is** the reason **that there is a difference between major and minor** blemishes, as only major blemishes are grounds for divorce. **But according to the one who says** that the correct version is: **Had** blemishes, **what** difference is it **to me** whether they were **major** blemishes, and **what** difference is it **to me** whether they were **minor** ones? Either way, **she was aware** of them **and accepted** them.

כִּסְבוּרָה הִיא שֶׁיְּכוֹלָה לְקַבֵּל, וְעַכְשָׁיו אֵין יְכוֹלָה לְקַבֵּל. וְאֵלּוּ הֵן מוּמִין גְּדוֹלִים? פֵּירֵשׁ רַבָּן שִׁמְעוֹן בֶּן גַּמְלִיאֵל: [כְּגוֹן] נִיסְמֵית עֵינוֹ, נִקְטְעָה יָדוֹ, וְנִשְׁבְּרָה רַגְלוֹ.

The Gemara answers: In the case of major blemishes she can claim **that she** initially **thought that she could accept**[N] a husband with such blemishes, **but now** that she is married she realizes that she **cannot accept** such an arrangement. The Gemara inquires: **And what are** these **major blemishes** of a husband that Rabban Shimon ben Gamliel considers grounds for divorce? **Rabban Shimon ben Gamliel explained: For example,** if **his eye was blinded,** or **his hand cut off,** or **his leg broken.**

NOTES

The court does not force him to divorce – אֵין כּוֹפִין אוֹתוֹ לְהוֹצִיא: The *Nimmukei Yosef* cites an opinion that even though the court does not force the man to divorce his wife and pay out the marriage contract, if she wishes to be divorced without payment of the marriage contract, he is forced to comply. This appears to follow the opinion that in general a woman who is repulsed by her husband does not have to stay with him.

She initially thought that she could accept – כִּסְבוּרָה הִיא שֶׁיְּכוֹלָה לְקַבֵּל: This reasoning seems to run counter to the opinion of the Rabbis in the next mishna. This point is addressed in the Jerusalem Talmud, and the conclusion there is that Rabban Shimon ben Gamliel follows the opinion of Rabbi Meir in the next mishna. The Rashba and the Ritva maintain that since he did not make an explicit stipulation in this regard, the claim is accepted. Others contend that in practice such a claim from the wife is not accepted (Ramah; *Mishne LaMelekh*).

BACKGROUND

Epileptic – נִכְפָּה: An epileptic's attacks are usually sudden, unprovoked, and unpredictable. However, there are situations where seizures may be connected to particular times or events. For example, there are epileptics who experience seizures only while sleeping. It is also possible for seizures to occur in greater frequency during particular points in a female epileptic's menstrual cycle.

HALAKHA

An epileptic is considered like a hidden blemish – נִכְפָּה כְּמוּמִין שֶׁבְּסֵתֶר דָּמֵי: With regard to an epileptic woman, if the disease affects her at regular intervals it is like a hidden blemish, but if it happens at unpredictable moments it is considered a visible blemish. Rabbeinu Yeruḥam contends that concerning an illness such as epilepsy or halitosis, although they are visible blemishes, it makes no difference whether or not the town had a bathhouse (Rambam *Sefer Nashim, Hilkhot Ishut* 25:2; *Shulḥan Arukh, Even HaEzer* 39:4, and in the comment of Rema; 117:5; 154:5, and in the comment of Rema).

A man who developed blemishes – הָאִישׁ שֶׁנּוֹלְדוּ בוֹ מוּמִין: If a man developed blemishes after his marriage, even such major ones as the loss of a hand or a leg, he is not forced to divorce his wife, in accordance with the Rabbis in the mishna and as ruled by Rava. The Rema writes that according to the *Tur* and the Rosh, this applies only to one hand or foot, but if both hands or feet were cut off, or if he was blinded in both eyes, he is forced to divorce her (Rambam *Sefer Nashim, Hilkhot Ishut* 25:11; *Shulḥan Arukh, Even HaEzer* 154:4).

HALAKHA

These are the defects for which we force him to divorce her – אלו שכופין אותו להוציא: If a husband developed one of these blemishes, namely a bad odor from his mouth or nose, or if he became a gatherer of dog excrement or a miner who hews copper from its source, he is forced to divorce his wife and give her the payment of her marriage contract. He is compelled to divorce his wife only if this is what she wants, but if she wishes to remain with him she can choose to do so. If he had stipulated with her in advance, he is not forced to give her a divorce. The *halakha* follows the opinion of the Rabbis in the mishna, not Rabbi Meir (Rambam *Sefer Nashim, Hilkhot Ishut* 25:11; *Shulḥan Arukh, Even HaEzer* 154:1).

One afflicted with boils – מוכה שחין: If a man became afflicted with boils, he is forced to divorce his wife even if she does not request to leave him, as physical contact with his wife makes his flesh rot away (Rambam *Sefer Nashim, Hilkhot Ishut* 25:12; *Shulḥan Arukh, Even HaEzer* 154:1).

He had a brother who was also a tanner – היה לו אח בורסי: If a woman's husband had one of the blemishes for which he is forced to divorce her, and he died and she happened before his brother, who had the very same blemish, for levirate marriage, she can say that she could live with her husband in this manner but not with his brother. He must therefore perform *ḥalitza* with her and pay out her marriage contract (Rambam *Sefer Nashim, Hilkhot Ishut* 25:13; *Shulḥan Arukh, Even HaEzer* 154:2, 165:4).

BACKGROUND

One who has a polyp – בעל פוליפוס: In our days polyps are classified as growths, usually non-malignant, which develop around various mucous membranes of the body. It is possible that the mishna is referring to a chronic infection of the nasal sinuses or the tonsils, which causes a foul odor to emit from the nose or mouth.

Gatherer – מקמץ: There is a dispute in the *Tosefta* as to whether this refers to a small-scale tanner, who deals with hides only in small amounts and works alone, or a gatherer of dog excrement. Until very recent times, animal hides were softened by placing animal excrement in the water in which the skins were soaked, as the release of enzymes from the excrement would have a softening effect.

Melder of copper – מצרף נחושת: Even though clumps of copper are occasionally found in a metallic state, most copper deposits appear in the form of various metal sulfides. It is the job of the melder of copper to separate the sulfur from the copper, a process that creates a foul odor. People involved in this work at regular intervals will find this bad smell absorbed in their clothing and bodies.

איתמר, רבי אבא בר יעקב אמר רבי יוחנן: הלכה כרבן שמעון בן גמליאל. רבא אמר רב נחמן: הלכה כדברי חכמים.

It was stated: Rabbi Abba bar Yaakov said that **Rabbi Yoḥanan said: The *halakha* is in accordance** with the opinion of **Rabban Shimon ben Gamliel. Rava** said that **Rav Naḥman said: The *halakha* is in accordance with the statement of the Rabbis** that there is no difference between minor and major blemishes.

ומי אמר רבי יוחנן הכי? והא אמר רבה בר בר חנה אמר רבי יוחנן: בכל מקום ששנה רבן שמעון בן גמליאל במשנתנו – הלכה כמותו, חוץ מערב וצידן וראיה אחרונה! אמוראי נינהו, ואליבא דרבי יוחנן.

The Gemara poses a question: **And did Rabbi Yoḥanan** actually **say so,** that the *halakha* follows Rabban Shimon ben Gamliel? **But Rabba bar bar Ḥanna said** that **Rabbi Yoḥanan said: Wherever Rabban Shimon ben Gamliel taught in our Mishna, the *halakha* is in accordance with him, apart from** three cases: The *halakha* of **a guarantor** (*Bava Batra* 173b); the *halakha* he stated with regard to the divorce case in **Sidon** (*Gittin* 74a); and the **latter** of his disputes with the Rabbis with regard to the halakhot of **evidence** (*Sanhedrin* 31a). Since Rabbi Yoḥanan issued a statement that the *halakha* is in accordance with Rabban Shimon ben Gamliel in all but three exceptional cases, why would it be necessary for him to issue a special ruling in the present discussion? The Gemara answers: **They are *amora'im*, and** they disagree **with regard to** the opinion **of Rabbi Yoḥanan.** Rabbi Abba bar Yaakov maintains that Rabbi Yoḥanan did not issue a general directive, but rather provided a separate ruling for each case.

מתני׳ ואלו שכופין אותו להוציא: מוכה שחין, ובעל פוליפוס, והמקמץ, והמצרף נחושת, והבורסי. בין שהיו עד שלא נישאו, ובין משנישאו נולדו. ועל כולן אמר רבי מאיר: אף על פי שהתנה עמה, יכולה היא שתאמר: סבורה הייתי שאני יכולה לקבל, ועכשיו איני יכולה לקבל.

MISHNA **And these** are the defects **for which** the court **forces him to divorce** her:[H] **One afflicted with boils;[H] or one who has a polyp;[B] or one who works** as **a gatherer,[B] or one who works as a melder of copper,[B] or one** who works as **a tanner** of hides, all of whose work involves handling foul-smelling materials. **Whether** he had these defects **before they** got **married, or whether they developed after they got married,** the court forces them to divorce. **And with regard to all of these, Rabbi Meir said: Even though he stipulated with her** ahead of time that he suffers from this particular ailment or this is his line of work, **she can** nevertheless demand a divorce and **say: I thought I could accept** this issue **but now** I realize **I cannot accept** it.

וחכמים אומרים: מקבלת היא על כרחה, חוץ ממוכה שחין, מפני שממקתו. מעשה בצידון בבורסי אחד שמת והיה לו אח בורסי. אמרו חכמים: יכולה היא שתאמר: לאחיך הייתי יכולה לקבל, ולך איני יכולה לקבל.

And the Rabbis say: If she initially agreed **she must accept it against her will, apart from** a situation in which her husband is **afflicted with boils.** In that case the Rabbis concede that he must divorce her, **because** the disease **consumes** his flesh[N] when they engage in marital relations. The mishna relates an additional account: **An incident** occurred **in Sidon involving a certain tanner who died** childless, **and he had a brother** who was also a **tanner.[H]** This brother was required to enter into levirate marriage with the widow. **The Sages said: She can say: I could accept** living with a tanner **for your brother but I cannot accept it for you,** and therefore he must perform *ḥalitza* with her.

גמ׳ מאי ״בעל פוליפוס״? אמר רב יהודה אמר שמואל: ריח החוטם. במתניתא תנא: ריח הפה. רב אסי מתני איפכא, ומנח בה סימנא: שמואל לא פסיק פומיה מכוליה פירקין.

GEMARA The Gemara inquires about several unclear terms which appear in the mishna: **What is one who has a polyp? Rav Yehuda said** that **Shmuel said:** This is one who has a foul **odor of the nose. It was taught in a *baraita*:** A polyp is a foul **odor of the mouth. Rav Asi teaches the reverse,** that Shmuel is the one who said a polyp is odor of the mouth. **And he provided a mnemonic** device **for** his opinion: **Shmuel did not close his mouth from our entire chapter,** meaning that he studied it and commented on it extensively. This statement was formulated in a way that contains a hint that Shmuel's opinion involves the mouth.

NOTES

The disease consumes his flesh – ממקתו: Rabbeinu Yona, cited in the *Shita Mekubbetzet*, explains that the Rabbis concede to Rabbi Meir that in the case of the man afflicted with boils, he is forced to divorce his wife. This case is different from the other defects in that the condition continually worsens, and therefore she can claim that she thought she could accept his condition but now she realizes that she cannot. He also points out that this case is different from the other defects in that even if the woman does not wish to be divorced, the court forces him to divorce her unless they agree to refrain from being secluded together, because marital relations are dangerous for him, as explained later in the Gemara (77b).

״וְהַמְקַמֵּץ״. מַאי מְקַמֵּץ? אָמַר רַב יְהוּדָה: זֶה הַמְקַבֵּץ צוֹאַת כְּלָבִים. מֵיתִיבֵי: מְקַמֵּץ – זֶה בּוּרְסִי. וּלְטַעְמִיךְ, תִּיקְשֵׁי לָךְ מַתְנִיתִין: הַמְקַמֵּץ וְהַמְצָרֵף נְחוֹשֶׁת וְהַבּוּרְסִי!

The mishna taught, in the list of defects for which the husband is forced to divorce his wife: **Or one who works as a gatherer.** The Gemara asks: **What is the meaning of a gatherer? Rav Yehuda said: This** is referring to **one who gathers dog excrement** for use in tanning. The Gemara **raises an objection** from a *baraita*: **A gatherer, this is a tanner.** The Gemara responds: **And according to your reasoning, the mishna** itself **should present a difficulty for you,** as it states: **One who works as a gatherer, or one who** works as **a melder of copper, or one who** works as **a tanner** of hides, which indicates that the mishna holds that the gatherer and the tanner are not the same.

בִּשְׁלָמָא מַתְנִיתִין לָא קַשְׁיָא – כָּאן בְּבוּרְסִי גָּדוֹל, כָּאן בְּבוּרְסִי קָטָן. אֶלָּא לְרַב יְהוּדָה קַשְׁיָא! תַּנָּאֵי הִיא. דְּתַנְיָא: מְקַמֵּץ – זֶה בּוּרְסִי, וְיֵשׁ אוֹמְרִים: זֶה הַמְקַמֵּץ צוֹאַת כְּלָבִים.

The Gemara explains: **Granted, the mishna** is **not difficult,** as one can say that **here,** where the tanner is listed separately from the one who gathers, it is referring **to a large-scale tanner,** and **there,** when the *baraita* states that a gatherer is a tanner, it is speaking **of a small-scale tanner.**[N] **But according to Rav Yehuda it is difficult.** The Gemara answers: **It is a dispute between** ***tanna'im*****, as it is taught** in a *baraita*: **A gatherer, this is a tanner, and some say: This is one who gathers dog excrement.** Rav Yehuda follows this latter opinion.

״וְהַמְצָרֵף נְחוֹשֶׁת וְהַבּוּרְסִי״. מַאי מְצָרֵף נְחוֹשֶׁת? רַב אַשִׁי אָמַר: חַשְׁלֵי דוּדֵי. רַבָּה בַּר בַּר חָנָה אָמַר: זֶה הַמְחַתֵּךְ נְחוֹשֶׁת מֵעִיקָּרוֹ. תַּנְיָא כְּווֹתֵיהּ דְּרַבָּה בַּר בַּר חָנָה: אֵיזֶהוּ מְצָרֵף – זֶה הַמְחַתֵּךְ נְחוֹשֶׁת מֵעִיקָּרוֹ.

The mishna teaches: **And a coppersmith and a tanner.** The Gemara poses a question: **What is** the meaning of **a coppersmith? Rav Ashi said: A kettle smith,** that is, one who beats copper in order to make kettles; his handling of copper leaves him with a bad odor. **Rabba bar bar Ḥanna said: This is one who hews copper from its source** in the ground. The Gemara comments: It **is taught** in a *baraita* **in accordance with** the opinion **of Rabba bar bar Ḥanna: Who is a coppersmith? This is one who hews copper from its source.**

אָמַר רַב: הָאוֹמֵר ״אֵינִי זָן וְאֵינִי מְפַרְנֵס״ – יוֹצִיא וְיִתֵּן כְּתוּבָּה. אֲזַל רַבִּי אֶלְעָזָר, אֲמָרָהּ לִשְׁמַעְתָּא קַמֵּיהּ דִּשְׁמוּאֵל. אָמַר: אַכְסוּהּ שַׂעֲרֵי לְאֶלְעָזָר, עַד שֶׁכּוֹפִין אוֹתוֹ לְהוֹצִיא – יִכְפּוּהוּ לָזוּן!

§ As the mishna discusses situations in which the court forces the husband to divorce his wife, the Gemara mentions a similar case. **Rav said:** A husband **who says: I will not sustain** my wife **and I will not provide a livelihood** for her,[H] **must divorce** her **and give her** the payment of her **marriage contract. Rabbi Elazar went** and **recited** this ***halakha*** **before Shmuel.** Shmuel **said: Feed** [*akhsuha*] **barley,**[L] animal fodder, **to Elazar.** In other words, he has spoken nonsense, as **rather than forcing him to divorce** her, it would be better for them **to force him to sustain** his wife.

וְרַב: אֵין אָדָם דָּר עִם נָחָשׁ בִּכְפִיפָה. כִּי סְלֵיק רַבִּי זֵירָא אַשְׁכְּחֵיהּ לְרַבִּי בִּנְיָמִין בַּר יֶפֶת, דְּיָתֵיב וְקָאָמַר לָהּ מִשְּׁמֵיהּ דְּרַבִּי יוֹחָנָן. אֲמַר לֵיהּ: עַל דָּא אַכְסוּהּ שַׂעֲרִין לְאֶלְעָזָר בְּבָבֶל.

The Gemara asks: **And** how does **Rav** respond to this argument? He bases his ruling on the principle that **a person does not reside in a basket,** i.e., in close quarters, **with a snake.** In other words, a woman cannot share her life with a man who provides for her needs only when compelled to do so by the court. The Gemara relates: **When Rabbi Zeira ascended** to Eretz Yisrael, **he found Rabbi Binyamin bar Yefet sitting and reciting** this *halakha* of Rav's **in the name of Rabbi Yoḥanan. He said to him: On account of this** matter **they fed Elazar with barley in Babylonia.**

אָמַר רַב יְהוּדָה אָמַר רַב אַסִי: אֵין מְעַשִּׂין אֶלָּא לִפְסוּלוֹת. כִּי אֲמָרִיתָהּ קַמֵּיהּ דִּשְׁמוּאֵל אָמַר: כְּגוֹן אַלְמָנָה לְכֹהֵן גָּדוֹל, וּגְרוּשָׁה וַחֲלוּצָה לְכֹהֵן הֶדְיוֹט, מַמְזֶרֶת וּנְתִינָה לְיִשְׂרָאֵל, בַּת יִשְׂרָאֵל לְנָתִין וּלְמַמְזֵר. אֲבָל נָשָׂא אִשָּׁה וְשָׁהָה עִמָּהּ עֶשֶׂר שָׁנִים וְלֹא יָלְדָה – אֵין כּוֹפִין אוֹתוֹ.

§ The Gemara continues to discuss cases in which a husband is compelled to divorce his wife. **Rav Yehuda said** that **Rav Asi said:** The court **forces** men to divorce their wives **only** if they were married **to women unfit** to marry them.[H] **When I recited this** *halakha* **before Shmuel, he said:** This applies to cases such as, **for example, a widow** married **to a High Priest, a divorcée or a** ***yevama*** **who underwent** ***ḥalitza*** **[*ḥalutza*]** married **to a common priest, a daughter born from an incestuous or adulterous relationship [*mamzeret*], or a Gibeonite woman** married **to an Israelite,** or **a daughter of an Israelite** married **to a Gibeonite or to a** ***mamzer***. In all of these cases the marriage is prohibited by Torah law. **But if** someone **married a woman and stayed with her** for **ten years and she did not give birth,**[N] although he is guilty of neglecting the mitzva to be fruitful and multiply, the court **does not force him** to divorce her.

NOTES

A large-scale and a small-scale tanner – בּוּרְסִי גָּדוֹל וְקָטָן: Rashi indicates that a large-scale tanner, who deals with many hides, is worse off than a small-scale tanner, as the latter has less hides in his tannery and therefore does not emit such a foul odor. The Ritva's explanation states the opposite, that a small-scale tanner must perform all the tanning himself, whereas the large-scale tanner merely supervises his many employees, and therefore does not smell quite as bad.

But if someone married a woman and stayed with her for ten years and she did not give birth – אֲבָל נָשָׂא אִשָּׁה וְשָׁהָה עִמָּהּ עֶשֶׂר שָׁנִים וְלֹא יָלְדָה: Rashi explains that he is not forced to divorce her because he does not actually violate a prohibition by maintaining her as his wife; he can fulfill the mitzva to be fruitful and multiply by marrying an additional wife. The ruling that he must divorce her is merely an enactment of the Sages, as it is uncommon for a man to marry a second woman in addition to his existing wife. The *Birkat Avraham* writes that neglecting the mitzva to be fruitful and multiply is not similar to the neglect of any other positive mitzva. Normally he is compelled to fulfill the mitzva using all means at the court's disposal. However, in this case the performance of the mitzva is not fully under his control, as even if he marries another woman there is no guarantee that she will bear children. And if she does, she might not have the requisite one boy and one girl for the fulfillment of this mitzva in the proper manner.

HALAKHA

I will not sustain my wife and I will not provide a livelihood for her – אֵינִי זָן וְאֵינִי מְפַרְנֵס: If a husband does not wish to sustain his wife, he is forced to do so. If the court is unable to compel him to sustain her, for example if he has no money and is unwilling to work, he is forced to divorce her immediately and give her the payment of her marriage contract, if this solution is acceptable to her. The *halakha* is in accordance with Shmuel, as the discussion of the Gemara follows his opinion. It is noted in the *Beit Shmuel* that some authorities rule in accordance with Rav, and therefore, if she refuses to live with him as long as he does not provide her with a livelihood, she is not considered a rebellious wife (Rambam *Sefer Nashim, Hilkhot Ishut* 12:4; *Shulḥan Arukh, Even HaEzer* 154:3).

The court forces men to divorce their wives only if they were married to women unfit to marry them – אֵין מְעַשִּׂין אֶלָּא לִפְסוּלוֹת: Whoever marries a woman forbidden to him, such as a priest marrying a divorcée, a *ḥalala*, or a woman who has had sexual relations with a man forbidden to her by the Torah [*zona*]; or any Jew of fit lineage who marries a *mamzeret*, is forced to divorce her (Rambam *Sefer Kedusha, Hilkhot Issurei Bia* 17:7; *Shulḥan Arukh, Even HaEzer* 6:1).

LANGUAGE

Feed [*akhsuha*] barley – אַכְסוּהּ שַׂעֲרֵי: Similar to the Hebrew word *kesisa*, meaning gnawing raw food, *akhsuha* refers to the consumption of something in an unusual manner, such as chewing on unground barley. The Rivan cites an alternative reading of *avsuha*, which means to force-feed him like an animal.

וְרַב תַּחֲלִיפָא בַּר אֲבִימִי אָמַר שְׁמוּאֵל: אֲפִילּוּ נָשָׂא אִשָּׁה וְשָׁהָה עִמָּהּ עֶשֶׂר שָׁנִים וְלֹא יָלְדָה – כּוֹפִין אוֹתוֹ. תְּנַן: אֵלּוּ שֶׁכּוֹפִין אוֹתוֹ לְהוֹצִיא: מוּכֵּה שְׁחִין, וּבַעַל פּוֹלִיפּוֹס. בִּשְׁלָמָא לְרַב אַסִי, דְּרַבָּנַן – קָתָנֵי, דְּאוֹרַיְיתָא – לָא קָתָנֵי. אֶלָּא לְרַב תַּחֲלִיפָא בַּר אֲבִימִי – לִיתְנֵי נָשָׂא אִשָּׁה וְשָׁהָה עִמָּהּ עֶשֶׂר שָׁנִים וְלֹא יָלְדָה כּוֹפִין אוֹתוֹ!

And Rav Taḥalifa bar Avimi said that Shmuel said: Even in the case of someone who **married a woman and stayed with her** for **ten years and she did not give birth,**[H] the court **forces him** to divorce her, as he is in violation of a positive mitzva. The Gemara poses a question: **We learned** in the mishna: **And these are** the defects **for** which the court **forces him to divorce** his wife: One **afflicted with boils or one who has a polyp. Granted, according to Rav Asi,** only cases in which the court compels a divorce **by rabbinic** law **are taught** in the mishna, but those that are **by Torah** law, such as a widow married to a High Priest, **are not taught. However, according to Rav Taḥalifa bar Avimi, let** the mishna also **teach** that if he **married a woman and stayed with her** for **ten years and she did not give birth,** the court **forces him** to divorce her, as this is also a rabbinic enactment.

אֲמַר רַב נַחְמָן: לָא קַשְׁיָא: הָא – בְּמִילֵּי, הָא – בְּשׁוֹטֵי. מַתְקִיף לָהּ רַבִּי אַבָּא: ״בִּדְבָרִים לֹא יִוָּסֶר עָבֶד״. אֶלָּא אֲמַר רַבִּי אַבָּא: הָא וְהָא בְּשׁוֹטֵי,

Rav Naḥman said: This is **not difficult,** as in **this** case the mishna discusses someone who is forced to divorce his wife **by verbal** means alone, but in **that** case it is referring to compelling him **by** beating him with **rods.**[H] Although the court does compel a man to divorce his wife if she has not had children, the court does so only by speaking with him. **Rabbi Abba strongly objects to this:** Can there be a *halakha* of coercion by verbal means alone? But the verse states: **"A servant will not be corrected by words"** (Proverbs 29:19). **Rather, Rabbi Abba said:** Both **this and that** are referring to coercion **by** beating him with **rods,**

Perek **VII**
Daf **77** Amud **b**

הָתָם, כִּי אָמְרָה ״הָוֵינָא בַּהֲדֵיהּ״ – שָׁבְקִינַן לַהּ. הָכָא, אַף עַל גַּב דְּאָמְרָה ״הָוֵינָא בַּהֲדֵיהּ״ – לָא שָׁבְקִינַן לַהּ. וַהֲרֵי מוּכֵּה שְׁחִין, דְּאַף עַל גַּב דְּאָמְרָה ״הָוֵינָא בַּהֲדֵיהּ״ לָא שָׁבְקִינַן לַהּ, דִּתְנַן: חוּץ מִמּוּכֵּה שְׁחִין מִפְּנֵי שֶׁמְּמַקְתּוֹ, וְקָתָנֵי!

but **there,** with regard to the blemishes specified in the mishna, **if she says:** I want **to be with him, we leave her** alone with him and do not force a divorce, whereas **here,** in the case of a woman who has not given birth, **even though she says:** I want **to be with him, we do not leave her** alone, as her husband is neglecting the mitzva to be fruitful and multiply. The Gemara raises a difficulty: **But** there is the case of a husband **afflicted with boils, where even though she says: I want to be with him, we do not leave her** alone with him. **As we learned** in the mishna: **Apart from** a situation where her husband is **afflicted with boils, because** it **consumes** his flesh. **And** yet this *halakha* **is taught** in the same mishna as the others, which indicates that our above analysis is incorrect.

הָתָם, כִּי אָמְרָה ״דָּיְירָנָא בַּהֲדֵיהּ בְּסָהֲדֵי״ – שָׁבְקִינַן לַהּ, הָכָא, אַף עַל גַּב דְּאָמְרָה ״דָּיְירָנָא בַּהֲדֵיהּ בְּסָהֲדֵי״ – לָא שָׁבְקִינַן לַהּ.

The Gemara answers: Even so, there is a difference between these cases, as **there,** with regard to a man with boils, **if she says:** I am willing to **live with him** under the supervision **of witnesses;** that is, I will not seclude myself with him but I will nevertheless remain his wife, **we leave her** alone. However, **here, even though she says:** I will **live with him** under the supervision **of witnesses,**[H] **we do not leave her** alone, but rather force him to divorce her.

HALAKHA

If someone married a woman…and she did not give birth – נָשָׂא אִשָּׁה...וְלֹא יָלְדָה: If a man was married to a woman for ten years without her bearing children, he is forced to divorce her and give her payment of the marriage contract, in accordance with Rav Taḥalifa. In places where it is permitted, he may instead marry an additional woman instead of divorcing his present wife. The Rama cites an opinion that this *halakha* applies only if he had no viable offspring. However, if he had a child, even if he has not yet fulfilled the mitzva to be fruitful and multiply, he is not compelled to divorce her (Rivash). Nowadays, the halakhic practice is never to force a man to divorce his wife in such cases (Rambam *Sefer Nashim, Hilkhot Ishut* 15:7; *Shulḥan Arukh, Even HaEzer* 154:10).

HALAKHA

With rods – בְּשׁוֹטֵי: Whenever the Sages ruled that the husband must divorce his wife he is forced to do so, even by beating him with rods. Some maintain that if the Gemara does not state: The court forces him to divorce, but merely says: He must divorce, this means he is not compelled by striking him with rods, but the court simply tells him that he is in violation of rabbinic law and is a criminal. The Rema writes, based on the Rosh, that, as this is a matter of dispute among the halakhic authorities, one should be stringent and not use rods, in order to avoid the question of a forced bill of divorce. Physical coercion should be employed only if he married a woman forbidden to him.

When physical coercion is not used, he is not excommunicated either (*Mordekhai*), but the court has the right to apply other measures as a means of coercion, such as prohibiting commercial transactions with him (*Sha'arei Dura*; Maharik), banning the circumcision and burial of his sons (*Teshuvot Binyamin Ze'ev*), and other methods of coercion to which the court has access. The Rivash says that all of these means of coercion apply to coercing a man to give his wife a bill of divorce, but the methods of striking with rods and excommunication may be used in order to force him to fulfill any of his legal obligations (Rambam *Sefer Nashim, Hilkhot Ishut* 15:7; *Shulḥan Arukh, Even HaEzer* 154:21).

HALAKHA

I will live with him under the supervision of witnesses – דָּיְירָנָא בַּהֲדֵיהּ בְּסָהֲדֵי: In the case of a man who developed blemishes for which he is forced to divorce his wife, if she prefers to stay with him, she may do so. However, if he is afflicted with boils, the court does not allow them to live together, as the disease consumes his flesh. If the wife still does not want a divorce and offers to set up witnesses to make sure they are not secluded together, her offer is accepted. Conversely, if the wife is childless, and certainly if she is forbidden to him, even if she says she will not be alone with him without witnesses, her proposal is not accepted (Rambam *Sefer Nashim, Hilkhot Ishut* 25:12, 15:7; *Shulḥan Arukh, Even HaEzer* 154:1, 10).

תַּנְיָא, אָמַר רַבִּי יוֹסֵי: שָׂח לִי זָקֵן אֶחָד מֵאַנְשֵׁי יְרוּשָׁלַיִם: עֶשְׂרִים וְאַרְבָּעָה מוּכֵּי שְׁחִין הֵן, וְכוּלָּן – אָמְרוּ חֲכָמִים: תַּשְׁמִישׁ קָשֶׁה לָהֶן, וּבַעֲלֵי רָאתָן קָשֶׁה מִכּוּלָּן. מִמַּאי הָוֵי? דְּתַנְיָא: הִקִּיז דָּם וְשִׁימֵּשׁ – הָוְיָין לוֹ בָּנִים וִיתָיְקִין, הִקִּיזוּ שְׁנֵיהֶם וְשִׁימְּשׁוּ – הָוְיָין לוֹ בָּנִים בַּעֲלֵי רָאתָן. אֲמַר רַב פַּפָּא: לָא אֲמַרַן אֶלָּא דְּלָא טָעֵים מִידֵּי, אֲבָל טָעֵים מִידֵּי – לֵית לָן בָּהּ.

It is taught in a *baraita*: **Rabbi Yosei said: A certain Elder from** among **the residents of Jerusalem told me** that there **are twenty-four** types of patients **afflicted with boils,** and with regard to **all of them the Sages said** that **sexual relations are harmful to them, and** those **afflicted with** ***ra'atan*****,**[B] a severe skin disease characterized by extreme weakness and trembling, **are harmed** even more **than all of the** others. The Gemara asks: **From where** and how does this disease **come about?** The Gemara answers: **As it is taught** in a *baraita*: One **who let blood and** immediately afterward **engaged in sexual relations will have weak** [***vitaykin***][L] **children. If both of them let blood and** then **engaged in sexual relations, he will have children afflicted with** ***ra'atan*****. Rav Pappa said** in response: **We said** this **only if he did not taste anything** between bloodletting and intercourse, **but if he tasted something we have no** problem **with it,** as it is not dangerous.

מַאי סִימָנֵיהּ? דַּלְפָן עֵינֵיהּ, וְדָיְיבֵי נְחִירֵיהּ, וְאַיְיתֵי לֵיהּ רִירָא מִפּוּמֵיהּ, וּרְמוּ דִּידְבֵי עִילָּוֵיהּ. וּמַאי אָסוּתֵיהּ? אֲמַר אַבַּיֵי: פִּילָא, וְלוֹדְנָא, גִּירְדָא דְּאֶגוֹזָא, וְגִירְדָא דְּאַשְׁפָּא וּכְלִיל מַלְכָּא, וּמַתְחַלָּא דְּדִיקְלָא סוּמָּקָא. וְשָׁלֵיק לְהוּ בַּהֲדֵי הֲדָדֵי, וּמְעַיֵּיל לֵיהּ לְבֵיתָא דְּשֵׁישָׁא. וְאִי לָא אִיכָּא בֵּיתָא דְּשֵׁישָׁא – מְעַיֵּיל לֵיהּ לְבֵיתָא דְּשַׁב לִבְנֵי וְאָרִיחָא.

The Gemara inquires: **What are the symptoms** of *ra'atan*? **His eyes water, his nose runs, drool comes out of his mouth, and flies rest upon him.** The Gemara further inquires: **And what is his cure** to remove the insect found in his head, which is associated with this illness? **Abaye said:** One takes ***pila***[L] **and ladanum** [***lodana***]**,**[BL] which are types of grasses; **and the ground shell of a nut;**[N] **and shavings of smoothed hides;**[N] **and artemisia** [***kelil malka***]**;**[B] **and the calyx of a red date palm. And** one **cooks them together and brings** the patient **into a marble house,**[B] i.e., one that is completely sealed. **And if there is no marble house** available, the one performing the treatment **brings** the patient **into a house** whose walls have the thickness **of seven bricks and one small brick.**

BACKGROUND

Ladanum – לוֹדְנָא: Apparently this is the sap of a species of the plant called cistus. The cistus is an evergreen bush with simple, creased flowers that is found all over Israel. Cistus flowers are large and white or pink, depending on the particular species, and at the end of the summer the fruits ripen into a uniquely shaped capsule. Cistus sap has been widely used since ancient times as a common medicine. Nowadays it is mainly used as an ingredient in cosmetics and perfumes.

Cistus bush with flowers

Marble house – בֵּיתָא דְּשֵׁישָׁא: The Gemara here and other sources imply that this was a building designated for surgical procedures. It is possible that a structure of this kind was used because it was closed off and relatively free of external contamination.

Artemisia [*kelil malka*] **– כְּלִיל מַלְכָּא:** According to Asaf HaRofeh, *kelil malka* is a plant from the genus *Artemisia*, certain types of which are found in Israel. These plants grow on plains and in sandy areas and bear small flowers. An essential oil extracted from some kinds of artemisia has been widely used as a medicine since ancient times.

Artemisia capsules

Artemisia flowers

BACKGROUND

Those afflicted with ***ra'atan*** **– בַּעֲלֵי רָאתָן:** This disease, mentioned in the Talmud and various *midrashim*, has not been definitively identified, and there are several theories as to its nature. However, the most likely explanation is that it refers to Hansen's disease, colloquially known as leprosy, which is distinct from the biblical disease commonly translated this way and discussed at length in the Talmud.

Hansen's disease appears in different forms, one of which is in line with the description here in the Talmud. In addition to a severe toughening of the skin which causes a loss of feeling in that area or to the entire limb, the ailment also causes a great deal of mucus to flow from the nose. For various reasons, in later stages this illness causes serious wounds and gangrene, which rots away the external limbs. The disease is infectious but it requires close, prolonged contact for contagion to occur. Nevertheless, due to the severity of this illness and the inability of those in talmudic times to treat it, they were extremely careful about any kind of contact, not only direct contact with the infected patient but even with flies that touched the secretions of those afflicted with the disease, or anything they may have touched.

The matter of the insect in the brain, however, is not at all clear in this context. It might be connected to a different disease brought about by parasites. Various types of parasites, such as hookworms, travel from place to place in the body and can cause serious damage to the afflicted.

LANGUAGE

Weak [*vitaykin*] **– וִיתָיְקִין:** The source of this word and its precise meaning are unclear. According to Rav Binyamin Musafia it comes from the Greek φθισικός, *phthisikos*, meaning one who is sick with a degenerative illness, primarily tuberculosis. Others assert that it is derived from the Greek ἑκτικός, *hektikos*, which, among its various meanings, refers to one who is sick with a dangerous illness, or tuberculosis.

Pila **– פִּילָא:** Apparently from the Greek φύλλον, *fullon*, meaning vegetable or grass. In addition to being a general term, it is also the name of specific plants, such as those belonging to the genus *Mercurialis*. Some claim that the Sages were referring to laurel leaves.

Ladanum [*lodana*] **– לוֹדְנָא:** From the Greek λάδανον, *ladanon*, or the Latin laudanum, which refers to the sap extracted from this plant. Some assert that its original derivation is the Hebrew word *lot* (see Genesis 43:11).

NOTES

The ground shell of a nut [*de'egoza*] **– גִּירְדָא דְּאֶגוֹזָא:** Rashi and other commentaries explain this in accordance with our reading of the text. The *Arukh* presents an alternate version of the text which reads *de'azga*, meaning pieces of glass.

And shavings of smoothed hides [*de'ashpa*] **– וְגִירְדָא דְּאַשְׁפָּא:** According to the alternate version of the text which reads *de'ashpekha*, this refers to the material that cobblers, *ushphakhim*, shave off of the leather.

NOTES

Attach himself to them – **מיכרך בהו**: According to Rashi and the Rivan this means that he would cling to them when he studied without concern, as he relied on the merit of the Torah to protect him from illness. Rabbi Yaakov Emden and the author of *Ahavat Eitan* state that as he was occupied with the public mitzva of teaching Torah he was not worried that he might be harmed. Although there is a principle that one may not rely on a miracle in an obviously dangerous situation, there is an exception for one engaged in the performance of a public mitzva. In contrast, the Ritva maintains that Rabbi Yehoshua ben Levi would stay close to them at all times, not only when learning Torah, in accordance with the principle discussed in tractate *Sota* (21a) that the Torah protects those who occupy themselves with it even when they are not involved in its study.

If it bestows grace – **אם חן מעלה**: The Maharam Schiff explains that if the Torah actively provides grace, it will certainly not cause people to lose their grace. Since those afflicted with *ra'atan* are extremely repulsive, as explained earlier, God will certainly ensure that those who study Torah will not end up in such a state.

ונטיל ליה תלת מאה כסי על רישיה, עד דרפיא ארעיתא דמוחיה, וקרע למוחיה. ומייתי ארבע טרפי דאסא, ומדלי כל חד כרעא ומותיב חד. ושקיל בצבתא, וקלי ליה. דאי לא – הדר עילויה.

And the one performing the treatment **pours three hundred cups** of this mixture **on** the patient's **head until his skull is soft, and** then he **tears** open the patient's skull **to** expose **his brain, and brings four myrtle leaves and lifts up each** time **one foot** of the insect that is found on the patient's brain, **and places one** leaf under each foot of the insect so as to prevent it from attempting to cling to his brain when it is forcibly removed, **and** subsequently **takes it with tweezers. And** he then **burns** the insect, **because if** he does **not** burn it, it **will return to him.**

מכריז רבי יוחנן: הזהרו מזבובי של בעלי ראתן. רבי זירא לא הוה יתיב בזיקיה, רבי אלעזר לא עייל באהליה, רבי אמי ורבי אסי לא הוו אכלי מביעי דההיא מבואה. רבי יהושע בן לוי מיכרך בהו ועסיק בתורה, אמר: "אילת אהבים ויעלת חן" אם חן מעלה על לומדיה – אגוני לא מגנא?

Rabbi Yoḥanan would **announce: Be careful of the flies** found **on those afflicted with** ***ra'atan***, as they are carriers of the disease. **Rabbi Zeira would not sit** in a spot where the **wind** blew from the direction of someone afflicted with *ra'atan*. **Rabbi Elazar would not enter the tent** of one afflicted with *ra'atan*, and **Rabbi Ami and Rabbi Asi would not eat eggs from an alley** in which someone afflicted with *ra'atan* lived. Conversely, **Rabbi Yehoshua ben Levi**[P] would **attach himself** to **them**[N] **and study Torah, saying** as justification the verse: "The Torah is **a loving hind and a graceful doe"** (Proverbs 5:19). **If it bestows grace**[N] **on those who learn it, does it not protect** them from illness?

כי הוה שכיב, אמרו ליה למלאך המות: זיל עביד ליה רעותיה. אזל איתחזי ליה, אמר ליה: אחוי לי דוכתאי! אמר ליה: לחיי. אמר ליה: הב לי סכינך, דלמא מבעתת לי באורחא – יהבה ניהליה. כי מטא להתם, דלייה, קא מחוי ליה. שוור נפל להרוא גיסא.

When Rabbi Yehoshua ben Levi **was** on the verge of **dying, they said to the Angel of Death:** Go and **perform his bidding,** as he is a righteous man and deserves to die in the manner he sees fit. The Angel of Death **went** and **appeared to him.** Rabbi Yehoshua ben Levi **said to him: Show me my place** in paradise. **He said to him: Very well.** Rabbi Yehoshua ben Levi **said to him: Give me your knife** that you use to kill mortals, **lest you frighten me on the way. He gave it to him. When he arrived there,** in paradise, **he lifted** Rabbi Yehoshua so he could see his place, and **he showed it to him.** Rabbi Yehoshua **jumped** and **fell into that** other **side,** thereby escaping into paradise.

נקטיה בקרנא דגלימיה. אמר ליה: בשבועתא דלא אתינא. אמר קודשא בריך הוא: אי איתשיל אשבועתא – ניהדר, אי לא – לא ניהדר. אמר ליה: הב לי סכינאי! לא הוה קא יהיב ליה. נפקא בת קלא ואמרה ליה: הב ניהליה, דמיתבעא לברייתא. מכריז אליהו קמיה: פנו מקום לבר ליואי, פנו מקום לבר ליואי!

The Angel of Death **grabbed him by the corner of his cloak.** Rabbi Yehoshua ben Levi **said to him: I swear that I will not come** with you. **The Holy One, blessed be He, said: If he** ever in his life **requested** dissolution **concerning an oath** he had taken, **he must return** to this world with the Angel of Death, as he can have his oath dissolved this time also. **If** he did **not** ever request dissolution of an oath, he need **not return.** Since Rabbi Yehoshua had in fact never requested dissolution of an oath, he was allowed to stay in paradise. The Angel of Death **said to him:** At least **give me my knife** back. However, he **did not give it to him,** as he did not want any more people to die. **A Divine Voice emerged and said to him: Give it to him, as it is necessary to kill the created** beings; death is the way of the world. **Elijah** the Prophet **announced before him: Make way for the son of Levi, make way for the son of Levi.**

PERSONALITIES

Rabbi Yehoshua ben Levi – **רבי יהושע בן לוי**: One of the greatest *amora'im* of the first generation in Eretz Yisrael, Rabbi Yehoshua ben Levi was, according to some opinions, the son of Levi ben Sisi, one of the outstanding students of Rabbi Yehuda HaNasi. Apparently, Rabbi Yehoshua ben Levi himself was one of Rabbi Yehuda HaNasi's younger students. Many halakhic disputes are recorded between him and Rabbi Yoḥanan, who was apparently his younger disciple-colleague. In general, the *halakha* is ruled in accordance with the opinion of Rabbi Yehoshua ben Levi, even against Rabbi Yoḥanan, who was the leading authority at that time.

Rabbi Yehoshua ben Levi was also a renowned teacher of *aggada*. Because of the great esteem in which he was held, aggadic statements in his name are cited at the end of the six orders of the Mishna.

A great deal is told of his piety and sanctity; he is regarded as one of the most righteous men who ever lived. He was famous as a worker of miracles, as one to whom Elijah the Prophet appeared, and as one whose prayers were always answered.

He taught many students. All of the Sages of the succeeding generation were Rabbi Yehoshua ben Levi's students to some degree and all cite Torah pronouncements in his name. His son, Rabbi Yosef, was also a Torah scholar and married into the family of the *Nasi*.

אזל אשכחיה לרבי שמעון בן יוחאי דהוה יתיב על תלת עשר תכטקי פיזא. אמר ליה: את הוא בר ליואי? אמר ליה: הן. נראתה קשת בימיך? אמר ליה: הן. אם כן, אי אתה בר ליואי. ולא היא, דלא הואי מידי. אלא סבר: לא אחזיק טיבותא לנפשאי.

Rabbi Yehoshua ben Levi **went and found** in paradise **Rabbi Shimon ben Yoḥai**[P] **sitting on thirteen golden stools** [*takhtekei*].[L] Rabbi Shimon ben Yoḥai **said to him: Are you the son of Levi? He said to him: Yes.** Rabbi Shimon said to him: Was **a rainbow** ever **seen in your days? He said: Yes.** Rabbi Shimon retorted: **If so, you are not the son of Levi,** as he is a completely righteous man. During the lifetimes of completely righteous people no rainbows are visible, as they are a sign that the world deserves to be destroyed by a flood; whereas the merit of the righteous protects the world from such things. The Gemara comments: **And that is not so, for there was no** rainbow seen **at all** during the lifetime of Rabbi Yehoshua, **but** he **thought: I do not want to take credit for myself** by presenting myself as such a righteous person.

רבי חנינא בר פפא שושביניה הוה. כי הוה קא ניחא נפשיה, אמרו ליה למלאך המות: זיל עביד ליה רעותיה. אזל לגביה ואיתחזי ליה. אמר ליה: שבקי תלתין יום עד דנהדר תלמודאי, דאמרי: אשרי מי שבא לכאן ותלמודו בידו. שבקיה. לבתר תלתין יומין אזל איתחזי ליה. אמר ליה: אחוי לי דוכתאי. אמר ליה: לחיי. אמר ליה: הב לי סכינך, דלמא מבעתת לי באורחא. אמר ליה: כחברך בעית למיעבד לי?

The Gemara relates a similar incident: **Rabbi Ḥanina bar Pappa was a friend** of the Angel of Death and would see him frequently. **When** Rabbi Ḥanina **was** on the verge of **dying, they said to the Angel of Death: Go** and **perform his bidding. He went before him and appeared to him. He said to** the angel: **Leave me** for **thirty days until I have reviewed my studies, for they say: Happy is he who comes here,** to paradise, **with his learning in his hand. He left him,** and **after thirty days he** again **went** and **appeared to him. He said to** the Angel of Death: **Show me my place** in paradise. **He said to him: Very well.** Rabbi Ḥanina **said to him: Give me your knife, lest you frighten me on the way.** The Angel of Death **said to him:** Do **you wish to do to me as your friend** Rabbi Yehoshua ben Levi did, and escape?

אמר ליה: אייתי ספר תורה, וחזי מי איכא מידי דכתיב ביה דלא קיימתיה. אמר ליה: מי איכרכת בבעלי ראתן ואיעסקת בתורה? ואפילו הכי, כי נח נפשיה – אפסיק ליה עמודא דנורא בין דידיה לעלמא, וגמירי דלא מפסיק עמודא דנורא אלא לחד בדרא, או לתרין בדרא.

He said to him: Bring a Torah scroll and see: Is there anything written in it that I have not fulfilled? I am therefore worthy of entering Paradise alive, as did Rabbi Yehoshua ben Levi. **He said to him: But did you attach yourself to those afflicted with** ***ra'atan*** **and study Torah,** as he did? The Gemara comments: **And even so,** despite the fact that he was not equal to Rabbi Yehoshua ben Levi, **when he passed away a pillar of fire separated him from everyone. And it is learned** as a tradition **that a pillar of fire separates** in this manner **only for one in a generation or for two in a generation.**

LANGUAGE

Stools [*takhtekei*] – תַּכְטְקֵי: Related to the Middle Persian taxtaga, which means a throne.

PERSONALITIES

Rabbi Shimon ben Yoḥai – רַבִּי שִׁמְעוֹן בֶּן יוֹחַאי: Rabbi Shimon ben Yoḥai is among the greatest *tanna'im* of the generation prior to the redaction of the Mishna. Rabbi Shimon was the preeminent student of Rabbi Akiva and he considered himself Rabbi Akiva's spiritual heir. Rabbi Shimon's greatness was manifest in his mastery of both *halakha* and *aggada*, and his statements can be found on all topics in every tractate of the Talmud. Although *halakha* is not always ruled in accordance with Rabbi Shimon ben Yoḥai's opinion, especially in disputes with Rabbi Yosei and Rabbi Yehuda, with regard to several core issues, the *halakha* is in accordance with his opinion. Rabbi Shimon had his own, unique method of deriving *halakha* from the Torah: He factored in the rationale of the verse and inferred halakhic conclusions from the Bible based on the spirit and purpose of the *halakha*.

Rabbi Shimon traveled to Rome as an emissary of the Jewish people but he harbored profound enmity toward the Romans. Because he made no attempt to conceal his feelings, he was sentenced to death in absentia by the Romans and forced into hiding for many years. He was an ascetic by nature who was very exacting, and was famous in his generation for his righteousness and his performance of miracles. There are many anecdotes related in the Talmud about miraculous acts that he performed.

The *Sifrei*, a collection of halakhic derivations from the books of Numbers and Deuteronomy, was developed in his study hall. He is also the primary figure in the fundamental book of kabbala, the *Zohar*. His greatest students were Rabbi Yehuda HaNasi; Rabbi Shimon ben Yehuda; and his son, Rabbi Elazar ben Rabbi Shimon, who was also among the most prominent *tanna'im*.

קָרֵב לְגַבֵּיהּ רַבִּי אַלֶכְּסַנְדְּרִי, אֲמַר: עֲשֵׂה בִּשְׁבִיל כְּבוֹד חֲכָמִים. לָא אַשְׁגַּח. עֲשֵׂה בִּשְׁבִיל כְּבוֹד אָבִיךָ! לָא אַשְׁגַּח. עֲשֵׂה בִּשְׁבִיל כְּבוֹד עַצְמְךָ! אִיסְתַּלַּק. אֲמַר אַבַּיֵי: לְאַפּוּקֵי מִמַּאן דְּלָא קַיֵּים (אֲפִילּוּ אוֹת אַחַת). אֲמַר לֵיהּ רַב אַדָּא בַּר מַתָּנָא: לְאַפּוּקֵי מִמָּר, דְּלָא אִית לֵיהּ מַעֲקֶה לְאִיגָּרֵיהּ. וְלָא הִיא, מִיהֲוָה הֲוָה, וְהַהִיא שַׁעְתָּא הוּא דְּשַׁדְיֵיהּ זִיקָא.

Due to the pillar of fire they could not go near Rabbi Ḥanina bar Pappa to attend to his burial. **Rabbi Alexandri approached him** and **said: Make** the pillar of fire disappear **in honor of the Sages.** He did **not pay attention** to him. He said: **Make** it go away **in honor of your father.** Again he did **not pay attention** to him. Finally he said: **Make** it go away **in your own honor,** at which point the pillar **disappeared. Abaye said:** The purpose of the pillar of fire is **to exclude** him **from** the company of **those who have not fulfilled even one letter** of the Torah. **Rav Adda bar Mattana said to him:** It comes **to exclude** him **from the Master** himself, **who does not have a guardrail for his roof.** Rav Adda bar Mattana took this opportunity to rebuke Abaye. The Gemara comments: **And that is not so** as he in fact **did have** a guardrail, **but the wind had** just **blown it off at that time.**

אָמַר רַבִּי חֲנִינָא: מִפְּנֵי מָה אֵין בַּעֲלֵי רָאתָן בְּבָבֶל – מִפְּנֵי שֶׁאוֹכְלִין תְּרָדִין, וְשׁוֹתִין שֵׁכָר שֶׁל הִיזְמֵי. אָמַר רַבִּי יוֹחָנָן: מִפְּנֵי מָה אֵין מְצוֹרָעִין בְּבָבֶל – מִפְּנֵי שֶׁאוֹכְלִין תְּרָדִין, וְשׁוֹתִין שֵׁכָר, וְרוֹחֲצִין בְּמֵי פְּרָת.

Rabbi Ḥanina said: For what reason are there no people afflicted with *ra'atan* in Babylonia? Because the Babylonians **eat beets [*teradin*][B] and drink beer made from the *hizmei*[B]** plant. **Rabbi Yoḥanan said: For what reason are there no lepers in Babylonia? Because they eat beets, drink beer, and bathe in the waters of the Euphrates,** all of which are good for the body.

הדרן עלך המדיר את אשתו

BACKGROUND

Beets [*teradin*] – תְּרָדִין: *Teradin* in this context refers to beets, *Beta vulgaris cicla*, which are generally called *silka* in the Talmud. This plant is an annual garden vegetable from the Chenopodiaceae family. Its large, fleshy leaves grow up to 15–30 cm in length and are edible when cooked. Their taste is similar to that of spinach. Nowadays, the leaves are also used as bird food.

***Hizmei* – הִיזְמֵי:** This is probably the bush *Ononis antiquorum L.* from the Papilionaceae family, more commonly known as the tall spiny rest-harrow. It is a small, thorny bush whose height is 25–70 cm and is commonly found in fields and riverbeds. The leaves of the plant are usually clover-shaped and its side branches are thorny and tend to branch out.

Tall spiny rest-harrow

Summary of **Perek VII**

As discussed in the introduction to this chapter, there are three primary categories of situations that can result in a court-mandated conclusion to a marriage: Vows, inappropriate conduct, and blemishes.

With regard to vows, the conclusion is that the Sages intervened to establish *halakhot* only about vows that impinge directly on the married life of the couple. If the couple got married with an explicit stipulation that there would be no vows incumbent upon them, and it was later discovered that there were in fact vows at the time of the betrothal, this can invalidate the marriage retroactively and render the marriage contract irrelevant.

Vows taken during the time of the marriage present additional complications. After a fundamental discussion with regard to how it is possible to take a vow that contradicts prior obligations, the conclusion is that any vow that withholds from the wife benefits to which she is entitled, whether directly or indirectly, grants her the right to a divorce and to full payment of her marriage contract. This is true regardless of whether the vow concerns a fundamental part of the marriage, such as conjugal rights or the right to sustenance, or whether the vow relates to the ordinary life of a married couple. Although the wife is entitled to a divorce and payment of her marriage contract in all of these cases, there are distinctions between them with regard to the amount of time allotted to the husband to alleviate the problem before being compelled to divorce her. In situations where the distress or difficulty to the wife is greater, the court will compel a divorce with greater urgency.

Inappropriate conduct by the wife constitutes a direct violation of the implicit terms of the marital agreement. Therefore, immodest behavior or violations of *halakha* that relate to interactions between the husband and wife constitute grounds to divorce the wife without payment of her marriage contract. This is equally true of situations where the husband compels the wife to act in a manner that contradicts norms of appropriate behavior; in such cases the husband will be compelled to divorce his wife with full payment of her marriage contract.

With regard to physical blemishes, the conclusion is that certain types of esthetic flaws constitute grounds for invalidating the marriage or forcing a divorce. However, in this regard there is a distinction between the husband and the wife. Whereas relatively minor defects are considered blemishes when it comes to the wife, only the existence of major blemishes in the husband, as defined in the Mishna and Gemara, are grounds to compel him to divorce her and pay for her marriage contract if she so desires.

There is also a distinction between visible blemishes and hidden ones. With regard to visible blemishes, the husband is generally assumed to have seen them and

agreed to accept them, so that he cannot subsequently claim to have been deceived. However, hidden blemishes that he discovers only after getting married can be grounds for invalidating the betrothal retroactively. The detailed analysis of this topic led to a more general discussion about the burden of proof in civil cases where opposing claims are advanced by the two parties with regard to the timing of an event that could potentially invalidate a transaction retroactively. The accepted halakhic conclusion is that the burden of proof falls on the individual in whose domain the uncertainty developed.

Introduction to **Perek VIII**

This chapter discusses the *halakhot* that govern usufruct property that a woman brings into a marriage. There is a principle that any property that is not part of a woman's dowry that she owns prior to marriage, or property that she inherits during the marriage, remains hers. However, it is permitted for the husband to use it and eat from its produce.

This dual ownership of usufruct property, whereby the wife owns the principal and the husband owns the rights to the produce, raises a host of problems concerning the rights to sell the property or transfer its produce to someone else. There are also numerous details and distinctions concerning this issue, such as the difference between the husband's rights to the property during betrothal and during marriage, and his rights if he is a *yavam* performing levirate marriage.

Another issue that arises is how to care for the usufruct property so that it does not deteriorate, as well as ensure that it yields produce from which the husband benefits. To resolve this issue, it is necessary to define precisely what is considered the principal and what is considered produce, which is not at all obvious in certain cases where the principal does not renew itself and is slowly consumed.

Yet another relevant issue is the status of the usufruct property if the wife gets divorced, especially in cases where certain processes taking place are not yet complete, e.g., a usufruct field whose fruits have not yet been picked, or a husband who spent money on caring for his wife's usufruct field but was not yet reimbursed for his expenses.

These questions and the issues related to them will be the primary topics of discussion in this chapter.

מתני׳ הָאִשָּׁה שֶׁנָּפְלוּ לָהּ נְכָסִים עַד שֶׁלֹּא תִּתְאָרֵס – מוֹדִים בֵּית שַׁמַּאי וּבֵית הִלֵּל שֶׁמּוֹכֶרֶת וְנוֹתֶנֶת וְקַיָּים. נָפְלוּ לָהּ מִשֶּׁנִּתְאָרְסָה – בֵּית שַׁמַּאי אוֹמְרִים: תִּמְכּוֹר, וּבֵית הִלֵּל אוֹמְרִים: לֹא תִּמְכּוֹר. אֵלּוּ וְאֵלּוּ מוֹדִים שֶׁאִם מָכְרָה וְנָתְנָה – קַיָּים.

MISHNA With regard to a **woman to whom property was bequeathed before she was betrothed,** and she was then betrothed, **Beit Shammai and Beit Hillel agree that she may sell or give** the property as a gift, and the transaction **is valid.** However, if the property **was bequeathed to her after she was betrothed,**[H] **Beit Shammai say: She may sell** it as long as she is betrothed, **and Beit Hillel say: She may not sell it.**[N] Both **these,** Beit Shammai, **and those,** Beit Hillel, **agree that if she sold** it **or gave** it away as a gift, the transaction **is valid.**

אָמַר רַבִּי יְהוּדָה: אָמְרוּ חֲכָמִים לִפְנֵי רַבָּן גַּמְלִיאֵל: הוֹאִיל וְזָכָה בָּאִשָּׁה לֹא יִזְכֶּה בַּנְּכָסִים? אָמַר לָהֶם: עַל הַחֲדָשִׁים אָנוּ בוֹשִׁים, אֶלָּא שֶׁאַתֶּם מְגַלְגְּלִין עָלֵינוּ אֶת הַיְּשָׁנִים?!

Rabbi Yehuda said that **the Sages said before Rabban Gamliel: Since he acquired the woman** herself through betrothal, **will he not acquire the property** from the moment of their betrothal? Why, then, is her transaction valid? Rabban Gamliel **said to them: With regard to the new** property that she inherited after marriage, **we are ashamed,**[N] because it is unclear why she cannot sell it, as it is hers; **and you** also seek to **impose upon us** a prohibition with regard to **the old** property that she owned beforehand?

נָפְלוּ לָהּ מִשֶּׁנִּשֵּׂאת – אֵלּוּ וְאֵלּוּ מוֹדִים, שֶׁאִם מָכְרָה וְנָתְנָה – שֶׁהַבַּעַל מוֹצִיא מִיַּד הַלָּקוֹחוֹת. עַד שֶׁלֹּא נִשֵּׂאת, וְנִשֵּׂאת – רַבָּן גַּמְלִיאֵל אוֹמֵר: אִם מָכְרָה וְנָתְנָה – קַיָּים. אָמַר רַבִּי חֲנִינָא בֶּן עֲקַבְיָא: אָמְרוּ לִפְנֵי רַבָּן גַּמְלִיאֵל: הוֹאִיל וְזָכָה בָּאִשָּׁה לֹא יִזְכֶּה בַּנְּכָסִים? אָמַר לָהֶם: עַל הַחֲדָשִׁים אָנוּ בוֹשִׁים, אֶלָּא שֶׁאַתֶּם מְגַלְגְּלִין עָלֵינוּ הַיְּשָׁנִים?!

If the property **was bequeathed to her after she was married,**[B] both **these,** Beit Shammai, **and those,** Beit Hillel, **agree that if she sold** the property **or gave** it away, **the husband may repossess it from the purchasers.** If she inherited the property **before she was married and then was married, Rabban Gamliel says: If she sold or gave** the property away,[N] **the transaction is valid. Rabbi Ḥanina ben Akavya said** that the Sages **said before Rabban Gamliel: Since he acquired the woman** through marriage, will he **not acquire the property?** Rabban Gamliel **said to them: With regard to the new** property **we are ashamed, and you** also seek to **impose upon us** a prohibition with regard to **the old** property?

רַבִּי שִׁמְעוֹן חוֹלֵק בֵּין נְכָסִים לִנְכָסִים; נְכָסִים הַיְּדוּעִין לַבַּעַל – לֹא תִּמְכּוֹר, וְאִם מָכְרָה וְנָתְנָה – בָּטֵל. שֶׁאֵינָן יְדוּעִין לַבַּעַל – לֹא תִּמְכּוֹר, וְאִם מָכְרָה וְנָתְנָה – קַיָּים.

Rabbi Shimon distinguishes between one type of **property and** another type of **property: Property that is known to the husband she may not sell** once she is married, **and if she sold** it **or gave** it away, the transaction **is void.** Property **that is unknown to the husband she may not sell, but if she sold it or gave** it away, the transaction **is valid.**[H]

NOTES

She may sell it...she may not sell it – תִּמְכּוֹר...לֹא תִּמְכּוֹר: Several commentaries are puzzled by the fact that the dispute in the mishna focuses on a sale but omits any mention of a gift, and yet the *tanna* subsequently states that if she sold the property or gave it away as a gift her action is binding (*Mishne LaMelekh*). One explanation is that there is a difference between a sale and a gift: In the case of a sale, the woman receives money from the purchaser. The husband may then use that money to buy land after their marriage and use the produce. In the case of a gift, though, the woman receives nothing in return. Therefore, even Beit Shammai may agree that she should not give the property as a gift *ab initio*, and they consequently disputed only the *halakha* of a sale. However, after the fact, everyone agrees that both a sale and a gift are valid. This suggestion would also explain why the mishna states: These and those agree, rather than: Beit Hillel agree (*Shevet Sofer*). See also *Likkutei Ḥever ben Ḥayyim*, which discusses this issue. The *Ḥatam Sofer* suggests a different distinction between a sale and a gift based on *Tosefot Yom Tov* that it is not actually prohibited for her to sell the property; rather, the purchaser is prohibited from buying it, a distinction that is not applicable to a gift.

With regard to the new we are ashamed – עַל הַחֲדָשִׁים אָנוּ בוֹשִׁים: In the Jerusalem Talmud it is explained that new property refers to property that came into her possession after her marriage, while old property refers to that which she inherited before her marriage. See the comments of Rabbeinu Tam in *Tosafot*, as well as the *Shita Mekubbetzet*, for other explanations of new and old property. Some explain that Rabban Gamliel maintains: We are ashamed of the new property in a case where the sale is void because the husband benefits on a regular basis from the rights to the produce of his wife's property, which were granted to him by the Sages. In contrast, his obligation to ransom her if she is taken captive, which the Sages imposed on him in exchange for these rights, is a rare occurrence. Others contend that the phrase we are ashamed is relevant because in the case of new property, the land itself is seized from the purchaser even though the husband has rights to the produce alone (*Shita Mekubbetzet*), or because this is the *halakha* despite the fact that the money the woman receives is transferred to the possession of her husband in any case (*Ayyelet Ahavim*).

Rabban Gamliel says: If she sold or gave away – רַבָּן גַּמְלִיאֵל אוֹמֵר אִם מָכְרָה וְנָתְנָה: *Tosafot* and some other early authorities have an alternative version that reads: She may sell and give away, and it is valid. This alternative reading is rejected by Rashi. However, the text of the Jerusalem Talmud is similar to the alternative version, and the Ramban notes that the text of the Jerusalem Talmud is generally highly reliable, as it was not corrected by editors based on their own reasoning.

HALAKHA

Property was bequeathed to her after she was betrothed – נָפְלוּ לָהּ נְכָסִים מִשֶּׁנִּתְאָרְסָה: If a betrothed woman inherited property after her betrothal, she should not sell it *ab initio*, but if she did so or gave it away as a gift, her transaction is valid, in accordance with the opinion of Beit Hillel (Rambam *Sefer Nashim*, *Hilkhot Ishut* 22:8; *Shulḥan Arukh*, *Even HaEzer* 90:11).

Known and unknown property – נְכָסִים הַיְּדוּעִים וְשֶׁאֵינָם יְדוּעִים: The *halakha* that a husband may repossess the property sold by his wife applies only to property of which he was aware at the time. However, if she came into possession of property that he knew nothing about, she should not sell it *ab initio*, but if she sold it before he became aware of the property, her transaction is valid. This ruling is in accordance with the opinion of Rabbi Shimon, as the discussion of the Gemara is in accordance with his opinion (Rambam *Sefer Nashim*, *Hilkhot Ishut* 22:8; *Shulḥan Arukh*, *Even HaEzer* 90:11).

BACKGROUND

Betrothal and marriage – אֵירוּסִין וְנִשּׂוּאִין: The effecting of Jewish marriage is divided into two distinct parts. In the first stage, betrothal, the bond created between the man and woman is so strong that afterward a woman would require a divorce before she would be permitted to marry another man. Similarly, sexual relations between a betrothed woman and another man are considered adulterous and are punishable by death. At this stage, the betrothed couple may not yet live together as man and wife, and most of the couple's mutual obligations do not yet apply. The second stage of the marriage process follows the betrothal. Marriage takes effect by means of the wedding ceremony, when the bride and groom come under the bridal canopy and enter their home or spend a few private minutes secluded together, symbolizing their union. This immediately confers both the privileges and the responsibilities associated with marriage upon the newlywed couple. After marriage, if one spouse dies, all the *halakhot* of mourning for a close blood relative apply to the surviving spouse. If the wife of a priest dies, he is permitted to contract ritual impurity in order to bury her. In addition, all the monetary rights and obligations applying to married couples take effect after marriage. Nowadays betrothal and marriage are both performed in a single ceremony, but in talmudic times there was usually a yearlong gap between the two.

גמ׳ מַאי שְׁנָא רֵישָׁא דְּלָא פְּלִיגִי וּמַאי שְׁנָא סֵיפָא דִּפְלִיגִי?

GEMARA The Gemara asks: **What is different** in the **first clause** of the mishna, when she inherited property before she was betrothed, such **that** Beit Shammai and Beit Hillel **do not disagree, and what is different** in **the latter clause,** when she inherited property after betrothal, such **that they disagree?** If the dispute concerns the right to her property after she is betrothed, what difference does it make whether her ownership began before or after the betrothal?

אָמְרִי דְּבֵי רַבִּי יַנַּאי: רֵישָׁא – בִּזְכוּתָהּ נָפְלוּ, סֵיפָא – בִּזְכוּתוֹ נָפְלוּ.

The Gemara answers that the Sages **of the school of Rabbi Yannai say: In the first clause,** where she inherited the property before her betrothal, the inheritance **was bequeathed** to her during a period when **she** had **rights** to her property, whereas **in the latter clause,** the inheritance **was bequeathed** to her during a period when **he** had **rights** to her property.

אִם בִּזְכוּתוֹ נָפְלוּ, כִּי מָכְרָה וְנָתְנָה אַמַּאי קַיָּים? אֶלָּא: רֵישָׁא וַדַּאי בִּזְכוּתָהּ נָפְלוּ, סֵיפָא – אֵימַר בִּזְכוּתָהּ אֵימַר בִּזְכוּתוֹ. לְכַתְּחִלָּה – לֹא תִּמְכּוֹר, אִם מָכְרָה וְנָתְנָה – קַיָּים.

The Gemara raises a difficulty: **If,** in the latter clause the property **was bequeathed** to her when **he** had **rights** to it, **why** is the transaction **valid when she sold** it **or gave** it away? **Rather,** in **the first clause,** where she inherited the property before her betrothal, it **certainly was bequeathed** to her when **she** had **rights** to it and it therefore fully belongs to her. However, in **the latter clause,** where she inherited it after her betrothal, one can **say** that perhaps during this time **she has rights** to it, or **say** that perhaps during this time **he has rights** to it.[N] Since the ownership of the property is a matter of uncertainty, Beit Hillel rule that **she may not sell** ***ab initio,*** but **if she sold** it **or gave** it away, the transaction is **valid.**

״אָמַר רַבִּי יְהוּדָה אָמְרוּ לִפְנֵי רַבָּן גַּמְלִיאֵל״. אִיבַּעְיָא לְהוּ: רַבִּי יְהוּדָה אַלְּכַתְּחִלָּה אוֹ אַדִּיעֲבַד?

§ The mishna states that **Rabbi Yehuda said** that the Sages **said before Rabban Gamliel:** Since he acquired the woman herself through betrothal, will he not acquire the property from the moment of their betrothal? **A dilemma was raised before** the Sages: When **Rabbi Yehuda** cited this question of the Sages, was he referring **to** her selling the property ***ab initio,*** which is permitted only according to Beit Shammai, **or** was he referring **to** the sale **after the fact,**[N] which is valid even according to Beit Hillel?

NOTES

Say she has rights to it, say he has rights to it – אֵימַר בִּזְכוּתָהּ אֵימַר בִּזְכוּתוֹ: Rashi explains that at the time of the betrothal the husband's ownership is in doubt, as he may or may not marry her.

However, according to the Ra'avad, the Gemara's statement: Say she has rights to it, does not refer to uncertainty with regard to whether he will marry her; rather, the uncertainty is with regard to the legal rights of the woman and her husband when they are betrothed. On the one hand, a husband is not entitled to the produce of his wife's property until they are married, which indicates that the property is in her possession. On the other hand, since she will soon be married and he will gain rights to the use of all her property, she may not do as she pleases with the property. In the Jerusalem Talmud, it is stated that during their betrothal, she and he both have rights to it, which appears to parallel the Ra'avad's interpretation.

Was he referring to selling the property *ab initio* or to the sale after the fact – אַלְּכַתְּחִלָּה אוֹ אַדִּיעֲבַד: There are several different interpretations of this question, which are closely related to the various versions of the text of both the mishna and the Gemara. An additional relevant feature of this discussion is that the early commentaries had a manuscript version of Rashi that included an alternative explanation, but there are different versions of this manuscript as well. Rashi's explanation as it appears in the printed text, which is the second interpretation cited by *Tosafot* as well as what appears to be the interpretation of the Rif, is that the question is whether the Sages were referring to Beit Shammai's opinion that she may sell *ab initio*, or to the later clause that says that if she sold or gave it away her act is binding after the fact according to Beit Hillel as well.

Rashi's explanation cited from other manuscripts is that the Gemara's question refers to the first case of a woman who was not betrothed and sold or gave away property: Do the Sages mean that she should not sell it *ab initio*, but if she did both Beit Shammai and Beit Hillel agree the transaction is valid, or do they mean that even after the fact the sale is invalid? The Rivan cites a third opinion in the name of Rashi that the question refers to Rabban Gamliel's statement that we are ashamed about the old property: Does Rabban Gamliel agree with Beit Shammai that she may sell it *ab initio*, or does he accept Beit Hillel's ruling that only after the fact if she sold it her act is binding? See the Ritva and the Rivash, who both offer slight variations of this interpretation.

Rabbeinu Tam contends that the issue is whether the question of: Since he acquired the woman herself through betrothal, will he not acquire the property from the moment of their betrothal, is meant *ab initio*: Do they maintain that even a woman who inherited property before her betrothal should not sell it in that situation, or are they questioning the *halakha* concerning one who inherited and then sold property after she was betrothed? In other words, although the mishna states that if she sold her property after she was already betrothed, both Beit Shammai and Beit Hillel agree that the transaction is valid, perhaps, according to the second opinion, the Sages who posed this question believe that it should rightfully be void, like a sale performed by a married woman. This interpretation is accepted by the Rashba and the Ritva, and it is also the opinion of the *Ba'al HaMaor*.

תא שמע: דתניא, אמר רבי יהודה: אמרו לפני רבן גמליאל: הואיל וזו אשתו וזו אשתו, זו מכרה בטל – אף זו מכרה בטל! אמר להן: על החדשים אנו בושים, אלא שאתם מגלגלים עלינו את הישנים?! שמע מינה: דיעבד קאמר, שמע מינה.

The Gemara replies: **Come and hear** an answer to this question, **as it is taught** in a *baraita*: **Rabbi Yehuda said** that **they said before Rabban Gamliel: Since this** one, when she is fully married, is legally **his wife, and that one,** when she is merely betrothed, is legally **his wife,** therefore, just as for **this** married one **her sale is void, so too,** for **this** betrothed one **her sale** should be **void.** Rabban Gamliel **said to them: With regard to the new** property, which she inherited after marriage, **we are ashamed** of this ruling, **while you** seek to **impose upon us** the same ruling even with regard to **the old** property that she owned beforehand? **Learn from this** that Rabbi Yehuda **stated** his question with regard to the *halakha* of a case brought **after the fact,** as they claim that the sale should be void. The Gemara concludes: Indeed, **learn from this** that it is so.

תניא, אמר רבי חנינא בן עקביא: לא כך השיבן רבן גמליאל לחכמים, אלא כך השיבן: לא אם אמרתם בנשואה – שכן בעלה זכאי במציאתה ובמעשה ידיה ובהפרת נדריה, תאמרו בארוסה שאין בעלה זכאי לא במציאתה ולא במעשה ידיה ולא בהפרת נדריה!

It is taught in a *baraita*: **Rabbi Ḥanina ben Akavya said** that **Rabban Gamliel did not respond to the Sages in that** manner.[N] **Rather, this** is what **he replied to them: No, if you said** that the sale is void **with regard to a married** woman, concerning whom the husband has many rights, **as her husband is entitled to** items she has **found and to her earnings and** to the right to **nullify her vows, will you say** the same **with regard to a betrothed woman, whose husband is not entitled to** items she has **found, nor** to **her earnings, nor** to the right of **nullification of her vows?**

אמרו לו: רבי, מכרה לה עד שלא נשאת, נשאת ואחר כך מכרה – מהו? אמר להו: אף זו מוכרת ונותנת וקיים. אמרו לו: הואיל וזכה באשה לא יזכה בנכסים?! אמר להם: על החדשים אנו בושין, אלא שאתם מגלגלין עלינו את הישנים?!

The Sages **said to him: My teacher,** this reasoning is accepted if **she sold it for herself before she was married,** but if **she was married and afterward sold** the property she had earlier inherited, **what is the** *halakha*? Rabban Gamliel **said to them: Even this one may sell** the property **and gives** it away, **and** her action **is valid. They said to him: Since he acquired the woman, will he not acquire the property? He said to them: With regard to the new** property she inherited later **we are ashamed, and** now **you impose upon us the old** property?

והאנן תנן: עד שלא נשאת ונשאת, רבן גמליאל אומר: אם מכרה ונתנה – קיים!

The Gemara raises a difficulty: **But didn't we learn** in the mishna: If she inherited property **before she was married and was** later **married, Rabban Gamliel says: If she sold** it **or gave** the property away, the transaction is **valid.** The wording of the *baraita*, in contrast, indicates that she may sell or give the property away *ab initio*.

אמר רב זביד: תני: מוכרת ונותנת וקיים. רב פפא אמר: לא קשיא; הא – רבי יהודה אליבא דרבן גמליאל, הא – רבי חנינא בן עקביא אליבא דרבן גמליאל. ורבי חנינא בן עקביא כבית שמאי? הכי קאמר: לא נחלקו בית שמאי ובית הלל על דבר זה.

Rav Zevid said: Teach the text of the mishna as follows: **She may sell and give** away the property, **and** her transaction is **valid. Rav Pappa stated** another answer: This is **not difficult,** as **this** mishna is consistent with the opinion of **Rabbi Yehuda according to** the opinion of **Rabban Gamliel,** but **that** *baraita* is consistent with the opinion of **Rabbi Ḥanina ben Akavya according to** the opinion of **Rabban Gamliel.** The Gemara poses a question: If so, then apparently **Rabbi Ḥanina ben Akavya** agrees **with Beit Shammai,** as Beit Hillel maintain that she may not sell the property *ab initio* even while she is betrothed; yet it is well known that the *halakha* is ruled in accordance with the opinion of Beit Hillel. The Gemara answers: **This is what** Rabbi Ḥanina **is saying: Beit Shammai and Beit Hillel did not disagree with regard to this matter** of property that a woman inherited before marriage, as they agree she may sell it *ab initio*.

רב ושמואל דאמרי תרוייהו: בין שנפלו לה נכסים עד שלא נתארסה, בין שנפלו לה נכסים משנתארסה וניסת – הבעל מוציא מיד הלקוחות.

The Gemara cites the opinions of **Rav and Shmuel, who both say: Whether property was bequeathed to her before she was betrothed,** or **whether property was bequeathed to her after she was betrothed and she was** then **married,** and after her marriage she sold it or gave it away, **the husband may repossess** the property **from the purchasers.**

NOTES

Rabban Gamliel did not respond to the Sages in that manner – **לא כך השיבן רבן גמליאל לחכמים**: According to Rashi and *Tosafot*, the main addition of Rabbi Ḥanina ben Akavya's statement is that Rabban Gamliel did not suffice with his response: We are ashamed of the first ones, etc., but also provided a good reason to distinguish between a betrothed and a married woman. Other commentaries, however, maintain that the novelty of Rabbi Ḥanina ben Akavya's statement is his citation of Rabban Gamliel that the woman may sell or give away property even *ab initio*.

BACKGROUND

The ordinances of Usha – תַּקָּנוֹת אוּשָׁא: The town of Usha in the Galilee was, for a time, the seat of the Sanhedrin. According to the Gemara (*Rosh HaShana* 31a), the Sanhedrin was exiled multiple times beginning shortly before the destruction of the second Temple, and continuing for many years afterward. It was initially relocated within the city of Jerusalem, and ultimately to the Galilee. Upon being exiled from Jerusalem, the Sanhedrin functioned initially in Yavne, and from there was transferred to Usha, Shefaram, Beit She'arim, Tzippori, and Tiberias. While in Usha, the Sanhedrin instituted many ordinances relating to various areas of *halakha*, including ritual purity and monetary laws. Although the Sages disagreed with regard to the exact date of the Usha ordinances, since the Sanhedrin's stay there was interrupted, it would seem that these ordinances were instituted after the failure of the bar Kokheva revolt, approximately seventy years after the destruction of the Temple.

HALAKHA

The mishna and the ordinance of Usha – הַמִּשְׁנָה וְתַקָּנַת אוּשָׁא: If a woman sold her usufruct property after her marriage, even if she inherited the property before she was betrothed, nevertheless the husband may seize the produce from the purchasers throughout her lifetime, although the purchasers retain the land itself. If she passed away before him, he may claim the property itself without payment. This is the ruling of the Rambam. The Rosh and the *Tur* maintain that even during her lifetime he may extract the property from the purchasers. If the money she received from the purchasers is still intact, or if money is found in her possession that may be from the purchasers, it can be assumed that it was in fact received from them (*Tur*, citing Rosh) and must be returned to them (Rambam *Sefer Nashim, Hilkhot Ishut* 22:7; *Shulḥan Arukh, Even HaEzer* 90:9).

Property that is unknown – נְכָסִים שֶׁאֵינָם יְדוּעִים: Unknown property refers to anything that the wife inherited overseas and of which the husband was unaware. The *halakha* is ruled in accordance with the opinion of Rabbi Yoḥanan, in opposition to Rabbi Yosei, son of Rabbi Ḥanina (Rambam *Sefer Nashim, Hilkhot Ishut* 22:8; *Shulḥan Arukh, Even HaEzer* 90:11).

כְּמַאן? דְּלָא כְּרַבִּי יְהוּדָה וְלָא כְּרַבִּי חֲנִינָא בֶּן עֲקַבְיָא! אִינְהוּ דְּאָמְרִי כְּרַבּוֹתֵינוּ. דְּתַנְיָא: רַבּוֹתֵינוּ חָזְרוּ וְנִמְנוּ: בֵּין שֶׁנָּפְלוּ לָהּ עַד שֶׁלֹּא תִּתְאָרֵס, וּבֵין שֶׁנָּפְלוּ לָהּ מִשֶּׁנִּתְאָרְסָה וְנִישֵּׂאת – הַבַּעַל מוֹצִיא מִיַּד הַלָּקוֹחוֹת.

The Gemara asks: **According to whose** opinion was this stated? It is **not in accordance with** the opinion of **Rabbi Yehuda and not in accordance with** the opinion of **Rabbi Ḥanina ben Akavya,** who both maintain that the sale is valid. The Gemara answers: **They,** i.e., Rav and Shmuel, **say** so, **in accordance with** the opinion of **our Rabbis. As it is taught** in a *baraita*: **Our Rabbis returned and voted** after discussing this issue and decided that **whether property was bequeathed to her before she was betrothed,** or **whether property was bequeathed to her after she was betrothed and she was** subsequently **married, the husband may repossess** it **from the purchasers.**

״מִשֶּׁנִּישֵּׂאת אֵלּוּ וָאֵלּוּ מוֹדִים״. לֵימָא תְּנֵינָא לְתַקָּנַת אוּשָׁא? דְּאָמַר רַבִּי יוֹסֵי בְּרַבִּי חֲנִינָא: בְּאוּשָׁא הִתְקִינוּ: הָאִשָּׁה שֶׁמָּכְרָה בְּנִכְסֵי מְלוֹג בְּחַיֵּי בַעְלָהּ, וּמֵתָה – הַבַּעַל מוֹצִיא מִיַּד הַלָּקוֹחוֹת!

§ It was taught in the mishna that if she inherited the property **after she was married,** both **these,** Beit Shammai, **and those,** Beit Hillel, **agree** that the husband may repossess it from the buyers. The Gemara comments: **Let us say** that **we** already **learned** in the mishna about **the** rabbinic **ordinance** instituted in **Usha.**[B] As **Rabbi Yosei, son of Rabbi Ḥanina, said: In Usha they instituted** an ordinance that in the case of **a woman who sold her usufruct property,** i.e., property that she alone owns and her husband benefits only from the dividends, **in her husband's lifetime and** then **died, the husband repossesses** it **from the purchasers.** This appears to be the same *halakha* stated by the mishna.

מַתְנִיתִין – בְּחַיֶּיהָ וְלַפֵּירוֹת, תַּקָּנַת אוּשָׁא – בְּגוּפָהּ שֶׁל קַרְקַע, וּלְאַחַר מִיתָה.

The Gemara responds: This is not so, as **the mishna** is discussing the husband's claim **during her lifetime, and** it is referring only **to the** value of **the produce** that the husband collects from the purchasers if she sold the land during their marriage, as the produce of usufruct property belongs to him but the land itself remains fully in the possession of the buyer. **The ordinance of Usha,** in contrast, applies even **to the land itself, and** even **after** the **death** of his wife he may repossess it because he inherits it.[H]

״רַבִּי שִׁמְעוֹן חוֹלֵק בֵּין נְכָסִים״. אֵלּוּ הֵן יְדוּעִין וְאֵלּוּ הֵן שֶׁאֵינָן יְדוּעִין? אָמַר רַבִּי יוֹסֵי בְּרַבִּי חֲנִינָא: יְדוּעִין – מְקַרְקְעֵי, שֶׁאֵינָן יְדוּעִין – מְטַלְטְלִין. וְרַבִּי יוֹחָנָן אָמַר: אֵלּוּ וָאֵלּוּ יְדוּעִין הֵן. וְאֵלּוּ הֵן שֶׁאֵינָן יְדוּעִין – כָּל שֶׁיּוֹשֶׁבֶת כָּאן, וְנָפְלוּ לָהּ נְכָסִים בִּמְדִינַת הַיָּם.

§ The mishna further taught that **Rabbi Shimon distinguishes between property**[N] that is known to the husband and property that is unknown to him. The Gemara asks: **Which** properties **are** deemed **known and which** properties **are** deemed **unknown?**[N] **Rabbi Yosei, son of Rabbi Ḥanina, said:** Property that is **known** is referring to **land,**[N] which cannot be concealed. The husband knew that she would inherit it, and he married her with the intention of using its produce. Property **that is unknown** is referring to **movable property. And Rabbi Yoḥanan said:** Both **these,** land, **and those,** movable property, **are** deemed **known** property. **And these are unknown** properties: They are properties in **any** case **where she resides here and property was bequeathed to her overseas.**[HN] Since the husband did not consider this property when marrying her, the sale is binding after the fact.

NOTES

Rabbi Shimon distinguishes between property, etc. – רַבִּי שִׁמְעוֹן חוֹלֵק בֵּין נְכָסִים וכו׳: Early commentaries dispute the parameters of Rabbi Shimon's distinction: According to the Ra'ah, Rabbi Shimon refers only to property that was bequeathed to her before marriage, but if she inherited it after marriage then he too agrees that there is no difference between these types of property. According to other opinions, Rabbi Shimon refers to property she inherited after marriage (Rabbeinu Yehonatan). Yet others contend that Rashi and the Rivan hold that Rabbi Shimon's ruling applies to both cases (*Shita Mekubbetzet*).

Properties that are unknown – נְכָסִים שֶׁאֵינָם יְדוּעִים: The commentaries indicate that the reason the husband acquires known property is that he married her with the intention of acquiring it; therefore, she cannot separate him from that property. The Rosh writes, citing Rabbi Meir HaLevi, that Rabbi Shimon's reason is as follows: The husband's right to the produce of his wife's property was enacted to ensure that he will ransom her should she be kidnapped (see *Ketubot* 47b). Would he not be entitled to her produce, he would say she should ransom herself with her own assets. Accordingly, the connection between these rights is relevant only if the husband is aware of the existence of the property.

Land – מְקַרְקְעֵי: The *Tosefot Rid* explains that since the woman cannot hide her land, it is invariably considered known property. In contrast, movable objects can be concealed, and it is therefore assumed that he is not concerned with them from the outset. According to this explanation, it does not matter whether or not the husband was actually aware of the existence of such objects, as everything depends on the nature of the property in question.

Overseas – בִּמְדִינַת הַיָּם: Some commentaries understand that this principle is specific to cases similar to property overseas, where the husband does not know of its existence and does not expect that his wife will inherit it. However, property located nearby with which the husband is familiar would not be included, even if he is unaware that it currently belongs to his wife (Rosh). For this reason, many early commentaries write that the sale of unknown property is valid only before the husband became aware of its existence. However, the Ri Migash and the Ritva, among others, maintain that the same principle applies to any gift or other item that she received without her husband's knowledge, even if he knows of its existence, and the case of overseas property is used only as an illustration.

תַּנְיָא נַמִּי הָכִי: אֵלּוּ הֵן שֶׁאֵינָן יְדוּעִין – כׇּל שֶׁיּוֹשֶׁבֶת כָּאן וְנָפְלוּ לָהּ נְכָסִים בִּמְדִינַת הַיָּם.

The Gemara comments: **That** opinion **is also taught** in a *baraita*. The *baraita* states: **These are unknown** properties: They are properties in **any** case **where she resides here and property was bequeathed to her overseas.**

הַהִיא אִיתְּתָא דְּבַעְיָא דְּתַבְרְחִינְהוּ לְנִכְסָהּ מִגַּבְרָהּ, כְּתַבְתִּינְהוּ לִבְרַתָּהּ, אִינְסִיבָה וְאִיגָּרְשָׁה.

The Gemara relates: There was **a certain woman** who was about to remarry after she was divorced or widowed, **who sought to distance** the rights to **her property from her** future **husband.**[N] **She** therefore **wrote** a document stipulating that her property be given as a gift **to her daughter** before marriage. Ultimately, the daughter **was married and** then **divorced.** She wanted her daughter to return the property, and her daughter claimed that it was given to her as a gift.

NOTES

Who sought to distance her property from her future husband – דְּבַעְיָא דְּתַבְרְחִינְהוּ לְנִכְסָהּ מִגַּבְרָהּ: Rashi explains that this woman had previously informed witnesses that she was giving the gift only for this purpose. Most early authorities, such as *Tosafot*, reject this interpretation for the following reasons: First, it is unlikely that Rav Anan would have complained (see 79a) if she had explicitly made her intentions clear. Second, the Gemara in 79a indicates that all agree that if she made her intentions clear, a document of evasion is of no avail.

Many commentaries instead accept the opinion of the Ri Migash, who states that the woman's intentions are certainly considered if she issued an announcement in the presence of witnesses, as well as if she expressly stated without witnesses that she is giving the gift only due to her impending marriage. The Ri Migash claims that even if she was silent, it can still be assumed that she gave her property away only in order to keep it from her husband. Admittedly, there is a principle that unspoken words are not binding (see *Kiddushin* 49b), but many commentaries accept the opinion of the Rashba that in a situation where anyone would have the same unspoken thoughts, then they are binding. Therefore, in this case as well, her unspoken intention is accepted because everyone is aware that she would not give away all her property to someone else during her lifetime. The Ramban compares this case to that of a gift given by one on his deathbed, where it is not necessary to specify that he is distributing his property only because he does not expect to survive.

Perek **VIII**
Daf **79** Amud **a**

אֲתַאי לְקַמֵּיהּ דְּרַב נַחְמָן, קַרְעֵיהּ רַב נַחְמָן לִשְׁטָרָא. אֲזַל רַב עָנָן לְקַמֵּיהּ דְּמָר עוּקְבָא, אֲמַר לֵיהּ: חֲזִי מָר נַחְמָן חַקְלָאָה הֵיכִי מְקָרַע שְׁטָרֵי דְּאֱינָשֵׁי! אֲמַר לֵיהּ: אֵימָא לִי אִיזִי, גּוּפָא דְּעוּבְדָא הֵיכִי הֲוָה?

The mother **came before Rav Naḥman** for judgment. **Rav Naḥman tore the document,** accepting her claim that she did not intend to transfer ownership of her property. **Rav Anan went before Mar Ukva,** the Exilarch, and **said to him:** Let **the Master observe Naḥman the farmer, how he tears people's documents.** Rav Anan was upset that Rav Naḥman destroyed a legitimate document. **Mar Ukva said to him: Tell me, please, what was the actual incident?**

אֲמַר לֵיהּ: הָכִי וְהָכִי הֲוָה. אֲמַר לֵיהּ: שְׁטַר מַבְרַחַת קָא אָמְרַתְּ? הָכִי אֲמַר רַב חֲנִילָאִי בַּר אִידִי אֲמַר שְׁמוּאֵל: מוֹרֶה הוֹרָאָה אֲנִי: אִם יָבֹא שְׁטַר מַבְרַחַת לְיָדִי – אֶקְרָעֶנּוּ.

Rav Anan **said to** Mar Ukva: **This and that transpired;** i.e., he apprised him of all the details. Mar Ukva **said to him: Are you saying** it was **a document of evasion?**[H] **This** is what **Rav Ḥanilai bar Idi said** that **Shmuel said: I am** an authority who **issues rulings** and have issued the following directive: **If a document of evasion comes to my hand, I will tear it,** as it is clear that it was not intended for the actual transfer of property but merely to distance it from someone else.

HALAKHA

A document of evasion – שְׁטַר מַבְרַחַת: If a woman wrote a document granting all her property to another before she married, whether or not the recipient was a relative of hers, her husband has no rights to the produce of that property. However, her gift is annulled if she was widowed or divorced. Furthermore, if she died before him, he does not inherit her. This ruling is in accordance with the opinion of Shmuel and Rav Naḥman with regard to a document of evasion (Rambam *Sefer Nashim, Hilkhot Ishut* 22:9 and *Sefer Kinyan, Hilkhot Zekhiya UMattana* 6:12; *Shulḥan Arukh, Even HaEzer* 90:7).

אָמַר לֵיהּ רָבָא לְרַב נַחְמָן: טַעֲמָא מַאי – דְּלָא שָׁבֵיק אִינִישׁ נַפְשֵׁיהּ וְיָהֵיב לְאַחֲרִינֵי, הָנֵי מִילֵּי – לְאַחֲרִינֵי, אֲבָל לִבְרַתָּהּ – יָהֵיבָא! אֲפִילּוּ הָכִי, בִּמְקוֹם בְּרַתָּהּ – נַפְשָׁהּ עֲדִיפָא לָהּ.

After seeing Rav Naḥman tear the document, **Rava said to Rav Naḥman: What is the reason** for your actions? Is it that you assume that it was not a wholehearted gift **because a person does not abandon his own** interests **and give** a gift **to others? That applies** only when it is given **to others** who are strangers, **but to her daughter** a mother would **give** property wholeheartedly. Rav Naḥman replied: **Even so, where** her interests clash with those **of her daughter, her own** interests **are preferable to her,** and therefore she did not intend to waive her rights.

מֵיתִיבֵי: הָרוֹצָה שֶׁתַּבְרִיחַ נְכָסֶיהָ מִבַּעְלָהּ כֵּיצַד הִיא עוֹשָׂה? כּוֹתֶבֶת שְׁטַר פַּסִּים לַאֲחֵרִים, דִּבְרֵי רַבָּן שִׁמְעוֹן בֶּן גַּמְלִיאֵל.

The Gemara **raises an objection:** With regard to **one who seeks to distance her property from her husband, how does she proceed? She writes** in **a document of agreement** that her property should be given **to others,** who agree not to acquire the property. This document prevents her husband from gaining access to her property. This is **the statement of Rabban Shimon ben Gamliel.**

וַחֲכָמִים אוֹמְרִים: רָצָה – מְצַחֵק בָּהּ, עַד שֶׁתִּכְתּוֹב לוֹ ״מֵהַיּוֹם וְלִכְשֶׁאֶרְצֶה״.

And the Rabbis say: This solution is flawed, because if the recipient **wishes, he can deceive her** and retain the property by virtue of the valid document in his possession. That possibility cannot be avoided **until she writes to him** in the document that the gift is granted **from today and** the gift is in effect only **while I still wish**[NH] to give it. In that case, if the one to whom she gave the gift comes to take possession of it, she can say that she no longer wants to give the gift and can thereby invalidate the document.

טַעֲמָא – דְּכָתְבָה לֵיהּ הָכִי, הָא לָא כָּתְבָה לֵיהּ הָכִי – קָנְנְהִי לוֹקֵחַ!

The Gemara infers: **The reason** she can ultimately retain her property is due to the fact **that she wrote this to him; but if she did not write this to him, the purchaser has acquired** it. This indicates that a document of evasion is legally valid.

אָמַר רַבִּי זֵירָא: לָא קַשְׁיָא; הָא – בְּכוּלָּהּ, הָא – בְּמִקְצָתָהּ.

Rabbi Zeira said: This is **not difficult,** as **this,** the ruling that the document of evasion is void, is in a case where the document was written **about all** of the property, as clearly a person does not give away all his property as a gift and leave himself with nothing. Conversely, **that** ruling that the document is not canceled is in a case where the document was written **about** only **part of** the property, and therefore a clause must be added ensuring that the recipient cannot retain possession of the gift.

וְאִי לָא קָנְנְהִי לוֹקֵחַ – נִיקְנִינְהוּ בַּעַל! אֲמַר אַבַּיֵי: עֲשָׂאוּם כִּנְכָסִים שֶׁאֵין יְדוּעִין לַבַּעַל, וְאַלִּיבָּא דְּרַבִּי שִׁמְעוֹן.

The Gemara raises a difficulty: **And** in the case where the document is invalid because all of the property was included, **if the purchaser does not acquire** the property, **the husband should acquire it. Abaye said:** The Sages **rendered** this property given as a gift **like property that is unknown to the husband, and** this is **in accordance with** the opinion of **Rabbi Shimon**[N] in the mishna that if she sold such property after her marriage, the sale is valid. Therefore, the husband does not have access to the property.

מתני׳ נָפְלוּ לָהּ כְּסָפִים – יִלָּקַח בָּהֶן קַרְקַע, וְהוּא אוֹכֵל פֵּירוֹת. פֵּירוֹת הַתְּלוּשִׁין מִן הַקַּרְקַע – יִלָּקַח בָּהֶן קַרְקַע, וְהוּא אוֹכֵל פֵּירוֹת.

MISHNA If **money was bequeathed to** a woman as an inheritance while she was married, **land is acquired with it, and** the husband **consumes the produce** of the land while the principal remains hers. If she inherited **produce that is detached from the ground,** it is considered like money; therefore, **land is acquired with it and he consumes the produce** of the land.[H]

[פֵּירוֹת] הַמְחוּבָּרִים בְּקַרְקַע – אָמַר רַבִּי מֵאִיר: שָׁמִין אוֹתָהּ כַּמָּה הִיא יָפָה בְּפֵירוֹת וְכַמָּה הִיא יָפָה בְּלֹא פֵּירוֹת, וּמוֹתָר – יִלָּקַח בָּהֶן קַרְקַע וְהוּא אוֹכֵל פֵּירוֹת. וַחֲכָמִים אוֹמְרִים: הַמְחוּבָּרִים לַקַּרְקַע – שֶׁלּוֹ, וְהַתְּלוּשִׁין מִן הַקַּרְקַע – שֶׁלָּהּ, וְיִלָּקַח בָּהֶן קַרְקַע וְהוּא אוֹכֵל פֵּירוֹת.

With regard to **produce that is attached to the ground, Rabbi Meir says: One evaluates how much** the land is **worth with the produce, and how much it is worth without the produce, and** the difference between these sums is the **surplus** value that belongs to the woman. **Land is** then **acquired with** the surplus **and he consumes the produce. And the Rabbis say: That which is attached to the ground is his,** as he is entitled to the produce from her property and he may therefore eat from it. **And that which is detached from the ground is hers,** like all other money she brings to the marriage, **and land is acquired with it and he consumes the produce.**[H]

NOTES

From today and while I still wish – מֵהַיּוֹם וְלִכְשֶׁאֶרְצֶה: The commentaries dispute the meaning of this phrase. Rashi maintains that the gift will become the possession of the recipient only when the woman actually requests it. According to this opinion, it is not given as an actual gift. Rather, the woman allows for the possibility of giving it, so that if the recipient requests it she can choose not to acquiesce, while in response to her husband's claim of ownership she can say that she does want the gift to be valid. It appears that this is the opinion favored by the Ra'ah and by his student, Rabbeinu Crescas Vidal. They maintain that this is why her husband inherits her upon her death, as the gift here was not an authentic one and still belonged to her. According to Rabbeinu Ḥananel, the phrase: And while I still wish to give it, means that the gift is valid unless she changes her mind. It is therefore treated as a conditional gift that the recipient must return upon request. Consequently, if she does not retract, then the gift fully belongs to the recipient upon her death, and her husband does not inherit it from her. This is the ruling of the Rambam (see also Rashba and Ran).

And in accordance with Rabbi Shimon – וְאַלִּיבָּא דְּרַבִּי שִׁמְעוֹן: Most authorities, including *Tosafot*, rule in accordance with the minority opinion of Rabbi Shimon based on this passage, which follows his opinion. Furthermore, the discussion earlier in the Gemara (78b) is in accordance with his opinion as well. However, other commentaries, such as the Rid, claim that these passages do not offer absolute proof, and therefore the *halakha* should follow the majority opinion of the Rabbis who disagree with Rabbi Shimon in the mishna. See also the *halakha* notes to the mishna concerning this point.

HALAKHA

She writes to him from today and while I still wish – תִּכְתּוֹב לוֹ מֵהַיּוֹם וְלִכְשֶׁאֶרְצֶה: Even in the case of a woman who acts to keep property from her husband, if she omitted something from the sale her gift is valid, and she cannot retract it even if she was divorced or widowed, in accordance with the opinion of Rabbi Zeira. However, if she wrote to the recipient: Acquire it from today and while I still wish to give it, the husband may not consume the produce of that gift, whether she gave away all or part of her property. In such a case, if she dies, he does not inherit her (Rambam *Sefer Nashim, Hilkhot Ishut* 22:9 and *Sefer Kinyan, Hilkhot Zekhiya UMattana* 6:12; *Shulḥan Arukh, Even HaEzer* 90:7).

If money or produce was bequeathed to her – נָפְלוּ לָהּ כְּסָפִים אוֹ פֵּירוֹת: If a woman owned, inherited, or received as a gift either money or movable objects, they are used for the acquisition of land, the produce of which goes to her husband (Rambam *Sefer Nashim, Hilkhot Ishut* 22:21; *Shulḥan Arukh, Even HaEzer* 85:13).

Attached produce – פֵּירוֹת מְחוּבָּרִים: If land was bequeathed to a woman and there is produce attached to the ground, the produce belongs to her husband. If the produce is detached, it belongs to her. In the latter case, the produce should be sold for land, whose produce is eaten by the husband, in accordance with the opinion of the Rabbis (Rambam *Sefer Nashim, Hilkhot Ishut* 22:24; *Shulḥan Arukh, Even HaEzer* 85:15).

רבי שמעון אומר: מקום שיפה כחו בכניסתה – הורע כחו ביציאתה, מקום שהורע כחו בכניסתה – יפה כחו ביציאתה. כיצד? פירות המחוברים לקרקע – בכניסתה שלו וביציאתה שלה, והתלושין מן הקרקע – בכניסתה שלה וביציאתה שלו.

Rabbi Shimon says: In a **case where his right is superior upon her entrance** to the marriage, **his right is inferior upon her exit** if he divorces her. Conversely, in a **case where his right is inferior upon her entrance, his right is superior upon her exit. How so?** With regard to **produce that is attached to the ground,** if she married while owning such produce, **upon her entrance** it is **his,** in accordance with the opinion of the Rabbis, **and upon her exit,** when he divorces her, it is **hers,** as it is considered part of her property. **But** in the case of produce **that is detached from the ground, upon her entrance** it is **hers, and** if such produce is detached before their divorce, **upon her exit** it is **his,** as he was already entitled to all the produce of her property.

גמ׳ פשיטא: ארעא ובתי – ארעא, בתי ודיקלי – בתי, דיקלי ואילני – דיקלי, אילני וגופני – אילני.

GEMARA The Gemara observes that in the cases in the mishna where land is bought with the money, it is **obvious** that if one spouse proposes acquiring **land and** the other proposes buying **houses,** they must buy **land,** because it is a more secure purchase. If the decision is between **houses and palm trees,** they should acquire **houses.** If the decision is between **palm trees or** other types of **trees,** they should buy **palm trees.** If the decision is between regular **trees or grapevines,** they should purchase **trees.** The principle is that they acquire that which lasts longer and will not deteriorate over time.

אבא זרדתא ופירא דכוורי; אמרי לה: פירא, ואמרי לה: קרנא. כללא דמילתא: גזעו מחליף – פירא, אין גזעו מחליף – קרנא.

If the wife inherited **a forest** [*abba*][L] **of hawthorn** [*zeradeta*][B] trees, whose produce is inferior, **or a fishpond,**[N] their status is a matter of dispute: **Some say** they are considered like **produce, and some say** they are like the **principal,** as they do not replenish themselves but eventually wear out. **The principle of the matter**[N] is as follows: Any tree or plant whose **trunk renews** itself and grows again after it is cut is considered **produce,** whereas any tree or plant whose **trunk does not renew** itself is considered part of the **principal.**[H]

אמר רבי זירא אמר רבי אושעיא אמר רבי ינאי, ואמרי לה אמר רבי אבא אמר רבי אושעיא אמר רבי ינאי: הגונב

Rabbi Zeira said that **Rabbi Oshaya said** that **Rabbi Yannai said, and some say Rabbi Abba said** that **Rabbi Oshaya said** that **Rabbi Yannai said: One who steals**

NOTES

A forest of hawthorn trees [*abba zeradeta*] or a fishpond – אבא זרדתא ופירא דכוורי: According to Rashi, this refers to three separate items: A forest, hawthorn trees, and a fishpond. Rabbeinu Ḥananel and the *ge'onim,* however, understand the phrase *abba zeradeta* as one expression; Rabbeinu Ḥananel maintains that it means old willow trees, while the *ge'onim* explain it as a forest that produces only tendrils but no produce. With regard to the exact issue under discussion, there are different explanations. Rashi contends that it refers to where she inherited these items, and the issue at hand is whether they are considered produce from which the husband can benefit, while the principal is the remaining land, or whether they are treated as part of the principal, which should then be sold to prevent it from gradually depreciating over time.

Tosafot raise several difficulties with Rashi's explanation. They prefer Rabbeinu Ḥananel's interpretation, as explained by Rabbeinu Tam, that this is a continuation of the previous discussion. Therefore, the issue is whether such items can be acquired in cases where the mishna states that land must be purchased, or whether they have the status of produce. In all these cases the trunks renew themselves to a certain extent, as trees whose branches are cut off will grow again, and fish reproduce in their pond. Consequently, perhaps they are treated as principal. The Meiri further connects this question to the previous line of inquiry in the following manner: He explains that the discussion involves a situation when the husband and wife are deliberating whether to buy *abba zeradeta* or a fishpond, just as in the previous cases they deliberate whether to buy land or houses, houses or date palms, etc. The question, then, is which of the two is viewed as a more promising investment. Therefore, he interprets the phrase: Some say, as an expression of doubt, i.e., each of these items includes aspects of a principal and of produce.

The principle of the matter, etc. – כללא דמילתא וכו׳: According to Rashi's version of the text, which is identical to the printed text, the meaning is as follows: The produce of an item whose trunk renews itself is classified as produce, whereas the produce of an item whose trunk does not renew itself has the status of principal. Conversely, Rabbeinu Ḥananel's version reads: If its trunk renews, it is principal; if its trunk does not renew, it is produce. He accordingly explains that an item that replenishes itself is a principal, and its produce, which does not renew itself, has the legal status of produce, whereas an object that does not replenish itself is wholly principal.

LANGUAGE

Forest [*abba*] – אבא: This word, spelled *ayin, beit, alef* in ancient Aramaic and meaning forest, is apparently related to the words *ivvim* (see Song of Songs 6:11) and *aniyot eive* (see Job 9:26). It is connected to the root *alef, beit, beit,* which means something that grows and renews itself.

BACKGROUND

Hawthorn [*zeradeta*] – זרדתא: The *zeradeta* is a tree that produces inferior produce and whose thin branches are mostly used for firewood and the like. There are various opinions with regard to the precise identification of the *zeradeta* mentioned here in the Gemara. According to Rashi, it is the hawthorn, *Crataegus azarolus,* whereas the *Arukh* maintains that it is likely a type of plum tree of the genus *Ziziphus.*

Hawthorn of the species *Crataegus azarolus*

Common jujube, a species of *Ziziphus*

HALAKHA

Land and houses, etc. – ארעא ובתי וכו׳: A husband is entitled to the produce of his wife's usufruct property. If the property does not yield produce, it should be sold and the proceeds used for the purchase of property that does yield produce. If the husband and wife disagree over what to buy, they should purchase property that yields more produce at a lower expense, whether this is his choice or hers. In addition, they may acquire only an item whose trunk renews itself, so that the principal should not be lost. In this manner, the Rambam summed up all the cases mentioned in the Gemara (Rambam *Sefer Nashim, Hilkhot Ishut* 22:33; *Shulḥan Arukh, Even HaEzer* 85:13).

וְלַד בֶּהֱמַת מְלוֹג – מְשַׁלֵּם תַּשְׁלוּמֵי כֵפֶל לָאִשָּׁה.

the **offspring** of **an animal of** a woman's **usufruct** property[B] **must pay payment of double** the principal **to the woman.** Apparently this ruling is based on the assumption that the offspring is not treated as the produce of her property but as the principal, which belongs to the woman.[H]

כְּמַאן? לָא כְּרַבָּנַן וְלָא כַּחֲנַנְיָה! דְּתַנְיָא: וְלַד בֶּהֱמַת מְלוֹג – לַבַּעַל, וְלַד שִׁפְחַת מְלוֹג – לָאִשָּׁה. וַחֲנַנְיָה בֶּן אֲחִי יֹאשִׁיָּה אָמַר: עָשׂוּ וְלַד שִׁפְחַת מְלוֹג כִּוְלַד בֶּהֱמַת מְלוֹג!

The Gemara asks: **In accordance with whose** opinion was this *halakha* stated? It is **not in accordance with** the opinion of **the Rabbis, and not in accordance with** that of **Ḥananya.** The Gemara explains the dispute alluded to here: **As it is taught in a** *baraita*: **The offspring of a usufruct animal** belongs **to the husband,** whereas **the child of a usufruct maidservant** belongs **to the wife. And Ḥananya, son of Yoshiya's brother, said: They made** the status of the **child of a usufruct maidservant like** that of **the offspring of a usufruct animal,** which belongs to the husband. Both opinions in the *baraita* agree that the offspring of a usufruct animal belongs to the husband. Why, then, must the thief pay the double payment to the woman?

אֲפִילּוּ תֵּימָא דִּבְרֵי הַכֹּל; פֵּירָא – תַּקִּינוּ לֵיהּ רַבָּנַן, פֵּירָא דְּפֵירָא – לָא תַּקִּינוּ לֵיהּ רַבָּנַן.

The Gemara answers: **You** can **even say** that **all agree** with Rabbi Yannai's ruling, as there is a difference between the general use of property and the double payment. This is because **the Sages instituted for** the husband to consume the **produce,** but **the Sages did not institute for him** to consume the **produce of** the **produce.**[N] The double payment does not have the status of the offspring itself but of produce resulting from its theft, which is considered the produce of the produce and therefore is given to the woman.

בִּשְׁלָמָא לַחֲנַנְיָה הַיְינוּ דְּלָא חָיְישִׁינַן לְמִיתָה.

The Gemara asks: **Granted, according to Ḥananya,** who equates the *halakha* of a maidservant's child to that of an animal's offspring, **this is because we are not concerned about the death**[N] of the mother. Therefore, the mother is the principal while its offspring is considered the produce.

אֶלָּא רַבָּנַן, אִי חָיְישִׁי לְמִיתָה – אֲפִילּוּ וְלַד בֶּהֱמַת מְלוֹג נַמִּי לָא, וְאִי לָא חָיְישִׁי לְמִיתָה – אֲפִילּוּ וְלַד שִׁפְחַת מְלוֹג נַמִּי!

But according to **the Rabbis, if** they **are concerned about** the **death** of the mother, and this is why a maidservant's child belongs to the wife, **even** the **offspring of a usufruct animal**[H] should **not** have the status of produce **either.** Rather, it should have the status of principal, because if the usufruct animal dies the woman will be left with nothing. Therefore, the offspring should be viewed as a replacement for its mother. **And if** they **are not concerned about** the **death** of the mother, **even the child of a usufruct maidservant** should **also** belong to the husband as the produce of her property. Why, then, do they distinguish between these two cases?

לְעוֹלָם חָיְישִׁי לְמִיתָה, וְשָׁאנֵי בְּהֵמָה – דְּאִיכָּא עוֹרָהּ.

The Gemara answers: **Actually,** the Rabbis **are concerned about death, but** the *halakha* **of an animal is different, as there is** still **its hide,** which remains after death. Therefore, the principal is not entirely lost even if the animal dies.

אָמַר רַב הוּנָא בַּר חִיָּיא אָמַר שְׁמוּאֵל: הֲלָכָה כַּחֲנַנְיָה. אֲמַר רָבָא אָמַר רַב נַחְמָן: אַף עַל גַּב דַּאֲמַר שְׁמוּאֵל הֲלָכָה כַּחֲנַנְיָה, מוֹדֶה חֲנַנְיָה שֶׁאִם נִתְגָּרְשָׁה נוֹתֶנֶת דָּמִים וְנוֹטַלְתָּן, מִפְּנֵי שֶׁבַח בֵּית אָבִיהָ.

Rav Huna bar Ḥiyya said that **Shmuel said:** The ***halakha* is in accordance with** the opinion of **Ḥananya** that the child of a maidservant belongs to the husband. **Rava said** that **Rav Naḥman said: Although Shmuel said** that the ***halakha* is in accordance with** the opinion of **Ḥananya, Ḥananya concedes that if** the woman **was divorced, she pays money and takes** the children of her maidservants, **because** they are **assets**[H] **of her paternal family,** and it is unfitting for the children of her family's slaves to belong to someone else.

HALAKHA

Double payment for the offspring of a usufruct animal – כֶּפֶל וְלַד בֶּהֱמַת מְלוֹג: If the offspring of a usufruct animal was stolen, the thief must pay the double payment to the wife, as the Sages did not give this produce to the husband (Rambam *Sefer Nashim, Hilkhot Ishut* 22:28; *Tur, Even HaEzer* 85).

The offspring of a usufruct animal, etc. – וְלַד בֶּהֱמַת מְלוֹג וכו׳: The offspring of a usufruct animal and the child of a usufruct maidservant belong to the husband, based on the Gemara's ruling in accordance with the opinion of Ḥananya (Rambam *Sefer Nashim, Hilkhot Ishut* 22:25; *Shulḥan Arukh, Even HaEzer* 85:16).

She pays money because they are assets – נוֹתֶנֶת דָּמִים מִפְּנֵי שֶׁבַח: The produce of usufruct slaves and usufruct animals belong to the husband. If he divorces her and she wishes to pay for the child of her maidservant because it is an asset of her paternal family, her claim is accepted, in accordance with Shmuel. This is the opinion of Rashi and the Rambam. According to the *Tur*, she can even claim the offspring of her usufruct animal as assets of her paternal family (*Beit Shmuel*; Rambam *Sefer Nashim, Hilkhot Ishut* 22:25; *Shulḥan Arukh, Even HaEzer* 85:16).

NOTES

They did not institute…the produce of the produce – פֵּירָא דְּפֵירָא לָא תַּקִּינוּ: *Tosafot* note that this should not be understood as a general ruling, as the mishna (*Ketubot* 83a) explicitly states that a husband may even consume the produce of the produce of his wife's property. *Tosafot* therefore differentiate between the growth of the property or increased income from it, which belongs to the husband, and produce of produce that comes from an external source, e.g., the double payment, which belongs to the wife. Others suggest that the Gemara is distinguishing between normal produce and produce due to a rare occurrence, such as the double payment, which belongs to the woman. Yet another opinion is suggested by the Rashba and the Ra'ah, among others. They claim that a husband who consumes the produce is not entitled to the produce of that produce itself. For the same reasons, most authorities accept the Rivan's opinion, cited in *Tosafot*, that the double payment for theft of a usufruct animal itself also belongs to her, and this is not included in the standard produce to which the husband has rights.

Because we are not concerned about death – דְּלָא חָיְישִׁינַן לְמִיתָה: The commentaries are puzzled by this claim: Even those Sages in the Mishna who are generally not concerned about death apply their ruling only when referring to a limited amount of time, but when discussing an unlimited amount of time, such as this case, everyone agrees that the possibility of the death of the maidservant or animal must be taken into account. One answer is that here too, the Gemara is referring to a limited period of time, as only the possibility of death during the wife's lifetime while she is still married is significant. What happens afterward, on the other hand, is of no concern. In the *Sefer Halakhot Gedolot* it is explained that at least according to the Rabbis, the offspring in both cases belongs to the woman, because if the animal or maidservant dies, the offspring replaces the mother as the principal. Some early commentaries maintain that even according to Ḥananya the offspring replaces the mother upon its death.

BACKGROUND

Usufruct property – נִכְסֵי מְלוֹג: This term refers to a wife's personal property from which her husband is entitled to benefit. A married woman's property is divided into two categories, usufruct property and guaranteed property. Usufruct property includes property that a wife brings to the marriage from her father's home that is not included in her marriage contract, as well as property that she inherits or receives as a gift during her marriage. All of this property remains hers even after she is married, and her husband is not permitted to sell it, although he is entitled to benefit from its profits. Her husband must take care of this property, although he is not responsible if it decreases in value, provided that the loss was not intentionally caused by him. If her husband dies or divorces her, the property is returned to her, and any increase or decrease in its value at that time in comparison to its value at the beginning of the marriage is her profit or loss. If she dies during the lifetime of her husband, he inherits the property. Before marriage, a couple may enter into any agreement they wish with regard to usufruct property.

אָמַר רָבָא אָמַר רַב נַחְמָן: הִכְנִיסָה לוֹ עֵז לַחֲלָבָהּ, וְרָחֵל לְגִיזָּתָהּ, וְתַרְנְגוֹלֶת לְבֵיצָתָהּ, וְדֶקֶל לְפֵירוֹתָיו, אוֹכֵל וְהוֹלֵךְ עַד שֶׁתִּכְלֶה הַקֶּרֶן. אָמַר רַב נַחְמָן: עַיְילָא לֵיהּ גְּלִימָא – פֵּירָא הָוֵי, מְכַסֵּי בֵּיהּ וְאָזֵיל עַד דְּכַלְיָא.

Rava said that **Rav Naḥman said: If she brought in** to the marriage **for him a goat for its milk,**[NH] **or a sheep for its shearings, or a hen for its eggs, or a palm tree for its produce,** the husband **continues to consume** the produce **until the principal is consumed,** and there is no concern that the woman will remain with nothing of value. Similarly, **Rav Naḥman said:** If **she brought in for him a cloak** as her usufruct property, it **is produce,** and **he may cover** himself **with it until** it **is consumed.**

כְּמַאן – כִּי הַאי תַּנָּא. דְּתַנְיָא: הַמֶּלַח וְהַחוֹל – הֲרֵי זֶה פֵּירוֹת. פִּיר שֶׁל גָּפְרִית, מַחְפּוֹרֶת שֶׁל צָרִיף, רַבִּי מֵאִיר אוֹמֵר: קֶרֶן, וַחֲכָמִים אוֹמְרִים: פֵּירוֹת.

The Gemara comments: **In accordance with whose** opinion is this ruling? It is **in accordance with this *tanna*, as it is taught** in a *baraita*: If a wife's usufruct property includes a location on the shore from which **salt and sand**[N] are extracted, **this** extract **is deemed produce.** As for **a quarry of sulfur**[B] or **a mine of alum,**[B] **Rabbi Meir says:** These are deemed **principal,** as the mine contains a finite amount of substance, **and the Rabbis say:** Extractions from such locations are **produce,** while the location of the mine is the principal. Rav Naḥman's ruling that the cloak is deemed produce is in accordance with the opinion of the Rabbis that the extractions are deemed produce.

״רַבִּי שִׁמְעוֹן אוֹמֵר: מָקוֹם שֶׁיִּפָּה כֹּחוֹ״. רַבִּי שִׁמְעוֹן הַיְינוּ תַּנָּא קַמָּא! אֲמַר רָבָא: מְחוּבָּרִין בִּשְׁעַת יְצִיאָה אִיכָּא בֵּינַיְיהוּ.

§ The mishna stated that **Rabbi Shimon says:** In a **case where his right is superior**[H] upon her entrance, his right is inferior upon her exit if he divorces her. Conversely, in the case where his right is inferior upon her entrance, his right is superior upon her exit. The Gemara asks: The statement of **Rabbi Shimon is** identical to that of **the first *tanna*,** i.e., the Rabbis. Why, then, are both necessary? **Rava said:** The practical difference **between** them is the status of produce that was **attached at the time of** her **departure** from the marriage. The Rabbis, who did not directly address this issue, maintain that it belongs to him, whereas Rabbi Shimon says it belongs to her.

NOTES

A goat for its milk, etc. – **עֵז לַחֲלָבָהּ וכו׳**: Rashi and the Rid explain that although the primary value of a goat or sheep is based on its produce, even if one uses all the goat's milk until it can produce no more he is not considered to have entirely consumed the principal, as the animal's hide or flesh still remains. The same applies to a cloak, as its worn-out parts will remain, so the principal is not fully consumed. However, the Rif, followed by the Ramban and his disciples, maintain that in this case the woman did not own the goat itself but only the right to benefit from its milk. Although she will not own any principal when the milk, fleece, or other produce is exhausted, the case still involves consumption of produce from a principal, and therefore the husband still has rights to this produce. The Ramban explains that according to this opinion, even if one wears out the cloak so that the principal dwindles to nothing, it is comparable to the case of an alum mine, in accordance with the opinion of the Rabbis that the location of the mine is the principal. Accordingly, the principle is that benefit from anything whose decline through constant use is not apparent to the eye is considered produce, rather than consumption of the principal itself.

Salt and sand – **הַמֶּלַח וְהַחוֹל**: According to Rashi, the difference between salt and sand as opposed to sulfur and alum is that the former cases involve items that are constantly replenished, such as the sand by the sea or salt produced in basins near the sea, and are therefore considered like a trunk that renews itself. The same cannot be said of a mine, which contains a limited quantity of the substance in question, and therefore the principal is gradually consumed. The Rid maintains that this case refers to a large salt mine where salt is extracted in sizable quantities such that the amount removed would not be noticeable, whereas shafts of sulfur and the like contain a limited amount of deposits. This is similar to the Ramban's explanation with regard to a cloak (see previous note).

HALAKHA

A goat for its milk, etc. – **עֵז לַחֲלָבָהּ וכו׳**: If an item that yields produce but whose trunk does not renew itself was bequeathed to the woman, it need not be sold, even if nothing will be left from the principal. For example, if she brought into the marriage a goat for its milk, a sheep for its shearings, or a palm tree for its produce, even if she only had rights to the produce, the husband may still consume the produce until nothing is left of the principal. Similarly, if she brought in a vessel as her usufruct property the husband may use it until it wears out, and even if he divorces her he need not pay for her depleted usufruct property. This ruling is in accordance with the opinions of the Rif and the Rambam, as opposed to Rashi and the Rosh (Rambam *Sefer Nashim, Hilkhot Ishut* 22:34; *Shulḥan Arukh, Even HaEzer* 85:13).

In a case where his right is superior, etc. – **מָקוֹם שֶׁיִּפָּה כֹּחוֹ וכו׳**: If a wife brought usufruct land into her marriage, and produce was attached to this land upon their divorce, she takes it with its produce, even if the produce is ripe. If the husband picked the produce before the divorce, it belongs to him, even if it was not ripe at the time. This ruling is in accordance with the opinion of Rabbi Shimon, particularly if the version of the text of the *Sefer Halakhot Gedolot* is accepted, according to which Rabbi Shimon is clarifying the opinion of the first *tanna* (Rambam *Sefer Nashim, Hilkhot Ishut* 22:24 and *Maggid Mishne* there; *Shulḥan Arukh, Even HaEzer* 88:6).

BACKGROUND

Quarry of sulfur – **פִּיר שֶׁל גָּפְרִית**: Sulfur in its pure form is found in various locations around the world, usually in areas with volcanic activity, and it is often mixed with dirt. Sulfur mines are trenches dug in the earth from which sulfur is extracted.

Volcano in Indonesia surrounded by sulfur deposits

Sulfur crystal

Mine of alum – **מַחְפּוֹרֶת שֶׁל צָרִיף**: The alum mentioned here apparently refers to alum sulfide, formed from potassium aluminum sulfate, $KAl(SO_4)_2 \cdot 12H_2O$. This complex salt can be found in abundance as an alunite mineral crystallized in volcanic rock in many places in the world. Alum is used in the production of leather, paint, and paper and has some medicinal value as well.

Alum

NOTES

She need not sell – **לֹא תִּמְכּוֹר**: According to the Rosh, the dispute in the mishna refers only to a case where the husband wishes to sell them, but if he has no interest in doing so, all agree the sale may not be forced upon him. Other commentaries, however, maintain that this *halakha* does not depend on his desire, and whenever the Sages stated that an item is to be sold, it must be sold into order to preserve the wife's property.

In a field that is not hers – **בְּשָׂדֶה שֶׁאֵינָהּ שֶׁלָּהּ**: In the Jerusalem Talmud, these opinions are cited in the form of a dispute. The Rabbis there hold in accordance with the conclusion of the Babylonian Talmud limiting this principle to produce of a field that does not belong to her, and the Rabbis here maintain that the dispute applies even to her own field. However, the Gemara there does not address this issue from the perspective of whether or not the principal will be consumed but rather from the perspective of whether each particular case is considered assets of her paternal family.

מתני׳ נָפְלוּ לָהּ עֲבָדִים וּשְׁפָחוֹת זְקֵנִים – יִמָּכְרוּ, וְיִלָּקַח מֵהֶן קַרְקַע, וְהוּא אוֹכֵל פֵּירוֹת. רַבָּן שִׁמְעוֹן בֶּן גַּמְלִיאֵל אוֹמֵר: לֹא תִּמְכּוֹר, מִפְּנֵי שֶׁהֵן שֶׁבַח בֵּית אָבִיהָ. נָפְלוּ לָהּ זֵיתִים וּגְפָנִים זְקֵנִים – יִמָּכְרוּ, וְיִלָּקַח בָּהֶן קַרְקַע, וְהוּא אוֹכֵל פֵּירוֹת. רַבִּי יְהוּדָה אוֹמֵר: לֹא תִּמְכּוֹר, מִפְּנֵי שֶׁהֵן שֶׁבַח בֵּית אָבִיהָ.

MISHNA If **elderly slaves or maidservants were bequeathed to her,**[H] **they are sold and land is acquired with them, and** the husband **consumes the produce** of the land. **Rabban Shimon ben Gamliel says: She need not sell**[N] these slaves and maidservants, **because they are assets of her paternal family,** and it would be shameful to the family if they were sold to others. Likewise, if **old olive trees or grapevines were bequeathed to her,**[H] **they are sold and land is acquired with them, and he consumes the produce. Rabbi Yehuda says: She** need **not sell** them, **because they are assets of her paternal family.**

גמ׳ אָמַר רַב כָּהֲנָא אָמַר רַב: מַחֲלוֹקֶת שֶׁנָּפְלוּ בְּשָׂדֶה שֶׁלָּהּ, אֲבָל בְּשָׂדֶה שֶׁאֵינָהּ שֶׁלָּהּ דִּבְרֵי הַכֹּל תִּמְכּוֹר, מִשּׁוּם דְּקָא כַּלְיָא קַרְנָא.

GEMARA **Rav Kahana said** that **Rav said:** This **dispute** concerning olive trees and grapevines is referring to a case **when they were bequeathed** to her **in her field,** as they are assets of her paternal family, and therefore Rabbi Yehuda rules that she need not sell them. **But** if she received them **in a field that is not hers,**[N] **everyone agrees** that **she must sell** them **because** the **principal** will be **consumed.** Since these trees will not yield much produce, they will eventually be uprooted, and transitory property is not included in the category of assets of her paternal family.

מַתְקִיף לָהּ רַב יוֹסֵף: הֲרֵי עֲבָדִים וּשְׁפָחוֹת, דְּכִי שָׂדֶה שֶׁאֵינָהּ שֶׁלָּהּ דָּמֵי, וּפְלִיגִי! אֶלָּא, אִי אִיתְּמַר הָכִי אִיתְּמַר: אָמַר רַב כָּהֲנָא אָמַר רַב: מַחֲלוֹקֶת בְּשָׂדֶה שֶׁאֵינָהּ שֶׁלָּהּ, אֲבָל בְּשָׂדֶה שֶׁלָּהּ דִּבְרֵי הַכֹּל לֹא תִּמְכּוֹר, מִפְּנֵי שֶׁבַח בֵּית אָבִיהָ.

Rav Yosef objects to this: But elderly **slaves and maidservants are considered like a field that is not hers,** as nothing will remain of the principal, **and** yet Rabban Shimon ben Gamliel and the first *tanna* **disagree** over this case. The Gemara retracts: **Rather,** if the above statement of Rav Kahana **was stated, it was stated as follows: Rav Kahana said** that **Rav said:** This **dispute** with regard to olive trees and vines is referring to when they are located **in a field that is not hers, but** if they are located **in her field, everyone agrees** that **she** need **not sell** them, **because** they are **assets of her paternal family.**

מתני׳ הַמּוֹצִיא הוֹצָאוֹת עַל נִכְסֵי אִשְׁתּוֹ, הוֹצִיא הַרְבֵּה וְאָכַל קִימְעָא, קִימְעָא וְאָכַל הַרְבֵּה – מַה שֶּׁהוֹצִיא הוֹצִיא, וּמַה שֶּׁאָכַל אָכַל. הוֹצִיא וְלֹא אָכַל – יִשָּׁבַע כַּמָּה הוֹצִיא, וְיִטּוֹל.

MISHNA With regard to **one who pays expenditures for his wife's property**[H] in an effort to improve it, if **he paid a large** amount in expenditures **and ate** only **a small** amount of produce before he divorced her, or if he paid a **small** amount in expenditures **and ate a large** quantity of produce, **that which he spent he has spent, and that which he ate he has eaten.** Therefore, none of it need be returned. However, if he **paid** expenditures for the property **and did not eat** any part of it, **he takes an oath** with regard to **how much he paid and** then **takes** his expenditures.

גמ׳ וְכַמָּה קִימְעָא? אָמַר רַבִּי אַסִּי: אֲפִילּוּ גְּרוֹגֶרֶת אַחַת. וְהוּא שֶׁאֲכָלָהּ דֶּרֶךְ כָּבוֹד. אֲמַר

GEMARA The Gemara asks: **And how much is a small amount?**[H] **Rabbi Asi said:** It is **even one dried fig, provided he ate it in a dignified manner** befitting the owner of the produce and did not eat it by snatching the produce. **It was said**

HALAKHA

If elderly slaves or maidservants were bequeathed to her – **נָפְלוּ לָהּ עֲבָדִים וּשְׁפָחוֹת זְקֵנִים**: If a wife inherited elderly slaves or maidservants the husband may not sell them, as they are considered assets of her paternal family. This ruling is in accordance with Rabban Shimon ben Gamliel's opinion, which is accepted whenever it is recorded in the mishna (Rambam *Sefer Nashim, Hilkhot Ishut* 22:23; *Shulḥan Arukh, Even HaEzer* 85:14).

If old olive trees or grapevines were bequeathed to her – **נָפְלוּ לָהּ זֵיתִים וּגְפָנִים זְקֵנִים**: With regard to a wife who inherited old grapevines or olive trees, if they were located on her own land they need not be sold, since they are assets of her paternal family. If they were located on land that does not belong to her, then if the produce is sufficient to cover the expenses necessary to care for them, they need not be sold, but if not, they should be sold for wood and the proceeds used for the purchase of land, whose produce is consumed by the husband. This *halakha* is in accordance with the unattributed mishna, as explained by Rav Kahana (Rambam *Sefer Nashim, Hilkhot Ishut* 22:23 and *Maggid Mishne* there; *Shulḥan Arukh, Even HaEzer* 85:14).

One who pays expenditures for his wife's property – **הַמּוֹצִיא הוֹצָאוֹת עַל נִכְסֵי אִשְׁתּוֹ**: If a man spent money for the improvement of his wife's usufruct property and subsequently divorced her, whether he spent a small amount and ate a great deal of produce, or whether he spent a large amount and ate a small amount of produce, none of it need be repaid. For the definition of a small amount of produce, see the next note (Rambam *Sefer Nashim, Hilkhot Ishut* 23:8; *Shulḥan Arukh, Even HaEzer* 88:7).

Small amount – **קִימְעָא**: For the purposes of this *halakha*, eating a small amount is defined as consuming even one dried fig in a dignified manner, as would a man in his own home, in accordance with the opinion of Rav Asi (Rambam *Sefer Nashim, Hilkhot Ishut* 23:8; *Shulḥan Arukh, Even HaEzer* 88:7).

רַבִּי אַבָּא אָמְרִי בֵּי רַב: אֲפִילּוּ שִׁיגְרָא דְּתַמְרֵי. בָּעֵי רַב בֵּיבַי: חוּבְצָא דְּתַמְרֵי מַאי? תֵּיקוּ.

by **Rabbi Abba** that in **the school of Rav they say:** It is **even a cluster of dates** stuck together. **Rav Beivai asks:** If one ate **dough** made **of dates,**[N] **what** is the *halakha*? Is this considered dignified consumption? The Gemara concludes: The question **shall stand** unresolved.

לֹא אֲכָלָהּ דֶּרֶךְ כָּבוֹד, מַאי? אָמַר עוּלָּא: פְּלִיגִי בָּהּ תְּרֵי אָמוֹרָאֵי בְּמַעַרְבָא; חַד אָמַר: בְּכְאִיסָּר, וְחַד אָמַר: בִּכְדִינָר.

The Gemara asks: If **he did not eat it in a dignified manner,**[H] **what** is the *halakha*? How much must he eat to be deemed a proper act of consumption? **Ulla said: Two *amora'im* in the West,** i.e., Eretz Yisrael, **disagree** about **this** matter. **One said:** He ate the amount **of an *issar*, and one said:** He ate the measure **of a dinar.**

אָמְרִי דַּיָּינֵי דְּפוּמְבְּדִיתָא: עֲבַד רַב יְהוּדָה עוּבְדָא בַּחֲבִילֵי זְמוֹרוֹת. רַב יְהוּדָה לְטַעְמֵיהּ, דְּאָמַר רַב יְהוּדָה: אֲכָלָהּ עָרְלָה, שְׁבִיעִית וְכִלְאַיִם – הֲרֵי זוֹ חֲזָקָה.

The judges of Pumbedita[P] **say: Rav Yehuda took action** in a case **of a bundle of branches.**[N] A husband took them from his wife's property and fed them to his animals, and Rav Yehuda ruled that this was treated as consumption of her property. The Gemara comments: **Rav Yehuda** conforms **to his** line **of reasoning.** As **Rav Yehuda said:** If one took possession of a plot of land and **consumed** some of the produce of its trees that was forbidden due to the **prohibition against eating the fruit of a tree during the first three years after its planting** [***orla***] or produce of **the seventh year,**[N] or a forbidden mixture of **diverse kinds,**[H] **this** is considered **taking possession** of the land, as he was allowed to benefit from the permitted branches.

HALAKHA

He did not eat it in a dignified manner – לֹא אֲכָלָהּ דֶּרֶךְ כָּבוֹד: In a case where a husband funded expenditures on his wife's property, and he derived benefit from it but not in a dignified manner, then if he ate the value of a dinar, even of vine branches, what he spent is spent and what he ate is eaten. The *halakha* here is in accordance with the opinion of the one who requires the greater amount, and it is also in accordance with that of Rav Yehuda (Rambam *Sefer Nashim, Hilkhot Ishut* 23:8; *Shulḥan Arukh, Even HaEzer* 88:7).

If he consumed produce that was forbidden due to the prohibition of *orla* or produce of the seventh year or diverse kinds – אֲכָלָהּ עָרְלָה, שְׁבִיעִית וְכִלְאַיִם: If one consumed the produce of a field that was *orla*, or produce from the seventh year, or from a forbidden mixture of diverse kinds, then although he derived benefit from forbidden food he has thereby taken possession of the land. The *Tur*, the Rosh, and the Ra'avad maintain that he has taken possession of the land only if he ate permitted branches and the like and did not derive benefit through violation of a prohibition (Rambam *Sefer Mishpatim, Hilkhot To'en VeNitan* 12:12; *Shulḥan Arukh, Ḥoshen Mishpat* 141:11).

PERSONALITIES

The judges of Pumbedita – דַּיָּינֵי דְּפוּמְבְּדִיתָא: In tractate *Sanhedrin* the Gemara identifies the judges of Pumbedita as referring to Rav Pappa bar Shmuel. This fourth-generation Babylonian *amora* was a disciple of Rav Ḥisda and Rav Sheshet. The Talmud discusses in several places his relationship and disputes with Rava.

NOTES

A cluster [*shigra*] of dates…dough [*ḥuvtza*] made of dates – שִׁיגְרָא דְּתַמְרֵי...חוּבְצָא דְּתַמְרֵי: Rashi cites an explanation, also accepted by the *Arukh*, that *shigra* means a cluster of dates, while the *ḥuvtza* mentioned by Rav Beivai refers to compressed dates. However, Rashi questions this interpretation, as the phrase: Even a *shigra* of dates, is unsuitable because dates are worth more than dried figs, which were mentioned initially as the minimum amount by Rabbi Asi. See *Tosafot* for one resolution of this difficulty. The Rosh suggests another answer, that an entire *kav* of dates is preferable to dried figs, due to its large quantity, but a lone date is inferior to a single dried fig. Rashi himself offers a different interpretation: *Shigra* means dates pressed together, while *ḥuvtza* refers to the substance that remains of dates after beer is made with them. The Rivan suggests that the word *shigra* means a cluster of dates that have not yet ripened, which are worse than dried figs. The Ra'ah similarly explains that *shigra* refers to dates that fell from the tree before they were ripe. According to the *ge'onim*, *shigra* is a small basket made of palm leaves, and *ḥuvtza* means dates pressed together. In their opinion, the issue is whether dates that have been given without a container are considered to have been eaten in a dignified manner. It seems that the Jerusalem Talmud's phrase: He ate a wrapperful of dates [*ḥultla*], supports the interpretation of the *ge'onim*.

Rav Yehuda took action in a case of a bundle of branches – עֲבַד רַב יְהוּדָה עוּבְדָא בַּחֲבִילֵי זְמוֹרוֹת: The commentaries disagree about the significance of this ruling. Some maintain that the novelty of Rav Yehuda's decision is in the fact that consumption of an animal is like that of a person. According to *Talmidei Rabbeinu Yona*, his point was that this type of consumption is not considered dignified, and therefore it must be worth a specific amount. The Rosh contends that Rav Yehuda takes issue with the aforementioned measurements for minimal consumption, claiming that he is considered to have eaten from the produce if he derives any benefit at all from it. An entirely different interpretation is suggested by the Rivan. In his opinion, Rav Yehuda rules that the consumption of these branches does not have the status of eating at all. Consequently, when the husband fed them to his animal, Rav Yehuda declared that it is as if he had derived no benefit whatsoever. See further discussion regarding this issue in the next note.

If one consumed produce that was forbidden due to the prohibition of *orla* or produce of the seventh year, etc. – אֲכָלָהּ עָרְלָה, שְׁבִיעִית וכו׳: Rashi, *Tosafot*, and the Meiri explain that since he may not consume the produce of *orla*, the seventh year, or forbidden mixtures of diverse kinds but may benefit only from the branches, this proves that the consumption of these branches also qualifies as eating. The comments of the Ra'avad indicate a similar conclusion. See *Tosafot* for a discussion of the relevance of branches in the case of forbidden mixtures of diverse kinds. An entirely different opinion is suggested by the *ge'onim* and the Rambam. They maintain that according to Rav Yehuda, one who ate *orla*, seventh-year produce, or diverse kinds has gained possession of the property despite the fact that he has violated a prohibition, as he has derived benefit from the produce. The Rambam infers from this that even if the husband himself did not eat it, any other benefit is equivalent to eating as well. The Ramban explains similarly.

אֲמַר רַב יַעֲקֹב אֲמַר רַב חִסְדָּא: הַמּוֹצִיא הוֹצָאוֹת עַל נִכְסֵי אִשְׁתּוֹ קְטַנָּה – כְּמוֹצִיא עַל נִכְסֵי אַחֵר דָּמֵי. מַאי טַעֲמָא – עָבְדוּ בָּהּ רַבָּנַן תַּקַּנְתָּא, כִּי הֵיכִי דְּלָא נִיפְסְדִינְהוּ.

§ Rav Yaakov said that Rav Ḥisda said: With regard to one who outlays expenditures for the property of his wife who is a minor girl[NH] and was married off by her mother or brothers, he is considered like one who outlays expenditures for the property of someone else. Therefore, if she performed refusal upon reaching maturity, thereby annulling the marriage, he takes the value of the improvement. What is the reason for this? The Sages enacted this ordinance in order that he should not let her property depreciate. If he is not guaranteed reimbursement for his expenses if she refuses him as her husband, he will not attend to the upkeep of her property, causing its value to decline.

הַהִיא אִיתְּתָא דְּנָפְלוּ לָהּ אַרְבַּע מְאָה זוּזֵי בֵּי חוֹזַאי, אָזֵיל גַּבְרָא אַפֵּיק שִׁית מְאָה, אַיְיתֵי אַרְבַּע מְאָה. בַּהֲדֵי דְּקָאָתֵי – אִיצְטְרִיךְ לֵיהּ חַד זוּזָא וְשָׁקַל מִנַּיְיהוּ. אֲתָא לְקַמֵּיהּ דְּרַבִּי אַמִי. אֲמַר לֵיהּ: מַה שֶּׁהוֹצִיא – הוֹצִיא, וּמַה שֶּׁאָכַל – אָכַל.

The Gemara relates: There was a certain woman who had four hundred dinars bequeathed to her in Bei Ḥozai,[BH] a remote location in Babylonia. The man, her husband, went and took with him six hundred of his own dinars for travel expenses and brought back with him four hundred. While he was coming back he required one dinar, which he took from the money he had collected. He came before Rabbi Ami for a ruling. Rabbi Ami said to him: That which he spent he has spent, and that which he ate he has eaten. He has benefited from one dinar of her money and spent six hundred of his own, and neither amount can be claimed.

אָמְרוּ לֵיהּ רַבָּנַן לְרַבִּי אַמִי: הָנֵי מִילֵּי – הֵיכָא דְּקָאָכֵיל פֵּירָא, הָא – קַרְנָא קָאָכֵיל, וְהוֹצָאָה הִיא! אִם כֵּן הֲוָה לֵיהּ הוֹצִיא וְלֹא אָכַל, יִשָּׁבַע כַּמָּה הוֹצִיא – וְיִטּוֹל.

The Rabbis said to Rabbi Ami: This applies only where he consumes the produce of his wife's property, but this one ate from the principal, and it is merely expenditures. He replied: If so, this is a case of one who pays expenditures and did not eat, and the *halakha* is that in such a case he takes an oath with regard to how much he paid and then takes that amount.

״יִשָּׁבַע כַּמָּה הוֹצִיא וְיִטּוֹל״. אָמַר רַבִּי אַסִי: וְהוּא שֶׁיֵּשׁ שֶׁבַח כְּנֶגֶד הוֹצָאָה – לְמַאי הִלְכְתָא? אָמַר אַבַּיֵי: שֶׁאִם הָיָה שֶׁבַח יָתֵר עַל הוֹצָאָה – נוֹטֵל אֶת הַהוֹצָאָה בְּלֹא שְׁבוּעָה.

§ The mishna states: He takes an oath with regard to how much he spent and takes this sum. Rabbi Asi said: And this applies only if there is enhancement to the property corresponding to his expense.[N] The Gemara asks: With regard to what *halakha* was this stated? Is this a stringency for the husband that if the value of enhancement is less he may not reclaim all his expenses, or is it a leniency that if the value is greater he need not take an oath? Abaye said: It means that if the value of enhancement was greater than the expense, he takes the expense without an oath.

אָמַר לֵיהּ רָבָא: אִם כֵּן אָתֵי לְאִיעֲרוּמֵי! אֶלָּא אָמַר רָבָא: שֶׁאִם הָיְתָה הוֹצָאָה יְתֵירָה עַל הַשֶּׁבַח – אֵין לוֹ אֶלָּא הוֹצָאָה שִׁיעוּר שֶׁבַח, וּבִשְׁבוּעָה.

Rava said to him: If so, he will come to deceive, as he can always say that he spent slightly less than the value of the enhancement and thereby receive this amount without having to take an oath. Rather, Rava said: It means that if the expense was greater than the enhancement, he has rights to reclaim the expense only up to the amount of the enhancement, but no more, and even this amount he can claim only by an oath.[H]

NOTES

One who outlays expenditures for the property of his wife who is a minor girl – הַמּוֹצִיא הוֹצָאוֹת עַל נִכְסֵי אִשְׁתּוֹ קְטַנָּה: The Rashba maintains that this enactment of the Sages was designed for the husband's benefit (see HALAKHA). If one spends money for property of his minor wife, it is therefore considered as though he spent money on someone else's property with the owner's permission. This encourages the husband not to neglect his wife's property. Consequently, if he chooses he may treat these expenses in the same manner as they are treated for property of an adult wife. In contrast, the Rivan cites an interpretation according to which the Sages consider him like one who enters the property of another without permission. This does not mean he forfeits his entire investment, but he is judged from a position of disadvantage, as discussed in the continuation of the Gemara.

If there is enhancement corresponding to his expense – שֶׁיֵּשׁ שֶׁבַח כְּנֶגֶד הוֹצָאָה: A different version of Rav Asi's teaching is cited in the Jerusalem Talmud: If the enhancement was greater than the expense, he takes the enhancement. The Gemara there explains that this applies only if he had not eaten any produce and only if he enhanced the value by building on the land, not through planting.

BACKGROUND

Bei Ḥozai – בֵּי חוֹזַאי: During talmudic times, the Persian kingdom was divided by the Sassanids into separate states along the lines of ancient kingdoms or independent entities.

Bei Ḥozai, known today by its Persian name, Khuzestan, was one of the larger provinces in the Persian Empire, extending from the Elam Mountains to the Persian Gulf. An important agricultural and commercial center, Bei Ḥozai was far away from the Jewish population centers, which were located in the Bei Aramai region in what had once been ancient Babylonia.

Due to the difficulties of travel and the lack of caravans, it took an entire year to make a round-trip journey to Bei Ḥozai. Clearly, such a journey entailed significant travel expenses.

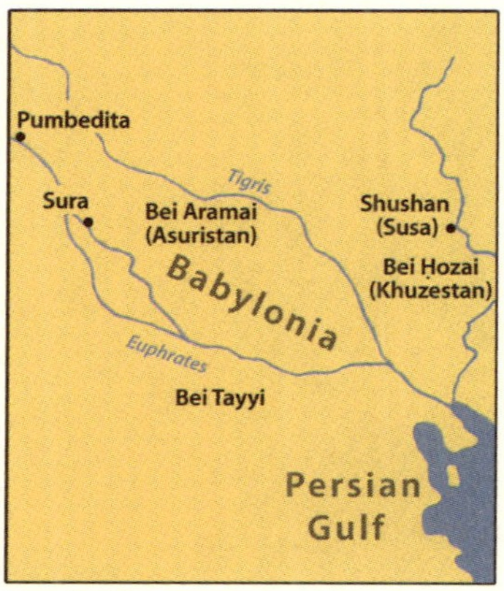

Location of Bei Ḥozai

HALAKHA

One who outlays expenditures for the property of his wife who is a minor girl – הַמּוֹצִיא הוֹצָאוֹת עַל נִכְסֵי אִשְׁתּוֹ קְטַנָּה: If a minor was married by her brothers or mother to a man, and she subsequently refused him, then the amount of her produce he had eaten, the amount he expended on her property, and the value of the enhancement of the property are calculated as though he were a sharecropper, as he had permission to perform changes to her property. If he prefers to take his expenses for the amount of the enhancement, his request is accepted. If his expenses were few and he ate a great deal, what he ate is eaten and he need not repay this amount, as the Sages enacted this ordinance for his benefit and did not intend to be stringent with him. If he requests to be treated like a regular husband then his request is accepted; otherwise he is considered like a sharecropper (Rambam *Sefer Nashim, Hilkhot Ishut* 23:10 and *Maggid Mishne*, citing the Rashba; *Shulḥan Arukh, Even HaEzer* 88:10).

Four hundred dinars bequeathed to her in Bei Ḥozai, etc. – נָפְלוּ לָהּ אַרְבַּע מְאָה זוּזֵי בֵּי חוֹזַאי וכו׳: In a case where property was bequeathed to a woman in a distant location, and her husband went to collect it but expended a large sum in order to do so, and he subsequently divorced her, then even if he spent some of the money collected he is not considered to have used his wife's property, despite the fact that he benefited from the principal, not the produce. Instead, the increase in value from its original location to its current location is evaluated, and he takes an oath with regard to how much it cost him to travel there. He then collects this sum up to the amount of increased value, as concluded by Rabbi Ami and in accordance with the opinion of Rava cited later in the Gemara (Rambam *Sefer Nashim, Hilkhot Ishut* 23:9; *Shulḥan Arukh, Even HaEzer* 88:7–8).

A husband who paid expenditures for his wife's property – בַּעַל שֶׁהוֹצִיא עַל נִכְסֵי אִשְׁתּוֹ: If a husband spent money on his wife's property and his expenses amounted to more than the value of the enhancement, the husband takes an oath with regard to how much he spent and then collects up to the sum of the enhancement. This *halakha* is in accordance with the opinions of Rabbi Asi and Rava, as the *halakha* is ruled in accordance with the latter in opposition to Abaye (Rambam *Sefer Nashim, Hilkhot Ishut* 23:9; *Shulḥan Arukh, Even HaEzer* 88:7–8).

אִיבַּעֲיָא לְהוּ: בַּעַל שֶׁהוֹרִיד אֲרִיסִין תַּחְתָּיו, מַהוּ? אַדַּעְתָּא דְּבַעַל נְחֵית, אִיסְתַּלֵּיק לֵיהּ בַּעַל – אִיסְתַּלֵּיקוּ לְהוּ, אוֹ דִּלְמָא – אַדַּעְתָּא דְּאַרְעָא נְחֵית, וְאַרְעָא כִּי קַיְימָא – לַאֲרִיסֵי קַיְימָא?

A dilemma was raised before the Sages: With regard to **a husband who engaged sharecroppers** to work his wife's property **in his stead,**[H] **what is the** *halakha*? Does a sharecropper **begin work** on the land **with the intention** to work **for the husband,** so that if **the husband departs** the property, e.g., if he divorces his wife, **they** too **depart** as sharecroppers and do not receive their share of the profits from the land? **Or perhaps** a sharecropper **begins work with the intention** to work **the land, and the land, as it stands, stands** to be worked **by sharecroppers?** Since their involvement is directly with the land, it makes no difference who hired them, and they would stay on the land.

מַתְקִיף לַהּ רָבָא בַּר רַב חָנָן: מַאי שְׁנָא מֵהַיּוֹרֵד לְתוֹךְ שְׂדֵה חֲבֵירוֹ וּנְטָעָהּ שֶׁלֹּא בִּרְשׁוּת, שָׁמִין לוֹ וְיָדוֹ עַל הַתַּחְתּוֹנָה?

Rava bar Rav Ḥanan objects to this line of inquiry: In **what** way **is this case different from** that **of one who entered the field** of another **and planted it without permission?**[H] In such a situation **one evaluates** his expenses **for him** and the value of his enhancement of the field, **and he is at a disadvantage.** Therefore, he always receives the smaller sum, whether it is equal to his expenses or the enhancement of the property. In this case too, even if the sharecroppers are viewed as unauthorized occupiers of the land, why shouldn't they be treated like one who entered another's field without permission and receive at least the smaller sum?

הָתָם – לֵיכָּא אִינִישׁ דְּטָרַח, הָכָא – אִיכָּא בַּעַל דְּטָרַח.

The Gemara answers: The two cases are not comparable: **There,** when one enters another's land, **there is no one** else **that** will **exert** himself for it, and therefore it is reasonable that the one who invested in this property should at least be compensated for the lesser value. However, **here, there is a husband who exerts** himself for the land. Since the sharecroppers act in his stead, they are entitled to remain on the land only as long as he is present.

מַאי הָוֵי עֲלַהּ? אֲמַר רַב הוּנָא בְּרֵיהּ דְּרַב יְהוֹשֻׁעַ: חָזֵינַן, אִי בַּעַל אָרִיס הוּא – אִיסְתְּלַק לֵיהּ בַּעַל אִסְתַּלְּקוּ לְהוּ. אִי בַּעַל לָאו אָרִיס הוּא – אַרְעָא לַאֲרִיסֵי קַיְימָא.

The Gemara asks: **What** conclusion **was** reached **about** it, i.e., the original question? **Rav Huna, son of Rav Yehoshua, said: We examine** the matter: **If** this **husband is a sharecropper** himself and possesses sufficient knowledge of working the land to perform the task himself, then when **the husband departs** from the property **they** too **depart,** as they are taking his place. **If** the **husband is not a sharecropper, the land is ready for sharecroppers,** as the husband would not have performed the work himself. Since the wife was in need of sharecroppers, they are not considered to have acted on behalf of the husband and do not forfeit their share.

אִיבַּעֲיָא לְהוּ: בַּעַל שֶׁמָּכַר קַרְקַע לְפֵירוֹת מַהוּ? מִי אָמְרִינַן: מַאי דְּקָנֵי (לָהּ) אַקְנֵי, אוֹ דִּלְמָא: כִּי תַּקִּינוּ לֵיהּ רַבָּנַן פֵּירוֹת לַבַּעַל

A dilemma was raised before the Sages: With regard to a **husband who sold** his wife's **land for produce,** i.e., rights to the produce were sold to one who agrees to work the land in exchange, **what is the** *halakha*? **Do we say: That which belongs to** the husband **he has transferred** to others, and therefore the sale of the produce is valid, **or perhaps** the principle is **that when the Sages instituted** that the **produce** goes **to the husband,**

HALAKHA

A husband who engaged sharecroppers in his stead – בַּעַל שֶׁהוֹרִיד אֲרִיסִין תַּחְתָּיו: In the case of a husband who brought sharecroppers to his wife's field and then divorced her, the following distinction applies: If the husband himself is a sharecropper, they must leave the field along with him, and their expenses are evaluated to their disadvantage. If the husband is not a sharecropper, they are treated like regular sharecroppers. The Rema writes, citing the *Tur* and the Rosh, based on *Tosafot*, that they are at a disadvantage only if they knew that the field did not belong to the husband. However, if they were unaware of this fact, they receive the wages of a sharecropper from the husband regardless, and the husband then settles his accounts with his wife (*Ḥelkat Meḥokek*; Rambam *Sefer Nezikim, Hilkhot Gezeila* 10:12; *Shulḥan Arukh, Even HaEzer* 88:12).

One who entered the field of another and planted it without permission, etc. – הַיּוֹרֵד לְתוֹךְ שְׂדֵה חֲבֵירוֹ וּנְטָעָהּ שֶׁלֹּא בִּרְשׁוּת וכו׳: In the case of one who went into the field of another and planted there, if the field was designated for planting, then the amount that the field's owner would have given for this work is estimated, and the intruder collects this sum. If the field was not meant to be planted, then the intruder's work is evaluated and he is at a disadvantage: The *Sma* says that if the added value is greater than his expenses, he receives only the amount of the expenses, and if the expenses were more than the added value, he takes only the latter (Rambam *Sefer Nezikim, Hilkhot Gezeila VaAveda* 10:4; *Shulḥan Arukh, Ḥoshen Mishpat* 375:1).

HALAKHA

She brought in for her husband two maidservants, etc. – עיילה ליה לגברא תרתי אמהתא וכו׳: A husband has the right to force some of his wife's slaves and maidservants to serve him in the house of another wife, whether they are part of her usufruct property or her guaranteed property. Nevertheless, he may not transfer them to a different town without his wife's permission. This ruling is in accordance with Rava's opinion, based on the Gemara's explanation that this is due to the gain of the house. However, the Rema writes that he may not compel them to serve his other wife in a different house (see *Beit Yosef* and *Helkat Mehokek*; Rambam *Sefer Nashim*, *Hilkhot Ishut* 22:35; *Shulhan Arukh*, *Even HaEzer* 85:19).

A husband who sold land for produce – בעל שמכר קרקע לפירות: If a husband wanted to sell to a third party his rights to the produce that will grow on his wife's usufruct land over the next several years, and the third party would pay the entire sum immediately, his request is not accepted. However, he may do so if he invests the money he receives. In addition, he may also sell the produce on a yearly basis. This follows the ruling of the Gemara, in accordance with Rava's reasoning, as his ruling is accepted as the *halakha* in opposition to Abaye (Rambam *Sefer Nashim*, *Hilkhot Ishut* 22:20; *Shulhan Arukh*, *Even HaEzer* 85:17).

A widow waiting for her *yavam* who had property bequeathed to her – שומרת יבם שנפלו לה נכסים: If a widow inherited property while she was waiting for her *yavam*, she may sell it or give it away and her action is valid, as the *yavam* has no rights to the property before they are married. Even if he subsequently performed levirate betrothal, he has not acquired her property. The same applies to a woman who was widowed at the time of her betrothal and inherited property while she was still betrothed: She too may sell it or give it away as she chooses (Rambam *Sefer Nashim*, *Hilkhot Ishut* 22:10; *Shulhan Arukh*, *Even HaEzer* 160:5).

משום רווח ביתא, אבל לזבוני – לא! יהודה מר בר מרימר משמיה דרבא אמר: מה שעשה – עשוי. רב פפא אמר משמיה דרבא: לא עשה ולא כלום.

they did so **for the gain of the house,** as more food is available when he brings produce home, **but** in order for him **to sell** it they did **not** institute their decree? Two opinions were stated with regard to this issue: **Yehuda Mar bar Mareimar said in the name of Rava: What he did is done,** i.e., takes effect. **Rav Pappa said in the name of Rava: He did not do anything.**

אמר רב פפא: הא דיהודה מר בר מרימר – לאו בפירוש איתמר, אלא מכללא איתמר; דההיא איתתא דעיילה ליה לגברא תרתי אמהתא, אזל גברא נסיב איתתא אחריתי, עייל לה חדא מנייהו.

Rav Pappa said: **This** statement **of Yehuda Mar bar Mareimar was not stated explicitly** in Rava's name. **Rather,** it **was stated from an inference** based on an incident that occurred in **which a certain woman brought in for** her **husband two maidservants**[H] as part of her dowry. The **man went** and **married another woman** in addition to the first. **He** subsequently **brought in to** the second wife **one of** the maidservants to attend to her needs.

אתאי לקמיה דרבא, צווחה, לא אשגח בה. מאן דחזא סבר משום דסבר מה שעשה עשוי. ולא היא; משום רווח ביתא, והא קא רווח.

The first wife **came before Rava** and **cried** about the injustice done to her, but **Rava took no notice of her,** claiming she had no right to complain. **He who observed** this incident **thought** that Rava ruled this way **because he holds** that **what he did is done,** i.e., takes effect, and a husband may sell his wife's usufruct property and use its produce as he sees fit. **But that is not so,** as the Sages instituted the ordinance that a husband owns the rights to the produce of his wife's property **for the gain of the house, and** here **the house does gain** from his action, as the maidservant also performs work for the house.

והלכתא: בעל שמכר קרקע לפירות – לא עשה ולא כלום. מאי טעמא? אביי אמר: חיישינן שמא תכסיף, רבא אמר: משום רווח ביתא.

The Gemara concludes: **And the *halakha*** is that **a husband who sold land for produce**[H] **did not do anything.** The Gemara asks: **What is the rationale** for this ruling? **Abaye said: We are concerned** that **perhaps** the land itself **will deteriorate** over time, as the purchaser has acquired only its produce and has no incentive to take proper care of the land. **Rava said:** This is **because** there is no **gain of the house** here.

מאי בינייהו? איכא בינייהו ארעא דמקרב למתא. אי נמי בעל אריס הוא. אי נמי זוזי וקא עביד בהו עיסקא.

The Gemara asks: **What is the** practical **difference between** these two explanations? The Gemara explains: **The practical difference between them** is, e.g., **land that is close to the town,** as one can check at any time whether the land is being cared for properly. **Alternatively,** the difference involves **a husband** who **is a sharecropper**[N] and works the land himself but sold the rights of the produce to someone else. As a sharecropper, the husband retains part of the produce and will also ensure that the land does not deteriorate. **Alternatively,** the difference concerns a husband who receives **money** for the produce **and does business with it,** which provides gain for the house.

מתני׳ שומרת יבם שנפלו לה נכסים – מודים בית שמאי ובית הלל שמוכרת ונותנת וקיים.

MISHNA When a married man dies childless, his brother, the *yavam*, is obligated to perform levirate marriage or release the widow, the *yevama*, through a ceremony known as *halitza*. With regard to **a widow waiting for her *yavam*** who had **property bequeathed to her,**[H] **Beit Shammai and Beit Hillel agree that she may sell or give** this property away, **and** the transaction is **valid.**

NOTES

A husband who is a sharecropper – בעל אריס הוא: Most commentaries explain, with minor nuances, that the husband serves as a sharecropper in that very field. Therefore, there is no cause for concern over deterioration of the field, but the house does not gain from the arrangement. However, some commentaries explain that the husband is a sharecropper in other fields, and the house gains from his action by virtue of his income. If he had to tend to his wife's land himself he would be unable to earn money by working in those fields (*Talmidei Rabbeinu Yona*).

מֵתָה, מַה יַּעֲשׂוּ בִּכְתוּבָּתָהּ וּבִנְכָסִים הַנִּכְנָסִין וְהַיּוֹצְאִין עִמָּהּ? בֵּית שַׁמַּאי אוֹמְרִים: יַחְלְקוּ יוֹרְשֵׁי הַבַּעַל עִם יוֹרְשֵׁי הָאָב. וּבֵית הִלֵּל אוֹמְרִים: נְכָסִים בְּחֶזְקָתָן; וּכְתוּבָּה בְּחֶזְקַת יוֹרְשֵׁי הַבַּעַל. נְכָסִים הַנִּכְנָסִים וְהַיּוֹצְאִים עִמָּהּ – בְּחֶזְקַת יוֹרְשֵׁי הָאָב.

If this woman **died, what should they do with her marriage contract and with the property that comes and goes with her,** i.e., her usufruct property? **Beit Shammai say:** Since she was not yet remarried, **the husband's heirs,** such as his brothers or father, **divide** the property **with her father's heirs. And Beit Hillel say: The property** retains **its** previous ownership **status,**[N] **and** therefore the **marriage contract is in the possession of the husband's heirs,** as they are responsible for its payment. As for the **property that comes and goes with her,** it **is in the possession of the heirs of the woman's father,** as it belongs to the woman.[H]

הִנִּיחַ אָחִיו מָעוֹת – יִלָּקַח בָּהֶן קַרְקַע, וְהוּא אוֹכֵל פֵּירוֹת. פֵּירוֹת הַתְּלוּשִׁין מִן הַקַּרְקַע – יִלָּקַח בָּהֶן קַרְקַע וְהוּא אוֹכֵל פֵּירוֹת.

If his deceased **brother left money** as part of his estate, **land** to be used as a lien on her marriage contract **is acquired with it, and the** *yavam* **consumes the produce.** Similarly, if the deceased brother left **produce that is detached from the ground,**[H] **land is acquired with it and the** *yavam* **consumes the produce.**

הַמְחוּבָּרִין בַּקַּרְקַע, אָמַר רַבִּי מֵאִיר: שָׁמִין אוֹתָן כַּמָּה הֵן יָפִין בְּפֵירוֹת, וְכַמָּה הֵן יָפִין בְּלֹא פֵּירוֹת, וְהַמּוֹתָר – יִלָּקַח בָּהֶן קַרְקַע וְהוּא אוֹכֵל פֵּירוֹת.

If he left behind produce **that is attached to the ground,**[H] **Rabbi Meir says: One evaluates** the properties to determine **how much they are worth with** the **produce, and how much they are worth without** the **produce. And** as for **the surplus,** which is the value of the produce, **land is acquired with it and the** *yavam* **consumes the produce.**

וַחֲכָמִים אוֹמְרִים: פֵּירוֹת הַמְחוּבָּרִין בַּקַּרְקַע – שֶׁלּוֹ, הַתְּלוּשִׁין מִן הַקַּרְקַע – כֹּל הַקּוֹדֵם זָכָה בָּהֶן. קָדַם הוּא – זָכָה, קָדְמָה הִיא, יִלָּקַח בָּהֶן קַרְקַע, וְהוּא אוֹכֵל פֵּירוֹת.

And the Rabbis say: Produce that is attached to the ground is his. Therefore, it is not used in the purchase of land, but the *yavam* may eat it. As for the produce **that is detached from the ground,** which is not mortgaged to her marriage contract, **whoever** takes possession **first has acquired it.** If the *yavam* takes possession of the property **first, he has acquired** it and may use it as he wishes, but **if she** is **first, land is acquired with it and he consumes the produce.**

כְּנָסָהּ – הֲרֵי הִיא כְּאִשְׁתּוֹ לְכָל דָּבָר, בִּלְבַד שֶׁתְּהֵא כְּתוּבָּתָהּ עַל נִכְסֵי בַעְלָהּ הָרִאשׁוֹן.

After the *yavam* has **married her,** her legal status is **that of his wife in every sense, except that** the responsibility for payment of **her marriage contract** is carried out **through** mortgaging **the property of her first husband,** not that of the *yavam*.[H]

NOTES

The property retains its previous ownership status – נְכָסִים בְּחֶזְקָתָן: The precise meaning of this statement is disputed by the early commentaries and is linked to a different dispute with regard to the halakhic status of this woman's guaranteed property.

According to many opinions, the mishna divides a wife's property into two separate categories: The first type is her marriage contract, which includes the main sum of the marriage contract, the additional sum, and her dowry as specified in the marriage contract, which is called her guaranteed property. The second type is her usufruct property, referred to in the mishna as the property that comes and goes with her. According to this opinion, the phrase: The property retains its previous ownership status, is a general statement, followed by a detailed account: All parts of the marriage contract belong to the husband's heirs, while the usufruct property goes to the heirs of the woman's father. According to this explanation, the continuation of Beit Hillel's statement in the mishna does not state: And the marriage contract, but simply: The marriage contract. This is the opinion of Rabbeinu Tam, as cited by *Tosafot*, as well as that of the Rid and the Rosh, among others.

Rashi and the Rambam, however, maintain that the woman's property is divided into three categories: The marriage contract, including the additional sum; her guaranteed property; and her usufruct property. Consequently, the expression: What should be done with her marriage contract, does not refer only to her marriage contract in the limited sense, but to all that accompanies it, i.e., her dowry. According to this opinion, the clause: The property retains its previous ownership status, refers to her guaranteed property, which remains in the possession of its owner, though *amora'im* in tractate *Bava Batra* (158b) dispute whether the husband or the wife is actually the owner. The marriage contract itself belongs to the husband's heirs, while the usufruct property is bequeathed to the woman's heirs.

With regard to the possession of the wife's guaranteed property, most authorities rule in accordance with the opinion in *Bava Batra* that the heirs of the husband and those of the wife share it, although some dispute this ruling. See the Rashba, the Ritva, and other early commentaries for a discussion of this matter and the halakhic implications according to the two opinions.

HALAKHA

The inheritance of a widow waiting for her *yavam* – יְרוּשַּׁת שׁוֹמֶרֶת יָבָם: If a widow died while she was waiting for her *yavam*, her heirs inherit her usufruct property and half of her guaranteed property. According to the Rema, based on the Maharam Padua, her heirs also inherit all the gifts she received from the *yavam*. The heirs of the husband inherit the main sum of the marriage contract, the additional sum, and the other half of her guaranteed property, in accordance with Beit Hillel. The Rema, citing Rabbeinu Tam and the Rosh, states that her guaranteed property is considered to be in the presumptive ownership of the husband's heirs, at least where they already took possession of it, in which case it is not removed from their possession (Ran). These rulings apply in times of history or locations where the widow and the *yavam* are allowed to perform levirate marriage if they so desire. However, in times or locations where levirate marriage is not performed and they are compelled to perform *ḥalitza*, she is treated not as a widow waiting for her *yavam* but as a regular widow (Rambam *Sefer Nashim*, *Hilkhot Ishut* 22:10 and *Sefer Mishpatim*, *Hilkhot Naḥalot* 3:9; *Shulḥan Arukh*, *Even HaEzer* 160:7).

If his deceased brother left…produce that is detached from the ground – הִנִּיחַ אָחִיו...פֵּירוֹת הַתְּלוּשִׁין מִן הַקַּרְקַע: If a woman's husband died without children and left behind detached produce, movable objects, or coins, they are sold and her *yavam* purchases land with the proceeds. The land serves as a guarantee for the payment of her marriage contract, and the *yavam* has the right to consume its produce. The *halakha* is ruled in accordance with the opinion of Rabbi Meir because, following the ordinance of the *ge'onim*, a marriage contract may be claimed from movable property. This is the opinion of the Rif and other authorities. The Rambam maintains that the *yavam* may use detached produce and movable property as he wishes, as not even the enactment of the *ge'onim* can deprive him of this right, unless the marriage contract contained an explicit clause that the movable property is mortgaged for her marriage contract in addition to the land.

The Rema writes that everyone agrees that until the levirate marriage takes place, the property of the deceased husband is not given to his brother. Instead, movable objects are given to the court or a guardian for safekeeping, while the *yavam* has the right to consume the produce of his brother's land (*Beit Yosef*, based on Rashba; Rambam *Sefer Nashim*, *Hilkhot Ishut* 22:13; *Shulḥan Arukh*, *Even HaEzer* 168:5).

That is attached to the ground – הַמְחוּבָּרִין בַּקַּרְקַע: If the deceased brother left produce attached to the ground, it must be sold, and the proceeds are used for the purchase of land. The *yavam* may consume the produce of this land. The *halakha* is in accordance with the opinion of the Rabbis according to Reish Lakish's version of the text cited in the Gemara on 82a (Rambam *Sefer Nashim*, *Hilkhot Ishut* 22:12; *Shulḥan Arukh*, *Even HaEzer* 168:4).

Her marriage contract is through the property of her first husband – כְּתוּבָּתָהּ עַל נִכְסֵי בַעְלָהּ הָרִאשׁוֹן: The marriage contract of a *yevama* is repaid from the property of her first husband. Consequently, it is prohibited for a *yavam* to sell any part of his late brother's property. If he sold or gave away this property or divided it with his brothers, whether before or after the levirate marriage, his actions are ineffective (Rambam *Sefer Nashim*, *Hilkhot Ishut* 22:11 and *Hilkhot Yibbum VaḤalitza* 1:1; *Shulḥan Arukh*, *Even HaEzer* 168:3, 166:4).

לֹא יֹאמַר לָהּ "הֲרֵי כְּתוּבָּתֵיךְ מוּנַּחַת עַל הַשֻּׁלְחָן" אֶלָּא כָּל נְכָסָיו אַחְרָאִין לִכְתוּבָּתָהּ. וְכֵן לֹא יֹאמַר אָדָם לְאִשְׁתּוֹ "הֲרֵי כְּתוּבָּתֵיךְ מוּנַּחַת עַל הַשֻּׁלְחָן" אֶלָּא כָּל נְכָסָיו אַחְרָאִין לִכְתוּבָּתָהּ.

Therefore, the *yavam* **may not say to her: Your marriage contract is placed on the table.** He may not set aside a designated sum of money for this payment. **Rather, all** of the first husband's **property is mortgaged for her marriage contract** as long as he has not divorced her. **And similarly,** in general **a man may not say to his wife: Your marriage contract is placed on the table. Rather, all his property is mortgaged for her marriage contract.**

גֵּירְשָׁהּ – אֵין לָהּ אֶלָּא כְּתוּבָּה, הֶחֱזִירָהּ – הֲרֵי הִיא כְּכׇל הַנָּשִׁים, וְאֵין לָהּ אֶלָּא כְּתוּבָּה בִּלְבַד.

If the *yavam* **divorced her** after performing levirate marriage, **she has only her marriage contract,** as she does not retain any rights to the rest of her first husband's property. If he subsequently **remarried her, she is like all women, and she has nothing but her marriage contract.** In this case, the property of her first husband is no longer pledged for the payment of her marriage contract.

גמ׳ אִיבַּעְיָא לְהוּ: שׁוֹמֶרֶת יָבָם שֶׁמֵּתָה, מִי קוֹבְרָהּ? יוֹרְשֵׁי הַבַּעַל קָבְרֵי לַהּ – דְּקָא יָרְתִי כְּתוּבָּה, אוֹ דִּלְמָא יוֹרְשֵׁי הָאָב קָבְרִי לַהּ – דְּקָא יָרְתִי נְכָסִים הַנִּכְנָסִין וְהַיּוֹצְאִין עִמָּהּ? אָמַר רַב עַמְרָם: תָּא שְׁמַע: דְּתַנְיָא, שׁוֹמֶרֶת יָבָם שֶׁמֵּתָה

GEMARA **A dilemma was raised before** the Sages: In the case of **a widow awaiting her** *yavam* **who dies, who buries her?** Who is obligated to bear the expenses of her burial? Must the **husband's heirs bury her, as they inherit the marriage contract, or perhaps** her **father's heirs** are obligated to **bury her, as they inherit** the **property that comes and goes with her? Rav Amram said: Come** and **hear** a solution. **As it is taught** in a *baraita*: In the case of **a widow waiting for her** *yavam* **who dies,**

Perek **VIII**
Daf **81** Amud **a**

HALAKHA

Her heirs, the heirs of her marriage contract – יוֹרְשֶׁיהָ יוֹרְשֵׁי כְתוּבָּתָהּ: If a widow died while she was waiting for her *yavam*, then the husband's heirs, who take the main sum and the additional part of her marriage contract, are obligated to pay for her burial (Rambam *Sefer Nashim, Hilkhot Ishut* 22:10; *Shulḥan Arukh, Even HaEzer* 160:7).

יוֹרְשֶׁיהָ יוֹרְשֵׁי כְתוּבָּתָהּ חַיָּיבִין בִּקְבוּרָתָהּ. אָמַר אַבָּיֵי: אַף אֲנַן נָמֵי תְּנֵינָא: אַלְמָנָה נִיזּוֹנֶת מִנִּכְסֵי יְתוֹמִין, וּמַעֲשֵׂה יָדֶיהָ שֶׁלָּהֶן, וְאֵין חַיָּיבִין בִּקְבוּרָתָהּ. יוֹרְשֶׁיהָ יוֹרְשֵׁי כְתוּבָּתָהּ חַיָּיבִין בִּקְבוּרָתָהּ. וְאֵיזוֹהִי אַלְמָנָה שֶׁיֵּשׁ לָהּ שְׁנֵי יוֹרְשִׁין – הֱוֵי אוֹמֵר: זוֹ שׁוֹמֶרֶת יָבָם.

her heirs, i.e., **the heirs of her marriage contract,**[H] **are obligated in her burial.** This indicates that her husband's heirs, who inherit her marriage contract, must attend to her burial. **Abaye said: We too learn** in a mishna (95b): **A widow is sustained from the property of the orphans, and her earnings are theirs, and** they **are not obligated in her burial.** Instead, **her heirs, the heirs of her marriage contract, are obligated in her burial. And who is the widow who has two sets of heirs,** necessitating the ruling that only the heirs of her marriage contract are obligated in her burial? **You must say that this is a widow waiting for her** *yavam*, as the *yavam* inherits her marriage contract.

אָמַר רָבָא: וְלֵימָא: אָח אֲנִי יוֹרֵשׁ, אִשְׁתּוֹ אֵין אֲנִי קוֹבֵר! אָמַר לֵיהּ אַבָּיֵי: מִשּׁוּם דְּבָאִין עָלָיו מִשְּׁנֵי צְדָדִין: אִם אָחִיו יוֹרֵשׁ – יִקְבּוֹר אֶת אִשְׁתּוֹ, אִם אֵינוֹ קוֹבֵר אֶת אִשְׁתּוֹ – יִתֵּן כְּתוּבָּתָהּ.

Rava said: But let the *yavam* **say: I inherit** my **brother,**[N] and I am therefore entitled to this marriage contract as my brother's heir, while **his wife I am not** obligated to **bury,** as I have no connection to her. **Abaye said to him:** This claim is not valid **because they come upon him from two sides,**[N] by force of two complementary claims: **If he inherits his brother** he should inherit his duties as well as his rights, and **he should bury his wife. If he does not bury his wife,** as he does not wish to take his brother's place, **he should give her marriage contract** to her.

NOTES

I inherit my brother – אָח אֲנִי יוֹרֵשׁ: The early commentaries note that this claim is consistent with the opinion that the husband's heirs receive only the marriage contract itself but not the wife's guaranteed property from her dowry. However, according to Rabbeinu Tam, who maintains that the heirs of the husband receive half of her guaranteed property, this assertion is difficult to understand. *Tosafot* explain that the claim of the *yavam* is that he receives the money directly from his brother, while the duty of her burial was never his responsibility initially. Or, as the Ritva phrases it, the principle that an individual is inherited by his brother is biblical in origin, while the obligation to bury a wife is imposed on the husband by rabbinic law. Some early commentaries contend that the brother is not trying to avoid all payment for the burial but is simply suggesting that since he must share her inheritance with her heirs, according to this opinion, they too should cover part of the expenses. The Ramban and the Rashba, though, consider this explanation far-fetched (see Rivash).

Because they come upon him from two sides – מִשּׁוּם דְּבָאִין עָלָיו מִשְּׁנֵי צְדָדִין: The expression: They come upon him from two sides, is more forceful than: Whichever way you look at it [*mima nafshakh*], as here there is an actual claim from the other side, i.e., the woman's heirs. The early commentaries explain the discussion in the Gemara as follows: At first it was assumed that Rava's difficulty was that the *yavam* can claim that while he inherits his brother's money, he is under no obligation toward a woman who is a stranger to him. Abaye answered that the woman's heirs can retort that upon the death of the first husband the obligation to pay her the marriage contract was already in place, and consequently he must pay it despite his lack of connection with the woman. Rava therefore amends his argument and states that the *yavam* is saying the following: Although I stand in my brother's place and therefore inherit him, with regard to the claim of the marriage contract, I was willing to marry her during her lifetime without having to pay the marriage contract, and therefore her heirs have no claim against me after her death (see Rivan).

אמר ליה: הכי קא אמינא: אח אני יורש, את אשתו אין אני קובר. ואי משום כתובה – לא ניתנה כתובה לגבות מחיים.

Rava **said to him: I say as follows:** The *yavam* claims that **I inherit** my **brother,** and **his wife I will not bury,** as this is not my responsibility. **And if** the brother should be responsible **due to** her **marriage contract, a marriage contract cannot be collected during** the husband's **lifetime**[H] but only after his death. The *yavam* is the first husband's replacement, as he is prepared to perform levirate marriage with the woman, and therefore she is not entitled to her marriage contract, which means he is also not obligated to bury her. This assumption that a marriage contract may not be claimed during the husband's lifetime is derived from a close reading of the wording of the marriage contract, which states: When you may marry another you may claim this marriage contract, which indicates that if the woman is unable to marry another man because her husband is still alive she is not entitled to her marriage contract.

מאן שמעת ליה דאית ליה מדרש כתובה – בית שמאי, ושמעינן להו לבית שמאי דאמרי: שטר העומד לגבות – כגבוי דמי.

The Gemara asks: **Who did you hear who is of** the opinion that **one expounds the marriage contract**[N] and infers *halakhot* from its exact language, like expositions from the Torah? It is the opinion of **Beit Shammai, and yet we have heard that Beit Shammai say a document that is ready to be collected is considered collected.** Here too, it should be considered as though she had already claimed her marriage contract, and he cannot claim to be acting as his brother's heir.

דתנן: מתו בעליהן עד שלא שתו, בית שמאי אומרים: נוטלות כתובה ולא שותות, ובית הלל אומרים: או שותות או לא נוטלות כתובה.

The proof of this is **as we learned** in a mishna (*Sota* 24a): **If the husbands** of women suspected of being unfaithful **died before** their wives **drank**[H] from the bitter waters in accordance with the *halakha* of a *sota*,[B] and it was never established whether they had engaged in relations with another man, **Beit Shammai say: They take the marriage contract and do not drink, and Beit Hillel say: Either they drink or they do not take the marriage contract.**

או שותות?! "והביא האיש את אשתו אל הכהן" אמר רחמנא, וליכא! אלא: מתוך שלא שותות – לא נוטלות כתובה,

The Gemara digresses to express puzzlement at the wording of this mishna: **Either they drink?** How can they drink the bitter waters? **The Merciful One states: "Then shall the man bring his wife to the priest"** (Numbers 5:15), **and there is no** way to fulfill that verse after the husband has died. **Rather,** Beit Hillel's ruling should be understood as follows: **Since they do not drink,**[N] as they have no husband who can compel them to drink the waters, **they do not take the marriage contract,** in case they were in fact unfaithful.

בית שמאי אומרים: נוטלות כתובה ולא שותות. ואמאי? ספיקא הוא, ספק זנאי ספק לא זנאי, וקאתי ספק ומוציא מידי ודאי!

That mishna stated that **Beit Shammai say: They take the marriage contract and do not drink. But why** do they collect the marriage contract? **It is a case of uncertainty: Perhaps she committed adultery; perhaps she did not commit adultery.** If she was unfaithful she is not entitled to the marriage contract, **and** yet, although her position cannot be verified, Beit Shammai maintain that her **uncertain** claim **comes and supersedes** the **certain** claim of the heirs, as they are certainly the rightful heirs of their father.

HALAKHA

A marriage contract cannot be collected during the husband's lifetime – לא ניתנה כתובה לגבות מחיים: A marriage contract is like a promissory note that can be claimed only after a period of time, which in this case would be following the couple's divorce or the death of the husband (Rambam *Sefer Nashim, Hilkhot Ishut* 16:3; *Shulḥan Arukh, Even HaEzer* 93:1).

If the husbands died before their wives drank, etc. – מתו בעליהן עד שלא שתו וכו׳: In the case of a wife who was warned by her husband not to seclude herself with a certain man, and she did so anyway, if the husband died before she drank from the bitter waters, she does not drink them and does not collect her marriage contract (Rambam *Sefer Nashim, Hilkhot Sota* 2:7; *Shulḥan Arukh, Even HaEzer* 178:1).

NOTES

Who is of the opinion that one expounds the marriage contract – דאית ליה מדרש כתובה: According to some early commentaries, Beit Hillel maintain that the language of the marriage contract is not expounded at all. Although it appears that Beit Hillel agree with Beit Shammai with regard to a certain *halakha* that is based on an exposition of the marriage contract, they accept this opinion for a different reason. However, Rabbeinu Tam, in *Sefer HaYashar* and elsewhere, claims that although Beit Hillel do not expound to the same extent as Beit Shammai, they admit that an exposition of this kind is possible in principle, and they too rely on it in certain cases. See also *Tosafot*, who suggest that Beit Hillel ultimately accepted Beit Shammai's opinion entirely, and therefore they too infer *halakhot* from the wording of the marriage contract.

Rather, since they do not drink – אלא מתוך שלא שותות: The Rivash writes that the Gemara is not emending the text of the mishna but explaining it: These women are supposed to drink, and since they are unable to do so, they forfeit their right to the marriage contract. Similar cases can be found elsewhere in which the Sages dispute the *halakha* concerning one who has a halakhic obligation to perform an action that he cannot perform for some reason beyond his control.

BACKGROUND

***Sota* – סוטה:** The Torah (Numbers 5:11–31) describes the procedure governing a woman suspected of adultery [*sota*]: First, her husband warns her in the presence of witnesses against secluding herself with a specific man about whom he is suspicious. If she disobeys this warning and is observed secluding herself that man, even though there is no concrete evidence that she actually committed adultery, she and her husband may no longer live together as a married couple until she has undergone the following ordeal to determine whether she committed adultery.

The woman, accompanied by her husband and two Torah scholars, is taken to the Temple in Jerusalem and forced by the priests to stand in a public place while holding the special meal-offering that she is required to bring. There she is once again questioned about her behavior. If she continues to protest her fidelity and takes an oath to that effect, a scroll is brought and the curses mentioned in the biblical passage cited above are written on it. If she does not admit to committing adultery, the scroll is submerged in a clay vessel filled with water taken from the Temple basin and some earth from the Temple floor, and the scroll's writing is dissolved in the water. She is then forced to drink that water.

If the husband's allegation is true, then, in the words of the Torah: "Her belly shall swell and her thigh shall fall away" (Numbers 5:27), until ultimately she dies from the water's curse. If she is innocent, the water will bring her blessing and it is permitted for her to resume normal marital relations with her husband.

PERSONALITIES

Rabbi Abba – רַבִּי אַבָּא: There is a tradition of the *ge'onim* that the Rabbi Abba mentioned here is the great *amora* Rav. Some versions of the text of the Gemara even read Rav Abba, instead of the letter *reish*, an abbreviation for Rabbi, or Rabbi Abba. This is also logical chronologically, as Sumakhos was the main disciple of Rabbi Meir and a contemporary of Rabbi Yehuda HaNasi, Rav's teacher. In this *baraita* he is not called Rav, the name he was called in Babylonia to reflect that he was appointed rabbi of all Babylonian Jewry, but by his real name, Rabbi Abba. This also explains an expression found in several places in the Gemara: Rav is a *tanna* and argues, which indicates that he was one of the later *tanna'im*.

קָסָבְרִי בֵּית שַׁמַּאי: שְׁטָר הָעוֹמֵד לִגְבּוֹת כִּגְבוּי דָּמֵי.

It must therefore be concluded that **Beit Shammai maintain: A document that is ready to be collected is considered collected.** Consequently, the sum of the marriage contract is already considered in the woman's possession, which means that when the heirs do not wish to pay the sum of the marriage contract they are actually trying to claim money due to an uncertainty.

וְהָא בָּעֵינַן ״כְּשֶׁתִּנָּשְׂאִי לְאַחֵר תִּטְּלִי מַה שֶּׁכָּתוּב לִיכִי״, וְלֵיכָּא!

The Gemara questions the earlier statement that the marriage contract may not be collected during the husband's lifetime due to the exposition of the language of the document: **But** even if the language of a marriage contract is not expounded, the simple meaning of its words indicates that she may not claim it during the lifetime of the *yavam*, as **we require** the fulfillment of the clause: **When you** may **marry**[N] **another you** may **take that which is written to you, and this is not** the case here, as the *yevama* may not marry anyone else before she takes part in *ḥalitza*. How, then, can the two claims come upon him, as Abaye suggested?

אָמַר רַב אַשִׁי: יָבָם נַמִי כְּאַחֵר דָּמֵי.

Rav Ashi said: The *yavam* **is also considered like another**[N] man, and it is as though she were about to marry another. Therefore, she is entitled to the marriage contract.

שְׁלַח לֵיהּ רָבָא לְאַבָּיֵי בְּיַד רַב שְׁמַעְיָה בַּר זֵירָא: וּמִי נִתְּנָה כְּתוּבָּה לִגְבּוֹת מֵחַיִּים?

The above discussion took place when Abaye and Rava were learning this *halakha* together. Sometime later, **Rava sent Abaye** the following related difficulty **by way of Rav Shemaya bar Zeira: And can the marriage contract** of a *yevama* **be collected during** his **lifetime?**

וְהָתַנְיָא: רַבִּי אַבָּא אוֹמֵר: שָׁאַלְתִּי אֶת סוּמָכוֹס: הָרוֹצֶה שֶׁיִּמְכּוֹר בְּנִכְסֵי אָחִיו כֵּיצַד הוּא עוֹשֶׂה? אִם כֹּהֵן הוּא – יַעֲשֶׂה סְעוּדָה וִיפַיֵּיס, אִם יִשְׂרָאֵל הוּא – מְגָרֵשׁ בְּגֵט וְיַחֲזִיר.

But isn't it taught in a *baraita*: **Rabbi Abba**[P] **says: I asked Sumakhos:** With regard to a *yavam* **who wants to sell his brother's property**[N] but is unable to do so because all his brother's possessions are mortgaged to the *yevama*, **how can he proceed?** He replied: **If he is a priest,** who is prohibited from remarrying his divorced wife, **he should prepare a feast** for his wife after *yibbum* has been performed, **and** during the feast he should **persuade** her to allow him to sell the late brother's property. **If he is a** regular **Israelite,** who may remarry his divorced wife, he can **divorce** her **with a bill of divorce,** at which point he is obligated to pay her only the sum of her marriage contract, and the rest of the property is then no longer mortgaged for it. While they are divorced he may sell the property **and** subsequently **remarry** her.

NOTES

But we require fulfillment of the clause: When you marry, etc. – וְהָא בָּעֵינַן כְּשֶׁתִּנָּשְׂאִי וכו׳: Rashi states that this is another question raised against Abaye's first statement. According to this interpretation the query is a general one that applies to Beit Hillel as well. The Rivan and Rabbeinu Tam maintain that this question is a continuation of the discussion with regard to Beit Shammai's opinion: Although Beit Shammai rule that a document that is about to be collected is considered already collected, this applies only to cases like that of a *sota*, where the husband is dead and the woman is permitted to all men. In such a situation the marriage contract is considered as though it had been claimed by her. However, with regard to a widow waiting for her *yavam*, since she is unable to marry others the document cannot be considered collected (see *Tosafot* and other early commentaries).

The *yavam* is also considered like another – יָבָם נַמִי כְּאַחֵר דָּמֵי: The Rivan writes that once Rav Ashi's solution is accepted, the previous answer that a document ready to be collected is considered collected is no longer needed. This is because if the *yavam* is considered like another man and not like a continuation of his brother, the woman had already acquired her marriage contract upon the death of her first husband, which means that the *yavam* inherits the marriage contract from her rather than from his brother.

A *yavam* who wants to sell his brother's property – הָרוֹצֶה שֶׁיִּמְכּוֹר בְּנִכְסֵי אָחִיו: Rashi discusses at length why the Sages were so stringent in their decree that the property of the late brother be entirely mortgaged for the marriage contract of the *yevama*, to the extent that the *yavam* may not sell it at all, while any sale of property that belongs to a regular husband is valid, despite the fact that his possessions are also mortgaged to the marriage contract. He explains that the *yevama* does not fully rely on the *yavam*, as he did not guarantee the payment of her marriage contract from his own property, in the manner of: That which I own and that which I will acquire in the future, as stated in the marriage contract, and she is therefore worried that the property might be entirely lost.

Perek **VIII**
Daf **81** Amud **b**

וְאִי סָלְקָא דַּעְתִּין נִתְּנָה כְּתוּבָּה לִגְבּוֹת מֵחַיִּים – נְיַיחֵד לָהּ שִׁיעוּר כְּתוּבָּה, וְהַשְּׁאָר לִיזַבִּין! וּלְטַעֲמִיךְ – וְלוֹתְבָהּ מִמַּתְנִיתִין: לֹא יֹאמַר לָהּ הֲרֵי כְּתוּבָּתֵיךְ מוּנַּחַת לֵיךְ עַל הַשֻּׁלְחָן, אֶלָּא כׇּל נְכָסָיו אַחְרָאִין לִכְתוּבָּתָהּ!

And if it enters our mind that **a marriage contract can be collected during** his **lifetime,** why is all this necessary? **Let him set aside for her** part of the property that corresponds to **the amount of the marriage contract, and the rest let him sell.** Abaye replied: **And according to your reasoning,** rather than asking this question based on a *baraita*, **let him raise** this difficulty **from the mishna,** which teaches that **he may not say to her: Your marriage contract is placed on the table for you. Rather, all his property is mortgaged for her marriage contract.** Why can't he designate property equivalent to the sum of her marriage contract and sell the rest?

הָתָם עֵצָה טוֹבָה קָא מַשְׁמַע לָן. דְּאִי לָא תֵּימָא הָכִי – סֵיפָא דְּקָתָנֵי: וְכֵן לֹא יֹאמַר אָדָם לְאִשְׁתּוֹ ״הֲרֵי כְּתוּבָּתֵיךְ מוּנַּחַת לֵיךְ עַל הַשֻּׁלְחָן״ אֶלָּא כׇּל נְכָסָיו אַחְרָאִין לִכְתוּבַּת אִשְׁתּוֹ – אִי בָּעֵי לֵיהּ לְזַבּוֹנֵי הָכָא נַמִי דְּלָא מָצֵי מְזַבֵּין?! אֶלָּא, עֵצָה טוֹבָה קָמַשְׁמַע לָן. הָכָא נַמִי – עֵצָה טוֹבָה קָא מַשְׁמַע לָן.

The Gemara answers: The *tanna* in the mishna **there teaches us good advice,**[N] i.e., that one should not do so *ab initio*, so as to ensure that the amount set aside for her marriage contract is not lost, which would necessitate writing a new marriage contract. However, it should not be inferred from the mishna that it is prohibited to do so. **As, if you do not say so,** that it is merely good advice, consider **the latter clause** of the mishna, **which teaches: And similarly, a man may not say to his wife: Your marriage contract is placed on the table. Rather, all his property is mortgaged for her marriage contract. If he wants to sell, here too, may he not sell? Rather,** in that case the *tanna* **teaches us good advice,** and therefore **here too,** with regard to a *yevama*, **he teaches us good advice.**

אֶלָּא דְּרַבִּי אַבָּא קַשְׁיָא! דְּרַבִּי אַבָּא נַמִי לָא קַשְׁיָא: מִשּׁוּם אֵיבָה.

The Gemara asks: **But** if so, the question is raised once again, as the statement **of Rabbi Abba** said in the name of Sumakhos **is difficult.**[N] Why is it necessary for the husband to divorce his wife when he can set aside the sum of her marriage contract? The Gemara answers: That teaching **of Rabbi Abba** is **also not difficult,** as the reason one may not do so is not that he cannot designate a sum as her marriage contract but **due to enmity.** If he were to set aside a certain portion for her marriage contract, she would perceive this as a sign that he desires to be rid of her. If he divorces and remarries her, she would realize it is only a ploy to allow him to sell the property and does not indicate his desire to divorce her.

הַהוּא גַּבְרָא דְּנָפְלָה לֵיהּ יְבָמָה בְּפוּמְבְּדִיתָא, בָּעֵי אֲחוּהּ לְמִפְסְלָהּ לָהּ בְּגִיטָּא מִינֵּיהּ,

The Gemara relates: **A certain man had a** ***yevama*** **who happened** before **him**[N] for levirate marriage **in the city of Pumbedita.**[B] **His brother wanted to disqualify her from him by** means of **a bill of divorce,** as the *halakha* is that if one of the potential *yevamin* gives the *yevama* a bill of divorce she may no longer enter into levirate marriage with the others.

BACKGROUND

Pumbedita – **פּוּמְבְּדִיתָא**: A city on the Euphrates River northwest of Neharde'a, Pumbedita was an important center of the Babylonian Jewish community for many generations. As early as the Second Temple period Pumbedita was called the Diaspora, as it was considered the center of Babylonian Jewry. After the destruction of Neharde'a, some scholars from its yeshiva relocated to Pumbedita, and from then on Torah study continued there without interruption until the end of the geonic period. The scholars of Pumbedita were particularly famous for their acumen. The most famous heads of the yeshiva in Pumbedita were its founder, Rav Yehuda; Rabba; Rav Yosef; Abaye; Rav Naḥman bar Yitzhak; Rav Zevid; and Rafram bar Pappa. The yeshiva was very prominent in the geonic period as well, often overshadowing the yeshiva in Sura. The last heads of the yeshiva in Pumbedita were the renowned *ge'onim* Rav Sherira Gaon and his son, Rav Hai Gaon.

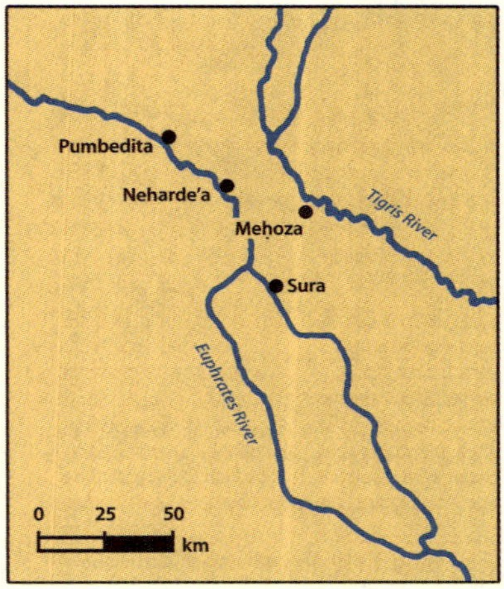

Location of Pumbedita

NOTES

The *tanna* there teaches us good advice – **הָתָם עֵצָה טוֹבָה קָא מַשְׁמַע לָן**: There are various opinions with regard to the nature of this good advice. Rashi's opinion, which is the second explanation of the Rivan, is that concern exists that these objects set aside for her marriage contract might be lost, and therefore he would have to give her others (see *Tosafot*). The Rivan and *Tosafot* explain that the good advice is that he should not be so hasty in divorcing her. Rabbi Shimshon of Saens, in his own commentary and cited in *Tosafot*, maintains that the good advice concerns the fact that if he designates a particular item for her marriage contract he may no longer give it away or sell it, whereas under normal circumstances he retains control of all his property. However, according to the *Shita Mekubbetzet* and later commentaries, this advice applies only to the marriage contract of a regular woman, but not that of a *yevama*. In the latter case, the reason is that the woman prefers that all the property be mortgaged for her marriage contract, not merely part of it, as she has more she can rely on in case of loss (see *Tosafot*). It is further explained in the *Shita Mekubbetzet* that according to this interpretation, it is understandable why the mishna separates the *halakha* of a *yevama* from that of a regular wife, as the reasoning behind the *halakha* differs in each case.

But the statement of Rabbi Abba is difficult – **אֶלָּא דְּרַבִּי אַבָּא קַשְׁיָא**: Rashi, as understood by other commentaries, explains that the Gemara's answer that the *tanna* is giving good advice is logical in the context of the mishna's recommendation of what should ideally be done with the marriage contract. However, this is certainly an insufficient explanation of Rabbi Abba's suggestion for the husband to divorce his wife. Rather, there must be a more persuasive reason why Rabbi Abba's recommends that he give a bill of divorce.

A *yevama* who happened before him, etc. – **נָפְלָה לֵיהּ יְבָמָה וכו׳**: A few background *halakhot* of levirate marriage are necessary to understand this case. The main obligation of levirate marriage is upon the oldest brother. If he does not wish to perform this duty, one of the other brothers may marry the *yevama*. The levirate bond itself, however, applies to all the brothers, and therefore if one of them performed levirate betrothal with the *yevama*, she is forbidden to all the brothers apart from him. If one of them gave her a bill of divorce, none of the others may perform levirate marriage with her; rather, she must receive *ḥalitza*. The status of a *yavam* who performs *ḥalitza* is different from that of a *yavam* who performs levirate marriage. When performing levirate marriage, the *yavam* replaces his deceased brother and, according to most authorities, inherits all his property, whereas if he performs *ḥalitza*, all the brothers share the inheritance equally.

אָמַר לֵיהּ: מַאי דַּעְתָּיךְ – מִשּׁוּם נִכְסֵי, אֲנָא בְּנִכְסֵי פַּלֵּיגְנָא לָךְ.

The brother who wished to perform levirate marriage **said to him: What is your opinion?** Why are you doing this? Is it **due to the property,** as you are jealous that his property will belong to me, in accordance with the *halakha* that the brother who performs levirate marriage inherits the late brother's property, whereas if the *yevama* receives *ḥalitza* or a bill of divorce all the brothers share the inheritance equally? **I will divide the property with you.** Upon hearing this, the brother consented to him performing levirate marriage. However, when he married the woman, the husband refused to give his brother anything, and the case came before the court.

אֲמַר רַב יוֹסֵף: כֵּיוָן דַּאֲמוּר רַבָּנַן לָא לִיזְבֵּין, אַף עַל גַּב דְּזַבֵּין – לָא הָוֵה זְבִינֵיהּ זְבִינֵי. דְּתַנְיָא: מִי שֶׁמֵּת וְהִנִּיחַ שׁוֹמֶרֶת יָבָם, וְהִנִּיחַ נְכָסִים בְּמֵאָה מָנֶה, אַף עַל פִּי שֶׁכְּתוּבָּתָהּ אֵינָהּ אֶלָּא מָנֶה – לֹא יִמְכּוֹר, שֶׁכׇּל נְכָסָיו אַחְרָאִין לִכְתוּבָּתָהּ.

Rav Yosef said: Since the Sages have said[H] that one **may not sell** the property of a widow waiting for her *yavam* before marrying her, **although he sold it, his sale is not** a valid **sale.**[N] So too, his promise to give half the property to his brother, which is equivalent to a sale in this case, is of no consequence. **As it is taught** in a *baraita*: With regard to **one who died and left a widow waiting for her** ***yavam*** and also **left** behind **property** worth the value **of one hundred** ***maneh***, equivalent to ten thousand dinars, **although her marriage contract is** worth **only** one ***maneh***, or one hundred dinars, the *yavam* **may not sell** any part of his possessions, **as all of his property is mortgaged for her marriage contract.** The Sages prohibited him from selling it. Therefore, if he did so the transaction is void.

אֲמַר לֵיהּ אַבַּיֵּי: וְכׇל הֵיכָא דַּאֲמוּר רַבָּנַן לָא לִיזְבֵּין, אַף עַל גַּב דְּזַבֵּין לָא הָוֵה זְבִינֵיהּ זְבִינֵי? וְהָתְנַן, בֵּית שַׁמַּאי אוֹמְרִים: תִּמְכּוֹר, וּבֵית הִלֵּל אוֹמְרִים: לֹא תִּמְכּוֹר. אֵלּוּ וְאֵלּוּ מוֹדִים שֶׁאִם מָכְרָה וְנָתְנָה – קַיָּים! שְׁלָחוּהָ לְקַמֵּיהּ דְּרַבִּי חֲנִינָא בַּר פַּפִּי. שְׁלַח: כִּדְרַב יוֹסֵף.

Abaye said to Rav Yosef: **And anywhere that the Sages said** that one **may not sell,** is it the *halakha* that **although he sold, his sale is no sale? But didn't we learn** in the mishna (78a) with regard to a betrothed woman selling property: **Beit Shammai say: She may sell, and Beit Hillel say: She may not sell;** both **these,** Beit Shammai, **and those,** Beit Hillel, **agree that if she sold** it **or gave** it away, the transaction is **valid?** Evidently, even Beit Hillel agree that despite the violation of the Sages' injunction, the sale is valid. Abaye therefore rejects Rav Yosef's ruling. **They sent** this problem **before Rabbi Ḥanina bar Pappi,** who **sent** back the following reply: The *halakha* is **in accordance with** the opinion **of Rav Yosef.**

אֲמַר אַבַּיֵּי: אַטּוּ רַבִּי חֲנִינָא בַּר פַּפִּי כֵּיפֵי תָּלָה לָהּ? שְׁלָחוּהָ לְקַמֵּיהּ דְּרַב מִנְיוֹמִי בְּרֵיהּ דְּרַב נַחוּמִי, שְׁלַח: כְּדַאַבַּיֵּי, וְאִי אָמַר בָּהּ רַב יוֹסֵף טַעְמָא אַחֲרִינָא – שִׁלְחוּ לִי.

Abaye said in response: **Is that to say that Rabbi Ḥanina bar Pappi has hung jewelry upon it,** i.e., this ruling? His blunt declaration that the *halakha* is in accordance with Rav Yosef's opinion without a logical explanation adds nothing to the discussion, and his decision should be rejected. **They sent** this inquiry **before Rav Minyumi, son of Rav Naḥumi,** who **sent** back the following written reply: The *halakha* is **in accordance with** the opinion **of Abaye, but if Rav Yosef states a different reason for it, send** his reasoning **to me** and I will reconsider the matter.

נָפַק רַב יוֹסֵף דַּק וְאַשְׁכַּח, דְּתַנְיָא: הֲרֵי שֶׁהָיָה נוֹשֶׁה בְּאָחִיו וּמֵת, וְהִנִּיחַ שׁוֹמֶרֶת יָבָם: לֹא יֹאמַר ״הוֹאִיל וְשֶׁאֲנִי יוֹרֵשׁ – הֶחְזַקְתִּי״ אֶלָּא מוֹצִיאִין מִיָּבָם, וְיִקַּח בָּהֶן קַרְקַע וְהוּא אוֹכֵל פֵּירוֹת.

Rav Yosef went, examined the *mishnayot* carefully, **and found** the following source for his opinion. **As it is taught** in a *baraita*: **If one claimed** money **from his brother** that he had previously lent him, **and** then the lender **died and left** behind **a widow waiting for her** ***yavam***, then the *yavam* who borrowed money **may not say: Since I inherit**[N] my brother's property by means of the *yevama*, I may also **take possession** of the debt, and I do not have to restore it to the other brothers. **Rather, one appropriates** the sum of the debt **from the** ***yavam***, **and he purchases land with it** for the woman's marriage contract, **and he eats the produce.**[H] This serves as proof for Rav Yosef's opinion that a *yavam* may not sell his brother's property or take possession of a debt he owed his brother.

אָמַר לֵיהּ אַבַּיֵּי: דִּלְמָא דְּטָבָא לֵיהּ עָבְדוּ לֵיהּ? אָמַר לֵיהּ: תַּנָּא תָּנֵי ״מוֹצִיאִין״, וְאַתְּ אָמְרַתְּ דְּטָבָא לֵיהּ עָבְדוּ לֵיהּ?

Abaye said to him: Perhaps they did for him that **which is good for him.** In other words, the *baraita* that states that one should purchase land and eat the produce is merely good advice to prevent the money from being lost. Rav Yosef **said to him: The** ***tanna*** **teaches: One appropriates,** i.e., against his will, **and you say that they did for him that which is good for him?** The language indicates that this is an obligation, not a matter of advice.

HALAKHA

Since the Sages said, etc. – כֵּיוָן דַּאֲמוּר רַבָּנַן וכו׳: A widow waiting for her *yavam* collects her marriage contract from her husband's property. Consequently, it is not permitted for the *yavam* to sell his late brother's possessions either before or after levirate marriage. If he sold or gave them away as a gift or divided the property of the deceased with his brothers, his action is of no effect, as this property is mortgaged for the widow's marriage contract, as stated by Rav Yosef (Rambam *Sefer Nashim, Hilkhot Ishut* 22:11; *Shulḥan Arukh, Even HaEzer* 168:3).

The lien of movable property on the marriage contract – שִׁעְבּוּד מְטַלְטְלִין לִכְתוּבָּה: If a man died, leaving his wife in need of levirate marriage, and he left detached produce or other movable property, it should be sold and the proceeds used for the purchase of land, the produce of which belongs to the *yavam*. If the *yavam* owed his deceased brother money and he took possession of this sum, it is removed from him. Some authorities rule that this *halakha* applies only to land, but nowadays, when a marriage contract is written and collected even from movable property, everyone agrees that land should be bought with it, and the *yavam* eats the produce (Rambam *Sefer Nashim, Hilkhot Ishut* 22:13; *Shulḥan Arukh, Even HaEzer* 168:5).

NOTES

His sale is not a valid sale – לָא הָוֵה זְבִינֵיהּ זְבִינֵי: The later commentaries discuss the reasoning behind Rav Yosef's ruling that the sale is entirely void. Some claim that Rav Yosef agrees with the opinion of Rava in tractate *Temura* (4b) that performing a forbidden action is ineffective. They add that according to this opinion it is clear why Abaye disagrees with Rav Yosef, as he expressly takes issue with Rava in the Gemara there, arguing that even when one violates a prohibition, his action is still valid. In the *Kovetz Shiurim*, this explanation is rejected because the *baraita* that Rav Yosef finds later in the Gemara to support his position that the sale is invalid is not a situation where the *yavam* did anything wrong. Other commentaries write that according to Rav Yosef, in this instance the Sages reinforced their ordinance to a greater extent than Torah law by insisting that the sale should not be valid at all. According to the *Ayyelet Ahavim*, the reason for this is that since the *yavam* can perform levirate marriage with the *yevama* against her will, there is a concern that he may be interested only in acquiring the money, and therefore the Sages decreed that he have no access to the property of the deceased.

Since I inherit, etc. – הוֹאִיל וְשֶׁאֲנִי יוֹרֵשׁ וכו׳: *Tosafot* ask the following question: Can't he waive the debt himself, like anyone who receives a document of debt to collect from another? Several answers have been offered. One possibility is that he does not inherit the debt himself but only via the woman, who does not want the debt to be waived. Alternatively, he would in any case have to pay the sum of the debt he waived due to the *halakha* of indirect damage. The Ramban, followed by the Ra'ah, suggests that one cannot forgive his own debt. The Ramban also suggests that perhaps a clever brother-in-law can in fact avail himself of this option of waiving the debt, but not everyone is aware of this possibility.

הֲדוּר שַׁלְחוּהָ קַמֵּיהּ דְּרַב מִנְיוּמִי בְּרֵיהּ דְּרַב נַחוּמֵי. אֲמַר לְהוּ: הָכִי אֲמַר רַב יוֹסֵף בַּר מִנְיוּמִי אֲמַר רַב נַחְמָן: זוֹ אֵינָהּ מִשְׁנָה.

They once again sent this question before Rav Minyumi, son of Rav Naḥumi. He said to them: So said Rav Yosef bar Minyumi that Rav Naḥman said: This *baraita* is not a mishna[N] and therefore is not authoritative. Consequently, no proof may be adduced from it.

מַאי טַעֲמָא? אִילֵימָא מִשּׁוּם דְּהָווּ לְהוּ מְטַלְטְלֵי, וּמְטַלְטְלֵי לִכְתוּבָּה לָא מִשַּׁעְבְּדִי – דִּלְמָא רַבִּי מֵאִיר הִיא, דַּאֲמַר: מְטַלְטְלֵי מִשַּׁעְבְּדִי לִכְתוּבָּה.

The Gemara inquires: **What is the reason** that this *baraita* is rejected? **If we say** it is **because** the money he owes **is** considered **movable property,** as it is not present, **and movable property is not mortgaged to a marriage contract,** as only land can be mortgaged for this purpose, such an argument does not negate the *baraita*. **Perhaps it is** in accordance with the opinion of **Rabbi Meir,**[N] **who said** that **movable property is mortgaged to a marriage contract.**

וְאֶלָּא מִשּׁוּם דַּאֲמַר לָהּ: אַתְּ לָאו בַּעֲלַת דְּבָרִים דִּידִי אַתְּ,

Rather, the reason for doubting the reliability of the *baraita* is **because he says to her: You are not my litigant.** There is no legal dispute between the man and the *yevama*. He claims that she is not a party to this suit, as he owes money to his late brother. Therefore, she cannot claim the money from him by arguing that it is mortgaged for her marriage contract.

NOTES

Is not a mishna – אֵינָהּ מִשְׁנָה: Although elsewhere Rashi explains this expression differently, his interpretation here seems the most likely one. He states that this phrase means that the text of the *baraita* is corrupt and was never taught this way at all. Therefore, it cannot be cited as proof (see *Shita Mekubbetzet*).

Perhaps it is in accordance with Rabbi Meir – דִּלְמָא רַבִּי מֵאִיר הִיא: The Ritva states simply that proving this teaching to be in accordance with the opinion of one *tanna* suffices to negate the assumption that it is not a mishna. Rashi and *Tosafot* add that not only is this a valid mishna, but it can even serve as proof of the *halakha*. This is because even if the *halakha* is not in accordance with Rabbi Meir with regard to movable property, and for such property the *baraita* would in fact not be authoritative, nevertheless, there is no reason to reject the principle that the act of a *yavam* who sells property that is mortgaged to the marriage contract is of no consequence. Since the incident in Pumbedita involved land, which everyone agrees is mortgaged to the marriage contract, the sale should be void, as stated by Rav Yosef.

Perek **VIII**
Daf **82** Amud **a**

דִּלְמָא רַבִּי נָתָן הִיא, דְּתַנְיָא, רַבִּי נָתָן אוֹמֵר: מִנַּיִן לְנוֹשֶׁה בַּחֲבֵירוֹ מָנֶה, וַחֲבֵירוֹ בַּחֲבֵירוֹ, מִנַּיִן שֶׁמּוֹצִיאִין מִזֶּה וְנוֹתְנִין לְזֶה – תַּלְמוּד לוֹמַר ״וְנָתַן לַאֲשֶׁר אָשַׁם לוֹ״.

However, this still does not prove conclusively that the *baraita* is corrupt, as **perhaps it is** the opinion of **Rabbi Natan. As it is taught** in a *baraita* that **Rabbi Natan says: From where** is it derived **that** in the case of one who **claims one hundred dinars of another,**[H] **and the other** claims money **of another, that one appropriates** the money **from this one,** the last borrower, **and gives it to this one,** the first lender, without each party claiming the money from the one with whom he did business? **The verse states: "And he shall give it to him in respect of whom he has been guilty"** (Numbers 5:7). The words "whom he has been guilty" are expounded to mean that the borrower pays the one who is owed by his creditor, since the borrower is a party to this case despite the fact that he never incurred direct liability to him. It is possible to explain the *baraita* cited by Rav Yosef based on this reasoning as well.

אֶלָּא, לָא אַשְׁכַּחַן תַּנָּא דְּמַחְמִיר תְּרֵי חוּמְרֵי בִּכְתוּבָּה, אֶלָּא – אִי כְּרַבִּי מֵאִיר, אִי כְּרַבִּי נָתָן.

Rather, a different justification exists for rejecting the *baraita*: **We have not found a *tanna* who is stringent** with these **two stringencies with regard to a marriage contract. Rather,** one rules **either in accordance with** the opinion of **Rabbi Meir** that movable property is mortgaged for a marriage contract, **or in accordance with** the opinion of **Rabbi Natan.** No one accepts both of these stringencies, and yet this *baraita* can be explained only by a combination of the two opinions. It must therefore be rejected as non-authoritative.

HALAKHA

One who claims one hundred dinars of another, etc. – הַנּוֹשֶׁה בַּחֲבֵירוֹ מָנֶה וכו׳: If Levi owes Shimon one hundred dinars and Shimon owes Reuven the same sum, the money is collected from Levi and transferred directly to Reuven. It makes no difference whether Levi owed Shimon at the time when Shimon became indebted to Reuven or afterward. In this regard the *halakha* of a verbal loan is the same as that of a document. This *halakha* also applies to all other obligations, whether in the form of a loan, a sale, or a hiring, in accordance with the statement of Rabbi Natan (Rambam *Sefer Mishpatim, Hilkhot Malve VeLoveh* 2:6; *Shulḥan Arukh, Ḥoshen Mishpat* 86:1).

אֲמַר רָבָא: אִם כֵּן הַיְינוּ דִּשְׁמַעְנָא לֵיהּ לְאַבַּיֵּי דַּאֲמַר ״זוֹ אֵינָהּ מִשְׁנָה״, וְלָא יָדַעְנָא מַאי הִיא.

Rava said: If so, that is the meaning of that which I heard from Abaye, who said: This is not a mishna,[N] and I did not know what it is. Rava initially did not understand why the teaching should be dismissed, but he subsequently realizes what Abaye was saying.

הַהוּא גַּבְרָא דְּנָפְלָה לֵיהּ יְבָמָה בְּמָתָא מְחַסְיָא, בְּעָא אֲחוּהּ לְמִיפְסְלָהּ בְּגִיטָּא מִינֵּיהּ. אֲמַר לֵיהּ: מַאי דַּעְתִּיךְ? אִי מִשּׁוּם נִכְסֵי – אֲנָא בְּנִכְסֵי פָּלֵיגְנָא לָךְ. אֲמַר לֵיהּ: מִסְתְּפֵינָא דְּעָבְדַתְּ לִי כִּדְעָבֵיד פּוּמְבְּדִיתָאָה רַמָּאָה. אֲמַר לֵיהּ: אִי בָּעֵית – פְּלוֹג לָךְ מֵהָשְׁתָּא.

The Gemara relates a similar incident: There was **a certain man who had a *yevama* happen before him** for levirate marriage **in the town of Mata Meḥasya,[B] and his brother wanted to disqualify her from him by means of a bill of divorce.** The man **said to** his brother: **What is your opinion?** Why are you doing this? If you are doing this **due to the property** of the dead brother, **I will divide the property with you.** The brother **said to him: I am scared that you will do to me like the swindler from Pumbedita[B] did,** in the above story, when the man from Pumbedita promised he would share the inheritance and later retracted. The man **said to him: If you wish, divide it for yourself from now.**[N] I am prepared for you to take the property already, although the acquisition will take effect only after I marry the *yevama*.

אֲמַר מָר בַּר רַב אַשִׁי: אַף עַל גַּב דְּכִי אֲתָא רַב דִּימִי אֲמַר רַבִּי יוֹחָנָן: הָאוֹמֵר לַחֲבֵירוֹ ״לֵךְ וּמְשׁוֹךְ פָּרָה זוֹ וְלֹא תְּהֵא קְנוּיָה לְךָ אֶלָּא לְאַחַר שְׁלֹשִׁים יוֹם״ – לְאַחַר שְׁלֹשִׁים יוֹם קָנָה, וַאֲפִילּוּ עוֹמֶדֶת בַּאֲגַם.

Mar bar Rav Ashi said that **although when Rav Dimi came** from Eretz Yisrael **he said** that **Rabbi Yoḥanan** said: In the case of **one who says to another: Go and pull this cow and it will be acquired**[H] **for you only after thirty days, after thirty days he has acquired** it through the act of pulling, **and** this is the *halakha* **even** if at the end of the thirty days the cow **was standing in a meadow,**[N] i.e., a distant place that does not belong to the one acquiring the cow. This indicates that the present act of pulling is effective for later. Despite this *halakha*, Mar bar Rav Ashi claims that a difference exists between that case and the one currently under discussion.

הָתָם – בְּיָדוֹ, הָכָא – לָאו בְּיָדוֹ.

Mar bar Rav Ashi elaborates: **There,** with regard to the cow, it is **in** the seller's **power** to transfer ownership at the present time, when the instruction to pull the cow is given, and therefore he can delay the acquisition. **Here,** however, it is **not in his power**[N] to divide up the property, as he has yet to perform levirate marriage and the brother's property does not belong to him. Consequently, he cannot transfer its ownership at the present time.

וְהָא כִּי אֲתָא רָבִין אָמַר רַבִּי יוֹחָנָן: לָא קָנֵי! לָא קַשְׁיָא; הָא דַּאֲמַר לֵיהּ ״קְנֵי מֵעַכְשָׁיו״ הָא דְּלָא אֲמַר לֵיהּ ״קְנֵי מֵעַכְשָׁיו״.

The Gemara asks: **But when Ravin came** from Eretz Yisrael **he said** that **Rabbi Yoḥanan** said: If one is instructed to pull a cow, but the acquisition will take effect only after thirty days, he has **not acquired** it. This contradicts Rabbi Yoḥanan's own ruling. The Gemara answers: This is **not difficult,** as **this** case, when one acquires it, is referring to a situation **when he says to him: Acquire** it **from now,**[N] so that once thirty days have passed it should belong to him retroactively, but **that** case, when one does not acquire it, is **when he did not say to him: Acquire** it **from now.** If the acquisition does not take effect now, it cannot take effect later.

בָּעוּ מִינֵּיהּ מֵעוּלָּא: יִבֵּם וְאַחַר כָּךְ חִילֵּק מַהוּ? לֹא עָשָׂה וְלֹא כְלוּם. חִילֵּק וְאַחַר כָּךְ יִבֵּם מַהוּ? לֹא עָשָׂה וְלֹא כְלוּם.

They inquired of Ulla: If the *yavam* **performed levirate marriage** with the woman **and afterward divided** the property he promised to share with his brother, **what is** the *halakha*? He replied: **He has done nothing.** They further asked: If **he divided** the property **and afterward performed levirate marriage, what is** the *halakha*? He once again responded: **He has done nothing.**

NOTES

This is not a mishna – זוֹ אֵינָהּ מִשְׁנָה: Despite this claim of the Gemara, the Rif cites the *baraita* verbatim, implying that he does accept it as *halakha*. The Ra'avad disagrees with the opinion of the Rif due to this statement of the Gemara. The Ramban writes in *Sefer HaZekhut* that although the Gemara rejects the *baraita* because no *tanna* maintains both of these opinions, both are in fact followed as practical *halakha*: Rabbi Natan's opinion is accepted, and the ordinance of the *ge'onim*, that nowadays a marriage contract is collected from movable property effectively renders the *halakha* in accordance with Rabbi Meir's opinion, which means that in practice, this *baraita* is in fact accepted. The Rambam rules in accordance with the opinion of some *ge'onim* that although a marriage contract is collected from movable property, nevertheless this ordinance does not have the status of actual rabbinic law.

Divide it for yourself from now – פְּלוֹג לָךְ מֵהָשְׁתָּא: According to Rashi, the man instructed his brother to take possession of his share now with the intention of acquiring it after the levirate marriage. The Ritva notes that this explanation is logical in light of the Gemara's subsequent comparison to the case of one who pulled a cow.

And even if it was standing in a meadow – וַאֲפִילּוּ עוֹמֶדֶת בַּאֲגַם: According to the Rashba and the Ritva, a meadow is mentioned merely as an example of a place where a cow usually grazes, but the animal is acquired even if it is located in the public domain. It would appear that in their opinion the act of acquisition is completed when the cow is pulled, especially since the Gemara below qualifies this case as one when the seller says that after thirty days the act of acquisition should take effect starting from now. The seller's addition of the phrase: After thirty days, is therefore merely an additional stipulation. However, the Meiri maintains that this *halakha* applies only to a meadow or similar location, which has the status of an alleyway, a non-public place where the acquisition can be performed. But if it is in the public domain, the animal is not acquired at all.

Here it is not in his power – הָכָא לָאו בְּיָדוֹ: The Rivan writes that Mar bar Rav Ashi appears to disagree with Rabbi Abba, as Mar bar Rav Ashi bases his ruling that the acquisition is ineffective on the fact that the brother was unable to give it at the time. This indicates that if he were to do so later, after the levirate marriage, it would take effect. The Rivan adds that it is nevertheless possible that Mar bar Rav Ashi agrees with Rabbi Abba but maintains that the latter was only speaking *ab initio*, and that if one sold the property after the levirate marriage the transaction would be valid.

Acquire it from now – קְנֵי מֵעַכְשָׁיו: The Ritva explains that this means: Acquire the body of the cow now, but its produce shall belong to the purchaser only after thirty days.

BACKGROUND

Mata Meḥasya – מָתָא מְחַסְיָא: Mata Meḥasya was a town adjacent to the city of Sura. In its day, Sura was a large city, even serving as the capital of the Parthian kingdom. By comparison, Mata Meḥasya was small, and it seems that most of its inhabitants were Jews. It is possible that it was inhabited by Jews even from the first days of Jewish settlement in Babylonia. In the time of Rav Ashi, the yeshiva in Sura was transferred to Mata Meḥasya. Due to the proximity of the two places, their names were often interchanged in the days of the *ge'onim*, and the Yeshiva of Sura was at times called the Yeshiva of Meḥasya. Regardless, the town of Meḥasya never grew to the size of a city.

The swindler from Pumbedita – פּוּמְבְּדִיתָאָה רַמָּאָה: This derisive name for a man from Pumbedita was based on the prevalence of swindlers and thieves in that city. The Talmud similarly states (*Ḥullin* 127a): If a man from Pumbedita lends you money, change your place of residence so he does not come and steal from you.

HALAKHA

Pull this cow and it will be acquired, etc. – מְשׁוֹךְ פָּרָה זוֹ וְלֹא תְּהֵא קְנוּיָה וכו׳: In the case of one who says to another: Pull this cow and it will be acquired by you only after thirty days, even if he pulled the animal he has not acquired it by this act. However, if he said: Acquire it from now and after thirty days, it belongs to him after thirty days, even if it is standing in a meadow on the thirtieth day, as stated by Rabbi Yoḥanan and in accordance with the interpretation of his teaching suggested at the conclusion of the Gemara. With regard to the clause stating that it is standing in a meadow, the same is certainly true if it is in the purchaser's domain or in a place that belonged to both the purchaser and the seller, but not if it was located in the public domain or on the seller's property (Rambam *Sefer Kinyan*, *Hilkhot Mekhira* 2:9; *Shulḥan Arukh*, *Even HaEzer* 197:7 and *Sma* there).

מַתְקִיף לַהּ רַב שֵׁשֶׁת: הַשְׁתָּא יִבֵּם וְאַחַר כָּךְ חִילֵּק – לֹא עָשָׂה וְלֹא כְלוּם, חִילֵּק וְאַחַר כָּךְ יִבֵּם מִבַּעְיָא?! שְׁנֵי מַעֲשִׂים הֲווּ.

Rav Sheshet objects to this version of the discussion: **Now if,** when **he performed levirate marriage and afterward divided** the property when it was in his possession, Ulla answered that **he has done nothing,** then in a case where he **divided** it **and afterward performed levirate marriage, is it necessary** to inquire as to the *halakha*? It is obvious that such an action is of no consequence. The Gemara answers: Ulla was not asked these two questions on the same occasion. Rather, **there were two incidents** in which people raised these issues before Ulla, and he answered each inquiry separately.

כִּי אֲתָא רָבִין אָמַר רֵישׁ לָקִישׁ: בֵּין יִבֵּם וְאַחַר כָּךְ חִילֵּק, בֵּין חִילֵּק וְאַחַר כָּךְ יִבֵּם – לֹא עָשָׂה וְלֹא כְלוּם. וְהִלְכְתָא: לֹא עָשָׂה וְלֹא כְלוּם.

When Ravin came from Eretz Yisrael **he said** that **Reish Lakish** said: **Whether he performed levirate marriage and afterward divided**[H] the property, or **whether he divided** the property and **afterward performed levirate marriage, he has done nothing.** The Gemara concludes: **And the** practical ***halakha*** is that **he has done nothing.**

״וַחֲכָמִים אוֹמְרִים פֵּירוֹת הַמְחוּבָּרִים לַקַּרְקַע שֶׁלּוֹ״. אַמַּאי? וְהָא כׇּל נְכָסָיו אַחְרָאִין וְעַרְבָאִין לִכְתוּבָּתָהּ – אָמַר רֵישׁ לָקִישׁ, תְּנֵי: שֶׁלָּהּ.

§ The mishna states: **And the Rabbis say: Produce that is attached to the ground is his.** The Gemara asks: **Why** is this so? **Doesn't all of his property** serve as a **guarantee and security for her marriage contract? Reish Lakish said:** Emend the text and **teach:** Produce that is attached to the ground is **hers.**

״כְּנָסָהּ הֲרֵי הִיא כְּאִשְׁתּוֹ״. לְמַאי הִלְכְתָא? אָמַר רַבִּי יוֹסֵי בְּרַבִּי חֲנִינָא: לוֹמַר שֶׁמְּגָרְשָׁהּ בְּגֵט וּמַחֲזִירָהּ. ״מְגָרְשָׁהּ בְּגֵט״ – פְּשִׁיטָא!

The mishna further stated that if **he married her, she is like his** regular **wife.** The Gemara asks: **With regard to what *halakha*** was this stated? **Rabbi Yosei, son of Rabbi Ḥanina, said:** The mishna means **to say that he divorces her with a bill of divorce and** that **he may remarry her**[H] afterward without violating a prohibition. The Gemara asks: The *halakha* that **he divorces her with a bill of divorce** is **obvious;** how else can he divorce her?

מַהוּ דְּתֵימָא: ״וְיִבְּמָהּ״ אָמַר רַחֲמָנָא, וַעֲדַיִין יְבוּמִין הָרִאשׁוֹנִים עָלֶיהָ – לָא תִּיסְגֵּי לַהּ בְּגֵט, אֶלָּא בַּחֲלִיצָה, קָא מַשְׁמַע לַן.

The Gemara explains: It is necessary to state this **lest you say** that since **the Merciful One states** in the Torah: "And he will take her to him to be his wife **and consummate the levirate marriage**" (Deuteronomy 25:5), **and** here the status of **the first levirate marriage is still upon her,** this would mean that **it should not suffice for her** to leave **by a bill of divorce, but** rather she can leave him only **by** performing ***ḥalitza*** as well. The *tanna* therefore **teaches us** that *ḥalitza* is not required, as once he has married her she is like any other woman, who can be divorced by a bill of divorce alone.

״מַחֲזִירָהּ״ – פְּשִׁיטָא!

The Gemara asks with regard to the second part of the interpretation of Rabbi Yosei, son of Rabbi Ḥanina, that **he may remarry her:** It is **obvious** that he may remarry her if the couple chooses to do so.

Perek **VIII**
Daf **82** Amud **b**

מַהוּ דְּתֵימָא: מִצְוָה דְּרָמָא רַחֲמָנָא עֲלֵיהּ – עֲבָדָהּ, וְהַשְׁתָּא תֵּיקוּם עֲלֵיהּ בְּאִיסּוּר אֵשֶׁת אָח, קָא מַשְׁמַע לַן.

The Gemara explains: It is necessary **lest you say** that **he has performed** the **mitzva the Merciful One placed upon him** by means of levirate marriage, **and now** that he has divorced her **she should** once again **stand** in relation **to him with the prohibition** proscribing **a brother's wife,** which was her status before the mitzva of levirate marriage came into effect. The *tanna* therefore **teaches us** that since he performed levirate marriage with her, the prohibition proscribing a brother's wife no longer applies at all.

וְאֵימָא הָכִי נָמֵי? אָמַר קְרָא ״וּלְקָחָהּ לוֹ לְאִשָּׁה״. כֵּיוָן שֶׁלְּקָחָהּ – נַעֲשֵׂית כְּאִשְׁתּוֹ.

The Gemara asks: **And say** that **indeed,** the prohibition proscribing a brother's wife should be in force once again. The Gemara explains: **The verse states: "And he will take her to him to be his wife"** (Deuteronomy 25:5), which indicates that once **he has taken her, she has become like his** regular **wife** in all respects.

HALAKHA

Whether he performed levirate marriage and afterward divided, etc. – **בֵּין יִבֵּם וְאַחַר כָּךְ חִילֵּק וכו׳:** If a *yavam* sold the property of his late brother, gave it away, or divided it with his brothers, whether he did so before or after levirate marriage, his act is of no account (Rambam *Sefer Nashim, Hilkhot Ishut* 22:11; *Shulḥan Arukh, Even HaEzer* 168:3).

That he divorces her with a bill of divorce and he may remarry her – **שֶׁמְּגָרְשָׁהּ בְּגֵט וּמַחֲזִירָהּ:** After the *yavam* has performed levirate marriage with the *yevama*, she is his wife in all respects. He divorces her by means of a bill of divorce alone and may subsequently remarry her, as stated by Rabbi Yosei, son of Rabbi Ḥanina (Rambam *Sefer Nashim, Hilkhot Yibbum VaḤalitza* 1:15; *Shulḥan Arukh, Even HaEzer* 168:1).

"בִּלְבַד שֶׁתְּהֵא כְּתוּבָּתָהּ עַל נִכְסֵי בַעְלָהּ הָרִאשׁוֹן". מַאי טַעְמָא? אִשָּׁה הִקְנוּ לוֹ מִן הַשָּׁמַיִם.

§ The mishna taught: She has the status of his wife in all respects after levirate marriage, **except that** the responsibility for **her marriage contract is upon the property of her first husband.** The Gemara inquires: **What is the reason** for this? It is that **from Heaven they acquired a wife for him.** Since he did not choose her but married her by force of a Torah commandment, he is not obligated to set aside for her a marriage contract of his own. Rather, he relies upon his brother's marriage contract.

וְאִי לֵית לַהּ מֵרִאשׁוֹן – אִית לַהּ מִשֵּׁנִי, כְּדֵי שֶׁלֹּא תְּהֵא קַלָּה בְּעֵינָיו לְהוֹצִיאָהּ.

The Gemara adds: **And if she does not have** anything **from the first**[H] husband, e.g., if he owned no property, **she** nevertheless **has** a marriage contract **from the second**[N] one, for the same reason that any wife is entitled to a marriage contract in the first place: **So that she will not be demeaned in his eyes such that** he will easily **divorce her.**

"לֹא יֹאמַר לָהּ הֲרֵי כְּתוּבָּתֵיךְ". מַאי "וְכֵן"?

The mishna further stated that the *yavam* **may not say to her: Here is your marriage contract,** and similarly, a man may not make such a statement to his wife. Rather, all of his property is mortgaged for her marriage contract. The Gemara asks: **What** is the relevance of the phrase: **And similarly,**[N] here? The *halakha* in both cases appears to be identical.

מַהוּ דְּתֵימָא: הָתָם הוּא, דְּלָא כְּתַב לַהּ "דִּקְנַאי וּדְקָנֵינָא" אֲבָל הָכָא דִּכְתַב לַהּ "דִּקְנַאי וּדְקָנֵינָא" אֵימָא סָמְכָה דַּעְתָּהּ, קָא מַשְׁמַע לַן.

The Gemara explains: It is necessary **lest you say** that this **is** the *halakha* only **there,** with regard to a *yevama*, **where** the *yavam* did **not write** a marriage contract **for her** and therefore never wrote: All property **that I have bought and that I will buy** is mortgaged to the marriage contract. **But here,** with regard to a regular wife, **where he did write** a marriage contract **for her** that included the clause: **That I have bought and that I will buy, say that she relies** upon that which he has set aside, and therefore there is no need for a full lien on all his property. The *tanna* therefore **teaches us** that this is not the case.

"גֵּרְשָׁהּ – אֵין לָהּ אֶלָּא כְּתוּבָּתָהּ". גֵּרְשָׁהּ – אִין, לֹא גֵּרְשָׁהּ – לָא. קָא מַשְׁמַע לַן כְּדְרַבִּי אַבָּא.

§ The mishna states that if **he divorced her she has only her marriage contract.**[H] There is no lien upon the property, and he may therefore sell it. The Gemara infers: If **he divorced her, yes,** that is the case, but if **he did not divorce her, no,** it is not. The *tanna* here **teaches us** indirectly that the *halakha* is **in accordance with Rabbi Abba,** who claims that the only way he can gain full control of all the property is by divorcing her.

"הֶחֱזִירָהּ – הֲרֵי הִיא כְּכָל הַנָּשִׁים וְאֵין לָהּ אֶלָּא כְּתוּבָּתָהּ". "הֶחֱזִירָהּ" מַאי קָא מַשְׁמַע לַן? תְּנֵינָא: הַמְגָרֵשׁ אֶת הָאִשָּׁה וּמַחֲזִירָהּ – עַל מְנָת כְּתוּבָּה רִאשׁוֹנָה מַחֲזִירָהּ!

It was further taught in the mishna that if he **remarried her, she is like all women, and she has nothing other** than **her marriage contract.** The Gemara asks: **What is the** *tanna* **teaching us** by mentioning the possibility that he **remarried her? We** already **learned** this: With regard to **one who divorces a woman and remarries her, he remarries her on the basis of** her **first marriage contract,**[H] and he need not write her a new one. Why is it necessary to emphasize this *halakha* in the case of a *yevama*?

HALAKHA

If she does not have from the first – אִי לֵית לַהּ מֵרִאשׁוֹן: If a *yevama* does not have a marriage contract or if she decided to forgo her marriage contract, the *yavam* who marries her must write a marriage contract of one hundred dinars, like that of a regular widow (Rambam *Sefer Nashim, Hilkhot Ishut* 22:14; *Shulḥan Arukh, Even HaEzer* 168:8).

If he divorced her she has only her marriage contract – גֵּרְשָׁהּ אֵין לָהּ אֶלָּא כְּתוּבָּתָהּ: If a *yavam* divorced his *yevama* and remarried her before paying her the marriage contract, she is like any other woman who was divorced and remarried, and she is entitled to only one marriage contract (*Shulḥan Arukh, Even HaEzer* 168:2).

He remarries her on the basis of her first marriage contract – עַל מְנָת כְּתוּבָּה רִאשׁוֹנָה מַחֲזִירָהּ: In the case of one who divorces his wife and remarries her without any special stipulation, his remarriage is performed on the basis of her original marriage contract. Consequently, if a woman produces two bills of divorce and one marriage contract from the same husband, she is entitled to the payment of only a single marriage contract (Rambam *Sefer Nashim, Hilkhot Ishut* 16:30; *Shulḥan Arukh, Even HaEzer* 100:15).

NOTES

She has from the second – אִית לַהּ מִשֵּׁנִי: The early commentaries, including *Tosafot* in tractate *Yevamot*, ask the following question: Even if her marriage contract is collected from the property of the first husband, she will still take it from the second husband, as the second husband inherits all of the property of the first. If so, what difference does it make whether the marriage contract is from the first or the second husband? They answer that there are cases where practical differences exist between the two, e.g., if the property of only one of the brothers were lost, or if it were bound by a previous lien. The Ramban and the Rashba add another difference, which is also accepted by the Rambam: Her marriage contract from the first husband is two hundred dinars, the sum paid to a virgin, whereas the second writes for her a marriage contract worth only one hundred, the sum paid to a widow. However, the Ra'ah and the Rivash contend that the sum of the marriage contract remains the same, as the *yavam* writes a marriage contract whose sum is identical to that which the first husband had pledged to give.

What is the phrase: And similarly – מַאי וְכֵן: The Rivan explains the question to mean that this *halakha* is superfluous, as it is obvious that the same applies to a wife. In the *Shita Mekubbetzet* this is explained in accordance with the Rashbam, who maintains that every mention of the phrase: And similarly, does not merely link two issues but indicates that the second *halakha* involves an additional novelty.

מַהוּ דְּתֵימָא: אִשְׁתּוֹ הוּא, דְּאִיהוּ כָּתַב לָהּ כְּתוּבָּה מִינֵּיהּ, אֲבָל יְבִמְתּוֹ, דְּלָא אִיהוּ כָּתַב לָהּ – הֵיכָא דְּגֵרְשָׁהּ וַאֲהַדְרָהּ, אֵימָא כְּתוּבָּתָהּ מִינֵּיהּ – קָא מַשְׁמַע לַן.

The Gemara answers: It is necessary **lest you say** that **it is** the *halakha* in the case of **a wife, since he writes for her a marriage contract from him,** and therefore when he remarries her he does so on the basis of the first marriage contract. **But** as for **his** ***yevama*****, where he did not write for her** the marriage contract but it was written by his brother, in a case **where he divorced her and remarried her, say** that **her marriage contract** should be **from him** and he should write a new one using his own property. Therefore, the *tanna* **teaches us** that this is not required.

אָמַר רַב יְהוּדָה: בָּרִאשׁוֹנָה הָיוּ כּוֹתְבִין לִבְתוּלָה מָאתַיִם וּלְאַלְמָנָה מָנֶה. וְהָיוּ מַזְקִינִין וְלֹא הָיוּ נוֹשְׂאִין נָשִׁים. עַד שֶׁבָּא שִׁמְעוֹן בֶּן שָׁטַח וְתִיקֵּן: כׇּל נְכָסָיו אַחְרָאִין לִכְתוּבָּתָהּ.

§ The Gemara discusses the background for the rule that the husband's property is mortgaged for the marriage contract. **Rav Yehuda said: At first they would write for a virgin**[N] **two hundred** dinars **and for a widow one hundred dinars.** They would then demand that this amount be available in cash, **and** then the men **would grow old**[N] **and would not marry women,** as they did not all possess such large sums of money, **until Shimon ben Shataḥ came and instituted** an ordinance[H] that a man need not place the money aside in practice. Rather, **all of his property is guaranteed for her marriage contract.**

תַּנְיָא נַמִי הָכִי: בָּרִאשׁוֹנָה הָיוּ כּוֹתְבִין לִבְתוּלָה מָאתַיִם וּלְאַלְמָנָה מָנֶה, וְהָיוּ מַזְקִינִין וְלֹא הָיוּ נוֹשְׂאִין נָשִׁים. הִתְקִינוּ שֶׁיְּהוּ מַנִּיחִין אוֹתָהּ בְּבֵית אָבִיהָ. וַעֲדַיִין, כְּשֶׁהוּא כּוֹעֵס עָלֶיהָ אוֹמֵר לָהּ: לְכִי אֵצֶל כְּתוּבָּתֵיךְ,

The Gemara comments: **That** opinion **is also taught** in a *baraita*: **At first they would write for a virgin two hundred and for a widow one hundred dinars, and they would grow old and would not marry women,** since the women were concerned that their marriage contract money would be wasted or lost, and they had no guarantee that it would be collected. The Sages therefore **instituted** an ordinance **that they should place it,** the sum of the marriage contract, **in her father's house,** thereby ensuring its safekeeping. **And still** problems arose, as **when he was angry** at his wife, he would **say to her: Go to your marriage contract,** as it was too easy for them to divorce.

הִתְקִינוּ שֶׁיְּהוּ מַנִּיחִין אוֹתָהּ בְּבֵית חָמִיהָ. עֲשִׁירוֹת עוֹשׂוֹת אוֹתָהּ קְלָתוֹת שֶׁל כֶּסֶף וְשֶׁל זָהָב, עֲנִיּוֹת הָיוּ עוֹשׂוֹת אוֹתָהּ עָבִיט שֶׁל מֵימֵי רַגְלַיִם.

Therefore, the Sages **instituted** an ordinance **that they would place it in her father-in-law's house,** i.e., in her husband's house. And **wealthy** women **would craft** their marriage contract money into **baskets of silver and of gold,** while **poor** ones **would craft it** into **a large vessel**[N] for the collection **of urine,**[N] as their marriage contract was large enough only for a small vessel.

וַעֲדַיִין, כְּשֶׁכּוֹעֵס עָלֶיהָ אוֹמֵר לָהּ: טְלִי כְּתוּבָּתֵיךְ וּצְאִי, עַד שֶׁבָּא שִׁמְעוֹן בֶּן שָׁטַח וְתִיקֵּן שֶׁיְּהֵא כּוֹתֵב לָהּ ״כׇּל נְכָסַי אַחְרָאִין לִכְתוּבָּתָהּ״.

And still, when he was angry at her he would **say to her: Take your marriage contract and leave, until Shimon ben Shataḥ came and instituted** an ordinance **that** he does not actually give her the money for her marriage contract. Rather, **he should write to her: All my property is guaranteed**[N] **for her marriage contract,** and it is not localized to a particular place or object. Consequently, he would need to sell some of his property if he wished to divorce her, and would therefore think carefully before undertaking such a drastic course of action.

הדרן עלך האשה

NOTES

They would write for a virgin, etc. – **הָיוּ כּוֹתְבִין לִבְתוּלָה וכו׳**: The commentaries dispute the details of this account. Some say that the initial practice was to write a sum for the wife's marriage contract and give it to her immediately, whereas the Rivan claims that although they would specify an amount of money, the contract did not contain a lien for this sum, and it was possible for the husband to sell his property and leave the woman with nothing from which to claim her debt. The Ritva suggests a similar explanation to that of the Rivan but maintains that even if the lien on his property is not explicitly stated, it is still in effect. Consequently, he adds that husbands would specify that the marriage contract was without responsibility. The Ra'ah contends that they would omit the clause that responsibility for payment of the marriage contract is from the time the contract is written, which meant that if his property were sold the woman would have no means of claiming it.

And the men would grow old – **וְהָיוּ מַזְקִינִין**: According to most commentaries, this means that women did not rely on such marriage contracts and were unwilling to marry. However, Rabbeinu Ḥananel indicates that men did not have enough money available for the payment of the marriage contract, and therefore they were reluctant to marry.

Baskets of silver and gold…a large vessel – **קְלָתוֹת שֶׁל כֶּסֶף וְשֶׁל זָהָב...עָבִיט**: *Tosafot* explain that these vessels were available for use, and the husband therefore had the option of using them as collateral in a time of need. Consequently, he would be more hesitant before divorcing her than if the money were left in its current state in her father's house.

Craft it into a large vessel [*avit*] of urine – **עוֹשׂוֹת אוֹתָהּ עָבִיט שֶׁל מֵימֵי רַגְלַיִם**: Rashi's comment that the vessel was used for urine indicates that this detail was not mentioned in his version of the text. In fact, many of the texts of early commentaries read simply: *Avit*, a large vessel that served a variety of functions, e.g., a container for produce. Alternatively, based on Rabbeinu Tam's reading in *Tosafot*, it may refer to a copper pot. The Ritva adds that Rashi's interpretation is problematic, as a large vessel used for urine would certainly not be worth two hundred dinars or even one hundred. However, others (*Talmidei Rabbeinu Yona*) defend Rashi's explanation by suggesting that they would buy several different vessels with their marriage contract money, one of which was this vessel.

All my property is guaranteed – **כׇּל נְכָסַי אַחְרָאִין**: In the Jerusalem Talmud this ordinance is formulated as: He would engage in commerce using the money for her marriage contract. The reason for this is that once he begins using the money for commerce, he may not be able to easily get it back and pay his wife her marriage contract, and will therefore not be able to divorce his wife easily. The Ritva maintains that at first, even after the enactment of Shimon ben Shataḥ that all his property is guaranteed for her marriage contract, they continued to set aside movable property for her marriage contract and simply added the lien on the rest of his possessions. Later Sages, however, instituted an ordinance that he not designate particular objects for the marriage contract at all, so that she will not be demeaned in his eyes such that he will easily divorce her.

HALAKHA

The ordinance of Shimon ben Shataḥ – **תַּקָּנַת שִׁמְעוֹן בֶּן שָׁטַח**: The Sages instituted an ordinance that a husband write in the marriage contract that all his property is guaranteed for his wife's marriage contract. Even if he neglected to specify this in the marriage contract she can collect the sum from all his property due to this ordinance. This is the ordinance of Shimon ben Shataḥ mentioned here (Rambam *Sefer Nashim, Hilkhot Ishut* 16:10; *Shulḥan Arukh, Even HaEzer* 100:1).

Summary of **Perek VIII**

The Gemara concluded that according to all opinions, a widow who inherits property while waiting for her *yavam* may use the property as she chooses before the marriage and the husband may not protest. The same principle likewise applies to a betrothed woman who inherited property before she was betrothed. In contrast, a betrothed woman who inherited property after betrothal may not sell it *ab initio*, but if she already did so, the transaction is binding. A married woman may not sell or do business with usufruct property, and if she transferred the property to someone else, the husband may repossess it from the purchasers. This applies specifically to property that is known to the husband, but if she inherits property in a distant location that is unknown to him, she may sell it and do business with it.

The wife's usufruct money is used to purchase land, which itself belongs to the woman, while its produce belongs to the husband. Concerning property where the principal does not reproduce, all benefit from it is included in the category of produce, and the husband may use it even if this produce is eventually consumed entirely. Property that does not yield any produce is sold and the proceeds are used to purchase property that does yield produce, unless there is some special reason for the woman not to sell it, e.g., if it is an asset of her paternal family.

Produce attached to the ground at the time of marriage belongs to the husband, and produce attached at the time of divorce belongs to the wife. The opposite principle applies to produce that is detached from the ground: At the time of marriage it belongs to the wife, while if it is detached at the time of divorce, it belongs to the husband. The expenditures that the husband spends on his wife's property are not assessed to see if they correspond with the profits. Rather, whatever he spent is spent, and he need not return the value of whatever he benefited from. This is the case unless he outlays expenditures but does not benefit at all, in which case he takes an oath as to the amount of his expenses and claims that amount for himself.

Building on the previous topics, the Gemara also discussed differences between property mortgaged to the marriage contract of a regular wife and property mortgaged to that of a *yevama*. In the former case, the Sages instituted an ordinance that the husband may not designate specific movable items to serve as payment for the marriage contract; rather, all of his property should be mortgaged for this purpose. This way, the husband may still sell his property, but the woman also has a mortgage on the property from the beginning of the marriage. In contrast, in a case of the marriage contract of a *yevama*, all of the assets belonging to the first husband are mortgaged, and the *yavam* may never sell them.

Introduction to **Perek IX**

This chapter discusses the details of two ways in which the husband relinquishes rights that he would otherwise have. Since with regard to monetary matters the marriage agreement is dependent on the desires of both the husband and the wife, it is conceivable that the husband would waive his rights to the obligations that the wife has toward him. The first example is when the husband partially or completely relinquishes his right to benefit from his wife's property. The second example is a case where he relinquishes his right to administer an oath to her when she comes to collect payment for her marriage contract.

This chapter deals with the husband's agreement to forgo his rights to his wife's usufruct property. It establishes the precise language used in such a case and clarifies the parameters of the legal ramifications of each statement.

It also discusses several situations in which the wife is compelled to take an oath. One situation is where a woman concedes that she was already partially paid the sum of her marriage contract and comes to collect payment for the remaining sum. She is obligated to take an oath before she can collect payment because there is a concern that she might have already received all or part of the sum that she is demanding. Similarly, a woman who comes to collect her marriage contract after her husband's death is required to take an oath that she never previously received any payment before she can demand payment from her husband's heirs. This is due to a rabbinic ordinance that anyone who wishes to collect payment from orphans must take an oath beforehand.

A woman is also required to take an oath when she is in charge of all or part of her husband's property. Here, her oath is mandatory for the same reason that a partner or employee can be asked to take an oath, to clear oneself from any suspicion of having stolen or misappropriated anything. An extreme formulation of this idea is expressed in the debate as to whether a woman can be required to take an oath to prove her honesty in running her household. This chapter contains discussions of situations in which a woman can be compelled to take an oath and the ways in which a husband can release his wife from her obligation to take one.

The woman's obligation to take an oath when she collects payment for her marriage contract leads to several other issues. The first is establishing her standing relative to all the other claimants to her husband's property when she comes to collect payment. The second concerns the nature of the document that she must provide to collect payment. May she use only the marriage contract itself, or are there other ways through which she can collect payment for her marriage contract? Another case that is addressed is one where the woman possesses several marriage contracts from one husband.

מתני׳ הַכּוֹתֵב לְאִשְׁתּוֹ ״דִּין וּדְבָרִים אֵין לִי בִּנְכָסַיִךְ״ – הֲרֵי זֶה אוֹכֵל פֵּרוֹת בְּחַיֶּיהָ, וְאִם מֵתָה – יוֹרְשָׁהּ. אִם כֵּן לָמָּה כָּתַב לָהּ ״דִּין וּדְבָרִים אֵין לִי בִּנְכָסַיִךְ״? שֶׁאִם מָכְרָה וְנָתְנָה – קַיָּים.

MISHNA **One who writes for his wife** in a document the declaration: **I have no legal** dealings **or involvement with your property,**[H] thereby relinquishing his rights to her possessions, **may** nevertheless **consume the produce** of her property **in her lifetime. And if she dies** before him, **he inherits** from **her. If** this is so, if he still retains his rights, **why would** he **write for her: I have no legal dealings or involvement with your property?** The result of this declaration is **that if she sold or gave** away her property, the transaction is **binding,**[N] and he cannot claim it.

כָּתַב לָהּ ״דִּין וּדְבָרִים אֵין לִי בִּנְכָסַיִךְ וּבְפֵירוֹתֵיהֶן״ – הֲרֵי זֶה אֵינוֹ אוֹכֵל פֵּרוֹת בְּחַיֶּיהָ, וְאִם מֵתָה – יוֹרְשָׁהּ. רַבִּי יְהוּדָה אוֹמֵר: לְעוֹלָם אוֹכֵל פֵּירֵי פֵירוֹת, עַד שֶׁיִּכְתּוֹב לָהּ ״דִּין וּדְבָרִים אֵין לִי בִּנְכָסַיִךְ וּבְפֵירוֹתֵיהֶן וּבְפֵירֵי פֵירוֹתֵיהֶן עַד עוֹלָם״.

If **he writes for her: I have no legal** dealings **or involvement with your property or with its produce,**[H] **he may not consume the produce** of her property **during her lifetime, but if she dies he** still retains the right to **inherit** from **her. Rabbi Yehuda says: He always consumes the produce of the produce.** Although he has waived his rights to consume the produce itself, it becomes her usufruct property, whose yield belongs to him. He remains entitled to the produce of the produce **until he writes for her: I have no legal** dealings **or involvement with your property, or with its produce, or with the produce of its produce forever.**

כָּתַב לָהּ ״דִּין וּדְבָרִים אֵין לִי בִּנְכָסַיִךְ וּבְפֵירוֹתֵיהֶן וּבְפֵירֵי פֵירוֹתֵיהֶן בְּחַיַּיִךְ וּבְמוֹתֵךְ״ – אֵינוֹ אוֹכֵל פֵּירוֹת בְּחַיֶּיהָ, וְאִם מֵתָה – אֵינוֹ יוֹרְשָׁהּ. רַבָּן שִׁמְעוֹן בֶּן גַּמְלִיאֵל אוֹמֵר: אִם מֵתָה – יִירָשֶׁנָּה, מִפְּנֵי שֶׁמַּתְנֶה עַל מַה שֶּׁכָּתוּב בַּתּוֹרָה, וְכׇל הַמַּתְנֶה עַל מַה שֶּׁכָּתוּב בַּתּוֹרָה – תְּנָאוֹ בָּטֵל.

If **he writes for her: I have no legal** dealings **or involvement with your property or with its produce, or with the produce of its produce,**[H] **in your lifetime and after your death, he may not consume the produce** of her property **in her lifetime. And if she dies, he does not inherit** from **her. Rabban Shimon ben Gamliel says: If she dies, he does inherit** from **her, because** he **stipulates counter to that which is written in the Torah.** According to Rabban Shimon ben Gamliel, a husband inherits from his wife by Torah law, **and whoever stipulates counter to that which is written in the Torah, his stipulation is void.**

גמ׳ תָּנֵי רַבִּי חִיָּיא: הָאוֹמֵר לְאִשְׁתּוֹ.

GEMARA **Rabbi Ḥiyya taught** in a *baraita*: **One who says**[HN] **to his wife;** he did not teach: One who writes for his wife, as the mishna stated. This indicates that this condition can be stated verbally and does not need to be written in a contract.

וְכִי כָּתַב לָהּ הָכִי מַאי הָוֵי? וְהָתַנְיָא: הָאוֹמֵר לַחֲבֵירוֹ ״דִּין וּדְבָרִים אֵין לִי עַל שָׂדֶה זוֹ, וְאֵין לִי עֵסֶק בָּהּ, וְיָדַי מְסוּלֶּקֶת הֵימֶנָּה״ לֹא אָמַר כְּלוּם!

The Gemara asks about the ruling of the mishna: **And if he wrote this to her, what of it?** How does such a stipulation, written or otherwise, take effect? **But isn't it taught** in a *baraita*: **One who says,** whether verbally or by written communication, **to another** person with whom he shares property: **I have no legal** dealings **or involvement with this field, or I have no dealings with it, or my hands are removed from it, has not said anything?** This is because statements that waive rights without transferring them to another have no legal standing.

NOTES

That if she sold or gave away her property, the transaction is binding – שֶׁאִם מָכְרָה וְנָתְנָה קַיָּים: The Ramban asks: This mishna appears to refer to property the woman inherited while she was still betrothed. If so, why is such a condition necessary? After all, the *halakha* is that even without such a stipulation, any transaction she makes with regard to that property is binding after the fact. The Ramban concludes that the mishna is referring to property that came into her possession once she was married, and the mishna teaches that the husband's declaration is effective even with regard to such property.

However, the Ramban himself notes that this issue is addressed in the Jerusalem Talmud. The discussion there indicates that when a couple is still betrothed, the man cannot waive his rights to property the woman will receive once they are married. Since this property was not in her possession when his stipulation was made, there is nothing to which the declaration applies. The Ramban resolves this apparent contradiction by explaining that in the Jerusalem Talmud the reference is to a husband who made this stipulation after the marriage commenced. Rabbi Aharon HaLevi agrees with the opinion of the Ramban. The Rashba and the Rosh maintain that discussion in the Jerusalem Talmud should be taken at face value. The Rashba presents a different answer to the Ramban's question, explaining that in a standard case of a betrothed woman, Beit Hillel rule that she may not sell her property *ab initio*; whereas in this case, because of her husband's stipulation, there is no objection at all to the betrothed woman selling her property.

Rabbi Ḥiyya taught: One who says – תָּנֵי רַבִּי חִיָּיא: הָאוֹמֵר: Rabbi Ḥiyya does not appear to teach anything new, as the impediment to this clause taking effect is due to its phrasing, and there is no difference between a written and a verbal stipulation. The writing of the condition serves only evidentiary purposes; it does not have the force of an act of acquisition. The Ra'ah, therefore, explains that Rabbi Ḥiyya's goal is to point out that this stipulation, even when put in writing, does not have the force of an act of acquisition. He teaches: One who says, to emphasize that the case is one of either mere speech or a written condition without an act of acquisition (Ritva; Ran; Maharsha).

HALAKHA

Legal…involvement with your property – דִּין וּדְבָרִים...בִּנְכָסַיִךְ: If a man wrote to his wife: I have no claim to your property, and she sold or gave the property away, her action is valid. However, he has the right to consume the produce of her property as long as it is in her possession, and if she dies first he inherits from her (Rambam *Sefer Nashim, Hilkhot Ishut* 23:2; *Shulḥan Arukh, Even HaEzer* 92:1).

I have no legal dealings or involvement with your property or with its produce – דִּין וּדְבָרִים אֵין לִי בִּנְכָסַיִךְ וּבְפֵירוֹתֵיהֶן: If a man wrote to his wife: I have no claim to your property or to its produce, he may not consume the produce of her property. However, the produce is sold and the proceeds are used for the acquisition of land, whose produce he may consume (Rambam *Sefer Nashim, Hilkhot Ishut* 23:3; *Shulḥan Arukh, Even HaEzer* 92:4).

With your property or with its produce or with the produce of its produce – בִּנְכָסַיִךְ וּבְפֵירוֹתֵיהֶן וּבְפֵירֵי פֵירוֹתֵיהֶן: If a man stipulated to his wife that he has no claim to her property, or the produce of her property, or the produce of its produce forever, both during her lifetime and after her death, he may not consume any produce. However, upon her death he inherits from her, as the *halakha* is in accordance with the opinion of Rabban Shimon ben Gamliel (Rambam *Sefer Nashim, Hilkhot Ishut* 23:7; *Shulḥan Arukh, Even HaEzer* 92:8).

Rabbi Ḥiyya taught: One who says – תָּנֵי רַבִּי חִיָּיא: הָאוֹמֵר: If a husband stipulates to his wife that he will derive no benefit from her property or its produce, his statement is effective whether it was made as a written or a verbal stipulation, as stated by Rabbi Ḥiyya (Rambam *Sefer Nashim, Hilkhot Ishut* 23:2; *Shulḥan Arukh, Even HaEzer* 92:1).

BACKGROUND

Betrothed and married – **אֲרוּסָה וּנְשׂוּאָה**: There are two stages in a Jewish marriage. Betrothal is the first stage of the marriage process. After betrothal, a woman requires a divorce before she can marry another man, and sexual intercourse with other men is considered adulterous and is punishable by death. At this stage, the betrothed couple may not yet live together as man and wife, and most of the couple's mutual obligations do not yet apply.

The second stage of the process, marriage, is effected by having the bride and groom come under the bridal canopy, and it immediately confers upon the newlywed couple both the privileges and the responsibilities associated with marriage. After marriage, if one spouse dies, all the *halakhot* of mourning for a close blood relative apply to the surviving spouse. If the wife of a priest dies, he is obligated to make himself ritually impure to bury her. All the monetary rights and obligations that apply to married couples take effect after marriage.

Today betrothal and marriage are both performed in a single ceremony, but in talmudic times, there was usually a yearlong gap between the two.

HALAKHA

To one who writes such a statement for her while she is still betrothed – **בְּכוֹתֵב לָהּ וְעוֹדָהּ אֲרוּסָה**: A husband's stipulation that he will not benefit from the produce of his wife's property is effective only if he made the condition when they were betrothed, in accordance with the opinion of Rabbi Yannai (Rambam *Sefer Nashim, Hilkhot Ishut* 23:2; *Shulḥan Arukh, Even HaEzer* 92:1).

An inheritance that comes to a person from another place – **נַחֲלָה הַבָּאָה לְאָדָם מִמָּקוֹם אַחֵר**: If one inherits property from a source outside of his own family, before he gains possession of it, he can stipulate that he will not inherit it. Consequently, if a man stipulates to his betrothed that he will not inherit from her, his condition is valid. If, however, he makes the condition once they are married, it is invalid (Rambam *Sefer Nashim, Hilkhot Ishut* 23:6; *Shulḥan Arukh, Even HaEzer* 69:7, 92:3, 7).

אָמְרִי דְּבֵי רַבִּי יַנַּאי: בְּכוֹתֵב לָהּ וְעוֹדָהּ אֲרוּסָה, כִּדְרַב כָּהֲנָא. דְּאָמַר רַב כָּהֲנָא: נַחֲלָה הַבָּאָה לְאָדָם מִמָּקוֹם אַחֵר – אָדָם מַתְנֶה עָלֶיהָ שֶׁלֹּא יִירָשֶׁנָּה, וְכִדְרָבָא. דְּאָמַר רָבָא: הָאוֹמֵר "אִי אֶפְשִׁי בְּתַקָּנַת חֲכָמִים כְּגוֹן זוֹ" – שׁוֹמְעִין לוֹ.

The Sages from **the school of Rabbi Yannai say:** The mishna is referring **to one who writes** such a statement **for her while she is still betrothed.**[BHN] Since the property was not yet in the husband's possession when he wrote this condition, he was able to forgo any rights that he would later receive. This is **in accordance with** the opinion of **Rav Kahana, as Rav Kahana said:** Concerning **an inheritance that comes to a person from another place,**[HN] i.e., he did not inherit it directly but rather through his wife or by means of a gift, **the person can stipulate with regard to it that he will not inherit it.** In this case, his statement is effective, although one cannot waive a right one already has. **And** this ruling is **in accordance with** the opinion of **Rava, as Rava said:** With regard to **one who says: I do not want** to avail myself of **an ordinance of the Sages** that was instituted for my benefit, **such as this** one, one **listens to him.**

מַאי "כְּגוֹן זוֹ"? כִּדְרַב הוּנָא אָמַר רַב. דַּאֲמַר רַב הוּנָא אָמַר רַב: יְכוֹלָה אִשָּׁה שֶׁתֹּאמַר לְבַעְלָהּ "אֵינִי נִיזּוֹנֶת וְאֵינִי עוֹשָׂה".

The Gemara asks: **What** is meant by: **Such as this** one? The Gemara explains: Rava is referring to **that** statement **of Rav Huna,** who said that **Rav said** a certain ruling. **As Rav Huna said** that **Rav said** that **a woman is able say to her husband: I will not be sustained** by you and, in turn, **I will not work,** i.e., you will not keep my earnings. The Sages instituted that a husband must provide sustenance for his wife, and in exchange is entitled to her wages. Since this was instituted for the benefit of the wife, she is able to opt out of this arrangement. Similarly, the husband may opt out of the arrangement granting him the right to the produce of his wife's land.

אִי הָכִי אֲפִילּוּ נְשׂוּאָה נַמִּי!

The Gemara asks: **If that is so,** and Rava's opinion that one can waive a right instituted by the Sages for his own benefit is accepted, then **even** if he relinquished his rights to his wife's property once she was already **married,** his stipulation should **also** be valid. Why, then, was it necessary for Rabbi Yannai to explain that the stipulation in the mishna was made only in the case of a betrothed woman?

אָמַר אַבָּיֵי: נְשׂוּאָה – יָדוֹ כְּיָדָהּ. רָבָא אָמַר: יָדוֹ עֲדִיפָא מִיָּדָהּ. נָפְקָא מִינָּהּ – לְשׁוֹמֶרֶת יָבָם.

Abaye said: In the case of **a married** woman, **his hand,** i.e., his right to the property, **is like her hand.** Since the husband is considered a partner in her property, he cannot forfeit his ownership by declaration. **Rava said:** If they are married, **his hand is preferable to her hand,** i.e., he has more rights to her property than she does. The Gemara comments: The **practical difference** between the opinions of Rava and Abaye concerns the case **of a widow awaiting her brother-in-law [*yavam*]**[N] to perform levirate marriage. If the husband's rights are greater than the wife's, then the rights of the *yavam* can be judged to be at least equal to that of the wife. If the husband and wife have equal rights in her property, then the rights of the *yavam* are inferior to the wife's.

NOTES

To one who writes such a statement for her while she is still betrothed – **בְּכוֹתֵב לָהּ וְעוֹדָהּ אֲרוּסָה**: The Ran states that such a stipulation, written or verbal, is effective only if the couple was betrothed, when there is some sort of connection between them. If he wrote it before their betrothal, his stipulation is meaningless. This opinion is accepted as *halakha*.

An inheritance that comes to a person from another place – **נַחֲלָה הַבָּאָה לְאָדָם מִמָּקוֹם אַחֵר**: Rashi indicates, and *Tosafot* state explicitly, that Rav Kahana's opinion explains why the husband is able to renounce his rights in this manner. It is because the inheritance of a husband is by rabbinic law. In a case where he receives an inheritance by Torah law, he would not be able to renounce his rights to it.

In contrast, the Ramban and his students maintain that the decisive factor is not whether the *halakha* that bequeaths the inheritance is by Torah law or by rabbinic law. Even if Torah law establishes that the husband inherits from his wife, there is a difference between an inheritance from a blood relative and an inheritance from a wife. In the case of an inheritance from a blood relative, the heir is considered to have had rights to the property from his birth, whereas in the case of an inheritance from a wife, there was a time when the inheritance would not have gone to him. Therefore, he can renounce his claim on the property of his wife, as long as it has not yet entered his possession.

The practical difference concerns the case of a widow awaiting her *yavam* – **נָפְקָא מִינָּהּ לְשׁוֹמֶרֶת יָבָם**: Rashi explains that the practical difference between the two opinions manifests itself in a situation where a woman awaiting levirate marriage dies, and the dispute is with regard to who inherits from her. According to this opinion, this case is mentioned here only incidentally, as it is connected with the quote of Rav Huna's statement. However, the opinion cited in the Meiri maintains that the case of a widow waiting for her *yavam* mentioned here is directly relevant to the discussion in the Gemara, and that the mishna is referring to one who writes for a woman awaiting levirate marriage that he will have no claim on her property. The question is whether she is considered betrothed or married (see *Penei Yehoshua*).

אִיבַּעְיָא לְהוּ: קָנוּ מִיָּדוֹ מַהוּ? אָמַר רַב יוֹסֵף: מִדִּין וּדְבָרִים קָנוּ מִיָּדוֹ. רַב נַחְמָן אָמַר: מִגּוּפָהּ שֶׁל קַרְקַע קָנוּ מִיָּדוֹ. אָמַר אַבַּיֵי: מִסְתַּבְּרָא מִילְּתָא דְּרַב יוֹסֵף

A dilemma was raised before the Sages: **What is** the *halakha* if one not only wrote a declaration relinquishing his rights to his partner's property, but they also **performed an act of acquisition** transferring the rights **from him?**[N] **Rav Yosef said: They acquired from him** only his promise of: **I have no legal** dealings **or involvement** with your property. Therefore, the transaction is no more effective than the promise itself. **Rav Naḥman said:** The transaction is effective and **they acquired the land itself from him.**[H] **Abaye said:** The **statement of Rav Yosef is reasonable**

HALAKHA

They acquired the land itself from him – מִגּוּפָהּ שֶׁל קַרְקַע קָנוּ מִיָּדוֹ: If, during marriage, a husband and wife stipulate that he will renounce any right to which he is entitled, this stipulation takes effect only if they performed an act of acquisition to formalize the stipulation. If he stated during betrothal that he has no claim to her property, and they performed an act of acquisition to formalize this statement, he then relinquishes all of his rights to the land, and he is not entitled to its produce, or the produce of the produce. In this case, Rav Hai Gaon holds that he retains the right to inherit from her, while the Rosh holds that he does not (Rambam *Sefer Nashim, Hilkhot Ishut* 23:1; *Shulḥan Arukh, Even HaEzer* 92:3).

NOTES

What is the *halakha* if they performed an act of acquisition transferring the rights from him – קָנוּ מִיָּדוֹ מַהוּ: It is not clear from the Gemara what Rav Yosef is referring to, and the commentaries disagree about the context of the question. According to Rashi and the Rivan, Rav Yosef is referring to the *baraita* where one says to another that he has no claim to their field. *Tosafot* point out difficulties with this opinion. Other commentaries maintain that Rav Yosef is speaking of one who made these conditions with his wife once they were already married. This is the explanation of *Tosafot* and two of the *ge'onim*, Rav Tzemaḥ and Rav Naḥshon Gaon. Conversely, Rav Hai Gaon and others contend that the context is a case where one made these conditions when his wife was betrothed to him.

Following this interpretation, the Rashba states that if the husband does not perform an act of acquisition during betrothal, he does not transfer ownership of the property itself to her, nor does he transfer ownership of its produce or his right of inheritance. He transfers to her only the right to sell the property. Accordingly, Rav Yosef is saying that even if he performs an act of acquisition, it has no more effect than the statement: I have no claim, by which he gives his wife the right to sell her possessions. Rava, meanwhile, maintains that the act of acquisition transfers ownership of the land itself, including all her rights to it.

Perek **IX**
Daf **83** Amud **b**

בְּעוֹרֵר, אֲבָל בְּעוֹמֵד מִגּוּפָהּ שֶׁל קַרְקַע – קָנוּ מִיָּדוֹ.

in the case of **one who** immediately **objects** when the other comes to claim the portion he was promised, saying that he wrote what he did only in order to avoid a quarrel. **However, in** the case of **one who waits** while the other takes possession of the land before regretting his decision and requesting its return, the *halakha* is that **one acquired from him the land itself,** as he cannot retract his statement at this late stage.

אֲמַר אַמֵימָר: הִלְכְתָא, מִגּוּפָהּ שֶׁל קַרְקַע קָנוּ מִיָּדוֹ. אֲמַר לֵיהּ רַב אַשִׁי לַאֲמֵימָר: בְּעוֹרֵר אוֹ בְּעוֹמֵד? לְמַאי נָפְקָא מִינָּהּ – לְכִדְרַב יוֹסֵף. אֲמַר לֵיהּ: לָא שְׁמִיעַ לִי, כְּלוֹמַר לָא סְבִירָא לִי.

Ameimar said: The *halakha* is that one acquired from him the land itself. Rav Ashi said to Ameimar: Do you mean to teach this *halakha* **with regard to one who** immediately **objects or with regard to one who waits?** The Gemara comments: **With regard to what** opinion **is there a practical difference?** There is a difference according **to** Abaye's explanation of the opinion **of Rav Yosef.** However, according to Rav Naḥman, in either case the other retains possession of the land. Ameimar **said to him: I did not hear** about Abaye's explanation of the opinion of Rav Yosef. **That is to say, I do not hold** in accordance with it. I do not distinguish between these two cases.

״אִם כֵּן לָמָּה כָּתַב לָהּ״ וכו׳. וְתֵימָא לֵיהּ: מִכֹּל מִילֵּי סְלֵיקְתְּ נַפְשָׁךְ! אָמַר אַבַּיֵי: יַד בַּעַל הַשְּׁטָר עַל הַתַּחְתּוֹנָה.

§ The mishna taught that if a husband says: I have no claim to your property, then he has not relinquished his right to benefit from the produce of the property or to inherit from his wife. The mishna asks: **If** this is **so,** and he still retains his rights, **why** would he **write for her:** I have no legal dealings or involvement with your property, and explains that his statement grants her permission to sell the property if she so wishes? The Gemara asks: **And** why does the wife not **say to him: You removed yourself from everything?** He wrote a general statement, which could be understood as a renouncement of all of his rights. **Abaye said:** There is a principle that **the owner of the document is at a disadvantage.** A document is always interpreted as narrowly as possible, to impose only the most limited obligations. Therefore, in this case, the husband is assumed to have relinquished only some of his rights.

BACKGROUND

Cucumber – בּוּצִינָא: This term refers to the cucumber, or *Cucumis sativus*, a widely cultivated plant in the gourd family. The cucumber is a creeping vine that roots in the ground and grows along trellises or other supporting frames, wrapping around supports with thin, spiraling tendrils. The plant has large leaves that form a canopy over the fruit. The fruit of the cucumber is roughly cylindrical, elongated with tapered ends, and may be as large as 60 cm long and 10 cm in diameter.

Gourd – קָרָא: The specific type of gourd referred to here is probably the bottle gourd or *Lagenaria siceraria*, this leafy summer vegetable from the gourd family usually grows extended along the ground, but at times it is trellised on trees. The greenish-white gourd produced by the plant is sizable, 40–50 cm long and 25–30 cm wide, and shaped like a jug or a bottle. The young fruit is generally eaten cooked, and its seeds are eaten as dessert. Since gourds become hard after being dried, they are often used to create various vessels and musical instruments.

Gourd used as a vessel

וְאֵימָא מִפֵּירֵי! אֲמַר אַבַּיֵי: בּוּצִינָא טַב מִקָּרָא.

The Gemara asks: **And** if this is so, why not **say** that the husband has merely withdrawn his rights **from the produce?** A gift or sale of the entire land is a significant matter, certainly in relation to the minor value of its produce. Why, then, is his statement not understood as a renunciation of his rights to the produce? **Abaye said:** There is a proverb that **a cucumber**[B] in one's possession **is better than a gourd**[B] one will have only later. There is an assumption that the husband's current access to the produce is more important to him than the future ability to sell the field.

וְאֵימָא מִירוּשָּׁה! אֲמַר אַבַּיֵי: מִיתָה – שְׁכִיחָא, מְכִירָה – לָא שְׁכִיחָא. וְכִי מְסַלֵּיק אִינִישׁ נַפְשֵׁיהּ מִמִּילְּתָא דְּלָא שְׁכִיחָא, מִמִּילְּתָא דִּשְׁכִיחָא – לָא מְסַלֵּיק אִינִישׁ נַפְשֵׁיהּ. רַב אַשִׁי אֲמַר: ״בִּנְכָסַיִךְ״ – וְלֹא בְּפֵירוֹתֵיהֶן: ״בִּנְכָסַיִךְ״ – וְלֹא לְאַחַר מִיתָה.

The Gemara continues to inquire: **And** why not **say** that the husband has withdrawn his rights **from the inheritance?** This is the least important right of the husband, as he might die before her. **Abaye said: Death is common,**[N] whereas **a sale is not common,** as one does not usually sell one's ancestors' inheritance. **And when a person removes himself,** it is assumed that he does so **from an uncommon matter.** However, **a person does not remove himself from something that is common. Rav Ashi said** a different reason: The wording of the document is: I have no claim **to your property,** indicating: But I am **not** relinquishing my claim **to its produce.** Similarly, the statement: **To your property,** means during your lifetime, indicating: **But** I am **not** relinquishing my claim to it **after** your **death.**

״רַבִּי יְהוּדָה אוֹמֵר: לְעוֹלָם הוּא אוֹכֵל פֵּירֵי פֵּירוֹת״, תָּנוּ רַבָּנַן: אֵלּוּ הֵן פֵּירוֹת וְאֵלּוּ הֵן פֵּירֵי פֵּירוֹת? הִכְנִיסָה לוֹ קַרְקַע וְעָשְׂתָה פֵּירוֹת – הֲרֵי הֵן פֵּירוֹת. מָכַר פֵּירוֹת וְלָקַח מֵהֶן קַרְקַע, וְעָשְׂתָה פֵּירוֹת – הֲרֵי הֵן פֵּירֵי פֵּירוֹת.

§ The mishna taught that if a husband wrote: To your property and to its produce, he may not eat the produce. However, **Rabbi Yehuda says: He always consumes the produce of the produce. The Sages taught** with regard to the statement of Rabbi Yehuda: **Which is** considered the **produce, and which is** considered the **produce of the produce?** If **she brought** into the marriage for her husband **land that produced produce, this is produce.** If he **sold** the **produce and purchased land from their** sale, **and** this land **produced produce, this is the produce of the produce.**

אִיבַּעְיָא לְהוּ: לְרַבִּי יְהוּדָה: ״פֵּירֵי פֵּירוֹת״ דַּוְקָא, אוֹ דִּלְמָא ״עַד עוֹלָם״ דַּוְקָא, אוֹ דִּלְמָא תַּרְוַיְיהוּ דַּוְקָא?

A dilemma was raised before the Sages: **According to Rabbi Yehuda,** who maintains that the husband renounces his rights to his wife's property by writing: To their produce and the produce of the produce forever, is it **specifically** the phrase **produce of the produce** that makes his statement effective, and it is sufficient if he writes only this phrase? **Or, perhaps** he must **specifically** write **forever,** and that alone is sufficient. **Or perhaps** it is effective only if he **specifically** writes **both of the** statements.

אִם תִּמְצֵי לוֹמַר ״פֵּירֵי פֵּירוֹת״ דַּוְקָא – ״עַד עוֹלָם״ לָמָּה לִי? הָא קָא מַשְׁמַע לַן: כֵּיוָן דִּכְתַב לָהּ ״פֵּירֵי פֵּירוֹת״ – כְּמַאן דִּכְתַב לָהּ ״עַד עוֹלָם״ דָּמֵי,

The Gemara elaborates: **If you say** that it is **specifically** the phrase **produce of the produce** that makes the statement of the husband effective, **why do I** need the mishna to include the word **forever?** The Gemara suggests: **This** word **teaches us** that **since he wrote to her: Produce of the produce, it is** considered **as though he wrote to her** the term **forever,** but it does not matter if in practice he omitted this word.

וְאִם תִּמְצֵי לוֹמַר ״עַד עוֹלָם״ דַּוְקָא: ״פֵּירֵי פֵּירוֹת״ לָמָּה לִי? הָא קָא מַשְׁמַע לַן: אַף עַל גַּב דִּכְתַב לָהּ ״פֵּירֵי פֵּירוֹת״, אִי כָּתַב לָהּ ״עַד עוֹלָם״ – אִין, אִי לָא – לָא.

Conversely, the Gemara asks: **And if you say** that he must **specifically** write the word **forever, why do I** need the mishna to include the phrase: **Produce of the produce?** The Gemara suggests: **This** phrase **teaches us** that **although he wrote to her: Produce of the produce, if he** also **wrote to her** the word **forever,** then **yes,** he has renounced his rights. However, **if** he did **not** write this, then he has **not** withdrawn his rights from her property, and he may consume the produce of the produce of the produce.

NOTES

Death is common – מִיתָה שְׁכִיחָה: Rashi and *Tosafot* explain that the death of a wife is a more likely occurrence than that of a husband, due to the dangers of childbirth. This assumption is contested in the Meiri, where it is argued that this is not necessarily correct, as men face risks when they travel and engage in war. Furthermore, a husband is usually older than his wife. The Meiri and the Ritva, therefore, explain that the Gemara means that death is a more common occurrence than the sale of land, as Rashi states it is rare for a woman to sell her ancestors' land.

וְאִם תִּמְצֵי לוֹמַר תַּרְוַיְיהוּ דַּוְקָא, תַּרְתֵּי לָמָּה לִי? צְרִיכָא, דְּאִי כָּתַב לָהּ ״פֵּירֵי פֵּירוֹת״ וְלָא כָּתַב לָהּ ״עַד עוֹלָם״ – הֲוָה אָמִינָא פֵּירֵי פֵּירוֹת הוּא דְּלָא אָכֵיל, אֲבָל פֵּירָא דְּפֵירֵי פֵּירוֹת – אָכֵיל, לְהָכִי אִיצְטְרִיךְ ״עַד עוֹלָם״. וְאִי כָּתַב לָהּ ״עַד עוֹלָם״ וְלָא כָּתַב לָהּ ״פֵּירֵי פֵּירוֹת״, הֲוָה אָמִינָא: לְעוֹלָם – אַפֵּירוֹת קָאֵי, לְהָכִי אִיצְטְרִיךְ פֵּירֵי פֵּירוֹת.

And if you say that it is effective only if he **specifically** writes **both** of the statements, **why do I need two** expressions? The Gemara answers: It is **necessary** to include both phrases, **for if he had written for her** only: **Produce of the produce, and not written for her: Forever, I would say that it is the produce of the produce that he may not consume, but the produce of the produce of the produce he may consume. For this** reason, it was **necessary** to also write **forever. And if he had written for her** only: **Forever, and had not written for her: Produce of the produce, I would say that forever is referring to the produce,**[N] i.e., the husband permanently relinquishes his claim to the produce itself, but he retains his right to the produce of the produce. **For this** reason, it was also **necessary** to specify **produce of the produce.**

אִיבַּעְיָא לְהוּ: כָּתַב לָהּ ״דִּין וּדְבָרִים אֵין לִי בִּנְכָסַיִךְ וּבְפֵירֵי פֵּירוֹת״ מַהוּ שֶׁיֹּאכַל פֵּירוֹת? מִפֵּירֵי פֵּירוֹת – סָלֵיק נַפְשֵׁיהּ, מִפֵּירֵי – לָא סָלֵיק נַפְשֵׁיהּ, אוֹ דִּלְמָא: מִכׇּל מִילֵּי סָלֵיק נַפְשֵׁיהּ?

A dilemma was raised before the Sages: If **the husband wrote to** his wife: **I have no claim to your property or to the produce of** your produce, **what is** the *halakha* with regard to the possibility **that he may consume the produce** itself? Has **he removed himself from the produce of the produce,** but **from the produce** itself, which he failed to mention, **he has not removed himself? Or perhaps he has removed himself from all matters,** as the produce of the produce includes the produce itself?

פְּשִׁיטָא דְּמִכׇּל מִילֵּי סָלֵיק נַפְשֵׁיהּ, דְּאִי אָמְרַתְּ מִפֵּירֵי פֵּירוֹת סָלֵיק נַפְשֵׁיהּ, מִפֵּירֵי לָא סָלֵיק נַפְשֵׁיהּ, כֵּיוָן דְּאָכְלִינְהוּ לְפֵירוֹת – פֵּירֵי פֵּירוֹת מֵהֵיכָא?

The Gemara answers: It is **obvious that he has removed himself from all matters, for if you say** that **he has removed himself** only **from the produce of the produce,** while **from the produce** itself **he has not removed himself, since he consumes the produce,** from where will there be **produce of the produce?**

וְלִיטַעֲמִיךְ, הָא דִּתְנַן רַבִּי יְהוּדָה אוֹמֵר: לְעוֹלָם הוּא אוֹכֵל פֵּירֵי פֵּירוֹת כו׳, כֵּיוָן דְּאָכְלִינְהוּ לְפֵירֵי – פֵּירֵי פֵּירוֹת מֵהֵיכָא? אֶלָּא – בִּדְשַׁיְּירָא, הָכָא נַמִי – בִּדְשַׁיֵּיר.

The Gemara answers: **But according to your reasoning,** the same question could be asked about the case discussed in the mishna, **as we learned** in the mishna: **Rabbi Yehuda says: He always consumes the produce of the produce,** until he writes for her: Or to their produce, or to the produce of their produce forever. This indicates that if he did not write: To their produce, he would be allowed to consume the produce, just not the produce of the produce. Here too, it could be asked: **Since he consumes the produce, from where** will he have **produce of the produce? Rather,** it must be that this is referring **to one who left over** some of the produce, which he used to purchase land, of whose produce he consumes. If so, **here too,** this is a case **of one who left over** some of the produce, from which he acquired land, and it is the produce of this land to which he has no rights. The dilemma is left unresolved.

״רַבָּן שִׁמְעוֹן בֶּן גַּמְלִיאֵל אוֹמֵר״ כו׳. אָמַר רַב: הֲלָכָה כְּרַבָּן שִׁמְעוֹן בֶּן גַּמְלִיאֵל, וְלָא מִטַּעֲמֵיהּ.

§ The mishna taught: **Rabban Shimon ben Gamliel says:** Even if he wrote: I have no claim to your property, or to its produce, or to the produce of its produce, in your lifetime and after your death, he nevertheless inherits from her. This is because his condition is void, as it runs counter to what is written in the Torah. **Rav said:** The ***halakha* is in accordance with** the opinion of **Rabban Shimon ben Gamliel** that a husband inherits from his wife, **but not** because of **his** line of **reasoning.**

מַאי הֲלָכָה כְּרַבָּן שִׁמְעוֹן בֶּן גַּמְלִיאֵל וְלָא מִטַּעֲמֵיהּ? אִילֵימָא הֲלָכָה כְּרַבָּן שִׁמְעוֹן בֶּן גַּמְלִיאֵל, דְּאָמַר אִם מֵתָה יִירָשֶׁנָּה. וְלָאו מִטַּעֲמֵיהּ, דְּאִילּוּ רַבָּן שִׁמְעוֹן בֶּן גַּמְלִיאֵל סָבַר: מַתְנֶה עַל מַה שֶּׁכָּתוּב בַּתּוֹרָה תְּנָאוֹ בָּטֵל, וְרַב סָבַר: תְּנָאוֹ קַיָּים. וְקָסָבַר: יְרוּשַּׁת הַבַּעַל דְּרַבָּנַן, וַחֲכָמִים עָשׂוּ חִיזּוּק לְדִבְרֵיהֶם יוֹתֵר מִשֶּׁל תּוֹרָה.

The Gemara asks: **What is** the meaning of this statement: The ***halakha* is in accordance with** the opinion of **Rabban Shimon ben Gamliel, but not** because of **his** line of **reasoning?** What does Rav mean? **If we say** that Rav agrees that **the *halakha* is in accordance with** the opinion of **Rabban Shimon ben Gamliel, who said** that **if she dies he inherits** from **her, but** Rav maintains this opinion **not** because of Rabban Shimon ben Gamliel's line of **reasoning,** as **Rabban Shimon ben Gamliel holds** that if one **stipulates counter to that which is written in the Torah, his condition is void, and** then **Rav** must **hold** that **his condition is valid. But** that is not so. Rav accepts Rabban Shimon ben Gamliel's conclusion, **for he holds** that **the inheritance of a husband** is **by rabbinic** law, **and** for this reason his condition is void, as **the Sages reinforced their pronouncements with greater** severity **than** those of **Torah law** and decreed that the inheritance of a husband cannot be canceled in any manner.[H]

NOTES

Forever is referring to the produce – לְעוֹלָם אַפֵּירוֹת קָאֵי: Rashi explains that one might have thought that the husband is withdrawing his rights to the produce only for the first year of their marriage. It is therefore necessary to add to the stipulation the word forever.

Tosafot ask why one would think that there is any difference between the first and the second year. The *Ramat Shmuel* suggests that, according to Rashi, it is possible that he relinquishes his rights to the produce of the first year due to his great affection for his wife, but he does not extend his generosity to the subsequent years. In any case, *Tosafot* maintain that one might have thought that forever means that he will not eat that particular produce in her lifetime or after her death, but he still had rights to the produce of the produce.

HALAKHA

One who stipulates to his wife – הַמַּתְנֶה עִם אִשְׁתּוֹ: If a man made a condition with his wife that he would not inherit from her, his condition is void. Although a husband inherits from his wife by rabbinic law, the Sages reinforced their pronouncements with greater severity than those of Torah law. The *halakha* is in accordance with the opinion of Rav, according to the Gemara's conclusion as to the meaning of his statement (Rambam *Sefer Nashim, Hilkhot Ishut* 12:9 and *Sefer Mishpatim, Hilkhot Naḥalot* 1:8; *Tur, Even HaEzer* 69).

וְסָבַר רַב תְּנָאוֹ קַיָּים? וְהָא אִיתְּמַר: הָאוֹמֵר לַחֲבֵירוֹ ״עַל מְנָת שֶׁאֵין לְךָ עָלַי אוֹנָאָה״. רַב אָמַר: יֵשׁ לוֹ עָלָיו אוֹנָאָה, וּשְׁמוּאֵל אָמַר: אֵין לוֹ עָלָיו אוֹנָאָה.

The Gemara asks: **And does Rav** actually **hold** that if one stipulates counter to Torah law, **his condition is valid? But it was stated: One who says to another:** I am selling this to you **on the condition that you have no** claim of **fraud against me,**[H] i.e., though there is a prohibition against fraud by Torah law, the purchaser agrees to forgo his right to register a complaint on this basis. **Rav said: He does have** the right to a claim of **fraud against him,** and therefore the seller must reimburse the purchaser, as he cannot abrogate the Torah prohibition "And you shall not wrong one another" (Leviticus 25:17). **And Shmuel said: He does not have** the right to a claim of **fraud against him.** It is evident from here that according to Rav, one cannot make a stipulation that contradicts Torah law.

אֶלָּא: הֲלָכָה כְּרַבָּן שִׁמְעוֹן בֶּן גַּמְלִיאֵל דְּאָמַר: הַמַּתְנֶה עַל מַה שֶּׁכָּתוּב בַּתּוֹרָה תְּנָאוֹ בָּטֵל, וְלָאו מִטַּעֲמֵיהּ; דְּאִילּוּ רַבָּן שִׁמְעוֹן בֶּן גַּמְלִיאֵל סָבַר: מֵתָה – יִירָשֶׁנָּה. וְרַב סָבַר: מֵתָה – לֹא יִירָשֶׁנָּה.

Rather, Rav said: **The *halakha* is in accordance with** the opinion of **Rabban Shimon ben Gamliel, who said: One who stipulates counter to that which is written in the Torah, his condition is void, but not** because **of his** line of **reasoning. As Rabban Shimon ben Gamliel holds** that if the wife **died, he inherits** from **her, and Rav holds** that if **she died he does not inherit from her.**

הַאי מִטַּעֲמֵיהּ וְלָא כְּהִילְכָתֵיהּ הוּא!

The Gemara asks: If this is what Rav meant, he should have said the opposite of what he said. **This** statement would be because of **his** line of **reasoning but not in accordance with his *halakha*,** whereas Rav said that the *halakha* is in accordance with the opinion of Rabban Shimon ben Gamliel but not because of his line of reasoning.

אֶלָּא: הֲלָכָה כְּרַבָּן שִׁמְעוֹן בֶּן גַּמְלִיאֵל דְּאָמַר: אִם מֵתָה יִירָשֶׁנָּה. וְלָאו מִטַּעֲמֵיהּ, דְּאִילּוּ רַבָּן שִׁמְעוֹן בֶּן גַּמְלִיאֵל סָבַר: בִּדְאוֹרָיְיתָא – תְּנָאוֹ בָּטֵל, הָא בִּדְרַבָּנַן – תְּנָאוֹ קַיָּים. וְרַב סָבַר אֲפִילּוּ בִּדְרַבָּנַן תְּנָאוֹ בָּטֵל.

Rather, Rav said: **The *halakha* is in accordance with** the opinion of **Rabban Shimon ben Gamliel, who said** that **if she died he inherits** from **her, but not** because **of his** line of **reasoning. As Rabban Shimon ben Gamliel holds** that **in** a case where one stipulated counter to **Torah** law **his condition is void,** indicating that **in** a case where his stipulation was counter to **rabbinic** law **his condition is valid; and Rav holds** that **even in** a case where one stipulated counter to **rabbinic** law, **his condition is void.**[N]

הַאי כְּטַעֲמֵיהּ וּכְהִילְכָתֵיהּ הוּא, וְרַב מוֹסִיף הוּא!

The Gemara asks: **This** statement would be **in accordance with his** line of **reasoning and in accordance with his *halakha*, and Rav is** merely **adding** a detail to the *halakha* of Rabban Shimon ben Gamliel.

אֶלָּא, הֲלָכָה כְּרַבָּן שִׁמְעוֹן בֶּן גַּמְלִיאֵל דְּאָמַר: אִם מֵתָה יִירָשֶׁנָּה. וְלָאו מִטַּעֲמֵיהּ, דְּאִילּוּ רַבָּן שִׁמְעוֹן בֶּן גַּמְלִיאֵל סָבַר: יְרוּשַּׁת הַבַּעַל דְּאוֹרָיְיתָא, וְכָל הַמַּתְנֶה עַל מַה שֶּׁכָּתוּב בַּתּוֹרָה – תְּנָאוֹ בָּטֵל. וְרַב סָבַר: יְרוּשַּׁת הַבַּעַל דְּרַבָּנַן, וַחֲכָמִים עָשׂוּ חִיזּוּק לְדִבְרֵיהֶם כְּשֶׁל תּוֹרָה.

Rather, Rav said: **The *halakha* is in accordance with** the opinion of **Rabban Shimon ben Gamliel,**[N] **who said** that **if she died he inherits** from **her, but not** because **of his** line of **reasoning. As Rabban Shimon ben Gamliel holds** that **the inheritance of a husband is by Torah law, and whoever stipulates counter to that which is written in the Torah, his condition is void; and Rav holds** that **the inheritance of a husband is by rabbinic** law, but his stipulation is nevertheless void, as **the Sages reinforced their pronouncements with** the severity **of Torah law** and ruled that their laws cannot be abrogated.

HALAKHA

On the condition that you have no claim of fraud against me – עַל מְנָת שֶׁאֵין לְךָ עָלַי אוֹנָאָה: If one negotiates a business transaction and stipulates that: The transaction will take place on the condition that you have no claim of fraud against me, then, if there was fraud, the stipulation was meaningless. This is certainly the case if he stipulates that: The sale will take place on the condition that fraud does not apply to it. The *halakha* here is in accordance with the opinion of Rav, because the dispute between Rav and Shmuel concerns whether this type of statement will result in the transgression of a prohibition, and in cases of prohibitions the *halakha* is in accordance with the opinion of Rav (*Haggahot Maimoniyyot*).

This *halakha*, however, applies only in a case where the seller said this statement without further specification, as the other party does not know what he is agreeing to forgo. However, if the seller makes clear what he means, then the condition is valid. For example, if the seller says: I am selling you this object for two hundred dinars, though it is worth no more than one hundred, and the sale is on the condition that you may not claim fraud, then the purchaser has been made fully aware of the details and has shown that he agrees to the terms (Rambam *Sefer Kinyan*, *Hilkhot Mekhira* 13:3; *Shulḥan Arukh*, *Ḥoshen Mishpat* 227:21).

NOTES

Even where one stipulated counter to rabbinic law his condition is void – אֲפִילּוּ בִּדְרַבָּנַן תְּנָאוֹ בָּטֵל: Rashi explains that according to this opinion, Rav holds that any condition that contradicts a *halakha* of the Sages is void, including one that refers to the produce of the property. *Tosafot* question Rashi's opinion, explaining that this would constitute a new opinion, different from all of the opinions cited in the mishna. *Tosafot* contend that even Rav agrees that the husband may stipulate with regard to the produce, as this condition is uncommon, and the Sages did not strengthen their decrees in unusual cases. Rabbeinu Crescas Vidal, citing the Rashba, agrees with the conclusion of *Tosafot*, but for a different reason. He argues that since the inheritance of a husband is similar to a Torah law, the Sages did not allow him to make a contrary stipulation, whereas there is nothing in Torah law comparable to his condition concerning the produce.

The *halakha* is in accordance with Rabban Shimon ben Gamliel – הֲלָכָה כְּרַבָּן שִׁמְעוֹן בֶּן גַּמְלִיאֵל: The *ge'onim* disagree as to the halakhic ruling, and the early commentaries continue the dispute. Rabbeinu Ḥananel and the Rambam rule in accordance with the opinion of Rabban Shimon ben Gamliel, either because the *halakha* always follows his opinion whenever it appears in a mishna, or because Rav ruled in his favor here. Conversely, the Rif and many other early commentaries rule in accordance with the unattributed opinion in the mishna. First, they do not accept the principle that the *halakha* always follows Rabban Shimon ben Gamliel (see Meiri). Second, and more important, the *halakha* is that a stipulation involving monetary matters is valid even if it contradicts Torah law (see Ramban and Ra'ah). Rabbeinu Tam also rules in accordance with the opinion of Rabban Gamliel, but not for the same reason. He maintains that a stipulation with regard to the inheritance of a husband is ineffective because there is nothing to forgive here, as this inheritance is by Torah law, and it enters his possession automatically because of his status as the legal heir.

וְרַב סָבַר יְרוּשַּׁת הַבַּעַל דְּרַבָּנַן? וְהָתְנַן: רַבִּי יוֹחָנָן בֶּן בְּרוֹקָא אוֹמֵר: הַיּוֹרֵשׁ אֶת אִשְׁתּוֹ – יַחֲזִיר לִבְנֵי מִשְׁפָּחָה, וִינַכֶּה לָהֶן מִן הַדָּמִים.

The Gemara asks: **And does Rav hold** that **the inheritance of a husband** is **by rabbinic** law? **But didn't we learn** in a mishna (*Bekhorot* 52b) that **Rabbi Yoḥanan ben Beroka says: One who inherits** from **his wife must return** the property **to her family members**[N] in the Jubilee Year **and deduct for them** part **of the monetary** value of the property? He can claim only part, but not all, of the property's value from the wife's relatives.

וְהָוֵינַן בָּהּ: מַאי קָסָבַר? אִי קָסָבַר יְרוּשַּׁת הַבַּעַל דְּאוֹרַיְיתָא – אַמַּאי יַחֲזִיר? וְאִי דְּרַבָּנַן – דָּמִים, מַאי עֲבִידְתַּיְיהוּ?

And we discussed this *halakha*: **What does** Rabbi Yoḥanan ben Beroka **hold? If** he **holds** that that **the inheritance of a husband** is **by Torah** law, **why must he return** the property to his wife's relatives? An inheritance is not given back in the Jubilee Year. **And if** he holds that the inheritance is **by rabbinic** law, **what is the purpose of** the **money** that he receives from his wife's relatives in exchange for the land? By Torah law, the property belongs to the woman's family and they should not have to pay him anything.

וַאֲמַר רַב: לְעוֹלָם קָסָבַר יְרוּשַּׁת הַבַּעַל דְּאוֹרַיְיתָא, וּכְגוֹן שֶׁהוֹרִישַׁתּוּ אִשְׁתּוֹ בֵּית הַקְּבָרוֹת; מִשּׁוּם פְּגַם מִשְׁפָּחָה אֲמוּר רַבָּנַן: לִישְׁקוֹל דְּמֵי וְלִיהֲדַר.

And Rav said: Actually, he **holds** that **the inheritance of a husband is by Torah** law, **and** he is discussing a case **where his wife bequeathed to him** her family's **graveyard. Due to** the need to avoid **a family flaw,** i.e., harm to the family name if the wife's family would have to be buried in plots belonging to others, **the Sages said** that **he should take compensation** from them **and return** the graveyard to them.

וּמַאי יְנַכֶּה לָהֶן מִן הַדָּמִים? דְּמֵי קֶבֶר אִשְׁתּוֹ. כִּדְתַנְיָא: הַמּוֹכֵר קִבְרוֹ, וְדֶרֶךְ קִבְרוֹ, מַעֲמָדוֹ, וּמְקוֹם הֶסְפֵּידוֹ – בָּאִין בְּנֵי מִשְׁפָּחָה וְקוֹבְרִין אוֹתוֹ בְּעַל כָּרְחוֹ, מִשּׁוּם פְּגַם מִשְׁפָּחָה.

The Gemara continues: **And what is** the meaning of: **And deduct for them** part **of the monetary** value of the property? This is referring to the **monetary** value **of his wife's grave.** A husband is obligated to pay for his wife's burial, and therefore he must deduct the value of her burial plot from the value of the field. **As it is taught** in a *baraita* that there are *halakhot* connected with burial to uphold family honor: In the case of **one who sells his grave,**[H] **or the path to his grave,** or **the place** where visitors would **stand** to comfort the mourners, **or the place of his eulogies, the members** of his **family may come and bury him** in his ancestral plot **against** the purchaser's **wishes due to** the need to avoid **a family flaw,** i.e., harm to the family name if a member of their family had to be buried in a graveyard of strangers. In any case, it is evident from here that Rav believes that the inheritance of a husband is by Torah law, in contrast to what the Gemara had said earlier.

רַב לְטַעֲמֵיהּ דְּרַבִּי יוֹחָנָן בֶּן בְּרוֹקָא קָאָמַר, וְלֵיהּ – לָא סְבִירָא לֵיהּ.

The Gemara answers: This is not proof that Rav himself is of the opinion that the inheritance of a husband is by Torah law, as **Rav spoke in accordance with the reasoning of Rabbi Yoḥanan ben Beroka.** In other words, he was explaining the reason for the ruling of the *tanna*, **but he himself does not hold accordingly.**

מתני׳ מִי שֶׁמֵּת וְהִנִּיחַ אִשָּׁה וּבַעַל חוֹב וְיוֹרְשִׁין, וְהָיָה לוֹ פִּקָּדוֹן אוֹ מִלְוֶה בְּיַד אֲחֵרִים. רַבִּי טַרְפוֹן אוֹמֵר: יִנָּתְנוּ לַכּוֹשֵׁל שֶׁבָּהֶן. רַבִּי עֲקִיבָא אוֹמֵר: אֵין מְרַחֲמִין בַּדִּין, אֶלָּא יִנָּתְנוּ לַיּוֹרְשִׁין – שֶׁכּוּלָּן צְרִיכִין שְׁבוּעָה, וְאֵין הַיּוֹרְשִׁין צְרִיכִין שְׁבוּעָה.

MISHNA With regard to **one who died and left** behind **a wife, and a creditor** to whom he owed money, **and heirs,** all of whom claim payment from his property, **and he had a deposit or a loan in the possession of others, Rabbi Tarfon**[P] **says:** The deposit or the loan **will be given to the weakest** one **of them,** i.e., the one most in need of the money. **Rabbi Akiva says: One is not merciful in judgment.** If the *halakha* is that it belongs to one party, one follows the *halakha* and leaves aside considerations of mercy. **Rather,** the *halakha* is that the money **will be given to the heirs, as all** people who wish to exact payment from orphans **require an oath**[N] before they collect their debt, **but the heirs do not require an oath.** They therefore have a more absolute right than the others to their father's property.

NOTES

Must return it to her family members – יַחֲזִיר לִבְנֵי מִשְׁפָּחָה: Some early commentaries have an alternative version of the text, which states: He must return it in the Jubilee, and although Rashi and *Tosafot* may not have had this phrase in the text, they too explain that the reference is to the Jubilee Year. Others are of the opinion that the word Jubilee does not belong in the text, as the continuation of the Gemara rules that if someone sells his grave, the purchaser must return the land to the members of the family, without regard for the Jubilee Year (see *Tosafot*).

As all require an oath – שֶׁכּוּלָּן צְרִיכִין שְׁבוּעָה: The reason is ostensibly that all of the others must provide additional proof. Accordingly, and according to the opinions of some early commentaries, in a situation where no one is obligated to take an oath, the heirs lose their special status. This issue is discussed in the Jerusalem Talmud, where the question is raised: What would be the *halakha* if the man wrote that he waives the obligation to take an oath? The answer offered there is that the main reason that the heirs have a special status is not that the others need to take an oath, but that this is Torah and this is not Torah. In other words, the right of inheritance is from the Torah, and it takes precedence over a right based on a document or an agreement. Likewise, the Ran states that this is Rabbi Akiva's reasoning.

HALAKHA

One who sells his grave, etc. – הַמּוֹכֵר קִבְרוֹ וכו׳: If someone sold his grave, or the path to his grave, or the place where visitors would stand to comfort the mourners, or the place where eulogies were said, his family members may come and bury him in his ancestral plot against the purchaser's wishes and refund the purchaser's money, as stated in the *baraita* quoted in the Gemara (Rambam *Sefer Kinyan*, *Hilkhot Mekhira* 24:17; *Shulḥan Arukh*, *Ḥoshen Mishpat* 217:7).

PERSONALITIES

Rabbi Tarfon – רַבִּי טַרְפוֹן: Rabbi Tarfon was one of the great *tanna'im* in the generation following the destruction of the Second Temple. Rabbi Tarfon was a priest, and although he was young in the days when the Temple still stood, it appears that he served there as a priest. Apparently, he lived in the town of Lod. It seems that he was the same age as the students of Rabbi Yoḥanan ben Zakkai and perhaps even studied under him. He is also said to have been on close terms with Rabbi Eliezer and Rabbi Yehoshua, with the latter calling him: Tarfon, my brother. He was often in the great academy of Yavne, engaged in Torah discussions with its important Sages. It is likely that he first served as a kind of teacher to Rabbi Akiva before becoming his colleague after Rabbi Akiva grew in stature. Rabbi Akiva and Rabbi Tarfon were regularly engaged in Torah discussions, and Rabbi Tarfon honored and esteemed him greatly. Several of the Sages of the next generation were disciples of Rabbi Tarfon's, with Rabbi Yehuda being his chief disciple.

הִנִּיחַ פֵּירוֹת תְּלוּשִׁין מִן הַקַּרְקַע – כׇּל הַקּוֹדֵם בָּהֶן זָכָה בָּהֶן. זָכְתָה אִשָּׁה יוֹתֵר מִכְּתוּבָּתָהּ, וּבַעַל חוֹב יוֹתֵר עַל חוֹבוֹ, הַמּוֹתָר; רַבִּי טַרְפוֹן אוֹמֵר: יִנָּתְנוּ לַכּוֹשֵׁל שֶׁבָּהֶן, רַבִּי עֲקִיבָא אוֹמֵר: אֵין מְרַחֲמִין בַּדִּין, אֶלָּא יִנָּתְנוּ לַיּוֹרְשִׁין – שֶׁכּוּלָּם צְרִיכִין שְׁבוּעָה, וְאֵין הַיּוֹרְשִׁין צְרִיכִין שְׁבוּעָה.

If the deceased **left** behind **produce** that was **detached from the ground, whoever first** took possession **of them** as compensation for what was owed, whether the creditor, the wife, or the heirs, **acquired** the produce. If the **wife acquired** this produce and it was worth **more than** the payment of **her marriage contract, or the creditor** acquired this produce and it was worth **more than** the value of **his debt,** what should be done with **the surplus? Rabbi Tarfon says:** It **will be given to the weakest** one **of them,** either the creditor or the wife, depending on the circumstances. **Rabbi Akiva says: One is not merciful in judgment. Rather, it will be given to the heirs, as all** people who wish to exact payment from orphans **require an oath** before they collect their debt, **but the heirs do not require an oath.**

גמ׳ לָמָּה לִי לְמִיתְנֵי מִלְוֶה, לָמָּה לִי לְמִיתְנֵי פִּקָּדוֹן? צְרִיכָא, דְּאִי תְּנָא מִלְוֶה – בְּהָא קָאָמַר רַבִּי טַרְפוֹן, מִשּׁוּם דְּמִלְוֶה לְהוֹצָאָה נִיתְּנָה. אֲבָל פִּקָּדוֹן, דְּאִיתֵיהּ בְּעֵינֵיהּ – אֵימָא מוֹדֵי לֵיהּ לְרַבִּי עֲקִיבָא.

GEMARA The Gemara asks about the wording of the mishna: **Why do I** need the *tanna* **to teach** this *halakha* in the case of **a loan,** and **why do I** need him **to teach** it in the case of **a deposit?** Either example alone would have sufficed. The Gemara explains: It is **necessary** to teach the *halakha* in both cases, **for if he** had **taught** the *halakha* only in the case of **a loan,** one could have said: **In that** case **Rabbi Tarfon says** what he says **due to** the fact that **a loan is given to be spent.** Since there is no already existing property here, but only an obligation to pay back the loan, it can be given to the weakest party. **However,** in the case of **a deposit, which exists in its pure,** unadulterated form and not just as an obligation, one might **say** that **he concedes to Rabbi Akiva** that it belongs to the heirs.

וְאִי תְּנָא הָא – בְּהָא קָאָמַר רַבִּי עֲקִיבָא, אֲבָל בְּהַךְ – אֵימָא מוֹדֵי לְרַבִּי טַרְפוֹן, צְרִיכָא.

And conversely, **if** the *tanna* had **taught that** *halakha* **only** in the case of a deposit, one could have said that **in that** case **Rabbi Akiva says** his ruling that the deposit belongs to the heirs. However, **in this** case of a loan, one could **say that he concedes to Rabbi Tarfon** that the loan is given to the weakest party. It is therefore **necessary** for the *halakha* to be taught in both cases.

מַאי לַכּוֹשֵׁל? רַבִּי יוֹסֵי בְּרַבִּי חֲנִינָא אוֹמֵר: לַכּוֹשֵׁל שֶׁבִּרְאָיָה. רַבִּי יוֹחָנָן אָמַר: לִכְתוּבַּת אִשָּׁה, מִשּׁוּם חִינָּא.

The mishna taught that according to Rabbi Tarfon, the money should be given to the weakest party. The Gemara asks: **What** is the meaning of: **To the weakest? Rabbi Yosei, son of Rabbi Ḥanina, says:** It means that the money is given **to the one** whose **proof** is the **weakest,**[N] i.e., the one with the latest date on the document attesting to the debt. His document is the weakest, as one can collect from property that was sold by the deceased only if it was sold subsequent to his incurring the debt. Therefore, the others can collect from property that has been sold before the date listed on his document. **Rabbi Yoḥanan says:** It is referring **to the wife's marriage contract.** The Sages instituted *halakhot* in marriage contracts that were to the advantage of women and to make them feel more secure in their marriages, **due to** the fact that they wanted men to find **favor**[N] in the eyes of women.

כְּתַנָּאֵי: רַבִּי בִּנְיָמִין אוֹמֵר: לַכּוֹשֵׁל שֶׁבִּרְאָיָה, וְהוּא כָּשֵׁר. רַבִּי אֶלְעָזָר אוֹמֵר: לִכְתוּבַּת אִשָּׁה, מִשּׁוּם חִינָּא.

The Gemara comments: This discussion is **like** a dispute between *tanna'im*: **Rabbi Binyamin says:** The money is given **to the one** whose **proof** is the **weakest, and this is** the **proper** way to act. **Rabbi Elazar says:** It is referring **to the wife's marriage contract, due to** the fact that they wanted men to find **favor** with women.

״הִנִּיחַ פֵּירוֹת הַתְּלוּשִׁין״. וְרַבִּי עֲקִיבָא, מַאי אִירְיָא מוֹתָר? כּוּלְּהוּ נַמִי דְּיוֹרְשִׁין הָווּ! אִין הָכִי נַמִי, וְאַיְּידֵי דְּאָמַר רַבִּי טַרְפוֹן ״מוֹתָר״ – תְּנָא אִיהוּ נַמִי ״מוֹתָר״.

§ The mishna taught that if the husband **left** behind **produce that was detached,** the claimant who first seizes it acquires it, and there is a dispute as to what should be done with the surplus. The Gemara asks: **And** according to **Rabbi Akiva, why** discuss **specifically** this case of the **surplus? All** of the produce, not only the surplus, **also** belongs to **the heirs,** as he holds that the entire property goes to the heirs, even if the others took possession of it first. The Gemara answers: **Yes, it is indeed so.** Certainly Rabbi Akiva does not distinguish between a deposit and detached produce, **but since Rabbi Tarfon spoke** of **a surplus, he also taught** his *halakha* with regard to **a surplus.** However, according to Rabbi Akiva, the *halakha* is the same with regard to detached produce.

NOTES

To the one whose proof is the weakest – לַכּוֹשֵׁל שֶׁבִּרְאָיָה: According to Rashi, the one whose proof is the weakest is the one with the most recently dated document. However, the Rivan and the Rambam write that the weakest is the creditor. The Rif, who accepts this opinion, explains that the creditor is considered the weakest because he has to prove his case, whereas the wife does not have to bring the document of the marriage contract as proof. Rabbeinu Yehonatan maintains that the expression should be read as: The one who is seen as the weakest, and it refers to the creditor, as he is in the weakest position, having given his own money to the deceased.

In the Jerusalem Talmud, where this statement of Rabbi Yosei, son of Rabbi Ḥanina, is also cited, it is explained that he is referring to the one who possesses the weakest form of evidence. For example, if two creditors came forward, one who had loaned money and had a promissory note and one who had loaned money in the presence of witnesses, the latter has the weaker evidentiary status, as he must produce the witnesses in court. The Ra'ah and the Ritva cite an explanation from the Jerusalem Talmud, that the one with the latest document is the weakest, just as Rashi explained. Many early commentaries accept this explanation.

It is also explained in the Jerusalem Talmud that Rabbi Yoḥanan was referring to the one who is the weakest physically, and he means not only the frailest litigant, but also the poorest. The early commentaries cite the proof offered in the Jerusalem Talmud that a pauper is called *koshel*, weak, from the verse "And He brought them fourth with silver and gold, and there was not one weak one [*koshel*] among His tribes" (Psalms 105:37).

Due to the fact that they wanted favor – מִשּׁוּם חִינָּא: Rashi explains that the Sages wanted women to be assured that they could rely on their marriage contracts, and as a result they would view men favorably and be motivated to marry. *Tosafot*, citing Rabbeinu Ḥananel, writes that the aim was that women find favor in the eyes of men, as the men would be more eager to marry a widowed or divorced woman if she had received payment of a marriage contract.

וְרַבִּי עֲקִיבָא – תְּפִיסָה לָא מְהַנְיָא כְּלָל? אָמַר רָבָא אָמַר רַב נַחְמָן: וְהוּא שֶׁתָּפַס מֵחַיִּים.

The Gemara asks: **And** according to **Rabbi Akiva,** is the **seizure** of a debtor's assets by a creditor, though there are others who have a more immediate right to the assets, **not effective at all? Rava said** that **Rav Naḥman said: And this,** that Rabbi Akiva agrees that the seizure of assets is effective, is the case **provided that one seized** the property **from** the debtor while he was **alive.**[H] However, after his death the assets belong to the heirs.

וּלְרַבִּי טַרְפוֹן, דְּמַנְחִי הֵיכָא? רַב וּשְׁמוּאֵל דְּאָמְרִי תַּרְוַיְיהוּ: וְהוּא שֶׁצְּבוּרִין וּמוּנָּחִין בִּרְשׁוּת הָרַבִּים, אֲבָל בְּסִימְטָא – לָא. וְרַבִּי יוֹחָנָן וְרֵישׁ לָקִישׁ דְּאָמְרִי תַּרְוַיְיהוּ: אֲפִילּוּ בְּסִימְטָא.

The Gemara asks: **And according to Rabbi Tarfon,** who holds that whoever first takes possession of the produce has acquired it, **where was** this produce **placed?** The Gemara presents a dispute: There is the opinion of **Rav and Shmuel, who both say: And this,** that whoever first takes possession of the produce has acquired it, is the *halakha* **provided that** the produce is **arranged in a pile and placed in the public domain.** Since the public domain is not a suitable location for an act of acquisition, anyone can take the produce and acquire it. **However,** if it is situated **in an alley** [*simta*],[L] a place adjacent to the public domain that is rarely frequented by the public, the produce does **not** belong to the first one who obtains it. Because an acquisition can be performed in an alley, any items that had belonged to the deceased are immediately acquired by the heirs. **And** there is the opinion of **Rabbi Yoḥanan and Reish Lakish, who both say: Even** if one seizes produce left **in an alley,** he acquires it.

דּוּן דַּיָּינֵי כְּרַבִּי טַרְפוֹן, וַאֲהַדְרֵיהּ רֵישׁ לָקִישׁ לְעוּבְדָא מִינַּיְיהוּ. אֲמַר לֵיהּ רַבִּי יוֹחָנָן: עָשִׂיתָ כְּשֶׁל תּוֹרָה,

The Gemara relates: There were **judges** who **judged** a case of this kind **in accordance with** the opinion of **Rabbi Tarfon, and Reish Lakish reversed their action.** He dismissed the judges' decision and restored the money to the heirs, in accordance with the opinion of Rabbi Akiva. **Rabbi Yoḥanan** criticized his ruling and **said to him: You acted** in this case **like** one acts with regard to a ruling **of Torah** law, where any incorrect action taken by the court must be corrected.

לֵימָא בְּהָא קָמִיפַּלְגִי; דְּמָר סָבַר: טָעָה בִּדְבַר מִשְׁנָה – חוֹזֵר, וּמָר סָבַר: טָעָה בִּדְבַר מִשְׁנָה – אֵינוֹ חוֹזֵר?

The Gemara suggests: **Let us say that they disagree about this: That one Sage,** Reish Lakish, **holds** that if one **erred in a matter** that appears in the **Mishna,** the decision is **revoked.**[H] **And one Sage,** Rabbi Yoḥanan, **holds** that if one **erred in a matter** that appears in the **Mishna,** the decision is **not revoked.**

לָא, דְּכוּלֵּי עָלְמָא טָעָה בִּדְבַר מִשְׁנָה – חוֹזֵר. וְהָכָא בְּהָא קָמִיפַּלְגִי; מָר סָבַר: הֲלָכָה כְּרַבִּי עֲקִיבָא מֵחֲבֵירוֹ, וְלֹא מֵרַבּוֹ. וּמָר סָבַר: הֲלָכָה אֲפִילּוּ מֵרַבּוֹ.

The Gemara refutes this suggestion: **No,** it can be explained that according to **everyone,** where the judge **erred in a matter** that appears in the **Mishna,** the decision is **revoked, and here they disagree about this:** One **Sage,** Rabbi Yoḥanan, **holds** that the ***halakha*** is **in accordance with** the opinion of **Rabbi Akiva** in his disputes with **his colleague, but not** in his disputes with **his teacher,** and Rabbi Tarfon was Rabbi Akiva's teacher. **And one Sage,** Reish Lakish, **holds** that the ***halakha*** is in accordance with the opinion of Rabbi Akiva **even** in his disputes with **his teacher.**

וְאִיבָּעֵית אֵימָא: דְּכוּלֵּי עָלְמָא: הֲלָכָה כְּרַבִּי עֲקִיבָא מֵחֲבֵירוֹ וְלֹא מֵרַבּוֹ, וְהָכָא בְּהָא קָמִיפַּלְגִי; מָר סָבַר: רַבִּי טַרְפוֹן רַבּוֹ הֲוָה, וּמָר סָבַר: חֲבֵירוֹ הֲוָה.

And if you wish, say instead **that everyone** agrees that the ***halakha*** is **in accordance with** the opinion of **Rabbi Akiva** in his disputes with **his colleague but not** in his disputes with **his teacher. And here they disagree about this:** One **Sage,** Rabbi Yoḥanan, **holds** that **Rabbi Tarfon was** Rabbi Akiva's **teacher, and** one **Sage,** Reish Lakish, **holds** that Rabbi Tarfon **was his colleague.**

וְאִיבָּעֵית אֵימָא: דְּכוּלֵּי עָלְמָא חֲבֵירוֹ הֲוָה, וְהָכָא בְּהָא קָמִיפַּלְגִי; מָר סָבַר: ״הֲלָכָה״ אִיתְּמַר, וּמָר סָבַר: ״מַטִּין״ אִיתְּמַר.

And if you wish, say instead **that everyone** agrees that Rabbi Tarfon **was** Rabbi Akiva's **colleague, and here they disagree about this:** One **Sage,** Reish Lakish, **holds** that the principle that the law is in accordance with the opinion of Rabbi Akiva **was stated** as the ***halakha.* And** one **Sage,** Rabbi Yoḥanan, **holds** that what **was stated** was that **one is inclined** to follow the opinion of Rabbi Akiva. Therefore, although Rabbi Akiva's opinion is followed *ab initio,* the *halakha* was never established conclusively in accordance with it. As such, if judges went against the principle that the *halakha* follows Rabbi Akiva in opposition to his colleague, the Sages do not revoke their decision.

HALAKHA

Provided that one seized the property from the debtor while he was alive – וְהוּא שֶׁתָּפַס מֵחַיִּים: It is a mitzva for orphans to pay off their father's debt, even from the movable property that their father left behind. If an heir does not wish to do so, the court does not force him. If the creditor seized hold of property during the father's lifetime, he may collect his debt from it.

In the present, after the enactment of the *ge'onim* that one is able to collect payment from heirs even from movable property, if a creditor seized movable property, even after the death of the father, his action is effective. Even if he does not have witnesses that he is owed money, he may take an oath and claim the money from the property in his possession (Rambam *Sefer Mishpatim, Hilkhot Malve VeLoveh* 11:8; *Shulḥan Arukh, Ḥoshen Mishpat* 107:5).

If one erred in a matter in the Mishna, the decision is revoked – טָעָה בִּדְבַר מִשְׁנָה חוֹזֵר: If a judge in a monetary case made a mistake with regard to something obvious and well known, such as an explicit *halakha* in the Mishna or Gemara, the verdict is revoked, and he must restore matters to the state of affairs that previously existed (Rambam *Sefer Shofetim, Hilkhot Sanhedrin* 6:1; *Shulḥan Arukh, Ḥoshen Mishpat* 25:1).

LANGUAGE

Alley [*simta*] – סִימְטָא: From the Latin semita, meaning a path or a small alleyway.

קריביה דרבי יוחנן תפוס פרה דיתמי מסימטא. אתו לקמיה דרבי יוחנן. אמר להו: שפיר תפסתוה. אתו לקמיה דרבי שמעון בן לקיש. אמר להו: זילו אהדור. אתו לקמיה דרבי יוחנן. אמר להו: מה אעשה? שכנגדי חלוק עלי.

The Gemara relates: **The relatives of Rabbi Yoḥanan seized a cow of orphans from an alley** because the orphans' father owed them money. **They came before Rabbi Yoḥanan**[N] for judgment, and **he said to them:** It is **well** that **you seized** the cow and it is yours, in accordance with the ruling of Rabbi Tarfon. **They** subsequently **came before Rabbi Shimon ben Lakish,** who **said to them:** Go and **return** the cow to the orphans. **They** again **came before Rabbi Yoḥanan,** complaining that Reish Lakish had told them they must give back the cow, in opposition to Rabbi Yoḥanan's ruling. **He said to them: What can I do, as one whose** stature **corresponds to my** stature **disagrees with me,** and I cannot dismiss his opinion.

ההוא בקרא דיתמי דתפסי תורא מיניה. בעל חוב אמר: מחיים תפיסנא ליה, ובקרא אמר: לאחר מיתה תפסיה. אתו לקמיה דרב נחמן. אמר ליה: אית לך כהדי דתפסיה? אמר ליה: לאו. אמר ליה: מגו דיכול למימר "לקוח הוא בידי". יכול נמי למימר "מחיים תפיסנא ליה".

The Gemara relates another incident: There was **a certain herdsman** caring for the cattle **of orphans from whom** a creditor **seized an ox** as payment for a debt of the orphans' father. The **creditor said: I seized it from** the herdsman **while** the debtor was still **alive.** In such a case, the action is effective even according to Rabbi Akiva, as stated earlier. **And the herdsman said: He seized it after** the debtor's **death. They came before Rav Naḥman** for a ruling. Rav Naḥman **said to** the herdsman: Do **you have witnesses that he seized** the ox **from you? He said to him: No.** Rav Naḥman **said to him:** In that case, **since** the claimant **can say:**[H] **It is in my possession** because **it was purchased** by me, as there is no proof that he gained possession of the ox unlawfully, **he can also say: I seized it from** the herdsman **while** the deceased was still **alive.**

והאמר ריש לקיש: הגודרות אין להן חזקה! שאני תורא, דמסירה לרועה.

The Gemara asks: **But didn't Reish Lakish say** that **moving livestock,** e.g., sheep and oxen, provide **no presumption**[H] of ownership to whoever is in possession of them? Since they wander from place to place, a person cannot claim that his mere possession of livestock demonstrates ownership, because it may have wandered into his property on its own. The Gemara answers: **An ox is different** from other livestock, as it **is handed over to a shepherd,** who does not let it wander off. Consequently, possession of an ox does establish a presumption of ownership.

דבי נשיאה תפוס אמתא דיתמי מסימטא. יתיב רבי אבהו ורבי חנינא בר פפי ורבי יצחק נפחא, ויתיב רבי אבא גבייהו, אמר להו: שפיר תפסיתוה. אמר להו רבי אבא: משום דבי נשיאה נינהו מחנפיתו להו? והא דון דייני כרבי טרפון ואהדריה ריש לקיש עובדא מינייהו!

The Gemara relates another incident: The members of **the house of the prince** of Eretz Yisrael **seized** hold of **a maidservant of orphans in an alley,** as payment for a debt owed to them by the orphans' father. **Rabbi Abbahu and Rabbi Ḥanina bar Pappi and Rabbi Yitzḥak Nappaḥa were sitting** as judges, and **Rabbi Abba was sitting with them.** Rabbi Abbahu **said to them:** It is **well** that **you seized** the maidservant. **Rabbi Abba said to** the judges: Just **because they are** members of **the house of the prince, will you curry favor with them** by rendering an incorrect verdict? Isn't it the *halakha* that there were **judges** who **judged** a case of this kind **in accordance with** the opinion of **Rabbi Tarfon, and Reish Lakish reversed their action,** indicating that the *halakha* is not in accordance with the opinion of Rabbi Tarfon?

NOTES

They came before Rabbi Yoḥanan – אתו לקמיה דרבי יוחנן: *Tosafot* are puzzled by Rabbi Yoḥanan's response. Since he agrees that we are inclined to accept Rabbi Akiva's ruling and rule in accordance with his opinion *ab initio*, why did he say that it is well that they seized the cow? *Tosafot* suggest that because Rabbi Yoḥanan's relatives had already seized the cow, it is already after the fact.

The Ritva explains that perhaps they had already eaten the cow, which would certainly make this a ruling after the fact. Reish Lakish's instructions to return the cow would have been referring to the value of the cow and not the animal itself. Ya'avetz explains that since they were Rabbi Yoḥanan's relatives, they certainly did not formally appear before him in court. What he said to them was not a formal verdict but simply advice. For this reason, the actual court case appeared before Reish Lakish (see *Beit Aharon*).

HALAKHA

Since the claimant can say, etc. – מיגו דיכול וכו׳: In a case where someone seized assets from an heir in order to recover a debt from the heir's father, if the creditor claims to have seized the money during the father's lifetime, while the heir claims that he did so after his father's death, the heir must bring proof for his claim. This ruling is in accordance with the opinion of Rav Naḥman (Rambam *Sefer Mishpatim*, *Hilkhot Malve VeLoveh* 11:8).

Moving livestock provide no presumption – הגודרות אין להן חזקה: In general, one in possession of a movable object is deemed credible when he claims to be its owner. This principle, however, does not apply to domesticated and wild animals, because they are mobile. It is conceivable that they entered someone's domain on their own or were snatched while they were walking.

If a claimant has witnesses and brings a case against someone, claiming that the defendant has taken his animals into his possession, and the defendant denies this claim, then the claimant takes an oath of inducement, and the animals are given to him. This is an oath instituted by the Sages for cases where a defendant completely denies a claim. If the claimant does not have witnesses, the defendant, who is in possession of the animal, keeps it after taking an oath of inducement.

However, the Rema cites an opinion that if one has been in possession of an animal for three years, he is considered its owner (*Tur*, based on Rashbam and *Tosafot*). With regard to the *halakhot* of livestock, if the custom of a place is to deliver them to shepherds and not allow them to wander off on their own, then they are comparable to other movable objects for the purposes of this *halakha*, in accordance with the Gemara's answer (Rambam *Sefer Mishpatim*, *Hilkhot To'en VeNitan* 10:1; *Shulḥan Arukh*, *Ḥoshen Mishpat* 135:1).

יֵימָר בַּר חָשׁוּ הֲוָה מַסֵּיק בֵּיהּ זוּזֵי בְּהַהוּא גַּבְרָא. שְׁכֵיב, וְשָׁבֵיק אַרְבָּא. אָמַר לֵיהּ לִשְׁלוּחֵיהּ: זִיל תָּפְסָהּ נִיהֲלֵיהּ. אֲזַל תָּפְסָהּ. פָּגְעוּ בֵּיהּ רַב פַּפָּא וְרַב הוּנָא בְּרֵיהּ דְּרַב יְהוֹשֻׁעַ, אָמְרוּ לֵיהּ: אַתְּ תּוֹפֵס לְבַעַל חוֹב בִּמְקוֹם שֶׁחָב לַאֲחֵרִים, וְאָמַר רַבִּי יוֹחָנָן: הַתּוֹפֵס לְבַעַל חוֹב בִּמְקוֹם שֶׁחָב לַאֲחֵרִים

The Gemara relates another incident: A man called **Yeimar bar Ḥashu was owed money by a certain man** who **died and left** behind **a boat.** Yeimar bar Ḥashu **said to his agent: Go and seize** the boat **for me.** The agent **went** and **seized it. Rav Pappa and Rav Huna, son of Rav Yehoshua, encountered him. They said to him: You are seizing** assets **for a creditor in a situation** where your action will cause **a disadvantage for others,** as the debtor owed money to other people as well. **And Rabbi Yoḥanan said** that **one who seizes** assets **for a creditor in a situation** that will result in a **disadvantage for others**[H]

HALAKHA

One who seizes assets for a creditor in a situation that will result in a disadvantage for others – הַתּוֹפֵס לְבַעַל חוֹב בִּמְקוֹם שֶׁחָב לַאֲחֵרִים: If someone borrowed money from several people and is unable to pay them all back, and someone else seizes his movable property with the intention of acquiring it for one of the creditors, his action is not effective. This is because one who seizes assets for a creditor in a situation that will result in a disadvantage for others has not acquired the property, as stated by Rabbi Yoḥanan. In this regard, even if the one who seized the property was acting as the creditor's agent, and even if the creditor authorized him to do so, he has not acquired the object. A steward, however, is considered an extension of the creditor, and he can therefore acquire the property on his behalf (Rambam *Sefer Mishpatim*, *Hilkhot Malve VeLoveh* 20:2; *Shulḥan Arukh*, *Ḥoshen Mishpat* 105:1).

Perek **IX**
Daf **85** Amud **a**

לֹא קָנָה. תְּפָסוּהָ אִינְהוּ, רַב פַּפָּא מִימְלַח מַלּוּחֵי, רַב הוּנָא בְּרֵיהּ דְּרַב יְהוֹשֻׁעַ מַמְתַּח לָהּ בְּאַשְׁלָא. מָר אָמַר: אֲנָא קָנֵינָא לָהּ לְכוּלָּהּ, וּמָר אָמַר: אֲנָא קָנֵינָא לָהּ לְכוּלָּהּ.

has not acquired[N] it. He cannot act to the detriment of others without their consent, and his acquisition harms the other creditors. Those Sages were also owed money by that same man, so **they** both **seized** the boat for himself. **Rav Pappa steered** it **with an oar,** while **Rav Huna, son of Rav Yehoshua, pulled it with a rope.** This **Sage said: I acquired all of it; and that Sage said: I acquired all of it.**

פָּגַע בְּהוּ רַב פִּנְחָס בַּר אַמִי, אָמַר לְהוּ: רַב וּשְׁמוּאֵל דְּאָמְרִי תַּרְוַיְיהוּ: וְהוּא שֶׁצְּבוּרִין וּמוּנָּחִין בִּרְשׁוּת הָרַבִּים. אָמְרוּ לְהוּ: אֲנַן נַמִי מֵחֲרִיפוּתָא דְּנַהֲרָא תְּפֵיסְנָא.

Rav Pineḥas bar Ami encountered them and **said to them:** What of the opinion of **Rav and Shmuel, who both say: And this,** that whoever first takes possession has acquired them, is the *halakha* **provided that** the items are **arranged in a pile and placed in the public domain,** which is not the case with this boat? **They said to him: We too seized it from the current of the river,** i.e., the middle of the river, which has the status of a public domain.

אָתוּ לְקַמֵּיהּ דְּרָבָא. אָמַר לְהוּ: קָאקֵי חִיוָּרֵי מְשַׁלְּחֵי גְּלִימֵי דְּאִינָשֵׁי! הָכִי אָמַר רַב נַחְמָן: וְהוּא שֶׁתְּפָסָהּ מֵחַיִּים.

They came before Rava to ask him who had acquired the boat. **He said to them:** You are **white geese** [*kakei ḥivvarei*],[L] in reference to their white beards, **who remove people's cloaks,** i.e., your actions were unlawful from the start. **This is what Rav Naḥman said: And this,** that whoever takes possession has acquired them, is the *halakha* **provided that one seized** them **from** the debtor **while** he was **alive.** In this case, however, the boat was seized after the debtor's death, when the heirs had already taken possession of it.

אֲבִימִי בְּרֵיהּ דְּרַבִּי אַבָּהוּ הָווּ מַסְּקֵי בֵּיהּ זוּזֵי בֵּי חוֹזָאֵי. שַׁדְּרִינְהוּ בְּיַד חָמָא בְּרֵיהּ דְּרַבָּה בַּר אַבָּהוּ. אֲזַל פָּרְעִינְהוּ, אָמַר לְהוּ: הַבוּ לִי שְׁטָרָא! אָמְרוּ לֵיהּ: סִיטְרָאֵי נִינְהוּ.

The Gemara relates another incident: **Avimi, son of Rabbi Abbahu, owed money** to people from **Bei Ḥozai. He sent** the money **in the possession of Ḥama, son of Rabba bar Abbahu,** who **went** and **paid** the money that Avimi, son of Rabbi Abbahu, owed, and he then **said to** the people from Bei Ḥozai: **Give me** back **the document** that shows that the person who sent me owes you money. **They said to him:** The money that you paid us **was for side** debts,[H] i.e., money from a different debt, which was not written in a document. We accepted the money from you as payment of that debt. We will therefore not return the document to you, as he has yet to pay off the debt listed in the document.

NOTES

Has not acquired – לֹא קָנָה: Rabbeinu Tam and *Tosafot* state that in general one is able to acquire something on behalf of someone else based on a *miggo* claim. Since one can acquire something for himself, he can also do so for others. Here, however, such a claim does not apply. *Tosafot* note that this appears to contradict Rabbi Yoḥanan's own ruling that if one lifts a found item on behalf of another, the other acquires the item. The Ramban and the Ran explain in greater detail the answer alluded to by *Tosafot*: A found item is ownerless, and one who lifts it can therefore acquire it either for himself or for others. Here, however, since the item is also liened for other debts, the agent cannot acquire it for himself, as he has no rights to it. Consequently, he also cannot acquire it on behalf of someone else.

LANGUAGE

White geese [*kakei ḥivvarei*]– קָאקֵי חִיוָּרֵי: Rashi translates *kakei* as geese. However, as explained in the *Arukh*, this word has a different meaning, at least in the *Targum*. *Targum Yonatan*, the *Targum* of Eretz Yisrael, explains that the non-kosher bird called the *ka'at* (Deuteronomy 14:17) is the *kaka ḥiurta*. There are also several opinions concerning the precise identification of the *ka'at*. Some assert that it is the pelican, while others claim that it is one of the nocturnal birds of prey, e.g., the owl.

HALAKHA

They said to him, the money was for side debts, etc. – אָמְרוּ לֵיהּ: סִיטְרָאֵי נִינְהוּ וכו׳: Someone presents a ratified document stating that another owes him money, and the defendant says that he paid the debt. In such a case, if the claimant admits that he received the money but says it was for a different loan, given by oral agreement, and the document still records an unpaid debt, then, if the money was not returned in the presence of witnesses, the claimant is deemed credible. The document is still valid and can be used to collect money without an oath if the document grants credibility, or with an oath if it does not. This *halakha* is in accordance with Rabbi Abbahu's ruling.

However, the debtor can later sue the creditor for taking money from him unlawfully, in which case the creditor must take an oath of inducement (Rambam *Sefer Mishpatim*, *Hilkhot Malve VeLoveh* 14:9; *Shulḥan Arukh*, *Ḥoshen Mishpat* 58:1).

HALAKHA

I sent you to act for my benefit – לְתַקּוּנֵי שְׁדַרְתִּיךְ: If a debtor's agent paid off his debt without witnesses, and the creditor subsequently claims that he accepted the money as payment for a different debt and refuses to give back the document, then the agent must reimburse the one who appointed him for the loss he caused him, in accordance with the conclusion of the Gemara (Rambam *Sefer Kinyan*, *Hilkhot Sheluḥin VeShutafin* 1:6; *Shulḥan Arukh*, *Ḥoshen Mishpat* 58:1).

Do you have witnesses that they claimed the bag… while he was alive – אִית לָךְ סָהֲדֵי דְּתַבְעוּהָ...מֵחַיִּים: If one deposited documents with someone and died, and the bailee says that he has seized possession of the documents as payment for debts owed to him by the deceased, if there are witnesses that the depositor had requested the documents and he had refused to give them back, it is considered as if they were seized during his lifetime. If not, it is considered as if the bailee had seized the documents after his death, an act that is of no account. This ruling is in accordance with the opinion of Rav Naḥman (Rambam *Sefer Mishpatim*, *Hilkhot Malve VeLoveh* 11:8; *Shulḥan Arukh*, *Ḥoshen Mishpat* 64:1).

LANGUAGE

Bag [*meloga*] – מְלוֹגָא: Apparently from the Greek μολγός, *molgos*, meaning leather bag.

PERSONALITIES

The daughter of Rav Ḥisda – בַּת רַב חִסְדָּא: Rav Ḥisda's daughter and Rava knew each other from childhood. She first married Rami bar Ḥama, who was Rava's friend and colleague, but after his passing she married Rava, who had become a widower. On numerous occasions, the Talmud records their close relationship. According to these stories, Rava relied on her judgment both because of her upbringing in the home of Rav Ḥisda, who was one of the leading Sages of his generation, and because of her own principled and exemplary character.

אֲתָא לְקַמֵּיהּ דְּרַבִּי אַבָּהוּ. אֲמַר לֵיהּ: אִית לָךְ סָהֲדֵי דִּפְרַעְתִּינְהוּ? אֲמַר לֵיהּ: לָא. אֲמַר לֵיהּ: מִיגּוֹ דְּיָכוֹלִין לוֹמַר: "לֹא הָיוּ דְּבָרִים מֵעוֹלָם" יְכוֹלִין נַמִּי לְמֵימַר סִיטְרָאֵי נִינְהוּ.

This case **came before Rabbi Abbahu. He said to** Ḥama, son of Rabba bar Abbahu: Do **you have witnesses that you paid them? He said to him: No.** Rabbi Abbahu **said to him: He could have made a more advantageous claim [*miggo*]. Since they can say: These matters never occurred,** i.e., you never paid them anything, **they can also say: These are side** debts. Therefore, you cannot demand from them either the money or the document.

לְעִנְיַן שַׁלּוּמֵי שָׁלִיחַ מַאי? אֲמַר רַב אַשִׁי: חָזֵינַן, אִי אֲמַר לֵיהּ "שְׁקוֹל שְׁטָרָא וְהַב זוּזֵי" – מְשַׁלֵּם; "הַב זוּזֵי וּשְׁקוֹל שְׁטָרָא" – לָא מְשַׁלֵּם.

The Gemara asks: **With regard to the payment of the agent, what** is the *halakha*? Must the agent reimburse the one who appointed him for his loss? **Rav Ashi said: We see** that **if** the one who appointed him **said to him: Take the document** from them **and give** them **money,** then the agent disobeyed his instructions by first paying the money and must **pay** back the one who appointed him. If, however, the one who appointed him said to the agent: **Give** the **money and take the document, he does not pay,** as the one who appointed him was not particular about instructing the agent to take the document before giving them money.

וְלָא הִיא – בֵּין כָּךְ וּבֵין כָּךְ מְשַׁלֵּם. דַּאֲמַר לֵיהּ: לְתַקּוּנֵי שְׁדַרְתִּיךְ וְלָא לְעַוּוֹתֵי.

The Gemara comments: **And this is not so;** Rav Ashi's ruling is not accepted as *halakha*. **Whether** the instructions were given in **this** manner **or whether** the instructions were given in **that** manner, the agent must **pay, as** the one who appointed him can **say to him: I sent you to** act for **my benefit,**[H] **and not to my detriment.** His right to act as an agent did not extend to a case where it was to the detriment of the one who designated him.

הַהִיא אִיתְּתָא דַּהֲווֹ מִיפַּקְדִי גַּבַּהּ מְלוֹגָא דִּשְׁטָרֵי. אָתוּ יוֹרְשִׁים, קָא תָּבְעִי לַיהּ מִינָּהּ. אָמְרָה לְהוּ: מֵחַיִּים תְּפֵיסְנָא לְהוּ. אֲתַאי לְקַמֵּיהּ דְּרַב נַחְמָן. אֲמַר לָהּ: אִית לֵיךְ סָהֲדֵי דְּתַבְעוּהָ מִינֵּיךְ מֵחַיִּים וְלָא יָהֲבִית נִיהֲלֵיהּ? אֲמַר לֵיהּ: לָא, אִם כֵּן הָוֵי תְּפִיסָה דִּלְאַחַר מִיתָה, וּתְפִיסָה דִּלְאַחַר מִיתָה – לֹא כְּלוּם הִיא.

The Gemara relates another incident: There was **a certain woman who had a bag [*meloga*]**[L] **full of documents deposited with her. The heirs came and claimed it from her. She said to them: I seized** the bag of documents from the deceased **while** he was **alive,** as he owed me money. **They came before Rav Naḥman** for judgment. **He said to her:** Do **you have witnesses that** the deceased **claimed** the bag **from you while** he was **alive**[H] **and you did not give it to him? She said to him: No,** I do not have witnesses to this effect. He replied: **If so, this is** considered a case of **seizing** property **after death, and seizing after death is nothing.** As stated earlier, seizing property to recover a debt is effective only when done during the lifetime of the debtor. It is ineffective once he is dead and others have inherited his property.

הַהִיא אִיתְּתָא דְּאִיחַיְּיבָא שְׁבוּעָה בֵּי דִּינָא דְּרָבָא. אָמְרָה לֵיהּ בַּת רַב חִסְדָּא: יָדַעְנָא בָּהּ דַּחֲשׁוּדָה אַשְּׁבוּעָה. אַפְכָהּ רָבָא לִשְׁבוּעָה אַשֶּׁכְנֶגְדָּהּ.

The Gemara relates another incident: There was **a certain woman who was obligated** to take **an oath** in order to avoid payment **in Rava's court. The daughter of Rav Ḥisda**[P] **said to** Rava, her husband: **I know that she is suspect with regard to** taking a false **oath. Rava reversed** the obligation of **the oath** so that it fell **onto the other** party, who now had the option of taking an oath that the woman owes him money and collecting his debt. This is how to act when the court does not trust the one who is obligated to take an oath.

זִימְנִין הָווּ יָתְבִי קַמֵּיהּ רַב פַּפָּא וְרַב אַדָּא בַּר מַתְנָא, אַיְיתוּ הַהוּא שְׁטָרָא גַּבֵּיהּ. אֲמַר לֵיהּ רַב פַּפָּא: יָדַעְנָא בֵּיהּ דִּשְׁטָרָא פְּרִיעָא הוּא. אֲמַר לֵיהּ: אִיכָּא אִינִישׁ אַחֲרִינָא בַּהֲדֵיהּ דְּמָר? אֲמַר לֵיהּ: לָא. אֲמַר לֵיהּ: אַף עַל גַּב דְּאִיכָּא מָר – עֵד אֶחָד לָאו כְּלוּם הוּא.

The Gemara continues: **On another occasion, Rav Pappa and Rav Adda bar Mattana were sitting before** Rava. **A certain document was brought before** Rava to be examined in court. **Rav Pappa said to** Rava: **I know about this document, that it** records a debt that has already been **paid.** Rava **said to him: Is there another person** who can testify **with the Master** about the document? **He said to him: No,** I am the only one who knows. Rava **said to him: Although there is the Master** here who attests that the document has been paid, **one witness is nothing.**

אֲמַר לֵיהּ רַב אַדָּא בַּר מַתְנָא: וְלָא יְהֵא רַב פַּפָּא כְּבַת רַב חִסְדָּא? בַּת רַב חִסְדָּא – קִים לִי בְּגַוָּהּ, מָר – לָא קִים לִי בְּגַוֵּיהּ.

Rav Adda bar Mattana said to Rava: **And should Rav Pappa not be** trusted **like Rav Ḥisda's daughter,** who as a woman is disqualified from testimony? Rava replied: I relied on **Rav Ḥisda's daughter** because **I know with certainty about her** that she is always truthful. However, I cannot rely on the **Master** because **I do not know with** the same degree of **certainty about him** that he is always truthful, and I cannot rule on the basis of one witness unless I have complete certainty.

אֲמַר רַב פַּפָּא: הָשְׁתָּא דְּאָמַר מָר: ״קִים לִי בְּגַוֵּיהּ״ מִילְּתָא הִיא, כְּגוֹן אַבָּא מָר בְּרִי דְּקִים לִי בְּגַוֵּיהּ – קָרַעְנָא שְׁטָרָא אַפּוּמֵּיהּ.

Rav Pappa said: Now that the Master, Rava, **has said** that the claim: **I know with certainty about him, is a significant matter,** i.e., a claim that can be used in court,[H] if a judge knows that someone is telling the truth, although under normal circumstances his testimony would be inadmissible, in this case it does have a certain legal validity. **For example, if Abba Mar, my son, about whom I know with certainty** always tells the truth, claims that a document that records a debt has already been paid, then **I** can **tear the document on** the basis of **his word.**

קָרַעְנָא סָלְקָא דַּעְתָּךְ?! אֶלָּא, מָרַעְנָא שְׁטָרָא אַפּוּמֵּיהּ.

The Gemara asks: How can it **enter your mind** that the court can **tear** a document based on the word of a single witness? **Rather,** the statement should be that **I** can **weaken the document**[N] **on** the basis of **his word,** by not allowing it to be used for claiming payment without further proof.

הַהִיא אִיתְּתָא דְּאִיחַיְּיבָא שְׁבוּעָה בֵּי דִּינָא דְּרַב בֵּיבָי בַּר אַבַּיֵּי. אֲמַר לְהוּ הַהוּא בַּעַל דִּין: תֵּיתֵי וְתִישְׁתַּבַּע בְּמָתָא, אֶפְשָׁר דְּמִיכַּסְפָא וּמוֹדְיָא. אָמְרָה לְהוּ: כִּתְבוּ לִי – זַכְוָותָא דְּכִי מִשְׁתַּבַּעְנָא יָהֲבֵי לִי. אֲמַר לְהוּ רַב בֵּיבָי בַּר אַבַּיֵּי: כִּתְבוּ לָהּ.

The Gemara relates another incident: There was **a certain woman who was obligated** to take **an oath in Rav Beivai bar Abaye's court.** The opposing **litigant said to** the judges: Let **her come and take an oath in the town.**[HN] **It is possible that she will be ashamed** of her lies **and will admit** that she is liable. **She said to** the judges: **Write** a document of **rights for me,**[N] so **that when I take the oath they will give** it **to me,** and I will then be willing to take an oath in the town. **Rav Beivai bar Abaye said to them: Write** the document **for her.**

אֲמַר רַב פַּפִּי: מִשּׁוּם דְּאָתִיתוּ מִמּוּלָאֵי אָמְרִיתוּ מִילֵּי מוּלַיְיתָא?

Rav Pappi said: Is it **because you come from unfortunate people** [*de'atitu mimmula'ei*][NL] that **you say unfortunate things?** Rav Beivai was from the house of Eli, whose descendants were sentenced to die at a young age.

הָא אֲמַר רָבָא: הַאי אַשְׁרָתָא דְּדַיָּינֵי דְּמִיכַּתְבָא מִקַּמֵּי דְּנַחֲווּ סָהֲדֵי אַחֲתִימוֹת יְדַיְיהוּ – פְּסוּלָה, אַלְמָא – מֶיחֱזֵי כְּשִׁיקְרָא, הָכִי נַמִּי – מֶיחֱזֵי כְּשִׁיקְרָא.

Rav Pappi said that Rav Beivai bar Abaye was wrong to say what he said because of a statement of Rava. **Didn't Rava say: This ratification of judges, which was written** on a document **before** the **witnesses had seen** and testified **about their signature, is invalid,** although the witnesses later attested that it was their signatures? **Apparently,** it has **the appearance of falsehood** because they affirmed the validity of a document before hearing the testimony. **Here too,** if the judges wrote a document of rights before the woman took her oath, the document would **have the appearance of falsehood,** and the court should not write a document of rights for her before she takes an oath.

HALAKHA

I know with certainty about him, is a significant matter – קִים לִי בְּגַוֵּיהּ מִילְּתָא הִיא: A judge of monetary cases must rule in accordance with the truth as it appears to him. Consequently, if a man who is obligated to take an oath comes before him, and the judge has heard from someone he trusts that this man's oaths cannot be trusted, even if he has heard this from only a single witness or a woman, the judge has the option of reversing the obligation to take the oath onto the other party.

Similarly, if a judge hears from someone he trusts that the debt recorded in a certain document has already been repaid, he can obligate the owner of the document to take an oath before he can collect the debt. This is the basic *halakha*, in accordance with the opinion of Rava and Rav Pappa.

However, over the course of the generations, halakhic authorities came to the conclusion that these testimonies might not be sufficiently well based, and judges should rely on only clear evidence. In any case, a judge should not deliver a verdict if he suspects that something is amiss. He should cross-examine the testimonies in great detail or attempt to work out a compromise. If he is unable to do this, he should recuse himself from the case.

The later commentaries, in their responsa, discuss the details of these *halakhot* at length and address whether there are instances in which the ruling of the Gemara is followed in practice (Rambam *Sefer Shofetim, Hilkhot Sanhedrin* 24:1–2; *Shulḥan Arukh, Ḥoshen Mishpat* 15:5).

Let her come and take an oath in the town – תֵּיתֵי וְתִישְׁתַּבַּע בְּמָתָא: A claimant can request *ab initio* that the defendant take an oath in the town where the transaction was conducted and people are familiar with the facts, or somewhere where the presence of many people might shame him into telling the truth. The claimant cannot, however, force the defendant to go there, but when the defendant arrives in that place he must take the oath, and he cannot say he will take an oath only in his own town (*Shulḥan Arukh, Ḥoshen Mishpat* 87:23, and in the comment of Rema).

LANGUAGE

You come from unfortunate people [*de'atitu mimmula'ei*] – דְּאָתִיתוּ מִמּוּלָאֵי: The commentaries have offered various explanations for this expression, which appears in several places. Some translate *mula* as referring to a cut or defect. This alludes to Rav Beivai's ancestry from the house of Eli, who were cursed to die young (I Samuel 2:33). Others explain that *mumla* is the name of the place where the sons of Eli lived (*Bereshit Rabba*). A different explanation is offered in the *Arukh*, that *mumla* means greatness or stature. The statement then means: Since you come from esteemed people, i.e., Abaye and Rabba, you speak grandly.

NOTES

I can weaken the document – מָרַעְנָא שְׁטָרָא: According to Rashi, the document is weakened in that the owner of it may not use it to claim money. Instead, it is placed aside in case the matter is clarified by other means, or in case the putative creditor seizes property from the debtor or acts in a similar manner (Meiri). According to the Rivan, this document is so weakened that even with an oath it cannot be used to collect a debt. Most early commentaries, however, accept the opinion of Rabbeinu Ḥananel and the Rif, that the document is weakened to the extent that it can be used only to collect a debt in conjunction with an oath. According to this opinion, a question is posed by *Tosafot*: Abba Mari was a single witness, and a single witness can obligate one denying a claim to take an oath. What, then, is added by: I know with certainty about him? *Tosafot* and others answer that this claim allows the court to rely on a relative or someone else who is usually disqualified from testifying. Rabbeinu Ḥananel writes that even if the document granted credibility that exempted the debtor from an oath, in this case he would have to take an oath.

Let her come and take an oath in the town – תֵּיתֵי תִישְׁתַּבַּע בְּמָתָא: There are several different versions of the text here, which affect both the reasoning behind this *halakha* and the *halakha* itself. The version of the Rivan and others reads: In our town, as the man assumed that the residents of the place where the business was conducted would know the truth. Another version of the text is: In the town, in which case the reasoning is that she would be ashamed of lying in public (Meiri). Others have an alternative version of the text that states: In my town. The early commentaries write that one cannot compel the opposing litigant to take an oath in another place, despite the fact that the creditor can insist that the case be tried in his city. What could be said is that the next time the defendant visits the city, he should take an oath there (see Ramban and Ra'ah).

Write a document of rights for me – כִּתְבוּ לִי זַכְוָותָא: Rashi explains that the woman wanted the judges to write a document stating that she had taken an oath, and the court had ruled in her favor. Presumably, this document would be given to a third party, who would give it to her after she takes the oath. The Ritva adds that in any case the judges would not sign a document of this kind, as that would certainly constitute an actual falsehood.

From unfortunate people – מִמּוּלָאֵי: Rashi offers two explanations, both of which explain that Rav Pappi was alluding to the fact that Rav Beivai was a descendant of Eli, whose descendants were cursed to die young. An alternative suggestion is found in the *Arukh*. Since Rav Beivai was from an esteemed family, he made grand pronouncements without bringing any concrete proof to support his opinion.

וְלֵיתָא, מִדְּרַב נַחְמָן. דְּאָמַר רַב נַחְמָן: אוֹמֵר הָיָה רַבִּי מֵאִיר: אֲפִילּוּ מְצָאוֹ בָּאַשְׁפָּה וַחֲתָמוֹ וּנְתָנוֹ לָהּ – כָּשֵׁר. וַאֲפִילּוּ רַבָּנַן לָא פְּלִיגִי עֲלֵיהּ דְּרַבִּי מֵאִיר – אֶלָּא בְּגִיטֵּי נָשִׁים, דְּבָעֵינַן כְּתִיבָה לִשְׁמָהּ, אֲבָל בִּשְׁאָר שְׁטָרוֹת – מוֹדוּ לֵיהּ.

The Gemara comments: **And** this *halakha* of Rava's is **not** accepted **because of** a statement **of Rav Naḥman, as Rav Naḥman said: Rabbi Meir would say: Even if** the husband **found** a bill of divorce with names identical to those of his and his wife's, **in the garbage, and he had it signed** by witnesses **and gave it to** his wife, it is **valid.** Rav Naḥman adds: **And the Rabbis do not disagree with Rabbi Meir, except** in the case of **bills of divorce of women, since** the Rabbis hold that **the writing** of the bill of divorce **needs** to be done **for the sake of** the woman[H] getting divorced. **But for all other documents, they concede to him**[H] that it makes no difference when the document was written.

דְּאָמַר רַב אַסִּי אָמַר רַבִּי יוֹחָנָן: שְׁטָר שֶׁלָּוָה בּוֹ וּפְרָעוֹ – אֵינוֹ חוֹזֵר וְלֹוֶה בּוֹ, שֶׁכְּבָר נִמְחַל שִׁיעְבּוּדוֹ. טַעֲמָא – דְּנִמְחַל שִׁיעְבּוּדוֹ אֲבָל לְמֶיחֱזֵי

The proof of this is **that Rav Asi said** that **Rabbi Yoḥanan said:** With regard to **a document that one borrowed** money **based on it** and then **repaid** the debt, **he may not borrow money again based on it.** This is **because its lien has already been forgiven.**[H] Once the debt has been repaid, the lien resulting from the loan is no longer in force. The witnesses did not sign the document at the time of the second loan, so the lien will not be in effect, and the loan will have the status of one by oral agreement. The Gemara infers: **The reason** that he cannot reuse the document is **because its lien has been forgiven,** so that the document is no longer accurate; **but as** for the fact that it has the **appearance**

HALAKHA

In the case of bills of divorce of women, since the writing needs to be done for the sake of the woman – בְּגִיטֵּי נָשִׁים דְּבָעֵינַן כְּתִיבָה לִשְׁמָהּ: A bill of divorce must be written for the man who is divorcing his wife and for the woman receiving the bill of divorce. If it was not written for her sake, it is invalid. For example, if one found a bill of divorce written by someone else or by someone learning how to write documents, and the name of the man and the woman happened to be the same as his and his wife's name, and their places of residence also match up, he may not divorce his wife with it. The *halakha* is in accordance with the opinion of the Rabbis (Rambam *Sefer Nashim, Hilkhot Geirushin* 3:4; *Shulḥan Arukh, Even HaEzer* 131:1).

For all other documents they concede to him – בִּשְׁאָר שְׁטָרוֹת מוֹדוּ לֵיהּ: A scribe may write in advance the standard part of promissory notes, including the names of the debtor, creditor, and the sum, omitting only the date so that it not be predated. After it has been signed in the proper manner, it is permitted to use a document of this kind (*Shulḥan Arukh, Ḥoshen Mishpat* 48:1).

Its lien has already been forgiven – שֶׁכְּבָר נִמְחַל שִׁיעְבּוּדוֹ: If the loan for which a document was written has been paid, it may not be used for another transaction. Even if the second transaction took place on the same day as the writing of the document, so that it is not an antedated document, its lien has been forgiven and it cannot serve for another loan, as stated by Rabbi Yoḥanan (Rambam *Sefer Mishpatim, Hilkhot Malve VeLoveh* 14:7; *Shulḥan Arukh, Ḥoshen Mishpat* 48:1).

כְּשִׁיקְרָא – לָא חָיְישִׁינַן.

of falsehood, as it was written prior to the second loan, **we are not concerned.**[N] So too here, the fact that the judges wrote the document before the event is not a matter of concern.

הַהוּא גַּבְרָא דְּאַפְקֵיד שַׁב מַרְגָּנִיתָא דְּצַיְירֵי בִּסְדִינָא בֵּי רַבִּי מְיָאשָׁא בַּר בְּרֵיהּ דְּרַבִּי יְהוֹשֻׁעַ בֶּן לֵוִי. שְׁכֵיב רַבִּי מְיָאשָׁא וְלָא פְּקִיד. אָתוּ לְקַמֵּיהּ דְּרַבִּי אַמִּי. אֲמַר לְהוּ: חֲדָא – דְּיָדַעְנָא בֵּיהּ בְּרַבִּי מְיָאשָׁא בַּר בְּרֵיהּ דְּרַבִּי יְהוֹשֻׁעַ בֶּן לֵוִי דְּלָא אֲמִיד, וְעוֹד: הָא קָא יָהֵיב סִימָנָא.

The Gemara examines cases involving disputes concerning the property of the deceased. There was **a certain man who deposited**[N] **seven pearls** [*marganita*][L] **tied up in a sheet** in **the house of Rabbi Meyasha, son of the son of Rabbi Yehoshua ben Levi. Rabbi Meyasha passed away without instructing** the members of his household on his deathbed, and without explaining to whom the gems belonged. Rabbi Meyasha's family and the depositor **came before Rabbi Ami** to discuss the ownership of the gems. **He said to them:** They belong to the claimant, **first of all, since I know about Rabbi Meyasha, son of the son of Rabbi Yehoshua ben Levi, that he is not wealthy**[N] enough to be able to afford such gems. **And furthermore,** the depositor **has provided a distinguishing mark** that proves that he is the owner.

LANGUAGE

Pearls [*marganita*] – מַרְגָּנִיתָא: From the Greek μαργαρίτης, *margaritēs*, meaning pearl. It seems that the Hebrew word *margalit* is derived from here. Here the word appears in its Aramaic form, with the common exchange of the letter *lamed* for a *nun*.

NOTES

That it has the appearance of falsehood we are not concerned – לְמֶיחֱזֵי כְּשִׁיקְרָא לָא חָיְישִׁינַן: The Ritva explains at length that it is permitted to perform an act that has only the appearance of falsehood. However, one may not perform an act that requires one to lie. He therefore maintains that even if the judges were permitted to write a document detailing the woman's rights before she took an oath, they were prohibited from signing it, for that would constitute an outright falsehood. According to *Talmidei Rabbeinu Yona*, such a practice is permitted if the statement is false only temporarily but with the passage of time will be correct. This is why the judges were allowed to write a document recording an event that had not yet taken place. However, it is prohibited to write something that will always remain false, even if even if there will be no halakhic implications.

A certain man who deposited, etc. – הַהוּא גַּבְרָא דְּאַפְקֵיד וכו׳: The early commentaries discuss this case at length. The main problem raised is why the gems are not left in the possession of the heirs (see *Tosafot*). The Ramban, the Rif according to the Ramban, and others answer that there must have been witnesses when someone deposited the gems with Rabbi Meyasha, which explains why it could not be said that they had belonged to him and would therefore be passed on to the heirs. However, the witnesses did not know who the depositor was or what exactly he had deposited. The other incidents discussed in the continuation of the Gemara are explained similarly (see Ra'ah).

First…that he is not wealthy, etc. – חֲדָא...דְּלָא אֲמִיד וכו׳: *Tosafot* question why such significance would be given to this argument. Other early commentaries, e.g., the Ritva, add that the fact that he was not known to be wealthy is no proof, as he might prefer to appear poor, or he might have found the gems and taken possession of them. This is one of the reasons why the commentaries explain that there must have been witnesses that something was deposited with Rabbi Meyasha, in which case there is no longer any discussion with regard to the heirs' own claim to the gems, but only about whether the gems belong to the claimant.

Tosafot, citing Rabbeinu Shimshon suggest that the two arguments stated in the Gemara, Rabbi Meyasha's lack of wealth and the distinguishing marks provided by the claimant, are referring to different aspects of the case. The fact that Rabbi Meyasha was not affluent prevents the heirs from saying that although their father had initially received the gems in the form of a deposit, he could have bought them at some point. As for who owns the gems, the claimant provided proof that they are his. Others, in accordance with *Tosafot*, explain that since there is a principle that a court will advance on behalf of orphans any claim that their father could have stated were he to have remained alive, in this case as well there may be claims that the court can advance on their behalf. However, since Rabbi Meyasha was not wealthy, it is very unlikely that the gems belonged to him, and a court does not make an unlikely claim on behalf of heirs.

וְלָא אֲמָרַן אֶלָּא דְּלָא רְגִיל דְּעָיֵיל וְנָפֵיק לְהָתָם, אֲבָל רְגִיל דְּעָיֵיל וְנָפֵיק לְהָתָם – אֵימָא אִינִישׁ אַחֲרִינָא אַפְקֵיד, וְאִיהוּ מִיחְזָא חֲזָא.

The Gemara comments: **And we said** that a distinguishing mark is effective **only** if the claimant **does not usually enter and exit there. But** if that person **usually enters and exits there,** one can say that **a different person** might have **deposited** the object, **and he** merely **saw** it there and was able to provide distinguishing marks.

הַהוּא גַּבְרָא דְּאַפְקֵיד כָּסָא דְּכַסְפָּא בֵּי חָסָא, שְׁכֵיב חָסָא וְלָא פְּקִיד. אָתוּ לְקַמֵּיהּ דְּרַב נַחְמָן. אֲמַר לְהוּ: יָדַעְנָא בֵּיהּ בְּחָסָא דְּלָא אֲמִיד. וְעוֹד: הָא קָא יָהֵיב סִימָנָא. וְלָא אֲמָרַן אֶלָּא דְּלָא רְגִיל דְּעָיֵיל וְנָפֵיק לְהָתָם, אֲבָל רְגִיל דְּעָיֵיל וְנָפֵיק לְהָתָם – אֵימַר אִינִישׁ אַחֲרִינָא אַפְקֵיד, וְאִיהוּ מִיחְזָא חֲזָא.

The Gemara relates a similar incident: There was **a certain man who deposited a silver goblet in the house of** the Sage **Ḥasa.**[P] **Ḥasa passed away without instructing** anything about the goblet. **They came before Rav Naḥman** to discuss the ownership of the goblet. **He said to them: I know about Ḥasa that he is not wealthy,** and this goblet would not have belonged to him. **And furthermore,** the depositor **has provided a distinguishing mark. And we said** so **only** if the claimant **does not usually enter and exit there. But** if that person **usually enters and exits there,** one can say that **a different person** might have **deposited** the object **and he** merely **saw** it there.

הַהוּא דְּאַפְקֵיד מְטַכְּסָא בֵּי רַב דִּימִי אֲחוּהּ דְּרַב סָפְרָא, שְׁכֵיב רַב דִּימִי וְלָא פְּקִיד. אֲתָא לְקַמֵּיהּ דְּרַבִּי אַבָּא. אֲמַר לְהוּ: חֲדָא – דִּיַדַעְנָא בֵּיהּ בְּרַב דִּימִי דְּלָא אֲמִיד, וְעוֹד: הָא קָא יָהֵיב סִימָנָא. וְלָא אֲמָרַן אֶלָּא דְּלָא רְגִיל דְּעָיֵיל וְנָפֵיק לְהָתָם, אֲבָל רְגִיל דְּעָיֵיל וְנָפֵיק לְהָתָם – אֵימָא אִינִישׁ אַחֲרִינָא אַפְקֵיד, וְאִיהוּ מִיחְזָא חֲזָא.

The Gemara relates another similar story: There was **a certain** man **who deposited**[H] **silk** [*metakesa*][L] **in the house of Rav Dimi, brother of Rav Safra. Rav Dimi passed away without instructing** anything about the silk. **They came before Rabbi Abba** to discuss the ownership of the silk. He **said to them:** It belongs to the claimant, **first of all, since I know about Rav Dimi that he is not wealthy. And furthermore,** he **has provided a distinguishing mark. And we said** so **only** if he **does not usually enter and exit there. But** if that person **usually enters and exit there,** one can **say** that **a different person** might have **deposited** the object, **and he** merely **saw** it there.

הַהוּא דַּאֲמַר לְהוּ: נִכְסַיי לְטוֹבִיָּה. שְׁכֵיב, אֲתָא טוֹבִיָּה. אָמַר רַבִּי יוֹחָנָן: הֲרֵי בָּא טוֹבִיָּה.

The Gemara relates the story of **a certain** man **who said to** those present at his deathbed: **My property** should go **to Toviya.**[H] He **passed away,** and **Toviya came** to claim his possessions. **Rabbi Yoḥanan said: Toviya has come,** and there is no need to be concerned that he might have meant a different Toviya.

אֲמַר "טוֹבִיָּה" וַאֲתָא רַב טוֹבִיָּה: "לְטוֹבִיָּה" אֲמַר: "לְרַב טוֹבִיָּה" – לָא אֲמַר. וְאִי אִינִישׁ דְּגִיס בֵּיהּ – הָא גִּיס בֵּיהּ. אָתוּ שְׁנֵי טוֹבִיָּה, שָׁכֵן וְתַלְמִיד חָכָם – תַּלְמִיד חָכָם קוֹדֵם, קָרוֹב וְתַלְמִיד חָכָם – תַּלְמִיד חָכָם קוֹדֵם.

The Gemara adds: If the deceased had **said:** My property should go to **Toviya, and Rav Toviya came** forward, it is assumed that this is not the person the deceased had in mind, for **he said:** My property should go **to Toviya. He did not say:** My property should go **to Rav Toviya. But if** Rav Toviya is **a person who is familiar with** the deceased, then it can be assumed that the deceased called him by his personal name and not by his title because **he was familiar with him.** If **two** men named **Toviya came** forward, and one of them was the deceased's **neighbor** and the other **a Torah scholar** but not his neighbor, the **Torah scholar takes precedence.** Similarly, if one was **a relative and** the other **a Torah scholar, the Torah scholar takes precedence.**[N]

PERSONALITIES

Ḥasa – חָסָא: Little is known about this Sage. He is possibly the Rav Ḥasa mentioned on several occasions in the Talmud. The Gemara in tractate *Yevamot* states that he drowned in a lake, which would account for the fact that he did not leave behind a will.

LANGUAGE

Silk [*metakesa*] – מְטַכְּסָא: From the Greek μέταξα, *metaksa*, meaning raw silk.

NOTES

The Torah scholar takes precedence – תַּלְמִיד חָכָם קוֹדֵם: Rashi explains that this is not because a scholar has more right to the property than others. It is because there is an assumption that a person on his deathbed would want to perform a mitzva with his money and would have bequeathed his money to a Torah scholar. The other early commentaries explain similarly.

HALAKHA

A certain man who deposited, etc. – הַהוּא דְּאַפְקֵיד וכו׳: If one claims to have deposited an object with someone who died without leaving a will, and he is both able to provide clear distinguishing marks describing the object and was not accustomed to visit the house of the person in possession of the item, then the judge should remove the object from the heirs and deliver it to the claimant. This is the case provided that the judge knows that the deceased was not wealthy enough to have owned such an article, and he is convinced that it was given to him as a deposit (Rambam *Sefer Mishpatim, Hilkhot She'ela UFikadon* 6:4 and *Sefer Shofetim, Hilkhot Sanhedrin* 24:1; *Shulḥan Arukh, Ḥoshen Mishpat* 15:5).

My property should go to Toviya – נִכְסַיי לְטוֹבִיָּה: If a person on his deathbed instructs that his property be given to Toviya, and after he passes away a man by the name of Toviya comes and claims to be the intended recipient, he receives the property, even if there is another Toviya to whom the dying man could have been referring.

If the claimant was known as Rav Toviya, then he may not receive the property, unless the dying man was so familiar with him that he would have called him by his first name alone. In a case where two men called Toviya came forward and it is not known which of them was closer to the deceased, if one of them is a Torah scholar he takes precedence. If neither are scholars but one is a neighbor or relative, then the neighbor or relative takes precedence. If one is a relative and the other a neighbor, the latter takes precedence. The term neighbor is referring to one who was his friend and partner in business dealings, not just someone who lived next door to him (*Tur*, based on Rosh). If both people have the same status, the judges give the property to the one they feel the deceased had in mind (Rambam *Sefer Kinyan, Hilkhot Zekhiya UMattana* 11:2–3; *Shulḥan Arukh, Ḥoshen Mishpat* 253:29).

אִיבַּעְיָא לְהוּ: שָׁכֵן וְקָרוֹב מַאי? תָּא שְׁמַע: ״טוֹב שָׁכֵן קָרוֹב מֵאָח רָחוֹק״. שְׁנֵיהֶם קְרוֹבִים, וּשְׁנֵיהֶם שְׁכֵנִים, וּשְׁנֵיהֶם חֲכָמִים – שׁוּדָא דְּדַיָּינֵי.

A dilemma was raised before the Sages: If two men have the same name and one was **a neighbor and** the other one was **a relative,**[N] **what is** the *halakha*? The Gemara answers: **Come** and **hear** the solution from the following verse: **"A close neighbor is better than a distant brother"** (Proverbs 27:10). If **they** were **both relatives, or both neighbors, or both scholars,** there is no systematic way of determining who is entitled to the property, and the decision is left to **the discretion of the judges.**[N]

אָמַר לֵיהּ רָבָא לִבְרֵיהּ דְּרַב חִיָּיא בַּר אָבִין: תָּא אֵימָא לָךְ מִילְּתָא מַעַלְיוּתָא דַּהֲוָה אָמַר אָבוּךְ: הָא דְּאָמַר שְׁמוּאֵל: הַמּוֹכֵר שְׁטַר חוֹב לַחֲבֵירוֹ וְחָזַר וּמְחָלוֹ – מָחוּל, וַאֲפִילּוּ יוֹרֵשׁ מוֹחֵל. מוֹדֶה שְׁמוּאֵל בְּמַכְנֶסֶת שְׁטַר חוֹב לְבַעְלָהּ וְחָזְרָה וּמְחַלְתּוֹ – שֶׁאֵינוֹ מָחוּל, מִפְּנֵי שֶׁיָּדוֹ כְּיָדָהּ.

§ **Rava said to the son of Rav Ḥiyya bar Avin: Come,** and **I will tell you something excellent that your father would say** about **that which Shmuel said:** Shmuel said that in the case of **one who sells a promissory note to another, and** the seller **went back and forgave** the debtor his debt,[H] **it is forgiven,** since the debtor essentially had a non-transferable obligation to the creditor alone, **and even** the creditor's **heir can forgive** the debt. With regard to this *halakha*, Rav Ḥiyya bar Avin said: **Shmuel concedes with regard to** a woman who **brings in a promissory note** to the marriage **for her husband,**[H] **and she went back and forgave** the debtor his debt, **that** the debt **is not forgiven.** Why not? **Because his hand is like her hand,**[N] i.e., the husband shares equal rights to her property, and she cannot unilaterally forgive the debt.

קְרִיבְתֵּיהּ דְּרַב נַחְמָן זְבִינְתַּהּ לִכְתוּבְּתַהּ בְּטוֹבַת הֲנָאָה. אִיגָּרְשָׁה וּשְׁכִיבָה, אֲתוּ קָא תָּבְעִי לַהּ לִבְרַתַּהּ, אֲמַר לְהוּ רַב נַחְמָן: לֵיכָּא דְּלִיסְבַּהּ לַהּ עֵצָה

The Gemara relates an incident: **A relative of Rav Naḥman**[HP] **sold her marriage contract for financial advantage.** In other words, she received a sum of money and in exchange agreed that if she were to be divorced and become entitled to her marriage contract, the money would belong to the purchaser of the rights to her marriage contract. **She was** subsequently **divorced** from her husband **and died,** leaving the right to her marriage contract to her daughter. The purchasers **came** and **claimed** the value of the marriage contract **from her daughter. Rav Naḥman said to** the people around him: Is there **no** one **who can give** the daughter **advice,**

NOTES

A neighbor and a relative – שָׁכֵן וְקָרוֹב: The Rosh and *Talmidei Rabbeinu Yona* explain that this does not refer to any neighbor who lives near him, but to someone with whom he had close ties. They add that the verse cited by the Gemara supports this opinion, as it refers to "a close neighbor."

The discretion [*shuda*] of the judges – שׁוּדָא דְּדַיָּינֵי: Rashi, in keeping with his explanation of this concept elsewhere, maintains that the discretion of the judges means that the judges should consider, despite the lack of clear-cut evidence, which person was closer to the deceased. This is also the explanation of the Rambam. Many early commentaries, however, prefer Rabbeinu Tam's explanation, cited in *Tosafot*, that the discretion of the judges is an entirely arbitrary ruling, and its decision is not based on any particular grounds. They likewise cite a version of the Jerusalem Talmud in which it is explained that the word *shuda* is a shortened form of *shoḥeda*, a bribe, as it appears as though the ruling is dictated by a bribe rather than logic. The *ge'onim* explain the etymology of *shuda* similarly.

Because his hand is like her hand – מִפְּנֵי שֶׁיָּדוֹ כְּיָדָהּ: Although Rava himself stated (83a): His hand is preferable to her hand, the relevant issue here is not his ownership or rights to her property, but the fact that while they are married his hand is like hers and his words are like her words. Therefore, her statement alone is insufficient unless it is accompanied by his statement (Maharshal). The Rif formulates this argument in a different manner. He explains that just as the husband cannot forgive the loan, the wife cannot either.

HALAKHA

One who sells a promissory note to another and he went back and forgave it – הַמּוֹכֵר שְׁטַר חוֹב לַחֲבֵירוֹ וְחָזַר וּמְחָלוֹ: If one sold a promissory note to another in the proper manner, and afterward forgave the debtor his debt, it is forgiven. He may do so even if he stipulated that he could not forgive the debt, and even if he entirely withdrew himself from the transaction. An heir can also forgive this debt, as stated by Shmuel.

See below (86a) with regard to the obligation of one who forgave a debt to compensate the one who purchased the promissory note (Rambam *Sefer Kinyan*, *Hilkhot Mekhira* 6:12; *Shulḥan Arukh*, *Ḥoshen Mishpat* 66:23).

One who brings in a promissory note for her husband – הַמַּכְנֶסֶת שְׁטַר חוֹב לְבַעְלָהּ: If a woman brought to her marriage a promissory note or a loan by oral agreement, she cannot forgive the debt, as a wife cannot conduct a transaction without her husband, even with her usufruct property (Rambam *Sefer Kinyan*, *Hilkhot Mekhira* 6:13; *Shulḥan Arukh*, *Ḥoshen Mishpat* 66:28).

A relative of Rav Naḥman, etc. – קְרִיבְתֵּיהּ דְּרַב נַחְמָן וכו׳: If a wife sold her marriage contract while she was still married, and her husband and then she died, her heirs can forgive the debt, thereby annulling the sale. Even if she has no other heir, the single heir can forgive and cancel the sale, even though this will enable him to claim the full amount of the marriage contract, as stated by Rav Naḥman (*Shulḥan Arukh*, *Even HaEzer* 105:6).

PERSONALITIES

Rav Naḥman – רַב נַחְמָן: Rav Naḥman bar Ya'akov was a Babylonian *amora* of the second and third generations of *amora'im*. While he cites Rav and Shmuel, his primary teacher was Rabba bar Avuh, Rav's student. While he never formally headed one of the Babylonian academies, nevertheless, many of the Sages of the next generation were his students, including the great *amora* Rava.

In his youth, Rav Naḥman was already recognized as a prodigy. He married Yalta, a member of the Exilarch's family, who was a learned and strong-willed woman. Subsequently, Rav Naḥman was appointed as a judge in the Exilarch's house in Neharde'a. In that capacity, Rav Naḥman became expert in civil law, to the extent that the Gemara concludes that in matters of civil law his opinion is always accepted.

While Rav Naḥman was known to have a forceful personality, he was also considered to be one of the pious men of his generation, and the Gemara lists numerous examples of his acts of kindness. It appears that Rav Naḥman was wealthy throughout his life, and there are a number of incidents where he converses with one of his servants, Daro.

תֵּיזִיל וְתֵיחֲלָה לִכְתוּבְּתָהּ דְּאִמָּהּ לְגַבֵּי אֲבוּהָ, וְתֵירְתָהּ מִינֵּיהּ. שָׁמְעָה, אָזְלָה, אַחֵילְתָה.

that **she should go and forgive her mother's marriage contract for her father, and she** will subsequently **inherit** the sum of the marriage contract **from him?** The marriage contract is a document of the debt owed by her father to her mother. The daughter, who has inherited the document from her mother, can forgo her father's obligation, so rendering nugatory the right of the purchasers. The father then retains the amount owed to the purchasers of the marriage contract, and his daughter will inherit that amount when he dies. The daughter **heard** this, and **went and forgave** her father's obligation in the marriage contract, as recommended by Rav Naḥman.

אָמַר רַב נַחְמָן: עָשִׂינוּ עַצְמֵינוּ כְּעוֹרְכֵי הַדַּיָּינִין. מֵעִיקָּרָא מַאי סָבַר וּלְבַסּוֹף מַאי סָבַר? מֵעִיקָּרָא סָבַר "וּמִבְּשָׂרְךָ לֹא תִתְעַלָּם", וּלְבַסּוֹף סָבַר: אָדָם חָשׁוּב שָׁאנֵי.

Rav Naḥman later **said** in regret: **We have made ourselves like advisors of judges.** We have acted like lawyers who give practical advice to litigants rather than like independent judges. The Gemara asks: **At the outset, what did he hold** when he intended the daughter to hear his advice, **and ultimately, what did he hold** that made him regret his action? The Gemara explains: **At the outset, he held** that the verse teaches: **"And you should not hide yourself from your own flesh"** (Isaiah 58:7), and therefore it is correct to give help and advice to relatives. **And ultimately he held that** in the case of **an important person** who must be very careful to avoid any impression of having favored his family in judgment, the situation **is different.**

גּוּפָא, אָמַר שְׁמוּאֵל: הַמּוֹכֵר שְׁטַר חוֹב לַחֲבֵירוֹ, וְחָזַר וּמְחָלוֹ – מָחוּל. וַאֲפִילּוּ יוֹרֵשׁ מוֹחֵל. אָמַר רַב הוּנָא בְּרֵיהּ דְּרַב יְהוֹשֻׁעַ: וְאִי פִּקֵּחַ הוּא – מְקַרְקֵשׁ לֵיהּ זוּזֵי, וְכָתַב לֵיהּ שְׁטָרָא בִּשְׁמֵיהּ.

Since the Gemara had previously mentioned a *halakha* stated by Shmuel, it turns its attention to **the matter itself. Shmuel said:** With regard to **one who sells a promissory note to another, and the** seller **went back and forgave** the debtor his debt, **it is forgiven,** since the debtor essentially had a non-transferable obligation to the creditor alone, **and even** the creditor's **heir can forgive** the debt. **Rav Huna, son of Rav Yehoshua, said: And if** the purchaser of the document **is perspicacious,** and is wary of such a ploy, he should **jangle** [*mekarkesh*][L] **dinars**[H] in the debtor's ears, i.e., he should pay the debtor or promise him money, **and** the debtor will **write for him** a new promissory **note in** the purchaser's **name,** thereby preventing the latter from losing out.

אָמַר אַמֵּימָר: מַאן דְּדָאֵין דִּינָא דְּגַרְמֵי – מַגְבֵּי בֵּיהּ דְּמֵי שְׁטָרָא מַעַלְיָא, מַאן דְּלָא דָּאֵין דִּינָא דְּגַרְמֵי – מַגְבֵּי בֵּיהּ דְּמֵי נְיָירָא בְּעָלְמָא.

Ameimar said: One who judges cases of liability for indirect damage and maintains that someone whose actions cause damage is obligated to pay, even if he has not directly harmed another, **collects in this case the value of the proper document.**[NH] Since by forgiving the loan the creditor voided the document and caused the purchaser financial loss, he must compensate the purchaser for the amount recorded in the document. **One who does not judge cases of liability for indirect damage collects in this** case **only the value of the paper**[N] on which the document was written.

הֲוָה עוּבְדָא, וְכַפְיֵיהּ רַפְרָם לְרַב אַשִׁי, וְאַגְבֵּי בֵּיהּ כִּי כְּשׁוּרָא לְצַלְמֵי.

The Gemara relates that **there was an incident** like this one, **and Rafram pressured Rav Ashi** by means of verbal persuasion to render an unequivocal ruling in this matter, **and Rav Ashi collected in this** case **as** if he damaged **a beam** used **for** crafting **a sculpture,** i.e., the full value of the debt listed in the promissory note.

HALAKHA

Jangle dinars – מְקַרְקֵשׁ לֵיהּ זוּזֵי: One who has purchased a promissory note and seeks to prevent the creditor or his heir from forgiving the loan should persuade the debtor to draft for him a new document in the purchaser's own name. Alternatively, the debtor can accept it upon himself by means of an act of acquisition or by stating in the presence of witnesses that it is a separate debt, which means that the creditor can no longer forgive the loan (*Shulḥan Arukh*, *Ḥoshen Mishpat* 66:23).

Collects in this case the value of the proper document – מַגְבֵּי בֵּיהּ דְּמֵי שְׁטָרָא מַעַלְיָא: If one sold a promissory note and then forgave the loan, although the debtor is exempt from payment, the purchaser can sue the seller, for he has effectively burned the purchaser's document. Consequently, the one who forgave the debt must pay the entire sum listed in the document from his best-quality land. The same ruling applies to an heir who forgives the debt. The *halakha* follows Ameimar, as there is a principle not to judge cases of indirect damages, in accordance with Rafram's statement below (Rambam *Sefer Nezikin*, *Hilkhot Ḥovel UMazik* 7:10; *Shulḥan Arukh*, *Ḥoshen Mishpat* 386:1).

LANGUAGE

Jangle [*mekarkesh*] – מְקַרְקֵשׁ: This word describes the sound made when things are shaken. It is probably the onomatopoeia for a jingling sound.

NOTES

Collects in this case the value of the proper document – מַגְבֵּי בֵּיהּ דְּמֵי שְׁטָרָא מַעַלְיָא: Some *ge'onim* say that this means he has to reimburse the purchaser only for the amount he paid for the document. However, Rav Hai Gaon and Rabbeinu Ḥananel maintain that he must pay the entire sum stipulated in the promissory note. Many early commentaries say that he is not obligated to pay the full value listed in the document. Instead, he pays the amount that could actually be collected with the document, as there are many situations that prevent the full value from being collected, e.g., prior liens and situations where one has to collect from low-quality land (Rabbeinu Shimshon; Ra'ah; Ritva).

Only the value of the paper – דְּמֵי נְיָירָא בְּעָלְמָא: Most commentaries maintain that this expression is taken from the similar case of one who burns another's promissory note. According to those who do not judge cases of liability for indirect damage, one who burns another's promissory note need pay only the value of the paper he burned. In the context of the Gemara here, the expression: Only the value of the paper, is used as a way of saying that he does not have to pay anything, and the purchaser retains possession of the paper (Rabbeinu Shimshon). Others say that since the creditor is obliged to return a paid promissory note to the debtor, the purchaser loses possession of the paper. Another possibility is that the creditor must reimburse the purchaser for his expenses (see Rivan).

אֲמַר אֲמֵימָר מִשְּׁמֵיהּ דְּרַב חָמָא: הַאי מַאן דְּאִיכָּא עֲלֵיהּ כְּתוּבַּת אִשָּׁה וּבַעַל חוֹב. וְאִית לֵיהּ אַרְעָא, וְאִית לֵיהּ זוּזֵי – לְבַעַל חוֹב מְסַלְּקִינַן לֵיהּ בְּזוּזֵי, לְאִשָּׁה מְסַלְּקִינַן לָהּ בְּאַרְעָא, הַאי כִּי דִּינֵיהּ, וְהַאי כִּי דִּינֵיהּ.

Ameimar said in the name of Rav Ḥama: With regard to **one who** has incumbent **upon himself** the obligation of his **wife's marriage contract** and also owes money to **a creditor,**[H] **and** he **possesses land and possesses money,** the obligation **to the creditor is settled with** the payment of **money,** whereas the debt **to the woman** of her marriage contract **is settled with** the payment **of land, this one in accordance with his law, and that one in accordance with her law.** Since the creditor gave him money, it is fitting that he should receive ready cash in return. The woman, in contrast, did not give him anything but relied upon the lien on his land, so she is therefore given land.

וְאִי לָא אִיכָּא אֶלָּא חַד אַרְעָא, וְלָא חַזְיָא אֶלָּא לְחַד – לְבַעַל חוֹב יָהֲבִינַן לֵיהּ, לְאִשָּׁה לָא יָהֲבִינַן לָהּ. מַאי טַעֲמָא? יוֹתֵר מִמַּה שֶּׁהָאִישׁ רוֹצֶה לִישָּׂא, אִשָּׁה רוֹצָה לְהִנָּשֵׂא.

And if there is only one plot of **land, and it is adequate for** the payment of **only one** debt, **we give it to the creditor,**[N] **and we do not give it to the woman. What is the reason** for this? Even **more than a man wants to marry, a woman wants to be married.** Women do not get married because they wish to receive their marriage contract. It is better to give preference to the creditor so that he will not lose out, so as not to discourage people from lending money.

אֲמַר לֵיהּ רַב פַּפָּא לְרַב חָמָא: וַדַּאי דְּאָמְרִיתוּ מִשְּׁמֵיהּ דְּרָבָא: הַאי מַאן דְּמַסְּקֵי בֵּיהּ זוּזֵי, וְאִית לֵיהּ אַרְעָא וַאֲתָא בַּעַל חוֹב וְקָא תָּבַע מִינֵּיהּ: וַאֲמַר לֵיהּ: זִיל שְׁקוֹל מֵאַרְעָא, אָמְרִינַן לֵיהּ: זִיל זַבֵּין אַתְּ, וְאַיְיתֵי הַב לֵיהּ. אֲמַר לֵיהּ: לָא.

Rav Pappa said to Rav Ḥama: Is it **correct that you say in the name of Rava:** With regard to **one who owes money**[H] **and has land, and the creditor comes and demands from him** his money, and the debtor **says to him: Go and take** the amount you are owed **from the land, we say to him: Go and sell the land yourself and give him** money? Rav Ḥama **said to him:** I did **not** say this in the name of Rava.

אֵימָא לִי גּוּפָא דְּעוּבְדָא הֵיכִי הֲוָה? אֲמַר לֵיהּ: תּוֹלֶה מְעוֹתָיו בְּגוֹי הֲוָה; הוּא עָשָׂה שֶׁלֹּא כַּהוֹגֶן לְפִיכָךְ עָשׂוּ בּוֹ שֶׁלֹּא כַּהוֹגֶן.

Rav Pappa replied: **Tell me the incident itself, what happened** and what exactly occurred that caused this opinion to be attributed to Rava. Rav Ḥama **said to him:** The debtor **was one who attached his money to a gentile.**[N] He possessed money, but he claimed that this money belonged to a gentile and therefore could not be demanded from him. **This** man **acted improperly,** and **consequently,** the Sages **acted improperly with him** by forcing him to sell the land.

אֲמַר לֵיהּ רַב כָּהֲנָא לְרַב פַּפָּא: לְדִידָךְ דְּאָמְרַתְּ: פְּרִיעַת בַּעַל חוֹב מִצְוָה, אֲמַר: לָא נִיחָא לִי דְּאִיעֲבֵיד מִצְוָה, מַאי? אֲמַר לֵיהּ: תְּנֵינָא: בַּמֶּה דְּבָרִים אֲמוּרִים – בְּמִצְוֹת לֹא תַעֲשֶׂה. אֲבָל בְּמִצְוֹת עֲשֵׂה, כְּגוֹן שֶׁאוֹמְרִין לוֹ "עֲשֵׂה סוּכָּה" וְאֵינוֹ עוֹשֶׂה: "לוּלָב" וְאֵינוֹ עוֹשֶׂה

Rav Kahana said to Rav Pappa: According to your opinion, **that you say the repayment of a creditor**[H] **is a mitzva,**[N] if the debtor **said: It is not amenable to me to perform a mitzva, what** would be the *halakha*? If there is no obligation to repay a loan other than to perform a mitzva, then what happens if someone is not interested in performing the mitzva? **He said to him: We** already **learned** this *halakha* in a *baraita*: **In what case is this statement said,** that one is liable to receive forty lashes for committing a transgression? It is said **with regard to negative mitzvot. However, with regard to positive mitzvot, for example,** if the court **says to** someone: **Perform** the mitzva of the ***sukka*, and he does not do** so, or: Perform the mitzva of the **palm branch, and he does not do** so,

HALAKHA

His wife's marriage contract and a creditor – כְּתוּבַּת אִשָּׁה וּבַעַל חוֹב: Someone divorced his wife, and she comes to collect her marriage contract, and a creditor comes demanding repayment of his loan. If he has enough money and land to both repay the debt and pay the marriage contract, the creditor takes the money while the woman receives her marriage contract in the form of land. If there is only land that does not suffice for both of them, and neither of them takes precedence, the creditor takes what is due to him, while the woman receives whatever remains. The same *halakha* applies if the husband died, leaving behind a wife, a creditor, and land to which neither takes precedence (Rambam *Sefer Nashim, Hilkhot Ishut* 17:4–5; *Shulḥan Arukh, Even HaEzer* 102:3–4).

One who owes money – מַאן דְּמַסְּקֵי בֵּיהּ זוּזֵי: A debtor is obligated to repay his debts with money, and he cannot force the creditor to accept land or movable property. If he does not have money, the court does not compel him to sell his property, but he must give land or movable objects, in accordance with the creditor's preference. If he is not known to have money, or if he has money but says that it to belongs to someone else, rather than making him take an oath, the court declares an excommunication of anyone who knows he possesses money. If he claimed to have no money and was discovered to be lying, he is no longer believed with regard to this loan but must sell his property himself in order to provide the creditor with money. Similarly, if he says that the money in his possession belongs to a gentile, an excommunication is pronounced in the above manner. Some say that if he is a wealthy man the courts force him to give money. The Rema, citing the *Tur*, writes that the same *halakha* applies if the court believes that he has money that he does not wish to use as payment, in accordance with the conclusion of Rav Ḥama (Rambam *Sefer Mishpatim, Hilkhot Malve VeLoveh* 11:7; *Shulḥan Arukh, Ḥoshen Mishpat* 101:1–2, 7).

The repayment of a creditor – פְּרִיעַת בַּעַל חוֹב: Just as it is a mitzva for a debtor to repay his debts, it is a mitzva for the heirs to pay off their father's debts, and they can be forced to do so. This is true if the deceased left behind land. If, however, he left behind only movable property, the heirs are not forced to repay the debt, but it remains a mitzva for them to do so.

The *ge'onim* enacted that a creditor can claim from heirs even the movable property that they inherited from their father. Consequently, in the present, all debts may be collected from any part of the deceased's estate, both from land and from movable objects. However, if the heirs received no inheritance from their father, they are not obligated to repay his debts, and there is not even a mitzva for them to do so (Rambam *Sefer Mishpatim, Hilkhot Malve VeLoveh* 11:8; *Shulḥan Arukh, Ḥoshen Mishpat* 107:1).

NOTES

We give it to the creditor – לְבַעַל חוֹב יָהֲבִינַן: Rashi and Rabbeinu Ḥananel explain that both documents had the same date. The ruling is therefore left to the discretion of the court, which is instructed to pay the creditor, for the reasons stated here. The Rif, in contrast, maintains that the discretion of the court is not in effect here, as the same *halakha* applies whenever one document does not take precedence over another. For example, if one borrowed money on two occasions and then acquired property, the lien of both documents applies from that point in time. Most authorities concur with the Rif.

One who attached his money to a gentile – תּוֹלֶה מְעוֹתָיו בְּגוֹי: Rabbeinu Tam explains in his *Sefer HaYashar* that the debtor specifically stated that the money in his possession belongs to a gentile and therefore offered to give land instead. According to Rav Hai Gaon, the man said that his property belongs to a gentile or that a gentile has a claim to it. The creditor responded that he is afraid of trying to take the land from the debtor because it might involve dealing with a violent gentile. This is why Rava obligated the debtor to sell his land.

The repayment of a creditor is a mitzva – פְּרִיעַת בַּעַל חוֹב מִצְוָה: There is an amoraic dispute concerning whether by Torah law there is a lien on the property of a debtor, or whether there is merely a mitzva to pay off one's debts. The Ramban contends that even according to the opinion that repaying a debt is only a mitzva, the fact that one may be forced to repay a debt means that in any case his property is confiscated before physical punishment is inflicted on him, because his property acts as a guarantor for him. With regard to the source of this mitzva, Rashi states that it is derived from "a just *hin*" (Leviticus 19:36), which is expounded to mean that your yes [*hen*] must be just, i.e., one must fulfill his word and his obligations. Many early commentaries (Ramban; Ra'ah; Rashba) explain that this is referring only to one who says one thing while thinking something else, and therefore the derivation is referring only one who loans without intending to pay back. If, however, one borrows honestly and later fails to repay his loan, he has not violated the mitzva of "a just *hin*." These commentaries explain that the mitzva that he has transgressed is derived from the verse "and the man to whom you made the loan shall bring the pledge out to you" (Deuteronomy 24:11).

מַכִּין אוֹתוֹ עַד שֶׁתֵּצֵא נַפְשׁוֹ.

the court **strikes him** an unlimited number of times, even **until his soul departs,** in order to force him to perform the mitzva. The payment of a debt is a positive mitzva, and one who refuses to pay a debt can be compelled to do so in this manner.

בְּעָא מִינֵּיהּ רָמִי בַּר חָמָא מֵרַב חִסְדָּא: ״הֲרֵי זֶה גִּיטֵּיךְ, וְלֹא תִּתְגָּרְשִׁי בּוֹ אֶלָּא לְאַחַר שְׁלֹשִׁים יוֹם״ וְהָלְכָה וְהִנִּיחַתּוֹ בְּצִידֵּי רְשׁוּת הָרַבִּים, מַהוּ?

§ **Rami bar Ḥama inquired of Rav Ḥisda:** If a man said to his wife: **This is your bill of divorce**[N] **but you are divorced with it only after thirty days,** and she took the bill of divorce **and went and placed it in the sides of the public domain,**[H] i.e., in a place that was open to the public domain but not an actual part of it, and the bill of divorce was still there after thirty days, **what is the** *halakha*? Is she divorced?

אֲמַר לֵיהּ: אֵינָהּ מְגוֹרֶשֶׁת, מִדְּרַב וּשְׁמוּאֵל. דְּרַב וּשְׁמוּאֵל דְּאָמְרִי תַּרְוַיְיהוּ: וְהוּא שֶׁצְּבוּרִין וּמוּנָּחִין בִּרְשׁוּת הָרַבִּים. וְצִידֵּי רְשׁוּת הָרַבִּים – כִּרְשׁוּת הָרַבִּים דָּמוּ.

Rav Ḥisda **said to him: She is not divorced.** This *halakha* is learned **from** the opinion **of Rav and Shmuel, as it is Rav and Shmuel who both say** with regard to the mishna: Any of the creditors of a deceased person can seize items of his movable property **provided that they are arranged in piles and placed in the public domain,** as in that case the heirs of the deceased do not receive it as part of their inheritance. Similarly, the woman will not acquire the bill of divorce after thirty days if it is in that location. Rav Ḥisda adds: **And the sides of the public domain are considered like the public domain.**

אַדְּרַבָּה, מְגוֹרֶשֶׁת מִדְּרַב נַחְמָן, דְּאָמַר רַב נַחְמָן אָמַר רַבָּה בַּר אֲבוּהּ: הָאוֹמֵר לַחֲבֵירוֹ ״מְשׁוֹךְ פָּרָה זוֹ וְלֹא תְּהֵא קְנוּיָה לְךָ עַד לְאַחַר שְׁלֹשִׁים יוֹם״ – קָנָה, וַאֲפִילּוּ עוֹמֶדֶת בַּאֲגַם. מַאי לָאו – הַיְינוּ אֲגַם, וְהַיְינוּ צִידֵּי רְשׁוּת הָרַבִּים! לָא, אֲגַם לְחוּד, וְצִידֵּי רְשׁוּת הָרַבִּים לְחוּד.

Rami bar Ḥama responded: **On the contrary, she is divorced,** in accordance with the opinion **of Rav Naḥman, as Rav Naḥman said** that **Rabba bar Avuh said:** With regard to **one who says to his friend:** Go and **pull this cow** now **and it will be acquired by you only after thirty days, he has acquired** the cow. **And** this is true **even** if the cow **was standing** after those thirty days **in** an ownerless **meadow** [*agam*].[L] Since the acquisition began properly at the start of the thirty-day period, it applies even after the thirty-day period. **What, is it not** the case that **this is** the *halakha* of **a meadow and this is** also the *halakha* of **the sides of the public domain,** as the two places have a similar status? Rav Ḥisda rejects this argument: **No,** the case of **a meadow is discrete, and** the case of **the sides of the public domain is discrete,** as the latter is considered an actual part of the public domain, and an ownerless meadow is not.

אִיכָּא דְּאָמְרִי: אֲמַר לֵיהּ: מְגוֹרֶשֶׁת, מִדְּרַב נַחְמָן, וְצִידֵּי רְשׁוּת הָרַבִּים – כַּאֲגַם דָּמֵי. אַדְּרַבָּה, אֵינָהּ מְגוֹרֶשֶׁת מִדְּרַב וּשְׁמוּאֵל, מַאי לָאו – הַיְינוּ רְשׁוּת הָרַבִּים וְהַיְינוּ צִידֵּי רְשׁוּת הָרַבִּים! לָא, רְשׁוּת הָרַבִּים לְחוּד, וְצִידֵּי רְשׁוּת הָרַבִּים לְחוּד.

Some say a different version of the dispute between Rami bar Ḥama and Rav Ḥisda, in which Rav Ḥisda **said to** Rami bar Ḥama: **She is divorced,** based on the ruling of **Rav Naḥman** pertaining to acquiring a cow, **and the sides of the public domain are considered like a meadow.** In this version, it was Rami bar Ḥama who replied: **On the contrary, she is not divorced,** as can be learned **from** the opinion of **Rav and Shmuel** pertaining to seizing objects in the public domain. **What, is it not** the case that **this is** the *halakha* of **the public domain and this is** similarly the *halakha* of **the sides of the public domain?** Rav Ḥisda responded: **No, the public domain is discrete and the sides of the public domain are discrete.**

NOTES

This is your bill of divorce, etc. – הֲרֵי זֶה גִּיטֵּיךְ וכו׳: Many early commentaries discuss this passage at length, although it appears that the Rif does not accept it as *halakha*. The first issue is what exactly the husband said to her. If he simply gave her a bill of divorce and said that she is not divorced with it until after thirty days, then the bill of divorce takes effect only after the thirty-day period. This means that if she placed it elsewhere, it is as though the document was never given to her and she merely picked it up from the ground. For this and other reasons, several commentaries explain that he said to her: This is your bill of divorce from now, but you are divorced with it only after thirty days (see *Tosafot* and Ra'avad). This interpretation also clarifies the connection between this case and Rav Naḥman's statement.

However, the Ramban raises a difficulty with this explanation as well, as in tractate *Kiddushin* it states that in a case where one says that a transaction should take effect: From now and after such and such a time, there is a dispute of *tanna'im* as to whether this is a condition or a retraction. Therefore, if after thirty days she is not in possession of the bill of divorce, she would be in a state of uncertainty as to whether the divorce took place or not. One suggestion to deal with the problem is to say that the Gemara here is referring to this state of uncertainty and is asking if there is uncertainty in this case as well or if everyone agrees that it is not a valid bill of divorce; however, this seems unlikely.

The Ramban therefore explains that the Gemara is not dealing with a case of a husband who said: This is your bill of divorce from now, but with a more standard case. Since the husband handed it to her himself, there is no problem with the actual transfer of the bill of divorce, even in the future. The only question is whether, as at the time the bill of divorce was to take effect it had not been in the possession of the husband, can this be considered as if the bill of divorce was given by the husband to the wife.

HALAKHA

Placed it in the sides of the public domain – הִנִּיחַתּוֹ בְּצִידֵּי רְשׁוּת הָרַבִּים: If a man gave his wife a bill of divorce and said that she is divorced with it only after thirty days, and the woman placed it in the sides of the public domain, then even if it was stolen or lost after the period of thirty days, she is divorced. This is because the document was in existence on the day she was divorced, and she did not place it in the public domain. The *halakha* follows the latter version of the discussion in the Gemara (Rambam *Sefer Nashim, Hilkhot Geirushin* 9:3; *Shulḥan Arukh, Even HaEzer* 146:2).

LANGUAGE

Meadow [*agam*] – אֲגַם: In this context, as in most the places in the Talmud, *agam* means a pasture for animals. This is certainly true of some of the verses in which it is mentioned in the Bible (see Jeremiah 51:32). It is reasonable to assume that a pasture would be situated alongside sources of water and would be a muddy area not fit for planting, which, as such, would probably not belong to anyone.

מתני׳ הַמּוֹשִׁיב אֶת אִשְׁתּוֹ חֶנְוָונִית, אוֹ שֶׁמִּינָּהּ אַפּוֹטְרוֹפְּיָא – הֲרֵי זֶה מַשְׁבִּיעָהּ כׇּל זְמַן שֶׁיִּרְצֶה. רַבִּי אֱלִיעֶזֶר אוֹמֵר: אֲפִילּוּ עַל פִּילְכָּהּ וְעַל עִיסָּתָהּ.

MISHNA If there is **one who establishes his wife** as a **storekeeper**[H] in his store, **or** if **he appointed her** as a **steward** to handle his property and workers, **this** one, i.e., the husband, **can administer an oath to her**, having her state that she did not appropriate any of his possessions, **whenever he wants. Rabbi Eliezer says:** He can administer an oath **even with regard to** the products of **her spindle and for her dough,** which are matters related to the household, and not her function as a storekeeper.

גמ׳ אִיבַּעְיָא לְהוּ: רַבִּי אֱלִיעֶזֶר עַל יְדֵי גִּלְגּוּל קָאָמַר, אוֹ לְכַתְּחִלָּה קָאָמַר?

GEMARA A dilemma was raised **before the** Sages: When **Rabbi Eliezer** says that a husband can administer an oath to her with regard to any item, is **he saying** that this is **by means of extension**[N] of an oath, i.e., once he administers an oath to her in her capacity as his storekeeper he can extend the oath to cover other matters, **or,** is **he saying** that he can administer an oath to her ***ab initio*****?**

תָּא שְׁמַע: אָמְרוּ לוֹ לְרַבִּי אֱלִיעֶזֶר: אֵין אָדָם דָּר עִם נָחָשׁ בִּכְפִיפָה. אִי אָמְרַתְּ בִּשְׁלָמָא לְכַתְּחִלָּה – שַׁפִּיר, אֶלָּא אִי אָמְרַתְּ עַל יְדֵי גִּלְגּוּל – מַאי נָפְקָא לַהּ מִינַּהּ?

The Gemara suggests: **Come** and **hear** a solution from a *baraita*: The Rabbis **said to Rabbi Eliezer: A person does not reside in a basket with a snake.** A woman is not expected to live with a husband who constantly suspects her of stealing. The Gemara explains: **Granted, if you say** that Rabbi Eliezer is referring to an oath administered ***ab initio*****,** the Rabbis spoke **well. However, if you say** that the husband can administer an oath to only **by means of an extension** of an oath, **what difference does it make to her?** As she must take an oath with regard to matters that concern the store, it does not cause any greater difficulty for her to take an oath with regard to the household matters.

דְּאָמְרָה לֵיהּ: כֵּיוָן דְּקָדְיְיקַתְּ בַּתְרַאי כּוּלֵּי הַאי – לָא מָצֵינָא דְּאָדוּר בַּהֲדָךְ.

The Gemara refutes this argument, as it is possible **that she says to him: Since you are so exacting with me, I cannot live with you.** Even if there is no additional oath, the sentiment engendered by his demand is grounds for dissatisfaction, and there is no proof that Rabbi Eliezer holds that he can administer an oath to her *ab initio*.

תָּא שְׁמַע: הֲרֵי שֶׁלֹּא פָּטַר אֶת אִשְׁתּוֹ מִן הַנֶּדֶר וּמִן הַשְּׁבוּעָה, וְהוֹשִׁיבָהּ חֶנְוָונִית אוֹ שֶׁמִּינָּהּ אַפּוֹטְרוֹפְּיָא – הֲרֵי זֶה מַשְׁבִּיעָהּ כׇּל זְמַן שֶׁיִּרְצֶה, לֹא הוֹשִׁיבָהּ חֶנְוָונִית וְלֹא מִינָּהּ אַפּוֹטְרוֹפְּיָא – אֵינוֹ יָכוֹל לְהַשְׁבִּיעָהּ.

The Gemara suggests another proof. **Come** and **hear** a proof from a *baraita*: With regard to **one who did not exempt his wife** in the marriage contract **from a vow and from an oath, and he established her** as his **storekeeper or appointed her** as his **steward, he** can **administer an oath to her whenever he wants.** If he **did not establish her** as his **storekeeper or appoint her** as his **steward,** he **cannot administer an oath to her.**

רַבִּי אֱלִיעֶזֶר אוֹמֵר: אַף עַל פִּי שֶׁלֹּא הוֹשִׁיבָהּ חֶנְוָונִית וְלֹא מִינָּהּ אַפּוֹטְרוֹפְּיָא – הֲרֵי זֶה מַשְׁבִּיעָהּ כׇּל זְמַן שֶׁיִּרְצֶה, שֶׁאֵין לְךָ אִשָּׁה שֶׁלֹּא נַעֲשֵׂית אַפּוֹטְרוֹפְּיָא שָׁעָה אַחַת בְּחַיֵּי בַעְלָהּ עַל פִּילְכָּהּ וְעַל עִיסָּתָהּ. אָמְרוּ לוֹ: אֵין אָדָם דָּר עִם נָחָשׁ בִּכְפִיפָה. שְׁמַע מִינַּהּ: לְכַתְּחִלָּה, שְׁמַע מִינַּהּ.

The *baraita* continues: **Rabbi Eliezer says: Although he did not establish her** as his **storekeeper or appoint her** as his **steward, he** can **administer an oath to her whenever he wants, as you have no wife who did not become a steward** for **one hour in her husband's lifetime** at least **for her spindle and for her dough.** The Rabbis **said to him: A person does not reside in a basket with a snake.** One can **conclude from this** that according to Rabbi Eliezer a husband can administer an oath to his wife with regard to her conduct, even ***ab initio*****.** The Gemara concludes: **Conclude from it** that it is so.

HALAKHA

One who establishes his wife as a storekeeper, etc. – הַמּוֹשִׁיב אֶת אִשְׁתּוֹ חֶנְוָונִית וכו׳: If a man established his wife as his storekeeper or appointed her as his steward over his property, he can administer an oath to her to have her counter an uncertain claim, even if the claim concerns only two small coins. Some authorities rule that he can force her to take an oath only when she claims her marriage contract, while others maintain that he can force her to take an oath at any time. However, if his wife is occupied only with domestic matters, the husband cannot administer an oath to her on the basis of a claim of uncertainty, in accordance with the mishna (Rambam *Sefer Kinyan, Hilkhot Sheluḥin VeShutafin* 9:1, 4; *Shulḥan Arukh, Even HaEzer* 97:1–2 and *Ḥoshen Mishpat* 93:1).

NOTES

By means of extension, etc. – עַל יְדֵי גִּלְגּוּל וכו׳: *Tosafot* explain, with support from the parallel passage in the Jerusalem Talmud, that the reason the Rabbis hold that the husband cannot administer an oath to her with regard to matters not related to her acting as a storekeeper or as a steward is to prevent there being an ongoing feeling of enmity between the husband and wife.

מתני׳ כָּתַב לָהּ ״נֶדֶר וּשְׁבוּעָה אֵין לִי עָלַיִךְ״ – אֵין יָכוֹל לְהַשְׁבִּיעָהּ, אֲבָל מַשְׁבִּיעַ הוּא אֶת יוֹרְשֶׁיהָ וְאֶת הַבָּאִים בִּרְשׁוּתָהּ.

MISHNA If **one wrote to** his wife in the marriage contract: **I do not have** the right to administer **a vow or an oath upon you, he cannot administer an oath to her. However, he can administer an oath to her heirs, and to those who come on her authority,** either as her representatives or because they purchased her marriage contract.[H]

״נֶדֶר וּשְׁבוּעָה אֵין לִי עָלַיִךְ וְעַל יוֹרְשַׁיִךְ וְעַל הַבָּאִים בִּרְשׁוּתֵךְ״ – אֵינוֹ יָכוֹל לְהַשְׁבִּיעָהּ; לֹא הִיא, וְלֹא יוֹרְשֶׁיהָ, וְלֹא אֶת הַבָּאִים בִּרְשׁוּתָהּ. אֲבָל יוֹרְשָׁיו מַשְׁבִּיעִין אוֹתָהּ, וְאֶת יוֹרְשֶׁיהָ, וְאֶת הַבָּאִים בִּרְשׁוּתָהּ.

If the husband wrote: **I do not have** the right to administer **a vow or an oath upon you, or upon your heirs,**[H] **or upon those who come on your authority,** he **cannot administer** an oath to her; **not to her, nor her heirs, nor those who come on her authority. But** the husband's **heirs can administer an oath to her, and to her heirs, and to those who come on her authority.**

״נֶדֶר וּשְׁבוּעָה אֵין לִי וְלֹא לְיוֹרְשַׁי וְלֹא לַבָּאִים בִּרְשׁוּתִי, עָלַיִךְ וְעַל יוֹרְשַׁיִךְ וְעַל הַבָּאִים בִּרְשׁוּתֵיךְ״ – אֵינוֹ יָכוֹל לְהַשְׁבִּיעָהּ, לֹא הוּא וְלֹא יוֹרְשָׁיו וְלֹא הַבָּאִים בִּרְשׁוּתוֹ, לֹא אוֹתָהּ וְלֹא יוֹרְשֶׁיהָ, וְלֹא הַבָּאִים בִּרְשׁוּתָהּ.

If he wrote: **Neither I, nor my heirs,**[H] **nor those who come on my authority have** the right to administer **a vow or an oath upon you, or upon your heirs, or upon those who come on your authority,** he **cannot administer an oath** to her or to them; **not he, nor his heirs, nor those who come on his authority**[N] may administer an oath, **not to her, nor** to **her heirs, nor** to **those who come on her authority.**

הָלְכָה מִקֶּבֶר בַּעְלָהּ לְבֵית אָבִיהָ, אוֹ שֶׁחָזְרָה לְבֵית חָמִיהָ וְלֹא נַעֲשֵׂית אַפּוֹטְרוֹפְּיָא – אֵין הַיּוֹרְשִׁין מַשְׁבִּיעִין אוֹתָהּ. וְאִם נַעֲשֵׂית אַפּוֹטְרוֹפְּיָא – הַיּוֹרְשִׁין מַשְׁבִּיעִין אוֹתָהּ עַל הֶעָתִיד לָבֹא, וְאֵין מַשְׁבִּיעִין אוֹתָהּ עַל מַה שֶּׁעָבַר.

If a woman who was exempted from an oath by her husband **went from her husband's grave,**[H] immediately after her husband's death, **to her father's house,** without handling her late husband's property, **or** in a case **where she returned to her father-in-law's house and did not become a steward** over the property at all throughout this period, then **the heirs cannot administer an oath to her** with regard to her actions in their father's lifetime, as the husband exempted her from an oath to the heirs. **And if she became a steward, the heirs may administer an oath to her about the future,** i.e., anything she did with the property after the death of her husband, **but they cannot administer an oath to her with regard to what** took place **in the past,** during her husband's lifetime.

גמ׳ שְׁבוּעָה מַאי עֲבִידְתָּהּ? אָמַר רַב יְהוּדָה אָמַר רַב:

GEMARA The Gemara asks: **What is the purpose of an oath?** What oath can he administer to her that caused him add this condition to her marriage contract? **Rav Yehuda said** that **Rav said:**

NOTES

Those who come on his authority – הַבָּאִים בִּרְשׁוּתוֹ: Rabbeinu Ḥananel writes that this exemption frees her from being compelled to take an oath only by anyone who took over the husband's possessions after he wrote this clause. However, it does not apply to anyone who bought or inherited property from the husband beforehand.

HALAKHA

Exempted his wife from an oath – פָּטַר אִשְׁתּוֹ מִשְּׁבוּעָה: If a man exempted his wife from an oath, she may claim her marriage contract without having to take an oath. The extent of her exemption is based on his wording. If he wrote: I do not have the right to administer a vow or an oath upon you, he cannot administer on oath upon her, but he can impose an oath upon her heirs. He can also impose an oath upon others who stand in her stead, e.g., her representative or one who purchased her marriage contract (Rambam *Sefer Nashim, Hilkhot Ishut* 16:19 and *Sefer Mishpatim, Hilkhot Malve VeLoveh* 15:7; *Shulḥan Arukh, Even HaEzer* 98:1 and *Ḥoshen Mishpat* 71:1, 17).

Upon you or upon your heirs – עָלַיִךְ וְעַל יוֹרְשַׁיִךְ: If a man wrote to his wife: I do not have the right to administer a vow or an oath upon you, or upon your heirs, or upon those who come on your authority, he cannot force her, her heirs, or her representatives to take an oath. However, his heirs and representatives can administer an oath upon her or her representatives (Rambam *Sefer Nashim, Hilkhot Ishut* 16:20; *Shulḥan Arukh, Even HaEzer* 98:3 and *Ḥoshen Mishpat* 71:17).

Neither I nor my heirs, etc. – אֵין לִי וּלְיוֹרְשַׁי וכו׳: If he wrote: Neither I, nor my heirs, nor those who come on my authority have the right to administer a vow or an oath upon you, upon your heirs, or upon those who come on your authority, then neither he nor his representatives can administer an oath to her or her representatives (*Shulḥan Arukh, Even HaEzer* 98:4).

If she went from her husband's grave, etc. – הָלְכָה מִקֶּבֶר בַּעְלָהּ וכו׳: If a wife returned to her father's house immediately after her husband's death, without acting as a steward over his affairs, the exemption she had received from her husband prevents his heirs from administering an oath to her, even by means of extension. Some authorities maintain that even if her husband had not exempted her from an oath, the heirs cannot force her to take an oath with regard to the time she served as a steward over his property during his lifetime. However, if she was appointed the steward over his estate after his passing, his heirs can force her to take an oath concerning her conduct after her husband's death, but not before it (Rambam *Sefer Kinyan, Hilkhot Sheluḥin VeShutafin* 9:4; *Shulḥan Arukh, Even HaEzer* 98:4).

עַל אַפּוֹטְרוֹפְּיָא שֶׁנַּעֲשֵׂית בְּחַיֵּי בַּעְלָהּ. רַב נַחְמָן אָמַר רַבָּה בַּר אֲבוּהּ: עַל הַפּוֹגֶמֶת כְּתוּבָּתָהּ.

It is referring **to a woman who became a steward during her husband's lifetime,** as it was common for a man to leave his wife in charge of his property while exempting her from taking an oath. **Rav Naḥman** said that **Rabba bar Avuh said:** It is referring **to a woman who claims that she received partial payment of her marriage contract,** who must take an oath that she received no more than the amount she admits to. The mishna is referring to a husband who exempted his wife from this oath.

אֲזַל רַב מָרְדְּכַי אֲמָרָהּ לִשְׁמַעְתָּא קַמֵּיהּ דְּרַב אַשִׁי: בִּשְׁלָמָא לְמַאן דְּאָמַר עַל הַפּוֹגֶמֶת כְּתוּבָּתָהּ – דְּמַסְּקָא אַדַּעְתָּהּ: דִּלְמָא מִצְטָרְכִי לִי זוּזֵי, וְשָׁקֵילְנָא מִכְּתוּבַּתַאי, וְאָמְרָה לֵיהּ ״כְּתוֹב לִי דְּלָא מַשְׁבַּעַתְּ לִי״. אֶלָּא לְמַאן דְּאָמַר עַל אַפּוֹטְרוֹפְּיָא שֶׁנַּעֲשֵׂית בְּחַיֵּי בַּעְלָהּ – אִיהִי, מִי הֲוַת יָדְעָה דְּמוֹתִיב לָהּ אַפּוֹטְרוֹפְּיָא, דְּאָמְרָה לֵיהּ ״כְּתוֹב לִי דְּלָא מַשְׁבַּעַתְּ לִי״?

Rav **Mordekhai went** and **said** this ***halakha*** **before Rav Ashi** and asked him the following question: **Granted, according to the one who says** that **it is referring to a woman who claims that she received partial payment of her marriage contract,** it makes sense **that it enters her mind** that this might happen, as she thinks: **Perhaps I will require money, and I will take** what I need **from my marriage contract** up front. **And she** therefore **says to him** before their marriage: **Write for me that you will not administer an oath to me** when I come to collect the rest of my marriage contract. **However, according to the one who** says that it **is referring to** a woman **who became a steward during her husband's lifetime, did she know** beforehand **that** her husband **would establish her as a steward,** to know **to say to him: Write for me that you will not administer an oath to me?**

אָמַר לֵיהּ: אַתּוּן אַהָא מַתְנִיתוּ לָהּ אֲנַן אַהָא מַתְנִינַן לָהּ: הָלְכָה מִקֶּבֶר בַּעְלָהּ לְבֵית אָבִיהָ אוֹ שֶׁחָזְרָה לְבֵית חָמִיהָ וְלֹא נַעֲשֵׂית אַפּוֹטְרוֹפְּיָא – אֵין הַיּוֹרְשִׁין מַשְׁבִּיעִין אוֹתָהּ, וְאִם נַעֲשֵׂית אַפּוֹטְרוֹפְּיָא – יוֹרְשִׁין מַשְׁבִּיעִין אוֹתָהּ עַל הֶעָתִיד לָבֹא, וְאֵין מַשְׁבִּיעִין אוֹתָהּ עַל שֶׁעָבַר.

Rav Ashi **said to him: You teach this** ***halakha*** of Rav Yehuda **with regard to that** part of the mishna, and therefore you find it difficult. **We,** however, **teach it with regard to this** part of the mishna: If **she went from her husband's grave to her father's house** without handling her late husband's property, **or** in a case **where she returned to her father-in-law's house and did not become a steward** over the property at all throughout this period, then **the heirs cannot administer an oath to her** with regard to her actions in their father's lifetime, as the husband exempted her from an oath to the heirs. **And if she became a steward, the heirs may administer an oath to her about the future,** i.e., anything she did with the property after the death of her husband, **but they cannot administer an oath to her with regard to what** took place **in the past,** during her husband's lifetime.

שֶׁעָבַר מַאי עֲבִידְתֵּיהּ? אָמַר רַב יְהוּדָה אָמַר רַב: עַל אַפּוֹטְרוֹפְּיָא שֶׁנַּעֲשֵׂית בְּחַיֵּי הַבַּעַל.

It was with regard to this statement that the Gemara asked: **What is the purpose of** mentioning **the past?**[N] What oath would they have wanted her to take with regard to the past? And it was in response to this question that **Rav Yehuda said** that **Rav said:** It is referring **to a woman who became a steward during her husband's lifetime.**

אֲבָל בֵּין מִיתָה לִקְבוּרָה מַשְׁבִּיעִנַן לַהּ, וְרַב מַתָּנָא אֲמַר: אֲפִילּוּ בֵּין מִיתָה לִקְבוּרָה לָא מַשְׁבְּעִינַן לָהּ. דְּאָמְרִי נְהַרְדְּעֵי: לְכַרְגָּא וְלִמְזוֹנֵי וְלִקְבוּרָה מְזַבְּנִינַן בְּלָא אַכְרָזְתָּא.

The Gemara presents a dispute as to what is considered the past, first continuing the quote from Rav Yehuda: **But they can administer an oath to her** with regard to her conduct **between** her husband's **death and** his **burial. And Rav Mattana said: Even** concerning her actions **between** her husband's **death and** his **burial, they cannot administer an oath to her,**[NH] as the Sages of **Neharde'a say: For** the purpose of paying **head tax** [***karga***],[L] **and for** payment to provide for children's **sustenance, and for burial,**[H] **we sell** property inherited by orphans **without an announcement.** In these urgent matters, the court is not particular about a possible loss incurred by the heirs. Similarly, the a woman need not take an oath with regard to how she conducted her affairs for her husband's funeral, because in such a time of stress she cannot manage her accounts in a precise manner.

NOTES

What is the purpose of mentioning the past – **שֶׁעָבַר מַאי עֲבִידְתֵּיהּ**: According to Rashi and most commentaries, the Gemara is asking what the precise definition of the past is in this context. The problem is that the wording of the Gemara does not quite suit this interpretation. The Rivash explains the question as follows: What cause is there for an oath here? If she was exempt during his lifetime, and immediately after his death she went to her father's house, what reason could there be to administer an oath to her?

Between her husband's death and his burial, they cannot administer an oath to her – **בֵּין מִיתָה לִקְבוּרָה לָא מַשְׁבְּעִינַן**: Rashi explains that they cannot force her to take an oath that she did not sell the property at too low a price. Since she was acting under time constraints and duress, she undoubtedly had to do so. *Tosafot* reject this interpretation. They explain that the heirs cannot force her to take an oath that she did not appropriate anything for herself, as if they have this option she will refuse to arrange her husband's funeral. This is the explanation offered in the Jerusalem Talmud. The Rid cites both opinions.

HALAKHA

Between her husband's death and his burial, they cannot administer an oath to her – **בֵּין מִיתָה לִקְבוּרָה לָא מַשְׁבְּעִינַן**: A man's heirs cannot administer an oath to his wife with regard to property of the deceased that she sold between his death and his burial for the sake of his funeral, not even by means of extension, in accordance with the opinion of Rav Mattana (Rambam *Sefer Kinyan, Hilkhot Sheluḥin VeShutafin* 9:4; *Shulḥan Arukh, Even HaEzer* 98:5).

For head tax, and for sustenance, and for burial – **לְכַרְגָּא וְלִמְזוֹנֵי וְלִקְבוּרָה**: No announcement is required when land is sold in order to pay for the expenses of the burial of its former owner, the sustenance of his wife and daughters, or the head tax, as these matters are necessary and pressing (Rambam *Sefer Mishpatim, Hilkhot Malve VeLoveh* 12:11; *Shulḥan Arukh, Even HaEzer* 104:3).

LANGUAGE

Tax [*karga*] – **כַּרְגָּא**: Related to the Middle Persian word harg, meaning tribute. This tax was a fixed sum levied on each inhabitant of the country.

אָמַר רַבָּה אָמַר רַבִּי חִיָּיא: ״דְּלָא נֶדֶר וּדְלָא שְׁבוּעָה״ – הוּא אֵינוֹ יָכוֹל לְהַשְׁבִּיעָהּ, אֲבָל יוֹרְשִׁין מַשְׁבִּיעִין אוֹתָהּ. ״נָקִי נֶדֶר נָקִי שְׁבוּעָה״ – בֵּין הוּא וּבֵין יוֹרְשִׁין אֵין מַשְׁבִּיעִין אוֹתָהּ, הָכִי קָאָמַר לָהּ: מְנַקִּית מִשְּׁבוּעֲתָא.

§ **Rabba said** that **Rabbi Ḥiyya said:** If a husband wrote: **Not a vow and not an oath,** this means that **he cannot administer an oath to her, but** his **heirs can administer an oath to her.** If he wrote: She is **clear,** i.e., exempt, from **a vow** and **clear** from **an oath, neither he nor his heirs can administer an oath to her.** This is because in effect **this is what he is saying to her: You are clear** from **the oath,** no matter who seeks to administer it to you.

וְרַב יוֹסֵף אָמַר רַבִּי חִיָּיא: ״דְּלָא נֶדֶר וּדְלָא שְׁבוּעָה״ – הוּא אֵינוֹ יָכוֹל לְהַשְׁבִּיעָהּ, אֲבָל יוֹרְשִׁין מַשְׁבִּיעִין אוֹתָהּ. ״נָקִי נֶדֶר נָקִי שְׁבוּעָה״ – בֵּין הוּא וּבֵין יוֹרְשִׁין מַשְׁבִּיעִין אוֹתָהּ, הָכִי קָאָמַר לָהּ: נַקִּי נַפְשָׁךְ בִּשְׁבוּעֲתָא.

But Rav Yosef said that **Rabbi Ḥiyya said** the opposite ruling with regard to the second clause: If he wrote: **Not a vow and not an oath, he cannot administer an oath to her, but** his **heirs can administer an oath to her.** If he wrote: She is **clear from a vow** and **clear** from **an oath, either he or** his **heirs can administer an oath to her.** This is because in effect **this is what he is saying to her: Clear yourself** from any suspicion **by** means of **an oath.**

שָׁלַח רַבִּי זַכַּאי לְמָר עוּקְבָא: בֵּין ״דְּלָא שְׁבוּעָה״ בֵּין ״דְּנָקִי שְׁבוּעָה״ בֵּין ״דְּלָא נֶדֶר״ וּבֵין ״דְּנָקִי נֶדֶר״, ״בִּנְכָסַי״ – הוּא אֵינוֹ יָכוֹל לְהַשְׁבִּיעָהּ, אֲבָל יוֹרְשִׁין מַשְׁבִּיעִין אוֹתָהּ: ״מִנִּכְסַיָּא אִילֵּין״ – בֵּין הוּא וּבֵין יוֹרְשָׁיו אֵין מַשְׁבִּיעִין אוֹתָהּ.

Rabbi Zakkai sent the following ruling **to Mar Ukva** from Eretz Yisrael: **Whether** he wrote: **Not an oath,** or **whether** he wrote: **Clear** from **an oath,** and **whether** he wrote: **Not a vow,** or **whether** he wrote: **Clear** from **a vow,** if he added the phrase: **With regard to my property, he cannot administer an oath to her, but his heirs can administer an oath to her.** However, if he added the phrase: **From these properties, neither he nor his heirs can administer an oath to her.**

אָמַר רַב נַחְמָן אָמַר שְׁמוּאֵל מִשּׁוּם אַבָּא שָׁאוּל בֶּן אִימָּא מִרְיָם: בֵּין ״דְּלָא שְׁבוּעָה״ בֵּין ״דְּנָקִי שְׁבוּעָה״ בֵּין ״דְּלָא נֶדֶר״ וּבֵין ״דְּנָקִי נֶדֶר״ בֵּין ״מִנְּכָסַי״ וּבֵין ״מִנִּכְסַיָּא אִילֵּין״ – בֵּין הוּא וּבֵין יוֹרְשָׁיו אֵין מַשְׁבִּיעִין אוֹתָהּ, אֲבָל מָה אֶעֱשֶׂה, שֶׁהֲרֵי אָמְרוּ חֲכָמִים: הַבָּא לִיפָּרַע מִנִּכְסֵי יְתוֹמִים לֹא יִפָּרַע אֶלָּא בִּשְׁבוּעָה.

Rav Naḥman said that **Shmuel said in the name of Abba Shaul ben Imma Miriam:**[P] **Whether** he wrote: **Not an oath,** or **whether** he wrote: **Clear** from **an oath,** and **whether** he wrote: **Not a vow,** or **whether** he wrote: **Clear** from **a vow,** and **whether** he added: **From my property,** or **whether** he added: **From these properties, neither he nor his heirs can administer an oath to her** according to the letter of the law. **However, what can I do, as the Sages said** that **one who comes to collect** a debt **from the property of orphans**[N] **may collect** it **only by** means of **an oath?** Therefore, she is compelled to take an oath in any case involving a claim from the orphans.

וְאִיכָּא דְּאָמְרִי לָהּ מַתְנִיתָא: אַבָּא שָׁאוּל בֶּן אִימָּא מִרְיָם אָמַר: בֵּין ״דְּלָא שְׁבוּעָה״ בֵּין ״דְּנָקִי שְׁבוּעָה״ בֵּין ״דְּלָא נֶדֶר״ וּבֵין ״נָקִי נֶדֶר״ בֵּין ״מִנְּכָסַי״ וּבֵין ״מִנִּכְסַיָּא אִילֵּין״ – בֵּין הוּא וּבֵין יוֹרְשָׁיו אֵין מַשְׁבִּיעִין אוֹתָהּ, אֲבָל מָה אֶעֱשֶׂה שֶׁהֲרֵי אָמְרוּ חֲכָמִים הַבָּא לִיפָּרַע מִנִּכְסֵי יְתוֹמִים לֹא יִפָּרַע אֶלָּא בִּשְׁבוּעָה. אָמַר רַב נַחְמָן אָמַר שְׁמוּאֵל: הֲלָכָה כְּבֶן אִימָּא מִרְיָם.

And some say this *halakha* in the form of a ***baraita***, not as a quote from an *amora*: **Abba Shaul ben Imma Miriam said: Whether** he wrote: **Not an oath,** or **whether** he wrote: **Clear** from **an oath,** and **whether** he wrote: **Not a vow,** or **whether** he wrote: **Clear from a vow,** and **whether** he added: **From my property,** or **whether** he added: **From these properties, neither he nor his heirs can administer an oath to her** according to the letter of the law. **However, what can I do, as the Sages said** that **one who comes to collect** a debt **from the property of orphans may collect** it **only by** means of **an oath?** The Gemara comments: **Rav Naḥman said** that **Shmuel said:** The practical ***halakha* is in accordance with** the opinion of **ben Imma Miriam.**[H]

NOTES

One who comes to collect from the property of orphans, etc. – **הַבָּא לִיפָּרַע מִנִּכְסֵי יְתוֹמִים וכו׳**: The *ge'onim* write that a general exemption from an oath does not apply to the oath that has to be taken by one coming to collect payment from the property of orphans. However, if the husband said before his death that he is exempting her from an oath, she can collect her marriage contract without an oath. It is explained by the Meiri that the husband's statement at the time of marriage is a general exemption that does not override the enactment of the Sages that one must take an oath when making a claim from property inherited by orphans. If, however, the deceased stated his wishes upon his deathbed, he clearly accepted her claim, and the orphans cannot administer an oath from which she has been exempted by their father.

The Rif and the Rambam likewise rule that if he expressly wrote that she is exempt from an oath to his heirs, even Abba Shaul agrees that she is not obligated to take an oath. Conversely, Rabbeinu Ḥananel, Rabbeinu Tam, and the Sages of Narbonne disagree, claiming that his exemption is not effective. The Ra'ah explains that there is a ruling of the Sages that even one who is legally exempt from an oath must take an oath before he can collect a debt from orphans, and the exemption provided by the father does not override the decree of the Sages.

PERSONALITIES

Abba Shaul ben Imma Miriam – **אַבָּא שָׁאוּל בֶּן אִימָּא מִרְיָם**: The identity and time of this Sage are unknown. The honorary title Abba, meaning father, is an early title that may predate the usage of the title Rabbi. He may have been called by his mother's name in order to distinguish him from other Sages of the same name, such as Abba Shaul, who appears elsewhere together with him (see 88b), or Abba Shaul ben Botnit. His mother's appellation, Imma, or mother, was likewise an honorary title for an important woman. There are several Sages called after their mothers, who were women of importance in their generation or who had famous lineage.

HALAKHA

The *halakha* is in accordance with ben Imma Miriam – **הֲלָכָה כְּבֶן אִימָּא מִרְיָם**: If a widow comes to claim sustenance from her late husband's heirs, she must take an oath first, as one may collect from the property of orphans only by means of a vow. The only exception is if the husband explicitly exempted her from having to take an oath to the orphans. The *halakha* is in accordance with the opinion of Abba Shaul ben Imma Miriam (Rambam *Sefer Nashim, Hilkhot Ishut* 18:19; *Shulḥan Arukh, Even HaEzer* 98:6).

NOTES

One who collects when not in her husband's presence – הַנִּפְרַעַת שֶׁלֹּא בְּפָנָיו: The *ge'onim* write that even if the husband granted her credibility, she must take an oath if he is absent. This is because he granted her credibility only in his presence, as he assumed that if she had received the marriage contract she would not dare lie to his face. Furthermore, if he is not present, there is no way of knowing whether he already paid the marriage contract and received a receipt.

From liened property – מִנְּכָסִים מְשׁוּעְבָּדִים: Virtually all the commentaries agree that in this case the husband cannot empower her to collect her marriage contract without an oath, for the simple reason that he cannot compel those who purchased the liened property to trust her. This case is different from that of the heirs, who replace their father and assume his rights and obligations. The Rid disagrees, claiming that he can grant her credibility even with regard to the purchasers, and it is as though their purchase was conducted with the stipulation that they must trust her.

מתני׳ הַפּוֹגֶמֶת כְּתוּבָּתָהּ – לֹא תִּפָּרַע אֶלָּא בִּשְׁבוּעָה, עֵד אֶחָד מְעִידָהּ שֶׁהִיא פְּרוּעָה – לֹא תִּפָּרַע אֶלָּא בִּשְׁבוּעָה, מִנִּכְסֵי יְתוֹמִים, וּמִנְּכָסִים מְשׁוּעְבָּדִים, וְשֶׁלֹּא בְּפָנָיו – לֹא תִּפָּרַע אֶלָּא בִּשְׁבוּעָה.

MISHNA A woman **who vitiates her marriage contract**[H] by acknowledging that she has received partial payment **can collect** the rest of her marriage contract **only by** means of **an oath.** Similarly, if **one witness testifies that** her marriage contract **is paid,**[H] **she can collect** it **only by** means of **an oath.** In any case where she seeks to claim her marriage contract **from the property of orphans,**[H] **or from liened property**[H] that has been sold to a third party, **or when not in** her husband's **presence,**[NH] she **can collect** it **only by** means of **an oath.**

הַפּוֹגֶמֶת כְּתוּבָּתָהּ כֵּיצַד? הָיְתָה כְּתוּבָּתָהּ אֶלֶף זוּז, וְאָמַר לָהּ: הִתְקַבַּלְתְּ כְּתוּבָּתֵיךְ, וְהִיא אוֹמֶרֶת: לֹא הִתְקַבַּלְתִּי אֶלָּא מָנֶה – לֹא תִּפָּרַע אֶלָּא בִּשְׁבוּעָה.

The mishna elaborates: With regard to a woman **who vitiates her marriage contract, how so,** how does this situation arise? **If her marriage contract was a thousand dinars, and** her husband **said to her:** You already **received your marriage contract, and she says: I received only one hundred dinars,** she has made a partial admission and **can collect** her marriage contract **only by** means of **an oath.**

עֵד אֶחָד מְעִידָהּ שֶׁהִיא פְּרוּעָה כֵּיצַד? הָיְתָה כְּתוּבָּתָהּ אֶלֶף זוּז, וְאָמַר לָהּ: הִתְקַבַּלְתְּ כְּתוּבָּתֵיךְ, וְהִיא אוֹמֶרֶת: לֹא הִתְקַבַּלְתִּי, וְעֵד אֶחָד מְעִידָהּ שֶׁהִיא פְּרוּעָה – לֹא תִּפָּרַע אֶלָּא בִּשְׁבוּעָה.

If **one witness testifies that** her marriage contract **is paid, how so?** If **her marriage contract was a thousand dinars, and** her husband **said to her: You** already **received your marriage contract, and she says: I did not receive** payment, **and one witness testifies about** the marriage contract **that it is paid,** she **can collect** it **only by** means of **an oath.**

מִנְּכָסִים מְשׁוּעְבָּדִים כֵּיצַד? מָכַר נְכָסָיו לַאֲחֵרִים, וְהִיא נִפְרַעַת מִן הַלָּקוֹחוֹת – לֹא תִּפָּרַע אֶלָּא בִּשְׁבוּעָה.

From liened property,[N] **how so?** If while they were married the husband **sold his property to others, and she** comes to **collect** her marriage contract **from the purchasers, she can collect** it **only by** means of **an oath.** She may seize property from the purchasers because her husband's obligation undertaken in the marriage contract predates his obligation in the document of sale.

מִנִּכְסֵי יְתוֹמִים כֵּיצַד? מֵת וְהִנִּיחַ נְכָסָיו לִיתוֹמִים, וְהִיא נִפְרַעַת מִן הַיְּתוֹמִים – לֹא תִּפָּרַע אֶלָּא בִּשְׁבוּעָה.

From the property of orphans, how so? If the husband **died and left his property to orphans, and she** comes to **collect** her marriage contract **from the orphans,** she **can collect** it **only by** means of **an oath.**

וְשֶׁלֹּא בְּפָנָיו כֵּיצַד? הָלַךְ לוֹ לִמְדִינַת הַיָּם, וְהִיא נִפְרַעַת שֶׁלֹּא בְּפָנָיו – אֵינָהּ נִפְרַעַת אֶלָּא בִּשְׁבוּעָה.

Or when not in his presence, how so? If **he went** to **a country overseas and** sent her a bill of divorce, so that **she collects** her marriage contract **when not in his presence,** she **can collect** it **only by** means of **an oath.**

HALAKHA

A woman who vitiates her marriage contract – הַפּוֹגֶמֶת כְּתוּבָּתָהּ: If the husband claims that he has already paid his wife her marriage contract, and she admits that she has received a partial payment, she must take an oath in order to collect the remainder(Rambam *Sefer Nashim, Hilkhot Ishut* 16:14; *Shulḥan Arukh, Even HaEzer* 96:7).

One witness testifies that it is paid – עֵד אֶחָד מְעִידָהּ שֶׁהִיא פְּרוּעָה: In a case where the husband claims that he has already paid his wife her marriage contract, and she claims that she received nothing, if one witness testifies that she has collected all or part of her marriage contract, she can claim her entire marriage contract only by means of an oath (Rambam *Sefer Nashim, Hilkhot Ishut* 16:15; *Shulḥan Arukh, Even HaEzer* 96:8).

From the property of orphans – מִנִּכְסֵי יְתוֹמִים: A woman who seeks to collect her marriage contract from the property of orphans must take an oath before she can do so (Rambam *Sefer Nashim, Hilkhot Ishut* 16:19; *Shulḥan Arukh, Even HaEzer* 96:1).

From liened property – מִנְּכָסִים מְשׁוּעְבָּדִים: A woman who comes to seize property that was liened to her marriage contract from those who purchased it from her husband, for the payment of her marriage contract, must take an oath before she does so (Rambam *Sefer Nashim, Hilkhot Ishut* 16:20; *Shulḥan Arukh, Even HaEzer* 96:9).

Not in his presence – שֶׁלֹּא בְּפָנָיו: If a woman comes to collect her marriage contract from her ex-husband who had traveled to a distant place, she must first take an oath. If the ex-husband is close enough that a messenger can go there and back within thirty days, the court informs him, and if he fails to arrive, she may take an oath and receive the sum of her marriage contract (Rambam *Sefer Nashim, Hilkhot Ishut* 16:16; *Shulḥan Arukh, Even HaEzer* 96:10).

רַבִּי שִׁמְעוֹן אוֹמֵר: כׇּל זְמַן שֶׁהִיא תּוֹבַעַת כְּתוּבָּתָהּ – הַיּוֹרְשִׁין מַשְׁבִּיעִין אוֹתָהּ, וְאִם אֵינָהּ תּוֹבַעַת כְּתוּבָּתָהּ – אֵין הַיּוֹרְשִׁין מַשְׁבִּיעִין אוֹתָהּ.

Rabbi Shimon says: Whenever she claims payment of **her marriage contract, the heirs administer an oath to her. And if she does not claim** payment of **her marriage contract, the heirs do not administer an oath to her.**

גמ׳ סָבַר רָמִי בַּר חָמָא לְמֵימַר: שְׁבוּעָה דְּאוֹרָיְיתָא, דְּקָא טָעֵין מָאתַיִם וְקָא מוֹדָה לֵיהּ בְּמָאָה, הָוֵי לֵיהּ הוֹדָאָה בְּמִקְצָת הַטַּעֲנָה, וְכׇל הַמּוֹדֶה בְּמִקְצָת הַטַּעֲנָה – יִשָּׁבַע.

GEMARA **Rami bar Ḥama thought to say** that the oath of a woman who vitiates her marriage contract is **an oath** required **by Torah** law, which is the oath of one who makes a partial admission, as the husband **claims** that he paid her **two hundred and she concedes to him with regard to one hundred. This is a partial admission of the claim, and** the principle is that **whoever admits to part of a claim must take an oath**[BH] according to Torah law to receive the remaining amount.

אָמַר רָבָא: שְׁתֵּי תְּשׁוּבוֹת בַּדָּבָר; חֲדָא: דְּכׇל הַנִּשְׁבָּעִין שֶׁבַּתּוֹרָה – נִשְׁבָּעִין וְלֹא מְשַׁלְּמִין, וְהִיא – נִשְׁבַּעַת וְנוֹטֶלֶת. וְעוֹד: אֵין נִשְׁבָּעִין עַל כְּפִירַת שִׁעְבּוּד קַרְקָעוֹת.

Rava said: There are **two answers in the matter,** in refutation of your argument: **One** response is **that anyone who** is obligated to **take an oath** that is enumerated **in the Torah takes an oath and does not pay.** By Torah law, one takes an oath only to exempt himself from payment, **and** in this case **she takes an oath and takes** her money. **And furthermore,** there is a principle that **one does not take an oath with regard to a denial of a lien on land.**[H] The oaths of the Torah apply only to moveable property, not land. This means that if a claim involves a lien on land of any form, the oath of a partial admission does not apply, and a marriage contract includes a lien on land.

אֶלָּא אָמַר רָבָא: מִדְּרַבָּנַן; דְּפָרַע – דָּיֵיק, דְּמִיפְּרַע – לָא דָּיֵיק, וְרָמוּ רַבָּנַן שְׁבוּעָה עֲלַהּ כִּי הֵיכִי דְּתִידּוּק.

Rather, Rava said: This oath is **by rabbinic** law. It was instituted because the one **who pays is precise** and recalls that he paid his debt, whereas the one **who was paid is not precise.**[H] When the husband claims to have paid her, he remembers clearly what happened, **and** therefore **the Sages imposed** the obligation of **an oath upon her, so that she should be precise** and remember exactly what occurred.

אִיבַּעְיָא לְהוּ: פּוֹגֶמֶת כְּתוּבָּתָהּ בְּעֵדִים מַהוּ? אִם אִיתָא דִּפְרָעָהּ – בְּעֵדִים הֲוָה פָּרַע לַהּ, אוֹ דִלְמָא – אִיתְרַמּוּיֵי אִיתְרַמִּי לֵיהּ?

§ **A dilemma was raised before** the Sages: In a case where **a woman vitiates her marriage contract** by accepting partial payment **in the presence of witnesses,**[H] **what is the** *halakha*? Do we say that **if it is so that he has paid her** the rest of the marriage contract, **he would have paid her in** the presence of **witnesses,** and since he has no such witnesses, this is proof that she never received the rest of the money, and she is exempt from an oath? **Or perhaps he** simply **happened to have** witnesses for part of the payment, and he gave her the rest without witnesses, and she must take an oath with regard to the remainder of the sum?

BACKGROUND

Whoever admits to part of a claim must take an oath – כׇּל הַמּוֹדֶה בְּמִקְצָת הַטַּעֲנָה יִשָּׁבַע: In contrast to common law, oaths in a Jewish courtroom are not taken by witnesses. Rather, they are taken by one of the litigants in a case. By Torah law, a defendant is required to take an oath only if a single witness testifies against the defendant or if the defendant makes a partial admission of liability. In such cases, the purpose of the oath is to bolster his claim, and it frees him from payment. The Sages decreed that in a number of cases, several of which are enumerated in the continuation of the Gemara, the claimant is required to take an oath, based upon which the court will require the defendant to pay.

HALAKHA

Whoever admits to part of a claim must take an oath – הַמּוֹדֶה בְּמִקְצָת הַטַּעֲנָה יִשָּׁבַע: One who makes a partial admission to a claim involving moveable property must pay the amount he concedes he owes and take an oath by Torah law concerning the rest (Rambam *Sefer Hafla'a, Hilkhot Shevuot* 11:5; *Shulḥan Arukh, Ḥoshen Mishpat* 87:1).

One does not take an oath with regard to a denial of a lien on land – אֵין נִשְׁבָּעִין עַל כְּפִירַת שִׁעְבּוּד קַרְקָעוֹת: If one issues a claim that involves land against another person, then even if the latter made a partial admission he is not obligated to take an oath by Torah law. However, the Sages decreed that he must take an oath of inducement (Rambam *Sefer Mishpatim, Hilkhot To'en VeNitan* 5:1; *Shulḥan Arukh, Ḥoshen Mishpat* 95:1).

One who was paid is not precise – דְּמִיפְּרַע לָא דָּיֵיק: One who vitiates his document can collect the remainder only by means of an oath. For example, in a case where a lender demanded to be paid back for his loan, and the borrower said that he had returned the entire sum, if the lender admitted that part of it had been paid, he can collect the remainder only by taking an oath in a similar manner to an oath by Torah law (Rambam *Sefer Mishpatim, Hilkhot Malve VeLoveh* 14:1; *Shulḥan Arukh, Ḥoshen Mishpat* 84:1).

A woman vitiates her marriage contract in the presence of witnesses – פּוֹגֶמֶת כְּתוּבָּתָהּ בְּעֵדִים: If a man tells his ex-wife who comes to collect her marriage contract that he has already paid it, and she admits that she has received part of it, then even if she has witnesses with regard to the amount she had received, she must take an oath in order to collect the remainder (Rambam *Sefer Nashim, Hilkhot Ishut* 16:14; *Shulḥan Arukh, Even HaEzer* 96:7).

LANGUAGE

Notebook [*pinkas*] – פִּנְקָס: From the Greek πίναξ, *pinax*, primarily meaning a tablet used for writing. Over time, this *pinax* developed into a group of several tablets that were connected to form a small book. Although writing tablets in talmudic times varied in shape and were made from various materials, it seems that the most popular kind was a wooden board covered with wax, so that the writing could be easily etched and then erased after each use.

תָּא שְׁמַע: כׇּל הַנִּשְׁבָּעִין שֶׁבַּתּוֹרָה – נִשְׁבָּעִין וְלֹא מְשַׁלְּמִין. וְאֵלּוּ נִשְׁבָּעִין וְנוֹטְלִין: הַשָּׂכִיר, וְהַנִּגְזָל, וְהַנֶּחְבָּל, וְשֶׁכְּנֶגְדּוֹ חָשׁוּד עַל הַשְּׁבוּעָה, וְחֶנְוָנִי עַל פִּנְקָסוֹ, וְהַפּוֹגֵם שְׁטָרוֹ שֶׁלֹּא בְּעֵדִים. שֶׁלֹּא בְּעֵדִים – אִין, בְּעֵדִים – לָא!

The Gemara suggests: **Come** and **hear** proof from a mishna (*Shevuot* 44b): **Anyone who** is obligated to **take an oath** that is enumerated **in the Torah**[H] **takes an oath and does not pay. And these take an oath and take** their payment: **The hired worker**[H] who demands his wages from his employer; **and one who was robbed;**[H] **and one who was injured,**[H] who claims compensation from the one who caused him damage; **and if the one opposing him,** the other litigant in a case, was supposed to take an oath but he is **suspected with regard to oaths;**[H] **and a storekeeper** who makes a claim **on** the basis of what is written in **his notebook** [*pinkaso*];[LH] **and one who receives partial payment of his document not in** the presence of **witnesses.** Conclude from this last clause that if one received partial payment of a document **not in** the presence of **witnesses,** then **yes,** he is obligated to take an oath, but if he received the payment **in** the presence of **witnesses,** then **no,** he is not obligated to take an oath.

לָא מִיבַּעְיָא קָאָמַר: לָא מִיבַּעְיָא בְּעֵדִים – דְּוַדַּאי צְרִיכָה שְׁבוּעָה, אֲבָל שֶׁלֹּא בְּעֵדִים – אֵימָא תֶּיהֱוֵי כִּמְשִׁיב אֲבֵידָה וְתִשְׁקוֹל בְּלָא שְׁבוּעָה, קָא מַשְׁמַע לַן.

The Gemara refutes this argument: The mishna **is speaking** utilizing the style of: **It is not necessary: It is not necessary** to state that if part of the marriage contract was paid **in** the presence of **witnesses, she certainly requires an oath. However,** if a partial payment was made **not in** the presence of **witnesses,** one might **say** that her partial admission **should be like one who restores lost property.** Since there are no witnesses that the husband paid anything, when she concedes to part of the claim it is as though she has restored to him a lost item. **And she should** therefore **take** the rest of the money **without an oath,** in accordance with the *halakha* that one who returns lost property does not have to take an oath that he did not appropriate part of what he found for himself. The *tanna* therefore **teaches us** that even in this case an oath is required.

אִיבַּעְיָא לְהוּ: הַפּוֹגֶמֶת כְּתוּבָּתָהּ פָּחוֹת מִשָּׁוֶה פְּרוּטָה, מַהוּ? מִי אָמְרִינַן: כֵּיוָן דְּקָא דָּיְיקָא כּוּלֵּי הַאי – קוּשְׁטָא קָא אַמְרָה, אוֹ דִּלְמָא אִיעֲרוּמֵי קָא מַעַרְמָא? תֵּיקוּ.

A dilemma was raised before the Sages: With regard to **a woman who vitiates her marriage contract** and details with precision every sum of money that she received, specifying not only large sums of money but also sums so small that they amounted to **less than the value of a** *peruta*, **what is** the *halakha*? **Do we say that since she is precise to such an extent she** must be **telling the truth, or perhaps** she **is deceiving** us? This question **shall stand** unresolved.

HALAKHA

Anyone who is obligated to take an oath that is enumerated in the Torah – כׇּל הַנִּשְׁבָּעִין שֶׁבַּתּוֹרָה: All obligations of oaths from the Torah serve to exempt the person in question from a claim against him. That is, he takes an oath and does not have to pay. However, in certain cases the Sages decreed that one may take an oath and collect money (Rambam *Sefer Mishpatim, Hilkhot To'en VeNitan* 1:2; *Shulḥan Arukh, Ḥoshen Mishpat* 89:1).

The hired worker – הַשָּׂכִיר: If a hired worker has witnesses that he was employed by his employer, and when he claims his wages the employer says he has paid them all or in part, the hired worker must take an oath in a similar manner to an oath by Torah law, after which he may collect his wages (Rambam *Sefer Mishpatim, Hilkhot To'en VeNitan* 1:2; *Shulḥan Arukh, Ḥoshen Mishpat* 89:2).

One who was robbed – הַנִּגְזָל: If one entered the house of another, and witnesses saw that he entered empty-handed and left with items hidden under his clothes, then, with certain limitations, the owner of the house takes an oath and claims from him everything he stole (Rambam *Sefer Nezikin, Hilkhot Gezeila* 4:1,2; *Shulḥan Arukh, Ḥoshen Mishpat* 90:1).

One who was injured – הַנֶּחְבָּל: In a case where witnesses saw a person approach another unharmed and leave with injuries, but they did not observe the attack itself, if the victim claims that the other person injured him he may collect damages by means of an oath (Rambam *Sefer Nezikin, Hilkhot Ḥovel* 5:4; *Shulḥan Arukh, Ḥoshen Mishpat* 90:16).

The one opposing him is suspected with regard to oaths – שֶׁכְּנֶגְדּוֹ חָשׁוּד עַל הַשְּׁבוּעָה: If one is obligated to take an oath by Torah law but is not trusted to do so, then the opposing litigant takes an oath and claims the money (Rambam *Sefer Mishpatim, Hilkhot To'en VeNitan* 2:5; *Shulḥan Arukh, Ḥoshen Mishpat* 92:7).

A storekeeper on the basis of his notebook – חֶנְוָנִי עַל פִּנְקָסוֹ: If an employer instructed a storekeeper to pay his, the employer's, employees, and the employees claim that they did not receive their wages while the storekeeper claims he paid them, then the employees and the storekeeper all take an oath with regard to the truth of their claims, and the employer is obligated to pay what he had owed. There are many details with regard to the conditions under which the storekeeper has the credibility to take such an oath (Rambam *Sefer Mishpatim, Hilkhot Malve VeLoveh* 16:5; *Shulḥan Arukh, Ḥoshen Mishpat* 91:1; see 91:2–9).

אִיבַּעְיָא לְהוּ: פּוֹחֶתֶת כְּתוּבָּתָהּ מַהוּ? מִי אָמְרִינַן – הַיְינוּ פּוֹגֶמֶת, אוֹ דִלְמָא: פּוֹגֶמֶת – מוֹדְיָא בְּמִקְצָת, הָא – לָא קָא מוֹדְיָא בְּמִקְצָת?

Another **dilemma was raised before** the Sages: In the case of a woman who **reduces her marriage contract** by saying that its sum was less than the usual amount, or less than the figure specified in the document, **what is the** *halakha*?[N] **Do we say** that **this is** like the case of **a woman who vitiates** her marriage contract, and the *halakha* is the same in both instances? **Or perhaps** there is a difference between the two cases because **a woman who vitiates** her marriage contract **admits to part of** the claim, whereas **this one does not admit to** part of the claim. Here, she claims that she has received nothing at all, but that she is owed less than what was initially thought.

תָּא שְׁמַע: פּוֹחֶתֶת – תִּפָּרַע שֶׁלֹּא בִּשְׁבוּעָה. כֵּיצַד? הָיְתָה כְּתוּבָּתָהּ אֶלֶף זוּז, וְאָמַר לָהּ: הִתְקַבַּלְתְּ כְּתוּבָּתֵיךְ, וְהִיא אוֹמֶרֶת: לֹא הִתְקַבַּלְתִּי, וְאֵינָהּ אֶלָּא מָנֶה – נִפְרַעַת שֶׁלֹּא בִּשְׁבוּעָה.

The Gemara suggests: **Come and hear** a resolution from a *baraita*: **One who reduces** her marriage contract[H] **can collect** it **without an oath. How so? If her marriage contract was a thousand dinars, and** her husband **said to her: You have received your marriage contract, and she says: I have not received** my marriage contract, **but it is only one hundred dinars,** she **may collect** it **without an oath.**

בְּמַאי גָּבְיָא – בְּהַאי שְׁטָרָא? הַאי שְׁטָרָא חַסְפָּא בְּעָלְמָא הוּא! אָמַר רָבָא בְּרֵיהּ דְּרַבָּה: בְּאוֹמֶרֶת ״אֲמָנָה הָיְתָה לִי בֵּינִי לְבֵינוֹ״.

The Gemara asks: If her claim is accepted, **with what does she** in fact **collect** payment? **With this** marriage contract **document? This document is merely** a shard of **earthenware,** as she herself admits that the document is not a valid document because it records a fictitious sum. **Rava, son of Rabba, said:** It is referring **to one who says: There was** an agreement of **trust between him and me** that although the marriage contract records a large sum, I will claim only part of it, but the document itself is genuine.

״עֵד אֶחָד מְעִידָהּ שֶׁהִיא פְּרוּעָה״. סָבַר רָמִי בַּר חָמָא לְמֵימַר: שְׁבוּעָה דְּאוֹרַיְיתָא, דִּכְתִיב ״לֹא יָקוּם עֵד אֶחָד בְּאִישׁ לְכָל עָוֹן וּלְכָל חַטָּאת״, לְכָל עָוֹן וּלְכָל חַטָּאת – הוּא דְּאֵינוֹ קָם, אֲבָל קָם הוּא לִשְׁבוּעָה. וְאָמַר מָר: כָּל מָקוֹם שֶׁהַשְּׁנַיִם מְחַיְּיבִין אוֹתוֹ מָמוֹן – אֶחָד מְחַיְּיבוֹ שְׁבוּעָה.

§ The mishna teaches that if **one witness testifies that** the marriage contract **was paid** she must take an oath. **Rami bar Ḥama thought to say** that this is **an oath** required **by Torah** law, **as it is written: "One witness shall not rise up against a man for any iniquity, or for any sin"** (Deuteronomy 19:15). From here it is inferred: **It is for any iniquity or for any sin that he may not rise up,** i.e., the testimony of one witness is not enough for these purposes, **but he may rise up for an oath. And the Master said:** In **any place,** i.e., situation, **where two** witnesses are able to **deem one liable** to pay **money,** the testimony of **one** witness **obligates him to take an oath.**[H]

אָמַר רָבָא: שְׁתֵּי תְשׁוּבוֹת בַּדָּבָר; חֲדָא – דְּכָל הַנִּשְׁבָּעִין שֶׁבַּתּוֹרָה נִשְׁבָּעִין וְלֹא מְשַׁלְּמִין, וְהִיא נִשְׁבַּעַת וְנוֹטֶלֶת. וְעוֹד: אֵין נִשְׁבָּעִין עַל כְּפִירַת שִׁיעְבּוּד קַרְקָעוֹת.

Rava said: There are **two answers in the matter,** in refutation of your argument: **One** response is **that anyone who** is obligated to **take an oath** that is enumerated **in the Torah takes an oath and does not pay.** By Torah law, one takes an oath only to exempt himself from payment, **and in this case she takes an oath and takes** her money. **And furthermore,** there is a principle that **one does not take an oath with regard to a denial of a lien on land.**

אֶלָּא אָמַר רָבָא: מִדְּרַבָּנַן, כְּדֵי לְהָפִיס דַּעְתּוֹ שֶׁל בַּעַל.

Rather, Rava said: That oath was instituted **by rabbinic** law, **in order to put the husband's mind at ease.** Since a witness contradicts her claim, the Sages imposed an oath upon her so that the husband would be sure that he is not giving away his money for no reason.

אֲמַר רַב פַּפָּא:

Rav Pappa said:

NOTES

She reduces her marriage contract, what is the *halakha* – פּוֹחֶתֶת כְּתוּבָּתָהּ מַהוּ: The Ritva asks about the Gemara's question: In this case, unlike the case of a woman who claims to have received partial payment, there is no reason to suspect that she was imprecise with regard to the payment, as she has not received anything. Why, then, is there any reason to think she would be required to take an oath? He answers that this case is still somewhat similar to a partial admission.

It is explained in the Jerusalem Talmud that the difference between a woman who reduces the amount of her marriage contract and a woman who receives partial payment of it is that only in the latter case was there a negotiation between them as to the sum of the first installment, and she might have made a mistake with regard to how much he had actually paid (*Shita Mekubbetzet*).

HALAKHA

One who reduces her marriage contract – פּוֹחֶתֶת כְּתוּבָּתָהּ: If a woman produces a marriage contract, her former husband claims that he already paid it, and she responds that she received nothing from him but is in fact entitled to less than the stated amount due to an agreement of trust between them, she may collect the sum she claims without taking an oath. The *halakha* follows the *baraita* and the opinion of Rava, son of Rabba (Rambam *Sefer Nashim, Hilkhot Ishut* 16:17; *Shulḥan Arukh, Even HaEzer* 96:14).

One witness obligates him to take an oath – אֶחָד מְחַיְּיבוֹ שְׁבוּעָה: In any case where two witnesses would obligate one to pay money but there is only one witness, the defendant must take an oath in order to exempt himself from payment (Rambam *Sefer Hafla'a, Hilkhot Shevuot* 11:5; *Sefer Mishpatim, Hilkhot To'en VeNitan* 1:1; and *Sefer Shofetim, Hilkhot Edut* 5:1; *Shulḥan Arukh, Ḥoshen Mishpat* 87:1).

אי פיקח הוא – מייתי לה לידי שבועה דאורייתא; יהיב לה כתובתה באפי חד סהדא, וסמיך סהדא קמא אסהדא בתרא, ומוקים להו להנך קמאי במלוה.

If the husband **is perspicacious,** he can **induce her to** become obligated to take **an oath by Torah law**[N] even in a case where only one witness saw the payment of the marriage contract, as follows: **He** now **gives her** the payment of **her entire marriage contract in the presence of one witness, and joins the first witness to the last witness,** so that there are now two witnesses to the payment of the entire marriage contract. **And** then, **he establishes this first** payment, about which the first witness had testified, **as a loan,** and claims payment of that sum from her, supported by the testimony of the first witness. With regard to this claim, her oath would serve the purpose of exempting her from payment, and it is not connected with a lien on land. Therefore, the witness can obligate her in an oath by Torah law.

מתקיף לה רב שישא בריה דרב אידי: היאך סמיך סהדא קמא אסהדא בתרא? אלא, אמר רב שישא בריה דרב אידי: יהיב לה כתובתה באפי כהדא קמא וסהדא בתרא, ומוקים לה להנך קמאי בהלואה.

Rav Sheisha, son of Rav Idi, objects to this: How can he join the first witness to the last witness when their testimonies do not refer to the same action? **Rather, Rav Sheisha, son of Rav Idi, said: He** now **gives her** the payment of **her entire marriage contract in the presence of** both **the first witness and the last witness. And** then, **he establishes this first** payment, about which the first witness had testified, **as a loan,** and claims payment of that sum from her, supported by the testimony of the first witness.

מתקיף לה רב אשי: אכתי יכולה למימר: שתי כתובות הואי! אלא אמר רב אשי: הוא דמודע להו.

Rav Ashi objects to this: The woman **can still say: I had two marriage contracts.** She can claim that he wrote two marriage contracts and she collected the payments at two separate points in time, but there was never a loan. **Rather, Rav Ashi said:** It is possible for him to obligate her to take an oath if **he informs** the two witnesseses[N] that on this occasion he is paying her for the one marriage contract that he wrote. She is then unable to claim that it was a different marriage contract, and he can compel her to take an oath by Torah law about the first payment, which is now established as a loan.

"מנכסים משועבדים". תנן התם: וכן היתומים לא יפרעו אלא בשבועה.

§ The mishna teaches that if a woman comes to claim her marriage contract **from liened property** that had been sold to a third party, she must first take an oath. **We learned** in a mishna **there** (*Shevuot* 45a): **And similarly, orphans can collect** payment **only by** means of **an oath.**

ממאן? אילימא מלוה – השתא אביהן שקיל בלא שבועה, ואינהו בשבועה?! אלא הכי קאמר: וכן היתומים מן היתומים – לא יפרעו אלא בשבועה.

The Gemara asks: **From whom** can the orphans collect payment only by means of an oath? **If we say** that they can collect payment only with an oath **from one who borrowed** money from their father, then it is difficult to understand how this can be so. **Now,** can it be that **their father,** the lender, had the right to **take** payment from the borrower **without an oath** by relying on the document, **and they,** the orphans, with regard to whom the Sages were lenient, can claim the loan only **by** means of **an oath? Rather, this is what** the mishna **is saying: And similarly, the orphans**[H] of the lender who come to collect payment from **the orphans** of the borrower **can collect only by** means of **an oath.**

אמר רב זריקא אמר רב יהודה: לא שנו אלא שאמרו יתומים: אמר לנו אבא "לויתי ופרעתי", אבל אמרו: אמר לנו אבא "לא לויתי" – אף בשבועה לא יפרעו.

Rav Zerika said that **Rav Yehuda said: It was taught** that those who take an oath can collect a debt from orphans **only if** the borrower's **orphans said:** Our **father said to us: I borrowed and repaid. However,** if the orphans **said:** Our **father said to us: I did not borrow,** then **they may not collect** from the orphans **even with an oath.**[N]

NOTES

An oath by Torah law – שבועה דאורייתא: Rashi, and to a certain extent the Rivan, maintain that oaths by Torah law differ from oaths by rabbinic law both in their level of severity and in the manner in which each is performed. One who takes an oath by Torah law holds an item of sanctity, like a Torah scroll, in his hand, and pronounces the Divine Name or one of His appellations. By contrast, an oath by rabbinic law does not include either of these elements, and is in effect nothing more than the acceptance of a curse upon one who lies.

However, most early commentaries disagree with this opinion. They claim that all oaths that are described in the Mishna, in contrast to oaths that were established later, by *amora'im*, require an item of sanctity and the pronouncement of the Divine Name. According to *Tosafot*, there are other differences between oaths required by Torah law and oaths established by the Sages. One difference is that an oath from the Torah cannot be reversed. This means that the party obligated to take the oath cannot propose that instead the other litigant should take the oath and take the money. Although this point is generally correct, many commentaries contend that it is not relevant in this context. Despite the fact that an oath by rabbinic law can be reversed if the other side takes an oath and is exempt, this is not the case if he takes an oath and claims the money. Other commentaries emphasize another difference between the two categories: In the case of an oath by Torah law, if the one obligated to take an oath refuses to do so, he loses his claim and must pay, whereas with regard to an oath by rabbinic law this is not always the case.

A further difference concerns the issue of one suspected of taking false oaths (see Ramban and Ra'ah). With regard to an oath by Torah law, if the person who is obligated to take an oath is not trusted to do so, he is not allowed to take an oath and the other party must do so instead. This is not the case with regard. to an oath by rabbinic law. In the case of this Gemara, if the woman is obligated to take an oath and cannot do so because she is suspected of taking false oaths, some say that the court relies on the document and that she may collect the sum it specifies.

One interpretation, attributed to the Ra'avad, is that the issue here is not that an oath by Torah law is more severe than an oath by rabbinic law. The point is that in addition to the woman having to take an oath by rabbinic law before she can receive her marriage contract, she must take another oath. The second oath is by Torah law, in order to exempt herself from the husband's claim, supported by one witness, that she owes him a debt (see Ra'avad on *Sefer HaMaor*).

If he informs them – הוא דמודע להו: One explanation is that he informs the witnesses in the woman's presence that he is paying her this money for her marriage contract, so that she cannot later claim that it was for some other document or for a different marriage contract (*Talmidei HaRashba*).

Most commentaries are of the opinion that in order to obligate her to take an oath he has only to tell the witnesses he has already paid her marriage contract and he is paying it a second time (see Ritva). The Rivan explains that he informs the judges of his plan.

They may not collect from the orphans even with an oath – אף בשבועה לא יפרעו: This is puzzling: Why should this claim be accepted against a document and an oath? The Ritva explains that since this man issues the statement on his deathbed, it is assumed that he is not lying. This case is different from a standard case of one who claims to have paid his debt, where he is not deemed credible because he might not remember that he did not hand over the entire amount.

HALAKHA

And similarly, the orphans, etc. – וכן היתומים וכו׳: All the *halakhot* that apply to the borrower, when the lender's heirs come to claim from him, apply equally to the borrower's heirs, if he has died and the lender's heirs come to claim from them. In addition, the lender's heirs must take an oath that they did not receive any indication from their father that the debt had been paid (Rambam *Sefer Mishpatim, Hilkhot Malve VeLoveh* 17:2; *Shulḥan Arukh, Ḥoshen Mishpat* 108:9).

מַתְקִיף לַהּ רָבָא: אַדְּרַבָּה, כׇּל הָאוֹמֵר "לֹא לָוִיתִי" כְּאוֹמֵר "לֹא פָּרַעְתִּי" דָּמֵי!

Rava objects to this: On the contrary, there is a principle in the *halakhot* of claims that **anyone who says: I did not borrow is considered like one who says: I did not repay.** Therefore, when there is evidence that he did borrow, he must pay the entire amount without the lender having to take an oath.

אֶלָּא, אִי אִתְּמַר הָכִי אִתְּמַר, אָמַר רַב זְרִיקָא אָמַר רַב יְהוּדָה: לֹא שָׁנוּ אֶלָּא שֶׁאָמְרוּ יְתוֹמִים: אָמַר לָנוּ אַבָּא "לָוִיתִי וּפָרַעְתִּי" אֲבָל אָמְרוּ: אָמַר לָנוּ אַבָּא "לֹא לָוִיתִי" – נִפְרָעִין שֶׁלֹּא בִּשְׁבוּעָה, שֶׁכׇּל הָאוֹמֵר "לֹא לָוִיתִי" כְּאוֹמֵר "לֹא פָּרַעְתִּי" דָּמֵי.

Rather, the Gemara emends the above statement: **If it was stated, it was stated like this: Rav Zerika said** that **Rav Yehuda said: They taught** this *halakha* **only if the orphans said:** Our **father said to us: I borrowed and repaid. However,** if **they said:** Our **father said to us: I did not borrow,**[H] those who collect debts from them **can collect** even **without an oath, for anyone who says: I did not borrow is considered like one who says: I did not repay.**

"וְנִפְרַעַת שֶׁלֹּא בְּפָנָיו לֹא תִּפָּרַע אֶלָּא בִּשְׁבוּעָה". אֲמַר רַב אַחָא שַׂר הַבִּירָה: מַעֲשֶׂה בָּא לִפְנֵי רַבִּי יִצְחָק בְּאַנְטוֹכְיָא, וְאָמַר: לֹא שָׁנוּ אֶלָּא לִכְתוּבַּת אִשָּׁה, מִשּׁוּם חִינָּא. אֲבָל בַּעַל חוֹב – לֹא.

§ The mishna teaches that **one who** comes to **collect** her marriage contract **when not in** her husband's **presence can collect** it **only by** means of **an oath. Rav Aḥa Sar HaBira said: An incident came before Rabbi Yitzḥak in Antioch,**[B] **and he said: They taught** this *halakha* **only with regard to the wife's marriage contract;** she may collect her marriage contract in her husband's absence, **because** the Sages wanted men to find **favor** in the eyes of women. In order to ensure that women would want to marry, the Sages instituted decrees with regard to a marriage contract that are for the woman's benefit. **However, a creditor** does **not** have the right to collect his debt even with an oath if the borrower is absent, in case he has already been paid.

וְרָבָא אָמַר רַב נַחְמָן: אֲפִילּוּ בַּעַל חוֹב, שֶׁלֹּא יְהֵא כׇּל אֶחָד וְאֶחָד נוֹטֵל מְעוֹתָיו שֶׁל חֲבֵירוֹ, וְהוֹלֵךְ וְיוֹשֵׁב בִּמְדִינַת הַיָּם, וְאַתָּה נוֹעֵל דֶּלֶת בִּפְנֵי לוֹוִין.

And Rava said that **Rav Naḥman said: Even a creditor**[NH] can collect payment with an oath in the borrower's absence, **so that each and every person will not take his friend's money** by means of a loan **and go and reside in a country overseas** to prevent the lender from collecting the money from his property. **And** if that were to occur, **you would be locking the door in the face of borrowers,** as no one would be willing to lend them money.

"רַבִּי שִׁמְעוֹן אוֹמֵר: כׇּל זְמַן שֶׁתּוֹבַעַת כְּתוּבָּתָהּ" וכו׳. רַבִּי שִׁמְעוֹן אַהַיָּיא? אֲמַר רַבִּי יִרְמְיָה: אַהָא: "וְנִפְרַעַת שֶׁלֹּא בְּפָנָיו לֹא תִּפָּרַע אֶלָּא בִּשְׁבוּעָה" – לָא שְׁנָא לִמְזוֹנֵי וְלָא שְׁנָא לִכְתוּבָּה, וַאֲתָא רַבִּי שִׁמְעוֹן לְמֵימַר: כׇּל זְמַן שֶׁתּוֹבַעַת כְּתוּבָּתָהּ – יוֹרְשֶׁיהָ מַשְׁבִּיעִין אוֹתָהּ,

§ The mishna teaches: **Rabbi Shimon says: Whenever she claims her marriage contract,** the heirs administer an oath to her. The Gemara asks: **To which** statement in the mishna is **Rabbi Shimon** referring? **Rabbi Yirmeya said:** He is referring **to this** statement: **And one who** comes to **collect** her marriage contract **when not in** her husband's **presence can collect** it **only** by means of **an oath.** This implies that the *halakha* **is no different** if she comes to claim money from the orphans **for sustenance, and it is no different** if she demands payment **for her marriage contract. And Rabbi Shimon comes to say** that **whenever she claims her marriage contract** the **heirs** can **administer an oath to her** that she has not taken anything of theirs.

HALAKHA

Father said to us, I did not borrow – אָמַר לָנוּ אַבָּא לֹא לָוִיתִי: If a lender or his heirs come to collect a debt from the borrower's heirs, and the borrower's heirs claim that their father told them he never borrowed this sum of money, the lender or his heirs may collect the debt without taking an oath if they produce proof that the loan had taken place, in accordance with the final explanation of Rav Yehuda's opinion (Rambam *Sefer Mishpatim, Hilkhot Malve VeLoveh* 17:6; *Shulḥan Arukh, Ḥoshen Mishpat* 108:15).

Even a creditor – אֲפִילּוּ בַּעַל חוֹב: In the case of a lender who came to collect a debt on the basis of a ratified document in the borrower's absence, if the court can inform the borrower to come to court, they send him a message. This is done only if the borrower is close enough for a messenger to go to him and back within thirty days. The lender covers the cost of the messenger and later claims it from the borrower. If the borrower cannot be reached within this time, the lender takes an oath that the debt has not been paid and collects the debt from the borrower's property, as stated by Rava.

If the borrower granted credibility to the lender, allowing him to collect the debt in his absence, the lender may collect the debt without taking an oath. The Rema, citing the Rivash, writes that he may collect the money only in the absence of the borrower himself, but if the borrower died, he must go to where the heirs are living (Rambam *Sefer Mishpatim, Hilkhot Malve VeLoveh* 13:1; *Shulḥan Arukh, Ḥoshen Mishpat* 106:1).

BACKGROUND

Antioch – אַנְטוֹכְיָא: Antioch was the most important of the cities built by Seleucus I Nicator in honor of his father, Antiochus, around the year 300 BCE. This city was established on the eastern side of the Orontes River, about 25 km from the Mediterranean Sea. Its location at the crossroads of major trade routes promoted its development until it became one of the largest cities in the ancient world. Today the city is known as Antakya in southern Turkey, near the Syrian border.

From the time of its establishment under the Greeks, Antioch was an important center of Jewish life, and it remained so under Roman and Byzantine rule. It appears that its Jewish inhabitants were in close contact with the Jewish community in Eretz Yisrael and its Sages.

Location of Antioch

NOTES

Even a creditor – אֲפִילּוּ בַּעַל חוֹב: Most commentaries rule in accordance with the opinion of Rav Naḥman, the later authority. However, Rabbeinu Ḥananel maintains that the custom is not to collect a debt in the absence of the borrower (see *Tosafot*). In this regard, they rely to a large extent on the Jerusalem Talmud, which expands on this discussion about whether it is permitted for a creditor to collect a debt in the absence of the debtor. It is explained in the Jerusalem Talmud that the context of the discussion is the case of a document that includes interest, which means that the debt was owed to a gentile, who is permitted to claim interest. Yet most authorities contend that this is a dispute between the Babylonian Talmud and the Jerusalem Talmud. It is clear from the Gemara in tractate *Arakhin* (22a) that the Babylonian Talmud disagrees with the Jerusalem Talmud, and the *halakha* is ruled in accordance with the Babylonian Talmud.

The Ritva writes that according to Rav Naḥman's reasoning, a creditor is allowed to collect his debt in the borrower's absence only if it was the borrower who left to go somewhere else. However, if the lender sought to claim the money from the borrower's property in a place other than where the transaction was conducted, he is not permitted to do so if the borrower is not present (see Responsa of Rivash).

אֵינָהּ תּוֹבַעַת כְּתוּבָּתָהּ – אֵין יוֹרְשִׁין מַשְׁבִּיעִין אוֹתָהּ. וְקָמִיפַּלְגִי בִּפְלוּגְתָא דְּחָנָן וּבְנֵי כֹּהֲנִים גְּדוֹלִים. דִּתְנַן: מִי שֶׁהָלַךְ לִמְדִינַת הַיָּם, וְאִשְׁתּוֹ תּוֹבַעַת מְזוֹנוֹת; חָנָן אוֹמֵר: תִּשָּׁבַע בַּסּוֹף, וְלֹא תִּשָּׁבַע בַּתְּחִלָּה.

If she does not claim her marriage contract, the **heirs do not administer an oath to her. And they disagree with regard to** the issue that is the subject of **the dispute of Ḥanan and the sons of the High Priests, as we learned** in a mishna (104b): With regard to **one who went to a country overseas and his wife claims** money for **sustenance, Ḥanan says: She takes an oath at the conclusion,** when she comes to claim her marriage contract, that her husband did not leave her with any money and that she took from his estate only what she needed for her sustenance. **And she does not take an oath at the beginning,** when she takes the allowance for her sustenance from his estate.

נֶחְלְקוּ עָלָיו בְּנֵי כֹּהֲנִים גְּדוֹלִים, וְאָמְרוּ: תִּשָּׁבַע בַּתְּחִלָּה וּבַסּוֹף. רַבִּי שִׁמְעוֹן – כְּחָנָן, רַבָּנַן – כִּבְנֵי כֹּהֲנִים גְּדוֹלִים.

The mishna continues: **The sons of the High Priests disagreed with him, and said: She takes an oath** that her husband did not leave her any money **at the beginning,** when she comes to take money for sustenance, **and at the conclusion,** when she comes to claim her marriage contract. Rabbi Yirmeya suggests: **Rabbi Shimon** holds **like Ḥanan,** that she takes an oath only when she comes to collect her marriage contract. And **the Rabbis,** who disagree, hold **like the sons of the High Priests,** that she must also take an oath when she collects money for her sustenance.

מַתְקִיף לָהּ רַב שֵׁשֶׁת: הַאי יוֹרְשִׁין מַשְׁבִּיעִין אוֹתָהּ? בֵּית דִּין מַשְׁבִּיעִין אוֹתָהּ מִיבְּעֵי לֵיהּ!

Rav Sheshet objects to Rabbi Yirmeya's statement: If the dispute is with regard to a woman who comes to collect money for her sustenance while her husband is away, why would the mishna employ **this** phrase: The **heirs administer an oath to her? It should** have said that **the court administers an oath to her,** as this oath would be administered by the court.

אֶלָּא אֲמַר רַב שֵׁשֶׁת: אַהָא, הָלְכָה מִקֶּבֶר בַּעְלָהּ לְבֵית אָבִיהָ, אוֹ שֶׁחָזְרָה לְבֵית חָמִיהָ, וְלֹא נַעֲשֵׂית אַפּוֹטְרוֹפְּיָא – אֵין הַיּוֹרְשִׁים מַשְׁבִּיעִין אוֹתָהּ. וְאִם נַעֲשֵׂית אַפּוֹטְרוֹפְּיָא – יוֹרְשִׁין מַשְׁבִּיעִין אוֹתָהּ עַל הֶעָתִיד לָבֹא, וְאֵין מַשְׁבִּיעִין אוֹתָהּ עַל מַה שֶּׁעָבַר. וַאֲתָא רַבִּי שִׁמְעוֹן לְמֵימַר: כָּל זְמַן שֶׁתּוֹבַעַת כְּתוּבָּתָהּ – יוֹרְשִׁין מַשְׁבִּיעִין אוֹתָהּ, אֵינָהּ תּוֹבַעַת כְּתוּבָּתָהּ – אֵין הַיּוֹרְשִׁין מַשְׁבִּיעִין אוֹתָהּ.

Rather, Rav Sheshet said that Rabbi Shimon's statement is referring **to this** earlier mishna (86b): If a woman who was exempted from an oath by her husband **went from her husband's grave,** immediately after her husband's death, **to her father's house,** without handling her late husband's property, **or** in a case **where she returned to her father-in-law's house and did not become a steward,** then **the heirs cannot administer an oath to her** with regard to her actions in their father's lifetime. **And if she became a steward, the heirs may administer an oath to her about the future,** i.e., anything she did with the property after the death of her husband, **but they cannot administer an oath to her with regard to what** took place **in the past,** during her husband's lifetime. **And Rabbi Shimon came to say** that **whenever she claims her marriage contract** the **heirs** can **administer an oath to her,** but if **she does not claim her marriage contract,** the **heirs do not administer an oath to her.**

וְקָמִיפַּלְגִי בִּפְלוּגְתָּא דְּאַבָּא שָׁאוּל וְרַבָּנַן. דִּתְנַן: אַפּוֹטְרוֹפּוֹס שֶׁמִּינָּהוּ אֲבִי יְתוֹמִים – יִשָּׁבַע, מִינּוּהוּ בֵּית דִּין – לֹא יִשָּׁבַע. אַבָּא שָׁאוּל אוֹמֵר: חִילּוּף הַדְּבָרִים, מִינּוּהוּ בֵּית דִּין – יִשָּׁבַע, מִינָּהוּ אֲבִי יְתוֹמִים – לֹא יִשָּׁבַע.

Rav Sheshet explains: **And they disagree with regard to** the issue that is the subject of **the dispute of Abba Shaul and the Rabbis, as we learned** in a mishna (*Gittin* 52a): **A steward who was appointed** by **the father of orphans** to take care of their property **must take an oath**[H] when the orphans come of age and he returns their property. He takes an oath that he did not appropriate anything for himself. If **the court appointed him** steward, he need **not take an oath.** The Sages exempted him from an oath so that people would not refrain from serving as stewards. **Abba Shaul says: The matters are reversed.** If the **court appointed him, he must take an oath;** if **the father of orphans appointed him,** he need **not take an oath.** It is an honor to be appointed steward by the court, and to receive this honor he would not mind being obligated to take an oath. If he was appointed by the father, it is clear that the father trusted him and relied on him.

HALAKHA

The oath of a steward – שְׁבוּעַת אַפּוֹטְרוֹפּוֹס: If a steward was appointed by the court to handle the orphans' affairs, he transfers their father's estate to them when they reach majority. He does not have to present them with a book of his accounts, but he must, while holding a sacred object, take an oath that he did not steal anything from them. However, if the steward was assigned by the father of the orphans, he does not have to take an oath for an uncertain claim. The *halakha* is in accordance with the opinion of Abba Shaul, as ruled by the Gemara in tractate *Gittin*. The Rema, citing *Mordekhai*, writes that some maintain that a steward who does not take an oath must provide an account of his expenses (Rambam *Sefer Mishpatim, Hilkhot Naḥalot* 11:5; *Shulḥan Arukh, Ḥoshen Mishpat* 290:16).

רַבִּי שִׁמְעוֹן – כְּאַבָּא שָׁאוּל, וְרַבָּנַן – כְּרַבָּנַן.

Rav Sheshet completes his explanation: **Rabbi Shimon** holds **in accordance with** the opinion of **Abba Shaul,** as the woman is comparable to a steward appointed by the father of the orphans. Therefore, she cannot be compelled to take an oath about the future, unless she comes to claim her marriage contract. **And the Rabbis** here hold **in accordance with** the opinion of **the Rabbis** there, that a steward appointed by the father is obligated to take an oath.

מַתְקִיף לַהּ אַבָּיֵי: הַאי כׇּל זְמַן שֶׁתּוֹבַעַת כְּתוּבָּתָהּ? אִם תּוֹבַעַת מִיבְּעֵי לֵיהּ!

Abaye objects to Rav Sheshet's statement: **This** phrase, that the heirs can administer an oath to her **whenever she claims her marriage contract,** is appropriate only if Rabbi Shimon is more stringent than the Rabbis, who exempt her from an oath in all cases. However, since according to Rav Sheshet his opinion is the more lenient one, **he should** have said: **If she claims,** meaning that she is required to take an oath only when she claims her marriage contract.

אֶלָּא אֲמַר אַבָּיֵי: אַהָא, כָּתַב לָהּ ״נֶדֶר וּשְׁבוּעָה אֵין לִי עָלַיִךְ״ – אֵינוֹ יָכוֹל לְהַשְׁבִּיעָהּ כּוּ׳: ״נֶדֶר וּשְׁבוּעָה אֵין לִי וְלֹא לְיוֹרְשַׁי וְלֹא לַבָּאִים בִּרְשׁוּתִי, עָלַיִךְ וְעַל יוֹרְשַׁיִךְ וְעַל הַבָּאִין בִּרְשׁוּתֵיךְ״ – אֵין יָכוֹל לְהַשְׁבִּיעָהּ לֹא הוּא וְלֹא יוֹרְשָׁיו וְלֹא הַבָּאִין בִּרְשׁוּתוֹ, לֹא הִיא וְלֹא יוֹרְשֶׁיהָ וְלֹא הַבָּאִין בִּרְשׁוּתָהּ. וַאֲתָא רַבִּי שִׁמְעוֹן לְמֵימַר: כׇּל זְמַן שֶׁתּוֹבַעַת כְּתוּבָּתָהּ – יוֹרְשִׁין מַשְׁבִּיעִין אוֹתָהּ.

Rather, Abaye said that Rabbi Shimon's statement is referring **to this** clause of the mishna (86b): If the husband **wrote for her: I do not have** the right to administer **a vow or an oath upon you,** he **cannot administer an oath to her.** If he wrote: **Neither I, nor my heirs, nor those who come on my authority have** the right to administer **a vow or an oath upon you, or upon your heirs, or upon those who come on your authority,** he **cannot administer an oath** to her or them; **not he, nor his heirs, nor those who come on his authority** may administer an oath, **not to her, nor her heirs, nor those who come on her authority. And Rabbi Shimon came to say** that **whenever she claims her marriage contract** the **heirs** can **administer an oath to her.**

וְקָמִיפַּלְגִי בִּפְלוּגְתָּא דְּאַבָּא שָׁאוּל בֶּן אִימָּא מִרְיָם וְרַבָּנַן. רַבִּי שִׁמְעוֹן – כְּאַבָּא שָׁאוּל, וְרַבָּנַן – כְּרַבָּנַן.

Abaye explains: **And they disagree with regard to** the issue that is the subject of **the dispute of Abba Shaul ben Imma Miriam and the Rabbis. Rabbi Shimon** holds **in accordance with** the opinion of **Abba Shaul,** that even if the husband exempted her from an oath she must still take an oath before she can collect from the property of orphans. **And the Rabbis** here hold **in accordance with** the opinion of **the Rabbis** there, that if he exempted her from all oaths she can collect payment without an oath.

מַתְקִיף לַהּ רַב פָּפָּא: הָתֵינַח כׇּל זְמַן שֶׁתּוֹבַעַת כְּתוּבָּתָהּ, אֵינָהּ תּוֹבַעַת כְּתוּבָּתָהּ מַאי אִיכָּא לְמֵימַר?

Rav Pappa objects to this: This works out **well** in explaining Rabbi Shimon's disagreement with the Rabbis, where he said that she must take an oath **whenever she demands** payment for **her marriage contract.** However, **what can be said** about the second part of Rabbi Shimon's statement, where he speaks of one who **does not demand** payment for **her marriage contract?** According to Abaye's explanation, that clause does not add or teach anything.

אֶלָּא אֲמַר רַב פָּפָּא: לְאַפּוֹקֵי מִדְּרַבִּי אֱלִיעֶזֶר וּמַחְלוֹקְתּוֹ.

Rather, Rav Pappa said[N] that Rabbi Shimon is not referring to that mishna. His opinion is **to the exclusion of Rabbi Eliezer and those who dispute him** (86b), all of whom agree that the woman can be compelled to take an oath that she did not appropriate anything from her husband's property. The Rabbis hold that she can be compelled to take an oath only if she was appointed steward, whereas Rabbi Eliezer holds that she can always be compelled to take an oath. Rabbi Shimon, who disagrees with both opinions, contends that the heirs can administer an oath to her only when she comes to collect her marriage contract, at which point they can administer an oath about other matters, including the work done with her spindle. However, if she does not claim her marriage contract, they cannot administer an oath to her even with regard to her work as steward or storekeeper.

מַתְנִי׳ הוֹצִיאָה גֵּט וְאֵין עִמּוֹ כְּתוּבָּה

MISHNA In a case where a woman **produced a bill of divorce and it was unaccompanied by a marriage contract,**[H] and she demands that her husband pay her marriage contract,

NOTES

Rather, Rav Pappa said – אֶלָּא אֲמַר רַב פָּפָּא: Rashi explains that Rav Pappa's answer is a continuation of Abaye's answer. Rav Pappa accepts Abaye's explanation with regard to the first part of Rabbi Shimon's statement, but adds that the second clause comes to exclude the opinion of Rabbi Eliezer and the Rabbis, who disagree with him.

The Ritva writes that although this interpretation makes sense, it does not fit with the word: Rather, which typically signals a complete rejection of the previous opinion. He notes that some versions of the text omit the word rather, fitting Rashi's interpretation. However, many commentaries maintain that the word rather is precise in this context, as Rav Pappa is suggesting a new interpretation, one that resolves both parts of Rabbi Shimon's statement.

In the first clause of his statement, Rabbi Shimon disagrees with the opinion of the first *tanna* that the husband cannot administer an oath to her about her dough, as he maintains that when she comes to claim her marriage contract the heirs can administer an oath to her even about the dough she prepared. In the second clause of his statement, Rabbi Shimon takes issue with both opinions in the mishna, as he rules that if she does not claim her marriage contract she does not even have to take an oath about her work as steward or her work in his store (see *Sefer HaZekhut*). The Ra'avad claims that Rabbi Shimon disagrees with the other *tanna'im* mainly about when she can be compelled to take an oath with regard to her spindle and dough (see Ritva).

These different understandings of Rabbi Shimon's opinion are especially important to those commentaries who accept his opinion as *halakha*. Rabbeinu Ḥananel, Rabbeinu Tam, and others rule in accordance with the opinion of Rabbi Shimon, as opposed to that of the first *tanna*, because all of the explanations suggested in the Gemara equate Rabbi Shimon's opinion with the opinion that is accepted as *halakha*. In the Jerusalem Talmud, it is explicitly stated that the *halakha* is in accordance with the opinion of Rabbi Shimon. However, the Rif and the Rambam maintain that this does not prove anything with regard to the *halakha*. This is emphasized by *Tosafot*, who explain that in light of the various interpretations offered for Rabbi Shimon's opinion, it is not clear which one is accepted as *halakha*.

HALAKHA

If she produced a bill of divorce and it was unaccompanied by a marriage contract – הוֹצִיאָה גֵּט וְאֵין עִמּוֹ כְּתוּבָּה: In a case of a woman who produced a bill of divorce without a marriage contract, if the custom of the place is not to write a marriage contract, she may claim the basic sum by means of the bill of divorce. If it is the custom to write a marriage contract, she must produce this document in order to receive its payment. If she fails to do so, the husband takes an oath of inducement and is exempt from paying (Rambam *Sefer Nashim, Hilkhot Ishut* 16:28; *Shulḥan Arukh, Even HaEzer* 100:12).

גּוֹבָה כְּתוּבָּתָהּ.

she collects payment of **her marriage contract,**[N] and he cannot claim that he already paid it.

כְּתוּבָּה וְאֵין עִמָּהּ גֵּט, הִיא אוֹמֶרֶת "אָבַד גִּיטִּי" וְהוּא אוֹמֵר "אָבַד שׁוֹבְרִי", וְכֵן בַּעַל חוֹב שֶׁהוֹצִיא שְׁטַר חוֹב וְאֵין עִמּוֹ פְּרוֹזְבּוֹל – הֲרֵי אֵלּוּ לֹא יִפָּרְעוּ.

If she produced **a marriage contract, and it was unaccompanied by a bill of divorce,** and **she says: My bill of divorce was lost,**[N] **and he says:** Just as your bill of divorce was lost, so too **my receipt** for the payment of your marriage contract **was lost; and likewise,** in a case of **a creditor who produced a promissory note** after the Sabbatical Year, **unaccompanied by a document that prevents the Sabbatical Year from forgiving an outstanding debt** [***prosbol***],[HLN] and demanded payment of the debt, **these** debts **may not be collected.**

רַבָּן שִׁמְעוֹן בֶּן גַּמְלִיאֵל אוֹמֵר: מִן הַסַּכָּנָה וְאֵילָךְ, אִשָּׁה גּוֹבָה כְּתוּבָּתָהּ שֶׁלֹּא בְּגֵט, וּבַעַל חוֹב גּוֹבֶה שֶׁלֹּא בִּפְרוֹזְבּוֹל.

Rabban Shimon ben Gamliel says: From the time of **danger and onward,** after the ruling authorities banned the performance of mitzvot, people would destroy a bill of divorce or a *prosbol* immediately after they were signed, **a woman collects** payment of **her marriage contract without a bill of divorce, and a creditor collects** debts owed to him **without a *prosbol*.** The assumption is that due to the circumstances these documents were written but were not preserved.

גמ׳ שְׁמַע מִינַּהּ: כּוֹתְבִין שׁוֹבֵר. דְּאִי אֵין כּוֹתְבִין שׁוֹבֵר – לֵיחוּשׁ דִּלְמָא מַפְּקָא לַהּ לִכְתוּבָּתָהּ, וְגָבְיָא בָּהּ?

GEMARA **Conclude from** the mishna that when one repays a debt, the creditor **writes a receipt**[N] and gives it to the debtor as proof of payment, **as, if one does not write a receipt,** then in the case in the mishna where she receives payment of her marriage contract by producing her bill of divorce, **let us be concerned lest she produce her marriage contract** in a different court **and collect** payment **with it** a second time. In the absence of a receipt, the husband cannot prove that the debt was paid.

HALAKHA

A creditor may collect without a *prosbol* – בַּעַל חוֹב גּוֹבֶה שֶׁלֹּא בִּפְרוֹזְבּוֹל: A creditor is deemed credible if he claims after the Sabbatical Year that he had a *prosbol* but lost it. Furthermore, if he comes to court without a *prosbol*, the court suggests to him that perhaps he had one and it was lost, in accordance with the opinion of Rav Yehuda in tractate *Gittin* (37b). If he admits that he never had a *prosbol*, he forfeits his debt. The Rema, citing the Rashba, writes that in a case where he left the court without making this claim, and subsequently returned saying that he once had a *prosbol* and lost it, he is deemed credible if this occurred before a verdict was issued. Afterward, his claim is not accepted (Rambam *Sefer Zera'im*, *Hilkhot Shemitta VeYovel* 9:24; *Shulḥan Arukh*, *Ḥoshen Mishpat* 67:33).

LANGUAGE

***Prosbol* – פְּרוֹזְבּוֹל:** Although this word is derived from Greek, its exact source is unclear. Some suggest it is from προβολή, *probolē*, referring to the delivery of a message before a court or assembly of people, as well as to a loan. Others say it is related to προσβολή, *prosbolē*, the completion of a sale.

NOTES

She collects payment of her marriage contract – גּוֹבָה כְּתוּבָּתָהּ: Rashi and the other commentaries explain that this *halakha* is based on Rabbi Yoḥanan's principle that any claim after a court action is of no account. A marriage contract carries the status of a court action, as a husband's obligation to pay his wife's marriage contract is based on the enactment of the Sages and not on the document itself. It would therefore seem that if the wife provides proof that she is entitled to a marriage contract her husband cannot claim to have paid it, even if she does not produce the document itself. Although Rabbi Meir's ruling that a husband is obligated to write a marriage contract for his wife is accepted as *halakha*, this is in order to provide her with a sense of security that she is not merely engaging in licentious relations; however, the financial obligation itself is not dependent upon a written document.

Nevertheless, it is questionable whether Rabbi Yoḥanan's principle was universally accepted. The authorities likewise discuss whether an additional sum listed in the marriage contract is also considered a court action. If it is, then if the wife brings witnesses that her marriage contract included an additional sum she can claim it without the aid of the document. If not, then the additional sum is considered a private obligation like any other document of debt.

She says, my bill of divorce is lost, etc. – הִיא אוֹמֶרֶת אָבַד גִּיטִּי וכו׳: According to Rashi and most commentaries, the woman claims that the bill of divorce she received from her husband is lost. She explains that she never used it to claim her marriage contract, similar to the previous case of one who presented a bill of divorce without a marriage contract, and that she is therefore entitled to the sum of her marriage contract. Meanwhile, the husband contends that the wife has already used the bill of divorce to collect payment for her marriage contract. He further claims that she gave him a receipt, but he too has lost the document.

An alternative explanation, suggested by the Ritva, is that when she says her bill of divorce is lost, he replies that she has already collected her marriage contract by means of the bill of divorce, and the receipt was inscribed onto the bill of divorce itself. Therefore, when the bill of divorce was lost, the receipt was lost with it. The Rivan suggests that this is the husband's cynical way of expressing doubt over the woman's claim, by saying that if she can claim that she lost her bill of divorce, he too can claim that he had a receipt that he lost.

***Prosbol* – פְּרוֹזְבּוֹל:** The institution of the *prosbol* was enacted by Hillel the Elder. When Hillel observed that people were reluctant to lend their money, out of concern that the debts would be canceled by the Sabbatical Year, he instituted a *prosbol*. This meant that every person could write a simple document stating that the court is authorized to collect all his debts, as opposed to having to hand over his documents of debt to the court to prevent them from being abrogated by the seventh year. This made the process far easier and accessible to all.

As for one's credibility with regard to a *prosbol*, the early commentaries note that this is a dispute of *tanna'im* in tractate *Gittin* (87b). Whereas the mishna here is based on the assumption that a creditor cannot simply claim to have written a *prosbol*, the *halakha* is in accordance with the other opinion, that it is assumed that the creditor drafted a valid *prosbol*. This is because the court presumes that one would not neglect an easily available, permitted option and choose instead to violate a prohibition.

The creditor writes a receipt – כּוֹתְבִין שׁוֹבֵר: There is a dispute of *tanna'im* as to whether a creditor who comes to claim his loan must return the document itself to the borrower in order to receive his money, or whether it is sufficient that the borrower receives a receipt of the payment from the lender after the borrower pays the loan. The reasoning for the first opinion is that the borrower should not be forced to hold on to the receipt in perpetuity to prevent a situation where the creditor uses the document of debt to claim payment for the loan a second time.

אָמַר רַב: בְּמָקוֹם שֶׁאֵין כּוֹתְבִין כְּתוּבָּה עָסְקִינַן. וּשְׁמוּאֵל אָמַר: אַף בְּמָקוֹם שֶׁכּוֹתְבִין כְּתוּבָּה.

Rav said: That is no proof, as **we are dealing with a place where one does not write a marriage contract.** In those places, there is a general stipulation of the Sages that a husband must pay his wife the sum of the marriage contract even if no document was written. Therefore, there is no concern lest she produce the marriage contract at a later stage. **And Shmuel said**[N] that the mishna is referring **even** to **a place where one writes**[N] **a marriage contract,** which she claims to have lost.

וְלִשְׁמוּאֵל כּוֹתְבִין שׁוֹבֵר? אָמַר רַב עָנָן: לְדִידִי מִיפָּרְשָׁא לִי מִינֵּיהּ דְּמָר שְׁמוּאֵל: בְּמָקוֹם שֶׁאֵין כּוֹתְבִין, וְאָמַר ״כָּתַבְתִּי״ – עָלָיו לְהָבִיא רְאָיָה. בְּמָקוֹם שֶׁכּוֹתְבִין, וְאָמְרָה ״לֹא כָּתַב לִי״ – עָלֶיהָ לְהָבִיא רְאָיָה.

The Gemara asks: **And according to Shmuel, does one** in fact **write a receipt? Rav Anan said: It was explained to me** personally **by the Sage Shmuel himself:** The mishna is addressing two different cases. In **a place where one does not write**[H] a marriage contract **and the** husband **said: I wrote** a marriage contract, it is incumbent **upon him to bring proof** that he wrote one. In that case, she cannot collect payment without producing the document. In **a place where one writes** a marriage contract **and she said: He did not write** one **for me, she must bring proof** that he did not write a marriage contract. Only then can she collect payment without one.

וְאַף רַב הֲדַר בֵּיהּ, דְּאָמַר רַב: בֵּין בְּמָקוֹם שֶׁכּוֹתְבִין, בֵּין בְּמָקוֹם שֶׁאֵין כּוֹתְבִין, גֵּט – גּוֹבָה עִיקָּר, כְּתוּבָּה – גּוֹבָה תּוֹסֶפֶת, וְכׇל הָרוֹצֶה לְהָשִׁיב יָבֹא וְיָשִׁיב.

And even Rav retracted his interpretation of the mishna, **as Rav said** the following ruling: **Both in a place where one writes** a marriage contract **and in a place where one does not write** a marriage contract, if she produces only **a bill of divorce, she collects the main** sum of the marriage contract. The Sages established minimum sums to serve as the principal payment of the marriage contract: Two hundred dinars for a virgin and one hundred for a non-virgin. If she produces **a marriage contract** that specifies a larger sum, **she collects** only **the additional** sum and not the main sum, as there is a concern that she collected the main sum previously by producing the bill of divorce. **And whoever wishes to challenge** this solution, **let him come and challenge** it. There is no longer any possibility of deceit, as she will gain nothing by producing the marriage contract in a second court after having collected her marriage contract by producing her bill of divorce in a first court.

תְּנַן: כְּתוּבָּה וְאֵין עִמָּהּ גֵּט, הִיא אוֹמֶרֶת ״אָבַד גִּיטִּי״ וְהוּא אוֹמֵר ״אָבַד שׁוֹבְרִי״, וְכֵן בַּעַל חוֹב שֶׁהוֹצִיא שְׁטַר חוֹב וְאֵין עִמּוֹ פְּרוֹזְבּוּל – הֲרֵי אֵלּוּ לֹא יִפָּרְעוּ.

The Gemara objects: **We learned** in the mishna: If she produced a **marriage contract, and it was unaccompanied by a bill of divorce,** and **she says: My bill of divorce was lost, and he says:** Just as your bill of divorce was lost, so too **my receipt** for the payment of your marriage contract **was lost; and likewise,** in a case of **a creditor who produced a promissory note** after the Sabbatical Year, **unaccompanied by a** ***prosbol,*** and demanded payment of the debt, **these** debts **may not be collected.**

בִּשְׁלָמָא לִשְׁמוּאֵל – מוֹקֵי לַהּ בְּמָקוֹם שֶׁאֵין כּוֹתְבִין, וְאָמַר ״כָּתַבְתִּי״, דְּאָמְרִינַן לֵיהּ: אַיְיתִי רְאָיָה. וְאִי לָא מַיְיתֵי רְאָיָה – אָמְרִינַן לֵיהּ: זִיל פְּרַעָה.

The Gemara presents the question: **Granted, according to Shmuel,** this is reasonable. He **establishes** the mishna as referring to **a place where** the common practice is **that one does not write** a marriage contract, **and** the husband previously **had said: I wrote** one, and therefore did not want to pay the marriage contract when she produced the bill of divorce, as he was concerned that she would later produce the marriage contract and demand payment again. **As** in that case **we say to him,** according to Shmuel: **Bring proof** that you wrote a marriage contract, **and if he does not bring proof, we say to him: Go** and **pay** her based on the bill of divorce. Now, when she produces her marriage contract and the husband claims that he paid her by means of the bill of divorce and has lost the receipt, the mishna rules that this debt cannot be collected.

אֶלָּא לְרַב, נְהִי דְּעִיקָּר לָא גָּבְיָא, תּוֹסֶפֶת מִיהָא תִּיגְבֵּי!

The Gemara completes the question: **However, according to Rav,** why does the mishna state that the debt cannot be collected? **Although she cannot** now **collect the main** sum of her marriage contract, because he can claim that she already received this sum in a different court by means of her bill of divorce, **she should** be able to **collect the additional** sum by virtue of the marriage contract, as she could not have received that by producing the bill of divorce alone.

אָמַר רַב יוֹסֵף: הָכָא בְּמַאי עָסְקִינַן – כְּשֶׁאֵין שָׁם עֵדֵי גֵירוּשִׁין, מִיגּוֹ דְּיָכוֹל לְמֵימַר: לָא גֵּירַשְׁתִּיהָ,

Rav Yosef said: With what are we dealing here? It is a case **where there are no witnesses to the divorce** present **there.**[H] **Since the** husband **can say: I did not divorce her** and she is entitled to nothing,

NOTES

The opinions of Rav and Shmuel – שִׁיטוֹת רַב וּשְׁמוּאֵל: The Ra'ah summarizes the two opinions in the following manner: According to Rav, in a place where marriage contracts are written, the wife must produce a marriage contract in order to collect her payment. Even if she provided proof that he did not write one for her, it is assumed that he did so later. The court relies on the fact that a marriage contract is an enactment of the court only if they live in a place where it is not the practice to write a marriage contract.

According to Shmuel, if the husband brings proof that he wrote a marriage contract for his wife, the *halakha* is like that of a place where a marriage contract is written, and she can demand payment only if she produces her marriage contract. If in a place where marriage contracts are written she provides proof that he did not write one for her, the *halakha* is like that of a place where marriage contracts are not written, and she claims payment without having to produce a marriage contract.

By contrast, Rabbi Yoḥanan in tractate *Bava Metzia* (17a) maintains that even in a place where marriage contracts are written, the husband must bring proof that he wrote one. If he fails to do so the woman can claim her marriage contract as an enactment of the court.

To a place where one writes, etc. – בְּמָקוֹם שֶׁכּוֹתְבִין וכו׳: According to the Ramban, there is no difference between a divorcée and a widow with regard to these *halakhot*. By contrast, it is explained in the Meiri that these *halakhot* were stated only in the case of a divorcée, who has the option of producing a bill of divorce. However, in a place where marriage contracts are written, a widow can claim her marriage contract through witnesses to her husband's death only if she produces the document. If she lost the document, she receives nothing (see *Tosafot*).

HALAKHA

In a place where one does not write, etc. – בְּמָקוֹם שֶׁאֵין כּוֹתְבִין וכו׳: In the case of a woman who produced a bill of divorce without a marriage contract and demanded that her husband pay her marriage contract, if the custom of the place is not to write a marriage contract, she may claim the main sum by means of the bill of divorce. If it is the custom to write a marriage contract, she must produce this document into order to receive any part of it. If she does not produce the document, the husband takes an oath of inducement with regard to his claim that he paid her and is exempt, in accordance with the opinion held by Shmuel and Rav Anan (Vilna Gaon). In a place where the custom is not to write marriage contracts but there are witnesses that he wrote one, some authorities maintain that she can claim payment only by means of the marriage contract, while others rule that she can collect payment with the bill of divorce alone (Rambam *Sefer Nashim, Hilkhot Ishut* 16:28; *Shulḥan Arukh, Even HaEzer* 100:9, 12).

Where there are no witnesses to the divorce present there – כְּשֶׁאֵין שָׁם עֵדֵי גֵירוּשִׁין: If a man claims to have paid his ex-wife the entire sum of her marriage contract and to have lost the receipt that proves that this took place, then since he could have claimed that he never divorced her, in which case he would not have to pay her any additional sum listed in the marriage contract, he is deemed credible. She must, while holding a sacred object, take an oath that she has not received the main sum, and he must pay her that sum. As for the additional sum listed in the marriage contract, he takes an oath of inducement from the Sages and is exempt from paying it. The *halakha* follows the opinion of Rav Yosef, in accordance with the conclusion of the Gemara (Rambam *Sefer Nashim, Hilkhot Ishut* 16:27; *Shulḥan Arukh, Even HaEzer* 100:11).

BACKGROUND

The mishna is incomplete and is this is what it is teaching – חַסּוֹרֵי מִיחַסְּרָא וְהָכִי קָתָנֵי: This method of explanation is often found in the Gemara. The addition introduced by the Gemara is an elaboration upon that which is written in the mishna, based on various difficulties raised in the Gemara that render the mishna in its original form incoherent or inconsistent with another authoritative source. The addition provides the necessary clarification.

HALAKHA

From the danger and onward, etc. – מִן הַסַּכָּנָה וְאֵילָךְ וכו׳: In a place where the practice was not to write a bill of divorce due to the dangers of persecution, a woman can claim the entire sum of her marriage contract even without a bill of divorce. The Rambam writes that if the husband claims that he did not divorce his wife, he has to pay her only the main sum but not the additional sum, unless she provides evidence to the contrary (*Tur*, *Even HaEzer* 100).

יָכוֹל לְמֵימַר: גֵּירַשְׁתִּיהָ וְנָתַתִּי לָהּ כְּתוּבָּתָהּ.

he **can** also **say: I divorced her and gave her** the payment of **her marriage contract.**

הָא מִדְּקָתָנֵי סֵיפָא, רַבָּן שִׁמְעוֹן בֶּן גַּמְלִיאֵל אוֹמֵר: מִן הַסַּכָּנָה וְאֵילָךְ: אִשָּׁה גּוֹבָה כְּתוּבָּתָהּ שֶׁלֹּא בְּגֵט, וּבַעַל חוֹב שֶׁלֹּא בִּפְרוֹזְבּוֹל – בִּדְאִיכָּא עֵדֵי גֵירוּשִׁין עָסְקִינַן, דְּאִי לֵיכָּא עֵדֵי גֵירוּשִׁין – בְּמַאי גָּבְיָא?

The Gemara asks: **From the fact that the last clause** of the mishna **teaches** that **Rabban Shimon ben Gamliel says: From the** time of **danger and onward, a woman collects** payment of **her marriage contract without a bill of divorce, and a creditor** collects payment **without a *prosbol*,** apparently **we are dealing with** a case **when there are witnesses to the divorce. As, if there are no witnesses to the divorce, with what** proof **does** she **collect** the marriage contract? The mishna must be referring to a case where there are witnesses present, and therefore the husband cannot claim that he never divorced her.

אֶלָּא, כּוּלָּהּ רַבָּן שִׁמְעוֹן בֶּן גַּמְלִיאֵל הִיא, וְחַסּוֹרֵי מִיחַסְּרָא וְהָכִי קָתָנֵי: הֲרֵי אֵלּוּ לֹא יִפָּרְעוּ. בַּמֶּה דְּבָרִים אֲמוּרִים – כְּשֶׁאֵין שָׁם עֵדֵי גֵירוּשִׁין, אֲבָל יֵשׁ שָׁם עֵדֵי גֵירוּשִׁין – גָּבְיָא תּוֹסֶפֶת. וְעִיקָּר; אִי מַפְּקָא גִּיטָּא – גָּבְיָא, וְאִי לָא מַפְּקָא גִּיטָּא – לָא גָּבְיָא.

Rather, the Gemara rejects the previous explanation and explains: **The entire** mishna **is** according to the opinion of **Rabban Shimon ben Gamliel, and** the mishna **is incomplete and is this is what it is teaching:**[B] **These** debts **may not be collected. In what** case **is this statement said?** It is **when there are no witnesses to the divorce** present **there. However,** if **there are witnesses to the divorce** present **there, she collects** the **additional** sum listed in the document and not the main sum, lest she later produce the bill of divorce and demand payment a second time. **And** as for the **main** sum of the marriage contract, **if she produces a bill of divorce, she collects** it. **But if she does not produce a bill of divorce, she does not collect** it.

וּמִן הַסַּכָּנָה וְאֵילָךְ, אַף עַל גַּב דְּלָא מַפְּקָא גִּיטָּא – גָּבְיָא. שֶׁרַבָּן שִׁמְעוֹן בֶּן גַּמְלִיאֵל אוֹמֵר: מִסַּכָּנָה וְאֵילָךְ, אִשָּׁה גּוֹבָה כְּתוּבָּתָהּ שֶׁלֹּא בְּגֵט, וּבַעַל חוֹב שֶׁלֹּא בִּפְרוֹזְבּוֹל.

The Gemara continues the modified version of the mishna: **And from the** time of **danger and onward, even if she does not produce a bill of divorce, she collects** the main sum of her marriage contract as well, **as Rabban Shimon ben Gamliel says: From the** time of **danger and onward**[H] **a woman collects** payment of **her marriage contract without a bill of divorce, and a creditor** collects payment **without a *prosbol*.**

אָמְרִי לֵיהּ רַב כָּהֲנָא וְרַב אַסִּי לְרַב: לְדִידָךְ, דְּאָמְרַתְּ: גֵּט – גּוֹבָה עִיקָּר, אַלְמָנָה מִן הַנִּשּׂוּאִין בְּמַאי גָּבְיָא? בְּעֵדֵי מִיתָה. וְלֵיחוּשׁ דִּלְמָא גֵּירְשָׁהּ, וּמַפְּקָא לְגִיטָּא וְגָבְיָא בֵּיהּ! בְּיוֹשֶׁבֶת תַּחַת בַּעְלָהּ.

Rav Kahana and Rav Asi said to Rav: According to your opinion, **that you said** that a woman who produces **a bill of divorce collects** the **main** sum, then in the case of **a widow from marriage, with what** proof **does she collect** the main sum of her marriage contract, as she has no bill of divorce? She can claim the main sum **with witnesses to** his **death. But shouldn't we be concerned** that **perhaps he divorced her** before he passed away, **and** after receiving her marriage contract by means of the witnesses to his death, she will **produce the bill of divorce** he gave her **and collect** payment **with it** a second time? Rav answered: She can collect payment with witnesses to her husband's death only **when she was living under the** jurisdiction of **her husband** the entire time, and it is clear that he did not divorce her.

וְדִלְמָא סָמוּךְ לְמִיתָה גֵּירְשָׁהּ! אִיהוּ הוּא דְּאַפְסֵיד אַנַּפְשֵׁיהּ.

The Gemara raises a difficulty: **But perhaps he divorced her near his death,** in which case it is not known that she was divorced. She could then demand payment for her marriage contract twice. The Gemara answers: In that case, it is **he who** caused **his own loss,** by failing to inform others of the divorce, and it is not necessary to be concerned that such a situation could occur.

אַלְמָנָה מִן הָאֵירוּסִין בְּמַאי גָּבְיָא? בְּעֵדֵי מִיתָה. וְלֵיחוּשׁ דִּלְמָא גֵּירְשָׁהּ, וּמַפְּקָא גִּיטָּא וְגָבְיָא!

Rav Kahana and Rav Asi asked Rav another question: **With what** proof can **a widow from betrothal collect** her marriage contract? She can collect the payment **with witnesses** to his **death. But** once again, **shouldn't we be concerned** that **perhaps he divorced her** beforehand, **and** after receiving her marriage contract based on the evidence of the witnesses, she will **produce the bill of divorce** he gave her **and collect** a second time with it? Since a betrothed woman does not live with her husband, there would be no indication that he had divorced her.

אֶלָּא בְּמָקוֹם דְּלָא אֶפְשָׁר – כָּתְבִינַן שׁוֹבֵר. דְּאִי לָא תֵּימָא הָכִי – עֵדֵי מִיתָה גּוּפַיְיהוּ, נֵיחוּשׁ דִּלְמָא מַפְקָא עֵדֵי מִיתָה בְּהַאי בֵּי דִינָא – וְגָבְיָא, וַהֲדַר מַפְקָא בְּבֵי דִינָא אַחֲרִינָא – וְגָבְיָא! אֶלָּא וַדַּאי, בְּמָקוֹם דְּלָא אֶפְשָׁר – כָּתְבִינַן שׁוֹבֵר.

Rather, it must be that **wherever it is not possible** otherwise to know if a woman already received her marriage contract, **one writes a receipt, as if you do not say so** with regard to the **witnesses to his death themselves, we should be concerned** that **perhaps she will bring out witnesses to** his **death in this court and collect** payment for her marriage contract, **and again bring out** witnesses **in a different court and collect** payment for her marriage contract a second time. This could continue many times. **Rather,** it must **certainly** be the case that **wherever it is not possible** otherwise to know if a woman already received her marriage contract, **one writes a receipt.**

אֲמַר לֵיהּ מָר קַשִּׁישָׁא בְּרֵיהּ דְּרַב חִסְדָּא לְרַב אַשִׁי: אַלְמָנָה מִן הָאֵירוּסִין, מְנָלַן דְּאִית לָהּ כְּתוּבָּה? אִילֵימָא מֵהָא: נִתְאַרְמְלָה אוֹ נִתְגָּרְשָׁה, בֵּין מִן הָאֵירוּסִין בֵּין מִן הַנִּשּׂוּאִין – גּוֹבָה אֶת הַכֹּל. דִּלְמָא דְּכָתַב לָהּ!

Mar the Elder, son of Rav Ḥisda, said to Rav Ashi: From where do we know that a widow from betrothal has a marriage contract?[N] Perhaps the Sages instituted the marriage contract only for married women. **If we say** that it is derived **from this** mishna (54b): If a woman **is widowed or divorced, whether from betrothal** or **whether from marriage, she collects the entire** amount of her marriage contract, including the additional sum, this mishna is not proof. **Perhaps** the mishna is referring to a case where **he wrote** a marriage contract **for her** on his own accord. That does not prove that there is an enactment of the Sages that a husband must write a marriage contract for his betrothed.

וְכִי תֵּימָא: אִי כָּתַב לָהּ מַאי לְמֵימְרָא? לְאַפּוֹקֵי מִדְּרַבִּי אֶלְעָזָר בֶּן עֲזַרְיָה, דְּאָמַר: שֶׁלֹּא כָּתַב לָהּ אֶלָּא עַל מְנָת שֶׁהוּא כּוֹנְסָהּ.

And if you would say in response that **if** that mishna is referring to a case where **he wrote** the marriage contract **for her, what** is the purpose of **stating** that she collects the entire sum, since it is clear that she receives the full amount, as she has the document in her possession; perhaps this is meant to **exclude** the statement **of Rabbi Elazar ben Azarya, who said** that a betrothed woman who was divorced or widowed is not entitled to the additional sum written in the marriage contract, **as** the groom **wrote** this additional amount **for her only in order to marry her.**

דַּיְקָא נַמִי דְּקָתָנֵי: גּוֹבָה אֶת הַכֹּל. אִי אָמְרַתְּ בִּשְׁלָמָא, דְּכָתַב לָהּ – מִשּׁוּם הָכִי גּוֹבָה אֶת הַכֹּל, אֶלָּא אִי אָמְרַתְּ דְּלָא כָּתַב לָהּ – מַאי גּוֹבָה אֶת הַכֹּל? מָנֶה מָאתַיִם הוּא דְּאִית לָהּ!

The Gemara comments: The language of the mishna **is also precise,** that it is referring to a case where he wrote the marriage contract for her, **as it teaches: She collects the entire** amount. **Granted, if you say** that **he wrote** a marriage contract **for her,** it is **due to that** reason that **she collects** the **entire** amount, both the main sum and additional sum written in the marriage contract. **But if you say** that **he did not write** a marriage contract **for her,** and she collects a payment only because of the rabbinic ordinance, **what is** the meaning of: **She collects** the **entire** sum? **She has** only **one hundred dinars or two hundred** dinars, as enacted by the Sages, and no more. The phrase: Entire sum, is inappropriate according to this opinion.

וְאֶלָּא מִדְּתָנֵי רַב חִיָּיא בַּר אָבִין: אִשְׁתּוֹ אֲרוּסָה – לֹא אוֹנֵן וְלֹא מִיטַּמֵּא לָהּ, וְכֵן הִיא – לֹא אוֹנֶנֶת וְלֹא מִיטַּמְּאָה לוֹ. מֵתָה – אֵינוֹ יוֹרְשָׁהּ, מֵת הוּא – גּוֹבָה כְּתוּבָּתָהּ.

But rather, the proof that a widow from betrothal receives a marriage contract is **from** that **which was taught** by **Rav Ḥiyya bar Avin:** Upon the death of **one's betrothed wife,** he does **not** receive the status of **an acute mourner,**[N] one whose close relative has died but has not yet been buried, **nor become impure** if he is a priest. **And likewise, she neither** receives the status of **an acute mourner nor becomes impure**[N] **for him. If she dies, he does not inherit from her. If he dies, she collects** payment of **her marriage contract.** This shows that a widow from betrothal receives a marriage contract.

דִּלְמָא דְּכָתַב לָהּ. וְכִי תֵּימָא: אִי כָּתַב לָהּ מַאי לְמֵימְרָא? מֵתָה אֵינוֹ יוֹרְשָׁהּ אִיצְטְרִיכָא לֵיהּ.

The Gemara refutes this proof in the same manner as before: **Perhaps** this is referring to a case where he **wrote** a marriage contract **for her** on his own accord. **And if you would say** in response that **if** that mishna is referring to a case where **he wrote** the marriage contract **for her, what** is the purpose of **stating** that she collects the payment, as this is obvious and teaches nothing new; perhaps **it was necessary for him** to mention that despite the fact that the man wrote a marriage contract for her, if **she dies, he does not inherit** from **her.** The discussion concludes without a source for the *halakha* that a widow from betrothal receives a marriage contract.

NOTES

A marriage contract for a betrothed woman – כְּתוּבָּה לַאֲרוּסָה: Several early commentaries maintain that it is obvious both to the questioner and to the Gemara itself that a betrothed woman receives a marriage contract by decree of the Sages. Mar the Elder was merely seeking a proof from a mishna or *baraita* for this well-known *halakha* (Rabbeinu Shimshon; Ramban; Ra'ah). However, the Rambam and the Ra'avad rule that the *halakha* is that a betrothed woman does not receive a marriage contract.

He does not receive the status of an acute mourner, etc. – לֹא אוֹנֵן וכו׳: Although many laws and stringencies apply to an acute mourner, one whose close relative has died but has not yet been buried, it seems that the Gemara here is referring primarily to an acute mourner's prohibition with regard to offerings. If he is an Israelite or Levite, he is prohibited from eating second tithes and offerings of lesser sanctity. If he is a priest, in addition to the prohibition against eating offerings, he is also prohibited from serving in the Temple during his period of acute mourning.

Nor becomes impure – וְלֹא מִיטַּמְּאָה: It is clear why it is necessary to state this *halakha* with regard to a man, as a priest must become impure for his wife although he is generally prohibited from coming in contact with the dead. What is not clear is why it is stated with regard to women, as the daughter of a priest is not prohibited from becoming impure through contact with the dead. The Rivan explains that the *baraita* is speaking about the Festival period, when everyone is obliged to remain in a state of purity, and it comes to teach that any woman whose betrothed husband has passed away is prohibited from becoming impure.

NOTES

According to Rav, who said if she produces a bill of divorce she can collect the main sum – לרב, דאמר גט גובה עיקר: The Ramban writes that this difficulty applies only to Rav, as according to Shmuel she does not collect payment with a bill of divorce, but by virtue of the court enforcement of a marriage contract. The Ritva and others maintain that this difficulty also applies to Shmuel's opinion that in a place where they do not write marriage contracts, she must provide proof that she is divorced. In such a place, the court must ensure that she cannot claim payment several times. However, the difficulty is more acute for Rav.

Two documents, etc. – שני שטרות וכו׳: According to Rashi, this *halakha* applies to any two documents, irrespective of whether they are documents recording a sale or a loan. However, most early commentaries, including the Rif, the Ramban, and the Rosh, maintain that this *halakha* is referring to documents of sale, gifts, and marriage contracts, but not to documents recording loans. Their reasoning is that in the case of documents of sale and gifts, the seller does not mind writing a second document. Similarly, as it is prohibited to remain with one's wife without a marriage contract, the husband might write another one if it is temporarily misplaced. However, this logic does not apply to a loan, as the second document may be referring to a different loan, and one with two documents can claim payment for both of them (see Ramban and Meiri).

BACKGROUND

We tear it – דקרעינן ליה: The tearing of the bill of divorce, which became a fixed practice over the generations for every bill of divorce that was properly written and delivered, is performed after it has been given to the woman. At this point, the bill of divorce is folded and its sides cut at an angle, so that it tears along its length and breadth. This type of tear shows that it was done by the court and that the bill of divorce is valid.

אמר ליה רב נחמן לרב הונא: לרב, דאמר: גט – גובה עיקר, ליחוש דלמא מפקא גיטא בהאי בי דינא וגביא, והדרא מפקא בבי דינא אחרינא וגביא! וכי תימא דקרעינן ליה – אמרה: בעינא לאנסובי ביה!

Rav Naḥman said to Rav Huna: According to Rav, who said that if she produces **a bill of divorce she** can **collect the main sum**[N] of her marriage contract, **shouldn't there be a concern lest she produce the bill of divorce in this court and collect with it, and again produce it in a different court and collect** with it? **And should you say that we tear it,**[B] as the court does to other documents that have been paid, she will not let us do so, for **she will say:** I do not want you to tear the bill of divorce because **I need** it, so that when I want **to marry** again I can prove **with it** that I am divorced.

דקרעינן ליה, וכתבינן אגביה: גיטא דנן קרענוהי, לאו משום דגיטא פסול הוא, אלא דלא תיהדר ותיגבי ביה זמנא אחרינא.

Rav Huna responded: The solution is **that we tear it and write** the following **on its back: We tore this bill of divorce, not because it is an invalid bill of divorce, but** in order **that she not return and collect with it another time.**

מתני׳ שני גיטין ושתי כתובות – גובה שתי כתובות.

MISHNA If a woman had **two bills of divorce and two marriage contracts**[H] as a result of her divorce and remarriage to the same man, the fact that she is in possession of these documents proves that she was never paid for her first marriage contract, and she **collects two marriage contracts.**

שתי כתובות וגט אחד, או כתובה ושני גטין, או כתובה וגט ומיתה – אינה גובה אלא כתובה אחת. שהמגרש את אשתו והחזירה – על מנת כתובה הראשונה מחזירה.

If she was in possession of **two marriage contracts and** only **one bill of divorce;**[H] **or** if she had one **marriage contract and two bills of divorce;**[H] **or** if she had **a marriage contract, a bill of divorce, and** witnesses to her husband's **death** after their remarriage, **she collects** payment of **only one marriage contract.** This is because there is a presumption **that one who divorces his wife and remarries her, remarries her with the intention** of using her **first marriage contract,** and she agrees that she collects payment of only the original document. This is the presumption, unless he wrote another marriage contract for her.

גמ׳ אי בעיא בהאי – גביא, אי בעיא בהאי – גביא?

GEMARA The mishna states that if she had two marriage contracts and one bill of divorce, she can collect only one marriage contract. However, it does not specify which marriage contract she can claim. Does this mean that **if** she **desires, she can collect** payment of the marriage contract **with this one, and if** she **desires, she can collect** payment **with that one?** In that case, if she prefers she can use the document that promises the larger sum, and if she prefers to use the marriage contract with the earlier date in order to be able to collect property that her husband had sold to others between the dates on the two documents, she may collect with that one.

לימא תיהוי תיובתא דרב נחמן אמר שמואל, דאמר רב נחמן אמר שמואל: שני שטרות היוצאין בזה אחר זה – ביטל שני את הראשון!

The Gemara asks: If that is the case, **let us say that it is a conclusive refutation of** a statement that **Rav Naḥman** said that **Shmuel said, as Rav Naḥman said** that **Shmuel said:** If there are **two documents**[N] **that are issued one after the other,** each recording the same transaction of a sale or a gift and they are separated by a few days, it is assumed that the **second** document **cancels the first** one. Why not say in this case as well that the second marriage contract voids the first one?

HALAKHA

Two bills of divorce and two marriage contracts – שני גטין ושתי כתובות: If a woman produces two bills of divorce and two marriage contracts, and the date of the first marriage contract precedes that of the first bill of divorce, and likewise, the date of the second marriage contract precedes that of the second bill of divorce, she collects payment for her two marriage contracts (Rambam *Sefer Nashim*, *Hilkhot Ishut* 16:29; *Shulḥan Arukh*, *Even HaEzer* 100:13).

Two marriage contracts and one bill of divorce – שתי כתובות וגט אחד: If the woman produced two marriage contracts and one bill of divorce, she may collect only one marriage contract. Which of them can she claim? If they are identical, the second cancels the first and she cannot collect from purchasers who acquired the husband's property prior to the date of the latter document. If the second specified a larger sum, without stating that it is in addition to the first, she can claim either the smaller sum of the first marriage contract, having the right to collect property sold by her husband after the earlier date, or the larger sum of the second contract, having the right to collect property sold by her husband only after the later date. If he wrote: And I add to you, she has the right to collect up to the sum of the first contract from property sold by her husband after the earlier date, and has the right to collect the additional amount from property sold by her husband only after the later date, in accordance with the opinion of Rav Pappa.

These *halakhot* apply only if both marriage contracts were written while they were betrothed or both were written while they were married. However, if one was from their betrothal and the other was from their marriage, she may claim payment only from the latter document (Rambam *Sefer Nashim*, *Hilkhot Ishut* 16:29; *Shulḥan Arukh*, *Even HaEzer* 100:14).

One marriage contract and two bills of divorce – כתובה ושני גטין: If a woman produced two bills of divorce and one marriage contract, she may claim only the marriage contract. This is because one who divorces a woman and remarries her, unless he specifies otherwise, does so with the intention of using her first marriage contract (Rambam *Sefer Nashim*, *Hilkhot Ishut* 16:30; *Shulḥan Arukh*, *Even HaEzer* 100:15).

לָאו אִתְּמַר עֲלַהּ, אָמַר רַב פַּפָּא: וּמוֹדֶה רַב נַחְמָן, דְּאִי אוֹסֵיף בֵּיהּ דִּיקְלָא – לְתוֹסֶפֶת כְּתַבֵיהּ. הָכָא נַמִי – בְּדְאוֹסֵיף לַהּ.

The Gemara answers: **Was it not stated with regard to** the *halakha* Shmuel quoted in the name of Rav Naḥman that **Rav Pappa said: And Rav Naḥman concedes that if he added to** the transaction detailed in the second document **a palm tree** that was not mentioned in the first document, this shows that he did not intend to cancel the first document. Rather, **he wrote** the second document **as an addition** to the first document. **Here too,** the Gemara is dealing **with** a case **when he added** an additional sum **for her** in the second marriage contract. This proves that he wanted to add to the first marriage contract, and not to void it.

תָּנוּ רַבָּנַן: הוֹצִיאָה גֵּט וּכְתוּבָּה וּמִיתָה

The Sages taught: If **she produced a bill of divorce, a marriage contract, and** witnesses to her husband's **death,**[H]

HALAKHA

A bill of divorce, a marriage contract, and witnesses to death – גֵּט וּכְתוּבָּה וּמִיתָה: In the case of a woman who produced a bill of divorce and a marriage contract after her husband's death, if the date of the bill of divorce preceded that of the marriage contract, she collects the main sum of the marriage contract by means of the bill of divorce, and she also claims the entire sum specified in the marriage contract. If the date of the marriage contract is before the bill of divorce, she is entitled only to the entire sum of the marriage contract, as it is assumed that he remarried her with the intention of using the original marriage contract, as stated in the *baraita* (Rambam *Sefer Nashim, Hilkhot Ishut* 16:30; *Shulḥan Arukh, Even HaEzer* 100:16).

אִם גֵּט קוֹדֵם לִכְתוּבָּה – גּוֹבָה שְׁתֵּי כְתוּבּוֹת, כְּתוּבָּה קוֹדֶמֶת לַגֵּט – אֵינָהּ גּוֹבָה אֶלָּא כְּתוּבָּה אַחַת. שֶׁהַמְגָרֵשׁ אֶת אִשְׁתּוֹ וְהֶחֱזִירָהּ – עַל מְנָת כְּתוּבָּה הָרִאשׁוֹנָה הֶחֱזִירָהּ.

if the date of the **bill of divorce precedes** the date **of the marriage contract, she** collects payment for her **two marriage contracts.** She is entitled to the first marriage contract by virtue of the bill of divorce. She is entitled to the second one because she has shown that it was written for her when they remarried. If the date of the **marriage contract precedes** the date **of the bill of divorce, she collects** payment of **only one marriage contract.** This is because it is presumed **that one who divorces his wife and remarries her, remarries her with the intention** of using her **first marriage contract,** unless there is a reason to say otherwise.

מתני׳ קָטָן שֶׁהִשִּׂיאוֹ אָבִיו – כְּתוּבָּתָהּ קַיֶּימֶת, שֶׁעַל מְנָת כֵּן קִיְּימָהּ. גֵּר שֶׁנִּתְגַּיְּירָה אִשְׁתּוֹ עִמּוֹ – כְּתוּבָּתָהּ קַיֶּימֶת, שֶׁעַל מְנָת כֵּן קִיְּימָהּ.

MISHNA In the case of **a minor who was married** off **by his father,** the wife's **marriage contract** that the minor wrote **is valid** even after the husband comes of age. He cannot excuse himself by saying that it was drafted when he was a minor, **as it is on this condition,** the terms of this marriage contract, that **he maintained her** as his wife upon his maturity. Similarly, in the case of **a convert whose wife converted with him,** the **marriage contract** that she had as a gentile **is valid, for on this condition he maintained her** as his wife.

גמ׳ אָמַר רַב הוּנָא. לֹא שָׁנוּ אֶלָּא מָנֶה מָאתַיִם, אֲבָל תּוֹסֶפֶת – אֵין לָהּ. וְרַב יְהוּדָה אָמַר: אֲפִילּוּ תּוֹסֶפֶת יֵשׁ לָהּ,

GEMARA **Rav Huna said: They taught** that the wife of a minor or convert receives payment **only** with regard to the main sum of **one hundred dinars** or **two hundred** dinars.[H] **However, she does not have** the right to receive the **additional** sum that he wrote in her marriage contract, because this document is not legally binding, as it was written by a minor. She receives the main sum only as a result of an ordinance instituted by the Sages. **And Rav Yehuda said: She has even** the **additional** sum.

מֵיתִיבֵי: חִידְּשׁוּ – נוֹטֶלֶת מַה שֶּׁחִידְּשׁוּ. חִידְּשׁוּ – אִין, לֹא חִידְּשׁוּ – לָא!

The Gemara **raises an objection** against the opinion of Rav Yehuda from a *baraita*: If a minor who came of age or a gentile who converted then **introduced** an additional sum to the marriage contract, **she takes** the additional sum **that they introduced.** The Gemara infers: **Yes,** the woman receives **what they introduced.** However, if **they did not introduce** an additional sum, she does **not** collect, even if it was written in the original marriage contract.

HALAKHA

The marriage contract of a minor and a convert – כְּתוּבַּת גֵּר וְקָטָן: If a minor aged at least nine was married off by his father, his wife is not entitled to a marriage contract while he remains a minor. If he engaged in sexual intercourse with her after he reached the age of majority, then she receives the main sum of the marriage contract, two hundred dinars for a virgin and one hundred dinars for a widow, but she is not entitled to the additional sum he wrote for her in his minority. This ruling is in accordance with the mishna, as explained by Rav Huna. Even the main sum of her marriage contract is hers only by virtue of the enactment of the court, not the marriage contract document. Consequently, she can claim payment only from free property but from not liened property that had been sold while he was a minor. The same *halakhot* apply to a convert whose wife converted with him, although the Rambam holds that the marriage contract of a female convert is always only one hundred dinars (Rambam *Sefer Nashim, Hilkhot Ishut* 11:7; *Shulḥan Arukh, Even HaEzer* 67:11).

אֵימָא: אַף מַה שֶּׁחִידְּשׁוּ. וְהָא לָא תָּנֵי הָכִי: חִידְּשׁוּ – נוֹטֶלֶת מַה שֶּׁחִידְּשׁוּ. לֹא חִידְּשׁוּ – בְּתוּלָה גּוֹבָה מָאתַיִם, וְאַלְמָנָה מָנֶה. תְּיוּבְתָּא דְּרַב יְהוּדָה!

The Gemara refutes this proof: **Say** that this means that she takes **even that which they introduced,** in addition to the entire amount of her original marriage contract. The Gemara asks: **But** the *tanna* **did not teach this,** and the continuation of the *baraita* states the opposite: If **they introduced** a new sum, **she takes** the additional sum **that which they introduced.** If **they did not introduce** a new sum, **a virgin collects two hundred** dinars **and a widow one hundred dinars.** She does not collect the additional sum listed in the marriage document. This provides **a conclusive refutation** of the statement **of Rav Yehuda,** whose opinion is rejected.

רַב יְהוּדָה מַתְנִיתִין אַטְעֵיתֵיהּ; הוּא סָבַר: כְּתוּבָּתָהּ קַיֶּימֶת – אַכּוּלָּהּ מִילְּתָא קָאֵי, וְלָא הִיא, אַעִיקַּר כְּתוּבָּה קָאֵי.

The Gemara explains: **Rav Yehuda was misled by** the language of **the mishna** and reached an incorrect conclusion. **He thought** that the phrase: **Her marriage contract is valid, is referring to the entire matter,** the entire sum of the marriage contract. **But that is not so,** as it **is referring** only **to the main** sum of the marriage contract that was established by the Sages, and not to any additional sum.

הדרן עלך הכותב לאשתו

Summary of **Perek IX**

With regard to the husband's relinquishment of his rights to his wife's usufruct property, the conclusion is that he can forgo his rights to the produce of his wife's property, provided that this written or verbal stipulation was made before they were married. However, he cannot waive his right to inherit from her should she die during his lifetime.

With regard to oaths, it was concluded that in order to ensure marital harmony, the husband cannot administer an oath to her concerning her conduct in running the household. However, he or his heirs may administer an oath to her if he appointed her to be a storekeeper or a steward of his property. Generally speaking, a woman can collect payment for her marriage contract without taking an oath if it is in her possession. This, however, is not the *halakha* in the case of a woman who claims that she received partial payment of her marriage contract, or that the sum of the marriage contract is less than what is recorded therein. In any event, if she was widowed, she must take an oath in order to collect payment from the heirs. The husband is able to release her of her obligation to take an oath in most situations, and the extent to which he waives his right to administer an oath to her is dependent on what he specifies. For example, he can release only her from her obligation to take an oath or he can also release inheritors. He may also release them from their obligation to take an oath at his request, or also release them from any obligation to do so at the request of his inheritors.

Where there are several claimants to the husband's property, but there are insufficient assets to repay all of the debts, the heirs have prior claim to the assets. This is true with the exception of a case where one of the other claimants seized assets during the lifetime of the deceased, in payment of a debt owed to him.

Although the marriage contract itself is the primary document she can use to collect payment, if the woman is not in possession of it, she can collect the main sum by producing either her bill of divorce or witnesses to her husband's death. If a woman is in possession of two marriage contracts from her husband, she can collect payment from both documents if there is proof that the second contract was meant to be in addition to the first contract. If this is not clear, then she can collect payment from only one of them.

Image **Credits**

p14 © Wolfgang Sauber; **p28** © Massimop; **p51** © Ayumi Jayatilake; **p52** © Tillman; **p71** © Rabbi Dr. Yisrael Meir Levinger; **p77** left image © Jörg Hempel; **p77** top right image © Gideon Pisanty; **p77** bottom right image © TeunSpaans; **p80** © H. Zell; **p91** top image © Cillas; **p91** bottom image © Júlio Reis; **p93** top left image © Jean-Marie Hullot; **p93** bottom left image © Didier Descouens; **p93** right image © Nevit Dilmen; **p118** © Los Angeles County Museum of Art, www.lacma.org.

My Notes

My Notes

My Notes

עח א ב ג מיי' פי"א מהל' אישות הלכה ז טוש"ע אה"ע סי' סז סעיף יא:

[נ"ל דכשגדל או נתגייר]

(עי' תוס' סנהדרין עו: ד"ה סמוך לפרקן וכו')

(תוספתא פ"ט)

(לקמן קא: בכורות מ: חולין קלג:)

אם גט קודם לכתובה — גובה שתי כתובות, כתובה קודמת לגט — אינה גובה אלא כתובה אחת. שהמגרש את אשתו והחזירה — על מנת כתובה הראשונה החזירה.§ **מתני'** *א*קטן שהשיאו אביו — כתובתה קיימת, שע"מ כן קיימה. ב גר שנתגיירה אשתו עמו — כתובתה קיימת, שעל מנת כן קיימה.§ **גמ'** אמר רב הונא. לא שנו ג אלא מנה מאתים, אבל תוספת — אין לה. ורב יהודה אמר: אפי' תוספת יש לה, מיתיבי: *חידשו — נוטלת מה שחידשו. חידשו — אין, לא חידשו — לא! אימא: אף מה שחידשו. והא לא תני הכי: חידשו — נוטלת מה שחידשו. לא חידשו — בתולה גובה מאתים, ואלמנה מנה. תיובתא דרב יהודה! רב יהודה *מתניתין אטעיתיה; הוא סבר: כתובתה קיימת — אכולה מילתא קאי, ולא היא, אעיקר כתובה קאי.§

הדרן עלך הכותב לאשתו

אם גט קודם לכתובה. הרי כתב לה כתובה שנית כשהחזירה. **מתני'** כתובתה קיימת. שכתב לה כשהוא קטן. ולגבי גר — כתובה שכתב לה בהיותו גוי. **גמ'** אלא מנה מאתים. שהן תנאי ב"ד. דאילו בשטר לא גביא, דאספא בעלמא הוא. חידשו. קטן משהגדיל, וגר משנתגייר — אם הוסיפו כלום על כתובה ראשונה. מה שחידשו. וקא סלקא דעתין: מה שחידשו על מנה מאתים. אף מה שחידשו. על תוספת ראשונה. אכולה מילתא. על כל הכתוב בשטר כתובה.

הדרן עלך הכותב

לא שנוי אלא מנה ומאתים כו'. וא"ת: א"כ מאי קמ"ל מתני' "שעל מנת כן קיימה"? אפי' לא כתב לה מעולם — יש לה כתובה! וליכא למימר: דאשמועינן דטרפא ממשעבדי, אע"ג דלית ליה קלא להאי שטרא — והא על כרחך לא גביא ממשעבדי, דמוקדם הוא ואתי לטרוף לקוחות מה שמכר קודם שנתגיירה, ואפוטרופוס קודם שהגדיל! וי"ל: דאשמועינן היכא דנשאה בתולה, אע"ג *דכשגדלה או נתגיירה כבר היא בעולה — אפי' הכי יש לה כתובה מאתים, שעל מנת כן קיימה, שיהא עכשיו כתחלת נישואיה.

הדרן עלך הכותב

תוספות רי"ד

אין לה ור"י אמר אפי' תוס' י"ל. פי' סבר ר"י כל מה שכתב לה בעודו קטן בין עיקר כתובה בין תוס' הכל גובה שע"מ כן קיימה בגדלותו לתת לה כל מה שכתב לה בקטנותו ור"ה סבר שטרא חספא בעלמא ודוקא מו"מ דהוא תנאי ב"ד אית לה אבל תוספ' לא: מיתיבי חדשו נוטלת מה שחדשו לא חדשו בתולה גובה ר' ואלמנה ק' תיובתא דר"י פי' אם חדשו לאחר שהגדיל הקטן לכתוב לאשתו שום דבר וכן העובד כוכבים לאחר שנתגייר נוטלת בשתיהן מה שתחדשו ואם לא חדשו וקיימם בסתם בתולה גובה ר' ואלמנה ק' (תיובתא דר"י) מ"ש להן בתחלה ודוקא מו"מ אבל תוספת לא וקשה לר"י ומהדר ר"י מתני' אטעיתיה איהו סבר כתובתה קיימת אכולהו מילתא קאי. פי' על כל מ"ש לה מתחילה ואפי' תוס' ולא היא אעיקר כתובה קאי כדמפרש בברייתא:

תוספות רי"ד

א"ל אלא מנה כבעולה ודוקא אם נשא בת ישראל שהיא בת כתובה אמרי' כתובתה קימת שע"מ כן קיימה אבל אם נשא עובדת כוכבים בגיותו וכתב לה כתובה ונתגיירו שניהן אין לה כתובה אלא מנה שאין כתובה לעובדת כוכבים וכל מ"ש לה בגיותו הכל הוא בטל: ב' כתובות וגט א' אינה גובה אלא כתובה אחת אלמא אי בעי בהאי גביא א"ב בהאי גביא. פי' לא קתני אין לה [אלא] כתובה אחרונה אלא אינה גובה אלא א' ומשמע באיזה שתחפץ תגבה או בא' או בב' לימא תהוי תיובתא דר"נ דאמר ר"נ ב' שטרות היוצאין בזה אחר זה בטל שני את הראשון כגון ב' שטרי מכר או ב' שטרי מתנה יוצאין על שדה א' בזא"ז בטל שא"ה. פי' ואינו טורף אלא מזמן ב' דכיון דכתב ליה לשטרא בתרא אחולי' לשיעבודי' דקמא כדקאמרי' בפ' נערה שנתפתתה. והמורה פי' שני שטרות על הלואה א' או על מכר א'. ואינו נ"ל דאי בשטרא הלואה גובה וחוזר וגובה דשמא לוה וחזר ולוה ולא מיתוקמא אלא בשטרי מכר או מתנה על שדה א': ולאו מי איתמר עלה אמר ר"פ ומודה ר"נ דאי אוסיף ביה דקלא לתוספת כתבי' ה"נ בדאוסיף לה. פי' אי אוסיף ביה דקלא בשטר ב' להוספת כתבי' ולא לבטל את זמן שטר א' ותרוייהו מיהו לא גביא מדלא כתב צביתי ואוסיפת לך הך אקמייתא אלא שטר כתובה [יתירא] כתב לה ולא הזכיר בה את הראשונה הכי קא"ל אם תתרצי למחול שיעבודא של א' גבי כתובה זו המרובה ואם לאו גבי הא' המועטת. הלכך הי מניהו דבעי גביא וכי אמר ר"נ בטל שני א"ה בדלא אוסיף ביה מידי דאי לאו לבטוליה לקמאי אתא למאי כתבי': או כתובה וגט ומיתה ת"ר גט כתובה ומיתה אם גט קודם לכתובה גובה ב' כתובות כתובה קודם לגט אינה גובה אלא כתובה א' שהמגרש את האשה והחזירה ע"מ כ"ר החזירה. פי' אשה שהוציאה לב"ד גט וכתובה ועדי מיתה והיא תובעת ב' כתובות אחת מחמת גירושין ואחת מחמת אלמנות אם זמן הגט קודם לזמן הכתובה דמוכחא מילתא שהיה בה נשואים קדמונים ועליהם נכתב זה הגט והחזירה וכתב לה כתובה ומת בעלה גובה ב' כתובות א' גובה בגיטה של נשואין הראשונים שכיון שגיטה קיים בידה בודאי לא פרעה שאילו פרעה היה קורע לגיטה ותנן הוציאה גט ואין עמה כתובה גובה כתובתה וא' גובה בעדי מיתה על נשואין האחרונים שכיון שכתב לה כתובה אין לומר ע"ד כ"ר החזירה שהרי רצה וכתב לה כתובה ואם קודמת כתובה לגט נמצא שזה הגט על נשואי אותה הכתובה נעשה אינה גובה אלא מחמת הגירושין והאי דתני שהמגרש את האשה והחזירה וכו' ה"ק ואע"פ שהחזירה ומת ובאה לגבות כתובה שניה בעדי מיתה בעבור נשואין האחרונים א"י שכיון שלא כתב לה כתובה אחרת באלו הנשואין ואין בידה אלא כתובה הא' ע"מ כ"ר החזירה: קטן שהשיאו אביו וכו'. אמר ר"ה ל"ש אלא מו"מ אבל תוספת